"十二五"国家重点图书出版规划项目

China's Industrial Development Report 2012

2012

中国工业发展报告

——"十二五"开局之年的中国工业

中国社会科学院工业经济研究所

经济管理出版社
ECONOMY & MANAGEMENT PUBLISHING HOUSE

图书在版编目（CIP）数据

中国工业发展报告（2012）/中国社会科学院工业经济研究所. —北京：经济管理出版社，2012.9
ISBN 978-7-5096-2081-6

Ⅰ. ①中… Ⅱ. ①中… Ⅲ. ①工业发展—研究报告—中国—2012
Ⅳ. ①F424

中国版本图书馆 CIP 数据核字（2012）第 199337 号

责任编辑：杨世伟等
责任印制：杨国强
责任校对：蒋 方

出版发行：经济管理出版社（北京市海淀区北蜂窝 8 号中雅大厦 11 层 100038）
网 址：www. E-mp. com. cn
电 话：(010) 51915602
印 刷：三河市延风印装厂
经 销：新华书店
开 本：880 × 1230mm/16
印 张：38
字 数：1124 千字
版 次：2012 年 9 月第 1 版 2012 年 9 月第 1 次印刷
书 号：ISBN 978-7-5096-2081-6
定 价：198.00 元

顾　　问：王洛林　王春正　陈清泰　陈佳贵　吕　政

主　　编：金　碚

副 主 编：黄群慧　黄速建　李维民

编 审 组：金　碚　黄群慧　黄速建　李维民　李海舰　沈志渔　张其仔
吕　铁　陈　耀　王　钦　杨世伟

编务主任：李维民

撰 稿 人：（按姓氏笔画排序）
丁　毅　王　欣　王　钦　王燕梅　邓　州　叶振宇　白　玫
石碧华　刘戒骄　刘建丽　刘　勇　刘湘丽　刘　楷　吕　宁
吕　铁　孙凤娥　孙承平　朱　彤　江飞涛　余　菁　吴利学
张世贤　张其仔　李春瑜　李海舰　李鹏飞　杜莹芬　杨丹辉
杨世伟　沈志渔　肖红军　陈晓东　陈　耀　周维富　罗仲伟
金　碚　胡文龙　贺　俊　赵　英　原　磊　郭朝先　黄阳华
黄速建　黄群慧　彭绍仲　覃　毅　谢晓霞

资 料 组：沈力全　王　磊

英文翻译：蒙　娃

序

中国工业化步入更需耐心的时代

在 2011 年召开的一次关于中国产业技术创新的论坛上，一位听众曾向我提问："您认为，影响中国产业技术创新的最大障碍是什么？"我说："如果只能说一个因素的话，我认为影响中国技术创新最大的障碍是'缺乏耐心'。"最近，在与一位跨国公司在华子公司的总裁共进午餐时，我们聊起中国产业发展和企业成长问题。我问这位在中国工作了 30 多年的外企高管："据您的观测和经验，对于中国企业来说，继续增强国际竞争力的最大障碍是什么？"他说："第一，中国企业还没有真正懂得如何做品牌；第二，中国企业家缺乏做制造业所需要的耐心。"没有想到，他与我的意见竟如此相同！

最近，关于"第三次工业革命"的说法引起许多人的关注和讨论。这一提法的重要意义在于，其认为世界并没有进入"后工业社会"，而是仍然处于将继续推进新的工业革命的时代，虽然工业技术路线将发生极大的改变，但技术创新的产业载体仍然主要在工业，即推动经济增长的决定因素仍然是科学技术在工业中的运用，至于是叫做"第三次工业革命"还是"第四次工业革命"或者"第五次工业革命"，并不十分重要。不过，有些人却将当前面临的工业技术变革直接想象为数字技术可以让"制造"变得轻而易举了。有记者问我："有人说 3D 打印会是新的技术革命，这是否使得工厂以后不存在了，而成为新的发展业态，您对此怎么看？"我回答说："值得注意的是，外国的几位未来学家的猜想在中国居然引起如此多人的兴奋，似乎一个'君子动口不动手'的时代很快就要到来！其实，3D 技术运用于工业早已有之，最初主要是运用在设计上，后来运用于一些工艺过程（如模具等），现在 3D 技术确实已经可以进入更多的加工过程，改进、革新制造业的技术路线和工艺流程，可以使产品制造由标准化向个性化发展。但是，在可以预见的时期内尚不可能设想所有工业产品的全部或大部分生产过程都可以使用 3D 制造技术，将制造加工变得像'打印'那么简单。它也许会在一些制造环节上产生革命性的影响，但是如果认为在全局上可以依赖 3D 打印方式来进行大多数工业品的制造，则是缺乏现实依据的，可以说这又是一种对制造业发展和技术创新缺乏耐心的想象。至少是从今天工业技术的现实状况及其发展趋势来看，工业品制造过程的复杂化、精致化和高度迂回性仍然是其技术路线的基本特征。"

中国改革开放 30 多年来工业化的迅速推进取得了巨大的成就，其他国家 200 多年走过的工业化历史在中国被缩短为几十年的时间，可以称之为"压缩式工业化"。麦肯锡公司董事长兼全球总裁鲍达民说："英国曾用 154 年实现人均国内生产总值翻番。中国完成这一目标只用了十几年，在灵活的国内企业与专注的跨国企业的共同努力下，中国不断推出创新的产品和服务。”[①] 我们看到，“快鱼吃慢鱼”、“做大做强”和“规模扩张”是这个时代最有效的竞争方式和增长方式。在这种“跑马圈地”和追求“立竿见影”的过程中，也产生了急于求成、以大为傲，甚至是浮躁奢华的社会心理和行为方式。而当制造业生产能力极大增长使得市场更加趋向饱和时，再加之企业经营环境不够完善，于是，越来越多的人不再愿意踏踏实实地从事实业生产和技术创新，而是以更多的时间和精力“跑政府部门”争取“优惠政策”，进行“资本运作”，追求“公司上市”，以至“套现创富”，力图在尽可能短的时间内成为十亿元、百亿元、千亿元企业，进入“全国500强”以至“世界500强”的行列。整个社会也将短期内成为亿万富翁视为商业成功的榜样。这些企业发展的战略路径选择本身无可厚非，但是综观中国制造业的整体状况，如此注重立竿见影的业绩和迅速的规模膨胀，以及追求短期致富，必然导致削弱扎实、专注、执著的实业精神。

有报道说，2012年2月28日，微软联合创始人比尔·盖茨（Bill Gates）在美国能源部能源高级研究计划署（ARPA-E）举办的能源创新峰会上说：“IT行业变革改变了人们对事物发展的固有观念，但这只是个例外。能源行业完全不同于拥有一家软件厂商或芯片厂商，在这些工厂，创新周期只有两三年时间，同时对政府政策的依赖性非常小。”他指出，将IT和电信作为清洁能源创新模板的问题在于，人们会低估清洁能源研发过程中遇到的困难以及创新产品普及所需要的时间。比尔·盖茨认为，绿色能源技术创业公司尝试失败的概率将超过90%。“这是一种非常复杂的技术，所以，我们需要有数千家公司进行尝试，以增加最终有10家或20家企业获得突破的概率。”比尔·盖茨是在告诫人们：每一个产业都有它成长和发展的规律，大多数产业的技术进步都是艰难的和必须经历相当长时间的过程。特别是不能以急于求成的观念来对待新兴产业的发展，而且要充分估计到新兴产业技术创新的成功概率往往是很低的。如果我们缺乏耐心，以为只要加大投资就可以很快形成生产能力，创造又一个能够支撑经济高速增长的“支柱产业”，那结果将是事与愿违，刚刚起步就“产能过剩”、价格下跌、大幅亏损，并频繁遭致外国的“反倾销、反补贴”贸易抵制。

纵观世界，决定各国工业化进程的有三个基本因素：要素禀赋条件、科学技术运用、观念文化特质。作为一个后发的工业化国家，中国经济发展特别是工业发展，首先发挥了工业化的第一个基本因素即要素禀赋条件，以丰富而低薪、低社会保障的劳动力、广大而低价格的土地，以及较低的环境保护标准等，在改革开放的体制转化中获得了30多年巨大的工业发展成就。而当生产规模迅速扩张，技术模仿取得普遍成效，从而成为世界制造业规模最大的经济大国后，科学技术的作用将变得越来越具有决定性，技术模仿的空间将越来越窄，技术创新的作用也就越来越突出。所以，当前自主技术创新尤其是在核心技术上的突破和自主知识产权的积累成为推进中国工业化越来越重要的决定性因素。而更具长远和决定意义的则是，能否形成长期支撑产业国际竞争力的工业文明，尤其是现代制造文明的社会心理和社会及企业文化氛围。也就是说，决定工业化进程的观念文化因素具有长久的重要作用。世界工业化的历史和未来表明，世界各国都能完成由客观经济规律所决定的工业化进程，但是，只有少数国家（或地区）能够成为工业强国（强地），其长久的决

① 鲍达民：《变革社会的决策挑战》，《财经》2012年第16期。

定因素就是不同国家（地区）所具有的不同的观念文化特质。也就是说，大体完成了工业化进程之后，各国将不再有共同的发展方向，而是“各有各志”、“各走各路”。文化的多样性决定了各国发展前景的多样性。

因此，中国未来的道路和前途将越来越取决于我们对待工业化的态度——是否有耐心？是否脚踏实地？是否专注精致？是否有持续不断的创新精神？

中国工业发展的成功与不足是紧密相连的。走上市场经济道路的30多年来，中国工业几乎是以一种“血拼”式的方式来获得国际竞争力的。利用低价资源如土地、劳动力及较低的环境保护标准，将自己的相对优势发挥到极致，在世界市场攻城略地，取得了令人震惊的巨大成功，却也付出了极大的代价，以至于出现了许多“不协调、不平衡、不可持续”的现象和问题。我们没有理由指责中国企业在这一历史阶段的“血拼”表现，因为这是一场关系到中华民族是否会被“开除球籍”的“最后的斗争”。在这场“中华民族到了最危险的时候”、同强大竞争对手的生死存亡的全球较量中，中国工业在无情的全球竞争中站住了脚，挺起了腰，快速壮大，并为国家积累了巨大财富，使自己的祖国成为拥有外汇储备最多的国家，有力地支撑了中国国际地位的提升。从一定意义上可以说，今天的工业优势是中国可以同国际强权一比高下的唯一“法宝”。

但是，近几年来经济环境发生了巨大变化，一是各类要素价格在上升，环境保护的标准大幅提高；二是国际金融危机后，外需增长将长期低迷。所以，这种“血拼”式的发展方式已经走到了尽头，完成了它的历史使命。中国企业“血拼”的时间已经够长了，接下来必须走向文明竞争的阶段。而且，现在我们也具备了相当的实力，有能力实现制造业的战略转型和升级。

在这样的经济环境下，制造业企业自身的竞争力源泉必须也必然发生重大变化，所有这一切都必须建立在制造业精致化的扎实基础之上，这种精致化特质必须渗透到价值理念的基因之中，而且要在本土文化土壤中获得活化的生命力。因此，工业化的本质不只是物质生产，更是文明进程。

中国制造业尽管规模已经十分庞大，但整体素质还不高，企业的自主知识产权缺乏，大多处于产业链的中低端。更重要的是，即使在中低端也没有“做到位”，其精致化程度不高，大多比较粗放，中国制造业在把产品做精做细以及与此相关的精致化管理方面同优秀的制造业国家相比还有很大的差距，远远没有形成成熟的现代工业文明的素质。可以说，中国工业的生产规模和扩张速度掩盖了其内在弱点，其短期较高的“性价比”掩盖了核心优势不足的缺陷。所以，中国产业转型升级的关键在于把制造业做精致、做扎实，并在此基础上做高端。而所有的技术创新也必须建立在这样的基础之上，才可能形成长久可持续的国际竞争力。

可见，中国制造业的转型升级必须是全方位、多层次的素质提升。我们必须清醒地认识到，中国还是一个发展中国家，还没有形成现代制造文明的基础，现在还只是做到了标准化、大规模、高速度、低成本，而且还必须以高消耗、低附加值为代价。现代工业文明的根基在于精细的分工和精致的制造，而且要实现低消耗和清洁化。纵观200多年来的世界工业化进程，现在只有美国、德国、日本、瑞士、北欧等少数国家是名副其实的工业化强国。因为这些国家经过长期积淀真正形成了一种深厚的现代制造文明，而且即使在制造业的全球化和国际转移中，也可以让这种文明素质根留于本国。

大规模、标准化生产只是一个商业文明进程的初期表现。中国接受初期商业化比较容易，但是接受现代制造文明却比较难。回顾过去几十年的发展，中国的商业化进程是很成功的，以商业化推动了工业化，使制造业快速发展。然而，如果商业化过度膨胀，工业化就会“变形”。因为工业化比商业化更需要“耐心”，更需要精致性和脚踏实地。商业化所产生的其他方面巨大的利益诱惑，往往使一些制造业企业急于走上“去制造业”的方向，如进入转手贸易、金融或房地产领域，以最快的速度致富。企业在商业化过程中希望“赚快钱”本无可厚非，但是一个国家要成为真正强大的工业化国家，必须要有更多的致力于坚守实业的制造业企业，而这需要企业家精神和事业理念的支撑。

从民族文化心理的角度看，中国要形成现代工业文明并不容易。我们看到，许多走过工业化历程的国家，因没有形成现代制造文明的社会观念文化根基（以及由此决定的国家体制机制）而落入国力衰弱的境况。但是，我们也有理由对中国工业化的前景抱有乐观的期望，因为我们看到，确有一批致力于实业发展的中国企业家在成长，总会出现一批有耐心将制造业做实做精的优秀企业。相信在攀登制造业高地和技术制高点的艰苦进程中，有可能产生一批又一批有志于“登峰造极”的中国制造业企业。他们将建立精致化的制造业生产模式和管理模式，形成精致制造的企业文化。如果有千千万万这样的企业和企业家不断在实业发展中取得成功业绩，中国就能够逐渐形成现代工业文明的社会心理和实业基础，积淀下植根于中国本土的实业精髓，从而支撑中国成为真正强大的现代工业化国家。

金　碚

2012 年 8 月 1 日

目　录

综　合　篇

产 业 篇

区　域　篇

企 业 篇

专 栏

附 表

附 图

总论 “十二五”开局之年的中国工业

提　要

中国国民经济和社会发展第十二个五年规划（简称“十二五”规划）是在非常具有特征性的2011年开始执行的。2011年春至2012年春，度过了“十二五”的开局之年。[①]在这一年多的时间里，中国经济发生了戏剧性的变化。经济增长走势几乎重演2007~2009年的曲折，宏观经济政策的调控方向也在一年中前后掉头。从“十二五”良好开局的乐观到经历数月平稳态势，又出人意料地很快趋向低落，不得不谨慎重拾宏观调控政策的宽松性手段和措施。进而，各种潜在矛盾复杂地交织显露，既表明中国工业增长在很大程度上仍然没有摆脱传统路径依赖，同时也表明中国工业发展进入了必须转型升级的重要历史关头。此时，深入研究中国工业化的一系列根本性认识和内在规律问题对于探寻中国工业升华之路具有非常重要的理论意义和现实意义。可以说，对于中国经济特别是工业运行的现实态势和未来趋势的判断，即使是做技术性和描述性的分析，也已经不能仅停留于现象层面，而必须从更深层面研究和回答中国从工业大国走向工业强国的一系列重大和关键问题。

*　　　　*　　　　*

一、从良好开局步入复杂的经济调整期

2011年，中国经济在较有效地应对了2008年开始的国际金融危机冲击后，较快趋暖而大体回到较高位增长的轨道，全年总体上保持了经济平稳较快增长的基本态势，但也并没有“一路高歌猛进”，而是在实现良好开局的基础上步入了矛盾凸显的深度调整期。宏观政策左右为难，希望在“山重水复”中实现“柳暗花明”，但往往是刚见起色，又遇风云。总之，大势光明，但路途中荆棘丛生。

“十一五”时期的后三年（2008~2010）受到国际金融危机突如其来的冲击，经济形势十分严峻，但仍然达到了五年发展规划规定和预期的大多数主要目标。中国经济在逆势飞扬中进入“十二五”时期，此时，尽管国际金融危机已经历了三四年的时间，但国际、国内经济形势仍然处于高度复杂和不确定状态，而且中国应对国际金融危机的经济刺激政策虽然取得了显著效果，但也必然会产生一定的副作用。经济刺激政策所释放

① 严格来说，“十二五”规划的执行是从2011年3月全国人民代表大会批准之日开始的。

的较大流动性使“十二五”一开局就遭遇越来越大的通货膨胀压力，出现了物价上升幅度超过控制目标的状况。因此，2011 年上半年国务院就提出当年的“首要经济问题是防通货膨胀”。基于这一判断，很快采取了一系列紧缩性的宏观调控政策措施，同时实行非常严格的商品房限购政策。

同时，宏观经济政策意向也转向弱化对 GDP 增长率的关注，即宣称不必追求高增长率而应更注重结构调整，于是采取了多种调控增长率的措施，争取实现“稳中求进”的目标。2012 年官方正式宣称的经济增长率目标下调到 7.5%，低于应对国际金融危机时期的“保八”目标（当时把保持 8%的经济增长率作为应对国际金融危机冲击的核心指标）。这样的政策宣示向市场传递了一个倾向性的明确信号：GDP 增长率不再是政府所看重的主要的或第一位的宏观政策目标。而且，当时“上山容易下山难”成为一种普遍社会心理，即认为在中国的现行体制下实现高增长容易，而压低增长率的宏观政策反而会受到各级地方政府的抵制而难以奏效。总之，GDP 增长率似乎已经不那么重要了。一些经济学者和研究机构也论证说，中国经济很快将进入中速增长时期，不可再强求 GDP 的高增长率，GDP 增长率的下降是正常的；另一些人更是诅咒 GDP，认为正是因为将 GDP 增长率作为政策目标和政府政绩指标，所以才产生了许多令人难以容忍的矛盾和问题。

不过，天有不测风云，由于国际、国内市场总体上需求不足，加之为应对通货膨胀采取了较紧的货币政策，在各种客观因素和主观因素的共同作用下，2011 年的经济增长虽然仍保持在较高水平，但逐季、逐月的增长速度显著下行。到 2012 年第一季度，中国经济增长放缓至 8.1%，这是近 3 年来最低的增速。基于这一经济表现，世界银行在其《东亚经济半年报》发布会上披露，将中国 2012 年 GDP 增速预期从半年前的 8.4%下调至 8.2%。4 月份的增长速度进一步下降。总之，全国经济增长率虽然没有超出调控区间，但一些主要经济指标加速回落，且已经超出了预期，再次发生经济周期和各种政策效应“叠加”而导致的经济波动（下滑）过大现象（参见表总-1）。

表总-1 2011 年各季度和 2012 年第一季度 GDP 增长率

2011 年第一季度	2011 年第二季度	2011 年第三季度	2011 年第四季度	2012 年第一季度
9.7	9.5	9.1	8.9	8.1

资料来源：国家统计局。

工业增加值增长率的下行同经济增长率的下行走势一致。2012 年前 4 个月全国规模以上工业增加值同比增长 11%，与 2011 年同期相比增速下降 3.2 个百分点。其中，2012 年 1~3 月增长 11.6%， 4 月增长下降 2.6 个百分点，为 9.3%，且重工业下滑速度大大快于轻工业。2012 年 1~4 月，轻工业增加值同比增长 12.3%，增速同比回落 0.6 个百分点，重工业增加值同比增长 10.5%，增速同比回落 4.2 个百分点。

到 2012 年 5 月，情况虽稍有变化，但经济下滑的态势没有根本改变。规模以上工业增加值同比实际增长 9.6%，比 4 月加快 0.3 个百分点，环比增长 0.89%；而 1~5 月，规模以上工业增加值同比增长 10.7%，比第一季度低 0.9 个百分点；重工业增加值同比增长 9.8%，轻工业增长 9.1%，也都低于 1~4 月的增长率（参见表总-2）。

表总-2 2011~2012 年 4 月各时段工业增加值增长率

2011 年第一季度	2011 年第二季度	2011 年第三季度	2011 年全年	2012 年第一季度	2012 年 1~5 月
14.4	14.3	14.2	13.9	11.6	10.7

资料来源：国家统计局。

经济增长放缓也反映在价格指数上。2012 年 4 月，全国工业生产者出厂价格指数和购进价格指数分别从 2011 年 7 月的高点 107.5 和 110.5 下降到 99.3 和 99.2，分别回落 8.2 个百分点和 11.3 个百分点。与此同时，一些大宗产品市场价格出现明显下降。5 月，全国工业生产者出厂价格同比下降 1.4%，环比下降 0.4%。工业生产者购进价格同比下降 1.6%，环比下降 0.3%。1~5 月平均，工业生产者出厂价格同比下降 0.3%，工业生产者购进价格同比上涨 0.1%（参见图总-1）。总之，从工业价格指数看，工业景气度下降和企业利润空间收窄的表现相当明显。

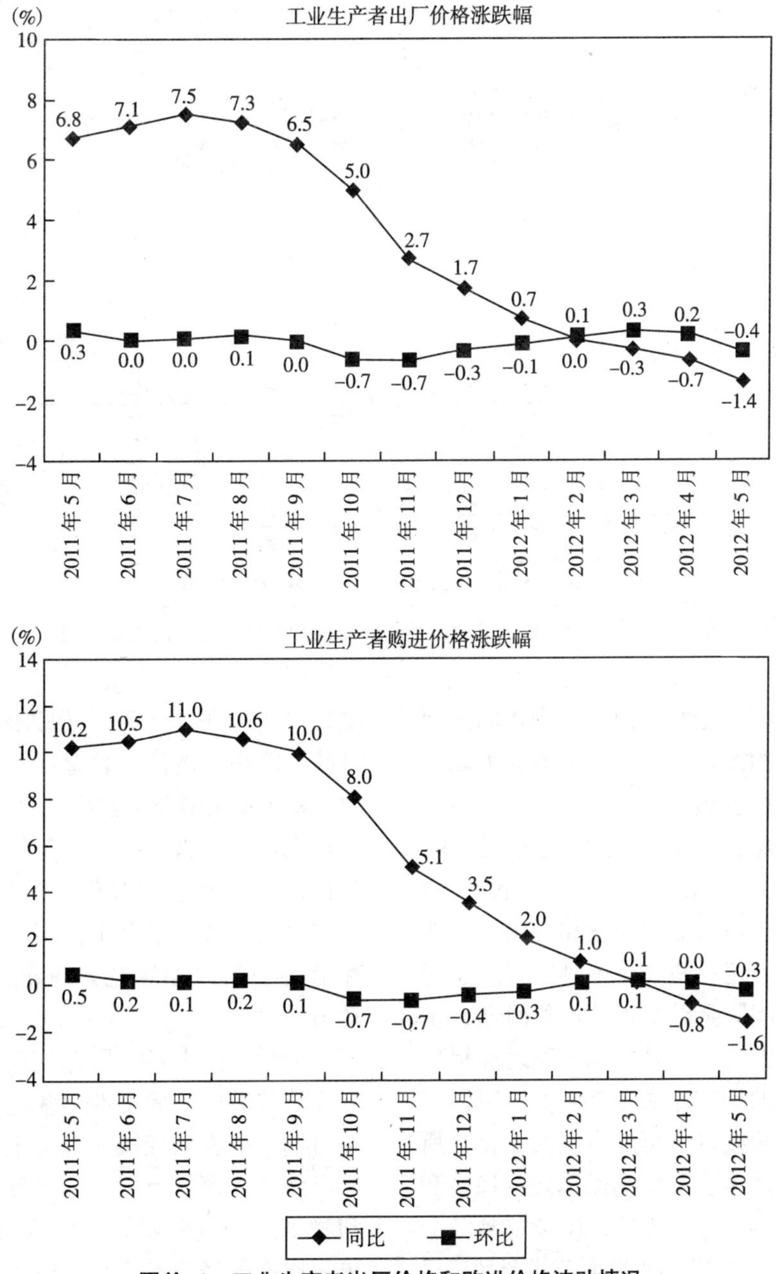

图总–1 工业生产者出厂价格和购进价格波动情况

经济增长速度与企业利润具有高度相关性。2011 年，随着经济增长速度下行，全国工业企业的利润总额总体处于下滑态势。这一趋势继续向 2012 年延伸。2012 年 1~3 月，规模以上工业企业实现利润同比下降 1.3%；亏损面高达 19%，亏损企业亏损额同比上升 76.3%。其中，冶金工业利润同比下降 59.2%，利润率仅为 1.3%；重点大中型钢铁企业盈亏相抵净亏损 10.3 亿元，而 2011 年同期实现利润 158 亿元。1~4 月，全国规模以上工业企业实现利润 14525 亿元，同比下降 1.6%；4 月当月实现利润 4076 亿元，同比下降 2.2%。1~4 月，规模以上工业企业实现主营业务收入 270416 亿元，同比增长 12.7%，为 2011 年以来最低增速（见图总–2）。

工业形势直接影响国家财政收入，使全国财政收入增幅较大幅度下降。2012 年 1~4 月累计，全国财政收入比 2011 年同期增长 12.5%，增幅同比回落 18.9 个百分点，其中税收收入增长 8.1%，增幅同比回落 22.4 个百分点。4 月，全国财政收入比 2011 年同月增长 6.9%，增幅同比回落 20.3

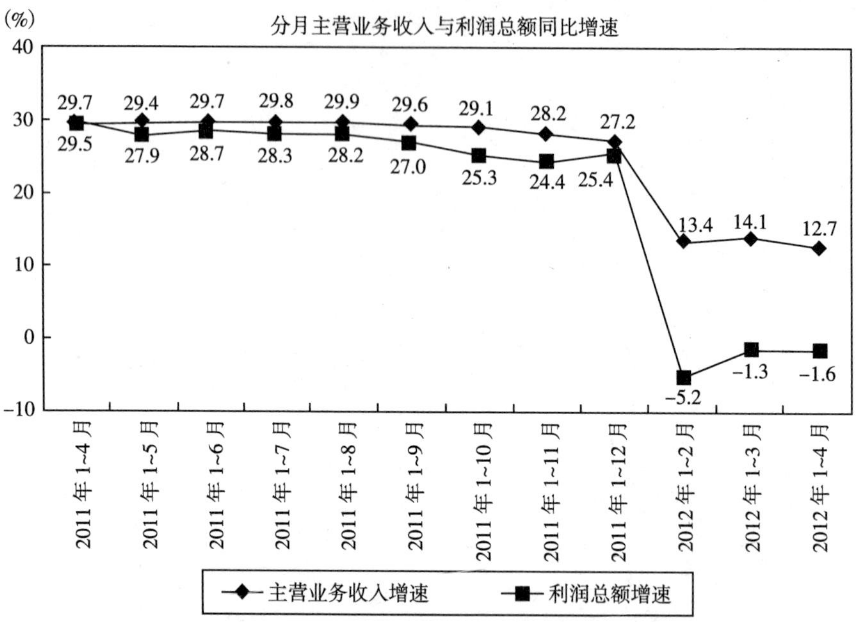

图总-2 全国规模以上工业企业利润总额和主营业务收入同比增速

个百分点，其中税收收入增长2.6%，增幅同比回落23.3个百分点。财政收入增长速度如此大幅度下降是多年未曾发生过的。

在此形势下，国务院再次关注经济增长率，明确提出“把稳定增长放在更加重要的位置”。由于投资、消费、出口三大需求增速和产出增速普遍低于预期，企业普遍反映经营困难的程度超过了2008~2009年受国际金融危机冲击的时期，情况似乎又变得十分紧急。于是，国务院迅速提出应对经济增速下滑的措施。由于外需由国际因素决定，消费需求在短期内不可能有很大变化，所以稳定增长的主要政策实际上仍然体现在稳定和增加投资上。2012年5月23日，国务院常务会议提出的措施包括：“抓紧落实扩大节能产品惠民工程实施范围，支持自给式太阳能等新能源产品进入公共设施和家庭，加快普及光纤入户，加大对保障性住房和农村危房改造支持力度。推进‘十二五’规划重大项目按期实施，启动一批事关全局、带动性强的重大项目，已确定的铁路、节能环保、农村和西部地区基础设施、教育卫生、信息化等领域的项目，要加快前期工作进度。认真梳理在建续建项目，切实解决存在问题，防止出现‘半拉子’工程。鼓励民间投资参与铁路、市政、能源、电信、教育、医疗等领域建设。大力支持小型微型企业创业兴业。”① 所有这些措施的目标无论是改善民生，还是加强基础设施，或者是推进信息化等，其实际经济活动表现都是扩大当期投资，政府投资审批部门加快项目审批进度和节奏，其短期宏观效应都是尽快形成需求拉动力。

国际、国内经济形势的高度复杂性和政府宏观经济政策的短周期性（政府宏观调控政策在较短时期内的方向变换）是“十二五”开局之年中国经济的显著特点之一。这反映了在增长、结构和物价三个重要调控目标之间困难的政策选择。更深层次的经济实质是，中国工业化已经度过了规模快速扩张的阶段，正在走上必须摆脱传统路径依赖、走新型工业化的道路。各种复杂的、许多过去未曾发生过的矛盾关系比较集中地浮现了出来。可以说，经济转型的长期性问题正以周期波动的短期性现象表现出来，即短期内宏观经济总供求矛盾的变化和与之相应的政府宏观政策调控方向的变换，实际上反映的是中国经济发展阶段和发展方式正在发生重大变化。

① 中国政府网，2012年5月23日。

二、走上摆脱传统发展方式路径依赖的方向

从世界范围来看，人类总体上正处于工业化发展阶段。完全进入工业社会的人口大约只占世界总人口的 20%，这一过程已经经历了 200~300 年。工业化的成就之巨大是无可比拟的，而它的代价和矛盾也是众所周知的。在工业化早期就产生了激烈批评资本主义工业化的思潮。20 世纪中叶，以化石能源为基础的大工业生产的矛盾日益凸显。于是，一些人断定人类的经济增长必有极限，必须实现“零增长”才可能拯救地球，此观点以罗马俱乐部著名的报告《增长的极限》为代表。另一些人则主张，人类只有摒弃现代大工业生产而采取不依赖化石能源的“中间技术”才能应对资源环境约束、保持经济增长，此观点以舒马赫的名著《小的是美好的》为代表。

平心而论，中国较早就认识到了 200 多年以来以化石能源和大机器生产为特征的工业化所产生的问题。也曾犹豫过是否应该走上这条传统的工业化道路，例如，“中国不能走小汽车进家庭的发展道路”的主张长期影响着对汽车工业发展的战略和政策，至今还有不少人坚持这样的主张。许多人也曾主张中国不要发展西方采用的大机器生产的工业技术，而应发展“适用技术”。这样的主张还曾一度被写入政府的正式文件。但是，客观规律并不以人的意志为转移。中国工业化的加速，实际上总体还是沿着西方国家曾经走过的工业化路径推进的，我们的工业技术路线同发达工业国没有本质的区别，是西方工业技术和工业化思想向中国的扩散和转移。在现实中，我们并没有发明出本质上区别于西方工业技术路线的中国“适用技术”，而是采取积极主动的措施大力引进西方资本和技术。

虽然今天看来这样的传统工业化道路产生了许多问题，“不平衡、不协调和不可持续”的矛盾十分突出，但是，我们不能一边享受着工业发展和工业文明的福利，一边诅咒工业化的合理性和伟大历史贡献。世界上没有不付出代价就可以获得的利益，经济学的最基本原理就是“天下没有免费的午餐”。当然，我们也绝不能无视传统工业化道路的局限性。特别是当传统工业化已经走到了尽头，必须向新型工业化道路转轨时，更应该深刻认识传统工业化的弊端。尤其是，以传统工业化方式发展经济，具有很强的路径依赖性。技术、利益、观念、体制等各方面都顽固地存在着保守性和强大惯性，非下极大的力气不足以将运行了数十年的中国工业化快速列车转向新型工业化道路的运行轨道上来。传统工业化形成了若干路径依赖现象，“十二五”正是开始艰难摆脱各种路径依赖现象的重要转折时期。

1. 低价资源依赖

20 世纪 80 年代以来，中国工业化走过的是一条“血拼”式竞争的道路。这是由一系列历史因素所决定的。“血拼”式竞争的积极意义是对计划经济的彻底否定，是在中国产业的国际竞争力十分低下的条件下所采取的弱势者的竞争方式。也可以说是当中国进入无情的市场经济，被“逼上梁山”而不得不采取的奋不顾身、不畏牺牲的竞争方式。“血拼”式竞争就是无限制地将“优势”资源用到极端。这样，粗放式增长方式就是必然的选择。这在相当程度上具有“不择手段”的性质。特别地，中国现阶段的经济竞争不仅是企业间竞争，更大程度上是政府直接参与的地区间竞争。地区间竞争的基本规律是：“最大限度利用不可流动的要素（降低价格）去吸纳可流动要素。”不可流动的要素主要是税收、基础设施、土地、自然资源、生态环境等；在国际上，劳动力也是流动性很差的要素。可流动的要素主要是资本、企业家、技术等；在地区间，劳动力流动性较强。

值得注意的是，不可流动要素的“价格”通常是由政府决定的，或者是受政府直接干预的，所以当地方政府成为地区间竞争的重要参与者时，各地区间不可流动要素竞相降价的“血拼”式竞争就成为普遍现象：减税优惠、低地价、低资源价格、低劳动保障、低环保标准。这样，就不可避免地加剧以低价格要素大量投入为基本特点的

经济增长的粗放性。

在工业化初期，粗放式增长可以利用低价格资源获得产品的成本价格优势。利用低价格的资源对于使用者而言可以提高其竞争力，而对于资源的供应者来说则是需求的来源。在经济发展水平较低的时期，资源物质的机会成本很低，因此大量使用资源具有短期的经济合理性。也就是说，如果没有工业技术和未达到一定的工业发展水平，地球上的绝大多数物质都不是高价值的资源。此时，开发技术的昂贵性和耗时性决定了技术的稀缺性。所以，使得在一定时期内用价格低廉的“资源”替代稀缺昂贵的“技术”成为获得竞争力的重要手段。从另一个角度看，技术的进步依赖于工业的发展和资金的积累，而工业的发展和资金的积累需要有资源的消费。从这一意义上说，短期内大量消耗资源是将来高效率利用资源的基础。所以，如果在某种资源的消耗枯竭之前就可以发现或发明新的替代资源，则尽量使用该种资源以获得竞争力优势就成为一种理性行为。

粗放式增长尽管在一定的历史时期内具有存在的理由，但毕竟是高代价的和不可持续的。当粗放式增长的弊端越来越凸显的时候，其直接市场表现就是低价资源时代的终结。到“十一五”完成而进入“十二五”时期时，我们看到，各种资源价格均快速上升，即使当发生了严重经济危机而需求明显不足时资源价格暂时下降，但上升的趋势也没有根本改变。特别地，似乎是中国最丰富的劳动力资源，也几乎“突如其来”地发生了供求关系的显著变化。2011 年，工资的增长幅度显著提高，企业普遍感受到工资成本上升的巨大压力和“招工难”、“民工荒”。这一情况不仅发生在东部沿海地区，也在四川、河南等内陆人口大省中发生，可以说已经是一个普遍现象。

这些情况证据确凿地表明，低价资源的时代正在走向终结，也直接意味着“血拼”式竞争的粗放式增长方式必须转变。但是，长期以来中国工业已经形成了对低价资源的高度路径依赖，即对粗放式增长的高度路径依赖，要摆脱这样的路径依赖绝非易事。2011 年以来的工业经济状况突出地体现了摆脱以低价资源为前提的粗放式增长路径依赖的艰难。例如，一旦增长率下滑，企业的利润增长立即显著下降，甚至出现大面积亏损。再如，企业对资源价格上升的承受能力很低，资源价格上升几乎很快会“吃掉”企业利润。又如，地方政府为了招商引资，往往还是采取老一套的方式：提供低价格土地、减免或“返还”税收等。不过，我们仍然可以看到，进入“十二五”开局之时，有更多迹象表明中国工业发展确实已经开始走向摆脱低价资源依赖的方向。

2. 投资扩张依赖

由于中国具有非常高的储蓄率，因而从宏观经济平衡的角度看，必然会具有较高的投资率，否则经济将因供过于求而衰退。不过，中国经济的问题还不是那么简单。由于固定资产投资的效率较低，与过去相比，推动同样的经济增长率必须有更多的投资。所以，即使是为了保持同样的经济增长率也必须投入更多的资金，资金—产出率趋向于不断提高。也就是说，中国经济发展和工业增长都高度依赖于投资扩张。

尤其是，作为宏观经济调节的手段，鼓励或限制投资几乎成了最常用和最能取得立竿见影效果的政策工具。2008 年所采取的应对国际金融危机冲击最有效的政策之一就是增加“四万亿固定资产投资”。2012 年出现经济增长率快速下滑，很大程度上是由于 2008~2009 年大幅度增加投资而快速上马的项目到 2010 年以后缺乏后续投资资金所导致的，因而再次应对增长率下滑的主要应对措施仍然是加大固定资产投资。中国经济对于投资扩张具有很强的依赖性。一定意义上甚至可以说中国经济增长是对投资具有极强依赖性的模式，而中国工业化同大多数发展中国家的重要区别之一是：中国具有雄厚的储蓄支持着高投资。

尽管对于投资扩张的路径依赖在短期内不可能根本改变，但是，自“十二五”开局以来，我们也确实看到了一些倾向于摆脱投资扩张依赖的新现象。其中最具实质意义的是开始出现了从粗放型投资扩张（需求拉动型投资）向创新型投资推动（供给改善型投资）转变的迹象。前者的性质是，投资的意义更倾向于从需求面拉动增长，其政策着眼点是短期的宏观供求平衡；后者的性质则是投资的意义更倾向于从供给面推动创新和优化结构，其政策着眼点是长期的效率提高和产业升级。当然，我们也看到实现这种转变的艰难性，反映了中国经济投资扩张依赖的顽固性。例如，发展战略性新兴产业的投资鼓励原本的实质意图是推动产业结构调整升级，但在一些地方却蜕变为在一些新兴产业的低端产业链上铺摊子、进行盲目投资，很快出现“产能过剩”现象，并遭到美欧等国的反补贴、反倾销的贸易保护惩罚。再如，不少地方搞“创意产业园”、“软件园”、“动漫园”等，原本也应是促进创新和产业结构升级的投资行为，但其中一些也演变为政府补贴下的投资扩张、圈地建房。可见，要真正摆脱投资扩张依赖也绝非易事。不过，同以往相比，“十二五”摆脱投资扩张路径依赖的趋势已经具有积极表现。特别是上海等经济发达地区摆脱投资扩张依赖的表现已经越来越明显，而且具有内在的真实动因可以使这一趋势得以继续。当然，摆脱投资扩张路径依赖的过程中也一定会出现新的问题甚至矛盾，值得我们观察和研究。

3. 过度外需依赖

中国经济界和学术界大多接受这样的观点，即认为中国经济增长是外需拉动型的。其实，这一判断并不准确。由于中国消费需求和投资需求的总体规模很大，从宏观经济增长的拉动因素看，净出口的贡献率从来小于内需（消费+投资）。2000年以来，净出口贡献率最高的年份2005年净出口对经济增长的贡献率也只达到23%左右。近几年来，由于受国际金融危机影响，净出口对中国增长率的贡献大幅度下降，特别是2009年，净出口贡献率为–40%，2010年和2011年，净出口对经济增长也几乎没有多少贡献。但是从进出口的规模看，中国经济的对外依存度又确实比较高，这表明中国产业的开放程度已相当高，与国际经济的联系已很紧密，有些产业的增长及相关企业经营状况受外需市场的影响很大，即如果外需减少或增长放缓，中国一些以外需为主的产业和企业生产的增长率将下降甚至出现负增长的状况。

如上所述，从宏观经济来看，实际上中国经济增长已经主要不是靠外需拉动；外贸依存度虽然仍然较高，但中国经济的国际分工地位和角色确实在发生转变，内需的贡献率将保持主导地位，一些过去主要以国外市场为主的产业和企业也正在向更注重国内市场的方向转变。这样，无论是从宏观经济层面来看还是从产业和企业层面来看，中国经济包括中国工业都必须摆脱对外需的过度依赖，转向内外需平衡拉动的增长方式。

特别要明确的是，改变过度的外需依赖并不是降低工业品进出口的重要性。由于世界资源分布的不均衡性，而且国际分工是提高效率和实现资源有效配置的重要途径，尤其是中国必须以大量的工业品出口来平衡国内缺乏的资源进口，实现经济的可持续发展，所以扩大国际贸易和国际投资将是中国长期的重要任务。特别地，中国不能进行国际流动的亿万劳动力必须通过生产的全球化来得到充分就业，所以工业品出口的不断增长必将是中国的一个长期战略。因此，摆脱过度外需依赖的实质是更大地促进国内需求尤其是国内消费需求的增长，中国必须从一个生产大国发展为一个生产和消费大国。

4. 虚拟金融依赖

在各经济领域中，工业是改革最彻底、开放程度最高的领域，因此竞争也最激烈。与工业相比，其他领域的改革开放相对滞后，特别是金融业改革开放远远没有与工业同步。尽管如此，中国经济却在发达国家经济的高度金融依赖性以及一系列国内因素的作用下产生了越来越高的金融依赖性。这在宏观经济层面表现为经济增长越来越受到金融流动性和国家的货币金融政策的决定性影响，必须以更多的金融流动性（货币供应）来支撑和刺激经济增长。在产业层面表现为虚拟经济规模迅速扩张，实体资产（例如房地产）金融化和虚拟经济化的倾向明显，资产价格泡沫化现象突出。而在企业层面则表现为实体产业包括制造业企业越来越倾向于进行金融性和资产增值性投资，一些制造业企业的非主营（投资性）业务收入和利润超过主营业务。由于金融等虚拟经济领域的获利性远高于实体产业，加之实体产业经营环境恶化、企业负担过重，因而越来越多的制造业企业不再安心于实体产业。在实体产业尤其是制造业基础还很不坚实的条件下，就产生了过度金融依赖现象，对中国工业化的前景将产生非常不良的影响，对宏观经济的稳定也非常不利。因此，2011年的中央经济工作会议明确提出：“牢牢把握发展实体经济这一坚实基础。”这是最高决策层非常严肃地提出的必须回归对实体经济关注的警告。

究竟什么是实体经济？在中共中央政治局2012年5月28日举行的以“坚持走中国特色新型工业化道路和推进经济结构战略性调整”为主要内容的第33次集体学习中，胡锦涛总书记进一步指出：“工业是实体经济的主体，也是转变经济发展方式、调整优化产业结构的主战场。”这就更进一步强调了中国经济必须摆脱过度金融依赖，特别是摆脱虚拟经济过度膨胀的偏向，明确主张将发展工业作为发展实体经济的最重要领域。可以说，这是“十二五”开局之年中国经济发展的一个关键性动向。

总之，“十二五”开局，各种国际、国内因素共同形成了极大的压力和动力，更强有力地推动着中国经济特别是中国工业的转型过程，特别是指向于摆脱传统工业化路径依赖。2011年，我们既看到这一趋势的积极现象，也看到由于传统路径依赖而产生的不良现象。不过，无论是积极现象还是不良现象，都明显地预示着“十二五”时期中国工业化路径必将发生重大的甚至是根本性的转轨。

三、遭遇转型升级的矛盾交织期

实现经济结构调整，特别是工业通过创新实现转型升级，是摆脱传统路径依赖的根本出路。经济结构调整特别是产业转型升级需要有一定的条件，主要包括动力和能力两个方面，即当经济体具有较强的创新动力同时也具有创新能力时，结构调整和转型升级过程才会加速推进。但在现实中这两方面的条件却往往难以同时具备。当经济高速增长时，企业面临很大的盈利机会和获利空间，虽然具有较强的结构调整转型升级能力（尤其是财力），但往往缺乏动力——日子很好过，为什么要着急进行结构调整和转型升级？而当经济增速下滑时，企业具有调整结构和转型升级的动力和压力，但往往因盈利状况不好而缺乏结构调整转型升级的能力（缺乏资金）——日子难过，最重要的是生存下去，尽管有实行创新的必要性和紧迫性，但心有余而力不足。

“十二五”开局之年，中国经济再次遭遇结构调整和工业转型升级的矛盾交织期。有学者指出，“十二五”时期，国际经济环境将处于相当不利状况。“世界经济增长的引擎不明确；全球过于宽松的货币环境带来高通胀；全球大宗商品价格高位震荡；泡沫时期制造和创新被长期忽视（2000年以来，美国在所有技术领域发明专利申请的增长都呈现出20%以上的下降）；全球主权债务危机将继续；欧美再工业化，世界经济可能再次陷入‘滞胀’。”[①]

实际上，中国经济也面临着复杂形势：经济增长率下行，企业成本上升，具有显示性意义的数据是，据国家统计局数据，2011年，全国城镇非私营单位在岗职工年平均工资42452元，同比名义增长14.3%，增幅比2010年提高0.8个百分点，扣除物价因素，实际增长8.5%；全国城镇私营单位就业人员年平均工资24556元，同比名义增长18.3%，增幅比2010年提高4.2个百分点，扣除物价因素，实际增长12.3%。2011年外出农民工月均收入首次突破2000元大关，达到2049元，比2010年增加359元，增幅达21.2%。2011年各季度直到2012年第一季度、第二季度，企业利润增速显著下降，同时，通货膨胀隐患未除，如果再次采取增加流动性的宽松政策刺激经济，则物价难以控制，通货膨胀随时可能卷土重来。因此，尽管中国政府的宏观调控政策水平已经非常高，可使用的调控手段也比一般市场经济国家有更多的可选择性，不仅可以采取经济性方式，也可以采取行政性方式，发挥“立竿见影”的调控力度。但是，进入“十二五”时期，宏观调控政策的可操作空间变得越来越小。这表现为任何调控政策特别是力度过强的调控方式，都会导致出现明显的副作用。所以，必须更审慎地运用宏观调控手段，特别是要避免采用很强烈的行政性

① 张燕生：《“十二五”时期中国面临的国际经济环境》，《科学发展》2012年第4期。

调控方式。

从理想上说，“十二五”时期不应再追求GDP的高增长率，而可以在增长率下降到7.5%~8.0%的调控目标区间后，以更大的力量进行经济结构调整，而且可以从投资扩张型增长转向创新驱动型增长。问题是，当GDP增长率真的下行到接近8%时，如果不采取一定的宽松性宏观经济政策和稳增长的产业政策，增长率很可能加速下滑以至跌入调控目标区间的下限，甚至跌出调控目标区间，发生难以承受的经济衰退。而且，增长率的下行必然导致财政收入增长率下降。在财政收支趋紧，甚至导致一些地区政府财政困难的条件下，政府财税部门一定会加大税费征收力度，使企业在本身的财务状况已经吃紧的时候还要面临税费征管力度加强的更大负担。因此，尽管政策宣称要减轻企业负担，实行“结构性减税”，实际上是很难真正做到减税的，能够不增加税负，不征“过头税”就很不错了。

此时，政府也会出台一些鼓励民营企业投资的政策，向民营企业开放更多的投资领域，例如铁路、公路等基础设施固定资产投资，以缓解投资资金短缺的困难。但是，一方面，此时民营企业也处于资金较紧状态；另一方面，国有垄断部门宣称的向民营企业开放投资领域（常常表述为允许民营企业“参与”过去不允许投资的领域，例如铁路建设），其实往往缺乏诚意，不过是希望民营资本能帮助解决资金短缺的燃眉之急，而并不是从更高的立法层面真正给予民营资本平等的权利。其实，在矛盾交织时期，民营企业由于资本实力的削弱或经济增长率下行导致的财务困难，其市场信誉度可能正处于较低状态。所以，无法企望它们像经济景气时那样乐观豪爽和“财大气粗”地大把投钱。

更重要的是，在矛盾交织时期，企业家们的经营理念受到极大挑战：是追求可以看得见的“利润最大化”和“财务保守”，甚至是机会主义地迂回取巧，还是执著进行实业发展，专注于向产业高地进军？因此，“十二五”时期对于许多产业的经营企业而言，可能是一次大浪淘沙，甚至“重新洗牌”的时期。中国从计划经济向市场经济转变30多年，取得巨大成就，其中，最大成就之一是造就了一大批能够在市场经济中适应环境、驾驭企业、取得良好经营业绩的企业家和企业管理者。当进入深度转型的“十二五”时期，中国工业化的进一步推进需要一大批深入理解工业化实质，并带领企业走上新型工业化道路的新一代企业家和企业管理者。在当前这种各类矛盾交织的转型升级时期，更需要有实业专注精神和坚忍不拔毅力的现代工业文明素质，才能攀登上一个又一个产业高地，占据世界产业制高点，使中国真正成为未来的工业强国。从一定意义上可以说，“十二五”开局之年，尽管充满矛盾和阵痛，但正是中国企业和企业家告别“血拼”转向脱胎升华之时。从此，中国工业体系和中国市场经济体制将向着更加成熟的发展阶段前进。

四、中国工业的升华之路

“十二五”开局之年以来的各种经济和社会现象均表明，中国工业化正处于一个极为关键的时期。或者再次重复扩张—膨胀—紧缩—下滑—刺激—扩张的周期性波动，使传统路径依赖所积累的矛盾越来越严重，不平衡、不协调、不可持续的问题长期难以解决；或者坚决从传统路径依赖中摆脱出来，走上工业升华之路。很显然，中国工业化的巨大成就已经积累起了很大的经济实力和技术能力，完全有条件克服种种困难，在矛盾交织中闯出一条创新之路，使中国工业实现转型升华，成为真正的世界工业强国。为此，中国工业将逐步迈上实现绿色化、精致化、高端化、信息化、服务化的新世纪攀登之路。

1. 绿色化

工业化的本质不仅仅是物质生产过程的技术进步，更不是人类对自然的掠夺，而是一个文明进程，是人类摆脱野蛮、走向现代文明的光明之路。但是，在工业化的早期，工业化过程中确实存在野蛮掠夺的行为，因为人类本身就是从野蛮中进化过来的。野蛮的本质是没有自律的为所欲为和不择手段，而文明的精神实质则是自律。因此，现代工业文明的自律精神是人类进步的集中表现，这种工业文明自律精神的技术路线性质和创新方向就是工业的绿色化。工业的技术性质是将“废物”变为“资源”，制造成可以满足人的需要、提高人的物质福利水平的产品。因此，工业生产过程的节约、清洁、安全，即绿色化，原本就是工业文明的内在要求。问题是，工业化所激发出的竞争性，有可能将“效率至上”的原理异化为为所欲为和不择手段的野蛮掠夺：工业化的“效率至上”中轴原理变为简单的短期“利润最大化”行为，而没有约束和缺乏自律的利润最大化行为，导致工业发展丧失绿色本性而侵入了灰色甚至黑色的异质。因此，实现工业的绿色化，不仅是先进工业的发展要求，而且是工业文明的本质回归：工业化时代是迄今为止的人类历史上最节约、最清洁、最安全的时代。因而是人类生命预期最长、身体最健康、享受物质和精神福利人数最多的时代。即使是在人类人口极大增长、面临巨大的资源环境压力的条件下，建立发达的工业也是实现资源节约、环境改善的技术条件和物质基础。

绿色生产是工业整体素质的全面提升，而不是关闭或迁移一些工厂或者制造一些新产品就可以达到的目标。更不是为追求“新能源”等设备产业的发展而盲目扩大投资和产能，这实际上往往蜕变为依赖大量财政补贴和资源消耗制造了大量技术尚不成熟、经济尚未合理化的所谓“高技术”产品，甚至可以说，不过是用消耗大量化石能源（电力）的方式来生产“清洁能源”；用导致很大污染的不成熟技术方式来制造清洁能源的生产装备。仍然没有摆脱资源环境困境，“从大门赶出去的魔鬼又从窗户跑进了屋”。因此，工业的绿色化必须成为所有工业领域以至全社会的系统工程。就像是清洁卫生的生活方式是人类现代文明的主要标志一样，工业绿色化就是工业的“卫生化”，也是现代工业文明的主要标志。实际上，人类实现清洁卫生的生活方式主要依赖于现代工业的发展，所以，工业的绿色化（卫生化）也必须以工业技术的全面进步，尤其是以工业技术进步为前提的循环经济体系的全面实现为基础。总之，工业绿色化的实质是更发达的现代工业体系。“十二五”期间正是中国工业进一步发展为更发达的现代工业体系的新阶段。

2. 精致化

精致化是制造文明的实质体现。工业化普遍地、不间断地和无止境地运用科学发现和技术发明的成果，同时工业支持了更多地产生出科学发现和技术发明。作为工业经济最集中的代表，制造业的经济实质是以最经济有效的方式使用具有稀缺性的资源，最大限度精益求精地创造出符合使用者需要的制成品，并且不断提高质量标准以满足使用者日益增长的需要。因此，技术精湛、工艺和产品的精致化是工业的品格，也是工业生产者和工业化国家获得持续竞争力的素质精髓，而粗制滥造是必然被淘汰的。

特别重要的是，精致化不只是一个技术性准则，更是基于某种文化特质的行为方式，显著地区别于农耕文明、游牧文明和采掘文明。因此，一个国家的工业能否走向精致化的道路，实际上是工业文明是否真正到来，并扎根于此的最显著标志之一。一个国家或地区如果只是利用自己具有优势的（通常是低价格的）资源和比较成本优势而形成工业生产规模，而没有专注于向精致化方向升级，实际上就未得工业文明之道，难以成为未来的工业强国或强地。

工业的精致化特性决定了其同艺术创意是天然的盟友。高度精致化的工业品必然是具有艺术性的产品，渗透着深厚的人文因素。见物如见其国其人，“美国货”、“德国货”、“法国货”、“日本货”、“意大利货”，都有精致制造的典型，但各自的特质又非常不同，它们都各自占据着一些其他国家难以超越的工业制高点。中国工业化的前途，能否成为工业强国，关键因素之一就是能否形成精致化制造的工业文化，这决定了具有数千年农业文明传统的13亿人口大国能否真正得现代工业文明之道！

3. 高端化

高端化是工业进取精神和科学本质的体现。工业是技术创新的重要产业载体。工业的进步性来源于科学技术，科学技术的不断进步向工业生产注入越来越强盛的生命力。只要科学技术的火焰不熄灭，工业的生命就永远强大。这意味着，工业将以更先进的科学技术武装，不断向高端境界发展，永无止境。作为一个后发国家，中国60多年来的工业发展基本上是沿着西方工业路线所获得的技术而实现产业扩散的，具有显著的创新性模仿特征。客观地说，就中国各产业所达到的现实技术水平而言，这一过程还没有完结。从这一意义上说，中国工业发展60多年的技术战略特征是“开阔地推进”，尽管也有崎岖不平，荆棘丛生，甚至艰难险阻，但基本上是走前人走过的路，而且没有高地之艰险，没有迷失方向之忧。而从现在开始，中国工业发展将越来越具有“爬坡”和“登山”的性质。如果不向“高坡险峰”攀登，中国庞大的工业大军将在低洼地中拥挤，永远处于眼界短浅和缺乏控制力的境地，不排除有全军覆没的危险。所以，向制造业高端攀登，以最大的勇气和不屈不挠的斗志占领产业高地和战略制高点，是中国工业发展不二的战略方向。

高端化的意义，不只是盈利机会的猎取，似乎进入产业更高端就一定会有现实的很大盈利。其实，从经济学上说，“高端”和“高技术”并不是更大利润的同义语，甚至“低端”和“传统技术”也未必一定没有高盈利。产生高盈利的经济学根源在于“我会做而其他人不会”，或者“我做得比其他人更好”，而无论其属于产业“高端”还是“低端”。即使是“高端产业”或“高新技术产业”，如果其他人也会做甚至做得更好，你照样没有高盈利。这就是为什么一些企业自以为进入了“高端”的“新兴产业”，迎接他们的却是严重的亏损、产能过剩和遭到美国等的反倾销反补贴惩罚。原因在于，这些企业实际上是以发展一般产业的扩张方式大规模投资高端产业或新兴产业。也就是用“开阔地推进”的方式和心态去攀登“高坡险峰”。这就如同开汽车挂高速挡上陡坡，猛踩油门企图全力加速，没有不熄火的道理。其实，这些企业并没有真正进入产业高端，不过是进入了“统计上的新兴产业”，实际上只是在产业的低层面上铺摊子。

所以，工业发展的高端化实质是通过技术创新和商业模式创新而进入更具独特优势的产业领域，是在运用科学发现和技术发明以及工艺改进上争取先行之势，并且以不断进取的精神和方式持续保持技术领先的地位。

4. 信息化

工业化与信息化的融合是现代工业发展的基本方向。信息化不仅可以促进工业生产更快地提高效率，实现绿色化和增强精致化，而且将导致工业生产方式和竞争方式的根本性变化。例如，可以更高水平地实现工业设备的数控化，从标准化生产和标准化产品向柔性化生产和个性化产品生产转变，而且可能使工业品的经济性质发生实质性变化。例如，由于生产者与消费者（使用者）的信息不对称，工业品分为三种基本类型：“搜寻品”、“经验品”和“信任品”。这三类产品的共同性质是：对于消费者来说生产企业是“黑箱”，即消费者无法获得产品生产过程中的信息，只有通过对产品的观察（搜寻）、使用（经验）或主观认可（信任）来判断产品的质量。除此之外就是厂商通过发布广告进行选择性信息传播，或者政府规定厂商必须披露产品质量（成分）的有关信息。而企业增强和保持竞争力的基本方式之一就是“保密”，即控制生产过程的信息外泄。随着信息化融入工业化过程，先进和发达的信息系统有可能改变产品的经济性质，使其变为信息“公示品”，即购买者可以通过互联网系统了解越来越多的产品生产过程信息，甚至了解全部生产过程。而且企业也会有动力和能力将生产过程的信息披露作为增强市场竞争力的手段。即企业不是采用“保密”方式，而是通过生产过程信息的最大程度公开化以获得客户尤其是消费者的信赖，从而增强企业竞争力。我们注意到一些先进企业已经开始有了向这一方向发展的动向。例如，国外有些产品已经可以以电子信息方式向消费者提供几乎所有的生产过程信息。可以设想，如果有一家乳业企业采用一套生产信息系统，通过互联网将生产过程的全部可公开信息及时提供给消费者，消费者甚至可以实时了解乳品生产的现场过程（从技术上说就是将企业生产调度和监控中心的电子屏幕信息在互联网上公开化），这样的企业将获得强大的市场竞争力。依靠广告宣传向消费者提供信息的同类生产企业将完全不是它的对手。所以，只要有一家企业这样做，其他企业将不得不这样做。而且，互联网不仅可以传递生产过程信息，还可以传递企业承担社会责任的信息。这样，企业就从传统经济学所假定的“黑箱”，变为具有相当信息透明度的“白箱”，市场过程中的信息不对称性发生实质性变化。企业信息公开化程度（或者信息对称性程度）将成为其竞争力的重要因素。可见，信息化与工业化的深度融合，将极大地改变工业竞争的方式，极大地促进工业整体素质的提高，而不仅仅是技术的先进和效率的提高。工业将在真实意义上“公开化生产”。国外有的企业已经宣称：“我们没有任何不可以向媒体和消费者公开的信息。”可见信息公开将成为比信息保密更强大的竞争方式。我们必须在更深刻的意义上认识信息化对中国工业的极大影响和挑战。

5. 服务化

工业精神塑造现代服务业。三次产业结构变化，服务业比重的提高，其经济性质不是工业与服务业的此消彼长。而是工业特别是制造业产业链的分解分工而向服务业的延伸，本质上是制造业文明的深度化和扩展。现代服务业的本质是“工业”，因此可以称为工业化服务业（有人称为“高技术服务业”）：产品设计、职能分工、生产线构造、流程再造、组织控制、技术运用、成本核算等都会在服务业发展中体现。所以，电影业也叫“电影工业”。一个没有制造文明基础的国家或地区是难以形成具有竞争力的现代服务业的，因为这样的国家和地区缺乏现代服务业所依赖的工业文明基因。

其实，工业或制造业同服务业的划分在很大程度上是人为设定的。在工业生产过程中包含有大量的服务性劳动，甚至一种活动在本性上是属于“制造”活动还是“服务”活动是很难严格确定的，最终只是取决于我们的概念定义。例如，炼钢是“制造”活动，按电脑进行炼钢炉工序操作应属于“制造”活动，那么，调试控制炼钢炉的电脑程序是否仍属于“制造”活动？如果是，那么编制炼钢炉电脑控制程序的劳动是否还是“制造”？对这套软件系统进行维护和升级的劳动是否算是“制造”？也许我们可以将发生在制造业企业中的活动都算作“制造”活动，而同样的活动如果是由其他被认为是不属于制造业企业的“服务企业”来完成就算是提供“服务”？那么，如果一家制造业的活动由另一家制造业企业完成（例如编制软件，或者调试电脑程序，或者修理模具等），是属于“制造”活动还是“服务”活动？其实，除为实质经济活动提供交易工具的金融业之外，服务业包括直接服务业和工业化服务业两类，在现实中这两者间的界限也不是绝对的。在概念上，直接服务业是由人的体力和脑力完成的不以实物产品为载体（不需将劳动物化在物质产品中，也不主要依赖于服务活动的工具和设备）而满足使用者需要的劳动（完全不借助于作为服务工具的工业品而提供的直接服务是很少的）。工业化服务是由工业产品（设备）和工业技术支持的服务活动，而且以工业文化为基因，实质上是工业流程的分解和专业化。工业化服务业同制造业的区别主要在于前者所提供的“产品效用”一般不以物质形态为载体（不需物化于产品），而只是以物质形态的制成品作为服务劳动工具或劳动对象，而后者的产品效用则依附于物质形态的产品之上（物化为制成品）。所以，随着工业的不断发展，必然会有更多的生产以及同生产相关的流程环节分解出来，尤其是工业产品的广泛使用将形成越来越多的工业化服务业，例如，电话的使用和越来越高级化，形成规模巨大的电信业；交通运输设备的发展形成巨大的物流业。因此，工业的服务化将是一个必然的趋势，本质上是工业的高度分工、专业化和工业产品及工业技术的广泛运用。例如，最大的服务活动莫过于亿万电视观众同时观看中央电视台的春节联欢晚会，其实，这与其说是一次文艺演出，不如说是工业产品、工业技术以及工业组织方式的巨大运用。再如，中国的春运，更是全世界规模最大的服务活动，显然，它也是工业产品、工业技术和工业组织方式的巨大运用。其实，只要在产业或企业组织方式上将产品效用与产品的物质实体分离，就可以从制造业中“创造”出服务业，例如，制造汽车是制造业，但是，如果将汽车的设计、销售、修理、改装、装饰等分离出来由专门的企业完成，就“创造”出了“服务”，实际上就是工业产业链的分解，以社会化分工替代企业内部分工。极端地说，甚至可以设想将汽车制造过程的所有工序都外包给提供各种生产性服务的专业企业来完成，那么，汽车制造可以成为主要由一系列“服务”活动来完成的生产过程，参与生产过程的各企业都可以叫做“汽车生产服务商”，而制造企业就变为只是拥有劳动对象的所有权。可见，许多服务业都是制造业的衍生物，而且大都以工业品为服务工具和服务对象。这就是我们为什么说“现代服务业本质上是制造业文明的深度化和扩展”的原因。制造文明在根本上支撑着发达的现代服务业尤其是工业化服务业的内在机理，换句话说，现代制造业的经济机理实质上是制造文明本质的体现。可以说，如果没有发达的制造文明，就不会有发达的现代服务业；而发达的制造业必然会孕育出发达的现代服务业。因此，制造业的服务化是工业化的必然趋势，服务业（第三产业）在统计上的比重提高也将是一个水到渠成的现象。

总之，在“十二五”开局之年，由于各种客观因素和主观因素的作用，中国工业绿色化、精致化、高端化、信息化、服务化的趋势正在形成，比以往任何时候都更显著地出现了加快经济结构调整和产业转型升级，走上新型工业化的道路的态势，这是“十二五”开局之年在中国工业化进程中具有里程碑意义的特点。

专栏总–1

国务院部署一揽子稳增长政策措施

国务院总理温家宝于2012年5月23日主持召开国务院常务会议，分析经济形势，部署近期工作。

会议指出，当前我国经济运行总体平稳，经济增速保持在年初预期目标区间内，但国内外环境更加错综复杂，出现一些新的变化。世界经济复苏的曲折性、艰巨性进一步凸显。国内经济运行中仍然存在一些突出矛盾和问题，特别是经济下行压力加大。我们要看到有利条件和积极因素，坚定做好经济工作的信心，同时要充分估计面临形势的复杂性和严峻性，冷静观察，沉着应对，未雨绸缪，牢牢掌握经济工作的主动权，确保实现今年经济社会发展目标。

会议强调，要认真贯彻稳中求进的工作总基调，正确处理保持经济平稳较快发展、调整经济结构和管理通胀预期三者的关系，把稳增长放在更加重要的位置。要根据形势变化加大预调微调力度，提高政策的针对性、灵活性和前瞻性，积极采取扩大需求的政策措施，为保持经济平稳较快发展创造良好政策环境。

资料来源：中财网，2012年5月24日。

参考文献

1. 张燕生：《“十二五”时期中国面临的国际经济环境》，《科学发展》2012年第4期。

2. 金碚：《全球竞争新格局与中国产业发展趋势》，《中国工业经济》2012年第5期。

3. 金碚：《牢牢把握发展实体经济这一坚实基础》，《求是》2012年第7期。

4. 卢俊卿、仇方迎、柳学顺：《第四次浪潮：绿色文明》，北京：中信出版社，2011年版。

5. 中国21世纪议程管理中心可持续发展战略研究组：《发展的格局——中国资源、环境与经济社会的时空演变》，北京：社会科学文献出版社，2011年版。

6. 李宗南、文峰：《中国大趋势2：创新改变中国》，中华工商联合出版社，2011年版。

综合篇

第一章　中国工业发展的环境与条件

提　　要

“十二五”时期，中国工业发展将面临国内外环境的重大变化。从国际环境看，金融危机之后美、日、欧等发达国家和地区纷纷提出“再工业化”、“回归实体经济”等计划，将代表技术和市场发展方向的新兴产业作为重点扶持对象；第三次工业革命的到来将引发科技创新和产业转型发展浪潮，这将推动世界经济走出金融危机阴霾；全球工业生产分工格局也将随着产业组织的变革发生变化，从而影响发展中国家的国际分工地位。从国内环境看，中国的工业化和城市化已经发展到一个新的阶段，粗放式的工业增长和城市化之路已难以为继；信息化和工业化融合将进一步深化；能源资源和生态环境约束将进一步增强。“十二五”时期，中国工业发展既面临政府宏观调控能力进一步增强、市场经济体制逐步完善、基础设施条件明显改善、劳动者素质持续提升和新经济增长点不断涌现等有利条件，同时也将面对体制机制障碍突出、生产要素成本压力加大、自主创新能力低下、产能过剩问题日益严重等不利因素。为适应发展环境和发展条件的上述变化，“十二五”时期，必须处理好发展速度与发展方式转变、政府引导与市场主导、技术创新与制度创新、“走出去”与“引进来”、工业发展与生产性服务业发展、传统产业发展与新兴产业发展等几个重要关系，才能更好地促进中国工业的转型升级。

*　　　　*　　　　*

中国工业的转型发展既是实现工业强国目标的要求，也是适应工业发展环境和发展条件变化的要求。“十一五”期间，国际金融危机爆发、资源能源约束加强、要素成本明显上涨等已经对中国工业发展产生了深远影响。“十二五”时期，国内外环境怎样变化、工业发展的有利条件和不利因素是什么、关系到工业转型升级能否顺利推进的一些重要关系如何处理等将共同构成中国工业的发展背景。

一、“十二五”工业发展的内外部环境

“十二五”时期，中国工业发展的内外部环境将发生深刻变化，从国际环境看，后金融危机时代，发达国家纷纷提出“再工业化”战略，力图重振制造业竞争优势，由此将给新兴工业国家带来更大竞争压力；第三次工业革命的到来将引发新一轮科技创新热潮，必将催生一大批新兴产业；随着生产技术改变引起的生产组织方式变迁，全球工业生产分工格局也将会发生深刻变化。从国

内环境看，工业化和城市化已经推进到质量型发展阶段；信息化和工业化融合程度不断加深；能源资源和生态环境的约束进一步强化。为了适应以上变化，中国工业长期以来一直延续的粗放发展方式必须做出深刻调整和根本改变。

1. 国际环境

（1）后金融危机时期发达国家强化工业竞争优势的压力。本次金融危机之后，发达国家普遍陷入失业率上升、信贷增长乏力和财政状况恶化的困境。为尽快走出金融危机阴影，恢复国内经济增长，降低失业率，美国等发达国家先后提出"再工业化"计划。发达国家的"再工业化"并不是简单地再度工业化，即不是通过外迁海外工厂的回归来恢复传统制造业，而是以高新技术为依托，大力发展节能环保、清洁能源、新材料等新兴产业，同时对传统制造业进行低碳型的技术升级，其目的是强化发达国家在后危机时代新一轮制造业国际竞争中的技术优势，继续保持其制造业在全球的领先地位。

发达国家"再工业化"的方向是发展新兴产业，争夺未来产业竞争制高点。国际金融危机虽然在虚拟经济层面上爆发，但深层次问题还在实体经济层面。从世界经济周期看，每一次走出经济危机的过程都是一次对新兴产业选择的过程，同时也是科技创新力量集中释放的过程。发达国家此轮"再工业化"与其说是一种向实体经济的"回归"运动，不如说是一种实体经济的"重塑"运动。金融危机爆发之后，主要发达国家展开了对未来主导产业选择的激烈竞争，通过战略部署，推动节能环保、新能源、信息技术、生物等新兴产业发展，力图通过这些新兴产业的发展刺激实体经济增长，形成新的主导产业。例如，美国政府 2009 年颁布的《振兴美国制造业框架》十分强调新能源、航天航空、宽带网络、干细胞的技术开发和产业发展，积极推行"绿色经济复苏计划"，促进"绿色技术"革命；日本把重点放在信息技术应用、新型汽车、低碳产业、新能源等新兴行业上；欧盟旨在促进"绿色技术"和其他高技术的发展，并决定在 2013 年之前投资 1050 亿欧元用于刺激"绿色经济"发展；英国在 2009 年颁布了《构建英国的未来》和《英国低碳转换计划》，提出要着手建设"明天的经济"，并正式启动向低碳经济转型。

（2）"第三次工业革命"引发的科技创新和产业转型热潮。工业革命总是与科技革命相伴而生，重大技术突破促成了所有经济活动生产率的大幅跃迁，使得整个生产体系发展到一个全新的现代化水平。技术革命所产生的往往是一套相互关联的技术突破，涉及能源、材料等生产投入品和生产工艺，以及包含通信、交通等基础设施在内的各类生产辅助技术。目前，世界经济正在恢复增长，虽然复苏较为缓慢，但正在孕育的新的科技革命必将带来新的产业革命，进而推动世界经济进入新的增长周期。

从历史经验看，经济危机往往是新科技革命和产业革命的催化剂。危机作为一种强制力量，会迫使企业和整个经济体加快技术创新和体制变革。本次金融危机以来，世界各国尤其是发达国家在致力经济复苏的同时，纷纷把推动科学进步和技术创新作为国家战略，大幅度提高科技投入，加快科技事业发展，重视基础研究，重点发展战略性高新技术及其产业，加快科技成果向现实生产力转化，以此发掘新的经济新增长点和实现产业的转型升级。同时，得益于新材料的应用以及诸如 3D 打印、易用机器人和网络协作生产服务等全新技术突破，第三次工业革命将实现生产方式的巨大转变，即突破福特模式下低成本的标准化生产，也区别于高成本的个性化定制，在高成本与差异化之间寻求有效平衡，从而出现传统产业转型和新兴产业孕育的热潮。

（3）全球工业生产分工格局的变革进一步加深。随着全球化进程加快和知识经济的发展，以跨国公司为主导的要素全球配置催生了模块化生产、合同制造、服务外包等生产方式和商务模式的创新，促使价值链在各国之间不断延展细化，基于全球价值链的新型国际分工体系逐步形成。"十二五"及未来一段时期，全球产业组织将更为灵活，出现垂直分离，组织结构趋向扁平化和网络化，同时由于产业之间的融合以及信息技术的进一步应用，呈现边界淡化以及虚拟集聚的新趋势。首先，组织结构扁平化改变了传统模式下的多层级和复杂性，精简结构层次，使结构富有弹性，淡化组织中的等级制度，从而有利于信息的传递。其次，伴随信息技术的飞速发展和广泛应用，传统意义上的服务业和制造业之间的关系变得越来越密切，二者之间不再是简单的分工关系，而更多地表现为你中有我、我中有你的融合趋势。最后，借助于发达的信息、通信手段以及网络平台，产业集群的集聚范围、内容和形式正在快速发展，传统的地理集群的空间局限正被逐渐突破并形成网络意义上的集聚，即形成虚拟产业集群。

全球产业组织的演变将影响工业生产的分工格局，并在一定程度上改变全球财富的分配和国际竞争格局，以中国为代表的发展中国家参与国际分工的程度将加深，在国际分工中对世界经济增长的贡献会增大，但也面临分工地位难以提升的风险。

2. 国内环境

（1）工业化、城市化进入深化发展阶段。中国现阶段仍处在工业化中期，工业的主导作用和支柱地位在较长时期内不会改变，加快工业转型升级，促进工业由大变强，依然是中国现代化进程中艰巨的历史任务。目前，中国工业大而不强，发展方式粗放、结构不合理、核心技术受制于人、资源环境约束强化、区域发展不平衡等深层次矛盾和问题突出。要突破这些发展瓶颈，就必须坚持创新驱动、转型发展，走出一条以发展现代产业体系为支撑、不断优化提升产业结构；以科技创新为主要动力、实现由“中国制造”向“中国制造+中国创造”转变；以与信息化融合为主要途径、实现生产方式根本性变革；以清洁安全和集约增长为内在要求、实现绿色发展；以充分发挥人力资源优势为出发点、注重解决就业问题的新型工业化道路。

2011 年末中国总人口为 13.47 亿，其中居住在城镇的人口为 6.91 亿，人口城市化率首次超过 50%，这是经济社会发展的历史性变化，标志着中国步入了城镇人口大国时代。但是，中国城市化总体水平仍然偏低，主要表现为进城农民工与城市户籍居民区别待遇的不完全城市化，能源利用效率低、高污染高消耗的粗放型城市化，以及东部地区发展远高于中西部地区的不平衡城市化等问题。未来五年，在人口城市化继续推进的同时，中国的城市化将更加注重解决农民工的市民化问题，更加注重城市布局的合理化和城市软硬设施的建设，更加注重提升城市化的质量和水平。

（2）信息化与工业化深入融合。发展现代产业体系，大力推进信息化与工业化融合，促进工业由大变强，这是中国加快转变经济发展方式，走新型工业化道路所提出的重大战略举措。随着世界信息产业进入调整期、信息技术发展进入成熟期，信息技术和产品的成本大幅度下降，这有利于发展中国家加快信息技术的推广和应用，为发展中国家充分利用先进信息技术改造和提升传统产业，提高产业竞争力，以较低的成本和较短的时间迅速缩小与发达国家的差距提供了战略机遇。“十一五”以来，中国的信息产业取得了长足的发展，工业、农业、服务业的信息化水平也得到大幅提高，信息技术在促进生产自动化、提高政府管理水平、拓展服务业业务范围等方面的作用不断增强。但是，从总体上看，在广泛利用信息技术、信息产品和信息设备，进而推进整个生产体系的智能化和提高企业生产效率等方面，中国与发达国家依然存在较大的差距。信息化和工业化融合发展的趋势是信息技术在工业产品中的渗透融合，各类工业产品向自动化、数字化、智能化发展。“十二五”时期，应从设计、工艺、生产、设备、测试、评价及销售网络体系全面入手，实现工业产品功能的提升和可靠性的提高，提高产品信息技术含量和附加值；提高企业制造过程信息化水平，优化研发设计流程，推进设计仿真和优化，建立协同创新和集成创新平台，构建数字化研发设计体系，提高产品制造加工质量和精度，以进一步推动信息化与工业化深入融合。

（3）能源资源和生态环境约束进一步强化。尽管中国已提出走新型工业化道路并着力实施，但是转变发展方式的阻力很大，工业能耗和污染物排放依然处在高位水平。目前，中国已从过去的能源出口国变为世界能源进口大国，能源保障和气候变化问题现已成为中国外交事务的重点之一。中国工业快速增长依靠大量的资源投入和牺牲环境为代价，这种模式无疑很难持续。“十一五”期间，通过约束性节能减排指标的制定和分解落实，地方政府和社会各界对环境保护和可持续发展有了更深入的认识，重视程度不断提高。然而，在节能减排工作中，仍普遍存在“重计划，轻落实”的现象，很多地方政府仍将 GDP 增长作为地方经济社会发展的首要目标，过分追求量的增长，缺乏长远意识和战略部署，忽视环境损害的影响和可持续能力建设，环境保护和生态补偿欠账较多。临近“十一五”末，为完成节能减排指标，部分地区采取拉闸限电、停产停工等极端、强制性手段，虽然短期内排放指标有了一定改善，但这些手段也使一些排放已经达标的企业的生产受到影响，甚至严重干扰了当地居民的正常生活秩序。另据国务院发展研究中心与世界自然基金会联合发布的《中国经济刺激计划对气候和能源的影响》报告，由于应对金融危机的4万亿投资主要投向了基础设施建设，直接拉动了煤炭、电力、建材等高耗能工业，一定程度上导致结构性减排受阻，部分抵消了技术节能的成效。

二、“十二五”工业发展的有利条件和不利因素

伴随发展环境的变化，“十二五”时期，中国工业发展的条件也在相应改变：一方面，政府宏观调控能力持续增强，市场经济体制逐步完善，基础设施条件明显改善，劳动力素质进一步提升，以及新的增长点不断涌现等，这些都构成工业发展的有利条件；另一方面，体制机制障碍仍然突出，要素成本上涨压力加大，自主创新能力亟待提高和产能过剩日益严重，也是中国工业发展不得不面对的不利因素。

1. 有利条件

（1）政府宏观调控能力持续增强。中国的宏观调控既采用通用的市场化手段，也具有鲜明的中国特色，这主要是由于中国还处于向市场经济的过渡和转型阶段，二元结构、地区差距、所有制差别等依然存在，经济的异质性还很明显，市场化手段难以处理不同发展水平地区、不同发展阶段产业之间的协调。在坚持市场主导的基础上，中国政府不断改革政府宏观调控机制，创新调控手段，取得了良好的效果。在应对本次国际金融危机的挑战中，中国政府和中国经济的表现得到了国内外的充分肯定。“十一五”时期，中国政府还积极参与国际经济协调，中国不仅是G20的重要成员，而且在共同应对全球金融危机中起到了中流砥柱的作用。与以往相比，现阶段的宏观调控并不单纯着眼于金融领域，而是关注金融与实体经济的关联，在宏观调控的策略上是要努力阻止或延缓危机从金融领域向实体经济领域的蔓延。总体上看，中国的宏观调控已经更加注重把握好政策实施的重点、力度和节奏，努力做到调控审慎灵活、适时适度，不断提高政策的针对性、灵活性和前瞻性。政府宏观调控能力的持续增强，为顺利实现“十二五”工业发展目标奠定了良好的基础。

（2）市场经济体制逐步完善。一方面，随着国有资产管理体制改革的推进，国有企业改革进入了由出资人推动的新阶段。在国资委的推动下，国有企业联合重组步伐加快，主辅分离、辅业改制和分离企业办社会职能的工作成效明显。同时，垄断行业体制改革顺利推进，市场竞争环境日益公平，国有企业、民营企业、三资企业都获得了快速发展。另一方面，民营企业发展环境得到改善。根据全国工商联的统计，中国的民营上市公司首次突破1000家，近两年来保持了民营公司上市的强劲势头。随着社会主义市场经济的进一步发展、市场主体的日益多样化，民营企业组织形式日趋优化，出资方式更加灵活。据统计，截至2011年第三季度，中国私营有限责任公司超过780万家，其中股份有限公司超过2.6万家，无论是数量上还是规模上，民营企业在中国工业经济中的地位都在不断提升。

（3）基础设施条件明显改善。基础设施建设始终是现阶段中国投资领域的重要内容。本次金融危机之后，中央和各地方政府进一步加大了基础设施投资力度，对拉动经济增长，带动相关投资起到积极作用，同时也加快了基础设施建设步伐。近年来，基础设施建设呈现四个特征：①基础设施建设的重点是交通领域。2011年，中国高速公路新通车里程约1.1万公里，通车总里程达到8.5万公里，“十一五”期间全国高速公路通车里程翻了一番多。以高速铁路和高速公路为核心

的新一代交通网络将助推中国经济增长。②西部地区基础设施建设力度加大。“十一五”以来，青藏铁路、西气东输、西电东送、国道主干线西部路段和大型水利枢纽等一批重点工程相继建成，完成了送电到乡、油路到县等建设任务，西部地区基础设施建设取得了突破性进展。③基础设施建设模式改革进程加快。2011 年 5 月《国务院关于鼓励和引导民间投资健康发展的若干意见》中明确指出，对于可以实行市场化运作的基础设施、市政工程和其他公共服务领域，应鼓励和支持民间资本进入。铁路建设领域鼓励民资进入的政策和措施也在加紧制定。④基础设施现代化的特征更加明显。能源供应领域中新能源的不断提高；交通领域的建设以高速铁路网、高速公路网和支线机场为主；邮电通信业领域则以大承载光缆铺设、宽带网络建设和新一代移动通信网络建设为重点。

（4）劳动者素质进一步提升。在科教兴国战略的指导下，中国劳动者素质和能力显著提高，并形成有利于劳动者学习成才的引导机制、培训机制、评价机制、激励机制，引导广大劳动者提高思想道德素质和科学文化素质，努力掌握新知识、新技能、新本领，成为适应新形势下经济社会发展要求的高素质劳动者。一方面，劳动者受教育程度不断提高。2010 年，全国就业人员中，接受大学专科以上教育的超过 10%，较 2005 年提高了 3.2 个百分点，未上过学的劳动者比重则下降了 4.4 个百分点。另一方面，中国技术培训体制更加完善，技能型工人比重不断提高。中国产业工人正在向技术型、技能型工人的方向转型。2010 年，中国共有 9803 家职业技能鉴定机构共鉴定考核 1657.55 万人，新增技师 316663 人，高级技师 71587 人，分别是 2005 年的 1.7 倍、1.6 倍和 1.8 倍。

（5）新的经济增长点不断涌现。近年来，中国在保持经济较快、平稳增长的同时，尤其注重产业结构的调整和优化产业布局，以及通过各种手段刺激内需增长，新经济增长点不断涌现是“十一五”时期中国工业经济的重要特征，也是“十二五”及更长一段时间中国工业发展的有利条件。首先，新技术革命不断孕育新的高增长产业。现阶段，信息技术、绿色技术、现代制造技术以前所未有的速度发展，带动了相关产业的迅速崛起，一些技术在几年前还停留在实验室阶段，但现在已经形成相当大的产业规模。中国各级政府十分重视新兴产业的培育和发展，从中央到地方都制定了新兴产业发展相关规划，出台相关扶持政策，信息技术、节能环保、新能源、新材料、生物医药等行业也正在成为一些地区新的高增长行业。其次，中国区域经济协调性增强，中、西部将成为未来支撑中国经济增长的重点地区。中国的改革开放始于东部沿海地区，目前，沿海部分省市的经济指标已经达到了发达国家的水平，但发展的约束和瓶颈也不断增强，经济增长速度也出现下降。比较起来，中、西部地区在“十一五”时期的发展成就令人瞩目，无论是经济规模、经济效益的增长都超过东部地区，资本、人力等生产要素也正在加速向中、西部地区汇聚。可以预期“十二五”时期中国经济增长的重心将由东部向中、西部转移。最后，内需在经济增长三驾马车中的重要性将不断增强。随着居民收入水平的提高、社会保障体系的完善和国内消费环境的改善，中国居民的消费能力将不断提高。随着内需的进一步释放，中国经济增长将摆脱过度依赖出口和投资的局面，国内消费将成为工业产品增长最快的市场。

2. 不利因素

（1）体制机制障碍仍很突出。尽管中国社会主义市场经济体制早已确立，并不断得到发展，但不可否认的是，目前的市场经济体制还很不完善，仍然处于过渡阶段，其主要表现是政府仍然在资源配置中起着主导作用。这种过渡体制存在两种可能的发展方向：或者是政府逐渐淡出对微观经济活动的干预，加强自己在市场失灵的领域诸如市场监管和提供公共产品等方面的职能，使过渡体制逐渐成长为在规则基础上运转的现代市场经济；或者不断强化政府对市场的控制和干预，不断扩大国有部门的垄断力量，蜕变为政府全面控制经济社会发展的国家资本主义畸形体制。要真正实现经济发展方式的转变，最根本的就是解决体制问题，要解决体制问题，就只有靠进一步推进经济和社会体制改革。“十二五”规划提出，坚持把扩大开放、深化改革作为转型升级的强大动力；充分利用“两种资源、两个市场”，稳定外需、扩大内需，实现内需外需均衡发展。可见，充分发挥市场配置资源的基础性作用，激发市场主体活力，加快推动宏观调控手段向更多依靠市场力量转变是解决体制机制障碍的重要路径。

（2）要素成本上涨压力加大。劳动力成本上升和原材料价格上涨已经成为制约中国企业发展乃至生存的最主要因素。随着中国人口结构的变化，近几年东南沿海地区已经出现了“用工荒”的现象，中国的“刘易斯拐点”已经或即将来临。同时，随着对劳动者权益保护水平的不断提高，企业为员工支付的薪资和相关福利费用越来越高，企业的生产成本迅速提高，中国低廉的劳动力成本优势正在逐渐丧失。

随着能源资源刚性需求持续上升，生态环境约束进一步加剧，企业的经营成本也随之提高。由于长期粗放式发展，中国工业能源资源消耗强度大，能源消耗和二氧化硫排放量分别占全社会能源消耗、二氧化硫排放总量的70%以上，钢铁、炼油、乙烯、合成氨、电石等单位产品能耗较国际先进水平高出10%~20%；矿产资源对外依存度不断提高，原油、铁矿石、铝土矿、铜矿等重要能源资源进口依存度超过50%。同时，资源节约、环境保护和安全生产水平显著提升也推高了企业的经营成本。“十二五”规划提出，单位工业增加值能耗较“十一五”末降低21%左右，单位工业增加值用水量降低30%，单位工业增加值二氧化碳排放量减少21%以上；工业化学需氧量和二氧化硫排放总量分别减少10%，工业氨氮和氮氧化物排放总量减少15%。

（3）自主创新能力亟待提高。一方面，目前中国已是制造业大国，加工制造能力和产业配套能力名列世界前茅，钢材、彩电、摩托车等100多种重要产品的产量位居世界第一。但另一方面，中国70%的数控机床、80%以上的集成电路芯片制造装备依赖进口；占固定资产投资40%左右的设备投资中，有六成以上要靠进口来满足；中国经济的对外技术依存度高达50%，新开发技术有70%属外源性技术。据统计，中国国内拥有自主产权核心技术的企业仅为3‰，99%的企业没有申请专利，60%的企业没有自己的商标。中国工业在关键技术上自给率低，对外技术依存度在50%以上，而发达国家一般在30%以下，美国和日本则在5%左右。2011年，中国的研发经费支出为8610亿元，仅占国内生产总值的1.83%。而创新型国家研发经费则为2%以上。中国企业自主创新能力严重不足，全国2万多家大中型企业中有研发机构的仅占25%，有研发活动的仅占3%；4000多家重点企业中，技术开发经费占销售收入1%以下的就占了75%；大中型企业的研发经费只占销售额的0.39%，即使高新技术企业也只占0.6%，这个比例不到发达国家的1/10。

（4）产能过剩日益严重。长期以来，在促进经济增长的动力上，投资起到了最主要的作用。在政府主导下的大量投资一方面推动了经济增长；另一方面又造成了较为严重的产能过剩。产能过剩不仅严重浪费资源，同时还扭曲了经济结构，造成大量无效生产，产生了严重的环境问题。2006年，国务院将10个行业列为产能过剩行业，而到2009年产能过剩行业几乎翻了一番，达到了19个。目前，不仅钢铁、水泥、汽车、纺织等传统产业，就连风电设备、多晶硅等部分新兴产业也出现了比较严重的产能过剩。据不完全统计，全国156家电池组件企业2011年的太阳能电池产能已超过0.35亿千瓦，预计2012年产能在0.4亿千瓦以上，产量将超过0.24亿千瓦；欧盟2011年9月份发布的报告也显示，2012年全球太阳能电池产能将达到0.8亿千瓦，中国占据超过50%的份额。自2011年以来，外部需求大幅萎缩造成光伏产品价格急速下滑，多晶硅电池企业出现大面积亏损。

三、促进工业转型升级需要处理好几个重要关系

转型升级是现阶段中国工业发展的主题。中国作为发展中大国，在工业转型升级过程中，需要处理好以下几个重要关系：

1. 发展速度与发展方式转变的关系

为了缩小与发达国家之间的发展差距，长期以来，中国始终把经济增长放在宏观经济目标的首位。目前，中国已经成为世界第二大经济体，人均收入也由低收入水平上升至中等偏下水平，贸易竞争力、产业竞争力也大幅提高。但是，在经济高速增长的同时，中国的粗放型发展方式没有得到根本改变。随着发展环境的变化，粗放式增长带来的负面效应也越来越明显，资源消耗、环境的可承受程度等都难以保证经济的持续高速增长。在这种情况下，转变经济发展方式，实行集约型发展就成为经济可持续发展的唯一途径。

在中国经济发展方式转变的过程中，一个普遍的看法是：在较高的发展速度下难以顺利推进发展方式的转变；反之要转变发展方式就很难保证较高的发展速度。事实上，发展速度与发展方式的转变在理论上并不是对立的，在现实中也是可以实现统一的。一方面，保持经济平稳较快发展，是维护社会政治稳定、保障人民安居乐业、顺利推进各方面工作最重要的基础和保证。中国经济只有保持一个较高的增长速度，转变发展方式才有坚实的基础。另一方面，随着要素约束的不断增强，中国经济增长只有建立在结构优化、效益提高、资源消耗下降和生态环境得到保护的基础上才有可持续性。这次金融危机发生以来，发达国家纷纷谋划经济结构的深度调整，加速发展新兴产业和实施以先进制造业为核心的“再工业化”，试图抢占未来科技和产业发展制高点，发展中国家也加大科技投入，加速发展具有比较优势的产业和技术，谋求实现跨越式发展，中国面临的竞争压力持续加大。只有正确处理好发展速度和发展方式转变的关系，中国工业才能在复杂多变的国内外发展环境下实现又好又快发展。

2. 政府引导与市场主导的关系

改革开放以来，中国市场经济体制建设不断推进，市场发挥资源配置的基础性作用逐步体现。“十二五”期间，中国工业发展无论是在传统制造业改造提升、战略性新兴产业培育和发展，还是在企业兼并重组、中小企业发展、产业布局优化等方面都需要充分发挥市场机制作用，同时也要注重发挥政府引导的积极作用。市场和政府的关系是：市场在发挥着基础性、主体性的作用，政府在发挥着引导性、辅助性的作用。市场通过自由竞争，运用价格机制来配置资源，可以有效提高经济运行的效率。但是市场要充分发挥作用，需要政府通过政策、法规创造一种机制，这种机制能够引导市场行为、资金的投向，从而引导企业做出有利于转变经济发展方式的经营决策。“十二五”期间，处理好市场与政府的关系，要通过建立完善资本、技术等生产要素市场创造良好的产业发展环境；通过建立完善行业标准和市场准入制度创造公平、有序的市场竞争环境；通过清除跨地区、跨部门障碍形成统一开放、竞争有序的市场体系。

3. 技术创新与制度创新的关系

技术创新和制度创新对于推动中国工业转型升级都是不可或缺的，技术创新提供动力，制度创新提供保障。一方面，中国工业特别是制造业的规模已经是全球第一，进一步的发展将由数量扩张向质量提高转型，而实现质量提高的关键依赖于工业技术实力的提升。目前，要素成本上涨、资源环境约束增强、产品竞争力低是中国工业向质量型增长转型必须解决的问题，而技术进步是提高生产效率、提高能源资源利用效率、减少污染排放、提高产品附加值水平的唯一方法，因此，技术创新是中国工业实现转型升级的动力源泉。另一方面，中国的市场机制还不完善，企业的治理结构和管理模式也还存在各种缺陷，这些问题都影响着生产要素的配置效率、生产过程中各种要素的生产效率以及生产收益的分配公平。制度创新的目的正是要完善中国的市场经济环境、创造更加公平合理的分配机制、提高企业的管理效率。因此，制度创新是工业实现转型升级目标的重要保障。

4. “走出去”与“引进来”的关系

从某种意义上讲，改革开放以来中国工业化、城市化和工业现代化的启动，全方位、多层次、宽领域对外开放格局的逐步形成，个体、私营、外资等非公有制经济蓬勃发展并日益成为推动国民经济快速发展的重要力量，这些都要在很大程度上归功于“引进来”战略的实施。另外，随着经济实力的不断增强，中国工业发展面临的资金约束逐渐消除，到“十一五”时期，中国已经成为全球闲置资金最充足的国家之一，中国企业

“走出去”的积极性提升到一个前所未有的高度。

中国是全球吸引外资最多的发展中国家，2008年金融危机之后，国外不少企业陷入资金短缺困境，中国对外投资迎来难得的战略机遇期，在继续加大“引进来”力度的同时，大力推动“走出去”将成为“十二五”时期中国对外经济关系的重要特征。一方面，外资引进和对外投资本来就是一个开放经济体的经常性行为，随着中国融入全球分工体系和市场体系程度的加深，相对于全球吸收外资的大国地位，中国作为对外投资大国的地位也应相应提高。另外，“走出去”和“引进来”的目标将更加统一。在相当长一段时期，中国吸引国外投资主要是依靠较低的劳动力成本比较优势，跨国公司将加工厂设在中国，生产产品多出口到发达国家。而目前的情况是，中国的低成本比较优势正在加速丧失，近年来引进的外资项目更多是瞄准中国本地市场，或者利用规模和能力日益提高的中国研发资源，而中国在选择外资项目时也越来越重视其对本土技术进步的促进作用，以及能否更好地满足国内市场需求。同时，中国企业对外投资的目的包括开发国外资源、开拓国外市场和获取国外技术，为了获取国外技术和成熟市场的跨国并购成为最近一段时间的热点，这与现阶段国外公司对中国的投资，以及中国引进外资的目的是基本一致的。

5. 工业发展与生产性服务业发展的关系

生产性服务业兴起于20世纪60年代，80年代以后其更成为工业化国家经济的重要增长点。改革开放以来，尤其是近10年来，中国生产性服务业也取得长足发展，逐渐成为国民经济的重要组成部分。但是，中国生产性服务业的发展与发达国家相比，仍存在明显差距，主要表现为：生产性服务业产值规模小、内部结构不合理、发展速度明显滞后于制造业、生产性服务业与制造业发展失衡的特征比较明显。

随着企业规模的扩大和国际市场竞争加剧，制造业企业将一系列以前由内部提供的生产性服务活动外部化，将研发、设计、内部运输、采购等活动外包给生产性服务企业；或者制造业企业内部的服务项目不断地分离出来，形成独立的专业性生产性服务业企业，这将促进生产性服务业的进一步发展。发达国家的发展经验表明，在工业化深化发展阶段，生产性服务业的发展会呈现集聚化趋势，而这种集聚化趋势形成后，又会对地区产业转型升级产生巨大的变革力量。同时，生产性服务业能够与高技术产业、先进制造业形成良好的融合与互动，对传统制造业的发展产生渗透作用，不断提高经济发展的质量和效益。因此，加快生产性服务业发展应该成为推进产业结构战略性调整的重点和目标。

6. 传统产业发展和新兴产业发展的关系

目前，工业经济中存在的增长速度下滑、技术进步缓慢、投融资结构不合理、创新动力不足、资源能源效率低等问题主要集中于传统产业。要协调好传统产业发展与新兴产业发展的关系，不仅要大力促进传统产业的改造升级，还要通过新兴技术和新兴产业与传统产业的融合从根本上突破传统产业的发展瓶颈。首先，传统产业是新兴产业培育的土壤。传统产业是经济快速增长的重要支撑，在应对金融危机挑战的特殊时期，传统产业持续、稳定的发展为保障中国经济较快增长发挥了积极作用。近年来，全球新兴产业发展速度加快，但就其对国民经济增长的贡献看，还远不及传统产业。以美国为例，其高新技术产业的增长加上相关的投资对经济增长的贡献也不到3个百分点。中国作为发展中国家，要保持每年8%左右的经济增长率，必须依靠传统产业的发展。从这个意义上说，放弃传统产业就等于放弃经济增长，也就破坏了新兴产业发展的土壤。其次，传统产业与新兴产业之间没有天然的鸿沟，传统产业改造升级的方向就是成为具有新成长动力的产业。新兴产业的发展并不意味着对传统产业的完全替代，而是要为传统产业注入新的活力，提高其成长性和竞争力。最后，新兴产业的兴起不会阻碍传统产业的发展。事实上，新兴产业的发展能够为传统产业的改造升级提供先进装备和先进技术，从而促进传统产业更加适应新技术和新市场的要求。

专栏 1-1

统筹兼顾，改革创新，在关键领域改革上迈出实质性步伐

考虑到未来中国经济发展内部条件与外部环境变化及未来发展面临的主要矛盾与挑战，需要实现以下几个方面的目标与任务：一要增强发展的公平与效益；二要挖掘经济增长潜力，重构增长动力；三要提高资源利用效率，降低环境污染；四要促进对外平衡，扩大国际影响。为此需要在以下几大重点问题上进行突破。

一、促进经济社会协调发展

经济发展与社会进步相辅相成，发展重心必须兼顾经济与社会，将公平正义的理念贯彻于各项经济政策之中，推动经济与社会的协调发展。一是要大力加强以改善民生为主的社会建设，大幅度提高教育、就业、医疗卫生、住房保障和社会保障等公共服务的数量和质量，使经济发展的成果惠及全体人民。二是要强化环境保护、城市交通等经济发展环境的问责制度，弱化经济增长速度的绩效考核。三是要破除阻碍地区间、城乡间生产要素特别是人口流动的障碍，如加快户籍制度改革、建立城乡间及区域间大致均等的基本公共服务体系等。四是要鼓励各类公益型非政府组织的建立，为其提供广阔的活动空间。

二、依靠创新推动产业结构优化升级

未来10年是中国由工业化中期向后期的过渡阶段，必然要求以加快技术创新来推动工业的转型升级。首先，应主要解决创新的主体、动力、领域和平台等问题，应将企业作为创新的主体，将市场竞争作为创新的动力源泉，特别是要加强知识产权保护。其次，应遵循产业创新的规律，从中国的具体国情出发，重视以下几个方面的问题：一是在技术进步方式上采取技术创新与技术引进“双轮驱动”，实现“引进技术—消化吸收—创新开发—提高国际竞争力”的良性循环。二是形成技术创新的政府和市场“双向引导”，通过加强知识产权保护激励企业技术创新，解决技术创新领域内的市场失灵和系统失灵。三是实现二产和三产创新的融合发展。四是以硬设施和软环境的建设推动创造有利的技术创新内部条件，营造崇尚创新的良好氛围。

三、以促进消费为重点扩大内需

无论是从应对当前挑战的实际需要看，还是从长远发展的根本目的看，都必须把扩大消费特别是居民消费放到扩大内需更加突出的位置。当前和今后一段时期，应完善促进消费的政策措施，完善鼓励居民合理消费的财税、信贷等政策，着力改善消费环境，培育新的消费热点，增强消费对经济增长的拉动作用。

四、稳步推进城镇化

扩大内需的最大潜力在于城镇化。目前，中国城镇化仍然滞后于工业化发展，向现代化国家迈进的过程必然要求加快城镇化进程。稳步推进城镇化，必须在充分尊重农民意愿、切实维护农民权益、严格保护耕地的基础上进行，要大幅度提高城市综合承载能力，积极提高城市综合管理和服务水平，从而实现我国城镇化质量的战略性提升。

五、破除资源环境约束，实现可持续发展

当前，资源环境问题对中国社会经济发展的制约越来越明显，自然资源利用率低下，环境问题呈现不断恶化趋势。要破解中国资源环境约束，实现可持续发展，应将战略重点放在可持续发展的基本制度安排和政策保障方面。需从“开源”和“节流”两方面同时入手，提高资源保障能力和环境承载力，减少资源的低效率利用及对环境的损害。一要提高资源的持续供应保障能力，二要完善

高效利用资源和环境保护的激励与约束制度，三要促进形成节能减排的长效机制，四要健全资源环境可持续发展的支持体系。

六、不断提高对外开放水平

未来10年中国经济地位将持续上升，必须实行更加积极主动的开放战略，不断拓展新的开放领域和空间，扩大和深化同各方利益的汇合点，完善更加适应发展开放型经济要求的体制机制，有效防范风险，以开放促发展、促改革、促创新。

资料来源：《经济日报》2012年5月31日。

参考文献

1. 中国社会科学院工业经济研究所课题组：《"十二五"时期工业结构调整和优化升级研究》，《中国工业经济》2010年第1期。

2. 金碚：《牢牢把握发展实体经济这一坚实基础》，《求是》2012年第4期。

3. 金碚、吕铁、邓洲：《中国工业结构转型升级：进展、问题与趋势》，《中国工业经济》2011年第2期。

4. 国家发改委经济研究所课题组：《把握我国经济发展的环境变化》，《经济日报》2012年5月31日。

第二章　工业发展方式转变

提　　要

2011 年，中国积极推进了工业发展方式转变，国务院发布了促进工业发展方式转变的五年规划——《工业转型升级规划（2011~2015 年）》，这是改革开放以来第一个把整个工业作为规划对象，并且由国务院发布实施的中长期规划；2011 年，全年工业增速呈现的是稳中见缓的态势，但从工业发展方式转变看，长期以来中国工业发展中面临的一些结构性问题，呈现逐步趋好的迹象；推进工业发展方式转变的各方面工作，包括提高自主创新能力、培育发展战略型新兴产业、节能减排、淘汰落后产能和推进两化融合都有了新的进展。但是，从长期看，推进工业发展方式转变还需注意一些问题，这包括要从国家战略角度认识工业发展方式转变，政府推进工业发展方式转变要重视市场激励原则，要协调好宏观经济调控和工业发展方式转变的关系等问题。从国家战略高度认识和推进工业发展方式转变，本质上就是加速推进我国工业现代化进程、实施工业强国战略，具体而言应该包括三个方面的重大任务：一是建立先进的技术体系；二是建立现代的产业体系；三是建立高效的管理体系。当前经济政策的重点应该是将发展实体经济与转变工业发展方式结合起来，一方面应该有利于各种资源流入实体经济，支持工业的转型升级和创新发展；另一方面应该有利于充分发挥虚拟经济服务于实体经济发展的作用，规范金融活动，打击各种投机行为。

*　　　　*　　　　*

推进经济发展方式转变，是中国“十二五”时期经济社会发展的主线，是推动科学发展的必由之路。而工业发展方式的转变，又是经济发展方式转变的关键。胡锦涛总书记在中共中央政治局第 33 次集体学习时指出：“工业是实体经济的主体，也是转变经济发展方式、调整优化产业结构的主战场。”① 因此，推进工业发展方式的转变，对于中国整体经济发展具有全局性的战略意义。未来中国工业要在发展中促转变，在转变中谋发展。

①《胡锦涛在中共中央政治局第 33 次集体学习时强调着力提高我国工业发展质量效益、努力从工业大国向工业强国转变》，《人民日报》2012 年 5 月 30 日。

一、2011 年工业发展方式转变情况

2011 年是“十二五”的开局之年，推进工业发展方式转变的重点在制定规划、部署工作，可以认为 2011 年是“十二五”时期工业发展方式转变的规划之年、部署之年。与此同时，推进工业发展方式转变各项工作在有序开展，一些结构性问题有改善的迹象。

1. 国务院印发《工业转型升级规划（2011~2015 年）》

2011 年 12 月 30 日，国务院正式发布《工业转型升级规划（2011~2015 年）》（以下简称《规划》）。这是改革开放以来第一个把整个工业作为规划对象，并且由国务院发布实施的中长期规划。该《规划》将“转型”界定为通过转变工业发展方式，加快实现由传统工业化道路向新型工业化道路转变，“升级”就是要通过全面优化技术结构、组织结构、布局结构和行业结构，促进工业结构整体优化提升。因此，可以认为《工业转型升级规划（2011~2015 年）》就是一个促进工业发展方式转变的五年规划。

该《规划》提出了工业转型升级的总体思路、主要目标、重点任务、重点领域发展导向和保障措施。①《规划》确定了未来五年工业转型升级的主要目标包括：“十二五”期间，工业保持平稳较快增长，全部工业增加值年均增长 8%左右，工业增加值增长率较“十一五”末提高 2 个百分点，全员劳动生产率年均提高 10%；自主创新能力明显增加，规模以上工业企业研究与试验发展（R&D）经费内部支出占主营业务收入比重达到 1%，重点骨干企业达到 3%以上，企业发明专利拥有量增加一倍；产业结构进一步优化，战略性新兴产业实现增加值占工业增加值的 15%左右，规模经济行业产业集中度明显提高，主要工业品质量接近或达到国际先进水平；信息化水平显著提高，主要行业关键工艺流程数控化率达到 70%，大中型企业资源计划（ERP）普及率达到 80%以上；资源节约、环境保护和安全生产水平显著提升，单位工业增加值能耗较“十一五”末降低 21%左右，单位工业增加值用水量降低 30%（具体参见专栏 2–1）。②围绕上述目标，《规划》从转型升级要素角度提出了增强自主创新能力、加强企业技术改造、提高工业信息化水平、促进工业绿色低碳发展、实施质量和品牌战略、推动大企业和中小企业协调发展、促进区域产业协调发展、提升对外开放层次和水平等方面的任务。③《规划》还提出了发展先进装备制造业、调整优化原材料工业、改造提升消费品工业、增强电子信息产业核心竞争力、提升国防科技工业现代化水平、加快发展面向工业生产的相关服务业等重点行业和领域的发展导向和升级路径。④为确保主要目标任务的顺利实现，《规划》还提出了完善产业政策体系及功能、强化工业标准规范及准入条件、加大财税支持力度等八个方面的保障措施，并从建立部际协调机制、明确规划实施责任、加强和创新工业管理、强化规划监测评估等方面对规划实施进行了具体部署。[①]

2. 从工业运行情况看一些结构性问题呈现趋好的迹象

据国家统计局统计，2011 年规模以上工业增加值同比增长 13.9%，[②] 其中第一季度增长 14.4%，第二季度增长 14%，第三季度增长 13.8%，第四季度增长 12.8%。从分月工业增加值速度看，如图 2–1 所示，2011 年工业增加值分月速度大部分月份同比低于 2010 年，但 2011 年工业增加值分月速度变化比较稳定，因此，2011 年全年工业增速呈现的是稳中见缓的态势，但长期以来中国工业发展中面临的结构性问题，呈现逐步趋好的迹象。

---

①《国务院关于印发〈工业转型升级规划（2011~2015 年）〉的通知》，http://www.gov.cn/zwgk/2012-01/18/content_2047619.htm，2012 年 1 月 18 日。

② 本部分数据转引自工业和信息化部运行监测协调局、中国社会科学院工业经济研究所的工业经济运行季度报告。

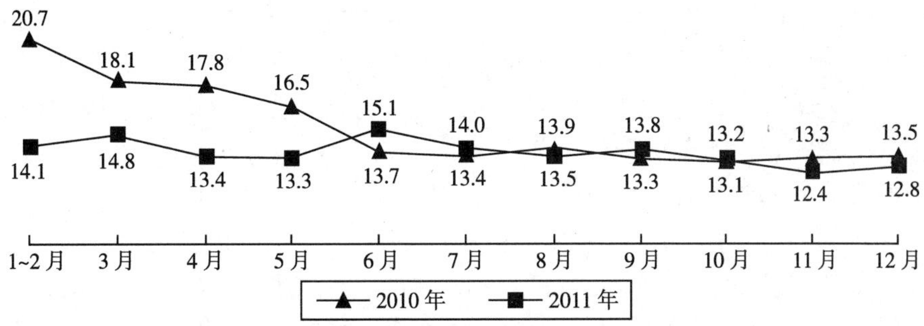

图 2-1 2010 年和 2011 年规模以上工业增加值分月速度

（1）内需对工业增长拉动作用增强。据国家统计局统计，1~11 月，规模以上工业完成销售产值同比增长 28.4%，其中内销产值增长 30.7%，占全部销售产值的比重达到 87.8%，同比上升 1.2 个百分点。

（2）轻、重工业增速差距缩小。全年轻、重工业增加值同比分别增长 13%和 14.3%，重工业增速快于轻工业 1.3 个百分点，比上年收窄 1.6 个百分点。

（3）产业结构升级的效果初显。据国家统计局统计，1~11 月，高技术产业增加值同比增长 16.5%，快于全部规模以上工业 2.5 个百分点；1~10 月，六大耗能行业增加值同比增长 12.5%，低于全部规模以上工业 1.6 个百分点。

（4）东部地区生产增势回落明显，中、西部地区增势良好。全年东、中部地区规模以上工业增加值同比分别增长 11.7%和 18.2%，增幅比上年分别回落 3.3 和 0.2 个百分点，西部地区增长 16.8%，同比加快 1.3 个百分点。东部地区在全部规模以上工业增加值中所占比重进一步下降到 57.5%，而中、西部地区则分别上升到 24.6%和 17.9%。1~11 月，东、中、西部地区规模以上工业实现利润分别为 27787 亿元、11034 亿元和 7816 亿元，分别增长 18.7%、34.1%和 33.3%；主营业务收入利润率分别为 5.67%、6.60%和 7.68%，分别同比回落 0.25、0.17 和 0.07 个百分点。

（5）规模以上工业企业效益状况继续改善。1~11 月，规模以上工业企业实现利润 46638 亿元，同比增加 9136 亿元，增长 24.4%；上缴税金 32603 亿元，同比增长 25.2%。

3. 推进工业发展方式转变工作取得新进展

在加快提高自主创新能力、培育发展战略性新兴产业工作方面，2011 年，有关技术创新、培育发展战略性新兴产业的政策环境不断完善，《“十二五”产业技术创新规划》、《产业关键共性技术发展指南（2011 年）》、《关于促进战略性新兴产业国际化发展的指导意见》、《物联网发展专项资金管理暂行办法》等一系列政策相继发布。“国家技术创新示范企业”、“国家创新型企业”、“国家科技重大专项”等工作也有序稳步推进。在 2011 年 7 月，工业和信息化部、财政部首批认定了 55 家技术创新示范企业。全国多数省（市）已就战略性新兴产业发展做出具体规划部署，明确了“十二五”期间的发展重点和方向，近年来还形成一批具有地方特色的战略性新兴产业基地。①

在推进节能减排和淘汰落后产能工作方面，2011 年，全国各地积极推进节能减排工作、推广使用先进技术和节能产品、控制“两高一资”和产能过剩行业，前三季度，全国规模以上工业企业单位工业增加值能耗同比下降 2.56%，40 项重点产品（工序）单位能耗指标实现同比下降。2011 年，工业和信息化部编制完成钢铁、石化、有色、建材等 11 个重点行业节能减排先进适用技术目录、应用案例和技术指南，并会同科技部联合发布《国家鼓励发展的重大环保技术装备目录（2011 年版）》，提出 108 项需要研究开发和推广应用的关键共性环保技术装备，同时，工业和信息化部还发布了铜冶炼、铅锌冶炼、铬盐等 10 个行业清洁生产技术推行方案等。2011 年，中国工业固体废物综合利用产业也加快了发展，工业和信息化部在河北承德、山西朔州、内蒙古鄂尔多

① 根据工信部网站（http：//www.miit.gov.cn/n11293472/index.html）信息和有关资料整理。

斯、河南平顶山、辽宁本溪、山东招远、江西丰城、广西河池、云南个旧、贵州贵阳、四川攀枝花、甘肃金昌12个地区开展了工业固体废物综合利用基地建设试点。2011年，工业和信息化部继续组织推进工业领域“两型”企业创建工作，会同财政部、科技部将钢铁、有色、化工、建材等重点行业的121家企业确定为创建资源节约型、环境友好型企业第一批试点单位。关于淘汰落后产能，2011年，工业和信息化部向社会公告了18个工业行业2255家涉及淘汰落后产能的企业名单、生产线（设备）及产能，截至2011年底，公告的2255家企业落后生产线已基本关停。①

在推进信息化和工业化深度融合工作方面，2011年，工业和信息化部出台了《工业企业“信息化和工业化融合”评估规范（试行）》、《关于加快推进信息化与工业化深度融合的若干意见》等政策规定，积极推进工业化和信息化融合工作；2011年8月29日，工业和信息化部印发了《关于公布首批“两化融合”促进安全生产重点推进项目的通知》，确定武汉钢铁股份有限公司的冶金天车安全运行网络监控管理系统等100个项目为首批“两化融合”促进安全生产重点推进项目，通过“两化融合”促进安全生产；2011年继续推进“两化融合”试验区工作，在总结2009年确定的上海市、重庆市、珠三角地区、呼包鄂地区、广州市、南京市、青岛市、唐山暨曹妃甸地区首批八个国家级“两化融合”试验区建设经验基础上，2011年确立了长株潭城市群、广西柳（州）桂（林）、沈阳、合肥、陕西西（安）咸（阳）、兰州、昆明、郑州等第二批国家级“两化融合”试验区；在进一步完善发展环境和服务体系、促进中小企业健康发展方面，国家依托各类信息化服务平台，推动中小企业从集中走向集聚、向龙头企业靠拢，“两化融合”已成为中国中小企业集聚发展的重要推动力量。国家相关部门进一步加强了公共服务平台建设，2011年2月，工业和信息化部中小企业司公布了首批99个“国家中小企业公共服务示范平台”。②

二、推进工业发展方式转变应注意的问题

工业发展方式的转变是一项长期的、艰巨的、意义重大的系统工程。“十二五”开局之年取得了一些进展，但进一步推进工业发展方式转变还面临许多困难和挑战，尤其需要注意以下几方面问题：

1. 要从国家战略层面高度来认识和推进工业发展方式转变

转变工业发展方式任务的提出是以中国经济国情变化为背景的。改革开放以来，中国快速地推进了工业化进程，中国工业化取得了巨大的成就，经济发展水平得到了极大的提升，长期以来，从经济总量看，中国已经成为一个名符其实的工业大国；从产业结构看，中国是一个工业占主体地位的大国，这就彻底改变了中国的经济落后、人均收入水平很低的农业大国的基本经济国情，中国的基本经济国情已从一个农业大国转变为工业大国。但是，中国基本经济国情仅仅是工业大国，但还不是一个工业强国，这主要表现在经济发展方式比较粗放、工业现代化水平低、国际竞争力弱、工业质量有待提高。据测算，中国工业现代化综合指数还不到30%，一些主要行业现代化综合指数也只有40%左右。③ 因此，转变工业发展方式，提高工业现代化水平，实现从工业大国向工业强国转变，成为中国经济现代化的核心战略。这意味着，对于中国这样一个处于工业化中期后半阶段的发展中大国而言，将工业发展方式

① 王政、左娅：《“十二五”开局新举措：节能减排常抓不懈》，《人民日报》2012年2月28日。

② 根据工业和信息化部网站信息（http://www.miit.gov.cn/n11293472/index.html）和有关资料整理。

③ 陈佳贵、黄群慧等：《中国工业化报告——对我国15个重点工业行业现代化水平的分析与研究》，北京：社会科学文献出版社，2009年版。

问题仅仅从产业战略层面来认识是不够的，必须从基本国情高度和国家战略层面认识工业发展问题。实际上，2008 年以来的欧美国家的金融危机一个重要启示是：必须高度重视实体经济对于一个国家的经济安全和经济发展的重要意义。基于这样的认识，2011 年底中央经济工作会议指出，要牢牢把握发展实体经济这一坚实基础。而工业是实体经济的主体，因此，这也从另一个角度说明了推进工业发展方式转变的国家战略意义。

因此，围绕着如何推进转变工业发展方式，把中国建设成为一个工业强国，就成为中国未来的重大经济战略。虽然在“十二五”规划中，已经提出坚持走中国特色新型工业化道路，适应市场需求变化，根据科技进步新趋势，发挥中国产业在全球经济中的比较优势，发展结构优化、技术先进、清洁安全、附加值高、吸纳就业能力强的现代产业体系，《工业转型升级规划（2011~2015年）》也已经提出并实施，但是，中国还缺少一个专门针对“工业强国”目标的、系统性的、国家层面的、更为长期的综合战略计划，应该在评价十大产业调整与振兴规划实施效果的基础上，考虑到与“十二五”规划、《工业转型升级规划（2011~2015 年）》相协调，结合中国新的经济情况，制定中国的“工业强国战略规划”，内容包括使命、目标、实现时间和步骤、所需条件、推进措施等。可以初步设想，在未来 20 年左右的时间内，通过工业发展方式转变，把中国从一个工业大国建设成为一个工业强国，并努力一直保持工业强国的地位。

2. 政府推进工业发展方式转变要重视市场激励原则

在工业发展方式转变过程中，政府的作用无疑是至关重要的。无论是日本、中国台湾、韩国和新加坡等通过市场干预成功实现从中等收入阶段向更高发展阶段的经验，还是中国已有的产业政策和成功的做法，都说明了这一点。但是，在具体推进工业发展方式转变过程中，政府不要试图替代市场发挥作用，而应该是在重视市场激励的前提下，通过制定科学有效的政策来推进工业发展方式转变。因为对于哪些企业、技术或者产业更有广泛的前途，政府并不比市场有更好的判断。当然，的确存在市场激励不足的问题，如由于不确定性的影响，市场一般更倾向于短期更有收益回报的项目，而缺乏长远的战略投资，市场对于新兴产业可能投资偏少等，这就要求政府发挥作用进行积极的补充。但是，政府部门在推进工业发展方式转变过程中，一定要贴近市场，要尽可能地利用市场机制配置资源。这要求中国要深化政府投资体制、金融体系的改革，以市场化的金融部门来承担配置资源主体，而不是政府本身。政府在制定产业政策和扶持措施时，为了使政策更为有效，要把握几点原则：不要给产业部门和企业直接补贴，补贴的对象应该是特定的经济活动或者技术变革；激励那些具有持续发展和自我更新潜力的活动，以使政府支持的项目带来持续不断的创新循环；激励那些具有潜在溢出效应或者示范效应的活动；通过补贴用户来激励多家企业竞争；要制定出有效的补贴效果评价指标体系和方法，一旦达不到效果，就立即取消补贴。①

3. 要协调好宏观经济调控与工业发展方式转变的关系

作为经济宏观管理的重大措施，宏观经济调控与工业发展方式转变密切相关。一方面，宏观经济调控与工业发展方式转变相互协调，宏观经济调控可以实现经济平稳较快增长，从而为工业发展方式转变提供了良好的经济环境和充分的推进空间，而工业发展方式转变可以保证经济长期持续健康发展，使得宏观经济调控目标更易实现。另一方面，宏观经济调控与工业发展方式转变又互相区别，宏观经济调控的任务一般是保持中短期宏观经济的稳定增长，而工业发展方式转变的任务是解决中国工业发展长期存在的粗放增长问题，最终实现中国经济长期的稳定健康持续发展。在经济管理实践中，的确存在短期宏观经济调控目标与长期经济发展方式转变目标相冲突的情况，必须妥善处理二者的关系。一个基本的原则应该是：在保证短期经济运行不会有大的波动的前提，尽量不要出台不利于工业发展方式转变的当前宏观经济调控政策。我们需谨记“要事第一”原则，一些紧急的事情，往往并不一定是最重要的。

① 林重庚、迈克尔·斯宾塞：《中国经济中长期发展和转型：国际视角的思考与建议》，北京：中信出版社，2011 年版。

三、推进工业发展方式转变的重大任务

从国家战略高度认识和推进工业发展方式转变，本质上就是加速推进中国工业现代化进程、实施工业强国战略，具体而言应该包括三个方面的重大任务：一是建立先进的技术体系；二是建立现代的产业体系；三是建立高效的管理体系。

1. 大力开展科技创新，实现科学技术现代化，建立先进的技术体系

工业发展方式转变的基础是科技创新。虽然中国作为一个工业大国已经具备了比较完整的技术体系，这些年，不断强调加强研发，科技创新活动日趋活跃，工业创新能力稳步提升，但是，与美国、德国、日本等国家相比，中国技术水平还比较落后，创新能力还有待加强，整体上还没有达到世界先进水平，尤其是核心技术突破还是制约中国科技现代化水平、技术体系先进性提高的“瓶颈”因素。从研发投入看，2008 年经济合作与发展组织各国平均研发强度为 2.33，美国、德国和日本的研发强度分别为 2.89、2.64 和 3.42，中国只有 1.54，到 2010 年也只达到 1.71；从关键技术自给率看，中国的纺织机械、高端机床、高速胶印机、集成芯片制造设备和光纤设备制造设备产品进口分别达到 70%、75%、75%、85%和 100%；从专利看，2010 年中国申请的国际 PCT 专利 12337 件，仅相当于美国的 1/4、日本的 1/3。2004~2006 年，美国、日本、德国分别掌握了纳米技术领域的 43%、17%和 10%的专利，占到全部专利的 70%，而中国在纳米技术领域掌握的专利微乎其微。[①] 对于一个工业强国而言，具备世界领先的技术水平和创新能力，是其在国际竞争中具有强势地位的基本保证。中国企业在国际分工和国际竞争格局中处于不利地位的一个直接原因，就是中国技术先进性不够，还没有建立全面先进的技术体系。因此，实施工业强国战略，必须首先要通过科技创新、实现科技现代化，建立起先进的技术体系。这里值得强调的一点是，在一个越来越强调原创性和知识产权的世界上，中国这样的一个社会主义的工业经济大国，必须加大对基础科学领域的投入，保证持续的国际竞争力。由于工业技术的巨大落差和引进先进技术的巨大收益，一般而言，后起工业化国家在工业化过程中的技术进步，在相当长的时期内主要是通过模仿和引进先进国家的技术实现的。改革开放以来，中国技术进步战略也主要依靠技术引进。但是，中国已经成为工业经济大国，能否具有自主技术和创新能力，尤其是在战略性、基础性技术领域能否拥有自主创新能力和自主知识产权，是中国转变工业发展方式、从工业大国到工业强国的关键。因此，必须有长远发展的战略眼光，不要仅仅强调引进消化吸收再创新，还要强调原始创新，重视对基础科学研究的支持。

2. 积极推动转型升级，实现产业结构高级化，建立现代的产业体系

中国在工业大国向工业强国转变阶段，工业发展方式转变的产业结构转型升级任务很重。这具体表现在：①中国企业长期处于全球价值链分工的低端，主要通过 OEM 方式嵌入全球价值链，价值实现主要集中在劳动密集、技术水平低的生产加工环节上，较少涉及产品设计、高端制造、品牌经营等高附加值环节。在 2009 年的世界品牌 500 强中，中国只有 18 个，远低于美国的 241 个、法国的 46 个和日本的 40 个。[②] ②从产业组织上看，中国绝大多数产业集中度不够，从 2002 年到 2011 年，虽然许多大企业规模在扩大，但多数行业集中度不仅没有上升，反而下降，[③] 中国 500

---

① 工业和信息化部产业政策司、中国社会科学院工业经济研究所：《中国产业发展和产业政策报告（2011）——调整与升级》，北京：中信出版社，2011 年版。

② 乔标、李亚光、孙虎等：《新时期推进工业强国建设的思路与策略》，《工业和信息化研究》2011 年第 4 期。

③ 李建明，缪荣，郝玉峰：《10 年来中国企业 500 强发展趋势》，《中国工业经济》2011 年第 10 期。

强大企业国际竞争力与跨国公司相比还有较大差距。③2010年中国三次产业比例分别为10.2%、46.9%、43%，第二产业比例还较高，第三产业比例较低。工业中重工业所占比例"十一五"期间一直在70%以上，工业结构重型化凸显。工业结构还没有完成从资本密集向技术密集转型，"十一五"期间装备工业是增长最快的大类行业，高技术产业和高技术密集度产业2009年在工业总产值的比重分别仅为27.6%和11%。[①] ④劳动生产率、工业增加值增长率、工业能耗水平等综合效率指标远远低于美、德、日等发达国家。中国2007年的装备制造业劳动生产率为1.9万美元/人·年，而1996年美国为9.8万美元/人·年、日本为11.0万美元/人·年，2009年中国工业增加值增长率为26.5%，美国为68.0%、日本为43.6%、德国为43.4%，2008年中国万元国内生产总值能耗为1.1吨标煤，是发达国家的3~4倍。[②] 因此，如何通过转型升级实现产业结构高级化，就成为中国经济发展和产业政策的核心任务。也正是这个背景，2011年颁布的《工业转型升级规划（2011~2015年)》意义就十分重大。该《规划》提出着力提升自主创新能力，推进信息化与工业化深度融合，培育壮大战略性新兴产业，改造提升传统产业，加快发展生产性服务业，全面优化结构，不断增强产业核心竞争力和可持续发展能力。可以设想到，该《规划》得到有效执行，农业基础稳定、工业结构优化、服务业快速发展、科技进步对经济发展贡献度不断提高的现代产业体系将会建成，这就为实现工业发展方式转变、建设工业强国奠定了更加坚实的基础。这里需要明确的一点是，围绕工业发展方式转变、建设工业强国这个战略，第一产业和第三产业的战略使命和发展定位有所转变。第一产业的战略使命主要体现在对工业发展的市场贡献方面，也就是要通过给农业以资金支持，大力提高农民的收入，从而增加"三农"对工业技术和产品的市场需求，进而促进工业的发展。而第三产业的战略使命和发展定位主要体现在两个方面：一是使其成为吸收富余劳动力的主要渠道，既要吸收农业剩余劳动力的转移，又要承担由于工业现代化水平的提高、工业劳动生产率大幅度改善而产生的工业富余劳动力问题；二是随着现代生产型服务业和制造服务化的发展，推进中国工业结构的高级化。

3. 努力深化体制改革，实现管理组织科学化，建立高效的管理体系

改革开放以来的中国的经济发展实践表明，经济现代化进程的推进需要工业化和市场化改革两个"车轮"。这两个"车轮"已经使中国从农业经济大国发展成为工业经济大国，而推进工业发展方式转变，建设工业强国，需要进一步推进市场化改革，进一步完善市场经济体制。当前，一些深层次的体制障碍还严重阻碍着中国的现代化进程。推进工业发展方式转变，是一个长期的、艰苦的、全方位的创新过程，需要科学的管理组织，需要建立一个高效的管理体制，现有的管理体制还有许多方面不适应转变工业发展方式、建设工业强国的要求。例如，工业领域的发展受到发展和改革委员会、工业和信息化部门、国有资产管理部门、科技部门、经贸部门、土地部门和城建部门等多头管理，需要建立一个多部门统一协调的工业强国战略实施的管理机制；又如，近些年，中国在科研投入方面大幅增长，2010年中国共投入研发经费7062.6亿元，比2009年增加1260.5亿元，增长21.7%，远远高于GDP的增长。但是，由于科研管理体制原因，科技创新效率比较低。一份实证研究表明，中国基础研究经费投入每增加1单位，其SCI篇数增加0.852，而日本、韩国分别为1.263、1.755；中国研发经费投入每增加1单位，专利核准数增加1.386，而日本和韩国分别是2.652和1.676。[③] 为此，必须通过深化体制改革，建立起科学高效的管理体制，这涉及工业行业管理体制改革、教育管理体制改革、人才管理体制改革、科技管理体制改革等多方面。具体任务包括：深化行政管理体制改革，理顺各

① 工业和信息化部产业政策司、中国社会科学院工业经济研究所：《中国产业发展和产业政策报告（2011）——调整与升级》，北京：中信出版社，2011年版。

② 乔标、李亚光、孙虎等：《新时期推进工业强国建设的思路与策略》，《工业和信息化研究》2011年第4期。

③ 李俊江、李政：《中国科技创新体系建设的历程与成就》，《吉林大学社会科学学报》2008年第6期。

个行政管理部门之间的关系，形成高效的协调推进机制；深化垄断行业改革，完善投资体制机制，形成平等准入、公平竞争的市场环境；推进教育、人才管理体制改革，实现从人力资源大国向人力资源强国、教育大国向教育强国的转变，保证人才教育、培养和使用能够满足工业发展方式转变、工业强国建设的需要；推进科技管理体制改革，提高科技管理现代化水平，保证企业技术创新的主体地位，提高科技创新效率。这里需要指出的一点是，工业发展方式转变，不是单纯的工业部门的任务，它是国家发展的顶层设计和系统规划，需要与科技、人才、人力资源等各个方面的国家发展目标相协调，需要体现科技是关键、教育是基础、人才是根本的核心理念。

四、当前发展实体经济、转变工业发展方式的政策导向

近些年，由于虚拟经济“火爆”，中国经济在一定程度上存在一种脱离实体经济、过度炒作资产的倾向，不少资本转向民间借贷、房地产等市场，造成以制造业为代表的部分实体经济融资难、融资贵，正常的发展受到冲击，这不仅影响到经济发展，扩大了社会贫富差距，还增加了经济金融风险和社会风险。因此，2011 年中央经济工作会议指出要牢牢把握发展实体经济这一坚实基础，全国金融工作会议进一步要求确保资金投向实体经济，防止虚拟经济过度自我循环和膨胀，防止出现产业空心化现象。这意味着大力发展实体经济成为我国经济工作的重要指导思想。与此相结合，当前推进工业发展方式转变、实施工业强国战略的政策导向的重点：一方面应该有利于各种资源流入实体经济，支持工业的转型升级和创新发展；另一方面应该有利于充分发挥虚拟经济服务于实体经济发展的作用，规范金融活动，打击各种投机行为。具体的政策导向要求是：

（1）在财政政策上，对于实体经济，尤其是对于制造业的技术创新和转型升级，以及对于小微企业的发展，给予财政支持，包括结构性减税和各种政策性专项基金支持。连续多年财政收入的高速增长，中国财政应该在建设工业强国方面发挥应有的作用。

（2）在金融政策上，要在金融制度、金融结构和监管方式等方面深化改革和加强建设，逐步形成支持创新型经济增长的金融支撑体系，包括探索建立完善政策性金融体系、各种形式的创业投资体系、资本市场体系等。金融体系建设，必须将规范放在首位，必须以有利于发挥虚拟经济优化资源配置、服务于实体经济为目标，不能够再出现一方面工业经济融资难，另一方面资本市场流动性却十分充沛的不合理现象。

（3）在产业政策上，要明确优先发展现代制造业，提高工业现代化水平，尤其是大力发展战略性新兴制造业，淘汰落后产能。虽然在未来，全国整体到了工业化中后期，制造业比例会逐步下降，但从国家战略角度考虑，作为中国这样一个大国，制造业比例也要保持在 30%左右。对于服务业而言，发展的重点是包括研发、金融、物流、信息服务、售后服务等在内的生产性服务业，发展这些服务业的主要目的在于促进工业的效率改进和转型升级。

（4）在价格和收入政策上，一方面要扭转虚拟经济部门大量侵蚀实体经济部门的利润（如银行业平均利润远远高于制造业，以至于银行家都不好意思）、上游垄断性基础产业大量侵蚀下游生产性产业利润的现象，提升实体经济创新盈利空间；另一方面要分配向劳动倾斜，要形成劳动致富、实业致富的收入政策环境。

（5）在竞争政策上，首先要打破行政垄断，鼓励民营企业进入，保护实体产业的生产积极性。行政垄断可能会在某种程度上有利于工业大国的形成，但不利于技术创新和产业升级，不利于工业强国战略目标的实现。另外，要规范市场竞争秩序和行为，严厉打击各种市场投机行为，遏制通过投机炒作行为获取暴利。

（6）在人才与创新政策上，一方面要鼓励更多的创新型人才向工业创新发展流动，另一方面要推进中国教育体制改革、人才体制改革和科技

管理体制改革，使中国人才管理体制、教育管理体制和科技管理体制更加适应中国工业强国战略的实施。

从长期看，通过上述政策体系的逐步实施，会促进发展实体经济、转变工业发展方式的体制机制逐步完善，最后才会逐步形成有利于发展实体经济、转变工业发展方式的社会氛围。

专栏 2–1

“十二五”时期工业转型升级的主要指标

类　别	指　　标		2010 年	2015 年	累计变化
经济运行	工业增加值增速（%）				［8］*
	工业增加值增长率提高（百分点）				2
	全员劳动生产率增速（%）				［10］*
技术创新	规模以上企业研发经费内部支出占主营业务收入比重（%）			>1.0	
	拥有科技机构的大中型工业企业比重（%）			>35	
产业结构	战略型新兴产业增加值占工业增加值比重（%）		7	15	8
	产业集中度（%）**	钢铁行业前 10 家	48.6	60	11.4
		汽车行业前 10 家	82.2	>90	7.8
		船舶行业前 10 家	48.9	>70	21.1
“两化”融合	主要行业大中型企业数字化设计工具普及率（%）		61.7	85.0	23.3
	主要行业关键工艺流程数控化率（%）		52.1	70.0	17.9
	主要行业大中型企业 ERP 普及率（%）			80.0	
资源节约和环境保护	规模以上企业单位工业增加值能耗下降（%）				21
	单位工业增加值二氧化碳排放量下降（%）				>21
	单位工业增加值用水量下降（%）				30
	化学需氧量、二氧化硫排放量下降（%）				10
	氨氮、氮氧化物排放量下降（%）				15
	工业固体废物综合利用率（%）		69	72	3

注：*［　］内数值为年均增速；** 是按产品产量计算的产业集中度。

资料来源：《国务院关于印发〈工业转型升级规划（2011~2015 年）〉的通知》，http：//www.gov.cn/zwgk/2012-01/18/content_2047619.htm，2012 年 1 月 18 日。

参考文献

1. 工业和信息化部产业政策司、中国社会科学院工业经济研究所：《中国产业发展和产业政策报告（2011）——调整与升级》，北京：中信出版社，2011 年版。

2. 林重庚、迈克尔·斯宾塞：《中国经济中长期发展和转型：国际视角的思考与建议》，北京：中信出版社，2011 年版。

3. 乔标、李亚光、孙虎等：《新时期推进工业强国建设的思路与策略》，《工业和信息化研究》2011 年第 4 期。

4. 王政、左娅：《“十二五”开局新举措：节能减排常抓不懈》，《人民日报》2012 年 2 月 28 日。

第三章　现代产业体系建设

提　　要

从国际竞争的角度看，整个产业体系竞争力的高低决定了工业综合实力的强弱。在促进中国工业由大变强的背景下，现代产业体系建设已成为推动工业转型升级、提升工业增长质量、转变工业发展方式的根本方向和核心内容。在市场环境拉动和扶持政策推动的双重作用下，在"十二五"开局之年，整体上看我国现代产业体系建设取得初步进展，但也存在区域发展不平衡的问题。为克服现代产业体系建设面临的顶层设计不足、技术支持不强、企业主体地位不突出、产业发展不均衡等突出问题，"十二五"期间要着重做到：加强领导、统筹规划，促进现代产业体系建设协调有序进行；增加投入、强化激励，夯实现代产业体系建设的科技支撑体系；完善政策、稳定预期，克服企业主导现代产业体系建设的市场发展障碍；优化布局、鼓励整合，防范抑制现代产业体系建设过程中出现产能过剩。

*　　　　*　　　　*

现代产业体系是在传统工业化长足发展的基础上，适应资源开发利用、经济结构演变、产业技术进步以及与之相关的社会经济关系一系列新变化所形成的更先进的产业演化的整体性结构。其"现代"属性强调传统产业要更进一步，并突出了先进制造业和战略性新兴产业的重要地位；其"体系"属性则要求各产业部门之间要实现更大范围、更深层次的融合。《"十二五"规划纲要》明确提出：通过改造提升制造业、培育发展战略性新兴产业、加强现代能源产业和综合运输体系建设、全面提高信息化水平、发展海洋经济等手段，发展结构优化、技术先进、清洁安全、附加值高、吸纳就业能力强的现代产业体系，以促进中国工业转型升级。改造提升制造业与培育发展新兴产业相结合，能有效推动形成结构优化的产业体系；加强现代能源产业和综合运输体系建设，有助于缓解工业快速发展面临的能源、资源和环境制约，降低企业参与市场竞争的成本，推动形成多层次分工的产业体系。

一、现代产业体系建设的进展

自从2007年党的十七大报告针对中国经济结构存在的突出问题做出发展现代产业体系的战略部署以来，中央和地方各级政府在完善政策环境方面做了不少工作。进入"十二五"时期以来，现代产业体系建设的主要内容和实现途径有所调整。战略性新兴产业的培育和发展已经成为现代产业体系建设的重要内容；信息化与工业化融合已被内容更加丰富的改造提升传统产业、提高信息化水平所替代；针对中国产业发展中日趋严格的资源环境约束，发展现代能源产业和综合运输体系建设成为现代产业体系建设的一大热点。为了推进现代产业体系建设，国务院及其组成部门出台了多项政策措施。

在“十二五”开局之年，国家层面的现代产业体系建设初见成效。在市场需求拉动和扶持政策推动的双重作用下，现代产业体系的主要组成部分都得到了一定的发展。具体表现为传统制造业改造提升得以深入推进，战略性新兴产业稳步发展，现代服务业尤其是生产性服务业增长态势良好，现代能源产业和综合运输体系建设取得积极进展。

1. 改造提升制造业向更广范围、更深层次发展

改造提升制造业是现代产业体系建设的重要内容，也是优化工业结构的主要途径。当前我国工业结构存在产业层次低、重复建设现象严重等突出问题。传统制造业没有攀升到全球价值链高端环节，同时新兴产业发展不足是导致这些问题出现的直接原因。从价值链的角度看，中国传统制造业更多处于全球低端环节。在国际产业分工格局中，以从事委托加工（OEM）活动为主。这些国际代工活动是制造业中消耗熟练劳动力、土地、能源、原材料等资源最密集的部分，也是对生态环境影响最大的环节。由此可见，传统制造业在其实现快速增长的同时也在不断累积危及自身发展的因素。在此背景下，转向自主创新的品牌战略是我国传统制造业改造提升的可行之路。换言之，从事OEM的传统制造业企业要逐步向委托设计（ODM）和自由品牌（OBM）过渡。我国制造业进入以创新和差异化为主要竞争手段的OBM阶段后，长期以来中国工业结构中的低水平重复建设等问题将会得到显著改善。

为应对国际金融危机、促进经济平稳较快增长，2009年国家决定设立200亿元专项技术改造资金，主要用贴息的办法鼓励企业广泛采用新工艺、新技术、新设备、新材料实现产业结构、产品结构优化升级和提升生产经营水平。根据信息化和工业化融合发展的需求，工业和信息化部发布了《信息技术改造提升传统产业“十一五”专项规划》，特别强调信息技术在技术改造中的作用。此后，作为工业技术改造工作的主管部门，工业和信息化部陆续公布了钢铁、汽车、纺织、装备制造、轻工、船舶六个重点产业的技术进步和技术改造投资方向，以引导技术改造资金投向重点领域。2011年12月国务院发布的《工业转型升级规划（2011~2015年）》将“加强企业技术改造”作为工业转型升级的重点任务。《工业转型升级规划（2011~2015年）》及其相关配套文件除了安排技改专项资金带动工业技术改造投资外，还根据产业技术进步方向和产业发展需求，对石化和化工、钢铁、有色金属、建材、机械、纺织、轻工、医药等传统行业的重点技术改造领域做了详细的说明。与“十一五”后期的技术改造相比，2011年以来工业技术改造工作涵盖的范围更加广泛，石化和化工、有色金属、建材、医药等能源资源消耗重点行业成为技术改造关注的焦点领域。同时，与此前应急式的、注重恢复生产的技术改造投资相比，2011年以来的技术改造政策着重引导企业将资金投向节能降耗、清洁生产和安全生产环节。根据工业和信息化部公布的数据，2011年全国工业技术改造投资完成5.4万亿元，比上年增长24.9%，增速比上年高2.1个百分点；工业技术改造投资占工业投资的比重为41.6%，比上年提高1.4个百分点。工业技术改造投资在推动企业更新装备、提高产品质量、增加产品品种、促进节能降耗、实现清洁生产和安全生产等方面都发挥了显著作用。从经济效益上看，工业技术改造投资每增加1万元，工业增加值相应增加1982元，拉动作用是非技术改造投资的4倍。

2. 战略性新兴产业的培育和发展初见成效

培育发展战略性新兴产业和先进制造业会显著提高新建项目的技术含量。与传统产业相比，以重大技术突破为基础的战略性新兴产业和实现信息化、自动化、智能化、柔性化、生态化生产的先进制造业在研发设计、生产制造、检验检测、营销服务等各个环节都具有明显的技术优势，随着它们在产业体系中比重的提高，整体的产业技术水平也会水涨船高。

2010年10月，国务院发布《关于加快培育和发展战略性新兴产业的决定》，提出以节能环保、新一代信息技术、生物、高端装备制造、新能源、新材料、新能源汽车等产业为重点，努力实现快速健康发展。2011 年 6 月，国家发展和改革委员会等部门联合发布的《当前优先发展的高技术产业化重点领域指南（2011 年度）》体现了大力培育发展战略性新兴产业等方面工作的新需求。2011 年 7 月，国家发展和改革委员会印发的《鼓励和引导民营企业发展战略性新兴产业的实施意见》规定，要加快清理战略性新兴产业相关领域的准入条件，除必须达到的节能环保要求和按法律法规取得相关资质外，不得针对民营企业和民间资本在注册资本、投资金额、投资强度、产能规模、土地供应、采购投标等方面设置门槛；并且强调在安排战略性新兴产业项目财政预算内投资、专项建设资金、产业投资引导基金等资金以及协调调度其他公共资源时，要对民营企业与其他投资主体同等对待。2011 年 9 月，商务部等部门联合发布的《关于促进战略性新兴产业国际化发展的指导意见》提出，要通过积极利用财税支持政策、用好出口信贷和出口信用保险、完善便利化措施、加强产业预警体系建设、加强海外信用风险防范、积极应对国际保护主义等途径，促进战略性新兴产业在更高层次上参与国际合作，提升全产业链竞争力。在这些政策措施的推动下，中国战略性新兴产业的培育和发展取得了良好开局，部分领域已步入快速健康发展阶段。以环保装备制造业为例，工业和信息化部公布的《2011 年环保装备产业经济运行形势分析及 2012 年展望》指出，2011 年全国 779 家规模以上的环保装备企业完成工业总产值 1304.59 亿元，比 2010 年增长 31.64%；工业销售值 1268.86 亿元，同比增长 31.09%。值得一提的是，2011 年规模以上的环保装备企业实现出口交货值 50.77 亿元，同比增长 25.66%，比当年全行业规模以上的工业企业出口交货值的增速（16.6%）高 9.06 个百分点，这在一定程度上说明中国战略性新兴产业的部分产品已具备较强的国际竞争力。

3. 现代服务业发展更加符合工业等产业的实际需求

生产性服务业，尤其是与知识生产、传播和使用密切相关的金融保险、信息通信、研发设计、创意咨询、工程技术和知识产权服务等，都包含制造业升级所需的知识和技能，相当于波特所说的专业化的“高级要素”。生产性服务业的发展会使以前不可编码的隐含性的知识和技能通过软件嵌入制造业企业的生产设备，从而使生产能力、产品性能都得到提高。同时，作为生产性服务的重要组成部分，各种产品和工艺流程研发及专业服务，比如产品市场定位调研、产品设计、技术咨询、设备租赁、品牌营销、物流运输、知识产权等，都具有提高产品差异化水平的作用，能在市场竞争中增强企业的市场控制力和定价能力，从而使得我国产业增长质量的提升具备更扎实的微观基础。

自从国务院于 2007 年 3 月发布《关于加快发展服务业的若干意见》以及 2008 年 3 月出台《关于加快发展服务业若干政策措施的实施意见》以来，现代服务业尤其是生产性服务业发展已成为现代产业体系建设的重要内容。与“十一五”时期实施的促进服务业发展的政策相比，2011 年以来的新政策更加注重鼓励和引导各类投资主体围绕生产性服务业、新兴服务业、科技服务业等重点领域，加强商业模式创新和技术集成创新，突破共性关键技术，形成系统解决方案，建立完善现代服务业技术支撑体系、科技创新体系和产业发展支撑体系。例如，2011 年 1 月国务院印发的《进一步鼓励软件产业和集成电路产业发展的若干政策》、2011 年 12 月国务院办公厅发布的《关于加快发展高技术服务业的指导意见》以及 2012 年 1 月科技部发布的《现代服务业科技发展“十二五”专项规划》都强调，要针对制造业等产业发展需求重点推进研发设计、知识产权、检验检测、科技成果转化、信息技术、数字内容、电子商务、生物技术等领域加快发展，以提高现代服务业对制造业转型升级的支撑能力。在市场需求和支持政策的推动下，中国现代服务业增长态势良好，部分生产性服务业步入新的快速发展阶段。以软件产业为例，工业和信息化部公布的数据显示，2011 年中国软件产业共实现软件业务收入超过 1.84 万亿元，比 2010 年增长 32.4%，超过“十一五”期间年平均增速 4.4 个百分点。值得注意的是，新兴信息技术服务增势突出，软件产品增长速度相对较慢。2011 年，中国信息技术咨询服务、数据处理和运营服务分别实现收入 1864 亿元、3028 亿元，分别比 2010 年增长 42.7%、42.2%，增速分别高于全行业 10.4 个百分点和 10.1 个百分点；与软件及信息服务相比，软件产品的业务收入较高，但其增速低于全行业的平均增速约 2 个百分点（见表 3–1）。

表 3–1 2011 年中国软件产业分类收入增长情况

产品和服务类别	业务收入（亿元）	比上年增长（%）	占全行业业务收入比重（%）
信息技术咨询服务	1864	42.7	10.1
数据处理和运营服务	3028	42.2	16.4
嵌入式系统软件	2805	30.9	15.2
软件产品	6158	28.5	33.4
系统集成服务	3921	28.4	21.2
IC 设计	691	33.0	3.7
总计	18467	32.4	100.0

资料来源：工业和信息化部运行监测协调局。

4. 现代能源产业和综合运输体系建设顺利推进

作为现代产业体系建设的重要内容，现代能源产业和综合交通运输体系建设有助于缓解产业发展的资源环境约束。当前中国产业发展面临的能源、资源和环境制约，既有产业特别是工业的能源和资源利用率较低的原因，也有能源结构不合理和交通运输体系不发达的原因。从能源结构调整的角度看，如果能以合理的成本大幅提高风力发电、太阳能发电等可再生能源以及核电在终端能源消费中的比例，将会有效降低产业增长对传统化石能源的消耗，在增强产业绿色发展能力的同时缓解能源资源保障压力。另外，涵盖铁路、公路、水运和空运等多种运输方式的便捷、安全、高效的综合运输体系建设，有助于降低企业整合国内市场和国际市场的代价，减少各地区企业参与市场竞争的成本。在市场范围扩大后，产业分工水平会随之提高，从而提升生产效率，这也就从根本上提高了企业应对资源环境压力的能力。

就现代能源产业发展而言，由于目前我国能源消费中传统化石能源比重过高，能源供给保障和温室气体排放压力巨大，所以“十一五”以来国家出台了一系列政策措施支持可再生能源发展，以此促进能源发展方式的转变。2011 年 7 月，国家发展和改革委员会发布了《关于完善太阳能光伏发电上网电价政策的通知》；2011 年 12 月，财政部等部门联合研发了《可再生能源发展基金征收使用管理暂行办法》。受这些扶持政策的刺激，加上可再生能源利用成本下降，2011 年中国能源结构清洁化继续向前迈进。以电力投资和生产为例，在 2011 年总额为 3712 亿元的电源投资中，火电投资占电源投资的比重下降至 28.4%，已经连续 6 年同比减少（见图 3–1），清洁能源投资比重明显提高。全国新增风电并网容量 1585 万千瓦，并网风电发电量 732 亿千瓦时，分别比 2010 年增加 51%和 48.16%；并网太阳能发电装机容量达到 214 万千瓦，是 2010 年的 8.9 倍。截至 2011 年底，水电、核电、风电、太阳能等清洁能源装机比重达到 27.5%，比 2010 年提高 0.9 个百分点。[①]

关于综合运输体系建设，2011 年 6 月交通运输部发布《关于推进综合运输体系建设的指导意见》提出要优化综合运输规划布局、加强各种运输方式的有效衔接、推进综合运输服务一体化、搭建信息资源共享平台、提高综合运输公共管理水平。以此为基础，交通运输部和铁道部共同推进铁水联运发展；沿海与内陆港口加强对接合作，构建物流大通道等初见成效。在基础设施建设方面，铁路建设快速推进的态势有所改变，2011 年完成铁路基本建设投资 4610 亿元，比 2010 年降低 34.8%，完成新线铺轨 3176 公里、复线铺轨 2468 公里，投产新线 2022 公里、复线 1752 公里、电气化铁路 2647 公里；[②] 公路建设平稳增长，全年新增公路通车里程 7.14 万公里，其中高速公路 1.10 万公里，新改建农村公路 19 万公里；水运建设加快推进，全年新扩建泊位 642 个，其中万吨级泊位 99 个，改善内河航道里程 1091 公里；民航基础设施建设保持快速增长，全年完成固定资产投资 690 亿元，新增机场 5 个。[③]

① 中国电力企业联合会：《2011 年全国电力供需情况及 2012 年分析预测》，2012 年 2 月。

② 数据引自铁道部于 2012 年 2 月发布的《2011 年全国铁路主要指标完成情况》及 2012 年全国铁路工作会议资料。

③ 数据引自 2012 年全国交通运输工作会议资料。

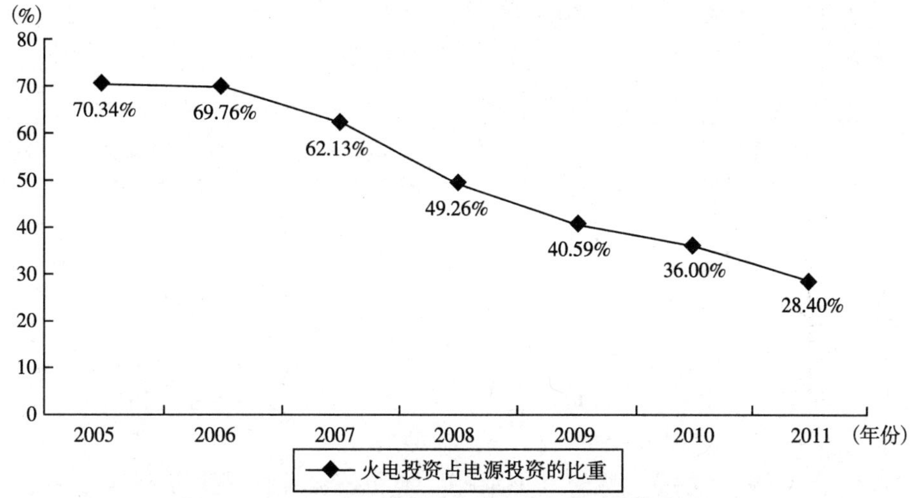

图 3–1　2005~2011 年中国火电投资占电源投资的比重

资料来源：2005~2010 年数据根据国家电力监管委员会 2011 年 4 月公布的《电力监管年度报告（2010）》中有关资料计算得出；2011 年数据引自中国电力企业联合会 2012 年 1 月发布的《全国电力工业统计快报（2011 年）》。

二、现代产业体系建设面临的主要问题

现代产业体系建设是一项全新的工作，需要根据实际工作中存在的问题逐步加以完善。从近年来我国现代产业体系建设的实践看，目前确实存在顶层设计不足、技术支持不强、企业主体地位不突出、产业发展不平衡、区域进展差异较大等问题。

1. 顶层设计亟待加强

自 2007 年党的“十七大”报告首次提出建设现代产业体系以来已有 4 年多的时间，2011 年 3 月发布的《国民经济和社会发展第十二个五年规划纲要》以一篇六章的篇幅详细阐述了现代产业体系建设的主要内容，但是到目前为止在国家层面尚未出台统筹规划此项重要工作的总体规划。尽管在《工业转型升级规划》等专项规划中也提及了相关内容，但考虑到现代产业体系建设涉及的工作范围大、需要的扶持政策多等因素，如果国务院不针对其做出顶层设计、专门出台总体规划，很可能会导致“九龙治水”与“群龙无首”并存的格局。也就是说，在现代产业体系建设的各项内容中，对于国务院已经出台具体政策措施鼓励发展的领域，比如战略性新兴产业，不但在产业发展中很可能会出现一哄而上、盲目发展的现象，而且在产业管理上也可能会形成多个部门抢抓主导权的局面。政出多门的背后则是权责不清。如果没有一个主管部门能够统筹各类稀缺的政策资源，最终会使得各类扶持政策的合力难以达到最优水平。

2. 技术中坚支撑不足

技术创新及其产业化应用是现代产业体系建设的重要支撑。就改造提升制造业、培育发展战略性新兴产业、推动能源生产和利用方式变革、构建综合交通运输体系、全面提高信息化水平、推进海洋经济发展等各项工作的推进而言，都离不开自主性、原创性的技术进步及其产业化应用。然而，技术创新能力恰好是中国产业发展最薄弱的环节。以产业技术创新能力在国内位居前列的广东省为例，2010 年全省 119346 件专利授权中，发明专利只有 13691 件，仅占专利授权总量的 11.5%，实用新型专利和外观设计专利分别为 43901 件和 61754 件，所占比例分别为 36.8%和 51.7%。[①] 即使是在战略性新兴产业领域，我国仍然

① 数据引自广东省科技厅 2011 年 11 月公布的《全省专利申请受理量及授权量（2000~2010）》。

面临技术创新能力不足的困境。以太阳能光伏产品制造链中技术最密集的多晶硅提炼环节的技术来源看，全球高纯度多晶硅的提炼技术主要掌握在美国、日本、德国、挪威等国家的企业手中。中国多晶硅企业的技术来源除个别自主研发外，其他均来自俄罗斯、美国、德国、意大利、日本等国家公司的技术转让。

3. 企业主体地位不突出

到目前为止，企业的主体地位在现代产业体系建设过程中尚未得到充分体现。不管是改造提升传统产业，还是培育发展战略性新兴产业，只有在企业发挥其创造力和执行力的情况下才能活动成功。在改造提升制造业方面，企业虽然认同以自主知识产权为基础进行技术创新，发展自有品牌实现参与国际竞争以实现产业升级的紧迫性，但受技术研发和品牌创立需要承担较高风险、品牌市场竞争面临以前的合作伙伴封杀等因素的影响，加之在目前要素价格扭曲的情况下规模化代工活动还有利可图，所以其进行升级改造的积极性、主动性还不够强。在培育发展战略性新兴产业方面，有的领域几乎就是政府推着企业往前走。

4. 产业发展冷热不均

受市场环境和发展能力的影响，现代产业体系各个组成部分的发展状况并不均衡。整体而言，在要素成本不断上升的压力下，传统产业改造提升的步伐比较大；战略性新兴产业发展更多集中在产业链中低端环节，而且盈利水平较低。以太阳能光伏产品制造业为例，在高纯晶硅提炼、硅锭硅片、电池片、电池组件、系统集成五个环节中，上游的晶体硅制备、晶硅铸锭切片环节的技术门槛最高、利润回报最大，而下游的电池片、电池组件制造环节的技术门槛较低、利润回报较少。然而，中国太阳能光伏企业恰恰是集中在产业链中下游的电池片、电池组件制造环节，上游的晶硅材料有将近一半需要依赖进口。

5. 区域进展差异较大

尽管中央近年来出台一系列政策措施推动现代产业体系建设，并且也取得了初步成效。但在区域层面，各地区对现代产业体系建设的重视程度存在明显差异，效果自然也有显著不同。具体而言，在31个省级行政区中，只有北京市和广东省出台了现代产业体系建设专项规划，对“十二五”时期的目标、任务、布局及保障措施做出了系统规定。其他省份虽然也制定实施了促进战略性新兴产业和服务业发展专项规划，但对于现代产业体系建设基本上都是在“十二五”规划纲要或专项规划中略加提及，并未对其加以系统阐述。

就广东省现代产业体系建设来说，2010年9月广东省政府印发了《广东省现代产业体系建设总体规划（2010~2015年）》。该《规划》明确提出，要通过“培育发展战略性新兴产业，构建以现代服务业和先进制造业为核心的六大主体产业”，实现“建立与世界接轨，具有广东特色的现代产业体系”的目标。规划实施后已取得良好进展。①在改造提升传统产业方面，根据广东省政府2012年2月印发的《关于2011年全省工业投资和技术改造投资情况的通报》，2011年广东省技术改造投资2645.98亿元，比2010年增长20.2%，占固定资产投资比重15.6%，比2010年提高0.3个百分点。工业技术改造投资主要集中在工艺装备改进、信息化应用与融合、质量品牌提升、节能减排等重点领域，其中，装备、电子信息、电气机械等行业技术改造投资额较大，分别为412.17亿元、230.84亿元、141.96亿元；传统产业技术改造投资增长较快，食品饮料、纺织服装增速分别达57.5%和22.7%。②在培育发展战略性新兴产业方面，2011年广东省战略性新兴产业投资突破1000亿元，成为现代产业的重要支撑。其中，以高端电子和LED为重点的电子信息产业投资同比增长18.0%，医药产业增长47.1%，以高端装备为重点的装备工业增长24.7%。在大规模投资和技术创新的推动下，广东省战略性新兴产业呈现技术提升、规模扩大、集聚发展的良好态势，初步形成了新型显示、软件、新材料和新一代通信4个年产值超千亿元的新兴产业集群。以新一代通信产业为例，2011年上半年，广东省3G手机产量达到5475.94万部，同比增长136.8%；3G电视机产量达到61.06万台，增长46.9倍。③在服务业发展方面，广东省积极推进广州、深圳国家服务业综合改革试点，2011年全省现代服务业增加值占服务业增加值的比重达56.3%，比2010年提高0.3个百分点；珠三角地区现代服务业占第三产业的比重达60%。

三、"十二五"时期促进现代产业体系建设的政策建议

针对当前中国现代产业体系建设面临的突出问题，要从体制创新、机制支持、技术载体等方面完善政策支持体系，"十二五"时期应着重做好以下四个方面的工作：

1. 加强领导、统筹规划，促进现代产业体系建设协调有序进行

要充分认识现代产业体系建设对于促进中国工业由大变强的主要意义，加强宏观引导和协调，成立由有关国家部委牵头的现代产业体系建设部际协调机制，优化配置政策资源，统筹推进各产业协调、有序发展。尽快研究制定《现代产业体系建设中长期规划》，科学确定中国现代产业体系建设路线图，合理分解各阶段发展目标。以此为基础，制定同步、协调、可持续的制造业改造升级、战略性新兴产业培育发展、现代能源产业体系发展、综合运输体系建设、信息化水平提升、海洋经济发展等专项规划。进一步做好各地区现代产业体系建设中长期规划，在编制省级现代产业体系建设规划时，要充分考虑各省工业化水平、新兴产业发展基础等因素。进一步理顺中央与地方技术改造项目、战略性新兴产业重大项目、现代能源产业和综合运输体系重大项目审批体制，促使现代产业体系建设布局合理化。

2. 增加投入、强化激励，夯实现代产业体系建设的科技支撑体系

要高度重视科技研发对于现代产业体系建设的基础性支撑作用，健全科技投入长效机制、创新激励机制和成果转化机制，全面提高中国产业技术创新能力和服务水平，促进技术进步和产业发展。将石化和化工、钢铁、有色金属、建材、机械、纺织、轻工、医药等传统行业核心设备和关键工艺的科学研究、技术开发及产业化纳入国家各类科技发展规划，在高技术产业化和重大装备扶持项目中安排战略性新兴产业专项，支持国内研究机构和企业在节能环保、高端装备制造、生物、新能源、新材料、新一代信息技术和新能源汽车等新兴产业核心技术方面提高创新能力，在引进国外先进技术的基础上，加强消化吸收和再创造，尽快形成自主创新能力。强化企业进行技术改造投资的激励，可以比照部分高技术行业的创新激励政策，传统制造业企业为开发新设备、新技术、新工艺、新产品发生的研发费用，未形成无形资产计入当期损益的，在按照规定据实扣除的基础上，再按照研发费用的 50%加计扣除；形成无形资产的，按照无形资产成本的 150%摊销。

3. 完善政策、稳定预期，克服企业主导现代产业体系建设的市场发展障碍

要切实发挥企业在现代产业体系建设中的主导作用，针对企业在推进相关工作中面临的市场风险问题，特别是针对战略性新兴产业发展面临市场不确定的情况下，采用政府购买等方式构建多层次市场。同时，对于技术改造项目和战略性新兴产业培育项目，要通过完善增值税、所得税优惠，健全财政资金补贴政策等手段，适当降低企业负担。在条件许可的情况下，制定分类补贴政策，根据企业采用的技术或产品所处的不同发展阶段，实施不同的财政补贴政策。对技术发展不成熟、短期内基本没有市场竞争力、但未来发展潜力较大的产业技术，着重补贴技术研发和示范项目；对技术比较成熟、基本具备产业化条件的产业技术，着重补贴产品应用，以降低成本、提高企业生产积极性；对技术基本成熟、产业化水平较高、但成本竞争力低于国外同类产品的产业技术，着重补贴终端消费者，在扩大国内产品需求规模的同时，依靠市场机制引导产业发展。

4. 优化布局、鼓励整合，防范抑制现代产业体系建设过程中出现产能过剩

要突出防范和抑制现代产业体系建设过程中出现新的产能过剩问题，应根据国家产业政策和用地政策，对战略性新兴产业和能源产业的重大项目进行合理布局。在产业链布局方面，要加强行业统筹规划，坚持市场主导与政府引导相结合，鼓励企业集约化开发经营，支持生产成本低、竞争力强的企业兼并改造效益不佳、存在问题的企

业；支持掌握核心技术的企业依靠技术进步、优化存量、扩大发展规模，实施“走出去”战略，积极参与国际产业竞争，努力向全球产业链高端攀升。对于风电和太阳能光伏等战略性新兴产业发展出现的重复建设和产能过剩苗头，要按照“创新驱动发展、国际化发展、规模化发展、一体化发展”的总体要求，综合运用兼并重组、淘汰落后、行业准入、技术改造、产业联盟等方式促进产业整合。

专栏 3–1

北京市和广东省现代产业体系建设的主要内容

《北京市“十二五”时期现代产业建设发展规划》提出，要按照“优化一产、做强二产、做大三产”的发展思路，结合首都城市功能定位和产业发展基础，构建彰显首都特色的现代产业体系。一是着力提升生产性服务业核心竞争力。通过集聚高端服务资源、创新服务模式、完善产业生态环境等方式，进一步做强金融服务业、信息服务业、商务服务业、流通服务业、科技服务业五大优势产业。二是充分发挥战略性新兴产业先导作用。以关键技术研发和核心装备研制带动重点领域突破，以重大工程建设和示范应用培育市场需求，进一步推动现代制造业高端化发展。三是全面增强文化创意产业软实力。促进文化与科技、金融、旅游、体育等产业融合发展，壮大优势文化创意产业集群，拓展文化消费市场，培育新兴文化业态，打造一批大型文化企业集团。四是积极提高生活性服务业保障能力。整合旅游休闲、文化娱乐、康体保健、养老托幼等服务资源，增强旅游业和生活服务业多元化、多层次供给。五是应需发展都市型现代产业。发展与首都城市功能和生态环境相协调的都市型现代产业，优化发展都市型工业，积极培育都市型现代农业。六是继续限制和淘汰低端产业。实施更加严格的用地、用水、用能等准入政策，坚决淘汰高消耗、高污染的落后生产能力、工艺和产品，严格控制低端制造业、产能过剩行业新建项目在京发展。

《广东省现代产业体系建设总体规划（2010~2015 年）》提出，以转变经济发展方式为主线，以提升产业国际竞争力为目标，实现“广东制造”向“广东创造”、“广东服务”转型，尽快形成节约能源资源和保护生态环境、产业结构高级化、产业布局合理化、产业发展集聚化、产业竞争力高端化的现代产业体系，建设成为全国先进制造业和现代服务业中心、世界先进制造业和现代服务业基地。一是优先发展现代服务业。重点发展金融、物流、信息服务、科技服务、外包服务、总部经济和商务会展、文化创意以及旅游等现代服务业。二是加快发展先进制造业。重点发展资金技术密集、关联度高、带动性强的装备、汽车、石化、钢铁、船舶等产业，打造重大成套和技术装备制造产业基地、国际汽车制造基地、世界先进水平的特大型石化产业基地、现代钢铁基地和世界级大型修造船基地五大重要产业基地。三是大力发展高新技术产业。重点发展电子信息、生物医药、新能源、新材料、节能环保、海洋生物、航空航天等领域，着力向产业链高端环节延伸，形成具有国际影响力的十大高新技术产业基地。四是改造提升优势传统产业。积极采用高新技术、信息技术改造提升优势传统产业，提高技术装备水平，实施品牌带动战略，重点发展家用电器、食品、造纸、纺织服装、建材、有色金属及制品、家具等产业，打造六大优势产业集聚区。五是积极发展现代农业。按照高产、优质、高效、生态、安全的要求，以质量效益为导向，重点发展优质粮食、特色园艺、现代畜牧业、现代渔业、现代林业和农产品精深加工服务业。六是完善发展基础产业。实现基础设施现代化，高起点、高标准规划建设一批与现代产业发展相适应的交通、能源和水利基础设施，提高保障水平。

资料来源：根据《北京市“十二五”时期现代产业建设发展规划》和《广东省现代产业体系建设总体规划（2010~2015 年）》等有关资料整理。

参考文献

1. 金碚：《发展现代产业体系 提高产业核心竞争力》，《人民日报》（理论版）2010年12月13日。

2. 刘志彪等：《长三角托起的中国制造》，北京：中国人民大学出版社，2006年版。

3. 刘明宇、芮明杰：《全球化背景下中国现代产业体系的构建模式研究》，《中国工业经济》2009年第5期。

4. 王国平：《发展方式实质性转变与现代产业体系的构建》，《国家行政学院学报》2011年第1期。

5. 杨仁发、刘纯彬：《生产性服务业与制造业融合背景的产业升级》，《改革》2011年第1期。

第四章　工业技术创新

提　要

长期以来，中国工业竞争力主要来源于要素价格低廉的成本优势。在经济增速总体放缓的背景下，中国工业技术创新能力弱的问题进一步凸显。改善创新环境，完善创新体系，提升创新能力，加快促进工业发展模式由要素驱动向创新驱动、由外延增长向内涵发展转变，是工业结构调整和转型升级的核心内容。近年来，中国工业技术创新持续快速推进。工业技术创新政策体系加速完善，工业研发投入快速增长，工业研发的组织化程度稳步提高，工业技术来源也更加多样化，工业技术创新产出持续增长。中国工业技术创新促进了工业结构调整升级，工业技术改造加速推进，重大科技专项取得突破，战略性新兴产业快速发展。未来中国工业技术创新将会面对结构性技术变革的挑战、产业技术创新体系割裂带来的挑战以及企业主体技术创新动力和能力不足的挑战。技术创新资源有效配置和创新效率的提升是未来中国工业技术创新亟须解决的突出问题。本章最后提出了四点建议：一是探索“人—机”匹配的适用型技术创新道路；二是形成产业技术创新体系建设的统一目标；三是加快建设区域技术创新平台；四是在强化创新链接的基础上加快形成创新网络。

*　　　　*　　　　*

“十二五”时期是中国加快工业转型升级、转变工业发展方式的重要时期。如何通过工业技术创新实现由工业大国向工业强国转变、由“中国制造”向“中国创造”转变是中国工业发展肩负的主要任务。

一、中国工业技术创新的现状

在建设创新型国家的战略目标指引下，中国工业技术创新持续快速推进。工业技术创新政策体系加速完善，工业研发投入快速增长，工业研发的组织化程度稳步提高，工业技术来源也更加多样化，工业技术创新产出持续增长。

1. 工业技术创新政策体系加速完善

2011 年，中国工业技术创新政策环境加速完善。《“十二五”产业技术创新规划》、《产业关键共性技术发展指南（2011 年）》等一系列政策相继发布，进一步形成了“总体规划引领、重点政策指引、重大项目突破”的基本政策体系。

2011 年 11 月，工业和信息化部发布了《“十二五”产业技术创新规划》，该《规划》明确了未来工业和信息化领域的技术创新目标和主要任务，规划范围涵盖原材料、装备制造、消费品、信息产业四个领域。《规划》提出要坚持"企业主体、政策引导；重点突破、总体提升"的原则，推进以企业为主体、产学研结合的技术创新体系建设，着力突破重点领域的关键技术和共性技术，增强产业核心竞争力，提升产业整体技术水平，实现工业发展方式转变。《规划》设定了"十二五"技术创新的三项目标：①企业技术创新能力明显增强。规模以上的工业企业研究开发经费内部支出占主营业务收入的比重超过1%，一批骨干企业达到10%以上。②重点产业技术水平显著提升。开发一批具有自主知识产权的产业核心技术和关键技术，在解决制约重点产业发展的瓶颈问题上取得重大突破，重点产业技术水平取得显著提升。③产业技术创新体系逐步完善。建设一批产业技术创新服务平台和行业重点实验室，培育一批引领行业发展、技术水平世界领先的创新型企业，初步建成以企业为主体、产学研相结合的技术创新体系，培育一批高素质技术创新人才队伍。《规划》明确了加强技术创新能力建设、构建技术创新服务体系、大力开发关键技术和共性技术、着力促进科技成果转化，以及培育和发展战略性新兴产业五个方面的重点工作任务。

2011 年 7 月，工业和信息化部发布了《产业关键共性技术发展指南（2011 年）》，旨在充分调动社会资源，引导市场主体行为，指导产业关键共性技术发展方向，促进产业技术进步，实现工业和通信业的转型升级和结构优化。由于关键共性技术的研究难度大、周期长，特别是在基础材料、关键工艺、核心元部件、系统集成等方面的关键共性技术，已经成为制约我国产业持续健康发展的核心问题。该《指南》包括节能环保与资源综合利用、原材料工业、装备制造业、消费品工业、电子制造业、软件和信息技术服务业、通信业、信息化和生产性服务业八个方面的内容。

与此同时，"国家技术创新示范企业"、"国家创新型企业"、"国家科技重大专项"等工作也有序进行。在 2011 年 7 月，工业和信息化部、财政部首批认定了 55 家技术创新示范企业。2011 年 4 月，为促进物联网健康发展，规范物联网发展专项资金的管理，财政部、工业和信息化部颁布了《物联网发展专项资金管理暂行办法》。

2. 工业研发投入快速增长

在政府技术创新政策引导作用下，工业企业的研发投入快速增长。在研发经费投入方面，2010 年，大中型工业企业的研发内部支出为 4015.4 亿元，比 2009 年增长 25.1%，其中，2.23 亿元用于基础研究，81.51 亿元用于应用研究，3931.66 亿元用于试验发展；研发强度为 0.93（研发内部经费支出与主营业务收入之比），比 2009 年略有下降，见图 4–1。另外，从资金来源上看，政府资金、企业资金、国外资金和其他资金分别为 175.1 亿元、3759.2 亿元、46.0 亿元和 35.2 亿元，占比分别为 4.4%、93.6%、1.2%和 0.9%，见图 4–2。在人员投入方面，大中型工业企业的研发人员全时当量 2010 年为 137.0 万人年，比 2009 年增长 18.2%，见图 4–3。

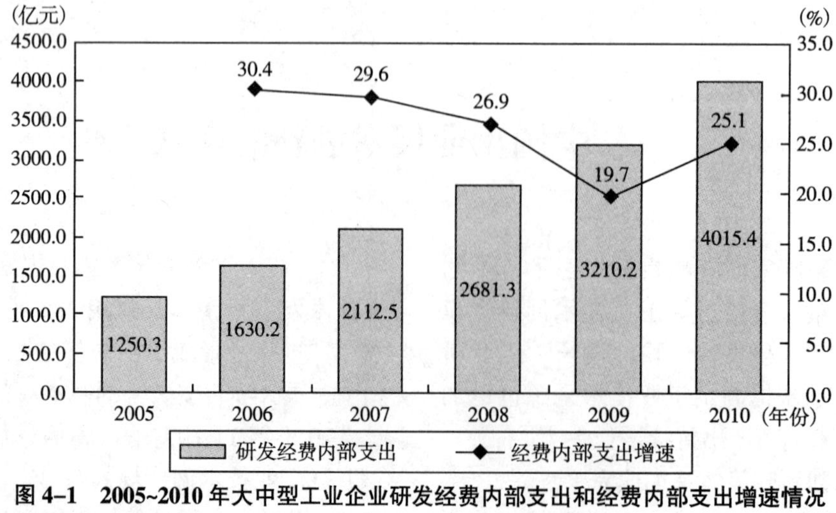

图 4–1 2005~2010 年大中型工业企业研发经费内部支出和经费内部支出增速情况

资料来源：《中国科技统计年鉴》(2011)。

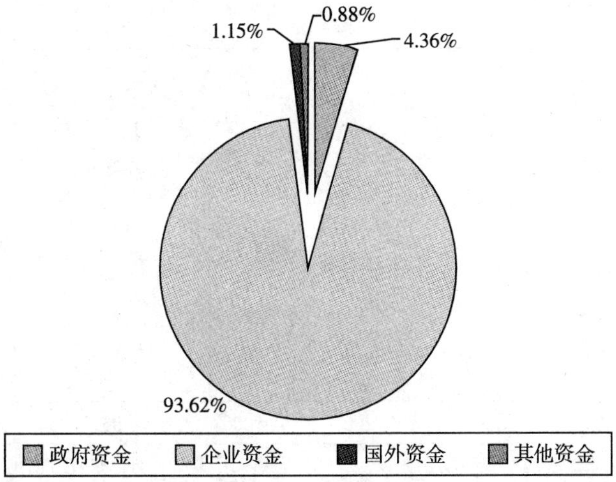

图 4-2 2010 年大中型工业企业研发经费内部支出的来源情况

资料来源：《中国科技统计年鉴》(2011)。

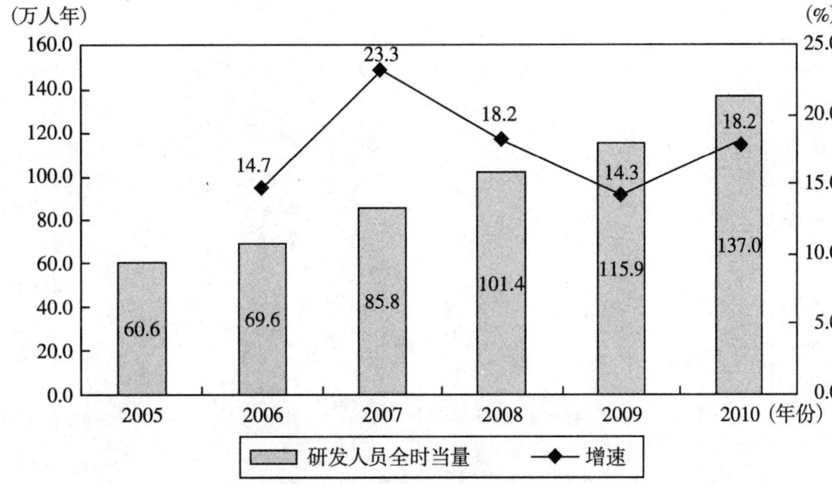

图 4-3 2005~2010 年大中型工业企业研发人员全时当量和增速情况

资料来源：《中国科技统计年鉴》(2011)。

工业的外部合作研发投入也稳步增长。2010 年，中国大中型工业企业研发外部经费支出为 275.1 亿元，比 2009 年增长 10.0%，其中，分别向国内研究机构、国内高校、国内企业和境外机构支出研究经费 104.5 亿元、52.1 亿元、63.3 亿元和 55.2 亿元。

3. 工业研发活动的组织化程度稳步提高

工业企业中有研发活动的企业数量不断增加，但占比有所下降。2010 年，中国大中型工业企业中开展研发活动的企业数量为 12889 家，大中型工业企业中有研发活动的企业比重为 28.31%，比 2009 年下降了 2.17 个百分点，见图 4-4。企业设立研发机构数量和机构人员数都呈现了稳步增长。2010 年，大中型工业企业办研发机构的数量为 16717 个，增加 9.9%，研发机构从业人员数量为 148.5 万人，增长 16%，见图 4-5、图 4-6。大中型工业企业开展的研发项目为 145589 项，增加 8.8%；新产品开发项目为 159637 项，增加 4.5%。

4. 工业技术来源更加多样化

国内技术逐步成为中国工业的重要技术来源，引进技术消化吸收再创新活动稳步提升。2010 年，购买国内技术费用为 221.4 亿元，较 2009 年增长 26.7%，购买国内技术与引进国外技术经费支出比为 0.57；引进技术消化吸收与引进国外技术经费支出比为 0.43，见表 4-1。

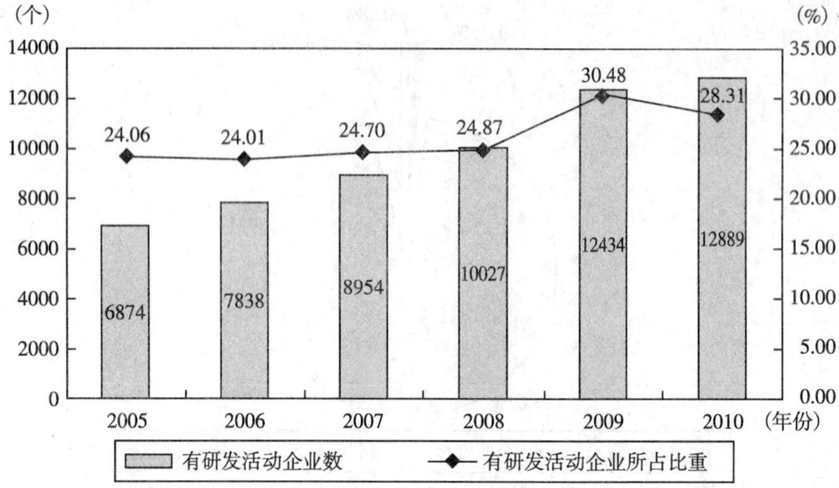

图 4–4 2005~2010 年大中型工业企业有研发活动企业数和有研发活动企业所占比重情况

资料来源:《中国科技统计年鉴》(2011)。

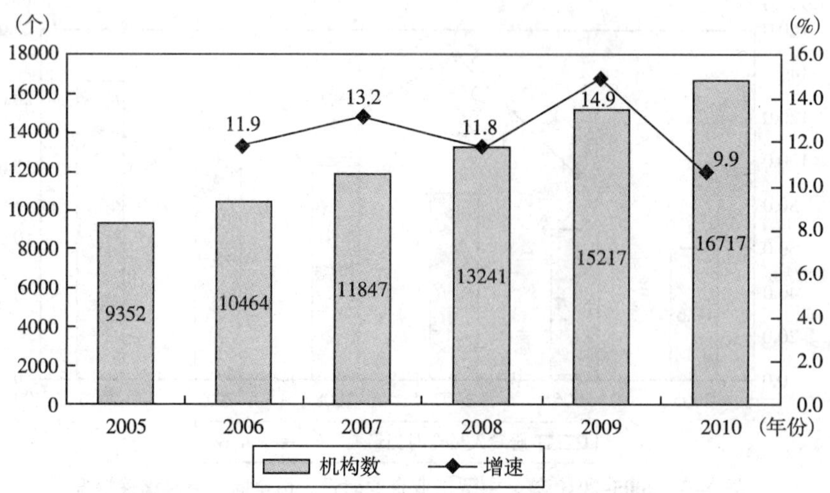

图 4–5 2005~2010 年大中型工业企业设立研发机构情况

资料来源:《中国科技统计年鉴》(2011)。

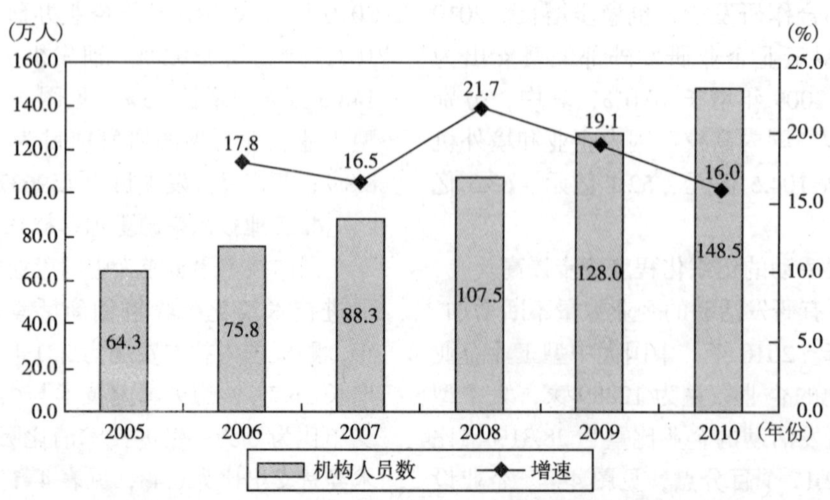

图 4–6 2005~2010 年大中型工业企业研发机构人员情况

资料来源:《中国科技统计年鉴》(2011)。

表 4-1　2005~2010 年大中型工业企业技术获取情况一览

年　份	引进国外技术经费支出（亿元）	引进技术消化吸收经费支出（亿元）	购买国内技术经费支出（亿元）	增速（%）	购买国内技术与引进国外技术经费支出比	引进技术消化吸收与引进国外技术经费支出比
2000	245.4	18.2	26.4		0.11	0.07
2001	285.9	19.6	36.3	37.5	0.13	0.07
2002	372.5	25.7	42.9	18.2	0.12	0.07
2003	405.4	27.1	54.3	26.6	0.13	0.07
2004	367.9	54.0	69.9	28.7	0.19	0.15
2005	296.8	69.4	83.4	19.3	0.28	0.23
2006	320.4	81.9	87.4	4.8	0.27	0.26
2007	452.5	106.6	129.6	48.2	0.29	0.24
2008	440.4	106.4	166.2	28.3	0.38	0.24
2009	394.6	163.8	174.7	5.1	0.44	0.42
2010	386.1	165.2	221.4	26.7	0.57	0.43

资料来源：《中国科技统计年鉴》(2011)。

5. 工业技术创新产出持续增长

随着研发投入强度和企业知识产权意识的不断加强，工业技术创新产出持续增长。2010 年，我国大中型工业企业新产品销售收入达到 72863.9 亿元，较 2009 年增长 25.7%，见图 4-7。2010 年，中国工业企业发明专利申请数为 72523 件，较上年增长 15.1%，见图 4-8。这说明伴随着工业技术创新投入的增长，工业技术创新产出能力在不断增强。

总体上讲，中国工业技术创新的政策体系加速完善，初步形成了"总体规划引领、重点政策指引、重大项目突破"的基本政策体系。工业研发投入持续快速增长，研发的组织化程度不断提高，工业技术来源也日趋多元化，国内技术也成为重要的来源之一，企业对引进技术的消化吸收能力稳步增长，工业技术创新的产出能力也在稳步提升。

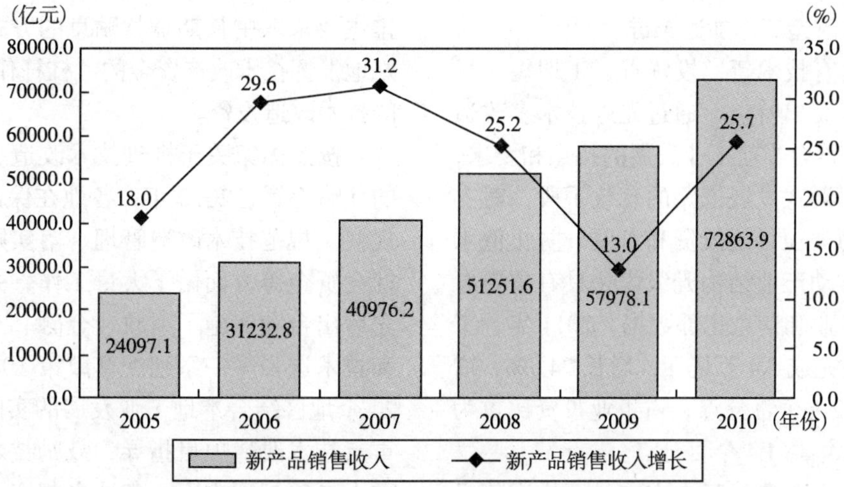

图 4-7　2005~2010 年大中型工业企业新产品销售收入和新产品销售收入增长情况

资料来源：《中国科技统计年鉴》(2011)。

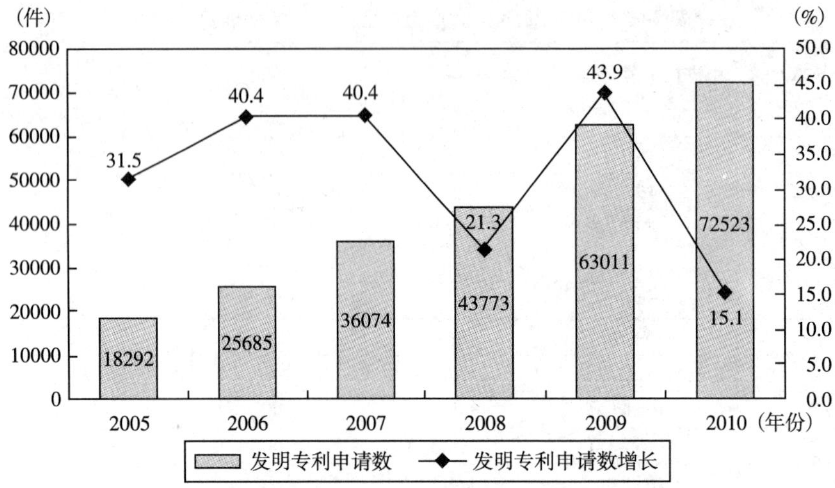

图 4-8 2005~2010 年大中型工业企业发明专利申请情况

资料来源：《中国科技统计年鉴》(2011)。

二、中国工业技术创新驱动结构调整升级

长期以来，中国工业竞争力主要来源于要素价格低廉的成本优势。在国际金融危机冲击下，中国工业竞争力弱的问题进一步凸显。改善创新环境，完善创新体系，提升创新能力，加快促进工业发展模式由要素驱动向创新驱动、由外延增长向内涵发展转变，是工业结构调整和转型升级的核心内容。

1. 工业技术改造工作加速推进

技术改造具有技术新、投资省、工期短、见效快、效益好等突出特点，通过先进技术来改造提升传统产业，符合当前工业发展的特点和要求，是促进工业走内涵式发展道路的有效手段，对支持产业政策鼓励类项目的投资和发展、防止低水平重复建设、推动产业结构升级优化具有重要意义。根据国家工业和信息化部数据，2011 年，工业技术改造投资完成 5.4 万亿元，增长 24.9%，增速比 2010 年高 2.1 个百分点；占工业投资比重为 41.6%，比 2010 年高 1.4 个百分点。

中国工业技术改造的基本方向是，推进信息技术和高新技术在企业研发设计、生产流通和管理过程的广泛应用，促进信息化和工业化融合，解决产品品种质量提升、军民结合、节能减排、安全生产、尾矿综合利用、机电产品再制造、节能与新能源等领域的突出矛盾和问题。在技术改造政策中，有关部门根据国家的总体产业规划制定发布了重点产业技术进步和技术改造指南，引导企业的技术改造方向，见表 4-2。2010 年的技术改造项目安排中，轻工安排项目数最多，装备其次，占比分别为 39%和 22%，突出体现了“市场导向”和“扩大内需”的特点。为了更好地发挥技术改造政策的引导带动作用，政府的资金安排主要采取中长期贷款贴息的方式，从而能够更好地发挥技术改造资金的“杠杆作用”，带动企业的技术改造投资。

按照国家关于推进技术改造、促进技术进步的战略部署，2010 年，各地在保证技术改造资金规模、规范技术改造管理、落实财政资金和引导社会资金等方面做了大量工作，并围绕技术改造先后出台和实施了财政、金融、土地、产业升级和技术进步等一系列配套政策 100 多项。全国有 24 个地区结合本地工业发展的实际情况，编制了重点技术改造项目指导，鼓励技术改造投资。在重大专项管理方面，各地也制定了相应的重大专项配套管理办法。技术改造政策重点围绕提高产品品种和质量、节能降耗、淘汰落后、改善装备、安全生产等工业发展的薄弱环节和难题展开。2010 年，品种质量、节能降耗和淘汰落后三类项目占全年全部技术改造项目的比重分别为 66%、

20%和10%。在资金安排上，尽可能在兼顾各地工业发展实际的基础上向中西部倾斜。2010年，东部、中部、西部地区下达专项资金的比重分别为49%、26%、25%。

通过技术改造，企业把资金更多地用于更新设备、研发技术和培养人才，促进了自主创新和成果产业化，加快了转型升级的步伐。2010年，技术改造专项资金支持的项目中，采用自主知识产权技术、国内技术和引进技术的分别占52%、36%和13%。改造后，同类产品技术水平处于国际领先和国内领先的分别占18%和52%。通过实施这批项目，预计企业新增销售收入8190亿元，新增利润1110亿元，新增税收560亿元，新增就业80万人。技术改造资金还对优势中小企业的健康发展起到了重要的引导和支撑作用。2010年，安排的4525项技术改造项目中，中小企业项目数占到85%，资金规模占到52%。

表4–2　主要行业技术改造的重点领域

行　业	重点领域
汽车产业	电动汽车及部件、发动机、变速器、汽车电子控制系统、其他关键零部件
装备制造业	基础零部件、特种铸锻件、加工辅具及特种材料、工业自动化控制系统及检测设备、印刷机械及文化办公设备、塑料机械、包装设备、农用装备、环保及资源综合利用设备、热加工设备、机床工具、工程施工机械、轨道交通设备、建材装备、医疗器械、发电设备、输变电设备、石化通用装备、煤炭综采及矿山设备、冶金设备、电子信息装备
船舶	船用配套设备、海洋工程装备配套设备、海洋工程装备
石化	油品质量升级、化肥农药结构调整、高端石化产品
钢铁	关键钢材品种、高强度钢筋和节材、可循环工艺和节能减排、低品位难选冶矿产资源选矿冶炼、信息化与自动化
纺织	高新技术纤维产业化及应用、产业用纺织品技术产业化及应用、新型纺织机械技术装备自主化、品牌、公共服务体系建设、纺纱织造行业技术改造、印染行业节能减排与技术改造、化纤行业功能性差别化技术改造
电子信息	半导体集成电路、平板显示和彩电、通信设备、数字音视频、计算机产业及下一代互联网、软件、信息服务和信息安全、电子基础产品

资料来源：笔者整理。

2. 重大科技专项取得突破

国家重大科技专项工作紧紧围绕"核高基、集成电路装备、宽带移动通信、数控机床"等16个关键领域核心技术的突破展开。重大专项项目（或课题）的安排既包括了产业发展迫切需要解决的共性和核心技术项目，也包括了抢占未来发展战略制高点的战略性新兴产业的培育和发展项目。"十一五"期间，中央财政投入的39.3%投向了电子与信息领域的核高基、集成电路装备和宽带移动通信3个专项，31.3%投向生物医药领域的新药创制、传染病防治和转基因3个专项，23%投向能源与环保领域的大型核电站、油气开发和水污染治理3个专项，6.4%投向先进制造领域的大飞机和数控机床两个专项。

国家重大科技专项工作稳步推进。2011年，极大规模集成电路制造装备与成套工艺专项课题之一的300毫米多线切割机研制成功，该设备研制的成功，打破了国内生产线上运行的12英寸多线切割机全部为进口设备的现状。该设备具有完全自主知识产权。由天士力集团研制生产一类生物溶栓新药注射用重组人尿激酶原——普佑克上市。普佑克是中国"十一五"重大新药创制国家科技重大专项中的第一个治疗用生物制品一类新药。盐酸埃克替尼（商品名：凯美纳）是中国首个具有自主知识产权的小分子靶向抗肿瘤创新药物，已于日前获得国家一类新药证书并成功上市。3000米深水半潜式钻井平台"海洋石油981"顺利交付给中国海洋石油总公司，中国海洋油气开采吹响了由大陆架向深海进军的号角。辽河油田已实现中深层超稠油SAGD技术的完善配套，运用SAGD开发采收率可提高到55%~60%，同时取得直井与水平井组合驱泄复合预热启动方法、双水平井温差注采循环预热方法、SAGD开发调整技术和SAGD平衡注采计量与监测系列工艺技术四个创新点。依托国家科技重大专项自主研制的PCDS–I精细控压钻井系统，在华北油田牛东102井实施精细控压钻井作业取得突破性成功，机械钻速提高90%，目的层"零漏失"、"零复杂"，解决了该区块漏失、井壁坍塌等钻井复杂难题。三门核电站1号机组最重要的安全屏障——反应堆压力容器成功吊装就位。世界首个AP1000压力容器安装就位标志着中国突破了三代核电关键设备大型锻件制造技术，打破了国外企业在高端大型铸锻件市场的垄断，为三代核电关键技术全面国产化打下了坚实的基础。世界最先进第三代核反应堆主管道实现国产化，主管道作为反应堆压力容器、主泵、蒸发器等核岛七大关键设备之一，被称作核电站的“主动脉”，其制造技术在国内外没有任何经验可以借鉴。由济南二机床集团承担的两个国家重大专项课题——“高速龙门五轴加工中心”和“双摆角数控万能铣头”，日前通过国家验收。这两个项目均是国内航空、航天、发电、冶金、铁路机车、船舶等重点行业领域急需的关键装备，其可靠运行和通过验收，打破了国外同类产品在重点行业领域的技术封锁和技术垄断，为实现高端数控装备自主化发挥了重要作用。中国商飞公司承担的C919大型客机项目，完成了初步设计阶段工作，可以进入详细设计阶段，见表4-3。

表4-3 2011年国家科技重大专项主要成果

专 项	成果举例
集成电路装备专项	300毫米多线切割机研制成功
新药创制专项	中国首个自创换代溶栓药成功上市；一类抗肿瘤创新药物成功上市
油气开发专项	3000米深水半潜式钻井平台“海洋石油981”顺利交付；稠油开发技术取得突破；精细控压钻井系统填国内空白
大型核电站专项	世界首个AP1000压力容器安装就位；世界最先进第三代核反应堆主管道实现国产化
数控机床专项	“高速龙门五轴加工中心”和“双摆角数控万能铣头”日前通过国家验收
大飞机专项	C919大型客机项目全面转入详细设计阶段

资料来源：笔者整理。

3. 战略性新兴产业快速发展

节能环保产业发展呈加速状态，初步形成规模。一些节能技术得到了推广和应用，污染治理装备能力不断增强，一些资源循环利用的新技术也得到了发展和应用。新一代信息技术产业方兴未艾。物联网产业发展步伐加快，“三网融合”试点持续推进，集成电路产业链不断向上延伸，软件业实现规模万亿元新突破。生物医药产业技术创新能力提升较快，生物育种领域已经建立了比较完善的转基因作物育种研发和管理体系。高端装备制造产业创新能力不断提升，在部分关键技术和零部件开发方面取得突破。清洁能源和可再生能源发展加快。新材料产业规模快速增长，初步形成较完备的新材料产业体系。新能源汽车产业呈现多元化发展格局，产业化和商业化步伐加快。

目前，全国多数省份已就战略性新兴产业发展做出具体规划部署，明确了“十二五”期间的发展重点和方向。同时，近年来还形成一批具有地方特色的战略性新兴产业基地。例如，在宁波、大连、连云港等地初步形成了新材料产业高技术产业基地，见表4-4。

表4-4 新材料产业国家高技术产业基地

城 市	产业领域
宁波	磁性、粉末冶金制品、纳米、高分子、新型建筑材料、电子专用材料、高性能密封材料、环境友好材料、新型纺织材料印染后整理技术、半导体照明材料
大连	发光材料、环保涂料膜材料、新能源材料、化工新材料产业
洛阳	半导体、新型耐火材料、电子铜基材料、新型显示材料、新型化工材料、超硬材料
金昌	镍、铜、钴及贵金属新材料精深加工、有色金属精细化工、化工新材料
广州	高分子材料、改性塑料、电子信息材料
宝鸡	钛、锆、铪等有色金属及其合金材料加工业
连云港	复合材料、电子信息材料、新型无机非金属材料、新能源材料、化工新材料

资料来源：笔者整理。

三、中国工业技术创新面临的挑战

近年来，中国工业技术创新在研发投入和产出等方面取得了一定的进步。但未来还将面对结构性技术变革的挑战和产业技术创新体系割裂带来的挑战以及企业主体技术创新动力和能力不足的挑战。

1. 结构性技术变革的挑战

2012 年 4 月 21 日，英国《经济学家》杂志发表了题为《第三次工业革命》的文章，认为继第一次以手工纺织业机械化为标志和第二次以大规模流水线生产为标志的工业革命，目前第三次工业革命方兴未艾，制造业数字化成为第三次工业革命的一个重要特征。大量新技术在不断涌现，例如，新材料、3D 打印机技术、智能机器人、在线工业设计软件等。新材料的出现、新工艺的产生都将带来制造方式的变革，制造过程变得更加简单、快速，人们将告别大规模制造时代，劳动力成本的优势将不再明显，取而代之的是小批量定制、个性化的制造方式。同时，在文中还提出了“社会制造”的概念，也就是说在未来“制造”不再是一个工厂、一个行业或部门的专属，全社会、每一个人，在任何地方都有可能进行制造。

2012 年 2 月 12 日，《华尔街日报》题为《科技变革即将引领新的经济繁荣》的文章中指出，我们即将迎来三场结构性技术变革，变革的“震中”都在美国，它们分别是大数据、智能制造和无线网络革命。信息技术已经进入大数据时代。处理能力和数据存储几乎已经无所不能。互联网正向“云计算”演进。“云”是一张由数千个数据中心组成的网络，大规模数据处理能力使以往无法想象的服务和业务成为了可能。第二场变革是智能制造。在这个时代里，新兴材料科学将给实物的制造本身带来革命。不久之后，工程师就将从分子层面设计和制造，优化功能，甚至创造出新的材料，从而极大地改进质量、减少浪费。这个新材料时代与 3D 打印结合在一起，将产生爆炸性的经济影响。3D 打印也叫“直接数字化制造”，也就是利用计算机设计、激光以及基本的粉末状金属和塑料，把零部件和设备一层一层“打印”出来，改变了原来模具加工、金属成型、切削加工的零部件制造以及组装加工的制造方式。再有就是无线网络技术，它将改变人们之间相互沟通、交往的方式，以及商业交易的方式。

结构性技术变革时代已经到来，新技术的应用和推广步伐正在加快。从技术选择到技术应用、从研究探索到实践应用，一场新技术应用和推广的竞赛已经展开，这就是当前技术变革的显著特点。如果说前些年的重点还是对技术方向的探索和研究，那么现在已经在进入应用和推广的阶段。一些技术上的障碍正在不断地得到突破，新技术应用的各种成本也在不断地降低。另外，需要强调的是，这些技术变革是突破性的，不仅包括制造材料、工艺上的变革，还包括营销、交易和服务上的变革，会带来制造方式和商业模式的结构性变化。这就不得不让我们来思考中国工业未来技术创新的方向、制造业组织方式的变革等一系列问题。

2. 产业技术创新体系割裂带来的挑战

技术创新资源有效配置和创新效率的提升是未来中国工业技术创新亟须解决的突出问题。近年来，中国的研发资金和人力投入持续快速增长，“十一五”期间实现了翻番。虽然同发达国家相比仍有较大差距，但也达到了一定的水平。总体上讲，创新投入的问题在不断得到解决和改善。但与此同时，如何使用好技术创新的投入，使创新更加便利，风险更小，创新的效率更高的问题就变得更加突出。从另外一个角度讲，这个问题的解决将比投入问题的解决难度更大，也更加复杂。

工业技术创新本身具有“系统涌现”的特点，创新过程具有不确定性、累积性和集体性。[①] 因此，很多技术创新的成果并不能够被“计划”和“规

① O’Sullivan M. The Innovative Enterprises and Corporate Governance. Cambridge Journal of Economics, 2000, 24 (4): 393-416.

划”出来。技术创新需要产业、研究机构和高校之间，以及上述各主体内部之间的持续互动，需要企业和市场之间的持续互动，需要基础研究、应用研究、产业开发研究和产品商业化之间的紧密互动。对于一些战略性新兴产业发展所处的“技术前沿”领域创新更是如此。2011 年 6 月 24 日，美国总统奥巴马在卡内基梅隆大学宣布启动先进制造合作计划（Advanced Manufacturing Partnership），在全国动员工业、大学及联邦政府投入前沿技术以创造高质量的制造业工作岗位及加强全球竞争力。信息技术、生物技术及纳米技术等前沿技术的投资将支持制造业降低成本、提高质量和加快开发产品。该计划的一个核心问题是解决创新鸿沟（Innovation Gap）问题，促进大学、研究机构和产业界之间的紧密联系，提高创新效率。

当前，中国产业技术创新体系存在“三重割裂”，既存在大学、研究机构和企业主体之间的割裂，也存在中央研究机构与地方研究机构（或平台）的割裂，还存在大企业和中小企业之间在技术创新上的割裂。产业技术创新体系在这些方面的割裂直接影响企业技术创新效率的提升。因此，需要从技术创新的内在规律出发，加强产业技术创新体系的“系统性”建设。

3. 企业主体技术创新动力和能力不足的挑战

如果将企业技术创新活动界定为两类：一类是在全球范围内的技术创造，也就说产品设计和工艺流程的创新具有全球层面的意义；另一类活动主要是技术采用和改进，主要是对全球范围内已有技术引入和进行相应的技术改进。[①] 总体上看，中国企业技术创新主要从事的还是第二类技术创新活动，只有少数的企业从事第一类活动，大量的企业是“有制造无创造”。国家统计局对 299995 家中国工业企业 2004~2006 年的情况进行的一次大型调查发现，53%的大型企业、86%的中型企业和 96%的小型企业都没有持续的研发活动。2007 年，中国企业提交了 5470 个《专利合作条约》国际申请，其中 1365 个来自一家企业（华为）。[②] 另外，就中国制造业的竞争力而言，仍主要集中在较低的劳动力成本、大规模生产，以及快速及时的交货能力等方面，技术创新并没有成为制造业竞争力的主要来源。

2011 年下半年以来，经济增速逐步放缓，企业利润水平出现了下滑，企业在技术创新方面面临“两难”困境。一方面，要通过技术创新，寻找到新的利润增长点；另一方面，由于利润下滑，企业资金紧张，可以用于技术创新的资金受到限制。加之政策方向的不确定，缺乏对技术创新活动长期、持续、有效的支持，这对于企业技术创新的决心和信心，造成不利的影响，并直接表现为企业技术创新的动力不足。总体而言，无论是中国企业技术创新动力，还是表现出的技术创新能力都相对不足，这将为未来技术创新体系的建设带来挑战。

四、促进中国工业技术创新的政策建议

1. 探索“人—机”匹配的适用型技术创新道路

中国工业技术创新必须探索出一条适合自身劳动力资源特征的发展道路。一个必须面对的现实是，中国工业既承担着提供就业岗位的责任，还要在国际竞争中占有一席之地。中国企业肩负着为 7.8 亿劳动力提供就业岗位的重任，而这些劳动力中约 80%只受过初中或者以下水平的教育，这相当于中国台湾地区在 20 世纪 70 年代的情况。[③] 目前，智能制造和机器人技术迅速发展，势必会对“劳动力成本优势”产生新的冲击，形成“以机器替代人力”的状况。如果静态的角度来看，中国工业几乎没有出路，只能面对“机器替

① Aubert J. Promoting Innovation in Developing Countries：A Conceptual Framework. Working Paper 3554，2000，World Bank，Washington，DC.

②③ 张春霖等：《中国：促进以企业为主体的创新》，北京：中信出版社，2009 年版。

代人力”的现实，进而丧失国际竞争力。

但是，从动态的角度看，中国工业可以通过提升劳动力技能水平，进而提升产品的品质，生产出单纯依靠机器设备无法生产出来的产品，探索出一条“人—机”匹配的适用型技术创新道路。我们经常会看到此类现象，虽然中国企业现在拥有的生产设备更新、自动化程度更高，但是生产出来产品的品质水平同日韩企业还有一定差距。为什么最先进的设备并不必然生产出品质最高的产品。这种现象背后的一个重要原因就是在“人—机”匹配上的差距。如果从单一维度上看，总是企业设备越先进、技术水平越高就越好。但综合来看，还有一个“人—机”匹配和“适用”的问题。

“人—机”匹配的适用型技术创新道路的关键有两点：一是劳动力资源的技能的快速提升，形成一支在世界范围内具有竞争力的高素质劳动者队伍；二是适用型技术创新一定要考虑“人—机”匹配的最优结果，这个结果又是单纯依靠机器设备无法实现的。通过探索“人—机”匹配的适用型技术创新道路，寻找到中国工业独特的竞争优势。

2. 形成产业技术创新体系建设的统一目标

长期以来，中国缺乏产业技术创新发展的统一目标。由于多方面的原因，中国创新资源长期存在多头管理的情况，一个产业内的创新资源往往涉及科技系统、教育系统、工信部、发改委和国资委的管理。由于各个部门利益倾向的不同，对创新活动的要求和导向也不同，缺乏一个长期、统一的目标作为指引。由于产业技术创新体系的目标是形成技术能力，提高产业竞争力，技术是链条，产业是目的。因此，应当按照产业技术创新体系建设的目标和规律，有效协同整合分散、割裂的各种创新资源，形成创新资源的链接。[①]

3. 加快建设区域技术创新平台

区域技术创新平台是中国产业技术的创新体系的关键节点，是中国共性技术创新任务的重要承担者，是整合创新资源、促进企业技术创新的重要平台。长期以来，区域技术创新平台是产业技术创新体系的薄弱环节。由于区域技术创新平台，尤其是省级技术创新平台的缺失，使国家技术机构、大学和当地企业之间很难建立长期、稳定的合作关系。由于缺乏这种技术创新合作关系，区域内的企业就很难开展持续的创新活动，并进行技术创新能力的积累和提升。面对区域技术创新平台建设中存在的突出问题，要按照促进结构调整和经济社会发展的战略目标要求，坚持服从国家创新体系战略目标的原则，坚持基于科学发展观的“统筹推进”原则，坚持基于“非均质大国”的“政策适配”原则，坚持基于区域创新体系动态演化的“多层次治理”原则，探索“定中心、促协调、建平台、保投入”的区域技术创新平台建设之路，使区域技术创新平台能够发挥技术创造、扩散和协调三大功能，[②]促进产学研之间的紧密结合，降低企业技术创新的风险和成本，提升技术创新的能力。

4. 在强化创新链接的基础上加快形成创新网络

产业创新体系建设一般的规律是从创新主体培育开始，到创新链接形成，到形成创新链条，再到形成创新网络。而形成创新链和产业链的融合是中国产业创新体系建设的目标。具体可以采取五个方面的措施：一是鼓励中小企业创新，建设企业水平创新网络；二是发挥优势企业带动，建设企业垂直创新网络；三是发挥公共平台作用，建设企业与用户创新网络；四是发展技术联盟，建设专利和技术标准网络；五是强化创新活动的分工，建设产学研创新网络。

① 沈志渔、王钦等：《中国特色自主创新道路》，北京：经济管理出版社，2011 年版。
② 贺俊：《共性技术平台创新政策研究》，创新与发展研究小组（RUID）工作论文，2012 年。

专栏 4–1

《2012 年工业和信息化部知识产权推进计划》主要内容

2012 年，工业和信息化部知识产权工作将紧紧围绕“推动工业转型升级、提高企业创新能力”这一任务展开，努力营造产业知识产权创造运用的良好环境。《2012 年工业和信息化部知识产权推进计划》由《2012 年国家知识产权任务分解表》和《2012 年工业和信息化部知识产权推进计划项目表》组成，具体包含了 16 项任务和 44 个项目。主要内容包括以下五个方面：

（1）全面落实国家知识产权计划任务。依据《2012 年国家知识产权战略实施推进计划》、《2012 年中国保护知识产权行动计划》和《2012 年国务院关于进一步做好打击侵犯知识产权和制售假冒伪劣商品工作要点》中我部任务分工，分解为 16 项任务。

（2）实施产业知识产权风险评估与预警工程。按“突出重点、解决难点”的原则，开展关键技术领域专利分析和风险评估，研究提出产业风险与预警评估指标，分类开展重点产业和重要贸易活动知识产权信息的跟踪、分析，为企业技术创新、产业健康发展提供支撑。

（3）实施企业知识产权创造运用能力培育工程。按“稳妥推进，逐步推广”的工作部署，紧密围绕工业转型升级重点任务，聚焦战略性新兴产业，研究提出工业企业知识产权管理基本要求和评估规范，探索部省合力推动工业企业知识产权能力提升的工作模式，面向企业不同需求进行分类指导和培训。

（4）行业知识产权基础能力建设。重点建设工业行业知识产权综合数据支撑公共服务平台、部知识产权网络宣传平台。建立和完善部知识产权管理政策、规章文件，为开展部知识产权工作提供政策保障和条件支持。

（5）重要政策与共性问题研究。针对工业转型升级和培育战略性新兴产业中涉及与知识产权制度相关的重要政策和共性问题，组织开展分析研究，厘清对策思路，提出措施建议，为行业管理、产业政策和措施制定提供支撑和依据。

资料来源：工业和信息化部科技司。

参考文献

1. O'Sullivan M. The Innovative Enterprises and Corporate Governance. Cambridge Journal of Economics，2000，24（4）：393–416.

2. Aubert J. Promoting Innovation in Developing Countries：A Conceptual Framework. Working Paper 3554，2000，World Bank，Washington，DC.

3. 张春霖等：《中国：促进以企业为主体的创新》，北京：中信出版社，2009 年版。

4. 沈志渔、王钦等：《中国特色自主创新道路》，北京：经济管理出版社，2011 年版。

5. 贺俊：《共性技术平台创新政策研究》，创新与发展研究小组（RUID）工作论文，2012 年。

6. 国家统计局、科技部：《中国科技统计年鉴》（2011），北京：中国统计出版社，2011 年版。

第五章　投资与工业经济增长[①]

提　要

2011 年，中国固定资产投资仍保持较快增长，地区之间投资更趋均衡，投资结构有所改善，民间投资成为推动投资增长的重要力量，为工业的平稳较快增长创造了有利条件。同时也需要看到，投资增速的持续下滑，使得工业经济增长面临较大的下行压力；经济增速放缓也使得一些行业的过度投资、产能过剩的矛盾再次凸显；高耗能行业投资快速增长，为工业节能减排、可持续增长带来较大压力。工业投资领域的重复建设、产能过剩问题，是长期困扰中国工业经济健康发展的重要问题，体制扭曲下地方政府对于投资的补贴性竞争是现阶段产能过剩的重要原因。从“十二五”开局之年投资与工业经济增长的情况来看，工业经济结构性矛盾及其影响日益突出。从短期看，应保持适当投资规模，优化投资结构；从长期看，深化体制改革是推动工业转型升级的关键。

*　　　　*　　　　*

2011 年是“十二五”的开局之年，在这一年里，中国固定资产投资保持较快增长，投资结构继续改善，为实现工业的平稳较快增长创造了有利条件。2011 年，中国工业经济总体保持较快增长态势，但是受国际经济形势相对低迷、基础设施建设速度明显放缓以及货币政策收紧等因素影响，下半年增速呈现出持续下滑的趋势，其中投资增速持续下滑趋势及其影响最为显著。

一、2011 年中国固定资产投资基本情况

1. 投资增速下滑趋势明显

2011 年，固定资产投资（不含农户）完成额累计 301932.85 亿元，同比增长 23.8%，剔除价格因素影响后同比增长 16.1%，比 2010 年下降了 4 个百分点，为 2007 年以来的最低水平。2007~2010 年，各年全社会固定资产投资累计实际增速分别为 18.0%、19.8%、31.5%和 17.4%。

分登记注册类型看，2011 年，内资企业投资 281741 亿元，比 2010 年增长 24.7%，增速比 1~11 月回落 0.7 个百分点；港澳台商投资 9362 亿元，增长 19.9%，增速回落 0.8 个百分点；外商投资 9437 亿元，增长 12%，增速回落 1.1 个百分点。从项目隶属关系看，2011 年，中央项目投资 20209 亿元，比 2010 年下降 9.7%，增速比 1~11

---

① 本章引用数据主要来源于工业和信息化部、国家统计局发布的公报。

月回落 1.2 个百分点；地方项目投资 281724 亿元，增长 27.2%，增速回落 0.3 个百分点。从施工和新开工项目情况看，2011 年，施工项目计划总投资 632121 亿元，比 2010 年增长 18.7%，增速比 1~11 月回落 0.8 个百分点；新开工项目计划总投资 240344 亿元，比 2010 年增长 22.5%，增速回落 1.5 个百分点。

2. 地区之间投资更趋均衡

2011 年，东部地区投资 144536 亿元，比 2010 年增长 21.3%，增速比 2010 年回落 1.5 个百分点；中部地区投资 82524 亿元，比 2010 年增长 28.8%，增速比 2010 年上升了 1.9 个百分点；西部地区投资 69489 亿元，比 2010 年增长 29.2%，增速比上年上升了 3 个百分点。中部、西部地区投资增速明显高于东部地区，地区之间投资差距逐步缩小。从投资占比来看，2011 年，东部地区固定资产投资占全国固定资产投资总额的比例为 49%，比 2010 年下降了 1 个百分点；中部地区固定资产投资占比为为 28%，比 2010 年上升了 1 个百分点；西部地区固定资产投资占比为 23%，与 2010 年持平。

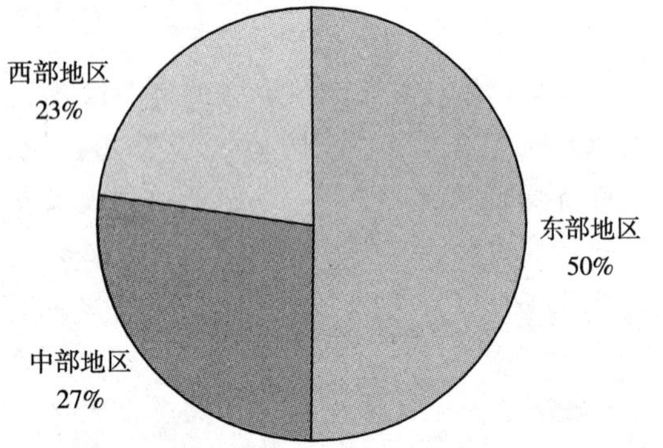

图 5–1 2010 年东部、中部、西部地区固定资产投资占比

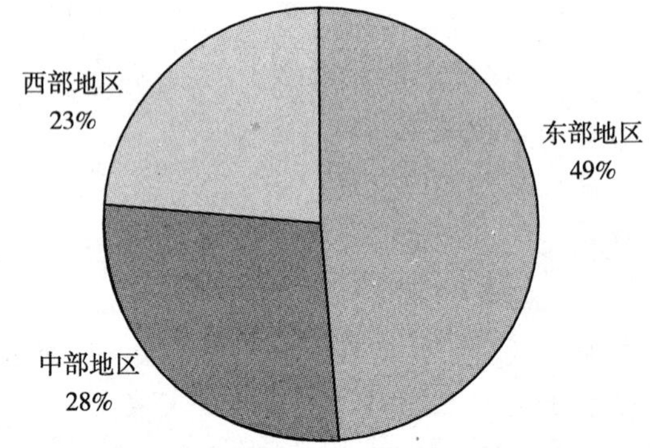

图 5–2 2011 年东部、中部、西部地区固定资产投资占比

3. 固定资产投资的行业结构出现较大变化

2011 年，第一产业投资 6792 亿元，比 2010 年增长 25%，增速比 1~11 月回落 3.8 个百分点；第二产业投资 132263 亿元，比 2010 年增长 27.3%，增速提高 0.3 个百分点；第三产业投资 162877 亿元，比 2010 年增长 21.1%，增速回落 1.3 个百分点。2011 年，工业投资 129011 亿元，增长 26.9%，增速比 1~11 月提高 0.1 个百分点。其中，采矿业投资 11810 亿元，增长 21.4%；制造业投资 102594 亿元，增长 31.8%；电力、燃气及水的生产和供应业投资 14607 亿元，增长 3.8%。

2011 年，制造业和房地产业投资增长率分别为 31.8%和 29.7%，分别高于投资平均增长率（23.8%）8 个百分点和 5.9 个百分点，制造业投资占全部投资的比重由 2010 年的 31.9%上升至 34.0%，房地产业投资占全部投资的比重由 2010 年的 23.9%提高到 25.1%。在上述增长背景下，制造业投资对投资增长的贡献率高达 42.6%，居行业投资增长贡献率首位，房地产业投资对投资增长的贡献率为 29.9%，居第一位，两者合计投资增长贡献率在 72%以上，投资拉动合计为 17.2 个百分点。可见，制造业和房地产业投资是拉动 2011 年投资增长的主导力量。

随着刺激政策的退出，基础设施建设投资增速大幅回落。2011 年，三大基础设施投资增长格局是：电力、燃气及水的生产和供应业投资较 2010 年增长 3.8%，比 2010 年下降了 3.5 个百分点；交通运输、仓储和邮政业投资增长 1.8%，比 2010 年下降了 17.8 个百分点；水利、环境和公共设施管理业投资增长 14.2%，比 2010 年下降了 11.3 个百分点。三大基础设施建设投资增长分别低于投资平均增速 20 个百分点、22 个百分点和 9.6 个百分点。

4. 民间投资成为投资增长的重要力量

2011 年，到位资金 334219 亿元，比 2010 年增长 20.3%，增速比 1~11 月回落 2.4 个百分点。其中，国家预算内资金增长 10.8%，增速回落 1.6 个百分点；国内贷款增长 3.5%，增速回落 2.4 个百分点；自筹资金增长 28.6%，增速回落 1.1 个百分点；利用外资增长 8.2%，增速回落 2 个百分点；其他资金增长 9%，增速回落 6.5 个百分点。总体来看，民间投资逐步成为投资增长的重要力量。全年民间投资增长 34.1%，增幅高出总体投资 10.3 个百分点，民间投资占投资总额的比重进一步上升到 58.3%，表明经济自主增长动力有所增强。

5. 基础设施的进一步完善

2011 年，基础设施投资增速虽然显著放缓，但由于前两年基数较高，投资总量依然很大，基础设施进一步完善，为工业持续、较快增长提供了良好的外部环境。2011 年，中国新增发电机组容量 9041 万千伏，新增 220 千伏及以上变电设备 20906 万千伏安；新建铁路投产历程 2167 公里，其中高速铁路 2167 公里；增建铁路复线投产里程 1889 公里，电气化铁路投产里程 3398 公里；新建公路 55285 公里，其中高速公路 9124 公里；港口万吨级码头泊位新增吞吐能力 26639 万吨，新增光缆线路长度 209 万公里，新增数字蜂窝移动电话交换机容量 20406 万户。

通信基础设施的完善进一步推动了两化融合。全国宽带网络保持快速发展势头，网络能力不断提升，用户规模不断增长。截至 2011 年 9 月底，新增互联网宽带接入端口 4032.4 万个，端口总数达到 22791.9 万个；新增 3G 基站 15 万个，3G 基站总数达到 77 万个，光缆线路总长度达到 1137.1 万公里。截至 2011 年 11 月，互联网宽带接入用户达到 1.55 亿户，其中速率在 2M 以上的用户超过 83.9%，互联网网民规模达到 5.05 亿人。新增 3G 移动电话用户 7168 万户，用户总数达到 1.19 亿户。据中国互联网信息中心的 2011 年中最新调查显示，85%的受访中小企业（不含个体工商）通过互联网办公。中小企业中沟通类、信息类应用的普及率稳步提升，其中电子邮件应用普及率达到了 64.5%。中小企业电子商务普及程度逐步提高，在销售和采购环节都已开始利用互联网手段。

二、2011 年投资对工业经济增长的影响

（一）投资对工业经济增长的有利影响

1. 投资较快增长仍是拉动工业平稳较快增长的重要力量

2011 年，消费需求增速有进一步回落，净出口出现较大幅度的下降，较高的投资增速成为保持工业平稳较快增长的重要力量。2011 年，社会消费品零售总额 181226 亿元，同比增长 17.1%，剔除价格因素后实际增长 11.6%，而 2010 年、2009 年、2008 年、2007 年社会消费品零售总额的实际增长率分别为 14.8%、13.9%、14.8%、12.5%。2011 年，全国实现出口 18986.0 亿美元，同比增长 20.3%，与 2010 年相比增速下降了 11 个百分点；全年进口总值为 17434.6 亿元，同比增长了 24.9%，增速比 2010 年下降了 13.8 个百分点；净出口 1551 亿美元，比 2010 年下降了 15.3%。2011 年，固定资产投资实际增速为 16.1%，仍保持了较快的增长，较高的固定资产投资增速，成为稳定工业经济增长的重要力量。

2011 年，规模以上工业增加值同比增长 13.9%，其中重工业增加值同比增长 14.3%，轻工业增加值同比增长 13%，总体仍处在较快增长的区间；重工业增加值同比增速高于轻工业 1.3 个百分点，这在一定程度上也表明投资依然是拉动工业增长的主要力量。2011 年，投资的较快增长，带动了原材料工业和装备工业的较快增长。

（1）原材料工业。2011 年，原材料工业总体保持平稳较快增长态势，全年原材料工业增加值同比增长 12.6%，同比回落 0.3 个百分点。其中，冶金工业增加值同比增长 12.1%，比 2010 年回落 1.3 个百分点。全年钢产量 6.83 亿吨，同比增长 8.9%。有色金属企业工业增加值按可比价格计算比 2010 年增长 14.0%，比 2010 年加快 1.3 个百分点，十种有色金属产量 3438 万吨，同比增长 9.8%。其中，精炼铜 520 万吨，同比增长 14.6%；原铝 1806 万吨，同比增长 11.5%。建材行业增加值同比增长 19.5%，增速比 2010 年回落 0.5 个百

分点。水泥生产20.9亿吨，同比增长11.7%；平板玻璃生产7.9亿重量箱，同比增长14%。石油和化工行业增加值同比增长10.1%。原油产量2.04亿吨，同比增长0.3%；天然气产量1025.3亿立方米，同比增长6.9%；原油加工量4.48亿吨，同比增长4.9%；成品油产量2.67亿吨，同比增长5.9%；化肥总产量（折纯，下同）6027.2万吨，同比增长12.1%；农药原药产量（折100%）264.8万吨，同比增长21.4%；乙烯产量1527.5万吨，同比增长7.4%；甲醇产量2226.9万吨，同比增长36.3%；硫酸产量7416.8万吨，同比增长12.2%；烧碱产量2466.2万吨，同比增长15.2%；纯碱产量2303.2万吨，同比增长13.4%；合成树脂4798.3万吨，同比增长9.3%；轮胎外胎产量8.32亿条，同比增长8.5%。

（2）装备工业。2011年，装备制造业增加值同比增长15.1%，同比回落了6个百分点。分行业看，通用设备制造业增加值同比增长17.4%，增速同比回落4.3个百分点；电器机械及器材制造业增加值同比增长14.5%，同比增速回落了4.2个百分点；文化办公设备增加值同比增长3.3个百分点；专用设备制造业增长19.89%，同比减缓0.8个百分点；交通运输设备制造业增长12%，同比回落10.4个百分点。从主要产品产量来看，生产发电机组14410.4万千瓦，同比增长11.9%；生产大、中型拖拉机40.2万台，同比增长19.3%；全国造船完工量7665万载重吨，同比增长16.9%；生产汽车1841.6万辆，同比增长0.8%。

2. 工业投资持续增长为工业平稳较快增长创造良好基础

2011年，工业固定资产投资快速增长，全年完成投资额129011亿元，比2010年增长26.9%，增速比2010年提高5.3个百分点。分行业来看，采矿业完成投资11810亿元，同比增长21.4%，增速比2010年提高2.8个百分点。其中，煤炭开采和洗选业完成投资额4897亿元，同比增长25.9%；石油和天然气开采业完成投资额3057亿元，比2010年增长12.5%；黑色金属矿采选业完成投资额1251亿元，同比增长18.4%；有色金属采选业完成投资额1275亿元，同比增长24.2%；非金属矿采选业完成投资额1284亿元，同比增长28.7%。制造业投资额102594亿元，同比增长31.8%，增速比2010年提高7个百分点。其中，非金属矿物制品业完成投资额10448亿元，同比增长31.8%；黑色金属冶炼及压延加工业完成投资额3860亿元，同比增长14.6%；有色金属冶炼及压延加工业完成投资额3861亿元，同比增长36.4%；通用设备制造业完成投资额7702亿元，同比增长30.6%；交通运输设备制造业完成投资额8406亿元，同比增长27.2%；电气机械及器材制造业完成投资额7851亿元，同比增长44.6%；通信设备、计算机及其他电子设备制造业完成投资额5266亿元，同比增长34.2%。电力、燃气及水的生产和供应业完成投资额14607亿元，同比增长3.8%。

根据国家统计局统计的数据进一步分析，2011年，工业技术改造投资完成5.4万亿元，增长24.9%，增速比2010年高2.1个百分点；占工业投资比重为41.6%，比2010年高1.4个百分点；工业企业在技术升级、节能环保方面的投资比例明显提高。

表5-1 2011年中国工业固定资产投资情况

指 标	2011年	
	绝对量（亿元）	比2010年增长（%）
采矿业	11810	21.4
其中：煤炭开采和洗选业	4897	25.9
石油和天然气开采业	3057	12.5
黑色金属矿采选业	1251	18.4
有色金属矿采选业	1275	24.2
非金属矿采选业	1284	28.7
制造业	102594	31.8
其中：非金属矿物制品业	10448	31.8

续表

指　标	2011年	
	绝对量（亿元）	比2010年增长（%）
黑色金属冶炼及压延加工业	3860	14.6
有色金属冶炼及压延加工业	3861	36.4
通用设备制造业	7702	30.6
交通运输设备制造业	8406	27.2
电气机械及器材制造业	7851	44.6
通信设备、计算机及其他电子设备制造业	5266	34.2
电力、燃气及水的生产和供应业	14607	3.8
其中：电力、热力的生产与供应业	11557	1.8

资料来源：国家统计局。

（二）投资对于工业经济增长的不利影响

1. 投资增速下滑，工业增长面临下行压力

2011年，全国工业虽然保持了较快增长的态势，但是增速呈下滑趋势。2011年，全年同比增长13.9%，比2010年下降了1.8个百分点；从2011年各月同比增速来看，下半年以来增速呈现出持续小幅回落的趋势。2011年11月，规模以上工业增加值同比实际增长12.4%，比10月回落0.8个百分点，比6月回落2.7个百分点；12月，规模以上工业增加值同比增长12.8%，比11月提升了0.4个百分点，但这种小幅回升很可能源于季节性效应（春节较2010年早，企业提前安排生产）。

2011年，重工业工业增加值同比增长14.3%，比2010年增速下降2.2个百分点；轻工业工业增加值同比增长13.0%，比2010年下降0.6个百分点，重工业增速下滑趋势更为明显。总体来说，重工业增速波动更为剧烈，轻工业增速波动相对较小。这在一定程度上也反映出，近年来中国工业经济增长越来越依靠投资驱动。

2011年，中国轻、重工业仍然保持了较快增长势头。从各月轻、重工业工业增加值增速来看，轻、重工业增速略有波动，重工业波动幅度较轻工业大，6月后轻、重工业增速均呈现出小幅回落趋势。从表5-2可以看出，2011年6月，轻工业企业工业增加值同比增长13.9%，重工业企业工业增加值同比增长15.6%。2011年12月，轻工业企业增加值同比增长12.6%，较6月回落1.3个百分点，重工业企业增加值同比增长均为13.0%，增速较6月下降2.6个百分点，重工业下滑趋势更为明显。

表5-2　轻、重工业增加值月增速

单位：%

2010年月份	轻工业	重工业	2011年月份	轻工业	重工业
1~2	14.5	23.7	1~2	13.3	14.4
3	13.4	20.0	3	12.8	15.6
4	14.1	19.4	4	11.9	14.0
5	13.6	17.8	5	12.9	13.5
6	12.0	14.5	6	13.9	15.6
7	13.5	13.3	7	12.8	14.5
8	13.1	14.2	8	13.4	13.5
9	13.0	13.4	9	12.8	14.3
10	12.9	13.2	10	12.1	13.7
11	12.7	13.6	11	12.4	12.4
12	13.0	13.7	12	12.6	13.0

资料来源：中经数据库。

2003年以来，中国固定资产投资完成情况如图5-3所示。从图5-3可以看出，经过价格调整后，2003~2007年，当季固定资产投资完成额同比增速由于季节性因素影响高位震荡，但总体保持高速增长趋势。2008年，固定资产投资同比增速快速下滑；2009年，在大力度财政政策与超宽货币政策的作用下，固定资产投资迅猛增长，增速急剧回升；从2009年第4季度开始，随着政策力度减弱，投资增速开始快速下滑。2010年，投资增速进一步下滑。2011年上半年投资增速维持在18%左右，下半年投资增速进一步下滑，第4季度投资增速已经下滑至14.3%，投资增速下滑趋势明显。2011年，中央财政政策力度逐渐由2009年、2010年的大力度逐渐转向正常化，地方融资平台债务问题使得地方政府投资能力下降，基础设施建设增速放缓；通货膨胀情况下，货币政策明显收紧，从而导致投资持续回落。投资增速的持续回落，使得整体工业经济增长趋势明显减缓，其中装备工业所受影响最为显著，增速同比大幅回落了6个百分点，影响工业增速减缓1.1个百分点。

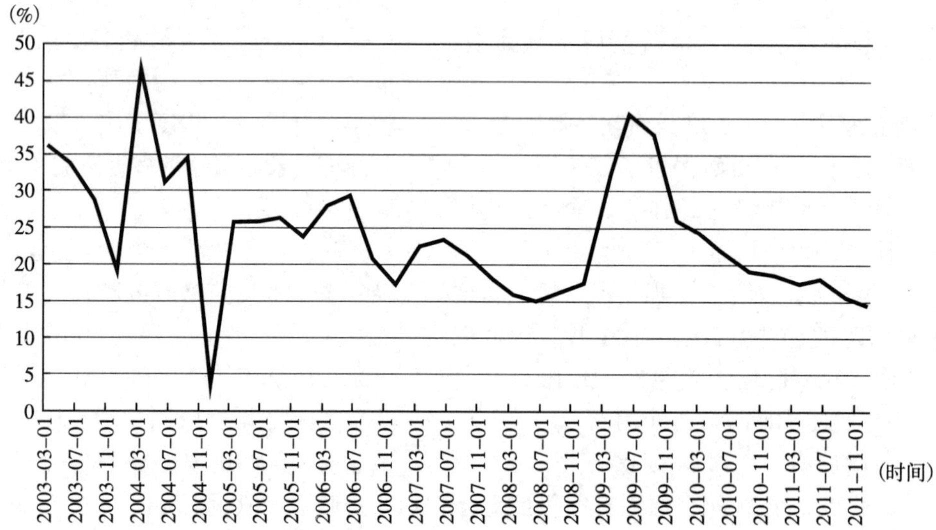

图5-3 固定资产投资完成额同比增速（价格调整后）

资料来源：根据国家统计局数据计算。

2. 部分行业产能过剩，影响工业平稳增长

部分行业产能过剩问题再度显现。2009年和2010年宽松货币政策和积极财政政策刺激下，基础设施建设、房地产投资快速增长，刺激了钢铁、水泥等产品需求，乐观的预期使得这些行业投资出现过快增长，随着固定资产投资增速放缓，钢铁、水泥等行业的产能过剩问题再度显现，尤其是钢铁工业产能过剩的问题更为突出。类似的还有电解铝、水泥、煤炭等，在过去的三年里，产能扩张迅猛，而未来却面临需求减少的困境。

据钢铁协会统计，2010年末我国炼钢产能为8亿吨，2011年新投产炼钢产能约8000万吨，考虑到淘汰落后产能约3000万吨，实际净增炼钢产能约5000万吨，年末粗钢产能达到8.5亿吨左右。受产能过剩的影响，钢铁行业盈利能力大幅下降，重点大、中型钢铁企业销售利润率为2.42%，同比下降0.58个百分点，远低于同期全国规模以上工业企业6.47%的平均水平。其中10月、11月全国重点大、中型钢铁企业销售利润率分别只有0.47%和0.43%，创下2009年6月以来的新低。钢铁工业在成本大幅上升、产能过快释放的双重压力下，盈利能力不断下降。根据中国冶金建设协会统计46家设计单位数据，2011年9月的数据显示：炼钢在建产能5504万吨，正在设计产能1930万吨；正在规划炼钢产能2108万吨。统计期间停止建设的规模600万吨。如果这些规划项目也开工建设并形成产能，从现在起即使不再增加任何新的工程，也会新增粗钢产能0.9114亿吨，中国粗钢生产能力预计超过9亿吨。2012年，钢铁工业产能过剩的局面可能更为严峻。

水泥工业方面。2010 年全国新增 210 条新型干法熟料产线，新增熟料设计产能 2.48 亿吨（设计熟料产能按全年运转 310 天计算），按 1.3 的经验系数测算，2010 年全国新增水泥产能约 3.23 亿吨。其中，4000t/d 以上规模生产线 117 条，熟料产能 17701 万吨；2000~3999t/d 规模生产线 89 条，熟料产能 6956.4 万吨；2000t/d 以下规模生产线 4 条，熟料产能 142.6 万吨。2008~2010 年 3 年累计新增新型干法水泥产能 9.01 亿吨，即使考虑 3 年的淘汰落后产能 1. 94 亿吨，3 年水泥产能净投放有 7.07 亿吨。2011 年，新投产 114 条熟料生产线，新增产能 1.65 亿吨。剔除淘汰的落后产能后，熟料产能利用率降到 77.2%，水泥产能利用率仅有 73%。固定资产投资增速持续回落，会使得水泥产能过剩问题凸显（中国建筑材料联合会财务资产部，2012）。

出口增速放缓与产能释放导致光伏等行业产能过剩日趋严重。中国的光伏产业在 2004 年之后经历了快速发展的过程，连续 5 年年增长率超过 100%。在投资快速扩张后，产能出现严重过剩，据第三方调研机构大禾咨询统计显示，2010 年，国内多晶硅产能利用率为 52.9%，硅片硅锭产能利用率为 47.8%，晶体硅电池产能利用率为 40.5%，太阳能薄膜电池产能利用率仅为 20%。中国的光伏产品中有 95%用于出口，欧洲市场历来是重点，所占比重约为 75%，德国和意大利占据欧洲光伏市场 50%以上的份额，由于受到欧债危机的影响，欧洲国家下调对光伏电池的补贴，而且减少对光伏产品的需求。结果是中国的光伏行业遭遇严重危机。海外上市的 10 家龙头企业，8 家报亏。无锡尚德一直被认为是全市产量最大的太阳能企业，其第三季报显示净亏损为 1.164 亿美元，亏损幅度最大。盈利的两家企业大全新能源、晶科能源的利润额同比也有大幅下降。2011 年下半年开始我国出口需求明显下滑，如果趋势得不到明显改善，则 2012 年以出口为导向的很多行业都会遭遇产能过剩的打击（尹中立，2012）。

3. 高耗能行业投资较快增长为工业可持续增长带来较大压力

2011 年，六大高耗能行业完成投资 4.1 万亿元，比 2010 年增长 18.3%，增幅比 2010 年高 3.7 个百分点。分行业看，电力、热力的生产与供应业，石油加工、炼焦及核燃料加工业投资增速分别为 1.8%和 10.1%，增幅分别比 2010 年下降 5.4 个百分点和 3.1 个百分点；化学原料及化学制品制造业、非金属矿物制品业、黑色金属冶炼及压延加工业和有色金属冶炼及压延加工业投资增速分别为 26.4%、31.8%、14.6%和 36.4%，增幅分别比 2010 年高 12.1 个百分点、4.7 个百分点、6.5 个百分点和 3.7 个百分点。2011 年，全国万元国内生产总值能耗下降 2.01%，低于国家发改委此前设立的 3.5%目标。高能耗行业投资的快速增长，意味着高能耗行业产能仍将快速增长，这为节能减排、工业可持续发展带来较大的压力。

（三）关注体制性产能过剩对于工业经济健康发展的影响

过度投资导致的重复建设、产能过剩现象，严重影响工业的健康、平稳发展，是长期困扰中国工业经济健康发展的突出问题。国际金融危机以来，产能过剩问题再度成为各界关注的焦点。2011 年，随着经济下行压力增大，产能过剩问题再次凸显。

产能过剩并不是一个严密的经济学概念，从字面上理解，产能过剩就是生产能力超过社会需求的状态，有着不同的形成机理。一种是在比较完善和健全的市场体制下，现实经济运行的供需动态平衡和调整过程中以及经济周期性波动过程中出现的生产能力相对需求过剩的情形。这种产能过剩是市场经济运行中的常态，也正是这种过剩压力，推动了市场竞争，市场的优胜劣汰机制才会起作用。同时，企业还会保有一定的富余产能以应对需求的突然增长。在比较完善和健全的市场体制中，市场能有效协调经济主体之间的行为并引导供需迅速趋向动态均衡，并不需要宏观经济政策之外的其他政策应对产能过剩。另一种产能过剩是经济体制缺陷扭曲企业投资行为所致。在中国转轨过程中，在土地产权模糊、银行预算软约束以及地方政府干预金融等体制缺陷的背景下，地区之间采取投资补贴的形式竞争资本流入，市场协调供需均衡的机制难以有效运转，引导企业过度投资，进而导致系统性的产能过剩和经济波动加剧。可见，体制扭曲才是中国出现产能过剩顽疾的关键所在，也是政策部门真正需要关注的问题。

发展战略性新兴产业政策实施中，过于注重补贴生产企业，导致部分新兴产业过度投资，并频繁遭遇国外反补贴调查和制裁。近年来，战略性新兴产业是政策扶持的重点，对于新兴产业企业的财政支持和税收优惠则是重中之重，地方政府更是采取低价供地、直接提供财政补贴等方式大力推动战略性新兴产业发展。然而，这种过于注重补贴生产企业的措施，直接导致多晶硅、风电设备等新兴行业出现比较严重的产能过剩，并导致太阳能电池板、风电设备等产品相继在欧、美市场遭遇“双反”调查。更为重要的是，对于生产企业和生产环节提供大量补贴还会诱发企业的寻租行为，而不是把更多的投入放在研究开发和技术工艺的改造升级上，这也会使得新兴行业中的企业在国际竞争中更依赖于政府补贴和低污染排放标准所带来的所谓低成本竞争力。

三、政策建议

1. 继续实施稳健货币政策，推动资本市场改革

要坚持稳健的货币政策，在保持物价相对稳定的条件下，为投资增长提供相对宽松的货币环境，引导信贷资金加大对农业、基础设施、中小企业、新兴产业的支持，防止半拉子工程；推进利率市场化，改变贷款利率和民间借款利率、存款利率与理财产品利率间的巨大差距，适时推出非对称加息政策，保护储户利益的同时重点发挥加息对投资结构调整的作用；建立适应中小企业发展的金融机构和债券市场，着力缓解中小企业融资难和融资贵的问题。

2. 优化政府投资结构，促进民生改善和战略性新兴产业发展

优先保障国家重点续建项目尤其是收尾工程，确保按时竣工投产。确保国家已经批准开工的在建水利、铁路、重大装备等项目资金需求。加大保障性安居工程投入，推动新一轮保障房建设顺利开工。加强公共医疗卫生服务设施建设，继续改造建设县级、乡镇卫生服务设施。进一步加强水利基础设施建设，扩大小型农田水利建设重点县范围，新建一批高标准农田。加大节能环保、高端装备制造及云计算、物联网、教育投资的支持力度，支持战略性新兴产业健康、有序发展。

3. 深化投资体制改革，激发民间投资活力

尽快完善和落实各领域“新非公 36 条”细则并出台相关配套措施，切实放宽民间投资准入限制，规范投资准入门槛，推动准入标准公开化、透明化，创造公平竞争、平等准入的市场环境。通过改革行业管理体制，鼓励民间投资进入铁路、交通、电信、航运、能源等领域，鼓励民间资本兴办金融机构，积极创新和灵活运用各种金融工具，加强对民间投资的金融服务。在资金、研发、试点建设方面给予民营企业一视同仁的待遇和支持。切实减轻企业负担，缓解民间投资不断增大的成本压力（中国经济信息网，2012）。

4. 深化体制改革，根治产能过剩

治理这类产能过剩的关键在于通过推进经济体制改革，健全和完善市场制度，矫正现有不合理制度对市场主体行为的扭曲，并充分发挥市场分散信息、协调供需均衡、淘汰落后企业和产能等方面的高效率性。具体而言，治理产能过剩应该从以下方面着手：

（1）调整财税体制，特别是理顺中央与地方之间的利益分配机制，改革以考核 GDP 增长为重点的政府官员政治晋升体制，消除地方政府不当干预企业投资的强烈动机。此外，地方财政透明化与民主化，有利于避免地方政府为企业投资提供财政补贴。

（2）改革现有土地管理制度，明晰土地产权，深化土地市场的改革，理顺土地市场的价格形成机制，从根本上杜绝地方政府通过低价甚至零地价供地为企业提供补贴。

（3）进一步推动金融体制改革，硬化银行预算约束、理顺地方政府与银行的关系，通过市场手段提高企业投资中自有资金的比例，降低企业投资行为中的风险外部化问题。

(4) 改革现有的环境保护体制，保障环境保护相关法规的严格执行，防止地方政府牺牲环境竞争资本流入。同时，制定实施长期稳定和严格的环境政策，与治理产能过剩等产业政策目标相对独立，不能因为产能不过剩就不实施严格的环境保护政策。

此外，培育战略性新兴产业政策重点应调整为：对于新兴产业企业研究开发活动进行普遍性支持，鼓励节能减排等绿色产品消费方式。尽量避免对于生产环节和产能投资提供补贴，以防止在新兴产业出现产能过剩，以及防止在国际市场受到反补贴调查。

专栏 5-1

70 亿元创投资金进入战略新兴产业

为助推战略性新兴产业发展，中央财政于 2011 年设立了战略性新兴产业发展专项资金。截至 2011 年底，全国共有 24 个省份设立了战略性新兴产业专项资金；同时，新批复了 41 只创投基金的设立方案，吸引社会资本 70 多亿元。

国家发改委网站 4 月 11 日发文表示，要贯彻落实国务院 2010 年发布的《关于加快培育和发展战略性新兴产业的决定》，将着重营造有利于战略性新兴产业发展的市场环境，引导和发挥市场主体的积极性，认真做好战略性新兴产业发展形势的监测和分析，及时发现产业发展中的倾向性、苗头性问题，加强信息引导，提出对策措施，促进战略性新兴产业健康发展。

一系列政策措施的初步落实，促使中国战略性新兴产业发展实现了良好开局。新一代信息技术、生物医药、新能源、高端装备等重点产业及其新业态加速成长壮大，战略性新兴产业在各地呈现出集聚蓬勃发展的态势。

3 月底，国务院召开常务会议，以暂定税率的方式，降低初级能源原材料及战略性新兴产业所需国内不能生产或性能不能满足需要的关键零部件进口关税。

据介绍，先后出台的战略性新兴产业的政策措施主要有六项，包括加强宏观引导、加大要素支持、加快体制改革、强化科技创新、积极培育市场、开展国际合作。

在加强宏观引导方面，有关部门组织编制了战略性新兴产业“十二五”规划和节能环保、新一代信息技术、新能源等 7 个产业发展规划以及物联网、集成电路、航空、航天等一系列细分领域的专项规划，形成了系统完整的规划体系，明确了发展目标和重点任务。国家相继出台了新的软件产业和集成电路产业政策、高技术服务业指导意见、海洋工程装备产业创新发展战略等一系列产业政策，引导新兴产业发展。

另外，国家有关部门组织了第一批 12 个地区(城市) 开展“三网融合”试点，第二批“三网融合”试点工作业已启动；可再生能源电价附加补贴和配额交易方案以及太阳能光伏发电标杆上网电价和天然气价格改革方案也已制定。

资料来源：财新网。

参考文献

1. 尹中立：《2012 年中国经济最大的挑战是产能过剩》,《中国中小企业》2012 年第 2 期。

2. 中国建筑材料联合会财务资产部：《周期性拐点将现，产能过剩矛盾突出》,《中国建材》2012 年第 2 期。

3.《中国宏观经济分析报告（2011 年 4 季度)》，中国经济信息网，http: //www.cei.gov.cn，2012 年。

第六章　工业消费品需求的增长与结构变化

提　　要

由于宏观经济下行趋势逐步显现，加上外部经济环境变化和深层次结构性因素的影响，中国消费率仍维持在改革以来的最低水平，国内消费品市场增长继续回落，物价全面上涨也对消费需求形成了抑制，热点消费领域趋于降温，网络消费快速扩张，奢侈品增长迅猛，但消费外移现象日益严重，工业品消费需求呈现出新的发展态势。尽管如此，工业消费品市场仍然维持了基本的结构特征，即居民消费重心从商品消费转向服务性、享受型和发展型消费，居民之间消费水平、消费结构差距仍在拉大，城乡消费差距扩大速度有减缓迹象，地区消费差距趋于缩小。本章将影响工业消费品需求增长的主要因素归纳为国民收入分配格局不断向政府和企业倾斜；居民收入差距过大；社会保障不健全，消费预期不容乐观；消费环境发生新变化；房地产调控及短期消费政策调整等方面。在此基础上，提出当前扩大消费需求的政策着力点应转向促进居民增收、调节收入差距、增强消费预期、增加有效供给、完善消费环境等中长期政策上来。

*　　　　*　　　　*

在国民经济中，需求主要由消费、投资和净出口三部分构成。其中，消费需求是拉动经济增长的重要力量，既反映一国居民的生活水平提高程度，又在产业结构调整升级中起着主导作用。对于正处在纵深推进工业化和城镇化的中国经济而言，工业品消费需求过去、现在和在将来相当长的时间内都是消费需求的主体。着力引导和扩大工业品消费需求，是实现工业平稳增长、结构优化升级的前提和基础。

一、工业消费品需求增长的主要态势

1. 消费率仍处于改革开放以来的最低水平

进入21世纪以来，中国经济增长保持快速增长态势，但经济增长依靠投资和出口拉动的结构特征不仅没有消除，反而不断得到强化。从2000年到2010年，中国投资率由35.3%持续上升到48.6%，而最终消费率却由62.3%一直下降到47.4%，达到改革以来的最低点。其中，政府消费率从15.9%降至13.6%，但降幅更为猛烈的是居民消费率，由46.4%持续降到33.8%，对最终消费率下降的影响程度达到84.6%。与世界部分国家人均国民收入达到3000美元左右时的情形相比，中国居民消费率明显偏低。[①] 2011年，受外部经济环境影响，外贸对经济增长拉动作用减弱，净出口率由2010年的4.0%降至2.6%，最终消费率回升到0.8个百分点，达到48.2%，居民消费率升至34.9%，但投资率继续上升，达到史无前例的49.2%。

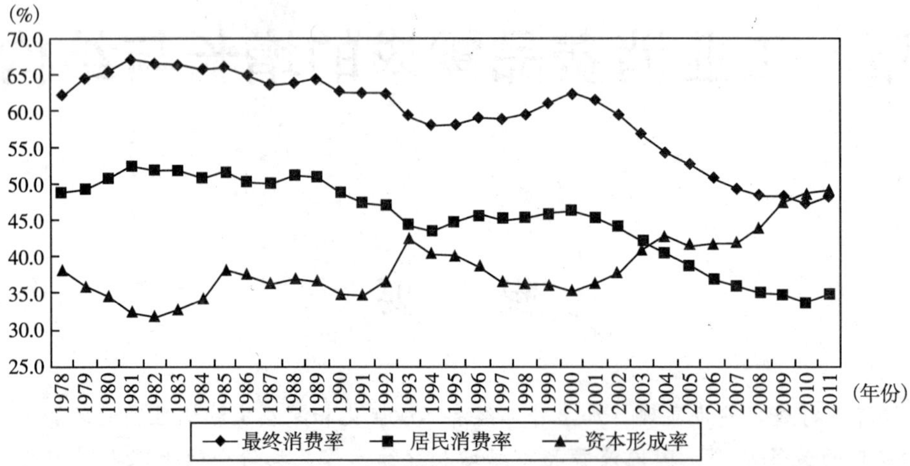

图 6–1 改革以来消费率和投资率的变动情况

资料来源：中经网统计数据库。

2. 国内消费品市场增长速度继续回落

从2010年第二季度开始，中国经济下行态势逐步显现。2011年，受严峻外部经济环境和国家宏观调控的影响，中国国内生产总值增幅由2010年的10.4%降至9.2%，经济增长速度进一步趋缓。国内消费品市场则继续延续自2008年以来的增长回落态势。按当年价计算，2011年全国社会消费品零售总额实现183919亿元，比2010年增长17.1%，增速比上年降低1.2个百分点；扣除价格因素，实际增长11.6%，增速比2010年下降3.2个百分点，实际增速创近六年新低（见图6–2）。从全年各月消费品市场运行情况看，除1月外，社会消费品零售额各月增幅皆低于2010年同期水平。

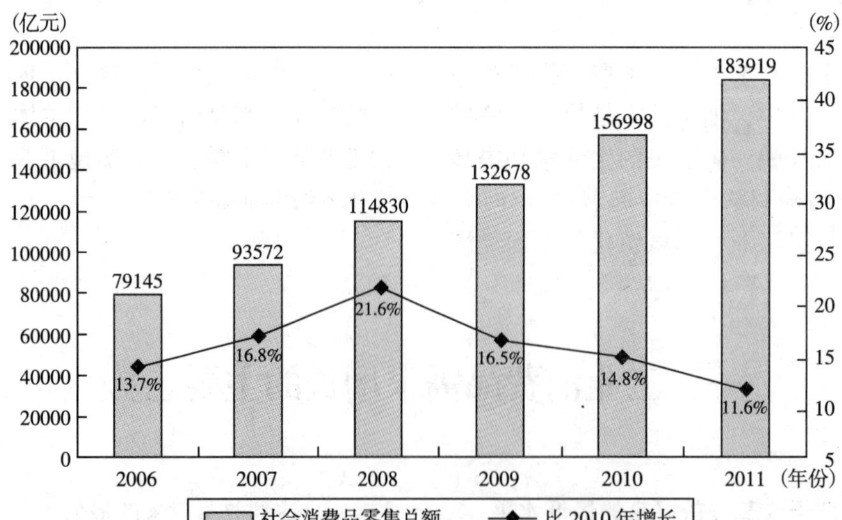

图 6–2 2006~2011年社会消费品零售总额及增长速度

资料来源：国家统计局。

① 在选中的12个国家中，在人均GNI 3000美元的年份，中国的居民消费率比最高的美国低26.6个百分点，比最低的马来西亚也低13个百分点。参见郑泽香：《人均国民总收入3000美元时的居民消费》，《中国统计》2009年第11期。

3. 物价全面上涨，抑制消费需求

2011 年全年 CPI 增长 5.4%，比 2010 年提高 2.1 个百分点，涨幅创 2009 年来新高，直逼 2008 年 5.9%的水平。其中，7 月份 CPI 同比上涨 6.5%，创近 37 个月新高。在居民消费价格构成中，八大类商品消费价格全面上涨。这也是自 1996 年以来，首次出现八大类消费价格全面上涨。当然，全年物价上涨仍主要由食品价格上涨拉动，食品价格上涨 11.8%，拉动 CPI 上涨约 3.5 个百分点。在高物价影响下，居民消费需求受到抑制，倾向于选择消费档次低、价格低的替代品。2011 年，全国百家大型零售企业中，食品类零售额增速下滑 0.9 个百分点，烟酒类零售额增速下滑 1.5 个百分点，床上用品零售额增速下滑 1.3 个百分点，服装零售量增速下滑 7.2 个百分点，鞋零售量增速下滑 1.8 个百分点。全国限额以上的企业商品零售额同比增长 23.2%，增幅比 2010 年降低 6.7 个百分点，远大于社会消费品零售总额 1.3 个百分点的增速降幅。

4. 热点消费品需求降温明显

近年来，中国居民消费品中汽车、石油及其制品、家具、珠宝等消费品保持了较快增长势头。2010 年，金银珠宝消费增长迅猛，增速超过 30%，化妆品、体育娱乐用品和通信器材销售增速均在 20%以上。进入 2011 年，随着家电下乡、以旧换新等政策基本进入尾声，对消费拉动作用明显减弱，加上居民消费支出提前释放，许多热点消费品销售额增幅明显回落。2011 年，全国销售汽车 1850.51 万辆，仅比 2010 年增长 2.5%，增幅比 2010 年回落 29.9 个百分点。从限额以上企业统计数字看，家用电器和音像器材零售额同比增长 21.6%，回落 6.1 个百分点；家具零售额同比增长 32.8%，回落 4.4 个百分点。

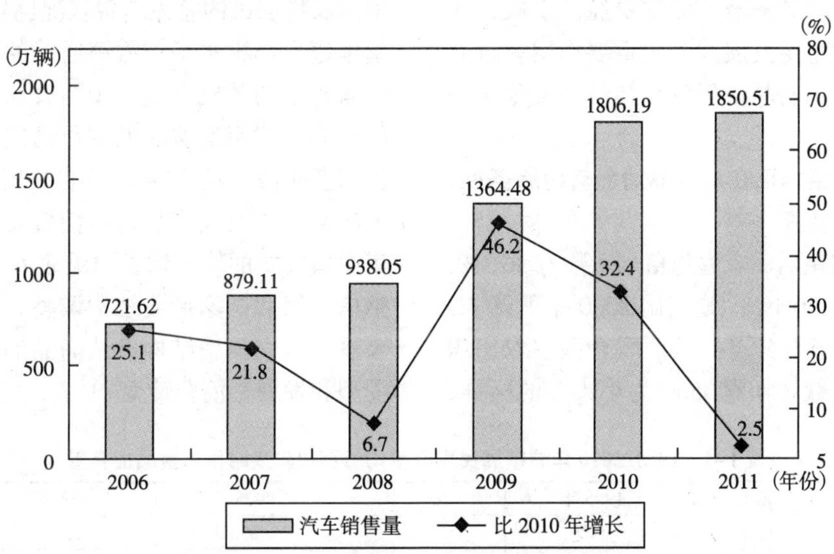

图 6-3 2006~2011 年全国汽车销售量及增长速度

资料来源：中国汽车工业协会。

5. 网络消费快速扩张

2011 年，中国网上购物延续 2010 年发展态势，全年交易规模达到 7735.6 亿元，比 2010 年增长 67.8%，占社会消费品零售总额的比重由 2010 年的 2.9%提高到 4.3%。网购用户的构成也在悄然发生着变化。调查显示，网购用户中的重度、中度消费者比重明显增加。2010 年下半年，中度消费人群比例首次超过 50%。2011 年，淘宝网年度消费金额在 1 万元以上的用户数量比 2010 年增长 82.8%，消费金额不足 1 万元但高于 1000 元的用户数量比 2010 年增长 64.7%，消费金额不足 1000 元的仅增长 34%。[①] 网络消费在保持快速发展的同时，也呈现出新的态势与特点：一是奢侈品网购初具规模，全年交易规模预计将达 107.3

① http：//www.labour-daily.cn/Web/NewsDetail.aspx?IssuanceID=248493，2012 年 4 月 27 日。

亿元；二是电子商务企业、品牌生产企业之间的合作进一步加强；三是部分团购网站经营面临危机；四是网购维权问题日渐突出。

6. 奢侈品增长迅猛，但消费外移现象日益严重

近年来，中国奢侈品消费市场保持了强劲的增长势头。截至 2011 年 3 月底，中国国内奢侈品市场消费占据全球份额的 1/4 强，已经成为全球第二大奢侈品消费国。与此同时，中国居民通过境外购买奢侈品形成的消费外移现象日益明显。2010 年，中国旅客出境人数达到 5700 万人次，出境花费 550 亿美元，各比“十五”末增长 83.3% 和 152.8%。据世界奢侈品协会数据，2010 年 2 月初至 2011 年 3 月底，中国奢侈品市场消费总额已经达到 107 亿美元（不包括私人飞机、游艇和豪华汽车），而同期中国人在欧洲市场奢侈品消费累计近 500 亿美元，是国内市场的 4 倍之多；在法国、意大利、英国主要区域奢侈品商业的消费数据，发现的有效购买数据中 65%以上为亚洲人，中国人又占其中的 75%。2012 年春节期间，中国大陆居民在境外奢侈品消费累计达 72 亿美元，同比增长 28.6%，创下历史新高。美国商务部调查数据显示，外国游客在美人均消费为 4000 美元，中国游客人均则为 6200 美元。

二、工业消费品需求的结构变化

消费作为拉动经济增长的重要经济手段，对当前我国经济的稳定发展起到了重要作用。近几年来，中国工业消费品市场的结构特征发生了一些新的变化。

1. 居民消费结构正在从商品消费转向服务型、享受型和发展型消费

2011 年，城镇居民家庭恩格尔系数为 36.3%，农村居民家庭为 40.4%，分别比 2000 年下降 1.9 个百分点和 8.7 个百分点。按照联合国粮农组织有关“恩格尔系数在 40%~50%为小康”的标准，中国农村居民的总体消费状况已经告别温饱水平，基本迈入小康水平；城镇居民的消费水平已经在小康水平的基础上进一步提升。目前，城镇居民的大多数耐用消费品拥有量已饱和，进入更新换代消费阶段（见表 6–1）。农村居民受保有量和收入的影响，对大多数耐用消费品的需求难以出现集中爆发式的快速增长（见表 6–2）。从居民消费结构升级和国家产业结构调整、节能减排的政策来看，居民消费结构已从商品消费向服务型、享受型和发展型消费转变。

表 6–1 1990~2010 年城镇居民家庭平均每百户年底耐用消费品拥有量

耐用消费品	1990 年	1995 年	2000 年	2005 年	2009 年	2010 年
摩托车（辆）	1.94	6.29	18.80	25.00	22.40	22.51
洗衣机（台）	78.41	88.97	90.50	95.51	96.01	96.92
电冰箱（台）	42.33	66.22	80.10	90.72	95.35	96.61
彩色电视机（台）	59.04	89.79	116.60	134.80	135.65	137.43
组合音响（套）		10.52	22.20	28.79	28.21	28.08
照相机（架）	19.22	30.56	38.40	46.94	41.68	43.70
空调器（台）	0.34	8.09	30.80	80.67	106.84	112.07
淋浴热水器（台）		30.05	49.10	72.65	83.39	84.82
家用电脑（台）			9.70	41.52	65.74	71.16
摄像机（架）			1.30	4.32	7.77	8.20
微波炉（台）			17.60	47.61	57.18	59.00
健身器材（套）			3.50	4.68	4.13	4.24
移动电话（部）			19.50	137.00	181.04	188.86
固定电话（部）				94.40	81.86	80.94
家用汽车（辆）			0.50	3.37	10.89	13.07

资料来源：国家统计局。

表 6-2 1990~2010 年农村居民家庭平均每百户年底耐用消费品拥有量

耐用消费品	1990 年	1995 年	2000 年	2005 年	2009 年	2010 年
洗衣机（台）	9.12	16.90	28.58	40.20	53.14	57.32
电冰箱（台）	1.22	5.15	12.31	20.10	37.11	45.19
空调机（台）		0.18	1.32	6.40	12.23	16.00
抽油烟机（台）		0.61	2.75	5.98	9.75	11.11
自行车（辆）	118.33	147.02	120.48	98.37	96.45	95.98
摩托车（辆）	0.89	4.91	21.94	40.70	56.64	59.02
电话机（部）			26.38	58.37	62.68	60.76
移动电话（部）			4.32	50.24	115.24	136.54
黑白电视机（台）	39.72	63.81	52.97	21.77	7.65	6.38
彩色电视机（台）	4.72	16.92	48.74	84.08	108.94	111.79
照相机（台）	0.70	1.42	3.12	4.05	4.76	5.17
家用计算机（台）			0.47	2.10	7.46	10.37

资料来源：国家统计局。

2. 居民之间消费水平、消费结构差距仍在拉大

2010 年，城镇居民最高收入户人均消费性支出是最低收入户的 5.80 倍，而在 2002 年这一比率只有 3.74 倍。从消费结构看，最高收入户恩格尔系数已降至 26.9%，比 2002 年下降了 4.6 个百分点；而最低收入户恩格尔系数仍高达 46.2%，只下降了 1.1 个百分点。从消费项目看，不同收入水平家庭消费差距拉大最为明显的主要集中在医疗保健、住房消费、教育文化娱乐以及交通通信支出等方面，而服装、耐用消费品方面差距虽也在扩大，但远没有前述几项显著。目前，低收入家庭属温饱型消费，重点仍放在基本必需品上，以实用为主，讲究节约和理性；中等收入家庭属小康型消费，消费重点正从数量追求向质量追求型转变；高收入阶层的消费结构升级加快，消费重点已转向追求奢侈品、豪华住宅、高档轿车以及发展型服务等领域。

3. 城乡消费差距仍在扩大，但扩大速度有减缓迹象

2011 年，中国城镇消费品零售额达到 159552 亿元，比 2010 年增长 17.2%，增速回落 1.5 个百分点；扣除价格因素，实际增速比 2010 年回落 3.7 个百分点。农村消费品零售额达到 24367 亿元，增长 16.7%，实际增速回落 1.5 个百分点。农村消费市场表现好于城镇。2011 年，城镇社会消费品零售总额与农村的名义增速差距由 2010 年的 2.5%缩小到 0.5%，实际增速差距由 2010 年的 3.5%降至 1.3%。由于城镇消费品市场的增速仍快于农村市场，城镇在全国消费品市场中的比重继续上升，2011 年达到 86.8%，比 2009 年提高 0.4 个百分点；农村消费品市场的地位继续下滑。2011 年，中国城镇和农村消费品市场的绝对差额由 2010 年的 115248 亿元扩大到 135185 亿元，差距扩大率由 2010 年的 19.1%降至 17.3%。这种发展差距除与城乡居民收入差距过大有关外，也与城镇化进程带动更多经济资源和消费活动向城镇集聚有关。2011 年，全国城镇化率首次突破 50%，达到 51.3%；农村就业人员继续负增长，全年农民工总量为 25278 万人，比 2010 年增长 4.4%。其中，外出农民工 15863 万人，比 2010 年增长 3.4%。

4. 不同地区的消费差距趋于缩小

中西部地区消费品市场增速明显加快，与东部地区的消费差距逐步减小。2010 年，东部地区社会消费品零售总额为 90792 亿元，比 2010 年增长 18.1%；中部和西部地区分别为 38874 亿元和 27333 亿元，均比 2010 年增长 18.6%，增幅比东部地区高 0.5 个百分点，已是 2006 年以来连续第四年增速快于东部地区。2006~2010 年，东部、中部和西部地区社会消费品零售总额的年均增长速度分别达到 17.8%、18.8%和 18.7%。总体上看，消费品市场的区域结构呈现差距逐渐缩小的发展趋势，即东部地区在社会消费品零售总额中所占的比重持续下降；中部和西部地区所占比重持续上升。

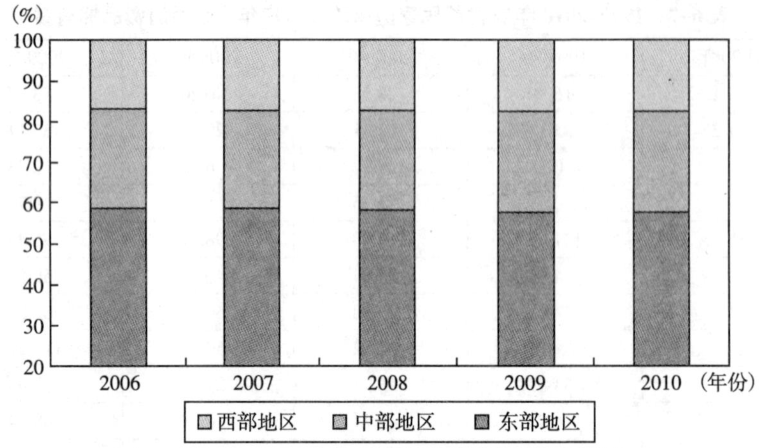

图 6-4 2006~2010 年社会消费品零售总额的区域构成

资料来源：国家统计局。

三、影响工业消费品增长的主要因素

1. 国民收入分配格局不断向政府和企业倾斜

2000~2011 年，政府财政收入增长了 6.74 倍，全国规模以上工业企业利润总额增长了 11.41 倍，而城乡居民收入分别只增长了 2.47 倍、2.10 倍。由于政府和企业所得快于居民所得，导致政府和企业在国民收入分配中所占的比例不断上升。2010 年，财政和机关团体储蓄存款由 2000 年的 5732.4 亿元增加到 91630 亿元，增长了 15.0 倍，占全社会储蓄的存款比重由 4.6%上升到 12.8%，企业储蓄存款由 44093.7 亿元增加到 244496 亿元，增长了 4.5 倍。这期间，尽管居民储蓄存款也增长了 3.7 倍，但占全社会储蓄存款的比重却从 52.0%下降到 42.0%。

2. 居民收入差距过大

2010 年，中国城镇居民中 10%最高收入户人均可支配收入是 10%最低收入户的 8.65 倍，而在 1997 年这一比率只有 4.22 倍；农村居民中高收入户与低收入户人均纯收入之比，则由 2002 年的 6.88 倍扩大到 2011 年的 8.39 倍（见表 6-3）。在不同收入群体之间，高收入群体储蓄倾向高，低收入群体消费倾向高。以城镇居民收入为例，根据有关部门抽样调查资料推算，目前城镇高收入群体的边际消费倾向只有 57.7%，边际储蓄倾向高达 42.3%，而低收入群体边际消费倾向高达 75.2%，边际储蓄倾向只有 24.8%。[①] 高收入群体收入水平越高、收入增长速度越快，就越有利于增加社会储蓄，而不利于消费。社会财富不断向高收入阶层集中。高收入阶层边际消费倾向下降和低收入阶层消费能力不足，从总体上制约了消费的扩大，影响了消费结构的合理性。

表 6-3 城乡居民收入差距

年 份	城镇居民最高收入户与最低收入户人均可支配收入之比	农村居民高收入户与低收入户人均纯收入之比
1997	4.22	—
1998	4.43	—
1999	4.62	—
2000	5.02	—
2001	5.39	—

① 马晓河：《我国消费率偏低并持续下降的成因分析》，《前线》2010 年第 1 期。

续表

年　份	城镇居民最高收入户与最低收入户人均可支配收入之比	农村居民高收入户与低收入户人均纯收入之比
2002	7.89	6.88
2003	8.43	7.33
2004	8.87	6.88
2005	9.18	7.26
2006	8.96	7.17
2007	8.74	7.27
2008	9.17	7.53
2009	8.91	7.95
2010	8.65	7.51
2011	—	8.39

资料来源：中经网统计数据库。

3. 社会保障不健全，消费预期不容乐观

在收入不变的情况下，某一方面消费支出的增加必然会挤压其他方面的支出。在收入受到影响的情况下，支出刚性强的项目会挤压其他支出项目。近年来，住房、医疗、教育等领域过度的“市场化”，加之费用上涨速度之快超过多数家庭收入增长速度，使居民的支出结构发生了很大的改变。以住房为例，由于购房支出刚性很强，居民往往会压缩其他支出。房价上涨过快直接导致居民购房负担加重，过高的首付款和月供支出使绝大多数购房者纷纷削减了其他支出项目。虚高的房价远远超出了普通家庭的购买力，购房负担沉重对其消费需求产生的抑制作用会长期存在。[①]因此，社会保障机制的不到位促使人们在考虑收入支出时受心理预期的影响，不得不控制即期消费，增加储蓄。此外，供需产品也存在结构性矛盾，这就在一定程度上限制了居民消费。

4. 消费环境发生新变化

近年来，随着经济高速增长和城市快速扩张，城市机动车保有量飙升，道路交通压力不断加大，交通堵塞成为不少城市面临的突出问题。各地纷纷出台包括尾号限行、限制公车增长、控制新车购置总量、提高停车费收取标准等治理措施，从提高车辆使用成本、限制汽车增量的角度达到缓解道路交通压力的目标。这些因素在一定程度上影响了汽车消费需求的快速扩张。与此同时，受需求增长以及中东、北非特别是利比亚局势动荡的影响和美元持续走弱的拉动，国际市场油价继续大幅攀升。2011 年第一季度，中国已两次上调成品油价格，这对国内石油及其制品的消费也构成了负面影响。此外，不断曝光的食品安全质量、商品掺假售假、使用虚假价签、虚价打折、返券促销等问题，也严重影响了居民消费信心和消费意愿，使居民消费安全感进一步降低，导致消费者心有余悸，不敢消费，抑制了消费需求的增长。

5. 房地产调控及短期消费政策调整

自 2010 年 4 月开始，针对中国房价和地价过快上涨、投机性购房活跃的情况，中央政府采取“国十条”等多项房地产调控措施，包括实行更为严格的差别化住房信贷政策，禁止发放购买第三套及以上住房贷款，部分城市实行“限购”政策等，保障性住房建设力度加大，且主要通过公租房形式提供。这些政策措施的调控效果已有所显现，房价过快上涨势头得到一定的遏制，市场交易量下降。但与此同时，住房交易量的显著下降也在一定程度上影响了一部分家具、家电消费需求。此外，国际金融危机以来，中国政府出台了一系列力度较大的刺激消费政策，对扩大城乡居民消费发挥了积极作用。截至 2010 年底，汽车下乡、小排量汽车购置税优惠、汽车以旧换新等政策宣告终止，这些政策调整也直接影响了相关产品消费需求的增长。

① 史兴旺、王娟：《论房价虚高对消费需求的影响》，《经济研究参考》2009 年第 69 期。

四、扩大工业消费品需求的政策取向

扩大消费需求对当前及今后较长时期中国经济增长具有至关重要的战略意义，也是转变中国经济增长方式的根本出路。建立一个投资、消费和出口相协调的经济发展机制，是保持经济平稳增长的基础。当前，扩大消费需求的政策着力点应转向理顺国民收入分配关系、提高居民的消费能力、积极改善消费环境等中长期政策上来。

1. 全力促进居民增收

一是将促进就业作为居民增收的主渠道。实施就业导向的宏观经济政策，落实对服务业和中小企业、劳动密集型行业的投资、财税、用地等支持政策，增加就业吸纳能力，促进工资水平合理增长。二是提高居民财产性收入。在农村，关键是推进和深化土地制度改革。在稳定农民对承包土地拥有长期物权的前提下，促进土地流转和变现，使农民获得稳定的收入流；清晰界定农户宅基地产权属性，推进宅基地流转、置换方式创新，让农户分享土地升值收益。在城镇，关键是深化金融体系改革，拓展居民投资渠道，提高居民的股息、利息、红利等财产性收入。三是着力增加政府对劳动市场服务职能，加大对职业教育、在职培训等的公共投入，提高劳动者素质和岗位转化能力，通过增强劳动市场的活力来根本保障劳动者利益。

2. 下大力气调节收入差距

一是切实缩小垄断行业与其他行业就业人员不合理的收入差距。放松铁路、电信、电力、能源等基础产业和银行、保险、证券等服务业以及部分城市公共事业的管制，通过市场竞争来提高效率、降低垄断收益，最终使消费者获得实惠。对于那些确实关系国计民生的垄断或自然垄断行业，要加快建立合理的定价机制和收益分配原则，避免因垄断因素获取高于其他行业的劳动报酬。二是完善企业所得税制度，将减税负与促就业有机结合起来，对有利于就业的中小企业和劳动密集型行业给予税收优惠。适时开征物业税，条件具备时开征遗产税、赠与税和特别消费税，加大对高收入群体的税收调节力度。三是统筹城乡协调，减缓城乡收入差距扩大趋势。全面提高财政对农村公共事业的保障水平，形成城乡统一的公共服务制度，促进城乡基本公共服务均等化。进一步健全体制机制，促进人口和生产要素的自由流动和优化配置。推进新型工业化、新型城镇化与推进新农村建设同时并举，不断缩小城乡居民收入差距。

3. 增强消费预期

一是持续不断地增加用于改善民生的支出占财政总支出的比重，加大教育投入力度，加快医疗卫生改革，加大保障性住房建设力度，探索实施多种保障性住房的供给形式，完善基本住房保障制度。二是建立全覆盖、保基本、缩差距、可转续的社会保障体系。扩大新型农村养老制度的实施范围，并适当提高保障水平；落实医疗卫生体制改革新方案，逐步完善大病保障制度；提高社保的统筹层次，逐步建立完善的保障体系。三是完善政府间转移支付制度，保证基层政府的基本公共服务供给能力。转移支付中财力测算标准与常住人口挂钩，与户籍人口脱钩。加快制定并实施基本公共服务标准，建立和完善体系完整、有可持续性的基本公共服务体系。

4. 增加有效供给

一是通过供给促改革，激活需求潜力。加快传统产业改造优化升级步伐，促进工业化与信息化融合发展，支持商业模式创新，全面提升企业发展素质，增强工业消费品有效供给能力，改善供给结构与质量。二是切实消除服务业发展的制度性障碍，放宽市场准入，加快金融、医疗、教育、培训、咨询、文化等服务业的改革和发展。三是加快完善与消费相关的基础设施建设，为拓宽城乡市场、扩大居民消费创造有利条件，促进消费结构稳步升级。四是以新技术、新理念支持和引导新消费。重视智能技术、物联网、新能源、低碳等领域的技术进步，创新产品，创新供给，开拓新的消费领域，发挥产品创新对消费需求的导向作用和引领作用。

5. 完善消费环境

一是支持合理金融创新，积极发展消费金融。在加强监管和风险控制前提下，要在信贷标的、类型、流程和方式上积极支持业务创新，在消费支付终端多元化、安全化上寻求新突破，积极发展消费信贷，支持居民合理的消费需求增长。二是大力改善消费品流通环境。支持建立健全现代消费品营销体系，积极推动消费品领域物流配送、电子商务等现代交易方式和组织形式的快速发展。加快建设和完善社会信息基础设施平台建设，提升信息化水平，支撑新兴消费领域发展。三是优化社会信用环境，切实保护消费者利益。健全市场监管体系，加大消费品质量和安全监督，让民众放心消费。加大打击社会失信行为的立法和执法力度，鼓励诚信经营。

专栏 6–1

奢侈品消费的“中国特色”

当整个社会逐步进入富裕和繁荣的阶段时，社会财富已不仅仅是满足生存，追求奢华的生活方式以及奢侈品流行就成为不可避免之势。但是，奢侈品消费在中国之所以引起很多人的忧思，一个重要原因就是这种消费方式正在遭遇“中国特色”。

首先，中国奢侈品消费出现“扎堆儿”现象。国际上奢侈品的种类一般分为六个方面：第一，文化艺术市场中的各种昂贵的艺术品；第二，属于交通运输工具的奢侈品，诸如汽车、帆船等；第三，属于个人装备的奢侈品，主要指高级时装和服饰、香水、皮包和手表之类；第四，休闲旅游方面，诸如豪华游轮海上巡游和高级旅馆等；第五，居住方面的奢侈品，诸如各种昂贵的居室配备用品等；第六，奢侈的饮食，诸如昂贵的酒类、调味品等。对于中国人来说，奢侈品大部分还集中在服饰、香水、手表等个人用品上，而在欧美国家，房屋、汽车、合家旅游才是大家向往的奢侈品。对于其他种类奢侈品的消费，中国还处于起步阶段。

其次，中国的奢侈品消费呈现出一种“未富先奢”的特点。世界上奢侈品消费的平均水平是用自己财富的4%左右去购买，而在中国，用40%甚至更多的比例去实现“梦想”的情况屡见不鲜，甚至这些群体构成支撑奢侈品消费的重要组成部分。这个群体通过努力攒钱的方式来实现其购买奢侈品的梦想。他们经常在奢侈品打折时消费，而且热衷于买一些顶级品牌的小配件，比如领带、皮鞋和皮包等，从而暗示自己也是顶级消费阶层中的一员。

再次，中国奢侈品消费呈现出一种“年轻化”的趋势。奢侈品的消费必须建立在雄厚的经济财富之上，从社会的财富占有规律来说，社会主要财富应该集中在40~60岁的中老年人手中，他们才是奢侈品消费的主体。但是在中国消费者的构成中，73%的奢侈品消费者不满45岁，45%的奢侈品消费者年龄在18~34岁。这个比例，在日本和英国分别为37%和28%。

最后，中国的奢侈品消费还展现出一种“礼品化”的倾向。奢侈品能够满足人们对生活品质的追求甚至是个人身份和地位的体现。但是在中国，出现了购买奢侈品的人和使用奢侈品的人相分离的奇特现象，也使得奢侈品腐败成为奢侈品消费浪潮中难以忽视的现象。美国《纽约时报》曾指出，为行贿官员所购买的奢侈品总额几乎占了整个奢侈品消费的一半。西方的奢侈品厂商对此亦是心知肚明，登喜路中国区总裁瑟里加尔也曾提出：“登喜路一直是广受中国商人和政府官员喜爱的品牌。”而早在2004年，德国人斯蒂芬把90副LOTOS眼镜带到北京王府井销售时，就坚持认为，在中国市场中，政府官员将是一块潜力巨大的市场。

资料来源：笔者根据《中国奢侈品消费全球第一的隐忧》等有关资料整理。

参考文献

1. 李克强：《在改革开放进程中深入实施扩大内需战略》，《求是》2012 年第 4 期。

2. 余斌、陈昌盛：《关于“十二五”时期扩大内需的战略思路和政策建议》，《中国经济报告》2010 年第 7 期。

3. 马晓河：《我国消费率偏低并持续下降的成因分析》，《前线》2010 年第 1 期。

4. 江飞涛：《金融危机以来扩大消费需求政策对工业增长的作用》，《中国经贸导刊》2010 年第 17 期。

第七章　传统产业改造与升级

提　要

中国正处于工业化的重要阶段，在这一时期，传统产业的健康发展和改造升级在满足群众生活、工业生产基本需求、提供就业岗位、保证工业体系的完整、保障经济增长速度等方面具有重要的意义。但是，在相当长一段时间里，中国传统产业的发展主要依靠规模的扩大和产能的扩张，产业增长质量较差。在新技术、新知识不断涌现的21世纪，传统产业的发展并没有利用好技术进步窗口期，相反，却出现增长速度放缓、创新动力不足、与新兴产业和高新技术发展脱节等问题。从国外经验看，发达国家和新兴工业化国家在进行产业升级时都不会完全淘汰传统产业，而是对其实施高新改造，使传统产业与新技术、新市场相适应。中国作为人口众多的发展中大国，一方面必须坚持传统产业在国民经济中的重要地位，另一方面又要积极解决制约传统产业发展的诸多问题，推进传统产业的改造与升级。“十二五”期间，对传统产业的改造要借鉴发达国家和新兴工业化国家经验，考虑中国发展阶段的特殊国情，针对不同类别传统产业的具体特征，通过不同路径促进高新技术应用于传统产业，实现对传统产业的改造与升级。

*　　　　*　　　　*

中国虽然已经进入工业化的中后期，但传统产业仍然是占国民经济比重最高、创造税收最多、吸纳就业最广泛的工业部门，传统产业的运营状况直接关系国民经济发展和社会稳定。在中国工业结构调整和升级过程中，传统产业的改造升级不仅是传统产业自身发展的要求，同时也是新型工业化战略的重要内容。

一、加快传统产业转型升级的重要性和主要制约

“十一五”期间，中国传统产业改造取得了很大成就，一大批针对传统产业的技改项目顺利实施，传统产业技术水平得到显著提高。但是，制约传统发展的障碍依然存在，导致很多传统产业部门存在产量增长缓慢与产能过剩并存、投资结构不合理与融资渠道单一并存、技术水平落后与创新动力不足并存等一系列问题。

1. 促进传统产业转型升级的重要性

首先，传统产业的产品有人民生活所必需的最基本用品，例如食品、日化品、针织品等。这些产品在人民消费开支中的比例越来越少，但也是无论如何不可缺少的部分。传统产业还生产工

业生产所必需的能源、原材料，例如煤、电、油和各类矿产品等。随着全球资源能源供应趋紧，这类产品占企业生产成本的比重有所提高，资源和原材料行业的发展，资源和原材料产量制约着整个国家工业发展的速度。

其次，传统产业提供大量工作岗位。随着中国产业结构的不断优化，“十一五”以来传统产业吸收就业占全部工业的比重有所下降。但是，从目前的情况看，传统产业在吸纳就业上仍发挥着巨大作用。由于传统产业对劳动者技能要求不高，即便是需要一定的特殊技能也能够在非常短的时间里完成对新职工的培训，因此传统产业吸收农村剩余劳动力的能力强于新兴产业。2010 年规模以上工业企业从业人员中，有近 90%来自制造业。制造业中，纺织服装、化工原料及化学制品、非金属矿物制品等传统产业所占的比重较高。

再次，传统产业的发展保证了中国工业体系的完整性。由于多方面的原因，中国在短期内还很难彻底融入工业化国家的市场体系，加之创新能力有限，很多原材料和设备的供给都存在不安全因素。随着国力的提高，西方国家对中国采取越来越频繁的贸易抵制政策和越来越严格的技术输出政策，使得中国产业发展不安全的因素有所增多。中国要在这样特殊的历史时期实现工业现代化，建设工业强国，就必须有具备完整的工业体系，在产业链上做到高自主性。同时，电子、生物和新材料等新兴产业的发展也必须由传统产业为其提供能源和原材料，新兴产业生产水平的提高也要以传统产业生产工艺的提高为前提。

最后，传统产业保障中国经济的高速增长。传统产业是中国国民经济体系的重要组成部分，是经济快速增长的重要支撑。在应对金融危机挑战的特殊时期，传统产业持续、稳定的发展为保障我国经济增速发挥了积极作用。近年来，全球新兴产业发展速度加快，但就其对国民经济增长的贡献看，还远不及传统产业。以美国为例，其高新产业的增长加上相关的投资对经济增长的拉动作用也不到 3 个百分点。中国作为发展中国家，要保持每年接近 10%的经济增长率，必须依靠传统产业的发展。从这个意义上说，放弃传统产业就等于放弃高增长率。

2. 传统产业转型升级的主要制约

在中国工业化高速推进的进程中，一些传统产业，特别是初加工环节部门的增长速度始终维持在较低的水平。从图 7–1 可知，2001~2010 年，所考查的 7 类工业产品增长速度均出现波动，但从整体趋势上看，集成电路、移动通信手机和微型电子计算机等新兴产业产品产量的增长速度要远高于纱、布、粗钢和化肥等传统产业产品。2008~2009 年，受国际市场疲软的影响，部分新兴产业产品产量增速大幅下降，甚至出现负增长，但随着金融危机影响逐渐消退，新产品加快上市，2009 年，移动通信手持机产量增速恢复到危机前的水平；2010 年，集成电路、微型计算机设备等产品也恢复到危机前的水平，新兴产业产品产量增速继续快于传统产业产品。

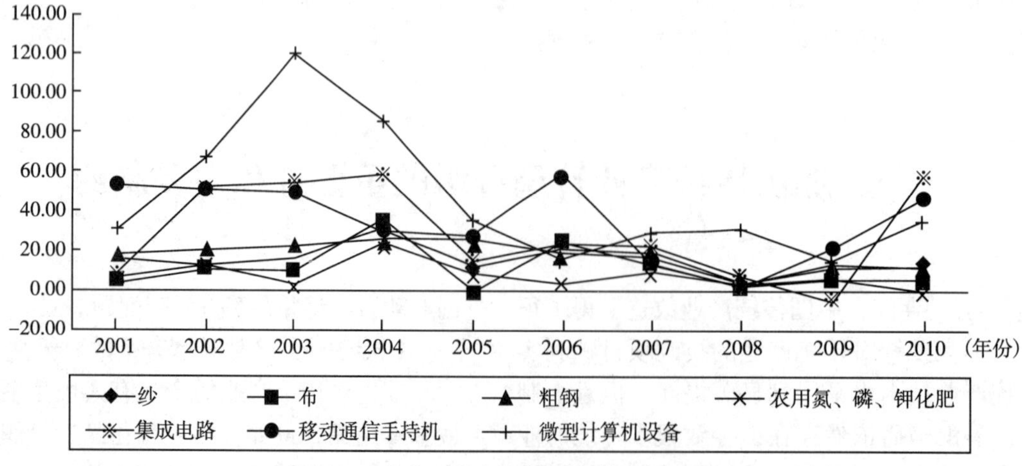

图 7–1 部分工业产品产量年增长速度

资料来源：《中国统计年鉴》(2001~2011)。

产量增长放缓的同时，多个传统产业出现产能过剩的问题。2009 年，国务院颁布《关于抑制部分行业产能过剩和重复建设引导产业健康发展的若干意见》，指出钢铁、水泥、平板玻璃、煤化工、多晶硅、风电设备、电解铝、造船、大豆压榨等行业产能过剩矛盾十分突出，其中涉及多个传统产业部门。2011 年，中国水泥总产能达到 27 亿吨，实际产量 20.6 亿吨，过剩约 24%。产能过剩不仅造成生产能力的浪费，传统产业部门的产能过剩还经常伴随着落后产能的问题，治理产能过剩实质就是要淘汰落后产能。例如，在全国 2000 多万吨电解铝产能中，只有约 600 万吨获得了国家发改委批准，其余 70%的产能大多规模较小、技术落后、资源浪费大、环境污染严重，有相当大一部分属于应该淘汰的落后产能。

传统产业发展时间长，但并不意味着其物质和人力资源质量就已经发展成熟，不需要进一步的投资。相反，大多数传统产业技术还非常落后，物质和人力资源质量还有很大提升空间。我国目前正处于工业化的中后期，这个时期投资结构的显著特点就是投资的重点逐渐从数量型投资转向质量型投资。从国外经验看，也正是那些质量型投资比重较高的传统产业，最有可能实现转型和升级。但是，中国部分传统产业投资的现状是：质量型投资的比重非但没有上升，有的行业甚至还有所下降。2010 年，中国制造业城镇固定资产投资额 74485.2 亿元，改造和技术改造投资的平均比重为 21.22%；家具制造业为 15.55%，皮革毛皮羽毛（绒）及其制品业为 14.06%，纺织服装、鞋、帽制造业为 17.49%，塑料制品业为 17.02%。如果投资结构不合理的情况继续发展下去，这些传统产业将失去改造的物质和人力资源基础。

阻碍传统产业发展的一个因素是体制和技术的落后，但体制创新和技术改造又存在巨大的风险。在新兴产业部门，创新的不确定性在很大程度上被一系列融资机制分散，相比较，传统产业缺乏这样的融资环境，传统产业企业最主要的资金来源仍然是银行贷款。银行在发放贷款时首选风险较低的项目，这与创新的不确定性存在矛盾，银行并不能在创新获得成功时分享高额投资回报，但却要承担创新一旦失败造成的损失，从资金安全的角度考虑，银行并不能成为创新资金的主要来源。从国外的经验看，企业创新资金主要来自资本市场而非借贷市场，其中股票市场和风险投资市场是融资的主要渠道。中国的现实情况是：传统产业在股票市场和风险投资市场的融资能力远远不及新兴产业。相对于在国民经济所占的份额，传统产业在两大证券交易所上市的情况并不乐观，金融、IT、生物医药等行业上市的比重远高于传统产业。造成这种情况的原因：一方面，来自传统产业内部采掘业等传统产业长期经营业绩不佳降低了投资者的信心；另一方面，新兴产业企业不断替代传统产业成为某一板块的领军者，使得投资者对传统产业企业关注度不断下降。

二、传统产业改造升级的国际经验

发达国家和新兴工业化国家改造升级传统产业的共同点包括：首先，国家高度重视传统产业的发展。作为工业化国家，特别是工业化强国，产业结构中必须保持传统产业的必要比重，不断提高传统产业技术水平，才能够为新兴产业发展奠定坚实基础。其次，通过高新技术改造传统产业是各国普遍采用的方式。无论是传统产业直接升级为高新产业、传统产业与高新产业结合、通过高新产业拉动传统产业的发展，都包含利用高新技术对传统产业实施技术改造的内容。最后，技术、传统产业自身和高新产业是实现传统产业改造提升的三股重要力量。美国主要依托传统产业自身实力进行领先技术研发；日本主要利用的是技术突破的机会实现传统产业与高新产业的结合；韩国则主要利用高新产业的优势拉动传统产业的发展。美、日、韩三国由于国情和传统产业改造时世情的差别，在改造的具体措施上存在差别（见表 7-1）。

表 7–1 美、日、韩三国传统产业改造的区别

	国情/世情	传统产业改造特点
美国	全球领先的研究开发能力和创新商业化能力	强调领先优势，在新的技术革命中，积极淘汰无关国家安全和失去国际竞争优势的传统产业，通过不断产生最先进技术实现企业向高新产业的转型
日本	传统产业基础好	利用和进一步发展较完善的传统产业体系，传统产业和高新产业相互促进，共同发展
韩国	资源贫乏，外向型经济受制于国际能源和原材料供给	积极完善和发展传统产业部门，服务于外向型经济

1. 美国改造升级传统产业的经验

美国工业化完成时间较早，在工业化进程中，培育了一批超大规模的传统产业企业。20 世纪 70 年代开始，为了应对日本、欧洲以及新兴工业化国家的挑战，美国开始调整传统产业发展的方向，大力推进工业技术改造。首先，借助信息革命，在普及自动化生产的同时加强管理工程的现代化，使得工业体系的硬件和软件均进入“信息化”时代；其次，调整投资结构，重视质量型投资，重点支持新兴产业发展和传统产业技术改造；最后，制定优惠政策鼓励企业采用新技术。在对待传统产业发展的问题上，采取设备更新、技术改造和两者相结合的方式。经过 10 余年的大规模技术升级，到 20 世纪 80 年代，美国绝大多数传统产业在生产过程、管理模式上已经具备和新兴产业相当的信息化程度，各种最新的工艺、最先进的管理方法、战略思想已经深入到各个传统产业领域。

20 世纪 80 年代后，美国政府开始奉行“技术领导战略”，旨在运用科学技术保障国家安全和提高本国工业的国际竞争力。这种强调在全世界做技术领袖的战略同样应用于传统产业，其特征是对失去竞争力的产业部门实施转型。信息技术催生下的大规模的产业调整使得传统产业的发展出现分化：一方面，一些传统产业领域（例如化工、医药）依靠连续的技术创新始终保持全球领先地位；另一方面，一些传统产业领域（例如家电）在失去全球竞争优势之后逐渐退出市场，退出节约下来的资金和人才又投入到新兴的能够使美国再次成为全球技术领袖的行业上。这一阶段的美国工业结构出现一种特殊的现象：一些传统产业长期飞速发展，不断涌现领先型创新；而另一些传统产业的企业却转产其他新兴高技术产品，成为新兴市场的技术领导者。随着技术进步加速、技术周期缩短，一些发展时间不是很长的“新兴”领域也加入转型改造的行列。例如，美国国际商业机器公司（IBM）成立于 1911 年，于 20 世纪 60 年代进入民用计算机领域。世纪之交，在很多国家还被看作朝阳产业的家用电脑业成为 IBM 转型改造的对象。2005 年，IBM 向中国联想集团出售桌面电脑与笔记本电脑业务，并有限期转让 Think Pad 和 Think Centre 品牌。IBM 退出普通电脑制造，随即将企业战略重点转向需要更高技术附加值、更具未来发展潜力的大型服务器制造和为用户提供“一揽子解决方案”的服务上，实现了企业的战略转型。

2. 日本改造升级传统产业的经验

日本的工业化始于 19 世纪中叶的明治维新。“二战”以后，电子、汽车、装备等产业的高速发展在很大程度上受益于一系列国家层面的产业政策。日本在战后发展工业科技方面长时间实施“技术拿来战略”，通过吸收来自美国等西方国家的技术和生产工艺，在很短的时间里实现了国家工业的现代化改造。在国际竞争力提高到一定程度之后，转而执行“技术立国”方针，强调通过发展自主技术来适应国内外形势变化，保证经济的长期稳定发展。在对待传统产业提升改造的问题上，日本选择的是主动式改造路径，利用较为完善和良好的传统产业基础，不断加强工业体系中传统领域与新兴领域的融合。

受军工畸形发展和战争破坏的影响，“二战”之后日本产业结构一度极其不合理，传统产业的改造、老企业的复兴是日本历届政府解决经济困境、实现经济腾飞的重要工作，先后采用的措施包括：在投资上正确处理改造老企业与兴建新企业之间的关系；在技术来源上，采取技术改造、技术引进消化和自主创新相结合的方式；在政策支持上，政府鼓励传统产业企业进行技术改造和设备更新。1952 年，日本政府颁布《企业合理化促进法》，对 32 种重要行业实行特别折旧制度，放宽多个制造业的贷款条件，在 10 年里发放了数

千亿日元的优惠贷款，迅速拉动了汽车零件制造、轴承、机床等行业的发展。随着工业化的迅速推进和新兴产业的高速发展，传统生产工艺同样受到严峻挑战，很多传统产业逐步被现代产业所取代，部分传统工艺相继失传。如何保护、继承和发展具有民族特色的传统产业和传统工艺引起了日本政府和社会各方面的高度重视。日本的做法是将传统产业的生产工艺传统和文化嫁接到相关新兴产业上，在促进新兴产业发展的同时保护了传统产业和传统工艺。例如，武士刀的制作过程对生产车间卫生的要求和精益求精的工作态度恰好与微电子生产所要求的一样，很多电子企业继承和发扬了传统武士刀的制造文化。通过传统产业、传统工艺和新兴产业的结合，日本不仅在多个产业实现了对欧美的赶超，也成为发达国家中对传统工艺保护传承最好、传统文化与现代企业生产结合最好的国家。

3. 韩国改造升级传统产业的经验

与美国、日本相比，韩国的工业化起步晚，工业基础较差，传统产业发展缺乏积累，国家经济起飞主要依靠的是发展以劳动密集为基础、外向型经济为导向的加工制造业。20 世纪 70 年代之后，国际贸易保护主义抬头，石油等原料价格上涨，这对韩国以出口为导向的经济发展模式造成严重冲击。国际环境的变化迫使韩国政府不得不对国家工业体系做出调整，依靠已经在国际上具有一定竞争优势的新兴制造产业拉动传统产业的发展，优化国家工业结构。

自 1972 年开始，韩国开始实施第三个五年发展计划，确定了继续发展轻纺、电子等出口工业的同时，争取在钢铁、造船、石油化工等行业上取得突破。在接下来的两个五年计划里，增加了汽车、水泥、纤维纺织和陶瓷四项战略产业。从韩国 20 世纪 70 年代的战略转型可以看出，以重工业为代表的一批传统产业逐渐替代轻工业成为韩国外贸出口的主体。韩国制造业中重工业的比重从 20 世纪 70 年代初的不足 10%上升到 1982 年的 54.2%。从韩国的经验看，一国工业结构的升级以及工业强国战略的实施必须依赖于传统产业的发展和改造。20 世纪 80 年代之后，工业结构的合理性成为决定以“亚洲四小龙”为代表的一批迅速崛起的新兴工业化国家保持经济高速增长的关键所在，韩国正是在这一时期大力发展传统产业，完成了对工业结构的重大调整，确保了高于经济合作与发展组织（OECD）平均水平的经济增长率。

三、利用高新技术改造升级传统产业

对传统产业改造研究的思路主要有两类：第一类是通过产业集群发挥传统产业的规模优势，与高新产业之间产生协同效应（盛世豪，2004；岳芳敏，2007）；第二类是通过价值链的提升增强传统产业的竞争力（夏若江和胡振红，2008）。两种思路都强调高新技术在传统产业改造过程中的重要作用。实现高新技术与传统产业之间的有效融合是我国传统产业改造的难点，同时也是改造的必经之路。

1. 高新技术改造升级传统产业的主要障碍

发达工业国家和新兴工业国家复兴传统产业的关键是对其进行高新技术改造，但是，借鉴国外经验的改造措施在中国实施的效果却差强人意。自 2000 年来，顺应新型工业化建设和创新型国家建设的要求，中国加快了应用高新技术和先进适用型技术改造升级传统产业的步伐。但是，这项工作实施 10 年之后，未见普遍、显著的效果，传统产业的技术水平和经济效益均未明显提高，利用高新技术改造升级传统产业仍存在多方面的障碍，主要表现为工业整体技术水平落后、高新产业带动力有限和传统产业自身发展动力不足。

（1）工业整体技术水平落后。中国工业自主创新能力弱，创新和研发管理水平低。目前，大中型工业企业研究开发经费支出占销售额比例不到 2%，而世界 500 强企业一般为 5%~10%，电信、医药等行业甚至达到 20%。中国制造的大部分化工、医药产品没有自主知识产权；机械工业主要产品技术中近 60%使用国外技术；纺织工业出口服装中独立设计和制作的品牌极少，大多是来样加工。同时，传统产业共性技术缺失、工艺和装备落后。以造船业为例，2010 年，中国造船总吨位突破 6000 万吨，超过日、韩成为全球造船第一大国。船舶为复杂产品，造船业的发展理应带动相关产业的发展，但中国船舶制造业的产业拉动作用远不及汽车制造业，这是因为船舶制造业的共性技术并没有被中国船舶制造的上游产业（大多为传统产业）所掌握，与造船相关的钢铁、有色金属、电力、机械、石油化工等产业生产工艺和装备落后，不能满足现代船舶制造对配件和装置高质量、高性能的要求。一方面，船舶制造所需要的大量原材料要依靠进口，支付专利、标准费用；另一方面，相关传统产业也没有得到相应的发展。最终的结果是无论是船舶制造业还是相关的上游产业，都未能实现真正意义上的转型或升级。

（2）高新产业带动力有限。首先，高新产业自身素质偏低。中国高新产业大多起步于 20 世纪 90 年代，到目前不过 10 余年的发展时间。在这 10 多年里，又基本上从事来料加工，自主知识产权和自行开发的高新技术产业化率非常低。从某种意义上讲，“高新”仅仅是产品的高新，而非技术和生产工艺的高新，一大批所谓的高新企业的生产过程和传统产业并没有本质的区别。其次，高新产业与传统产业的联系不足。发达国家很多高新产业是在传统产业转型的基础上发展起来的，高新企业的技术研发与传统产业之间也存在很多联系。例如，美国施乐公司的实验室就为 3Com、VLSI、Adobe 等新兴产业企业提供了最初的技术知识。相比较，中国高新技术产业处于起步阶段，产业规模小，技术基础薄弱，与传统产业之间的联系不多，高新产业发展所需要的技术大多依靠引进，生产所需的核心元件也依赖进口，使得传统产业与高新产业如同两座孤岛，大大降低了高新产业发展对传统产业技术改造的拉动效应。

（3）传统产业自身发展动力不足。从传统产业自身来看，中国传统产业与工业化国家存在很大差距。首先，从发展时间看，英国的现代采矿业出现于 17 世纪，而中国第一座现代意义的矿山出现于鸦片战争以后，仅从发展时间上看，中国传统产业就比发达工业化国家少 100 年左右。其次，从产业组织结构看，工业化国家的传统产业大多在“二战”前后就结束了小企业过度竞争的时代，形成少数大规模企业，例如美国的杜邦公司成立于 1802 年，埃克森美孚公司成立于 1882 年。到 20 世纪七八十年代，工业化国家传统产业大多进入垄断阶段，资本集聚已经完成。相比较，中国传统产业在 21 世纪仍存在集中度过低的情况。地方保护主义、部门主义恶化了传统产业低水平的重复建设、产业趋同等问题。中国年销售收入达 500 万元以上的工业企业约为 16 万个，按产品销售收入或工业增加值计，生产集中度不到 20%，中国国有重点骨干企业的年销售收入总额仅相当于世界 500 强企业前两名之和。除石油、天然气、采选业的前四位集中度超过 50%之外，绝大多数传统产业前四位的集中度低于 10%。最后，从技术创新看，工业化国家的传统产业往往是国家创新力量的主力军，一些新兴产业研发活动的源头也来自传统产业的实验室，例如，由 AT&T 和西方电子共同组建的贝尔电话实验室是美国乃至全球出产专利最多的实验室。传统产业构建了国家生产工艺和品质量标准基础，持续的研发活动使得产品质量不断提高。相比较，中国传统产业技术基础薄弱，技术引进活动也远不如电子、通信等新兴产业活跃，核心的原件和高端材料依赖进口，一些行业能够达到国际标准的产品甚至不到全国总产量的一成。

2. 高新技术改造升级传统产业的路径

按照与高新产业和消费者的紧密程度，传统产业可以分为四大类：加工型上游产业属于制造类行业，产品多为工业品，以人造材料、设备制造为代表；资源型上游产业属于采掘类行业，产品以工业原材料、自然能源为主，以采矿、非金属矿生产为代表；技术型下游产业属于制造类行业，产品多为消费品，制造环节技术要求高，以医药、电子为代表；技能型下游产业属于制造类行业，产品多为消费品，制造过程流程性强，工人技能水平高低对产品品质影响大，以纺织、食品加工、烟草、家具等为代表，如表 7-2 所示。

根据中国传统产业中四种类型行业不同的发展特点，可以设计分行业改造路径，如图 7-2 所示。

表 7–2　传统产业分类

	产品以工业品为主	产品以消费品为主
与高新产业联系紧密	加工型上游产业	技术型下游产业
与高新产业联系疏远	资源型上游产业	技能型下游产业

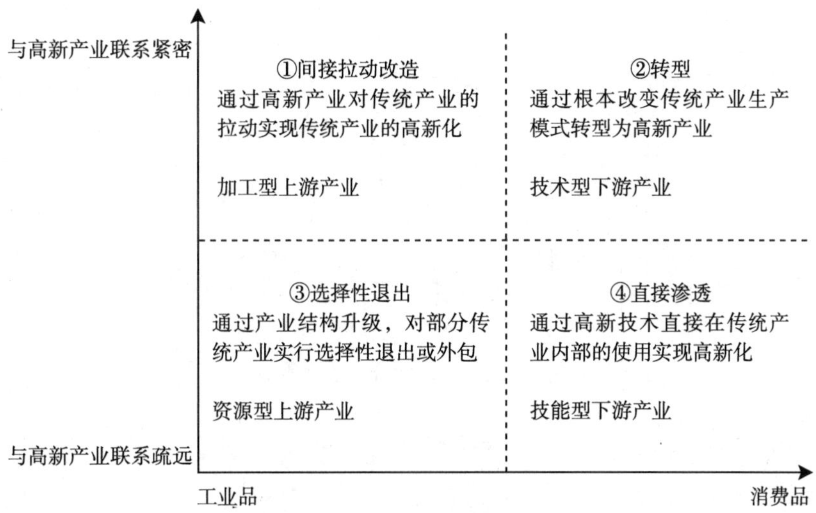

图 7–2　传统产业分类改造

对于加工型上游产业，可以采取间接拉动的方式对其进行高新技术改造。通过高新产业与传统产业在产业链上的结合，高新产业对上游传统产业采购产品质量和工艺的高要求促使传统产业改造升级。例如，随着手机制造业的发展，高档手机产品对金属外壳加工要求的提升可以促进机床行业加快技术改造步伐。韩国经济起飞主要依靠的是新兴产业的迅速崛起，对传统产业的改造多采用间接拉动的改造方式，例如汽车制造业的发展拉动了钢铁产业的改造升级。

对于技术型下游产业，可以采取转型改造的方式。通过产业转型，传统产业自身实现脱胎换骨的升级，实现整个行业生产方式、生产工艺、生产精度和产品属性的彻底改变，例如，传统制药业向生化产业的转型，传统电子制造业向电子信息产业的转型。在一些发达国家，某些传统产业企业甚至出现从第二产业到第三产业的巨大转型。例如 IBM 的利润中心逐渐从机器制造转向信息和数据服务转移。耐克将生产环节大量外包，更多地关注于产品设计和市场营销。美国传统产业发展历史长，技术能力强，对传统产业的改造多采取转型的方式。

对于资源型上游产业，可以采取选择性退出的改造方式。此类产业一般规模效应强，市场集中度过低不仅降低生产效率，也造成很大的资源浪费和环境恶化。对此类传统产业的改造需要提高行业进入壁垒，严格审批制度，同时淘汰落后产能，促使行业集中度提高。同时，对于“选择”之后胜出的企业，要促进其生产方式的高技术化，例如引入卫星探矿、连炸连珠、电炉炼钢等生产工艺等，提高产业和企业竞争力。中国目前采矿、冶炼等行业存在严重的市场集中度过低问题，此类产业首先要形成规模和产业集群，才能够实施有效的高新技术改造（郭金喜，2007）。

对于技能型下游产业，可以采取直接渗透的改造方式。此类产业的产品直接被消费者使用，市场需求的转型能够直接刺激技术改造和工艺改造。将高新技术渗透到此类传统产业能有效地提高传统产业生产效率、提升产品质量和档次，开拓新的市场需求。例如，信息技术对传统家具产业的渗透能创新数字化家具，生物技术对传统食品加工产业的渗透能开发更营养、更健康的食品产品。日本强调“技术立国”战略，高新技术不仅是新兴产业竞争力的重要源泉，也普遍地应用于传统产业，对传统产业的改造多采取直接渗透的改造方式。

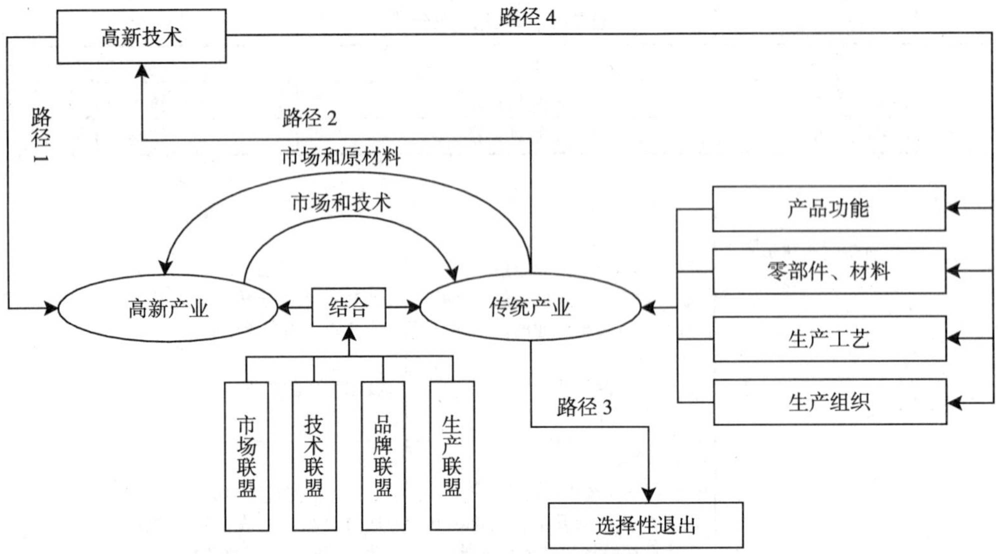

图 7–3 中国传统产业分类改造路径选择

按照四种改造路径所需的动力不同，又可归纳为推动式和拉动式的改造方式。推动式改造主要依靠传统产业自身力量，如图 7–3 中的改造路径 2 和路径 3。推动式改造一般伴随旧产业消亡和新产业的出现，改造的过程是传统产业自身根据市场情况进行的调整，不符合时代要求的业务部门将退出，而新的一些业务部门将得到培育和发展。拉动式改造主要依靠外来技术，如图 7–3 中的路径 1 和路径 4。拉动式改造一般不会涉及行业内大量企业退出的问题，而是依靠高新技术和高新产业的带动作用，提高传统产业的生产效率、提升产品质量和档次。

传统产业中某些行业远离最终消费者，且与高新产业联系程度较低。如果该行业同时存在四类问题：在市场上表现为严重产能过剩、在生产方式上表现为特别消耗资源、在生产过程中表现为对环境污染特别大、不具备区域优势和比较优势。那么对该行业的提升改造应该采取选择性退出为主的方式。通过治理整顿，将产量小、浪费多、污染大、品质差的企业淘汰出市场，提高市场集中度，发挥原材料行业的规模效应，从而提升行业竞争力。另一些行业与最终消费市场接触多，与高新产业的联系也很紧密。此类行业如果自身实力较强，在发展过程形成了较为清晰的技术路线和工艺路径，那么就可以通过转型的方式对其进行改造。通过转型，传统产业从事与之前生产相关但又完全不同的生产活动，例如从传统电子到微电子、光电子，从制药到生物化工等。推动式的改造存在一定风险，在实施过程中需要特别注意战略步骤安排。

路径 1 和路径 4 主要依靠高新技术实现对传统产业的升级改造。相对于路径 2 和路径 3，这两种改造方法更具有普遍性，操作更简单。由于不涉及大批企业进入退出市场的问题，所遇到的阻力也会相对较小。高新技术应用于传统产业可以采取两种方式：第一种方式是依靠高新产业与传统产业之间的结合形成战略联盟，通过高新产业带动传统产业的改造升级。通过这种方式改造传统产业，高新技术并没有直接应用于传统产业。第二种方式是通过高新技术直接对传统产业进行改造，高新技术直接应用于传统产业。路径 4 为技术直接应用于传统产业的改造方式，通过对传统产业产品功能、零部件和材料、生产工艺和生产组织进行高新改造，实现高新技术在传统产业内部的使用和扩散。路径 1 为技术非直接应用于传统产业的改造方式，通过高新产业与传统产业之间的互动发展，即利用高新产业的技术溢出对传统产业实施高新技术改造（洪世勤，2007；徐顽强和李华君，2008）。例如，传统产业可以作为高新产业的产品市场，同时为高新产业提供基本的生产材料；反之，高新产业也能作为传统产业的产品市场，同时提供高技术含量的设施设备。

四、“十二五”传统产业发展的基本趋势

1. 传统产业占工业比重基本稳定

“十一五”以来，中国新兴产业发展提速，电子信息、新能源、新能源汽车、生物、高端装备在国民经济中的比重不断提高，在政策和市场需求的共同驱动下，中国工业结构正在发生变化。尽管如此，中国目前仍处于钱纳里发展阶段划分标准的工业化中期阶段，按照工业化发展的客观规律，在一个经济体尚未完全实现工业化的阶段，不太可能出现传统产业大规模退出的情况。从发达国家和新兴工业国家的发展经验看，处于这个阶段的经济体通常把工业增长作为经济发展的主要动力，而工业内部结构中，传统产业必须保持一定的比重。一些依靠电子信息等新兴产业出口贸易实现经济起飞的经济体发展到一定阶段，也不得不调整发展模式，重视传统产业的发展。同时，中国作为一个大国经济体，保持工业体系的完整性具有重要的战略意义。发达工业化大国中，除了美国之外，日、欧等国家和地区都不曾在全国范围内放弃某一传统产业的发展。相比较，中国面临更加复杂的国际经济和政治环境，保持国内工业体系的完整性、发展和改造传统产业不仅是国民经济稳步增长的要求，也是保障产业安全的要求。此外，产业转移在短期内还不会影响到传统产业在中国工业结构中的地位。从国际转移看，中国在国际分工中的比较优势仍然集中于劳动力资源，发达国家向中国转移的产业基本上是传统产业，或者新兴产业中传统制造加工环节。从国内来看，中国工业发展梯度特征显著，东部沿海地区与中、西部地区经济发展水平和工业化程度存在较大差距，这是国内产业转移的基本背景。“十二五”期间，沿海地区进一步落实“腾笼换鸟”，中、西部地区加快“居巢引凤”，传统产业将大量由沿海地区向中、西部地区转移，传统产业的地区结构将发生变化，但在全国整体工业结构中的比重不会发生大的变化。

2. 传统产业与新兴产业深入融合

从“十一五”期间的发展情况看，在国家战略和地方政策的刺激下，新兴产业发展加速，但是，新兴产业与传统产业之间的关系并没有理顺。在很多地区，地方政府错误地将淘汰传统产业理解为发展新兴产业的前提，最终使得新兴产业的发展失去完整产业体系土壤，同时，也增加了新兴产业发展的风险。中国目前仍是传统产业占主导地位的国家，产业结构调整的重点和难点在于传统产业的转型和升级，“十二五”期间，随着促进传统产业改造升级政策的加强和新兴产业发展日趋成熟，传统产业与新兴产业融合发展的趋势将不断增强。一方面，传统产业与新兴产业在外部的融合程度将不断加深，新兴产业的产品和服务将大规模应用于传统产业的改造升级。例如，新能源、节能环保产业的发展为传统产业的改造提供清洁能源和节能环保装备，这有助于缓解传统产业发展中面临的资源、环境瓶颈，促进传统产业实现绿色生产、循环生产。同时，随着新一代信息技术产业的发展，大量嵌入式信息技术将广泛应用于传统产业领域，为传统产业的信息化、智能化提供支持。例如，数字控制技术将应用于传统装备制造业的改造升级，数字编码技术将应用于传统无线电设备制造业、电视机制造业的改造升级。另一方面，传统产业与新兴产业在内部的融合程度将不断加深，部分传统产业将转型升级为新兴产业。例如，传统汽车制造正在向能源汽车制造转型，多家国内汽车企业已经开始从事新能源汽车的研发和生产，部分车型已经应用于公共交通、邮政物流、城市环卫和社会治安等领域。此外，传统能源产业出现向新能源产业升级的趋势，新材料产业也成为传统材料工业转型升级的方向。

3. 政策推动传统产业组织结构优化

一段时期以来，中国一些传统产业的发展并没有完全承担起环境破坏、资源的影子价格以及劳动力补偿的真实成本，“小、散、乱”的产业组织特点不仅降低产业生产效率，还浪费资源能源，造成环境污染，地方政府短期行为、准入标准缺

失、退出机制不健全，进一步加重了部分传统行业组织结构的不合理性。随着国家对环保要求的提高、资源价格的改革和劳动保护的加强，由组织结构不合理造成的各种问题在“十一五”期间逐渐激化。“十二五”时期，传统产业组织结构的优化对于突破产业发展障碍，实现传统产业的改造与升级起着至关重要的作用，而政策在推动传统产业组织结构优化中将起到关键作用。首先，治理产能过剩与淘汰落后产能将有助于提高产业集中度，提高产业生产效率。“十二五”规划纲要中明确提出“加大淘汰落后产能力度，压缩和疏导过剩产能”，淘汰落后产能和治理产能过剩将深入影响冶金、化工、建材等传统产业的结构调整方向，优化这些产业的组织结构，提高这些产业的生产效率。其次，节能要求的提高将有助于淘汰低能源使用效率企业。目前，传统产业在中国用能结构中的比重较大，传统产业能源使用效率的提高直接关系着中国能否兑现在哥本哈根会议上的承诺。“十二五”期间，中国能源使用政策进一步收紧，不能达到节能目标要求的企业将被强制关停。最后，中央和地方政府加大环境保护力度，严格环保准入制度，这有助于淘汰一批不具备规模优势的落后产能。“十一五”期间，在政策引导下，一大批小矿山企业通过“关、停、并、转”多种途径退出市场，造纸、印刷等产业集中度也有所提高，产业发展和环境保护之间的矛盾得到一定缓和。“十二五”期间，环保政策将进一步加强，具有污染特征的传统产业中，规模效应强，有能力改变生产工艺、安装环保设备的大型企业将得到发展；不具有规模效应，无法承担环境治理成本的小型企业将退出市场。

4. 传统产业技术进步步伐加快

技术改造是传统产业转型升级的重要手段。“十一五”以来，政府和企业都加大了对传统产业技术改造的投入力度，通过运用先进适用技术和信息技术改造提升传统产业。“十二五”开局的2011年元，全国1~11月技术改造投资完成4.8万亿元，同比增长25%，占工业投资比重的41.4%。船舶、轻工、装备制造、纺织、汽车、钢铁等行业相继制定技术改造投资方向，促进了传统产业的技术改造与产业升级。“十二五”时期，与传统产业相关的平台型技术、共性技术、系统集成技术有望实现突破，这将带动传统小型机床加速向数控机床、加工中心升级，传统汽车加速向新能源汽车升级，传统电子加速向新一代电子信息升级，传统医药加速向生物医药升级，传统化工加速向精细化工、新材料升级。2009年相继出台的十大产业调整振兴规划，不仅对新兴产业在科技支撑下推动产业结构调整和优化升级制定了方向，也是对纺织工业、轻工业、石化工业、钢铁工业等传统产业的调整振兴提出要求：“必须以自主创新、技术改造、淘汰落后、优化布局为重点，推进产业结构调整和产业升级。”在产业发展规划、产业调整政策，以及市场需求变化的共同推动下，“十二五”期间，传统产业技术进步步伐将有所加快。特别是东部沿海地区传统产业将向着技术含量高、附加值高、资源消耗低的方向转型升级，中、西部地区传统产业也将向着资源、技术集约的方向发展。

专栏 7-1

中国将大力发展节能环保等产业，促进传统产业改造升级

中国国务院总理温家宝在第十一届全国人民代表大会第五次会议的政府工作报告中，指出加快转变经济发展方式是当前最紧迫的任务，中国将大力发展节能环保等产业，促进传统产业改造升级。

温家宝说，解决发展不平衡、不协调、不可持续的问题，关键在于加快转变经济发展方式，推进经济结构战略性调整，这既是一个长期过程，也是当前最紧迫的任务。温家宝表示，促进产业结构优化升级。推动战略性新兴产业健康发展。建立促进新能源利用的机制，加强统筹规划、项目配套、政策引导，扩大国内需求，制止太阳能、风电等产业盲目扩张。发展新一代信息技术，加强网络基础设施建设，推动三网融合取得实质性进展。大力发展高端装备制造、节能环保、生物医药、新能源汽车、新材料等产业。扩大技改专项资金规模，促进传统产业改造升级。

资料来源：http：//www.china.com.cn/.

专栏 7–2

稳步推进传统产业改造提升

2011 年，工业和信息化部坚决贯彻中央关于加快转变经济发展方式的各项部署，加强技术改造、淘汰落后、节能减排、质量品牌建设，着力提高工业发展的协调性和可持续性。

（1）狠抓技术改造，完善管理办法，突出支持重点，技改工作的针对性、有效性和影响力明显提升。联合有关部门全年安排专项资金 135 亿元，带动投资 2791 亿元。

（2）积极履行淘汰落后产能牵头部门职责，推动出台工作考核、资金管理等制度，工作机制进一步完善，落实奖励资金 40.3 亿元，加强检查考核和核查督办。公告的 2255 家企业落后生产线已基本关停，预计 2012 年任务能够顺利完成。

（3）扎实开展工业节能减排。前三个季度，规模以上工业企业单位工业增加值能耗同比下降 2.56%，40 项重点产品（工序）单位能耗指标实现同比下降。安排 8.3 亿元支持清洁生产和企业能源管控中心建设，开展了资源节约型、环境友好型“两型”企业创建试点，加强了节能减排技术推广应用。制定了轮胎翻新、废旧铅酸蓄电池等综合利用行业准入条件。重型商用车油耗管理顺利推进。

（4）推动产业转移有序、有效开展，编制了产业转移指导目录，组织开展了新疆、河南产业转移对接活动。部省互动合作进一步拓展。新型工业化产业示范基地建设和中国软件名城创建深入推进，企业兼并重组工作得到加强。

（5）深入开展质量品牌建设，大力推广先进质量管理方法，推进了工业企业品牌培育试点。会同有关部门开展了食品药品安全整顿工作，29个省份启动了食品工业企业诚信体系建设。安全生产指导和民爆行业监管得到加强。

（6）行业管理工作进一步强化，行业立法、产业政策制修订、市场准入管理全面推进。突出抓了稀土行业专项整治，会同稀有金属部际协调机制成员单位，组织开展了重点稀土产区联合检查，实施稀土行业指令性生产计划，起草了稀有金属管理条例、指令性生产计划管理暂行办法和产品收购资质管理办法，矿山无序开采得到遏制，生产秩序、出口秩序初步好转。烟草行业各项工作取得新成果。

资料来源：工业和信息化部：《2011 盘点：稳步推进传统产业改造提升》，2012 年。

参考文献

1. 原磊、王加胜：《传统产业改造和先进制造业发展》，《宏观经济研究》2011 年第 9 期。

2. 俞毅：《GDP 增长与能源消耗的非线性门限：对中国传统产业省际转移的实证分析》，《中国工业经济》2010 年第 12 期。

3. 李时椿：《新型工业化道路：传统产业必须把握好五个关系》，《经济管理》2006 年第 18 期。

4. 盛世豪：《经济全球化背景下传统产业集群核心竞争力分析——兼论温州区域产业结构的“代际锁定”》，《中国软科学》2004 年第 9 期。

5. 岳芳敏：《集群企业创新机制与路径研究——以广东传统产业集群为例》，《学术研究》2007 年第 7 期。

6. 夏若江、胡振红：《基于价值链治理模式的传统产业集群升级路径的研究》，《管理科学文摘》2008（Z1）。

7. 郭金喜：《传统产业集群升级：路径依赖和蝴蝶效应耦合分析》，《经济学家》2007 年第 3 期。

8. 洪世勤：《高技术产业技术溢出效应分析与传统产业的对策》，《中国科技论坛》2007 年第 10 期。

9. 徐顽强、李华君：《高技术产业对传统产业的技术外溢运行过程研究》，《科技管理研究》2008 年第 7 期。

第八章　战略性新兴产业的成长

提　　要

中国战略性新兴产业发展取得了显著成就：一是投资快速增长，产业规模迅速扩大；二是各地区纷纷出台规划和政策，战略性新兴产业基地初具雏形；三是企业积极参与全球分工，形成了一批具有国际竞争力的大型企业；四是重大科技专项顺利实施，一些重大自主创新成果实现了历史性突破。但同时，也面临着很多问题，制约着产业国际竞争力的提高：一是产业水平整体不高，企业技术储备不足；二是科技成果产业化率低，市场化推广不畅；三是产能结构性过剩压力增大，区域布局同质化问题严重；四是体制机制性障碍突出，产业政策水平有待进一步提高。"十二五"期间，战略性新兴产业将面临巨大的发展机遇。国家应从四个方面推动和规范战略性新兴产业的成长：一是加强区域规划，做好国家层面的战略布局；二是调整产业政策的重点，由投资补贴转向需求拉动；三是推动战略新兴产业与传统产业融合发展，立足于国家竞争力的整体提升；四是落实企业在创新活动中的主体地位，引导企业进行商业模式创新。

*　　　　*　　　　*

战略性新兴产业由温家宝总理在2009年9月召开的第三次"新兴战略性产业发展座谈会"上首次提出，并上升到了国家战略。2010年国务院《关于加快培育和发展战略性新兴产业的决定》进一步指出，战略性新兴产业包括节能环保产业、新一代信息技术产业、生物产业、高端装备制造产业、新能源产业、新材料产业、新能源汽车产业七大领域。然而，战略性新兴产业的发展却不是从2009年或2010年才开始。事实上，新能源汽车、光伏、节能环保等产业的相关扶持政策在多年以前就逐步出台并获得实施。经过多年发展，中国战略性新兴产业已经取得了显著成就，但同样也面临着很多问题，阻碍了产业国际竞争力的提高。"十二五"规划的核心主题是"转型升级"，体现为由粗放式发展向集约式发展转变，以及对结构优化的迫切要求。加快培育和发展战略性新兴产业，有利于加快经济发展方式转变、提升产业层次、推动传统产业升级、高起点建设现代产业体系。

一、战略性新兴产业发展的进展

1. 投资快速增长，产业规模迅速扩大

在产业政策作用下，中国战略性新兴产业投资快速增长，带动了产业规模的迅速扩大。例如，中国太阳能电池市场份额已经占全球的 1/3，年产量居世界第一位；光伏组件产量、太阳能热水器集热面积和光伏发电容量均已居世界第一位；2009 年中国新增风力装机 1000 多万千瓦，居世界第一位，总装机容量居世界第四位；核电在建规模居世界第一位，规划到 2020 年装机容量达到 4000 万千瓦。从战略性新兴产业七大领域的比较来看，目前节能环保、新一代信息技术、高端装备制造、新材料等产业已经进入加速发展期；但生物、新能源、新能源汽车等产业尚处于孕育期，在技术路线和行业标准等方面均面临较大不确定性（见表 8–1）。

表 8–1　中国战略性新兴产业发展的现状与趋势

产业	发展概况
节能环保	“十二五”期间，节能环保产业处于高成长期，预计年均增长率在 20%以上，2015 年产值有望超过 3 万亿元
新一代信息技术	信息技术与工业化融合稳步推进，下一代互联网、基础软件、极大规模集成电路、云计算等正在密集研发中。预计“十二五”期间年均增长超过 30%
生物	中国正处于生物医药技术大规模产业化的开始阶段。预计 2015 年总值可达 4 万亿~5 万亿元，2020 年可望达到 10 万亿元，年增长率达到 25%
高端装备制造	制造业大国，但产品附加值低，关键技术缺乏自主产权。预计 2015 年产值将达 4 万亿元，占全部装备制造业产值的比重由 10%提高到 20%左右
新能源	技术路线尚未成熟，但产业规模增长迅速。光伏组件、太阳能电池产量居世界第一位；新增风力装机居世界第一位；核电在建规模居世界第一位；生物质能具有较好的发展前景
新材料	在纳米材料、生物材料、光电材料等领域取得了一定突破，但高性能复合材料制备能力有限。预计 2015 年，新材料产业产值将达到 2000 亿元左右，“十二五”期间，新材料产业年增长速度保持在 20%以上
新能源汽车	技术路线逐渐明确，产业规模正在逐渐形成，但主要用于公用车，市场需求尚未被带动起来，市场发展前景十分不明确

资料来源：笔者根据亚太总裁协会《世界新兴产业发展报告（2010）》以及其他相关资料整理.

2. 各地区纷纷出台规划和政策，战略性新兴产业基地初具雏形

随着温家宝总理正式提出发展战略性新兴产业之后，各地区纷纷出台规划，将打造战略性产业集群作为区域发展的重要方向（见专栏 8–1）。目前，在全国范围内已经初步形成了若干战略性新兴产业基地的雏形。例如，广州计划到 2012 年，将建成基本完整的研发、中试、生产、流通和服务齐全的生物产业链，生物产业总产值超过 1500 亿元。江苏将光伏和风能制造业作为战略性新兴产业发展的核心，形成了以无锡为核心区，南京、苏州、常州、扬州、南通、徐州等地各具特色、相互支撑的产业发展布局体系。

3. 企业积极参与全球分工，形成了一批具有国际竞争力的大型企业

全球范围内新能源、节能环保、物联网等产业的快速发展加快了中国战略性新兴产业中企业参与全球分工的进程，目前中国已经发展出若干个在全球具有较大知名度和较强竞争力的企业（见表 8–2），例如，全球前 25 家光伏组件厂商有 8 家位于中国，天合光能、英利新能源、尚德太阳能电力、正泰太阳能、塞维 LDK 等企业在世界竞争格局和分工体系中占据重要的地位。

表 8-2 中国战略性新兴产业在部分领域的主要企业

产 业	主要企业
节能环保	1. 水处理（碧水源、万邦达等） 2. 工业脱硫脱硝（龙净环保、三聚环保等） 3. 建筑节能（泰豪科技等） 4. 电厂节能点火（龙源技术等）
新一代信息技术	1. 导电玻璃（长信科技等） 2. 导航电子（四维图新等）
生物产业	1. 生物医药（国药集团、上药集团、华润北药等） 2. 疫苗生产（达安基因、莱茵生物、智飞生物、沃森生物等）
高端装备制造	1. 交通设备（中国南车、北车等） 2. 机车轴制（晋西车轴等） 3. 航空装备（西飞国际、中航精机等） 4. 海洋工程装备（中国船舶等） 5. 机床制造（沈阳机床等） 6. 港口装备（振华港机等）
新能源	1. 生物质能（凯迪电力、中粮生化等） 2. 风电（华锐、金风科技、国电联合动力、明阳风电） 3. 光伏（天合光能、英利新能源、尚德太阳能电力、正泰太阳能、塞维 LDK）
新材料	1. 稀土功能材料（包钢稀土等） 2. 高性能纤维（中钢吉炭等）
新能源汽车	1. 整车制造（比亚迪、上汽集团等） 2. 电池组（力神电池等）

资料来源：笔者根据相关研究整理。

4. 重大科技专项顺利实施，一些重大自主创新成果实现了历史性突破

为更好地促进战略性新兴产业的发展，国家组织实施了多项以促进战略性新兴产业发展为目的的重大科技专项。重大专项电子与信息、生物与医药、能源与环保、先进制造四大板块涉及新兴信息、生物工程和新医药、新能源、节能环保、高端制造、新材料等诸多战略性新兴产业。重大专项的组织实施从科技资源统筹、技术创新的组织和产业核心技术突破、产业化、企业竞争力提升、基础设施建设、知识产权和标准、检测检验、创新政策制定等多个方面带动了战略性新兴产业的发展。目前，重大科技专项顺利实施，实现了一批重大技术装备国产化，获得了一些重大自主创新成果，在战略性新兴产业发展中发挥了先导作用。例如，数控重型桥式龙门五轴联动车铣复合机床、3.6 万吨黑色金属垂直挤压机等高档数控机床和基础制造装备研发成功；65 纳米刻蚀机、离子注入机等集成电路装备逐步走向市场；大型地震仪 2000 道样机等用于油气勘探的重大装备进入样机试制与组装阶段；在具有自主知识产权的 TD-SCDMA 基础上，研究开发了 TD-LTE 后续演进技术；中国提出的 4G 标准提案被国际电信联盟（ITU）列为国际候选技术标准。

二、中国战略性新兴产业发展中存在的主要问题

1. 企业技术储备不足，科技成果产业化率低

中国战略性新兴产业发展之初就是建立在全球产业产品内分工的基础上，企业往往处于全球价值链附加价值比较低的加工或者组装环节，通过提供大量低端的原材料产品，或者从国外购买关键零部件进行组装，实现企业规模的快速增长。很多所谓的战略性新兴产业，实际上技术含量并不高。因此，中国战略性新兴产业中很多行业发展之初就面临先天不足的问题，技术能力较低，与国际领先水平还有较大差距，战略性技术专利、

技术标准和主导设计受制于人，缺少具有自主知识产权的关键技术。有资料显示，中国几乎全部光纤制造装备、集成电路制造装备的85%、石油化工制造装备的80%、数控机床的70%、发电设备的90%、医疗装备的95%都依赖进口。而且，引进消化再吸收能力、模块集成创新能力都相对薄弱（剧锦文，2011）。相比之下，国外一些大的跨国公司在很多新兴领域里有较深的技术储备。这些技术储备一部分是以专利的形式存在，但更多以保密技术的形式在企业内部进行研发。表面上看，在很多战略性新兴产业领域中，西方国家在某些关键性技术或者产业化方面同样没有实现实质性的突破，因此，很多人认为中国在这些领域与西方国家处于同一起跑线。事实上，技术储备水平的不同决定了产业发展潜力的不同，战略性新兴产业的发展制高点很可能仍将掌握在西方国家手中，跨国公司仍掌握着战略性新兴产业标准的制定权，而这将对中国战略性新兴产业的未来发展造成很大的制约。战略性新兴产业的竞争，实质上是科技创新能力的竞争，而中国战略性新兴产业发展中的一个重要矛盾就是高端技术政治化和低端技术市场化（房汉廷，2010）。其中，高端技术政治化是指在战略性新兴产业中，有一部分技术虽然市场需求不大，但具有很强的外向性和溢出效应。国家为了处于国家安全或经济长远发展考虑，往往从政治的角度，投入较多资源扶植其发展。低端技术市场化是指对企业来讲，技术优劣的标准主要是指投资回报的大小。由于很多高端技术投资大、投资回收期长、技术路线不确定、市场需求不稳定，因此对社会资本不具有吸引力。相比之下，很多低端技术虽然处于价值链的低端，但由于风险相对较小，成为了企业的现实选择。也正因如此，中国战略性新兴产业的科技成果产业化率很低，大约在25%，真正实现产业化的不足5%，远远落后于发达国家平均水平，大量科研成果根本得不到转化，无法形成现实的生产力。技术进步直接决定了战略性新兴产业的发展高度，而成功市场化是促进技术持续进步的必然条件。目前，科技成果转化率低直接导致了我国战略性新兴产业中技术进步步伐缓慢，缺乏产业自主性和创新整合能力，造成“被分工”格局和“强经济、弱产业”的状况。事实上，如果缺乏核心技术能力，即使产业规模再大，也难以真正形成无法替代的产业竞争优势。

2. 产能结构性过剩压力增大，区域布局同质化问题严重

地方政府纷纷抢先布局战略性新兴产业，加大招商引资的优惠力度，打造战略性新兴产业基地。据统计，全国有27个省份的100多个城市都提出要打造新能源产业基地，近80%的地区选择发展节能环保产业，超过90%的地区选择发展新能源、新材料、电子信息和生物医药产业，60%的地区选择发展生物育种产业，另有50%以上地区选择发展新能源汽车。在这种情况下，中国战略性新兴产业的结构性产能过剩风险也在增加，不仅对资源、环境、土地、劳动力等生产要素的供给造成了很大压力，而且不利于战略性新兴产业在区域上的分工协作，难以形成协调、完整的产业链和产业生态系统。同时，产能结构性过剩的结果就是企业之间恶性竞争，企业被锁定在价值链分工的低端，只能依靠降低价格来维持和扩大市场份额。在2012年初欧洲举办的太阳能光伏展上，经过中国各大厂商的激烈“价格战”，使得平均定价下跌超过15%。从2011年初至今，国际光伏市场从上游多晶硅价格到下游组件价格经历了“大跳水”，国内光伏市场全产业链的产品价格均呈一路下滑态势。据中国有色金属协会硅业分会2011年第三季度末的统计，国内多晶硅现货主流报价为每吨35万~39万元，只有2011年2月每吨68万~74万元的报价的一半；而光伏电池组件价格也在2011年第四季度内下降了30%。事实上，中国不同地区的产业基础条件和要素禀赋差异很大，而战略性新兴产业的发展对技术、资本、区位等生产要素条件有很高的要求，国家应统筹考虑，合理安排战略性新兴产业的区域布局，建立和理顺区域合作机制，完善信息沟通机制，避免造成资源浪费。

3. 体制机制性障碍突出，产业政策水平有待进一步提高

长期以来，中国一直采取“后发赶超”的发展战略，这种战略的特点就是政府往往以替代的方式实施市场发育政策和产业政策，从而实现经济的超常规和非均衡增长。然而，与传统产业不同，战略性新兴产业的发展方向并不明确，技术路线和商业化模式处于不断探索的阶段。在这种情况下，国家如果仍然采取过去的产业培育和管理模式，则会出现很多不适用的问题。如何把握政府推动与市场主导的功能定位和协同互动关系已经成为了提高中国战略性新兴产业政策水平的关键所在。具体来讲，中国战略性新兴产业发展中面临几个方面的体制机制障碍：①鼓励创新的机制尚不完善。虽然目前不同地区纷纷建立了鼓励创新的战略性新兴产业发展基金，但基金在使用上还存在很多问题。一些政府机构和行业部门在专项补贴时，不进行科学论证和公开招标，直接指定补贴产业门类和技术发展路线，甚至直接补贴给地方或行业所属企业，所谓“肥水不流外人田”，不仅造成了资源浪费和效益低下，而且严重歪曲了政策导向，产生了严重的不良影响（汪克强，2011）。②不同管理部门之间缺乏有效的协调决策机制。不同的管理部门代表着不同企业的利益，甚至画地为牢、政出多门。一些大型垄断企业往往能够“绑架”政策，为了维护自身的利益，阻碍了一些新技术的商业化，使中国企业在采用新技术的步伐上落后于国外企业，不利于战略性新兴产业的发展。例如，广播电视网、电信网与互联网的融合发展，能够实现“三网”互联互通、资源共享，有利于建立统一平台更好地为消费者服务，但由于“三网”分属于不同的主管部门，存在较大的部门利益冲突，因此在多年的反复推动下，仍未取得实质性进展。③行业进入壁垒依然存在。长期以来，中国一直以规模标准作为控制企业进入某些行业的根本标准，从而导致中小企业在进入战略性新兴产业某些领域的时候面临各种各样的障碍。事实上，中小企业是技术创新的重要来源，按美国的统计，70%左右的技术创新来自中小企业，而西方大企业多采取“拥抱战略”，整体收购那些有创新技术、产品的小企业。以规模等标准限制私营资本、中小企业进入战略性新兴产业，不利于提高产业发展活力，形成大、中、小企业结合的良好产业格局。

三、“十二五”中国战略新兴产业面临的重大发展机遇

1. 国家政策支持力度的增大将引导更多资源向战略性新兴产业倾斜

《国家战略性新兴产业发展“十二五”规划》（以下简称《规划》）在2012年上半年出台，对七大战略性新兴产业的功能定位、发展路径和支持政策进行系统性的阐述和部署。同时，多部门参与的《战略性新兴产业重点产品和服务指导目录》编制工作已经启动；“战略性新兴产业统计调查方法研究”也取得了阶段性成果。这些都反映了中国对战略性新兴产业发展支持力度的增加。根据《规划》，到2015年战略性新兴产业增加值占国内生产总值的比重力争达到8%左右；到2020年进一步达到15%左右。为实现这一目标，国家将从财税、金融、科教三个方面制定战略性新兴产业支持政策：①创新财政资金支持方式，形成多元化、多渠道的科技投入体系。发挥财政资金对激励企业自主创新的引导作用，采用多种财政资金支持方式，引导企业和社会力量加大科技投入。综合运用贷款贴息、风险投资、偿还性资助等多种投入方式，对新兴产业的技术创新活动给予重点支持，引导企业加大科技投入，进一步巩固企业在科技投入中的主体地位；完善财政科技资金使用绩效评价制度，加强对财政科技资金的全程监督，实现财政科技投入效益最大化。②鼓励金融机构加大信贷支持。引导金融机构建立适应战略性新兴产业特点的信贷管理和贷款评审制度。积极推进知识产权质押融资、产业链融资等金融产品创新。积极发挥多层次资本市场的融资功能。进一步完善创业板市场制度，支持符合条件的企业上市融资。推进场外证券交易市场的建设，满足处于不同发展阶段创业企业的需求。完善不同层次市场之间的转板机制，逐步实现各层次市场间有机衔接。大力发展债券市场，扩大中小企业集合债券和集合票据发行规模，积极探索开发低信用等级高收益债券和私募可转债等金融产品，稳步推进企业债券、公司债券、短期融资券和中

期票据发展，拓宽企业债务融资渠道。同时，大力发展创业投资和股权投资基金。③围绕战略性新兴产业的发展阶段和目标，在技术创新和高校专业设置等方面创设可持续的支持。

2. 国际金融危机后西方国家的竞争战略调整将为中国战略性新兴产业发展提供更多参与国际分工的机会

国际金融危机后，西方国家纷纷将发展新能源、新能源汽车、节能环保、低碳等产业作为促进本国工业振兴，调整经济发展战略的重要手段（见表 8-3），其目的在于寻找支撑下一轮经济的新的增长点，抢占下一轮产业的制高点。例如，美国新能源计划的一个重要内容，就是要对制造中心进行改造，实现“再工业化”，把它们变成清洁技术的领先者。欧盟委员会制定了指引欧盟未来十年发展的“欧洲 2020 战略”，谋求欧洲在未来世界低碳经济发展模式中的领先和主导地位。日本出台了未来能源开拓战略，提出要建成世界第一的环保节能国家，并在太阳能发电、蓄电池、燃料电池、绿色家电等低碳技术相关产业市场上确保所占份额第一。这些产业的快速发展必然带来生产效率的大幅提高，从而催生一些新的生产组织模式和市场竞争方式。从长期来看，西方国家的这种竞争战略调整不仅不会放慢产业转移的速度，而恰恰将加快产业的跨国转移，促进新能源、新能源汽车、节能环保、低碳等产业的快速发展和跨国合作，这就为中国更广泛地、全方位地参与全球分工，提高战略性新兴产业发展水平提供了机遇。

表 8-3 西方主要国家战略调整的政策文件和重点发展领域

国家	主要政策文件	重点发展领域
美国	《美国创新战略：推动可持续增长和高质量就业》、《连接美国：国家宽带计划》、《国家生物燃料行动计划》、《生物质多年项目计划》	新能源、干细胞、航天航空、宽带网络等
日本	《未来开拓战略（J 复兴计划）》、《信息产业潜力发展战略》、《下一代汽车战略（2010）》	商业航天市场、信息技术应用、新型汽车、低碳产业、医疗和护理、新能源（太阳能）等
英国	《低碳转型计划》	生物医药、信息技术、电动车、混合燃料车等
德国	《电动汽车研发计划》	电动汽车及锂电池
韩国	《新增长动力规划及发展战略》、《绿色增长的国家战略》	绿色技术、尖端产业融合、高附加值服务等三大领域共 17 项新兴产业

资料来源：笔者根据相关研究整理。

3. 传统产业转型升级将为战略性新兴产业发展提供巨大市场空间

战略性新兴产业的核心在于其战略性和先导性，对国民经济的作用不仅在其自身发展带来的经济增长，更重要的是能够对传统产业产生辐射效应，促进整体产业发展效率的提高。同时，传统产业能够为战略性新兴技术的发展提供市场空间，战略性新兴产业只有与传统产业相结合，才能获得广阔的发展空间。近年来，国家加大了技术改造的政策支持力度。“十一五”期间，国家相继出台了《2006~2020 年国家信息化发展战略》和《信息技术改造提升传统产业“十一五”专项规划》两个重要文件，指出了中国信息化发展的战略重点以及运用信息技术改造传统产业的重点领域。在国际金融危机下，国家又出台了《重点产业调整振兴规划》，明确不同产业的技术进步和技术改造投资方向，以贷款贴息的方式鼓励企业进行技术改造。后来，国务院进一步确定，2009~2011 年在新增中央投资中连续三年每年安排 200 亿元，主要以贴息的方式支持企业技术改造。在国家已完成的 4 万亿元投资中，有 3700 亿元用于了结构调整和技术改造。预计在“十二五”期间，中国技术改造的投入规模还会继续呈现增长态势，而信息化和绿色化将成为传统产业改造的主要方向，从而为战略性新兴产业发展提供巨大的市场空间。

四、促进中国战略新兴产业成长的政策建议

1. 加强区域规划，做好国家层面的战略布局

战略性新兴产业的成长更多依赖于技术、人才、信息化水平等高级生产要素的投入，而非依赖于劳动力、资金、土地等低级生产要素。战略性新兴产业基地应在产业高度集聚、生产性服务业高度发达、企业高度国际化的区域才有可能实现。国家在发展战略性新兴产业时，应在主体功能区规划的基础上，根据不同区域的要素禀赋特点，统筹规划战略性新兴产业的产业布局、结构调整、发展规模和建设时序，严禁各地以发展战略性新兴产业为名搞低水平重复建设，从而能够优化产品结构，缓解产能结构性过剩压力。从东部、中部、西部地区的比较来看，东部地区在科技水平、人才集聚、地理位置、产业配套、国际化经营等方面比中西部地区有着明显的优势。因此，长三角、珠三角、环渤海等经济发达区域是战略性新兴产业发展的优势区域，国家应考虑在现有基础上，重点培育几个技术先进、具有国际竞争力的战略性新兴产业基地。相比之下，中部、西部地区经济发展水平较低的区域，短期之内并不具备大规模发展战略性新兴产业的条件，其大规模上马战略性新兴产业项目只会造成低端化、产能过剩和资源环境破坏。这些地区的发展重点应是根据自身的要素禀赋优势承接东部地区产业转移，做大做强现有产业，推动产业转型升级。尤其是一些具有资源优势的地区，其产业体系往往是建立在资源优势的基础上，应重点考虑引进先进技术设备，提高资源的利用效率，减少对生态环境的破坏。

2. 调整产业政策的重点，由投资补贴转向需求拉动

目前，国家对战略性新兴产业的培育主要依靠在投资环节进行补贴，包括各地政府对新建项目给予土地、税收、审批等方面的优惠，银行等金融机构给予企业更多贷款额度和更低的资金成本，国家给予科研机构、企业更多的科研经费等。这些补贴事实上都是一种事前补贴，其风险是企业或科研机构层层上报项目或申请资金支持，当资金到手以后，由于产业发展本身的不确定性，以及缺乏有效的评价监督机制，企业会设法敷衍，存在很大的道德风险。产品研制成功后更缺乏应用推广能力和灵敏感应市场需求进行持续创新的机制，质量改进极其缓慢，盈利能力低下。这也是中国当前战略性新兴产业培育政策效果不理想的根本原因。如果将政策重点转向需求拉动，从需求环节进行补贴，通过扩大市场需求来带动战略性新兴企业的成长，那么将带来三个方面的改进：①政策具有了普惠性，不再是政府将补贴指定给个别企业，而是所有企业都可以参与竞争，分享政府的补贴，因此公平性得到了提高。②对市场机制的破坏大大降低，避免了政府直接分配资源，而是在更大程度上发挥了市场机制的作用，使资源向具有竞争优势的企业集中，符合市场经济要求。③社会福利水平得到提高，通过消费补贴能够使更多的消费者享受到战略性新兴产业发展带来的效用提高。总体来讲，"十二五"期间战略性新兴产业培育政策思路应当为：投资补贴和需求拉动结合使用，但以需求拉动为主；在投资补贴方面，建议提高补贴的普惠性，尽量避免政府代替企业制定研发方向或直接将任务指派给某个企业，而是应当将创新的想象空间留给企业；在需求补贴方面，建议以退税、以旧换新或者购物返现等形式直接补贴消费者。

3. 推动战略新兴产业与传统产业融合发展，立足于国家竞争力的整体提升

当今世界，一国产业发展的整体水平，不再取决于某领域单一技术的领先，也不在于举国体制下少数产业发展的成功，完整、协调的产业链和产业生态系统才是产业强国的标志（汪克强，2011）。战略性新兴产业的强大离不开传统产业，尤其是基础零部件、机械制造、化工等产业的高度发展。对中国这样一个发展中大国来讲，工业化进程尚未结束，区域发展水平差异大，中部、西部一些经济不发达地区对工业发展仍有巨大的

需求，因此，建立一个完备的产业体系尤其重要。不论是传统产业，还是高技术产业或者战略性新兴产业，只要能够满足资源环境的标准都应该鼓励发展。加快利用战略性新兴产业技术改造传统产业，推动战略性新兴产业和传统产业的融合发展，一方面能够夯实战略性新兴产业发展的基础，全方位提高战略性新兴产业的国际竞争力；另一方面能够为战略性新兴产业发展提供巨大的市场空间。中国拥有世界最大规模的传统产业，在某种意义上讲，也就拥有了世界最大的战略性新兴产业的市场需求空间。如果能够对此充分加以利用，那么就会大大促进战略性新兴产业的发展。对此，国家应从两个方面推动战略性新兴产业和传统产业的融合发展：①大力支持那些能够促进传统产业改造的战略性新兴技术的研发和利用，大力支持利用战略性新兴产业技术改造传统产业的商业化项目。②增加传统产业技术改造投资力度，对于那些能够促进战略性新兴技术应用的传统产业改造项目，国家应当给予重点支持。可以考虑以贴息贷款、税收优惠或者是直接财政补贴的方式鼓励信息技术、新能源技术、节能环保技术等在传统企业的推广和应用。

4. 落实企业在创新活动中的主体地位，引导企业进行商业模式创新

企业应成为创新活动的主体，这一说法已经提了好多年，但始终无法真正落实。造成这种情况，既有科研系统方面的原因，也有企业方面的原因。为改变中国科研和经济“两张皮”的现状，真正落实企业在创新活动中的主体地位，国家应加快推动科研体制改革，引导科研力量更多地流向企业，完善产、学、研合作机制，用密切合作的渠道和机制，推动产业发展主体与科技资源研发主体的结合，促进学科链、创新链和产业链的对接，在最有基础、最有可能的重点领域推动联合攻关，着力突破关键和核心技术。政府应制定总体规划，但这种规划是方向性和指导性的，要将更大的创新想象空间留给企业。规划可以提出要达到的总体性目标和基本原则和调控方向，甚至可以有一些技术项目选择的提示，但不应指定具体由哪个企业，或者采取哪种具体解决方案来强制性地达到规划目标，更不应该由政府指定本应由竞争来确定的市场赢家（金碚，2011）。同时，要引导企业进行商业模式创新。单纯的技术创新在今天已经不一定能够保证企业的商业成功，必须还要在技术创新的基础上成功实现商业模式创新。从企业来看，技术水平最高的企业并不一定是竞争力最强的企业，只有那些能够将技术进步成果成功转化为价值产出的企业，才能够在市场上获得竞争优势。从国家来看，产业竞争力情况不仅与本国的技术发展水平有关，而且更多与商业模式的变革水平有关，如果只有先进的技术水平，而没有先进的商业模式，那么这个国家的产业竞争力同样无法达到世界一流水平。一个国家如果长期无法成功地通过商业模式变革将技术进步转化为价值产出，那么该国家的技术进步也会因此受到阻碍。

专栏 8-1

全国主要省份战略性新兴产业发展方向

1. 北京

重点发展新一代信息技术、新能源汽车、节能环保、高端装备制造、生物医药、新能源、新材料和航空航天。

2. 上海

聚焦发展包括新能源、民用航空制造、先进重大装备、生物医药、电子信息制造、新能源汽车、海洋工程装备、新材料、软件和信息服务业在内的九个重点领域。2010 年启动智能电网、物联网、云计算三个领域，2011 年启动节能环保、民用航天两个领域，逐步形成“9+3+2”的产业发展格局。

3. 天津

完善大飞机、大火箭、直升机等产业链，建设国家级航空航天产业基地；完善石化工业产业链，建设国家级石化产业基地；重点发展机车车辆、造修船、港口机械等十大成套装备，建设国家级重型装备制造产业基地。

4. 重庆

实施“2+10”建设方案，即：基本建成国内最大笔记本电脑生产基地，形成1亿台整机生产规模、80%零部件及原材料本地配套；基本建成国内最大离岸数据开发和处理中心。

5. 广东

支持高端新型电子信息、LED产业、新能源汽车、太阳能光伏、核电装备、风电、生物制药、新材料、节能环保、航空航天、海洋11个战略性新兴产业。

6. 浙江

重点培育发展生物、物联网、新能源、新材料、节能环保、高端装备制造、海洋新兴、新能源汽车和核电等战略性新兴产业。

7. 江苏

率先推出了涉及太阳能光伏、风电、核电和生物质能的新能源发展规划，明确提出“打造较强竞争力的新能源产业研发、制造和应用示范基地”的战略目标。

8. 湖南

先进装备制造、新材料、文化创意三大产业成为全省经济的支柱产业。努力把装备制造业打造成湖南的超级产业。

9. 四川

重点发展集成电路、新型显示、高端软件和服务器等核心基础产业，建设国家重要的信息和软件高技术产业基地。

10. 陕西

加快大型运输机、新舟和运八系列飞机、通用飞机产业化。重点发展高性能结构材料、先进复合材料、电子信息材料、新能源材料和新型功能材料。

11. 内蒙古

加快建设大型风电基地，发展核电燃料基地。推进煤的洁净利用。积极发展稀土、光伏、电子信息、特种合金和非金属材料。

12. 宁夏

科学规划风电场布局和规模；建成具有世界影响力的钽铌铍钛产业核心技术研发和生产基地。

13. 安徽

促进电子信息、节能环保、新能源、生物医药、高端装备制造、新材料、新能源汽车、公共安全等八大战略性新兴产业快速发展。

14. 河北

加快推进保定国家新能源、邢台光伏发电、张承风力发电等产业发展，加快推进廊坊、秦皇岛等电子信息产业基地建设，加快推进石家庄高端医药产业园等项目建设，加快推进邯郸新材料、承德钒钛新材料、唐山钛材料、邢台碳材料等项目建设。

15. 山西

大力发展先进装备制造业，重点做大做强煤机、汽车、铁路装备、重型机械等产品；加快发展现代煤化工，力争在煤制油、煤制气、煤制烯烃等方面取得新进展；积极发展新型材料工业。

16. 黑龙江

重点发展高性能金属材料、高性能纤维及复合材料等新材料产业。

17. 福建

主攻新型平板显示、新一代网络和高端通信设备、生物医药、半导体照明（LED）和太阳能光伏、节能环保技术及装备5个重点项目，加快物联网产业发展。

资料来源：笔者根据相关研究整理。

参考文献

1. 东北财经大学产业组织和企业组织研究中心课题组：《中国战略性新兴产业发展战略研究》，《经济研究参考》2011 年第 7 期。

2. 房汉廷：《发展战略性新兴产业要过七道坎》，《中国高新技术产业导报》2010 年 1 月 25 日。

3. 金碚：《要把转型升级的创新想象空间更多地留给企业》，《中国经贸导刊》2011 年第 16 期。

4. 剧锦文：《战略性新兴产业的发展“变量”：政府与市场分工》，《改革》2011 年第 3 期。

5. 汪克强：《深化体制机制改革：发展战略性新兴产业的关键》，《中国高校科技与产业化》2011 年第 3 期。

第九章　生产性服务业与先进制造业的互动与融合

提　要

生产性服务业是现代产业体系的重要组成部分。在现代产业体系变迁的过程中，生产性服务业的概念逐渐明晰，并在特定的产业层次上获得了独立的产业地位，形成了自己的基本特点。本章将生产性服务业置于现代产业体系的分析框架之下，重点从现代产业变迁的历史性、全球性视角对生产性服务业进行探索性阐述，以深化对生产性服务业的认识，弥补相关研究的缺陷。与此同时，本章以丰富的数据和资料，力图从不同侧面刻画中国生产性服务业与先进制造业互动、融合发展的现状，并紧紧围绕“十二五”规划纲要提出的转变经济发展方式和工业转型升级的总体要求，以及国家“十二五”相关产业专题规划，针对当前生产性服务业与先进制造业互动、融合发展中存在的问题，力图从政策取向和若干对策等方面，系统地阐述进一步推动二者融合发展的思路和对策。

*　　　*　　　*

产业体系在技术进步和组织变革的推动下，总是经历着持续的渐进改良和间断的跃进革命。纵观当前世界产业发展格局，“第三次工业革命”的浪潮正扑面而来，产业体系的“重构”、产业关系的“转型”似乎是其重要特征之一。虽然这种“重构”、“转型”的形式和内容尚待观察，但是建立在产业专业化分工、分散化运行基础上的产业间的合作、互动与融合日益深化则毋庸置疑。从中国的工业化阶段与所走的新型工业化道路来看，抓住产业体系“重构”和产业关系“转型”的重大历史机遇，大力发展生产性服务业，并积极推动生产性服务业与制造业的互动与融合具有重大的战略意义。

一、现代产业体系中的生产性服务业

现代服务业是现代产业体系的重要组成部分，是现代产业体系形成与变迁的产物，生产性服务业则是现代服务业的重要内容。在社会分工持续深化和现代产业体系不断变迁的过程中，伴随着产业内服务需求的多样化和规模增长，原来内生在农业和工业中具有服务支撑功能的产业内容日益丰富，并逐渐从农业和工业的直接生产活动中分离出来，形成相对独立的、具有相当规模的专业性社会化生产服务活动，逐步显现出自己的基本特点。20 世纪 60 年代末期，生产性服务作为特定的经济学概念得到明确定义,[①]此后得到广泛认可和应用，从而使生产性服务业在产业层次上获得了独立的地位。

1. 现代产业体系变迁与生产性服务业

现代产业体系是产业在社会现代化过程中的表现形式，而工业化则是社会现代化过程中最为重要的阶段。在工业化阶段，现代产业体系变迁意味着伴随工业化的进程，农业基础地位不断巩固，现代农业在第一产业中逐渐占据主导地位，传统制造业向先进制造业升级，先进制造业逐步成为第二产业的主体，第三产业快速发展，现代服务业逐步成为新的经济增长点；三次产业比例呈现第一产业持续下降，第二产业快速上升后缓慢下降，第三产业稳定上升总体趋势。其中，现代服务业的形成是以生产性服务业在产业层次上获得独立地位为重要标志。[②]而在工业发达国家，生产性服务业已经成为现代服务业的中坚力量、支柱力量，是整个现代产业体系中最活跃、创新能量最强劲的组成部分。

现代产业体系的变迁实质上刻画的是产业分工深化的过程。与传统的产业结构分析视角不同，现代产业体系的分析视角更突出“体系”，即更强调产业成长和演变过程中各产业相互间的关系。考察这种产业相互关系，不仅要关注产业间的替代与互补，更要重视产业间的互动、合作与融合。然而，只有在不同产业发展到比较成熟的阶段后，相互之间才会有进行更深层次产业分工的需求。这种更深层次的分工内涵不仅表现在产业分工范围的广度和分工质量的深度，更重要地表现在强调产业间关系的分工强度。产业分工水平越高，相互之间互动、合作的程度也就越深，产业融合也就越能顺利进行。从这个角度看，生产性服务业作为最重要的产业合作与融合中介，必然随着现代产业体系的变迁其产业地位得到显现。换句话说，生产性服务业通过对农业、工业和服务业几乎全部重要环节产生互动、融合作用，推动现代产业体系的变迁，促进现代产业体系整体质量的提高。

生产性服务业的形成是现代产业体系变迁过程中追求专业化规模经济和范围经济的必然结果。从工业化的发展阶段看，在进入工业化高级阶段、工业特别是制造业发展比较成熟的条件下才形成对生产性服务业的需求，同时产生实物生产过程中降低分工成本的可能。因为市场规模扩大与专业化分工水平的提高是相互促进的。随着工业化的深入，市场在容量不断扩大的同时其体系也在丰富化，推动社会专业化和协作化程度提高，产业体系发生“重构”，使得制造业企业为降低生产成本、提高生产效率而进行生产重组和组织形式变革成为可能，从垂直一体化向垂直解体转变，逐渐将价值链中更多的环节剥离出去，外包给那些更擅长于从事这种业务的企业。其中相当一部分剥离的是原企业内部自我完成的服务环节，从而直接导致生产性服务业的产生。与此同时，生产力提高、生产分工细化与专业化和组织管理水平改善，大大降低了交易成本，促进生产过程中制造企业的自我内部服务转化为社会外部服务，并逐步外部化分离，形成独立的专业生产性服务企业，实现生产性服务及其资源配置由内部经济向外部经济的市场化演进。尤其要强调的是，信息和网络技术的普及运用，一方面极大地丰富了生产性服务的方式和种类，催生新的生产性服务业；另一方面使高新技术向传统服务业不断渗透，大幅度拓展生产性服务的内容和途径，扩大生产性服务的覆盖范围，由此有助于打破传统产业结构的空间限制，使工业化水平在一定程度上摆脱了资源和市场的束缚，获得超前发展，促进现代产业体系变迁次序或演进规律发生新的变化。

另外，经济全球化有力地推动了现代产业体系变迁中生产性服务业的形成。随着信息技术的发展和世界各国服务业的开放，服务业打破时间、空间及地域文化的界限，进入全球化发展阶段，成为现代服务业区别于传统服务业在时代性上的标志。经济全球化在为生产性服务提供更大市场

---

① 生产性服务业的概念最早于 1966 年由 Greenfield 提出，后经 Browning 和 Singelmann（1975）等经济学家的发展得到深化。

② 通常认为，现代服务业由四大部分构成，即基础性服务业（包括通信服务和信息服务）、生产性服务业（包括金融、物流、批发、电子商务、软件、科技研发、专业设计、农业支撑服务以及中介和咨询等专业服务）、消费性服务业（包括教育、医疗保健、住宿、餐饮、文化娱乐、旅游、房地产、商品零售等）和公共性服务业（包括政府的公共管理服务、基础教育、公共卫生、医疗以及公益性信息服务等）。仅从构成上看，现代服务业与传统服务业的重要区别就在于是否将生产性服务业作为相对完整的独立产业。

规模的同时，也为生产性服务实现全球重组和资源优化配置创造了条件，推动分工体系的全球化和服务业的跨国转移，促使产品和服务价值链上的不同节点在全球生产网络中进行。因此，在经济全球化背景下，生产性服务业得以依赖的外部市场和可能利用的相关要素都大大增加，推动专业化分工基础上的规模经济和范围经济，并促使生产性服务业自身从国内产业附着发展向国际自主扩张转变。

2. 现代产业体系中生产性服务业的基本特点

生产性服务业的发展符合产业体系“重构”和产业关系“转型”过程中的合作化、分散化趋势。在现代产业体系中生产性服务业具有如下基本特点：①生产性服务业的产出是中间性服务或互补性服务，体现为被服务部门或企业的生产成本。②生产性服务业以人力资本和知识资本为主要投入，体现为将大量人力资本和知识资本转化到商品和服务的生产过程中的服务。③生产性服务业的生产方式是高度定制化和差异化的，体现为软化、网络化、智能化的大规模定制服务过程和柔性化服务过程。④生产性服务业的强产业关联性，体现为与农业、工业及其他服务业之间的关系乃至生产性服务业相互间的关系都极为密切，这一特点也与其中间性投入特点相呼应。

正因为生产性服务业具有上述与其他产业截然不同的基本特点，决定了生产性服务业是促进其他部门增长的过程产业，是经济的黏合剂，是便于一切经济交易和生产过程的产业，是刺激商品生产和市场交易的推动力。[①]

二、生产性服务业与先进制造业的关系

先进制造业是指那些能够不断吸收国内外高新技术成果，并将先进制造技术、制造模式及管理方式综合应用于研发、设计、制造、检测和服务等全过程的制造业，包括产品/服务、技术/工艺、制造模式、运营管理和产业组织五个维度的先进性。与传统制造业相比，先进制造业有下列特点：产品设计制造和企业管理信息化，生产过程控制智能化，制造装备控制数字化，制造工艺装备精密化，产品制造过程绿色化，产品经营全球化。毫无疑问，生产性服务业与先进制造业之间有着密切的关系。如前所述，有相当部分生产性服务业本身就是随着制造业垂直一体化解体逐步从制造业中分离出来的，本来就属于制造业生产过程中的某个价值链环节，与制造业存在千丝万缕的联系。

生产性服务业的形成和发展不仅反映其自身专业化分工的广度（服务门类或种类与服务范围）与深度（服务质量与效率），更为重要的是反映与其他产业之间的分工水平，即反映产业之间的分工强度（产业间服务联系）。尽管农业、工业和服务业的发展都需要生产性服务业，[②] 但是在工业化阶段，生产性服务业的主要服务对象是制造业。

工业化阶段是分工逐渐深化的阶段。工业化初级阶段和中级阶段，以追求一般规模经济和范围经济的传统制造业为主，以大批量制造和大批量销售为基本特征的福特主义现代大工业生产方式被奉为圭臬。进入工业化高级阶段，在信息技术革命的影响下，传统制造业向追求专业化规模经济和范围经济的先进制造业转变，以大规模定制为基本特征的温特尔主义后工业生产方式悄然兴起。企业的生产组织方式、制造技术和业务流程发生着巨大变化，价值链环节的数字化、生产组织的网络化和业务单元的模块化，使企业的制造过程得以不断分解，生产外包趋势逐渐增强，从而导致产业层面分工的深化。新的产业分工形式不同于传统的替代式“水平分工”和互补式“垂直分工”，而可能是某种渗透式的不对称分工。例如，“微笑曲线”所刻画的似乎就是这样一种

① Riddle D. Service-Led Growth：the Role of the Service Sector in World Development. New York：Preager Publishers，1996.

② 一些实证研究表明，生产性服务业具有一定的自我发展能力，即生产性服务业在一定程度上依赖服务业本身而发展。

分工形式。“微笑曲线”的两端即生产制造过程的上、下游，是以研发、设计、销售、物流、售后服务等价值链环节为主要内容的生产性服务，这些环节的知识和技术含量较高，是差异化的主要来源，因而附加价值高。“微笑曲线”的底部即生产制造过程的中游，主要是制造、加工或组装环节，知识和技术含量相对较低，是低成本的主攻方向，因而利润空间窄。这是一种新型工业化，生产性服务在其中的作用，不仅体现在其自身作为利润源泉的价值，更体现在其作为各个专业化生产环节的纽带而产生的“黏合剂”功能。通过生产性服务这一纽带，制造业逐渐“服务化”、服务业逐渐“自动化、智能化”，两大产业相互融合、互动发展加剧，经济效率越来越取决于在不同生产活动之间建立起相互联系而产生的规模经济和范围经济，而不仅取决于生产活动本身的生产率状况。

1. 先进制造业拉动生产性服务业

前文已经阐述，在制造业发展比较成熟的条件下，产业分工的深化促进了生产性服务业的逐渐形成和发展。而传统制造业向先进制造业的升级，无论是从量的方面还是从质的方面都对生产性服务业提出了新的需求，与此同时，先进制造业又为丰富生产性服务业的依附条件和手段提供了某些可能，即先进制造业从提出服务需求和提供服务依托两个方面拉动生产性服务业发展。

（1）提出服务需求。在持续深化的产业分工中，内容丰富、不断细分的先进制造业不仅对原有服务的需求在数量上大大增加，而且不断提出新的、派生的服务需求。例如，旨在实现低耗、清洁的制造过程绿色化，就对碳排放检测和环境检测、碳汇交易、绿色金融，甚至艺术设计等提出新的专业化服务需求。同样，管理信息化、经营全球化等先进制造业特点，也意味着需要更多多样化的专业服务。从服务质量方面看，先进制造业提出了更高的要求，体现为在专业服务基础上的服务精细化、定制化和智力化。

（2）提供服务依托。生产性服务业的一个基本特点是在整个生产价值链中提供中间服务，意味着生产性服务业对其他产业的附着或依托。在现代产业体系中，这种附着或依托至少可以分为对象型、结合型和互补型三类。先进制造业为对象型生产性服务业提供的是制造过程中的服务对象。中间性服务投入必须针对实体服务对象渗透到制造过程中的各个环节，如研发、设计、管理、融资、物流等服务都要附着在某个制造业具体产品上。先进制造业为结合型生产性服务业提供的是直接依附的“中间”产品。如在金融、物流、电子商务、科技研发、专业设计等服务提供过程中无不依赖于大量的制造业“硬件”投入。这些作为中间投入的制造业或制造业产品，往往不出现在最终的服务或产品中，而是在服务或产品的生产过程中与之结合为一体。先进制造业为互补型生产性服务业提供的是制造过程的某一个或几个环节。在这一制造过程中，实体工业产品必须与相应的服务业产品互补使用，才能获得完整的产品功能体验。这里的制造过程已经与某些消费过程融合为一体，满足消费需求的已不仅是有形产品，而是从产品购买、使用、维修到报废、回收全生命周期的服务保证，产品的内涵已经从具备某种使用价值和功能的单一产品实体，扩展到为用户提供全面解决方案。

2. 生产性服务业推动先进制造业

在工业化高级阶段，随着产业分工深化发展起来的生产性服务业，在满足制造业从传统向先进转变所提出量和质的需求的同时，改善了先进制造业的发展环境，改变了先进制造业的运行方式，反过来从下述五个方面推动先进制造业的发展：

（1）改善经营效率。生产性服务业在产业互动过程中对先进制造业的效率提高具有基础性作用。服务分工深化和服务广度、深度、强度的增加有效地改善了制造过程的投入产出关系，降低了生产成本，提高了经营效率。

（2）提升技术水平。生产性服务业以其专业化服务，引导制造业部门的技术变革和产品创新，推动制造业企业在全球产业链中从 OEM、ODM 向 OBM 的递进、攀升，有力地保证以信息化、自动化、智能化、柔性化、生态化方式生产的先进制造业在研发设计、生产制造、检验检测、营销服务等各个环节都具有明显的技术优势。随着先进制造业在产业体系中比重的提高，带动整体的产业技术水平提升。

（3）提高增长质量。生产性服务业，尤其是与知识生产、传播和使用密切相关的金融保险、信息通信、研发设计、创意咨询、工程技术和知识产权服务等，都包含着制造业升级所需的知识和技能。生产性服务业的发展会促进以前不可编码的隐含性的知识和技能通过软件嵌入制造业企业的生产设备和生产过程，从而使生产能力、产品性能都得到提高。同时，作为生产制造过程价值链环节的重要组成部分，各种产品和工艺流程研发及专业服务，比如，产品市场定位调研、产品设计、技术咨询、设备租赁、品牌营销、物流运输、知识产权等，都具有提高产品差异化水平的作用，能在市场竞争中增强企业的市场控制力和定价能力，从而使得产业增长质量的提升具备更扎实的微观基础。

（4）推动结构优化。先进的生产性服务业特别是高水平的研发和市场营销能力控制着全球生产网络和价值链。生产性服务业水平的提升，将有利于推动参与国际竞争战略从单纯依靠廉价劳动力的静态比较优势模式向发挥人力资源综合优势和培育人力资本的动态竞争优势模式转变，逐步进入和占据国际产业链的中高端环节，从而能够在参与国际分工和交换中获得更大化利益。生产性服务业助力制造业进入以创新和差异化为主要竞争手段的 OBM 阶段后，有利于缓解工业结构中的低水平重复建设等问题。另外，生产性服务业推动先进制造业技术不断成熟和市场逐渐成长，决定了先进制造业的发展能有效改善工业发展高级阶段的技术创新能力和产业技术结构等问题。

（5）缓解资源环境约束。作为生产性服务业的重要组成部分，研发与工业设计、现代物流等有助于缓解先进制造业发展过程中的资源环境约束，通过大大降低先进制造业发展过程中对资源投入的依赖，提高资源使用效率，从而有利于建设资源节约型和环境友好型经济，实现产业的可持续发展。随着市场范围的扩大，产业分工水平提高，从而提升生产效率，这也就从根本上提高了企业应对资源环境压力的能力。

3. 先进制造业与生产性服务业互动、融合发展的趋势

近年来，发展迅猛的生产性服务业，正是服务业与制造业“渗透性”互动和“结合性”融合的产物，服务作为一种软性生产资料正越来越多地融入实体生产领域，导致制造业生产过程的“软化”，并对提高经济效率和竞争力产生重要影响。

这种“渗透性”互动和“结合性”融合的产业运作主要依托于信息技术和现代管理技术，使得先进制造业具备了很多服务的特性，如软件制造业可以提供专门的外包服务与增值服务。同样，生产性服务业也变得更加像制造业，引导着制造业的创新和服务业自身创新的过程。如软件设计者通过软件系统与计算机硬件制造者形成垂直一体化的联系，创造了计算机硬件产业的实际标准。从目前计算机结构的设计中，应用软件要比具体的硬件占据更主导的地位，如果硬件设计者不顾及软件设计者的服务，则它的产品将会带来销售问题。

另外，信息技术及互联网的快速发展和经济全球化又在使服务业和制造业之间的边界趋于模糊化。服务行为难以存储、服务价值瞬间实现的特征，使传统的服务业受生产、消费区域等各方面的时空限制，往往只能集中在某一个特定区域、特定时间里提供服务，与制造业相比，会在更大程度上受到各种市场壁垒的限制，如语言文化、消费习惯、规则条款等。信息技术的飞速发展、经济全球化不可阻挡的趋势，为生产性服务业打破在时空上的限制创造了条件，使生产性服务业在全球经济的扩张中成为一种引领力量，并将服务价值链快速延伸，带动制造业价值链的重组。

三、中国生产性服务业发展态势与问题

“十一五”以来，中国的生产性服务业呈现出较快发展的基本态势。一方面，生产性服务业企业数量快速增长。从各生产性服务业企业法人数量来看，“十一五”前四年，第三产业增长

41.3%，交通运输、仓储和邮政业增长 92.1%，信息传输、计算机服务和软件业增长 106.2%，金融业增长 37.6%，租赁和商务服务业增长 75.5%，科学研究、技术服务和地质勘查业增长 52.4%。除了金融行业这样以国有资本为主的服务业，其他生产性服务业企业数量增长率都高于服务业平均增长水平（见图 9–1）。另一方面，生产性服务业生产效率呈增长趋势，知识密集性特征较为突出。2005~2009 年，生产性服务业吸纳就业人数不足整个服务业的 1/7，不及全部就业人口的 5%，却贡献了 20%左右的国内生产总值，说明生产性服务业人均产出较高。近年来，中国大部分生产性服务业行业平均吸纳就业人数呈减少趋势，而平均每一法人单位创造的产值却有所增加，说明生产性服务业的生产效率有所提升。

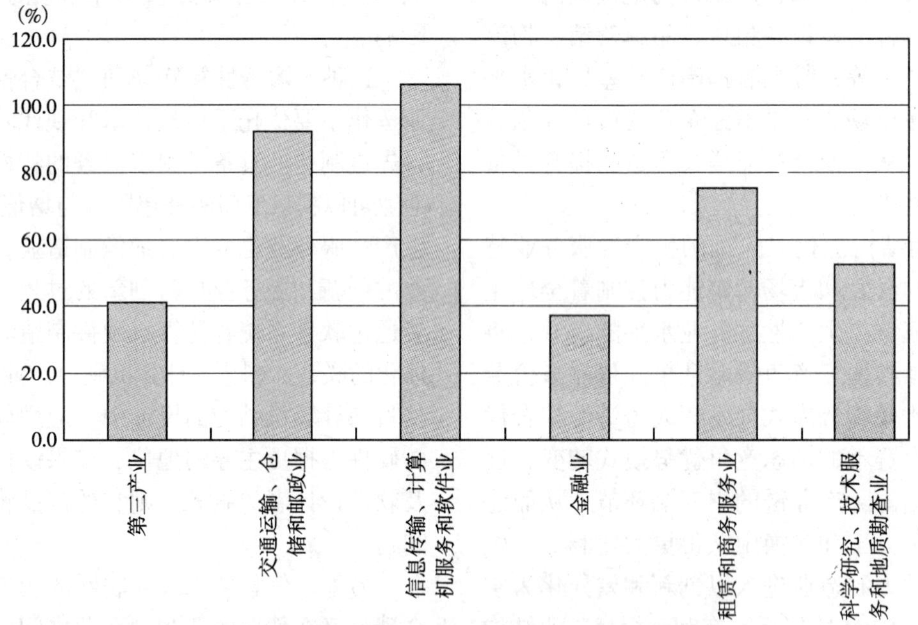

图 9–1 2009 年末相比 2005 年末生产性服务业法人单位数量增长

资料来源：笔者根据历年《中国第三产业统计年鉴》整理计算。

然而，与国际一般趋势相比，目前中国生产性服务业存在明显不足。具体可以从以下几个方面来看：

1. 虽然整体保持稳定增长，但与全球平均水平仍有较大差距

按照 2005 年不变价格计算，“十一五”期间服务业年复合增长率达到 10.6%，基本上与 GDP 增速保持同步；第三产业贡献率（第三产业增加值占当年 GDP 的比重）均在 40%以上，总体上呈上升趋势。“十一五”前三年，中国典型生产性服务业总产值分别为 32441.1 亿元、41780.4 亿元、48687.0 亿元，占服务业比重依次为 55%、56%、57%，与全球 55%的平均水平相当。按此口径计算，“十一五”期间，中国生产性服务业占 GDP 的比重保持在 22%以上。按照生产性服务 60%的工业部门投入率测算，工业生产性服务业占服务业比重在 30%左右，与发达国家相差至少 20 个百分点。根据科技部监测数据，近年来，中国知识密集型服务业增加值占 GDP 比重达到 10%以上，由于知识密集型服务业产值绝大部分由现代生产性服务业贡献，因此可近似地估计中国现代生产性服务业占 GDP 比重在 10%左右，与发达国家相差甚远。这说明中国制造业服务化尚处于起步阶段，生产性服务业与制造业互动发展的格局远未形成。

2. 生产性服务业发展速度滞后于工业发展速度。

“十一五”期间，中国人均 GDP 突破 3000 美元，进入工业化中后期阶段，跨入中等收入国家行列，按照一般趋势服务业特别是生产性服务业应进入快速发展期。据世界银行的数据，近年来中等收入国家服务业比重为 53%，高收入国家服务业比重为 72.5%，低收入国家服务业比重为 46.1%。显然，中国服务业及生产性服务业所占份额不仅大大低于高收入国家，也明显低于同等收入甚至更低收入水平国家。从服务业发展与工业发展的关系来看，虽然服务业与工业基本保持了同样的增长趋势，但若不考虑 2008~2009 年工业遭受金融危机冲击导致增速减缓以外，“十一五”期间服务业增加值增速一直低于工业增加值增速（见图 9-2），反映出生产性服务业发展相对滞后。这表明生产性服务业的发展与中国工业化阶段不相适应。

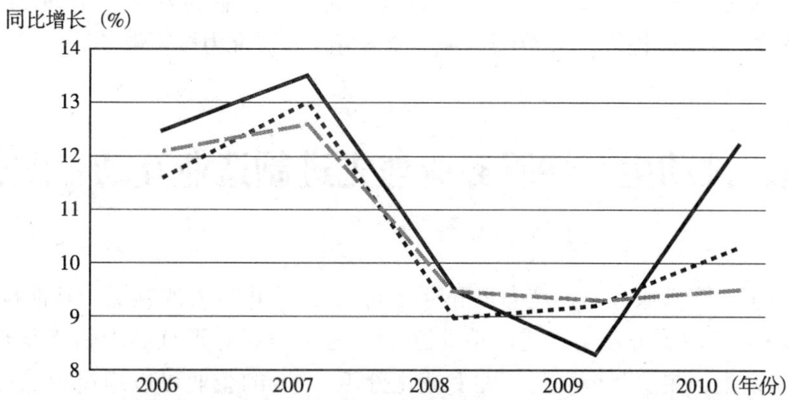

	2006	2007	2008	2009	2010
GDP 增速	11.6	13.0	9.0	9.2	10.3
工业增加值增速	12.5	13.5	9.5	8.3	12.2
第三产业增加值增速	12.1	12.6	9.5	9.3	9.5

图 9-2　“十一五”期间第三产业增加值增长速度

资料来源：根据国家统计局最终核实数据按不变价格计算。

3. 生产性服务业内部结构有待优化

当前，在服务业内部，生活服务业和传统服务产业仍然占据较大份额，接近 2/3（见图 9-3）。其中，商业饮食占据 1/3 以上。在生产性服务业内部，信息服务、科学研究和技术服务等现代服务业成分所占比重不高。2008 年，信息传输、计算机服务和软件业仅占服务业增加值的 5.98%，租赁和商务服务业仅占服务业增加值的 4.27%，而科学研究和技术服务业产值更是不足服务业产值的 3%（剔除“地质勘查”部分）。

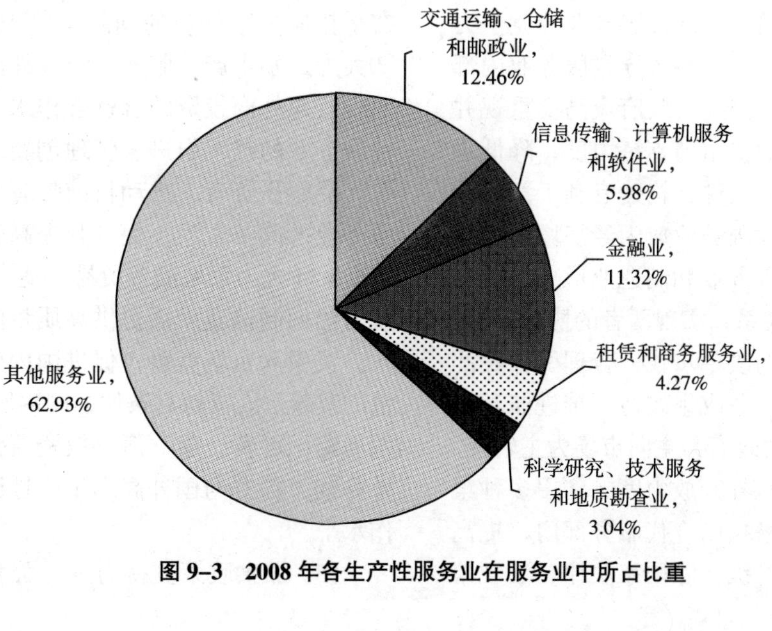

图 9-3　2008 年各生产性服务业在服务业中所占比重

4. 生产性服务业与制造业欠缺互动发展

总体来看，在生产性服务业和制造业高度不对称渗透的供应链生产制造体系中，生产性服务业还没有充分发挥出应有的作用。中国制造业正处于从传统向先进的产业升级起步过程，制造业产业相对规模仍不够大，产业链条短，与升级相对应的产业集群新优势尚未形成，发达地区与周边地区经济联系比较松散，大范围区域产业配套能力不强，从而制约了生产性服务业的跨区和溢出功能的有效拓展和发挥。也就是说，制造业对生产性服务业的“拉力”不足。而目前中国产前、产后的生产性服务业发展不充分，生产性服务业企业同质化现象严重，普遍缺乏核心服务能力，不能完全满足企业专业化的需求，制约了先进制造业的发展。表现为生产性服务业对制造业的“推力”不够。

四、推动生产性服务业与先进制造业互动、融合发展的对策

针对中国生产性服务业发展态势和存在问题，当前在处理生产性服务业与先进制造业互动、融合的发展关系上，更应强调强化产业专业化分工，促进生产性服务业自身体系的形成。也就是说，促使那些能够外部化却仍然内化在制造业中的生产性服务，适时实现与制造业的垂直分离，进而形成高效率、高质量、高层次的专业化生产性服务，再反过来推动其与制造业的互动，更好地支撑制造业的发展、升级和竞争力提升。

1. 推动互动、融合发展的基本政策

（1）消除制约生产性服务业发展的体制性障碍，积极引入和强化市场竞争。目前，中国生产性服务业大部分属于垄断的行业，如金融保险、铁路运输、邮电通信、信息等行业。这些行业由于自然垄断或行政垄断的属性，进入门槛较高，导致市场竞争较弱，结果生产性服务业的竞争力受到抑制。同时，进入的壁垒也导致服务业内部专业化分工程度降低。因此，政府应高度重视并加大对生产性服务业的扶植与支持力度，降低进入门槛，放宽市场准入条件，构建有利于竞争的市场环境，促使生产性服务业成为经济增长的亮点，切实促进生产性服务业和制造业形成相互支撑、相互推动的紧密关系，实现两者的协调发展。①加快对垄断性行业的改革步伐，合理引导民间资本和外资参与国有企业改组改造，推进非基本服务行业的资源配置由政府为主向市场为主转变。②加大服务业对内和对外开放力度，利用多种渠道和手段吸引产业要素投向现代服务部门，提高竞争程度，推动产业升级。除国家法律、法规禁止进入的领域，其他投资领域各类资本均可进入。③对于有利于制造业升级、解决就业、符合条件的企业可以通过税收优惠、放宽审贷条件、项目融资、设立产业投资基金的方式，充分调动民间资本进入服务业。④建立公开透明、高效规范的市场监管体制，加强对产业发展的总体规划和统筹管理，全面清理涉及服务业的行政事业性收费。⑤积极推进产业标准化工作，提高服务质量，规范服务行为。⑥健全完善行业自律机制，减少和避免无序竞争造成的资源浪费。

（2）以扩大开放为动力，优化政策环境，促进生产性服务业加快发展和创新。①加大承接国际服务业转移和服务业外包力度，创新服务业聚集区功能和制度设计，着力吸引跨国公司总部、研发中心、设计中心、营销中心和软件开发中心，在承接服务业外包的国际竞争中抢占有利位置。②大力鼓励生产性服务业吸收外商直接投资，全面提升与外商投资的合资合作水平，以促进生产性服务业的技术引进、管理创新。③积极有序地引入战略投资者，推动目前带有垄断性的生产性服务业的改革重组，促进其提高管理水平和服务效率。④大力发展服务贸易，适当扩大服务进口，既为国内制造业发展提供高质量的生产性服务投入，又引入市场竞争，促进国内生产性服务业质量的改善。⑤支持有条件的国内服务企业走出去，发展跨国经营，建立海外投资营销网络，开展海外并购，提升与国外高端生产性服务供应商的合作水平。

（3）加大政策支持力度，强化专业化服务企

业的分工优势。对重点行业实施税收优惠。物流企业将承揽的业务外包给其他单位并由其统一收取价款的，以其全部收入减去其他项目支出后的余额，作为营业税计税基数。研发、设计、创意等技术服务企业可认定为高新技术企业，享受相应的高新技术企业优惠政策。从事物流技术和咨询服务、物流信息服务企业在技术改造中使用国产设备时，享受所得税减免优惠。经批准的中小企业信用担保、再担保机构从事担保业务的收入，享受营业税减免优惠。各级政府要设立生产性服务业发展引导资金，主要用于对影响大、带动作用强、具有示范效应的服务业重点项目的贴息或补助，重点扶持生产性服务业集聚区、现代物流、金融业、商务服务业、信息服务业等领域的重点项目建设。

（4）推动制造企业生产性服务环节外包。从宏观方面看，影响制造企业生产服务外包的主要因素是交易费用的高低。在一个低交易费用的环境中，制造企业在外包生产性服务过程中，能有效地削弱“搭便车”行为、发现隐藏信息、甄别虚假信息、转移外包风险等，从而稳定外包利润的预期。为降低交易费用，政府应不断完善制度建设，如深化行政审批制度改革、创新政府服务方式、提高行政服务效率、加强诚信建设、培育良好的信用环境等。从微观角度看，影响制造企业生产性服务外包的主要因素是生产服务企业的效率。为此，政府要制定合理的产业组织政策，建立起有利于竞争的市场环境，从而促进我国生产性服务业的发展，使制造企业将会计、审计、研发、设计、信息、物流、技术咨询和广告营销等各种服务性业务加以剥离，外包给不同的专业公司，以降低生产成本，提高生产效率，从而提高制造业的竞争力。

（5）加强区域协调，构建职能划分合理、比较优势突出的层级区域分工格局。制定并实施区域规划和区域政策，并纳入国家宏观调控体系，以加强对区域发展的协调和指导。健全市场机制，进一步发挥市场机制在区域协调发展中的重要作用。积极探索区域发展的利益调整机制，对区域协调中可能发生的地方利益流失尝试引入补偿机制。依据资源禀赋和比较优势，明确不同城市的功能定位。超大和特大城市要突出在金融、物流、商务服务、信息服务、教育培训等行业上集聚要素和向外辐射的核心能级。大城市作为区域性、综合性现代服务业中心，要承担传递超特大城市辐射效应的区域性“增压”功能。中小城市要利用产业垂直分工和产业链的延伸性，承接大都市产业扩散效应带来的发展机遇，形成城市间融合配套、错位分工、优势互补的发展格局。

2. 推动互动、融合发展的若干对策

（1）加强产业关联，构建生产性服务业与制造业的互动发展机制。实行“主辅分离”，推进企业内置服务市场化、社会化，降低运营成本。进一步完善劳动用工制度，强化企业内部资源、业务整合的自主性。引导和推动企业通过管理创新和业务流程再造，逐步将发展重点集中于技术研发、市场拓展和品牌运作，将一些非核心的生产性服务环节剥离为社会化的专业服务，以核心竞争优势整合配套企业的服务供给能力，大力发展产业内部的专业化分工体系。围绕外资制造业，有针对性地吸引关联性外资服务业进入，变单纯的制造业集聚为集成制造与服务功能的产业链集聚。规范服务业竞争秩序，降低服务外包的合作风险。鼓励规模大、信誉高、服务质量好的企业，实施跨地区、跨行业的兼并重组，促进生产性服务业的集中化、大型化、组织化。建立信息共享平台，健全中介体系，推动相关企业间合作，实现社会化服务与制造环节的“无缝式对接”。

（2）完善生产性服务业与制造业互动模式。在放开民间资本投向生产性服务业的同时，进一步完善劳动用工制度，强化企业内部资源、业务整合的自主性。引导和推动制造业企业通过管理创新和业务流程再造，逐步将发展重点集中于技术研发、市场拓展和品牌运作上，将一些非核心的生产性服务环节剥离为社会化的专业服务，以核心竞争优势整合配套企业的服务供给能力，大力发展产业内部的专业化分工体系。

（3）增大科研投入，加强信息技术应用，促进制造业与生产性服务业融合。制造业的先进性需要依靠先进技术作为支撑，而持续技术创新则是保持技术先进性的前提和基础，创新可产生极高的附加值，促使产品价值链发生连续突变和飞跃。信息技术的运用，将促进制造业与生产服务业的融合，制造业与生产服务业的融合不仅具有更高的附加值与更大的利润空间，而且可为消费者创造出更多、更方便、价值更高的产品或服务。信息技术的发展使生产性服务业的虚拟化、网络化成为一种可能。同时，无论对传统制造业的信息化改造，还是以信息化带动和发展先进制造业，信息技术都将强化产业体系的整合，而这些技术的研发和应用，没有大量的前期投入是不可能实现的。因此，根据中国目前的情况，需要增加在技术创新方面的各项投入，充分利用现有科技、教育、人才等优势，建立服务功能强、辐射作用大的技术创新服务体系。

（4）推进生产性服务业自主创新，塑造核心竞争力。建立健全技术创新机制，鼓励生产性服务业企业建设各类研究开发机构和增加科技投入，使企业成为研究开发投入的主体。支持企业组建各种形式的战略联盟，在关键领域形成具有自主知识产权的核心专利和技术标准。增强企业技术集成与产业化能力，促进各种形式的知识流动与技术转移。广泛普及和应用先进技术，加快电子化、自动化进程，用信息化改造传统服务业。重点扶持技术含量与附加值高、有市场潜力的龙头企业，对品牌创立、管理与延伸进行战略规划，由传统的接单经营转向品牌经营。鼓励生产性服务企业以商标、专利等为纽带，进行跨地区、跨行业兼并和重组。引导中小企业灵活采用品牌特许经营、品牌租借、贴牌与创牌并行等方式，使自身的劳动力成本、营销渠道、客户资源等优势与知名品牌有机结合，借知名品牌扩大自身的规模和实力。

（5）制造业应充分发挥比较优势，大力发展核心业务，提高核心竞争力。制造业企业应转变增长模式，转变经营理念，进行组织创新。注重核心技术的培育和市场竞争能力的提升，并通过将生产服务业环节外包化来整合外部专业分工优势，推进产业链条企业优势互补，形成企业间的强强联合，确保制造业与生产性服务业保持良好的动态的契合，不断提升整个产业价值链竞争力。

（6）优化产业布局，大力推进生产性服务业的集聚式发展。深化户籍管理、土地流转和社会保障等体制改革，打破束缚人口流动的制度障碍。引导制造业向城市周边集中布局，依托制造业集聚扩大生产性服务业的有效需求，形成支撑产业发展的规模经济和范围经济效应。按照集聚发展、强化辐射的要求，考虑城市建设、交通、居住、环境以及社会经济发展趋势等因素，科学合理地划分生产性服务业不同的功能区域，以功能区、集聚区建设为载体，实现园区化管理、专业化服务和社会化、市场化运作新机制。通过规划布局、政策引导和必要的财政支持等形式，支持生产性服务业实现区域性集聚。尽快消除针对服务业的政策性歧视，对生产性服务业在用水、用电和用地上实行与制造业同等政策，对生产性服务业集聚区应给予与工业开发区相同的政策扶持。

专栏 9-1

上海装备制造企业发展生产性服务业的做法

近年来，上海装备制造企业生产性服务业有较大发展。以上海电气集团为典型案例，其生产性服务业的发展主要有以下特点：

（1）金融服务有了较好的发展。1995 年 12 月，由上海电气集团控股、为集团企业提供金融服务的非银行金融机构——上海电气财务有限公司成立。截至 2007 年底，上海电气集团财务有限公司资产规模达 170 亿元人民币，在国内集团财务公司行业排第 6 位，主要业务范围扩展到集团内资金管理、投资银行业务、债券发行、买方信贷等业务。这标志着上海电气集团在生产性服务业的核心领域，金融服务方面奠定了良好的基础。

（2）研究开发服务平台正在形成。2004 年 10 月，上海电气集团组建了中央研究院，为发展以开发自主知识产权为中心的知识密集型服务业提供了基础平台。

（3）系统集成与工程总承包发展迅速。系统集成与工程总承包是上海电气集团生产性服务业发展极为迅速的领域。在系统集成方面，上海机电设计研究院、上海电气自动化设计研究院以及新近成立的上海核电设备设计所等已经形成了相当强的系统集成设计能力。工程总承包（EPC）是上海电站集团发展最为迅速的服务项目。

(4) 技术服务有了不同程度的发展。包括安装、维护、维修、售后服务等业务在内的技术服务在装备制造活动中具有特殊重要的地位。随着我国装备制造业的复兴，上海电气集团等企业的技术服务有了不同程度的提高，上海三菱电梯有限公司实施由制造企业向服务领域延伸的战略转型，技术服务业务已成为该公司的重要业务和利润的来源。

(5) 电子商务的发展彰显特色。2006 年年初，上海电气集团筹建电子商务平台“商和网”，服务品种以采购为主，兼及销售，并将扩展到合同签约履行、物流、支付等深度供应链服务。“商和网”的使用，使集团采购成本降低约 10%。

(6) 采购与物流服务已经起步。上海电气电站集团组建了采购部，将原来由下属企业自行采购的大部分业务集中到采购部进行，使采购成本降低了 10%~15%。上海标五高强度紧固件有限公司实施由单纯的工业公司向制造—物流配送企业的转型，从而突破了国内紧固件行业发展的瓶颈，迅速成长为该行业的龙头企业，也为传统产品制造企业的改革提供了新的思路。

资料来源：吴斌等：《上海装备制造企业发展生产性服务业问题研究》，《上海电机学院学报》2008 年第 3 期。

参考文献

1. 郭树言、欧新黔：《推动中国产业结构战略性调整与优化升级探索》，北京：经济管理出版社，2008 年版。

2. 杨玉英：《中国生产性服务业发展战略》，北京：经济科学出版社，2010 年版。

3. 王子先：《中国生产性服务业发展报告（2007）》，北京：经济管理出版社，2008 年版。

4. 杨仁发、刘纯彬：《生产性服务业与制造业融合背景的产业升级》，《改革》2011 年第 1 期。

5. 高觉民、李晓慧：《生产性服务业与制造业的互动机理：理论与实证》，《中国工业经济》2011 年第 6 期。

6. 冯海华：《生产者服务业与制造业的互动发展：诱因与机理》，《南京财经大学学报》2011 年第 1 期。

第十章　工业劳动力需求与结构变化

提　　要

2001年以来，中国工业生产规模不断扩大，产业技术水平大幅提升，工业劳动力在保持数量增长的同时，结构上出现了一些变化。对于从业人数的持续增长，制造业的贡献尤其突出，而其中通信及电子设备制造业、纺织服装业对制造业劳动力增长起到了主导作用。农民工数量不断增加，支撑了制造业的规模扩张。在制造业行业比重方面，兼有技术密集和劳动密集特点行业的从业人数比重上升，高能耗的原料工业比重下降，轻工业比重则呈现分化趋势。工业对技能、技术劳动者的需求快速增长，但缺乏足够数量的供给，短缺程度严重。整体来看，工业对低文化程度、简单技术劳动者的依赖程度较大，局部地区、行业甚至出现"普通工人招工难"现象。工业劳动力面临着三个结构性问题：行业内部劳动生产率差别明显；技能、技术劳动者增长满足不了工业增长和结构升级的需要；局部地区、行业劳动条件的吸引力在逐渐下降。解决这些问题，一是要密切跟踪行业产出、从业人员发展动态，采取不同对策促进劳动生产率提高；二是要加大培训力度，提高劳动者素质；三是要改善工作环境吸引劳动力；四是要促进技能、技术劳动者自由流动。

*　　　　*　　　　*

中国工业劳动力的数量在近10年里持续增长，结构上出现了一些变化。兼有技术密集和劳动密集特点行业的从业人数比重上升，高能耗的原料工业比重下降，轻工业各行业的比重则呈现分化趋势。一方面，工业规模扩大和产业技术提高，推动了技能、技术劳动者需求的快速增长，使技能、技术劳动者供不应求。另一方面，整体技术水平不高，对低文化程度、简单技术劳动者的需求量旺盛，带动了农民工的就业增长。

一、劳动力需求增长

1. 工业从业人数持续增长

2001~2010年，工业从业人数停止下滑，转向增长（见图10-1）。10年间，除了2009年受国际金融危机影响有所下降外，其余年份均保持了增长态势。从规模以上工业企业从业人员年平均人数看，2010年为9544.7万人，相比2001年增加了 1.75 倍，年平均增长率达 6.4%。[①] 分轻、重工业看，2003~2010 年，轻工业从 2418.92 万人增加到 3773.3 万人，共增加 1354.38 万人，年均增加 193.5 万人；重工业从 3329.64 万人增加到 5771.4 万人，共增加 2441.76 万人，年均增加 348.8 万人。[②]

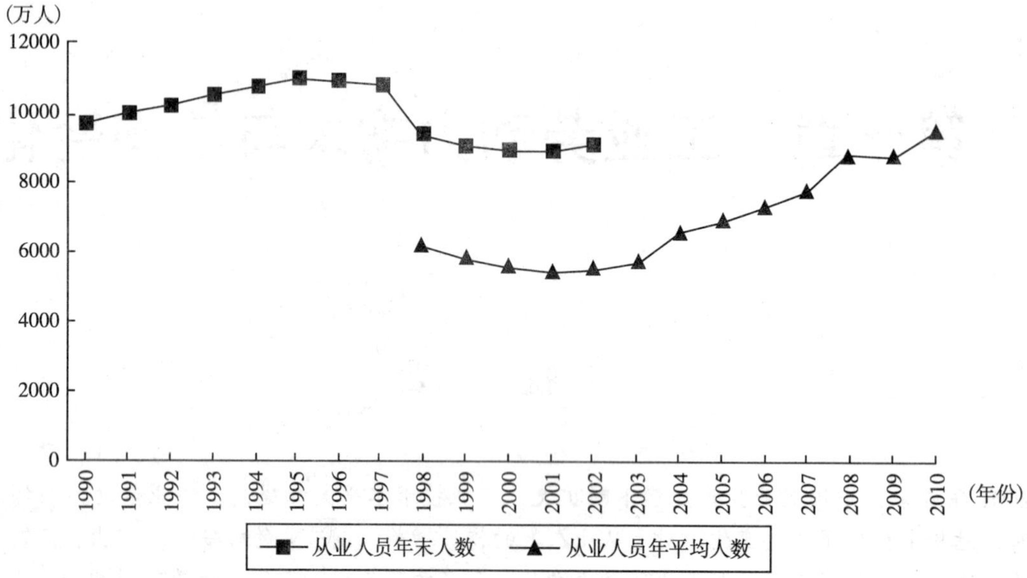

图 10-1 1990~2010 年工业从业人数

资料来源：《中国劳动统计年鉴》（2010）；《中国统计年鉴》（2011）。

2. 制造业从业人数增速高于工业增速

制造业从业人数保持了较高的增长势头。规模以上制造业企业从业人员年平均人数，从 2003 年的 4883.81 万人增加到 2010 年的 8391.47 万人，增幅为 1.72 倍，年平均增长率达 8%。[③]

从劳动力市场用人需求看，制造业在 2001~2010 年保持了高于其他行业的增长势头（见图 10-2）。根据人力资源和社会保障部对全国部分城市劳动力市场供求关系调查，制造业用人需求占全部行业用人需求比重，2001 年为 17.6%，2008 年上升为 30.4%，超过批发零售、住宿餐饮业，2010 年达到 32.2%，成为用人需求最大的行业，9 年间提高了近 15 个百分点。而同期，批发零售、住宿餐饮业的用人需求比重下降了 2.2 个百分点，社会服务业下降了 1.5 个百分点，建筑业上升了 0.4 个百分点。

3. 通信及电子设备制造业、纺织服装业对从业人数增加贡献度大

各行业从业人数均有不同程度的增加（见图 10-3）。[④] 从增加幅度看，最大的是通信及电子设备制造业，为 499.29 万人，其次是纺织服装业，为 416.97 万人，第三位以下行业从大到小依次是：其他制造业（增幅 394.2 万人，下同）、通用专用设备制造业（384.8 万人）、电气机械制造业（339.18 万人）、金属及非金属制品业（321.79 万人）、食品饮料制造业（303.06 万人）、交通运输

① 根据《中国劳动统计年鉴》（2010）有关数据计算。年增长率以 2001 年为基期年计算。

② 由于统计口径变化，故考察 2002 年以后的数据。

③ 由于统计口径变化，故考察 2002 年以后的数据。年增长率以 2003 年为基期年计算。

④ 为了分析方便，本文按以下标准对行业进行了分组："食品饮料"为农副食品加工业、食品制造业、饮料制造业、烟草制品业。"纺织服装"为纺织业、纺织服装、鞋、帽制造业、皮革、毛皮、羽毛及其制品业。"木材造纸"为木材加工及木、竹、藤、棕、草制品业、家具制造业、造纸及纸制品业、印刷业及记录媒体的复制业。"黑色金属"为黑色金属冶炼及压延加工业。"有色金属"为有色金属冶炼及压延加工业。"石油炼焦"为石油加工、炼焦及核燃料加工业。"化学"为化学原料及化学制品制造业。"金属及非金属制品"为金属制品业、非金属矿物制品业。"电气机械"为电气机械及器材制造业。"通信及电子设备"为通信设备、计算机及其他电子设备制造业。"通用专用设备"为通用设备制造业、专用设备制造业。"交通运输设备"为交通运输设备制造业。"其他制造业"为文教体育用品制造业、医药制造业、化学纤维制造业、橡胶制品业、塑料制品业、仪器仪表及文化、办公用机械制造业、工艺品及其制造业、废弃资源和废旧材料回收加工业。以下分析遵从以上分组方法。

设备制造业（261.41 万人）、木材造纸业（216.41 万人）、化学制造业（162.81 万人）、黑色金属业（89.72 万人）、有色金属业（84.99 万人）、石油炼焦业（32.49 万人）。

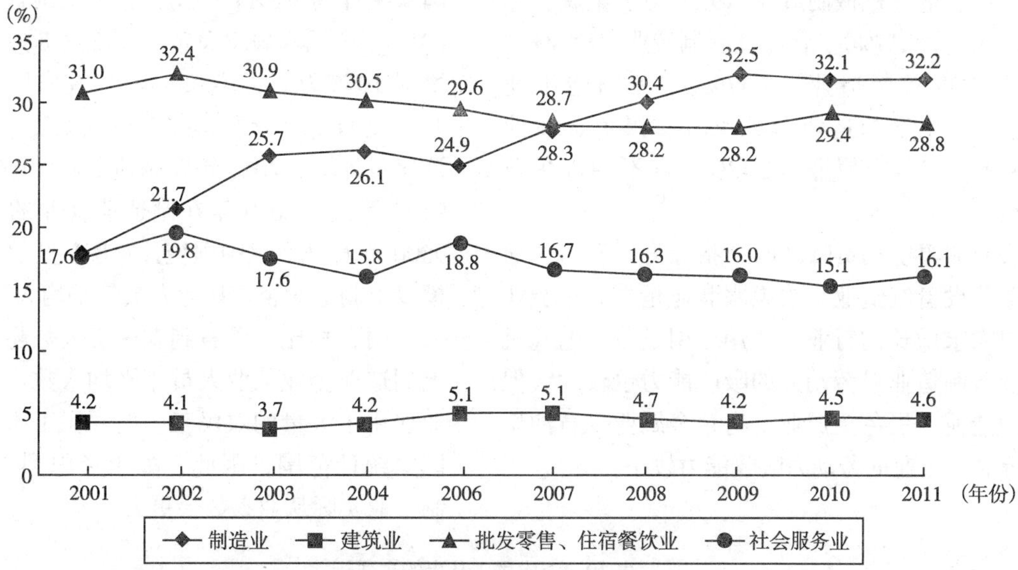

图 10-2　2001~2011 年部分行业市场用人需求比重

注：2005 年第 3 季度行业指标采用新标准分类，上述统计有所变动，故 2005 年全年未做汇总。其中，社会服务需求量比重，2006 年及其后年度为租赁和商务服务业、居民服务和其他服务业的需求比重之和。

资料来源：中国人力资源市场信息网监测中心：《2011 年度全国部分城市公共就业服务机构市场供求关系分析》，http://www.lm.gov.cn/DataAnalysis/content/2012-03/06/content_699309.htm，2012 年 3 月 16 日。

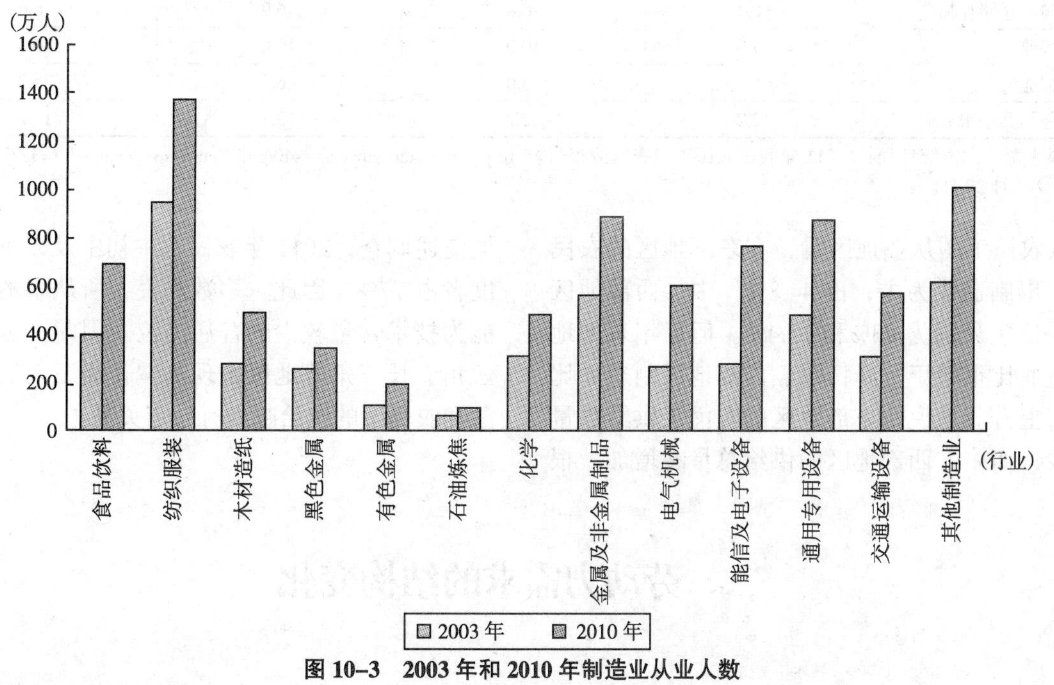

图 10-3　2003 年和 2010 年制造业从业人数

注：行业分组方法见上页注④。

资料来源：《中国统计年鉴》（2004、2011）。

各行业对制造业从业人数增加的贡献度[①] 从大到小依次是：通信及电子设备制造业（贡献度

① 各行业对制造业从业人数增加的贡献度指各行业从业人员年平均人数增加值与制造业从业人员年平均人数增加值之比。根据《中国统计年鉴》（2004、2011）有关数据计算。

为 14.23%，下同）、纺织服装业（11.89%）、其他制造业（11.24%）、通用专用设备制造业（10.97%）、电气机械制造业（9.67%）、金属及非金属制品业（9.17%）、食品饮料制造业（8.64%）、交通运输设备制造业（7.47%）、木材造纸业（6.17%）、化学制造业（4.64%）、黑色金属业（2.56%）、有色金属业（2.42%）和石油炼焦业（0.93%）。

从增加幅度和贡献度两个指标可以看出，通信及电子设备制造业、纺织服装业是主导制造业劳动力需求增长的行业，通用专用设备、电气机械等装备制造业对劳动力的吸收能力也较大，但化学制造业、黑色金属业、有色金属业、石油炼焦业等原料工业的劳动力吸收能力较小。

4. 制造业中农民工不断增加

中国工业中存在着为数不少的农民工。根据国家统计局《2011 年我国农民工调查监测报告》，2011 年全国农民工总量达到 25278 万人，比上年增加 1055 万人，增长 4.4%。在农民工中，从事制造业的比重最大，占 36%（见表 10–1）。按照该比重计算，2011 年在制造业就业的农民工约为 9100 万人，2010 年在制造业就业的农民工约为 9000 万人。[①] 而《中国统计年鉴》显示，2010 年规模以上制造业企业从业人员年平均人数为 8392 万人。两者相比，可看到农民工人数超过了规模以上制造业企业从业人员年平均人数。这说明制造业雇用了大量的农民工，但农民工未被全部纳入国家统计范围，因此，如果考虑到农民工因素，制造业实际从业人数会更大。

表 10–1 农民工从事的主要行业

单位：%

行 业	2008 年	2009 年	2010 年	2011 年
制造业	37.2	36.1	36.7	36.0
建筑业	13.8	15.2	16.1	17.7
交通运输、仓储和邮政业	6.4	6.8	6.9	6.6
批发零售业	9.0	10.0	10.0	10.1
餐饮住宿业	5.5	6.0	6.0	5.3
居民服务和其他服务业	12.2	12.7	12.7	12.2

资料来源：国家统计局：《2011 年我国农民工调查监测报告》，http://www.stats.gov.cn/was40/gjtjj detail.jsp? channelid=33728&record=1，2012 年 4 月 27 日。

从农民工的从业地区看，在东部地区的农民工以从事制造业为主，占 44.8%，中、西部地区制造业比重分别为 23%和 15.4%。但近年东部地区制造业比重趋于下降，中、西部地区制造业比重趋于上升。这说明东部地区的农民工供给数量在减少，而中、西部地区的供给总量在增加。根据前述调查，2011 年农民工中初中及以下文化程度者占 77%，因此，多数农民工所从事的岗位可能为技术含量较少的普通岗位。因此，近年在珠三角、长三角等地区出现的“普通工人短缺”现象和农民工的供给减少有一定关系。

二、劳动力需求的结构变化

1. 兼有技术密集和劳动密集特点的行业比重提高，原料工业比重下降

2003~2010 年，工业从业人数在快速增长的同时，结构也在发生变化。从轻、重工业看，轻工业占工业从业人数比重，2003 年为 42.1%，2010 年下降到 40%，下降了 2.1 个百分点；重工

① 根据该报告，2009 年农民工总量为 22978 万人，在制造业就业的农民工为 8295.1 万人；2008 年农民工总量为 22542 万人，在制造业就业的农民工为 8385.6 万人。

业占工业从业人数比重，2003 年为 57.9%，2010 年上升到 60%，上升了 2.1 个百分点。[①]

从年平均增长速度看，各行业之间的差别较大。①兼有技术密集和劳动密集特点的行业的从业人数增速较快。2004~2010 年，通信及电子设备、电子机械、交通运输设备和通用专用设备制造业增速分别为 16%、12.49%、9.1%和 8.65%，高于全行业平均增速（8%）7.96、4.44、1.06、0.61 个百分点。②具有高能耗特点的原料工业增速低于平均水平。2004~2010 年，金属及非金属制品、石油炼焦、化学和黑色金属四个行业分别增长 6.63%、6.41%、6.19%和 4.39%，低于全行业平均增速 1.41、1.63、1.85 和 3.65 个百分点。但是，有色金属行业保持较高增速，增长 8.74%，高于全行业增速 0.7 个百分点。③轻工业增长呈现分化特点。2004~2010 年，纺织服装业增长 5.32%，低于全行业平均增速 2.72 个百分点，但食品饮料、木材造纸两个行业均增长 8.51%，高于全行业平均增速 0.47 个百分点。

2010 年与 2003 年比较，兼有技术密集和劳动密集特点的行业从业人数占制造业从业人数的比重上升，电气机械、通信及电子设备、通用专用设备、交通运输设备四个行业分别提高了 1.77、3.61、0.4、0.45 个百分点。四个行业从业人数占规模以上制造业企业从业人数的比重从 27.42%提高到 33.66%。

具有高能耗特点的原料工业从业人数的比重下降，黑色金属、石油炼焦、化学、金属及非金属制品四个行业分别下降了 1.12、0.12、0.73、1.02 个百分点，但有色金属业的比重提高了 0.1 个百分点。上述五个行业从业人数占规模以上制造业企业从业人数的比重从 26.64%下降到 23.65%。

轻工业从业人数的比重变化呈现分化态势。纺织服装业的比重下降了 3.2 个百分点，但食品饮料、木材造纸两个行业分别上升了 0.25、0.18 个百分点。三个行业从业人数占规模以上制造业企业从业人数的比重从 33.33%下降到 31.44%。

总体上看，兼有技术密集和劳动密集特点的行业的从业人数比重上升，具有高能耗特点的原料工业以及轻工业的比重下降（见图 10–4）。

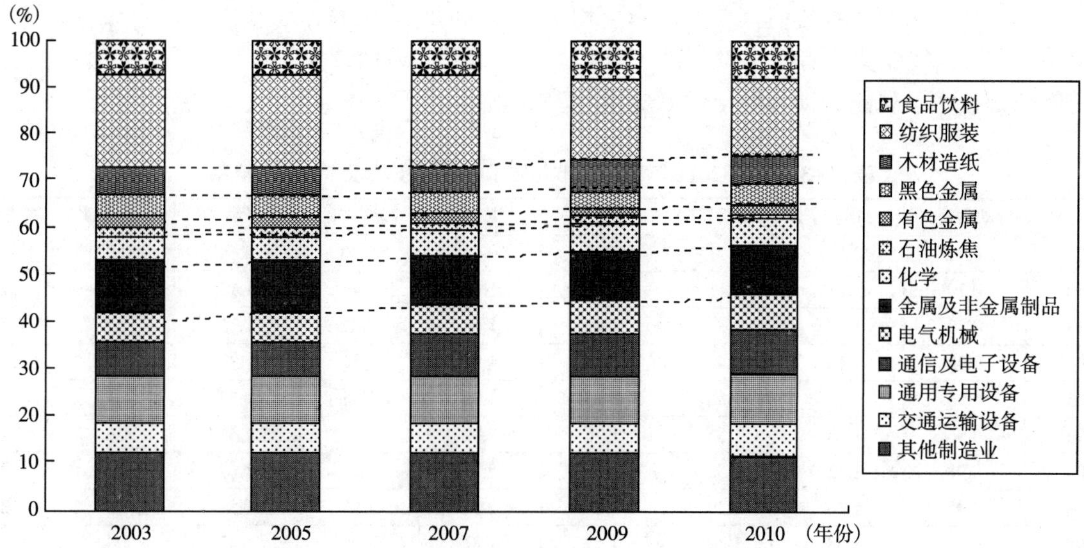

图 10–4　2003~2010 年从业人员行业构成

注：行业分组方法同图 10–2。按规模以上企业全部从业人员年平均人数计算。
资料来源：《中国统计年鉴》（历年）。

① 根据《中国统计年鉴》（2011）有关数据计算。

2. 技能、技术劳动者需求增幅大于平均水平

随着工业规模的扩大和产业技术的提高，技能、技术劳动者需求大幅度增长。根据人力资源和社会保障部的调查，2003~2009 年，包括初级工、中级工、高级工、技师、高级技师在内的技能劳动者增加了 1930 万人，年均增加 386 万人。中级工、高级工、技师、高级技师占技能劳动者总人数比重，分别提高了 4.37、2.73、0.54、0.11 个百分点，而初级工占技能劳动者总人数比重减少了 7.74 个百分点（见表 10–2）。

表 10–2 2004 年和 2009 年各技术等级劳动者年末人数

技能劳动者	2004 年		2009 年	
	技能劳动者年末人数（万人）	各技术等级劳动者占技能劳动者总人数比重（%）	技能劳动者年末人数（万人）	各技术等级劳动者占技能劳动者总人数比重（%）
合计	8720	100.00	10650.00	100.00
高级技师	60	0.69	85.40	0.80
技师	300	3.44	423.50	3.98
高级工	1500	17.20	2122.00	19.93
中级工	3140	36.01	4300.00	40.38
初级工	3720	42.66	3719.00	34.92

资料来源：课题组：《2010~2020 年我国技能劳动者需求预测》，《中国劳动》2011 年 12 期。

然而，相对于技能、技术劳动者需求的快速增长，技能、技术劳动者供给增长缓慢。中国人力资源市场信息网监测中心在全国部分城市公共职业介绍服务机构收集的劳动力市场职业供求状况信息表明，2002 年以后，各等级技能、技术劳动者的岗位空缺与求职人数比值（求人倍率）均超过了 1，技术、技能劳动者需求增速高于求职人数的增长，技术、技能劳动者处于供不应求状态。而且总体上越是较高等级，供不应求的程度就越大，如 2011 年技师、高级技师、高级工程师的岗位空缺与求职人数比值达到了 1.88、1.76、2.29。然而，劳动者整体的岗位空缺与求职人数比值在多数年份未超过 1（见表 10–3）。这说明中国同时存在着技术、技能劳动者数量不足和劳动者总量过剩的现象。

表 10–3 2001~2011 年部分城市各技术等级和技术职称的求人倍率

年 份	劳动者合计	初级工	中级工	高级工	技师	高级技师	技术员	工程师	高级工程师
2001	0.71	0.66	0.71	0.79	0.64	0.80	0.64	0.87	0.81
2002	0.79	1.13	1.11	1.16	1.34	1.44	1.15	1.45	1.06
2003	0.88	1.40	1.33	1.42	1.64	2.02	1.33	1.41	1.75
2004	0.93	1.46	1.48	1.70	1.87	2.11	1.32	1.44	1.78
2005	0.96	1.52	1.58	2.10	1.97	2.11	1.32	1.52	2.07
2006	0.96	1.38	1.55	1.76	2.02	2.05	1.41	1.66	2.23
2007	0.98	1.42	1.50	1.68	2.31	2.62	1.47	1.66	2.20
2008	0.95	1.20	1.39	1.67	2.01	1.93	1.5	1.56	2.29
2009	0.91	1.38	1.39	1.57	1.84	1.87	1.42	1.44	1.92
2010	1.01	1.47	1.48	1.63	1.87	1.89	1.53	1.59	1.87
2011	1.06	1.45	1.54	1.71	1.88	1.76	1.53	1.60	2.34

注：求人倍率为年平均值。

资料来源：根据《部分城市劳动力市场供求状况分析》（2001~2011）有关数据计算整理，参见中国人力资源信息网监测中心，http://www.chinajob.gov.cn。

3. 制造业对较低文化程度劳动力的需求仍然旺盛

制造业所使用的劳动力以初中及以下文化程度者为主。2009 年，初中及以下文化程度者占 70.8%，高中文化程度者占 20.6%，大专及以上文化程度者占 8.6%。据 2010 年 12 月流动人口动态

监测调查数据，制造业中使用的农民工，绝大多数是初中及以下文化程度者，在纺织、服装、鞋帽业中，男性农民工初中及以下文化程度者的比重接近 80%，女性农民工的该比重超过了 87%。①2002~2009 年，制造业的以初中及以下文化程度为主的学历构成，几乎未有大的变化（见图 10-5）。

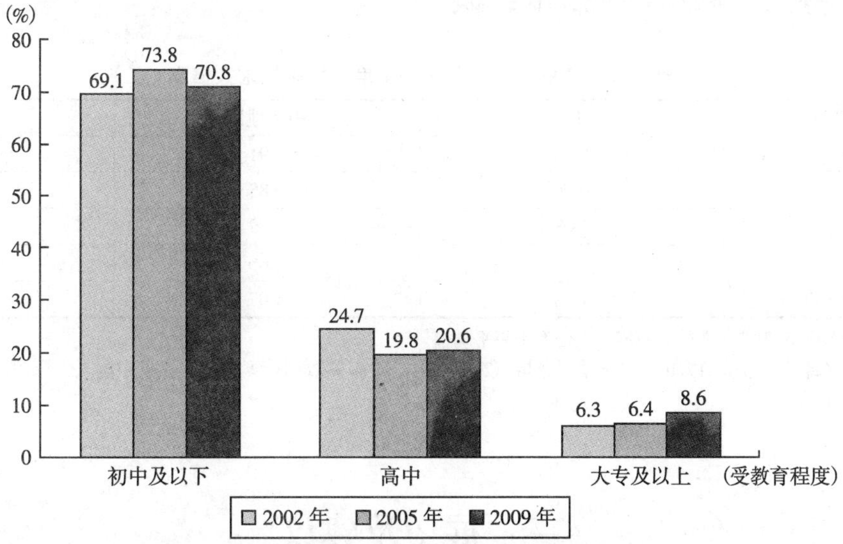

图 10-5　制造业从业人员受教育程度构成变化

资料来源：《中国劳动统计年鉴》（2003、2006、2010）。

从劳动力市场用人需求的学历构成中也可以看出，初中及以下文化程度劳动力是用人需求的主体。根据中国人力资源市场信息网监测中心在全国部分城市公共职业介绍服务机构收集的劳动力市场职业供求状况信息，② 2011 年，初中及以下文化程度的劳动者需求大于供给，岗位空缺与求职人数比值达到 1.12，而大专、大学和硕士以上文化程度的劳动者则需求小于供给，岗位空缺与求职人数比值分别只有 0.94、0.85 和 0.98。而且，2001~2011 年，初中及以下文化程度劳动者的岗位空缺与求职人数的比值呈不断上升趋势，市场需求量较大；大专及以上文化程度劳动者的岗位空缺与求职人数的比值则波动较大，如在 2001~2006 年略有上升，在 2007~2009 年下降，2010 年以后上升。

出现这种现象，一方面是教育投入结构不平衡的结果。对大专及以上高学历教育投入过大，对职业教育投入较少。另一方面是企业的生产模式所致。现在企业选择的生产模式，所需普通工人最多。而普通工人的作业技能，有初中教育程度便可掌握。再加上高学历者的工资成本也高，这就使得企业趋向于选择低学历者。然而，需要指出的是，从业人员中初中及以下文化程度者占 70%，是与当前相对低的社会教育水平和产业技术水平相关联的过渡性现象。今后，中国也必然会像先进工业国家一样，形成高中教育程度占多数的产业工人群体。

4. 中、西部劳动力需求增大

中国人力资源市场信息网监测中心在全国部分城市公共职业介绍服务机构收集的劳动力市场职业供求状况信息表明，劳动者的岗位空缺与求职人数比值，在 2001~2011 年呈现不断上升趋势，从 0.71 上升到 1.06，劳动力从供大于求转向供不应求。分地区看，东部地区劳动力需求大于供给的程度，总体上大于中、西部地区，但地区之间的差距近年急剧缩小，2012 年第一季度，东、中、西部地区的求人倍率分别为 1.08、1.07、1.08，相对于两年以前已无明显差距（见表 10-

① 李小彤：《七大因素催生“招工难”——访中国社会科学院社会学研究所研究员张翼》，《中国劳动保障报》2012 年 5 月 16 日，http://www.lm.gov.cn/EmploymentServices/content/2012-05/16/content_ 711097.htm。

② 中国人力资源市场信息网监测中心：《2011 年度全国部分城市公共就业服务机构市场供求关系分析》，http://www.lm.gov.cn/DataAnalysis/content/2012-03/06/content_699309.htm，2012 年 3 月 16 日。

4）。这说明中、西部地区劳动力需求相对快速增长，导致劳动力供求关系发生变化。有分析认为，近年沿海地区劳动力、土地、原材料等成本上涨，国外需求减少，导致一些企业向中西部地区转移，另外，政府主导的中西部开发战略、中部崛起战略和东北振兴战略等，也刺激了内地的经济增长，增加了中西部地区的用工需求。

表 10–4 2008~2012 年第一季度各地区的求人倍率

时 间	东部地区	中部地区	西部地区
2008 年	0.98	0.91	0.91
2009 年	0.94	0.88	0.86
2010 年	1.03	0.99	0.99
2011 年	1.06	1.06	1.05
2012 年第一季度	1.08	1.07	1.08

注：求人倍率为岗位空缺/求职人数。各年求人倍率为年平均值。

资料来源：根据《部分城市劳动力市场供求状况分析（2008~2012）》有关数据计算整理，参见中国人力资源市场信息网监测中心，http://www.chinajob.gov.cn。

三、展望及建议

中国工业劳动力的数量与产出规模基本上呈现正相关关系，实现了雇用增加与产值上升并存的良好局面，但同时也面临着若干结构性问题：一是行业内部劳动生产率差别明显；二是技能、技术劳动者增长满足不了工业增长和结构升级的需要；三是局部地区、行业劳动条件的吸引力在逐渐下降。要解决这些问题，应该在劳动生产率、劳动者素质、工作环境和劳动者流动环境等方面采取措施。

1. 跟踪行业变化动态，促进劳动生产率提高

目前，劳动力吸纳能力较高的行业，对产值的贡献较小，而劳动力吸纳能力较低的行业，对产值的贡献较大。2010 年，纺织服装、食品饮料、木材造纸三个轻工业雇用 31%的从业人员创造的产值只相当于整个制造业的 23%。通信及电子设备、电气机械、通用专用设备、交通运输设备四个行业从业人数占制造业从业人数的 34%，创造的产值仅占制造业的 35%，而黑色金属、有色金属、化学、石油炼焦四个原料工业只用了占制造业从业人数 13%的劳动力，却创造了占制造业总产值 26%的产值。[①] 从这些数据可看出，行业之间劳动生产率差别较大。

中国工业化的走势可以概括为：首先是轻工业占较大产值比重，然后逐渐下降，原料工业取代轻工业地位，开始成为工业产值的大头，之后机械、设备等加工工业的比重逐渐上升。从前述分析中看到，兼有技术密集和劳动密集特点的行业，劳动力需求增加；高能耗的原料工业，劳动力需求减少；轻工业劳动力需求总体上趋于减少。但高能耗的原料工业近年扩张加快，产值比重提高较快；兼有技术密集和劳动密集特点的行业产值比重提高不大；纺织服装等轻工业有所下降。如果轻工业产值比重下降速度过快，超过劳动力比重下降速度、兼有技术密集和劳动密集特点行业的产值比重增速低于从业人数比重增速、原料工业产值比重增速快于从业人数比重下降速度，这些行业之间的劳动生产率差别就会进一步扩大，这不仅影响整个制造业劳动生产率的提高，也将影响劳动收入分配，扩大行业之间收入差距。

要提高各行业的劳动生产率，从政府角度看，应该密切做好行业产出、从业人员发展状况的预测，及时调整产业、劳动政策，根据行业所具有

① 根据《中国统计年鉴》（2011）有关数据计算。

的劳动力需求弹性、发展前景、市场需求等特点，采取不同对策。

对劳动力需求弹性较高的行业，如果其市场和技术都有充分的发展前景，就应采取以促进产出为主的政策，在维持一定速度的从业人数增加的同时，提高其劳动生产率。

对劳动力需求弹性较低的行业，如果其市场饱和、但基本需求坚挺存在，就应该采取以促进技术创新、维持就业规模为主的政策，使其在生存、保证就业的同时，通过降低成本来提高劳动生产率水平。

对于劳动力需求弹性较低且市场萎缩、无新技术出现的行业，要及时预警，促使企业和劳动者前进式地后撤，避免更大的社会损失。

要有效地实施这些政策，需要在国家层面建立系统、准确的数据系统，并向社会公开，提高政府、企业以及劳动者的应变意识和能力。

2. 加大培训力度，提高劳动者素质

中国工业所面临的第二个结构性矛盾，是技能、技术劳动者增长满足不了工业增长和结构升级的需要。近年来，虽然国家加大了技能、技术劳动者培养力度，技能、技术劳动者的增加在一定程度上减轻了技能、技术劳动者的短缺程度，但总体上看，技能、技术劳动者短缺问题依然严重。根据人力资源和社会保障部课题组预测，2009 年技能劳动者短缺规模高达 927 万人，2009~2020 年，除了要弥补该“缺口”927 万人之外，还要弥补其他劳动者缺口的 3291 万人。[①] 可以说，教育培训的任务依然艰巨。

从可持续发展角度来看，提高劳动者素质，也具有重要的战略意义。根据世界银行 2012 年 5 月 23 日发布的报告，预计 2012 年中国经济增速将达到 8.2%，比上一年实际增速下降 1 个百分点左右。而随着未来中国适龄劳动力人口的减少，中国经济增速将继续下降。[②]

从未来发展趋势看，劳动力适龄人口总量下降，不可避免地会造成劳动成本提高，至今为止的劳动成本优势将受损，这将对工业的进一步发展构成制约。工业发展唯有提高劳动生产率，才能保持持续增长。而要提高劳动生产率，就必须加大培训力度，提高劳动者素质。

加大培训力度，需要政府和企业两方面努力：从政府角度看，一是通过政策法规，创造利于技能、技术劳动者培养、生存、发展的社会环境；二是直接投入资金，培养技能、技术劳动者。从现有措施的实施效果看，应该在以下两个方面做出改进：

（1）改革国家教育培训投入形式，增加对校企联合培养项目的投入。目前，学校教育内容与企业需求脱节现象比较严重。一些大学、职业学校的课程内容落后于企业实际，学生学到的知识陈旧甚至有误。之所以如此，与教师能力和师资来源有密切关系。现行制度注重的是教师的理论研究能力，或可称为发表论文的能力，而论文内容可能与实际应用技术无关。所以，教师多缺少实际经验。而新教师聘用的主要来源，也是无实际经验的教师的弟子。在这种状况下，难以期待培养出既有基础理论知识、又有实际动手能力的高技能人才。

改变这种状况，可采取学校、企业联合培养人才的办法。具体做法是建立“校企联合讲座”专项经费，由国家专门机构负责，以现有教育机构为基础，在现有教育行政系统之外建立新的高技能人才培养模式。经费额度要足够大，能够支撑起教师、学生的实验、实习所需。各学校必须联合企业共同编制培养高技能人才培养计划，提出申请。如大学机械工程专业可以与汽车企业联合设立“汽车关键技术研发人才培养计划”，大学教师负责基础理论教学，企业的技术专家负责应用技术教学，学生既要在学校学习，也要到企业实习。大学方面参与校企联合讲座的动机，首先在于获得经费，同时还可更新教师知识，提高教师技术应用能力。企业方面的动机，在于获得人才。因为通过专家参与教学，可以更全面地了解学生，确保获取能满足企业需要的人才。校企联合讲座的项目实施期可定为四年或更长，国家负

① 人力资源和社会保障部课题组：《2010~2020 年我国技能劳动者需求预测》，《中国劳动》2011 年 12 期。

②《世行称中国劳动生产率不及拉美仅是美国 1/12》，《21 世纪经济报道》2012 年 5 月 24 日，http: //biz.cn.yahoo.com/ ypen/20120524/ 1065680.html。

责机构要对其进行定期评价，确保计划的实施效果，并决定项目的延续或中止。国家的教育培训投入，今后应该逐渐转移到此类有实效的项目，同时应该停止按人数发培训补助等做法。

（2）采取措施，促进企业提高技能教育培训水平。技能，从其适用的范围来看，可分为通用技能和企业专用技能。对企业来说，不仅需要具有通用技能的劳动者，更需要能满足企业具体需求、拥有专用技能的劳动者。而企业所需要的专用技能，往往是教育机构无法教授的，只能靠企业自身去培养。可以说，企业在培养高技能人才中占据着教育机构不可替代的作用。因此，国家应该采取措施，设法促进企业对技能教育培训的投入。但这并不意味着就是简单地发补助，而要精细地考虑政策手法，将国家资源真正使用在技能教育培训上。

作为实用的政策手法，有"教育培训费减税制度"。这个制度的具体做法是，审核企业上年度的教育培训经费，按其金额的某个比例（例如25%）减免企业的应缴税款。这相当于国家对企业教育经费进行了25%的补助。这个制度因为是对企业上年度已经执行了的技能教育培训的激励，所以保证了国家资源使用目的的实现。并且，在这个制度框架下，国家不对企业的教育培训内容作干预，使得企业可以按需要设定培训课程。而现在一些政府部门发培训补助，往往设有指定课程，且不说确定培训机构过程中容易引发腐败的问题，一些指定课程内容本身也都是粗陋不堪，这是对包括受训者时间在内的社会资源的糟蹋。

简而言之，国家聚集着充足的资源，并且有向技能教育投放的意愿。余下的就是要"精打细算"地设计投入方法，保证让社会资源真正在技能教育上发挥作用。

3. 改善工作环境吸引劳动力

中国工业所面临的第三个结构性矛盾，是局部地区、行业劳动条件的吸引力在逐渐下降。总体上看，中国工业现阶段技术水平仍不高，多数岗位技术简单，因此对较低文化程度的劳动者有较大需求。制造业使用大量农民工，而农民工中绝大多数人为初中及以下文化程度者，就是一个证明。但是，近年来在沿海地区农民工有向中、西部转移的趋势，沿海地区企业招聘不到"普通工人"的现象也逐渐凸显。

普通工人之所以短缺，除了受劳动力适龄人口逐渐减少、地区收入差距减少、中西部经济发展加快、户口制度限制劳动力流动等宏观因素的影响外，还与企业劳动条件长期未有改善有关。

目前，企业使用大量的农民工。由于没有城市户口，农民工不但不能享受当地的市民福利，还要忍受一些企业借此压低的工资。并且，农民工大都是短期雇用或临时雇用，从事长时间、超强度的劳动，生活质量低劣。调查显示，2011年农民工月均收入2049元，84.5%的农民工每周工作时间超过劳动法规定的44小时，一半以上农民工未签订劳动合同，雇主或单位为农民工缴纳养老保险、工伤保险、医疗保险、失业保险和生育保险的比例分别为13.9%、23.6%、16.7%、8%和5.6%。[①] 农民工的这种处境已经延续了多年。多年前，农村状况较差，人们只好忍受这种处境以换取在农村难以得到的现金收入。

而如今，市场经济已经渗入全社会，农产品的价格持续上涨，农民收入普遍提高。农村户口因可以分到土地而具有了新的价值。所以，即使农民工也感觉在企业打工的处境难以忍受了，因此，从城市向农村回流的现象日益增大，在部分地区也就出现了用工难的状况。

时代不同了，企业应该认清形势，改变以往做法，对包括农民工在内的无当地户口打工者一视同仁，签订尊重员工权益的劳动合同，降低劳动强度，缩短劳动时间，实行人性化管理，提高饮食、居住、卫生水平，让员工感到劳动的光荣与尊严，这才是社会主义市场经济的本来面目。

4. 创造劳动力自由流动的制度条件

劳动力的自由流动，是市场经济发展的重要条件之一。劳动者基于自身的经济、社会需求动机，能敏感地获取市场信息，如果他们能在地区、行业之间自由流动，就能使劳动力供求关系处于平衡状态，利于社会经济的可持续发展。

从市场经济发展史来看，劳动者的迁徙、居住自由，与资本自由流动结合在一起，创造了超

① 国家统计局：《2011年我国农民工调查监测报告》，http://www.stats.gov.cn/tjfx/fxbg/t20120427_402801903.htm，2012年4月27日。

越封建社会的巨大生产力。我国现行户口制度，限制了劳动力的自由流动，应该尽快进行改革。如果具备了劳动力自由流动的社会环境，劳动者在进行学习投资、迁徙流向等决策时，就会更灵活、更准确，这将会极大地改善解决技能、技术劳动者不足的局面。现在，一些地方政府对极少数优秀人才给予本地户口。由此可见，政府对户口与吸引人才的关系是很清楚的。既然这样的政策能给被选拔的极少数人，就应该惠及全民。

再者，政府应该加快完善劳动力市场信息系统。现在各地已有一些职位招聘信息系统，但缺少关于劳动工资方面的完整信息体系。而劳动工资的信息，对劳动者决策有着重大的影响。所谓劳动工资的完整信息体系，是指政府对地域、行业、职业、年龄层的工资进行足够数量的（满足样本集团与样本数的统计学关系要求的样本数量）抽样调查，定期公布。如果某地域、某行业的高技能职位的工资，对劳动者有足够的魅力，劳动者将会做出加大自身学习投资力度的决策，尽快掌握所需技能；或做出向该地域、该行业流动的决策。劳动工资信息体系，除了覆盖面要尽可能广外，还应具有连续性，就是要持久地做下去，给劳动者提供可以进行时间序列比较的信息。

废除现行户口制度、完善劳动工资信息系统，既是创建有利于高技能人才生成发展条件的基础，也是建设符合市场经济规律的生产力要素自由流动的社会环境的基础，是既治“表”又治“本”的根本措施。有了这样的环境，劳动力就会宛如水向低处流一般自然流动，可省去不少类似建坝堵水、开闸调控的政府行为，提高社会资源的使用效果。

近来，劳动力供给略显不足的现象，不仅出现在东部地区，中、西部地区也出现了类似趋势；不仅技能劳动者供求不足，普通劳动力的招募也略显紧张。这反映出市场需要与供给之间的不平衡。如果户口制约和信息缺失等制度“瓶颈”问题得到解决，今后劳动力市场将会在更高的层次上形成新的平衡。更高层次的平衡，包括三个意思：一是劳动者雇用条件将得到改善。二是同一地区工业行业间的流动、农业向工业的劳动力流动将会加速，因为在东、中、西部地区求人紧缺达到相同水平时，地区间劳动力流动受到了制约。三是劳动生产率将会提高。因为劳动力要素价格上涨，企业为了控制生产成本就要加大技术要素的投入，如以省人力为目标改进产品设计、生产工艺以及投入自动化设备等，这必将带动劳动生产率的提高。当前劳动力的供给不足，从另一个角度看，也可以说是一个机会。抓住这个机会，果断地采取改革措施，会使中国工业的产业结构进一步升级，在劳动力方面的制度环境、劳动生产率水平达到世界水平，为可持续发展奠定基础。

专栏 10–1

中国首次组团参加世界技能大赛并摘银

2011 年 10 月 9 日晚，在伦敦举行的第 41届世界技能大赛闭幕。首次参赛的中国代表团有一名选手获得银牌，其他中国选手均获优胜奖。在总成绩方面，中国队平均分在所有 50 多个参赛队中列第二位。

从 10 月 5 日到 8 日，来自世界 50 多个国家和地区的近千名选手参加了 46 个项目的角逐，其中的优胜者在 9 日晚的闭幕式上被授予奖牌。代表中国参加焊接项目的选手裴先锋获得了一枚银牌。

中国是首次组团参加世界技能大赛。中国派出 6 名选手，参加了数控车、数控铣、CAD 机械设计、美发、网站设计、焊接 6 个项目的比赛。

参赛选手裴先锋说，他从 16 岁开始学习焊接，现在 21 岁，没有想到能够有一天在世界大赛上获奖，非常感谢国家为他这样的青年工人提供了参加世界大赛的机会。他说，能够传递给今后参赛选手的最大经验就是心态，在竞争激烈的世界大赛上，压力是免不了的，但同时调整好心态非常重要，这有助于发挥自己的水平。

世界技能大赛规定，除了飞机修理等少数需要特别丰富经验的项目外，绝大多数项目的参赛者年龄都必须在22岁及以下。代表中国参加数控车床项目的盛国栋就是这样一名年轻人。盛国栋是浙江一所职业技术学院的学生，曾在国内的数控车床大赛中获得过亚军。对于将来的规划，他表示在经受过世界大赛的锻炼后，会继续沿着数控车床的职业道路走下去。

世界技能大赛的一个特点是开放式比赛，观众可以看到比赛选手的每一个动作。世界技能大赛中列出的几十种技能，都是与实实在在的经济活动相关的，许多世界级大公司也来到赛场展示自己的相关产品或招募需要的技能人才。赛会组织者认为，在当前世界经济形势总体不好的情况下，技能大赛中透出的一些信息可以帮助预测相关经济领域的未来走势。

世界技能大赛由世界技能组织举办，每两年举行一次，是世界各个国家和地区职业技能展示和交流的平台。

资料来源：根据《中国首次组团参加世界技能大赛并摘银》一文改编，原文载《中国劳动保障报》2011年10月11日。

参考文献

1. 人力资源和社会保障部课题组：《2010~2020年我国技能劳动者需求预测》，《中国劳动》2011年第12期。

2. 邬锦雯：《广东产业升级中的结构性短缺问题与对策》，《中国劳动》2011年第4期。

3. 中国人民大学“宏观经济分析与预测”课题组：《试论低端劳动力工资形成机制的变革及其经济效应》，《财贸经济》2011年第7期。

4. 国家统计局：《2011年我国农民工调查监测报告》，http：//www.stats. gov.cn/tjfx/fxbg/t20120427_402801903.htm，2012年4月27日。

5. 中国人力资源市场信息网监测中心：《2011年度全国部分城市公共就业服务机构市场供求关系分析》，http：//www.lm.gov.cn/DataAnalysis/content/2012-03/06/content_699309.htm，2012年3月16日。

第十一章　工业节能减排

提　　要

"十二五"时期，一方面，节能减排面临着严峻的国内外经济形势，世界经济和国内经济的不确定性增加，中国经济将逐渐进入中速增长阶段；另一方面，节能减排工作难度加大，已经进入深水区和高成本阶段。在严峻的节能减排形势下，尽管中国政府密集出台了一系列政策措施强力推进，但是2011年的节能减排目标完成情况并不理想，再现了"十一五"初期前松后紧的现象。为了进一步推动节能减排工作，顺利完成"十二五"节能减排目标，亟须通过一系列以构建市场机制为目标的改革措施，将企业的外部环境成本收益内部化，推动企业真正成为节能减排的主体，构建政府与市场协同的节能减排长效机制。

*　　　　*　　　　*

在2010年较好完成"十一五"目标之后，2011年节能减排任务完成情况并不理想，能源消费增长、部分污染物和二氧化碳排放出现反弹。政府推动型的节能减排工作模式面临更大挑战，需要在强化年度目标考核的基础上，积极调整相关政策思路，探索节能减排的长效机制。

一、节能减排进展状况

2011年是"十二五"承前启后的关键一年，中国明显加大了节能减排工作力度，相继发布了《"十二五"控制温室气体排放工作方案》、《"十二五"节能减排综合性工作方案》、《国家环境保护"十二五"规划》等一系列政策，充分显示出中国大力推动节能减排的决心。然而，2011年的节能减排工作也面临巨大的困难，在多重因素的作用下，目标完成情况并不理想，能源消费增长率高达7%，单位国内生产总值（GDP）能耗仅下降2%，二氧化碳和氮氧化物排放量不降反升，为今后"十二五"节能减排工作提出了更加严峻的挑战。

1. 总体节能减排进展情况

在基本实现"十一五"节能减排目标后，2011年以来，中国继续加大节能减排的工作力度，相继出台了一系列政策规划，采取强有力的措施，加大对高耗能、高排放和产能过剩行业的调控力度，淘汰了一大批水泥、炼铁、焦炭等行业的落后产能。2011年，除氮氧化物外的另三项主要污染物（二氧化硫、化学需氧量和氨氮化物）的总量减排目标均已完成，其中二氧化硫和化学需氧量的总量减排指标均超额完成。单位GDP用水量139立方米/万元，比2010年下降7.3%，单位工业增加值用水量 82 立方米/万元，下降 8.9%。但是能源强度下降和氮氧化物减排未能完成目标，单位 GDP 能耗下降了 2.01%，与 3.5%的年度目标相比，仍存在一些差距，氮氧化物排放量甚至上升了 5.73%。2011 年，能源消费总量 34.8 亿吨标准煤，同比增长 7.0%，出现了 2004 年以来罕见的高增长。在主要原材料消费中，钢材、电解铝、水泥等高耗能产品的消费量均增长 9%以上，接近 GDP 9.2%的增长率。2011 年的节能减排情况表现出与“十一五”相似的节能减排强度前松后紧的特点，也预示着中国的节能减排任务任重道远（见表 11–1）。

表 11–1　2011 年节能减排目标完成情况与 2012 年目标

单位：%

指标名称	2011 年目标值（与 2010 年相比）	2011 年完成值（与 2010 年相比）	完成情况	2012 年目标值（与 2010 年相比）	2015 年目标值（与 2010 年相比）
单位 GDP 能耗	下降 3.5	下降 2.01	未完成	下降 3.5	下降 16
单位 GDP 二氧化碳排放强度	—	—	未完成	—	—
二氧化硫排放量	下降 1.5	下降 2.2	超额完成	下降 2	下降 8
化学需氧量排放量	下降 1.5	下降 2	超额完成	下降 2	下降 8
氨氮化物排放量	下降 1.5	下降 1.53	完成	下降 1.5	下降 10
氮氧化物排放量	下降 1.5	上升 5.73	未完成	零增长	下降 10

资料来源：《中华人民共和国 2011 年国民经济和社会发展统计公报》，《人民日报》2011 年 3 月 1 日；国务院：《“十二五”节能减排综合性工作方案》，2011 年 8 月 31 日。

2011 年中国能源结构优化进展缓慢，煤炭在能源消费中的比重在“十一五”时期的连续下降后首次出现反弹。2011 年，煤炭消费量增长高达 9.7%，消费比重上升 1.7 个百分点，再次回到 2009 年水平。煤炭消费的大幅增加主要表现在两个方面：一是 2011 年南方干旱导致水电发电量锐减，需要燃煤电厂多发电；二是 2011 年六大高耗能行业需求的反弹，煤炭消费比例也随之大幅激增。与此相关，电力结构中火电比重也有所上升。2011 年发电量达 47000.7 亿千瓦时，同比增长 11.7%，其中火电、水电和核电分别占 81.39%、18.14%和 12.44%，火电和核电发电量同比增长 14.8%和 16.9%，水电同比下降 3.9%，其他能源发电的比例也由 2010 年的 8.6%下降到 7.6%。能源消费结构的部分改进体现为原油比例的下降和天然气比例的上升，2011 年原油消费量增长 2.7%，天然气增长 12%（见图 11–1）。

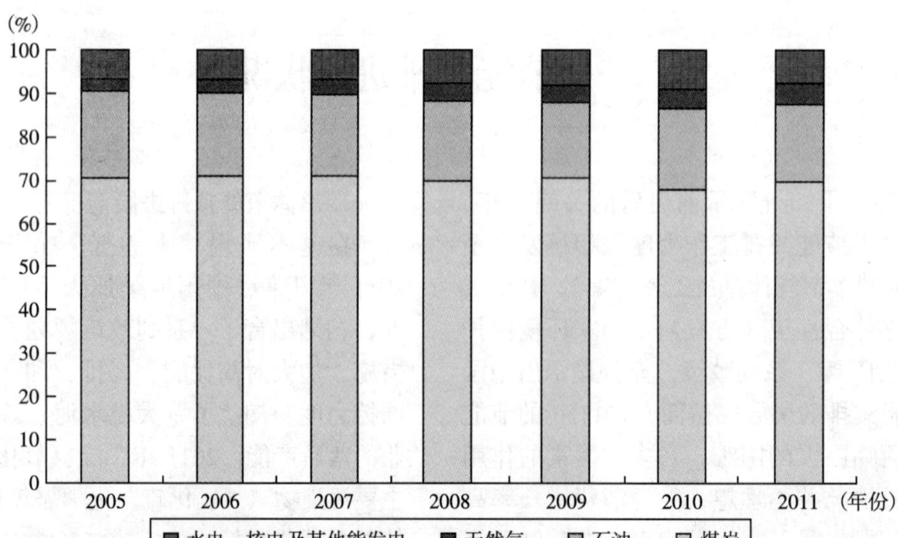

图 11–1　按发电煤耗计算法中国能源消费构成变化（2005~2011 年）

资料来源：《中国统计年鉴》（2006~2011）、《中华人民共和国 2011 年国民经济和社会发展统计公报》。

2011年，中央财政安排节能环保支出1623.03亿元，加快推进节能减排和生态建设：开展重点节能工程建设，建成后可形成2200多万吨标准煤的年节能能力；加大节能产品惠民工程实施力度，推广节能电机500多万千瓦、高效节能空调1600多万台、节能灯1.6亿只；完成造林面积614万公顷。在政府一系列密集的政策措施的推动下，中国环境质量得到进一步改善，城市污染处理能力和环境质量进一步提高，城市空气质量改善。在有环境监测的330个城市中，空气质量达到二级及以上标准的城市占监测城市总数的88.8%，劣于三级的占1.2%。尽管空气质量有所改善，但是城市空气质量仍不容乐观，城市机动车数量的日渐增多和城镇化进程的加速导致悬浮颗粒物污染日益严重，PM2.5进入公众视野，并将在近期被试点城市纳入环境监测。

2. 工业节能减排状况

工业节能方面，技术节能效果比较明显，但结构调整效果不显著。重点行业的先进生产能力取代落后产能的进展明显。全年共淘汰1.5亿吨水泥、3122万吨炼铁、1925万吨焦煤的落后产能。大型高效装备得到推广应用，电力行业300兆瓦以上的火电机组占火电装机容量比重由2005年的47%上升至2010年的71%，钢铁行业1000立方米以上的大型高炉比重由21%上升至2010年的52%。重点耗能产品单位能耗继续下降。2011年上半年，油气生产综合能耗0.091吨标准煤，同比下降6.53%；烧碱单位能耗0.45吨标准煤，同比下降3.82%；合成氨单位能耗1.37吨标准煤，下降1.18%。但是，中国工业的重化特征依然明显，重工业的工业增加值增长率高出轻工业1.3个百分点，其中高耗能行业工业增加值普遍保持较高增速，固定资产投资呈现加速趋势，给2011年的节能减排工作造成巨大压力。

根据《工业节能"十二五"规划》，到2015年中国规模以上工业增加值能耗将比2010年下降约21%，"十二五"期间工业部门将节能6.7亿吨标准煤。中国将在钢铁、有色金属、石化、化工、建材等主要耗能工业部门推进结构节能，推进产业上下游一体化和能源资源综合利用，严格控制高耗能行业过快增长，发展节能型、高附加值的产品和装备。在重点高耗能行业中，2011年钢铁工业继续加大淘汰落后钢铁产能力度，预计全年淘汰落后炼铁产能3122万吨，炼钢产能2794万吨。通过技术改造，全国重点钢铁企业吨钢综合能耗水平和烧结等关键工序的能耗水平均有下降，部分钢铁企业的部分指标已达到或接近国际先进水平。77家重点大中型企业吨钢综合能耗601.7千克标准煤，同比下降0.82%；吨钢耗新水3.88立方米，同比下降5.02%；COD（化学需氧量）排放2.67万吨，同比下降11.44%。水泥行业的节能减排技术推广应用稳步推进。余热发电装置在新型干法生产线上的配套率超过65%，水泥窑脱硝技术、水泥窑无害化处置城市生活垃圾、污泥和固体废弃物等新型技术陆续投入试运行，脱硫石膏、窑炉飞灰无害化吸纳利用技术日趋成熟。

尽管在"十二五"开局之年，中国的工业节能减排取得了巨大进展，但仍存在较大拓展空间。以钢铁为例，改进空间主要有以下方面：一是巨大落后产能仍然存在，约有7500万吨落后炼铁和4000万吨落后炼钢产能需要被淘汰。二是一些节能减排技术和钢材减量化应用尚待进一步推广，例如烧结脱硫技术的应用率仅为20%。三是钢铁企业的节能管理水平有待提高，产业间完善的循环经济体系亟待构建。根据《钢铁工业"十二五"发展规划》，2015年钢铁工业的单位工业增加值能耗和二氧化碳排放下降18%，吨钢二氧化硫排放量降低39%，还将淘汰400立方米及以下高炉（不含铸造高炉）、30吨及以下转炉和电炉。由于中国钢铁工业节能减排还处于较低水平，工业烧结脱硫刚刚起步，钢铁工业面临的节能减排任务十分艰巨，为实现上述目标，必须着力提高附加值和全方位推进节能减排。此外，水泥行业的节能减排仍面临较大挑战：一是重复建设依然严重，并呈现加剧趋势，2011年新增产能1.65亿吨，产能利用率仅为73%。二是减排技术经济效率低，企业面临环保治理压力。经济适用的工业化脱硝技术尚未成熟，并且企业难以在短期内对上千条熟料生产线进行全面改造。三是先进产能置换落后产能因衔接性制度的不完善和落实不到位而陷入困境。

3. 节能减排工作进展艰难的原因

尽管自然气候和经济周期性波动因素对2011年能源运行有一定影响，但中国经济发展模式和政策体系的固有问题仍是导致节能减排进展不利的本质原因。具体来看，2011年节能减排目标完成情况不理想主要是由以下方面造成的：

（1）粗放型增长仍在延续。中国经济发展方式没有发生根本性转变，其中一个重要原因就是市场并没有对能源和环境资源特征做出充分反应。例如，尽管工业化、城镇化加速发展引致了庞大需求，但改革开放以来能源的相对价格不仅没有上升反而不断下降。目前，主要高耗能行业增长过快仍是中国能源消费增长的主要原因，但其能源和环境的市场成本远低于社会成本，高耗能行业高速和粗放增长的态势并没有根本改变。2011年，六大高耗能行业在工业总能耗的比重由2010年的71.49%上升至77%，是2011年部分节能减排目标未完成的重要原因之一。如果经济结构和能源市场机制不发生重大变化，那么节能减排工作的压力在短期内难以得到缓解。

（2）政府与市场协同机制尚未建立。当前节能减排过多依赖中央政府的政策推动，企业缺乏自主减排动力，地方政府的积极性不高，并且在节能减排政策实施过程中由于激励约束机制不健全、基础工作薄弱、能力建设滞后等问题导致某些政策措施落实不到位。例如，2010年能源消费增长和煤炭消费比例的下降，有很大一部分是各地区为冲刺“十一五”目标而通过“限电限产”造成的，并非全部反映能源结构的实际改善，结果2011年二者双双大幅反弹，导致能源消费和碳排放又大幅增长。

（3）节能减排的工作基础还不扎实。例如，中国能源结构不合理，电力供应过分倚重火力发电，非化石能源在电力供应中比例偏低并且稳定性较差，作为第二大电力来源的水电因受到南方干旱的影响而未能发力，电力供应缺口主要由火电弥补，导致火电大幅增长。而且节能服务发育缓慢，节能减排的市场收益难以保障，是很多企业技术和设备改造不积极的重要原因。此外，部分节能减排项目和工程尚未到位或未进入实质收益阶段，以及各省对于氨氮化物和氮氧化物指标等新减排指标缺乏经验、基础工作不扎实。

二、政策调整

“十一五”期间中国第一次把节能减排列为约束性目标，取得了显著成效。为了进一步推动节能减排工作，顺利完成“十二五”节能减排目标，中央政府和相关部门对节能减排工作思路进行调整，出台了一系列的政策措施，正在努力构建政府与市场协同的节能减排长效机制。

1.“十二五”节能减排新思路

“十二五”时期，随着工业化、城镇化进程加快和消费结构持续升级，中国能源需求依然旺盛，资源环境约束日趋强化，污染减排面临的形势依然十分严峻。针对这些情况，中央政府和相关部门调整了节能减排工作思路，从总体要求、主要目标、重点任务和政策措施等方面提出了节能减排工作的新要求，其主要特点有：

（1）节能减排指标增加，领域扩展，节能减排目标的行业分解与地区分解并行。“十二五”规划中的污染物减排约束性指标新增了氨氮化物、氮氧化物两项指标。在国家确定的重点区域、流域、海域专项规划中，增加了对重点重金属、总氮、总磷等污染物排放量的控制。《“十二五”节能减排综合性工作方案》中提出要将节能指标分解至地区和行业，即要求工业、交通、建筑等部门也承担一定的节能责任，对行业节能目标完成情况采取评价机制，有别于对地区节能减排目标的考核问责。

（2）强调落实目标责任，实施严格的目标考核。《“十二五”节能减排综合性工作方案》中规定，节能减排目标完成情况和政策措施落实情况纳入考核，每年组织开展节能减排目标责任评价考核，并将考核结果纳入政府绩效和国有企业业绩管理。

（3）突出结构节能。由于技术、成本因素，中国在“十二五”时期的技术节能空间有所收窄，结构节能成为“十二五”时期节能减排工作的重点。中国将执行严格的环境影响评价制度，将污染物总量控制作为环评项目审批的前置条件，并将完善创新新建项目环保审批制度，以环境管理优化产业结构，倒逼企业提升节能能力和降低污染水平。

（4）实施能源消费总量控制。在节能领域，通过控制能源消费总量，以前端控制的思路推进节能工作，有利于保证节能目标的实现，也为后续的向企业分配能源消费配额、建立能源配额交易市场以通过市场机制推进节能减排开辟了道路。

2. 2012 年节能减排的新举措

针对 2011 年节能减排工作中出现的问题，中央政府和相关部门对节能减排政策进行了适度调整，主要表现在以下几个方面：

（1）加快出台能源消费总量控制工作方案，并研究在三区六群进行煤炭消费总量控制试点，推动传统能源的高效清洁利用。煤炭在中国的能源消费结构中将长期占据主体地位，其他能源形式尤其是非化石能源短期内难有进展，因此煤炭的高效清洁可持续利用就成为走低碳发展道路、强化节能减排的必然选择。

（2）加大财政、税收政策对节能减排的支持力度。2012 年，中央财政计划安排节能环保支出 1769.1 亿元，同比增长 9%，其中，中央预算内用于节能减排、环境保护与生态建设的投资达到 480 多亿元，主要用于推进重点节能工程建设和加强重点领域节能、加大节能产品惠民工程实施力度、淘汰落后产能、强化重金属污染防治、推进城镇污水处理设施配套管网建设和农村环境综合整治等。在健全税收支持政策方面，继续实施支持节能减排所得税、增值税等优惠政策。积极推进资源税费改革，将原油、天然气和煤炭资源税计征办法由从量征收改为从价征收并适当提高税负水平。积极推进环境税费改革，首先选择防治任务重、技术标准成熟的税目开征环境保护。完善和落实资源综合利用和可再生能源发展的税收优惠政策，遏制高耗能、高排放的产品出口。

（3）完善法律框架和标准制定，加强依法节能的力度。目前，政府对高耗能、高污染企业的节能减排主要采取引导和控制的方式，例如，落实税收优惠、推进节能减排技术、限制污染物排放等，但是企业的逐利性使这类措施难以有效贯彻，因此国家从完善法律框架、依法节能减排的角度增加节能减排措施的实施力度。2012 年 3 月出台的《清洁生产促进法修正案》，要求对清洁生产资金问题进行专门说明，并完善中央和地方财政对清洁生产工作的资金支持；规定强制性清洁生产审核的企业需向有关部门和社会披露其清洁生产情况。

（4）以结构节能为主线，适当放缓经济增长目标，控制高耗能高污染行业，并强调能源产业加快转型升级。2012 年，国内生产总值预期目标略微调低至 7.5%，弱化经济增长目标，更加强调结构调整和内生增长，为节能减排提供更好的工作空间。

三、展望与建议

在“十二五”时期，中国的节能减排工作已经进入“深水区”和高成本阶段，仅仅依靠政府推动无法完成目标任务，因此，在节能减排中迫切需要引入市场力量。在节能减排目标任务明确、政府采取积极措施、政策出台密集程度前所未有的情况下，2011 年节能减排目标仍未完成，凸显出“十二五”时期中国节能减排任务的艰巨。只有建立节能减排长效机制，才能保证节能减排工作的顺利实施和实现经济发展方式的实质性转变。

1. 节能减排工作面临的新形势

世界经济复苏放缓和欧洲主权债务危机深化以及世界经济形势不确定性上升对中国的影响持续加码，而种种迹象表明，中国尤其是东部发达地区可能已经开始进入由高速增长向中速增长转变的调整期，外需低迷与内生增长动力减弱并存，是中国未来几年内节能减排面临的特殊宏观环境。在此背景下，中国的节能减排工作本身也进入攻坚阶段，因此面临重大机遇与挑战，节能减排机遇与挑战并存，任重而道远。

首先，应对气候变化和绿色低碳发展逐渐成为全球共识，节能环保产业和新能源产业日益成为国际竞争新领域，对节能减排意义的认识日渐上升至国家战略高度，并被赋予转变经济发展方式和在新一轮国际竞争中获得优势地位的厚望。其次，世界经济复苏放缓和欧洲主权债务危机深化引致的外需疲弱为中国外贸企业的绿色转型和淘汰落后提供时间，国际大宗商品价格下降、热钱流出等因素削减了输入型通货膨胀的压力，为中国开展能源环境方面的财税改革和价格改革、理顺资源品价格体系提供了难得的时机。最后，随着中国经济进入由高速增长向中速增长转变的调整期，基础设施投资和房地产投资随之放缓，高耗能、高污染行业在需求下降的作用下增速减缓，服务业在国民经济中的比重相对上升，将产业结构重型化对节能减排工作的巨大压力。此外，节能减排对新兴产业发展和企业绿色转型的推动作用已经显现。节能减排的深入实施为新能源产业、节能环保产业、新一代 IT 产业和绿色制造业等新兴产业提供了愈加广阔的市场空间，为上述产业的加速发展和潜力挖掘提供强大动力。在企业层面，企业间竞争为适应节能减排和绿色低碳发展的要求而被赋予新的内涵，越来越多的企业意识到如能率先在绿色低碳转型方面取得实质突破，将在未来获得竞争优势和占领制高点。

在重大机遇面前，需要保持清醒的认识，至少短期内节能减排仍面临严峻的挑战。从国际来看，世界经济不景气和危机的加深一方面使外需疲弱，企业盈利下降甚至陷入经营困境，难以在更新设备、产品结构调整和高效清洁技术研发方面进行持续投入；另一方面加剧了世界经济的不稳定和不确定性，为中国的结构调整和发展方式转变面临带来来自国际和国内的双重不确定性的干扰，并且加剧中国在节能减排、低碳发展上面临的国际压力。从国内来看，节能减排的挑战主要体现在以下方面：①中国所处的经济发展阶段决定节能减排任务艰巨。中国正处于由中等收入国家向中等发达国家迈进的关键阶段，工业化和城镇化步伐的加快和居民消费升级致使能源需求总量刚性增长，经济中的不稳定、不确定性因素增多，增加了节能减排政策实施和机制建立的难度。②节能减排工作本身进入攻坚阶段。随着治理的深入，淘汰落后产能、技术改造等低成本的节能减排空间非常有限，节能减排进入高成本阶段和攻坚阶段。在这一时期，结构节能的重要性日渐凸显，技术创新也被提出更高要求；单纯依靠政府政策推动收效日渐微弱，企业作为节能减排主体和市场机制的作用日益凸显，理顺资源品价格机制、环境税费改革等实施难度大、对国民经济影响深远的改革日渐紧迫，节能减排的长效机制亟须建立。

2. 促进节能减排与经济发展的协同关系

尽管在短期内节能减排与经济增长存在某些矛盾，但是从长期来看，节能减排与经济发展具有协同关系，表现为节能减排是转变经济发展方式、提高经济发展质量和可持续能力的重要“抓手”，经济发展为节能减排提供能力保障。

（1）节能减排是经济发展方式转变的重要“抓手”。节能减排为经济发展方式转变提供了绿色低碳的方向，通过改善产业结构、产业内结构和产品结构，提高经济发展质量，通过鼓励绿色消费增强经济的内生增长动力。在国家强化节能减排、建设“两型”社会的背景下，新能源产业、节能环保产业、新一代 IT 产业和绿色制造业成为“十二五”时期发展潜力相对较好的产业。节能减排有利于适度抑制高耗能产业的发展，强迫高耗能产业调整现有存量，加速了以先进生产能力取代落后生产能力的进程，从而推动了传统产业的转型升级。在国际金融市场剧烈动荡和全球经济增速放缓的国际经济大环境下，节能减排正是扩大消费和增加内生增长动力的突破口，用高效节能家电产品替代低效产品，有利于家电行业及其上游行业的需求扩大、对上述行业的节能技术进步和产品结构升级形成倒逼机制，通过规定产品单位能耗等级和机械设备的能效参数等标准设定以及强制性节能减排任务的分配，引导企业加速老旧低效设备的更新，扩大对先进装备制造业的需求。

（2）适度增长为节能减排提供契机。目前，中国已经迈入中等收入国家行列，经济正逐步进入由高速增长转为中速增长的调整期，越来越多的地区认识到高耗能、高污染行业不可能成为经济增长的长期支柱。适度放缓经济增长速度，有利于从减少市场需求的角度抑制产业关联度高的高耗能产业的发展，减轻工业节能减排压力，为资源环境的税收、价格改革和市场体制建立提供空间；也有利于引导地方政府和企业将更多的注意力和资源转向以绿色低碳为方向的调整经济结构、转变经济发展方式和提高经济发展的质量效益的活动中。2012 年，中国政府将国内生产总值预期目标略微调低至 7.5%，有利于从根本上解决目前中国节能减排工作面临的难题，成功实现完成节能减排任务和转变发展方式的双重目标，为节能减排和结构调整提供了较为充分的空间。应当紧紧抓住这一有利时机，将节能减排置于优先位置，积极推进节能减排工作，加速经济发展方式转变进程，也为未来经济的可持续、稳定、迅速发展创造条件。

（3）实现节能减排与经济发展的良性互动。中央政府确定的 2012 年“稳中求进”的经济发展总基调，为以结构调整为主线实现节能减排与经济发展的良性互动提供了难得的机遇。为了建立节能减排与经济发展之间的协同关系，需要从以下方面着手：①提高对经济发展与经济增长、经济发展与节能减排之间关系的认识，进一步增强调整结构、转变发展方式的紧迫感和自觉性。②确定适度较低的经济发展目标，为节能减排和结构调整留足空间，在领导干部绩效考核中加大节能减排的权重，并削减 GDP 目标的权重。③通过财税支持和体制规则建立的方式推动节能环保、新能源产业发展中面临的市场垄断、融资困难等体制机制障碍，并着力构建节能减排的市场机制。④通过大规模和高强度的宣传教育、经济激励和法律强制，提高消费者和企业的环境保护与节约能源意识，使节能减排成为消费者在消费决策和企业在生产决策中的自觉行动。消费者自觉选择节能产品的行为将迫使企业调整产品结构，扩大高效绿色产品的比重，通过清洁生产和清洁低碳技术的研发提高企业的绿色竞争力。

3. 加快建立节能减排长效机制

目前，中国的节能减排工作已经进入“深水区”和高成本阶段，从 2011 年的经验教训来看，单靠政府的力量已经无法应对复杂艰巨的节能减排形势。“十二五”时期严峻的节能减排形势迫切需要借助市场力量，建立以企业为主体、政府为主导、市场有效驱动、全社会共同参与，适应社会主义市场经济要求的节能减排长效机制。只有建立政府与市场协同的节能减排长效机制，发掘企业自主减排的内在动力，才能避免前松后紧、为突击目标而拉闸限电等有碍经济平稳运行的现象再次发生，使节能减排完成既定目标并带动经济发展方式发生实质性转变。

（1）节能减排仍需政府主导。无论市场机制发达程度如何、无论经济发展水平高低，任何国家在解决节能减排等外部性问题时都需要同时借助政府和市场的力量。中国当前的现实情况决定了节能减排过程中必须由政府主导，最大限度降低节能减排成本、保证相关政策措施的实施效果。但是，这并不意味着政府可以取代市场机制的作用，中国目前节能减排过度依赖政府推动，而且部分政策措施确实存在诸多不完善之处。因而，必须加快建立节能减排长效机制，变政府单一推动为政府和市场联合推动，通过市场机制赋予企业节能减排的内生动力和提供实现低成本减排的途径，与政府的财政税收激励政策、价格改革、规则建立等配合实施，以保证节能减排的有效推进。

（2）市场机制助力节能减排。在社会主义市场经济条件下，市场对稀缺资源的配置起基础性作用，通过建立节能减排的市场机制，是挖掘企业内在动力的关键。要充分利用价格、财政、税收、金融等市场机制，完善有利于节能减排的经济政策。应当深化资源性产品价格改革，理顺煤、电、油、气、水、矿产等资源产品价格关系；推行居民用电、用水阶梯价格，完善电力峰谷分时电价办法；深化供热体制改革，全面推行供热计量收费；加大能效标识和节能环保产品认证实施力度，建立“领跑者”标准制度；加强节能发电调度和电力需求侧管理，加快推行合同能源管理，推进排污权和碳排放权交易试点，推行污染治理设施建设运行特许经营等。

（3）建立政府与市场协同节能减排的长效机制。节能减排形势的严峻性和其本身具有的涉及主体多、范围广、矛盾复杂交织等特点决定了无法单一通过市场机制或政策推动实现节能减排目标，必须将市场机制与政府政策相结合，通过建立政府与市场协同的节能减排长效机制，以保证以较低成本实现节能减排目标。首先应明确政府与市场在节能减排中是互补关系而非竞争和替代关系，并清晰界定政府和市场在节能减排中的地位和职责范围。随着经济进入新的发展阶段和市场机制的逐步完善，两者在节能减排中的权重将发生变化，逐步过渡为以市场为主导、政府为从属的模式。在构建节能减排的长效机制方面，政府的职责在于以下方面：①建立规则、制度和标准。②通过财税、价格改革和信贷融资将企业的环境成本收益内部化，创造企业节能减排的内生动力。③通过确定排放总量和能源消费总量，并向各级政府、企业分配排放权和能源消费配额，为排放权交易提供交易内容，并协同企业、行业协会、金融机构等不同市场主体共同探索建立排放权交易市场的规则、制度框架。④通过对各级政府、居民和企业的宣传教育，提高全社会对节能减排、转变经济发展方式重要性和紧迫性的认识。

专栏 11-1

"页岩气革命"拉开序幕

页岩气是一种贮存于页岩及其夹层且主要以吸附和游离状态存在的非常规天然气资源，作为一种清洁、高效的燃料资源和化工原料，页岩气主要用于民用和工业燃料、化工和发电等，具有广阔的开发前景。

美国早在 1821 年就已经钻成第一口页岩气井，自 20 世纪 90 年代以来，随着多项关键技术取得重大突破，页岩气产量快速增加，2006~2010年平均年增长率高达 45%，到 2011 年达到每年1800 亿立方米。美国"页岩气革命"的成功向世界揭示了页岩气产业的广阔前景，许多国家纷纷效仿美国构建本国的页岩气开发技术体系，希望以此缓解国际能源市场波动带来的供应风险。

中国是世界上页岩气储量最大的国家之一，已发现可采资源潜力 25.1 万亿立方米，足够使用近 200 年。根据 2012 年 3 月发布的《页岩气发展规划（2011~2015 年）》，中国将在"十二五"时期建成一批页岩气勘探开发区，年产量达到 65 亿立方米，并建立完善的页岩气产业政策体系。目前，中国在页岩气开发中主要面临以下问题：一是从技术角度，中国尚未具备成熟的页岩气储层压裂改造开采技术和提高采收率技术，气层深度高于美国的特点进一步增加了开采难度。二是从投资角度，中国缺乏完善的页岩气投资机制，尽管国家已经批准向私人资本开放油气勘探开发上游市场，但是私人资本的页岩气开发仍面临重重的体制机制障碍，尤其是在市场准入、与国企老矿区的利益冲突等方面需要加紧制定配套政策和规则，加快矿业权市场化改革，打破当前油气行业高度集中的体制。三是从环境保护角度，页岩气开发可能出现破坏地表植被、消耗大量水资源、污染地下水等环境问题，因此需要进行全面科学的分析和评估，建立合理的监管机制，在开发的各个环节采取有针对性措施，以有效减少或杜绝各种环境问题。

资料来源：新华网，《中国国土资源报》，《第一财经日报》，《人民日报》，《经济日报》，国际燃气网，环球财经网。

参考文献

1. 陈少智：《节能减排结构过重奖罚不清，拉闸限电冲考核目标》，《财经国家周刊》2011年 12 月 26 日。

2. 《发改委就经济形势与宏观调控答问》，新华网，2012 年 3 月 5 日。

3. 国务院发展研究中心"应对国际能源环境变化，促进我国发展方式转变研究"课题组：《完善节能减排市场机制 应对气候变化挑战》，《国研视点》2010 年 3 月 3 日。

4. 国务院：《"十二五"节能减排综合性工作方案》，2011 年 8 月 31 日。

5. 金三林：《2012 年我国经济运行环境及发展趋势》，《农村金融研究》2012 年第 1 期。

6. 周大地：《"十二五"节能减排力避先发展后节能模式》，《经济参考报》2011 年 7月 26 日。

7. 李毅中：《加快节能减排，推动科学发展》，《中国高新技术产业导报》2012 年 3 月 12日。

8. 刘世锦：《寻求经济发展与资源环境约束的平衡》，《山东经济战略研究》2010 年第 10期。

9. 刘世锦:《中国经济进入了高速增长到中速增长的转换期》,《中国经贸导刊》2012 年第 2期。

10. 苗圩:《适度调整工业增速,确保节能减排目标完成》,中国网,2012 年 3 月 8 日。

11. 齐慧:《完善节能减排长效机制》,《经济日报》2011 年 10 月 26 日。

12.《"十二五"环评条件前置,控制污染物排放总量》,《21 世纪经济报道》2011 年 9 月 20 日。

13. 王晓蕊:《推进节能减排需要把握几个关系》,《中国财政》2011 年第 17 期。

14. 傅晓霞、吴利学:《中国能源效率及其决定机制的变化——基于变系数模型的影响因素分析》,《管理世界》2010 年第 5 期。

15. 张成付:《节能减排的市场机制》,《光明日报》2011 年 7 月 8 日。

16. 赵沛楠:《国家发展改革委副主任解振华:"十二五"节能:形势严峻,直面挑战》,《中国投资》2012 年 2 月。

第十二章 利用外资与对外投资

提 要

改革开放初期，中国作为一个发展中国家，其技术水平、管理能力与发达国家相比，处于落后状态，为了改变这种状况，实现追赶式发展，中国高度重视吸引外资，把吸引外资作为提高中国技术水平、学习国外先进经验的重要措施，对外商投资采取了大量的优惠政策，并在国际竞争中，成全球吸引外资的大国。在这一过程中，虽然受到过“让出了市场，却没有换来技术”的批评和指责，但外资规模长期以来呈现较快增长势头，这个势头到2011年末开始受阻，到2012年4月，中国实际利用外资的规模连续6个月出现下降。这个趋势短期内难以遏制，但大幅度下降的可能性也较少。在吸引外资上，近年来出现的另一个新的趋势就是，服务业吸引的外商投资增幅超过制造业，这个趋势也将持续。在逐渐成为利用外资大国的同时，中国却一直保持对外投资弱国的地位。近年来，中国对外投资虽然出现较快增长，但总体规模与发达国家相比，还有很大差距。2010年中国的对外投资虽然超过了日本，但2011年并没有保住这一地位，在未来一段时期内，中国的对外直接投资将出现进一步增长，但离成为全球对外投资大国、强国的地位还很远。短期内中国对外投资的增长不会伴随着产业大幅度的转移而变化，在海外投资中，非制造业的投资仍将维持较大比重。

* * *

在三十多年改革开放进程中，中国经济取得了举世瞩目的成绩，而外商直接投资也为这一成绩的获得贡献了重要力量。目前中国是外商投资的主要目的地，也是对外商投资最有吸引力的国家。随着经济实力的不断增强，中国开始进入对外投资较快增长的阶段。就像外商投资对于中国经济发展起到了重要推动作用一样，中国对外投资同样也将起到越来越重要的作用。

一、中国利用外资和对外投资的国际背景

1. 国际资本流动总体规模有所下降，跨国投资中流入制造业的比重有所回升

国际金融危机爆发后，跨国直接投资流入量下降。2008 年投资总额达 1.74 万亿美元，比 2007 年的 1.97 万亿美元规模减少 11.66%。2009 年受国际金融危机和世界经济大幅放缓的影响，跨国直接投资进一步延续下降态势，缩减至 1.18 万亿美元。随着世界经济的缓慢复苏，2010 年全球各国跨国直接投资增长 9.3%，总额达 1.29 万亿美元，2011 年全球经济虽然没有完全走出低谷，

全球外国直接投资仍实现了17%的增长，达1.5万亿美元，但仍低于2007年的最高点。①

2011年全球外国直接投资之所以增加，主要原因是全球跨国并购交易的增加。2011年全球并购总额5073亿美元，增长57.4%，2011年全球绿地投资总额7804亿美元，下降3.3%。2011年发达国家的跨国并购额达3963亿美元，增幅高达57.4%，占比为52.6%；绿地投资为2299亿美元，下降12.7%。2011年美国外资流量在2010年率先大幅反弹后下降8%，吸收外资金额2107亿美元，约占全球流量的14%，其中跨国并购增长61.6%。在对外投资中，发展中国家或地区的跨国购并虽然规模不大，但增加很快。2011年，发展中国家或地区直接投资流出额3565亿美元，同比下降6.8%。发展中经济国家或地区跨国并购金额为1036亿美元，同比增长5.6%，投资金额为2427亿美元，同比增长2.4%。②

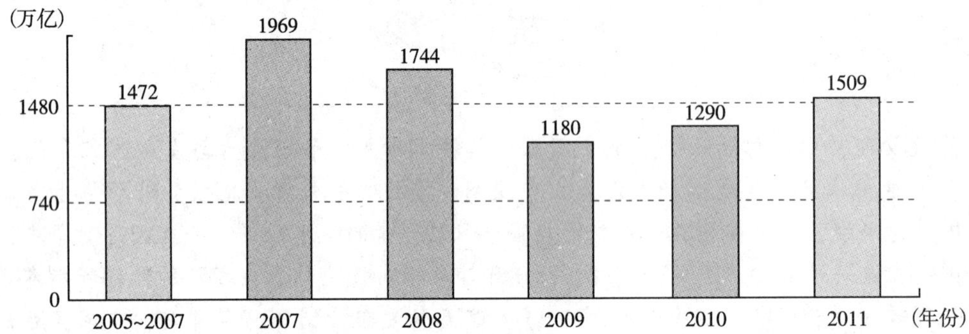

图12-1 跨国投资流入量

资料来源：转引自UNCTAD：Global Investment Trends Monitor，No.8，2012，1。

从产业分布看，跨国直接投资流入制造业的比重有所回升。2010年，其份额占跨国投资流入量的1/2左右，2010年相比于2009年增长23%左右，达到5540亿美元，相反，初级产品和服务业的跨国直接投资的流入量与危机前的2005~2007年相比仍出现下降。在制造业内部，那些对经济周期比较敏感的产业，如金属及金属制品、电子与电子设备、木材及木材制品，受销售前景不景气、盈利能力下降的影响，跨国直接投资流入量下降。另外一些产业如化学产品（包括药品）、食品、饮料、烟草与服装等，跨国直接投资的流入量增加，药品对跨国直接投资来说，仍然是最为吸引跨国直接投资的领域之一。

2. 发达国家或地区对外投资增长低于其吸引的外资规模增长，发达国家或地区内部吸引跨国投资的竞争加强

2004年以来，发达国家或地区的跨国直接投资流入量持续增长，2007年达到历史最高值。2008年后受国际金融危机影响，发达国家或地区的跨国投资流入量连续3年下降，2011年出现反弹，增速达到18%。从发达国家或地区内部来看，欧洲地区的流入量有所回升。2011年，流入欧洲地区的外资增长23%，美国的跨国直接投资流入量则出现下降，降幅达8%。

发达国家或地区直接对外投资增长低于其吸引的外商投资规模增长，但仍然是全球直接对外投资的主要来源地。2011年，日本的直接对外投资大幅度跃升。2011年，全球直接投资流出额达到16642亿美元，比上年的14286亿美元增长16.5%。其中，发达经济体直接投资流出额12345亿美元，同比增长25.4%，欧洲地区对外直接投资额6644亿美元，同比增长26.5%（欧盟对外直接投资额5759亿美元，同比增长27.8%）；发展中经济体直接投资流出额3565亿美元，同比下降6.8%。日本2011年对外直接投资额达到约1156亿美元，同比增105.5%，跃居全球第2位。日本

① UNCTAD：Global Investment Trends Monitor，No.8，2012，1。本章有关2011年全球跨国投资流入数据，如无特别注明，来源同此。

② UNCTAD：Global Investment Trends Monitor，No.9，2012，4。本章有关2011年全球跨国投资流出数据，如无特别注明，来源同此。

曾在 2010 年落在中国后面，退至第 7 位。美国 2011 年对外直接投资额为 3838 亿美元，同比增长 16.7%，继 2010 年持续排在首位；法国排在第 3 位，对外直接投资额为 1066 亿美元，同比增长 26.7%；英国（1030 亿美元）和中国香港（816 亿美元）分别排在第 4 位和第 5 位。

3. 发展中国家或地区在国际资本流动中的地位加强，相互间吸引外国直接投资的竞争更趋激烈

从 2010 年起，发展中国家或地区和转型经济体的跨国直接投资流入量开始高于发达国家或地区。受经济增长保持良好态势的影响，2010 年，发展中国家或地区的外国直接投资流入量上升 12%，高于全球外国直接投资流入量 5%的增速，达 5740 亿美元，占当年全球外国直接投资流入总量的 52%，首超发达国家或地区，2010 年流入发达国家或地区的外国直接投资下降 7%。2011 年发展中经济体吸引外资继续占全球外国直接投资的一半以上，发展中国家或地区和转型经济体国家（如东南欧和独联体）吸引外资达 7554 亿美元，创历史最高水平。其中，发展中国家绿地投资（4981 亿美元）占其 FDI 流量（6637 亿美元）的 3/4（75%），其中，流入亚洲发展中经济体（不包括西亚国家）的外国直接投资较 2010 年增长 11%，拉丁美洲和加勒比地区吸引的外国直接投资增速为 35%，而流入发达经济体的外国直接投资虽呈强劲反弹态势，同比增长 18%，但仍略低于发展中国家或地区和新兴经济体的外资流入量。①

表 12–1　各经济体吸引外国直接投资占全球的比重

单位：%

地区＼年份	1990	2000	2005	2006	2007	2008	2009	2010
美洲发展中国家或地区	4.30	6.96	7.94	6.73	8.60	11.85	11.89	12.79
亚洲发展中国家或地区	10.90	10.60	21.96	19.39	17.21	21.53	25.95	28.77
其中：东亚	4.23	8.31	11.82	9.01	7.66	10.62	13.59	15.13
南亚	0.10	0.34	1.46	1.90	1.74	2.97	3.58	2.56
东南亚	6.18	1.68	4.14	3.87	3.84	2.69	3.20	6.38
西亚	0.38	0.25	4.52	4.59	3.96	5.24	5.56	4.67
美洲发达经济体	26.99	27.15	13.28	20.36	16.80	20.83	14.70	20.25
亚洲发达经济体	0.93	1.08	0.77	0.60	1.59	2.02	1.38	0.31
欧洲	50.33	51.68	51.26	43.49	45.44	29.52	32.72	25.17
高收入发展中国家或地区	10.29	11.18	15.41	15.13	15.36	17.92	20.49	22.28
中等收入发展中国家或地区	4.83	6.57	14.22	10.18	9.65	13.23	15.02	16.80
低收入发展中国家或地区	1.66	0.60	4.18	4.06	4.05	6.56	7.57	7.02
主要石油天然气出口国	1.54	1.41	6.88	6.62	7.26	11.10	11.66	10.33
主要石油天然气出口国：发展中国家或地区	0.78	0.62	4.82	3.72	3.60	5.36	6.23	5.26
主要石油天然气出口国：转型经济体	—	0.28	1.51	2.46	3.35	5.12	4.24	4.11
主要石油天然气出口国：发达国家或地区	0.75	0.50	0.55	0.43	0.29	0.61	1.18	0.95
主要制造业出口国	84.85	84.88	72.92	67.55	70.74	59.29	57.49	59.81
主要制造业出口国：发展中国家或地区	10.72	11.29	16.93	13.34	11.92	13.31	16.43	20.60
主要制造业出口国：发展中国家或地区	74.13	73.59	55.98	54.21	58.81	45.98	41.06	39.21
主要初级产品（不含石油）出口国	2.03	1.24	1.66	1.42	1.40	2.08	1.78	2.35

① 杜琼：《当前跨国直接投资的特征及趋势》，《经济日报》2012 年 5 月 8 日。

续表

地区＼年份	1990	2000	2005	2006	2007	2008	2009	2010
主要初级产品（不含石油）出口国：发展中国家或地区	1.22	1.14	1.50	1.11	1.24	1.82	1.89	2.31
主要初级产品出口国：发达国家或地区	0.81	0.09	0.15	0.30	0.15	0.26	–0.10	0.04
新兴经济体	9.16	7.45	9.18	7.68	7.92	8.09	8.07	12.76
亚洲新兴工业化国家或地区	8.56	6.93	8.15	7.53	6.67	6.22	7.69	11.80

资料来源：根据 UNCTAD 外商投资数据库整理。

二、中国利用外资和对外投资的现状

1. 利用外资规模出现下降趋势，对外投资规模继续增长

中国利用外资的规模在持续增长之后，开始出现下降迹象。2011 年流入中国的 FDI 总额为 1240 亿美元，比上一年增长 8.1%。2011 年，中国进一步通过优化吸收外资产业结构、加强政策引导，以开发区和边境经济合作区为平台，优化吸收外资区域结构，创新吸收外资方式，完善吸收外资环境等措施，使中国利用外资的规模稳步提升。全年实际使用外资 1160.11 亿美元，比 2010 年增长 9.72%，再创历史新高；新批设立外商投资企业 27712 家，同比增长 1.12%。增长幅度达 50.8%的跨国并购（90 亿美元）成为中国 FDI 增长的主力军，而能够为东道国生产能力、产出和就业增长做出更直接贡献的“绿地投资”额（819 亿美元）同期却下降了 3.2%。2011 年 12 月中国实际利用外资额出现下降，吸引外商投资的规模在持续增长之后，开始向一个新的历史阶段迈进。①

与中国吸引外商投资进入到一个新阶段相对照，中国对外投资增长速度开始进入较快增长期。自 2000 年提出“走出去”战略以来，中国对外直接投资的步伐明显加快。近年来，中国对外直接投资额出现了快速增长。从国际经验来看，企业大规模对外直接投资一般是发生在该国的工业化后期。在这个时期，企业面临的生产要素成本结构将发生根本性的变化，将部分国内产业转移到国外是企业通过竞争优势转型，维持其在国际上竞争地位的必然要求。根据人均 GDP、三次产业比、占商品增值的比重进行综合的计算，2005 年中国已进入了工业化中期的后半阶段，而目前中国正向工业化后期迈进。2009 年中国人均 GDP 已经超过 3700 美元，按照邓宁的研究结论，中国已经进入了对外直接投资增长速度较快阶段，在这一阶段，企业国际化进程加快，对外直接投资增多。2010 年中国海外投资达到 688 亿美元，创历史新高。2010 年全球外国直接投资流出流量 1.32 万亿美元，累计存量为 20.4 万美元，以此计算，中国分别占全球流量的 5.2%和存量的 6%，分列全球第 5 位和第 17 位，首次超过了传统的对外投资大国英国和日本。据商务部统计，2011 年中国境内投资者共对全球 132 个国家和地区的 3391 家境外企业进行了非金融类直接投资，累计实现直接投资 600.7 亿美元，同比增长 1.8%。截至 2011 年底，中国境内投资者共在全球 178 个国家（地区）设立对外直接投资企业 1.8 万家，累计实现非金融类对外直接投资 3220 亿美元。②

① 商务部：《2011 年 1~12 月全国吸收外商直接投资情况》，http：//www.mofcom.gov.cn/aarticle/tongjiziliao/v/201201/20120107940573.html，2012 年 1 月 19 日。

② 商务部：《2011 年我国非金融类对外直接投资简明统计》，http：//www.fdi.gov.cn/pub/FDI/wztj/jwtztj/t20120119_140581.htm，2012 年 1 月 19 日。

表 12–2　建立对外直接投资统计制度以来的统计结果

单位：亿美元

年　份	流　量	存　量
2002	27.0	229.0
2003	28.5	332.0
2004	55.0	448.0
2005	122.6	572.0
2006	211.6	906.3
2007	265.1	1179.1
2008	559.1	1839.7
2009	565.3	2457.5
2010	688.1	3172.1

注：2002~2005 年为非金融类对外直接投资数据；2006~2010 年为全行业对外直接投资数据。

资料来源：商务部、国家统计局、国家外汇管理局联合发布：《2010 年度中国对外直接投资统计公报》，2011 年 9 月 15 日。

2. 制造业利用外资规模及增幅已为服务业所超过，对外投资中的制造业投资仍处于较低水平

中国利用外资的产业结构开始逐步向第三产业倾斜。2011 年中国服务业实际使用外资金额及增幅均超过制造业。2011 年，中国农、林、牧、渔业实际使用外资 20.09 亿美元，同比增长 5.07%，占同期全国总量的 1.73%。制造业实际使用外资 521.01 亿美元，同比增长 5.06%，占同期全国总量的 44.91%。服务业实际使用外资 552.43 亿美元，同比增长 20.54%，占同期全国总量的 47.62%，首次超过制造业的比重。服务业中，租赁服务、广播电影电视、专用机械设备修理、食品饮料烟草和家庭日用品批发、零售、旅游、娱乐服务等行业实际利用外资增幅同比均超过 60%。房地产业宏观调控政策作用明显，实际使用外资同比仅增长 12.07%，低于服务业总体增幅 8.47 个百分点。[①]

与外商投资的重点较长期在制造业不同，中国海外直接投资更多集中于服务业和采矿业，制造业相对较少。与发达国家或地区企业“走出去”的目的主要是为了绕开贸易壁垒、降低经营成本不同，现阶段中国企业“走出去”更多是为了获取战略资源。战略资源既包括技术、品牌、市场渠道等无形资产，也包括采矿权等有形资产。从中国海外直接投资的产业分布来看，中国对外直接投资最集中的产业分别为商务服务业、采矿业和金融业，而制造业仅仅排在第五位（见表 12–3）。2010 年以并购方式实现的直接投资达 297 亿元，同比增长 54.7%，占流量总额的 43.2%，涉及采矿、制造业、电力生产和供应业、专业技术服务、金融业等。

对外投资中，中国投资的行业虽然制造业不占主体地位，但从投资者构成看，制造业为近年来向外投资最为活跃的行业。从境内投资者的行业分布看，制造业是对外直接投资最为活跃的领域，主要分布在纺织服装、鞋、帽制造业，通信设备、计算机及其他电子设备制造业等，其次为批发、零售。再次为农、林、牧、渔业和建筑业。2010 年中国对外直接投资的境内投资者，属制造业的占 35.8%，批发、零售的占 33.1%，农、林、牧、渔业和建筑业占 3.6%。[②]

表 12–3　中国对外直接投资的行业分布

单位：万美元

行 业	对外直接投资净额		截至 2010 年对外直接投资存量
	2009 年	2010 年	
总计	5652899	6881131	31721059
农、林、牧、渔业	34279	53398	261208
采矿业	1334309	571486	4466064
制造业	224097	466417	1780166
电力、燃气及水的生产和供应业	46807	100643	341068
建筑业	36022	162826	617328
交通运输、仓储和邮政业	206752	565545	2318780

① 商务部新闻发布会通报：《2011 年我国商务运行情况》，商务部网站，2012 年 1 月 18 日。本章中有关中国 2011 年利用外资的数据若无特别说明，来源同此。

② 商务部、国家统计局、外汇管理局：《2010 年度中国对外直接投资公报》。

续表

行业	对外直接投资净额		截至 2010 年对外直接投资存量
	2009 年	2010 年	
信息传输、计算机服务和软件业	27813	50612	840624
批发和零售业	613575	672878	4200645
住宿和餐饮业	7487	21820	44986
金融业	873374	862739	5525321
房地产业	93814	161308	726642
租赁和商务服务业	2047378	3028070	9724605
科学研究、技术服务和地质勘查业	77573	101886	396712
水利、环境和公共设施管理业	434	7198	113343
居民服务和其他服务业	26773	32105	322974
教育	245	200	2394
卫生、社会保障和社会福利业	191	3352	3616
文化、体育和娱乐业	1976	18648	34583
公共管理和社会组织			

资料来源：《中国统计年鉴》(2011)。

3. 亚洲是中国吸收外资的主要来源地区和对外投资的主要地区

亚洲是中国吸收外资增长的主要来源地区，欧美对华投资有所下降。2011 年亚洲 10 国和地区（中国香港、中国澳门、中国台湾、日本、菲律宾、泰国、马来西亚、新加坡、印度尼西亚、韩国）实际投入外资金额 1005.17 亿美元，同比增长 13.99%。美国实际投入外资金额 29.95 亿美元，同比下降 26.07%。欧盟 27 国实际投入外资金额 63.48 亿美元，同比下降 3.65%。

中国海外直接投资地点主要集中在亚洲周边国家或地区和拉丁美洲国家或地区，但近年来对发达国家或地区的投资也出现大幅度增加。按国际化理论，企业在选择对外直接投资地点的时候，往往会首先选择距离本土比较近，而且在文化、风俗、习惯等方面与本土比较相似的区域，然后才会继续扩大到更远的其他区域。中国企业海外直接投资也遵循了这一规律。现阶段来看，中国海外直接投资主要集中在亚洲，占总投资的 71.4%，其次是拉美，占总投资的 13%。2011 年中国对欧洲和非洲投资快速增长。2011 年中国对欧洲、非洲的直接投资分别达到 46.1 亿美元、17 亿美元，同比增长 57.3%、58.9%。其中对欧盟的投资为 42.78 亿美元，同比增长 94.1%。

表 12-4 对外直接投资地区分布

单位：万美元

国家（地区）	对外直接投资净额			直接投资存量	
	2008 年	2009 年	2010 年	截至 2009 年	截至 2010 年
合计	5590717	5652899	6881131	24575538	31721059
亚洲	4354750	4040759	4489046	18554720	22814597
中国香港	3864030	3560057	3850521	16449894	19905557
印度尼西亚	17398	22609	20131	79906	115044
日本	5862	8410	33799	69286	110563
中国澳门	64338	45634	9604	183723	222929
新加坡	155095	141425	111850	485732	606910
韩国	9691	26512	-72168	121780	63725
泰国	4547	4977	69987	44788	108000
越南	11984	11239	30513	72850	98660
非洲	549055	143887	211199	933227	1304212

续表

国家（地区）	对外直接投资净额			直接投资存量	
	2008 年	2009 年	2010 年	截至 2009 年	截至 2010 年
欧洲	87579	335272	676019	867678	1571031
英国	1671	19217	33033	102828	135835
德国	18341	17921	41235	108224	150229
法国	3105	4519	2641	22103	24362
俄罗斯	39523	34822	56772	222037	278756
拉丁美洲	367725	732790	1053827	3059548	4387564
北美洲	36421	152193	262144	518470	782926
加拿大	703	61313	114229	167034	260260
美国	46203	90874	130829	333842	487399
大洋洲	195187	247998	188896	641895	860729
澳大利亚	189215	243643	170170	586310	786775
新西兰	646	902	6375	9385	15911

资料来源：《中国统计年鉴》(2009、2010)。

三、对“十二五”期间中国利用外资和对外投资趋势的分析

1. 中国实际利用外资规模下降的态势短期内难以扭转

商务部数据显示，2012 年 4 月，中国实际使用外资（FDI）金额 84.01 亿美元，同比下降 0.74%。1~4 月，中国外商投资新设立企业 7016 家，同比下降 13.94%；实际使用外资金额 378.81 亿美元，同比下降 2.38%。这意味着自 2011 年 11 月以来，中国 FDI 已经连续 6 个月出现负增长。[①] 这一下降态势短期内是否将会发生反转？

影响中国实际利用外资水平下降有内外多方面原因：

（1）世界经济总体增长乏力，全球直接投资受到很大影响。国际金融危机爆发后，跨国直接投资流入量下降。2011 年全球外国直接投资虽然实现了 17%的增长，但仍低于 2007 年的最高点。2012 年第一季度绿地投资和跨国并购规模双双下降。

对于国际金融危机的原因，已有多种分析，但欧美国家要走出经济增长乏力的困境，则需要进行增长方式的转变，通过政策调整、技术创新与进步，推进产业结构调整，这个过程需要一个较长的时间，所以，来自发达国家的对直接投资大幅度增长的可能性较少；发展中国家，特别是新兴经济体的经济增长虽然潜力很大，对外直接投资也呈上升之势，但短期内难以完全取代欧美国家在对外投资中的主导作用。

（2）由于劳动力成本的上升、绿色环保节能要求的增加，中国利用外资更加追求质量和效益。从“招商引资”到“招商选资”，中国利用外资更加注重优化结构和提高质量，对利用外资的规模也会有一定影响。长期以来中国之所以成为利用外资的大国，一方面是因为中国的市场规模较大，另一方面则是因为中国对外商投资长期实行优惠政策，中国具有劳动力成本、土地、资源利用成本和环境保护成本较低的优势。

“十二五”期间，中国市场的规模仍将持续扩大，作为一个全球重大的产品和服务市场，对外资仍具有重大吸引力，但劳动力成本、土地与资源利用成本、环境保护成本不断上涨的趋势不可避免，对外商利用中国低成本优势进行国际竞争

① 资料来源：商务部例行新闻发布会，2012 年 5 月 15 日，http：//www.mofcom.gov.cn/xwfbh/20120515.shtml。本章有关 2012 年中国利用外资和对外投资的数据，如无特别说明，来源同此。

的空间越来越少。

（3）美国、欧盟国家鼓励产业回归，外商投资地区格局的变化，使得中国利用外资面临激烈竞争。从全球FDI的投资区域来看，全球流入非洲的FDI在2008年达到历史最高水平之后下降，2010年下降到500亿美元。南亚、东亚和东南亚的FDI流入量在2009年下降17%之后，2010年约上升18%，达到了2750亿美元。2010年流入南亚的FDI下降14%，流入西亚的FDI继续下滑，全年为570亿美元，降幅为16%。2011年亚洲地区（不含西亚）吸收外资流量增长11%，其中，东南亚地区吸收外资3437亿美元，印度尼西亚、马来西亚和泰国增幅在30%左右，而西亚地区外资流入量继续下降，下降幅度高达13%。拉丁美洲和加勒比地区外资流入总量达到2164亿美元，主要投向巴西、阿根廷、智利、哥伦比亚、秘鲁等国。非洲的FDI流入量继续下降，南非外资流入量成倍增长（269%），而埃及、利比亚和突尼斯的外资流入量则急剧下降。

影响中国实际利用外资规模的这三大因素，短期之内不会发生根本性变化，所以，中国利用外资的规模短期内难以出现大幅度反弹。

2. 中国服务业吸收外资快速增长的趋势仍将持续

中国外资利用的一个重要变化，就是服务行业吸收外资出现了快速增长。服务行业吸收外资在2011年保持较高增长速度的基础上，2012年仍保持了良好的增长势头。2012年1~4月，服务业实际使用外资177.1亿美元，同比下降3.1%，占同期全国总量的46.8%，超过制造业比重。其中，计算机应用服务业、综合技术服务业、金融服务业实际使用外资同比增长超过30%。农、林、牧、渔业实际使用外资6.1亿美元，同比下降0.9%，占全国总量的1.6%。制造业实际使用外资170.2亿美元，同比下降4.4%，占同期全国总量的44.9%。

中国服务业吸收外资较快增长的原因有两个方面：一是结构转型，由于发展服务业、提高服务业的比重，是中国经济结构调整的重要组成部分，适应这一形势，中国服务业利用外资的规模出现快速增长势头。二是随着中国劳动力成本的提高和环境保护、资源保护意识的提高，保护强度的加大，一般性的制造业对外商投资企业的吸引力会出现下降。短期内这两大因素不会发生重大变化，所以，中国服务业作为吸收外资增长较快的部门的趋势仍将持续。

3. 中国的产业短期内不会随对外投资规模的增加而发生大规模的国外转移

近年来，中国海外产业转移的速度大大加快，尤其是对东南亚国家或地区的产业转移。然而，无论是东南亚，还是非洲或者拉丁美洲，在短期之内都难以取代中国成为世界工厂。主要原因有三个方面：①产业基础较差。东南亚国家或地区产业基础相对较好，但从产业链完整程度和资源保障来看，难以与中国中、西部，尤其是中部地区相比。非洲和拉丁美洲产业基础较差，很多地区主要是依赖于农产品加工，制造业发展十分滞后。②劳动力成本未必比中国低。拉丁美洲地区总体上劳动力成本高于中国。东南亚国家或地区中，新加坡、文莱等国家劳动力成本高于中国；泰国、越南等国家劳动力成本低于中国。非洲国家劳动力成本总体上低于中国。然而，近年来中国劳动生产率提高很快，如果考虑到劳动生产率问题，那么对企业来讲，雇用中国劳动力可能是最经济的行为。③基础设施差。20世纪90年代以来，中国加快了基础设施建设，目前已经达到了世界较高的水平。相比之下，非洲等国家基础设施极不完善，很多地区尚不具备大规模发展制造业的条件。考虑到这些因素，可以认为，中国东部地区产业发生大规模的跨国转移可能性并不大，最多是纺织、电子信息等少数对产业基础、劳动力素质、基础设施水平要求比较低的产业的跨国转移，但机械制造、化工等高加工度产业不太可能大规模向国外转移。

当前适合于中国国情的产业结构应当具有高度多样性和区域梯度性，并且能够解决大量低层次劳动力就业。在不会造成严重环境损害和大量资源消耗的基础上，几乎任何一种技术水平的产业在中国都能够找到适合其存在的空间。也正因如此，在未来较长的一段时间里，虽然产业跨国转移速度也会大大加快，但从比例来看，产业从东部向中、西部的国内转移仍将是产业转移的主体。另外，虽然中国劳动力成本增长速度较快，但劳动生产率也迅速提高，增速高于世界其他绝大部分国家。劳动生产率的提高部分抵消了劳动价格上升的影响，使产业更多地留在国内，而不是转移到国外。①

4. 中、西部吸引外资增速仍将高于东部，但增速将出现下降

近年来，中国中、西部地区在利用外资的增速上已高于东部地区。2011 年中、西部地区实际使用外资增长快于东部地区，2011 年东部地区实际使用外资 966.04 亿美元，同比增长 7.51%，占全国总额的 83.27%。中部地区实际使用外资 78.36 亿美元，同比增长 14.26%，占全国总额的 6.75%。西部地区实际使用外资 115.71 亿美元，同比增长 28.24%，占全国总额的 9.97%。2012 年这一趋势仍将持续。2012 年 1~4 月，中部地区实际使用外资 30.5 亿美元，同比增长 12.6%，占全国总额的 8%。西部地区实际使用外资 24.7 亿美元，同比下降 15.2%，占全国总额的 6.5%。东部地区实际使用外资 323.6 亿美元，同比下降 2.5%，占全国总额的 85.4%。

中、西部地区在利用外资规模上仍将高于东部地区的趋势短期内不会发生反转，原因在于这一趋势和中、西部工业增长的速度高于东部地区的趋势相一致，在很大程度上反映了东部地区在传统制造业方面竞争优势下降。

专栏 12-1

中国利用外资连降六个月

【新华社北京 5 月 15 日电】商务部 15 日发布的最新数据显示，2012 年 4 月，中国实际使用外资（FDI）全额 84.01 亿美元，同比下降 0.74%。商务部新闻发言人沈丹阳 15 日在月度例行记者会上分析说，中国实际利用外资持续出现负增长主要有内外两方面原因：一方面，世界经济总体增长乏力，全球直接投资受到很大影响；另一方面，从国内因素来看，随着要素成本上升，中国经营成本优势有所减弱。

沈丹阳说，从“招商引资”到“招商选资”，中国利用外资更加注重优化结构和提高质量，而不是简单地看引资的规模，这对利用外资的规模也会有一定的影响。“我们对中国利用外资的前景总体上仍然持乐观的态度。因为中国投资环境总体上是趋于完善，越来越好，而不是相反。”沈丹阳说。

据他介绍，近期日本国际协力银行（JBIC）发表了《2011 年度日本制造业企业海外业务情况问卷调查报告》，显示日本制造业将继续加快海外拓展步伐，而中国、印度仍是其首选的投资目的地。另外，新加坡大华银行日前也公布了《中型企业商业景气调查》，这个报告也显示中国成为新加坡中型企业在亚洲拓展海外业务的首选地。中国美国商会发布的年度《商务环境调查报告》也显示，尽管 2011 年各项成本有所上升，78%的受访美资企业仍将中国列为其全球投资的三大目的地之一。

沈丹阳表示，根据商务部监测，迄今尚未发现已经在华设立的外商投资企业大规模撤出的情况。从中长期来看，不排除这种“回流”体现为美国和一些欧盟国家的制造业减少对外投资，包括减少对华投资的情况，对此商务部将密切关注。

资料来源：《深圳商报》2012 年 5 月 16 日。

参考文献

1. 国家外汇管理局国际收支分析小组：《2011 年度中国国际收支报告》，2012 年 3 月 31 日。

2. 商务部、国家统计局、外汇管理局：《2010年度中国对外直接投资统计公报》。

3. UNCTAD：World Investment Report，2011.

4. 原磊：《产业转移化解竞争优势断档》，中国社会科学院重大项目“产业竞争优势转型及其风险”研究报告，2012 年。

5. 杜琼：《当前跨国直接投资的特征及趋势》，《经济日报》2012 年 5 月 8 日。

① 原磊：《产业转移化解竞争优势断档》，中国社会科学院重大项目“产业竞争优势转型及其风险”研究报告，2012 年。

第十三章　工业对外贸易

提　要

2011年，中国加入世界贸易组织十周年。“入世”以来，对外开放进入了历史新阶段。中国不仅履行了加入世界贸易组织的全部承诺，而且在加快融入全球经济过程中，对外贸易实现了跨越式发展，外贸管理体制不断完善，逐步成为多边贸易体系的重要一员。同时，2011年作为“十二五”的开局年，中国进出口总体保持增长，但也出现了一些新情况、新问题，集中表现在：外贸增速有所回落，部分出口产品呈现“价升量跌”的态势，进口贸易条件有待改善，外贸企业经营压力增大，传统比较优势进一步弱化，出口加工型产业迫切需要加快转型升级。未来一段时间，中国对外贸易发展面临着欧债危机加剧、贸易摩擦频发、资源性产品价格高位震荡、地区局势动荡等诸多外部不确定因素，工业对外贸易总体形势不乐观。面对国际、国内环境的变化，实现对外贸易平稳均衡增长的难度增大。中国应积极采取措施，保持进出口平稳增长。拓展对外开放的新领域，下大力气转变外贸发展方式，深化对外经贸合作，促进产业有序转移，激发出口企业的创新活力，全面提升开放型经济的质量和水平。

*　　*　　*

2011年，中国加入世界贸易组织整十年。“入世”十年是中国经济加速融入全球经济的十年。通过不断深化改革、扩大开放，中国对外贸易持续快速增长，外贸结构明显优化，出口竞争力逐步提高，成为名副其实的制造和贸易大国，为世界经济增长做出了重要而独特的贡献，“中国模式”的国际影响力日益增强。同时，作为“十二五”开局的2011年，面对复杂多变的国际形势以及国内经济运行中的新情况，立足于“稳增长、调结构、促平衡”，中国工业对外贸易总体上保持增长，但也出现了一些新问题，面临新的挑战。传统外贸企业经营压力增大，迫切需要加快转型升级，实现对外贸易高质量、可持续发展。

一、“入世”十年对外贸易发展的简要回顾

2001年12月11日，世界贸易组织正式吸纳中国为第143个成员国。加入世界贸易组织是中国改革开放进程中的大事，标志着中国由局部的、渐进式的、政策型的点开放进入了全方位、多层级、宽领域、有法律框架支撑的对外开放的历史新阶段。在对外贸易领域，随着“入世”各项承诺逐步履行，中国外贸体制不断完善，对外经贸合作日益深化，扩大开放带来的竞争效应和分工

机会成为中国提升产业国际竞争力的重要动力。

1.“入世”以来对外贸易发展的主要成就

（1）对外贸易实现跨越式发展。“入世”为对外贸易发展注入了动力和活力，对外贸易发展明显提速。2002~2011年，中国货物进出口总额由6207.7亿美元扩大到36421亿美元，增长了5倍多，年均增速达到22.6%，超过同期GDP年均增速12.0个百分点，超过2002~2010年世界出口贸易平均增速18.3个百分点（见图13-1）。另据世界贸易组织统计，2001年中国货物出口额和进口额分别占世界出口和进口总额的4.3%和3.8%，在世界货物出口和进口排名中均居第6位，2010年，中国货物出口额和进口额占世界的比重分别达到10.4%和9.1%，连续两年成为世界第一大出口国和第二大进口国。同时，加入世界贸易组织以来，中国制造业承接国际产业转移规模扩大，带动了加工贸易蓬勃发展。随着贸易方式和主体构成的变化，出口商品结构明显优化，彻底扭转了20世纪80年代以初级产品为主和90年代以轻纺产品为主的局面，机电产品占据了出口的半壁江山，有约3成出口是高新技术产品。联合国COMTRADE的数据显示，“入世”以来，中国高新技术产品的国际市场份额显著提高。2001年，包含计算机与通信技术、电子技术、光电技术、计算机集成制造技术、生命科学技术、航空航天技术、材料技术、生物技术和其他技术的中国高新技术产品出口占全球高新技术出口总额的比重为3.7%，居世界第8位。到2010年，这一比值升至18.0%，中国一跃成为高新技术产品出口第一大国。

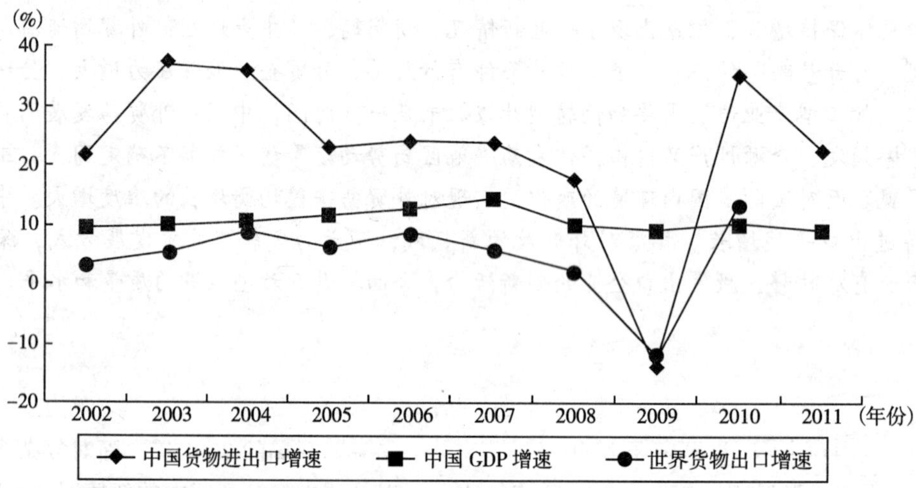

图13-1 2002~2011年中国进出口和GDP的增长态势

资料来源：中国2011年的数据来自《2011年统计公报》，其他年份数据来自《中国统计年鉴》；世界进出口数据来自世界贸易组织。

“入世”后，中国对外贸易关系不断拓展，逐步形成了全方位、多元化的进出口市场格局。2001年，中国对前10位的国家和地区出口额占全部出口总额的比重高达74.1%，2011年这一比值降至59.0%。其中，对美国、中国香港和日本的出口额占中国出口总额的比重分别下降了3.3、3.7和9.0个百分点，反映出中国出口市场的分散化程度明显提高（见图13-2）。同时，中国与新兴市场和发展中国家或地区的经贸合作日益加深，金砖国家、东盟等国家和地区成为中国重要的贸易伙伴。据海关统计，中国与东盟、金砖国家、拉丁美洲和非洲的货物贸易额占进出口总额由2001年的8.2%、4.0%、2.9%和2.1%分别上升到2011年的9.8%、7.8%、6.2%和4.5%。

（2）对外贸易体制不断完善。“入世”以来，中国很好地履行了各项承诺。首先，完成了“入世”承诺的全部关税减让义务，并逐步取消进口配额、进口许可证和特定招标等非关税措施。到2010年，中国关税总水平由2001年的15.3%降至9.8%。其中，工业品平均关税水平由2001年的14.7%下降到2010年的8.9%，不足世界工业品平均关税税率（30%）的1/3。其次，放宽了市场准入，兑现了产业开放的所有承诺，对外开放的重点由制造业向服务业拓展，中国服务贸易的

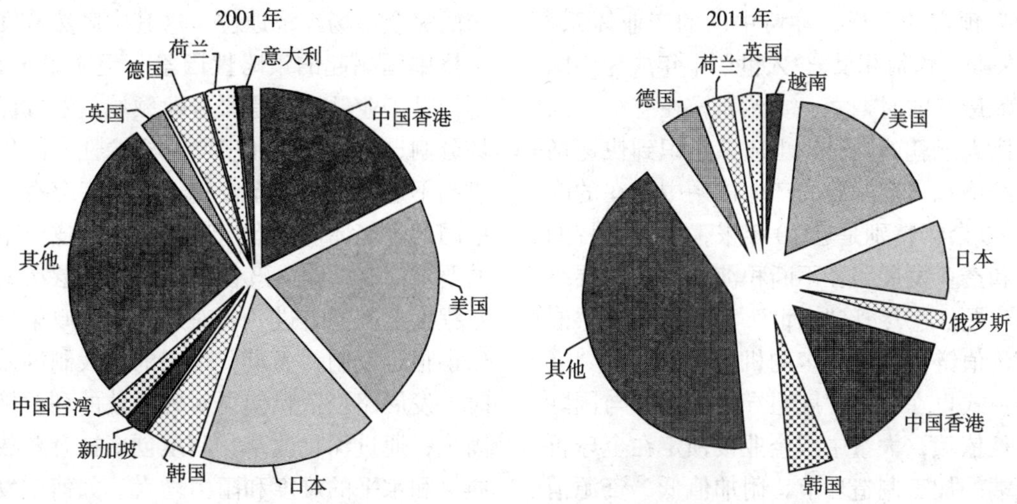

图 13–2　2001 年和 2011 年中国出口前 10 位的市场分布变化

资料来源：2001 年数据来自《中国统计年鉴》(2002)；2011 年数据来自海关统计。

开放范围和水平已经接近发达国家。再次，在应对加入世界贸易组织以及履行“入世”承诺过程中，中央和地方下大力气清理、修订与世界贸易组织规则不符的法规条例。据商务部统计，自 1999 年以来，中央先后清理各种法律法规和部门条例 2300 多件，地方政府清理的地方性法规、规章及政策措施多达 19 万件。最后，制定《中华人民共和国对外贸易法》，下放外贸经营权，改外贸审批制为备案登记制。这些举措不仅使中国对外贸易管理制度逐步与国际接轨，而且政府管理外贸的方式更加公开透明。

(3) 逐步融入多边贸易体系。“入世”的最大收益之一在于，从根本上解决了中国与其他成员的最惠国待遇问题，中国也因此获得了更为平等、稳定的贸易环境。“入世”以来，中国不仅积极参与多哈回合谈判，而且充分运用世界贸易组织争端解决机制为对外贸易发展营造有利的外部环境，抵制来自国外的不正当竞争。另外，近年来，中国开始频频以第三方的身份参与世界贸易组织的争端解决。迄今为止，中国以第三方身份参与了 87 件案件，居日本（113 件）、欧盟（111 件）和美国（92 件）之后，位列第四，成为世界贸易组织最活跃的第三方之一。[①] 通过参与这些争端诉讼，积累了经验，锻炼了人才队伍，增强了话语权。经过十年的不懈努力，中国已经由游离于多边贸易体系之外的工业和贸易大国转变为具有较强市场意识和法律意识、“体制内”的举足轻重的角色，为多边贸易体系的发展完善发挥了积极作用。

(4) 中国外贸发展对世界经济的贡献增大。“入世”以来，中国以更加开放的姿态和现实举措进一步锁定了 20 世纪 80 年代以来改革开放的目标方向和发展路径。依托低成本劳动力、较完整的产业体系等自身优势，中国不仅成为承接新一轮国际产业转移的主角，而且还凭借细分化的产业集群，一定程度上延长了全球价值链，带动国际分工不断深化。2008 年国际金融危机爆发后，中国政府采取积极、有效的应对措施，从而有力地支持了主要贸易伙伴和全球经济复苏。“入世”至今，中国跃升为世界第二大经济体。持续高速增长的中国经济和独特的中国模式丰富了后起国家实现经济腾飞和制度变革的实践和路径选择，一定程度上改变了国际经济格局。世界银行和世界贸易组织的统计显示，2001~2010 年，中国进出口增长占全球贸易增量的比重为 14.2%，中国经济增长占世界经济增量的 14.7%，中国 GDP 占世界生产总值的比重由 4.1%大幅增至 9.3%，成为推动全球经济增长不可忽视的重要力量。

2. “入世”经验的思考

回顾“入世”以来的发展历程，“入世”不仅

---

① 余敏友：《入世十年，开我国国际争端解决先河》，《国际贸易》2012 年第 12 期，第 33 页。

未如部分人预言的那样，冲垮中国的产业体系，造成大量失业，恰恰相反，“入世”十年成为中国发展最快、最好的时期之一。然而，在总结“入世”十年巨大成就的同时，也应该意识到快速增长的中国经济和高度开放的产业体系中存在的隐忧。去过30余年特别是近10年来，中国独特的开放模式和产业发展路径不断积淀了一些深层级的矛盾和问题。①尽管“入世”为中国企业“嵌入”全球价值链提供了更多的机会，但这种“嵌入式”的模式也在一定程度上导致中国参与国际分工的路径依赖，大量中国企业被锁定在全球价值链中低端的加工制造环节，附加值低，资源消耗高，环境影响大，发展的可持续性较差。②虽然中国已经较好地履行了“入世”的各项承诺，但美国、欧盟等主要发达经济体至今仍未承认中国的完全市场经济地位。这其中固然有发达国家阻挠中国崛起的策略性因素，但实事求是地看，不论是工业领域还是服务业领域，地方保护、市场分割、行政性行业垄断、资源性产品价格形成机制不透明等问题至今仍不同程度存在，现阶段中国的经济体制和政府决策机制与成熟市场经济的要求尚有差距。③体制机制中深层次的矛盾一定程度上制约着进一步对外开放的政策空间，今后也很难复制“入世”带来的巨大制度效应。同时，发展路径依赖使得对外开放的利益格局不断固化，通过深化改革、制度创新提升开放型经济质量和水平的难度和阻力增大。如何激发内生增长活力，加快由制造和贸易大国转向制造和贸易强国成为新时期扩大对外开放面临的重要课题。

二、“十二五”开局年工业对外贸易的新情况、新问题

1.“十二五”开局年对外贸易的总体形势及结构变化

(1) 进出口增长先高后低，外贸增速有所回落。2011年，中国货物贸易总体保持增长，进出口总额突破3万亿美元大关，达到36421亿美元，同比增长22.5%。然而，相比2010年的强势反弹，受欧债危机、世界经济复苏放缓等因素影响，2011年进出口增速有所回落，同比增速下降12.2个百分点，其中出口增长20.3%，进口增长24.9%，增速同比分别回落11.0个百分点和13.8个百分点。同时，由于进口增速快于出口，贸易顺差为1551亿美元，同比减少264亿美元，延续收缩的态势。另从图13-3可以看出，扣除2月“春节”的因素，2011年外贸增速全年波动幅度较大。特别是进入第4季度，订单减少的影响进一步显现，进出口增速全面回落，后续增长势头减弱。

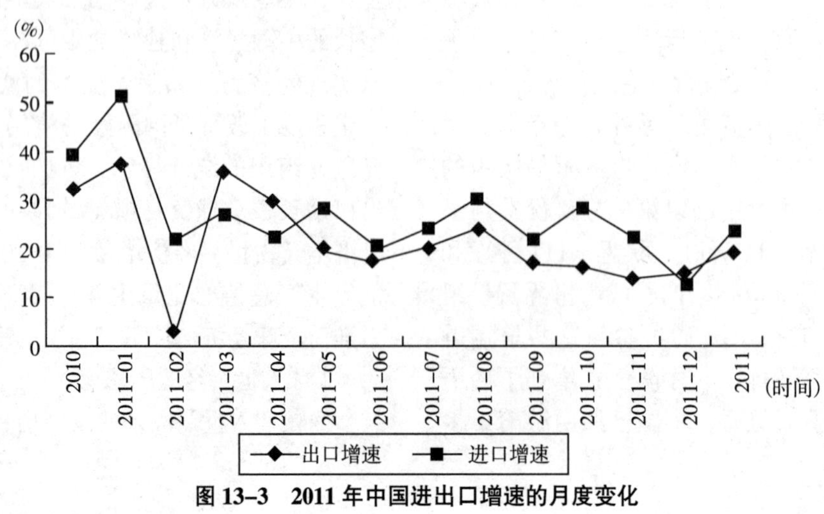

图13-3 2011年中国进出口增速的月度变化

资料来源：海关统计。

（2）机电产品和高新技术产品出口占比双双下跌，民营企业出口增长较快。值得注意的是，2011年，中国出口商品结构中，机电产品和高新技术产品出口增速分别仅为16.3%和11.5%，增速分别大幅回落14.6个百分点和19.2个百分点，均低于当年出口平均增速，导致机电产品和高新技术出口所占的比重双双下跌，同比分别下降2.0个百分点和2.3个百分点，而高新技术进口增速下降幅度更是高达21%，居各项进出口指标之首。从不同出口主体的情况来看，外商投资企业出口增速下滑最为明显，致使外商投资企业出口占比进一步下降至52.4%，比2005年下降了5.9个百分点，而以民营企业为主的"其他企业"出口仍实现较快增长。外商投资企业出口的颓势直接影响贸易方式的变化。2011年，加工贸易进出口增速继续大幅低于一般贸易，贸易方式结构有所改善（见表13-1）。再从进出口市场格局来看，2011年欧盟和美国两大出口市场表现不佳，中国对美国和欧盟的出口分别仅增长14.4%和14.5%，对这两大贸易伙伴出口减速是出口增速回落的主要原因。

表13-1　2011年中国进出口结构的变化

指　标	金额（亿美元）		同比增长（%）		增速及金额变化（%）	
货物进出口总额	36421		22.5		-12.2	
	出口	进口	出口	进口	出口	进口
	18986	17435	20.3	24.9	-11.0	-13.8
其中：一般贸易	9171	10075	27.3	31.0	-8.7	-13.7
加工贸易	8354	4698	12.9	12.5	-13.3	-17.0
其中：机电产品	10856	7533	16.3	14.1	-14.6	-20.3
高新技术产品	5488	4630	11.5	12.2	-19.2	-21.0
其中：国有企业	2672	4934	14.1	27.1	-8.6	-7.2
外商投资企业	9953	8648	15.4	17.4	-12.9	-17.9
其他企业	6360	3852	32.2	42.9	-10.0	-13.7

资料来源：《2011年国民经济和社会发展统计公报》。

（3）一般贸易进口增长较快，进口贸易条件有待改善。在重化工业化加速和消费升级的共同拉动下，近年来，中国粮食、能源和矿产品等初级产品以及高档消费品进口持续增长。尤其是粮食和资源性产品，进口刚性需求不断凸显，推动中国进口特别是一般贸易进口快速增长。2011年，中国进口增速超过出口4.6个百分点，其中一般贸易进口占比达到57.8%，而加工贸易进口仅占26.9%。同时，受国际市场上大宗商品价格波动的影响，中国主要进口商品价格不断攀升，其中谷物、大豆、食用植物油等商品在进口数量有所下降的情况下，进口金额仍有较大幅度的增长（见表13-2）。由于目前中国尚未能主导大宗商品的国际定价，参与粮食和资源性产品价格谈判的经验和能力不足，加之外商投资企业对进口渠道的控制，势必造成这类商品的进口贸易条件恶化。这不仅不利于中国能源和资源安全，而且还将进一步加剧国内通货膨胀，推高企业生产出口和居民消费的成本。

表13-2　2011年主要商品进口数量、金额及增长速度

商品名称	数量（万吨）	同比增长（%）	金额（亿美元）	比上年增长（%）
谷物及谷物粉	545	-4.6	20	33.8
大豆	5264	-3.9	298	18.9
食用植物油	657	-4.4	77	28.0
铁矿砂及其精矿	68608	10.9	1124	40.9
氧化铝	188	-56.4	8	-48.1
煤	18240	10.8	209	23.6

续表

商品名称	数量（万吨）	同比增长（%）	金额（亿美元）	比上年增长（%）
原油	25378	6.0	1967	45.3
成品油	4060	10.1	327	45.5
初级形状的塑料	2304	-3.7	472	8.3
纸浆	1445	27.1	119	35.3
钢材	1558	-5.2	216	7.3
未锻造的铜及铜材	407	-5.1	368	12.0

资料来源：海关统计。

2. 工业对外贸易的突出问题

（1）部分出口产品“价升量降”，价格驱动力有所增强。2011 年，出口保持 20%以上增长的背后推手一定程度上是出口价格的上涨。实际上，在要素价格攀升和汇率变动的共同作用下，中国出口已经呈现“出口额增长快于出口量”的态势。2011 年，部分产品出口的这一态势更加突出。除了自动数据处理设备及其部件的出口金额增速低于出口数量之外，其他主要商品的出口额增速均超过出口量（见表 13-3）。再以纺织品服装为例，作为中国传统优势出口产品和国际竞争力较强的产品，近年来，纺织品服装出口的一个明显特征是“价升量降”。据纺织工业协会统计，从出口指数来看，2010 年拉动纺织品服装出口增长的主要因素已从数量增长转变为价格提升。其中，纺织品出口的数量指数和价格指数分别为 116.2%和 110.5%，数量增长和价格提升共同推动出口增长，而服装的数量指数和价格指数分别为 94.1%和 128.5%，表现为明显的“价升量降”。2011 年，价格上涨继续成为推动纺织品服装出口增长的主因。纺织品服装的数量指数和价格指数分别为 93.8%和 128.02%，出口数量实际为负增长。其中，服装数量指数和价格指数分别为 89.7%和 131.9%，出口量明显萎缩。

表 13-3　2011 年主要商品出口数量、金额及增长速度

商品名称	数　量	同比增长（%）	金额（亿美元）	同比增长（%）
煤	1466 万吨	-23.0	27	20.6
钢材	4888 万吨	14.9	513	39.2
自动数据处理设备及其部件	183427 万台	10.1	1763	7.5
手持或车载无线电话	87509 万台	15.5	628	34.3
集装箱	324 万个	29.6	114	57.7
液晶显示板	244141 万个	8.5	295	11.5
汽车（包括整套散件）	82 万辆	52.2	99	60.5

资料来源：海关统计。

出口“价升量降”意味着剔除价格因素，中国相当一部分产品的出口数量实际上处于停滞甚至下降的状态。价格提升固然有中国部分出口企业议价能力增强的原因，但总体来看，这一轮出口产品价格上涨主要是成本推动的，不仅不是期盼已久的获得出口价格主导权的利好，反而说明中国传统的出口价格优势不断弱化。进入 2011 年第 4 季度，自动数据处理设备及其部件等一些出口产品出现“量价齐降”的局面，出口增长前景堪忧。

（2）外贸企业经营压力增大，中小型外贸企业生存困难。2011 年，外贸企业遭遇了欧债危机持续发酵、国际油价飙升、贸易摩擦不断等不利的外部环境，出口订单萎缩。根据人民银行公布的《企业家问卷调查》结果，2011 年第 4 季度出口订单指数为 48.7%，较第 3 季度下降 2.9 个百分点，为 2009 年第 4 季度以来首次下滑至 50%以下的区间，而企业出口订单预期指数则为 49%，较第 3 季度下降 3.4 个百分点。在订单减少的同时，出口企业还要应对人民币汇率风险以及工资上涨、融资难、能源和原材料等要素供给趋紧、价格攀升等一系列沉重的成本负担。在内忧外患的夹击下，部分外贸企业特别是中小型出口企业再度陷入经营困境，其中有些企业刚刚从金融危机的冲击下恢复，而有些企业甚至尚未完全走出金融危机的阴影。仍以纺织品服装业为例，2011 年，出口额低于 500 万美元的中小微型企业仅有 2/3 实现出口增长，而在出口下降的企业中，中小微型纺织服装企业则占到 90%以上。

2012 年，出口企业的生产经营状况更不乐观。《2012 年第 1 季度企业家问卷调查报告》显示，第 1 季度出口订单指数继续回落，仅为 46.9%，较上季度下降 1.8 个百分点。这种局面严重影响出口企业的信心。面对严峻的形势，一方面，一些出口企业通过加快产品创新、机器替代劳动、向中西部转移生产线等手段，努力化解成本压力；另一方面，也有不少企业开始积极尝试转型内销。如部分劳动密集型产品的出口企业利用多年从事加工贸易积累的经验，转而承接国内电子商务运营商的订单，并探索借力网络平台开发自主品牌（见专栏 13-1）。

（3）传统比较优势弱化，沿海地区出口导向型产业迫切需要转型升级。近年来，随着综合成本上升，出口订单加快向东南亚、东欧等地区转移，劳动密集型的外商投资企业从中国撤资的势头显现。2011 年，以“制造成本”优势为核心的中国传统出口比较优势进一步弱化。据统计，2011 年 11 月与金融危机刚开始的 2008 年 11 月相比，中国工业用地成本上涨 7%，工资成本上涨 26.4%，资金成本上升 1.5 个百分点，人民币升值 8%，而各种进口原材料价格增幅更是高达 64%。[①]在诸多成本上升的因素中，劳动密集型产品出口企业对工资上涨的压力尤为敏感。2011 年以来，包括北京、上海、江苏、广东、浙江等主要经济大省在内的 25 个地区最低工资标准平均涨幅达到 22%，直接拉高了外贸企业的用工成本。在工资上涨的同时，东部沿海地区的出口企业普遍遭遇到用工荒的困扰，企业招工难、招熟练技工更难的局面难以扭转。

随着比较优势的弱化，东部地区出口增长明显放慢。2011 年，出口增速排名前 5 位的均为中、西部省份（不包括西藏），分别是重庆（113.8%）、河南（77.7%）、安徽（43.9%）、江西（41.0%）和内蒙古（38.7%），而除了广东和福建出口增速略超全国平均增速之外，江苏（15.3%）、山东（22.0%）、上海（14.6%）、浙江（19.0%）等东部外贸大省的出口增速均低于全国平均水平。传统优势削弱短期内必然导致出口价格竞争力下降，而从中、长期来看，对于东部沿海地区而言，过去 30 余年中助其加速工业化、创造就业并积累大量地方财富的出口加工型产业，其后续发展空间明显缩小。在一些劳动密集型和高耗能、高污染出口行业集聚的县市镇，产业“空心化”的隐患开始演化为现实的发展困局。如何尽快走出出口导向产业的路径依赖，培育可持续的竞争优势和新的出口主导产业，成为这些改革开放先行地区亟待破解的难题。

三、对外贸易发展环境展望

当前，世界经济正在经历后危机时期的“大发展、大变革、大调整”，国际贸易和交易秩序以及全球经济格局处在剧烈变动之中。可以肯定的是，“十二五”后几年，中国实现外贸平稳较快发展仍有一定的基础和有利条件，但也应该清醒地意识到，对外贸易发展面临更多的外部风险和不确定因素，保持外贸增长的难度增大。

1. 欧债危机对外需的影响

2011 年以来，欧债危机深化，并加快向欧盟的核心国家蔓延。欧债危机的深层原因在于欧元区的体制性缺陷。由于引发危机的制度性因素短期内难以消除，使得救助难度增大，危机存在长期化的可能性。欧债危机抑制了国际市场需求，直接影响中国对欧出口和双边经贸关系。2011 年

① 王受文：《要培育外贸新的竞争优势》，《国际贸易论坛》2011 年（冬季号），第 24 页。

7月，欧盟超过美国成为中国第一大贸易伙伴。虽然2011年全年欧盟保持了中国第一大贸易伙伴的地位，但对欧盟出口增速（14.4%）却大幅低于出口总体增长速度，而且除荷兰外，中国对德国（12.3%）、英国（13.8%）、法国（8.5%）、意大利（8.2%）、西班牙（8.5%）等主要欧盟地区贸易伙伴的出口增长均低于对欧盟出口增速的平均水平，同时，2011年欧盟对华实际投资下降5.4%，一定程度上反映出欧债危机对欧盟主要成员国实体经济的冲击正在加剧。进入2012年，欧债危机的影响进一步显现。2012年1~4月，中国对欧盟出口增速大幅放缓，同比下滑2%。在欧债危机的阴影下，世界经济下行风险骤增。国际货币基金组织连续调低了对世界经济和主要经济体的产出和贸易增长预期，表明世界经济全面复苏的前景不明朗，国际需求仍将处于低迷状态。其中，欧元区和发达国家的经济形势尤其严峻，而新兴经济体的产出和贸易虽维持较快增长，但增速也将趋缓（见表13–4）。

表13–4 IMF预测世界主要国家和地区产出、贸易增长趋势（2012年1月）

世界产出增长（%）

国家/地区	2012年	2013年	与2011年9月预测值相比		国家/地区	2012年	2013年	与2011年9月预测值相比	
			2012年	2013年				2012年	2013年
世界	3.3	3.9	–0.7	–0.6	新兴经济体与发展中国家	5.4	5.6	–0.7	–0.3
发达国家	1.2	1.9	–0.7	–0.5					
欧元区	–0.5	0.8	–1.6	–0.7	中国	8.2	8.8	–0.8	–0.7
美国	1.8	2.2	0.0	–0.3	俄罗斯	3.3	3.5	–0.8	–0.5
日本	1.7	1.6	–0.6	–0.4	印度	7.0	7.3	–0.5	–0.8
新兴工业化国家（地区）	3.3	4.1	–1.2	–0.3	巴西	3.0	4.0	–0.6	–0.2
					南非	2.5	3.4	–1.1	–0.6

世界货物贸易与服务贸易增长（%）

国家/地区	2011年	2012年	2013年	与2011年9月预测值相比	
				2012年	2013年
世界贸易总额	6.8	3.8	5.4	–2.0	–1.0
进口：发达国家	4.8	2.0	3.9	–2.0	–0.8
新兴经济体与发展中国家	11.3	7.1	7.7	–1.0	–1.0
出口：发达国家	5.5	2.4	4.7	–2.8	–0.8
新兴经济体与发展中国家	9.0	6.1	7.0	–1.7	–1.6

资料来源：http://www.imf.org/external/pubs/ft/weo/2012/update/01/index.htm.

2. 国际市场大宗商品价格走势

近年来，国际市场上初级产品价格波动较大，但总体上呈螺旋式上升态势。经历了2008年金融危机时的短暂回调之后，国际粮食、石油、矿产品、有色金属等主要大宗商品和工业原材料的价格重归高位运行。据国际货币基金组织测算，2010年和2011年，国际石油价格分别上涨了27.9%和31.9%，非燃料大宗商品的平均价格则分别攀升26.3%和17.7%。2011年，每吨铁矿石和铜的国际市场价格分别比2008年大幅提高190.4%和37.8%，铝的价格与2009年相比，涨幅也高达52.4%。尽管2011年1月国际货币基金组织最新发布的《世界经济展望》预测，由于全球经济存在下行风险，2012~2013年大宗商品价格将有所下降，但在需求刚性、地区局势紧张、投机炒作等因素的共同作用下，粮食、能源和矿产品等初级产品的价格涨势趋于固化。大宗商品价格是世界经济再平衡的重要杠杆，目前高企的资源性产品价格不仅影响全球生产和贸易的恢复发展，而且直接关系到新兴经济体增长的稳定性和可持续性，因而受到了各国和国际组织的普遍关注。然而长期以来，全球资源开采和产品定价机制主要由发达国家的大矿业公司和金融资本共同操控，即使多边协调机制试图参与稳定大宗商品的价格和供求关系，资源领域的国际利益格局也很难在短时间内发生重大转变。随着中国石油、矿产品、大豆等产品进口依赖度不断提高，现行的大宗商品定价机制和价格走势对国内生产消费、出口成本控制以及进口贸易条件都将产生不利影响。

3. "再工业化"、投资回流与全球制成品出口竞争态势

在应对金融危机中，发达国家推行"再工业化"，采取各种措施鼓励资本投向本国实体经济，意图使制造业重新成为吸纳就业的重要部门。经过几年的实践，美国等发达国家的实体经济呈现出一系列新的变化，从而初步验证了所谓"再工业化"绝不是发达国家的权宜之计和纸上谈兵，而是其再造实体经济、重塑国家竞争力的重大战略举措。以美国为例，在政府一揽子经济刺激计划的作用下，美国制造业重现回暖态势。如借力美国政府的大规模直接援助和"丰田事件"的契机，美国汽车制造业全面复苏，2011 年通用汽车公司重夺北美销售第一的位次。在"再工业化"进程中，一个引人注目的现象就是制造业投资回流。尽管 2009~2010 年，全球 FDI 更多地流向了新兴经济体和发展中国家或地区，但美国和德国等制造大国对跨国公司投资的吸引力增强。《世界投资报告》（2011）的数据显示，2010 年美国和德国吸收 FDI 分别比 2009 年增长 47.1%和 21.1%，而同期中国吸收 FDI 仅增长 11.6%。投资回流的另一个实例是美国的化工产业。随着开采技术日益成熟，页岩气的生产使美国天然气产量快速增长，天然气价格大幅下降。由于天然气供给和价格形成机制有别于石油，其区域性较强，因而美国天然气价格下降使其相关原材料采购和运输的成本优势凸显，进而带动了部分以天然气为主要原料的化工公司将其海外企业重新迁回美国。

同时，制造业投资回流并未中断生产和研发的全球化进程。相反，与投资回流并行的趋势是，国际产业转移仍在继续深化，而且不同类型的国家和地区都加入产业转移的行列，中国和印度新兴经济体已成为 FDI 的主要输出国。从产业转移的流向来看，跨国公司的国际生产方式安排更加灵活，其全球生产体系的外延不断拓展，越来越多的发展中国家开始承接产业转移。日本、美国企业在印度等南亚国家的投资规模不断扩大，而法国、意大利等欧盟国家也将其在中国的部分加工厂转移到中东欧和北非等国家和地区，以获得有竞争力的成本条件及进入欧盟市场的更多便利。目前，服装、玩具、箱包、塑料制品等产品订单分流的现象已经非常突出，发展中国家在中低技术产品出口中展开日益激烈的竞争。面对不断加剧的引资和出口竞争，中国传统产业比较优势弱化的问题进一步凸显。

4. 战略性新兴产业的贸易摩擦

持续的经济和就业不振使得国际贸易和投资自由化正陷入近 30 年来最严重的一次回潮，对由世界贸易组织主导的多边贸易体制的发展完善构成了现实的威胁。进入 2011 年，贸易保护主义出现了一些新动向。受欧债危机、美国天然气价格下降等因素的影响，发达国家对太阳能等新能源产品补贴减少，国际市场上太阳能电池板等产品的需求急剧下滑，企业生产萎缩，导致价格竞争向新能源等战略性新兴产业蔓延，贸易摩擦开始渗透到战略性新兴产业，为新兴领域国际贸易的发展蒙上一层阴影。

近年来，中国成为全球贸易保护主义的众矢之的。尽管尚未遭遇全面的贸易战，但贸易摩擦已现常态化。截至 2011 年，中国遭受国外反倾销、反补贴调查连续 17 年和 6 年居世界首位。目前，中国出口约占国际市场 10%的份额，而受到的反倾销和反补贴调查却分别占全球的 3 成和 6 成。在战略性新兴产业的贸易摩擦中，首批主要受害者仍是中国企业和中国产品。2011 年 11 月，美国商务部对 6 家光伏企业诉中国输美光伏产品正式立案，这是美国首次对中国新能源产品发起"双反"调查。2012 年 3 月美国商务部发布调查结论，认为中国太阳能电池板和电池片制造企业分别接受了来自政府 2.9%~4.73%的出口补贴，将对中国输美太阳能电池板初步征收最高 4.73%、最低 2.90%的反补贴税。2012 年 5 月，美国商务部公布的对中国光伏电池和组件的反倾销初裁结果更为严厉，征收的反倾销税率高达 31.14%~249.96%。美国对中国光伏产品的"双反"产生了严重的负面示范效应。德国太阳能经济联合会联系欧盟相关行业，准备在欧盟 27 个成员国向中国光伏产品提出反倾销诉讼，而美国也对中国的风电产品实施贸易救济措施。欧美采用这些贸易保护手段，不仅旨在遏制中国新能源等战略性新兴产业的快速发展势头，进而在战略性新兴产业国际分工中占据主动，而且“双反”调查过程中，一些在美国上市的中国新能源企业股价频繁波动，为国外金融资本向中国优质实体资产渗透带来可乘之机。在这种情况下，中国不仅要主动出击，积极应诉，努力为企业化解贸易摩擦，而且还应反思产业发展模式，避免战略性新兴产业走低水平、总量扩张的老路。

5. 地区局势以及中国外经贸关系中的不确定因素

2011 年是国际政治经济形势剧烈动荡的一年。发达国家社会矛盾加剧，新兴市场快速增长的不可持续性显现，中东、北非等地区局势恶化，这些因素和事件直接影响中国进出口的稳定。其中，北非地区的政权更迭和暴力冲突造成中国海外资源开发和工程承包蒙受了巨大损失，中国企业“走出去”战略遭遇重挫，也暴露出中国“走出去”战略缺乏总体设计、顶层支撑和风险防范等问题。2012 年，国际环境中非经济的不确定因素仍有增多之势。首先，北非局势尚待回稳，而叙利亚问题、伊核危机等地区性冲突又浮出水面，国际形势更加复杂。其次，2012 年是一个不折不扣的大选之年。包括美国、法国、俄罗斯在内的近 20 个国家和地区迎来大选。其中，美国总统选举对中国外经贸的影响最为突出。从以往的经验来看，每逢美国总统选举，各候选人都要大打“中国牌”，频繁拿中美经贸关系中的汇率、顺差、就业、知识产权等敏感问题说事。虽然当选总统并不会使中美关系严重偏离既定轨道，但选战中的过激发声却每每使我们陷入被动。相比发达国家的选举，非洲、拉丁美洲等一些国家的政权更迭则会在不同程度上影响中国企业的商业利益。由于中国企业惯于凭借政府关系进入当地市场，一旦政权变更，往往会引发合同终止、投资中断、出口受阻等一系列损失。

四、对策建议

1. 几点认识

以上分析可见，“十二五”后几年乃至更长的时期内，中国对外贸易发展既有有利条件，也面临着进出口增速回落、比较优势弱化、外部风险增多等突出问题。面对新形势、新问题，保持对外贸易稳定增长的任务紧迫而艰巨。为此，应“实行更加积极主动的开放战略，拓展新的开放领域和空间，完善更加适应发展开放型经济要求的体制机制，提高开放型经济水平和质量，形成开放型经济新格局，更好地以开放促发展、促改革、促创新”。[①]

（1）要正确认识贸易顺差与进出口平衡增长的关系。近年来，为改善贸易结构、缓解贸易摩擦、实现对外贸易可持续发展，中国提出平衡进出口增长。目前，对这一目标的认识仍存在误解。一些人认为，实现进出口平衡增长就是要把出口增速降下来，把顺差减下来，也有一些观点提出，贸易顺差导致中国外汇储备增长较快，造成外汇占款增多，加剧通货膨胀的压力。应该说，这些看法都有偏颇之处。中国作为新兴的发展中大国，在较长时间内保有贸易顺差符合世界主要贸易大国贸易差额变化的一般规律，而且在 1981~2011 年中国外贸增长较快的 31 年中，顺差年份有 18 个，远少于美国、德国、日本等贸易大国顺差集中出现的持续年份（见图 13-4）。同时，贸易顺差并不必然形成外汇占款。如果贸易顺差留存在企业和民间，则不会增加外汇储备。近年来，德国正是通过购买黄金和其他资产将贸易顺差转变为多样化的外汇资产。[②] 实际上，中国贸易顺差的问题更多的不是规模问题，而是结构问题。由于

① 引自胡锦涛主席在“加入世界贸易组织十周年高层论坛”上的讲话。

② 廖晓淇：《关于我国外贸顺差和外汇储备的若干看法》，《国际贸易》2011 年第 12 期，第 5 页。

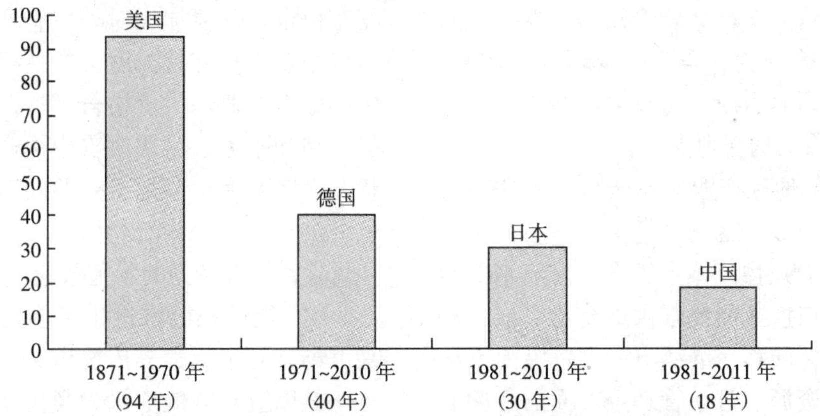

图 13-4 世界主要贸易大国贸易顺差集中出现的年份

资料来源：中国的数据来自《中国统计年鉴》相关年份和《2011 年统计公报》；其他国家的数据转引自廖晓淇：《关于我国外贸顺差和外汇储备的若干看法》，《国际贸易》2011 年第 12 期，第 4 页。

目前中国出口产品中 95%以上的是品种繁多的工业制成品，导致中国与全球 75%的国家和地区都有顺差，其中 2011 年中国对美国和欧盟两大贸易伙伴的顺差分别是当年贸易顺差总额的 1.33 倍和 0.93 倍，顺差构成很不平衡。而随着粮食、石油、矿产品等初级产品的进口比重不断提高，逆差来源越来越集中于澳大利亚、巴西、沙特等少数资源输出大国以及日本、韩国、中国台湾等加工贸易零部件的主要制造和出口国家和地区。由此可见，简单地把出口增速降下来虽然会使贸易顺差缩减，甚至出现逆差，但并不能从根本上解决中国与欧美的贸易摩擦问题，也难以真正实现对外贸易平衡增长。

（2）要客观看待净出口对经济增长的贡献。近年来，随着中国成为世界第一出口大国，国内外都有一些声音认为出口是拉动中国经济增长的主要因素。然而，回顾改革开放以来特别是近 10 年中国 GDP 增长的构成可以发现，消费和投资对 GDP 增长起到了压倒性的作用，净出口并不是经济增长的主因。2000~2011 年，GDP 增速保持在 10%左右，而净出口的贡献度只有 4 年超过 1.0%，有 5 年不足 1%，有 3 年为负。2008 年以来，净出口占 GDP 的比重连续下滑，已由 7.61%降至 2011 年的 2.07%。虽然净出口对 GDP 的拉动有限，但净出口对经济增长负贡献的局面不宜长时间持续。特别是在当前进出口增速下滑、外贸企业生存压力增大的情况下，保持出口平稳较快增长对加快产业转型升级、稳定扩大就业具有重要意义。因此，在坚持“扩大内需”的同时，应采取积极有效措施，稳定外需，确保经济长期稳定增长。

（3）要坚持以产业转型升级推动外贸发展方式转变。尽管在内外压力下，不少外贸企业的转型意愿和自主性明显增强，其中一些企业也开始向全球价值链的高端攀升，但一个严峻的现实是，总体来看，转变外贸发展方式至今并未取得实质性的进展，大量出口企业仍在拼资源、拼价格，产品附加值低，出口效益差。总结近些年的经验教训，转变外贸发展方式不单纯是外贸部门和出口企业的事，而是要放在科学发展的大环境中，紧密集合各地产业升级的方向，使转变外贸发展方式成为提升实体经济国际竞争力的重要一环。

2. 对策建议

（1）加强自主创新，培育新的竞争优势。以理念创新为基础、以技术创新为核心、以制度创新为保障，提升自主创新国家战略，建立完善国家创新体系。充分发挥以开放促竞争的政策效应，进一步改革市场准入机制，打破行政垄断和地方保护，激发微观主体的创新活力，确保企业自主创新的合理合法收益。大力发展战略性新兴产业，着力突破核心技术和关键技术，加快重大科研成果的产业化进程，创新战略性新兴产业的市场化模式，在条件成熟的领域，积极争取新兴产业价值链分工的主导权。同时，以工艺改造、设备更新和节能降耗为导向，加快传统产业升级改造，引导出口代工企业提升产品设计、品牌运作和渠道营销等向产业链上下游辐射的能力，挖掘传统产业的出口潜力，延长传统产业的优势期。加强知识产权保护，营造全社会尊重知识、鼓励创新的良好氛围，构建开放、合理的专利保护体系。加大人才引进和培养力度，为自主创新、转变外贸发展方式提供有力的智力支持。

（2）推进东部地区产业有序转移，加快出口导向型产业转型升级。首先，完善沿海与内地的产业对接机制，加强物流体系建设，促成东部地区优势弱化的出口产业向要素供给充足、成本相对较低的内地省区转移。继续巩固发挥沿海地区外贸企业在客户资源、订单管理等方面的经验和优势，逐步形成内外市场兼顾、沿海和内地良性互动的新型产业分工格局。其次，东部地区要科学选择适合本地发展、具有较强可持续性的接续主导产业，明确转型升级方向，加大创新投入，实现优势产业的有序更替，防止产业“空心化”和人才大量流失。中、西部地区则应加强配套能力建设，严格项目准入，严控“两高一资”（高耗能、高污染、资源性）和低水平的加工贸易项目，在承接东部产业转移过程中，打造立足于自身区位优势的产业体系。最后，结合“走出去”战略，鼓励东部出口企业在境外开设窗口、投资兴业、开发资源，以降低要素成本，绕过贸易壁垒，开辟新兴市场，加快国际化发展。

（3）多管齐下，稳定外贸微观主体。目前，外贸企业遭遇的汇率风险、要素成本等问题难以回避，这些问题一方面需要企业下大力气练好内功，通过产品更新、技术改造和渠道拓展逐步解决；另一方面，虽然中国外贸体制改革取得了显著成效，但在改善政府服务、优化外贸企业经营环境方面仍有政策空间。一要切实为外贸企业减负。广东省的一项调查显示，外贸企业面临的各项收费竟有 161 项之多。应对其中一些不合理的收费项目进行清理减免，从而实实在在地减轻外贸企业负担。二要进一步完善出口退税政策，弱化出口退税作为调节出口政策性工具的作用，突出其维护公平税负的中性功能，保持出口退税的相对稳定。三要加大对外贸企业特别是中小微型出口企业信贷支持力度，支持银行等金融机构为中小微型企业提供价格合理、多样化、便利的信贷产品和服务，尽快改善中小微外贸企业的融资状况。四要为出口加工企业转型内销提供营销渠道、供求信息、物流仓储等服务，降低转型成本和风险，扩大转型的示范效应。

（4）继续积极推进市场多元化，大力开拓新兴市场。对于欧美等传统市场，近期的主要任务之一是以应对欧债危机为契机，兼顾和平衡各方利益，提升国际影响力。针对与主要贸易伙伴贸易摩擦频发且有升级趋向的问题，要综合运用经济、法律、外交等有段，积极妥善处理贸易争端，主动化解矛盾。

在稳固传统市场的同时，加强与新兴经济体和发展中国家的经贸合作，进一步优化外贸市场格局，扩大外需，增强资源进口的保障能力，改善贸易条件。充分利用金砖国家领导人峰会、中非合作论坛等平台，完善协商沟通机制，逐步形成合力。积极参与区域经济一体化进程，以亚太地区为重点，密切关注美国运作 TPP 的新动向，采取切实可行的应对措施，扎实推进区域和双边自由贸易区建设，加快与东盟等国家和地区已签订自由贸易协定的落实和扩展，巩固扩大亚太地区经贸合作的既有成果。今后，还应着力创新经贸合作方式，与拉丁美洲、非洲等地区开展贸易、投资、外援、技术转让、工程承包、劳务输出等多种形式的合作，密切经贸往来，增进互利互信。另外，要充分调动地方政府拓展对外经贸关系的积极性，推动粤港澳、闽台、西南省区与东盟、新疆与中亚国家的互动合作，鼓励沿边省区与周边国家和地方发展边境贸易和投资合作。以深化与新兴经济体的经贸合作为契机，把握扩大开放的主动权，积极参与国际规则制定，在推进全球治理中发挥更大作用。

专栏 13–1

传统外贸企业转型做电商代工

2011 年，随着欧债危机持续发酵，不少代工企业的出口订单量持续下滑，企业经营陷入了比

2008~2009 年全融危机时期更为严重的困境。面对日益增大的生存压力，越来越多的外贸企业开始艰难的转型。其中一些传统代工企业转为网购“代工”，即接受国内电子商务运营商的订单，在短期内开辟了新的客户渠道，为企业转战国内市场、实现转型升级做出了积极探索。

近年来，随着互联网普及和消费者购物习惯的变化，国内电子商务发展迅猛，逐步形成了淘宝、京东、当当、凡客、梦芭莎等一批较为成熟的平台型线上购物渠道。这些线上渠道商开始大量向国内代工企业订购各类网购商品，而传统代工企业则通过接受“电商”订单，逐步参与到电子商务全新的供应链中。据调查，目前国内网购订单的利润虽然也很微薄，但利润率普遍高于出口订单，而且部分网购订单比出口订单的速度快，单张订单量大，产品加工难度相对较低，这些都使得网购订单能够为代工企业提供更好的现金流。如凡客的订单一般是 10 万量级的，而由于受全球营销、季节性强等因素影响，耐克、阿迪达斯等国际大品牌给国内代工企业的订单量平均一个款式只有 15000 件左右，且往往是半个月下一次单，一单仅约 2000 件。对于代工企业来说，这类订单属于小订单，其订单周期也会提高成本。同时，代工企业接电子商务的订单并不需要对其生产经营做太大调整，最多是供应链上的微调，或者是生产线的调整和成本的变化，并不会涉及伤筋动骨的改造。

艾瑞数据的研究报告显示，2011 年中国网络购物交易规模达到了 7735.6 亿元，其中服装类交易规模超过 2200 亿元。尽管参与电子商务难以从根本上改变代工企业的业务模式，也无法撼动传统劳动密集型产业的产业格局，但为电商代工无疑为传统外贸企业提供了接入内销市场的机遇，在一定程度上有助于缓解其因外需下滑造成的经营困难。另一个值得注意的现象是，一些代工企业看到了国内网购市场的巨大发展潜力，开始借助网络平台，转型创立自主品牌。如 2006 年，给海外箱包品牌代工十几年的叶海峰创立了麦包包品牌，尝试利用淘宝网转型做电子商务。经过短短 6 年的时间，麦包包已经发展成为拥有 1000 多名员工、销售额近 10 亿元的国内最大的箱包品牌企业。

然而，借力电子商务转型内销，并升级为品牌经营并非易事，毕竟互联网渠道经过多年发展已经基本形成了固有模式和规则。对于传统代工企业来说，运作互联网品牌和渠道既是转型的机遇，但也面临诸多挑战。除了要遵循品牌运营的一般规律外，还要深谙网络渠道的游戏规则。这不仅需要在理念和技术上做出高质量的策划，而且还应该意识到网购品牌的创立、维护、提升同样是一个循序渐进的过程。因此，代工企业转型为国内“电商”，应先摸索积累经验，再逐步搭建属于自己的专业团队。

资料来源：根据《中国经营报》2012 年 3月 19 日相关报告改写。

参考文献：

1. 国务院新闻办公室：《中国的对外贸易》(白皮书)，2011 年 12 月。

2. 王俊文主编：《形势与对策——中国对外经贸发展与改革》，北京：中国商务出版社，2011 年版。

3. 陈建奇：《稳定外需、进口战略及贸易平衡研究》，《国际贸易论坛》2011 年（秋季号）。

4. 陆燕：《从入世 10 年看中国对外经贸关系的变化》，《国际贸易论坛》2011 年（冬季号）。

5. 李健：《我国外贸将迎来更加复杂局面的考验》，《国际贸易论坛》2011 年（冬季号）。

6. 廖晓淇：《关于我国外贸顺差和外汇储备的若干看法》，《国际贸易》2011 年第 12 期。

7. 崔卫杰：《入世十周年我国高新产品贸易的国际地位分析》，《国际贸易》2011 年第 12 期。

8. 龚军：《新时期我国对外开放面临的新形势和新挑战》，《国际贸易》2012 年第 1 期。

9. 何伟文：《稳定出口增长，实现消费、投资、出口均衡发展》，《国际贸易》2012 年第 2 期。

第十四章　落后产能淘汰

提　要

淘汰落后产能是中国产业政策的重要内容，可以从生产能力造成的后果与技术水平两个角度进行考察。淘汰落后产能是应对能源和环境约束、优化产业结构、提高产业技术水平的需要。中国落后产能的形成具有特殊性，包括要素价格扭曲、二元经济结构、财政分权和地方竞争、退出机制缺位等。近年来，中央政府出台了一系列淘汰落后产能的政策，主要包括产业准入管理、行政性强制淘汰、经济性限制措施、激励性措施和对地方政府的监督考核与问责。总体上看，中国淘汰落后产能政策实现了预定目标，但是也存在过于强调行政手段和规模标准等问题，在具体的操作层面需要做出适当的调整。

*　　*　　*

尽管目前中国工业仍然保持较高速度的增长，但是资源环境约束、低成本竞争力削弱、出口增长乏力等问题加剧，制约经济发展的因素在不断增加。工业特别是“两高一资”（高耗能、高污染、资源性）行业中大量落后产能的存在是产生这些问题的重要原因。中国已进入推进产业转型升级从而破解资源环境约束、提高创新能力和重塑竞争优势的关键时期，淘汰落后产能则是产业转型升级的重要内容和手段。

落后产能可以从两个角度加以考察。①从生产能力造成的后果判断。减轻或消除由于落后产能造成的安全生产、环境污染、资源浪费、温室气体排放等问题是淘汰落后产能政策的初衷。如果生产设备、生产工艺的污染物排放、能耗、温室气体排放、物耗、水耗等技术指标高于行业平均水平，或者存在较大的安全生产风险，则该生产能力就是落后产能。②根据技术水平加以判断。所谓落后产能，是指生产设备、生产工艺的技术水平低于行业平均水平的生产能力。一般而言，生产设备、生产工艺的技术水平与其造成的后果是联系在一起的，落后的技术水平往往对应着更高的能耗、水耗和更多的污染物排放。在具体的国民经济管理实践中，落后产能是指技术水平（包括设备、工艺等）达不到国家法律法规、产业政策所规定标准的生产能力。由于随着技术进步和经济发展，产业的装备和技术水平会不断提高，原来达到产业平均水平的生产设备、工艺会变得落后，因此落后产能是一个动态概念，国家的产业政策也会对落后产能的标准不断做出调整。

一、淘汰落后产能对产业转型升级的重要意义

中国工业的产业组织特点是先进生产能力与大量落后生产能力并存。淘汰落后产能有利于应对能源和环境的约束、优化产业结构、提高产业技术水平，对中国工业乃至整个国民经济的可持续发展具有重大意义。

1. 淘汰落后产能是破解能源、环境约束的需要

改革开放以来特别是重新重工业化以来，中国对能源和资源性产品的需求快速增长，污染物排放量快速增加，给资源和环境造成巨大压力。自1993年以来，高收入国家的金属密集度已在稳步下降，而中国却相反，金属密集度已经达到高收入国家的7.5倍和其他发展中国家的4倍。[①] 按照世界银行的数据，中国2009年的能源消费量达到22.57亿吨油当量，超过美国的21.63亿吨油当量，成为世界第一大能源消费国，占世界能源消费量的比重达到19.15%。由于中国的能源消费结构以煤为主，二氧化碳排放量早在2005年就已经超过美国成为世界第一，2008年二氧化碳排放量70.32亿吨，是美国的1.29倍，占世界的21.92%；2005年氮氧化物排放量4.67亿吨（二氧化碳当量），是美国的1.47倍，占世界的16.38%；水体有机污染物（BOD）排放量0.88万吨每天，是美国的4.77倍。2001~2010年，中国建设用地总量从16.37万公顷增加到42.82万公顷，猛增了161.6%，年均增长11.3%。由于建设用地增长过快过猛，中国部分发达地区已经几乎无地可供。在土地和资源、环境的约束下，中国经济的增长必须从粗放型向集约型转型，大力推进产业结构的转型升级。中国能源、环境严峻形势的形成除了工业规模总量大、重工业比重高的因素外，工业的整体生产效率低是重要的原因。从表14-1可以看到，按照现价美元衡量，中国单位GDP能耗和单位GDP二氧化碳排放量是世界平均水平的两倍以上，按购买力平价衡量也接近世界平均水平的两倍，单位淡水创造的GDP大约相当于世界平均水平的1/4，距世界先进水平的差异就更为明显。工业生产效率低、污染重在很大程度上是由于落后产能比重大造成的。通过淘汰落后产能，可以提高我国工业的整体技术水平，进而提高能耗、水生产率，减少污染物排放。

表14-1 主要国家单位GDP能耗、二氧化碳排放和水生产率比较

	单位GDP能耗（2009年）			单位GDP二氧化碳排放（2008年）			水生产率
	万吨油当量/亿美元（现价）	万吨油当量/亿美元（2000年不变价）	万吨油当量/亿国际元（现价，PPP）	万吨/亿美元（现价）	万吨/亿美元（2000年不变价）	万吨/亿国际元（现价，PPP）	美元（2000年不变价）/立方米总淡水抽取量
中国	4.52	7.68	2.47	15.55	26.12	8.56	3.44（2005年）
德国	0.97	1.60	1.08	2.17	3.74	2.58	49.14（2001年）
日本	0.94	0.98	1.16	2.48	2.35	2.80	52.81（2000年）
美国	1.54	1.92	1.54	3.82	4.68	3.82	23.34（2000年）
世界	2.03	2.97	1.63	5.23	7.90	4.46	14.36（2005年）
中国/世界	2.23	2.59	1.52	2.97	3.31	1.92	0.24

资料来源：世界银行World Development Indicators & Global Development Finance数据库。

2. 淘汰落后产能是治理产能过剩的重要抓手

所谓产能过剩，是指实际产出数量小于生产能力而形成的生产能力过剩。生产能力或产能是指在正常生产条件下所能达到的潜在产能或经济中业已形成的产能。中国当前很多产业都存在比较严重的产能过剩。例如，《关于抑制部分行业产

① World Bank. Global Economic Prospects: Commodities at the Crossroads. Washington, DC: World Bank, 2009.

能过剩和重复建设引导产业健康发展的若干意见》指出，钢铁、水泥、平板玻璃、煤化工、多晶硅、风电设备电解铝、造船、大豆压榨等行业产能过剩矛盾突出或存在产能过剩的风险。政策制定者一般认为，产能过剩会造成资源的严重浪费、恶性的市场竞争，所以产能过剩被看做中国经济高速发展中存在的一大痼疾，抑制产能过剩是近年来中国产业政策的重点之一。落后产能在中国一些产业占有相当大比重，例如《关于钢铁工业控制总量淘汰落后加快结构调整的通知》指出："在2004年末形成的4.2亿吨钢产能中，落后的300立方米及以下的小高炉能力约1亿吨，20吨及以下的小转炉和小电炉能力5500万吨，分别占总能力的27%和13.1%。"落后产能的淘汰、退出能够明显地改变产能过剩行业的市场供求关系，减轻产能过剩的程度，较快地起到治理产能过剩的效果。

3. 淘汰落后产能是促进产业转型升级的重要手段

国务院在2012年12月30日印发的《工业转型升级规划（2011~2015年）》明确提出："工业转型升级是我国加快转变经济发展方式的关键所在，是走中国特色新型工业化道路的根本要求，也是实现工业大国向工业强国转变的必由之路。"该《规划》的颁布意味着产业转型升级已经成为中国"十二五"经济发展的重要任务。按照《工业转型升级规划（2011~2015年）》的界定："转型就是要通过转变工业发展方式，加快实现由传统工业化向新型工业化道路转变；升级就是要通过全面优化技术结构、组织结构、布局结构和行业结构，促进工业结构整体优化提升。"淘汰落后产能恰恰契合了工业转型升级的要求：淘汰落后产能主要是淘汰不符合"科技含量高、经济效益好、资源消耗低、环境污染少"的新型工业化要求的设备、生产工艺和产品，通过淘汰落后产能，能够为先进生产能力腾出市场空间，有利于提高产业的整体技术水平，有利于生产能力向大型企业和优势企业集中，因而对优化产业组织结构具有积极的意义。

二、中国落后产能的形成机制

在完善的市场经济条件和政策体系下，某一特定时点的落后产能主要是由于技术的进步造成的，也就是说，随着技术的进步，原本在平均水平以上的生产能力转变为落后产能。由于落后产能往往效率低、成本高，因此会被市场所淘汰，同时不会有同样低技术水平的落后产能重新进入。但是在中国尚不完善的市场经济条件下，落后产能的形成机制要复杂得多。

1. 要素价格扭曲造成市场淘汰落后产能的能力较弱

中国的水、电、油、气、土地等生产要素价格仍以行政定价为主，且远低于市场均衡水平。同时由于法律法规和监管不到位，许多企业在环保、安全生产、工作条件、社会保障等方面没有承担其应有的责任及相应的社会成本。此外，地方政府为了招商引资、促进本地发展，还在土地、水电、税收乃至设备投资等方面给予企业额外的优惠或补偿，使要素价格扭曲更为严重。要素价格的严重扭曲造成市场淘汰落后产能的能力较弱，尽管效率低、成本高，但是落后产能仍有利可图，落后产能企业也没有动力和压力改造技术和更新设备，更不会主动退出市场。

2. 二元经济结构使得落后产能仍然有较大的市场空间

中国城乡之间、东西部地区之间以及高收入与低收入之间存在着二元分割，造成市场需求的多样化。发达地区的消费者更青睐高质量的产品，在农村地区和欠发达地区廉价产品反而具有更大的市场。尽管落后产能的产品质量较差，但是由于价格低廉，在农村、欠发达地区和低收入人群中的竞争力甚至要超过先进产能的产品。此外，运输成本的上涨也使得落后产能的产品在偏远地区具有较大的价格优势。从成本的角度看，落后产能企业虽然能耗、物耗成本较高，但是总投资少、分摊成本低，在激烈的市场竞争中仍有一定的利润空间。[①]

3. 财政分权和地方竞争导致地方政府消极对待淘汰落后产能

中国中央与地方财政分权的财政体制虽然能够调动地方发展经济的积极性，但是也成为阻碍淘汰落后产能的重要制约因素。某一地区企业数量的多少、产值的大小和增长速度的快慢是当地经济增长速度的基础，也是地方政府财政收入的保证。淘汰落后产能对地方政府而言是砍掉了GDP和财政收入的重要来源，并且对就业、居民收入等方面都会产生不利的影响，甚至可能会因此引发社会问题。因此，尽管中央政府针对淘汰落后产能提出一系列政策措施，但是作为落后产能的"既得利益者"，地方政府仍存在着默许甚至支持落后产能的倾向。[②]

4. 落后产能的退出补偿机制不健全制约落后产能的淘汰

落后产能的停产、关闭会给相应的企业造成一定的经济损失，会使相应企业的职工丧失就业岗位，甚至会造成其他有关企业、银行的债务问题。同时，由于落后产能是动态变化的，原本符合产业政策的生产能力若干年后可能会进入政府淘汰落后产能的范围，政府更应该给这些"听话"的企业以必要的说法。中国目前还没有形成完善的落后产能退出机制，国家没有拿出足够的资金对地方政府、企业和职工的损失进行补偿，因此面临来自基层的巨大阻力。

三、中国淘汰落后产能的主要政策与评价

1. 中国淘汰落后产能的主要政策

改革开放以来，中国在淘汰落后产能方面进行了许多尝试，但落后产能退出难、比重高的问题一直没有得到很好的解决，行业结构不合理的问题长期存在。1981 年、1989 年国务院两次下文要求一批小钢铁厂关停并转，1999 年，国务院办公厅转发了国家经贸委关于清理整顿小钢铁厂的意见。近年来，中央政府高度重视淘汰落后产能工作，出台了一系列淘汰落后产能的政策，政策力度加大、政策措施趋于多样化。主要政策如表 14-2 所示。

表 14-2 近年来淘汰落后产能的主要政策一览

时间	政策名称
2005 年 7 月 8 日	《钢铁产业发展政策》(国家发展和改革委员会令第 35 号)
2005 年 12 月 2 日	《促进产业结构调整暂行规定》(国发〔2005〕40 号)
2005 年 12 月 2 日	《产业结构调整指导目录（2005 年本)》(国家发展和改革委员会令第 40 号)
2006 年 3 月 12 日	《国务院关于加快推进产能过剩行业结构调整的通知》(国发〔2006〕11 号)
2006 年 6 月 14 日	《关于钢铁工业控制总量淘汰落后加快结构调整的通知》(发改工业〔2006〕1084 号)
2006 年 9 月 13 日	《关于规范铅锌行业投资行为加快结构调整指导意见的通知》(发改运行〔2006〕1898 号)
2007 年 6 月 3 日	《国务院关于印发节能减排综合性工作方案的通知》(国发〔2007〕15 号)
2009 年	十大产业调整和振兴规划
2009 年 9 月 26 日	《关于抑制部分行业产能过剩和重复建设引导产业健康发展的若干意见》(国发〔2009〕38 号)
2010 年 2 月 6 日	《国务院关于进一步加强淘汰落后产能工作的通知》(国发〔2010〕7 号)
2010 年 5 月 4 日	《关于进一步加大工作力度确保实现"十一五"节能减排目标的通知》(国发〔2010〕12 号)
2011 年 1 月 26 日	《关于印发淘汰落后产能工作考核实施方案的通知》(工信部联产业〔2011〕46 号)

① 熊华文：《淘汰高耗能落后产能的现状、问题及建议》,《中国经济时报》2007 年 5 月 25 日。

② 梁东黎：《转轨期企业落后产能的淘汰机制研究》,《江海学刊》2008 年第 5 期。

续表

时　间	政策名称
2011年3月27日	《产业结构调整指导目录（2011年本）》（国家发展和改革委员会令第9号）
2011年4月20日	《淘汰落后产能中央财政奖励资金管理办法》（财建〔2011〕180号）
2011年5月28日	《关于进一步做好支持节能减排和淘汰落后产能金融服务工作的意见》
2011年8月31日	《国务院关于印发"十二五"节能减排综合性工作方案的通知》（国发〔2011〕26号）

资料来源：笔者整理。

从国际淘汰落后产能的实践看，淘汰落后产能大致有两类模式：一是将落后产能推向市场，优胜劣汰，政府不介入，通过市场竞争自行淘汰。这种模式通常是在市场经济比较发达、制度比较完备、法制环境比较好的国家，具备市场经济充分发挥作用的基础条件。二是在发挥市场作用的同时，政府积极参与，以更快地实现行业结构调整。例如，日本20世纪70年代为解决萧条行业的产能过剩问题，设立特定萧条产业信用基金，对那些按计划淘汰落后设备的企业提供优惠利率贷款，对淘汰设备造成的失业人员给予救济。中国政府近年来在淘汰落后产能工作中发挥着主导作用，具体政策可以大致分为以下几类：

（1）产业准入管理。政府设定并逐步提高产业准入门槛，从源头限制落后产能的形成。《产业结构调整指导目录》将投资项目分为鼓励、限制和淘汰三类。限制类主要是工艺技术落后，不符合行业准入条件和有关规定，不利于产业结构优化升级，需要督促改造和禁止新建的生产能力、工艺技术、装备及产品；淘汰类主要是不符合有关法律法规规定，严重浪费资源、污染环境、不具备安全生产条件，需要淘汰的落后工艺技术、装备及产品。对于限制类和淘汰类项目禁止投资。例如，《关于加快推进产能过剩行业结构调整的通知》要求，对属于落后产能的企业和项目，城市规划、建设、环保和安全监管部门不得办理相关手续。

（2）行政性强制淘汰。中国有关淘汰落后产能的政策基本上都包含要求某一标准以下的设备、工艺或产品限期退出的内容。《促进产业结构调整暂行规定》提出："对消耗高、污染重、危及安全生产、技术落后的工艺和产品实施强制淘汰制度，依法关闭破坏环境和不具备安全生产条件的企业。""对国家明令淘汰的生产工艺技术、装备和产品，一律不得进口、转移、生产、销售、使用和采用；地方政府及有关部门可以根据国家有关法律法规责令不按期淘汰落后产能的企业停产或予以关闭。"《关于进一步加大工作力度确保实现"十一五"节能减排目标的通知》、《国务院关于进一步加强淘汰落后产能工作的通知》规定，对未按规定淘汰落后产能的企业，依法吊销排污许可证、生产许可证、安全生产许可证，限期办理工商注销登记或者依法吊销工商营业执照，相关部门不予审批或核准新的投资项目、不予批准新增用地，甚至依法对落后产能企业停止供电供水。

（3）经济性限制措施。通过提高落后产能企业所能获得生产要素的价格、改变其生产经营环境，使淘汰落后产能无利可图进而退出，主要包括对落后产能不提供任何形式的信贷支持，不安排运力，实行差别电价、水价政策等。例如，《促进产业结构调整暂行规定》要求金融机构应停止对淘汰类项目的各种形式的授信支持，采取措施收回已发放的贷款；《国务院关于进一步加强淘汰落后产能工作的通知》提出："充分发挥差别电价、资源性产品价格改革等价格机制在淘汰落后产能中的作用……提高落后产能企业和项目使用能源、资源、环境、土地的成本。"

（4）激励性措施。除了采取强制淘汰落后产能、经济上限制落后产能外，中国政府也对落后产能企业进行激励，推动其落后产能的退出或改造。例如，《国务院关于进一步加强淘汰落后产能工作的通知》、《"十二五"节能减排综合性工作方案》等文件提出，国家统筹安排技术改造资金、落实并完善相关税收优惠和金融支持政策，支持符合国家产业政策和规划布局的企业对落后产能进行改造；中央通过转移支付加大支持和奖励力度经济欠发达地区淘汰落后产能工作，各地区也要安排资金支持企业淘汰落后产能；对淘汰落后产能任务较重且完成较好的地区和企业，在安排技术改造资金、节能减排资金、投资项目核准备案、土地开发利用、融资支持等方面给予倾斜；对积极淘汰落后产能企业的土地开发利用，在符合国家土地管理政策的前提下，优先予以支持。

（5）对地方政府的监督考核与问责。由于地方政府盲目追求经济增长是落后产能形成和存在的重要原因，因此中央淘汰落后产能的政策也高度重视地方政府能动性的发挥，特别是针对地方政府片面追求增长的行为，在淘汰落后产能工作中实行监督考核和问责制度。《国务院关于进一步加强淘汰落后产能工作的通知》以及《淘汰落后产能工作考核实施方案》规定，将淘汰落后产能目标完成情况纳入地方政府绩效考核体系，对未按要求完成淘汰落后产能任务的地区进行通报，限期整改，整改措施落实到位前严格控制该地区的国家投资项目，实行项目"区域限批"，暂停对该地区项目的环评、核准和审批；对瞒报、谎报淘汰落后产能进展情况或整改不到位的地区，要依法依纪追究该地区有关责任人员的责任。2007 年开始，国家进一步将淘汰落后产能的任务分解到地方和企业。2007 年，国家发改委分别同 10 个主要钢铁省（区、市）和 18 个省（区、市）及宝钢集团签订了两批《钢铁工业关停和淘汰落后生产能力责任书》，第一批责任书要求"十一五"期间关停和淘汰落后炼铁能力 3986 万吨、炼钢能力 4167 万吨，涉及企业 344 家；第二批责任书要求到 2010 年累计关停和淘汰炼铁能力 4931 万吨、炼钢能力 3610 万吨，涉及企业 573 家。2011 年 7 月 11 日，工信部公布的 2011 年淘汰落后产能的企业名单共涉及 18 个工业行业的 2255 家企业。

2. 淘汰落后产能政策的效果

中国政府确定了"十一五"期间多个行业的淘汰落后产能任务。根据《国务院关于印发节能减排综合性工作方案的通知》，"十一五"时期淘汰落后生产能力包括：电力（小火电机组）5000 万千瓦，炼铁（300 立方米以下高炉）10000 万吨，炼钢（年产 20 吨及以下的小转炉、小电炉）5500 万吨，电解铝（小型预焙槽）65 万吨，铁合金（6300 千伏安以下矿热炉）400 万吨，电石（6300 千伏安以下炉型）200 万吨，焦炭（炭化室高度 4.3 米以下的小机焦）8000 万吨，水泥（等量替代机立窑水泥熟料）25000 万吨，玻璃（落后平板玻璃）3000 万重量箱，造纸（年产 3.4 万吨以下草浆生产装置、年产 1.7 万吨以下化学制浆生产线、排放不达标的年产 1 万吨以下以废纸为原料的纸厂）650 万吨，酒精（落后生产工艺及年产 3 万吨以下企业）160 万吨，味精（年产 3 万吨以下企业）20 万吨，柠檬酸（环保不达标的企业）8 万吨。整体上看，近年来中国淘汰落后产能政策取得了很大的成绩。根据国家发改委、工信部等部门发布的公告，"十一五"期间淘汰炼铁产能 12000 万吨、炼钢产能 7200 万吨、水泥产能 3.5 亿吨、造纸产能 1070 万吨，关停小火电机组 7682.5 万千瓦，关闭重污染的造纸、化工、纺织、印染、酒精、味精、柠檬酸企业方面取得积极进展，圆满完成"十一五"淘汰落后产能的既定目标。

我们还可以利用《产业结构调整指导目录（2005 年本）》与《产业结构调整指导目录（2011 年本）》淘汰类落后生产工艺装备目录的对比判断淘汰落后产能的效果。如果《产业结构调整指导目录（2005 年本）》中有淘汰期限的落后生产工艺装备仍然在《产业结构调整指导目录（2011 年本）》中出现，则没有完全实现目标；反之，如果在《产业结构调整指导目录（2011 年本）》没有出现或者标准提高，则认为淘汰落后产能取得预期效果。通过表 14-3 的比较可以发现，除 100 吨/年以下皂素（含水解物）生产装置，炭化室高度小于 4.3 米焦炉，电炉、反射炉炼铜工艺及设备，简易移动式砼砌块成型机、附着式振动成型台，手工操作的土沥青焦油浸渍装置，矿石原料与固体原料混烧、自然通风、手工操作的土竖窑，以煤为燃料、烟尘净化不达标的倒焰窑等少数落后工艺装备外，大部分限期淘汰落后工艺装备的任务都已完成。

3. 淘汰落后产能政策评价

虽然通过采取一系列强有力的政策措施，"十一五"期间中国淘汰落后产能的任务圆满完成，但是这些政策也存在过于强调行政手段、唯规模论等问题，特别是没有解决淘汰落后产能赖以生存的深层次基础。

（1）过于强调行政手段。尽管中国淘汰落后产能政策利用了差别电价、税收优惠等市场手段，但是行政性的强制退出手段仍然居于主导地位，同时较多使用惩罚措施，而较少采用正面激励。

表 14–3　淘汰落后产能政策效果对比

行业	《产业结构调整指导目录（2005 年本）》	《产业结构调整指导目录（2011 年本）》
石油、天然气和化工	100 万吨/年及以下生产汽煤柴油的小炼油生产装置（2005 年）	200 万吨/年及以下常减压装置
	4 万吨/年以下的硫铁矿制酸生产装置（2005 年）	10 万吨/年以下的硫铁矿制酸和硫磺制酸（边远地区除外）
	单线 1 万吨/年以下有钙焙烧铬化合物生产线（2006 年）	有钙焙烧铬化合物生产装置（2013 年）
	100 吨/年以下皂素（含水解物）生产装置（2007 年）	100 吨/年以下皂素（含水解物）生产装置
	盐酸酸解法皂素生产工艺及污染物排放不能达标的皂素生产装置（2006 年）	
钢铁	炭化室高度小于 4.3 米焦炉（3.2 米及以上捣固焦炉除外）（2007 年，西部地区 2009 年）	炭化室高度小于 4.3 米焦炉（3.8 米及以上捣固焦炉除外）
	30 平方米以下烧结机（2005 年）	90 平方米以下烧结机（2013 年）
	100~200 立方米（含 200 立方米）高炉（不含铁合金高炉）（2005 年）	400 立方米及以下炼铁高炉（铸造铁企业除外）
	200~300 立方米（含 300 立方米）高炉（不含专业铸铁管厂高炉）（2007 年）	
	15~20 吨转炉（不含铁合金转炉）（2005 年）	30 吨及以下转炉（不含铁合金转炉）
	20 吨转炉（不含铁合金转炉）（2006 年）	
	10~20 吨电炉（不含高合金钢和机械铸造电炉）（2005 年）	30 吨及以下电炉（不含机械铸造电炉）
	20 吨电炉（不含高合金钢和机械铸造电炉）（2006 年）	
	三辊式型线材轧机（不含特殊钢生产）（2005 年）	三辊式型线材轧机（不含特殊钢生产）
	环保不达标的冶金炉窑（2005 年）	环保不达标的冶金炉窑
	手工操作的土沥青焦油浸渍装置，矿石原料与固体原料混烧、自然通风、手工操作的土竖窑，以煤为燃料、烟尘净化不能达标的倒焰窑（2005 年）	手工操作的土沥青焦油浸渍装置，矿石原料与固体原料混烧、自然通风、手工操作的土竖窑，以煤直接为燃料、烟尘净化不能达标的倒焰窑
	5000 千伏安以下的铁合金矿热电炉（2005 年）	6300 千伏安以下铁合金矿热电炉
	蒸汽加热混捏、倒焰式焙烧炉、交流石墨化炉、3340 千伏安以下石墨化炉及其并联机组、最大输出	10000 千伏安及以下三相桥式整流艾奇逊直流石墨化炉及其并联机组
	电流 5 万安以下的石墨化炉（2005 年）	
有色金属	炉床面积 1.5~10 平方米密闭鼓风炉炼铜工艺及设备（2006 年）	鼓风炉、电炉、反射炉炼铜工艺及设备（2011 年）
	10 平方米及以上密闭鼓风炉炼铜工艺及设备（2007 年）	
	电炉、反射炉炼铜工艺及设备（2006 年）	
	“二人转”式有色金属轧机（2006 年）	
	利用坩埚炉熔炼再生铝合金、再生铅的工艺（2005 年）	利用坩埚炉熔炼再生铝合金、再生铅的工艺及设备
建材	200 万平方米/年以下的改性沥青防水卷材生产线（2006 年）	500 万平方米/年以下的改性沥青类防水卷材生产线
	450 型普通挤砖机（2006 年）	普通挤砖机
	简易移动式砼砌块成型机、附着式振动成型台（2005 年）	简易移动式砼砌块成型机、附着式振动成型台
医药	劳动保护、三废治理不能达到国家标准的原料药生产装置（2006 年）	劳动保护、三废治理不能达到国家标准的原料药生产装置
轻工	3.4 万吨/年以下的草浆生产装置（2007 年）	

资料来源：笔者根据《产业结构调整指导目录（2005 年本）》和《产业结构调整指导目录（2011 年本）》整理。

行政手段能够较快起到淘汰落后产能的效果，在中国面临节能减排、环境保护等巨大压力的情况下具有积极的意义，但是负面作用也很明显。如果企业由于设备、工艺落后导致亏损，最后倒闭破产是天经地义的事，但是政府强制淘汰落后产能会加大政府负担，政府不得不承担落后产能淘汰后的资产损失、债务处理、职工安置等经济、社会问题。[①] 由于要素价格没有理顺，落后产能赖以生存的基础尚在，一旦国家政策放松，落后产能的退出就会放缓甚至有反弹的可能。

（2）过于强调规模标准。生产规模是中国淘汰落后产能的主要标准。为了继续经营，企业会通过改建、扩建的方式加以应对。落后产能企业的改建、扩建往往是将规模提高到刚好不处于淘

① 陈永昌：《淘汰落后产能的主体是市场而不是政府》，《经济参考报》2010 年 8 月 13 日。

汰范围的水平。例如一些小钢铁企业将原属淘汰范畴的300立方米以下的高炉改扩建为300立方米以上的高炉，将20吨以下的转炉改扩建成20吨以上的转炉。[①] 这一做法虽然使政府完成了当前淘汰落后产能的任务，但是却加大了下一阶段淘汰落后产能的负担。另外，存在落后产能的多是产能过剩比较严重的行业，企业生产规模的扩大虽然使落后产能减少，但同时可能加剧产能过剩问题。

（3）不利于企业竞争力的提高。生产设施的先进水平与企业的经营管理水平不是必然统一的。生产设施落后但是经营管理水平高，仍然能够具有较高的生产率，具有较强的市场竞争力；反之，生产设施先进但经营管理水平低，仍然可能具有较低的生产率、产品不适销对路。市场最终检验的不是企业的规模，而是企业是否能够提供适销对路的产品，产品是否具有价格竞争力，企业的竞争归根结底是运营效率和管理能力的竞争。由于淘汰落后产能主要采取按照规模一刀切的模式，那些经营管理水平高同时效率并不低的企业会被强制退出市场，而那些经营管理水平低的企业会因其生产设备的优势而生存下来。因此规模标准不利于发挥企业家的才能，会对企业竞争力的培育和提高产生不利影响。特别是中国最具活力的民营企业相对比较弱小，规模标准不利于经营水平高的民营企业的成长。此外，由于小企业是创新的重要力量，在吸纳就业方面也发挥着重要作用，因此规模标准也会对创新和就业产生一定的负面影响。

四、淘汰落后产能的政策建议

当前中国面临节能减排、保护环境的巨大压力，面临转型升级的艰巨任务，因此仍然要坚持淘汰落后产能，特别是继续将“两高一资”行业作为淘汰落后产能的重点，但是在具体的操作层面需要做出适当的调整。

（1）把握好淘汰落后产能的节奏。落后产能也是一种生产性资源，过快淘汰落后产能不但造成生产性资源的浪费，而且新建产能填补落后产能空缺的过程也是对高能耗产品需求的拉动过程，[②] 不但会造成与落后产能同样的资源消耗和污染问题，而且存在产能过剩的可能。此外，政府很难准确判断某种产能不适应市场需求和应该淘汰的时点，从而进一步加重资源的浪费。因此要循序渐进、把握好淘汰落后产能的节奏，不能为了淘汰而淘汰，不能简单地为了完成节能减排指标而淘汰。

（2）更多地发挥市场机制的作用。落后产能存在的基础是其在市场竞争中仍然有利可图，因此淘汰落后产能最重要的方面是深化要素市场的改革，建立起淘汰落后产能的最基本、最有力和最长效的机制。一方面，要理顺资源、能源、环境、土地等要素的价格，使外部性成本能够进入企业的成本函数。要素价格的理顺不仅有利于落后产能的淘汰，而且也有利于促进整个社会生产效率的提高。另一方面，针对落后产能施行差别资源价格和环境排污收费，即对落后产能企业实施更高的资源价格和更高的排污费标准，[③] 通过经济调节手段加快落后产能的退出。此外，还应加快推进对当前的财政体制和官员的考核机制进行改革，改变地方经济发展中的唯GDP论，从而避免地方政府对落后产能的额外补贴造成的要素价格扭曲。

（3）摒弃以规模为主的淘汰标准。强制性淘汰落后的标准要避免“唯规模论”，因为规模大并不意味着技术水平高，规模小也并不意味着技术水平落后。相关政府部门已经认识到“唯规模论”

① 周伏秋、熊华文、朱跃中：《实现“十一五”节能目标——面临四大挑战》，《中国科技投资》2007年第7期。

② 熊华文：《淘汰落后产能应合理把握力度和节奏》，《中国经济时报》2010年12月27日。

③ 熊华文：《淘汰高耗能落后产能的现状、问题及建议》，《中国经济时报》2007年5月25日。

的负面影响，工信部原材料工业司发布的《〈钢铁工业“十二五”发展规划〉解读》明确表示，“以设备容积作为淘汰落后产能的标准主要是考虑到各地执行时比较容易判别，但也导致一些企业不断扩大炉容，使产量不降反升”，因此将“不再继续提高淘汰落后的装备标准”。“不再继续提高淘汰落后的装备标准”应扩大到所有行业，将能耗、水耗、污染物排放、安全生产、产品质量而不是装备规模作为市场准入和淘汰落后产能的主要标准。

（4）建立正向经济激励和淘汰补偿机制。加强对落后产能企业的正向经济激励，使企业淘汰落后产能由被动向主动转变，可采取的措施包括递减性补贴（补贴随淘汰时间递减）技术改造和转型支持资金等。[①] 尽快建立落后产能退出的补偿机制和淘汰落后产能补偿基金，对按照国家政策按时淘汰落后产能企业的经济损失给予必要的经济补偿，帮助企业解决淘汰落后产能导致的人员安置、债务负担等问题。中央应加大对淘汰落后产能的资金支持力度，避免将负担过多地压给地方，挫伤那些财政实力较弱的地方政府的积极性。

专栏 14–1

主要行业淘汰落后产能的重点 *

钢铁。重点淘汰 90 平方米以下烧结机、8 平方米以下球团竖炉、400 立方米及以下高炉、30 吨及以下电炉、转炉。

焦炭。重点淘汰炭化室 4.3 米（捣固焦炉 3.8 米）以下常规机焦炉、未达到焦化行业准入条件要求的热回收焦炉等产能。

铁合金。重点淘汰 6300 千伏安及以下普通铁合金矿热炉等产能。

有色金属。铜冶炼重点淘汰密闭鼓风炉、电炉、反射炉等落后产能。电解铝重点淘汰 100千伏安及以下小预焙槽等产能。铅冶炼重点淘汰采用烧结机、烧结锅、烧结盘、简易高炉等工艺设备。淘汰落后的再生铜、再生铝、再生铅生产工艺及设备。

电石。重点淘汰开放式电石炉，单台炉变压器容量小于 12500 千伏安的电石炉等落后设备。逐步淘汰高汞触媒电石法聚氯乙烯生产工艺。

水泥。重点淘汰 3.0 米以下水泥机械化立窑，小型水泥回转窑，水泥粉磨站直径 3.0 米以下的球磨机等产能，淘汰落后生产能力 2.5 亿吨。

平板玻璃。全部淘汰平拉（含格法）普通玻璃生产线。

造纸。重点淘汰单条年生产能力 3.4 万吨以下的非木浆生产线，年生产能力 5.1 万吨以下的化学木浆生产线，年生产能力 1 万吨以下的废纸制浆生产线等产能。

制革。重点淘汰年加工生皮能力 5 万标准张牛皮以下的生产线，年加工蓝湿皮能力 3 万标准张牛皮以下的生产线等产能。

印染。重点淘汰 74 型染整设备、浴比大于 1:10 的棉及化纤间歇式染色设备等落后设备。

化纤。重点淘汰湿法氨纶生产工艺，硝酸法腈纶常规纤维生产工艺，年产 2 万吨以下常规粘胶短纤维生产线等产能。

注：* 落后产能淘汰重点将根据国家产业政策和有关规定进行动态调整。

资料来源：《工业转型升级规划（2011~2015年）》。

① 李拥军：《多管齐下，完善淘汰落后产能基本手段》，《中国冶金报》2010 年 10 月 2 日。

专栏 14-2

工信部下达“十二五”工业领域重点行业淘汰落后产能目标

2011 年 12 月 26 日工业和信息化部向各省、自治区、直辖市人民政府下达了“十二五”期间工业领域 19 个重点行业淘汰落后产能目标任务(工信部产业〔2011〕612 号文)。同时要求各地认真贯彻执行《淘汰落后产能工作考核实施方案》(工信部联产业〔2011〕46 号)有关规定，尽快将目标任务分解形成年度计划，落实到具体企业，并采取综合措施，加强监督考核，确保落后设备(生产线)彻底拆除，不得向中西部地区和周边国家转移，全面完成“十二五”期间淘汰落后产能工作各项目标任务。

具体目标任务分别为：淘汰炼铁落后产能4800 万吨，炼钢 4800 万吨，焦炭 4200 万吨，电石 380 万吨，铁合金 740 万吨，电解铝 90 万吨，铜冶炼 80 万吨，铅(含再生铅)冶炼 130 万吨，锌(含再生锌)冶炼 65 万吨，水泥(含熟料及磨机)3.7 亿吨，平板玻璃 9000 万重量箱，造纸1500 万吨，酒精 100 万吨，味精 18.2 万吨，柠檬酸 4.75 万吨，制革 1100 万标张，印染 55.8 亿米，化纤 59 万吨，铅蓄电池 746 万千伏安时。

与“十一五”节能减排综合性工作方案确定的 12 个重点工业行业目标任务相比，“十二五”期间淘汰落后产能增加了铜冶炼、铅(含再生铅)冶炼、锌(含再生锌)冶炼、制革、印染、化纤、铅蓄电池 7 个行业，电解铝、铁合金、电石、水泥、平板玻璃、造纸 6 个行业淘汰落后产能任务有所增加，增加幅度分别为 38.5%、85%、90%、48%、200%和 130%。

资料来源：工业和信息化部网站。

参考文献

1. 李拥军：《关于钢铁产业淘汰落后产能的相关问题分析》,《中国钢铁业》2010 年第 12 期。

2. World Bank. Global Economic Prospects: Commodities at the Crossroads. Washington, DC: World Bank, 2009.

3. 熊华文：《淘汰高耗能落后产能的现状、问题及建议》,《中国经济时报》2007 年 5 月 25 日。

4. 梁东黎：《转轨期企业落后产能的淘汰机制研究》,《江海学刊》2008 年第 5 期。

5. 陈永昌：《淘汰落后产能的主体是市场而不是政府》,《经济参考报》2010 年 8 月 13 日。

6. 周伏秋、熊华文、朱跃中：《实现“十一五”节能目标——面临四大挑战》,《中国科技投资》2007 年第 7 期。

7. 熊华文：《淘汰落后产能应合理把握力度和节奏》,《中国经济时报》2010 年 12 月 27 日。

8. 李拥军：《多管齐下，完善淘汰落后产能基本手段》,《中国冶金报》2010 年 10 月 2 日。

第十五章　工业化与城镇化互动发展

提　要

改革开放以来，中国工业化进程全面加速，工业是经济保持较快平稳增长的主要动力。同时期，中国城镇化进程也在快速推进，城镇化率不断提高。2011 年，受欧债危机无明显好转、世界经济复苏乏力等不利因素的影响，中国经济增速有所放缓，但是中国工业化和城镇化仍然保持了较快的发展速度，工业化和城镇化水平都得到进一步提升。从目前工业化和城镇化互动发展的情况来看，中国仍然处于工业化带动城镇化、城镇化促进工业化的发展阶段。但是，工业化与城镇化互动发展过程中也出现了一些问题，主要表现在：城镇化质量亟待提升、中心城市就业吸纳能力弱化、“民工荒”向中西部蔓延、产业转移过程中东部地区面临产业空心化、西部地区城镇化面临的资源和环境约束加大。“十二五”时期，中国仍将处于工业化与城镇化较快发展的阶段。以工业化为主导的工业化与城镇化互动发展，将是未来一段时期中国经济新的增长点或动力源。为了促进工业化与城镇化互动发展，中国应进一步深化改革，消除城乡一体化的制度障碍，完善产业转移的区域合作机制，加快产业结构优化升级，提倡城市精明增长理念，以城市群推进大中小城市组成的都市圈协调发展。

*　　　　*　　　　*

改革开放以来，中国工业化进程全面加速，工业成了经济保持较快平稳增长的主要推动力。同时期，中国城镇化发展进程也在快速推进，城镇化率不断提高。“十二五”时期，中国仍将处于工业化与城镇化较快发展的阶段。以工业化为主导的工业化与城镇化（简称“两化”）互动发展，将是未来一段时期中国经济新的增长点或动力源。“两化”互动发展，一方面，工业化可以提高社会生产效率，集聚企业和劳动力，带来社会生产规模的扩张，为城镇化提供良好的物质基础和动力；另一方面，城镇是工业发展的空间载体，城镇化的不断推进使得城镇人口规模扩大，也增加了对工业产品和服务业产品的需求，对工业经济发展起到了促进作用。“两化”互动，应该以工业化为核心，以城镇化为依托，两者的良性互动为关键。

一、工业化和城镇化互动发展的总体进展

改革开放以来，中国的工业化保持了快速发展的势头，城镇化水平也不断提高。2011 年，受欧债危机影响，世界经济复苏乏力，中国经济增速放缓。但是，中国的工业化和城镇化仍然保持

了较快的发展速度，并且呈现出一些新的特征。

1. 中国仍处于工业化中期的后半阶段

1978年以来，中国工业经济快速发展，工业化率[①]呈现出平稳上升的趋势。尤其是“九五”、“十一五”期间，工业化进程仍在加速，工业化率分别提高了5.2个百分点和8.1个百分点，2011年，工业化率约为64.7%，详见表15-1。

表15-1 1978~2011年中国工业化率

年 份	工业化率（%）	年份	工业化率（%）
1978	29.5	1995	47.8
1979	30.2	1996	49.5
1980	31.3	1997	50.1
1981	31.9	1998	50.2
1982	31.9	1999	49.9
1983	32.9	2000	50.0
1984	36.0	2001	50.0
1985	37.6	2002	50.0
1986	39.1	2003	50.9
1987	40.0	2004	53.1
1988	40.7	2005	55.2
1989	39.9	2006	57.4
1990	39.9	2007	59.2
1991	40.3	2008	60.4
1992	41.5	2009	61.9
1993	43.6	2010	63.3
1994	45.7	2011	64.7

资料来源：1978~2010年的工业化率根据《中国统计年鉴》（2011）中的数据计算得来；2011年的工业化率数据为预计数，根据历年数据推算得出。

根据钱纳里等人关于工业化与城镇化关系的一般变动模式的研究，64.7%的非农产业的就业比重已经超过工业化中期55%的起始标准，但尚未达到工业化后期的70%的最低标准。[②]据此判断，尽管中国的工业化水平有了较明显的提高，但中国目前仍然处于工业化中期的后半阶段，离工业化目标的实现还有一定的距离，农村剩余劳动力向第二、第三产业转移还将持续一段时间。工业化发展的阶段性特征决定了“十二五”期间加快“两化”互动发展，仍应以工业化为主导，以工业化的发展来促进产业结构转型升级，带动城镇化程度的提高。

从区域的角度来看，中国工业化发展水平具有较明显的地区差异，中、西部省市区的工业化水平要明显低于东部地区，详见图15-1。东部地区是中国经济增长速度最快的地区，工业化水平最高，产业结构较为合理，提供的就业岗位也最多，吸纳了约占全国41%的劳动力，并且由于较早开展户籍、土地制度等方面的改革，对城镇化具有较强的推动力。近年来，东部地区工业化水平呈现较平缓的上升趋势，2011年工业化率约75%。中、西部地区工业化水平明显低于东部地区，也均较全国工业化平均水平低。2011年中、西部地区工业化率分别较东部地区低14.4个百分点和21.5个百分点，但差距在逐渐缩小。

2. 城镇化水平的区域差距较大

改革开放后的30多年来，在工业飞速发展的推动作用下，中国的城镇化进程不断推进。1978年，城镇化率仅为17.92%，城镇人口约为1.7245亿。到2011年底，有6.9079亿人口生活在城市，城镇人口占总人口的比重约为51.27%，年均增速约为1个百分点。根据城镇化发展的一般规律，当城镇人口的比重在30%~70%时，工业的快速发展可以为农村剩余劳动力提供大量的就业机会，城镇化处于加速发展阶段。虽然中国的整体城镇化水平提升较快，但是不同区域间的城镇化水平存在较大差距，且差距有扩大的趋势。目前，中国城镇化水平呈现出“东高西低”阶梯状的格局。其中，2011年东部城镇化水平约为61.53%，高出全国平均水平10.3个百分点；中、西部地区分别为46.99%和40.77%，分别低于全国平均水平4.3个百分比和10.5个百分点。根据2011年各地区城镇人口所占比重可知（详见图15-2），上海、

① 衡量工业化水平的评价指标存在一些争议，一般采用以下几个方法来进行判断：一是人均GDP；二是工业增加值占GDP的比重；三是非农产业增加值占GDP的比重；四是工业就业比重；五是非农产业的就业比重等。周叔莲、王延中、沈志渔等（2008）与陈佳贵、黄群慧（2009）的研究均认为，在研究工业化与城镇化发展时，不宜用产值比重作为衡量工业化水平的指标，同时工业化对城镇化的作用并不仅仅表现为工业或第二产业对城镇化的带动效应，而是表现为非农产业的发展对城镇化的长期促进作用，因此采用非农产业的就业比重可以比较恰当地衡量我国工业化的实际水平。参考该观点，本章研究采用非农产业的就业人员占全部就业人员的比重来计算工业化率。

② H.钱纳里、M.塞尔奎因：《发展的格局（1950~1970）》，北京：中国财政经济出版社，1989年版，第22~23页。

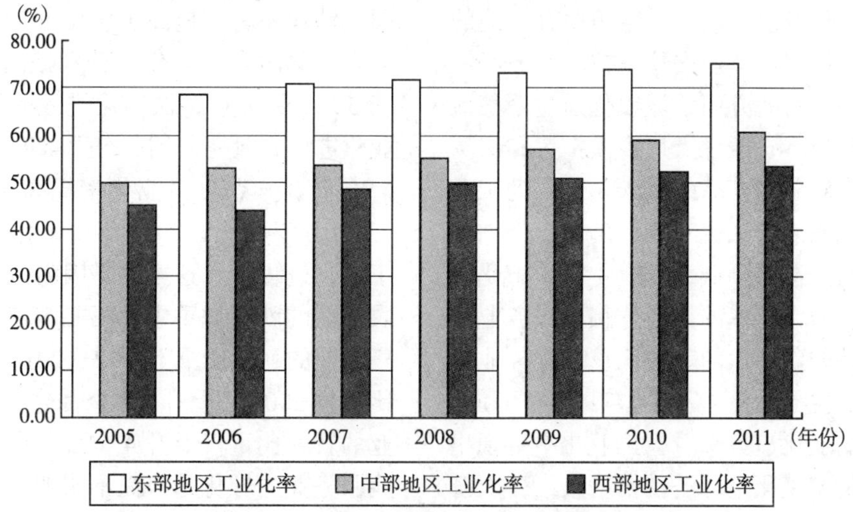

图 15-1　东、中、西部地区工业化率变化情况

资料来源：2005~2010 年工业化率根据中经数据库中东、中、西部地区非农产业的就业比重计算得来；2011 年数据为估算数。

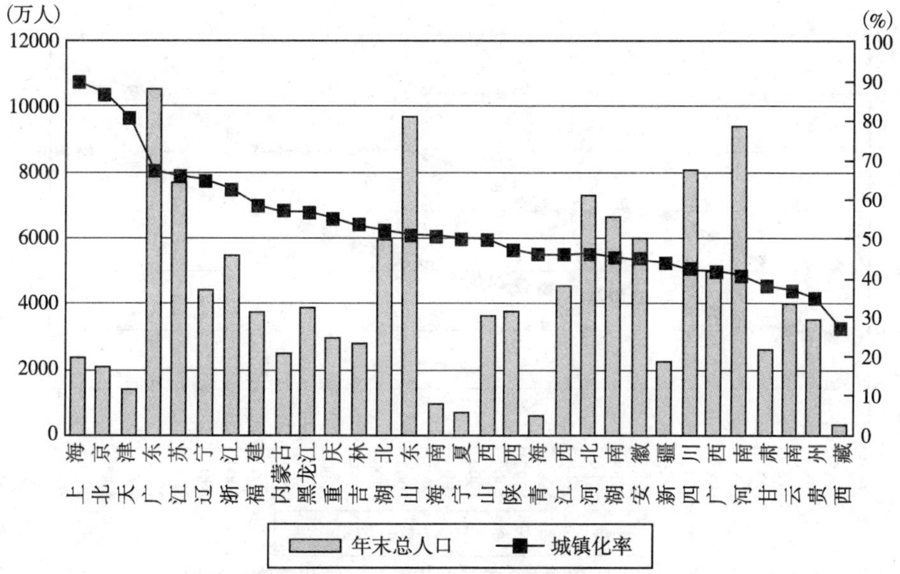

图 15-2　2011 年各省市城镇化水平

资料来源：河北、浙江、上海、江苏的数据根据各地统计局公布的相关数据计算得出；江西、湖南、广西、云南、西藏、甘肃的数据参考各地统计局人口变动抽样调查结果；其余各地数据来自中经数据库。

北京和天津的城镇化水平较高，均在 80%以上，已进入城镇化后期阶段（城镇人口比重在 70%以上）。排在后三位的分别是云南、贵州和西藏，城镇化率不足 40%，这些地区城镇分布较为稀散，工业基础较为薄弱，工业发展缺乏活力，对城镇化的带动作用不明显。

3. “两化”互动尚处于成长期

按照工业化与城镇化互动关系的演进及发展特征，“两化”互动发展可以分为三个阶段：起步期、成长期和成熟期。[①] 在起步期，工业化与城镇化的互动关系体现在工业化的发展占据主导地位，城镇的发展主要依靠工业企业的扩大再生产聚集资本与人口，在这个阶段城镇化的表现为城镇规模扩大、城镇数量增加。在成长期，工业化的演进使得企业分工更加专业化，生产资料工业得到进一步发展的同时，也产生对商业、金融、保险、

① 国务院发展研究中心课题组：《中国城镇化：前景、战略与政策》，北京：中国发展出版社，2010 年版，第 48 页。

娱乐、通信、文化教育、医疗卫生等服务部门的需求，进而创造更多的就业岗位，拉动服务经济和城镇化的发展；另一方面，城镇化通过聚集效应降低企业交易成本，通过人口规模扩大和市场范围的扩张形成对工业产品的需求，来推动工业化的发展。在成熟期，工业对于劳动力的吸纳能力随着工业化的推进而降低，工业化对城镇化的作用开始淡化，城镇化率的提高依赖于服务业的快速发展来带动非农产业的就业比重，服务业逐渐成为城镇化的主导力量。从中国工业化率和城镇化率近年来的变化趋势来看，工业化率呈现出波动上升趋势，城镇化率的波动幅度较小，上升趋势较为平稳，详见图 15-3。从"九五"时期开始，中国城镇化进程加速，"九五"和"十五"期间城镇化率分别提高了 7.18 个百分点和 6.8 个百分点，同时期工业化率分别提高了 2.2 个百分点和 5.2 个百分点，城镇化进程的推进速度快于工业化进程。但是，"十一五"期间城镇化率提高了 6.96 个百分点，工业化率提高了 8.1 个百分点；与 2010 年相比，2011 年城镇化进程的步伐也较工业化进程慢。这主要是因为"十一五"以来非农产业的就业比重中，第二产业的就业比重较第三产业的就业比重上升快，2011 年第二产业就业比重较 2005 年上升 5.5 个百分点，同时期第三产业的就业比重仅上升 4 个百分点。非农产业的就业服务业主导化趋势尚不明朗，中国目前的"两化"互动仍然处在依靠工业化带动城镇化、城镇化促进工业化的成长期阶段。

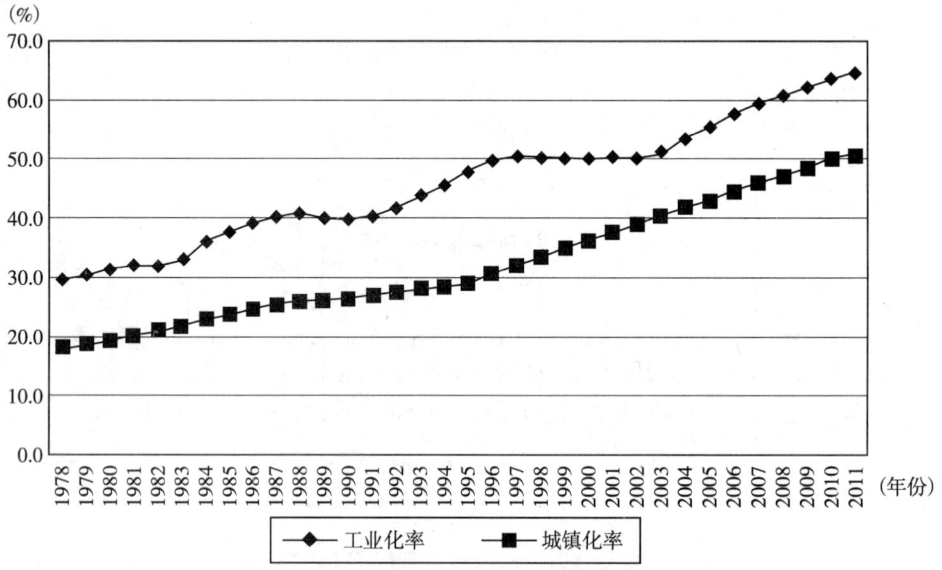

图 15-3 1978~2011 年工业化率和城镇化率变化情况

资料来源：1978~2010 年的工业化率根据《中国统计年鉴》（2011）中的数据计算得来；2011 年的工业化率数据为预计数，根据历年数据推算得出；城镇化率数据来源于《中国统计年鉴》（2011）及国家统计局公布数据。

4. "两化"互动发展中工业园区引擎作用凸显

在"两化"互动发展中，工业园区一方面通过提供产业支撑，增强"两化"互动发展的内生动力；另一方面通过功能配套的建设，完善"两化"互动发展的基础设施。在"两化"良好过程中，工业园区的产业经济快速发展，园区配套功能不断完善，同时，园区作为城镇的一个功能区，城市的基础设施建设也得到改善，城市发展的同时又反过来促进园区的发展，从而形成"以园兴城、以城促园、园城互促"的城市发展新格局。因此，工业园区可以说是"两化"互动发展的平台、结合点和突破口。

受数据可得性的限制，本章研究采用国家级经济技术开发区①（以下简称国家级开发区）的数据来对工业园区在"两化"互动中的作用进行说明。由图 15-4 可知，东部地区的国家级开发区在

① 国家级经济技术开发区（China National Economic and Technical Development Zone）是我国改革开放后设立的国家级现代化工业园区。截止到 2011 年 9 月底，共有 90 个国家级开发区。省级经济技术开发区和地方的工业园区由于数据不全，暂不纳入数据分析中。

数量上占绝对优势，约为国家级开发区总数的52.22%。从地区生产总值、工业增加值、完成固定资产投资和财政收入来看，2011 年 1~9 月东部地区国家级开发区该四项指标值分别占国家级开发区总量的 70.6%、68.12%、60.88%和 75.9%。东部地区的国家级开发区无论是从数量上，还是从各项经济指标的情况上，都较中、西部地区有明显的优势。园区的发展促进了东部地区的"两化"互动，工业化水平和城镇化水平相对也较高，分别为 75%和 61.53%，远远高于中、西部地区。

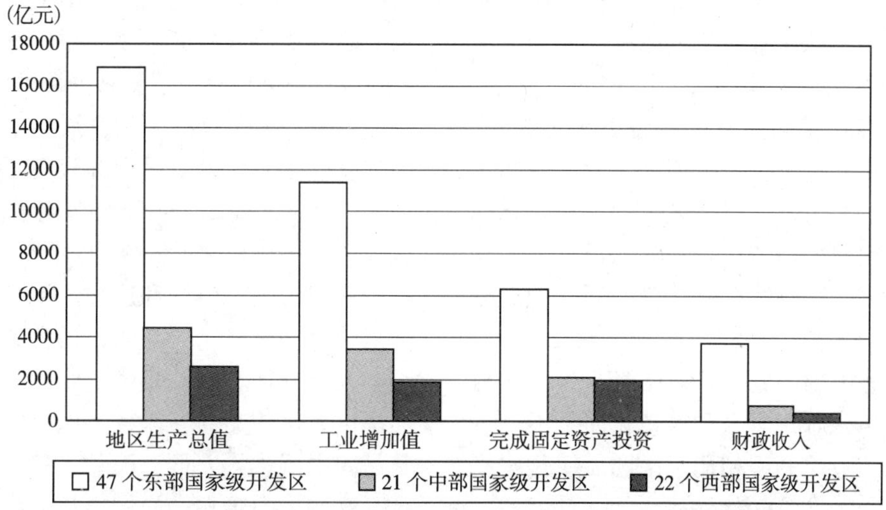

图 15-4　2011 年 1~9 月国家级经济技术开发区主要经济指标情况

资料来源：商务部统计数据。

二、当前"两化"互动发展存在的主要问题

目前，中国的工业化、城镇化发展正处于"双加速"阶段，工业化带动城镇化，城镇化反过来也推动工业化，"两化"相辅相成、互相促进，工业化和城镇化水平都得到了快速提高。但是，"两化"互动发展的过程中也出现了如下一些问题。

1. 城镇化水平虚高，城镇化相对滞后于工业化

2011 年，中国城镇人口首次超过乡村人口，城镇化率约 51.27%，中国城镇化发展到了一个新的阶段。由于统计口径的原因，约 6.9 亿的城镇常住人口中包括了外出务工时间在 6 个月以上的农民工。据农业部门的一项统计，2011 年外出务工的农民工约 1.59 亿人，这些进城务工人员虽然被统计为城镇常住人口，但不是真正意义上的城镇户口居民，因为他们不能在住房、教育、社会保障和医疗等公共服务领域享受与城镇居民相同的待遇。虽然各地已经开展公租房和廉租房制度建设和医疗、教育、养老保险等制度改革，但是进展缓慢。这些"被城镇化"的进城务工人员面临着住房难、子女教育等方面的问题，加上他们的收入水平普遍较低，难以负担在城镇生活的成本，没有经济实力在城镇长期居住。另外，由于与城镇居民在思想观念、文化教育水平、生活方式、行为习惯和工作环境等方面存在差异，进城务工人员往往难以融入城镇，最后被迫返乡或自愿返乡。因此，虽然中国在城镇化发展方面确实取得了显著的成绩，但按照常住人口统计的51.27%的城镇化率存在虚高现象，不能反映中国城镇化的真实水平。

此外，中国还存在城镇化质量与城镇化速度不同步、不匹配的问题。当前，一些地区只重视城镇化量的增加，忽略城镇化质的提升，这种现象在近几年愈发突出。这些地区往往从数量增加、规模扩大和空间拓展的角度来推进城镇化，片面追求城区和规划区的面积扩张，盲目追求建设速度和强调降低成本，城镇拆迁引发的各种矛盾和纠纷亟待化解。一些城镇（甚至贫苦地区）脱离自身实际，热衷修建“政绩工程”或“形象工程”，劳民伤财之余，也削弱了地方政府对基础设施建设的投资，导致了基础设施建设水平跟不上不断增加的城镇人口的要求。越来越多的城市不同程度地存在交通拥堵、住房不足、环境噪声污染日益加重、道路和教科文卫等基础设施保障能力不足以及城镇土地、水资源和能源供应压力不断增大等问题。在“两化”加速推进的过程中，一些城镇不注意保护自然资源和历史文化资源，承载着历史文化和地方特色的街区、标志性建筑遭遇建设性破坏。另外，很多城镇的规划缺乏地方特色，在城镇建设和产业布局时忽视自身优势和基础条件，城镇面貌和产业结构趋同化的现象日趋严重。

因此，虽然中国的城镇人口已经超过了农村人口，但是城镇化水平虚高和城镇化质量不高等事实显示：与工业化进程相比，中国城镇化水平相对滞后，城镇化质量亟待提高。

2. 中心城市产业发展空间受限，就业吸纳力明显弱化

中心城市包括在一定区域内或全国社会经济活动中处于重要地位、具有综合功能或多种主导功能、起着枢纽作用的大城市和特大城市，[①]往往是一个区域的行政管理中心、交通运输枢纽、信息与科技中心和人才聚集之地，在政治、经济、文化等领域发挥引领、辐射、扩散等功能。近年来，由于我国工业化和城镇化进程的加快，土地供给与土地需求之间的矛盾加剧，一些中心城市的土地资源越来越紧张，产业发展空间和城市发展空间都受到限制。目前，中国一些中心城市空间的扩张往往以“摊大饼”的方式，以城市中心区为圆心，向近郊区平面蔓延。例如，有的城市出于土地资源紧缺与降低建设成本的考虑，将经济适用房、廉租房或公租房等住宅建在城市边缘、城郊结合部甚至城市外围，但是相应的工商业等配套设施并没有扩展到这些区域，大部分的工作场所和生活配套设施还是位于城市中心区，居住在城郊区域的人群不得不返回市中心上班或者参加社会活动，这就导致了交通成本的增加，也使得交通更加拥挤，居民的出行难度加大。而有的城市虽然将产业外迁至郊区，但是由于郊区的道路、教育和医疗机构等公共基础设施还很薄弱，生活、商业配套也尚待完善，很多职工不愿意随企业同时外迁，产业发展空间向外扩展受到限制。因此，由于受到基础设施、生活配套、工作场所和通勤方式等因素的限制，中心城市的发展面临产业发展空间向远郊区扩散受限的问题。

同时，经过近些年的发展，中心城市的工业化程度已相对较高，吸引和聚集了大量的外来劳动力、资本和资源。由于人口剧增，像“北上广”这样的中心城市房价持续上涨，交通拥堵也越来越严重，居民的生活和居住成本上升，生活压力越来越大。另外，中心城市的公共服务水平没能跟上人口增加、城镇规模扩张的速度，不能向社会提供充足的交通、教育、医疗等公共资源，尤其是向中低收入人群、流动人口、年轻人提供不足，这些人很难在中心城市长期生活。因此，有一部分人因不能负担大城市的生活和居住成本而向中小城市转移，出现类似白领逃离“北上广”的现象。对企业来说也是一样，包括土地在内的成本的持续上升，企业也开始向成本更低的地区进行转移，例如富士康、华为等企业的内迁。

总而言之，对于中心城市来说，由于产业发展空间向远郊区扩散受限、居民生活成本急剧上升、人口承载趋于饱和等原因，对劳动力、资本和资源的吸引力在逐渐下降，就业吸纳力明显减弱。

3. 中、西部地区工业化进程加快，“民工荒”现象向内地蔓延

随着国家进一步推进西部大开发、大力促进中部崛起等战略的实施，以及东部地区产业逐渐向中、西部地区转移，中、西部地区的工业化进程也逐渐加快。随着中、西部地区的劳动密集型产业逐渐增加，用工荒现象也在蔓延。虽然中国沿海地区在2004年就曾经出现过“民工荒”，但是2011年的“民工荒”现象尤为突出。这次的“民工荒”无论从范围、程度，还是结构，都出现一些新特点。首先，这次的“民工荒”范围由以

---

① 目前中国的中心城市包括五个国家中心城市和六个区域中心城市。五个国家中心城市分别是北京、天津、上海、广州、重庆；六个区域中心城市分别是沈阳（东北）、南京（华东）、武汉（华中）、深圳（华南）、成都（西南）、西安（西北）。

往经济发达的长三角、珠三角等沿海地区蔓延到以往是劳务输出大省的河南、安徽、湖北、四川等中、西部省份。近年来沿海地区劳动力成本持续上升，同时伴随着“西部大开发”、“中部地区崛起”等战略的实施，中、西部地区经济发展迅速，投资环境有所改善，东部地区一些劳动密集型产业逐步向中、西部转移，使中、西部地区用工需求明显增长，促使部分农民工“回流”，东部沿海地区用工形势更加严峻，也因此出现了东部地区与中、西部地区争抢劳动力的现象。其次，这次的“民工荒”在程度上也与以往有所区别。过去东部沿海地区因为企业的薪酬水平太低，不能满足农民工的待遇要求，就出现过招工难等问题。不过随着最低工资标准的不断提高，农民工的工资水平也在相应地提高。但是这次的情况有所不同，东部地区的企业想尽各种办法如实施返厂现金补贴、带薪假期、探亲补贴等来留住人才，中部地区一些企业涨薪三成依然招不到工，而西部地区如新疆涨薪四倍仍然招不到摘拾棉花的工人。最后，这次“民工荒”也并非因为劳动力短缺，一方面是产业升级背景下企业对农民工的技能要求更高与农民工缺乏技术之间的结构性矛盾引起的；另一方面就是农村剩余劳动力处于代际更迭期，20 世纪 80 年代以后出生的新生代农民工数量已占外出务工农民总数的约 60%，企业的用工需求与劳动力年龄结构之间的差异也是造成此次“民工荒”的原因。

占外出务工人员总数 60%的新生代农民工与第一代农民工不同，他们是“离乡又离土”的一代，他们的流动性更大，就业取向、价值判断与个人追求也与他们的父辈有所不同，他们对工作环境的要求更高，融入城市的愿望也更加强烈。尽管他们从职业和地域上来说实现了从农村到城镇的转移，但是在从农民到市民身份转换的过程中，由于户口仍在农村，城乡分割的户籍制度让他们无法享受和城镇居民一样的教育、医疗、养老保险等方面的待遇。只有从户籍制度、医疗保险、社会保障制度等方面实施改革，降低农民工落户的门槛，才能让进城务工农民工享有与城镇居民相等的权利。2010 年国务院发布的《关于加大统筹城乡发展力度进一步夯实农业农村发展基础的若干意见》中也首次提出了“着力解决新生代农民工问题”，让新生代农民工市民化。

4. 东产西移后存在产业“空心化”风险，东部地区城镇化亟待转型提升

目前，中国国内的产业转移处于高峰期，主要是东部沿海地区的产业西移，这其中包括向东部省内欠发达地区转移，也包括向中、西部地区跨区域转移。东部沿海地区向外转移的产业主要是一些劳动密集型产业、“两高一资”产业和加工贸易型产业，比如高耗能的陶瓷、水泥产业和矿产资源加工产业等，还有就是一些低附加值的劳动密集型的传统制造业，比如化学原料及化学制品制造业、化学纤维制造业、橡胶制品业、塑料制品业、机械制造业、印刷业、木材加工业、钢材加工业、纺织业等。产业转移的过程中，企业抱团转移的趋势较明显。这种趋势是一些由大企业或龙头企业带动起来的，这些企业基于降低成本的考虑，将生产的部分环节向中、西部地区转移，有的甚至还将研发、采购、销售、物流、售后服务等环节也转移过来。

东部地区产业向中、西部地区转移，一方面是受生产要素价格上涨和资源环境约束的影响，企业为了寻求更低生产成本的现实选择；另一方面，也是东部地区长期以来靠要素投入驱动的增长模式遇到瓶颈的结果。东部地区为了突破发展“瓶颈”，只好改变原有的粗放型经济增长方式，以“腾笼换鸟”的方式将原有的低附加值产业转移出去，为先进制造业、现代服务业等新产业腾出空间。这些技术和知识密集型产业对资本的吸纳能力相对较低，高投资并不能带来高增长，其生产主要依赖于技术和知识。技术的积累和知识创造的能力难以在短期内改变，靠政府的短期政策也不可能得到迅速的提高，因而从资本密集型产业向技术或知识密集型产业升级难度比较大，也导致了目前东部地区接续替代产业发展不顺畅、产业升级进展缓慢。如果这种局面长期得不到解决，新的产业不能及时培育并壮大起来，东部沿海地区就可能出现产业“空心化”现象。产业“空心化”会带来一系列严重后果，例如东部地区企业积累的大量闲散资金从实体经济退出后，投入虚拟资本市场，流入民间借贷市场等。而实体经济是吸纳就业的主要渠道，城镇化的发展必须建立在实体经济坚实的基础上，资本大量转向非实体经济领域，会削弱城镇化发展的基础。

东部沿海地区的城镇化水平已达到较高的水平，城镇化进入了一个由粗放式开发、外延式扩张向内涵型提升、精细化管理转变的阶段。东部地区过去小城镇建设遍地开发，经过多年的发展，已形成了相当一部分人口数量超过10万人、财政收入超过5亿元的人口大镇、经济强镇。产业转移到西部后，当地的产业亟待升级，发展先进制造业等战略性新兴产业和金融、信息等现代服务业。这些城镇也面临着如何转型升级的问题，原有的基础设施、公共服务水平和乡村式管理模式已不能满足当地产业升级的要求。在现有土地资源匮乏和环境压力加大的情况下，遗留工业、企业场地的污染治理、修复问题显得十分突出和迫切，这些废弃土地的再开发利用，可以为东部地区城镇的优化与转型提供空间载体。

5. 中、西部地区承接产业转移竞争激烈，城镇化面临资源和环境约束加大

随着西部大开发和促进中部崛起等战略的推进，东部地区的中低端制造业逐渐向中、西部地区转移。虽然国家出台了《关于中、西部地区承接产业转移的指导意见》等相关文件，来为中、西部地区承接产业转移提供参考与指导。但是在现实操作过程中，中、西部很多地区急于发展经济，往往不是根据当地的发展条件和主导产业来有选择地承接东部地区转移过来的产业，盲目地吸收所有转移来的项目。为了承接东部地区的产业转移，中、西部地区展开了激烈的甚至是恶性的竞争。

由于中部地区具有邻近东部市场的区位优势，以及较好的制造业基础、较充沛的人才资源，成为东部地区劳动密集型产业和资金密集型产业转移的首选地；西部城市由于具有资源优势和西部大开发的一些政策优势，承接东部地区产业转移的竞争力也不容忽视。在承接产业转移的过程中，中、西部地区之间为了争抢产业转移项目，在土地、税收等优惠政策方面进行比拼。在这种情况下，一些地区对转移来的产业项目不加甄别，承接的往往是东部地区生产技术和工业落后、环境污染严重、资源消耗大的产业转移项目。而中西部地区本身生态环境就比较脆弱，环境和资源承载力有限，加上经济实力的限制，在承接产业转移的过程中出现了城市空气污染和水污染严重、资源濒临耗竭、生态环境遭到破坏的现象，制约了城镇化质量的提升。

同时，虽然东部地区的产业西移可以对中西部地区的基础设施建设起到促进作用，在一定程度上带动中、西部地区的城镇化发展，但是随着中西部地区工业化和城镇化进程的不断推进，城镇化发展面临的自然环境和地理条件的约束问题再次凸显。中西部地区（尤其是西部）人口分布相对稀疏，城市布局分散，中、小城市较多，西部地区除省会城市外，缺乏其他大中城市的支撑，大、中、小城市之间缺少密切的联系，难以形成合理的城镇体系。虽然中、西部地区已规划和逐步形成了一些重点区域，但是城市之间距离较远，没有形成具有较强辐射能力和带动作用的核心城市圈，以南（宁）、贵（阳）、昆（明）地区为例，三个城市之间的距离大约都在500公里，而一般核心城市圈的区域范围不超过200公里。因此，中、西部地区这些承接产业转移的城市的集聚和辐射功能很难扩散到小城镇，这些城市也难以发挥增长极的作用，城市与次一级城镇之间的相互作用较弱，影响城镇化的进程。

三、“十二五”时期促进“两化”互动发展的政策建议

从现代化整体进程来看，中国正处于工业化中期的后半阶段和城镇化中期，“十二五”时期中国将仍然处在工业化与城镇化“双加速”的阶段，工业经济发展将继续推进城镇化的进程，城镇化的发展可以通过创造更多需求来拉动工业化的发展，“两化”相辅相成、相互促进。只有推进“两化”互动发展，保持“两化”快速推进的势头，才能促进经济和社会健康持续发展。

1. 深化体制机制改革，消除城乡一体化的制度障碍

进一步深化户籍制度改革，加快落实放宽中小城市、小城镇特别是县城和中心镇落户的政策，消除农民工市民化的身份障碍。扩大进城务工农民参加工伤、医疗、养老、失业保险的范围，建立健全农民工大病医疗保险制度，解除农民离开土地的后顾之忧。逐步建立和完善各项社会保险关系转移和接续制度，消除阻碍劳动力流动的壁垒。大力推进住房、医疗、教育、就业和养老保险等方面的改革，探索实行全国城乡统一的社会保障制度，将农民纳入城乡统一的社会保障体系，为城镇化的顺利推进提供有力的制度保障。

2. 完善区域合作机制，促进产业有序梯度转移

建立通畅的对话和协调机制，结合产业移出地自身产业升级和产业承接地产业发展的要求，确定产业转移的重点，按照优势互补的原则，实现移出地与承接地的合理分工和产业协调发展。建立产业转移利益共享机制，促使移出地与承接地共同推动承接地改善承接环境和完善市场秩序，提高产业转移绩效。推动与相邻地区交通运输体系的统一建设和协调衔接，逐步实现交通同网，推进区域信息一体化建设，实现信息资源合作开发与共享。"产业园区化"，通过与承接地合作建立产业转移园区的方式，促使承接的产业向园区集中，实现工业集约发展，为城市拓展预留空间。

3. 加快产业结构优化升级，科学选择和培育壮大主导产业

将信息技术、生物技术、新材料技术等先进技术向传统产业渗透，着重开发新型化、多层次化、精细化产品，提高传统产业的技术含量和产品档次，增加产品附加值。建立先进的产业技术支撑体系，增强自主创新能力，构建自主知识产权体系，实现从依赖国外技术向自主创新的转变。构建以企业为主体、以市场为导向、产学研相结合的技术创新体系，推动科技创新和管理创新，重点发展高技术产业，不断增强核心竞争力，提高技术密集型产业的比重。根据产业关联原则、比较优势原则和主导产业选择原则，科学评价和确定主导产业，推动产业健康成长，带动区域相关产业发展。

4. 提高城镇规划的科学性与权威性，提倡城市精明增长理念

城镇规划作为城镇建设的龙头，必须具有科学性，城镇的空间结构、规模控制、功能分区和基础设施的布局等都要经过周密详细的设计和论证。要增强城镇规划的严肃性与权威性，城镇规划一旦经审议通过或被上级部门批准，就应具有法律效力，任何人或组织不得随意更改或者中止规划的实施。要理顺和协调好城镇总体规划、土地利用规划和交通规划的相互关系，统筹安排城市各项建设用地，配置城市各项基础设施，合理布局居住区、工业区、商业区和休闲区等，产业发展规划与城镇规划相结合，实现城镇土地资源的优化配置。城镇规划要坚持高起点、高水平，着眼长远，突出历史文化特色，强调走紧凑型城镇化道路，控制城镇规模的盲目扩张，提倡功能区的适当混合，节约基础设施和公共服务成本。

5. 构建以城市群为主体的城镇体系，推进以大、中城市为核心的都市圈发展

加强城市群的规划和协调，形成跨区域、跨部门的规划协调机制，通过规划明确各城镇的功能定位和分工，引导人口的集散，优化产业布局，构建合理的城镇体系。对中、西部地区和东北地区的城市群可以采取适当的优惠政策，在新兴产业空间布局、土地资源配置等方面给予一定的支持。大规模建设城市群之间和城市群内部的高速交通设施网络，加快发展城际高速铁路，保障各城市群的高效运行，进一步促进以城市群为主体的城镇体系格局。在基础条件较好、资源环境承载能力较强的区域发展部分新的都市圈，承接现有城市群地区产业结构优化升级后转移出来的产业以及生态脆弱地区、自然保护区转移出来的人口。积极围绕大、中城市发展卫星城镇，鼓励邻近的城镇形成各有分工、合作密切的城市群，以城市群推进大、中、小城市组成的都市圈协调发展。

专栏 15-1

宜宾："两化"互动牵引跨越发展

以新型工业化为"发动机"引领城镇化水平提升、以新型城镇化为"增长极"支撑工业优化升级，实现工业化城镇化有机结合和"双加速"发展，是四川省"十二五"发展的战略任务。近几年来，特别是四川省委九届四次全会以来，宜宾市结合自身实际，强力推进新型工业化、新型城镇化，创造了临港经济开发区"港城园"一体发展的新模式，探索出丝丽雅"退城进园"的园城联动新路子，涌现出南溪、江安等一批建园兴城、以城促园的新典型，取得了"两化"互动发展的显著成效，积累了宝贵的经验。

产业是一个地方经济发展的支柱和命脉，没有产业的支撑就没有经济的发展。目前，宜宾五粮液、宜宾临港经济开发区、宜宾罗龙、江安阳春、宜宾县向家坝、高县福溪、长宁、珙县、兴文、屏山新发、翠屏区盐坪坝、翠屏区、筠连等13个产业园区按照"一县一园区、园区有特色"的原则进行"关联、成链、集聚、集约、合作"五向发展，已经凝聚成宜宾科学发展、加快发展、又好又快发展的强劲动力。产业的发展让城镇承载能力明显增加，新型城镇化又助推了产业发展，带动城镇人口增加。据统计，2011 年，宜宾 13个产业园区入园企业达到 390 户，实现主营业务收入1066 亿元，占全市规模工业的 58.3%，五粮液、罗龙、阳春、翠屏区晋级为百亿元园区。

宜宾临港产业园区发展是四川走新型工业化新型城镇化互动发展的一个成功缩影。宜宾市把产业园区建设作为全市"两化"互动发展的重要结合点、突破口，大兴临港经济开发区建设，提出要按照临港开发区"两年强基、三年突破、五年跨越、十年腾飞"的规划，将宜宾临港开发区建成一个城市人口约 30 万，面积约 47 平方公里，地区生产总值超过 1000 亿元的成渝经济区南部的"天府新区"和西部一流的都市型生态产业新港城，为全国各地沿江临港地区发展提供了有益借鉴。依托宜宾港优越的物流体系，上港集团、三一重工、香港亿联、北京欣联、麦田园林、浪莎集团、重庆民生等企业纷纷入驻临港开发区，中联重科、乐山立事达综合物流等项目也纷至沓来，一个集工业园区、港口区、物流区、商贸区、保税区、城镇生活区于一体的临港新城正以全新的姿态崛起于中国西部。作为宜宾临港开发区统筹城乡发展的试点项目之一的志城家园，坚持以产业为支撑，加快推进新型工业化新型城镇化互动发展，实现了城乡规划、居住方式、产业发展、社会保障、基础设施建设、公共管理"六个一体化"发展，整体改善了城乡居民生产生活条件，对四川各地推动两化互动有一定的借鉴意义。

西部地区可以对宜宾临港开发区建设的经验进行总结，借鉴宜宾"关联、成链、集聚、集约、合作"的发展模式，发挥好西部地区的资源优势、区位条件、产业基础和主体功能区规划，坚持产业支撑，"两化"互动，着力打造西部经济核心增长极。

资料来源：根据 2012 年 3 月 31 日四川新闻网关于宜宾"两化"互动的报道以及相关资料整理。

参考文献

1. 周叔莲、王延中、沈志渔等：《中国的工业化与城市化》，北京：经济管理出版社，2008 年版，第 229 页。

2. 陈佳贵、黄群慧：《中国工业化与工业现代化问题研究》，北京：经济管理出版社，2009 年版，第 47 页。

3. H.钱纳里、M.塞尔奎因：《发展的格局 1950~1970》，北京：中国财政经济出版社，1989 年版，第 22~23 页。

4. 国务院发展研究中心课题组：《中国城镇化：前景、战略与政策》，北京：中国发展出版社，2010 年版，第 48 页。

5. 宗传宏：《东中西部城市"十二五"发展战略的异同与转型调整》，《上海城市管理》2011年第 4 期，第 44~48 页。

6. 叶连松、靳新彬：《新型工业化与城镇化》，北京：中国经济出版社，2009 年版，第 353~354、376~377 页。

7. 王金照：《典型国家工业化历程比较与启示》，北京：中国发展出版社，2010 年版，第 141~143 页。

第十六章　文化与工业经济的融合发展

提　　要

文化与工业经济的融合发展是全球经济发展的新趋势，也是促使中国经济结构调整和发展方式转变的重要思路。中国工业的转型升级在坚持技术创新的传统路径基础上，还可以开辟产业融合的新路径。文化作为渗透性较强的产业，与多个产业存在天然的耦合关系，通过与工业的融合必将为工业带来新的活力和发展空间。本章通过实证检验证实，文化产业与工业间存在较强的相关关系，文化元素的作用贯穿于工业的不同层面，对工业的发展有较强的拉动作用。在融合方式上，文化与工业可以通过产业渗透、产业交叉、产业关联三种方式实现融合发展。虽然目前中国文化与工业的融合已初步显现，但两者的大规模融合发展仍面临较多困难：文化与工业不是融合发展而是孤立发展；文化产业不是无法发展就是重复发展；文化不是广义文化而是狭义文化；文化在社会生活中不是处于中心地带而是处于边缘地带。针对以上问题，为促使中国文化与工业的融合发展，可以借鉴国外的发展思路，通过将实业做成文化、将文化做成实业，实现虚实结合的产业业态，互相提高，互相促进。具体来讲：产品层面，打造产品的观念价值；企业层面，建立利润来自思想的机制；产业层面，把实的做成虚的，把虚的做成实的，实现两者的良性互动发展。

*　　　　*　　　　*

随着人类进入知识经济时代，加之文化的开放性发展，文化逐渐融入工业发展中，成为工业发展的有效动力机制。《中华人民共和国国民经济和社会发展第十二个五年规划纲要》中更是提出“传承创新，推动文化大发展大繁荣”的战略构思，文化的发展已成为提升国家软实力的重要一环。文化产业具有环保、低碳的特征，文化与工业经济的融合不仅能够满足人们对工业品不断增长的精神需求，而且能够有效推动中国经济结构调整。

文化与工业经济的融合发展，既有文化产业与工业经济的融合发展，更有文化元素与工业经济的融合发展。

一、文化与工业经济融合发展的现状分析

1. 文化与工业经济的融合发展是大势所趋

党的十七届六中全会提出：“推动文化产业与旅游、体育、信息、物流、建筑等产业融合发展，增加相关产业文化含量，延伸文化产业链，提高

附加值。”深入贯彻落实这一要求，推动文化产业与相关产业融合发展，既是加快发展文化产业、推动文化产业成为国民经济支柱性产业的必然要求，也是转变经济发展方式、实现相关产业升级的迫切需要。

工业在中国国民经济中占有重要地位，工业的发展有效拉动了国民经济的增长。改革开放以来，中国工业增长速度远高于世界平均水平，主要工业品产量居世界领先地位，但工业在高速发展中仍存在“瓶颈”。中国工业的竞争优势源于自然资源和廉价劳动力等初级要素，技术水平低，创新不足，“中国制造”处于全球价值链的末端；行业构成中，高污染、高消耗的重化工业占工业总产值比重较高。随着刘易斯拐点的到来及更低成本竞争国家的经济发展，中国工业的低成本竞争优势将不断丧失。此外，全球能源等资源的匮乏及气候变化的加剧使中国工业面临日趋严峻的资源环境压力。中国工业迫切需要提高增长质量，转变发展方式。工业转型升级可以遵循不同的发展路径，在坚持技术创新的传统路径基础上，还可以开辟产业融合的新路径。在各种产业中，文化产业是一个综合性、渗透性、关联性较强的产业，与多个产业存在天然的耦合关系，具有融合的深厚基础和广阔空间，在世界产业融合发展潮流中，文化产业扮演了先锋角色。因此，推动文化与工业的融合发展是推动工业转型升级的重要途径。

随着信息技术创新和扩散不断加快，产业融合日益成为产业发展的重要趋势，并深刻地改变了传统产业，引起产业边界的模糊化。产业融合是指不同产业或同一产业内的不同行业相互渗透、相互交叉，最终融为一体。[①] 产业融合不是几个产业的简单相加，而是通过产业间的相互作用，使原有产业迸发出新的生机和活力。随着产业间融合的深入，产业融合的概念也得以拓展，从最初主要研究高技术产业与传统产业的融合拓展到其他产业间的互动融合。体验经济的兴起使人们对精神文化的需求越来越强烈，因此，文化产业与相关产业的融合正成为产业融合的新动力。随着社会经济的发展，消费者在注重工业品功能性价值的同时，更加关注工业品的文化价值，这就需要推动文化产业与工业融合。通过两者的融合，改变工业产品的价值形成机制及技术开发路径，使文化产业的文化符号价值、文化理念、创意等以各种形式渗透到工业的创意、设计、生产、营销、品牌构建和经营管理等高端价值链环节，丰富工业制成品的文化含量，提升工业制成品的文化品位，使工业制成品摆脱单纯卖资源、卖技术、卖工时的较低层次，提升工业品的市场价值，推动工业结构调整及产业升级。

2. 文化对工业经济发展具有拉动作用

（1）文化产业发展现状。“十一五”期间，中国文化产业发展速度不断加快，规模不断扩张。2005~2010 年，文化产业增加值由 3897.1 亿元上升到 11052 亿元，总规模增速明显，年均增长率约为 18.59%。文化产业增加值及占 GDP 的百分比均呈现上升趋势（见图 16–1），2010 年文化产业增加值占 GDP 的比重达到 2.75%。作为“十二五”开局之年，2011 年中国文化产业依然保持了高速增长的态势和较高的热度，各部门出台各项政策支持文化产业发展，营造了良好的发展环境。中国文化产业虽然发展速度较快，但与发达国家相比仍较为落后。从总量来看，2010 年，中国经济占国际经济总量的 9.5%左右，但文化产业在世界文化市场上的份额不足 4%。美国作为文化产业的头号强国，其文化产业的年均增长速度达 14%，占 GDP 的 30%以上，其年产值在国内 GDP 中达 1/4。从文化产业地区发展情况看，中国文化产业的发展主要集中在东部沿海地区，文化产业发展结构不均衡现象明显。从文化出口情况看，各项数据显示，中国文化产业国际竞争力偏低，一直处于贸易逆差状态。综上所述，中国文化产业仍相对落后，要将文化产业发展成为支柱产业尚待时日，而通过文化产业与工业的融合不仅可以推动文化产业的较快发展，而且可以改变工业的传统发展模式，促进工业转型升级。

---

① 聂子龙、李浩：《产业融合中的企业战略思考》，《软科学》2003 年第 2 期。

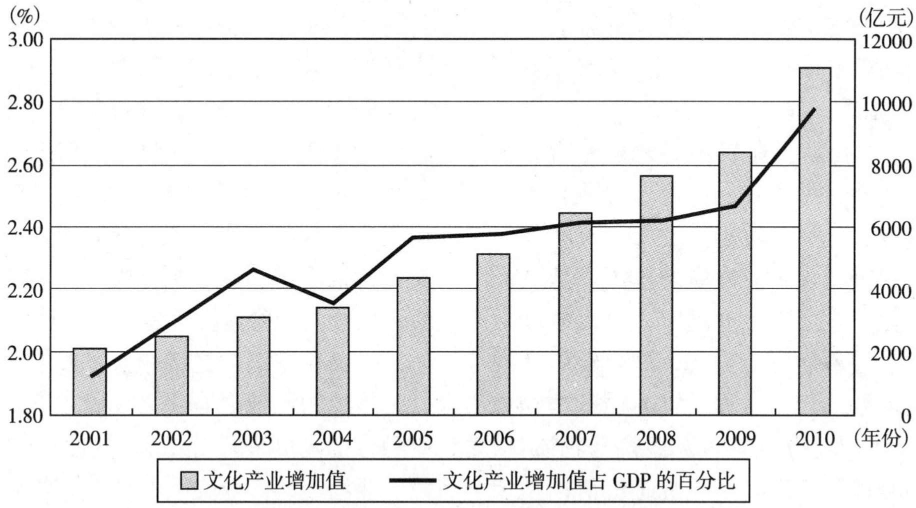

图 16-1　文化产业增加值及占 GDP 的百分比

资料来源：根据中华人民共和国文化部《中国文化文物统计年鉴》（国家图书馆出版社 2011 年版）10 月数据计算得到。

（2）文化产业对工业经济发展拉动作用的实证检验。图 16-2 对 1996~2010 年 15 年间工业增加值和文化产业增加值取对数后的序列 Lgindust（工业增加值取对数）、Lgculture（文化产业增加值取对数）进行了简单相关性描述。由图 16-2 可见，两者大体呈现一致的上升趋势，而且自 2001 年以来，文化产业增加值的增长速度明显加快，说明中国逐渐意识到文化产业的重要性，并加大了对文化产业的投资。

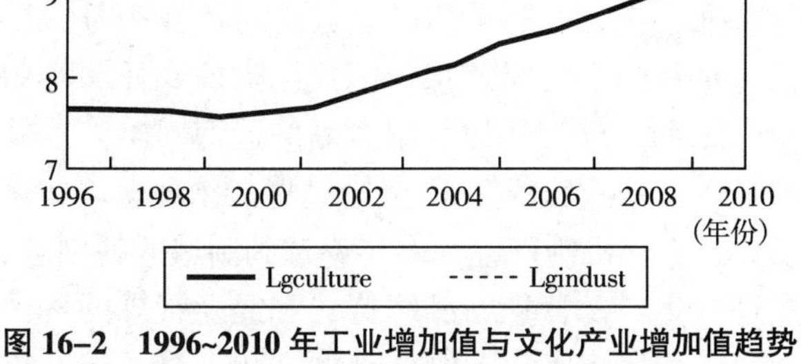

图 16-2　1996~2010 年工业增加值与文化产业增加值趋势

为了更清晰地呈现文化产业增加值与工业增加值的相关关系，运用 HP 滤波方法对 1996~2010 年中国工业和文化产业增加值的时间序列（=100）进行了分解考察，在对两序列取对数后，运用 HP 滤波方法将两者分别分解为趋势（Trend）部分和波动（Cycle）部分（Slgculture：文化产业增加值取对数后序列的趋势部分；Slgindust：工业增加值取对数后序列的趋势部分；Clgculture：文化产业增加值取对数后序列的波动部分；Clgindust：工业增加值取对数后序列的波动部分）。研究得知，自 1996 年以来，工业增加值不论是从周期趋势上还是从波动上与文化产业增加值均较为一致。1996~1999 年，工业与文化产业增加值波动序列均为正向缺口；1999~2005 年，两者均为负向缺口；2005~2010 年，两者又转为正向缺口。总之，文化产业增加值与工业增加值波动方向大体一致，但在某些年份两者也呈现一定程度的背离，文化产业增加值序列波动缺口明显较大，文化产业增加值往往领先于工业增加值的波动。从 HP 滤波分析结果看，文化产业增加值与工业增加值之间存在较强的相关关系，两产业具有较强的相关性。

为了验证工业与文化产业间是否具有相互影响关系，可以对 1996~2010 年文化产业增加值与工业增加值数据进行格兰杰因果检验。由检验结果可知，文化产业增加值对工业增加值有一定程度的拉动作用，但工业增加值对文化产业增加值的拉动作用不显著。这说明中国文化产业的发展对工业有一定的依赖，文化产业的发展带动了工业需求的增加，而工业对文化产业的需求相对较弱，依赖程度较低，工业并未有效地带动文化产业的发展。进一步通过回归分析考察文化产业对工业的拉动作用的大小，得出文化产业增加值对工业增加值弹性系数为 0.32（t=1.94）。由回归结果可知，文化产业增加值每增长 1 个百分点，工业增加值增长 0.32 个百分点，文化产业对工业有相对较大的拉动作用。

（3）文化元素拉动工业发展的机理分析。文化资源具有稀缺性、可重复利用性、边际收益递增的特性，使得文化资源对工业发展的拉动作用日益明显，文化有引领工业发展的作用。从产品角度看，将文化元素融入工业品中，可以拉动对工业品的需求。随着经济的发展，社会经历从温饱到小康再到富裕的演化过程，当人们基本物质需求得到满足时，人们的消费开始逐渐非物质化，也就是说从注重使用价值到注重观念价值；从追求质量到追求品位；从认同同质化到认同异质化，对于消费的感受经历了由物到心再到灵的转变。通过在工业品中注入更多的文化内涵，可以满足人们不同的精神需求，甚至创造新的消费需求和消费模式，提升工业品的档次和附加值，提高产品竞争力，创造更好的效益。从企业角度看，文化是企业的软资产，具有边际收益递增的特性。企业硬资产的使用伴随各项费用的不断提升，如固定资产折旧和修理费、人员工资、资金利息等，且在使用中是不断损耗的。此外，企业硬资产具有较强的稀缺性，随着生产规模的扩张，生产单位产品的硬资产消耗是不断增长的，其边际成本递增。而企业软资产则不同，软资产不会因使用而减少，而是在使用中不断获得增长，因此其稀缺性是逐渐降低的，其满足边际成本递减的规律。[①] 例如，品牌的创建期是花费成本最高、获取效益最小的时期，而随着品牌的正确推广，不仅广告、促销成本会随之降低，品牌的价值也在不断使用中逐渐增大。从产业的角度来看，通过文化与工业的融合，可以推动工业先进价值体系的形成，增进市场和环境的结合与互动，促进人才素质的提高；可以改变工业对资源的开发和组合，开拓新的技术开发路径；可以推动产业结构升级，从而促进工业价值链地位的提升，提升工业整体附加值。

综上所述，文化元素的作用贯穿于工业的不同层面，文化对工业发展具有拉动作用。在物质产品生产处于上升期的时代，文化元素的作用主要是潜在的和间接的，文化对工业的影响最直接表现为知识、技术的创新与运用，管理与控制，对形式美、品牌的追求，以及对名声的推崇等。在物质产品生产力极大发展以后，经济活动中的文化元素更为活跃，通过与工业融合发展，成为引领工业发展的重要因素。

3. 文化与工业经济融合发展的三种方式

传统的产业融合主要从高技术产业与传统产业融合的角度进行分析，并提出产业融合主要分为产业渗透、产业交叉、产业重组三种形式。[②] 产业渗透融合指的是发生在高科技产业和传统产业的边界处的产业融合，指从传统产业改造入手，以技术改造为契机，采用先进技术提高产品的技术含量，从而实现传统产业高新技术化；产业交叉融合是指通过产业间的功能互补和延伸实现产业融合，通过产业延伸赋予原有产业新的附加功能，使其具有更强的竞争力，形成融合型的新产业体系；产业重组融合主要发生在具有紧密联系的产业或同一大类产业内部的几个子产业之间，通过重组融合而产生的产品或服务往往是不同于原有产品或服务的新型产品或服务。文化与工业经济的融合发展也可以借鉴传统产业融合的三种方式。

（1）文化与工业的渗透融合，主要指从传统工业改造入手，通过文化融入，提高产品的文化含量及附加值。文化产品虽然有其物质化的载体，但文化产品所体现的真正价值是其内涵的精神内容，也就是文化产品的真实价值具有虚拟性和符号特征。文化产品价值的这种虚拟性和符号特征在一定条件下可以转移、嫁接或附加到任何实用商品之上，成为某种实用商品的造型、工艺、品牌等产品差异性的标识。[③] 通过将文化观念、文化模式、文化机制以各种形式渗透到制造业的创意、设计、生产、营销、品牌构建和经营管理的各个环节，可以丰富工业制成品的文化含量，提升工业制成品的文化品位，提升工业品附加值，实现

① 李海舰、原磊：《论无边界企业》，《中国工业经济》2005 年第 4 期。
② 胡汉辉、邢华：《产业融合理论以及对我国发展信息产业的启示》，《中国工业业经济》2003 年第 2 期。
③ 蔡旺春、李光明：《中国制造业升级路径的新视角——文化产业与制造业融合》，《商业经济与管理》2011 年第 2 期。

工业转型升级。以玩具行业为例，企业将动漫文化元素注入玩具产品、生产动漫结合的玩具衍生品，推动了传统玩具业向创意产业、文化产业等高端产业发展，提高了产品的附加值。通过与动漫产业联姻，比如与《喜羊羊与灰太狼》合作的玩具制造商，多数成功打入内销市场。另据中投顾问《2010~2015 年中国动漫产业投资分析及前景预测报告》显示，相比动漫产品本身，衍生产品市场空间更大，儿童音像图书市场空间为 100 亿元/年，童装为 900 亿元/年，玩具为 200 亿元/年，文具为 600 亿元/年，儿童食品为 350 亿元/年。由此可见，通过文化的渗透融合，可以提升食品饮料、纺织服装、木材家具等传统制造业的文化内涵，提升其品牌价值。

（2）文化与工业的交叉融合，是指通过文化产业的延伸赋予工业新的附加功能，产生新的高技术与高文化交叉的制造业态，增强工业竞争力。随着经济社会的发展，今天的工业品具备的“功能”应符合人类追求体力解放与精神自由的双重要求，工业企业应研究科学技术对人和人生存方式的影响，应去面对高科技的发展，这是知识经济结构社会给工业发展带来的又一次新的革命和挑战，而文化与工业的交叉融合，为工业应对这一挑战提供了思路。以文化内容为驱动，技术手段为支撑，将文化产业融入电子、数字终端制造业，从而带动便携式通信设备、计算机及其他电子设备等技术密集型制造业的发展与全面升级。比如，在文化内容的驱动下，市场上逐渐出现了可以用语言或触摸启动在订购了食物后下载相应的烹饪方法，并显示在屏幕上的厨房用互联网接口的切菜板；拥有熬粥、煲汤、蒸炖、烘烤蛋糕等多功能且可以“一键式”搞定的电饭煲；增加了音乐 MP3 功能的加湿器；除了基本的通信类业务之外，还可以处理商务类业务、资讯类业务、享受小说、电影、电视、广播、新闻、音乐等传统文化内容，支持铃声、屏保等娱乐业务下载，可以在线游戏的 3G 手机。通过文化内容产业的载入大大拓展了这些技术密集型产品的附加功能，从而提升了其附加价值，这些功能拓展后的产品核心价值就源于其在技术支撑下可以享受文化内容，其核心竞争力越来越体现在其文化内容的创新上。

（3）文化与工业的关联融合，是指由于文化产品的生产过程而带动相关文化载体、文化用品、文化器材、文化产业道具、设备等文化制造业的发展与升级。与上文提到的两种融合方式相比，这种融合方式更直接，从某种程度上来说，它是文化产业发展的必然结果。并且文化制造业与文化产业发展是一种正相关的关系。文化产业发展的速度与质量也决定了文化产品制造业的升级程度。文化产业概念包括范围很广泛，按照目前我国的分类，文化产业包括核心层、相关层和外围层，涉及传统产业分类上的第三产业和第二产业，其中第二产业主要是相关层中的文化制造业，它通常包括造纸及纸制品业、文教体育用品制造业、乐器制造、游艺器材及娱乐用品制造、照相机及器材制造、家用视听设备制造、仪器仪表及文化、办公用机械制造业、信息化学品制造、印刷专用设备制造、广播电视设备制造、电影机械制造、复印和胶印设备制造、工艺品制造、服装道具制造等。通过文化与工业的关联融合，可以有效地促进文化制造业的发展。

二、 文化与工业经济融合发展的问题所在

1. 文化与工业不是融合发展而是孤立发展

目前，中国工业生产的社会化程度和专业化程度不高，在工业经济中占主导地位的仍是劳动密集型的产品和行业。仅有少数工业企业意识到文化对其发展的重要作用，在企业战略规划、经营管理或产品服务中融入思想文化元素。大多数工业企业受竞争环境和自身素质的影响，仍采用传统的生产模式，竞争策略主要依赖成本优势和价格竞争，在产业链中过于侧重实体产品的生产，忽略了品牌建设、思想文化层面的提升及理念方法和价值观的突破，缺乏将文化融入企业发展的意识，或者仅将文化视作附属品和点缀，思想仍

长期停留在曾经为其带来成功的价值观上，而没有在成功之后再找到新的价值观。由于缺乏自主知识产权，中国多数工业企业在全球价值链中处于低端位置，只为国外做代工、做贴牌，或者出口一些零件、素材，导致产品附加值低，利润空间小，产品发展无法突破瓶颈，未能实现从“中国制造”向“中国创造”的转变。就中国文化产业的发展现状而言，所谓的文化产业，是有文化没创意，或有产业没文化，名义上是文化产业，实则名不符实。比如，很多文化创意园区所生产的产品是以中低端产品，以模仿和复制为主流，还有很多创意园区呈现空壳化和候鸟化特征，目的仅在于利用政府提供的优惠政策，并未履行促进文化产业发展的初衷。在文化产业发展中，多数企业仅是揣摩政策意图，享受政策红利，并未真正意识到文化对经济发展所能带来的价值，更没有在文化创新与发展中做出努力。总之，文化与工业的融合意识并未提升，两者的壁垒并未打破，仍旧各行其道，这会在一定程度上阻碍两者的一体化发展。

2. 文化产业不是重复发展就是无法发展

在市场经济条件下，微观经济主体在制定投资决策时，往往着眼于所在区域的经济状况和投资大环境。随着中心城市在区域范围内集聚资金、人才、技术、信息等产业要素能力的大幅提升，区域产业结构的同构化基础不断被瓦解，建立基于比较优势和产业链区别定位的区域分工体系越来越具有经济性和现实意义。但是，作为各城市互设壁垒、低效率同质化竞争的制度基础，分税和分灶吃饭的财税体制并没有明显的改变。受地方利益的驱使，在文化产业领域的发展中也出现了区域战略规划的趋同，导致大量低水平重复建设、过度竞争和资源浪费。以文化产业园区为例，有统计显示，目前全国文化产业园区、集聚区的数量已逾万家，甚至在区县、乡镇都会发现它们的身影，但其中真正能做到文化产业集聚的不到5%。各省市对文化产业的发展均抱有较高的期望，处于不同发展阶段的城市均进军或试图进军此领域。竞相上马的文化产业园区在建立之初即存在很大的盲目性，并未充分考虑本地区的文化特色及目标市场的需求特点，导致全国各地均一窝蜂地创建动漫园区、影视基地和主题公园，必然导致同质化竞争，最终大家比拼的不是企业内在质量和园区实际效益，而是谁的土地、税收等政策更加优惠，陷入另一种形式的“价格战”，且大多都处于亏损的状态。北京大学文化产业研究院影视中心调查数据显示，目前，国内的影视基地能实现盈利的并不多，80%处于亏损，15%处于温饱，只有5%的影视基地可以实现盈利。不仅是影视基地，据中国主题景点国际峰会2006年披露，20年间建设的2500多个主题公园70%亏损，盈利的不过10%，被套牢的巨资达1500亿元。由于文化产业发展缺乏区域特色及有效的分工，重复建设、结构雷同必然要降低文化产业的集约化程度，降低增长效率。

此外，中国政府虽大力鼓励各地发展文化产业，但是，按照世界各国所定义的文化产业涵盖范围，这类文化产业在中国的省会城市和计划单列城市还可以发展，至于广大地级市和县级市，因为市场空间限制，根本无法发展。

3. 文化不是广义文化而是狭义文化

根据中国2004年《文化及相关产业分类》的标准，文化及相关产业被界定为“为社会公众提供文化、娱乐产品和服务的活动，以及与这些活动有关联的活动的集合”。而按照2009年7月国务院常务会议原则通过的《文化产业振兴规划》，中国文化产业的范围具体包括以下十大门类：影视制作业、出版业、发行业、印刷复制业、广告业、演艺业、娱乐业、文化会展业、数字内容和动漫产业。由以上对文化所界定的范畴可知，公众所理解的文化仅指狭义的文化，文化产业所涉及的文化也仅是文化部门的事，文化产业仅是作为一种提法，并未真正实现将文化与产业融为一体，实质上仍然是就文化论文化，各地区、各企业对文化的认识也仅局限在狭义层面。而从文化的内涵和外延来看，文化渗透于社会生活的方方面面，大到历史文化、民俗习惯、价值观念、生活方式，小到企业文化、创意、理念、标准，文化不仅是文化部门的事，而且是所有部门的事。不能认识到这一点，工业就无法将文化元素真正引入产业发展中来，不能实现文化引领工业经济发展的目的。

4. 文化在社会生活中不是处于中心地带而是处于边缘地带

一方面，在过去旧体制下，人们对文化产品的意识形态属性认识较为明确，但对文化的商品属性缺乏基本的认识，认为文化是“点缀”和“摆设”，主角还是经济，文化在社会生活中处于边缘地带。从20世纪90年代开始，“搭台唱戏”的说法流行全国。其中，“文化搭台，经济唱戏”最为普遍，意思是说文化仅仅是个舞台，上面唱主角的还是经济，操作方式也非常简单，通过历史名人或文化典故拉动地方或者企业经济发展。在这样的理念指导下，无数文化节、艺术节应运而生，但最终还是为了推销产品、签订合同。这种运作模式在短时期确实促进了经济发展，但对经济发展的过分强调，导致文化并未得到较好的传承，甚至在某些方面对文化产生了消极影响，反过来，不利于经济的长期发展。反观世界文化产业发展的经验，如美国洛杉矶的好莱坞、纽约的百老汇、英国伦敦西区的演出中心等都是在具备文化资源优势、品牌优势的基础上发展起来的，是以文化资源为核心通过市场行为自然形成的文化产业集群，因此具有强大而持久的生命力。另一方面，在整个经济结构和产业结构中，文化产业仍旧只是附属产业。文化产业占GDP比重偏低，产业规模较小，且不具有国际竞争力，只能成为制造业的附属产业，在社会生活中处于边缘地带，这从根本上制约了文化对工业发展的引领作用，而要真正发挥这一作用，必须摆正文化的位置，使其处于中心地带。

三、文化与工业经济融合发展的国际借鉴

1. 把实业做成文化：苹果手机

随着科技水平不断提升，新产品不断涌现，人们的生活观念、消费价值观及偏好也随之改变。一些国外公司更是通过新观念、新思维的融入，颠覆传统，为人们构建起新的生活方式，成功地将实业做成了文化。苹果公司是其中的典范，它在实践中找到了将文化与IT行业融合的最佳路径。通过其产品AppleII、Pixar、iPod、iPhone分别重新定义了人们对个人电脑、电影、音乐、手机的看法，颠覆了人们传统的生活方式，并构建了一种新的文化传统。

苹果公司之所以能够为PC业、电影业、互联网业、音乐业、手机业等带来颠覆性的创新、带来最富有冲击力的变革，在于它不像一般企业那样从物质层面着手经营，而是不断捕捉新的思想、构建新的体验模式，不是被动地了解需求，而是进一步创造需求，创造新的市场。在经营理念上，苹果公司“出售梦想，而不是产品”。它没有把购买产品的人当成“消费者”，而认为他们是一些拥有梦想、希望和抱负的人，因此它创造产品的目的，是去帮助他们实现自己的梦想。于是，它可以把平板电脑做成世界上最好的娱乐工具，把手机变得无所不能。在产品开发上，苹果公司走的是精品路线，产品中处处体现着时尚文化元素，摆脱了产品同质化的局面。生活在一个个性化的时代，消费者需要在品位和内涵上来逃离社会的庸俗和同质化。苹果公司的使命就是满足消费者的这些需求。如果纯粹从技术上讲，它并没有十分突出的特点，也没有什么其他公司不能攻克的高端技术难题，但苹果公司却告诉了我们播放音乐的“小东西”可以像艺术品一样精致、美观，电脑可以没有鼠标、键盘，手机外观可以很个性化。在它的主导下，电子产品发展成了最主要的文化载体与传播媒介。在商业模式上，苹果公司采取了将硬件、软件和服务融为一体的垂直产业模式。①苹果公司拥有高度整合的系统。②苹果公司的应用商店模式使众多第三方开发商实时接触到千千万万分布于世界各地的用户，这种共同获益的模式获得了成功，使许多原本只有几个员工的小开发商发展成为了非常富有的公司。③苹果公司在产品设计与质量、用户界面与用户体验等方面确实非常出色。在营销模式上，对营销进行创新，它不是在营销产品，而是在营销一种精神、一种文化。此外，它创新了营销活动，认为

销售活动并不是在营销产品而是在营销一种身份，营销一种生活方式，使苹果产品真正成为人们的一种生活方式和身份的象征。

在产品同质化的今天，产品间的技术壁垒逐渐降低，技术先进程度逐步趋同，企业之间、地区之间的竞争，到最后变成了文化的竞争，只有在产品文化上做出延伸和拓展，企业才能在激烈竞争中立于不败之地。如此强大的微软公司，2012 年已经败下阵来，被苹果公司超过，就是因为苹果公司不是就实业论实业，而是将实业做成了文化，让全世界有那么多的不同肤色、不同地位、不同文化的人喜欢它、追捧它，这就是文化的魅力。

2. 把文化做成实业：美国的迪斯尼

米老鼠这一形象已存在了近 80 年，它不但没有衰落，还为迪斯尼创造了越来越多的价值，这都源于迪斯尼成功地将文化做成了实业。在其欢乐文化的背后，是一个产业不断发展、扩充、升级的商业运作体系。迪斯尼从一个绘制卡通形象的手工作坊起家，通过动画打造了深具文化内涵的品牌，逐步将经营从电影、动画这些虚业，发展到经营迪斯尼主题乐园、服装、饰品、玩具、电子产品等实业领域，形成了紧扣市场的巨大生产链，造就了拥有极佳品牌和年销售额达 220 亿美元的大型跨国公司，也带动了一个席卷全球的庞大产业，把文化的商业价值发挥到了极致。迪斯尼将文化做成产业主要经历了以下三个阶段：

第一阶段：通过动画打造品牌优势。通过不断推陈出新的创作，迪斯尼制造出了能够吸引不同年龄人群的卡通明星，并迅速俘获观众的心。随着迪斯尼动画形象的深入人心，迪斯尼开始成为一种文化现象，其品牌具有了越来越丰富的文化内涵。基于此，迪斯尼公司适时抓住机会，改变经营思想，开始将拥有丰富文化内涵的动画形象注入实业中。

第二阶段：通过迪斯尼乐园进行品牌文化延伸。迪斯尼乐园与其他主题公园最大的不同就是迪斯尼的品牌基础、鲜明的主题与独特的卡通资源。伴随每一部新卡通片的出现，就在主题公园中增加一个新的人物，在电影和公园共同营造的氛围中，把观众在电影和卡通片里看到的虚拟世界变成了可游、可玩、可感的现实世界。通过迪斯尼乐园，迪斯尼成功地从传媒业务延伸到旅游业中。

第三阶段：通过实体经营将文化做成连锁产业。米老鼠形象自 1928 年在《威利汽船》一剧中问世以来，名噪全球，并成为美国的象征。1933 年米老鼠手表开发问世，仅几个月就售出 200 万只。此后，诸如米老鼠牌的糊墙纸、麦片包装盒、米老鼠造型的电影机等米奇系列产品相继问世，深受消费者青睐。在进军实体领域大获成功后，迪斯尼借文化优势，逐步将经营范围扩充到文具、玩具、饰品、服装、箱包、水杯、家居用品、毛绒玩具、电子产品等多个制造业领域，并形成了强大的直销网络，通过在全球建立大量的迪斯尼商店，销售品牌产品，每有一个新的卡通人物出现，都会有对应的系列产品的产生，各种迪斯尼系列商品无不因为卡通图案的附加值而创造了丰厚的利润。通过有丰富文化内涵的动画形象注入实业中，并以创新为主导的多元化产业战略扩大了迪斯尼的盈利范围。

在迪斯尼体系中，既有虚业——传统传媒业务，也有实业——制造业及旅游业，而且其中扩展出来的制造业及旅游业贡献更大，其利润的八成左右来源于此类业务。这充分表明，迪斯尼通过以虚带实，以实扩虚，做到了一点开花，轮番收入。由此可见，单纯做文化，价值有限；把文化做成实业，价值更大。[①] 迪斯尼通过把文化做成实业，并形成了“价值网络”，其中的各个环节、各个主体的价值创造活动都在为整个“价值网络”贡献价值。同时，各个环节、各个主体的自身价值获取又依赖于整个“价值网络”的不断壮大。由此，使得两方面相互促进，进一步扩展了实业的发展空间。

从本质意义上说，迪斯尼的成功在于其思想境界超越了一般性的产业发展理念，其所倡导的发展理念如“为所有地方的所有年龄段的人创造快乐”、“时刻满足顾客需要”等，体现出了更高的社会责任感和人文关怀，向市场传递了自己所奉行的价值观、生活态度和社会承诺等文化价值和

① 李海舰、王松：《文化与经济的融合发展研究》，《中国工业经济》2010 年第 9 期。

内容。更重要的是，迪斯尼在该理念的指导下，基于其动画形象的文化内涵，将文化做成实业，构建了虚实结合的产业业态。

四、文化与工业经济融合发展的对策思路

1. 在产品层面实现文化与工业的融合发展

在物质产品极大丰富的今天，任何顾客在购买商品的时候，既有一种物质的需求，也有一种精神的享受，也就是一种文化的需要，比如我们买化妆品是买美丽，买酒是买乐趣，买服装是买身份，买轿车是买尊严，人们在购买这些产品的同时，也在分享这个产品的衍生文化。产品的价值已不再局限于使用价值层面，而是融入了更多的观念价值。在满足了顾客的物质需求后，如何来实现精神需求的满足？这就需要在产品中融入文化，提高产品的文化含量。产品层面的文化与工业的融合是将文化因素引入产品及其生产、销售过程中，打造产品的观念价值，让产品消费体现出一定的品位或个性，让顾客在产品消费过程中体会到不一样的精神享受，从而提升产品价值。即在产品设计、生产过程中，要给产品注入灵魂，让产品有灵气、有精神含量、有故事含量，从而让产品拥有更多的文化含量，形成产品文化，把物质产品转换为具有精神含量的产品。

在实践中，文化与工业在产品层面的融合比比皆是，其中以食品饮料行业通过文化融入所提升的价值最为显著。随着目前人们生活水平的不断提高，人们在满足温饱需要的同时，更加注重消费品位的提升及个性化需求的满足，因此这些方面也逐渐成为食品饮料行业竞争的出发点，而文化的融入恰恰为其发展开辟了新的道路，使这一传统的技术成熟度较高的行业迸发出新的生机和活力，大大提升了原有产品的附加值。以白酒行业为例，文化是白酒的生命和灵魂，中国白酒因为其历史的原因，形成一个非常庞大的文化酒集群。像茅台的“国酒”文化、五粮液的“王者”文化，水井坊的“酒窖”文化等，无不是其“历史基因”的传承，其他品牌无法在短期内复制和模仿。特色酒文化“金六福酒”的福文化，“孔府家酒”的家文化，“今世缘酒”打造的“缘文化”等，无不是独到情感文化的体现。随着白酒同质化的加深，不少企业为了展现产品的差异化，很多概念产品应运而生，如“宁夏红”的“枸杞健康”概念、劲酒的“理性饮酒”概念。此外，个性化产品风靡市场，以“酒鬼酒”为代表的个性品牌高举文化的大旗，曾经在整个白酒消费市场形成了一片“酒鬼”潮。白酒行业以文化品位、精神价值和艺术价值为诉求，针对不同的消费者、不同的区域、不同的时代进行的有的放矢的挖掘和创新，提升了整个产业的产品附加值，使其利润率始终领先于其他行业。再如，随着人们生活水平的提高、生活压力的增大，“绿色健康、注重养生”的理念开始受到消费者的重视，“王老吉”迅速抓住这一机遇，更融入了中国传统“四大国粹”之一的“本草文化”，从产品包装、品牌定位上都传达了绿色的产品生产理念，使其产品迅速蹿红。

文化元素的融入在工业的其他行业中也渐成风潮。传统的纺织服装行业发展较为缓慢，利润率也较低，但近年来，依托品牌文化的载体，建设有影响力和渗透力的品牌文化正成为纺织服装企业专注的目标，服装已成为一种生活方式，不再单纯是在做产物，而是要表达一种概念。从健康理念的角度出发，吸湿排汗纤维、牛奶蛋白纤维、发热纤维、有机棉及羊绒等功能性新型纱线材料被研制出来。从个性定制的角度出发，郭培创办了玫瑰坊，并秉承“做世界上最美丽的衣服，未来能进博物馆的那种衣服”的理想，在高级服装定制的设计中突出民俗服饰的特色，突出人的个性化需求，迎合了很多高层次人群的心理，从而大获成功，在历届中国国际时装周上，历届主持人的着装、奥运颁奖礼服都有很多她的作品。进入 21 世纪以来，航空航天设备、大型交通运输工具、精密制造和加工设备、成套物料处理过程设备、工程机械、微纳机械、光电通信设备复杂

机电产品所要满足的需求层次越来越丰富和多样，如何有效地将用户的文化与情感需求融入复杂机电产品的创意设计之中，是需要人们继续探求的课题。

2. 在企业层面实现文化与工业的融合发展

随着知识经济时代的到来，物质资本之外的文化因素对于企业的影响越来越大，文化已经成为企业的资本，而且是一种最高资本。企业不仅是把物质资源、资本变成利润的组织，更重要的是把文化变成利润的组织。这就要求我们必须突破传统思维范式看待企业，将经营企业的重心由物质层面转向非物质层面，如文化、思想等。为实现企业利润来自思想，李海舰和王松（2010）提出了三个方面的要点：①通过提高企业家的思想、文化素质，让其成为思想制造者。当文化资源成为企业发展的主导力量时，企业家的思想对企业经营管理、创新、管理者选择等行为都有重要影响。因此，企业家只有经营好了思想，才能有效地配置资源、提高生产率，使企业更有效地获得利润。从这个意义上讲，真正优秀的企业家应该是经营思想的人。②做好企业的文化建设。文化与产业的命题，形同一个问题的两个视角，特别是直指产业高端的先进制造业更是如此，文化构建是能够“薪火相传”的，一个企业要想形成自有企业文化，并历练出品牌文化，一是要准确定位企业的文化主题；二是要做好文化的打造，即企业文化要有提炼，要充实，并且要落到实处，否则文化将成为毫无价值的口号；三是要做好文化经营，充分发挥文化的引导作用，使文化成为一种智慧上的启迪，一种精神上的提升，而不仅仅是具体的战术方案。③将文化因素、思想融入到企业管理中，实现文化、思想与管理的相互融合，让文化、思想指导企业管理，由此增强企业管理的“软实力”。这要求将文化与战略有机结合，才能保证文化渗透到日常的管理环节之中，避免“两张皮”现象——即文化是文化，管理是管理，两者不相干，从而实现企业的可持续发展。

下面以海尔为例具体阐释在企业层面如何将思想转化为行为再转化为绩效的内在机制。长期以来，大家都认为利润来源于生产及销售，故而单单依靠抓生产、促销售来试图提高利润，结果只能导致企业发展方式的落后，这种基于物质层面的粗放型发展难以为继。不久海尔就意识到品牌的重要性，并推行了专业化创名牌的战略，不过仍未能彻底超越物质层面来探索经营企业之道，也就无法完全摆脱利润空间狭小的局限性，难以扩展利润空间。现在，海尔充分认识到企业的利润主要来自思想文化，而且思想要创新，新思想就是新财富。当前的海尔摒弃了一般企业采用的物质层面的经营战略，独辟蹊径地提出海尔不是产品库而是思想库的观点。在海尔人的理念中，企业必须“将企业家的责任定位于制造思想、经营思想”。在实践中，张瑞敏提出了海尔集团的发展战略并将其应用于指导企业经营，先后创造性地提出了诸如“OEC 管理理念”、“斜坡球体理论”、“企业文化激活休克鱼”、“市场链”等多种先进的管理理念。然后，把这些抽象的理念转化为具体的企业经营手段。1992~1998 年，海尔推行多元化战略，在此期间，他们大力推广“东方亮了再亮西方”等企业文化和理念，顺利完成多元化扩张。1998 年以后，海尔又开始推行以创造国际名牌为导向的国际化战略，实施以国际市场作为发展空间的“三个三分之一”的策略，为海尔创国际名牌提供了思想基础。[①] 另外，海尔还努力将文化建设与企业发展融合在一起，通过质量文化的建设、文化的整合传播等一系列文化理念建设提高产品的文化含量，使得文化深深植入管理层的决策和企业日常经营的全过程。海尔提出的企业文化方面的最新理念是，企业文化可以策划，企业上市的前提是价值观和管理先上市。

基于此，海尔培育出了一套全新的思想—行为—绩效机制，极大地提高了企业效率，增加了企业利润，企业发展突飞猛进。当企业未能意识到思想是利润的主要源泉，忽略思想文化对企业发展的推动作用时，则必然难以取得成功。总之，海尔的成功充分证明了企业利润来自思想文化，正是张瑞敏将中国传统文化精髓与西方现代管理思想融会贯通，“兼收并蓄、创新发展、自成一家”，创造了富有中国特色、充满竞争力的海尔文化，才使得海尔成长为今天的世界知名企业。

---

① 郭鑫、毛升：《海尔精髓——企业文化与海尔业绩》，北京：民主与建设出版社，2003 年版。

3. 在产业层面实现文化与工业的融合发展

综观产业发展的历史，我们经历了从单一的物质因素决定产业发展到由物质因素、生态因素以及人文因素共同决定产业发展的革命性转变，而且生态因素和人文因素与产业的结合给产业发展带来了巨大价值。鉴于此，为延长产业链和价值链，增加产业利润空间，促进产业优化升级，必须在产业层面上实现文化与产业的融合发展，让融合后的产业既有“实业”又有“虚业”，成为虚实结合的综合体。文化与工业在产业层面上可以借鉴国外的产业融合发展模式。一方面，把文化做成实业，即所谓的虚则实之。随着文化开始引领需求，并创造新的需求，文化事业本身有了成为产业的前提条件。基于此，以“实”的产业扩展“虚”的文化，以“虚”的文化提升“实”的产业，以此把文化从文化领域延伸到实业领域，实现虚业与实业的互动、互补、互助发展。另一方面，把实业做成文化，即所谓的“实则虚之”。通过将人文元素、文化元素引入产业中，让物质产业文化化，使文化成为产业创新的源泉和产业发展的主导力量。由此，增强产业的核心竞争力，提高产业效益。

文化延伸在国际上并不陌生，在国外，网络游戏的游戏收入与衍生文化产品收入的比例是1:500。借助于文化的影响力，实现文化和产业的有机对接，用文化来优化产品和服务，让产业超速成长，已经被许多案例证明是一个值得推崇的商业模式。在国内，定位于儿童饮料的“蓝猫饮料”创造了跨行业战略整合的一个先例。过去品牌的形成过程一般都是先有产品再投入市场，通过一定的营销手段，经过市场的长期检验和消费者的认同之后，经历相当长的时间才能形成，其时间跨度一般都在10年以上。而“蓝猫饮料”刚开始的时候没有产品、没有工厂，甚至没有饮料这一项目，只有一只在四年前通过卡通人物出现的猫，四年内用它所有的智慧和顽皮赢得了所有中国孩子的喜欢，并逐渐印在孩子的脑海当中。在用文化做成品牌，并构建起了消费者的购买欲望和购买习惯的基础上，“蓝猫饮料”初入市便大获成功，其后还将通过与汇源、光明、天狮、伊利、康师傅等国内知名饮料商进行战略合作而逐步将产品拓宽到儿童牛奶、儿童保健饮料等领域。在未来3~5年，它更是试图进军服装等行业。通过“蓝猫饮料”的发展历程可见，“蓝猫饮料”是先有文化，后有产品，再建渠道，最后做市场服务。“蓝猫饮料”先由文化衍生出来品牌，进而形成市场；先完成商家最渴望完成的消费终端的消费需求，再通过文化符号和意义培养孩子们的消费需求，最后生产出产品，成功地从动漫这一“虚”的产业延伸到饮料、服装等实体产业，并实现了两者的互动发展。而汇源等实体企业通过与“蓝猫”的合作，将文化元素引入产业中，也实现了产业文化化的目的。由于儿童的购买习惯是感性的，电视里播出什么动画片，小孩子就会买什么样的标志产品，由此借用文化的概念来推行产业营销的经验，倡导了一种全新的经营理念和生活方式，破解了儿童饮料营销难的问题。汇源通过文化的融入，成功地打通了儿童饮料市场，提高了企业竞争力，增加了产业效益。

专栏 16–1

“德国制造”的文化借鉴

目前，在全球机械制造业的31个部门中，德国有17个占据领先地位，处于前3位的部门共有27个。德国制造业被称为“众厂之厂”，是世界工厂的制造者。此等表现并非偶然，而是有其深刻的文化原因。中国正成为世界“制造大国”，但还不是“制造强国”。中国制造业的崛起，必须研究和引进“德国制造”背后的文化因素，并克服近现代国民性的负面因素，开展一个制造业的文化再造。

“德国制造” 具备了如下四个基本特征——耐用、可靠、安全、精密。这些可触摸的特征，是德国文化在物质层面的外显，而隐含其背后的，则是“德国制造”独特的精神文化。

1. 标准主义

标准主义在德国企业的具体表现首先是“标准为尊”。在德国制造的过程中，“标准”就是法律。其次是“标准为先”，亦即在具体的生产制造之前，先立标准。奔驰公司通过实施“标准为先”的质量文化，实现了“零缺陷”目标。

2. 精确主义

德国人的精确主义，必然会带入其制造业。精确主义直接给德国制造带来了精密的特性。

3. 完美主义

追求完美的工作行为表现是“一丝不苟、做事彻底”，也就是“认真”。这已经是深入德国人骨髓的性格特征。德国人做什么都要彻底到位，不论是否有人监督，也不论是职业工作还是做家务，做得不完美、有瑕疵就深感不安。

4. 秩序（程序）主义

秩序主义在具体工作中则主要表现为流程主义，一切按照程序悄然推进。德国人不论干什么都离不开雷打不动的两个前提：一个是程序，另一个是工具。什么程序必用什么工具，什么工具必配什么程序，不得有丝毫变通。

“标准主义”、“精确主义”、“完美主义”、“秩序主义”这四大文化，是中国制造业必须经由德国引进的。在微观的社会组织层面，我们可以用企业文化来改造国民性。此外，在价值理性层面，我们必须尊道贵德，弘扬民族固有的“厚道精神”，以制造出厚道的产品。

资料来源：葛树荣、陈俊飞：《德国制造业文化的启示》，《企业文明》2011 年第 8 期。

参考文献

1. Chee W. The Effects of Management Controls and National Culture on Manufacturing Performance: An Experimental Investigation, Accounting Organi zations and Society, 3, 1991.

2. Gertler M S. “Being There”: Proximity, Organization, and Culture in the Development and Adoption of Advanced Manufacturing Technologies, Economic Geography, 7, 1995.

3. Gertler M. Manufacturing Culture: The In stitutional Geography of Industrial Practice, Oxford University Press, 2004.

4. 聂子龙、李浩：《产业融合中的企业战略思考》，《软科学》2003 年第 2 期。

5. 李海舰、原磊：《论无边界企业》，《中国工业经济》2005 年第 4 期。

6. 胡汉辉、邢华：《产业融合理论以及对我国发展信息产业的启示》，《中国工业经济》2003 年第 2 期。

7. 蔡旺春、李光明：《中国制造业升级路径的新视角——文化产业与制造业融合》，《商业经济与管理》2011 年第 2 期。

8. 李海舰、王松：《文化与经济的融合发展研究》，《中国工业经济》2010 年第 9 期。

9. 李海舰、聂辉华：《论企业与市场的相互融合》，《中国工业经济》2004 年第 8 期。

10. 郭鑫、毛升：《海尔精髓——企业文化与海尔业绩》，北京：民主与建设出版社，2003 年版。

11. 张怀安：《利润来自思想》，《北方经济》2000 年第 7 期。

12. 陈柳钦：《产业融合的发展动因、演进方式及其效应》，《郑州航空工业管理学院学报》2007 年 8 月。

13. 周振华：《产业融合：产业发展及经济增长的新动力》，《中国工业经济》2003 年 4 月。

14. 刘奕：《创意产业与制造业融合发展：产业升级的重要途径》，《中国经贸导刊》2011 年第 8 期。

15. 蔡旺春：《文化与经济增长文献述评》，《科学经济社会》2010 年第 2 期。

16. 戴俊骋、王佳、高中灵：《北京与国内重点城市文化产业政策比较研究》，《北京社会科学》2011 年第 5 期。

17. 韩庆华、卢希悦、王传荣：《论文化与经济的相互融合——把握文化经济发展的历史新机遇》，《山东大学学报》（哲学社会科学版）2010年第 1 期。

18. 李运祥：《文化产业的发展趋势及路径选择》，《当代经济》2010 年第 11 期。

19. 罗浩：《文化与经济增长：一个初步分析框架》，《经济评论》2009 年第 2 期。

产 业 篇

第十七章　能源工业

提　要

本章从能源工业发展的国际背景、能源消费及结构、能源生产及结构、能源进出口、能源建设投资及能源政策等方面，分析了2011年中国能源工业发展的特点：第一，世界能源形势更加复杂，国际能源价格波动剧烈，能源需求与能源生产总体平衡。第二，受高耗能源产业快速发展的推动，能源消费需求增长快，达34.8亿吨标煤。第三，中国能源安全保障能力提高，但油气安全形势依然严峻。从能源生产看，煤炭产量增长较快，石油基本稳产，天然气产量突破1000亿立方米，水电有所下降，风电发展平稳；从能源进出口看，煤炭、石油、天然气进口均创新高，石油对外依存度进一步提高。

在这一年，能源工业也遭遇不少挫折和挑战，也有诸多问题和矛盾浮现，甚至尖锐对立。第一，能源保障压力进一步加大，六大高耗能产业投资增长过快，势必导致能源消费依然会快速增长。第二，在原油产量相对稳产、原油消费增长的前提下，原油进口压力加大。第三，能源消费结构优化困难，在二氧化碳减排国际压力较大的背景下，经济发展对煤炭更加依赖，煤炭在一次能源消费中的比重不减反增，加剧了中国二氧化碳减排的难度；虽然可再生能源和新能源迅速发展，但体量较小，能源结构性问题难以在“十二五”期间得到根本性解决；第四，实现能源消费总量控制目标任务艰巨，面临诸多困难。

展望“十二五”，成品油体格改革、煤电矛盾、能源体制改革等问题仍是能源工业发展的大背景，提高能源保障能力、优化能源结构是“十二五”能源工业的重点。

*　　　*　　　*

“十二五”开局之年的2011年，能源工业开了个好头。随着行业各项“十二五”规划的发布，整个行业呈现出良好的发展势头。在这一年，中国能源供给保障能力大大提高，保障了全国34.8亿吨标煤的能源消费需求。从能源生产看，煤炭产量增长较快，石油基本稳产，天然气产量突破1000亿立方米，水电有所下降，风电发展平稳；从能源进口看，煤炭、石油进口创新高，石油对外依存度进一步提高。在这一年，能源工业也遭遇了不少挫折和挑战，也有诸多问题和矛盾浮现，甚至尖锐对立。日本大地震引发的福岛核泄漏危机无疑给正在高歌猛进的中国核电发展当头泼了一盆冷水，康菲渤海溢油、“油荒”、“雾霾”以及“煤电之争”都揭示“十二五”能源工业发展将面临巨大挑战。能源保障压力进一步加大，六大高耗能产业投资增长过快，势必导致能源消费依然会快速增长；在原油产量相对稳产、原油消费继续增长的前提下，意味着原油进口压力加大。虽然可再生能源和新能源迅速发展，但由于体量较小，因而能源结构性问题难以在“十二五”期间得到根本性解决；能源消费总量控制执行及目标分解困难；成品油体格改革、煤电矛盾、能源体制改革等问题，仍是能源工业发展的大背景。

“十二五”开局之年的2011年，中国能源工业发展有什么特点？“十二五”期间，中国能源工业发展又将面临哪些困难？以及中国能源工业发展的重点和方向又是什么？

一、开局之年的能源工业发展特点

“十二五”开局之年，世界能源形势更加复杂，国际能源价格波动剧烈，能源需求与能源生产总体平衡。国内能源消费市场需求快速增长，能源生产形势较好，能源安全保障能力有所提高，新能源与可再生能源投资规模居世界前列，但油气安全形势依然严峻，经济发展对煤炭的依赖加大。

1. 世界能源形势更加复杂，供需总体平衡

宏观经济、地缘政治、能源政策出现了新的不确定因素，从“阿拉伯之春”，到福岛核电危机，再到欧美债务危机、新兴国家经济增长速度放慢，再到美国取消生物燃料补贴，无不深刻影响着国际能源市场：天然气价格暴跌、汽油柴油价格差的扩大、世界煤炭、电力价格下降。世界化石能源开发利用技术不断进步，为化石能源工业集约化、多元化、洁净化发展，创造了有利条件。油页岩、油沙、页岩气等非常规的化石能源给能源工业发展带来新希望。国际社会碳减排呼声越来越高，围绕气候变化的国家间谈判更加激烈。

2011 年，世界能源总体供需平衡，国际能源价格波动大，常规原油产量增长缓慢，新能源则有较大的发展。①能源价格。2011 年，国际能源市场价格波动较大。石油价格波动较大，WTI 原油平均每桶约 95 美元，[①] 略低于 2008 年纪录的年均价，但仍较 2010 年上升了 15 美元。天然气价格则暴跌，美国 2011 年天然气价格跌幅达 30%。由于天然气价格暴跌，替代效应导致煤炭及电力等能源价格也下跌。②油气。原油产量稳定增长，主要产油国产量或增长缓慢、或产量小幅回落。国际能源署数据表明，2011 年全球石油产量 8318 万桶/天（约 41.59 亿吨），比 2010 年 8244 万桶/天（约 41.22 亿吨）增长了 0.90%，全年增产约 2200 万吨；原油消费 8813 万桶/天，比 2010 年原油消费量 8705 万桶增长了 1.24%。主要产油国石油产量增长缓慢：俄罗斯 980 万桶/天，同比增长了 0.6%，已至巅峰；沙特阿拉伯 950 万桶/天；美国 570 万桶/天，非常规石油 440 万桶/天，非常规石油替代作用巨大；中国 410 万桶/天，石油产量与 2010 年基本持平；伊朗 410 万桶/天，产量小幅回落，出口下降明显。③煤炭。国际煤炭市场供需总体保持平衡，从年初的供需紧张转变为年末的平衡略宽松。据相关资料推算，2011 年全球原煤产量将超过 75 亿吨。④风能与太阳能。尽管全球新能源产业发展笼罩在金融危机和欧债危机阴影里，德国、意大利等国降低对光伏行业的补贴，但仍有较大的发展。全球新增光伏装机 2.779 亿千瓦，同比 2010 年的 1.75 亿千瓦，大幅增长 62.97%；全球风电新增装机超过 0.41 亿千瓦，同比 2010 年的 0.36 亿千瓦，增长了 13.9%，累计装机超过 2.38 亿千瓦，同比增长 20.6%，中国仍然是世界风电增长的主要驱动力，占据世界风电新增装机容量的 43%。⑤清洁能源投资。据 Wind 数据显示，2011 年全球清洁能源新增投资总额同比增长了 5%，达到 2600 亿美元。从各子行业来看，排名前三位的依次是太阳能、风能、清洁储能技术投资，分别为 1366 亿美元、749 亿美元、192 亿美元。风力发电投资较上一年下滑了 17%。美国、中国和德国是清洁能源投资最大的国家，三国在清洁能源投资总额分别是 481 亿美元、455 亿美元和 306 亿美元。

2. 能源消费增长快，高耗能产业增长快

（1）一次能源消费及结构。2011 年，中国能源消费 34.8 亿吨，增加 2.3 亿吨标煤，比上一年增长了 7%。[②] 国家统计局报告显示，2011 年，煤

① 1 桶/天（bpd）= 50 吨/年（t/a）（原油，全球平均）。

②《2011 年国民经济和社会发展统计公报》，2012 年 3 月。

炭消耗量同比增长 9.7%，原油增长 2.7%，天然气增长 12%。中电联统计报告显示，能源消费总量大增的原因，主要是电力、钢铁、建材等六大高能耗产业的单位工业增加值能源消耗因发展过快不降反升，耗电量几乎占据全国用电量的一半。

表 17–1　2011 年清洁能源投资总额前十国家

国家和地区	2011 年投资额（亿美元）	2010 年投资额（亿美元）
美国	481	337
中国	455	450
德国	306	321
意大利	280	202
欧盟其他国家	111	152
印度	102	66
英国	94	70
日本	86	70
西班牙	86	69
巴西	80	69

资料来源：刘洋：《美国清洁能源投资额重夺全球第一》，《中国能源报》2012 年 4 月 16 日第 9 版。

表 17–2　2010 年和 2011 年能源消费量及结构变化

年　份	能源消费总量（亿吨标煤）	能源消费量（亿吨标煤）				能源消费结构（%）			
		煤炭	石油	天然气	水电、核电、风电	煤炭	石油	天然气	水电、核电、风电
2010	32.5	22.10	6.16	1.42	2.80	68.0	19.0	4.4	8.6
2011	34.8	24.24	6.33	1.58	2.68	69.6	18.2	4.5	7.7
比上年增长（%）	7.3	9.70	2.70	12.00	–4.20	–	–	–	–

资料来源：数据根据 2012 年国家统计局统计公告、2012 年中电联统计报告及 2011 年能源统计年鉴相关数据计算获取；其他数据来源于《中国能源统计年鉴》（2011）。

（2）全社会用电量。2011 年，全社会用电量 46928 亿千瓦时，比上年增长 11.74%。其中，第一产业用电量 1015 亿千瓦时，比 2010 年增长 3.92%；第二产业 35185 亿千瓦时，比 2010 年增长 11.88%；第三产业 5082 亿千瓦时，比 2010 年增长 13.49%；城乡居民生活 5646 亿千瓦时，比 2010 年增长 10.84%。工业用电量 34633 亿千瓦时，比 2010 年增长 11.84%，其中，轻、重工业用电量分别为 5830 亿千瓦时和 28803 亿千瓦时，分别比 2010 年增长 9.25%和 12.38%。

3. 煤炭产量大幅增长，石油对外依存度进一步提高

根据各能源品种的产量推测，2011 年，能源生产总量约为 31.9 亿吨标煤，比 2010 年增长 7.2%。2011 年中国非化石能源（水电、风电、太阳能、生物质能等）占一次能源消费总量的比重不升反降，由 2010 年的 8.6%下降至 2011 年的 7.7%。其原因主要有两点：一是化石能源消费增长快；二是因干旱造成水电发电量下降幅度较大。

表 17–3　2010 年和 2011 年一次能源产量及净进口量（实物量）

年份	项　目	一次能源（亿吨标煤）	煤炭（亿吨）	石油（亿吨）	天然气（亿立方米）	水电（亿千瓦时）	核电（亿千瓦时）	风电（亿千瓦时）
2010	产量	29.7	32.4	2.0	948.5	6863.1	768.2	501.0
	净进口	—	1.5	2.4	200.0			
	生产结构（%）	100	77.2	9.7	4.1	7.8	0.8	0.4
2011	产量	31.9	35.2	2.1	1011.0	6626.0	874.0	732.0
	净进口	—	1.7	2.5	302.0			
	生产结构（%）	100	78.3	9.1	4.1	7.0	0.9	0.6

资料来源：根据《中国能源统计年鉴》（2011）、《2011 年国民经济和社会发展统计公报》等相关数据计算。

（1）煤炭依然是中国最重要的能源保障。在能源需求过快增长的压力下，煤炭是保障能源安全供给的主要支撑。2011 年，受六大高耗能产业用能需求的影响，煤炭生产、消费总量继续大幅增长，中国成为世界煤炭生产、消费与净进口“三个第一”大国。国家统计局发布的最新数据表明，2011 年，煤炭消费总量为 35.7 亿吨，约占一次能源消费总量的 69.6%，比 2010 年增长 9.7%；新增煤炭产能 9500 万吨，煤炭产能已达 37.95 亿吨，煤炭产量 35.2 亿吨，约占一次能源生产总量的 78.3%。海关总署统计表明，2011 年全年共进口煤炭 1.82 亿吨，同比增长 10.8%；出口煤炭 1466 万吨，下降 23%；净进口 1.68 亿吨，增长 15.2%。

（2）石油产量持平，进口创新高，石油安全问题更加严峻。2011 年中国原油表观消费量达 4.54 亿吨，同比增长 3.3%。中国海关初步统计数据显示，原油进口 2.54 亿吨（约为 500 万桶/天），比 2010 年原油进口量 2.4 亿吨增加了 1370 万吨，增长 5.71%。原油生产基本持平，产量 2.05 亿吨，增长 0.3%，其中大庆石油产量仍稳产在 4000 万吨；胜利 2734 万吨；中海油天津 2709.46 万吨；中石油长庆 2002.01 万吨。原油对外依存度已多年持续上升，2011 年再创新高，达 56.14%。[①] 镇海、舟山、黄岛、大连四大国家石油基地已全面建成并投入使用，初步形成约 36 天消费量的储备能力。

表 17-4 2010 年和 2011 年原油生产、进口与消费情况

项 目	2010 年	2011 年	同比增长（%）
原油产量（亿吨）	2.03	2.04	0.30
原油进口量（亿吨）	2.40	2.54	5.71
原油消费量（亿吨）	4.40	4.52	2.70
对外依存度（净进口量/表观消费量，%）	54.55	56.21	

资料来源：根据中国海关相关数据整理。

（3）天然气产量突破千亿立方米。据初步统计，2011 年天然气消费量 1313 亿立方米，天然气消费量占全国一次能源消费总量不到 5%，远远低于 23.81%的全球平均水平。2011 年全国天然气产量快速攀升，首次突破千亿立方米，为 1011.15 亿立方米，同比增长 7.3%。生产主要集中在四川、塔里木、鄂尔多斯、柴达木、准噶尔、松辽、渤海湾、琼—莺等年产量大于 10 亿立方米的八大产气区。2011 年，中国天然气进口量是 324 亿立方米，对外依存度 25%。

（4）电力生产。2011 年，电力继续快速增长，全口径发电量 47217 亿千瓦时，比 2010 年增长 11.68%。分能源品种看，清洁能源发电比重下降。火电发电量 3.90 万亿千瓦时，同比增长 14.07%，占全国发电量的 82.54%，比 2010 年提高 1.73 个百分点。水电发电量 6626 亿千瓦时，比 2010 年降低 3.52%，占全部发电量的 14.03%，比 2010 年降低 2.21 个百分点；核电、并网风电发电量分别为 874 亿千瓦时和 732 亿千瓦时，分别比 2010 年增长 16.95%和 48.16%，占全国发电量的比重分别比 2010 年提高 0.08 和 0.38 个百分点。

4. 能源建设投资西部地区超过东部地区

（1）可再生能源和新能源发展。据国家能源局公布的局数据显示，2011 年水电装机达到 2.3 亿千瓦，在建规模 5500 万千瓦，新开工 9 个大型水电站，装机规模 1260 万千瓦。风电并网容量新增 1600 万千瓦，累计达到 4700 万千瓦；年发电量 800 亿千瓦时，同比增长 60%以上。光伏发电增长强劲，装机容量达到 300 万千瓦，比 2010 年增加 3 倍以上。

（2）能源工业固定资产投资持续增长，主要集中在煤炭、石油、天然气开采业及电源、电网上。2011 年，煤炭采选业固定资产投资为 4896.9 亿元，同比增长 25.9%；石油和天然气开采业投资额为 3056.9 亿元，同比增长 12.5%。根据中电联的数据，电源固定资产投资 3563 亿元。根据国家电网公司 2012 年工作会上公布的数据，电网投资 3019 亿元。

（3）电源固定资产投资，清洁能源领域超过化石能源。在电源工程建设完成投资中，火电完成投资 1054 亿元（其中煤电 903 亿元），清洁能源电力装机投资 2509 亿元，是火电投资的两倍。其中，水电 940 亿元，核电 740 亿元，风电 829 亿元。受日本福岛核电站核泄漏事故引发的全球

① 海关初步统计数据显示中国原油对外依存度为 56.5%。

对核电安全问题担忧的影响，2011年中国政府没有批准建造新的核电站，已经批准而尚未开工的4个机组也处于停顿状态。

表 17-5 2011 年电源工程投资

电 源	电源投资（亿元）	比重（%）
火电	1054	29.58
其中：煤电	903	25.34
清洁能源	2509	70.42
其中：水电	940	26.38
核电	740	20.77
风电	829	23.27
合计	3563	100.00

资料来源：中电联相关统计。

（4）能源工业固定资产投资向西部地区转移。2000年、2005年、2010年能源工业固定资产投资，西部地区分别占全国的比重为19.04%、31.34%和37.08%，呈明显上升趋势，且在2010年这一比重超过东部地区7.07个百分点；而东部地区则分别为43.69%、40.48%和30.01%，呈明显下降趋势。其原因主要是东部煤炭资源日渐枯竭、产量萎缩，中部受资源与环境约束的矛盾加剧，煤炭净调入省增加。其结果是能源开发加速向生态环境脆弱的西部地区转移，加剧了北煤南运、西煤东运的压力，煤炭生产和运输成本上升。

表 17-6 2000~2010 年分地区能源领域投资情况

地区	2000 年		2005 年		2010 年	
	投资额（亿元）	比重（%）	投资额（亿元）	比重（%）	投资额（亿元）	比重（%）
东部	1196.49	43.69	1892.70	40.48	3107.68	30.01
西部	521.50	19.04	1465.20	31.34	3840.71	37.08
中部	702.88	25.66	1029.28	22.02	2094.25	20.22
东北	318.00	11.61	287.93	6.16	1314.12	12.69
总计	2738.87	100.00	4675.11	100.00	10356.76	100.00

资料来源：根据《中国能源统计年鉴》（2011）相关数据计算。

5. 能源政策、规划密集出台

“十二五”开局之年能源工业发展的另一个显著特点，就是能源规划、能源政策密集出台。2011年是精心谋划能源长远发展的一年，出台了能源总量控制政策、节能政策、化石能源消费税和资源税等政策，颁布了包括能源“十二五”发展规划以及能源科技、煤层气、电力、煤炭、炼油、天然气、可再生能源（包括水电、风电、太阳能、生物质能）、页岩气、煤炭深加工示范等18项规划。

能源政策主要包括：《合理控制能源消费总量工作方案（征求意见稿）》、《“十二五”节能减排综合性工作方案》、《中华人民共和国资源税暂行条例》、《关于逐步禁止进口和销售普通照明白炽灯的公告》、《关于发展天然气分布式能源的指导意见》、《国家煤炭应急储备管理暂行办法》、《关于加强发电用煤价格调控的通知》，以及落后产能淘汰目标等政策。这些政策主要分为四大类：第一类，能源总量控制及目标分解。实施能源消费总量控制目标，并且能源消费总量控制目标将被分解落实到地方政府，实行目标责任管理，建立能源消费总量预测预警机制。这是迄今为止世界上最严厉的节能减排政策。第二类，税收政策。2011年11月1日起，石油、天然气资源税由“从量定额”改为“从价定率”，计征税率为销售额的5%~10%，焦煤等资源税率亦做了调整，煤炭等其他品目则沿用从量定额计征方式；拟研究开征化石能源消费税。开征化石能源消费税，煤炭资源税从价计征，意味着煤炭资源税从价计征将逐渐被提上议程。第三类，价格政策。对发电用煤实施价格临时干预措施，同时上调火电企业发电价格及工商业用电价格，2011年12月1日起销售电价每度平均上调3分；打破单一居民电价转而试行阶梯电价制度。太阳能光伏发电上网电价政策。第四类，提高能源效率的政策。按功率大小分阶段逐步禁止进口和销售普通照明白炽灯；万家企业节能低碳行动实施方案，给出各地区“十二五”万家企业节能量目标。

2011年“十二五”产业规划密集出台，包括《煤炭“十二五”发展规划》、《石化和化学工业

"十二五"发展规划》、《天然气"十二五"发展规划》、《中国可再生能源发展"十二五"规划》、《煤层气（煤矿瓦斯）开发利用"十二五"规划》、《页岩气"十二五"发展规划》、《能源科技发展"十二五"规划》、《洁净煤技术科技发展"十二五"专项规划》、《煤炭深加工示范项目规划》等18项规划。这些产业规划的目标主要分为三大类：第一类，满足合理需求、控制煤炭消费增长，煤炭加工及煤炭洁净化利用的规划。合理控制煤炭消费总量，限制粗放型经济对煤炭的不合理需求，降低煤炭消费增速，2015年消费总量宜控制在39亿吨左右。第二类，天然气、可再生能源发展目标与非常规化石能源发展目标。第三类，能源科技政策。通过重大能源技术研发、装备研制、示范工程实施以及技术创新平台建设，形成较为完善的能源科技创新体系，突破能源发展的技术瓶颈，提高能源生产和利用效率，部分技术和装备达到国际先进水平，提升国际竞争力。

二、"十二五"能源工业发展面临的困难

中国能源生产量和消费量均已居世界前列，但在能源供给和利用方式上存在着一系列突出问题，如能源结构不合理、能源利用效率不高、可再生能源开发利用比例低、能源安全利用水平有待进一步提高等。总体而言，中国能源工业大而不强，与发达国家相比，在技术创新能力上存在很大差距，在体制机制上还需要不断完善。

1. 能源保障压力加大，经济发展对煤炭更加依赖

（1）六大高耗能产业投资增长较快，意味着能源消费依然会较快增长，能源保障压力进一步加大。2011年，六大高耗能行业完成投资4.1万亿元，比上年增长18.3%，增幅比上年高3.7个百分点。分行业看，电力、热力的生产与供应业，石油加工、炼焦及核燃料加工业投资增速分别为1.8%和10.1%；化学原料及化学制品制造业，非金属矿物制品业，黑色金属冶炼及压延加工业，有色金属冶炼及压延加工业投资增速分别为26.4%、31.8%、14.6%和36.4%。工信部数据表明，2012年第一季度，六大高耗能行业完成投资6394.5亿元，同比增长23.7%，增幅比去年同期提高10.3个百分点。其中，黑色金属冶炼及压延加工业和化学原料及化学制品制造业投资同比增速均超过三成，达到31.7%和33.3%，增幅分别提高21.1个百分点和16.9个百分点。六大高耗能产业投资增长快，必然带来能源消费需求的增长。2012年能源工作会议提出，2012年，新增煤炭生产能力2亿吨，比2011年新增发电装机容量7000万千瓦左右。

（2）虽然可再生能源和新能源迅速发展，但经济发展对煤炭的依赖加大，能源结构问题更加突出。这与中国目前倡导的实现经济发展方式转变、优化能源结构、实施煤炭消费总量控制的发展思路极为不符。统计表明，煤炭在能源消费中的比重从2010年的68.0%上升到2011年的69.6%；清洁能源在能源消费中的比重从2010年的8.6%下降到2011年的7.7%。煤炭依然在能源消费中占主导地位，能源结构仍将高度依赖煤炭。煤电占全国发电总装机容量的比重超过70%，占总发电量的比重超过80%，比世界平均水平高得多。按照国家"十二五"能源规划，到2015年全国能源消费总量将达到41亿吨标煤，其中煤炭消费总量将达到39亿吨，占一次能源消费比重仍高达64%左右。

（3）原油进口压力加大。要保障"十二五"后四年年均原油消费量增加2700万吨的目标压力不小。许多研究表明，中国原油产量在"十二五"期间大体维持在2亿吨/年的水平，[①] 因此新增原油消费需求将主要依靠进口或非常规石油或其他石油替代产品来满足。非常规石油在中国还没有大规模开发，"十二五"期间还不能发挥作用；生物质液体燃料受制于原料的限制及技术发展水平的

① 中国工程院：《中国能源中长期发展战略（2030、2050）》，北京：科学出版社，2010年版。

限制，目前产量保持在220万吨/年。因此，新增原油消费将主要依靠进口。然而原油进口压力不断加大。一方面，原油产量增产缓慢，且未来主要集中在伊拉克。国际能源署数据显示，2005~2011年，全球原油产量仅增长了0.5%；到2015年，伊拉克将占石油输出国组织成员国预期产量增量的80%。[①] 另一方面，在美国、欧盟、韩国对伊朗石油实行禁运的背景下，中国从伊朗进口原油也将或多或少受到影响。

表17–7　2011年中国原油进口主要来源国

石油进口来源国	数量（万吨）	同比（%）	占全部原油进口的比重（%）
沙特阿拉伯	5027.77	12.61	19.81
安哥拉	3114.97	–20.90	12.27
伊朗	2775.66	30.19	10.94
俄罗斯	1972.45	29.42	7.77
阿曼	1815.32	14.40	7.15
伊拉克	1377.36	22.57	5.43
苏丹	1298.93	3.10	5.12
委内瑞拉	1151.77	52.66	4.54
哈萨克斯坦	1121.10	11.51	4.42
科威特	954.15	–2.94	3.76
十大原油进口国合计	20609.48		81.21
原油进口量	25377.90	6.05	

资料来源：中国海关。

2. 能源消费总量控制及目标分解困难

国家能源局《中国能源发展报告2011》显示，“十二五”能源消费总量控制目标为：2015年一次能源消费总量为41亿吨标准煤。其中，煤炭、石油、天然气的实物消费量分别为39亿吨、5.3亿吨、2300亿立方米。用电量控制在6.5万亿千瓦时。可以预测，“十二五”能源消费总量控制之路将十分艰难。

（1）能源消费总量控制目标执行困难。①虽然“十二五”期间的能源消费总量已经明确，但实际消费量仍有可能超过目标值。这是因为在现阶段，工业能耗很难下降。“十一五”以来，中国工业能源消耗占全社会总能耗的比重由70.9%上升到73%；钢铁、有色金属、建材、石化、化工和电力六大高耗能行业能耗占工业总能耗的比重由71.3%上升到77%左右。②由于2011年能源消费34.80亿吨标煤使得能源总量控制目标的实现变得更加困难，这意味着“十二五”后四年，年

表17–8　能源消费总量控制目标及按年度分解（平均）

项目	年份	2010	2011	2012	2013	2014	2015	控制目标
能源	消费总量（亿吨标煤）	32.49	34.80	36.35	37.90	39.45	41.00	41.00
	增量（亿吨标煤）	1.83	2.31	1.55	1.55	1.55	1.55	
煤炭	消费总量（实物量，亿吨）	31.22	34.17	35.38	36.59	37.79	39.00	39.00
	增量（实物量，亿吨）	1.64	2.95	1.21	1.21	1.21	1.21	
石油	消费总量（实物量，亿吨）	4.29	4.52	4.79	5.06	5.33	5.60	5.60
	增量（实物量，亿吨）	0.47	0.23	0.27	0.27	0.27	0.27	
天然气	消费总量（实物量，亿立方米）	1076.00	1313.00	1560.00	1807.00	2053.00	2300.00	2300.00
	增量（实物量，亿立方米）	181.00	237.00	247.00	247.00	247.00	247.00	

资料来源：根据能源工作会议公布的数据和《中国能源统计年鉴》（2011）等数据计算。

① 国际能源署（IEA）：《石油月报》2011年12月21日。

均能源消费总量增量仅为 1.7 亿吨标煤。这是很难实现的控制目标，事实上，2011 年能源消费总量增加了 2.31 亿吨标煤。③煤炭产量有可能突破“十二五”规划目标。煤炭消费总量的增长目标分解到每一年，年增加量只有 1.556 亿吨，而 2011 年实际增长了 2.95 亿吨，余下四年年均增长 1.21 亿吨。在高耗能产业投资增长较快的前提下，要实现煤炭年均增长 1.21 亿吨的控制目标不太容易，这一点可以从 2012 年新增煤炭产能 2 亿吨的安排得到证实。

（2）能源消费总量目标分解困难。控制能源消费总量，需要设计合理的执行方案，平衡各方的合理需求。总量目标分解是极为困难、极具有挑战性的工作。中央和地方对这一问题的认识和决心存在差异。地方政府普遍认为，能源消费总量控制目标有必要，但分给自己的能源消费量太少，将对地方经济发展带来负面影响。除了中央和地方的复杂博弈之外，还要考虑到对经济增长、经济结构调整和转变发展方式，人民生活和能源价格等诸多方面的影响。既要有实现能源消费总目标的决心，还要避免过多的行政管制，造成分配上可能的扭曲。也有学者认为能源消费总量指标学习节能指标分到地方并不合适。其理由是在工业化进程中，能源需求是客观的，不能不让消费，不应在供应端强制缩减。

3. 能源价格改革道路曲折

能源价格体系依然没有理顺。2011 年，中国能源市场供求出现失衡现象，从年初开始的“电荒”、“煤荒”到下半年的“柴油荒”，其根源直指能源定价机制。电力、石油、天然气等能源产品价格均由政府制定，电煤价格在很大程度上受到政府干预，能源价格体系不能反映资源稀缺性、环境成本和市场供需关系，造成诸多扭曲，甚至导致供给与需求脱节。深化能源价格机制改革，是 2011 年被政府屡屡提及的重点工作。然而，在 2011 年年初曾被寄予厚望的完善成品油价格机制、改革和完善电价形成机制、改革天然气价格形成机制等都没有实质性进展。

（1）成品油价格机制不完善。从政策层面看，完善成品油价格机制，仍然是“择机”,“择机”就意味着“不确定”。[①] 从价格机制的结果看，百姓怨声大，资源配置扭曲。2011 年以来，共进行了 3 次成品油价格调整，2 次上调，1 次下调，涨多降少。2 次上调分别在 2 月份和 4 月份，累积涨幅分别为 850 元/吨和 750 元/吨；1 次下调在 10 月，汽柴油跌幅均为 300 元/吨。每次调整与国际原油价格变化相比存在明显的滞后性，调整幅度常常不到位，且与国际油价接轨的初衷大打折扣。

（2）“限煤价、涨电价”，价格改革回到原点，体制依然没有理顺。煤价方面，国家发展和改革委员会 2011 年 11 月 30 日发文通知，在全国范围内对发电用煤实施临时价格干预措施，规定 2012 年度合同电煤价格涨幅不得超过上年合同价格的 5%；自 2012 年 1 月 1 日起，对市场交易电煤规定最高限价，同时还决定全面清理整顿涉煤基金和收费。电煤价格改革再次回到了政府限价的起点。在电价方面，进行了三次调整。2011 年 4 月 1 日起，全国多个省份上网电价上调；6 月 1 日起，15 个省份工商业、农业用电价格平均每千瓦时上调 1.67 分；12 月 1 日起，全国燃煤电厂上网电价平均每千瓦时提高约 2.6 分。随销售电价征收的可再生能源电价附加标准由原来每千瓦时 0.4 分提高至 0.8 分；对安装并正常运行脱硝装置的燃煤电厂试行脱硝电价政策，每千瓦时加价 0.8 分。居民生活用电试行阶梯电价制度，80%的居民用电价格不作调整。各地实行居民用电阶梯电价的具体方案，由各省级价格主管部门履行价格听证程序后实施。

（3）天然气开始价格形成机制改革试点工作。天然气价格改革原本在 2010 年取得关键性一步，即上调了天然气出厂基准价格、取消价格双轨制，但在 2011 年改革被迫让道于稳定物价，多地出台的天然气涨价项目相继被叫停。最后在 2011 年年底，以在广东、广西开展天然气价格形成机制改革试点的形式，开启了天然气价格改革。将现行以成本加成为主的定价方法改为按市场净回值方法定价，最终目标是放开天然气出厂价格，由市场竞争形成，政府只对具有自然垄断性质的天然气管道运输价格进行管理。

① 温家宝：《2012 年政府工作报告》。

三、展望与政策建议

1. 能源工业发展展望

总体来说，成品油体格改革、煤电矛盾、能源体制改革等问题仍是“十二五”能源工业发展的大背景。提高能源保障能力、优化能源结构是“十二五”能源工业的重点。伴随美国、欧洲相继提出提高能源自给率以及中国能源需求的快速增长，中国将更加重视提高自身能源供应保障能力。同时，随着气候变化的国际压力及国内对环境质量要求的提高，中国将注重发展清洁能源、优化能源结构。

（1）煤炭产量将可能突破规划，新增产能集中在新疆、陕西等省区。“十二五”期间，中国煤炭消费占一次能源消费的比重将有所下降，但其能源主体地位不会发生改变。2012年将新增煤炭产能2亿吨，产能将接近40亿吨。考虑到经济实际增速和能源需求可能超出预期，煤炭进口有不确定性，为增强能源应急保障能力，到“十二五”末煤炭供给能力将超过42亿吨，产能将超过41亿吨。

从分地区产能规划看，新疆、陕西、甘肃、宁夏四地的新增产能5.4亿吨左右，成为“十二五”煤炭产量增长点，而传统产煤地区山西、内蒙古、河北、河南将进入煤炭产量稳定增长阶段。到“十二五”末，内蒙古产量控制在10亿吨，较2011年的9.9亿吨略有增长；山西煤炭产量控制在10亿吨，2011年煤炭产量为8.6亿吨，预计年平均增速3.8%；陕西煤炭产量6亿吨，2011年为4.05亿吨，年均复合增速10.33%；新疆煤炭产量超4亿吨，较2011年的1.2亿吨煤炭产量增长3.3倍；甘肃产量预计接近1亿吨，较2011年的3600万吨左右煤炭产量增加2.8倍。

从煤炭产业组织结构看，企业大型化趋势明显，产业集中度进一步提高。到“十二五”末，大型煤矿为26亿吨/年，占总能力的63%；形成10个亿吨级、10个5000万吨级大型煤炭企业，其煤炭产量占全国的60%以上。

（2）稳定原油生产，提高原油进口能力。在没有新的大型油田发现、原油消费量不断增长的前提下，稳定原油生产、提高原油进口能力将是原油工业发展的重点。2012年原油需求量将接近4.8亿吨，原油进口量将在2.8亿吨左右，原油对外依存度将继续攀升，预计将达58%。到“十二五”末，原油需求量将达到5.6亿吨，进口量将在3.6亿吨左右，原油对外依存度将超过60%。

（3）加大天然气勘探开发力度，非常规天然气是未来新增产能的重点。2012年，天然气产量将在1100亿立方米，消费量将超过1500亿立方米，进口量将达450亿立方米，对外依存度将达30%。到2015年，中国天然气供应结构为国产气1700亿立方米，净进口900亿立方米，天然气消费量将达到2600亿立方米，占一次能源消费中的比重则将从目前的4%上升至7%~8%。全国煤层气产量要达300亿立方米，这远超出此前210亿立方米的市场预期，也比2010年底90亿立方米的产量多出3倍以上；初步形成页岩气发展的资源、技术和产业基础，形成有序竞争的页岩气发展格局，年产量达65亿立方米。

到2012年，西气东输工程二期贯通香港地区，提高香港地区能源保障能力；改善城镇居民用能条件，“十二五”期间使用天然气的人口将新增1亿人。

（4）优化火电、安全高效发展核电，保障能源安全供给。2012年将新增发电装机容量7000万千瓦左右，“十二五”期间，全国规划煤电开工规模3亿千瓦，2015年中国煤电装机预计达到9.33亿千瓦。解决无电人口用电问题，2012年再解决60万无电人口用电问题，“十二五”力争全面解决500万无电人口用电问题。

在确保安全的基础上，坚定发展核电不动摇。福岛核事故发生后，日本以外的国家和地区对核电反应不一。以德国为代表的一些国家，提出全面放弃核电；法国也开始重新讨论核电的应用问题。以美国为代表的一些国家则逆势而行，重启核电。中国核电发展在2011年受到较大影响，应尽快恢复中国核电发展进程。到 2015 年建成 4000 万千瓦、到 2020 年建成 6000 万~7000 万千瓦核电装机，保障清洁能源供给。

（5）优先开发水电，积极发展风电等非水可再生能源，建立有竞争性的可再生能源产业体系。优先开发水电。水电是供应安全、成本经济的可再生的绿色能源，替代燃煤发电的安全性、经济性和灵活性都很高。按照“十二五”规划，11.4%目标[①]的 2/3 要靠水电来完成。2012 年，国家能源局制定的水电新开工核准目标是 2000 万千瓦，同比增长 57%，增幅之大为近年来之最。到 2015 年，全国常规水电装机预计达到 2.84 亿千瓦左右，水电开发程度达到 71%左右（按经济可开发容量计算，下同），其中东部和中部水电基本开发完毕，西部水电开发程度在 54%左右。

到“十二五”末，风电、太阳能、生物质能、太阳能热利用及核电等非化石能源开发总量将达到 4.8 亿吨标准煤。风电装机容量将达到 1 亿千瓦，年发电量 1900 亿千瓦时，其中海上风电 500 万千瓦；太阳能发电将达到 1500 万千瓦，年发电量 200 亿千瓦时。

表 17–9 “十二五”规划中 2015 年清洁能源装机容量目标

清洁能源	总装机容量（万千瓦）
核电	4000
风电	10000
太阳能	900
水电	26000
生物质	1300
地热	10
潮汐/海洋	10

资料来源：“十二五”规划。

2. 政策建议

能源工业要健康、可持续发展，必须下决心解决下面三个问题：

（1）能源行业垄断问题。能源行业垄断问题突出、有效竞争不足，是能源领域诸多矛盾和问题的深层次原因，影响能源效率提高和能源安全供应保障，需要以巨大的决心和魄力深化能源体制机制改革。然而，能源体制的改革是“雷声大，雨点小”，妥协多于改革。为此，要坚决打破石油垄断和电网垄断，在能源垄断领域引入竞争，改变挟“安全”博利益、挟“稳定”阻改革的现状。坚决改变电力调度、输电、配电、售电一家独揽，切实引入竞争机制，通过市场供需变化确定电力价格的机制才有可能建立，电价改革才有可能获得成功。坚决打破石油行业一体化垄断的格局，降低成品油批发市场和零售市场的进入门槛，取消石油进口的各种不合理限制，对石油垄断企业征收石油垄断税。

（2）能源价格实质性改革，政府退出价格管制领域。要大力推进“十二五”规划中已经明确的深化资源性产品价格和要素市场改革，加快推进能源市场化，充分发挥市场机制的作用。煤炭价格应取消双轨制，理顺重点合同和非重点合同电煤的价格差额。从长远看，化解煤电矛盾，应该从体制、政策和管理上多管齐下，对“煤电运”各个环节全面进行市场化改革。

（3）通过政策组合，提高能源效率。加强节能减排、开源节流是科学发展能源工业的要求。通过“差别电价”、“能源消耗总量限制”、“问责制”等政策手段，对能源投资和能源生产进行约束，坚决抑制“两高”和产能过剩行业盲目扩张。通过强化政策约束机制和完善政策激励机制两方面推动淘汰落后产能工作，控制六大高耗能产业的投资速度和规模。

① 在这里是指非化石能源占一次能源消费比重的“十二五”目标。

专栏 17-1

“十二五”能源体制改革问题

（1）发展和改革的关系。改革开放以来，中国能源发展取得了巨大成就。但受多种因素制约，能源体制机制与科学发展的要求仍有一定的差距。当前能源领域改革已进入深水区，存在一些较突出的深层次矛盾和问题，制约能源产业可持续发展。必须坚持以改革为发展的根本动力，坚持社会主义市场经济的改革方向，以巨大的决心和魄力深化能源体制机制改革，通过体制机制创新促进能源科学发展。

（2）政府和市场的关系。能源体制改革不是简单地全面走向市场化，在部分领域和环节加强政府宏观调控也是改革的一个方面。能源体制改革要正确处理政府管制和市场的关系，找准两种手段的应用领域、应用对象和应用时间。科学界定竞争性和非竞争性业务是能源体制改革的基础，对于竞争性业务，应在政府制定科学准入标准的前提下放开市场准入，对于非竞争性业务，政府应注重加强成本、价格和服务监管。

（3）中央和地方能源管理权限。要进一步理顺能源管理体制，科学合理划分中央与地方的能源管理事权及职责。中央政府应更注重发挥能源战略规划、产业政策的指导作用，重点抓好能源中长期规划、供需总量平衡和重大项目布局，加强与日常运行调度的有机衔接，下放或放开部分项目和价格审批权限，减少对微观事务的管理，在明晰权责、加强监管的前提下，给地方政府和企业更多、更灵活的自主权。

（4）垄断行业改革。目前能源行业垄断问题十分突出，有效竞争不足是能源领域诸多矛盾和问题的深层次原因，影响能源效率提高和能源安全供应保障。对于取消三大石油公司的专营权、有序放开油气批发零售等中下游和进出口业务进而形成有效竞争的呼声不绝于耳，但改革遭遇来自三大石油公司的强大阻力。应加快放开电力大用户双边交易，构建公开透明的竞争平台，剥离电网企业的电力调度和交易管理等职能，打破电网企业单一买、卖垄断格局。政府应加强对油气管网、电网的无歧视开放和公平接入的有效监管。政府应完善国有能源企业的考评机制，对于竞争性和非竞争性业务、市场化主体和承担社会服务功能的企业，设置不同的考评体系。

（5）能源矿权管理和税费制度。应科学区分能源资源所有权与开发权及相应的权益，鼓励地方探索资源开发权市场化配置的新模式、新方法，寻求资源初始所有权权益实现的有效途径，逐步建立中央与地方、政府与企业合理分享资源开发红利的机制。应全面落实国家有关煤炭资源有偿使用制度，科学确定资源税费水平和征收办法，建立矿业权有偿取得和资源勘探开发成本合理分担机制。

（6）水能等可再生能源资源管理。目前中国尚缺乏对水能资源的统一管理。可设定水能资源开发权，建立水能资源有偿使用、转让和补偿机制，协调水能资源地与水能开发主体的利益关系。风能、太阳能等可再生能源资源也应逐步设立开发权，规范开发主体与政府之间的利益关系。

（7）煤炭流通体制改革。近年来，因重点合同煤滋生的煤炭交易和运输等环节的寻租空间不断膨胀，导致电煤不合理加价问题严重，引发煤、电轮番涨价，加快煤炭流通体制改革已是破解煤电矛盾的必然要求。应在加强煤炭供应保障能力和运输能力建设的同时，清理煤炭运输和流通中各种不合理收费，推进铁路运力市场化配置，逐步取消重点合同煤和电煤价格双轨制，同时理顺电价形成机制，建立起能源产品市场定价和有效传导机制。

资料来源：国家能源局：《国家能源局调研“十二五”能源体制改革问题》，http：//www.nea.gov.cn/2012-01/17/c_131365233.htm，2012 年 1 月 17 日。

参考文献

1. 国家统计局：《2011 年国民经济和社会发展统计公报》，2012 年。

2. 《中华人民共和国国民经济和社会发展第十二个五年规划纲要》。

3. 国家统计局：《中国能源统计年鉴》（2011）。

4. 中国能源中长期发展战略研究项目组：《中国能源中长期（2030、2050）发展战略研究（综合卷）》，北京：科学出版社，2011 年版。

5. 刘洋：《美国清洁能源投资额重夺全球第一》，《中国能源报》2012 年 4 月 16 日第 9 版。

第十八章　钢铁工业

提　　要

2011 年，在国内外市场需求下滑、原材料成本上升等不利环境下，中国钢铁工业主动调整产品结构，强化内部管理，大力开展节能减排，积极发展多元化经营，行业发展取得了新进展。但是，长期制约我国钢铁工业发展的产能过剩突出、自主创新能力弱、产业布局不合理、节能减排压力大、资源保障体系不完善等一些根本性的问题仍然没有得到很好解决。促进中国钢铁工业长期可持续发展，急需淘汰落后产能，优化产业结构；加大技术创新投入力度，提高自主创新能力；统筹规划，优化产业布局；强化节能减排，发展循环产业；加快国内外矿产资源开发，提高资源保障能力。

*　　　　*　　　　*

钢铁工业是国民经济的重要基础性产业，产业关联度高，对经济发展、财政税收、国防建设和社会就业等方面的支撑作用明显。自 1996 年以来，中国钢铁产量一直稳居世界第一。2011 年，中国粗钢产量接近 7 亿吨，超过排名后 20 位国家的产量总和，占全球粗钢总产量的 45.8%。但是，与先进钢铁生产国家相比，中国钢铁工业发展方式粗放，产业国际竞争力仍然较弱，亟待加快产业的转型升级。

一、“十二五”开局之年钢铁工业运行发展情况

2011 年是中国“十二五”时期开局之年，经济发展处于转型的关键时期。受国内宏观调控特别是房地产政策调整及欧债危机的影响，2011 年中国钢铁工业经受了国内外市场需求下滑、原材料成本上升等多重冲击。尤其是进入 2011 年第 4 季度后，钢铁工业面临的市场环境和经营形势更加严峻。面对困难局面，钢铁企业积极调整产品结构、强化内部管理、大力开展节能减排、降本增效和多元化经营等工作。由于应对措施比较得当，全年钢铁工业总体上保持了相对平稳的运行态势，行业发展取得了新进展。

1. 钢铁生产保持增长，但增长速度回落明显

受产业发展惯性的影响，2011 年中国钢铁生产仍然保持了增长态势。全年粗钢产量 68388.3 万吨，比 2010 年增长 7.3%，但增长速度回落了 3.4 个百分点；生铁产量 62969.3 万吨，比 2010 年增长 5.7%；成品钢材产量 88258.2 万吨，比 2010 年增长 9.9%，但增速回落了 5.8 个百分点。从纵向比较看，2011 年是自 2003 年以来中国钢铁工业产量增速最慢的一年。全年钢铁工业的三

大主流产品——粗钢、生铁和成品钢材的增长速度全部回落至个位数，这与自2003年以来钢铁工业持续保持两位数以上的高增长已不可同日而语。分季度看，2011年上半年粗钢产量基本保持高位平稳运行态势，特别是5月份粗钢产量突破6000万吨，达到6024.5万吨的阶段性高峰。但进入第三季度后，钢铁产量开始逐月下降，并且下降幅度呈不断扩大之势，12月份粗钢产量已降至4800.9万吨，与年内产量最高的5月份相比下滑了20.3%。分省份看，位居全国粗钢产量前三位的河北、江苏和山东三省的粗钢产量分别为16450.7万吨、6838.8万吨和5655.2万吨，分别比2010年增长14%、9.8%和9.7%，高于全国8.9%的平均增速，三省粗钢产量占全国粗钢总产量的42.4%，较2010年提高1.3个百分点。分企业类型看，2011年重点大中型钢铁企业粗钢产量只增长5%，低于全国平均增幅3.9个百分点，而中小钢铁企业和民营钢铁企业增速高达24.9%，远高于全国平均增速。

2. 品种结构继续调整，长材市场形势好于板材

钢铁工业属于基础原材料产业，受国民经济各行业增速影响特别是受固定资产投资的影响比较大。2011年，中国固定资产投资311022亿元，同比增长23.6%，其中房地产投资75685亿元，同比增长29.7%。固定资产投资特别是房地产投资的较快增长，对长材需求拉动作用明显。而全部工业增加值同比仅增长10.7%，属于平稳增长，对生产用材特别是板材需求的拉动作用有限。因固定资产投资增速较高，对长材的市场拉动作用明显，使得长材比重上升；而汽车、机械、造船等行业增速放缓，使得板材市场需求相对疲软，导致板材比例下降。数据显示，2011年1~11月，中国长材产量36899万吨，同比增长15.7%，高于钢材同期平均增速2.6个百分点，长材产量占钢材总产量的比重上升至45.55%，比2010年同期上升1.06个百分点；板材带产量35977.2万吨，同比增长9.5%，板带材产量占钢材总产量的比重为44.41%，同比下降1.46个百分点；管材产量6085.2万吨，同比增长19.9%，管材产量占钢材总产量的比重为7.51%，同比提高0.43个百分点；铁道用钢产量408.9万吨，同比下降20.0%，所占比重同比下降0.21个百分点（见表18-1）。从细分钢材品种的产量情况看，2011年，在22类细分钢材品种中，仅有中厚宽钢带和铁道用钢材产量同比下降，降幅分别为1.25%和21.02%；其他品种钢材产量同比均有不同幅度增长，其中，热轧薄板、焊接钢管、特厚板、其他钢材、冷轧薄板增幅均在20%以上，分别为36.1%、27.5%、27.2%、24.7%和22.5%；钢筋、线材（盘条）、镀层板（带）等9个品种的增速为两位数；而电工钢板（带）、涂层板（带）、棒材、无缝钢管、厚钢板、中板6个品种的增速为个位数。

表18-1 2011年1~11月中国钢材产品品种结构的变化情况

产品品种	2011年1~11月	上年同期	同比增长
钢材产量（万吨）	81014.20	71655.60	13.10
长材产量（万吨）	36899.00	31881.80	15.70
所占比重（%）	45.55	44.49	1.06
板带材产量（万吨）	35977.20	32867.90	9.50
所占比重（%）	44.41	45.87	-1.46
管材产量（万吨）	6085.20	5077.20	19.90
所占比重（%）	7.51	7.09	0.43
铁道用钢产量（万吨）	408.90	510.90	-20.00
所占比重（%）	0.50	0.71	-0.21
其他钢材产量（万吨）	1644.30	1316.50	24.90
所占比重（%）	2.03	1.84	0.19

资料来源：中国钢铁工业协会。

3. 钢材价格高位回落，第四季度降幅明显

受需求拉动特别是成本推动的影响，2011年国内钢材价格总体水平高于上年，但是，受产能释放和下游行业需求减缓因素的影响，钢材市场价格出现大幅波动，并呈“长强板弱”的格局。2011年前三季度，国内钢材综合价格指数（CSPI指数）同比分别上涨12.34%、15.97%和10.78%，而年末CSPI指数降至120.45点，同比下降7.84点，降幅为6.1%，较年内最高点的5月末下降了15.48点。其中，年末长材价格指数为126.49点，同比下降6.13%，板材价格指数为116.29点，同比下降6.61%。分月度看，2011年1~2月份钢材价格延续上年第4季度的上涨走势，3月份出现明显回落，4、5月份有所回升，6月份又小幅回落，7~8月份有所上升，9~10月份大幅下降，11~12月份呈小幅下降态势。其中，长材价格延续上年第四季度的上涨态势，2011 年 1~8 月小幅震荡，但 9~10 月回落明显，11 月份止跌企稳；板材走势弱于长材，自 2011 年第二季度后出现震荡回落态势。整体看来，2011 年国内钢材产品价格波动加剧，多数品种年内振幅达 15%左右，其中中厚板年内最高价为 5053 元/吨（2 月末），年内最低价为 4268 元/吨（12 月末），年内价格振幅高达 18.4%。从主要钢材品种来看，2011 年价格上升幅度超过两位数的主要有角钢（上涨 13.43%）、Ⅱ级螺纹钢（上涨 13.22%）和 6.5 毫米高线（上涨 12.62%）；涨幅低于 5%的有 0.5 毫米规格的镀锌板和 1.0 毫米的冷轧薄板，其中后者价格几乎与 2010 年持平，涨幅仅为 0.44%（见表 18-2）。

表 18-2 2011 年主要钢材产品国内市场价格的变化情况

单位：元/吨

品种及规格	2011 年 1~12 月	上年同期	价差	增幅 (%)
高线 φ 6.5mm	4809	4270	539	12.62
Ⅱ级螺纹钢 φ16mm	4766	4209	557	13.22
角钢 5#	4744	4182	562	13.43
中厚板 20mm	4810	4419	391	8.85
热轧板卷 3.0mm	4824	4431	393	8.86
冷轧薄板 1.0mm	5534	5510	24	0.44
镀锌管 0.5mm	5939	5679	260	4.58
无缝管 219mm×10mm	5962	5453	509	9.33

资料来源：中国钢铁工业协会。

4. 经济效益下滑，行业进入微利时代

受益于钢材价格上涨，2011 年中国钢铁工业销售收入继续保持两位数增长，全年规模以上钢铁企业实现主营业务收入 66789.02 亿元，同比增长了 11.5%。但是，受原材料价格高位波动、国际市场疲软、信贷收紧以及下游行业需求增速减缓等因素的影响，行业经济效益明显下滑，行业发展已进入高成本、低盈利轨道。2011 年，全国规模以上钢铁企业实现利润 1737.11 亿元，比 2010 年下降 8.1%；销售收入利润率为 2.60%，比 2010 年低 1.34 个百分点；成本费用利润率为 2.69%，比 2010 年低 1.4 个百分点（见表 18-3）。此外，据中国钢铁工业协会统计，2011 年 1~11 月，中国大中型钢铁企业累计实现利润 852.97 亿元，同比增长 8.07%。其中，年钢铁产量 2000 万吨以上钢铁企业实现利润 376.76 亿元，同比下降 22.8%；年钢铁产量 1000 万~2000 万吨钢铁企业实现利润 132.42 亿元，同比增长 184.6%；年钢铁产量 500 万~1000 万吨钢铁企业实现利润 199.0 亿元，同比增长 54.9%；年钢铁产量 500 万吨以下钢铁企业实现利润 144.78 亿元，同比增长 14.5%，不同规模企业之间的利润分化明显（见表 18-4）。分月度看，受成本和市场变化剧烈的影响，行业盈利水平月度波动较大。2011 年上半年，大中型钢铁企业实现利润 563.7 亿元，月均实现利润 93.95 亿元，总体保持相对稳定的盈利水平。而进入下半年，钢铁企业利润水平呈下降态势，7~11 月，77 家大中型钢铁企业实现利润 289.3 亿元，月均实现利润 57.9 亿元，比上半年的月平均实现利润大幅下降 38.4%。特别是 10 月和 11 月，仅分别实现利润 13.5 亿元和 11.27 亿元，销售利润率分别只有 0.47%和 0.43%，不仅远远低于同期全国工业企业的平均销售利润率，而且也创下自 2009 年 6 月以来钢铁工业盈利水平的新低。同时，钢铁企业亏损数量增加，亏损额上升。2011 年，全国 6621 家钢铁企业中有 1146 家出现亏损，亏损企业数同比增加 19.6%，行业亏损面为 17.3%；亏损企业亏损额高达 262.58 亿元，比 2010 年增加 29.9%。

表 18-3 2011 年规模以上钢铁企业的效益状况及其与 2010 年的比较

	主营业务收入（亿元）	利润总额（亿元）	销售收入利润率（%）	成本费用利润率（%）
2010	580315.7	2149.03	3.94	4.09
2011	66789.0	1737.11	2.60	2.69
增减（%）	11.5	−8.1	−1.34	−1.40

资料来源：2010 年数据来自《中国统计年鉴》(2011)，2011 年数据来自 http://gov.acmr.cn/mdata/query.aspx?db=hyyd（中国统计数据应用支持系统）。

表 18-4 不同规模钢铁企业实现利润情况

单位：亿元

企业类型	2011 年 1~11 月利润（亿元）	上年同期利润（亿元）	同比增幅（%）	利润比重（%）
2000 万吨以上	376.76	487.79	-22.80	44.17
1000 万~2000 万吨	132.42	46.53	184.60	15.52
500 万~1000 万吨	199.00	128.51	23.30	24.27
500 万吨以下	144.78	126.47	14.50	19.19
合计	852.97	789.29	8.10	100.00

资料来源：中国钢铁工业协会。

5. 钢铁产品出口增长放缓，结构继续优化

2011 年以来，欧美主权债务危机导致全球经济复苏步伐放缓，新兴经济体国家因陷入通胀泥潭而采取紧缩政策，国际钢材市场需求增长缓慢。此外，国际市场针对中国的钢铁贸易摩擦有所增多，欧盟、加拿大、澳大利亚和俄罗斯等国相继对产自中国的涂层钢板、石油管、不锈钢无缝管、焊管、彩涂钢板等做出反倾销制裁，再加上人民币兑美元持续升值，国内钢铁企业钢材出口难度有所加大，出口增速放缓。2011 年，中国出口钢材 4888 万吨，同比增长 14.9%，增速比上年大幅下滑 58.1 个百分点（见图 18-1）；出口金额为 512.7 亿美元，同比增长 39.2%。全年钢坯及粗锻件出口仍不到 1 万吨，同比下降 96.5%；出口金额为 487 万美元，同比下降 94.0%。全年钢材进口 1558 万吨，同比下降 5.2%；进口金额为 215.8 亿美元，同比增长 7.3%。钢坯及粗锻件进口 63 万吨，同比下降 0.1%；进口金额为 68120 万美元，同比增长 17.7%。进出口相抵后，2011 年我国实现钢材净出口 3330 万吨，比 2010 年增加 717 万吨，增长 27.4%。

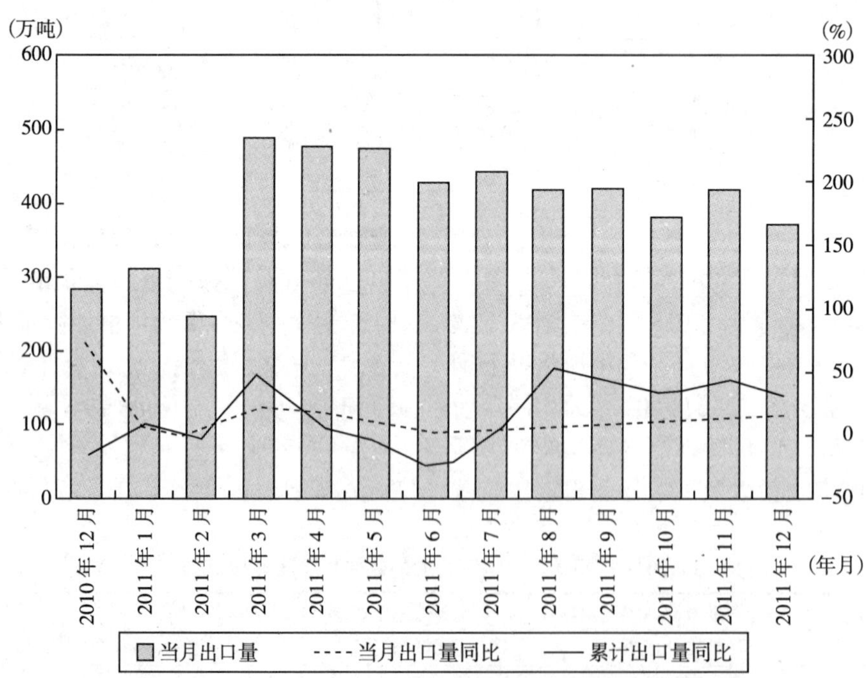

图 18-1 2010 年 12 月至 2011 年 12 月钢材出口量及同比增长趋势

资料来源：海关总署。

可喜的是，在钢材贸易增速减缓的形势下，中国钢铁产品进出口价格差距继续呈缩小态势。2011 年，中国钢材出口平均价格达到 1048.82 美元/吨，比 2010 年上升 183.7 美元/吨，提高 21.23%；进口钢材平均价格为 1384.85 美元/吨，比 2010 年提高 13.13%。钢材进出口价格的绝对差距由 2010 年的 327 美元/吨缩小至 300 美元/吨，相对差距由 2010 年的 1∶0.726 缩小至 1∶0.778。进出口钢材价格差距的缩小，意味着中国钢材进出口结构已经发生了一些积极变化，钢铁产品的国际竞争力有所提升。

6. 节能减排取得积极成效

2011 年，钢铁工业加大了淘汰落后设备工作力度，钢铁生产工艺技术得到全面提升，高炉炉顶压差发电、煤气回收利用及蓄热式燃烧等节能减排技术得到广泛应用。同时，为全面完成节能减排约束性任务指标，各地均加大了节能环保等方面的现场监督考核与检查，全年行业重点能源及环保统计钢铁企业的吨钢综合能耗及各生产工序能耗和主要污染物排放等技术指标均呈下降趋势，部分钢铁企业的部分指标已达到或接近国际先进水平。2011 年，中国重点钢铁企业吨钢综合能耗为 601.72 千克标准煤，比《钢铁产业调整和振兴规划》出台之初的 2009 年下降 16.54 千克标准煤，下降幅度为 2.68%。与此同时，各生产工序能耗与 2009 年相比均有不同程度的下降，其中，焦化能耗下降了 6.38%，电炉能耗下降了 6.05%，转炉能耗下降了 215.47%，轧钢能耗下降了 1.57%，吨钢水耗下降了 15.6%（见表 18-5）。尤其值得一提的是，自 2010 年，中国重点钢铁企业已经连续两年实现了转炉负能炼钢，这标志着中国钢铁工业节能技术进入了一个新的发展阶段。吨钢耗新水指标也创出历史最好水平，2011 年有 24 家钢铁企业吨钢耗新水量低于 3 立方米。

表 18-5　2009 年以来中国重点钢铁企业能耗情况对比

单位：千克标准煤/吨

	吨钢综合能耗	烧结	球团	焦化	高炉	电炉	转炉	轧钢	吨钢电耗（千瓦时/吨）	吨钢水耗（立方米/吨）
2009 年	618.26	54.52	29.89	113.92	410.55	73.44	2.78	61.90	—	4.55
2010 年	604.60	55.27	29.39	105.89	407.76	73.98	-0.16	61.69	467.35	4.11
2011 年	601.72	54.34	29.60	106.65	404.07	69.00	-3.21	60.93	475.11	3.84
增减量	-16.54	-0.18	-0.29	-7.27	-6.48	-4.44	-5.99	-0.97	—	-0.71
增减幅度（%）	-2.68	-0.33	-0.97	-6.38	-1.58	-6.05	-215.47	-1.57	—	-15.60

资料来源：2009 年和 2010 年数据来自《中国钢铁工业年鉴》；2011 年数据来自王维兴：《2011 年重点钢铁企业能源消耗评述》，《世界金属导报》2012 年 3 月 6 日。

二、钢铁工业运行发展存在的问题

虽然 2011 年中国钢铁工业在比较困难的形势下行业发展取得了一定的成效，但长期制约行业发展的一些突出问题仍然没有得到很好的解决。

1. 投资过热有所抬头，产能过剩问题比较突出

虽然钢铁工业已经步入下行轨道，但由于体制不顺等多方面原因，2011 年中国钢铁工业固定资产投资呈快速增长态势，全年累计投资额达 5111 亿元，比 2010 年增长 15.5%。其中黑色金属矿采选投资 1251 亿元，比 2010 年增长 18.4%，黑色金属冶炼及压延投资 3860 亿元，比 2010 年增长 14.6%。在钢铁工业固定资产投资快速增长的推动下，中国钢铁产能还在不断增加。据中国钢铁工业协会统计，2010 年末中国炼钢产能 8 亿吨，2011 年新投产炼钢产能约 8000 万吨，淘汰的落后产能约 3000 万吨，2011 年实际净增炼钢产能约 5000 万吨。截至 2011 年末，中国粗钢产能达到 8.5 亿吨左右，比 2005 年增加 211%。在市场不景气的大环境下，钢铁产能的快速增加，使得钢铁产能利用率不断走低，行业产能过剩的问题日益凸显。从 2005 年到 2011 年，中国钢铁工业的粗钢产能利用率已经从 84.0%下降至 80.0%，下降了 4.0 个百分点。而且，这种不断走低的产能利用率还是在中国持续保持钢铁净出口的背景下取得的。如果不是通过国际贸易解决大部分新增产量，中国钢铁工业产能过剩问题早已存在并已相当严重。事实上，从 2001 年开始，中国钢铁产品的出口量占新增钢铁产量的比重均在22%以上，并逐年提高，2006年后粗钢增产部分基本要靠出口，大幅度增加出口已完全成为中国钢铁产能扩张的动力，钢铁产能扩张速度已远高于国内消费需求增长速度，这一矛盾随后不断积累。2009年，中国钢材出口量占全年新增加钢材产量的比重为35.4%，2010年这一比重又大幅提高到91.6%。由于欧债危机仍未解决，未来几年国际钢铁市场需求有可能持续疲软，通过出口来解决中国钢铁产能过剩问题的难度将越来越大。而与此同时，中国经济也已进入下行通道，一些耗钢强度大的产业如水泥、有色金属等，已经出现较为严重的产能过剩，未来几年这些行业的钢铁需求量维持现有水平已属不易，很难再有较大增长。由于市场需求放缓甚至疲软，中国钢铁工业产能过剩问题已经显现并将日趋严重。

2. 自主创新能力不强，重大技术创新进展缓慢

虽然近些年来中国钢铁工业的技术水平有了提高，部分钢铁产品如宝钢的汽车板、太钢的不锈钢板、武钢的硅钢板等已占领国内市场，树立起了各自的品牌，并逐步走向世界，但是，从总体上看，中国钢铁工业自主创新能力还比较弱，先进工艺技术、高端产品工艺技术主要依靠引进和模仿，部分高技术含量的高端产品仍需要进口。在开发方面，高性能钢铁材料使用比例较低。400MPa级以上的高强度螺纹钢筋使用比例仅为40%；高性能的轴承钢、模具钢、弹簧钢、齿轮钢等特殊钢寿命低、稳定性差；第三代汽车用高强度钢板尚处于试生产阶段。在生产应用方面，中国钢材产品实物质量整体水平仍然不高，只有约30%可以达到国际先进水平。量大面广的热轧螺纹钢筋等品种升级换代缓慢，规范和标准不能适应减量化用钢的要求。一些高性能钢材和特殊用途钢材还满足不了国内用户的需求，还得依赖于进口解决。例如：造船用的高强度板、异型板、超长超宽超厚板、超低温度用钢板、输油输气用船板及大型球扁钢、T型钢和不等边角钢等；机械工业用的大型铸锻件、直流电机设备用钢、风电设备关键轴承钢、大型高档轴承钢、大型机械设备特殊钢和特殊锅炉用钢等；家电用的冰箱门覆膜板、门板基板、电饭锅等小家电用镀铝板及高牌号无取向冷轧电工钢等；金属制品用高档不锈钢、合金钢、易切削钢、高强度冷镦钢、帘线钢及高档弹簧钢；核电、石油、汽轮机、能源等行业发展急需的高温合金，如UNSN06690、UNSN08367、TDJ-G3、HR120等高温、耐蚀合金；模具行业用的高纯净度、高抛光性能、高耐蚀性能的塑料模具钢，超级质量水平（长寿命）的热作模具钢，以及热成型马氏体模具钢、透气钢、无磁模具钢等特殊性能要求的模具钢等，目前还需要大量从国外进口。

3. 布局调整进展缓慢，产业布局不合理问题依然突出

中国钢铁工业的产业布局是在计划经济条件下形成的。由于这种历史的原因，中国的钢铁工业主要分布在内陆地区，基本上属于资源依托型布局。虽然近年来随着首钢的整体搬迁，中国钢铁工业的产业布局出现了一些积极变化，但是产业布局调整总体上进展缓慢，沿海沿江的钢铁产能比重仍然偏小，钢铁生产“北重南轻”的分布格局未能从根本上得到扭转，产业布局不合理问题仍然比较突出。目前，中国粗钢产能的60%以上布局在水资源短缺产区。而沿海、沿江地区经济发展迅速，钢材需求量大，长期供给不足。2010年，华东、中南地区粗钢消费量占中国60%多的比重，而粗钢产量占的比重还不足45%，北部地区（华北、东北）粗钢消费仅占约25%，而粗钢产量占了近45%。2010年，中国铁矿对外依存度已超过60%，国产铁矿产量比重大的北部区域近年来进口铁矿占比也很大，其中华北地区进口铁矿占全国比重已达32.1%；东北地区进口矿占全国比重为6.4%。而2010年钢铁协会统计的华北地区会员钢铁企业钢材产量中39%销往华东、中南并出口；东北地区会员钢铁企业钢材产量中约49.5%销往华东、中南和出口。[①] 同时，中国大多数钢铁企业位于大城市、特大城市的核心区。随着原料来源结构的变化和城市扩张，这种布局方式现状不仅给城市环境带来很大压力，同时也使企业自身的发展受到很大限制，布局调整迫在眉睫。

4. 节能减排压力大，绿色化发展任重道远

如前所述，近年来中国钢铁工业节能减排成

① 吕卫：《对我国钢铁工业发展方式的再认识》，《中国钢铁业》2011年第9期。

效明显，但是仍然没有摆脱高能耗、高排放的产业属性，行业节能和减排的任务仍然十分艰巨。2010 年，中国钢铁工业总产值约占全国工业总产值的 8.7%，而能耗却占全国总能耗的 18.4%，二氧化硫排放量、烟尘排放量、粉尘排放量和固体废物排放量占工业排放量的比重均超过 10%（见表 18-6）。根据不久前公布的《钢铁工业“十二五”发展规划》，到 2015 年，中国钢铁工业的吨钢综合能耗、吨钢耗新水量、吨钢二氧化碳排放量要分别不多于 580 千克标煤、4.0 吨和 1 千克。实现上述目标，钢铁工业平均每年需要节能 2000 万吨标煤、节水 7000 万吨，减排 54 万吨二氧化硫。此外，“十二五”期间，中国还将开征环境保护税，将企业排放的废水、废气等进行费改税，并提高收费标准，备受关注的碳税也将在“十二五”末期推出，将 2.5 微米的颗粒物纳入环境监测也已提上议事日程。面对日趋强化的环境约束，钢铁工业节能降耗减排面临巨大挑战，绿色发展任重道远。

表 18-6　2010 年钢铁工业三废排放量情况

	总产值（亿元）	二氧化硫排放量（万吨）	烟尘排放量（万吨）	粉尘排放量（万吨）	固体废物排放量（万吨）	废水排放量（万吨）
工业总计	598590.54	1705.45	549.24	408.94	225093.60	2118585.00
钢铁工业	51833.58	176.65	56.28	93.47	38007.90	116948.00
占比（%）	8.70	10.40	10.20	22.90	16.90	5.50

资料来源：《中国统计年鉴》（2011）。

5. 资源保障体系不完善，资源掌控能力差

随着钢铁产能的不断增加，近年来中国铁矿石和炼焦煤进口量不断攀升。2011 年，中国进口铁矿石 6.86 亿吨，同比增长 10.9%，铁矿石对外依存度已经上升至 69.1%。而国外铁矿石资源又都集中在少数几家供应商手中，并形成了垄断经营。在这种不利的市场环境下，近年来铁矿石贸易价格大幅度提高，甚至达到国外铁矿石巨头对中国钢铁企业“漫天要价”的程度，严重挤压了中国钢铁工业的利润空间。2011 年，中国进口铁矿石平均到岸价 163.8 美元/吨，比上年大增 27.1%，进口铁矿所用外汇金额比上年增长 40.1%。为打破海外供应商的垄断，安全地获得钢铁生产资源，近年来中国钢铁企业已开始投资参与合作开发海外铁矿石和炼焦煤资源。2009 年，宝钢集团以现金 2.86 亿澳元购得澳大利亚铁矿石和煤炭企业 Aquila15%的股份，成为其第二大股东。2010 年，武钢集团与中非发展基金有限公司签订转让协议，斥资 6846 万美元收购中非基金持有的中利联 60%的股份，从而获得总量为 40.95 亿吨铁矿的利比里亚项目的控股权。2011 年，中信集团联合宝钢、鞍钢、首钢、太钢 4 家钢铁企业组成中国铌业投资控股有限公司，以 19.5 亿美元的价格成功收购世界最大的铌公司——巴西矿冶（CBMM）15%的股权。尽管如此，中国每年进口铁矿石中，目前也只有 8000 万吨左右属于权益矿，中国钢铁企业参与合作的海外铁矿资源包括在建项目也只有 1.9 亿吨/年，不到中国铁矿石年进口量的 1/3，比重明显偏低。

三、促进钢铁工业健康发展的对策

1. 淘汰落后产能，优化产业结构

中国钢铁生产能力已达 8.5 亿吨左右，而中国工业化发展已经接近后期，尽管未来中国的钢材市场需求还会有所上升，但空间将十分有限，再走以规模扩张为主的发展道路风险将大大增加。过大的产量规模已给我国资源、能源、交通运输以及节能降耗、环境保护等方面带来相当大的压力。为应对不断变化的市场需求，钢铁工业应容许有一定的产能富余，这有利于企业之间的有效竞争，但过度的产能富余将严重影响到企业的盈利水平。2011 年，中国钢铁工业产能利用率约为 80%，产能利用率虽然高于欧美等发达国家，但全行业盈利水平却仅及工业平均盈利水平的一半，行业的自我发展能力面临着严重挑战，对钢铁生产总量特别是对钢铁产能进行调控已势在必行。

从中国市场经济发展的现实情况来看，调控钢铁总量应坚持市场调控、政策调控与结构调整相结合的对策。由于中国钢铁产能分散，先进与落后产能并存，完全靠市场调控难以达到预期目的。因此，调控总量必须与结构调整结合起来，继续严格执行节能、土地、环保等法律法规，综合运用差别电价、财政奖励、考核问责等法律手段、经济手段和必要的行政手段，加大淘汰落后产能力度，公告淘汰落后产能企业名单，切实落实淘汰落后年度计划，严禁落后产能通过异地转移来逃避调控。同时，还要将上大与压小相结合，淘汰落后与新上项目相结合，根据各地区淘汰落后产能情况，优先核准淘汰落后任务完成较好的地区和企业的技术改造项目。在优化和调整产品结构方面，要从中国工业化、城镇化发展过程中市场需求不断升级和市场需求的多层次的特点出发，既要调控板材等所谓的高端产能，也要重视长材产品的优化调整。钢铁企业也应从企业自身的优势及特点出发，注重产品的差异化，提高市场竞争力。

2. 加大技术创新投入力度，提高自主创新能力

目前，中国重点统计钢铁企业研发投入只占主营业务收入的 1.1%，远低于发达国家 3%的水平，企业技术创新体系不健全，自主创新能力弱。要想改变这种状况，一是急需加大对钢铁企业研发投入的财税信贷优惠幅度，鼓励企业提高研发投入强度，力争在“十二五”末期使重点钢铁企业研发投入占销售收入的比重达到 1.5%左右。二是加快建立以企业为主体、市场为导向、产学研用相结合的技术创新体制和机制。激发冶金科研院所、高校和工程设计单位的创新动力，鼓励大型钢铁企业建立前向和后向技术创新合作机制，推动建立企业、科研院所、高校、工程设计单位和下游用户共同参与的创新战略联盟。完善钢铁工业国家工程实验室、重点实验室、工程技术（研究）中心、企业技术中心、技术创新示范企业、高新技术产业化基地和高效钢材应用示范等技术创新平台。三是科学选择技术创新的主攻方向和重点。从钢铁工业的实际出发，未来中国钢铁工业科技进步和自主创新的主攻方向和重点应该是：非高炉炼铁技术、新一代可循环钢铁流程技术、钢材强韧化技术、新一代控轧控冷技术、大型电炉设备成套技术、薄带连铸短流程产业化技术、煤针状焦产业化技术、工业核心工艺控制器系统（CCTS）研究与开发；核电不锈钢、核岛压力容器钢板、核电发电机转子锻件合金钢、核电蒸发器传热管用钢生产技术；超超临界火电机组蒸汽管、过热器、再热器用钢，高中压电转子用钢生产技术；超纯铁素体不锈钢、高氮控氮奥氏体不锈钢、超级奥氏体耐蚀不锈钢生产技术；油船用高品质耐蚀船板、特种耐腐蚀油井管生产技术；高强高韧汽车用钢、高品质轴承钢、齿轮钢等生产技术；共伴生矿、难选冶矿应用技术。

3. 统筹规划，优化产业布局

作为战略性产业和国民经济的基础产业，钢铁工业关系到国民经济和居民生活的方方面面，与之相关的前后向生产部门众多，产业链长，关联度大。优化中国钢铁工业产业布局，需要统筹考虑市场需求、交通运输、环境容量和铁矿、煤炭、供水、电力等资源能源保障条件，统筹规划内陆与沿海钢铁工业的战略布局。中国东南沿海地区，港口条件良好，同时也靠近消费市场。长期以来这一地区钢材长期供不应求，需要从北方调入。“十二五”期间应有序、适度推进钢铁工业沿海布点，加快建设湛江、防城港沿海钢铁精品基地，推进福建宁德钢铁基地建设，以改变该地区长期以来钢材供给能力不足的问题。中国东北及华北地区，区域内钢铁产能已经过剩，同时又面临水资源和环境的硬约束。这一地区未来应该通过兼并重组、淘汰落后，减量调整区域内产业布局。对于内陆地区，特别是中西部地区，发展钢铁工业应以充分利用当地资源为主，即越往内陆地区，就越应相应减少对进口资源的依赖，而更多采用自有资源。对于缺乏资源（铁矿石及煤炭），但市场需求还有发展空间的地区，可考虑适当兴建电炉钢厂，但在国家工业的整体布局上不宜在这些地区布置过多耗钢大的重工业项目。

4. 深化节能减排，发展循环产业

钢铁工业要走绿色发展道路，大幅度降低能源资源消耗强度和二氧化碳排放强度，提高全行业能源利用效率。从中国钢铁工业面临能源、资源、环境严重制约的实际出发，要进一步淘汰落后钢铁产能，促进钢铁工业装备现代化、大型化，实施结构节能减排；加强节能减排技术推广和应用，尤其是要加快余热余能利用、烧结烟气脱硫、节电优化、污水回用等技术的应用，实施工程技术节能减排；要加强节能减排信息化管理工作，全面建设能源管理中心，完善环境在线监测，提升钢铁行业环保和能源管理水平，实施管理节能减排。同时，要强化创新节能技术的开发和应用，鼓励开发和推广应用高炉富氧喷吹焦炉煤气技术，高炉炉顶煤气循环氧气鼓风炼铁技术，烧结脱硝脱二恶英技术，电炉炼钢中二恶英类物质的减排技术，转底炉直接还原钒钛磁铁矿技术，矿产资源综合利用新流程技术，高炉渣、钢渣等显热回收利用技术等，加强水、电的需求管理技术研究。

5. 加快国内外矿产资源开发，提高资源保障能力

铁矿、锰矿、铬矿、镍矿及优质焦煤等原燃料资源保障已经成为钢铁工业生存发展的战略问题，因此，必须建立自有铁矿石资源供给（含国内自产矿、海外投资权益矿和国家战略储备矿）、自有炼焦煤资源供给与国际市场贸易铁矿石、炼焦煤等的对冲机制，化解国际市场垄断化、金融化对我国钢铁产业的安全威胁。当前以及未来相当长一个阶段，中国铁矿石对外高度依存的状况仍会持续，其他原料特别是优质炼焦煤的对外依存度可能会继续提高。因此，提高资源保障能力是关系到未来我国钢铁工业健康、可持续发展的关键问题。

提高资源保障能力，需要多管齐下。①要加大资源开发的政策支持力度，加快对国内资源的有序开发。具体包括：在一定时期内减免或减收各种税费，鼓励各种金融机构支持对资源开发的投资；加大对资源勘探和开发的支持力度，如对深部资源的勘探，以及对低品位矿的开发利用技术等；鼓励国内现有矿山资源的整合，提高产业集中度，保证有序开发，严禁大矿小开，乱采滥挖。②积极优化铁矿资源全球配置，鼓励钢铁企业“走出去”，建立与资源所在国利益共享的对外资源开发机制，实施投资区域多元化，在具有资源优势的国家和地区及我国的周边国家有序建立稳定、可靠的铁矿石、铬矿、锰矿、焦煤等原燃料供应基地和运输保障体系。③要加快建立适应我国钢铁工业发展要求的废钢循环利用体系。依托符合环保要求的国内废钢加工配送企业，重点建设一批废钢加工示范基地，完善加工回收配送产业链，提高废钢加工技术装备水平和废钢产品质量。积极研究制定进口废钢的优惠政策措施，鼓励在海外建立废钢回收加工配送基地。

专栏 18–1

钢铁工业“十一五”规划和“十二五”规划主要目标的比较

	“十一五”规划	“十二五”规划
产品结构	到 2010 年，钢铁产品优良品率有大幅度提高，多数产品基本满足国民经济大部分行业发展需要	高强高韧汽车用钢、硅钢片等品种国内市场占有率达到 90%以上；船用耐蚀钢、低温压力容器板、高速铁路车轮及车轴钢、高压锅炉管等高端品种自给率达 80%
节能减排	到 2010 年，全行业吨钢综合能耗降到 0.73 吨标煤、吨钢可比能耗 0.685 吨标煤、吨钢耗新水 8 吨以下	到 2015 年，单位工业增加值能耗和二氧化碳排放分别下降 18%，重点统计钢铁企业平均吨钢综合能耗低于 580 千克标准煤，吨钢耗新水量低于 4.0 立方米，吨钢二氧化硫排放下降 39%，吨钢化学需氧量下降 7%，固体废弃物综合利用率 97%以上
产业布局	到 2010 年，布局不合理的局面得到改善	到 2015 年，产能过剩地区的盲目扩张得到抑制，建成湛江、防城港钢铁精品基地，从根本上解决“北钢南运”问题
技术创新	一般装备基本实现本地化、自主化，大型装备本地化率 92%以上。力争在关键工艺技术、节能减排技术以及高端产品研发、生产和应用技术等方面取得新突破	重点统计钢铁企业建立起完善的技术创新体系。绿色低碳冶炼和资源综合利用等自主创新工艺技术取得进展，高效生产和节能减排等共性关键技术得到广泛应用
产业集中度	到 2010 年，钢铁冶炼企业数量较大幅度减少，国内排名前十位的钢铁企业集团钢产量占全国产量的比例达到 50%以上	大幅度减少钢铁企业数量，国内排名前 10 位的钢铁企业集团钢产量占全国总量的比例由 48.6%提高到 60%左右

续表

	“十一五”规划	“十二五”规划
资源保障	没有列出	基本建立利益共享的铁矿石、煤炭等钢铁工业原燃料保障体系，新增境外铁矿石产能1亿吨以上

资料来源：根据《钢铁产业发展政策》、《钢铁产业调整与振兴规划》和《钢铁工业“十二五”发展规划》等有关资料整理。

专栏18-2

中信泰富特钢：坚持走特钢特色之路

中信泰富目前已成为全球品种规格配套最齐全的特钢企业之一，形成了特钢棒线材、板材、无缝钢管、特冶锻造四大产品群，可生产800多个品种、2000余个规格的优特钢产品。“十二五”期间，中信泰富将聚焦四大关键产品群，满足国家优先发展行业的市场需求，成为关键特殊钢产品的制造基地与新材料、新工艺、新技术的研发基地，成为中国特钢市场引领者、主导者和行业标准制定者，努力创建全球最具竞争力的特钢企业集团。

1. 以市场为导向，加速新品开发

中信泰富始终把技术创新和结构调整视作谋求转型发展的驱动力，坚持产销研一体化，2011年新品攻关呈现“四大亮点”：一是最纯的高端轴承钢，高标准轴承钢氧含量达到2.5ppm，是名副其实的最纯钢。二是自主设计、自主研发的φ1000mm高合金连铸圆坯试制成功，再次刷新世界纪录。三是最细的帘线用钢，超纯净度帘线用钢可稳定拉拔至0.15mm，吨钢断丝率处于国内领先水平。四是最高端的航天航空用钢，高温合金无缝钢管成功应用于“天宫一号”和“神八飞船”，并成功开发生产了航天用超高强度钢管，即将在新型号航天飞船上使用。

2. 坚持以销定产，实现产销率、资金回笼率两个100%

面对竞争激烈、变化多端的钢铁市场，2011年中信泰富始终坚持以效益为先，坚持以销定产、没有毛利的产品不生产、资金不到位不发货的原则，依据市场的变化、每月承接合同量、品种的毛利水平、产销能力等，合理安排月度生产经营计划，对市场快速反应。以保持良好的产销衔接和合理的库存，确保产销率100%；坚持带款提货，资金不到位不发货的原则，确保资金回笼率100%。

3. 以集团为平台，发挥协同效应

供应方面，中信泰富建立了招标管理信息系统，对下属企业所需的铁矿石、煤炭、焦炭、铁合金等6大类物资实行统一招标、统一采购，实现了规模采购，并在寻求新的资源和供货渠道方面体现出了优势，降低了综合采购成本；生产方面，集团总部统一下达各企业的月度生产计划，对各企业小批量、多品种产品合理分工，形成了专业化、规模化生产，提高了产品质量，降低了生产成本；销售方面，集团成立了市场部，对国内销售的区域和客户进行了统一的协调和分配，各企业形成了共同面对市场、面对客户的合力，增强了竞争优势。

资料来源：根据《中国冶金报》等有关资料整理。

参考文献

1. 朱继民：《依靠科技创新，努力转型升级，实现钢铁工业的可持续发展》，《世界金属导报》2012年5月8日。

2. 罗冰心：《“十二五”钢铁行业发展面临的问题与机遇》，《中国钢铁业》2011年第1期。

3. 中国钢铁工业协会：《2011年我国钢铁行业经济运行特点及2012年预测分析》，《冶金管理》2012年第1期。

4. 邓宪亭：《后危机时代的中国钢铁工业的调整与发展》，《武汉冶金管理干部学院学报》2011年第4期。

5. 吕阳、杨云超：《我国钢铁工业发展低碳经济的路径与政策研究》，《财政研究》2011年第10期。

6. 颜云云、陈石、佘元冠：《中国钢铁工业的低碳经济分析及发展途径》，《贵州社会科学》2011年第5期。

第十九章　有色金属工业

提　　要

2011 年，中国有色金属工业产量继续增长，但增幅回落；进出口贸易总量继续增长，不同品种分化明显；企业经济效益良好，利润向拥有资源和能源优势的企业集中；固定资产投资大幅增长，产能向西部地区转移明显；科技创新、节能减排、境外资源开发有了进一步的发展。当前，有色金属工业发展面临的主要问题是：资源匮乏问题突出，对外依存度高；产业链总体处于国际分工的中、低端环节，自主创新能力不强，部分高端产品国内需求依赖进口解决；劳动力、能源等要素价格上涨和产品价格震荡，企业运行风险加大；环境污染问题突出，节能减排任务艰巨；国际贸易摩擦不断，“双反”问题常态化。此外，再生利用企业发展也面临成本上涨和税负上升的压力。然而未来中国有色金属工业发展仍面临许多机遇，为促进中国从有色金属工业大国早日向有色金属强国转变，今后应从进一步加大资源勘探力度，确保资源供应；优化产业组织结构，遏制产能过度扩张；按期淘汰落后产能，运用先进适用技术和高新技术改造现有企业，推进节能减排和污染防治；完善机制，促进产能向西部地区和海外转移；进一步采取措施，促进铝工业、稀土行业和再生金属产业持续健康发展。

*　　　*　　　*

有色金属工业是国民经济重要的基础原材料产业，产品种类多、应用领域广、产业关联度高，在经济社会发展以及国防科技工业建设等方面发挥着重要作用，高性能有色金属材料产业是战略性新兴产业的重要组成部分。2011 年是有色金属工业“十二五”发展规划实施的开局之年，同时，也是“有色金属产业调整和振兴规划”实施的最后一年，在科学发展观的指引下，有色金属工业通过加快转变发展方式，进一步推进科技创新、结构调整优化和节能减排，延续了“十一五”时期以来的发展态势。

一、2011 年有色金属工业发展情况

1. 金属产量继续增长，但增幅回落

据统计，2011 年十种有色金属产量 3438 万吨，同比增长 9.8%，比“十一五”平均增幅低 4 个百分点，比“十二五”规划控制年均增速高 1.8 个百分点。其中，精炼铜 520 万吨，同比增长 14.6%；原铝 1806 万吨，同比增长 11.5%；铅 465 万吨，同比增长 10.7%；锌 522 万吨，同比增长 1.1%；镍 18.5 万吨，同比增长 8.1%；锡 15.6

万吨，同比增长 4.5%；锑 19 万吨，同比增长 1.4%；镁 66.1 万吨，同比增长 1%；海绵钛 6 万吨，同比增长 11.8%。与“十一五”平均增速相比，除精炼铜外，其他品种有色金属产品产量增速都下降了，其中，锌和钛是增速下降最多的两个品种；与“十二五”规划 4 种金属产量年均增长率控制目标相比，只有锌在控制增速范围之内，而精炼铜、电解铝和铅的增长率都比较高，精炼铜和铅的增长率是控制增速的两倍（见表 19-1）。在金属冶炼产品产量增幅回落的同时，矿产品产量和材料加工量增幅提高，说明有色金属工业增长方式正在发生转变。2011 年，规模以上企业生产六种精矿金属含量 825 万吨，比 2010 年增长 18%，比“十一五”平均增幅高 10.3 个百分点。铜材产量为 1026 万吨，同比增长 17.8%；铝材产量为 2346 万吨，同比增长 21%。

表 19-1 有色金属产品产量增长情况

		产量（万吨）			增长率（%）		
		2005 年	2010 年	2011 年	“十一五”年均	2011 年实际	“十二五”规划控制
十种有色金属		1639.00	3121.00	3438.00	13.7	9.8	8.0
其中	精炼铜	260.00	458.00	520.00	12.0	14.6	7.3
	电解铝	780.00	1577.00	1806.00	15.1	11.5	8.8
	铅	239.00	426.00	465.00	12.2	10.7	5.2
	锌	278.00	516.00	522.00	13.7	1.1	6.9
	镍	9.50	17.10	18.50	12.5	8.1	—
	锡	12.20	16.40	15.60	6.1	4.5	—
	锑	13.80	18.70	19.00	6.3	1.4	—
	汞	0.11	0.16	—	7.8	—	—
	镁	45.10	65.40	66.10	7.7	1.0	—
	钛	0.92	7.40	—	51.7	11.8	—

注：2011 年产量和增长率数据来自工业和信息化部提供的《有色金属工业 2011 年经济运行情况》，其余数据来自《有色金属工业“十二五”发展规划》。因数据来源不一致，2011 年增长率数据与产量数据并不能完全匹配。

2. 进出口贸易总量继续增长，不同品种分化明显

据统计，2011 年中国有色金属进出口贸易总额创历史新高，达到 1607 亿美元，同比增长 28%，增幅比“十一五”期间的平均增幅高 7.3 个百分点。其中，进口额 1175 亿美元，同比增长 21%；出口额 432 亿美元，同比增长 52.7%。全年进出口贸易逆差额为 744 亿美元，同比增长 8%。从产品看，铜、铝、铅冶炼产品进口量均呈下降态势，铝土矿进口量大幅增加，铝材出口量保持增长态势。其中，2011 年 1~11 月中国共进口原铝 17.4 万吨，同比下降 17.34%；1~11 月出口原铝 7.65 万吨，同比下降 55.07%。1~11 月中国共出口铝合金 62.5 万吨，同比增长 23.77%；共进口铝合金 9.9 万吨，同比下降 19.84%。稀土（共 17 个元素及其氧化物）是中国少有的具有资源优势的有色金属品种。由于国际环境的变化、稀土出口管制等多种原因，2011 年稀土产品出口经历了大起大落，稀土出口配额也从“一吨难求”到“无人问津”，1~11 月中国累计出口稀土 14750 吨，仅占全年出口配额总量的 49%。

3. 企业经济效益良好，利润向拥有资源和能源优势的企业集中

2011 年，规模以上有色金属工业企业销售收入 3.9 万亿元，同比增长 35%；实现利润约 1990 亿元，同比增长 53%；工业增加值同比增长 14%，比“十一五”期间的平均增幅低 2.2 个百分点；资产利润率达到 8%，比 2010 年提高 1.7 个百分点。2011 年，有色金属独立矿山企业销售利润率为 15.1%，同比上升 1.7 个百分点；有色金属冶炼企业（含联合企业中的矿山）销售利润率为 4.4%，同比上升 0.7 个百分点；有色金属加工企业销售利润率为 4.1%，同比上升 0.3 个百分点。拥有资源、能源的企业利润率明显高于冶炼、加工企业。

4. 固定资产投资大幅增长，产能向西部地区转移明显

由于国家严格控制在缺乏资源以及环境容量没有保障的地区新建冶炼项目，2011 年西部地区有色金属工业投资比重比“十一五”期间进一步上升。2011 年，有色金属工业（不包括独立黄金企业）累计完成固定资产投资 4774 亿元，同比增长 34.6%，占全国（不含农户）固定资产投资总额比例为 1.6%，增幅比全国固定资产投资高 10.8 个百分点。其中，西部 12 个省份有色金属工业完成固定资产投资额为 2060 亿元，比 2010 年增长 43%，高于全国有色金属工业平均水平 8 个百分点；占全国有色金属工业总投资额的 44%，所占比例比 2010 年增加 2.5 个百分点。

5. 科技创新取得新成绩，节能减排取得新进展

2011 年，围绕企业节能减排，有色金属工业技术进步继续推进。世界最大的 320 立方米特大型浮选机研制成功。世界上最大的 500 千安大型预焙槽建成投产和重点开发的“新型阴极结构铝电解节能技术”开始大规模推广，铝锭综合交流电耗降到 13913 千瓦时/吨，比 2010 年同期下降 83 千瓦时/吨，节电 15 亿千瓦时。具有自主知识产权的氧气底吹铜熔炼技术获得广泛推广和粗铅富氧熔炼—液态高铅渣直接还原技术开始大规模推广，使中国重金属冶炼技术达到了世界先进水平。有色金属材料和新材料产业发展受到高度重视，半导体用 8 英寸硅抛光片实现了规模化生产，结束了全部依赖进口的局面；数控加工设备用硬质合金刀具使产品质量显著提高，具备了与国外先进企业竞争的实力。

6. 境外资源开发进一步推进，企业国际化程度有所提高

在“十二五”开局之年，中铝公司确立了“建设最具成长性的世界一流矿业公司”战略目标，提出“未来 10 年在海外再造一个中铝”的设想。2011 年，中铝公司收购老挝矿产资源公司 60%的股权，获得 3 亿吨铝土矿开发权。目前，中铝公司成功入股加拿大 PE 项目公司，获得该公司现有墨西哥、秘鲁等 19 个项目及未来全部新项目的优先合作权益。中铝公司已形成以国际工程总承包为龙头，向印度、越南、哈萨克斯坦、马来西亚等 10 多个国家转移铝产能、输出铝工业技术，带动相关设备、产品与服务出口的国际性企业。2011 年 4 月，华东有色地勘局投资 4785 万澳元，以每股 0.405 澳元的价格成功收购澳大利亚矿业公司（GBE）51%的股份。GBE 的主要资产集中在非洲，包括位于马拉维的铌矿项目、稀土及稀土矿项目、铀矿项目以及位于莫桑比克的萤石项目，本次收购有可能将华东有色地勘局业务拓展至全球多个国家。目前，华东有色地勘局在澳大利亚拥有 12 个探矿权，涉及铀、铁、金、铜、铅、锌、钛、镍等矿种，面积 6992.6 平方公里。此外，2010 年底中金岭南公司以澳大利亚佩利雅为海外开发平台，成功收购加拿大全球星矿业公司，标志着中金岭南公司由国内的铅、锌业务，正式向铜、镍、锂、黄金等多金属国际化战略转型，进一步拓展了企业海外发展的版图。目前，海外矿产资源占整个中金岭南公司总资源量的一半以上。

二、有色金属工业发展面临的主要问题

2011 年，中国十种有色金属产品产量已经连续 10 年居世界第一，消费量连续 9 年居世界第一。但是，在成为有色金属第一大国的同时，我们要清醒地认识到：当前世界大部分有色金属矿产资源仍然掌握在少数国家手里，大部分有色金属价格操纵在几家寡头手里，大部分利润留在少数跨国企业，大部分技术专利掌握在发达国家手里，而我们付出沉重的资源、能源、环境代价后，只能分到其中一小块“蛋糕”，中国要真正成为有色金属工业强国，还有很长的道路要走。

1. 资源匮乏问题突出，对外依存度高

资源保障程度低日益成为制约中国有色金属工业发展的重要瓶颈，截至 2010 年底，中国铜、铝、镍的自给率分别只有 23%、54%和 14%。主

要原因：一是矿山基础薄弱。中国现有大型有色金属矿山多为20世纪五六十年代开发的，经过多年生产，普遍面临资源枯竭问题。目前老矿山深部和周边找矿工作虽然取得一定进展，但可供建设的新矿山不多。二是再生资源不能满足需要。受经济发展水平的约束，中国废旧有色金属的回收量远不能与发达国家相比，已经成为全球最大的废旧有色金属进口国。三是境外资源权益依然不多。尽管中国企业境外有色金属资源利用已经取得重要进展，但境外战略资源权益占有依然不能满足需要。目前，中国企业境外铜矿资源实际权益仅占矿产原料进口量的不足4%；铝资源实际权益仅为矿产原料进口量的3%；锌资源实际权益仅为矿产原料进口量的2.8%。①

2. 自主创新能力不强，高端产品仍需进口

中国有色金属工业总体处于国际产业链分工的中、低端环节，自主创新能力不强，尚未走上创新驱动、内生发展的技术引导型发展道路，技术创新对产业发展的贡献不高，使产业应对市场风险的能力不足，难以获得合理的经济效益。“十一五”时期有色金属企业研发经费支出占主营业务收入的0.65%，低于国际同行业水平，也低于国内工业企业平均水平。自主创新能力弱突出表现在新材料开发利用领域，一些技术含量高、附加价值大的有色金属精深加工产品还不能实现国产化，新合金开发方面基本是跟踪仿制国外，关键有色金属新材料开发滞后于战略性新兴产业发展需求。航空航天用铝厚板、集成电路用高纯金属等产品仍主要依靠进口。2010年国内出口铝材平均价格为3400美元/吨，而进口铝材平均价格为5700美元/吨。稀有金属产品也是以初级产品、中低档深加工产品为主，高端产品比重较小。如我国铟产量和出口量均居世界第一位，但液晶显示屏用铟靶材却几乎全部依赖进口。②

3. 要素价格上涨和产品价格震荡，企业运行风险加大

一段时期以来，企业生产要素价格持续上涨，但有色金属产品价格整体上上涨更快，企业仍获得可观的利润。但是，2011年以来，在劳动力工资、电价等要素价格大幅度上涨的同时，有色金属产品价格却持续震荡，有色金属企业运行风险加大。2011年4月10日、6月1日和12月1日国家发展和改革委员会上调部分省份及全国工业用电价格，平均每度电上调幅度分别为2分、1.67分和3分。以电解铝为例，电价每上涨1分，每吨铝成本上升150元以上。照此计算，2011年年末比年初每冶炼1吨铝，仅由于电价上涨一项就造成企业生产成本上涨近千元，这使原本利润微薄的电解铝企业日子更加难熬。

现在，有色金属企业经济效益受产品价格变动的影响越来越大。2011年多数有色金属产品价格可以用“先扬后抑”四个字概括。铜、锌、铅、锡和铝价格分别于2月、2月、4月、5月和8月达到峰值，之后回落。特别是进入第四季度，受欧债危机影响，有色金属价格大幅振荡回落，有色金属行业效益明显下滑，10月份规模以上有色金属工业企业实现利润比8月份下降34%。③

4. 环境污染问题突出，节能减排任务艰巨

当前，中国重金属污染事件时有发生，而有色金属企业与此高度相关。长期的矿产资源开采、冶炼生产累积的重金属污染问题近年来开始逐渐显露，尤其是近年来发生的重金属环境污染事件以及血铅污染事件，对生态环境和人民健康构成了严重威胁。2010年相继发生了江苏大丰、四川隆昌、湖南嘉禾、甘肃瓜州、湖北崇阳、安徽怀宁等多起血铅事件，2011年云南曲靖和河南义马铬渣事件，2012年广西龙江的镉污染事件等，都说明了重金属污染问题的严重性。

有色金属工业是能耗大户，2010年有色金属行业占全国能源消耗的2.8%，但工业增加值只占全国的1.99%。中国电解铝平均吨铝直流电耗13084千瓦时，距国内先进水平12100~12500千瓦时仍有一定差距；吨海绵钛电耗比国外先进水平高0.7万~1万千瓦时。此外，尚有部分落后冶

---

①② 工业和信息化部原材料司：《有色金属“十二五”规划及铝工业“十二五”规划解读》，工业和信息化部网站（www.miit.gov.cn），2012年1月30日。

③ 陈全训：《谋大局 善调研 抓重点重服务——在中国有色金属工业协会2012年工作会议上的报告》，《中国有色金属报》2012年2月10日。

炼产能没有按期淘汰。这说明，有色金属节能减排任务依然艰巨。

5. 国际贸易摩擦不断，“双反”问题常态化

国际金融危机爆发以来，贸易保护主义升温，针对中国出口有色金属产品的“双反”调查频繁发生。2011 年 3 月 29 日美国商务部做出终裁：将对产自中国的铝挤压材征收 8.02%~374.15%的反补贴税以及 32.79%~33.28%的反倾销税。这一征税标准与 2010 年的初裁相比，在反倾销税上有所下调，但在反补贴税上则出现了大幅增加。美国市场占到中国铝挤压材总出口量的 1/4，美国的裁决对中国铝材出口影响较大。印度保障措施局于 2011 年 2 月 14 日对原产自中国的铝板和铝箔发起了特保复审调查，印度铝协和 Hindalco 等公司要求对中国生产的相关铝材产品延长两年的征税期，从原先的 2011 年 3 月 22 日截止变更为 2013 年 3 月 22 日截止。2011 年 8 月 26 日，澳大利亚对原产于中国的铝型材做出反倾销和反补贴期中复审终裁，肯定了澳大利亚在原裁决中的部分裁决，并做出了两项新裁定。根据处理工艺的不同，对台山市金桥铝型材厂有限公司征收 3.8%~7.4%的税率；对荣阳铝业（中国）有限公司征收 6.1%~13.6%不等的税率；对广东肇庆新中亚铝业有限公司征收 5.5%~7.6%不等的税率；对其他公司征收 6.4%~12.4%不等的税率；对不合作出口商征收高达 22.4%~33.3%不等的税率。终裁还特别规定，除了上述税率外，如果进口产品的价格低于确定出口价格，则征收临时反倾销税。除澳大利亚以外，哥伦比亚等国也在 2011 年第三季度向中国出口铝材提出了“双反”调查。①

6. 再生利用企业面临成本上涨和税负上升的压力

再生利用是有色金属工业发展的方向之一。与依靠不可再生的矿产资源进行生产的原生金属工业相比，再生金属有以下特点：再生金属工业是一个环保型的“资源—生产—消费—再生资源”的流程，最大限度地反复利用资源，实现了“低开采，高利用，低投入，高回报”的运作效益；再生金属的生产过程能耗水平远远低于原生金属；再生金属产业属于劳动密集型行业。当前，再生有色金属产业从业人员已达 100 万人，由于劳动力成本不断上升，再生有色金属企业成为冲击对象。2009 年 1 月以前，国家对再生资源企业不征税；2010 年改为按 17%的税率征收增值税，对符合条件的增值税纳税人，实行税收先征后返政策；2011 年起，再生资源企业不再享受国家增值税优惠政策。由于税收政策变化，再生有色金属回收行业税负不断上升，据报道，2011 年比 2009 年税负率增幅达到 83.7%。劳动力工资上涨和税负上升，导致有色金属再生利用企业运营困难，这对完成《再生有色金属产业发展推进计划》确立的到 2015 年主要再生金属产量达到 1200 万吨的目标是极为不利的。②

三、促进有色金属工业持续健康发展的对策建议

当前，国际经济形势黯淡和国内经济形势不明朗，对有色金属工业发展产生了一定的不利影响。但是，中国仍处在工业化和城市化相对快速推进的阶段，加上战略性新兴产业多数与有色金属有关，高性能、高附加值的有色金属材料产业本身就是战略性新兴产业的重要组成部分，因此，从长远来看，中国有色金属工业发展面临着重要机遇和巨大的发展空间。“十二五”期间，在《有色金属工业“十二五”发展规划》、《工业转型升级规划（2011~2015 年）》等政策指引下，中国将从有色金属工业大国向有色金属工业强国迈进。

1. 加大资源勘探力度，确保资源供应

以加快境外铜、铝、铅、锌、镍、钛等原料供应基地建设为重点，积极推动境外资源勘探，

① 姚希之：《2011 年铝市场回顾及 2012 年展望》，北京安泰科信息开发有限公司内部报告。

② 王晓涛：《再生金属“十二五”达标须早破税收政策“瓶颈”》，《中国经济导报》2011 年 10 月 29 日。

在资源丰富的国家和地区，依托具有国际化经营能力的骨干企业，建立与资源所在国利益共享的对外资源开发机制，加快境外资源开发项目建设，形成一批境外矿产资源基地。进一步加强国内重点成矿地带的普查与勘探，增加资源储量，提高查明资源储量利用率，积极开展现有矿山深部、边部找矿，延长矿山服务年限。以云南、新疆、甘肃、青海、西藏、内蒙古、黑龙江等省（区）有色金属成矿带资源开发为重点，加快建设西部矿产资源基地。通过境外、国内资源勘探、开发，有效增加境外权益资源量和国内资源储量。到2015年，新增铜精矿生产能力达到130万吨/年，新增铅锌精矿生产能力达到230万吨/年，新增镍矿生产能力达到6万吨/年。

2. 优化产业组织结构，遏制产能过度扩张

按政府引导、企业为主体、市场化运作的原则，结合优化布局，大力支持优势大型骨干企业开展跨地区、跨所有制兼并重组，提高产业集中度。积极推进上下游企业联合重组，提高产业竞争力。充分发挥大型企业集团的带动作用，形成若干家具有核心竞争力和国际影响力的企业集团。促进产业集中度进一步提高，完成规划目标，2015年之前10家企业的冶炼产量占全国的比例为：铜90%、电解铝90%、铅60%、锌60%。

严格执行《产业结构调整指导目录》、《部分工业行业淘汰落后生产工艺装备和产品指导目录》、行业准入条件及相关产业发展政策，进一步遏制产能过度扩张。提高节能环保市场准入门槛，严把土地、信贷两个闸门，严格控制新建高耗能、高污染项目。建立高耗能产业新上项目与地方节能减排指标完成进度挂钩、与淘汰落后产能相结合的机制。继续运用提高资源税、调整出口退税、将部分产品列入加工贸易禁止类目录等措施，控制高耗能、高污染产品出口。加大差别电价实施力度，提高高耗能产品差别电价标准。

3. 多方努力，推进节能减排和污染防治

依据有色金属工业“十二五”规划，“十二五”期间，有色金属工业单位工业增加值能耗和二氧化碳排放量均降低18%，二氧化硫排放总量减少10%；铜、铅、镁、电锌冶炼综合能耗分别降到300千克标煤/吨、320千克标煤/吨、4000千克标煤/吨和900千克标煤/吨及以下，电解铝直流电耗、全流程海绵钛电耗分别降到12500千瓦时/吨和25000千瓦时/吨及以下。根据《重金属污染综合防治“十二五”规划》，到2015年，重点区域、重点重金属污染排放量比2007年减少15%，非重点区域的重点重金属污染排放量不超过2007年的水平。根据《工业清洁生产推行“十二五”规划》，重点行业达到“清洁生产先进企业”的比例超过70%。由此可见，有色金属工业节能减排和清洁生产、污染防治任务十分艰巨。

要达到上述目标，需要在多方面努力做工作：①遏制产能过度扩张。目前，全国拟建电解铝项目23个，总规模774万吨，总投资770亿元。如果拟建项目全部建成投产，到“十二五”末期，全国产能将超过3000万吨，产能过剩的矛盾有可能加剧，节能减排的压力必然进一步增大。因此，在当前有色金属工业产能向西部地区转移过程中，坚决将东中部地区电解铝产能压下来。②要按期淘汰落后冶炼生产能力。严格执行节能减排淘汰落后产能问责制，落实“十二五”规划，按期淘汰落后铜冶炼产能30万吨、电解铝产能80万吨、铅冶炼产能120万吨和锌冶炼产能40万吨。③运用先进适用技术和高新技术改造现有企业。要以质量品种、节能减排、环境保护、安全生产、两化融合等为重点，对现有企业生产工艺及装备进行升级改造，实现清洁、安全生产，提高企业生产自动化、管理数字化水平。到2015年，力争完成1500万吨及以上电解铝技术改造，完成120万吨落后铅熔炼以及300万吨铅鼓风炉还原能力改造，完成骨干镁冶炼企业技术改造。④加大重金属污染防治力度。禁止在重要生态功能区和因重金属污染导致环境质量不能稳定达标区域新建相关项目。制定并实施重点区域行业重金属污染物特别排放限值。组织好重点区域重金属产业发展规划、重点行业专项规划的环境影响评价，并将其作为受理审批区域内重金属行业相关建设项目环境影响评价文件的前提。对于没有履行环评手续、没有完成“三同时”验收、污染治理能力不匹配、长期超标排放的企业一律坚决依法停产治理。一旦发生重金属污染突发环境事件，要及时报告，妥善处置。

4. 完善机制，促进产能向西部地区和海外转移

统筹规划，坚持上大与压小相结合、新增产

能与淘汰落后相结合，优化有色金属生产力布局。以满足内需为主，严格控制资源、能源、环境容量不具备条件地区的有色金属冶炼产能。在总量控制前提下，积极引导能源短缺地区电解铝及镁冶炼产能向能源资源丰富的西部地区有序转移。在广西、贵州、山西适度发展具有资源保障的氧化铝产能。逐步推进城市铝冶炼企业转型或环保搬迁。地方各级政府要对限期淘汰的落后装备严格监管，禁止落后产能异地转移。提升企业国际化经营水平，鼓励在境外建设氧化铝、电解铝、铜、铅、锌、镍等产业园区。

5. 控制与扶持并用，促进铝行业健康发展

从 2004 年开始，国家不断推出加强电解铝等高能耗产业宏观调控政策，但电解铝产能盲目扩张的势头有增无减，如何将宏观调控政策落到实处，是“十二五”期间面临的主要任务。当前的主要任务是贯彻工业和信息化部等九部委联合下发的《关于遏制电解铝行业产能过剩和重复建设引导产业健康发展的紧急通知》要求，要加快淘汰落后电解铝产能，对国家已明确规定的落后电解铝工艺装备，做到按期淘汰，严格执行限制类和淘汰类电价加价政策。加大执法力度，对违规建设的电解铝项目，要立即停止办理用地审批、能评审查、环境影响评价、电力供应和新增授信等手续。中央财政对淘汰落后产能企业按《淘汰落后产能中央财政奖励资金管理办法》相关规定给予资金支持，帮助企业解决职工安置和企业转产等问题。鼓励铝生产企业积极发展深加工及铝制品，延伸产业链，提高产品附加值，加快铝工业发展方式转变，促进电解铝行业结构调整和健康发展。

继续推进“直购电”试点工作。由于各种原因，《有色金属产业调整和振兴规划》所确立的“直购电”试点工作进行得很不顺利，落实的很不到位。在电价持续上涨的背景下，实现电解铝生产合理电价的任务仍十分艰巨。《有色金属工业“十二五”发展规划》明确规定“十二五”期间，还要更大范围地开展直购电试点，进一步完善相关配套政策，支持符合国家准入条件的电解铝企业积极开展直供电工作，这不仅对于电解铝企业降低成本有利，对于电厂因多发电、电网因过网电量增加进而增加收入都是有利的。

6. 进一步加大资源保护力度，促进稀土行业持续健康发展

维护中国稀土资源在世界上的优势地位，是获得国际话语权的基础，是实现稀土工业可持续发展的基础。当今世界各国均加强了资源保护力度，尤其是加大了战略性矿产资源的保护力度，稀土是中国为数不多的优势矿产资源之一，应进一步加大保护力度。①进一步提高准入门槛，控制上游企业数量。支持大企业以资本为纽带，通过联合、兼并、重组等方式，大力推进资源整合和产业整合，大幅度减少稀土开采和冶炼分离企业数量，提高产业集中度，最终形成以 3~5 家企业为主的产业组织结构，增强上游环节的市场垄断势力。要以更高的技术工艺装备、资源环境保护、安全生产、社会责任等为准入条件，促进上游企业的整合。②进一步提高资源税税率，切实弥补资源环境损失成本。提高资源税的效果是：在保护资源的同时，提高了稀土行业的准入门槛，促进形成完善的稀土产品价格形成机制，使其包含资源环境成本，同时提高了稀土产品出口价格却不易引起国际贸易纠纷。③建立国家储备制度，确定以矿山储备为主。划定一批国家规划矿区作为战略资源储备地，未经国家批准不得开采，中央财政对实施资源储备的地区和企业给予补贴。

7. 多方扶持，促进再生金属产业发展

根据《有色金属工业“十二五”发展规划》，到 2015 年，主要再生有色金属产量达到 1200 万吨，其中再生铜、再生铝、再生铅占当年铜、铝、铅产量的比例分别达到 40%、30%、40%左右。为此，需要多方扶持，大力促进再生金属产业发展。①建立和完善再生金属资源回收利用体系。建立和完善铜、铝再生资源利用体系，规范回收、拆解，建设一批规模化再生利用示范工程；完善废旧铅酸电池回收利用体系，鼓励将废旧铅酸电池回收利用纳入矿铅生产体系，最大限度地降低重金属污染；支持改扩建形成一批锌、钴、镍、锡、锑、锗、铟、贵金属等回收利用及冶炼废渣综合利用示范工程。②建设基础设施完善的现代化再生金属产业园区，加快再生金属园区化生产，完善园区内能源、物流、环保设施，建立统一的“三废”处理系统，达到生产与环保一体化。③从税费减免、财政补贴、金融支持等方面积极支持再生企业发展壮大，做大做强。加强对再生金属生产过程中的技术、设备和工艺的研究与开发，提高再生金属产业的科技含量，特别是政府要进一步加强扶持力度，扩大国债资金扶持额度，研究和开发再生金属行业急需的新设备、新技术，通过示范项目的建设和新技术、新设备的研发与推广，改变我国再生金属产业技术落后的局面，推动产业升级。

专栏 19-1

“十二五”时期有色金属工业发展规划目标

为推动有色金属工业转型升级，加快中国特色的新型工业化步伐，依据《国民经济和社会发展第十二个五年规划纲要》和《工业转型升级规划（2011~2015 年）》，2011 年 12 月 4 日，工业和信息化部印发了《有色金属工业“十二五”发展规划》，其分为发展现状、发展环境、指导思想及主要目标、主要任务、重大专项、保障措施 6 部分。其中，主要目标包括以下内容：

“十二五”期间，有色金属工业结构调整和产业转型升级取得明显进展，工业增加值年均增长 10%以上，产业发展质量和效益明显改善。

（1）产量目标。十种有色金属产量控制在4600 万吨左右，年均增长率为 8%，其中精炼铜、电解铝、铅、锌产量分别控制在 650 万吨、2400 万吨、550 万吨和 720 万吨，年均增长率分别为 7.3%、8.8%、5.2%和 6.9%。

（2）节能减排。按期淘汰落后冶炼生产能力，万元工业增加值能源消耗、单位产品能耗进一步降低。铜、铅、镁、电锌冶炼综合能耗分别降到 300 千克标煤/吨、320 千克标煤/吨、4000 千克标煤/吨和 900 千克标煤/吨及以下，电解铝直流电耗、全流程海绵钛电耗分别降到 12500 千瓦时/吨和 25000 千瓦时/吨及以下。

（3）技术创新。重点大中型企业建立完善的技术创新体系，研发投入占主营业务收入达到 1.5%，精深加工产品、资源综合利用、低碳等自主创新工艺技术取得进展，绿色高效工艺和节能减排技术得到广泛应用。

（4）结构调整。产业布局及组织结构得到优化，产品品种和质量基本满足战略性新兴产业需求，产业集中度进一步提高，2015 年，前 10 家企业的冶炼产量占全国的比例为铜 90%、电解铝 90%、铅 60%、锌 60%。企业生产经营管理信息化水平大幅提升。

（5）环境治理。重金属污染得到有效防控，2015 年重点区域重金属污染物排放量比 2007 年减少 15%。

（6）资源保障。资源综合利用水平明显提高，国际合作取得明显进展，主要有色金属资源保障程度进一步增强。

附表 “十二五”时期有色金属工业发展主要目标

指 标	2010 年	2015 年
工业增加值年均增速（%）	15.8	10
新材料增加值占工业增加值比重（%）	8	15
规模以上企业研发支出占主营业务收入比重（%）	0.65	>1.5
10 种有色金属产量（万吨）	3121	4600
淘汰落后		
淘汰落后铜冶炼产能（万吨）	[50]	[30]
淘汰落后电解铝产能（万吨）	[84]	[80]
淘汰落后铅冶炼产能（万吨）	[40]	[120]

续表

指　标	2010年	2015年
淘汰落后锌冶炼产能（万吨）	[20]	[40]
节能减排		
单位工业增加值能耗降低（%）		[18]
单位工业增加值二氧化碳排放量降低（%）		[18]
二氧化硫排放总量减少（%）		[10]

注：[　] 内为五年累计数。
资料来源：工业和信息化部：《有色金属工业“十二五”发展规划》，2011年12月4日。

参考文献

1. 工业和信息化部：《有色金属工业“十二五”发展规划》，2011年12月4日。

2. 工业和信息化部原材料司：《有色金属“十二五”规划》、《铝工业“十二五”规划解读》，工业和信息化部网站（http：//www.miit.gov.cn），2012年1月30日。

3. 工业和信息化部原材料司：《有色金属工业2011年经济运行情况》，工业和信息化部网站（http：//www.miit.gov.cn），2012年2月16日。

4. 陈全训：《谋大局善调研抓重点重服务——在中国有色金属工业协会2012年工作会议上的报告》，《中国有色金属报》2012年2月10日。

5. 姚希之：《2011年铝市场回顾及2012年展望》，北京安泰科信息开发有限公司内部报告。

6. 何笑辉：《2011年铜市场分析及2012年展望》，北京安泰科信息开发有限公司内部报告。

7. 王晓涛：《再生金属“十二五”达标须早破税收政策“瓶颈”》，《中国经济导报》2011年10月29日。

8. 采访人武卫政，解读人环境保护部有关负责人：《政策解读：“十二五”期间国家重金治理重金属污染》，《人民日报》2012年2月14日。

第二十章　建材工业

提　　要

2011 年是中国实施“十二五”规划的开局之年，也是中国建材工业转变发展方式、实施发展转型的重要一年。面对复杂多变的世界政治经济形势，面对国内宏观政策调整、发展模式转变的压力，中国建材工业积极改造提升传统建材和培育发展新型建材“两线出击”，保持平稳较快发展的同时，在结构调整、节能减排、发展循环经济、资源配置等方面也取得了积极进展，总体上呈现了良好的发展态势，转型升级初见成效。但在传统的主要建材产品占世界总量 50%的前提下，中国建材工业要实现发展方式向科技支撑型、精品附加值型、节能减排和资源能源效益型、制品与产业链型转型升级，面临的问题很多。除了市场需求减少，拉动经济的刺激政策减弱，土地、能源和劳动力、财务成本上升，物价上涨等共同的不利因素外，建材工业还面临结构调整压力大、转型升级的技术支撑力不足、节能减排要求日渐严格、资源配置水平与利用效率低、出口形势严峻等问题。我国建材工业必须准确定位，把发展重点定位在节能环保、满足绿色建筑和节能建筑方面，大力发展技术含量高的新兴产业，这样才能从根本上调整产业结构，体现资源、能源效益，实现科学发展。政策、标准、创新、协同合作是实现这一目标的保障和支撑点。

*　　　　　　*　　　　　　*

一、中国建材工业发展现状

2011 年是中国实施“十二五”规划的开局之年，也是中国建材工业转变发展方式，实施发展转型的重要一年。面对复杂多变的世界政治经济形势，面对国内宏观政策调整、发展模式转变的压力，中国建材工业积极应对要素价格上涨、环境约束等困难，改造提升传统建材和培育发展新型建材“两线出击”，保持平稳较快发展的同时，在结构调整、节能减排、资源配置等方面也取得了积极进展，总体上呈现出了良好的发展态势，转型升级初见成效。

1. 增速从偏快向平稳回落

受固定资产投资拉动，近年来，中国建材工业增长速度持续高于全国工业平均水平。“十一五”期间，中国 GDP 平均增速为 11.2%，而建材工业平均增速则达到 26%。即使在受金融危机影响的 2008 年和 2009 年，建材工业年增长率也分别达到了 26.4%和 21.1%。

2011 年，随着宏观经济从政策刺激增长向自主增长有序转变，国内生产总值和全社会固定资产投资增速的回落，中国建材工业度过金融危机后的高速恢复期，进入平稳较快增长阶段。2011年中国建材工业按可比价格计算，完成工业总产值3.5万亿元，工业增加值按可比价格计算比上年增长28%。分行业来看，2010年中国水泥产量为20.9亿吨，同比增长11.7%（见表20-1）。平板玻璃产量为7.9亿重量箱，同比增长14%。建筑、卫生陶瓷产量分别是92亿平方米、1.7万件，分别增长14.54%、10.44%。玻璃纤维纱产量279万吨，同比增长9.0%。2011年8月以后，五大传统产业产量增速下降，带动建材工业增长速度从偏快向平稳回落。

表20-1 水泥行业10年发展情况对比

年份	企业数量（户）	水泥产能（万吨）	水泥产量（万吨）	销售收入（亿元）	利润总额（亿元）	新型干法产量占比（%）	生产线（条）	4000t/d以上	吨熟料综合能耗（kgce）	前10强熟料占比（%）
2000	7000	71500	59700	1152	7.63	12.0	45	11	156.35（1999年）	5.00
2011	3950	290000	209000	9198	1020.0	89.0	1513	860	115	42.00

注：①其中10000t/d生产线2005年为0条，2011年为7条。②“十五”和“十一五”分别累计淘汰落后产能为0.6亿吨和3.4亿吨。③2005年和2010年新型干法产量分别占总产量的45%和81%（超过了“十一五”规划目标11个百分点）。④利用废渣2005年和2010年分别达到2.3亿吨和4.0亿吨。⑤2010年，余热发电装置比例已达55%。

资料来源：参见马泽民：《“三大法宝”引领水泥行业科学发展》，《中国建材报》2012年4月17日。笔者略有改动。

从经济运行质量来看，2011年，中国规模以上建材工业全年产销率为97.8%，完成销售收入3.4万亿元，比2010年增长38.5%。其中，水泥销售产值近9400亿元，同比增长了36.7%。实现利润总额2798亿元，增长45.3%。在建材主要行业中，除建筑技术玻璃制造业以外，建材主要行业实现利润同比都有不同程度的增长。2011年，规模以上建材工业产品毛利率16.38%，比2010年上升0.59个百分点；销售利润率8.28%，上升0.38个百分点。

2011年，规模以上建材工业总资产贡献率20.47%，比2010年上升2.82个百分点，是2000年以来最好水平。2011年，建材工业固定资产投资完成9578亿元，同比增长31.9%。其中，水泥制造业下降8.3%，水泥制品、玻璃纤维、增强塑料制品、防水材料、石材等新兴建材产品增速明显高于行业平均值。规模以上建材工业年末资产总额2.47万亿元，比2010年增加4881亿元，增长24.6%；规模以上建材工业年末资产负债率54.42%，比2010年下降1.08个百分点，是2000年以来最低水平。[①]

2011年，建材及非矿商品出口241.9亿美元，增长25.1%，增速比2010年回落2.5个百分点。建材及非矿商品出口离岸价格全年平均比2010年上涨15.8%，剔除价格因素，建材出口数量实际增长8%。全国陶瓷和玻璃出口占出口总额的1/3以上，其中陶瓷占23.2%，玻璃占12.5%。增幅最大的是初加工玻璃，达到73.3%。2011年，特种玻璃、玻璃纤维、建筑陶瓷等较高附加值产品出口增加，出口额增长明显高于出口量增长。

2. 结构调整初见成效，联合重组有所推进

“十一五”时期，建材工业产业结构调整取得了一定进展，低能耗新兴产业增长较快。2011年，建材工业完成固定资产投资9578亿元，比2010年增长31.9%。水泥投资继续下降，水泥行业在建材工业中的比重已经从高峰时期的41%下降到26%，建筑卫生陶瓷和玻璃纤维投资增速也大幅回落，混凝土与水泥制品等行业固定资产投资则高速增长，中国建材工业结构调整步伐进一步加快。混凝土与水泥制品、技术玻璃、玻璃纤维、建筑用石等低能耗产业的发展速度远远超过水泥、平板玻璃等传统行业。混凝土与水泥制品业成为建材工业中增长最快的行业，对建材工业增长贡献已经超过水泥制造业（见图20-1）。混凝土与水泥制品、砖瓦及建筑砌块、黏土与沙土开采、石灰石石膏开采与石灰制造、轻质建材等

① 《建材行业由快速增长转入平稳较快增长》，《中国建材报》2012年2月22日。

行业已经成为推动建材工业增长的重要行业。从区域结构看，中、西部地区的增长分别超过行业平均增加值 9.6 个百分点和 10.9 个百分点。但由于建材低能耗和深加工制品投资快速增长推动，东部地区建材工业固定资产投资比重重新超过中、西部地区。

2011 年，主要产业技术结构进一步优化，水泥行业产业结构调整取得积极进展。2011 年水泥行业淘汰落后产能涉及 782 家企业、1.53 亿吨产能，较 2010 年增幅高达 45.8%。截至 2011 年底，新型干法水泥生产线近 1500 条，熟料总产能达到 14 亿吨，可形成近 24 亿吨实际水泥产能，新型干法比例已达 90%以上，比 2010 年提升 11 个百分点。绝大多数新型干法水泥生产线的技术指标、能源消耗、环境指标已达到国际先进水平。

2011 年，在国家政策引导下，水泥行业兼并重组加速，集中度不断提高。中国建材、海螺、华润、山水、华新、冀东、台泥、红狮、金隅等大企业集团纷纷进行战略重组，整合区域水泥市场，并取得重大进展，前 23 家生产规模在 1000 万吨以上的企业熟料产量已经占水泥熟料总产量的 50%左右，行业前 10 强市场集中度达到 42%（见表 20–1）。产业集中度提高，市场议价能力提高。水泥行业生产集中度的提高稳定了水泥市场的秩序和价格，促使经济效益上升。水泥制造业实现利润 1020 亿元，比 2010 年增长 67.1%，实现利润占建材工业总利润的 36.5%。

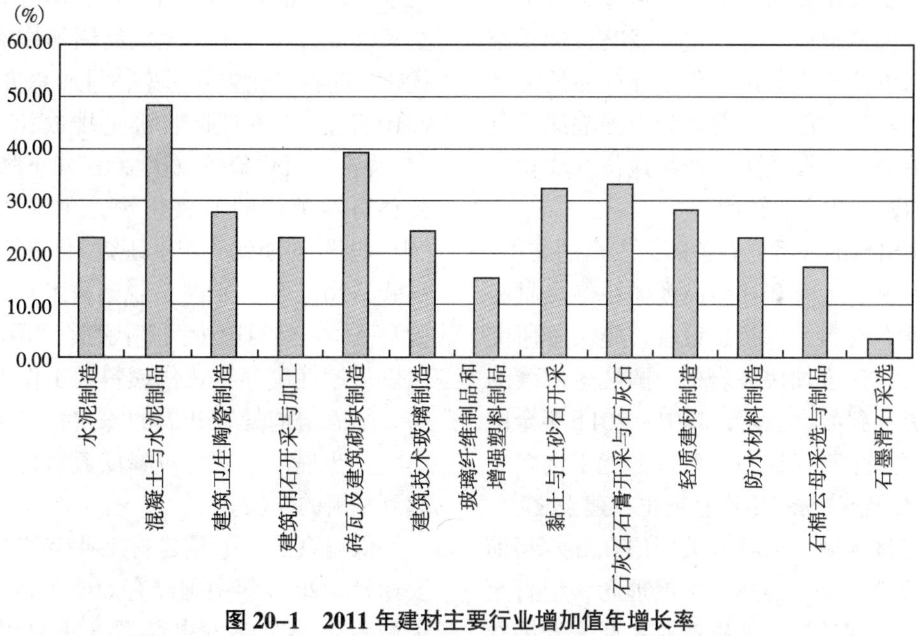

图 20–1　2011 年建材主要行业增加值年增长率

资料来源：中国建筑材料联合会信息部：《2011 年建材工业经济运行情况》，《中国建材报》2012 年 2 月 23 日。

2011 年，中国玻璃纤维行业的行业骨干大企业也为保障行业平稳发展发挥了巨大作用。巨石、泰山、重庆等企业在年初实施的原纱提价带动了全行业玻纤及制品价格的上涨。后期又在市场出现萎缩时主动减产和增加库存，尽量避免低价竞争，从而使得行业整体利润水平得以维持，全年经济效益继续保持稳步提高。

以耀华玻璃与弘毅投资重组改制、东方雨虹收购卧牛山等为代表，其他各建材行业大企业间的联合重组也有了进一步推动。

3. 国家政策对建材工业的结构调整、转型升级引导效应显著

2011 年，建材工业相关政策出台密度、强度加大，[①] 国家政策对建材工业的结构调整、转型升

① 2011 年，中国建筑材料联合会制定发布的相关政策有《建筑材料工业“十二五”发展指导意见》、《建筑材料行业“十二五”科技发展规划》、《建材工业“十二五”发展规划》及水泥、平板玻璃等 5 个子规划（配合工业和信息化部）、《产业结构调整指导目录（2011 年本）》、《水泥行业准入公告管理暂行办法》、《建材工业“十二五”重点技术改造投资指南》、《建材行业低碳技术创新和示范化工程专项指南》等。关于节能、环保、战略新兴产业发展，国家各相关部门也出台了多项政策。

级发挥了重要作用，政策对产业发展的引导效应明显。以泡沫混凝土行业为例，2011 年 3 月 14 日，公安部消防局下发的《关于进一步明确民用建筑外保温材料消防监督管理有关要求的通知》(以下简称《通知》)，为泡沫混凝土带来了前所未有的发展机遇。《通知》下发后，泡沫混凝土保温板作为最理想的无机不燃保温材料迅速崛起，在全国范围内形成了高速发展的态势。在无机不燃保温材料中，泡沫混凝土保温板的应用量已仅次于岩棉板，成为第二大无机外墙保温材料，使泡沫混凝土的知名度和影响力得到了空前的提高，墙体自保温现浇也取得了广泛的推广应用。借助于公安部《通知》的引导和推进，泡沫混凝土行业取得产品结构调整和产业战略转型的重大成就，基本实现了“发展不燃保温材料、自保温围护结构材料、超轻泡沫混凝土等”重大战略目标，结束了中国泡沫混凝土没有产业化主导产品的混乱局面，确立了泡沫混凝土保温板为中国泡沫混凝土产业化发展第一阶段的主导产品地位，成功进行了产品结构调整和产业转型。

针对国家出台的一系列有关防火安全的文件，企业、研究院所、大学和社会高度关注绝热材料的防火安全性，材料、工艺、设备、施工等研究推进强度加大，速度加快。岩棉、酚醛生产线的固定资产投资达到数十亿元，其中，2011 年全国新上酚醛保温板生产线近 200 条，产能 1 亿多平方米，规模化的绝热材料生产基地正在建设之中。

在绿色建材领域，虽然有关部门在五六年前便提出“四节一环保”的建筑发展理念，但直至当前，绿色节能建筑这一低碳产业才迎来发展的春天。作为“十二五”节能减排的重要一环，建筑节能领域获得的政策推动力度空前，建筑节能产业的利好政策频频出台。2011 年国家贯彻落实《节约能源法》、《民用建筑节能条例》和《国务院关于印发〈“十二五”节能减排综合性工作方案〉的通知》力度加大，一些地方政府陆续出台了建筑节能相关政策和地方性规范，对建筑节能提出具体要求。国家力推绿色建筑，推动了建材、化工、新能源等下游产业的转型升级。2011 年开始启动公共建筑节能改造重点城市示范，首批深圳、重庆、天津三个城市共获得 2.4 亿元中央财政补贴资金，改造面积超过 1200 万平方米。中国既有的 400 亿平方米建筑中，99%属于高耗能建筑，单位面积采暖所耗能源相当于纬度相近的发达国家的 2~3 倍。如果仅对既有建筑中近 20 亿平方米的大型公共建筑进行全面的节能改造，即可带动形成近 4000 亿元的建筑节能产业链，建筑节能市场巨大。

4. 节能减排，发展循环经济取得一定进展

建材工业是国民经济的重要基础原材料工业之一，全行业能源消费量占全国能源消费总量的 1/10 左右，同时也是污染物排放大户。节能减排、减少资源消耗，鼓励扩大资源综合利用范围和固体废弃物利用总量，是近年来我国建材工业发展的重点和难点。

通过推进高温布袋收尘、原料优化、燃烧新技术、改进窑体结构、加强窑体保温，富氧燃烧、全氧燃烧、零号小炉全氧助燃等技术创新、工艺优化，建材工业主要污染物排放总量呈下降趋势。2010 年，建材工业烟粉尘排放比 2001 年下降 44.1%；二氧化硫排放比 2001 年下降 7.5%。针对社会日益关注的氮氧化物，中国建材工业早在“十一五”初期就已着手研究，开展了许多工业性试验，2011 年，水泥窑脱硝技术开始在生产线试验示范。虽然目前中国替代燃料利用率还非常低，但以可燃性废弃物替代燃料的工作也在积极推进中，随着协同处置开展的深入，二次燃料的替代率将逐步提高，这将对降低氮氧化物的排放水平起到积极的作用。

低温余热发电是建材工业节能减排的一条重要途径。2010 年中国已有 692 条新型干法生产线上建设低温余热发电装置，占可设置生产线的 75%；已设置低温余热发电装置的生产线熟料产量为 8.5 亿吨，占当年新型干法熟料产量的 68%；同年水泥企业低温余热发电 295 亿千瓦时，节省标煤 991 万吨；减排二氧化碳 2378 万吨。2011 年 1500 条新型干法生产线已有 65%以上配套建成余热发电装置。玻璃行业也在积极推进低温余热发电技术。2011 年新研发的玻璃熔窑余热发电、脱硫、脱硝成套技术和装备，发电量可以满足生产用电的 60%左右，脱硫效率大于等于 80%，脱硝效率大于等于 70%，余热发电技术日趋成熟。

建材工业综合利用矿渣、粉煤灰、煤矸石、副产石膏、尾矿等大宗工业废弃物和建筑废弃物，生产水泥、墙体材料等产品，资源综合利用、发展循环经济成效也比较显著。2010 年，建材工业废弃物综合利用量 6.8 亿吨，比 2000 年增加了 3 倍。其中，粉煤灰综合利用量占全国 30%以上，煤矸石利用量占全国 50%以上，电厂脱硫石膏也得到有效利用。2011 年，废弃物综合利用量近 10 亿吨。

同时，中国已基本掌握水泥窑无害化最终协同处置城市生活垃圾、城市污泥、有毒有害废弃物、工业废弃物关键技术。一批协同处置示范工程陆续启动，并逐步形成完整的具有自主知识产权的技术体系（见专栏 20-1）。2011 年水泥的利润中几乎有一半是水泥企业开展环保、节能减排和处置固体废物得来的。

发展绿色矿业，强化非金属矿资源节约与综合利用，提高矿产资源开采回采率、选矿回收率和综合利用率，利用水泥窑无害化最终协同处置城市生活垃圾、污泥和固体废弃物，中国建材工业将在循环经济的大链条中更好地发挥自身的作用。

二、中国建材工业转型升级面临的问题与挑战

总体来看，中国建材工业快速发展仍主要依靠规模扩张和固定资产投资拉动，发展方式较为粗放。中国建材工业转型升级面临的挑战，既有与其他工业部门同样的共性问题又有自身的个性问题。除了市场需求减少，拉动经济的刺激政策减弱，土地、能源和劳动力、财务成本上升，物价上涨等共同的不利因素外，建材行业还面临以下 5 个主要的问题和挑战。

1. 结构调整压力大

全国固定资产投资增速的回落将制约建材工业的过快增长，市场需求下降放大了建材工业结构调整的压力。

“十一五”时期由于建材低能耗产业的快速发展，水泥、平板玻璃、建筑卫生陶瓷、玻璃纤维、砖瓦五大传统产业在规模以上建材工业生产总量中的比重下降，新兴产业和轻质建材的增长，从账面上看超过整个建材工业的平均增长，但其中起主导作用的是混凝土和水泥制品，本质上是产业链的延伸，是产品深加工的作用，并非真正地依靠新技术、新产品、新领域的开发。现实情况是，新技术和新产品都处于短缺之中，即使现有的一些新产品规模也比较小，有可能出现增长不稳定和下滑的趋势。

传统建材产品总量过剩的矛盾十分突出。现在我国的水泥、平板玻璃、建筑卫生陶瓷产品、玻璃纤维及制品等传统建材的产量都已经占到全球产量的 50%以上，还有相当一部分产能没有发挥，而且还有一些新建项目尚未投产。2011 年，我国平板玻璃行业产能过剩、重复建设严重，平板玻璃利润总额只有 23.1 亿元，比 2010 年下降 73.4%，企业亏损面达到 24.8%，企业亏损额达到 17.9 亿元，是 2010 年的 11.7 倍。在 2011 年取得良好业绩的水泥产业在 2012 年也出现全局性、全方位的过剩，一部分水泥企业部分生产线已限产、停产，竞争加剧，企业效益明显下滑。同时一些大体量、新产能的投放，继续加大对市场的冲击。而陶瓷行业产能过剩带来的恶果早在三四年前就已显现。供过于求、过度竞争抑制了相关产业经济效益增长，结构调整仍然是建材工业发展面临的主要问题和挑战，彻底改变传统建材产品多、原材料产品多、靠窑炉工艺制造附加值相对低的生产能力比例高的状况还有待时日。

2. 转型升级的技术支撑力不足

中国建材工业科研资源比较分散，与过去的国家建材局时期不同，现在的科研院所都分布在各家企业当中。因此，其首先考虑的是创收，而不是解决“瓶颈”问题和疑难技术。企业的负责人更多的是考虑完成考核指标和经济效益，尽可能使研发为创收服务，在一定程度上影响了科研开发的全局性和前瞻性，基础性研究薄弱，真正占领国际高端的技术和设备没有明显进步，一些企业缺乏长期的科技发展战略。

科技进步是未来一切产业、一切领域生存发展与竞争的基础，是行业发展的根本。建材工业

要转变发展方式，由“资源能源消耗型”转向“资源能源附加值型”，发展新材料、新兴产业、绿色建材，其关键在于提升技术、以新技术支撑新发展。依靠提升产品标准和档次，做精品、做品牌、深加工、延伸产业链，增加附加值和功能价值，去增加经济总量。但是建材行业普遍缺乏新产品和新技术储备，转型缺乏技术支撑，面临着转变的客观需要与自身发展支撑力不足的矛盾。技术创新能力不足和自主知识产权少成为中国建材工业转型升级的软肋。

3. 节能减排压力任重道远

节能减排的要求日渐严格，制约性政策和措施不断加强。国家“十二五”规划纲要，把节能减排、发展循环经济、建设两型社会作为经济社会发展的重要目标，并将节能减排列入约束性指标，建材工业到 2015 年单位工业增加值能耗要比 2010 年下降 20%。节能减排已经成为经济社会发展与进步的目标，而以窑炉加矿业为产业特征的建材行业是客观上的能耗和排放大户，要实现建材行业这样一个面广量大、目前仍然欠缺技术和资金及缺乏政策支撑的行业来说，达到社会进步的要求是一个严峻的挑战。

相当多的水泥企业要完成“十二五”节能减排指标，说易做难。因为现有的新型干法水泥生产线已基本实现了工艺技术节能化，设备装备大型化，企业管理自控化，厂区环境生态化。而且 55%以上的生产线都建设安装了纯低温余热发电装置。在此基础上，如果没有重大节能技术和装备的突破，要完成节能指标是相当困难的。

近年来，水泥窑协同处置城市生活垃圾、污泥生产线和建筑废弃物综合利用示范线的建设成为建材工业发展的热点和重点。但利用水泥回转窑处置生活垃圾，在技术经济及环保法规等方面还有很多问题有待解决。技术产业化不成熟，体制、机制不健全，行业壁垒重重，垃圾储存、运输过程中的恶臭问题，水泥窑掺烧量低、窑况波动大等技术“瓶颈”，焚烧生活垃圾可能会引起水泥窑内熟料烧成机制和后续水泥、混凝土产品性能的变化等。

同时，由于生产工艺的原因，新型干法窑窑尾废气中氮氧化物排放浓度远远高于立窑废气中的排放浓度。这意味着水泥行业的氮氧化物排放总量随着新型干法水泥比例的增加而增长。《国家环境保护“十二五”规划》指出，“十二五”期间氮氧化物减排 10%，并明确提出新型干法水泥窑要进行低氮燃烧技术改造，新建水泥生产线要安装效率不低于 60%的脱硝设施。这就意味着水泥工业脱硝减排 10%的减排指标，是所有大中型水泥熟料生产线在“十二五”期间都必须实现的约束性指标，脱硝工作势在必行。但现有的脱氮技术，无论是选择性催化还原法（SCR）还是非选择性吸收还原法（SNCR）都不够成熟，要有一个不断完善提高的过程，要在实际应用中不断验证和改进。[①] 水泥行业作为继电力、机动车之后的氮氧化物第三大排放源，减排任务非常艰巨。

4. 资源配置水平与利用效率有待提高

中国建材行业在一定程度上仍表现为资源相对分散，同质化重复过多，生产集中度低，资源利用缺乏共享机制，生产组织方式和流程缺乏配置创新与优化，在与相关行业合作与竞争中虽然也有很多建材企业能进入与渗透到其他行业，但在其中往往缺乏成为主体与起主导作用的能力。加上一些企业经营粗放、成本缺乏规范，万元资产形成的收入和万元收入带来的利润仍比较低，使建材系统企业之间的差距也越来越大，从中国建材、中国中材、海螺、金隅四大集团看，同样的收入增长率，他们所获得的效益有明显的技术与规模优势。树立资源合理配置意识，建立科学的优化资源配置体系与方法，是最现实的生产力，也是成本最低、效益来得最快的途径，建材工业在资源配置水平与利用效率方面还有很大的提升空间。

5. 出口形势依然严峻

20 世纪 90 年代，中国建材工业加工产品出口取代非金属矿初级产品出口，建筑用石、建筑卫生陶瓷、水泥和水泥熟料、建筑技术玻璃、建筑纤维及制品等成为中国建材主要出口商品，建材及非矿产品出口完成了第一次出口产品结构调

---

① 宋正华、陈学功：《新型干法水泥窑氮氧化物治理及控制技术》，中国水泥技术网，http：//www.sngyw.com/huiyi/detail/shownews.asp?newsid=63。

整。自金融危机以后，随着中国建材工业产业结构的升级，人民币升值和部分建材出口遭受反倾销，中国建材产品出口正孕育着第二次出口产品结构调整，即从数量增长向品种质量效益提升转变。水泥和水泥熟料、建筑技术玻璃、玻璃纤维及制品、建筑用石出口结构调整结果已经开始显现。但中国建材工业出口格局并未发生根本改变。总体上，中国建材行业在外投资办实体少，开发矿业和制造业少，贸易总额占建材总量的比例少，高端产品和附加值高的出口贸易少。

2011 年，由于欧债危机等因素的影响，欧美国家的建材需求量明显减少，出口增幅受大环境的影响有所回落。2012 年，中国建材产品仍然面临欧债危机蔓延、全球经济复苏缓慢、中东地区局势不稳、人民币升值、反倾销[①] 和贸易保护主义严重等不利条件，出口形势依然严峻。出口增量减少，给中国建材走向世界和增加市场占有率带来困难，将发展限制在国内，则缩小了整个行业发展的空间。

多方位构思、建立新的国际贸易合作框架与运作机制是中国建材工业必须摸索解决的重大课题。出口企业应不断创新技术，丰富产品功能和样式，增加建材产品附加值，尽量减少原辅料的出口。大企业要积极实施“走出去”战略，积极推动建材企业跨国、跨境发展，向国外市场转移。在当前出口受阻的形势下，企业要不断转型升级，根据不同的需求，在维持欧美市场的同时，不断开发新兴市场。

三、促进建材工业发展的相关政策建议

在传统的主要建材产品占世界总量 50%的前提下，中国建材工业要实现发展方式向科技支撑型、精品附加值型、节能减排和资源能源效益型、制品与产业链型转型升级，必须准确定位，把发展重点定位在节能环保、满足绿色建筑和节能建筑方面，大力发展技术含量高的新兴产业，这样才能从根本上调整产业结构，体现资源、能源效益，实现科学发展。政策、标准、创新、协同合作是实现这一目标的保障和支撑点。

1. 进一步发挥政策的引导作用，加快建材工业升级转型的步伐

一个好的政策能够调动多方面的积极性。在培育新型产业方面，政策的引导效应更加显著。如上所述，近年来，国家对建筑节能的重视以及对建筑外保温材料防火性能的新规定极大地促进了泡沫混凝土行业、岩棉、酚醛行业的发展。虽然还缺乏政策配套，但国家对绿色建筑的政策指向性已引发了相关行业的投资热潮。

在促进建材工业发展循环经济方面，国家出台的资源综合利用政策、能源合同管理政策、国家财政对淘汰落后的奖励政策等，就充分调动了水泥企业资源综合利用、协同处置固废、淘汰落后产能、发展循环经济的积极性，实现了环境效益、社会效益和经济效益的高度统一。

今后，国家应进一步加强政策的制定引导力度，促进建材工业转型升级。发挥政府的行政手段和其他一些手段，建立并不断完善节能建筑和绿色建筑的法律法规、标准体系，并采取激励手段，通过财政和税收政策刺激企业和民众使用绿色建材的积极性。在促进氮氧化物减排方面，借鉴对燃煤发电厂的环境经济政策，对实施脱硝改造的企业给予脱硝投资补贴及水泥产品销售税收适度减免政策，调动企业积极性，促进全行业脱硝技术的快速发展。进一步通过试点示范，引导城市周边有条件的水泥企业有序转为城市“净化器”，将水泥工业打造成兼顾水泥生产和废弃物无害化最终处置的产业。

2. 科学制定和修订行业标准，促进行业转型升级

行业标准不仅要符合产品质量功能的要求，还要满足调整结构、提升产业、满足宏观调控的需要。标准则是解决产能过剩、提高行业进入门

① 2009~2011 年，国外对华建材产品发起贸易救济调查案件共计 28 起，其中 2011 年发起的反倾销调查案件 4 起。

槛、加快淘汰落后产能非常有效的手段，建立标准、用好标准、创新标准、提升标准是引领行业科学发展、结构调整、产业升级最为重要、最为有效的支撑，也是中国从建材大国走向建材强国的重要突破口（见专栏 20-2）。

建材行业门类多、品种多，标准需求量大，特别是随着转型升级、发展绿色建筑和节能建筑材料的需求，现有的产品标准亟待提高，一些新产品缺标的状况急需改善。目前应力争出台一批行业发展迫切需要的，以提升产品标准、控制产能过剩和淘汰落后产能为目标的新标准。大力推进水泥窑协同处置废弃物、水泥生产企业二氧化碳排放量计算方法、水泥窑余热发电评价方法等方面标准的研究和制定工作，加快推进新能源玻璃、外墙外保温材料、石材复合板标准的制修订，完善陶瓷产品节材、节水标准的制修订，重点推进薄化陶瓷砖、工业陶瓷新光源、新能源用工业陶瓷产品相关标准的制定，积极开展具有节能环保、保温隔热、隔音、防水、防火、抗震等功能的新型墙体材料和装饰装修材料标准制修订。只有标准提升、进入门槛提高，才能有效控制住重复建设和产能过剩。

要与相关部门配合，打通标准应用渠道，建立行业转型升级的基础。例如，与建设部门合作，提升建筑设计标准，将水泥标号提高，延长建筑寿命，引导水泥工业向高标号、减量化发展。

要强化监管力度，为行业发展提供公平竞争的环境。如，提高氮氧化物排放标准，原则上有利于水泥行业淘汰落后产能，但还取决于是否为所有的水泥企业提供一个公平的大气污染物排放监控体系。制订合理的标准很重要，但标准的执行和监管更重要，否则只有大型企业去努力执行，而有些企业却无所作为，则会引发更多的区域性市场问题。

3. 组织产学研行业创新联盟，大力开展技术创新

技术创新与标准提升是建材工业实现转型升级的关键点。控制新的增量依靠标准，实现转型发展依靠技术支撑。针对中国建材工业科研力量相对分散的弱点，提倡在行业里成立“产、学、研科技创新联盟”，各自分工，开展建筑材料低碳、绿色、高性能化的基础理论研究，为发展新型低环境负荷建筑材料及其高性能复合材料制品提供理论指导，促进建材工业的绿色转型、技术升级和产品更新换代。根据研究的重大课题把分散的科研资源用市场化机制组织在一起，就行业亟需的重大技术创新与提升、重大装备组织研发，攻克制约行业发展的“瓶颈”，组织开发高温窑炉节能、环保和低碳化技术，高性能绿色节能建材及其先进制造技术，为新材料、新兴产业、绿色节能建筑材料提供技术和产品目录，使转型有转向通道。同时更好地保护知识产权，制定“领跑者”标准，促进技术创新成果产业化，尽可能调动各方面的积极性。

建材联合会已经制定了《建材主要产业“十二五”技术研发与创新的目标、技术途径、支撑条件与保障措施》方案，以科技创新为重点，提出科技创新的目标、技术途径、支撑条件与保障措施。技术创新只有起点而无终点，中国建材工业转型升级、实现资源节约和环境友好“两型发展”离不开技术创新这一重要支撑点。

4. 加强与建设、设计、施工、环保等上下游关联部门的协同合作，拓展新的发展空间

中国建材工业由于历史形成的部门分工在市场经济条件下尚未完全改变，使上下游之间本来不可分割的产业链由于受体制影响造成相互制约；由于关联的生产产品标准和设计应用标准不一样，产品技术质量提高与建筑业寿命延长的工作进程不一致，产品新品种不断增加与建筑设计施工采用的材料改变进程不同步等，已经成为建材产品提升质量与水平、扩大新产品市场应用的障碍。

建材工业要加强与建设部门合作，在新产品的研发和推广应用等方面建立长效合作机制，努力消除新产品市场应用的“瓶颈”，促进建材新产品的推广应用。要强化与建设部门在标准规范方面的合作，协调好建筑设计标准、产品应用标准和施工规范规程，推进建材产品质量提高与建筑寿命延长的进程。这是扩展建材产品应用领域，转变发展方式的重要途径。

要加强与环保部门合作，要以主动合作的方式与国家、与各地方环保机构进行联手，包括争取参与制定相关政策，争取得到资金的政策。共同投资开发环保产业区和协同处置利用废弃物，创立环保示范基地等，促进行业清洁生产水平的提高和环境保护的文明程度。

专栏 20-1

水泥窑协同处置废弃物的优势

水泥窑协同处置废弃物目前在一些发达国家已经得到广泛地开展，达到了较高的水平，取得了良好的社会效益、环境效益和经济效益。

国内外的理论和实践已经证明利用水泥窑协同处置废弃物是无害化、减量化和资源化处置危险废弃物和城市生活垃圾的重要技术途径，也是低成本化大规模处置上述废弃物的重要措施。近年来我国水泥行业蓬勃发展，具备广泛处置危险废弃物和城市生活垃圾的物质条件。借鉴发达国家的先进经验，将废弃物处置与水泥工业的可持续发展结合起来，利用水泥窑协同处置废弃物，是较为适合中国国情的做法。

水泥窑协同处置废弃物优势包括：

（1）水泥工业可消纳的废弃物种类多，适用范围广。

（2）按照性能与特点，不同的废弃物可以分别用做水泥工业的混合材、替代原料或替代燃料，使物尽其用。

（3）水泥消费量和生产规模很大，水泥窑单机产能高，因此水泥工业对各种废弃物的消纳量巨大，发展潜力可观。

（4）水泥窑对各种可燃废弃物有很强的适应能力，略做调整就不会影响水泥熟料的正常性能和质量，也不会影响窑的正常操作运行。

（5）水泥窑内温度高（1600℃），热容量和热惯性大，废料在高温区的停留时间长（5~15 秒），有害成分均能被彻底分解，确保环境安全。

（6）废弃物在水泥窑内燃烧后的残渣，其中若含硫、氯或某些重金属等有害物质，也都全部固熔在水泥熟料的晶格中不能再逸出或析出，没有二次污染隐患。

（7）可燃废弃物在水泥窑内燃烧所产生的热能全部直接用于窑系统内的气固相或固熔相的热交换过程，热能传递交换效率高是垃圾焚烧炉发电的 6 倍以上。

（8）水泥窑对可燃废弃物热值的适应范围大，尤其是对兼作替代原料和替代燃料的废弃物，例如污水处理厂污泥和矸石等，其热值都能充分利用。

资料来源：根据《水泥窑协同处置废弃物专题报告》（http：//www.ccement.com/zhuanti/feiqiwu/）缩编。

专栏 20-2

标准国际化与建材强国的崛起

1. 标准国际化的作用

目前，许多发达国家、跨国公司和产业联盟都力求将自己的专利纳入标准，以获取最大的经济利益。标准是企业产权、国家主权在经济领域的反映。没有国际标准的推动，发明创新成果在国际上也就无法得到普遍应用。参与国际标准研究和制定，也成为国家科技创新、经济发展的重要推动力。同时，通过制定国际标准可以减少技术性贸易壁垒和适应国际贸易，提高中国建材产品质量和技术水平。

2. 建材出口与标准国际化

虽然中国建材出口量仍有大幅增长，但加入世界贸易组织后，建材行业遭受国外反倾销、反补贴、保障措施及特保立案调查的数量不断上升，案件数量和涉案金额均呈上升趋势，迫使建材企业要主动了解、遵守和制定国际标准。

目前，有很多建材企业在海外承包工程，普遍面临“项目规范标准”问题，即配套的中国建筑材料、设备标准不被认可。即使是国内市场已经得到成熟应用且价廉物美的建材产品，应用到国际工程项目中时，却往往由于这些材料和设备的性能、环保指标、技术参数等内容缺乏国际认证、检测和说明，而无法被国外业主接受。因此，我国建材行业如何与国际规范标准良好衔接，是实现建材企业“走出去”的重要内容。

3. 建筑节能与产品标准化

建筑材料部品的标准化生产是降低能耗的重要环节。而目前中国生产的与住宅相关的住宅部品材料、设备等分类达数十种，成千上万种部品，已做出统一规定尺寸要求的寥寥无几。

4. 行业标准国际化现状

标准化对经济和社会发展的技术支撑作用越来越明显。然而，令人遗憾的是，中国建材行业标准国际化之路存在很多问题：国家对国际标准制定政策和资金倾斜存在不足；采用国际标准和国外先进标准的力度小；不少建材企业领导者对标准化工作意义认识不足，不愿意投入资金和技术力量；标准水平偏低，标准滞后等。

但近年来这种情况有所改观。中国建材检验认证（集团）股份有限公司把由中国专家发起和主导的第一个建材行业国际标准——《精细陶瓷界面黏结强度试验方法》推上了国际标准舞台，带动了其他建材企业参与制定国际标准的热情和信心。目前已有多家中国企业分别参与光伏玻璃、铝及铝合金阳极氧复合膜、细工木板、陶瓷薄板等国际标准的制定。

5. 建材标准国际化是突破口

目前，中国正朝建材强国迈进，建材行业进出口将由主要以原材料产品输出和工程总承包为主的经营格局转向以技术、装备、工程、服务、资本经营和各种实体并举的国际化发展格局，使优势产业在国际市场占有较大的份额，成为在国际建材界有影响力的国家之一。要完成这一目标，建材标准的国际化是建材强国崛起的一大突破口。

未来，建材行业的标准化工作将立足于科技进步和创新，在确保科学性、先进性、适用性的基础上，通过提高标准的技术水平，配合国家产业结构调整的宏观政策，改装升级传统产业，坚决淘汰落后的生产工艺，淘汰质量低劣的产品，带动行业质量水平的提升，节能降耗，提高产业竞争力。

资料来源：根据贺丹《标准国际化与建材强国的崛起》（《中国建材报》2012 年 4 月 30 日）缩编。

参考文献

1.《建材行业由快速增长转入平稳较快增长》，《中国建材报》2012 年 2 月 22 日。

2. 宋正华、陈学功：《新型干法水泥窑氮氧化物治理及控制技术》，中国水泥技术网，http：//www.sngyw.com/huiyi/detail/shownews.asp?newsid=63。

第二十一章　石化工业

提　要

“十二五”开局之年，中国石化工业主要产品产量、销售收入、利润总额、固定资产投资以及进出口额等主要经济指标增速放缓，其主要原因是石化工业发展的国际国内经济和政策环境变化所致。随着淘汰落后产能，提高行业进入的规模、能耗和排放门槛这些措施的全面铺开，“十二五”时期石化工业结构调整和节能减排将面临更大的压力。特别是，随着上述常规手段进一步推进空间的缩小，石化工业领域存在的行政性垄断将成为阻碍进一步结构调整和节能减排的最主要障碍。因此，“十二五”时期，石化工业转型升级和节能减排的推进，除了进一步完善产品技术标准体系、加强市场监管外，更重要的是要通过深化改革，特别是深化石油体制改革，打破行政垄断，形成能够促进石化有效竞争的产业结构和管理体制。

*　　*　　*

2011 年，世界主要经济体经济复苏进程缓慢，国内经济增长放缓，石化工业下游行业增速继续回落，抑制了石化产品需求的较快增长，石化工业主要经济指标从“十一五”快速增长向稳定增长转变。

一、石化工业的产业链特征

石化工业是石油化学工业的简称，指化学工业中以石油为原料的有机化学工业生产化学品的领域，广义上也包括天然气化工。石化工业为社会提供了汽油、煤油、柴油、重油以及天然气等主要能源和燃料，为工业提供了绝大部分有机化工原料和合成材料。此外，农业生产所需要的化肥、农药、农用塑料薄膜等农用生产资料主要来自石化工业。因此，石化工业既是基础产业，又是支柱产业，在国民经济中具有重要的地位和作用。

从国民经济行业分类看，中国石化工业的行业范围有宽口径、中口径和窄口径三种标准。从宽口径看，石化工业涵盖石油和天然气开采业、石油加工及炼焦业、化学原料及制品制造业、化学纤维制造业、橡胶制造业、塑料制造业。从中口径看，石化工业涵盖石油和天然气开采业、石油加工及炼焦业、化学原料及制品制造业 3 个行业。从窄口径看，石化工业主要涵盖石油加工及炼焦业、化学原料及制品制造业两个行业。本文采用中口径。

以石油、天然气为原料的石化工业产业链可以分为上游、中游和下游三大部分。从中口径看，上游产业为石油天然气开采业；中游产业是炼油产业和以石脑油为原料的石化加工业；下游产业是由分别以烯烃和芳烃为原料，通过不同技术路径制造三大合成材料（合成树脂、合成橡胶、合成纤维）行业构成（见图 21–1）。

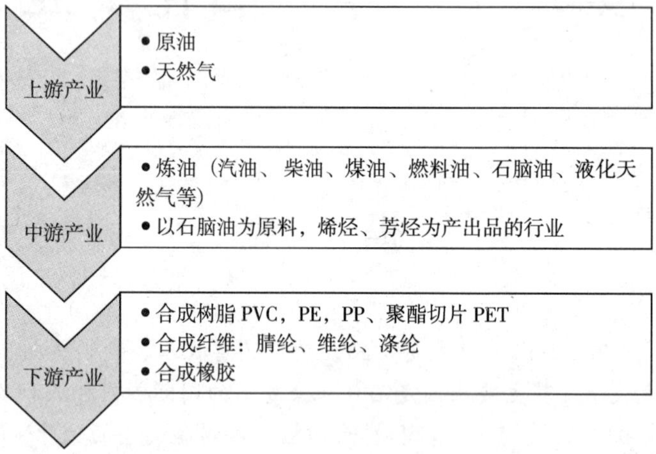

图 21–1 石化产业链

其中，上游为石油天然气开采业；中游为油气加工产业，是加工石油使之成为可直接利用的能源和化工原料；下游可以看作“化”，主要是加工制造各种基础工业原料。就产值而言，石化产业链上的“油”类产品产值比重远远高于“化”类产品产值比重。

石化产业链上、中、下游不同行业虽然各有特点，但仍存在 3 个共同的技术经济特征。

（1）石化工业是资金技术密集型产业。石化工业需要投入巨资才能使一套石化装置建成投产，石化行业的进入成本很高，而这些成本必须通过规模的扩大才能有效地降低。石化工业的产品品种、生产原料以及生产工艺的多样性和复杂性，要求高度的知识和技术密集能力，因此，石化工业还是技术密集型产业。

（2）石化生产过程连续性强、自动控制程度高。由于生产过程伴随着许多化学反应的进行，石油和化学工业生产是装置流程型连续生产。而且，石化工业经常要求在高温、高压、易燃、易爆、强腐蚀的环境下进行，连续化生产对自动控制的要求非常高。生产过程中的物料流量、温度、压力、液位等工艺参数均由安装在设备上的测量仪表自动检测，并由控制仪表系统自动调节。

（3）石化生产污染大、能耗高。石化工业从原料到产品、从生产到使用，都有造成环境污染的因素，是环境污染较为严重的行业。同时，石化生产对热能和电能的需求量较大，是工业部门的用能大户。

二、“十二五”开局之年石化工业发展特点

1. 主要石化产品产量增速放缓

中国是世界第二大石化产品生产和消费大国，有二十多种大宗产品产量位居世界前列，其中氮肥、磷肥、硫酸、电石、农药、染料、轮胎、甲醇、合成纤维产量均排名世界第一，乙烯、合成树脂、合成橡胶均排名世界第二。2011 年，中国主要石化产品产量继续保持稳定增长，但部分重要石化产品产量增速开始放缓。

如表 21–1 所示，与“十一五”期间年均增速相比，主要石化产品产量 2011 年增长速度出现明

显下降，改变了“十五”以来的上升趋势。其中，原油产量增速从 2.34%下降到 0.32%，天然气产量增速从 13.7%下降到 7.3%，原油加工量增长从 7.7%减少到 4.9%，乙烯产量增长从 13.4%下降到 7.4%，合成树脂产量增速从 15.3%下降到 9.3%，合成纤维产量增长从 13.1%减少到 9.5%。与此相对，合成橡胶、化肥、农药、烧碱和纯碱产量增速明显提升，改变了“十一五”期间的下降趋势。其中化肥、农药产量增长分别从 5%、15.3%上升到 12.1%、21.4%；合成橡胶产量增速从 11.4%上升到 13.1%，接近“十五”期间平均增速（见表 21-1）。

表 21-1　主要石化产品“十五”期间、“十一五”期间和 2011 年产量增速

单位：%

指标名称	“十五”期间年均递增	“十一五”期间年均递增	2011 年增速
原油	2.15	2.34	0.32
天然气	12.50	13.70	7.30
原油加工	6.30	7.70	4.90
乙烯	10.00	13.40	7.40
合成树脂	14.70	15.30	9.30
合成橡胶	14.30	11.40	13.10
合成纤维	20.10	13.10	9.50
化肥	8.90	5.00	12.10
化学农药	9.90	15.30	21.40

资料来源：《石化工业“十五”规划》、《石化工业“十一五”规划》、《2011 年 1~12 月石油和化学工业运行分析》。

2. 市场需求波动剧烈，变化趋势有待观察

2001 年以来，石化市场需求波动程度较大。11 年来，销售收入增长速度最高值出现在 2004 年，增长 39.75%；最低值出现在 2009 年，增长速度为-2.3%，波动区间高达 40%以上。在“十五”和“十一五”时期，市场需求分别形成两个明显波动区间：“十五”时期的波谷出现在 2002 年，销售收入增长率为 8.66%，波峰出现在 2004 年；“十一五”时期的波谷出现在 2009 年，波峰出现在 2010 年，增速为 33.5%（见图 21-2）。

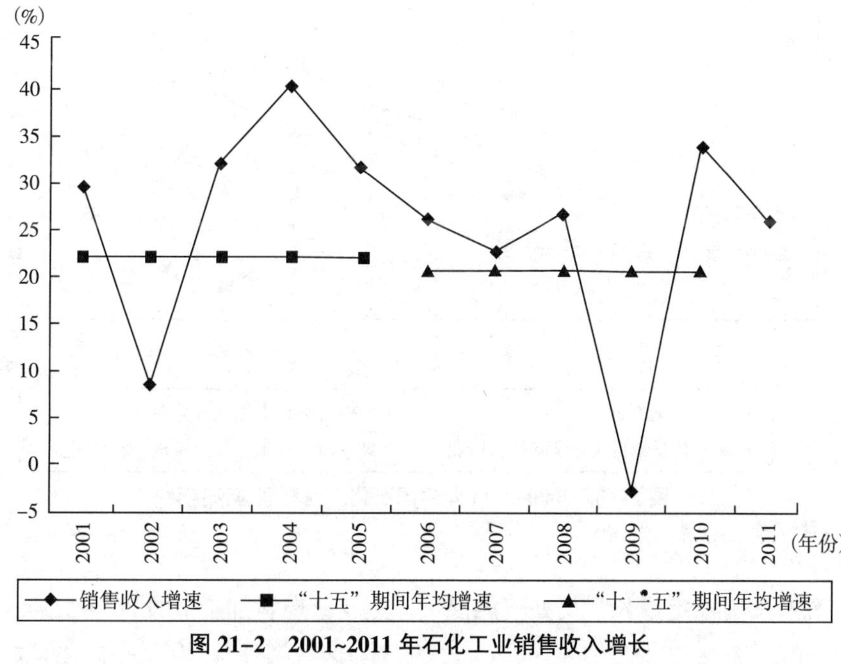

图 21-2　2001~2011 年石化工业销售收入增长

资料来源：中国统计数据应用系统。

如果从两个五年计划时期的波峰、波谷比较看，“十一五”时期的波峰和波谷均低于“十五”时期，市场需求有趋于下降的迹象。然而，2011 年石化工业销售收入增长率达 25.75%，超过“十五”时期和“十一五”时期平均增速。因此，我们认为，石化市场需求的变化趋势还有待进一步观察。

3. 全行业实现利润总额创新高，增速明显下降

“十五”期间，石化工业全行业利润总额从 1317 亿元增加到 3830 亿元，年均递增 23.8%；

2010 年，行业利润总额进一步增加到 7886 亿元，“十一五”期间年均递增 15.54%；2011 年，行业利润总额实现 8096 亿元，增长速度仅为 2.66%。总体来看，行业效益稳步改善，但增速区域下降。特别是 2011 年，利润总额增速较 2010 年下降了近 13 个百分点。

如图 21-3 所示，2000 年以来，石化工业除个别年份外，利润总额稳步增长。其中化学原料与化学制品行业效益稳定增长趋势明显，而石油天然气开采业，石油加工、炼焦及核燃料加工业利润总额波动程度较大。特别是石油天然气开采业与石油加工业的利润总额变化从 2005 年以后呈现出“此消彼长”的特点。

比如，2005 年石油天然气开采业实现利润比 2004 年猛增 1200 多亿元，而石油加工业则从 2004 年盈利 284 亿元变成亏损 119 亿元；2006 年，石油天然气开采业盈利继续猛增，实现利润总额高达 3652 亿元，比 2005 年增加 1100 亿元左右，而石油加工业的亏损进一步扩大到 312 亿元；2009 年，石油天然气开采业利润总额从 2008 年的 4601 亿元下降到 1903 亿元，但石油加工业利润总额却从 2008 年亏损 1003 亿元到盈利 931 亿元。

石油天然气开采业与石油加工业盈利此消彼长的原因在于，中国原油价格跟随全球价格结算，而成品油价格受到政府管制。并且政府出于多方面考虑，每次油价调整幅度均有所滞后。因此，当出现石油天然气开采业盈利增加、石油加工业盈利减少甚至亏损时，一定是国际油价上涨、成品油价格上调滞后的情况。而当国际油价持续下跌、成品油价格未及时下调时，则会出现石油天然气开采业利润总额迅速下降、而石油加工业利润总额增加的现象。

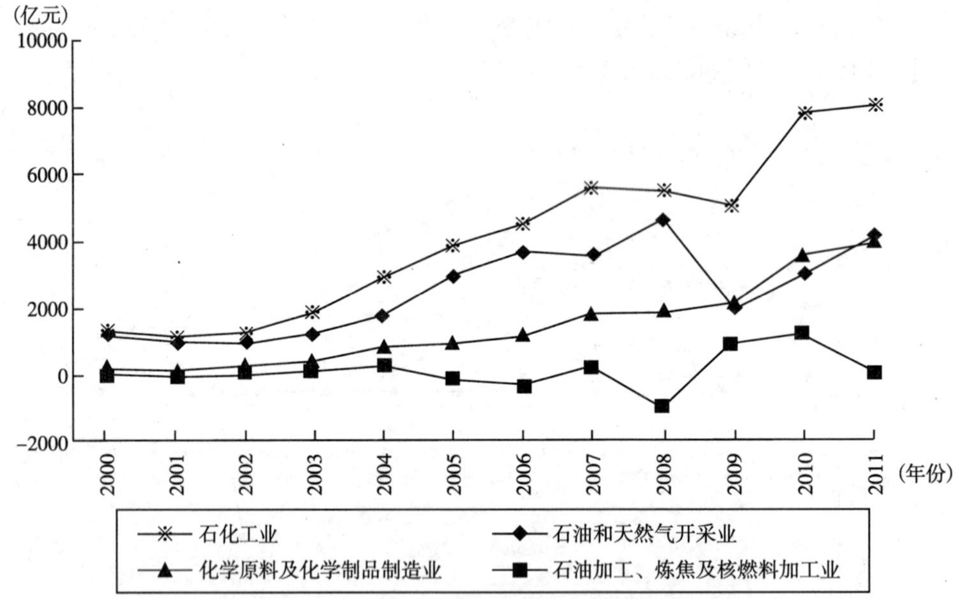

图 21-3 2000~2011 年中国石化工业利润总额变化

资料来源：中国统计数据应用系统。

4. 行业固定资产投资稳定增长，仍处于触底反弹中

2011 年，中国石化工业固定资产投资继续保持增长。国家统计局数据显示，2011 年 1~12 月，油气开采业投资额 3056.9 亿元，同比增长 12.5%，增速比 2010 年增加 8.9 个百分点；石油加工、炼焦及核燃料加工业投资额 2234.5 亿元，同比增长 10.1%，增速比 2010 年回落 2.8 个百分点；化学原料及化学制品制造业投资额达 8898.9 亿元，同比增长 26.4%，增速比 2010 年增加 11.6 个百分点。[①]

尽管与 2010 年相比，石化工业投资增长明显，但从时间区间看，当前石化工业投资依然处

① 《2011 年 1~12 月石化工业运行分析》，国研网。

于2008年金融危机以来的触底反弹过程中。石油和天然气开采业固定资产投资从2008年底触及底部反弹后增速一直处于明显波动中；石油加工业投资增速触底是2009年底，此后，投资增速回升趋势明显，但2010年底后投资增速开始缓慢下降；化学原料及化学制品制造业投资增速在2008~2010年均处于底部徘徊阶段，2011年初开始明显回升（见图21-4）。总体来看，石化工业三大子行业均处于触底反弹过程之中。

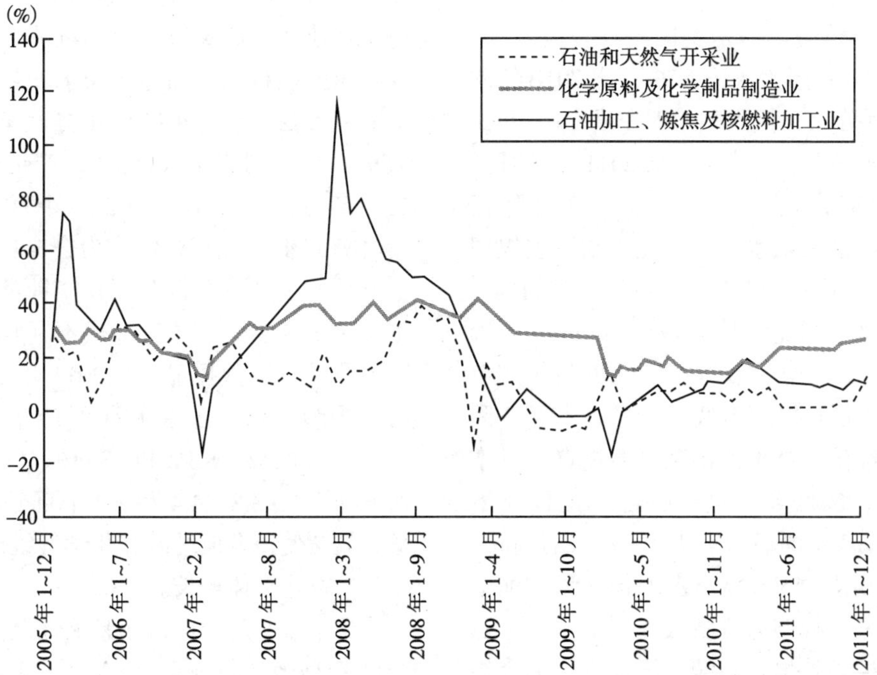

图21-4 2005~2011年石化工业三大子行业固定资产投资增速

资料来源：国研网。

5. 化工产品外贸增速下滑，出口结构低端化特征明显

根据中国石化联合会的数据，2011年，中国化学原料与化学制品制造业进出口贸易总额为3240亿美元，同比增长20%，增速比2010年下降15.7个百分点。其中进口总额1838.3亿美元，同比增长21.2%，增速较2010年同期下降13.2个百分点；出口总额1401.7亿美元，同比增长29.4%，增速较2010年同期下降8.1个百分点。

从进出口贸易结构来看，中国化工产品出口以中低端低附加值为主、进口产品以高端为主的特征没有改变。合成树脂为进口额最大的产品，2011年合成树脂产品累计进口金额达492.6亿美元，同比增长9.1%；其次是有机化学品，其进口总额为468.97亿美元，同比增长31.6%；进口额最低的产品为农药，进口额为4.89亿美元，同比增长16%。出口方面，有机化学品的出口总额居第一位，达324.9亿美元，同比增长30.4%，合成纤维单体出口额仅为7634万美元，居于最末位。①

三、“十二五”开局之年石化工业发展环境变化

2011年，石化工业面临的发展环境复杂性进一步增加。一方面，世界经济形势日趋复杂，国

①《2011~2012年中国化学原料及化学制品制造业年度分析报告》，国研网，2012年5月8日。

内经济软着陆压力日益加大；另一方面，进一步推动节能减排和结构调整的政策密集出台。宏观经济和政策环境的变化必然对石化工业当前及未来发展产生深远影响。

1. 国际经济复苏进程缓慢

2011 年，国际金融危机影响继续深化，全球主要经济体复苏缓慢。一是美国经济缓慢复苏。2011 年，美国 GDP 同比增长 1.7%，比 2010 年同期回落 1.3 个百分点，但当年第四季度 GDP 同比增速明显高于前三季度。此外，从 2011 年 8 月开始，美国失业率连续四个月下降，12 月降至 8.5%，创 3 年来的最低水平。二是受欧洲主权债务危机影响，欧元区经济进一步放缓。2011 年，欧元区 17 国 GDP 同比增长 1.4%，比 2010 年回落 0.5 个百分点，其中，第四季度 GDP 折年率仅为 0.9%，创 2010 年以来新低。三是日本经济因出口锐减，其经济可能再次出现停滞拐点。日本内阁数据显示，2011 年，日本国内 GDP 同比下降 0.9%，而 2010 年同期增长为 4.4%。四是新兴经济体经济受发达国家经济状况不佳拖累，加上新兴经济体国家为控制通货膨胀和信贷增长过热而进行宏观调控导致增长趋缓。国际货币基金组织数据显示，新兴与发展中经济体产出增长率为 6.2%，低于 2010 年 7.3%的增长率。

2. 国内经济增长放缓，主要工业行业增速继续回落

（1）国内经济运行总体良好，但受欧美债务危机及发达经济体增速放缓的影响，经济增长放缓。国家统计局的数据显示，2011 年，中国 GDP 同比增长 9.2%，较 2010 年同期回落 1.2 个百分点。从季度看，2011 年 GDP 增速呈现逐季回落的态势。同时，投资、消费和出口三大需求增速均有所下降。2011 年，社会消费品零售总额同比增长 17.1%，较 2010 年同期回落 1.3 个百分点；全社会固定资产投资额同比增长 23.6%，较 2010 年同期回落 0.9 个百分点；出口总额同比增长 20.3%，较 2010 年同期回落 11.3 个百分点。

（2）石化工业下游行业需求放缓。影响石化产品需求的下游行业主要有物流业、汽车行业、纺织行业和房地产业。

物流业总体增速回落。中国物流与采购联合会数据显示，2011 年全国社会物流总额同比增长 12.3%，增速比 2010 年同期回落 2.7 个百分点。[①] 物流行业增速放缓势必影响汽油、柴油、润滑油以及船舶燃料油等油品的需求增长。汽车行业产销增速大幅下滑，2011 年中国汽车产量同比增长 0.8%，销量同比增长 2.5%，产销同比增长率较 2010 年分别下降 31.6 和 29.9 个百分点，[②] 增速为 13 年来最低。汽车行业作为合成材料、轮胎等化工产品的主要下游行业，其产销量增速放缓已对相关化工产品需求增长造成不利影响。国家发展和改革委员会数据显示，2011 年 1~12 月，纺织工业中纱、布、服装和化纤产量分别同比增长 12.4%、11.6%、8.1%和 13.9%，增速较 1~6 月分别下降 1.3、3.8、4.4 和 1.5 个百分点。[③] 纺织行业增速放缓使得合成纤维和化学纤维产品需求乏力，并制约行业整体增长。

受国家对房地产行业紧缩性调控政策的影响，2011 年房地产行业运行指标普遍出现较大回落。2011 年全国房地产开发投资完成额同比增长 27.9%，增幅同比回落 5.3 个百分点；全国商品房累计施工面积同比增长 25.3%，增幅同比回落 1.3 个百分点。[④] 一定程度上导致了对化工建材产品的需求乏力。

3. 结构调整和节能减排政策力度持续强化

2011 年，结构调整和节能减排的政策目标在各类政策中进一步强化，这既对石化工业发展带来了更大的压力，也为石化工业转型升级提供了机遇。

（1）结构调整政策。2011 年，有关部门先后出台了一系列加快石化工业落后产能淘汰、促进石化工业转型升级的政策和规划文件。

2011 年 1 月 31 日，工业和信息化部、国家发展和改革委员会、监察部等 18 个部门共同发布

① 《中国证券报》2012 年 2 月 15 日，http：//www.stock.jrj.com.cn/2012/02/15024412245982.shtml。
② 工业和信息化部：《2011 年汽车工业经济运行情况》，http：//www.autos.cn.yahoo.com/ypen/20120126/830609.html。
③ 《2011 年我国轻纺工业运行情况》，http：//www.qfc.cn/info/detail-206595.html。
④ 《展望 2012 年房地产市场：形势与政策》，中国金融 40 人论坛，2012 年 2 月 20 日。

《淘汰落后产能工作考核实施方案》，对未按期淘汰落后产能的企业，金融机构暂停新增授信支持，投资管理部门不予审批、核准和备案新的投资项目，国土部门不予批准新增用地。

2011 年 4 月 12 日，国家发展和改革委员会发布《关于规范煤化工产业有序发展的通知》，禁止年产 50 万吨及以下煤经甲醇制烯烃项目、年产 100 万吨及以下煤制甲醇项目、年产 100 万吨及以下煤制二甲醚项目、年产 100 万吨及以下煤制油项目、年产 20 亿立方米及以下煤制天然气项目、年产 20 万吨及以下煤制乙二醇项目上马。

2011 年 6 月 1 日，《产业结构调整指导目录（2011 年本）》正式施行。该《指导目录（2011 年本）》抬高了许多生产装置的准入门槛，其中与石化工业有关的规定有：限制新建 1000 万吨/年以下常减压、150 万吨/年以下催化裂化、100 万吨/年以下连续重整、150 万吨/年以下加氢裂化生产装置，同时淘汰 200 万吨/年及以下的常减压装置。

2011 年，部分石化子行业“十二五”发展规划相继发布，主要包括农药、橡胶、化工矿业、造纸化学品和氟化工。规划的核心思路是通过提高准入门槛、优化资源配置、兼并、重组、联合等手段，进一步提高行业集中度，严格淘汰过剩产业，大力推进产业调整升级和节能减排。

2011 年 12 月 30 日，国务院印发了《工业转型升级规划（2011~2015 年）》。该《规划》对石化工业转型升级提出了新的目标和要求，包括：要“统筹建设一批具有国际先进水平的千万吨级炼油和百万吨级乙烯炼化一体化基地；促进烯烃原料轻质化、多元化……”。“有序发展煤制烯烃、煤制天然气等现代煤化工……；鼓励煤基多联产，促进化工生产与能源转化有机结合”。“严格氯碱、纯碱、无机盐、轮胎、涂料、氟化工、染料等行业准入，加强化学品分类和标签管理。大力发展化工新材料、高端石化产品、新型专用化学品、生物化工和节能环保等产业”。该《规划》对石化行业重点发展领域、技术路线、淘汰产品等做出具体的规划，这对石化行业淘汰落后产能、转型升级将起到积极的引领和规划作用。

（2）节能减排政策。2011 年 9 月 7 日，国务院公布的《“十二五”节能减排综合性工作方案》（以下简称《方案》）提出比“十一五”时期更高的目标：2015 年全国万元 GDP 能耗比 2010 年下降 16%，化学需要量和二氧化硫比 2010 年下降 8%，氮氧化物排放总量下降 10%。作为传统的“两高一低”行业，石化工业是国家推进节能减排的重点领域。《方案》对石化工业节能减排提出的具体措施包括：实施工业和信息产业能效提升计划；实行印染等行业主要污染物排放总量控制；实施脱硫改造；加强重金属污染防治等。

2011 年 1 月 12 日，环境保护部和国家质量监督检验检疫总局联合发布《硫酸工业污染物排放标准》和《硝酸工业污染物排放标准》。《硫酸工业污染物排放标准》对硫酸生产企业二氧化硫、硫酸雾、颗粒物等大气污染物以及废水排放做出了严格规定，尤其是对二氧化硫的排放规定更为严格。该《标准》规定，已建成硫酸企业，2011 年 10 月 1 日至 2013 年 9 月 30 日，二氧化硫排放浓度限值为 860 毫克/立方米，2013 年 10 月 1 日起排放浓度限值为 400 毫克/立方米。新建企业自 2011 年 3 月 1 日起执行排放浓度限值为 400 毫克/立方米。《硝酸工业污染物排放标准》规定，现有企业自 2013 年 4 月 1 日起，新建企业自 2011 年 3 月 1 日起、大气污染物中氮氧化物排放限值为 300 毫克/立方米，单位产品基准排气量为 3400 立方米/吨。

四、影响石化工业进一步结构调整和节能减排的障碍

“十二五”时期的政策将继续延续“十一五”时期产业结构调整和节能减排的思路，而且政策将日趋严格。这一政策特征在“十二五”开局之年表现得非常明显，其中主要的做法是加大淘汰落后产能力度，进一步提高行业进入的规模、能耗和排放门槛，取得了良好的效果。然而，促进石化工业结构调整和节能减排的政策力度不断加大、政策手段不断增加的同时，石化工业领域存

在的行政性垄断也成为阻碍进一步结构调整和节能减排的主要障碍。

1. 原油天然气管制政策

石化工业的特点之一是原料路线对石化产品能耗有重大影响。比如，建设一个年产30万吨合成氨装置，以天然气为原料的投资比以煤为原料可节省50%，比以油为原料节省30%；在能源消耗方面，以天然气为原料的合成氨单位产品能耗最低。从单程乙烯收率和乙烯总收率与原料的关系看，原料越“轻”（乙烷等），乙烯收率越高，原料越“重”（石脑油等），乙烯收率越低。不同原料的乙烯收率最高值和最低值相差可达3倍。

然而，在中国现有的原油天然气管制框架下，国内石油天然气的勘探开采由中石油、中石化、中海油等几家央企垄断；原油天然气贸易也主要由中石油和中石化两家企业垄断，其他非国营贸易进口的石油也不能在国内自由贸易，必须卖给中石油和中石化。这对以石油和石油加工品为原料的石化企业发展产生严重不利影响。比如，化工企业因无法从市场获得原油，无法自产石脑油，无法生产苯、对二甲苯等芳烃基本化工原料。企业为获得一些常规的化工原料必须通过曲折的技术路线，不利于企业原料结构优化。此外，很多地方炼油企业因难以获得原油，只能从国外进口燃料油炼制成品油，导致企业能耗难以降低。从而导致石化企业进一步节能减排和结构调整面临难以逾越的政策障碍。

不仅如此，在中国石油和天然气短缺的现实条件下，油气资源本应得到更加有效的利用，同时也应通过国际市场充分利用国际油气资源。然而，现有的石油和天然气管制政策不仅降低了国内油气资源的配置效率，而且剥夺了石化企业利用国际油气资源的权利，抬高了其利用国际石油资源的成本。

2. 成品油垄断批发政策

根据商务部2006年发布的《成品油市场管理办法》，只要符合国家产业政策，并具备一定条件的企业均可申请获得成品油批发资质。根据商务部的数据，到2011年底，获得成品油批发资质的企业总数已达到196家。其中属于中石油、中石化、中海油、中化、中航油5家央企直属或控股的石油公司为55家，占28.1%；其他企业合计141家，占71.9%，其中其他国有及民营企业131家，占企业总数66.8%；合资企业10家，占企业总数5.1%。

上述数据似乎表明中国成品油批发市场形成了基本的“竞争格局”，但事实并非如此。由于石油管制政策导致中国炼油的原油基本由央企掌握，主要掌握在中石油和中石化手中。非央企所属的成品油批发企业虽然数量上占优，但成品油进货渠道只能来自中石油和中石化。因为中海油、中化以及外资炼油厂自己的成品油产量有限，且要保证自己的加油站供应；加上成品油进口权目前也为中央石油企业所垄断。因此，成品油批发市场实际上是由中石油和中石化垄断的市场结构。

成品油批发市场的垄断对炼油产业结构调整和节能减排角度的不利影响可以从不同方面表现出来。由于缺乏有效竞争，石化企业整体经营效率低下，技术进步和产品升级慢。除了强制性的淘汰中小炼油装置的措施外，在一个垄断的市场环境中，由政府部门推动技术进步和产品升级远不如市场竞争有效。比如，中国汽油、柴油质量不稳定，且品质与国外同类产品有较大差距。

3. 农药专营政策

改革开放后很长一段时间，中国一直实行农药、化肥、农膜等农用生产资料由供销社及其下属机构专营的政策。1998年，《国务院关于深化化肥流通体制改革的通知》放开了化肥经营限制，允许各类企业和个体工商户进入流通领域。2008年，国务院第43次常务会议提出进一步深化化肥流通体制改革的原则是：放开市场、公平竞争，规范秩序、加强监管，改善服务、提高效率。

农药经营制度从最初完全的计划控制逐步放松，但相对于化肥来说改革步伐一直比较慢。如在2007年12月修订的《农药管理条例实施办法》对农药经营企业依然规定了比化肥经营更为严格的限制条件。该《办法》第20条规定：“供销合作社的农业生产资料经营单位、植物保护站、土壤肥料站、农业、林业技术推广机构、森林病虫害防治机构、农药生产企业以及国务院规定的其他单位可以经营农药。农垦系统的农业生产资料经营单位、农业技术推广单位，按照直供的原则，可以经营农药；粮食系统的储运贸易公司、仓储公司等专门供应粮库、粮站所需农药的经营单位，可以经营储粮用农药。”

2010年下半年以来，全国各地不断爆出种植户违规使用高毒、高残留农药事件引起政府和社会各界的高度关注。海南省率先采用农药专营制度作为对这些事件的反应。根据2010年11月海南省人大常委会通过的《海南经济特区农药管理若干规定（修订案）》规定，自11月1日起实施农药批发专营特许制度及农药零售经营许可制度，其价格实行政府指导价或政府定价；农药零售经营应当从批发企业购进农药（贴有专营标识或标签），应当登记农药购买者的姓名、住址、购买农药的用途等信息。单位和个人不得擅自运输、携带农药进入本经济特区。

专营制度阻碍技术进步，降低企业经营效率，以及滋生腐败等问题早已经为中国和国外实践所证明。这次海南省面对农药残留事件的巨大社会影响，没有采用继续深化市场化改革、加强农药标准监管、增强检测、加大违规用药成本等被证明行之有效的手段，反而采取了回到专营制度的老路，必将对农药行业的结构调整和节能减排带来不利影响。因为一个缺乏效率的产业结构必然会抑制经营主体结构调整和节能减排的积极性和主动性。

五、改革建议

“十二五”时期，石化工业转型升级和节能减排的推进除了进一步完善产品技术标准体系、加强市场监管外，更重要的是要通过深化改革，特别是石油体制改革，形成能够促进石化有效竞争的产业结构和管理体制。

1. 取消原油和成品油进口政策，使原油和成品油市场开放落到实处

由于政策限制，中国石油产业链每个环节的企业均被分割为两个部分：两大集团所属企业和其他企业。当前中国石油产品市场存在的迫切问题是产业链各环节上两大集团之外的企业受到两大集团的挤压，生存困难。如其他加油站很难从两大集团成品油批发企业购得成品油，只能主要向其他批发企业进货。由于成品油批发集中在两大集团，这些批发企业不仅无法从两大集团的炼油厂获得成品油，也难以从非集团炼油厂获得成品油，只能从两大集团的批发企业购进。两大集团利用原油集中配置权——两大集团之外的炼油厂所需要原油由两大集团计划配置，进口原油必须由两大集团炼油厂炼制——迫使其他炼油厂不敢把自己炼制的成品油卖给非集团批发企业。

取消原油和成品油进口管制政策能够对石化产业发展产生多方面的积极效应：通过炼油环节市场竞争推动炼油企业效率提高和产品升级；能够自由采购原油的石化企业可以进一步优化其原料路线和产品的技术路线；地方炼油厂可以不再进口燃料油炼制成品油而摘掉“高耗能”的帽子；原油和成品油进口竞争的增加有利于提高竞争效率等。

2. 加快推进成品油价格机制改革，最终实现成品油价格市场化

成品油价格市场化的前提是破除垄断。中国成品油价格机制改革，首先，应按照与国际市场接轨的原则和方向，建立既反映国际市场石油价格变化，又考虑国内市场供求、生产成本和社会各方面承受能力等因素的石油价格形成机制。其次，要建立石油企业内部上、下游合理的利益调节机制、相关行业的价格联动机制、对农业等部分弱势群体和公益性行业适当补助的机制以及石油企业因油价上涨带来超额收益的财政调节机制。

目前，中国成品油价格不能市场化的根本原因在于，没有形成开放的石油市场体系，没有足够的市场参与者。在这种状况下，国家控制价格也许是最好的选择。只有解决了市场主体多元化的问题，在竞争机制下，合理的价格机制才能自然形成。因此中国石油价格市场化要随着石油市场的开放、石油价格监管体系的相对完善来逐步推进。届时，政府的价格管理职能才能由直接制定价格向协调、监督的职能转变，才能灵活地利用税收、利率、储备等经济手段间接调控市场价格，并影响石油企业的定价政策。

3. 进一步完善石化产品技术标准体系，推动石化产业结构升级

与石油开采、炼油行业高度垄断结构不同，中国石化下游多数行业长期存在过度竞争、低水平生产能力过剩状况。这与长期以来中国石化产品技术标准过低密切相关。技术标准低导致进入门槛低，不利于优胜劣汰。当务之急是在农药、化肥等中小企业多、竞争激烈的领域提高产品的最低质量标准，强制淘汰一批落后产能，同时加大监督核查力度。2009 年以来，国家标准化管理委员会先后制定了石化工业的主要耗能产品，如原油加工、纯碱、烧碱、合成氨、电石、黄磷生产的单位产品综合能耗强制标准，规定了现有生产装置能耗限值、新建生产装置准入值，以及推荐的先进值。国家环保部还先后制定发布了纯碱、烧碱、聚氯乙烯工业清洁生产标准，以及甲醇、异氰酸酯两项清洁生产评价指标体系。

需要注意的是，制定技术标准体系是一个系统而庞大的科学工程，需要综合各方面的人员深入调查、深入讨论后加以制定。后续出台的各个专项产业准入政策也可采用技术标准这一工具来贯彻政策意图。

4. 进一步深化农业生产资料流通体制改革

灵活、有效率的市场机制不仅是农业生产资料产业的转型升级和节能减排的基本保障，也是农业安全和食品安全的基本保障。进一步深化农业生产资料流通体制改革的关键不是恢复专营制度，而是在健全市场机制基础上加强政府监管，以及对政府监管部门的监管。因此，农药、化肥、农膜等农业生产资料流通体制改革应该全面贯彻 2008 年国务院第 43 次常务会议确立的化肥流通体制改革的原则，即“放开市场、公平竞争，规范秩序、加强监管，改善服务、提高效率”。改革的关键点包括：①放开经营限制。允许各种所有制及组织类型的企业、农民专业合作社和个体工商户等市场主体进入化肥流通领域，参与经营，公平竞争。②规范企业行为。农资经营企业要建立进货验收制度、索证索票制度、进货台账和销售台账制度，以及质量保证制度，对所销售的农资产品质量负责。鼓励大型企业建立全国产品质量联保制度。③建立健全相关法律法规，加强市场监管。农业、质检、工商、海关、价格等部门定期检查和公布农资产品质量信息；各有关部门应加强信息共享，协同开展农资打假，提高行政效能。大力普及农资知识，提高农民群众维权能力，畅通举报投诉渠道。建立健全有关法律法规，依法加强监督管理工作。

专栏 21-1

天津：利用海水淡化技术破解石化工业缺水“瓶颈”

“十二五”开局之年，天津滨海新区按照循环经济和节能减排理念，利用海水淡化技术破解石化工业缺水“瓶颈”，为“十二五”天津石化产业高起点、优质量发展夯实了基础。目前，天津海水淡化规模达到 20 万吨/天以上，规模约占全国的三成。滨海新区的大企业创造了万元 GDP 取水量 6.73 立方米、仅为全国平均水平 3.2%的佳绩。年用水量达 3000 万吨的天津石化百万吨乙烯项目，60%以上的工业用水来自海水淡化，其余部分则由凝结水和污水回用补充，整个项目工业水的重复利用率达到 98%以上。

天津石化百万吨乙烯工程是我国首个完全利用淡化海水的大型乙烯项目。这个项目所用淡水产自 2010 年投运的天津大港新泉海水淡化有限公司，而大港新泉海水淡化有限公司所用的海水又来自大港发电厂冷却发电机组排出的升温海水。海水流过 3 家企业，实现了电厂与海水淡化厂、海水淡化厂与石化企业间的“牵手”，产生了可观的效益。据统计，仅大港新泉海水淡化有限公司利用升温冷却水一项，一年就可节电 300 万千瓦时，减少二氧化碳排放2600 多吨。

“产业牵手”也让海水淡化产生的浓海水有了好去处。天津海岸带是海盐生产的理想场所。利用海水和发电工程的余热生产纯净水，浓海水则就近引入汉沽盐场制盐，制盐成本得以降低。除了制盐，从浓海水中还可提取溴、镁、钾等其他化学物质，进一步生产氯化钾、氯化镁、硫酸镁等化工产品，把海水“吃干榨净”。此外，进入“十二五”时期，天津市已开始着手海水淡化技术在工业节能减排、城市污水和工业废水处理等领域的应用，并取得了积极进展。

天津滨海新区还持续创新公用工程建设运营模式，改变企业内部多头分建小热电、小空分、小污水的传统方式，集中建设“水电气汽污”多联产一体化公用工程岛，整合电厂和化工企业余热回收利用、升温海水制取淡化水、浓海水工业制盐并提取化学品、污水处理及二次中水回用、二氧化碳搜集利用等，为园区企业节能30%、节省投资20%、节约运行成本10%、减排二氧化碳50%。

资料来源：根据曲昭贵《海水淡化产业看天津，破解石化工业缺水瓶颈》（《中国化工报》2011年12月30日）改写。

参考文献

1. 王明明、方勇：《中国石油和化工产业结构》，北京：化学工业出版社，2007年版。

2. 中国石油和化学工业协会：《石油和化学工业“十五”规划》。

3. 中国石油和化学工业协会：《石油和化学工业“十一五”规划》。

4. 工业和信息化部：《石化和化学工业“十二五”规划》。

5.《2011~2012年中国化学原料与化学制品制造业年度分析报告》，国研网，2012年5月8日。

6.《2011年1~12月石化工业运行分析》，国研网。

第二十二章　化学工业

提　　要

近年来，中国化学工业进行了新一轮规模扩张和技术改造，在化工原料、基本化学品、聚合体和专用产品等领域建设了一批高起点、高水平的项目，产业优势得到加强，总体规模、技术能力和管理水平实现了新的飞跃。化学工业总产值占全部规模以上工业总产值的比重稳定在16%左右。今后一个时期，中国化学工业总体处于以转型升级为主线的发展阶段。这一阶段，经济社会发展对化工产品的需求仍将保持较快增长态势，化学工业在应对资源、能源和环境约束方面面临新的形势，在推进产业转型升级和合理布局方面面临新的机遇，在增强研发能力、推进兼并重组、参与国际竞争等方面面临新的挑战。只有依托国内市场，加大产业结构调整和升级力度，加快推进产业组织和产业布局合理化，才能更好地应对中国化学工业面临的挑战，改善国际分工地位，提高国际竞争力。

*　　　　*　　　　*

化学工业是用加温、加压、催化、电解等手段，以工业规模对原料进行加工并生产新原料和产品的工业。化学工业涉及的领域相当广泛，包括对农林产品、盐、煤、石油和天然气等原料进行加工的多个行业。化工产品既可以用于制造各种消费品，也可用于采掘业、农业、制造业、建筑业和服务业。化学工业自身消耗其产量的四分之一左右，其余四分之三用于国民经济其他部门和人民消费。

就其实质而言，化学工业是将矿产资源、空气和水转化为产品的过程。目前，化学工业使用大约100种基本元素生产7万种以上产品。基于此，化学工业被认为是世界规模最大、最多样化的产业之一，也是最复杂的产业之一。在《国民经济行业分类》（GB/T 4754—2002）中，石油加工、炼焦及核燃料加工业，化学原料及化学制品制造业，医药制造业，化学纤维制造业，橡胶制品业和塑料制品业六个大类属于化学工业。

一、发展现状

化学工业主要为国民经济提供基本原材料和中间产品，“引致需求”的特点突出，受宏观经济景气程度的影响较大。由于中国国民经济保持了长时期的平稳较快增长，化学工业在国内投资和消费需求的带动下，主要产品产量快速增长，技术水平稳步提高，产业素质持续提升。

1. 产值持续较快增长，结构地位稳步提升，但部分行业还存在落后产能

中国化学工业产值持续平稳较快增长，2010年化学工业占全部规模以上工业的比重超过16%，处于近几年的最高水平。2010年化学工业总产值达到11.36万亿元，化学工业总产值占全部工业总产值的比重达到16.27%，2011年化学工业继续保持较快的增长态势，详见表22-1和表22-2。从6个大类行业看，2010年有4个大类行业总产值突破1万亿元，分别为：化学原料及化学制品制造业，总产值4.79万亿元；石油加工、炼焦及核燃料加工业，总产值为2.92万亿元；塑料制品业，总产值1.39万亿元；医药制造业，1.17万亿元。其余2个大类行业规模同样保持快速扩张态势，橡胶制品业总产值突破5000亿元关口，达到5907亿元；化学纤维制造业总产值逼近5000亿元，达到4954亿元。与此同时，中国化学工业加快了结构调整步伐，建设了一批具有国际先进水平的大型生产装置，淘汰了一批技术水平低、规模不经济和布局不合理的产能，骨干企业技术、工艺和装备显著提升，节能降耗、安全环保、品种质量、产品附加值和市场竞争力均有很大改观。但是，在炼油、化肥、烧碱等行业仍存在一定比例的落后产能，资源消耗高，“三废”处理措施不到位，技术装备水平低，原料配套条件差，影响行业整体竞争力。

表22-1 化学工业规模以上企业总产值

单位：（除另有注明外）亿元

年份 大类行业	2005	2006	2007	2008	2009	2010
石油加工、炼焦及核燃料加工业	1981.64	2314.23	3096.98	22628.68	21492.59	29238.79
化学原料及化学制品制造业	4391.92	5398.79	7340.42	33955.07	36908.63	47920.02
医药制造业	1529.80	1808.09	2286.60	7874.98	9443.30	11741.31
化学纤维制造业	485.31	604.17	809.43	3970.16	3828.32	4953.99
橡胶制品业	595.36	714.96	959.00	4228.61	4767.86	5906.67
塑料制品业	1272.05	1668.88	2137.14	9897.17	10969.42	13872.22
化学工业占全部规模以上工业的比重（%）	14.21	13.73	14.21	16.27	15.94	16.27
化学工业	10256.08	12509.12	16629.57	82554.67	87410.12	113633.00
全部规模以上工业	72186.99	91075.73	117048.40	507448.25	548311.42	698590.54

注：2005~2007年产值数据为增加值，2008年及以后为工业总产值。
资料来源：《中国统计年鉴》（2007~2011）。

表22-2 中国化学工业增加值比上年同期增长速度

单位：%

年份 大类行业	2008	2009	2010	2011
石油加工、炼焦及核燃料加工业	4.3	5.2	9.6	7.6
化学原料及化学制品制造业	10.0	14.6	15.5	14.7
医药制造业	17.1	14.8	15.2	17.9
化学纤维制造业	2.2	10.2	11.1	11.0
橡胶制品业	11.2	11.8	16.6	11.6
塑料制品业	13.8	12.3	18.4	14.1
全部工业	12.9	11.0	15.7	13.9

资料来源：国家统计局统计数据库。

2. 主要产品产量普遍增长，但高端产品比重较低

随着化学工业总体规模持续快速扩张，化学工业把为国民经济重点项目配套和原料、材料生产放在优先地位，基础原料和主要有机化工原料产量增长较快。由表22-3可见，除化肥产量有所减少外，2011年化学纤维、乙烯、硫酸、纯碱、烧碱等主要化工产品产量均保持增长态势。其中，化学纤维产量2011年达到3390万吨，硫酸产量达到7466.4万吨，乙烯产量达到1527.5万吨，纯碱、烧碱产量分别达到2308.2万吨和2466.2万吨。这些产品作为基础化学工业生产的原料和中间投入品，不仅直接满足了化学工业需求，而且直接或间接地保障了其他工业部门的原料需求。近年来，尽管中国化学工业结构调整稳步推进，产品结构渐趋合理，高品质、高附加值产品产值和所占比例有所提升，但低端、低附加值、非精细化产品依然比重较大，高端、高附加值、功能化、差异化产品比重较低，高端专用化学品和化工新材料还大量依赖进口。由于原料和能源价格持续上涨，中、下游化工企业难以将成本上涨转嫁给其他行业，自身消化成本上涨的压力较大。一些企业由于价格下降时产品降价幅度普遍大于原料降价幅度，价格回升时产品回升幅度普遍小于原料回升幅度，难以摆脱亏损或微利状态。

表 22-3 化学工业主要产品产量

单位：万吨

化学产品 \ 年份	2005	2006	2007	2008	2009	2010	2011
化学纤维	1664.8	2073.2	2413.8	2415.0	2747.3	3090.0	3390.0
硫酸	4544.7	5033.2	5412.6	5132.7	5960.9	7090.8	7466.4
碳酸钠（纯碱）	1421.1	1560.0	1765.0	1881.3	1944.8	2029.3	2308.2
氢氧化钠（烧碱）	1240.0	1511.8	1759.3	1852.1	1832.4	2086.7	2466.2
乙烯	755.5	940.5	1027.8	998.3	1072.6	1418.9	1527.5
化肥（折100%）	5177.9	5345.1	5825.0	6012.7	6599.7	6740.6	6217.2

资料来源：2011年数据取自《中华人民共和国2010年国民经济和社会发展统计公报》，其余年份数据取自相关年份《中国统计年鉴》。

3. 从业人员和劳动生产率增长较快，但各个行业差距较大

化学工业从业人员总体保持增长态势。由表22-4可见，2010年化学工业从业人员达到1169.62万人，占全部规模以上工业从业人员的12.25%。从6个大类行业分布看，各行业从业人员数量差异较大。2010年化学原料及化学制品制造业、塑料制品业和医药制造业从业人员较多，分别达到474.14万人、283.30万人和173.17万人。

表 22-4 规模以上化学工业企业从业人员

单位：万人

大类行业 \ 年份	2005	2006	2007	2008	2009	2010
石油加工、炼焦及核燃料加工业	74.40	76.79	80.64	86.02	84.95	92.15
化学原料及化学制品制造业	339.99	357.78	380.28	429.64	440.49	474.14
医药制造业	123.44	130.28	137.34	150.75	160.48	173.17
化学纤维制造业	42.63	43.40	45.30	45.06	41.45	43.93
橡胶制品业	79.64	82.14	87.51	97.29	97.97	102.93
塑料制品业	183.28	201.41	224.05	255.42	259.81	283.30
化学工业	843.38	891.80	955.12	1064.18	1085.15	1169.62
全部工业	6895.96	7358.43	7875.20	8837.63	8831.22	9544.71
化学工业从业人员占全部工业的比重（%）	12.23	12.12	12.13	12.04	12.29	12.25

资料来源：《中国统计年鉴》（2006~2011）。

化学工业全员劳动生产率一直明显高于全部工业平均水平，且呈现较快增长态势，详见表22-5。从6个大类行业看，各行业劳动生产率差异较大，2010年劳动生产率由高到低依次是石油加工、炼焦及核燃料加工业，化学纤维制造业，化学原料及化学制品制造业，医药制造业，橡胶制品业，塑料制品业。

表 22-5 化学工业劳动生产率

单位：万元/人

年份 大类行业	2005	2006	2007	2008	2009	2010
石油加工、炼焦及核燃料加工业	26.63	30.14	38.41	263.06	253.00	317.30
化学原料及化学制品制造业	12.92	15.09	19.30	79.03	83.79	101.07
医药制造业	12.39	13.88	16.65	52.24	58.84	67.80
化学纤维制造业	11.38	13.92	17.87	88.11	92.36	112.77
橡胶制品业	7.48	8.70	10.96	43.46	48.67	57.39
塑料制品业	6.94	8.29	9.54	38.75	42.22	48.97
化学工业	12.16	14.03	17.41	77.58	80.55	97.15
全部工业	10.47	12.38	14.86	57.42	62.09	73.19

注：2005~2007 年劳动生产率为人均增加值，2008 年及以后年度劳动生产率为人均总产值。

资料来源：《中国统计年鉴》（2006~2011）。

4. 研发投入强度稳步提高，与国际先进水平相比差距仍然较大

化学工业属于技术密集型产业，对持续创新和研发投入的要求高。化学工业企业只有保持较高的研发强度，不断谋求采用新技术、新工艺、新装备，保持较快的产品更新换代频率，才能应对激烈的市场竞争。但是，中国化学工业研发投入强度一直较低，甚至低于全部工业平均水平。2010 年化学工业大中型企业研发投入占销售收入的比重为 0.79%，研发投入强度仅为整个工业平均水平的 86.8%。研发投入强度在各大类行业的分布差异较大，其中医药制造业研发投入占销售收入的 1.79%，橡胶制品业为 1.45%，化学纤维制造业为 1.07%，化学原料及化学制品制造业为 1.00%，塑料制品业为 0.96%，详见表 22-6。化学工业研发投入强度分布的一个特点是，处于产业链上游的产业和企业研发投入强度较低，处于产业链下游的产业和企业研发投入强度较高。中国化学工业存在的一些问题如下：企业原创性核心技术不多，一些重要的化工产品技术和尖端大型成套装置依靠国外，高消耗、粗加工、低附加值产品的比重高，原料和产品的深加工程度不够，有机化工产品、合成材料和精细化工产品比重低，均与研发投入强度低有关。

表 22-6 大中型工业企业研发投入强度（研发投入占主营业务收入的比重）

单位：%

年份 大类行业	2006	2007	2008	2009	2010
石油加工、炼焦及核燃料加工业	0.12	0.12	0.14	0.18	0.17
化学原料及化学制品制造业	0.85	0.97	1.00	1.08	1.00
医药制造业	1.75	1.77	1.75	1.82	1.79
化学纤维制造业	0.80	0.86	1.06	1.16	1.07
橡胶制品业	1.19	1.27	1.26	1.31	1.45
塑料制品业	0.62	0.50	0.80	0.92	0.96
化学工业	0.64	0.70	0.73	0.84	0.79
全部工业	0.77	0.80	0.84	0.96	0.91

资料来源：笔者根据《中国统计年鉴》（2006~2011）中的 R&D 经费和主营业务收入计算。

5. 大中型企业数量稳步增加，但产业集中度低的问题依然存在

一定的集中度水平是产业开展有效竞争、实现规模经济的重要条件。集中度的计算一般采取赫芬达尔指数和前几大厂商市场份额等指标来计算。但是，化学工业涵盖领域广泛，只能用产品而无法用产业来计算以上指标。大中型企业数量及大中型企业增加值占规模以上企业增加值的比重可以在一定程度上说明化学工业集中度。从表22-7可见，中国化学工业大中型企业数量逐年增加，2010年化学工业大中型企业数量达到6206个，是近几年增长最快的一年。大中型企业数量增加的一个重要原因是，近年来建设的一批重点项目先后投产，形成了一批大公司、大集团。但是从总体上看，中国化工产业集中度还较低，除基本原料等上游产业集中度较高以外，中下游产业缺乏具有世界影响和竞争力的企业，尤其是中国化肥、制药、橡胶、氯碱和纯碱等行业的企业数量都多达数百家甚至上千家，产能总和位居世界前列，但企业平均规模却远低于世界先进水平。从表22-8可见，近几年大中型企业总产值占全部规模以上企业总产值的比重处于徘徊状态，总体保持在60%左右。与全部工业平均水平比较，化学工业大中型企业增加值比重占规模以上企业增加值比重偏低。从6个大类行业看，石油加工、化学纤维两个行业集中度较高，塑料制品行业的集中度最低，氮肥、农药、氯碱、纯碱和电石等传统行业淘汰落后、兼并重组、提高产业集中度的压力较大。

表22-7　大中型工业企业数量

单位：个

年份 / 大类行业	2005	2006	2007	2008	2009	2010
石油加工、炼焦及核燃料加工业	408	432	467	489	510	543
化学原料及化学制品制造业	1729	1833	1985	2160	2188	2436
医药制造业	795	840	887	1003	1020	1125
化学纤维制造业	210	209	224	236	235	256
橡胶制品业	374	392	429	462	483	521
塑料制品业	810	921	1030	1088	1142	1325
化学工业	4326	4627	5022	5438	5578	6206
全部工业	29774	32930	36506	40392	41290	46648

资料来源：《中国统计年鉴》(2006~2011)。

表22-8　大中型企业总产值占规模以上工业总产值的比重

单位：%

年份 / 大类行业	2005	2006	2007	2008	2009	2010
石油加工、炼焦及核燃料加工业	83.98	81.62	82.87	89.08	87.52	88.77
化学原料及化学制品制造业	57.67	54.07	53.49	52.40	49.84	51.51
医药制造业	64.76	61.89	61.79	60.39	59.20	59.17
化学纤维制造业	74.51	74.36	73.48	73.73	72.80	75.03
橡胶制品业	66.83	63.09	63.93	60.70	60.29	61.73
塑料制品业	36.33	36.37	34.96	32.62	30.89	31.24
化学工业	62.49	59.43	59.30	62.30	59.32	60.97
全部工业	66.60	64.55	63.74	62.89	61.13	62.11

注：2005~2007年比重用增加值计算，2008年及以后用总产值计算。
资料来源：《中国统计年鉴》(2006~2011)。

二、发展的制约与问题

中国经济社会正处于转变发展方式为主线的新阶段。这个阶段，中国经济将继续保持平稳较快发展，工业化和城镇化协调推进，经济社会发展和人民生活对化工产品的需求潜力巨大。化工产品需求属于“引致需求”，化学工业只有加快结构调整和产业升级步伐，积极主动应对资源、环境和国际竞争的新变化，大力发展高端化学品和化工新材料，满足新阶段经济社会发展和人民生活改善的更高需求，才能实现自身的发展。

1. 资源和能源供给总体偏紧，对外依存度和价格可能持续震荡走高

原料和能源费用在化工产品中占有较大比例，化工企业持续发展能力受到原料市场结构和销售价格的影响较大。对于基本原料制造企业而言，能源、原料成本占运营成本的90%以上，盈利能力受能源、原料采购成本和基本原料销售价格影响。对于中间原料制品企业而言，能源成本大体占10%，原料成本大体占70%~80%，中间原料价格成为中间原料制造企业能否获利的关键因素，中间原料销售价格又取决于相关产品市场结构。虽然化工企业可以部分地通过提高产品价格等措施将资源和能源成本转移给其他产业，但由于上游原料和能源生产供应环节垄断程度高，化学工业中下游竞争程度较高，资源和能源在化工行业成本中所占比重较大，即使世界经济进入新一轮繁荣期也不可能将全部成本上涨转移给其他产业。

综合国内外各方面情况，尤其是世界经济逐步复苏、国内经济继续保持平稳较快增长以及国家有望对一次能源价格和矿产资源价格进行重新梳理等因素，国内天然气、煤、石油和其他矿产品总体供求关系偏紧，对外依存度和价格可能持续震荡走高。天然气由于消费增长快，需求潜力大，资源不足，价格上涨压力大，以天然气为原料和能源的化工企业面临的成本压力相当大。煤炭随着一批煤化工项目竣工投产，供应可能持续偏紧。磷、硫、钾等化工用矿产资源保障能力不足，尤其是高品位磷矿、钾资源短缺，开发利用低品位矿产资源、共伴生资源和固体废弃物不可避免，这必然给部分化工企业带来成本压力。北方及沿海地区淡水资源短缺问题将继续加剧。化学工业耗水多，水资源短缺成为制约化工项目布局、规模和生产流程的重要因素。总体来看，资源和能源价格总体保持上涨的可能性较大。处于产业链中、下游竞争较激烈的化工企业，增加的成本难以通过价格传导机制传递给其他产业，可能对其发展带来更大的负面影响。

2. 环境标准趋于严格，环保成本成为刚性更大的约束条件

随着公众环保意识的提高，人们对化工产业污染物排放及其对环境造成的危害更加敏感，国家环境标准日趋严格，企业环保成本呈现不断上升态势，化工产业面临的环保形势愈发严峻。国家“十二五”规划提出，坚持把建设资源节约型、环境友好型社会作为加快转变经济发展方式的重要着力点。在这种背景下，国家将继续加强根据环境承载能力确定的市场准入制度，重点从能源消耗、资源利用、环保方面制定更为严格的产业准入标准和准入制度，严格高耗能落后工艺、落后技术和落后设备的强制淘汰制度，建立重点耗能产品的市场准入制度，建立健全污染者付费制度，提高排污费征收率。这不仅将提高新建项目的规模和技术门槛，而且对化学工业布局、发展循环经济、降低能耗、减少“三废”排放提出新的、刚性更大的要求。化学工业是能耗和污染较大的行业，但是产业结构调整、工艺流程优化、先进技术采用、关键过程控制与优化等措施可以对化学工业节能减排和清洁生产起到重要的推动作用。今后，化学工业必须通过技术上减少和消除对大气、土地和水域的污染，从工艺上改革、品种更新和环境控制等方面采取从源头上控制污染的技术，实现从原料、生产、加工、储运和废弃物处理全过程的清洁与安全。

3. 基础研究水平和产品研发能力相对较弱，贸易逆差短期难以改变

中国化工产品进口一直大于出口。从表22-9可见，化学工业及相关产品进口额从2005年的777.34亿美元增加到2011年的1497亿美元，出口额从2005年的357.72亿美元增加到2011年的875.72亿美元。这期间进口增长速度快于出口增长速度，化学工业产品进出口连年出现逆差。化学工业及相关产品贸易逆差从2005年的419.62亿美元增加到2011年的621.28亿美元。从产品构成看，中国化学工业进出口以有机化学品为主。除了部分有机化工原料依赖从国外进口以外，技术含量和附加值较高的化工产品，如鞣料、染料、油漆、药品和肥料也在一定程度上依赖进口。由于化学工业是资本、技术密集型产业，中国在人才、技术、品牌、工艺、装备等方面与发达国家差距较大，基础研究水平和产品研发能力相对较弱，化学工业进出口逆差短期难以扭转。总体来看，中国化学工业国际竞争力的提升任重道远。随着中国化学工业发展，产业规模和技术能力将达到新的水平，一些领域可能形成原发创新的条件，具备条件的企业将开展原发性技术创新，在更大程度上发挥原发创新在拓展产业成长空间、推动产业优化升级和催生新兴产业发展等方面的作用。

表 22-9　2005~2008 年中国化学工业产品进出口状况

单位：亿美元

项目＼年份	2005	2006	2007	2008	2009	2010
化学工业及相关产品进口	777.34	870.47	1075.54	1191.88	1120.90	1497.00
有机化学品进口	280.19	298.59	384.26	384.26	361.74	314.52
药品进口	19.59	23.94	34.51	34.51	60.20	72.36
肥料进口	30.51	24.84	29.06	29.06	19.93	25.72
鞣料、染料、油漆进口	30.81	35.07	38.06	38.06	35.92	44.28
香料、化妆品进口	5.01	6.00	8.10	8.10	11.78	15.02
化学工业及相关产品出口	357.72	445.30	603.24	793.46	620.17	875.72
有机化学品出口	121.33	155.42	205.97	205.97	241.98	482.61
药品出口	13.64	15.31	20.53	20.53	34.50	44.82
肥料出口	10.11	11.69	37.37	37.37	25.84	54.32
鞣料、染料、油漆出口	24.84	30.00	35.77	35.77	30.68	43.09
香料、化妆品出口	12.01	14.67	17.90	17.90	19.36	24.94

注：本表数据来自相关年份海关进出口商品分类统计。

资料来源：相关年份《中国统计年鉴》。

4. 产业布局不尽合理，集聚集群发展的任务艰巨

园区化是中国工业化和经济发展的一个重要特色，也是化工产业发展的一个重要趋势。化工园区在加快产业集聚、推进能源有效利用、实现污染排放集中治理、发展循环经济等方面具有显著的优势。目前中国已形成了长江三角洲、珠江三角洲和环渤海地区三大石化化工集聚区及 22 个炼化一体化基地。沿海地区依托市场和国内外资源，外向型经济发展迅速，建设了一批以高端产品为特色的化工产业园区。上海、南京、宁波、惠州、茂名、泉州、独山子等化工园区或基地已达到国际先进水平。依托煤、盐、化学矿等资源，形成了一批各具特色的化工产业基地，包括蒙西、宁东等大型煤化工及煤电化一体化基地、环渤海湾碱业、云贵鄂磷肥、青海和新疆钾肥等一批大型生产基地。但是，总体来看，中国化工产业存在区域布局分散，一体化、规模化、集约化水平偏低，产业内容雷同、特色不突出等问题没有得到根治。目前，许多中小企业产业链过短，无法实现矿产资源深度利用和综合利用。不少化肥、甲醇等化工企业既远离资源产地，又不靠近市场，原料和产品均需长距离调运。如何推动初级化工产品、大宗石化产品和化工原料将继续向沿海、沿江和资源富集地区转移，实现有机原料和中间体、三酸两碱、涂料、染料、轮胎、无机盐和部分品种化学矿山等继续向优势企业集中，仍然是中国化学工业发展的重要任务。国家针对危险化学品生产企业数量多、布局分散，危险源数量多而散的情况，制定了《危险化学品“十二五”发展布局规划》。该规划提出以园区建设为载体，在发展生产更加清洁、使用更加安全的新型化工产品的同时，加强危化品安全管理，新建和搬迁企业必须向园区集中，实现危险化学品的空间集聚，加快居民密集区内的化工企业开展搬迁改造入园，详见专栏 22-2。

三、对策建议

化学工业门类多，涉及的领域相当广泛，其在产品属性、工艺流程、合理布局、纵向关系和资源综合利用等方面，具有区别于其他产业的特征。中国化学工业在结构调整、改革改组、有效利用资源和处理纵向关系等方面还有不少问题需要解决。解决这些问题可以促进化学工业发展，显著改善市场占有率、贸易竞争力指数和显示比较优势等竞争力指标，并最终提高中国化学工业竞争力。

1. 处理好基本原料、中间原料和最终产品的比例关系，提高资源保障能力

化学工业范围涉及化学矿山、化肥、无机化学品、纯碱、氯碱、基本有机原料、农药、染料、涂料、精细化工、橡胶加工、新材料等行业，其生产过程具有明显的阶段性特点，可以划分为上、中、下游，且上、中、下游具有很强的相互依存、相互促进的配套关系（见图 22-1）。上游加工业主要通过裂解过程生产基本原料，要求进行均衡、大批量生产。中游加工业承接上游基本原料生产和下游加工业所需的中间原料的生产，中间原料可以作为产品直接外销，也可以作为下游加工业制造化工最终产品的原料，兼具原料与成品的双重性质。下游加工业以中间原料制造化工最终产品，例如药品、化妆品、肥皂、涂料、化肥和炸药。化工产业既为其他产业提供化工产品或原料，又从其他工业和化工产业本身获得原料或中间体。因此，化工产业的发展对相关产业的供需稳定有很大影响，它们之间相互依存、相互促进的配套关系很强。上游为中、下游提供原材料，上游发展可以带动中、下游产业发展。上、中游需要投入大量钢铁、机械、电子产品，下游的塑料、橡胶、纺织、制药等化学制品加工层次既深且广。随着竞争加剧和国家政策调整，上游资源、能源和基本原料成为制约中、下游发展的重要因素，上、下游一体化大企业、大集团的生存和竞争优势越来越突出。从产业组织角度看，化学工业上游大企业将加快向中、下游产业延伸，具备实力的中下游企业将向上游资源、能源和原料领域拓展，上、下游之间的企业重组可能成为实现一体化的重要方式。随着化学工业规模的不断扩大，化学工业发展对上游资源和原料的依赖越来越大，资源和原料供求矛盾越来越尖锐。化学工业发展必须处理好资源、基本原料、中间原料和最终产品的比例关系，根据产业链各环节特点掌控制约和影响产业发展的因素。今后一个时期，上游资源和原料保障能力将成为制约中国化学工业发展更加重要的因素，处理好上述比例关系的重点是通过加强资源勘探开发、鼓励国际合作和企业"走出去"、完善储备机制、改善市场调控等手段，提高资源保障能力。

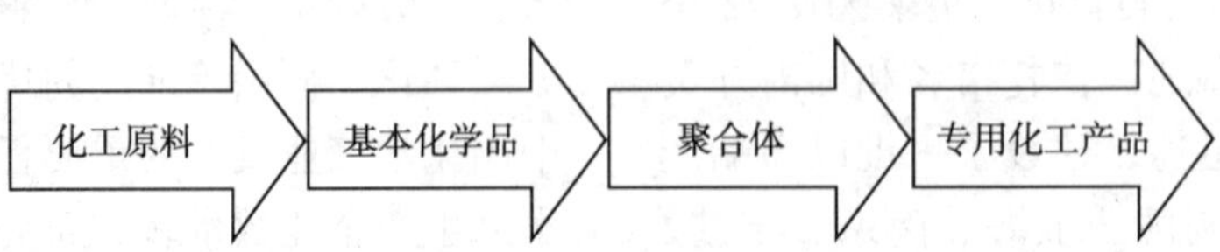

图 22-1 化学工业产业链

2. 以满足国内需求为主要依托，提高化学工业国际竞争力

化学工业有国内和国际两个市场，在全球化背景下这两个市场正在相互融通。中国化学工业国际竞争力还不强，不少专用化工产品、精细化工产品和新产品还在很大程度上依赖进口。如果能够依托国内需求，为国民经济发展提供原料和中间产品，为人民生活提供最终产品，既可以加快国内生产替代进口步伐，也可以为参与国际竞争积累能力和经验，加快推动化学工业发展。近几年，一批新建和技改项目陆续投产，化学工业满足国内经济社会发展和人民生活需求的能力大大提高。今后一个时期，化学工业应该以市场需求为导向，依托国内市场，大力推进结构调整和发展方式转变，大力发展生产和生活需要的化工产品，优先发展国内供不应求的稀缺产品和高端产品，提高企业的规模化水平和竞争能力。

3. 完善产业政策和市场准入标准，推进产业组织和布局合理化

化学工业是资本、技术密集型产业，装置规模、企业规模和产业布局合理与否对资源利用效率和产业竞争力影响较大。为推进产业组织和布局合理化，国家加强了化学工业产业政策和市场准入标准的制度建设，推行了以产业集中、装置改善、布局优化为导向的产业组织政策。这个政策的实施，淘汰了相当一批落后生产装置和落后企业，较大程度提高了产业组织效益。为了更有效地提高产业组织效益，中国应该进一步加强和完善产业政策和市场准入标准。一方面，根据化学工业关联度高、产品链长的特征，促进上下游企业优化整合、兼并重组，构建有利于上下游协调发展和资源综合利用的产业格局，促进龙头和优势企业进一步做强做大。另一方面，根据自然资源和环境承载能力，从生产布局、装置规模、工艺和技术装备、能源消耗、污染物排放和处理、安全生产、监督与管理等方面制订并出台更严格的市场准入标准，严格执行高耗能落后工艺、落后技术和落后设备的强制淘汰制度。

4. 鼓励和引导企业加大研发投入，促进产业转型升级

不断开发新技术、新工艺、新产品，不断改进资源利用方式，不断提高产品质量，不断降低产品成本，是化学工业发展的重要推动力。这就要求完善国家技术创新激励政策，鼓励和引导企业加大研发投入，提高研发水平和自主创新能力，保护知识产权，支持有条件的企业建立国家工程实验室、企业技术中心等创新平台，加快科技成果产业化步伐。引导企业和社会资本，围绕产品升级、节能减排、安全生产、两化融合，加大技术改造投入，推动重大示范工程实施，提高行业技术装备水平，促进产业转型升级。

专栏 22–1

“十二五”中国化学工业发展目标

1. 总量目标

“十二五”期间，全行业经济总量继续保持稳步增长，总产值年均增长 13%左右。到 2015 年，石化和化学工业总产值增长到 14 万亿元左右。

2. 结构调整目标

组织结构。到 2015 年，全国炼厂平均规模超过 600 万吨/年，石油路线乙烯装置平均规模达到 70 万吨/年以上。氮肥、农药、氯碱、纯碱、电石和轮胎等行业产业集中度进一步提高；全行业销售收入过千亿元的企业达到 10 个以上。

原料结构。烯烃原料多元化率达到 20%，采用先进煤气化技术的氮肥产能比例提高到 30%，低阶煤和低品位矿产资源的利用率进一步提高。

产品结构。发展高档润滑油、工艺用油、高等级道路沥青、特种沥青；石化化工产品质量全面提升，烯烃国内保障能力保持合理水平，烯烃下游产品品种进一步丰富；单质肥复合化率逐步提高，专用肥规模逐步扩大；子午线轮胎、离子膜烧碱、环境友好型涂料和绿色工艺的染料等比重明显提升；高毒、高残留农药比例降至 3%以下；氟硅材料、工程塑料、特种合成橡胶、聚氨酯及中间体、高性能纤维、功能高分子材料及复合材料、新型专用化学品等高端产品国内保障能力进一步提高。

布局结构。成品油“北油南运”状况得到改善。长三角地区、珠三角地区、环渤海地区三大石化产业区集聚度进一步提高，形成 3~4 个 2000 万吨级炼油及 3 个 200 万吨级乙烯生产基地；配合国家油气战略通道建设，完善东北、西北、西南石化产业布局。传统煤化工布局分散状况得到改善，现代煤化工产业向资源地集中；原料产地化肥比重提高到70%，专用化肥等深加工产品和精细化学品向消费地集中。园区和基地建设更加规范完善。

3. 技术创新目标

到2015年，行业科技投入达销售收入的1%以上。突破一批关键、共性技术和重大装备，产业核心竞争力得到大幅提升。一批处于国际先进水平的新产品实现产业化。建立和完善一批企业技术中心。

4. 节能减排目标

全面完成国家"十二五"节能减排目标，全行业单位工业增加值用水量降低30%、能源消耗降低20%、二氧化碳排放降低17%，化学需氧量(COD)、二氧化硫、氨氮、氮氧化物等主要污染物排放总量分别减少8%、8%、10%、10%，挥发性有机物得到有效控制。

炼油装置原油加工能耗低于86千克标准煤/吨，乙烯燃动能耗低于857千克标准煤/吨，合成氨装置平均综合能耗低于1350千克标准煤/吨。

资料来源：工业和信息化部：《石化和化学工业"十二五"发展规划》，2011年12月13日。

专栏 22-2

"十二五"中国危险化学品向园区化发展

中国将大力发展化工园区和集聚区。到2015年，危险化学品新建企业进园入区率和搬迁企业进园入区率均达到100%，改变危险源多而散的局面。该规划要求，危险化学品园区布局要结合大型项目建设，向综合性化工园区和专业特色园区方向发展，形成炼油乙烯、煤化工、农药、盐化工、磷化工、氟化工等特色园区。严格制定和实施化工园区建设和准入标准，实施安全总量控制。按照循环经济发展和园区安全环保风险防控要求，完善园区基础设施和配套保障，使入园企业达到生产技术装备先进、产业链合理、物流便捷、资源共享、能量梯次利用、土地集约和生态环境友好等要求。入园企业应符合园区内产业特点，在产品结构与质量、工艺技术、节能减排、安全生产条件等方面严格准入条件，基本实现全国主要化工园区的规范管理。

资料来源：工业和信息化部：《危险化学品"十二五"发展布局规划》，2012年2月3日。

参考文献

1. 工业和信息化部：《石化和化学工业"十二五"发展规划》，2011年12月13日。

2. 李勇武：《加快转变经济发展方式，建设石油和化学工业强国》，《中国科学院院刊》2011年第4期。

3. 王基铭等：《化工工程和石化工程的演化过程与规律》，载段瑞钰等：《工程演化论》，北京：高等教育出版社，2011年版，第287~312页。

第二十三章　机械工业

提　　要

"十二五"开局之年的2011年，中国机械行业运行中一个明显的变化，就是高速增长的势头出现了转折，与"十一五"时期相比增速有了较大幅度回落。国内外经济环境变化是影响机械工业运行走势的重要因素。进入2011年以后，机械产品的市场需求规模脱离了高速增长的轨道，需求结构快速升级，而各方面成本持续提高。国家宏观政策调整和国际市场持续低迷的影响，通过需求规模、需求结构以及要素成本变动的传导作用，对中国机械工业的行业运行以及更深层次的产业结构调整都形成了不可忽视的影响。

中国机械产品现有供给结构与快速升级的需求结构相比仍然存在巨大差距，产品结构低度化与需求结构高度化之间的矛盾、主机生产与关键零部件供给之间的矛盾、生产能力巨大与精细化制造能力不足之间的矛盾以及生产制造与服务化发展之间的矛盾等再一次凸显。

与已经走过的规模高速增长的发展阶段相比，未来中国机械工业要迈向以结构升级带动产业增长的新阶段，就更需要练好内功，以全面创新促进结构升级、以结构升级作为行业发展的接续引擎。将创新由点到面展开，从少数重点企业扩展到众多的中小企业，从单纯的技术创新向包括管理创新和供应链创新的全方位创新展开。

*　　　　*　　　　*

21世纪最初的10年，中国机械工业的"主题词"可以归纳为"高增长"，产业规模和占国民经济的比重迅速提高、国际国内市场占有率均大幅提升；与此同时，高增长也拉动了行业经济效益提高和产品结构升级。但是，进入"十二五"开局之年的2011年，中国机械工业行业运行中一个明显的变化，就是高速增长的势头出现了转折，盈利能力徘徊下降。国内外经济环境变化是否意味着以需求高增长带动产业结构升级的发展阶段即将终结，而接下来，中国机械工业能否进入平稳增长而加速升级的新阶段?

一、机械工业的发展态势和2011年的新变化

"十五"时期和"十一五"时期的10年，是中国机械工业高速增长的10年。产业规模、经济效益和国际国内市场占有率都出现了前所未有的增长；与此同时，产业高增长带动了结构升级的

明显提速，不仅一些领域的高端产品比重持续提高，而且一直是行业"短板"的关键基础零部件和关键材料的突破性创新近几年也开始不断涌现；在国际国内市场上，中国大型机械装备企业迅速崛起，在竞争中占据越来越重要的地位。10年高速增长的丰硕成果为中国机械工业"十二五"时期的发展打下了坚实的基础，也形成了更高的起点。但是，进入"十二五"开局之年的2011年，中国机械行业运行态势出现了明显的转折，高速增长的势头转为了相对低速的增长。

1. 行业规模和生产能力快速增长

"十五"时期和"十一五"时期的10年，是中国机械工业高速增长的10年，这两个时期机械工业总产值年均增长率分别达到了23.71%和28.05%。[①] 图23-1给出了2001~2011年机械工业总产值及占全国工业的比重。如图23-1所示，2001~2011年的10年间，机械工业总产值从2.04万亿元上升到16.89万亿元；机械工业总产值占全国工业的比重，按照可比口径，从2004年的16.4%连续上升到2010年的20.3%。

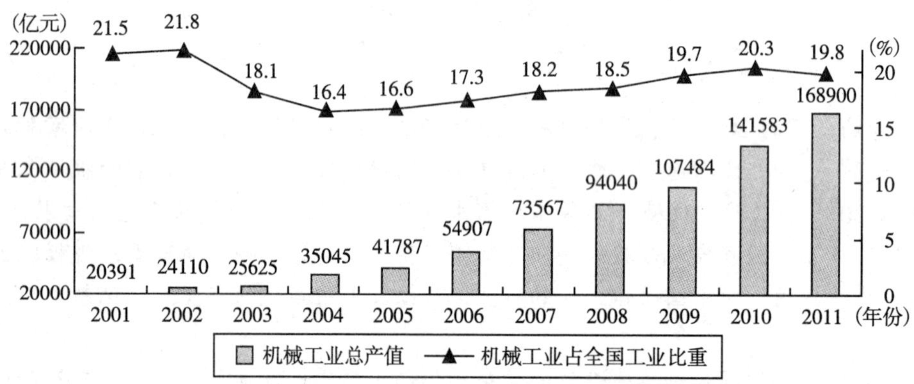

图23-1 2001~2011年机械工业总产值及占全国工业比重

注：机械工业总产值为机械工业联合会统计数据，2004~2011年为汇总126个小行业数据。

资料来源：2001~2010年数据来源于《中国机械工业年鉴》(2011)，2011年数据根据机械工业联合会发布的机械行业数据和全国工业统计月报数据计算。

中国已经成为世界装备制造业的最大生产基地。2008年的国际金融危机使世界各机械大国都遭受了重创，但以此为契机，中国机械工业产业规模开始超过日本，跃居世界首位。目前，中国绝大多数机械产品的产量都稳居世界前列。继大中型拖拉机、联合收割机、内燃机、混凝土机械、装载机、行走起重机械、复印机、数码相机、摩托车、发电设备等产量长期稳居世界第一的产品之后，汽车产量、金属加工机床产值也上升到世界第一位。

2. 产品结构持续升级

(1) 产品结构中高技术含量、高附加值产品比重快速提升。具有代表性的是发电设备和机床。中国发电设备中，一方面，节能减排的水力发电设备和风电、核电设备产量以更快的速度增长；另一方面，大容量高参数的大型煤电机组占火电设备的比重持续上升。机床产品中，数控机床的比重大幅提高，以金属切削机床为例，2001年中国金属切削机床的产量数控化率仅为9.12%，10年后的2011年则上升到了29.90%（如图23-2所示），中国机床工具协会重点联系企业的金属切削机床产量数控化率2011年累计达到55.4%。

(2) 重大技术装备的研制开发和国产化不断取得突破。在电力装备、冶金轧制设备、矿山采掘设备、石化设备、天然气长输管线加压站设备等领域，涌现了一大批具有自主知识产权的产品，填补了国内的空白。

(3) 关键基础零部件和关键材料有新突破。"十一五"时期以来，随着机械工业中主机产品国产化的全面推进，关键基础零部件和关键材料的"瓶颈"作用开始受到了实质性关注，产业政策和企业技术创新均加大了对该领域的投入。高端液

① 资料来源：《中国机械工业年鉴》(2011)，第82页。

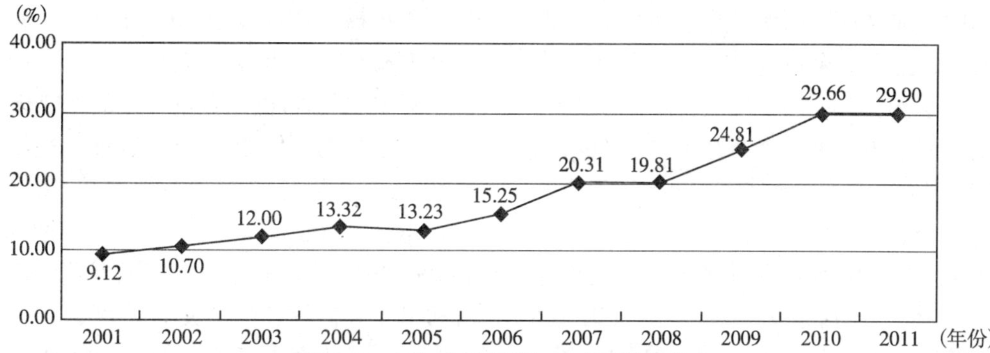

图 23-2　历年金属切削机床产量数控化率

资料来源：根据中经网统计数据库（宏观月度库）数据计算。

压件、高端压力变频器、超高压交直流绝缘套管及变压器出线装置、天然气长输管线和大型火电及核电设备阀门、核电装置用的高端密封件，以及大型水电机组用的无取向优质的矽钢片和抗撕裂厚钢板、超高压大型变压器用的冷轧取向优质的矽钢品、超高参数铸锻件等基础件产品的自主创新均取得了一系列可喜的突破。①

3. 国际竞争力大幅提高

2001 年以来机械工业的国际竞争力有了大幅提高，贸易竞争力指数在 2008 年达到历史最高点。如图 23-3 所示，在多年大幅贸易逆差之后，2004~2008 年机械产品出口额增速均高于进口额增速，2004 年机械工业的贸易逆差出现下降趋势，2006 年首次实现微弱的贸易顺差，2008 年贸易顺差达到历史最高点的 477 亿美元。与此相应，贸易竞争力指数也从最低点 2003 年的 0.7473 连续提高到 2008 年的 1.1091。在国际金融危机的影响下，中国机械产品出口较进口受到了更大的冲击，贸易竞争力指数有所下降，2011 年为 1.0196，但与 21 世纪初相比仍然有很大幅度的提高。

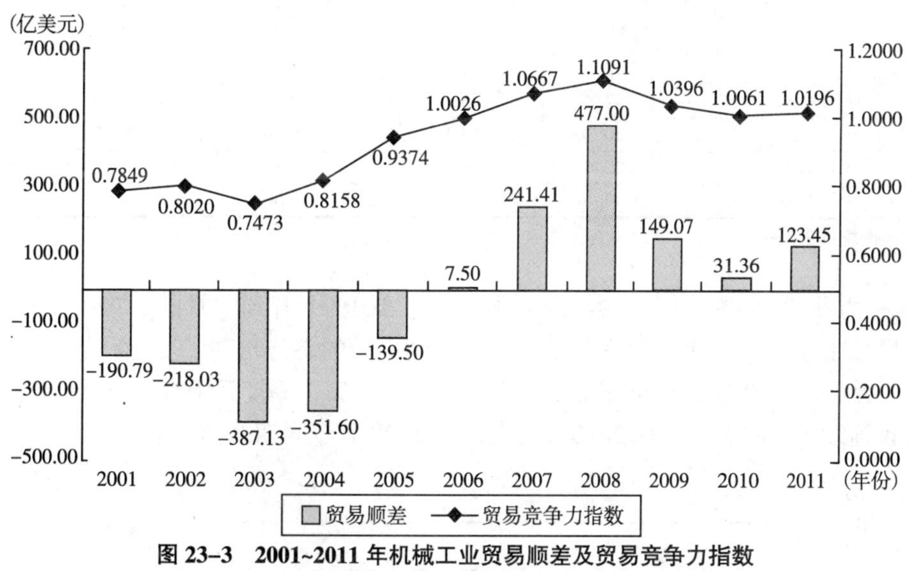

图 23-3　2001~2011 年机械工业贸易顺差及贸易竞争力指数

资料来源：根据机械工业联合会发布的历年机械工业进出口数据计算。

4. 形成了一批具有较强竞争力的大型企业

伴随着行业整体规模的快速增长，中国机械工业涌现出了一批具有较强国际竞争力的大型企业。在中国机械工业联合会历年评选的“中国机械工业百强企业”中，前 10 位企业营业收入占机械百强企业营业收入总额的比重从 2005 年的 36.28%提高到 2010 年的 46.76%，前 20 位企业营业收入占机械百强企业营业收入总额的比重从

①《2011 年我国机械工业经济运行情况及未来走势分析》，http：//www.steelinfo.com.cn。

2005年的50.46%提高到2010年的60.98%，表明中国机械工业的排头兵企业与整个行业相比具有更高的成长性。

21世纪以来，中国机械企业开始进入《财富》杂志世界500强企业榜单。继2004年上海汽车工业（集团）总公司率先进入后，到2011年（按2010年营业收入），中国进入世界500强的机械企业已经有4家，包括东风汽车公司（第145名）、上海汽车工业（集团）总公司（第151名）、中国第一汽车（集团）公司（第197名）、中国机械工业集团有限公司（第435名）。

从细分行业市场来看，部分中国机械装备企业已经从籍籍无名迅速上升到了具有不可忽视的国际竞争能力。机床行业中，沈阳机床和大连机床已经进入了世界机床行业前10强；工程机械行业中，徐工集团、中联重科、三一集团进入了世界工程机械企业的前10位；上海振华港机集团的集装箱机械占据世界市场的70%。

5. 2011年机械工业运行中的新变化

按照机械工业联合会的统计口径统计，2011年机械工业累计实现工业总产值16.89万亿元，同比增长25.06%，与"十一五"时期的年均增长28.05%相比，有了较大幅度的回落。已经有媒体称机械工业高增长的"大潮退去"。

（1）行业产出增速下滑。2011年，机械工业产出增长出现明显的下滑。从机械6行业的产品销售收入累计同比增长率（见表23-1）来看，与2010年相比，2011年各行业均大致呈现连续下滑的走势。其中，产出规模最大的交通运输设备制造业、电气机械及器材制造业的下滑幅度居于前列，从而对整个机械行业的产出增长率下滑起到了强力牵引作用。

表23-1 机械6行业的产品销售收入累计同比增长率

单位：%

行业 年.月	金属制品业	通用设备制造业	专用设备制造业	交通运输设备制造业	电气机械及器材制造业	仪器仪表及文化、办公用机械制造业
2010.02	33.36	35.71	34.45	73.17	35.79	24.07
2010.05	34.21	34.35	35.89	54.11	34.37	29.15
2010.08	32.77	32.89	34.71	42.71	33.14	33.30
2010.11	31.98	32.32	33.82	36.98	32.96	33.15
2011.03	33.62	34.82	36.37	22.43	31.80	26.84
2011.06	32.91	33.20	33.27	17.96	29.56	22.52
2011.09	32.65	31.22	31.60	18.37	28.54	24.33
2011.12	30.60	28.99	29.76	18.06	24.86	21.41

资料来源：中经网统计数据库。

（2）盈利能力徘徊下降。图23-4给出了2010~2011年机械工业累计销售利润率的变动情况。如图23-4所示，2010年，机械工业的产品销售利润率呈现连续上升的态势，从2010年2月的6.01%上升到7月的6.79%。2011年，这种连续上升的态势出现了变化，从5月起即进入下降通道，第三季度开始有所回升，但直到11月仍低于2010年同期0.19个百分点。

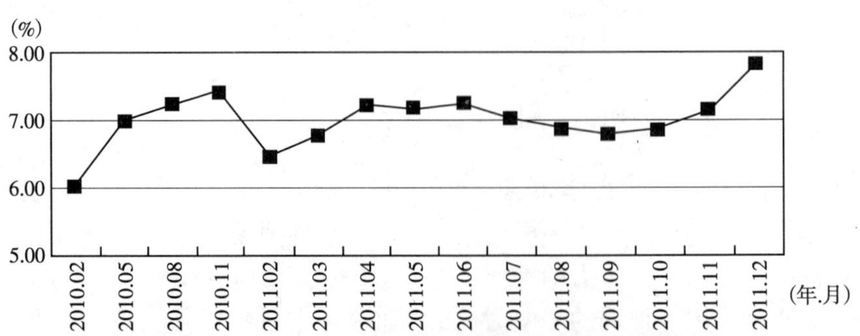

图23-4 2010~2011年机械工业累计销售利润率变动情况

资料来源：根据中经网统计数据库中机械6行业（金属制品业，通用设备制造业，专用设备制造业，交通运输设备制造业，电气机械及器材制造业，仪器仪表及文化、办公用机械制造业）的销售收入、利润总额合计计算。

（3）出口交货值增速下降。与2010年相比，2011年，机械工业的出口交货值增速同样出现了下滑。从机械6行业的出口交货值累计同比增长率（见表23-2）来看，2011年各行业均先后出现了下滑的走势，到2011年12月，与2010年年底相比，金属制品业，电气机械及器材制造业，仪器仪表及文化，办公用机械制造业降幅均超过了10个百分点以上。

表23-2 机械6行业的出口交货值累计同比增长率

单位：%

年.月 \ 行业	金属制品业	通用设备制造业	专用设备制造业	交通运输设备制造业	电气机械及器材制造业	仪器仪表及文化、办公用机械制造业
2010.02	14.89	-1.29	15.28	31.96	22.30	15.58
2010.05	25.42	14.89	27.21	25.06	31.45	28.32
2010.08	33.75	19.76	30.52	26.14	36.05	33.77
2010.11	34.80	22.62	30.61	24.18	35.25	30.37
2011.03	39.88	26.03	22.31	18.37	31.58	16.28
2011.06	33.50	25.29	30.10	22.66	24.98	12.25
2011.09	24.29	22.84	26.93	22.20	19.94	15.38
2011.12	23.25	21.48	25.74	21.21	16.10	13.98

资料来源：中经网统计数据库。

二、国内外经济环境变化对机械工业的影响分析

中国机械工业过去10年的“高增长”发展成就，既源于机械企业把握住了21世纪以来国际加工制造业向中国转移的机遇，也得益于国际金融危机之后中国“保增长”的宏观经济政策以及国家支持装备工业技术进步和结构调整的产业政策的综合作用。但是，进入2011年以后，在国家宏观政策调整和国际市场持续低迷的影响下，机械产品的市场需求规模脱离了高速增长的轨道，需求结构快速升级，各方面成本持续提高。国内外经济环境的变动通过中国机械产品需求规模和结构变动以及要素成本变动的传导作用，从而对中国机械工业的行业运行以及更深层次的产业结构调整都形成了不可忽视的影响。

1. 最终需求对机械工业增长的规模效应

（1）出口拉动效应下降。21世纪以来，出口作为最终需求之一，已经成为拉动中国机械工业增长的重要因素。2005年前后，机械产品出口交货值占销售产值的比重超过20%，达到了历史最高水平，2004年出口对行业增长的贡献率达到28.23%。在此之后，机械产品出口占产出的比重以及对产出增长的贡献率开始下降，国际金融危机使这种下降的幅度在2009年陡然加大，其后的2010年虽然出口贡献率恢复到正值，但出口占销售产值的比重并没有上升，2011年则保持了继续下降的态势（见表23-3）。可见，即使在危机应对政策正当其时的2010年，出口对机械产品的产出拉动效应依然不大。出口需求从根本上讲取决

表23-3 机械行业的出口交货值占比及出口的产出贡献

单位：%

项目 \ 年份	2001	2002	2003	2004	2005	2006	2007	2008	2009	2010	2011
出口交货值占销售产值比重	17.57	16.92	17.86	20.58	20.68	20.55	19.97	18.72	13.83	13.52	10.30
出口贡献率	15.10	14.53	19.49	28.23	21.12	20.11	18.16	14.07	-14.55	12.45	10.23

资料来源：2001~2010年根据北京华通人商用信息有限公司提供的机械6行业统计数据计算；2011年根据机械工业联合会统计数据计算。

于国际市场景气程度和中国机械工业的国际分工位置，短期内中国机械工业的国际分工地位不会有大的改变，但2008年金融危机后世界经济复苏缓慢，2011年下半年以来“二次探底”的风险进一步加大，导致国际市场机械产品需求增长缓慢。因此，在未来的几年，无法期望出口需求对中国机械工业增长发挥较大的拉动效应。

（2）扩大内需政策调整，导致消费拉动效应不足。2011年开始，中国政府为应对国际金融危机而制定的一些扩大内需的政策陆续到期。对机械工业影响最大的是3项汽车消费政策（小排量乘用车车辆购置税减额征收、汽车以旧换新补贴、汽车下乡补贴）的到期停止执行。汽车行业是机械工业中金融危机初期下滑严重、在消费政策拉动下增长又最为迅猛的行业，但是，随着政策的调整，2011年汽车行业再次成为机械工业12个分行业中增速下滑幅度最大的行业，按照机械工业联合会的统计，汽车行业2010年工业总产值增速为36.23%，2011年下降到16.79%，降幅为19.44%。由于汽车行业是机械工业中规模最大的分行业，因而对整个机械工业的增速下降起了重要的拉动作用。此外，大机械行业的范畴还包括了家电行业，而家电行业的消费刺激政策（家电“以旧换新”、家电下乡、节能空调能效补贴）也从2011年开始陆续到期。因此，由于金融危机应对政策的逐步退出，机械行业将失去被政策激发起来的一部分消费需求，由于政策调整导致的消费拉动效应不足将从2011年开始逐步显现。

2. 全社会固定资产投资对机械工业增长的规模效应

全社会固定资产投资是机械工业经济运行的重要影响因素，其中用于设备工具器具的购置费用是机械工业重要的需求来源。从图23-5可以看出，2001~2011年，机械工业总产值增速与全社会固定资产投资增速呈现出直接而紧密的联系。某一年份的全社会固定资产投资增速上升，会引发下一年份的机械工业总产值增速上升；相反，某一年份的全社会固定资产投资增速下降，则会引发下一年份的机械工业总产值增速下降。在2008年之前，全社会固定资产投资增速的变化会在机械工业总产值增速变动的反应中被放大，但全社会固定资产投资增速从2008年的15.57%提高到2009年的33.15%，只引发了机械工业总产值增速从2009年的14.69%提高到2010年的33.93%全社会固定资产投资对机械工业增长的拉动强度减弱。

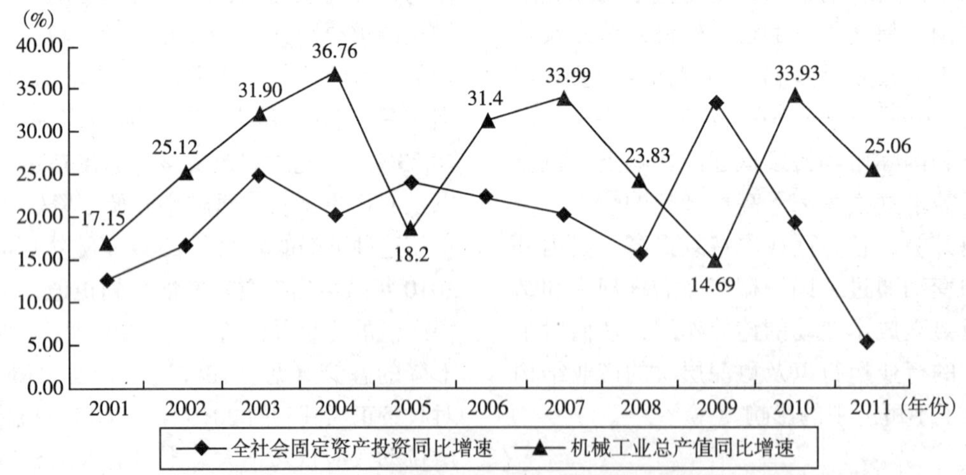

图23-5 2001~2011年全社会固定资产投资增速与机械工业增速

资料来源：机械工业增速数据来源于历年《机械工业统计年鉴》；全社会固定资产投资同比增速根据北京华通人商用信息有限公司提供的全社会固定资产投资总额和固定资产投资价格指数计算。

全社会固定资产投资总额受经济景气预期和国家政策的左右。一方面，中国经济已经深度融入国际产业分工，在国际市场中居于第一出口大国的位置，世界经济重入低谷严重影响了中国产品出口，并通过产业间联系进一步影响国内机械市场需求；另一方面，到2011年，为应对金融危机而加大的政策性投资已经基本完成，国家还出台了一系列措施，包括实行稳健的货币政策、加强流动性管理和加大房地产市场的调控力度等，导致当年全社会固定资产投资增速继续大幅下降，仅为 4.91%，固定资产投资对机械工业产出的拉动效应还会进一步减弱。

3. 需求升级对机械工业增长的结构效应

需求结构升级来源于两个方面相互交织的动力：①政策的拉动作用。金融危机之后，政府主导投资带动的机械装备需求更密集地集中于大型、高端、精密设备，2011 年开始，虽然政府投资规模下降，但鼓励产业升级、节能减排和绿色制造已经成为中国产业政策和技术政策的长期取向。在政府主导投资的大潮退去之后，政策的需求结构效应更加凸显出来。②市场自发的投资需求也在加速向中高档机械装备转移。中国作为世界第一的制造业大国，其生产能力从低端产品起步，在目前的国际竞争格局下，低端产品的竞争日益激烈而利润微薄，中国制造企业从自身的生存和发展出发也必须进行产品升级，从而形成了对更加高端机械装备的需求。以 2009 年为分界线，在此之前，中国机械装备需求规模快速增长，需求结构相对缓慢升级；在此之后，是需求规模平稳增长，而需求结构以相对更快的速度升级。

需求升级对机械工业增长的结构效应体现在几个方面，即产品间结构升级效应、产品内结构升级效应和产业链延长效应：对高端产品需求高速增长，中低端产品需求增长缓慢；对高端功能部件需求高速增长，中低端部件需求增长缓慢；对机械装备的需求从产品向服务延伸，对现代制造服务业的需求快速增长。需求结构升级拉动了机械工业结构升级，2011 年，机械工业结构调整在产销增速放缓的情况下提速，这一状况表明，即使政府投资退出了主导位置，中国机械工业也没有慢下产业升级的脚步。

4. 成本上升的利润抵减效应

国内外经济环境在影响中国机械工业需求的同时，也通过对机械工业的上游产业以及融资环境、居民消费支出的影响，将成本上升的压力传导到机械工业，从而对机械工业的利润形成抵减作用。21 世纪以来，除了 2009 年外，机械工业的上游原材料（燃料动力、钢铁、有色金属等）价格指数均高于机械工业品出厂价格指数。2011 年受宏观经济形势影响，机械工业融资成本、人工成本呈持续上涨之势，上游原材料价格增幅也高于机械产品出厂价格增幅（如图 23-6 所示）。

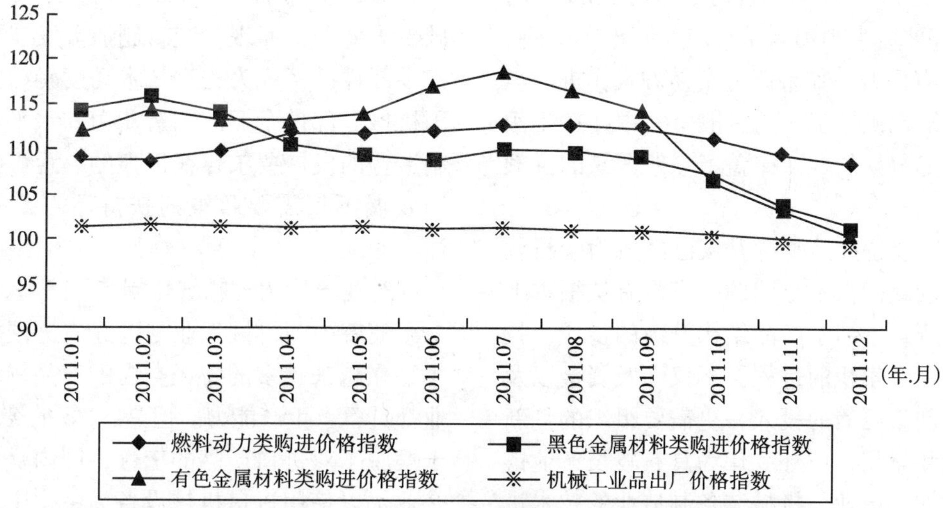

图 23-6　2011 年机械工业品出厂价格指数和主要原材料购进价格指数

资料来源：北京华通人商用信息有限公司。

对机械工业而言，作为高度竞争性行业，很难把成本上涨的压力往下游传递，因而成本上升是长期的趋势，即使因为国内外宏观经济形势下行导致压力缓解（如 2009 年）也是暂时的。2011 年，由于产销增长的速度有所下降，成本上升对利润的抵减作用更加明显地显现出来。成本上升对于企业的发展是一把“双刃剑”，既有可能形成对结构升级的“倒逼”机制，也可能由于利润大幅下降而使企业失去进行创新投入的能力。

三、当前机械工业发展面临的问题

中国机械工业目前站在历史性的转折点上，当市场需求由高速增长转向平稳增长，产业发展能否由产出高增长带动产品结构升级阶段，进入产品结构加速升级带动产业增长的新阶段呢？尽管2011年中国机械工业在产销增幅回落的情况下，仍表现出结构调整明显提速的势头，但与近年来快速升级的需求结构相比，中国机械产品现有供给结构仍然存在巨大差距，机械工业的结构性问题再一次凸显。

1. 产品结构低度化与需求结构高度化

尽管21世纪以来中国机械工业产品结构大幅升级，中端以上产品所占比重迅速提升，但还是没有赶上更快升级的需求结构，这种供给结构与需求结构之间的差距在2008年之后陡然加大。由于国内的机械产品无法满足用户需求而转从国外进口，因而中国机械产品的国际贸易顺差很直观地反映了这种矛盾的变化。如前面图23-3所示，贸易顺差从2008年的477亿元陡降到2009年的149亿元，再降到2010年的接近进出口平衡，2011年才略有回升。如果区分贸易方式作进一步分析，则会发现机械工业的一般贸易中存在巨额逆差，是加工贸易的顺差掩盖了一般贸易的巨额逆差。

中国机械装备产品亟待升级已经成为全行业的共识，但创新能力不足问题一直没有从根本上解决，从而严重束缚了产品结构升级的步伐。技术进步需要一个累积的过程，不仅涉及资金以及人力资本等创新要素的投入，更需要组织的创新能力的形成和累积；此外，作为具有较长产业链的现代组装加工产业，机械装备制造业的技术进步不仅是主机企业的技术进步，更与产业链上各个企业之间的合作创新有着密不可分的联系。因此，推动中国机械工业产品结构升级不仅是加大创新投入的问题，而是涉及更多方面变革的系统性问题。

2. 主机生产与关键零部件供给

中国机械装备制造业中，高端电力装备、工程机械、数控机床等诸多主机的发展相对较快，一批重大技术装备的突破性创新已经成为近十年来机械工业发展中引人注目的亮点。但是与主机的快速发展相比，许多关键零部件和关键材料发展滞后，严重依赖进口。在近几年发展较快的几个行业中，如机床行业中的数控装置、功能部件以及工程机械行业中的液压件，进口零部件的价格在主机成本中占据相当高的比重，严重挤压了行业利润。而在一些已经成功实现国产化的重大技术装备中，基础零部件却无法满足主机配套要求，成为制约中国重大装备发展的“瓶颈”。

关键零部件和关键材料发展滞后，一方面，由于主观上过去中国在政策上一直“重主机，轻零部件”，为了实现主机生产的“零的突破”，各方面的扶持政策都向主机倾斜，为重大技术装备而进口的关键零部件还享受进口环节的税收优惠，从而忽视甚至抑制了国内零部件行业的发展；另一方面，从客观上看，中国机械零部件产业的基础更为薄弱，而现代装备制造业发展到今天，关键零部件已经成为先进技术高度凝结的产品，中国机械零部件企业的制造能力和水平与现代装备制造业的发展要求存在极大的差距。零部件产业的发展不仅需要政策的扶持还需要有新的力量注入。

3. 生产能力与精细化制造

随着中国机械工业与世界先进国家差距的缩小，在越来越多的曾经空白的产品领域，中国企业都具备了生产能力。但是，“零的突破”并不等于摆脱了对进口产品的依赖，国内众多加工制造企业仍以使用进口机械设备为荣、中国机械产品出口价格远低于发达国家同类产品价格的现状，就深刻地折射出中国机械产品在产品质量以及可靠性方面的差距，即生产能力和精细化制造之间的矛盾。

具备了生产能力只是达到“能做”，而精细化制造则是持续稳定的生产——“做好”的保障，后者是在前者基础上的进一步提升。机械产品质量和可靠性的提高来源于设计、制造、使用和维修、配套件等各个阶段的共同努力。只要其中一个重要零件、一个重要工序出了问题，就会影响整机产品的质量，影响使用的可靠性。“设计”奠定产品可靠性的基础，“使用”验证和维持产品可靠性目标，而精细化制造则是实现产品的可靠性设计目标的重要保障。相对于生产能力对技术创新的高度依赖，精细化制造需要更加系统化的支撑因素，既包括技术性因素，如先进加工设备、熟练技术工人；也包括管理因素，如生产过程管理、配套件供应管理等；甚至还包括对于产品质量精益求精的企业精神和文化，这正是中国企业目前普遍缺乏的。

4. 生产制造与服务化发展

从机械工业涉及的全部增值环节来看，应该包括研究、开发、设计、试制、制造、组装、销售、售后服务，以及逐步受到重视的回收再制造等环节，形成一条完整的制造业价值链。其中，售后服务和再制造环节就已经属于生产服务业范畴。中国机械企业大多从制造和组装环节起步，即使是大企业也多为单一形态的产品生产制造型企业，是单纯的产品供应者，服务化发展十分不足。近几年一些企业在发展现代制造服务业延长产业链方面取得了一些进展，但从行业整体来看仍然是生产制造能力有余而服务化发展不足。

进入服务环节需要企业能力的延伸，企业首先要具备坚实的基础能力。①企业在产业链上所处位置应该是承担产品最终集成和产业链主导者，因其在产业链中的地位，需要而且也能够充分接近产品使用方、了解客户需求，并根据需求引导本企业以及配套企业的产品开发。这样的企业发展现代制造服务业是在现有自身产业环节基础上的自然延伸，发展服务业更有优势和基础。②企业本身具有较强的生产制造能力和集成能力。大型机械产品的制造过程复杂精细、需要产业链上各相关主体反复协调、调整，因而制造组装环节是极为重要的，具有这种特性的产品并不适合“去制造化”。机械企业发展现代制造服务业，并不是用服务环节去替代甚至取消生产制造环节，而是将产业链延长到生产服务环节，使两个环节相互促进，以此来提升企业整体的竞争力和盈利能力。在具备了上述两方面能力的基础上，企业还需要为进入生产服务环节构建与其相应的其他能力，这又进一步提高了机械制造企业进入现代制造服务业的进入壁垒。

四、从机械大国走向机械强国的对策建议

得益于21世纪以来有利的国际国内环境，中国已经发展成为世界第一机械生产大国。与已经走过的规模高速增长的发展阶段相比，未来中国机械工业要迈向以结构升级带动产业增长的新阶段，就更需要练好内功，以全面创新促进结构升级、以结构升级作为行业发展的接续引擎。将创新由点到面展开，从少数重点企业扩展到众多的中小企业，从单纯的技术创新向包括管理创新和供应链创新的全方位创新展开。

1. 优化行业运行的外部环境

中国机械工业已经发展成为一个充分竞争和高度市场化的行业，在与上游要素供给方和下游需求方的关系中，并不具备很强的价格决定权。从上游来看，钢铁、有色金属等主要原材料的价格上涨，以及国家货币政策作用下的财务费用上涨，都无法完全通过机械产品价格调整将压力转嫁出去，从而对利润产生了很大的侵蚀作用。从下游来看，一方面，许多重大设备或者依托重点工程研制的装备其使用方都是大型垄断企业，供需双方的市场地位悬殊；另一方面，本土装备制造企业还面对进口产品，以及跨国公司在华子公司产品的竞争。应该说，中国机械工业所面临的这种外部环境，相当部分是市场经济的应有之义，是企业必须通过提高自身竞争力去应对的；但是也不可否认，其中有些因素是由于中国市场经济在各个领域发展不平衡带来的。应该优化行业运行的外部环境，减少非市场化因素对行业运行的负面影响，在企业融资环境、重大装备和关键零

部件的进口替代等方面，为中国机械企业创造更好的外部发展环境。

2. 加强企业基础能力建设

目前中国机械工业制造能力方面的优势仅仅体现在低技术产品或者生产环节的产出规模上，产品层次（性能、质量、设计、交货期）以及更深层的供应链层次和工厂组织能力等方面还存在很大的不足。提高中国机械工业的精细化制造能力，需要企业在加大投资之外，能够沉下心来加强自身基础能力建设，如熟练技术工人的培养、生产过程管理、配套件供应管理等。其中，要把注重员工技能培养放在突出重要的位置。日本和德国是机械工业最为发达的国家，这两个国家企业中有很强的痴迷于熟练技术、并以此为竞争力源泉的意识，即“匠人文化”。即使在全球化的新竞争环境下，“匠人文化”引发的对于精湛制造技术的推崇仍然是机械工业竞争力的核心来源。熟练技术工人的培养对于企业是一个长期连续化的工作，与企业的用工、薪酬制度有着密切联系。如果劳资关系中，企业更多考虑的是降低用工成本和增加盈利，而鲜有创造与员工共同成长的制度氛围，中国机械工业将长期停留在大量雇用稍加培训即可上岗的“农民工”这种低水平制造阶段而难以升级。

3. 加强企业间协作关系，形成企业创新网络

要进一步加大行业整体研发投入，带动中小企业技术创新。中国机械工业中，中小企业往往与大企业处于同一产业链的不同环节，小企业的技术创新将对整个产业链的水平提升产生倍增作用。复杂的机械产品往往会由上万个零件所组成，总装厂上游有一级供应商，而一级供应商之上还有二级供应商、三级供应商。日本的主机生产企业与自己的供应商形成了密切的协作关系，如果总主机生产企业希望降低零部件采购价格，它会派出自己的技术人员帮助供应商降低成本而不是简单地以招标形式压低价格，而在新产品的研制方面共同研发也同样广泛存在。中国制造业企业目前仍然缺乏这种与供应商一同成长的氛围，上下游企业之间以单纯的市场交易关系为主。但是，当中国机械企业试图沿价值链攀升而进入更复杂制品领域时，缺乏协作带来的能力不足将成为越来越大的障碍。因此，要以主机生产企业为主体，加强产业链合作，从整体上提升组织的创新能力。

4. 鼓励大型主机生产企业向产业链两端延伸

在以主机生产企业为主体加强产业链合作的同时，还要鼓励大型主机生产企业向产业链两端——零部件生产和生产服务延伸。在中国近年来发展较快的一些主机产品中，组装型生产是主流的生产方式，即主机厂生产床身等大的结构件，外购通用零部件和进口零部件并进行组装。随着主机生产企业竞争力的提升，对进口零部件的依赖越来越成为企业产品升级和进一步提高盈利能力的主要障碍。而大型主机生产企业生产能力的提高，也进一步强化了企业发展生产服务业和基础能力和动力。应当鼓励已经具有一定技术水平和市场竞争力的大型主机生产企业通过并购和新建投资的方式向产业链两端延伸，这样，既为关键零部件产业发展注入了有生力量，也使主机生产企业抓住了机械产品产业链中的两个关键盈利环节。

专栏 23-1

沈阳机床的价值链环节创新

沈阳机床股份有限公司（以下简称“沈阳机床”）是国内最大的机床生产商。根据国际权威机构美国加德纳公司最新公布的数据显示，2011 年，沈阳机床实现机床销售收入 27.83 亿美元，名列世界机床行业第一位。这意味着沈阳机床朝着世界一流企业、世界市场引领者的发展目标又迈进了一大步。

实际上，多年来沈阳机床一直致力于产业链环节的创新。从制造业涉及的全部增值环节来看，应该包括研究、开发、设计、试制、制造、组装、销售、售后服务，以及回收再制造等环节，形成一条完整的制造业价值链。对于一个具体的企业来说，进入新的价值环节或者转换业务重心使其调整到另一个价值环节，就是企业内部的价值环节创新。企业进入或退出某个价值环节往往是受利润的驱使，而进入更高盈利水平的价值链环节，在GVC理论的分析框架下，就是产业升级中的功能升级。沈阳机床的价值链环节创新重点体现在以下三个方面：

（1）向上游关键零部件环节延伸，开国内机床主机厂研发数控系统之先河。数控系统是数控机床的最核心部件，其价值约占先进高档数控机床价值的30%。过去，沈阳机床集团产品的数控系统主要来自德国西门子公司。为了打破国外制造商的技术垄断，2007年，沈阳机床开始研发"飞阳"数控系统；2009年取得技术突破，开始应用在中高档数控机床中；2012年4月，沈阳机床全新开发的飞阳G系列数控系统开始应用在ETC系列产品中，依据客户化需求，以自动化加工单元的组线模式开始品牌经营之路。

（2）将低附加值环节外包。2012年2月22日，沈阳市于洪区与沈阳机床共同召开招商推介会，通过OEM（代工企业）的方式，利用沈阳机床每年64亿元的数控机床零部件配套资源，计划招募30家承接商落户于洪区。这是沈阳机床集团在生产体系上的一次根本性调整，标志沈阳机床在实施生产方式向市场化配置、社会化配套、专业化生产的新型企业制造模式转变上，迈出了重要的一步。

（3）强化销售和服务环节。沈阳机床在国内首家应用了现代信息技术建立的Call Center系统，开通了400客户服务热线，集中受理并快速响应客户需求；在国内率先建立了4S店模式，该模式已成为中国成长最快、服务最先进的机床销售模式，沈阳机床的总公司，北京、上海等地的分支科研机构，400客服平台均向各地的4S店全面开放，一个电话便可调动整个系统的运行。沈阳机床全新的服务体系，不仅仅体现在提升硬件和管理水平上，更为重要的是努力提升营销和技术服务队伍的人员素质，倡导"以客为先"和为客户创造最大价值。

资料来源：根据《飞阳系统面世　沈阳机床南京演绎智能化》（《中国工业报》2012年4月23日）、《沈阳机床去年销售收入居世界同行业第一》（《中国工业报》2012年3月27日）；《沈阳机床：登临世界之巅的"沈阳路径"》（《沈阳日报》2012年1月7日）等资料整理。

参考文献

1. 朱森第：《我国装备工业的发展与提升》，《开发研究》2009年第1期。

2. 崔万田、周晔馨、李进伟：《沈阳与大连装备工业创新能力的比较研究》，《财经问题研究》2009年第4期。

3. 张保胜：《基于技术链的装备工业共同创造与创新能力提升》，《技术经济与管理研究》2009年第5期。

4. 张米尔：《创新互动与装备工业结构升级》，《科学学与科学技术管理》2004年第10期。

5.《"高增长"大潮退去"结构调整"主导机械行业》，《中国工业报》2011年12月26日。

6.《我国〈"十二五"机械工业发展总体规划〉与发展》，中国机械设备网，http://www.news.machine.com.cn/show-71785/。

第二十四章　汽车工业

提　　要

2011 年中国汽车工业产销增速均创 13 年来最低，但中国汽车工业产销总量仍居世界第一。“十二五”开局之年，中国汽车工业发展出现了一些值得注意的变化：随着中国经济增长放缓，汽车工业增长必然逐步放缓；西部汽车市场，三、四线城市汽车市场成为发展最快的新增市场，二手车市场对汽车工业发展具有越来越重要的作用；能源结构发生变化，替代能源中，天然气使用发展最快，天然气汽车使用已覆盖全国 30 多个省份；政府汽车消费政策发生较大变化，新车船税开始实施，汽车“三包”制度即将推出；随着 PM2.5 数据的发布，国家环境保护政策进一步趋紧；在中国汽车出口迅速增长的同时，国际上对中国汽车产品出口的贸易保护主义声浪逐步高涨；汽车企业劳动力成本持续上升；新能源汽车产业化进展与政府原来构想相差甚远。面对这些变化，政府的政策与企业经营策略都必须做出相应转变，才能推动汽车工业在“十二五”期间平稳发展。

*　　　　*　　　　*

2011 年中国汽车工业出现了 13 年以来的最低增长速度，中国汽车工业发展进程中遇到了一些新问题，宏观环境也出现了深刻变化。汽车工业面临的最重大战略问题：新能源汽车的产业化进程与原来政府的构想相差甚远。“十二五”开局之际，在发展速度降低的同时，汽车工业发展面临着新挑战和新机遇，需要政府做出相应政策转换，也需要企业在经营战略上有较大改变。

一、汽车工业“十二五”开局取得的进展

1. 产销量持续保持世界第一

2011 年中国汽车工业共生产汽车 1841.89 万辆（见表 24-1），同比增长 0.84%，销售汽车 1850.51 万辆，同比增长 2.45%；产销增速比 2010 年分别回落了 31.60 和 29.92 个百分点。中国汽车工业产销总量仍居世界第一。

2011 年乘用车产销分别完成 1448.53 万辆和 1447.24 万辆，同比分别增长 4.23%和 5.19%。其中，SUV 和 MPV 增长明显，高于乘用车总体增长速度。1.6 升及以下乘用车销售 983.93 万辆，同比增长 4%。

表 24-1 2005~2011 年中国汽车总产量

单位：万辆

年份	汽车总产量	其中：轿车产量
2005	507.05	231.63
2006	727.97	386.95
2007	888.24	472.66
2008	934.51	504.69
2009	1379.10	761.24
2010	1826.47	1389.71
2011	1841.89	1448.53

资料来源：根据《中国汽车工业协会统计资料》、《中国工业发展报告》（2010）整理。

2011 年，销量排名前 10 位的汽车生产企业依次是：上海汽车工业集团公司（以下简称“上汽”）、东风汽车股份有限公司（以下简称“东风”）、中国第一汽车集团公司（以下简称“一汽”）、中国长安汽车集团股份有限公司（以下简称“长安”）、北京汽车制造厂有限公司（以下简称“北汽”）、广州汽车集团股份有限公司（以下简称“广汽”）、奇瑞汽车股份有限公司（以下简称“奇瑞”）、华晨汽车有限公司（以下简称“华晨”）、安徽江淮汽车股份有限公司（以下简称“江淮”）和长城汽车股份有限公司（以下简称“长城”），分别销售 396. 60 万辆、305.86 万辆、260.14 万辆、200.85 万辆、152.63 万辆、74.04 万辆、64.17 万辆、56.68 万辆、49.48 万辆和 48.68 万辆（见表 24-2）。与 2010 年同期相比，长安、广汽和奇瑞有所下降，其他企业各有增长，其中长城增速更快。2011 年，上述 10 家企业共销售 1609.13 万辆，占汽车销售总量的 87%。[①]

表 24-2 2011 年前 10 位汽车企业市场占有率

排名	汽车企业	2011 年销量（万辆）	市场占有率（%）
1	上汽	396.60	21.4
2	东风	305.86	16.5
3	一汽	260.14	14.1
4	长安	200.85	10.9
5	北汽	152.63	8.2
6	广汽	74.04	4.0
7	奇瑞	64.17	3.1
8	华晨	56.68	3.1
9	江淮	49.48	2.6
10	长城	48.68	2.6
合计		1609.13	87.0

注：2011 年汽车总销量为 1850.51 万辆。
资料来源：中国汽车工业协会。

2. 自主研发取得新进展

2011 年中国汽车工业自主研发取得了较大进展。

自主品牌汽车企业的自主研发能力得到加强。例如，上汽集团投资 40 亿元建设上海汽车乘用车公司的整车开发中心，建成后将是亚洲规模最大的开发中心。开发中心占地 50 万平方米，涵盖了所有整车开发需要的所有设备，将在 2013 年底基本建设完成。

主要汽车企业为研发新产品，组成了若干产业联盟。例如，由国内前 10 家汽车企业组成了开发新能源汽车的“T10”产业联盟。由同济大学、清华大学、武汉理工大学、重庆大学 4 所高校，中科院大连物理化学研究所等 3 家研究机构，一汽等国内 12 家汽车整车及零部件企业组成了燃料电池汽车技术创新战略联盟。

政府支持自主研发力度加大。国家发展和改革委员会批复设立了一些与汽车行业相关的国家或地方技术工程中心、实验室，如机动车排放后处理技术国家地方联合工程研究中心、重型汽车变速器国家地方联合工程实验室、汽车技术与装备国家地方联合工程研究中心、新能源汽车电驱动系统及发动机核心组件国家地方联合工程实验室、高节能电机及控制技术国家地方联合工程实验室和替代燃料汽车国家地方联合工程实验室等。

轿车产品开发取得较大进展。北汽消化吸收萨博技术，已完成了国产品牌系列车型的研发，首款北京牌轿车 E 系列将投放市场。上汽开发的“上海牌”轿车将投产三款车型。针对高端公务用车的红旗 C131 车型，也有望正式投产。长城腾翼 C50、比亚迪 S6、吉利全球鹰 GC7 和长安逸动等自主品牌车型不仅在制造工艺上有较大提升，在发动机、变速箱等关键动力总成上也有提高。

主要汽车生产企业逐步在全球部署研发体系。例如，上汽集团的自主研发体系参考了上海大众汽车有限公司（以下简称“大众”）、通用汽车公司（以下简称“通用”）的全球开发流程和英国技

① 中国汽车工业协会 2011 年统计资料。

术中心掌握的罗孚产品开发流程以及双龙的流程，通过上汽在中国上海的安亭技术中心、中国南京的技术中心和位于英国伯明翰的上汽技术中心，制定出适合三地需求的体系，并在运行当中不断优化。

奇瑞与德国拜尔材料科技公司成立了奇瑞-拜尔轻量化联合实验室；与韩国 SK 电讯联公司合成立了“车联网”技术联合实验室；与日本富士通公司共同研究和开发嵌入式软件；与奥地利麦格纳集团共同开发汽车内外饰件；与美国伟世通-汉纳公司共同开发汽车空调系统；与法国法雷奥公司合作开发和生产汽车照明系统；[①] 与以色列企业合作开发“观致”轿车，形成了国际研发体系。

3. 跨国汽车公司加速在中国建立研发中心

伴随着中国市场逐渐成为全球最大的汽车市场，大众、通用、福特汽车公司（以下简称“福特”）、丰田汽车公司（以下简称“丰田”）、本田汽车公司（以下简称“本田”）、日产汽车公司（以下简称“日产”）等世界主要汽车厂家，已先后在中国设立研发机构。奥迪、奔驰、日产等跨国公司已在北京、上海等地建立了设计中心。这些企业希望进一步贴近中国市场，找到可以融入汽车造型的中国元素。同时，这些设计中心还将承担某些全球设计任务。例如，日产在中国的设计中心将主要完成尼桑和英菲尼迪车型的外观和内饰的设计，为全球分享设计资源。

随着中国市场逐渐成为各豪华品牌的主战场，主流高档车企的本土化研发渐成趋势。2011 年下半年，奥迪在北京设立的技术研发中心启动，年底前将正式投入运作。奥迪在北京的研发中心分为内饰、外饰和装饰 3 个部门，将使奥迪新车或者改款的本土设计研发工作进一步前移，推进奥迪的车型更贴近中国市场和中国文化。

2011 年 9 月 21 日，通用汽车中国前瞻技术科研中心一期正式落成。该科研中心将作为通用汽车全球战略部署的重要组成部分开展全球性的研发工作，重点进行轻质材料和电池单体两大领域的研究，开发混合动力、插电式混合动力、增程式电动汽车以及其他前瞻技术。

跨国公司在中国设立研发中心，不仅意味着中国汽车工业加速融入全球汽车工业体系，也意味着中国汽车工业在全球汽车产业链条中地位稳步提高，在跨国公司全球战略中地位更加重要，对于提高中国汽车工业技术水平、开发能力具有积极意义。

在政府推动下，合资汽车企业，纷纷开展了“合资自主”品牌汽车产品的研发。广汽本田推出了合资自主品牌“理念”，东风日产发表了合资自主品牌“启辰”的首款车型 D50。北京现代、长安马自达、神龙汽车、长安福特等企业也将推出自主品牌。

4. 汽车企业加速走向海外

2011 年中国汽车出口 81.43 万辆，同比增长 49.45%，比 2010 年同期增加 26.94 万辆（见表 24-3）。2011 年，中国汽车销量为 1850.51 万辆，同比增长 2.45%。其中，汽车出口对汽车销量增长贡献度达 60.79%。中国汽车出口主要市场是俄罗斯、乌克兰、哈萨克斯坦等东欧、中亚国家市场，伊朗、叙利亚等中东国家市场，巴西、智利、厄瓜多尔和秘鲁等中南美国家市场及越南等东盟国家市场。2011 年中国汽车企业开始进入欧盟等发达国家市场。

表 24-3　2002~2011 年汽车整车出口状况

年　份	数量（万辆）	金额（万美元）
2002	5.99	25037
2003	4.47	37200
2004	7.80	66200
2005	17.28	158158
2006	34.24	313500
2007	61.27	731200
2008	68.07	963300
2009	33.24	304600
2010	56.67	698500
2011	81.43	1094624

中国汽车企业在海外投资设厂步伐加速。一汽集团与俄罗斯最大商用车生产商 GAZ 集团完成了合作意向书草案，准备在俄罗斯境内生产和销售 FAW 品牌中重型卡车；在南非成立了一汽非洲投资有限公司，生产中重型载货车的工厂选址已完成。未来还将与南非合作伙伴共同投资建设乘

① 王纬：《奇瑞国际化进入全产业链合作阶段》，《中国工业报》2012 年 2 月 17 日。

用车、轻微型车生产基地。江淮汽车公司、奇瑞汽车公司则在巴西投资建厂。2011 年 12 月 23 日，力帆集团与白俄罗斯亚拉维特汽车厂签订了组建合资企业的合同。力帆汽车公司在伊拉克的工厂正式启动，它是力帆在伊拉克最大的汽车分销公司之一。吉利汽车公司通过锰铜控股进入英国市场，并筹备以网络销售方式在意大利销售汽车。

2011 年，长城汽车公司出口汽车 8.5 万辆，同比增长 50%，成功进入了英国、乌克兰等市场。长城汽车公司已在俄罗斯、伊朗、埃及、菲律宾、埃塞俄比亚、斯里兰卡、苏丹等国建立了汽车组装厂。2012 年 2 月 21 日，长城汽车公司设在保加利亚的工厂正式投产。这是中国汽车企业在欧盟国家的首家汽车工厂，工厂规划生产能力 5 万辆，首先组装轿车凌傲，今后将逐步组装风骏 5、长城 C20R 和哈弗 H6。长城汽车将以保加利亚的汽车厂为据点，逐步扩大在欧盟汽车市场的份额。①

奇瑞汽车公司收购了意大利菲亚特汽车公司的一家制造厂，与当地公司合作建立了生产基地。

据不完全统计，中国本土汽车企业在海外设立的汽车组装厂已达到 81 家。②

海外业务在自主品牌企业中已占有重要战略地位。例如，奇瑞汽车 2011 年总销量 64.3 万辆，其中出口 16.02 万辆，约占 25%。奇瑞在全球有 16 个生产基地，远销 80 多个国家和地区，与 2010 年同期相比，奇瑞国际业务增长了 73%。

中国汽车企业加速走向海外，意味着国际市场对中国汽车企业已经具有重要战略意义，中国汽车企业依靠两个市场发展、经营的时代逐步到来。

近年来，一个引人注目的现象是合资汽车企业汽车出口加速，中国成为跨国公司汽车出口基地。跨国公司在华合资主要汽车企业均建立了海外销售事业部。至 2008 年年底，本田中国向欧洲 20 多个国家累计出口 JAZZ 超过 10 万辆。2011 年，合资汽车企业出口逐步加速。2011 年 12 月 2 日，华晨宝马 5 系长轴距车型在位于沈阳大东区的华晨宝马工厂正式宣布出口。12 月 20 日，北京奔驰在京举办长轴距 E 级轿车出口仪式，面向南美市场，首批出口 35 辆。

2010 年 10 月，上海通用的第一批近万辆雪佛兰新赛欧出口智利和利比亚等国家。上汽通用五菱已成为通用全球的重要出口基地，其生产的车型销往亚洲、中东各国，2011 年，上汽通用五菱共出口 15298 辆汽车，印度已成为其最大的生产基地。

跨国公司积极推动在华合资企业汽车出口，除实现跨国公司全球战略目标外，还有一个重要目的是，规避中国市场一旦发生巨大变化可能出现的过度依赖单一市场的风险。

5. 新能源汽车产业化取得一定进展

目前中国已经建立了电动汽车研发的国家技术标准平台、测试检验平台、政策法规平台和示范应用平台，基本形成了新能源汽车的技术标准体系框架。已制定了 56 项电动汽车国家标准和行业标准（包括安全性标准、基础性标准、可靠性实验方法等）。近一两年还将发布 70 项以上的技术标准。6 项关键零部件产品测试规范也已确定。测试电动汽车动力蓄电池、驱动电机、燃料电池发动机等部件的 6 个公共检测中心和试验平台已分别在北京、天津、上海、大连建立。中国充换电站、充电桩数量已居世界第一位。

中国政府制定了《节能与新能源汽车示范推荐车型目录》，到 2011 年 5 月已有 50 余家汽车企业 200 多个车型列入了《节能与新能源汽车示范推荐车型目录》，包括混合动力轿车、纯电动轿车、大中型客车、环卫车等，2011 年进入目录的车型年产量为 9000 余辆。34 家企业的 91 个整车产品实现了新能源汽车小批量的生产能力。

目前，中国开发的纯电动汽车最高时速可达 140 公里/小时，续航里程 250 公里。荣威 550 插电式强混轿车将于 2012 年底投产上市；上海汽车 100%自主品牌的纯电动轿车也将于 2012 年 10 月上市。全球最大的纯电动汽车产业化基地已在天津建成投产，该基地具备年产 2 万辆纯电动轿车以及 1000 辆混合动力客车的能力。

2011 年共出售新能源汽车 8159 辆，其中

① 《长城保加利亚开 KD 组装厂　设计产能 5 万辆》，《新京报》2012 年 2 月 27 日。
② 贾翔：《中国汽车产业国际化“艰”、“定”前行》，《汽车纵横》2012 年第 2 期。

5579 辆为享受国家补贴的电动汽车，2580 辆为混合动力汽车。2011 年全年汽车销售量为 1850.51 万辆。新能源客车已出口拉美。法国、意大利都订购了中国制造的电动大客车。

电动汽车规模化应用，带动了关键零部件制造能力的成长，关键零部件成本下降，锂离子电池价格已经由每瓦时 7~8 元人民币，降到低于每瓦时 3 元人民币。

二、汽车工业“十二五”开局遇到的问题

1. 自主品牌轿车市场占有率下降

自主品牌乘用车 2010 年共销售 611.22 万辆，同比下降 2.56%，占乘用车销售总量的 42.23%，占有率较 2010 年同期下降 3.37 个百分点。自主品牌轿车共销售 294.64 万辆，同比增长 0.46%，占轿车销售总量的 29.11%，占有率比 2010 年下降 1.78 个百分点，见表 24–4。[①] 2011 年，销量排名前 10 位的汽车企业中，只有 4 席是自主品牌企业。

表 24–4 2005~2011 年自主品牌轿车市场占有率

年 份	2005	2006	2007	2008	2009	2010	2011
自主品牌轿车销量（万辆）	72.66	98.35	124.53	130.82	221.73	293.30	294.64
自主品牌轿车市场占有率（%）	26.25	25.42	25.96	25.92	29.67	30.89	29.11

资料来源：根据《中国汽车工业协会统计资料》、《中国工业发展报告》（2010）整理。

自主品牌轿车市场占有率下降，反映出自主品牌轿车对政府政策、市场快速扩大仍存在较大依赖，产品的技术、质量及产品美誉度等方面与合资企业产品相比，仍然存在着较大差距。目前，自主品牌汽车市场竞争，仍然在较大程度上依靠价格手段，与合资企业相比，利润率较低。

2. 汽车零部件行业未见明显起色

进入“十二五”时期，在汽车整车生产能力已成为世界第一的背景下，汽车工业最薄弱环节——汽车零部件工业本应得到更大支持与扶植，有较大起色。遗憾的是，“十二五”开局后，汽车零部件工业仍处于缓慢发展的状态。由于新能源汽车日益受到政府重视，传统汽车零部件领域的发展反而有所忽视。在汽车跨国公司仍对传统汽车开发投入巨额资金的情况下，中国汽车企业在传统汽车核心零部件——发动机、变速箱、汽车电子零部件的研发方面投入不足，重视不够。政府及中介组织也没有制定出有效的支持汽车零部件工业发展的相关政策。

由于政府重点支持新能源汽车的发展，使汽车零部件企业对发展前景感到迷茫，因而在一定程度上影响了企业决策。例如，制造汽车发动机的企业，就对传统汽车发动机的前景产生了某种程度的动摇。

3. 自主品牌发展战略不够清晰

目前，在开发自主品牌的汽车企业中，存在急于求成，发展战略不够清晰的情况。具体表现为：产品开发重点不突出，有些企业开发新产品过多，成功投入市场的产品少，获得市场认可的产品更少，资源浪费，经营处于被动；有些企业过于依赖规模扩张，热衷于到处设厂，对市场变化认识不清，以致出现较大挫折；有些企业对自主品牌经营缺乏长远的、系统的战略策划，没有确立长期的品牌经营战略，在本企业各类产品之间如何协调市场策略，也缺乏足够研究。

2011 年自主开发轿车产品进入中、高级轿车领域的努力，更加明显。但是，对这一领域的竞争特点、竞争方式，有关厂家未进行充分调研，缺乏具有特色的营销战略。

开发自主品牌的汽车企业，往往对产品开发

① 《中国汽车工业协会统计资料》（2011）。

很重视，对营销环节重视不够，对产品的质量、维修重视不够。存在着对客户反映的问题敷衍了事，甚至由于管理不严导致以次充好等问题。汽车金融领域，缺乏足够的竞争力，因此在跨国公司日益重视在中国通过汽车金融获得利润时，中国汽车企业仍然过度依赖生产领域获得利润。

4. 企业兼并重组有待加速

2011 年中国汽车市场减速，本应加速汽车企业兼并重组，但是，实际情况是汽车企业间的兼并重组，仍然比较缓慢。除了目前的政府管理体制、规制对企业兼并仍然存在某些制约外，不同所有制企业的内在机制、文化，也影响着汽车企业兼并重组。例如，长安汽车公司兼并昌河汽车公司后，由于昌河领导班子及职工的激烈反对，不得不对其原来的重组计划做重大修改，企业内部整合受到挫折。

5. 新能源汽车产业化进程与政府预期相差甚远

2011 年，尽管新能源汽车产业化取得了一定进展，但是与政府原来预期相比，相差甚远。① 2011 年共销售新能源汽车 8159 辆，其中 5579 辆为享受国家补贴的电动汽车，2580 辆为混合动力汽车。2011 年中国汽车销售为 1850.51 万辆，新能源汽车在汽车总销售量中所占比重甚低。尽管有中央与地方政府的补贴，但私人购买的新能源轿车销售量更少。上海、杭州、深圳等地新能源轿车的销售量均未超过百辆。

《2011 年度中国新能源大巴示范运营调查报告》显示，参与节能与新能源汽车示范的 25 个城市，当初申报推广的新能源汽车规划近 2 万辆，实际推广数量只有 6500 辆左右，目标完成率只有 38%。投入运营的车辆中，大部分是混合动力公交车，纯电动公交车占比很低。到 2011 年年末，仅有上海、杭州、深圳、合肥（12 月初紧急投放了 1000 辆新能源汽车）、长株潭地区 5 个示范点完成了 1100 辆新能源汽车的推广工作，其中只有上海、深圳两地长期保持超过千台新能源汽车上路的水平。② 在某些城市，还存在着不同程度的地方保护。25 个示范城市中，近一半城市直接指定采购本地整车企业产品。

经过近一两年的实践，中国汽车工业界逐步认识到在新能源汽车领域，并不存在所谓"弯道超车"。中国汽车工业在新能源汽车产业化方面，与发达国家汽车工业相比，至少存在 10 年左右差距。

具体地说，新能源汽车产业化推进过程中存在如下问题：

（1）产品批量试生产，市场考验不够。目前推出的新能源汽车产品仍处于小批量试生产阶段。例如，占目前中国电动车销售 90%以上的比亚迪仅销售了 1000 多辆电动车（包括大巴、出租车和私家车市场）。日本的普瑞斯推向市场经历了 10 余年时间，已经是第三代，中国目前还处于第一代车的产业化初期）。在产业化方面有 10 年左右差距。

（2）关键零部件产业链条尚未形成。动力电池成本、安全性、可靠性方面存在较大问题，能量密度有待提高。混合动力整车共用关键技术，包括高效内燃机、先进变速箱、轻量化技术等方面仍然有待掌握。动力电池基础件（隔膜等）、电机及电控系统电子元器件、关键原材料仍然需要进口。永磁电机所需的稀土材料提炼技术及零部件与德国、日本存在较大差距，需要进口。真正能够生产锂电池隔膜的企业几乎没有。

（3）为电动车服务的社会基础设施刚开始建设，基础设施建立与完善需要时间。电池回收利用制度未建立。技术标准尚不健全，检测、实验体系有待增强。

（4）用户认知不够。汽车产品安全性、可靠性、使用方便性和较低的使用成本仍是影响用户选择的主要原因。销售维修体系尚未建立；适应新能源汽车消费的法律法规有待建立。

从宏观层面看，新能源汽车产业化推进过程中存在着若干重大不确定性：

首先，化石能源究竟能够以消费者可以接受的市场价格稳定供应多少年？石油价格持续在 100 美元/桶以上时，新能源汽车将加速发展，反

① 政府有关部门原来制定的新能源汽车产业化目标是：2015 年各种混合动力汽车年产量达到乘用车的 10%~15%，插电式混合动力汽车实现商品化；各种纯电动汽车年产量达到乘用车总产量的 3%~5%；燃料电池汽车小规模示范运行。

② 第一电动车研究院：《2011 年度中国新能源大巴示范运营调查报告》。

之在与传统汽车的竞争中，就处于劣势。中国与日本不同，除了石油外，还有CNG、LNG、乙醇、甲醇等替代能源的选择。最近，中国页岩气产业开发起步。美国随着页岩气的开发，从能源输入国变成能源输出国，计划到2035年用非常规能源替代目前50%的石油供应量。中国初步探明的页岩气储量为31万亿立方米，与常规天然气相当。替代能源将对汽车能源供应结构产生重大影响，对新能源汽车产业化、市场化推进产生重大影响。

其次，各类新能源汽车技术上的成熟程度及市场适用性（包括被消费者接受的性价比），存在着较大不确定性。目前，即使是已经推广到市场上的新能源轿车，仍然存在着技术及使用方面的问题（如电池的安全与可靠）。目前，中国汽车产业界在油电混合动力车、插电混合动力车、纯电动车、超级电容车、增程式电动车等几种技术方案之间进行了争论、选择，最后的结论应当由市场做出。

再次，新能源汽车以何种商业模式运营，仍存在着较大不确定性。目前，已经看到的可以持续运行的商业模式只有日本普瑞斯混合动力轿车的模式（百万批量加政府减税）。混合动力轿车在日本、美国推广用了10年，达到了年销售100万辆的规模。在日本达到了年产100万辆的生产规模。中国能否绕开日本、美国走过的道路，仍然存在着不确定性。例如，在新能源汽车销售方式上，究竟是“裸车”销售，到充电站换按照国家电网统一技术标准的电池；还是以汽车生产企业为主确定电池标准，采取灵活的充电方式？仍没有最后的结论。

最后，传统汽车节能减排仍有较大潜力。发达国家汽车企业通过改进发动机性能，汽车轻量化等途径，推动传统汽车节约能源，减少排放，持续取得进展。传统汽车水平的提高，影响着汽车工业向新能源汽车过渡的进程。

由于存在着上述不确定性，导致新能源汽车推进的阶段不确定性。中国汽车工业界对传统汽车向新能源汽车过渡的技术路线已取得共识，即混合动力汽车—纯电动汽车—燃料电池汽车。但是，具体各个阶段需多长时间，仍然难以确定。

尽管在新能源汽车产业化进程中出现了许多问题，遇到了若干不确定性，但是应当看到，正是由于新能源汽车产业化进程不断深化，才出现了这些问题，让人看到了这些不确定性。推动新能源汽车产业化的决策，从历史进程看是正确的。出现的各种问题要在实践中予以解决。推动新能源汽车产业化，要有科学的、实事求是的态度。

三、汽车工业“十二五”开局面临的巨大变化

1.“十二五”期间国家经济增长放缓

中国经济增长放缓已成为今后一个时期的趋势。2012年政府经济发展预期目标是，国内生产总值增长7.5%；[①]《中华人民共和国国民经济和社会发展第十二个五年规划纲要》中提出，“十二五”期间国内生产总值年均增长7%，[②]由于汽车工业发展与GDP增长速度有着较高相关性，因此随着中国经济增长放缓，国内汽车市场需求也必然受到相应影响。

2. 市场形势发生深刻变化

随着中国经济增长放缓，中国汽车工业整体增长速度相应放慢，中国国内汽车市场竞争必然更加激烈。2011年由于汽车工业同比增长0.84%，是10年来的最低增速，国内市场竞争已经趋于激烈。随着“十二五”期间，中国汽车工业竞争更加激烈，兼并重组将加速进行。

西部汽车市场对汽车工业发展、汽车企业竞争具有越来越重要的作用。以成都为例，作为中国西部最大的汽车消费城市，每天新增约1000辆

① 温家宝：《政府工作报告》，经济观察网，2012年3月20日。
②《中华人民共和国国民经济和社会发展第十二个五年规划纲要》，《人民日报》2011年3月17日。

新车。奔驰、宝马、奥迪等豪华品牌在成都的销售数量飙升全国榜首。

由于西部汽车市场越来越具有战略意义，因此汽车工业西移，成为“十二五”开局之际引人注目的趋势。一汽大众、吉利汽车等汽车企业的生产基地已经进入成都。

上海大众在乌鲁木齐的年产5万辆A级轿车项目于2012年年内开工。加快布局西部的汽车企业还有陕汽汽车“年产3.6万辆重型载重汽车、2万辆专用车”项目，东风汽车“年产1万辆整车、1万辆专用车”项目，以及新疆云河专用汽车、新疆鲁英专用车制造、伊犁金帝跃进汽车3个专用车项目，总规模为年产3.5万辆专用车。汽车企业布局新疆的一个重要因素是中亚市场对汽车需求持续旺盛。2011年，新疆汽车出口1万辆，同比增长73%；出口金额3.43亿美元，同比增长77%。

新华信公司调查显示，一线、二线汽车市场进入更新阶段，三线、四线汽车市场将成为发展最快的新增市场；沿海市场进入车辆更新阶段，而中西部地区仍是第一次购车市场。

二手车市场开始发力。2011年，国内二手车交易量达到420万辆，增长达到15%左右。2011年，新车市场增长缓慢，但二手车市场发展较好。

2005年，中国“汽车后市场”的营业额为880亿元，到2009年增加到2400亿元，预计到2012年将增至4900亿元左右，年复合增长率为26.9%，而售后服务利润是整车销售利润的3倍。拓展汽车后市场服务，已经得到主要汽车厂商的重视。

3. 能源结构发生变化

中国汽车替代能源中，天然气使用发展最快。天然气汽车的推广已经覆盖全国30多个省份。中国天然气汽车的保有量约100万辆，居世界第7位，加气站约1700座。目前，中国已形成了较为完整的天然气汽车产业链，直接参与企业有800多家，累计有450个燃气汽车车型及底盘进入国家机动车产品公告，天然气汽车生产企业的数量超过60家，整车产量超过8万辆。

推广天然气汽车取得了显著的社会效益、经济效益。示范城市每年燃油替代量超过300万吨。约100万辆天然气汽车每年节约燃料费近100亿元。

4. 政府汽车消费政策发生较大变化

2011年，新车船税开始实施。新车船税最大的变革是，乘用车按照发动机排量大小计征车船税。新的车船税降低了小排量乘用车税额标准，提高了大排量车的税额标准，有利于轿车结构调整，有利于引导消费。

2011年，政府再度推出了汽车“三包”法规征求意见稿。预计2012年有望推出。汽车“三包”法规的推出，将进一步完善对汽车消费者的保护，促进汽车企业加速提高汽车产品的质量，是汽车工业发展中的一件大事。

5. 环境政策进一步趋紧

2009年，全国机动车排放污染物5143.3万吨，机动车尾气排放成为大中城市空气污染的主要来源。[①] 治理汽车排放成为政府环境保护政策关注的重点。“十二五”期间，国家环境保护政策进一步趋紧，将对汽车工业产生巨大影响。

《国家环境保护“十二五”规划》对汽车工业提出新要求：开展机动车船氮氧化物控制；实施机动车环保标志管理；到2015年，基本淘汰2005年前注册的“黄标车”；提高机动车环境准入要求，加强生产一致性检查，禁止不符合排放标准的汽车生产和注册登记。国务院印发的《“十二五”节能减排综合性工作方案》中也对汽车节能减排提出了更高要求。随着中央政府把PM2.5数据的检测、发布作为政府环境政策的组成部分，经济发达地区（如北京、上海、广州、深圳）将首先进行PM2.5数据的检测、发布，将在2012年直接影响到轿车的消费状况。

工业和信息化部陆续发布了更高的车用油标准及排放标准，汽车工业正在面临油耗与排放的更加严格的技术标准约束。《乘用车燃料消耗量评价方法及指标》，提出了“车型燃料消耗量+企业平均燃料消耗量目标值”的全新评价体系，以推动汽车行业技术进步和结构调整。这意味着，企业如推出一款大排量豪华车，必须为维持总体减排目标而推出节能或新能源车型。

① 环境保护部：《中国机动车污染防治年报（2010年度）》。

6. 国际贸易环境日益严峻

随着中国汽车出口逐步在汽车企业经营中占有重要战略地位，并且尝试着进入发达国家汽车市场，国际上对于中国汽车产品出口的保护主义声浪也逐步高涨。某些国家政客更是鼓吹汽车领域中的“中国威胁论”，试图把中国汽车出口政治化。仅汽车零部件方面，中国就已受到10多起国外反倾销调查，产品涉及刹车盘、汽车挡风玻璃等。

美国有关贸易组织的报告称，目前中国约有1/3的汽车零部件会出口到美国。2010年汽车零部件贸易中，美国对中国产生近88亿美元的贸易逆差。该报告称，受中国补贴汽车零部件出口厂商影响，美国汽车业供应链自2000年以来丧失了40多万个工作岗位，至今仍有160万个工作岗位遭到威胁。美国制造商协会有关数据显示，2001年以来，总计价值620亿美元的中国汽车零部件进入美国，导致美国在该领域对华贸易逆差增长了850%。2012年3月，近200名美国参议员要求奥巴马政府对中国多项汽车配件相关政策采取行动，希望政府动用所有现有法律职权来留住和保护美国的产业和工作机会。[①] 欧洲某些国家政府也开始对中国汽车企业进入欧洲，表示警惕。

7. 劳动力成本上升

2011年，中国汽车企业面临着劳动力成本持续上升的问题。在沿海这一问题表现得尤为突出。从事劳动力密集的汽车零部件生产的企业，对劳动力成本上升的压力更加敏感。许多企业还面临“招工难”的问题。由于人民币升值，国内工人工资持续上涨，日中汽车企业工人工资之比，已经由20∶1变为10∶1。尽管中国汽车企业仍然有明显的劳动力成本优势，但是这一优势在迅速缩小。

中国汽车企业在东亚产业分工中的优势，已由廉价劳动力转变为完整的产业链条、巨大的国内市场及良好的生产经营基础设施。正因为如此，日本汽车企业在向越南等劳动力更低廉国家转移生产能力后，现在又重新认识到中国的优势，把关键汽车零部件生产放在中国。

四、“十二五”开局之际的政府政策与企业经营战略

1.“十二五”开局之际的政府政策

（1）继续推动汽车工业节能减排。全面实施国家第四阶段机动车排放标准，在有条件的地区实施更严格的排放标准。提升车用燃油品质，鼓励使用新型清洁燃料，在全国范围供应符合国家第四阶段标准的车用燃油。

加速推动传统汽车轻量化，改进传统汽车发动机。推动汽车零部件行业的再制造和废物利用。对旧汽车零部件进行再制造和废物利用可以节约成本50%，节能60%，节约原材料70%。

（2）推动汽车工业兼并重组。《汽车产业调整振兴规划细则》提出，3年内“通过兼并重组，形成2~3家产销规模超过200万辆的大型汽车企业集团，4~5家产销规模超过100万辆的汽车企业集团，产销规模占市场份额90%以上的汽车企业集团数量由目前的14家减少到10家以内”。2012年1月，国务院《工业转型升级规划（2011~2015年）》中，再度提出提高汽车产业集中度的目标：汽车行业前10家企业的集中度要从2010年的82.2%增加到2015年时的超过90%。2011年，重要汽车企业规模有所扩大。前4家汽车生产企业（集团）产销规模超过200万辆，其中上汽销量接近400万辆，达到396.60万辆，东风、一汽和长安分别达到305.86万辆、260.14万辆和200.85万辆。上述4家企业（集团）2011年共销售汽车1163.45万辆，占汽车销售总量的62.9%，市场占有率同比提高0.8个百分点。[②] 前10家汽车企业的市场集中度达到87%。

① 《参考消息》2012年3月18日。

② 工业和信息化部装备工业司：《2011年中国汽车工业经济运行情况》，工业和信息化部网站，2012年1月20日。

随着中国汽车工业发展速度放缓，市场竞争激烈，兼并重组面临比较有利的市场形势，集中度“超过90%”的目标是可能实现的。政府应当在发挥市场机制基础上通过政策鼓励兼并重组，完善配套政策，消除制度障碍，加速汽车工业兼并重组进程。

(3) 研究制定支持汽车零部件工业发展的政策。“十二五”期间，政府应当把振兴汽车零部件工业作为支持汽车工业的重点，切实制定有针对性、可操作、有效的扶植政策。尤其要在支持汽车零部件自主研发能力上下工夫，推动汽车零部件工业中形成产学研联盟，对于关键汽车零部件、关键技术进行联合攻关，建立汽车零部件开发的公共平台，推动汽车零部件企业兼并重组，对汽车零部件企业海外兼并、购买技术予以政策支持。

(4) 积极推动汽车“三包”制度的出台与实施。通过推动汽车“三包”制度的出台与实施，可以进一步推动汽车工业提高技术水平，提高产品的安全性、可靠性，完善对汽车消费者的保护，改善汽车消费市场的消费环境。

及时出台治理汽车室内污染的技术标准与规范，有针对性地采取技术措施改进汽车、零部件、原材料等生产工艺，减少汽车室内污染，加强对汽车消费者的保护。

(5) 制定支持汽车工业走向海外的战略与政策。汽车及零部件出口、在海外建立生产企业对汽车工业越来越具有重要战略意义，政府应当系统地研究、制定战略与相关政策，支持汽车企业走向海外。目前，尤其要注意国际汽车市场上的保护主义倾向，通过政府力量为汽车企业走向海外创造条件。

自中国汽车产品出口出现迅速增长后，出口秩序混乱问题一直存在，政府虽然对此予以了关注，但效果不明显。截至2010年具有出口许可证的整车生产企业多达370余家，其中每年出口量不到50辆，出口金额不到50万美元的企业几乎占了一半。[①] 在国际汽车市场上进行恶性价格竞争，更是普遍现象。政府有必要进一步提高出口资质门槛，规范、协调境外企业竞争秩序，强化境外营销网络建设的标准，支持重点汽车企业出口。政府应当针对汽车产品出口，相应提高服务能力。

(6) 积极引导汽车后市场健康发展。随着中国汽车市场发生的变化，汽车后市场对中国汽车消费发挥着重要的作用。政府要及时地对这一市场进行管理、规范，尤其对二手车市场要予以重视，对二手车销售、消费要制定相应的法规。

(7) 积极推动新能源汽车的示范运行。从目前新能源汽车推广的情况看，“十二五”期间，是新能源汽车通过示范运行逐步完善、逐步探索商业模式、逐步攻克产业化进程中技术难题的时期。因此，政府应当及时总结新能源汽车试点中遇到的问题，制定相应的政策或组织产学研联盟共同公关。通过落实政府采购公务车的政策，扩大新能源汽车的示范、应用范围。

目前，在新能源汽车示范工程推进城市，出现了科学技术部、工业和信息化部、财政部等多个部门参与，但没有一个部门能对“十城千辆”的示范有最终决定权，出了问题难以及时有效解决，即多头管理的问题。要进一步理顺体制、机制，及时解决产业化中间遇到的问题，对关键技术问题组织攻关，继续推动新能源汽车示范工程。

政府对于新能源汽车技术上的发展，要采取开放、包容的态度，允许尝试、允许创新。政府主要在新能源汽车公共技术、公共开发平台、示范条件与环境等方面予以支持，不宜过多地深入干预产品层面的事务。

在新能源汽车推广示范中，要更加重视混合动力轿车（类似丰田普瑞斯的混合动力轿车）的推广与使用。

目前，中国新能源汽车发展实际上遇到了横向配套工业的“瓶颈”，其中尤其突出的是电池工业发展滞后。虽然出现了锂电池生产能力蜂拥而上的局面，但是能够生产新能源汽车使用的合格的锂离子电池的厂家并不多，产品可靠性、安全性、能量密度距离产业化要求相差甚远。生产锂离子电池的正极材料、负极材料、电解液的关键技术并未掌握。真正掌握电池隔膜技术的厂家计划没有。因此，政府要关注横向配套产业的发展，制定有效的支持政策，组织关键横向配套件的技术攻关。

---

①《中国商报》（汽车导报）2012年3月22日。

2. 十二五”开局之际的企业经营策略

（1）制定海外战略，加速国际化进程。“十二五”期间，企业要在数量扩张上取得进展，消化过剩的生产能力，必须更加重视国际市场，制定海外经营战略，加速国际化。在走向海外时，一定要重点突出，全力经营具有比较优势的市场，在海外市场上占有稳固的地位。认真研究准备长期耕耘的相关国际市场。目前广泛存在的、机会主义的出口方式，应当得到纠正。

企业在走向海外时，尤其要注意加强对海外市场的政治、文化等方面的了解和利用，建立较强的风险预警与应对能力。

要善于利用国际、国内资源，形成纵向一体化的生产、研发体系，加速创新能力的形成，降低生产成本。

（2）重视西部汽车市场、三线、四线城市汽车市场的开发。“十二五”期间，企业要在国内汽车市场上获得相对稳定的发展，就要重视西部汽车市场的开发，重视三线、四线城市汽车市场的开发。由于西部汽车市场与东部汽车市场，三线、四线城市汽车市场与一线、二线城市汽车市场存在着明显差异，就需要汽车企业在销售服务模式上做出创新。

（3）更加重视汽车全产业链盈利。随着国内汽车市场的转变，汽车生产企业应当加速转变过去那种过度重视生产的盈利方式，向汽车产业链下游寻求利润。尤其要重视汽车金融业务的开展，重视“二手车”销售与新车销售的衔接。物流的合理化，能源、原材料的节约与回收利用，汽车零部件的再制造也应当成为企业关注的领域。在汽车工业增速放缓的背景下，要注意控制库存，优化供应链，协调好产销关系。

（4）企业自主创新能力的提高应当成为战略重点。“十二五”期间，自主创新能力的增强，产品质量的提高，应当成为企业关注的战略重点。自主创新能力的提高，不仅包括新能源汽车，传统汽车关键技术的掌握也不能忽视。从节能减排的政府政策看，传统汽车节能减排，仍然是政府关注的重点。传统汽车的节能减排技术，仍然要下大力气研发与掌握。在开发新能源轿车与传统轿车攻关之间，要适当分配资源，兼顾近期与长远。要研究替代能源大规模利用带来的技术挑战，进行相关技术的研发。

专栏 24–1

北京市大力推广新能源汽车

截至 2011 年底，北京市公共服务领域的新能源汽车总量将达到 5000 辆，其中新增数量近 1500 辆。北京市新能源汽车主要是公交车、环卫车和出租车。目前，北京市共有 450 辆新能源出租车试运行，2012 年将再增加 300 辆，政府用公车领域也将考虑采用新能源汽车。

经过多年努力，截至 2011 年北京市的优质能源占比已经达到 70%，但煤炭消费总量占比仍然达 30%，煤炭在燃烧过程中对环境有极大的负面影响。因此北京在治理 PM2.5 的行动中，能源调整将重点放在优质能源利用方面，而新能源汽车的推广将是重中之重。

到 2015 年底，北京市乘用车智能充换电服务网络将初步建成，五环内充换电服务半径将不超过 5 公里。地铁、公交接驳站将设快速充电桩，仅需半小时就能为电动汽车充电 80%。充电基础设施的选址是目前制约新能源汽车推广过程中的最大难题。

现在比较成熟的电动车充电站主要有三类：一是插充方式，通过停靠在充电站进行 6~8 小时的充电；二是换电池方式，对电动车汽车全自动更换电池，8 吨的环卫车只需 4 分钟便可完成；三是快速充电方式，通过紧急速充，在 3 分钟内恢复 20%~70%的电力。由于第三种方式对电池损耗较大，因此北京市目前主要采用前两种方式。

根据北京市发展和改革委员会发布的《北京市“十二五”时期新能源和可再生能源发展规划》，“十二五”时期北京市将启动万辆纯电动车推广工程。

资料来源：根据《北京商报》2012 年 3 月 20 日相关报道改写。

参考文献

1. 温家宝：《政府工作报告》，经济观察网，2012年3月20日。

2.《中华人民共和国国民经济和社会发展第十二个五年规划纲要》，《人民日报》2011年3月17日。

3. 工业和信息化部装备工业司：《2011年中国汽车工业经济运行情况》，工业和信息化部网站，2012年1月20日。

4. 赵英：《中国新能源产业与新能源汽车的发展》，中韩“新能源产业发展国际研讨会”论文，2011年11月。

第二十五章　船舶工业

提　要

2011 年是中国“十二五”规划的开局之年，也是船舶工业结构调整、转型升级的关键一年。这一年中国船舶工业继续保持了平稳、快速发展态势，各项经济指标持续增长，实现了“十二五”良好开局，主要呈现出如下特点：造船总量再创新高，骨干企业优势凸显；结构调整初见成效，细分市场找准定位；科研开发进展顺利，创新能力进一步提升；市场机制有效发挥，兼并重组加快步伐；基础管理得到强化，应对风险能力有所提高；国家政策引导支持，海洋工程装备取得突破。当前中国船舶工业存在的主要问题是：新船订单下滑严重，多项经济指标增速回落明显；船企资金压力逐渐加大，融资困难问题依旧；市场需求结构变化，研发水平亟待提高；船舶修理业总量下降，船舶配套业本土化率提高缓慢；交船难度加大，造船成本持续上升。针对上述问题，促进船舶工业稳中求进发展的政策措施主要包括：把调结构、促转变作为行业发展的战略任务；千方百计保交船，全力以赴接订单；高度重视科技驱动，着力提升科技创新能力；加强生产管理，有效推进成本工程；找准企业战略定位，加快业务结构转型升级；加强银企合作，积极探索新的融资方式。

*　　　　*　　　　*

2011 年是中国“十二五”规划的开局之年，也是船舶工业结构调整、转型升级的关键一年。面对国际环境新变化和国内经济运行新情况，中国船舶工业继续保持了平稳快速发展态势，各项经济指标持续增长，实现了“十二五”良好开局。另外，受世界经济复苏疲软、船舶市场持续低迷的影响，新船成交量大幅下降，主要经济指标呈现回落态势，发展面临严峻挑战。2011 年，国家相关部委制定并颁布了《工业转型升级规划（2011~2015 年）》、《船舶工业“十二五”发展规划》、《老旧运输船舶和单壳油船报废更新补助专项资金管理办法》和《“十二五”产业技术创新规划》，这一系列涉及发展规划、科研开发、技术改造、结构调整、扩大内需等内容的政策措施，在保持生产增长、推进结构调整、稳定造船订单、扩大船舶市场方面产生了积极影响，从而使得“十二五”开局之年中国船舶工业出现了一些新特点、新变化。

一、“十二五”开局之年船舶工业的发展现状

2011 年，中国船舶工业在复杂多变的形势下，努力克服了各种困难，继续保持了平稳、快

速发展态势，各项经济指标持续增长，实现了“十二五”良好开局。但与此同时，在世界经济复苏疲软、船舶市场持续低迷的影响下，新船成交量大幅下降，主要经济指标呈现回落态势，发展面临严峻挑战。

1. 船舶工业经济运行的基本情况

（1）造船三大指标有升有降。2011 年造船三大指标中造船完工量小幅上升、新接订单量和手持订单量下滑幅度较大。见图 25–1。2011 年，全国造船完工量 7665 万载重吨，同比增长 16.9%；新承接船舶订单量 3622 万载重吨，同比下降 51.9%；截至 12 月底，手持船舶订单量 14991 万载重吨，比 2010 年底下降 23.5%。按载重吨计，中国 2011 年造船完工量、新接订单量、手持订单量分别占世界市场份额的 45.1%、52.2%、43.3%（见表 25–1）。

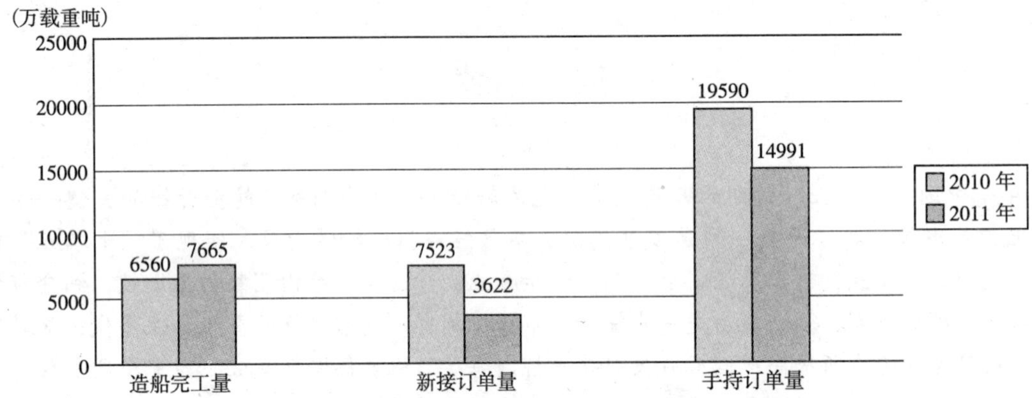

图 25–1 2011 年中国船舶工业三大指标变化情况

表 25–1 2011 年世界造船三大指标及三大造船国所占的市场份额

		世 界	韩 国	日 本	中 国
2011 年造船完工量	万载重吨	17002	5291	3182	7665
	占比（%）	100.0	31.1	18.7	45.1
	万修正总吨	5100	1598	894	2141
	占比（%）	100.0	31.3	17.5	42.0
2011 年新接订单量	万载重吨	6942	2656	289	3622
	占比（%）	100.0	38.3	4.2	52.2
	万修正总吨	3045	1237	149	1305
	占比（%）	100.0	40.6	4.9	42.9
2011 年底手持订单量	万载重吨	34610	11070	5315	14991
	占比（%）	100.0	32.0	15.4	43.3
	万修正总吨	11588	3485	1401	4816
	占比（%）	100.0	30.1	12.1	41.6

注：本表世界数据来源于克拉克松研究公司，并根据中国的统计数据进行了修正。

（2）工业总产值保持增长。2011 年，全国规模以上船舶工业企业 1536 家，完成工业总产值 7775 亿元，同比增长 22.2%，增幅下降 3.0 个百分点。其中，船舶制造业完成工业总产值 5983 亿元，同比增长 22.5%，增幅下降 1.4 个百分点；船舶配套业完成工业总产值 909 亿元，同比增长 30.7%，增幅提高 5.2 个百分点；船舶修理及拆船业完成工业总产值 811 亿元，同比增长 13.6%，增幅下降 17.3 个百分点（见表 25–2）。

（3）船舶出口继续增长。船舶工业是对外贸易依存度较高的典型行业。2011 年，中国造船企业完工出口船 6255 万载重吨，同比增长 18%；新承接出口船订单 2767 万载重吨，同比下降 51.5%；手持出口船舶订单 13672 万载重吨，比 2010 年底下降 17.5%。2011 年出口船舶分别占全国造船完工量、新接订单量、手持订单量的

表 25-2 2006~2011 年中国船舶工业实现总产值的增长情况

单位：亿元

	2006 年	2007 年	2008 年	2009 年	2010 年	2011 年
船舶工业	1722	2563	4143	5484	6799	7775
其中：船舶制造业	1185	1795	2900	4176	5135	5983
船舶配套业	250	533	468	620	769	909
船舶修理及拆船业	261	228	777	677	825	811

资料来源：同表 25-1。

81.6%、76.4%和 91.2%。①

中国船舶出口贸易主要是以船舶制造业为主体。2011 年，全国规模以上船舶工业企业完成出口交货值 3196 亿元，同比增长 13.4%。其中，船舶制造业完成出口交货值 2741 亿元，同比增长 14.5%；船舶配套业完成出口交货值 100 亿元，同比增长 10.4%；船舶修理及拆船业完成出口交货值 308 亿元，同比增长 6.2%。②

中国船舶出口贸易中，亚洲和欧洲是出口的主要市场。2011 年 1~11 月，船舶出口金额 397.8 亿美元，同比增长 8%。中国船舶产品出口到 175 个国家和地区，其中向亚洲出口 199.3 亿美元，占比 50.1%，向欧洲出口 88.1 亿美元，占比 22.1%。③

（4）经济效益平稳增长。2011 年，中国船舶工业经济效益增长仍然较为平稳。规模以上船舶企业主营业务收入和利润都有不同程度增长，但行业利润整体集中在船舶制造业的格局变化不大，船舶配套业和船舶修理及拆船业利润占比较少。

2011 年 1~11 月，全国规模以上船舶工业企业实现主营业务收入 6221 亿元，同比增长 24.9%。其中船舶制造业实现主营业务收入 4732 亿元，同比增长 25.6%；船舶配套业实现主营业务收入 761 亿元，同比增长 30.1%；船舶修理及拆船业实现主营业务收入 663 亿元，同比增长 16.3%。④ 在该时期，全国规模以上船舶工业企业实现利润总额 481 亿元，同比增长 25.5%。其中，船舶制造业实现利润总额 402 亿元，同比增长 28.4%，占全行业利润的 83.6%；船舶配套业实现利润总额 43 亿元，同比增长 16.5%，占全行业利润的 8.9%；船舶修理及拆船业实现利润总额 33 亿元，同比增长 14.9%，占全行业利润的 6.9%。⑤

2. 船舶工业发展的主要特点

2011 年，国家颁布了《工业转型升级规划（2011~2015 年）》、《船舶工业“十二五”发展规划》和《老旧运输船舶和单壳油船报废更新补助专项资金管理办法》；应对“十二五”产业结构调整，国家相应出台了《产业结构调整指导目录（2011 年本）》、《当前优先发展的高技术产业化重点领域指南（2011 年度）》；为促进产业技术创新，中国出台了《产业关键共性技术发展指南（2011 年）》、《“十二五”产业技术创新规划》。这些发展规划、科研开发、技术改造、结构调整、扩大内需等政策，极大地鼓舞了船舶行业，对中国船舶工业保持生产增长、推进结构调整、稳定造船订单、扩大船舶市场发挥了重要作用。

（1）造船总量再创新高，骨干企业优势凸显。2011 年，船舶企业积极应对各种困难，确保交船，提高了抗击风险能力，造船完工量继续保持增长，全国造船完工首次超过 7000 万吨，达到 7665 万载重吨，创历史最高水平。⑥ 骨干造船企业、集团凭借技术、管理先进的优势，造船完工量再上新台阶，上海外高桥造船完工量突破 800 万载重吨，大连船舶重工完工超过 600 万载重吨，江苏新时代造船有限公司、江苏熔盛重工集团有限公司造船完工超过 400 万载重吨。中国造船产量突破 100 万载重吨的企业达到了 22 家，比 2010 年增加了 3 家，前 10 家企业造船完工量 3654 万载重吨，占全国总量的 47.7%。

（2）结构调整初见成效，细分市场找准定位。2011 年，船舶企业积极适应市场变化，调结构、转方式步伐明显加快。①新产品开发加快，陆续

①②③④⑤ 中国船舶工业行业协会：《2011 年船舶工业经济运行分析》，中国船舶工业行业协会网站，2012 年 1 月 20 日。
⑥ 国家发展和改革委员会产业协调司：《2011 年船舶工业经济运行情况和特点》，2012 年 2 月 3 日。

承接、交付了系列高端新船型，如沪东中华造船集团有限公司承接4艘17.2万立方米液化天然气（LNG）船、4+2艘万箱集装箱船。②海洋工程装备发展势头良好，开发、交付和承接了一批先进产品。例如，上海外高桥造船有限公司建造的世界最先进的第六代3000米深水半潜式钻井平台、大连船舶重工集团有限公司建造的中国首座完全自主设计的91.44米自升式钻井平台、上海船厂船舶有限公司建造的首艘最新一代三维地震物探船等。③国内呈现出一批产品定位得当、细分市场准确、特色化发展的中型造船企业，如广船国际股份有限公司的成品油、化学品船，黄海造船厂的客滚船在船舶市场上仍具有较强的竞争优势。④为规避周期性行业风险，一些船舶企业更加重视多元化发展，在风电安装、煤矿机械、铁路车辆、地铁设备、自动化物流设备等非船业务方面扩大了市场份额。

（3）科研开发进展顺利，创新能力进一步提升。中国船舶工业集团公司船舶高技术产品研发设计取得突破，成效显著。沪东中华造船（集团）公司自主研发4型LNG船，其中，采用低速柴油机加再液化装置推进的17.2万立方米LNG船获得了埃克森美孚/商船三井LNG项目的4艘实船国际订单，实现了中国造LNG船出口零的突破。中国船舶工业集团公司所属造船企业和研究所还完成了一批万箱船、工程船、特种船的设计开发，技术储备明显增强。914.4米钻井船、16缆物探船等新型海工装备开发能力进一步提高。

中国船舶重工集团公司一批国家重大科研项目取得重要进展。"蛟龙"号深海载人潜器成功完成5000米级海试；新一代自主品牌6CS21/32船用中速柴油机研发成功，并取得了中国船级社的证书，正式推向市场；国内综合性能最先进的科学考察船下水；自主研发的大型转叶式舵机通过中国船级社检验；国内最大的海洋平台起重机研制成功。江苏扬子江船业集团和中国船舶及海洋工程设计研究院共同研发具有自主知识产权和世界先进水平的新一代节能环保型10000TEU大型集装箱船，创下了中国造船业第一大单。

（4）市场机制有效发挥，兼并重组加快步伐。2011年，一批实力强的企业抓住国际船市变化，有利于行业调整的时机，加大了结构调整力度，通过兼并重组增强了企业实力。江南造船（集团）有限责任公司和上海江南长兴重工有限公司顺利整合、扬子江船业集团公司全资收购了江苏中舟海洋工程有限公司和江苏扬子鑫福造船有限公司40%的股权、浙江欧华造船有限公司全资收购浙江德兴船舶工业有限公司、中航技收购了山东威海造船厂70%的股权、江苏熔盛重工集团有限公司收购安徽全柴集团、中国南车与广西玉柴强强"联姻"成立南车玉柴四川发动机股份有限公司等项目成功完成，表明船舶制造业、船舶配套业（尤其是船舶发动机生产企业）内的部分企业充分利用市场机制通过兼并重组进行了产业整合，优化了资源配置，增强了企业竞争力。

国内造船企业还通过收购海外品牌企业、设计公司等提高创新能力和研发水平。潍柴集团收购欧洲最大的豪华游艇制造企业法拉帝；扬子江船业收购并控股新加坡船舶及海工设计公司CSMT；中交股份收购海工设计公司F&G；韩通重工收购德国设计公司；惠生重工收购休斯敦海工设计公司等成绩显著。为应对船市危机，并购重组、转产、淘汰成为2011年造船业调整的主要内容，一批不适应船舶市场发展的中小船舶企业已开始逐渐退出船舶市场。

（5）基础管理得到强化，应对风险能力有所提高。船价下跌，对各造船企业都带来了新的考验。各主要造船集团公司、各地方骨干造船企业积极调整经营策略，密切与船东联系，推进战略合作，在市场低迷中寻找商机，取得了高技术船舶和海洋工程装备接单的局部突破；认真梳理手持订单、分析各种潜在风险，不断在保证产品质量和提高生产效率上下工夫，减少了船市低迷对船舶行业的影响，保证了大部分手持订单按期交付。

面对船价下滑，成本上升，船舶企业狠抓管理，降本增效。通过建立成本倒逼机制，深入开展成本比对，分析重点差异，不断加以改进。通过全面加强财务资金和内控管理，规范企业负债管理、切实加强汇率风险防范，强化资金集中运营，提升了风险控制能力。通过造船精细化管理，狠抓生产经营关键指标，与日、韩造船企业进行全面对标，推进流程再造、优化用工管理、精细生产组织，努力挖掘潜力，降低了成本。

（6）国家政策引导支持，海洋工程装备取得突破。2011年，国家为大力发展海洋工程装备制造业，相继出台了《海洋工程装备制造业中长期发展规划》(以下简称《规划》)、《海洋工程装备产业创新发展战略（2011~2020)》等一系列规划，明确提出培育壮大海洋工程装备制造业。中国船舶企业积极贯彻落实《规划》精神，加快发展海洋工程装备，开发、交付了一批先进产品。其中，包括上海外高桥造船公司的世界最先进的第六代3000米深水半潜式钻井平台、大连船舶重工集团公司的中国首座完全自主设计的91.44米自升式钻井平台、南通中远船务工程公司的自升式海上风车安装船、上海船厂船舶有限公司的首艘最新一代三维地震物探船、广州中船黄埔造船厂的全球首制3000米深水工程勘察船、江苏熔盛重工有限公司的世界首艘3000米级深水铺管起重船、浙江造船有限公司的全球首艘GPA696多功能海洋工程船等。中集来福士建造的深水半潜式钻井平台（COSLP10NEER）为挪威国家石油公司在北海成功钻出石油。

2011年，中国在承接海工装备订单方面也有明显增加，据统计，外高桥造船公司、大连船舶重工公司、南通中远船务、中集来福士海洋工程有限公司、上海船厂、招商局工业集团有限公司等多家企业共获得18座（艘）海工装备订单，成交金额近50亿美元（未含海工辅助船和工作船)，约占全球海工装备成交额的10%。承接的海工装备类型包括自升式钻井平台、半潜式钻井平台、钻井船等主流装备。

二、船舶工业面临的主要困难与问题

2011年，受国际金融危机、欧债危机、美国经济增长低迷、国内经济放缓等国际国内形势影响，中国船舶工业面临的形势更加复杂而严峻。国际航运市场波动大、供需失衡不断加剧；国际市场不确定性因素增多、竞争日趋激烈；国内产业深层次矛盾日益突出、造船成本持续上升。从船舶工业当前面临的主要问题来看，主要体现在以下五个方面。

1. 新船订单下滑严重，多项经济指标增速回落明显

2011年，中国新承接船舶订单3622万载重吨，同比下降51.9%。统计范围内约有1/3的企业没有接到订单，重点监测的43家船舶企业中也有2家没有接到订单。2011年1~11月，中国新接订单仍以散货船为主，占新接订单总量的70.8%，而集装箱船占11.5%、油船占7.7%。由于造船完工量已连续12个月超过同期新接订单量，企业手持船舶订单量逐月下降。统计显示，截至11月底，手持船舶订单量为1.627亿载重吨，同比下降17.4%。缺少订单，将使部分企业陷入开工任务不足的困境，个别企业甚至2011年第四季度已无开工船舶。

2011上半年，由于金融危机前船市空前兴旺，中国船舶工业抓住机遇承接了大量价格较高的订单，中国规模以上船舶工业企业完成工业总产值、出口交货值、主营业务收入、利润总额各项经济指标比2010年同期继续保持10%~20%的增长。随着金融危机后低价位承接的船舶陆续开工建造，2011下半年的生产、效益的指标增速与2010年同期相比已显出回落态势。

2. 船企资金压力逐渐加大，融资困难问题依旧

一方面，首付款比例大幅下降，企业流动资金日趋紧张。2011年，全球航运业持续低迷，多数航运企业亏损经营，造成船东已订船舶支付困难，新船合同的预付款比例大幅降低——从40%下降至10%左右，且交船前后进度款支付的比例呈现前少后多，造船企业流动性资金大幅收紧，多数造船企业生产资金出现流动性不足的现象日益严重。

另一方面，金融机构放贷收缩，融资困难问题依旧。2011年以来，中国实行稳健的货币政策，持续加息，金融机构收紧银根，船舶企业获得流动资金贷款和开具预付款保函难度加大，特别是中小型企业困难更大，致使一些企业因不能解决融资问题而无法承接订单。与此同时，受金融危机影响，航运市场持续低迷，船东接船意愿不强，要求延迟交船、更改船型、延期付款等现象日趋增多，国内银行对于船舶行业的放贷更加谨慎，从而导致造船企业融资难、交船难问题更加突出。

3. 市场需求结构变化，研发水平亟待提高

2011 年以来，国际船舶市场需求结构发生了重大变化，以散货船和油船为代表的常规船型市场走势疲软，而以大型超大型集装箱船、液化气船和钻井船为代表的双高船型市场明显活跃，中国造船业发展中散货船比重过大的产品结构面临巨大挑战。韩国造船业凭借技术、产品结构优势和政府金融支持等手段，承接了超大型集装箱船、LNG 船和大型海洋工程装备的大部分订单，目前，中国建造的船型多以油轮、散装船等低附加值船型为主，大型集装箱船、液化天然气船及海洋工程装备等高附加值船舶建造能力不足，如液压天然气船舶，目前中国只有一家船企能够建造。在当前常规船型市场走势明显疲软的情况下，中国在双高船舶和绿色船型开发方面滞后市场需求，不能适应市场需求结构的变化，这一问题直接影响企业的接单，使中国造船业长期发展高度依赖散货船的产品格局遭受重挫。

中国船舶工业研发能力薄弱，速度缓慢，研发产品不适应市场快速变化等问题亟待解决。中国造船业存在着投入产出低、生产效率低、产业集中度低的问题。据介绍，从投入产出的吨钢利用率来看，日本消耗一吨钢可产出 4.8 万元人民币，中国消耗一吨钢可产出 3.8 万~4 万元人民币，远低于日本的钢材利用率；从生产效率来看，中国船厂建造一个修正吨需要 30~35 个工时，而日本、韩国只要 15~20 个工时；从人均产出吨位来看，中国每个劳动力每年产值只是日本、韩国的 1/3~1/2；从产业集中度来看，2010 年，中国前 5 名完工量最大的船企，造船量占全国总造船量的 34%，这一数字韩国是 74%，日本是 49%。随着国际社会对安全环保问题的关注度提高，近年来，国际海事组织频繁出台了一系列新规则、新标准，使中国造船业参与国际竞争的技术门槛大大抬高。诸多企业反映，2011 年，在新船合同洽谈中，船东更关注营运成本大幅下降的绿色环保新船型。中国如果不加快研究，未来几年不少船厂将面临退出世界船舶市场的风险。

4. 船舶修理业总量下降，船舶配套业本土化率提高缓慢

2011 年，受航运市场持续下滑和修船行业产能过剩的双重影响，中国船舶修理业发展面临严峻挑战，主要表现是常规船舶修理艘数和单船修理业务量锐减、价格继续下降。截至 12 月底，中国重点监测的 17 家船舶修理企业船舶修理完工艘数仅 3780 艘，同比下降 7%，修船产值 146 亿元，同比下降 4.1%。修船平均换板价格维持在 1000 美元/吨历史低位。与此同时，改装市场基本停滞，价格竞争日趋激烈。统计数据显示，全年船舶修理及拆船业实现主营业务收入 663 亿元，同比增长 16.3%。实现利润 33 亿元，同比增长 14.9%。需要指出的是，这是按传统的修船和拆船企业为单位统计，包括了这些企业中造船、拆船等产品的收入和利润，实际修船业务已属微利，部分单位的修船业务已出现亏损。

船舶配套装备低也是制约中国造船的一大“软肋”。中国以散货船等为代表的三大主流船型的本土配套率只有 55%~60%，而液化天然气船舶等高技术船舶的本土配套率只有 30%，而日本达到了 95%~98%，韩国也达到 90%~95%。在金融危机后日韩船舶配套业咄咄逼人的发展态势下，骨干船配企业承接订单困难，生产任务不足，中国船舶配套设备本土化率提高缓慢，船舶配套业面临较造船业更为严峻的挑战。一些国外船用柴油机企业突破生产许可证协议限定的销售区域，凭借其规模优势，大肆向中国低价销售船用柴油机，严重影响中国柴油机制造业的发展。中速柴油机、甲板机械、船用发电机等主要配套设备也有类似的情况，仍有大量整机进口。

5. 交船难度加大，造船成本持续上升

受航运市场低迷，船东经营亏损的影响，船东按期接船意愿不强，更改设计，变更合同期，严格检验，调整船价等要求越来越多，使金融危机前承接的船舶交船进入特别困难时期，加之部分企业（特别是新建船厂）管理粗放，对船东的严格要求不相适应，交船难度明显加大，延期交（接）船情况增多。按照原合同交货期分析，约有 30%左右的订单船东未能按期接船，不少企业完工船舶停靠码头都出现困难。

另外，尽管船舶行业经营总体上保持平稳，

但从影响成本的各项因素分析，造船成本持续上升，中国船舶工业竞争力受到严重考验。受中国人民币升值、利率提高、原材料涨价、劳动力成本上升、国际造船新标准、新规范的实施等诸多因素的影响，造船成本大幅增大，挤压了企业的盈利空间，船舶制造企业效益存在下滑的风险。统计显示，2011 年 1~10 月，船舶制造企业营业费用、管理费用同比分别上涨 53.6%和 33.4%，分别高于主营业务收入 27 和 6.7 个百分点。受连续加息和船东首付款比例大幅下降等因素的影响，2011 年 1~10 月船舶行业利息支出 31.5 亿元，同比增长 10.5%。截至 2011 年 10 月末，船舶企业应收账款达到 469.1 亿元，同比增长 39.6%。与此同时，船舶行业亏损企业亏损额和亏损企业数量明显增加。2011 年 1~10 月，船舶行业亏损企业亏损额为 30.27 亿元，同比增长 40.6%；亏损企业数量为 239 家，比 2010 年同期增加 28 家，亏损面约为 15.5%，比 2010 年大幅提高。

三、促进船舶工业稳中求进发展的政策措施

2012 年，是实施“十二五”规划承上启下的重要一年。中央经济工作会议对国内外形势作出了科学分析和判断，提出了“稳中求进”的工作总基调，部署了重点任务。从 2011 年的情况看，全球金融危机对中国船舶工业滞后效应已经开始显现，中国船舶工业当前面临许多困难和问题，不稳定不确定性因素也在增多，实现“稳中求进”的压力十分巨大，全行业应采取积极有效的应对措施，积极利用产业升级、行业洗牌的重要战略机遇期，尽量减少对船舶工业的冲击和影响。

2012 年，世界船舶工业面临的发展环境将更加严峻，据专家预测，2012 年世界新船订造量约为 7000 万~8000 万载重吨，造船完工量 1.5 亿载重吨左右。船舶供需失衡的状况将更加严重，甚至可能恶化。新船价格将可能继续下滑，但对于万箱级集装箱船、LNG 船等船型，其价格有望保持相对稳定。

预计 2012 年，中国造船完工量将会小幅下降，新接订单不会有明显起色，手持订单将持续减少，由于 2012 年交付的船舶中高价船比例大幅下降，而劳动力成本上升、人民币汇率升值等成本上升因素没有明显改观，预计船舶行业主要经济指标将出现下滑。中国船舶工业仍将面临“交船难、接单难”的严峻考验，而“盈利难”也将成为行业发展新的问题。

1. 把调结构、促转变作为行业发展的战略任务

面对国际市场诸多不确定性因素，船舶行业必须把调整产业结构、转变发展方式作为船舶工业可持续发展的战略任务，认真贯彻落实规划，加快推进发展方式转变。国务院和工业和信息化部、国家发展和改革委员会等有关部门高度重视船舶工业的发展，自上到下，由下而上，深入调查研究，广泛听取意见，颁布了《工业转型升级规划（2011~2015 年）》、《船舶工业“十二五”发展规划》、《海洋工程装备制造业中长期规划》、《海洋工程装备产业创新发展战略》等文件。这些规划文件是新时期船舶工业发展的行动纲领。全行业应把推进科技进步，加快产品结构、产业结构、产能结构、生产组织结构调整作为船舶工业发展的重要任务，从主要依靠生产要素投入、依靠低劳动成本的粗放型发展，向技术创新驱动、注重质量品牌、效率效益的集约型发展方式转变，加大兼并重组力度，继续提高行业集中度，加快推进推动船舶工业的转型升级。要促进龙头企业进行战略性兼并重组，推动同类或相关企业联合重组，提高产业集中度，打造具有国际竞争力的大型企业；扩大国内短缺或空白的中高端船用设备产能，控制和压缩已出现产能过剩的项目，淘汰落后产能。

2. 千方百计保交船，全力以赴接订单

2011 年，船舶行业仍将面临市场低迷，船东推迟接船、改单、撤单甚至弃船的风险，而中国船舶工业已进入产能集中释放期，将交付大量船舶，保交船仍是船舶行业的重点工作。船舶企业要加强生产过程中的协调与监控，加强与船东的

沟通，做好客户的维护工作，全力以赴确保交船。另外，承接订单是船舶企业永恒的主题，是企业赖以生存、发展的基础。在造船市场供求矛盾突出，订单严重不足的形势下，要加大经营力度，在散货船市场可能低迷的形势下，全力以赴开拓新市场，承接新订单，在细分市场做精产品，做出品牌，高度关注集装箱船、液化气船、汽车运输船、多用途船、沥青船、海上风电安装船、半潜船、重吊运输船、木屑运输船、海工辅助船、特种船和海洋工程装备等领域的市场机会。必须贴近市场需求，密切船东联系，开拓经营思路，创新经营方式，坚持随行就市，把握市场机遇，加快决策速度，发挥自身优势，提高应变能力，努力承接更多订单，避免资金流断线，减少生产设施闲置，防止有用人才流失，保持企业生产的平稳发展。

3. 高度重视科技驱动，着力提升科技创新能力

当前，船舶市场持续低迷，国际新规不断出台，船东要求越加严格，影响发展因素增多，应对这些变化，都需要有科技支撑，未来市场的竞争越来越表现为船舶科技创新实力的竞争。船舶市场产品结构目前已经发生了明显变化，散货船、油船等船型有效需求不足，而大型超大型集装箱船等高技术船舶、特种船舶、海洋工程装备市场相对活跃，符合安全、节能和环保技术发展趋势的船舶更让船东看好。必须加大研发力度，调整产品结构，在抓好三大主流船型优化升级的同时，加大高技术船舶、海洋工程装备的研发投入。另外，必须加大对国际新标准、新规范的前瞻性研究力度，增强中国在规范制定中的话语权，加大对 IMO 新标准及新规范宣贯、培训和应对措施研究的力度。同时，充分认识 IMO 出台的新标准、新规范进入实施阶段的紧迫性与重要性，认真结合降耗和节能要求开发新船型，使企业的创新工作与应对新标准、新规范，产品的研发、升级换代工作有机地结合起来。必须以国际科技发展新趋势、海事规则新规范、船东需求新要求为驱动，以技术先进、成本经济、建造高效为目标，以明确的重点产品和关键技术为导向，加强重大项目科技攻关，抓好产品结构优化升级，打造高效船舶制造体系，加大技术人才引进力度，提升科技创新能力。

4. 加强生产管理，有效推进成本工程

目前，全行业要进一步加强生产管理，确保产品质量。各船舶企业应提高生产计划管理水平，用风险管理的思路编制计划，确保船舶按计划建造。注重船舶及配套产品质量管理，提高产品质量控制能力和产品质量，避免因产品质量问题导致交船困难。同时，要探索劳务工劳动用工方式的改革，将管理的基础扎根于班组，从管理体制上强化质量和安全工作。在船价大幅大跌，制造成本上涨的双重压力下，加强成本控制和管理，已成为企业提高国际竞争力的重要途径。造船企业要全面建立现代造船模式，推进精益造船、精细管理，通过对设计、采购、生产过程每个环节的精细管理，强化企业成本管理，使之适应船市行情变化，在设计、生产、管理各方面深入挖掘降低成本的潜力，通过采取提高劳动生产率、推进技术进步、降低采购成本、提高钢材利用率、降低能耗等措施全面提升企业管理水平，扩展降本增效空间，努力保持或提高盈利水平。

5. 找准企业战略定位，加快业务结构转型升级

目前，全球和中国船舶行业产能过剩，国际船舶市场的供求矛盾短期内难以得到根本的缓解，受前一时期超速发展的影响，中国船舶企业同质化竞争问题突出，国内一些中小型企业陷入了困境。在此背景下，应不失时机地按照市场经济的规律，推进行业兼并重组，优化资源配置，改变目前中国船舶工业产业集中度不高的局面。大型骨干造船企业要通过兼并重组等方式扩大优势产品和高端产品制造能力，加快发展成为国际一流大型企业集团。船舶企业应认真分析形势和竞争对手，发挥自身优势和特点，扬长避短，正确选择企业的战略定位，在细分市场中寻找发展空间，做大做强做出品牌。金融危机爆发以来，太平洋造船集团、黄海造船有限公司、福建省东南造船厂、浙江方圆造船有限公司等企业以做细分市场中“领导者”的理念，实施差异化竞争，向“专、精、特、新”方向发展，走出了一条成功之路，值得借鉴。应该指出，船舶企业的战略定位，不仅是造船一种选择，根据企业的特点和能力，面向骨干船企提供中间产品制造，开展多元化经营，跨行业跨所有制兼并重组等都是一些船企转型升级可考虑的方向。

6. 加强银企合作，积极探索新的融资方式

国际金融危机还没有过去，单纯依靠银行传统的融资手段已不能完全解决船舶融资问题。造船企业要创新融资模式，加强与各类金融机构的合作，采用多种融资手段，积极拓宽融资渠道，通过大力开展与船舶融资租赁公司合作、利用船舶产业基金及银企基金等建立产业链融资模式；利用好中资银行扩大船舶融资规模的时机，争取更多的订单；利用套期保值、远期结汇等金融市场衍生工具积极应对人民币升值风险。

专栏 25-1

船舶订单向大型船企“聚拢”

随着国际金融危机对造船业滞后效应的显现，船舶订单下滑比较严重，中国造船行业面临调整，行业呈现显著分化趋势，船舶企业的订单集中度日益提高，大型船舶企业和中小船舶企业的经营状况分化日益明显。

1. 船舶企业订单集中度提高

2011 年上半年，中国新承接船舶订单 2160万载重吨，同比下降 9.2%。统计范围内约有半数企业没有接到订单，重点监测的 43 家船舶企业中也有 10 家没有接到订单，船舶订单更加向综合实力强、船东质量较好的大型船舶企业集中。

中国船舶重工集团（以下简称“中国重工”）2011 年上半年，造船完工量达到 540.4 万载重吨，较 2010 年同期增长 41.6%，远高于船舶行业整体 4.4%的同期增长率；船舶开工 477.9 万载重吨，较 2010 年同期增长 7.67%，再创历史同期新高；新接民船订单 320 万载重吨，合同金额达 86.7 亿元，较 2010 年同期增长 69.25%。截至 2011 年 6 月 30 日，公司手持船舶订单 2437万载重吨，已排产至 2014 年，给未来公司业绩的持续增长奠定了雄厚的基础。

2. 军工海工助推船企发展

在船舶市场调整的过程中，大型船舶企业通过业务组合调整的方式在一定程度上缓解了来自造船业务的压力。对大型船舶企业来说，在船市调整过程中，军工业务与海洋工程业务将成为其未来较长一段时间内的业务发展重点，而且这两块业务的盈利也将构成其未来较长一段时间内的盈利支撑点。

“中国重工”是中国海军舰船装备产品的主要供应商之一，2011 年上半年财务报告显示，军工收入占比达 11.8%。军工业务利润的稳定性和持续性无疑将成为“中国重工”未来应对船舶市场调整的重要支柱。2011 年向中国海洋石油总公司成功交付了 3000 米深水半潜式深海钻井平台，这表明中国造船业已经具备参与国际海洋工程领域竞争的实力。2011 年上半年财务报告显示，“中国重工”的海洋工程接单量呈现了爆发式的增长，新接海洋工程平台订单 5 座，合同金额达 45.73亿元。“中国船舶”2011 年新签订了 2 座自升式钻井平台订单。

3. 大型船企或将迎来发展良机

危机中同样蕴涵着发展机会，对大型船舶企业来说，尤为如此。无论是借鉴国外造船业市场发展历程，还是国内宏观政策支持，都预示着大型船舶企业在这一轮危机中的发展机会引人关注。

大型船舶企业将引领产业升级。海洋工程业务是国家近年来重点推动的业务，国家出台的《国家战略性新兴产业发展“十二五”规划》和即将出台的《海洋工程装备制造业中长期发展规划》将引导造船企业利用现有产能进行产业升级，进一步向海洋工程领域拓展。沿海沿江的部分地方政府已经先期推出产业升级的规划纲要，然而对中小型船舶企业来说，尽管拥有充分的建造能力，产业升级仍需要克服大量的现实问题。随着国家进一步出台扶持海洋工程业务发展的政策，预计地方政府可能会引入合适的大型船舶企业，打造配套园区和产业基地，推动当地中小船舶企业的产业升级。

资料来源：根据《中国水运报》2011 年 11 月 1 日楚仁文章《船舶订单向大型船企“聚拢”》相关内容整理：http：//www.zgsyb.com/GB/Article/ShowArticle.asp?ArticleID=112624&Page=1。

参考文献

1. 回旭：《中国打破韩国高技术垄断 造船大国转型造船强国》，《国际商报》2011 年 1 月 20日。

2. 张长涛：《船舶业逆势登顶“十二五” 迎来结构调整期》，《中国工业报》2011 年 1 月 12日。

3. 曹惠芬：《我国船配企业亟待转型升级》，《中国水运报》2012 年 1 月 11 日。

4. 国家发展和改革委员会产业协调司：《2011 年船舶工业经济运行情况和特点》，2012 年2 月 3日。

5. 王寅娜：《造船业调整产业结构迎挑战》，《中国水运报》2012 年 3 月 23 日。

6. 吴秀霞：《让劳务外包融入“建模”，实现精细管理》，《中国船舶报》2011 年 11 月 21 日。

7. 中国船舶工业行业协会：《2011 年船舶工业经济运行分析》，中国船舶工业行业协会网站，2012 年 1 月 20 日。

第二十六章　航空航天工业

提　　要

“十二五”的开局之年，中国航空航天工业面临不少风险、困难与挑战。就航空工业而言，克服了国家刺激经济增长的政策措施逐渐退出、航空装备研制体系开放和低空空域改革使航空产品市场竞争加剧、后金融危机世界经济复苏动力不足将继续影响航空外贸业务等困难与挑战，顺利完成了全年任务；就航天工业而言，加快重大产业化项目建设、深化战略合作、推进资产证券化、落实经营投资管理改革等方面推动航天工业的快速、持续发展，逐步实现了市场化、专业化、国际化、集团化的发展步伐，圆满完成了国防建设任务和年度经营发展目标，双双实现了“十二五”的良好开局，为我国航空航天工业“十二五”目标的实现奠定了良好的基础。

*　　　　*　　　　*

“十一五”期间，中国航空航天工业发展迅猛。中国航空工业规模快速扩张，民用飞机的研制、生产、销售情况良好，外贸和转包生产取得长足进步。同时，中国航天事业进入快速发展阶段，进入空间、利用空间和探索空间能力明显提高，航天工业综合实力不断增强，中国航天的国际地位和影响力不断提升。进入“十二五”开局之年的 2011 年，中国航空航天工业发展呈现出历史上重大的发展拐点，把握住了前所未有的发展机遇，双双实现了“十二五”的良好开局。

一、中国航空航天工业发展态势

“十一五”以来，航空航天工业把提高自主创新能力作为推进发展的重大战略措施，着力实现“三个转变”：从跟踪发展向自主创新转变；从重产品轻基础向二者协调发展转变；从军民分割、封闭发展向军民结合、寓军于民转变。通过技术资源、技术人才的互动和科技成果的双向转化，促进军用和民用技术及产业的相互促进、协同发展。2011 年，中国航空工业集团公司（以下简称“中航工业”）全年实现销售收入 2500 亿元，利润 130 亿元；“十一五”期间，集团公司 2010 年销售收入为 2055 亿元，同比增长 19.5%，利润 105 亿元，经济增加值超过 40 亿元；与“十五”末（2005 年）相比，中航工业营业收入翻一番，利润增长 320%，资产总额为 4832 亿元，增长 137%。中国航天科工集团公司 2011 年营业收入规模首次突破千亿元大关，同比增长 23.4%，利润总额同比增长 19.2%，经济增加值同比增长 12.7%；集团公司“十一五”时期累计实现营业收入为3139亿元，较“十五”增长161.1%，2010年实现营业收入870亿元，比“十五”末（2005年）增长1.6倍；五年累计实现利润超过210亿元，比“十五”增长344%，2010年实现利润65亿元，比“十五”末增长4倍多。中国航天科技集团公司2011年实现营业收入12.48亿元，利润总额0.76亿元，航天技术应用产业和航天服务业的整体经济规模“十一五”从133.1亿元增长到489.5亿元，其中营业收入超过10亿元的公司从3家增加到13家，超过亿元的重点项目和产品从15个增加到56个。

1. 加强以科技创新为基础的能力建设

“十一五”期间，中国航空航天工业加快推进由主要依靠增加投资、扩大规模的粗放型发展方式向主要依靠科学技术进步和产业结构优化升级的集约型发展方式的转变，在提高经济运行质量、效益和可持续发展能力上取得了明显成效。航空航天工业实施一批国家重大工程和重大科技专项，引领产品、产业结构的优化升级。探月工程与载人航天工程、大型飞机工程等一批重大专项，作用十分突出，不仅有效地解决了涉及国家安全和国民经济发展中的重大难题，而且加快了经济增长方式的转变。加强关键技术和高新技术的自主创新，突破制约新产品研制中的重大“瓶颈”。航空航天工业突破了一大批关键技术和高新技术，带动了航空航天工业的整体跃升，大大地推动了航空航天经济的发展。变革与创新产业组织模式，企业正逐步成为技术创新的主体。伴随航空航天工业专业化、规模化重组整合的推进，科研要素逐渐向企业层次推移，正在搭建起以企业为主体、产研一体化的航空航天工业创新体系，经济发展方式从产品和产业的组织形态上得到优化。“十一五”期间，以两项成果获得国家科技进步特等奖为标志，中国航空工业集团公司科研生产能力得到大幅提升。目前，中航工业已建成1个国家工程实验室、8个国防科技重点实验室、28个航空科技重点实验室、8个国防科技技术研究应用中心、19个国家级企业技术中心、38家博士后科研站及工作站。5年来，中航工业累计申请专利8720项，获得专利授权3313项。中国航天科工集团公司拥有国防科技重点实验室6个、国家工程技术研究中心4个、国家级企业技术中心3个以及一大批企业技术中心、试验室等创新平台。这些创新平台在提高我国航空航天企业自主创新能力、促进军民融合和科技成果转化、完善科技创新体系建设等方面都起到了积极作用。

2. 加快以专业化与规模化为核心的行业重组

加大了行业资源的专业化、规模化重组整合力度。整合同类产品总成总装企业，由最有实力的企业牵头组建企业集团，实行品牌、经营、服务“三统一”；整合零部件和配套产品企业，组建具有模块化生产和分系统集成能力的专业性公司；整合技术产品相关的航空航天科研院所和企业产研一体化，推进企业成为技术创新的主体。以上市企业为产业发展平台，加快航空航天优势产业发展步伐。上市公司业务板块已成为拉动航空航天工业民用产品快速发展的重要推动力。推行股份制经营和投资主体多元化，积极引入非公资本。中航工业与GE等多家国际著名航空企业合资合作，境外7项并购涉及金额近10亿美元；五年间，完成一系列重大专业化重组与资本化运作项目，在资本市场累计融资超过200亿元，上市公司市值超过2200亿元，其中集团公司持有股份市值达到1200亿元。

3. 推进以军民结合为主体的区域产业融合

航空航天工业坚持以具有行业优势和特色的军民结合高技术产业为发展主线，大力发展军民结合产业。积极推动军民品科研生产的资源共享、技术互动、能力互补，夯实军民结合的产业基础。通过资源整合，集中力量发展市场潜力大、行业辐射带动性强的军民结合产业，如卫星及其应用、支线和大型民用飞机等。近年来，随着产业集群的崛起，航空航天民用产品进入园区经济向产业集群发展渗透，具有航空航天行业特色的军民两用高技术产业和优势产业以集群化发展。以航空航天工业为主体，在航空航天资源集中的地区，依托军民两用重大产业化工程和项目，与地方共建军民结合高技术产业基地，形成具有大规模生产能力的产业集群。如陕西阎良国家航空高技术产业基地，已初步形成了集航空产业研发、人才培养、装备生产及整机制造、零部件加工、转包生产、航空服务为一体的产业集群，壮大了航空产业，带动了陕西相关产业的发展。以地方产业集群为主体，鼓励航空航天企业走出门户，带着产品和技术，加盟以地方经济特色为主体的产业集群，促进产品结构优化升级。

4. 推动以价值增值为目标的产业链延伸

积极发展现代服务业，将产业链条向高价值区域延伸。航空航天工业以价值增值为目标，积极开展卫星、飞机产品的商务运营服务及租赁服务业务；健全产品售后服务体系，加大维修服务、人员培训力度，提高服务价值所占比重；密切与军方的联系与合作，积极承揽部队服役武器装备改装升级和维修业务；注重发展咨询服务、信息服务等其他现代服务业，多渠道增强经济实力。我国航天工业“十一五”期间成功进行了45次运载火箭发射，将自主研制的51颗卫星发射上天，形成了气象、资源探测等多个系列，其中风云2号达到国际先进水平，率先向业务服务型转变。中航工业集团在大力发展以航空制造业为主的第二产业同时，全力推动研究院所向具有航空高科技背景的系统方案提供商转型，加大金融、租赁、商业、物流、文化传媒等现代服务业的发展，更加关注品牌的塑造、文化的渲染、商业模式的创新，使实体经济、广义虚拟经济相互融合、相互补充、交相呼应，共同推动集团公司可持续发展。中国航天科技集团公司重点发展卫星及地面运营服务、金融投资服务、国际化服务、软件与信息服务、生产性服务五大板块，产业集中度明显提高，经济规模和效益显著提升。

二、2011年的航空航天工业运行

在“十一五”胜利完成和“十二五”开局之年，中国航空航天工业企业发展呈现出历史上重大的发展拐点，把握住了前所未有的发展机遇。

（一）航空工业

“十二五”的开局之年，中国航空工业面临不少风险、挑战和困难。国家刺激经济增长的政策措施逐渐退出，航空装备研制体系开放和低空空域改革使航空产品市场竞争加剧，后金融危机世界经济复苏动力不足将继续影响外贸业务。2011年，中航工业深入实施“两融、三新、五化、万亿”战略，加快改革，加强自主创新，提升管理水平，打造优秀队伍，顺利完成全年任务，实现“十二五”良好开局，全年实现销售收入2500亿元，利润130亿元。

1. 不断提高自主创新能力

2011年，中航工业积极争取国家能力建设支持，加强建设过程监管，加快建设进度，提高预算执行率，保障重点型号科研任务；重点抓好一批重大基础研究项目；全面开展探索研究；抓紧启动重大背景项目研究；扩大产学研联盟范围，加速技术成果转化。制定技术成熟度评价统一标准，通过宣传、贯彻、培训加快其推广应用；建立成果、专利、标准的联动机制，推动研究项目成果专利化、标准化；加强重点实验室、技术研究应用中心、企业技术中心建设，启动一批航空科技重点实验室的建设；贯彻信息化标准战略，加快推进多项目平台建设，实现信息化建设的新跨越；认真组织协调，创新研发管理，强化风险控制，加强技术攻关，全面完成科研生产任务；加快构建全球营销体系，创新营销模式，主动满足市场需求，不断扩大市场份额，逐步使军贸成为拉动发展的重要力量；巩固传统客户，继续加强传统产品出口营销；开拓新兴市场，抓好新一代对外出口贸易飞机的研发、生产与营销。

2. 深入推进体制机制改革

2011年，中国航空工业集团公司出台了《关于推进改革调整，促进转型发展若干问题的决定》，集中突破改革中难点问题，着力解决深层次矛盾，加快改革调整到位。①进一步理顺母子公司管理体制，明晰各层级职责权限。集团总部把重点放在战略管控、资源配置、统筹协调、绩效监控上，主动实施管理模式转型，重构业务流程，缩短管理链条，做好直属单位主业认定。除部分重点保军单位外，下放成员单位主要领导的管理权限。直属单位把重点放在专业化、实体化发展上，配齐配强管理团队，构建科学管理体系，提升经营管理能力，抓好产品研发、市场开拓、售后服务，尽快成为营销主体、结算主体、法律责任主体。成员单位主动推进专业化中心的重组再造，提高科研生产能力。②加快推进资本化运作。子公司通过交叉持股、与地方合资和资本化运作等手段，实现股权多元化，积极扶持有条件的企业在创业板上市。抓住有利时机主动寻找国内外并购项目并组织实施，甄选一批专业人才集中专题培训，为资本化运作和国内外并购做好储备。利用投资公司融资平台，通过参股、入股等方式对涉及集团战略的重大合作项目进行直接投资。③切实推进园区建设，加快航空产业项目进园，确保项目做实，实现园区建设目标，为集团公司发展和地方经济建设做出了贡献。

3. 加速发展民用航空产业

（1）着力于型号研制。MA700 飞机申报国家立项，庞巴迪 C 系列飞机完成详细设计工作，农 5B 飞机完成 04 架样机首飞和适航试验飞行，喷气公务机项目选定国外合作伙伴并报请国家立项，L7 运动教练飞机完成 03 架样机首飞，AC310 直升机实现首飞，AC313、AC311 加速完成适航取证，运 12F 完成调整试飞并转入适航取证，“蛟龙”600 完成评审并进入实验阶段，“海鸥”300 完成适航取证试验试飞，超轻型公务机力争实现首飞，4~5 吨级多用途飞机形成总体技术方案。

（2）加强市场开拓。探索直升机、飞机等板块军民品研发、营销和服务相对独立的运行模式，建立民机研发中心，培养专业化营销队伍。继续做好 MA60、MA600 改进和营销工作，直升机通过融资、租赁、托管和以用代养等模式吸引客户，特别是要与各级地方政府紧密结合实现销售，继续抓好转包生产。

（3）全力发展通用航空。创建国内飞行俱乐部，发展运营服务，推进品牌创建，提高企业知名度；发展飞行培训业务，通过选点并购实现规模化发展。

（4）当好 C919 和 ARJ21-700 供应商，全力支持中国商飞民机研制。C919 完成机体、系统供应商合同谈判及签署，实现机体零件首件制造开工，推进机载系统国际化合作研发；商用发动机要完成总体方案定义和项目的可行性验证，开始试验件试制；配合搞好 ARJ21-700 适航取证，交付首架飞机。

（5）推动燃机产业化发展。加快燃机专业化整合，组建燃机成套工程公司，抓好燃机重点项目，实施燃气轮机重大专项五年计划。

4. 全面推进非航空产业发展

2011 年，中航工业强力推动专用车、汽车零部件、新能源、电子信息和现代服务业等重点领域发展。加大内部整合力度，加快外部并购步伐，培育新兴产品，做强优势产业，做大产业规模，实现快速发展。专用车产业加快实施以 7S 为主要内容的营销策略，汽车零部件产业探索集成供应模式，开拓高附加值汽车零部件加工市场；寻机并购高端汽车零部件系统海外企业和有价值的国内企业；海外并购企业可在国内组建技术中心。开发高端作业类和工程机械类产品。锂电池产业加快股份制改造、园区建设和国内建线，推进海外研发中心建设和产品出口。幸福航空通过民航局安全管理体系审定，设立合肥基地进军东南地区。规划建设加速成为主要业务领域的价值集成商。通过专业化整合和资本化运作，形成现代服务业整体竞争优势，深度融入区域经济圈，为航空主业发展提供支持。

（二）航天工业

2011 年是“十二五”开局之年，也是“十二五”发展打基础的关键一年，航天工业在迎来重大发展机遇的同时，也将面临更为严峻的考验。航天科技集团公司的重点仍然是发展航天技术应用产业和航天服务业重大项目，从加快重大产业化项目建设、深化战略合作、推进资产证券化、落实经营投资管理改革四方面推动航天技术应用产业的快速、持续发展。航天科工集团公司加快结构调整、资源重组和“市场化、专业化、国际化、集团化”发展步伐，圆满完成国防武器装备建设任务和年度经营发展目标，营业收入规模首次突破千亿元大关，同比增长 23.4%，利润总额同比增长 19.2%，经济增加值同比增长 12.7%，实现了“十二五”的良好开局。

1. 加快重大产业化项目建设

加强新材料、新能源等重大产业化项目管理；发挥核心能力优势，大力培育物联网、电动车、高端软件等战略性新兴产业领域的新项目。中共“十七大”指出，要建立和完善军民结合、寓军于民的武器装备科研生产体系、军队人才培养体系和军队保障体系，坚持勤俭建军，走出一条中国特色军民融合式发展路子。2010 年 9 月出台的国务院《关于加快培育和发展战略性新兴产业的决定》指出，现阶段中国将重点培育和发展节能环保、新一代信息技术、生物、高端装备制造、新能源、新材料、新能源汽车等产业。航天工业作为七大领域中的 22 个方向之一，其战略性新兴产业地位得以确定，而航天科技与航天科工的技术应用产业涉及所有七大领域。因此，航天科技与航天科工抓住国家深入推进军民融合、大力培育和发展战略性新兴产业的契机，深入研究国家相关政策和发展重点，发挥航天高科技优势，按照差异化聚焦战略，整合航天优势资源，有选择地加大投入，突破制约产业化发展的关键技术，培育经济增长新引擎，力争在国家战略性新兴产业中发挥先导作用。①加快煤化工项目、风电项目、专用车项目、碳纤维产业化项目、空间生物项目、长输管线输油泵项目、液压支架项目、多晶硅项目、太阳能光伏电池项目、集成电路项目、烟气治理产业化项目等已有重大产业化项目的建设，明确各项目的具体发展目标，加强研究和管理，不断提升项目的竞争力。②在发展已有项目的同时，还把握了新的发展机遇，充分利用航天高科技力量，大力培育和开发物联网、电动汽车、高端软件等战略性新兴产业领域的新项目，加快生产方式转变，培育新的经济增长点。③全面推进卫星应用、平安城市、电力装备、石油与地质装备等产业发展，加快产业链、产业体系建设，打造民用产业支柱板块。④完善民用产业信息平台，推动行业市场营销主渠道的建立，不断增强国内市场开发能力、积极融入地方经济，扎实推进已签战略合作项目的深入实施。

2. 加大资源优化配置力度

中国航天科工集团公司进一步优化科研、生产的分工布局，统筹核心专业发展，支持总体院的重点核心专业发展。推动关键分系统、特殊部件配套单位、基础与一般部件配套单位的多形式联合重组。继续推动固体动力技术研发中心建设，深入推进专用车、紧固件、贸易等产业资源整合；统筹策划指控专业发展，提高指控专业核心能力。统筹情报研究、决策咨询等资源利用，推动战略研究支撑机构建设。继续清理或果断放弃营业规模较小、长期亏损、发展前景差的公司和产品。航天科技集团注重把发挥航天技术能力与管理优势和满足国家发展需求紧密结合，加速航天技术向国民经济主战场转移、嫁接，积极与企业、地方政府和科研院所开展战略合作，在制约中国发展的资源短缺、核心技术缺失等方面破解了一系列难题，对于提升国民经济的科技含量、促进产业结构的优化升级与整体跃迁，培育国民经济新的经济增长点做出了贡献。未来，航天科技集团将进一步深化与相关单位的战略合作，并积极开拓、建立新的合作关系，以加大资源优化配置力度，实现可持续发展。①积极促进集团内部各科研生产联合体、专业公司和直属单位的合作，优化内部资源配置，促进整体发展。②积极与拥有优势技术的企业开展合作，促进技术交流与合作，实现相关企业优势技术对航天发展的支撑，以及航天优势技术的转移和应用，达到双方互惠互利、合作双赢的目标。③积极与多家金融机构确立战略合作关系，促进在投、融资等金融领域的合作，以实现持续发展、提升航天产业能力和自主创新能力。④积极与地方政府进行合作，促进产业基地建设、产业化项目发展，提升航天产业发展能力，带动地方经济发展。⑤积极与国内外科研院所合作，实施产学研结合，采用共建联合研究中心、人才培养基地等方式，提升自主创新水平，并在人才联合培养方面携手合作，打造一支创新人才队伍。

3. 深入推进资产证券化

2010 年 10 月，工业和信息化部下发了《关于建立和完善军民结合、寓军于民武器装备科研生产体系的若干意见》（以下简称《意见》），对于“十二五”乃至今后一段时期中国国防现代化建设、军工行业改革调整、军民融合发展指明了方向。《意见》明确提出，要用 3~5 年的时间基本完成军工企业的股份制改造。针对这些实际情况，中国航天科技集团公司深入研究国家文件精神，探索、创新投、融资方式，深入推进资产的证券化，实现军工企业的股份制改革。对于现有上市公司，将加强投资、经营管理，充分发挥上市公司的融资平台作用，利用资本市场，通过资本纽带推动航天技术应用产业体制机制改革，促进系统内外资源优化配置，不断促进企业的资产重组，以信息化、市场化和证券化带动企业不断做大做强。航天科工集团公司加大产融结合力度，进一步明确上市公司总体布局和发展定位，依托优良资产和专业技术优势，进一步做强上市公司主业；加大上市公司重大敏感事项监管力度，加强上市公司规范运作。做好有条件企业的专业化重组，重点推进高端紧固件等首次公开发行股票孵化培育，努力打造主业突出、业绩优良、行业领先的专业化板块，壮大上市公司的经济规模和综合实力。

4. 继续推动市场化体制机制改革

伴随着中国市场经济的发展，航天技术应用产业在近年的高速发展中，面临更为开放、更加市场化的发展环境。原有的管理体制和机制已不能适应产业发展的需要，必须探索和研究适合其发展的有效的管理模式，增强现代管理理念，制定合理、规范的管理制度，探索有效的运行机制，努力破解影响和制约市场化发展的体制机制障碍，为实现企业的发展目标、壮大航天技术应用产业提供管理支持。目前，航天科技集团已经基本建立了产权明晰、权责明确的独立法人制度，并为满足现代企业发展的要求，制定了一系列关于实体公司设立、经营团队建设、公司规范治理、市场化选人用人等的经营投资管理改革措施，下发了《中国航天科技集团公司航天技术应用产业及航天服务业投资项目管理改革指导意见》、《中国航天科技集团公司全资、控股公司高级管理人员公开招聘管理办法》、《关于加快推进院级实体公司建设有关问题的通知》等文件，积极推进集团公司所属法人单位的基础管理工作。2011 年，航天科技集团建立适合产业发展的管理体制和多元化投资机制，完善考核和激励机制，为航天技术应用产业“十二五”发展奠定了良好的基础。航天科工集团深化改革与调整总体方案，继续推进企业公司制股份制改造，探索事业单位改制，完善航天科工集团的经营管理职能，积极构建以集团公司总部为决策和运营管理核心，总体院、骨干单位、上市公司为产业发展主体，专业性公司（研究所）为有力支撑的组织架构，推动京内外单位对口支援合作，鼓励内部协作配套，做强做优各单位主业；全面实施鼓励发明创造、推进改革调整、促进产业发展的若干措施，完善内部利益共享、风险共担机制，营造良好的发展氛围。

三、“十二五”期间航空航天工业发展展望

“十二五”是中国航空航天历史上非常重要的五年，是继续改革开放、加快转变发展方式的攻坚时期，是为长远发展打基础、上水平的关键时期。从军事需求看，伴随着“战略空军”、“远洋海军”建设步伐的加快，伴随着中国和平崛起的伟大进程对国家安全建设的实际需要，军事需求将成为航空航天工业“十二五”及以后相当长时期内发展的基本动力。从民机产业近期发展和中国实施大飞机专项的政策看，“十二五”将是民机产业发展难得的历史机遇期；国家加快转变经济发展方式，积极培育战略性新兴产业，加快发展服务业，还将为非航空民品和现代服务业发展创造良好的环境。中国政府高度重视航空航天工业发展，“十二五”期间将进一步加大支持力度，航空航天工业将会快速发展。

1. 进一步深化体制机制改革

深入贯彻落实党和国家推进航空航天工业改革调整的决策部署，加快推进市场化改革，进一步完善权责分明、流程畅通、运作高效的母子公司管理体制，建立现代企业制度，完善法人治理结构，以用人、分配和风险决策机制为重点，加快建立与市场接轨的体制机制，尽快解决长期制约发展的体制、机制问题。加快推进专业化整合，建立由内部科研单位和外部战略合作伙伴的研究机构组成的、涵盖航空航天各专业领域和基础技术领域的科技创新体系，打造高效的设计、制造和服务一体化组织。推进航空航天应用型科研院所企业化转制，建立现代科研院所制度，使先进

生产力更好地走进市场。①建立全球视野，打破传统的、线性的、封闭的发展模式，紧紧抓住后金融危机各种机遇，积极实施国内外资本化运作，不断强化优势、补齐短板、填补空白，在较短时间内实现产业规模的迅速扩张，实现并购发展。②提升全球运营能力，建立具有国际竞争力的技术研发、市场营销、产业组织平台，在全球范围内整合各种优势资源，打造面向国际市场的供应链，通过杠杆效应实现集成发展。③创新商业模式，充分利用现代商业运作的成果，通过旨在主导市场的电子商务、连锁经营等形式，快速提升市场控制力，坚持客户导向，开拓价值创造空间，打造卓越品牌，提升盈利能力和运营效率，实现创新发展。

2. 积极推进自主创新

要构建创新导向的研发体系，抢占科技发展前沿阵地，积极推进原始创新，全面展开研制攻关，增加技术储备，支撑型号发展，改善现役装备。具体而言，①要大力加强科技攻关。针对国家大飞机专项、ARJ21、探月工程与载人航天工程等重大项目研制，开展集智攻关，突破技术"瓶颈"，确保项目成功。②大力加强预先研究，积极开展与未来装备发展密切相关的基础研究和先期技术研究，实施技术成熟度管理，增加技术储备。③大力加强探索研究，积极推进航空航天科技原始创新，抢占航空航天科技发展前沿阵地。④建设好支撑创新的基础条件，加强重大关键试验设施、系统综合试验平台建设，大力加强信息化建设，支持型号研制和航空航天技术发展。⑤创新科技投入机制，通过争取国家支持、企业自行投入、吸引国内外投资、资本市场融资等形式，形成支撑航空航天科技进步的多元投入机制。另外，航天工业要在运载火箭、卫星平台、动力与推进技术方面率先进入世界先进行列；巩固空间飞行器有效载荷、卫星应用、航天电子等技术领域的优势地位；确立一批新兴技术领域的主导地位；显著增强武器型号的竞争能力。航空工业最关键的核心是航空发动机技术。航空发动机代表人类工程技术水平的最高峰，目前世界上只有美、俄、英、法四国能够全型谱自主研发先进航空发动机，航空动力技术成为了大国、强国对其盟友也要严密封锁的核心技术领域。因此，在"十二五"期间，中国航空工业要继续加大自主研发投入，积极开展原始创新和科技攻关，加快推进航空发动机型谱化、系列化发展，先于飞机形成货架产品，并以此培养和锻炼出一代航空发动机研发人才，让航空发动机为航空工业发展提供强大的动力。

3. 深入推进军民融合发展

要落实国家的战略部署，加快推进军民融合式发展，实现产业结构的协调优化、产业规模的大幅提升、产业效益迈上新台阶，努力形成国防建设和经济建设相互促进、协调发展的良好局面，为中国航空航天工业的发展奠定坚实的经济基础。就航天工业而言，就是围绕培育和发展战略性新兴产业，在航天信息技术应用、物联网、高端装备制造、航天生物等关键技术上取得突破，支撑航天技术应用产业和航天服务业发展的能力得到显著增强，重点领域核心技术自给率达到85%以上。对航空工业来说，随着军队、民航业对高性能、高质量的军民航空装备需求的增加及国家的投入，航空产品任务大幅度增加，型号研制任务很重，迫切需要完善航空工业军民结合体制，进一步促进航空工业的转型升级。具体来说，①跨代发展航空武器装备，形成技术先进、系统完备的航空武器装备谱系。②跨越发展民机产业。推进MA系列支线飞机、AC系列直升机、高端公务机、通用飞机等的系列化发展，努力培养知名品牌；成为C919、ARJ21主要供应商和世界著名民机企业一级供应商；全价值链发展通用航空产业；转包生产向一级供应商和风险承包商转变。③放量发展非航空民品产业。突出抓好集成度高、产业链长、附加值大、带动效应广的重点项目，重点发展新能源、新材料、电子信息、装备制造等战略性新兴产业，形成产业集群和规模效应。④大力发展支撑主业发展和提升企业价值的现代服务业，包括航空运输业、金融产业、房地产业等业务，通过商业模式创新，加快培育国内一流、国际知名的现代服务企业和品牌。

4. 打造创新型研发与管理人才队伍

以数量充足、结构合理、素质精良为目标，培养具有全球视野和世界一流水平的科技人才；创造其发挥作用的良好环境，用市场化的机制选人、用人、留人，深化薪酬体系的市场化改革；

要打破事业单位的编制限制，壮大设计、研发队伍；继续推进“长、家、匠”分离和“长、家”分设，并在专家团队中选拔科技领军人才，落实待遇，激发和保持科技人才的工作热情与创造激情；实现由规模数量型向高端复合型人才结构调整的转变，培养造就国防科技高层次人才队伍。具体而言，①通过型号锻炼、项目合作、技术交流等渠道，加大人才培训特别是跨国学习培训力度，培养具有全球视野和世界一流水平的科技人才；面向全球大量吸引、大胆使用市场化、国际化的人才。②坚持以人为本，落实“四个尊重”，激发科技人才的工作热情与创造激情；制定特殊的激励政策，对从事基础科技工作和预先研究工作的科技人员给予有效激励。③进一步解放思想，努力培养并大胆起用年轻有为的科技领军人才，拓宽人才成长渠道。④弘扬技术民主，允许试错，宽容失败，形成宽松、自由的创新氛围，营造科技人员自由创造的良好氛围与环境。打造创新型研发与管理人才队伍，将为全面完成航空航天武器装备建设、科技进步和国家经济社会发展“十二五”发展规划目标提供有力保障。

专栏 26-1

中国航空发动机与世界先进水平的差距

航空发动机技术被誉为现代工业“皇冠上的明珠”，是一个国家科技、工业、经济和国防实力的重要标志。目前，世界多国争相发展第五代战机，在第五代战机的“4S”标准中，“超音速巡航”和“超机动性”主要是由航空发动机的性能决定的。另外在“隐身能力”方面，发动机进气道的雷达反射量约占飞机雷达总反射量的 1/4，飞机的红外特性更是与航空发动机密切相关。评判航空发动机的优劣有很多指标，从不同角度看，最常用的有推力、推重比、发动机效率和燃油消耗率，还有加速性能、工作稳定性、环境适应性、隐身性、寿命，还可以加上发动机噪声、污染、维修性、保障性以及几何尺寸、重量和价格等。对于军用航空发动机而言，推重比、可靠性、工作稳定性和燃油消耗率是最重要的 4 个指标。第五代战斗机发动机的推重比超过了 10，使飞机具备了超音速巡航能力和超机动能力。目前公认推重比为 10 一级的航空发动机有：欧洲合研罗罗公司的 EJ200 中推涡扇发动机、法国 M88 系列中推涡扇发动机、俄罗斯 AL-41F 大推力涡扇发动机以及美国的 F119 和 F120 系列发动机。但是推重比实际能达到 10 的发动机只有美国的 F119 和F120 系列。

多年实践表明，要研制出新的发动机，没有大量的试验作后盾是不可能实现的。据不完全统计，美、英、俄几种典型的第三代军用航空发动机的地面试验和飞行试验所用发动机台数少则 51 台、多则 114 台，发动机地面试验都要上万小时，最高达 16000 小时以上，飞行试验则需 5000 小时以上。2010 年年初，在经过 13000 多小时的性能测试之后，普惠公司才向美国空军交付了第一台F135-PW-100 型涡扇发动机，用于装备 F-35 常规起降型作战飞机。而我国由于设备、经费等原因，在试验方面的差距还很大。

60 多年来，中国航空发动机工业从无到有、由弱到强，在维护修理、测绘仿制、改进改型、预先研究、新机研制等方面取得了很大成绩。2005 年 12 月，中国自行研制并拥有自主知识产权的大推力、高推重比涡轮风扇发动机“太行”设计定型，标志着我国已经继美、英、俄、法之后，成为世界第五个具备自主研制航空发动机能力的国家，实现了航空发动机从第二代向第三代、从涡喷向涡扇的跨越，从中等推力向大推力的迈进。

但我们必须清醒地看到与世界先进水平的差距，以及研发高性能国产航空发动机的紧迫性。目前中国军用发动机种类不全，民用发动机几乎是空白。“枭龙”战机、L-15“猎鹰”高级教练机配装的都是进口涡轮风扇发动机。C919 大型客机在 2016 年投入使用时，将配装 CFM 国际公司的涡轮风扇发动机，ARJ21 支线客机配装的则是通用电气公司的涡轮风扇发动机。美国从 20 世纪50 年代开始核心机预研计划，至今已经发展出七代核心机，而F119的核心机仅是其中的第四代，其航空动力工业的技术潜力可见一斑。但美国政府从未放松过对航空发动机技术的控制，不仅对中国保持封锁，甚至在某些核心技术上对其欧洲盟友也实行“禁运”。与此同时，发达国家还在人力资源方面也实行封锁，不仅限制其他国家人员进入航空发动机核心研制领域，而且限制本国相关人才向国外转移。苏联/俄罗斯对中国航空发动机的设计、生产有过巨大的影响，但当中国赶上时，就渐渐发现能够学到的东西已经越来越少：一方面俄罗斯研究力量老化，另一方面其对中国的戒心也有所增加。俄罗斯第五代战机 T-50正在加紧试飞，但目前发动机采用的还是第三代水平的 117S 涡扇发动机，计划使用的 AL-41 涡扇发动机的研制还面临很多困难。

2012 年 5 月 16 日，中国“02 号”歼-20 的首飞吸引了全球的目光，与 01 号机相比，02 号机明显在外形和局部细节上做了调整，这显示出歼-20 经过一年多的试飞，已经积累了相当多的宝贵经验，研制步伐之快让外界刮目相看。一些西方媒体和专家认为，与第一架原型机相比，“02 号”歼-20 最大的不同之处在于，它极有可能换装了国产发动机。歼-20 和正在发展的另外两款五代机已经成为中国航空工业高速跨越式发展的缩影，中国已经成为继美国之后世界上第二个同时研制多型号五代机的国家。美国海军情报分析人士指出，中国新式隐形战机的设计，就是被用来“反制”F-22 和 F-35 的。一些西方学者和专家极力渲染歼-20 的性能，放在美国军方极力争取减少对军费的削减这一大背景下考虑，中国并不能盲目乐观。

如果中国的发动机制造能力能够达到美国 20年前的水平，就能为新一代的战机配备国产发动机。俄罗斯不愿意向中国出售为歼-20 配备的大推力发动机，如果中国能够解决发动机问题，歼-20就可以与 F-22 和 T-50 比肩而立。目前，中国仍在完善 WS-10“太行”发动机的生产质量，2011年 7 月又从俄罗斯订购了 123 台 AL-31 发动机。“不具备大批量生产现代国产高性能喷气发动机的能力”一直是中国航空航天领域的严重“短板”。美国海军战争学院副教授安德鲁·埃里克森认为，虽然中国军事工程师在喷气式发动机制造上已经取得了进展，生产出了 WS-10 和 WS-15 等高性能发动机，但这种努力依然受到标准化、缺乏技术工人与不能持续生产高质量涡轮叶片等难题的困扰。

资料来源：程礼：《中国航空发动机弱在哪儿》，《中国青年报》2011 年 7 月 29 日第 9 版；《美报谈歼-20 的软肋：国产发动机生产人员非常少》，环球网，http：//news.ifeng.com/mil/2/detail_2012_05/17/14600810_0.shtml；郭懿芝：《外媒指第二架歼-20 或已换国产发动机称快得惊人》，http：//news.ifeng.com/mil/2/detail_2012_05/24/14773640_0.shtml。

参考文献

1. 林左鸣：《在集团公司 2011 年度峰会上的报告（摘要）》，《中国航空报》2011 年 1 月 17 日。

2. 谭瑞松：《中航工业：3 年蝶变——整翼飞升》，《航空制造技术》2012 年第 1/2 期。

3.《中国航天科工集团公司 2012 年党组一号文件（摘要）》，《航天工业管理》2012 年第 1期。

4.《航天科技集团公司“十一五“铸就辉煌业“十二五”续写新篇章》，《中国航天》2011年第 2 期。

5.《筹划“十二五”——推进航天技术应用产业快速持续发展》，《军民两用技术》2011 年第 1期。

6. 中国航天科工集团公司：《中国航天科工集团公司 2012 年工作会议》，http：//www.casic.com.cn/n103/n133/c588568/content.html，2012 年 1 月 17日。

7. 中国航天科工集团公司：《中国航天科技集团公司 2012 年度工作会议》，http：//www.spacechina.com/n25/n144/n206/n214/c196075/content.html，2012 年 1 月 17 日。

第二十七章　电子信息产业

提　要

2011 年中国电子信息产业继续保持了较快速度的增长，大部分行业的增速都在 20%以上，产业规模已近 10 万亿元，内需市场快速发展。电子信息产品进出口总额占全国外贸进出口总额的比重依然超过 30%，但对外依存度有所下降；出口市场长期以来依赖欧美的局面有所改变，新兴市场快速发展；外贸结构得到优化，一般贸易出口增加，加工贸易出口下降。2011 年电子信息产业发展的特点是：①转型升级取得新进展，主要表现在：技术创新能力提高、成果显著；行业结构进一步改善；内资企业实力增强；中、西部地区快速发展；内销比重进一步提高。②战略性新兴产业快速发展。③“两化融合”稳步推进。计算机智能化、平板化趋势明显，台式机销量增速放缓，平板电脑销量快速上升，一体电脑市场迅速成长。移动通信正在逐渐代替固定电话，3G 通信已进入规模化发展阶段。集成电路产业结构进一步优化，IC 设计、芯片制造和测试封装三个行业结构更趋均衡和合理。电子基础行业多种产品位居世界前列，已建立起自己的平板显示产业。软件产业信息技术服务增势明显，越来越重视技术创新。2012 年的发展趋势是：电子基础行业快速发展，将带动产业的增长；“两化融合”继续深入；中、西部地区将逐渐成为新的增长极。

*　　　*　　　*

电子信息产业是国民经济的战略性、基础性、先导性产业，对加快工业转型升级及国民经济和社会信息化建设起着技术支撑与基础保障的作用。“十二五”时期是中国坚持走新型工业化道路、加快转变经济发展方式、全面建设小康社会的关键时期，也是电子信息产业调整产业结构、转变发展方式、由大变强的攻坚时期。2011 年是中国“十二五”开局的第一年，是中国电子信息产业调整转型的重要一年。在这一年里，中国电子信息产业巩固和扩大了应对国际金融危机的成果，产业保持了较快的发展速度，出口逐步趋稳，结构调整扎实推进，在国民经济中的地位不断提高。

一、2011 年中国电子信息产业发展总体情况

1. 产业规模

据工业和信息化部的统计，2011 年，中国电子信息产业实现销售收入 9.3 万亿元，增幅超过 20%。其中，规模以上电子信息制造业实现收入 7.49 万亿元，同比增长 17.1%；软件业实现收入

1.85 万亿元，比 2010 年增长 35.9%。[①] 同年，规模以上电子信息制造业利润总额为 3300 亿元，同比增长 16.8%；税金总额 1244.7 亿元，同比增长 31%。[②] 2011 年 1~11 月，规模以上电子信息制造业销售产值 6.78 万亿元，同比增长 21.7%，出口交货值 3.74 万亿元，同比增长 14.9%，各行业的销售产值和出口交货值如表 27-1 所示。从表 27-1 可以看出，计算机制造业占全行业的比重最大，销售产值比重达到 28.82%，出口交货值比重达到 39.1%；居第二和第三位的分别是电子元件制造业和电子器件制造业，销售产值比重分别达到 18.28%和 16.06%，居第四位的是通信设备制造业，比重为 15.33%，这 4 个行业的销售产值合计占全行业销售产值的近 80%。

表 27-1 2011 年 1~11 月规模以上电子信息制造业各行业产值

行 业	销售产值（亿元）	增速（%）	占比（%）	出口交货值（亿元）	增速（%）	占比（%）
全行业	67821.48	21.7	100.00	37446.86	14.9	100.00
其中：通信设备制造业	10393.66	28.4	15.33	5190.36	19.1	13.86
雷达制造业	198.74	25.4	0.29	39.27	14.1	0.10
广播电视设备制造业	520.39	17.8	0.77	192.41	9.2	0.51
电子计算机制造业	19546.31	16.4	28.82	14642.62	13.5	39.10
家用视听设备制造业	4402.01	15.7	6.49	2156.31	10.5	5.76
电子器件制造业	10892.27	25.8	16.06	6810.26	20.2	18.19
电子元件制造业	12394.91	20.1	18.28	6240.46	10.9	16.66
电子测量仪器制造业	917.08	22.5	1.35	156.42	12.2	0.42
电子专用设备制造业	2378.52	27.1	3.51	761.80	14.4	2.03
电子信息机电制造业	1967.28	25.3	2.90	412.34	8.8	1.10
其他电子信息行业	4210.30	29.2	6.21	844.61	19.8	2.26

资料来源：工业和信息化部：《2011 年 1~11 月规模以上电子信息制造业主要产值指标完成情况》，工业和信息化部网站，2011 年 12 月 13 日。

从表 27-1 还可以看出，2011 年前 11 个月，大部分行业的销售产值增速都在 20%以上，保持了较快的发展速度。而且，所有行业的销售产值增速都高于出口交货值的增速，说明电子信息制造业的对外依存度在下降，内需市场在快速发展。

2. 主要产品产量

表 27-2 给出了 2011 年中国主要电子信息产品产量数据，当年，中国手机、微型计算机、集成电路、程控交换机、彩电产量分别达到 11.3 亿部、3.2 亿台、719.6 亿块、3034 万线、1.2 亿台，增长最快的是微型计算机，增速达到 30.3%，手机和集成电路的增速也超过了 10%，只有程控交换机的增速为负（-3.2%），这与近年来中国移动通信发展迅速、手机在一定程度上代替了固定电话的趋势是一致的。目前中国手机、计算机、彩电产量占全球出货量的比重分别达到 70.6%、90.6%、48.8%，均名列世界第一位。

表 27-2 2011 年主要电子信息产品产量

产 品	产 量	增速（%）
手机（亿部）	11.3	13.5
微型计算机（亿台）	3.2	30.3
集成电路（亿块）	719.6	10.3
程控交换机（万线）	3034.0	-3.2
彩色电视机（亿台）	1.2	3.4

资料来源：工业和信息化部：《2011 年电子信息产业统计公报》，工业和信息化部网站，2012 年 2 月 24 日。

3. 进出口

多年来，在中国的外贸总额和出口中，电子信息产品的比重一直超过 30%，2011 年，这个数值仍然超过 30%，但有所下降。据工业和信息化部的统计，2011 年，中国电子信息产品进出口总额达到 11292.3 亿美元，同比增长 11.5%，占全国外贸总额的 31%，比 2010 年下降 3.1 个百分点。其中，出口 6612 亿美元，同比增长 11.9%，增速

① 工业和信息化部：《2011 年电子信息产业统计公报》，工业和信息化部网站，2012 年 2 月 24 日。

② 工业和信息化部：《2011 年 1~12 月规模以上电子信息制造业主要效益指标完成情况》，工业和信息化部网站，2012 年 2 月 24 日。

比 2010 年同期下降 17.4 个百分点，占全国外贸出口额的 34.8%；进口 4680.3 亿美元，同比增长 11%，增速比 2010 年同期下降 23 个百分点，占全国外贸进口额的 26.8%。[①] 出口金额最大的是计算机产品，出口额为 2293.9 亿美元，其中笔记本电脑为 1058.8 亿美元，占 46.2%，笔记本电脑的出口增速为 11.1%，高于计算机产品的平均增速，说明出口的产品结构在不断优化。进口金额最大的是电子器件，进口额为 1955.6 亿美元，很多关键电子元器件中国还需要依靠进口。主要电子产品进出口额和增速如表 27-3 所示。

表 27-3 2011 年主要电子产品进出口额和增速

产品	金额（亿美元）	增速（%）
出口：计算机	2293.9	5.6
其中：笔记本电脑	1058.8	11.1
通信设备	1300.2	26.6
其中：手机	627.6	34.3
电子元件	881.4	15.3
电子器件	757	11
其中：集成电路	325.7	11.4
进口：计算机	602.3	2.1
电子元件	960.4	5.5
电子器件	1955.6	8.4

资料来源：《2011 年电子信息产品进出口保持增长》，人民网，2012 年 2 月 9 日。

欧美国家是中国电子信息产品的主要出口市场，但 2011 年下半年以来，由于欧美发达国家受各方面不利因素影响，经济增长缓慢，导致中国对欧美国家电子信息产品出口增速放缓甚至下降。如，对美国和英国电子产品出口分别为 1259.2 亿美元和 121.2 亿美元，同比增长 9.5%和 0.7%，分别低于平均水平 2.4 个百分点和 11.2 个百分点；对德国、法国、波兰和西班牙等国出口则呈下降态势，出口额分别下降 1.6%、5.5%、4.9%和 16.0%。[②] 对亚洲地区和新兴市场出口则增长较快。如，对中国香港地区出口电子信息产品 1597.5 亿美元，同比增长 15.5%；对日本出口 455.6 亿美元，同比增长 16.2%。对韩国和中国台湾地区的出口增速也在 10%以上，对巴西、俄罗斯的出口分别增长了 17.0%和 23.4%，达到 101.5 亿美元和 79.0 亿美元。

2011 年，电子信息产品的外贸结构也得到了优化，当年，一般贸易出口额为 1194.7 亿美元，同比增长 22.3%，占出口总额的 18.1%，较上年提高 1.6 个百分点；加工贸易出口所占比重比 2010 年同期下降 2.2 个百分点，为 75.5%。

二、产业发展特点

1. 转型升级取得新进展

转型就是要转变发展方式，转向创新驱动、绿色低碳、智能制造、内需主导、消费驱动、服务化。升级就是促进工业结构的整体优化提升，优化行业结构、产品结构、组织结构、技术结构和布局结构。2011 年，中国电子信息产业在转型升级方面取得了以下进步。

（1）技术创新能力提高、成果显著。截至 2011 年底，中国信息技术领域专利申请总量达到 136.4 万件，比 2010 年增加 22.95 万件，同比增长 20.2%，占工业行业专利申请量的 35.7%；专利申请总量和新增量在各工业行业中均居于首位。[③] 一些企业在技术创新方面表现优异，成为行业的“领头羊”。如，华为和中兴的专利申请量已分别达到 3.04 万件和 2.48 万件，明显高于其他企业。武汉邮电科学研究院、海尔集团和华为技术有限公司等多家企业荣获 2011 年度国家科学技术进步奖，在新型显示技术、移动宽带、光通信等多个领域取得新突破，为促进产业结构调整，推进产学研体系健康发展发挥了积极作用。

（2）行业结构进一步改善。2011 年，新型显示器件、LED、光伏产品等领域快速发展，电子

①③ 工业和信息化部：《2011 年电子信息产业统计公报》，工业和信息化部网站，2012 年 2 月 24 日。
②《2011 年电子信息产品进出口保持增长》，人民网，2012 年 2 月 9 日。

元、器件和电子材料行业收入比重达到 36.7%，比 2010 年提高 1.2 个百分点。软件业收入占电子信息产业收入的比重已接近 20%，比 2010 年的 17.5%进一步提高。在软件业中，服务化趋势不断增强，信息技术咨询服务、数据处理和运营服务收入所占比重分别达到 10.1%和 16.4%，比 2010 年有所提高。

(3) 内资企业实力增强。近年来，中国电子信息产业中内资企业快速发展，实力不断增强。2011 年，规模以上电子信息制造业中内资企业销售产值、出口交货值增速分别达到 31.1%和 16.4%，高于行业平均水平 10.0 个百分点和 2.5 个百分点。内资企业出口所占比重比 2010 年同期提高 0.8 个百分点，达到 18.7%，出口额为 1237.7 亿美元。内资企业的盈利能力也不断提高，销售利润率达到 6.6%，高于行业平均水平 2.2 个百分点。

(4) 中、西部地区快速发展。随着国家西部大开发战略的实施以及东部企业向中西部的转移，中、西部地区电子信息产业发展速度加快，占全国的比重也有所提高。2011 年，中、西部地区规模以上电子信息制造业销售产值分别增长 63.1%和 74.3%，增速高出全行业平均水平 42 个百分点和 53.2 个百分点；出口交货值的增长速度则分别达到 119.3%和 180.5%，分别是全行业平均水平的 8 倍和 12 倍。中、西部地区的销售产值和出口交货值的增长速度远远高于东部地区的增长速度（分别为 15.9%和 9.1%）。

(5) 内销比重进一步提高。多年来，中国很多电子产品都是以出口为主，但国际金融危机使外向型企业遭到重挫，国内市场开始受到重视。2011 年，规模以上电子信息制造业实现内销产值 34165 亿元，同比增长 31%，比行业销售产值增速和出口交货值增速高 9.9 个百分点和 17.1 个百分点。电子信息产品制造业对外依存度比 2010 年下降 3.5 个百分点，为 54.7%。

2. 战略性新兴产业快速发展

2010 年 10 月 10 日国务院发布了《关于加快培育和发展战略性新兴产业的决定》，提出要培育发展“新一代信息技术”等 7 个战略性新兴产业，新一代信息技术产业的发展重点是新一代移动通信、下一代互联网、三网融合、物联网、云计算、集成电路、新型显示、高端软件、高端服务器和信息服务。战略性新兴产业不仅将通过重点领域的辐射带动作用来提升中国电子信息产业的技术水平和竞争力，这些领域也是新的产业增长点，可以为经济和社会的信息化建设提供更高层次的基础设施，为消费者提供高档次的产品和服务。

2011 年，中国的战略性新兴产业得到了快速发展，很多省份都把新一代信息技术产业作为战略性新兴产业的发展重点，特别是物联网和云计算等新兴业态和商业模式，更加受到重视，发展的势头更加迅猛，发展前景广阔。

(1) 云计算。云计算是将大量用网络连接的计算资源统一管理和调度，构成一个计算资源池向用户按需提供服务，提供资源的网络被称为“云”，“云”中的资源在使用者看来是可以无限扩展的，这样就大大提高了资源的利用率，降低了使用者的成本，是一种绿色节能的信息运作模式。

为加强中国云计算创新发展顶层设计和科学布局，推进云计算中心（平台）建设，在充分考虑各地区产业发展情况的基础上，2010 年 10 月，国家发展和改革委员会与工业和信息化部联合发布了《关于做好云计算服务创新发展试点示范工作的通知》，在北京、上海、深圳、杭州、无锡五个城市先行开展云计算服务创新发展试点示范工作。试点示范的内容主要包括，①针对政府、大中小企业和个人等不同用户需求，研究推进 SaaS（软件即服务）、PaaS（平台即服务）和 IaaS（基础设施即服务）等服务模式创新发展。②以信息服务骨干企业牵头、产学研用联合方式，加强虚拟化技术、分布式存储技术、海量数据管理技术等核心技术研发和产业化。③组建全国性云计算产业联盟，形成云计算创新发展的合力。④加强云计算技术标准、服务标准和有关安全管理规范的研究制定。

在政府的推动下，2011 年中国云计算产业快速发展。2011 年 1 月 1 日，国家中小企业信息化公共云服务平台正式上线。该平台是由工业和信息化部软件与集成电路促进中心（CSIP）主导，北京神码在线科技有限公司提供技术支撑和运营服务支持。该平台通过互联互通和资源共享，实现各级各类地方（专业）平台的全国实时联动，形成全国公共服务资源的统一管理和统一配置，从而构成一个完整的服务网络。同年8月31日，中国云计算基地（中心）联盟在北京成立，该联盟旨在通过这样一个平台，促进国家相关产业政策的落实，带动各类示范项目的落实，加速产业集聚，推动中国云计算产业又好又快地发展。

业内人士预测，云计算在中国的市场规模有望在3年内突破1万亿元，产业链上下游的企业将迎来发展的机遇。

（2）物联网。物联网就是物物相连的互联网。首先，物联网的核心和基础仍然是互联网，是在互联网基础上的延伸和扩展的网络。其次，用户端延伸和扩展到了任何物品与物品之间，进行信息交换和通信。具体来说，物联网就是通过射频识别（RFID）、红外感应器、全球定位系统、激光扫描器等信息传感设备，按约定的协议，把任何物品与互联网相连接，进行信息交换和通信，以实现对物品的智能化识别、定位、跟踪、监控和管理的一种网络，是互联网的应用扩展。物联网可以广泛应用在各个领域，比如公共安全、智能交通、环境保护、智能消防、环境监测等。利用物联网可以提高经济效益，大大节约成本。

2008年经济危机后，各国政府为了促进科技发展，寻找新的经济增长点，开始重视下一代的技术规划，陆续将目光投向物联网，希望物联网能为全球经济的复苏提供技术动力。美国、欧盟、日本、韩国等都已将物联网上升为国家战略，并制定了相应的发展政策。中国政府同样高度重视物联网发展，明确指出要加快推动物联网技术研发和应用示范，出台了一系列的支持政策；大部分省份都将物联网作为发展重点，并出台了相应的发展规划；许多行业也将物联网应用作为发展的重点。

中国在物联网技术研发和标准研制方面已经取得突破，在芯片、通信协议、网络管理等领域已取得许多成果；在传感器网络接口等方面中国已成为国际标准化组织（ISO）传感器网络标准工作组（WG7）的主导国之一。在应用推广方面也已初现成效，在安防、电力、交通、物流、医疗、环保等领域已经得到应用，且应用模式正日趋成熟。特别在安防领域，视频监控、周界防入侵等应用已取得良好效果。由无锡国科微纳传感网科技有限公司向上海浦东机场提供的周界安防系统，建设总长27.1公里，共安装节点设备近8000个，是目前世界上最大规模的周界安防物联网应用系统。中国国产的防入侵产品效率高于美国和以色列的产品，国家民航总局已正式发文，要求全国民用机场都要采用国产传感网防入侵系统。业内人士测算，全国近200家民用机场如果都加装防入侵系统，就会产生上百亿元的市场规模。

为了加快物联网的发展，2011年11月28日，工业和信息化部发布了《物联网“十二五”发展规划》，指出，到2015年，中国要在核心技术研发与产业化、关键标准研究与制定、产业链条建立与完善、重大应用示范与推广等方面取得显著成效，初步形成创新驱动、应用牵引、协同发展、安全可控的物联网发展格局。并通过若干重点工程和保障措施来实现这些目标。

3. 两化融合稳步推进

两化融合即信息化与工业化融合是中国走新型工业化道路、推动中国工业由大到强的必由之路。信息化和工业化深度融合、深化信息技术在工业领域的集成应用，能够提高生产过程、生产装备和经营管理的信息化水平，加快推动制造模式向数字化、网络化、智能化、服务化转变。

中共“十七大”明确提出，“坚持走中国特色新型工业化道路，发展现代产业体系，大力推进信息化与工业化融合，促进工业由大变强”，“两化融合”已被上升到国家战略的高度。《国民经济和社会发展第十二个五年规划纲要》又进一步提出要“加快建设宽带、融合、安全、泛在的下一代国家信息基础设施，推动信息化和工业化深度融合，推进经济社会各领域信息化”。

为了使国家战略更好地得到落实，促进经济发展方式转变和工业转型升级，2011年4月6日工业和信息化部联合财政部、科学技术部、商务部、国务院国有资产监督管理委员会印发了《关于加快推进信息化与工业化深度融合的若干意见》（以下简称《意见》），使“两化融合”开始向纵深发展。该《意见》提出了中国“两化融合”的发展目标和主要任务。到2015年，中国信息化与工业化深度融合要取得重大突破，信息技术在企业生产经营和管理的主要领域、主要环节得到充分有效应用，业务流程优化再造和产业链协同能力显著增强，重点骨干企业实现向综合集成应用的转变，研发设计创新能力、生产集约化和管理现代化水平大幅度提升；生产性服务业领域信息技术应用进一步深化，信息技术集成应用水平成为领军企业核心竞争优势；支撑“两化”深度融合的信息产业创新发展能力和服务水平明显提高，应用成本显著下降，信息化成为新型工业化的重要特征。该《意见》还提出了机制建设、财政支持、典型示范、人才培养等方面的相应措施，以保证目标和任务的实现。

中国的“两化融合”是从面（区域层面）、线（行业层面）、点（企业层面）三个维度共同推进的。在区域层面，国家从 2009 年开始设立“两化融合”试验区以推动区域的两化融合。2011 年，工业和信息化部对 2009 年批准的首批国家级“两化融合”试验区[①]进行了验收，总体上肯定了建立“两化融合”试验区政策措施的成效。同年，国家又批准了合肥、西安—咸阳、长株潭城市群、广西柳（州）桂（林）、沈阳、兰州、昆明、郑州 8 个城市和地区成为第二批国家级“两化融合”试验区。自从设立“两化融合”试验区以来，各试验区都形成了各具特色的“两化融合”发展模式，积累了一些经验，下一步“两化融合”将向全国普及。

在行业层面，主要是推动信息技术在行业的应用，并对“两化融合”的效果进行评估。2009~2011 年年底，工业和信息化部重点在行业层面开展了“两化融合”评估工作探索，分两批在钢铁、矿山、化肥、重型机械、机床、家电、棉纺织等 17 个重点行业，试点开展了“两化融合”评估工作。2011 年底，在三年试点评估的基础上，工业和信息化部印发了《工业企业“信息化和工业化融合”评估规范（试行）》，为各级工业和信息化主管部门、相关行业组织开展评估工作提供指导和参考。[②]

在企业层面，主要是通过典型企业的案例，促进企业加强认识和把握“两化融合”的发展规律、实现路径和国际经验，科学引导企业务实推进“两化融合”工作。

三、主要行业分析

1. 计算机制造业

2011 年，中国计算机制造业保持了较快的发展速度，根据工业和信息化部的统计数据，1~11 月，规模以上计算机制造业的销售产值为 1.95 万亿元，同比增长 16.4%，占规模以上电子信息制造业全行业的 28.82%；出口交货值 1.46 万亿元，同比增长 13.5%，占全行业的 39.1%。计算机制造业是电子信息制造业中最大的行业。同期，计算机制造业生产微型计算机 2.95 亿部，同比增长 32%，其中笔记本电脑 2.19 亿部，同比增长 28.9%，占微型计算机总量的 74.2%；生产服务器 681 万部，同比增长 2.5 倍；生产打印机 5092.2 万部，同比下降 8.4%：生产显示器 1.17 亿台，同比下降 1%。[③] 打印机产量下降幅度较大是因为 2010 年有过高速的增长，2011 年难以继续保持增长。

目前电子信息产品正呈现出网络化、智能化、平板化的趋势，中国计算机产业也表现出相应的特点，台式机销量增速放缓，平板电脑销量快速上升，一体电脑市场迅速成长。中国台式电脑市场已经很成熟，产品单一、外观变化小；一体电脑集成了几种电子产品的功能（复印、传真等）、设计时尚，很受家庭用户的欢迎；平板电脑则有小巧、携带方便的优点，还有上网功能，近年来一直保持快速增长的势头。平板电脑、智能手机的出现，也在一定程度上对笔记本电脑带来了冲击。2011 年，在中国计算机市场上，联想在台式

---

① 2009 年 3 月，工业和信息化部确定上海市、重庆市、内蒙古呼包鄂地区、珠三角地区、广州市、南京市、青岛市、唐山暨曹妃甸地区 8 个城市和地区作为首批国家级“两化融合”试验区。

②《科学决策推动两化融合》，《中国电子报》2012 年 6 月 12 日。

③ 工业和信息化部：《2011 年 1~11 月规模以上电子信息制造业主要产品产量完成情况》，工业和信息化部网站，2011 年 12 月 13 日。

电脑、一体电脑和笔记本电脑市场份额均名列第一位，分别为49.2%、59.5%和31.6%，而在平板电脑市场，还是由苹果公司占据榜首，市场占有率为41.5%。①

随着物联网、云计算的推广、应用，中国计算机产业将会有更快的发展。而且，目前中国农村地区计算机普及率还比较低，还有很大的提升空间。

2. 通信设备制造业

近年来，中国通信设备制造业技术水平不断提高，增值业务逐年创新，基础设施投资加大，价格水平持续下降，使越来越多的百姓享受到了技术进步的成果，电信的普遍服务正在逐步实现。2011年11月末，中国电话用户总数累计达到12.62亿户，比2010年年底新增1.09亿户，其中移动电话用户总数达到9.75亿户，比2010年初新增1.16亿户；基础电信企业互联网宽带接入用户达到1.55亿户，比2010年初新增2880万户。全国电话普及率达到94.2部/百人，比2010年底提高7.7部/百人，其中移动电话普及率达到72.8部/百人，比2010年底提高8.4部/百人。2011年，中国电信行业移动数据和互联网业务继续保持迅猛发展的势头，1~11月，实现电信业务收入9012亿元，同比增长9.6%；电信业务收入中非话音业务收入4185亿元，增长16.5%，其中移动数据及互联网业务收入达到768亿元，增长54.1%。②据中国互联网络信息中心2012年1月16日发布的《第29次中国互联网络发展状况统计报告》，截至2011年12月底，中国互联网用户数已突破5亿人，达到5.13亿人，全年新增网民5580万人；互联网普及率较上年底提高4个百分点，达到38.3%。同年，中国手机网民数量达到3.56亿人，同比增长17.5%。

2011年1~11月，规模以上通信设备制造业销售产值1.04万亿元，同比增长28.4%，占规模以上电子信息制造业全行业的15.33%；出口交货值5190.36亿元，同比增长19.1%，占全行业的13.86%。同期，规模以上通信设备制造业生产手机10.43亿部，同比增长20.7%；生产移动通信基站设备6271.1万信道，同比增长10.3%；生产电话单机1.25亿部，同比减少3.8%。移动通信正在逐渐代替固定电话通信。

中国不仅拥有全球最大的手机生产能力，而且手机产业链完整，分工细致高效。随着中国手机行业技术水平的提高和手机品质的提升，国产手机在国内外市场的认可度逐年提高，出货量大幅上升。2011年，全球出货量前20名手机品牌商中，中国手机品牌厂商占据了10位，总出货量占前20名手机厂商出货量的18.54%，占全球手机出货量的15.35%，中兴、华为、TCL、联想、金立等厂商的出货量增长迅速。③随着智能终端的快速发展，中国智能手机的产量也在迅速增加，1~9月，国内智能手机产量突破了7000万部，同比增长了一倍。

目前中国3G通信已进入规模化发展阶段。根据工业和信息化部的数据，2011年1~11月，中国电信、中国移动和中国联通三家基础电信企业共完成3G专用设施投资941亿元；3G基站规模达到79.2万个，其中TD-SCDMA基站22万个，3G网络已覆盖所有城市和县城以及部分乡镇。至11月末，3G用户数已达到11873万户，是2010年的2.5倍多，其中TD-SCDMA用户4801万户，新增2731万户。在移动电话净增用户中，3G用户所占比重达到72.5%。

3G的快速发展也给运营商的网络提出了新的挑战，移动网络流量的爆炸式增长，使运营商开始将目光转向速率更高、带宽更宽的新一代通信技术——LTE，它是3G的演进技术，具有高速率、低时延、全IP的技术特性，网速是3G的10倍。运营商正在推进LTE技术的规模化商用。比如，2011年中国移动在国内七个城市开展了1200个基站的外场技术试验。作为全球规模最大的TD-LTE试验网，中国移动投入了超过3000人的测试队伍，完成了10家系统设备厂商和9家芯片厂商的测试，做了2万多个测试案例，全面验证了TD-LTE技术、产品、规模组网、网络运营等各方面能力。④

①《中国计算机行业分析报告》，中经网，2012年2月。
② 工业和信息化部：《通信业发展势头良好》，工业和信息化部网站，2011年12月26日。
③《2011年中国手机行业竞争状况分析》，中商情报网，http: //www.askci.com，2012年5月10日。
④《中移动推进TD-LTE规模化　明年商用智能手机》，通信产业网，2012年6月20日。

3. 集成电路产业

根据中国半导体行业协会的统计，2011 年，中国集成电路产业销售额为 1572.21 亿元，同比增长 9.2%，产量为 719.6 亿块，同比增长 10.3%，[①] 增速比 2010 年有所下降。这一方面是由于受到全球市场需求乏力的影响，另一方面是因为 2010 年的高速增长是在 2009 年的产量近乎零增长（0.65%）和销售收入负增长（-11%）的情况下形成的，2011 年难以再继续高增长。根据海关统计，2011 年集成电路进口金额为 1702 亿美元，同比增长8.4%；出口金额为 325.7 亿美元，同比增长 11.4%。

2011 年 IC 设计、芯片制造和测试封装三个行业增长速度截然不同。IC 设计业销售额为 473.74 亿元，继续保持较高增速，同比增长 30.2%，主要是因为海思半导体、展讯通信等重点企业增长速度较快，带动了设计业的快速增长；芯片制造业销售额为 486.91 亿元，同比增速为 8.9%，虽然 Intel 大连在 2011 年形成了新的产能，对整个行业起到重要拉动作用，但受国内外半导体市场需求不振的影响，芯片制造业销售收入增速仍出现明显回落；封装测试业销售额为 611.56 亿元，同比下降 2.8%，主要是因为受国际市场低迷、日本地震等因素的影响，导致海外订单大幅减少所致。

2011 年中国集成电路产业结构进一步优化，IC 设计、芯片制造和测试封装三个行业销售额所占比重从 2010 年的 26.9%、28.72%和 44.38%调整为 30.13%、30.97%和 38.9%，设计业有所提高，测试封装业有所下降，结构更趋均衡和合理。但中国集成电路产业总体来说与国际水平相比还有很大差距，市场所需要的产品特别是高端产品还需要进口。

从国际上来看，集成电路产业已经步入“全产业链竞争”时代，企业的核心竞争力不再只是来自单项技术优势，而更多地来自对产业链上资源的掌控能力，截至 2011 年 9 月，ARM 主导的产业联盟已有 705 家成员，涉及芯片设计、软件开发、开发工具、嵌入式系统集成、代工制造等众多领域。2011 年 10 月，ARM 与 EDA 厂商 Cadence、芯片制造商台积电（上海）有限公司合作开发的全球第一颗采用 20nm 新工艺的 Cortex-A15 多核心处理器已经流片成功。[②] 技术水平较低、产业链上下游协同又不够紧密的中国集成电路产业将会面临更大的竞争压力。迫切需要提高中国集成电路产业的技术水平，推动整个产业链的合作，提升产业整体的竞争力。

4. 电子基础行业

电子基础产业包括电子元件、电子器件、电子专用设备、电子测量仪器、电子信息机电五个行业。2011 年 1~11 月，这五个行业的销售产值增速都在 20%以上，电子元件和电子器件的销售产值分别都超过了 1 万亿元，见表 27-1。目前中国的很多基础电子产品产量已居世界前列，技术水平不断提高。近年来，随着平板显示越来越多地向中国大陆转移，中国已建立起了自己的平板显示产业，特别是高世代液晶面板生产线的建立，扭转了中国大尺寸电视用液晶面板完全依赖进口的被动局面。2011 年，京东方和华星光电自主建设的两条 8.5 代液晶面板生产线批量生产，使中国大陆成为继日本、韩国、中国台湾以后世界液晶面板的重要产地。

5. 软件产业

2011 年 1 月 28 日，国务院发布了《进一步鼓励软件产业和集成电路产业发展的若干政策》，从财税政策、投融资政策、研究开发政策、进出口政策、人才政策、知识产权政策、市场政策七个方面鼓励软件和集成电路产业发展。在国家相关产业扶持政策的推动下，中国软件产业进入了新的快速发展阶段。根据工业和信息化部的数据，2011 年中国软件产业收入达到 1.85 万亿元，同比增长 32.4%，占电子信息产业的比重接近 20%，高于 2010 年 17.5%的增速。软件业收入占全球软件企业收入的比重超过 15%，[③] 国际地位不断提高。

---

① 中国半导体行业协会：《2011 年中国集成电路产业运行情况》，http：//www.21ic.com/news/analog/201204/113642.htm，2012 年 4 月 1 日。

②《集成电路：市场增长乏力 国际竞争加剧》，《中国电子报》2011 年 12 月 14 日。

③ 工业和信息化部：《2011 年电子信息产业统计公报》，工业和信息化部网站，2012 年 2 月 24 日。

2011 年，中国软件产业中信息技术服务增势明显。当年信息技术咨询服务、数据处理和运营服务分别实现收入 1864 亿元和 3028 亿元，同比增长 42.7%和 42.2%，增速高于全行业 10.4 个百分点和 10.1 个百分点，两者占比达到 26.5%，比上年同期提高 1.9 个百分点。嵌入式系统软件增长快于 2010 年，实现收入 2805 亿元，同比增长 30.9%，比上年同期高 15.8 个百分点。软件产品、信息系统集成服务和 IC 设计增长较为平稳，分别实现收入 6158 亿元、3921 亿元和 691 亿元，同比增长 28.5%、28.4%和 33%。见图 27–1。

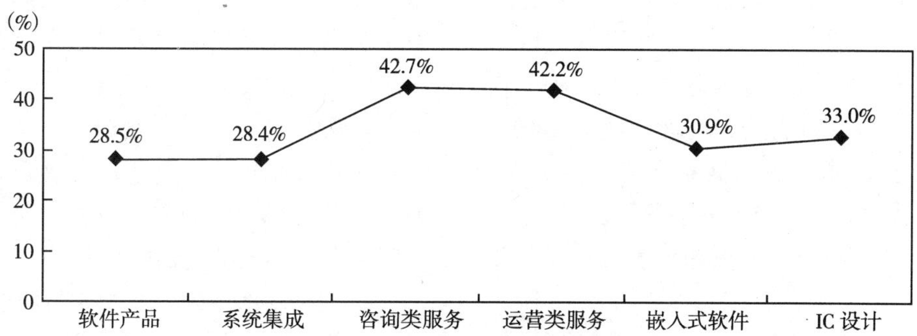

图 27–1　2011 年软件产业各行业增速

资料来源：工业和信息化部：《2011 年软件业经济运行情况》，工业和信息化部网站，2012 年 2 月 15 日。

中国的软件企业主要集中在东部的中心城市，2011 年，东部省市共完成软件业务收入 1.57 万亿元，同比增长 31.7%，占全国的比重达到 84.8%；全国 4 个直辖市和 15 个副省级城市实现软件业务收入 15008 亿元，同比增长 34%，占全国软件业务收入的 81%。①

近年来，中国政府出台了若干鼓励软件外包的政策，使软件外包快速发展，2011 年这种趋势仍在继续。当年，软件业实现出口 304 亿美元，同比增长 18.5%，增速低于 2010 年 18 个百分点，而其中的外包服务出口则实现收入 59 亿美元，同比增长 40.3%，高于软件出口增速 21.8 个百分点。

2011 年软件企业越来越重视技术创新。根据工业和信息化部对重点监测的软件前百家企业的数据显示，2011 年百家企业累计完成软件业务收入 3423 亿元，同比增长 15%，占全国收入的 18.6%；百家企业全年研发经费投入达 461 亿元，占收入的 13.5%，同比增长 13%。高强度的研发投入，将会为企业未来的发展提供技术保障。

四、电子信息产业发展展望

2012 年电子信息产业将会按照《国民经济和社会发展第十二个五年规划纲要》中所确定的，继续大力发展新一代信息技术，促进两化深度融合，加快经济增长方式的转变。多年来中国电子信息产业对外依存度很高，2011 年虽有所降低，但仍超过 50%。欧美是中国电子信息产品的主要出口市场。2012 年，欧美经济增长乏力、市场需求疲软的态势不会有大的改变，电子信息产业将继续推动扩大内需的政策，进一步优化出口结构。总体上中国电子信息产业还处于产业链的中低端，核心技术缺乏，产业发展受制于人，亟待提高自主创新的能力。

2012 年 2 月 24 日，工业和信息化部发布了《电子信息制造业“十二五”发展规划》，提出了到 2015 年中国电子信息产业要达到的目标和完成的任务。目标包括结构目标、创新目标和节能环

① 工业和信息化部：《2011 年软件业经济运行情况》，工业和信息化部网站，2012 年 2 月 15 日。

保目标，如，电子信息制造业中的战略性新兴领域销售收入年均增长 25%；百强企业研发投入占销售收入比重超过 5%；太阳能级多晶硅生产平均综合电耗低于 120 千瓦时/公斤；等等。主要任务有 8 个方面：集中突破核心关键技术，全面提升产业核心竞争力；着力发展战略性新兴领域，培育产业新增长点；推动企业做大做强，构建合理分工体系；优化产业空间布局，加快形成区域新增长极；统筹利用国内外市场资源，促进产业均衡发展；积极推进绿色制造，实现产业持续健康发展；深化信息技术应用，服务经济社会发展；完善公共服务体系，优化产业发展环境。

2012 年电子信息产业发展趋势表现在以下几个方面：

1. 电子基础行业快速发展，将带动产业的增长

中国电子基础行业比较薄弱，但近年来发展步伐加快。目前已建成投产多条 12 英寸集成电路生产线及高世代液晶面板生产线，弥补了产业空白，与发达国家的差距逐步缩小。同时太阳能光伏、LED、动力电池等新兴行业迅速发展，进一步夯实了产业发展的基础。随着各级政府进一步加大对高性能集成电路、新型显示、关键电子元器件和材料等战略性新兴领域的扶持力度，以及各项重点项目及工程的逐步落实，将对电子基础行业发展形成有力的驱动力，进而带动整个产业的增长。

2. "两化融合"继续深入

目前中国钢铁、化工、汽车、船舶、航空等主要行业的大中型企业数字化设计工具普及率已超过 60%，关键工序数控化率已超过 50%，制造技术和信息技术融合的步伐不断加快。信息技术在工业领域深度融合和渗透，使汽车电子、机床电子、医疗电子、智能交通、金融电子等量大面广、拉动性强的产品获得了迅速发展。随着国家促进"两化融合"政策的落实，信息技术将更多地应用在国民经济各领域。

3. 中、西部地区将逐渐成为新的增长极

近年来，东部地区由于劳动力成本上升、资源环境的约束，制造企业不断向中、西部转移；中部崛起和西部大开发政策的不断落实，加速了中、西部地区电子信息产业的发展。国家新型工业化产业示范基地申报工作的深入开展，也有力地促进了中、西部地区的产业集聚，加速拉动区域产业的增长。另外，中、西部地区有像西安这样教育、科研资料丰富的城市，将为地区的电子信息产业发展提供高技术人才，为产业的持续发展提供智力保障。

专栏 27-1

工业和信息化部将从五个方面推进云计算产业发展

为了推进中国云计算产业的健康发展，工业和信息化部将加强以下五个方面的工作：

（1）加强规划引导和合理布局，统筹规划全国云计算基础设施建设和云计算服务产业发展，支持形成具有区域特色、行业特色的云计算应用。

（2）加强关键核心技术研发，创新云计算服务模式，支持超大规模云计算操作系统、核心芯片等基础技术的研发，推动产业化，逐步形成一批满足重点领域需求的安全可控关键技术的产品。

（3）加强云计算应用示范推广，面向具有迫切应用需求的领域，组织实施试点示范工程，以大型云计算平台建设和重要行业试点示范应用，带动产业链上下游协调发展。

（4）加强网络基础设施建设，统筹布局新一代移动通信、下一代互联网，加快光纤宽带建设，稳步推进三网融合，全面提高宽带普及率和接入带宽，为云计算发展提供更强大的网络基础支撑。

（5）加强标准体系建设，组织开展云计算以及服务的标准制定工作，积极参与国际标准化活动，构建云计算标准体系。

资料来源：根据《中国电子报》2012 年 5 月25 日文章《工业和信息化部将从五个方面推进云计算产业发展》整理。

参考文献

1. 工业和信息化部:《2011 年电子信息产业统计公报》，工业和信息化部网站，2012 年 2 月24 日。

2.《2011 年电子信息产品进出口保持增长》，人民网，2012 年 2 月 9 日。

3.《中国信息产业年鉴》(2011)，北京：电子工业出版社，2011 年版。

4. 朗为民、杨德鹏、李虎生:《中国云计算发展现状研究》,《电信快报》2011 年第 10 期。

5.《中国计算机行业分析报告》，中经网，2012 年 2 月。

6. 赛迪智库电子信息产业形势分析课题组：《2012 电子信息产业展望：竞争压力大缺乏增长点》，http：//www.sdpc.gov.cn/xxfw/hyyw/t20111214_450818.htm。

第二十八章　医药工业

提　要

医药工业是关系国计民生的重要产业，是培育发展战略性新兴产业的重点领域，主要包括化学药、中药、生物技术药物、医疗器械、药用辅料和包装材料、制药设备等。2011 年作为“十二五”开局之年，中国医药工业坚持体制创新、科技创新、管理创新，不断调整、优化产品结构和企业结构，把握全球医药工业调整的机遇，医药工业保持较快的增长速度，取得了明显成效，工业规模不断发展壮大，整体素质进一步增强，培育出了一批具有国际竞争能力的大企业，积累了一批医药领域的科技人才和管理人才。为了更好地加快医药工业结构调整和转型升级，落实科学发展观，促进医药工业由大变强，国家颁布了医药工业“十二五”规划等一系列政策，为中国医药工业发展提出了指导思想、基本原则和发展目标，为“十二五”时期医药工业认真贯彻落实科学发展观，坚持走新型工业化道路，转变经济增长方式，实现医药工业的可持续发展指明了方向。

*　　　　*　　　　*

2011 年作为“十二五”开局之年，是医药工业相关政策密集出台的一年，随着中国医保覆盖范围的持续扩大和报销比例的持续上升，以及政府财政投入持续增加政策的出台和落实，拉动了国内医药市场的需求。中国医药工业坚持体制创新、科技创新、管理创新，不断调整优化产品结构和企业结构，把握全球医药工业调整的机遇，保持了较快的增长速度，取得了明显成效，工业规模不断发展壮大，整体素质进一步增强，培育出一批具有国际竞争能力的大企业，积累了一批医药领域的科技人才和管理人才。为了更好地加快医药工业结构调整和转型升级，落实科学发展观，促进医药工业由大变强，国家颁布了《医药工业“十二五”规划》等一系列政策，为实现医药工业的可持续发展指明了方向，将对医药工业的发展产生重大影响。

一、“十二五”开局之年的医药工业发展成就

2011 年，医药工业得益于医保覆盖范围的持续扩大和报销比例的持续上升带动了国内医药市场的持续扩容，以及政府财政投入的持续增加拉动了医药市场需求。医药工业的发展充分体现了发挥优势、特色发展。化学药品原药在国际市场上已经取得突出优势，中药、生物制药等也有了显著进步，医药企业的创新能力有所增强。2011 年中国医药工业克服国际金融危机的冲击和影响，

继续保持良好发展态势，自主知识产权的一类新药已经有近百种，医药工业加快融入国际市场，很多企业都致力于通过美国 FDA 认证、欧盟 COS 注册。具体来讲，2011 年中国医药工业发展成就体现在以下六个方面：

1. 医药工业快速增长，企业实力进一步增强

2011 年，医药产业共有 6154 家企业，总资产 13762 亿元，同比增长 23%。2011 年实现产值 15707 亿元，同比增长 28.5%，其中，化学药品原药 3082 亿元，同比增长 25.0%；化学药品制剂 4231 亿元，同比增长 24.1%；中药饮片 881 亿元，同比增长 51.2%；中成药 3500 亿元，同比增长 33.7%；生物、生化药品 1592 亿元，同比增长 23.5%；医疗器械 1479 亿元，同比增长 26.1%。2011 年医药产业工业增加值增长 17.9%，高出工业增速 4 个百分点。除 3 月份外，全年是上扬趋势，如图 28-1 所示。与此同时，2011 年中国 GDP 的增长率仅为 9.2%，医药工业的增长率已连续多年远高于 GDP 的增长。涌现出一批综合实力较强的大型企业集团。销售收入超过 100 亿元的医药行业企业由 2005 年的 1 家增加到 2011 年的 104 家，超过 50 亿元的企业由 2005 年的 3 家达到 2011 年的 26 家。

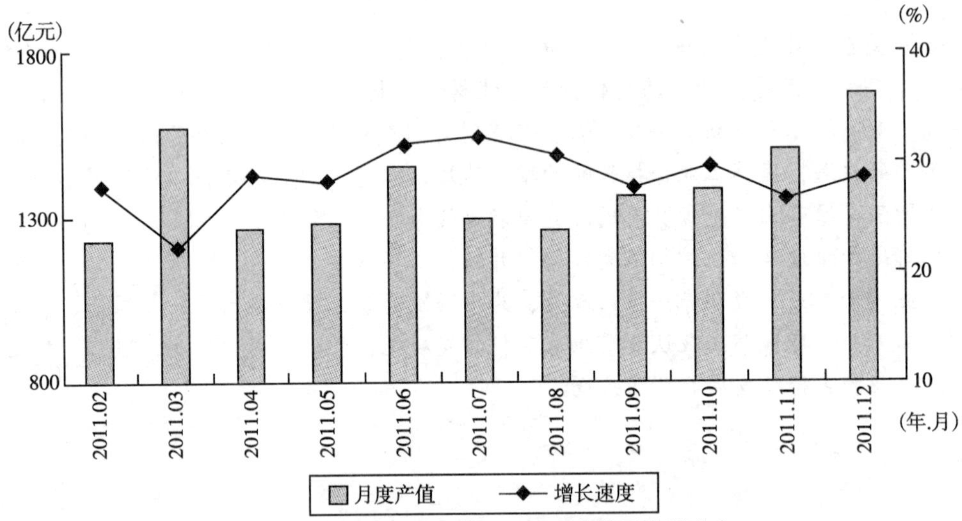

图 28-1　2011 年中国医药工业月度产值及增长速度

资料来源：国家发展和改革委员会产业协调司，中国经济信息网。

2. 国家加大科技重大项目投入，技术创新成果显著

2011 年国家加大“重大新药创制”科技重大专项投入，带动了大量社会资金投入医药创新领域，依托大型和骨干企业的产学研联盟和依托高新技术园区的创新药物孵化基地等方式新建了多个国家级技术中心，技术创新能力不断加强。重点针对恶性肿瘤、心脑血管疾病、神经退行性疾病、糖尿病、精神性疾病、自身免疫性疾病、耐药性病原菌感染、肺结核、病毒感染性疾病等重大疾病，以及其他严重危害人民健康的多发病和常见病，自主创制一批化学药物、中药及生物药。为满足中国重大疾病防治和医药产业发展的需要，2011 年重点安排了“药物大品种技术改造”、“专利到期药物大品种研究开发”和“原料药技术改造”，以及新型药用辅料开发关键技术的研究，生产技术水平明显提高，新产品、新技术开发成效显著。

3. 产业集中度不断提高，医药工业体系逐步完善

2011 年规模以上医药制造业企业实现主营业务收入达 1.45 万亿元，同比增长 29.37%；实现利润总额达 1494.3 亿元，同比增长 23.50%。2011 年，细分中国医药制造业子行业的经济效益：中国规模以上化学药品原药制造工业企业实现主营业务收入达 3050.18 亿元，同比增长 22.59%；实现利润总额达 247.86 亿元，同比增长 20.99%。化学药品制剂制造工业企业实现主营业务收入达 4104.98 亿元，同比增长 24.02%；实现利润总额达 442.3 亿元，同比增长 12.80%。中药饮片加工业企业实现主营业务收入达 853.7 亿元，同比增长 56.11%；实现利润总额达 64.4 亿元，同比增长 65.34%。中成药制造工业企业实现主营业务收入达 3378.67 亿元，同比增长 34.76%；实现利润总额达 372.4 亿元，同比增长 40.42%。生物、生化药品的制造工业企业实现主营业务收入达 1515.47 亿元，同比增长 26.73%；实现利润总额达 206.69 亿元，同比增长 6.45%。大型企业集团规模不断壮大，一批创新型企业快速发展，骨干企业集团通过并购重组迅速扩大规模，实现了产业链整合，产业集中度不断提高，提升了市场竞争力，医药大企业成为国家基本药物供应的主体，有效保障了基本药物供应。

表 28-1　2011 年医药工业各子行业利润情况

行业名称	利润总额（千元）	比上年增长（%）	利润率（%）
化学药品制剂	44234561	12.80	10.78
中成药	37243595	40.42	11.02
化学药品原药	24786382	20.99	8.13
生物、生化药品	20669125	6.45	13.64
制药设备	14618660	26.67	10.79
卫生材料	8944660	41.62	9.71
中药饮片	6442141	65.34	7.55
医疗器械	750311	33.20	9.79
总计	157689435	23.24	10.34

资料来源：《2011 年医药工业经济分析》，http://www.pharmacy.hc360.com，2012 年 2 月 28 日。

4. 发达地区优势明显，区域发展特色突出

随着中国东部沿海地区步入后工业化时代，资金、技术、人才和信息优势明显，产业基地和工业园区建设强劲，促进了医药产业的集聚发展，促进了生物医药和高端医疗设备的生产，"长三角"、"珠三角" 和 "环渤海" 三大医药工业集聚区的优势地位更加突出，辐射能力不断增强。2011 年，发达地区的医药工业总产值占全行业的 50% 以上；销售收入前 100 位的工业企业中，约 2/3 集中在三大区域。中西部地区依托资源优势，积极承接产业转移，大力发展特色医药经济。

5. 贸易平衡继续改善，对外开放水平稳步提升

2011 年，中国医药进出口总额 732.84 亿美元，比 2010 年同期增长 39.09%。其中，出口 445.16 亿美元，增长 34.90%；进口 287.68 亿美元，增长 46.12%。2011 年，随着全球制药产业布局加速转移，原料药出口量继续增长，全球市场占有率进一步提高。原料药出口额达 220 亿美元，增长 26.58%。中国传统医药产品国际市场发展包括新兴市场增长和市场份额继续提升，部分特色原料药采购转向中国，特色原料药西药制剂出口 21.74 亿美元，同比增长 40.17%，尤其是在欧盟、澳大利亚市场大幅增长，增幅分别达到 69.31%、1228.87%；国产诊疗设备出口向中高端方向发展，有效打入欧美等发达国家市场，2011 年，中国医疗器械出口 157.11 亿美元，同比增幅 53.62%，由于欧盟于 2004 年公布的《欧盟传统草药药品指令》所设定的草药 7 年的销售过渡期期满，大量中药品种尚未经注册，对中国中成药产品向欧盟出口出现明显影响，此外，国内需求保持强劲的增长势头，医药进口增幅创历史新高，贸易平衡继续得到改善。利用外资质量进一步提高，2011 年大型跨国医药公司在华新增投资力度加大，多家企业在中国设立了全球或区域研发中心。

表 28-2　2011 年医药工业各子行业出口交货值情况

行业名称	出口交货值（亿元）	比上年增长（%）
化学药品原药	528.16301	12.19
医疗器械	405.55315	17.83
生物、生化药品	190.18168	20.36
化学药品制剂	123.27911	15.57
卫生材料	114.48285	33.96
中成药	51.63679	20.29
中药饮片	21.02882	18.87
制药设备	5.18008	5.51
总计	1439.50549	16.97

资料来源：《2011 年医药工业经济分析》，http://www.pharmacy.hc360.com，2012 年 2 月 28 日。

6. 实施药品生产质量管理规范，保障药品生产标准和质量

2011 年 3 月 1 日正式施行《药品生产质量管理规范》（以下简称药品 GMP），药品 GMP 是药品生产和质量管理的基本准则。新版药品 GMP 吸收国际先进经验，结合中国国情，按照 "软件硬件并重" 的原则，贯彻质量风险管理和药品生产全过程管理的理念，更加注重科学性，强调指导性和可操作性，达到了与世界卫生组织药品 GMP 的一致性。实施新版药品 GMP，是顺应国家战略性新兴产业发展和转变经济发展方式的要求。有利于促进医药行业资源向优势企业集中，淘汰落后生产力；有利于调整医药经济结构，以促进产业升级；有利于培育具有国际竞争力的企业，加快医药产品进入国际市场。新版药品 GMP 加强了药品生产质量管理体系建设，大幅提高对企业质量管理软件方面的要求，促进企业质量管理水平的提高。全面强化了从业人员的素质要求。新版药品 GMP 明确药品生产企业的关键人员包括企业负责人、生产管理负责人、质量管理负责人、质量受权人等必须具有的资质和应履行的职责。细化了操作规程、生产记录等档案管理规定，增加了指导性和可操作性。进一步完善了药品安全保障措施。提高了无菌制剂生产环境标准，增加了生产环境在线监测要求，提高了无菌药品的质量保证水平。

二、中国医药工业存在的突出问题

中国医药工业在快速发展的同时，仍然存在一些突出的矛盾和问题，主要表现：技术创新能力弱，企业研发投入低，高素质人才不足，创新体系有待完善；产品结构亟待升级，一些重大、多发性疾病药物和高端诊疗设备依赖进口，生物技术药物规模小，药物制剂发展水平低，药用辅料和包装材料新产品、新技术开发应用不足；产业集中度低，企业多、小、散的问题依然突出，低水平重复建设严重，造成过度竞争、资源浪费和环境污染；药品质量安全保障水平有待提高，企业质量责任意识亟待加强。

1. 技术创新能力弱，新产品开发能力差，研究开发投入不足，创新体系有待完善

医药工业作为高新技术产业之一，技术创新成为高新技术产业成功的关键。医药工业是公认的研发密集型产业，几乎所有的国际医药公司都在技术进步、新药研制上投入了大量的资源和精力，技术领先是医药产业竞争的核心。然而，随着全球经济一体化进程的逐渐深入，中国医药产业在技术方面的缺陷，变得日益尖锐起来。中国制药企业新药研发能力相当薄弱，仿制一直是中国医药工业的主要技术手段。技术创新已成为制约中国制药企业大举进入国际市场的主要原因。因此如何尽快完成由模仿到创新的转变已成为中国制药企业面临的紧要问题。尽管中国化学原料药品种类 1600 多种，维生素、抗生素类等世界市场的占有率较高，化学原料药行业技术水平显著提高。但化学原料药出口是把高能耗和高污染留在国内，而进口国则可以通过深加工来赚钱。同时，中国制剂技术比较差，出口的大部分也都是附加值比较低的产品。这一问题在化学药和生物制药行业中尤其突出。除个别品种外，90%均是生产和销售西方发达国家专利保护期失效的药品或是仿制非专利药品，拥有自主知识产权的主打西药品种几乎没有。新药研究经费不足，知识产权保护不够，是造成中国新药开发能力比较弱的主要原因。从世界平均水平来看，研究经费大约占整个销售额的 13%左右。对于不同的制药企业，其研发投入占年销售总额的 10%~20%，国际上开发一种新药的费用约为 3 亿~5 亿美元，而中国制药企业研发投入一般不超过销售额的 1%。中国医药全行业的研发费用还不及默克公司研发费用的 10%。这种状况导致中国生产的西药品种有 97%是仿制生产的，低水平的重复建设导致工业结构不合理，制剂工业落后于原料药工业，中国医药行业还没有摆脱粗放式经营的格局。到目前为止，中国医药产品的生产一直以仿制为主，医药自主开发体系尚未形成，加之管理水平低下，致使医药工业发展水平提高缓慢。

2. 中国医药工业整体结构不合理，行业集中度相对较低，缺乏规模效益

随着经济以及医疗条件的不断提高与改善，中国药品市场规模持续扩大。当前中国已经成为医药产品生产大国和重要出口国。但是中国医药产业发展仍存在一些突出问题，诸多长期积累的结构性矛盾仍未得到有效解决。中国医药产业结构不合理主要体现在三个方面，即产品技术结构、产业结构以及进出口结构。国内厂家仍集中生产一些比较成熟、技术要求相对较低的仿制药品或传统医疗器械产品，同品种生产企业数量众多，产能过剩，重复生产严重，缺乏品种创新与技术创新，专业化程度低，协作性差，市场同质化竞争加剧。20 世纪 90 年代国际大公司之间掀起了重组并购的浪潮，世界排名前 25 家的制药公司销售额已占全球处方药市场的 60%以上，21 世纪以来，国际医药产业 30 亿美元以上的重大兼并重组不断发生，超过 50 亿美元的并购案已有 20 余宗，从而改变了原有的竞争格局，实现了较大程度的寡头垄断经营格局。据国际医药市场研究机构统计，世界药业排前 10 名的制药公司的销售收入，10 年前占全世界的 50%，以美国为例，全美 200 多家医药批发商中，排前 10 名的公司销售收入占全美的 96%，销售额第一名的麦克逊公司与合并后的第二名、第三名 3 家公司的销售额加起来已经超过全美销售额的 90%。相比之下，中国医药企业多、小、散、乱的问题严重，缺乏大型“龙头”企业，医药企业的市场集中度严重偏低，从而导致了规模效益不明显、研究开发能力弱、抗风险能力低、国际竞争力不强等一系列问题。2011 年百强企业中年收入超过 100 亿元人民币的企业只有 14 家，超过 30 亿元人民币的企业只有 50 家。中国最大的制药企业扬子江药业 2010 年销售收入为 108.3 亿元人民币，而全球最大的制药公司辉瑞 2010 年销售收入为 577 亿美元。因此，中国制药工业提高行业集中度，通过兼并重组等方式提高企业规模经济势在必行。

3. 经营管理与国际先进水平差距较大

中国医药企业与世界大型制药企业相比，不但企业规模较小、创新能力较弱，而且管理水平较低。例如，车间生产不符合 GMP 标准要求，工艺流程及操作规程的制定不够科学，质量保证和质量控制不够严格，生产技术人员的专业知识和技能水平不高等，不利于医药市场的发展。另外，由于中国医药企业规模较小，营销管理和投入不够，尚未树立起成熟的企业形象和品牌形象。美国葛兰素—威廉公司的年销售额约为 130 亿美元，每年公司将总销售额的 30%投入用于企业形象战略、品牌战略、广告战略、营销策略、售后服务和市场调研等工作。而中国医药企业在这些方面的投入不足销售额的 5%，而且是采用价格战、回扣战等低水平甚至是违法的销售方法。中国医药行业亟待兼并重组，通过资本运营，减少企业数量，提高生产规模，扩大规模收益，增加研发投入，进行产品创新，实现管理升级，树立品牌效应，增强国际竞争力。

4. 医药工业的利润率呈现下降的趋势

2011 年医药工业实现主营业务收入 15255 亿元，同比增长 28.8%；利润总额 1577 亿元，同比增长 23.2%；销售收入利润率 10.3%，同比降低 0.5 个百分点。其中受中药材价格大幅下跌影响，中药饮片和中成药销售收入利润率同比均提高 0.4 个百分点，利润分别同比增长 65.3%和 40.4%；受国家下调部分药品价格、原材料价格上涨等因素影响，化学药品制剂销售收入利润率同比降低 1.2 个百分点，利润同比增长 12.8%；生物、生化药品制造业销售收入利润率同比降低 3.6 个百分点，利润同比仅增长 6.5%，远低于主营业务收入增幅，如图 28–2 所示。

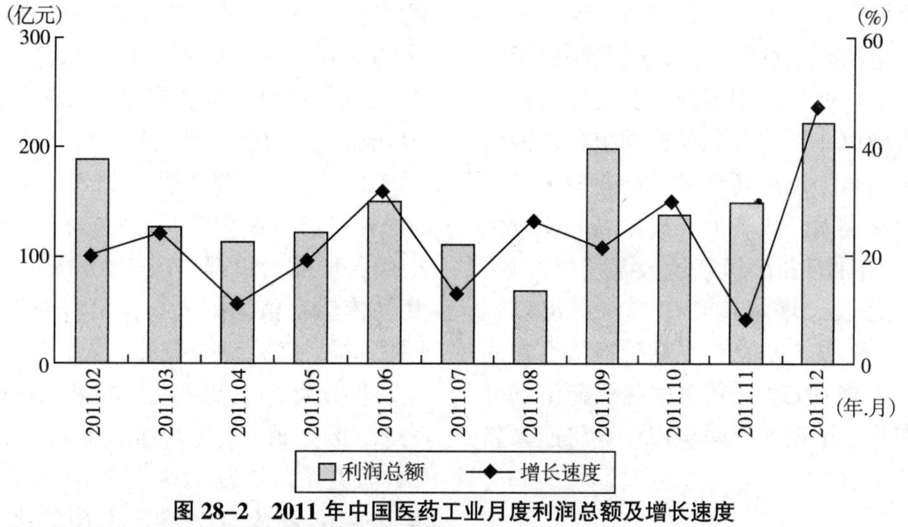

图 28–2　2011 年中国医药工业月度利润总额及增长速度

资料来源：国家发展和改革委员会产业协调司，中国经济信息网。

三、中国医药工业发展机遇

随着全球人口老年化的加快，抓住国内外医药需求快速增长和全球市场结构调整的重大机遇，落实培育和发展战略性新兴产业的总体要求，大力发展生物技术药物、化学药新品种、现代中药、先进医疗器械、新型药用辅料包装材料和制药设备，加快推进各领域新技术的开发和应用，促进医药工业转型升级和快速发展，将给中国医药生产企业带来诸多机遇，主要体现在以下六个方面：

1. 化学原料药工业总体规模世界领先，市场发展空间巨大

化学原料药工业通过几十年发展已经形成了比较完备的工业体系，且具有规模大、成本低、产量高的特点。随着国际化学原料药产业的转移，中国已成为世界上最大的原料药生产国和主要出口国之一，出口额一直占据中国医药保健品出口总额的五成左右。中国化学原料药企业抓住跨国制药巨头正在逐步剥离企业的非核心业务，专注于某一特定领域的发展，或依托外界完成它的某些非核心业务。国际大型医药公司生产药品使用的原料约有 80%从海外原料药生产基地订购，如美国辉瑞公司的“Viagra”，其原料药生产基地就设在英国苏格兰地区一小镇的工厂，只有最后的制剂过程由美国工厂完成。事实上，跨国制药公司制剂生产的原料将有 70%~80%来自委托生产，特别是在通用名药的原料生产领域，全球委托生产的原料药总金额超过百亿美元，因此原料药行业的市场前景不可低估。中国的化工资源非常丰富，气候和环境也非常适合化学药的生产，因此化学原料药历来是中国医药保健品行业的出口支柱，并形成了规模大、成本低、产量高的比较优势。2011 年中国原料药出口摆脱金融危机影响，出口量进一步增长，增幅达到 27.80%；出口额 220 亿美元，增长 26.58%；但平均价格依然在底部徘徊，同比下降 0.95%。随着国际医药市场分工的进一步细化，中国的医药生产企业将迎来新一轮发展机遇。

2. 加快通用名药新产品开发，通用名药市场成长迅速

2011 年全球药品市场快速增长，专利药过期达顶峰，而通用名药的市场增速在 10%左右，远远快于医药市场增速。全球制药巨头专利药到期压力巨大，排名前 20 家的制药企业将有 35%的专利于 2009~2013 年到期；受各国医改政策推动，通用名药市场蓬勃发展，美国 2004~2009 年，通用名药的处方量占比从 54%上升至 72%，仿制药每年为欧盟节省 300 亿欧元。通用名药市场已经占全球药品市场的 40%以上，随着众多销售额超过 10 亿美元的专利药品在“十二五”时期将迎来一个专利到期高峰，通用名药市场也将迎来新一轮的发展。因此，通用名药市场的快速成长也为国内专利药开发能力欠缺但又具备相当仿制能力的企业开启了一扇国际化之门，加快通用名药新产品开发，将对中国医药企业的发展壮大提供极好的机遇。

3. 传播绿色回归理念，为中国中药国际贸易提供了发展机遇

中药饮片是中国中药产业的三大支柱之一，是中医临床辨证施治必需的传统武器，也是中成药的重要原料，其独特的炮制理论和方法，无不体现着古老中医的精深智慧。随着炮制理论的不断完善和成熟，目前它已成为中医临床防病、治病的重要手段。国际日趋盛行的绿色回归理念，为中国中药国际贸易提供了发展机遇，2011 年，中药商品进出口额达 30.5 亿美元，同比增加 34.7%。其中，出口额为 23.3 亿美元，同比增加 36.5%；进口额为 7.2 亿美元，同比增加 29.1%。中药各商品出口都呈现较大增幅。出口额最大的商品依然是植物提取物，出口额为 11.3 亿美元，同比增加 47%；中药材及饮片出口额为 7.7 亿美元，同比增加 17.8%，位居第二；中成药出口额为 2.3 亿美元，同比增加 18.6%；保健品出口额为 2.1 亿美元，增幅高达 115%。日本、中国香港、美国和欧盟依然是传统中药的主要出口市场，

2011年出口增幅均超过25%。但是，中医药在西方的发展还面临一些困难。高门槛的技术壁垒、绿色贸易壁垒给中药产品进入西方市场设置了巨大的障碍，欧洲不断地通过用药安全和环境保护等措施，加强对进口传统药品的规划管理，制定或提高相关的技术要求，对中药出口带来诸多挑战。

4. 实施“重大新药创制”计划，促进生物制药工业发展

“重大新药创制”是中国一项大型科技计划。通过专项的实施，研制一批具有自主知识产权和市场竞争力的新药，建立一批具有先进水平的技术平台，形成支撑中国药业自主发展的新药创新能力与技术体系。至2020年，使中国新药创制整体水平显著提高，推动医药产业由仿制为主向自主创新为主的战略性转变。为人民群众提供更多安全、有效、质量可靠的药品，为人民健康事业做出历史性贡献。

“重大新药创制”科技重大专项设置“创新药物研究开发”、“药物大品种技术改造”、“创新药物研究开发技术平台建设”、“企业新药物孵化基地建设”和“新药研究开发关键技术研究”五个项目，目的是培育一批企业新药孵化基地、产学研联盟和高新技术园区，加速企业成为技术创新主体，推动我国新药研究开发的整体水平全面提升，基本建成国际一流的药物创新体系。

作为七大战略性新兴产业之一，生物医药产业的国民经济支柱性产业地位和国际战略性新兴产业地位日益凸显。从国际上看，生物医药越来越被重视。2010年全球生物技术药和仿制药创下新高，分别达到1400亿美元和1200亿美元。全球最畅销的、销售额达到50亿美元以上的12种药品中，6种为生物制剂。全球有生物医药企业4700家，产品销售额为1170亿美元，占全球医药市场总销售额的15%。新化合物研发周期的拉长和开发费用的不断攀升，使得新药开发的难度越来越大。随着基因组测序、生物芯片、干细胞研究、组织工程、蛋白质解析等领域的研究发展水平的不断提高，通过生物技术手段开发新药在研究费用和周期上都显现出巨大的优势。

5. 加快自主知识产权的化学新药开发，推进化学药品制剂工业发展

化学药品制剂市场空间巨大，市场上创新类药物很少，化学药品制剂企业生产的产品97%都是仿制药。2011年，中国规模以上化学药品制剂制造工业企业实现主营业务收入达4104.98亿元，同比增长24.02%；实现利润总额达442.3亿元，同比增长12.80%。中国化学药品制剂制造工业企业达1032家，行业总资产达4017.5亿元，同比增长24.35%。化学药品制剂制造能力位居世界第一。能够生产的化学药品制剂产品有4500多种，但多数企业主要生产低端的普药品种，新药等高端产品市场基本上被外资企业垄断。尽管中国2008年开始实施了“重大新药创制”工程，科学研发能力低下仍然是制约中国化学药制剂工业的主要问题。由于研发不足和仿制药居多带来了企业之间的同质化竞争异常剧烈。企业之间的竞争主要是靠销售和规模优势，再加上企业规模较小，进一步加剧了竞争的激烈程度。加大科技研发投入，加快自主知识产权的化学新药开发，是推动中国化学药品制剂工业发展，扩大企业规模，提高生产能力，优化产品结构的重大举措。

四、中国医药工业发展对策

在深化改革开放、加快转变经济发展方式的攻坚时期，中国医药工业应准确把握国内外形势的新变化、新特点，继续抓住和用好重要战略机遇期，认真落实《国务院加快培育和发展战略性新兴产业的决定》，以转变发展方式，推动医药产业升级，加快生物医药产业发展。以产业化、规模化、集约化、国际化为重点，努力实现关键技术和重大产品的创新，促进中国医药工业由制造大国转变为制造强国。

1. 加强产业政策引导，加大财税金融支持力度

进一步落实国务院《加快培育和发展战略性新兴产业的决定》和《加快医药行业结构调整的指导

意见》，研究完善医药产业政策，加强产业政策与其他经济政策的协调配合，形成政策合力，推动结构调整取得实质性进展。加强和改善医药行业管理，制定重点产品的行业准入条件，综合运用经济法律手段，抑制低水平重复建设。研究制定符合行业特征的政策措施，加快推进医药企业兼并重组。加强对医药领域专利、商标、技术秘密等知识产权的保护，依法打击窃取技术秘密的行为。加强生产质量监管和环保监督检查力度，查处违规生产行为，规范市场竞争秩序。

发挥“重大新药创制”科技重大专项等国家科技计划的作用，提高医药技术创新能力。加大战略性新兴产业专项资金投入，支持生物医药产业发展。扩大中药材生产扶持资金规模，支持中药材资源保护和发展。进一步加大资金投入，支持基本药物生产和新版 GMP 改造。研究完善鼓励创新的税收支持政策，落实研发费用加计扣除和高新技术企业所得税优惠等政策。拓宽融资渠道，鼓励社会资本设立医药产业投资基金，投资创新型医药企业，支持符合条件的医药企业发行债券和境内外资本市场上市融资，落实和完善出口信贷及出口信用保险政策。

2. 完善价格招标医保政策，发挥药品监管调控作用，走规模化、集约化的发展道路

完善药品价格政策，利用价格杠杆鼓励企业自主创新，提升产品质量，抑制低水平重复建设。对基本药物的价格进行动态管理，推动建立统一定价机制，发挥价格引导作用，确保基本药物生产供应。完善药品集中采购机制和办法，探索建立综合评价指标体系，切实落实“质量优先、价格合理”的原则，加强对供货主体、采购主体和采购全过程的监督，实现公平竞争和优胜劣汰。完善基本医疗保障费用支付方式，促进合理用药，支持临床必需、疗效确切、安全性高、价格合理的创新药物优先进入医保目录。

加强药品和医疗器械监管法律法规体系建设。提高药品审评、审批技术门槛，严格控制新开办制药企业数量。完善药品、医疗器械注册审评、审批机制和标准，加强技术支撑体系建设，提高审批效率，促进创新和发展。加强上市药品再评价工作，完善药品退出市场机制。完善企业集团内转移药品生产批件的政策，支持企业兼并重组后的资源整合。研究建立“药品上市许可人制度”，为加快结构调整创造有利条件。通过推进药品标准提高行动计划、实施新版 GMP 和制定实施《医疗器械生产质量管理规范》，按照国家“十二五”规划和国务院《加快培育和发展战略性新兴产业的决定》的产业政策，中国医药企业通过兼并重组，将 GMP 的准入认证与组建大型企业集团结合起来，集中支持一批国家确定的重点企业。发挥这些企业在资本市场运营、技术创新和市场开拓等方面的优势，使这些企业在生产技术和装备水平上逐步达到或接近世界先进水平。在改制过程中，企业贯彻有进有退、有所为有所不为的方针，通过兼并联合与 GMP 认证，淘汰一批规模小、装备差的企业，使中国药品生产企业数量相对减少、规模迅速扩大，从而加快整个行业的集中度，尽快形成强大的竞争力，赶上世界医药经济发展潮流。

3. 继承和发扬中医药优势，发展我国特色医药经济

中医药投入力度不断加大，发展环境明显改善。中医药服务体系基本形成，中医药服务覆盖面和可及性明显提高。中医和民族医医院基础设施条件明显改善，服务能力进一步提高。中医药法制化、标准化、规范化建设取得新成效。通过科技创新支撑中医药现代化发展，不断提高中医药对中国经济和社会发展的贡献率，巩固和加强中国在传统医药领域的优势地位；重点突破中医药传承和医学及生命科学创新发展的关键问题，成为中国科技走向世界的突破口之一；促进东西方医学优势互补、相互融合，为建立具有中国特色的新医药学奠定基础；应用全球科技资源推进中医药国际化进程，中医药产业水平进一步提升，文化建设新局面初步形成，国际影响日益扩大，形成了中医药全面发展的新格局。

在继承和发扬中医药优势和特色的基础上，坚持继承和创新并重，借鉴国际天然药物发展经验，加快中成药的二次研究与开发，优先发展具有中医药治疗优势的治疗领域的药品，培育一批疗效确切、物质基础清楚、作用机理明确、安全性高、剂型先进、质量稳定可控的现代中药。同时，促进民族药的研发和产业化，促进民族药标准提高，加强中药知识产权保护，充分利用现代科学技术的手段和方法，按照国际认可的医药标准和规范，研究开发能够进入国际医药市场的中药产品；初步建立中国中药研究开发和生产的标准规范体系，并力争使其成为国际传统药物研究开发的标准规范；培养一批跨国中药集团，增强中药的国际竞争力，使其成为中国新的经济增长点进而推动医药工业向中国支柱性工业发展。

4. 加强人才队伍建设，以科技为先导，积极参与全球竞争

重视对医药领域急需的科技创新、质量管理、国际化运作等方面人才的培养和引进。支持引导企业与高等院校、科研院所合作，联合培养高层次人才。依托重大项目、重点实验室和国家工程技术研究中心等平台，发挥“千人计划”的作用，引进国外优秀人才来华创业。鼓励社会力量开展多种形式的医药领域专业化培训，培养大批面向生产一线的专业技术人才和高技能人才，为医药工业转型升级提供人才保障。

21世纪的世界医药经济是依靠科技飞速发展的经济，科学技术作为第一生产力在经济中扮演的角色越来越关键，越来越重要。面对世界经济信息化、全球化的潮流，中国医药企业的人才素质、科研能力和水平必须尽快提高，唯有如此，才能在竞争中站稳脚跟，进而在新的竞争环境中得到发展。

中国政府为了缩短与发达国家的差距，实施了“重大新药创制”科技重大专项等国家科技战略，未来几年中国的医药技术创新能力将明显提高，医药工业作为一种科技密集型工业，企业间的竞争从本质上讲是科技实力的较量。因此中国的医药生产企业必须抓住当前国家加大研发投入的机遇，了解国际国内药学信息与动态，采取与科研单位联合、整体吸收等多种形式及科技入股等措施建立自己的科技开发中心，掌握最新生产技术，从整体上提高中国的医药科技水平。中国不但要做技术的领导者，还要做市场的占领者，要选准产品切入点加快产品结构调整步伐，争取在某些领域建立起中国医药工业的特色优势。

中国医药工业伴随着改革开放的深入，一直保持较快的发展速度，产品种类日益增多，技术水平逐步提高，生产规模不断扩大，已成为世界医药工业大国。与此同时，中国医药行业发展中结构不合理的问题长期存在，自主创新能力弱、技术水平不高、产品同质化严重、生产集中度低等问题十分突出。通过结构调整促进医药工业转变发展方式、培育战略性新兴产业，医药企业坚持以质量求生存，依靠科技谋发展，不断完善自身做大做强医药工业。

专栏 28-1

2011 年全球、中国医药企业前 10 位的销售额和研发费用企业

表 1　2011 年全球药物销售额前 10 位企业

排　名	医药企业	销售额（亿美元）
1	辉瑞（Pfizer）	577
2	诺华（Novartis）	540
3	默沙东（Merck）	413
4	赛诺菲（Sanofi）	370
5	罗氏（Roche）	349
6	葛兰素史克（Glaxo Smith Kline）	344
7	阿斯利康（Astra Zeneca）	336
8	强生（Johnson & Johnson）	244
9	雅培（Abbott）	224
10	礼来（Eli Lilly）	219

表 2　2011 年中国医药行业主营业务收入前 10 位企业

排　名	医药企业	主营业务收入（亿元）
1	国药控股股份有限公司	692.34
2	上海医药集团股份有限公司	374.11
3	天津天狮集团有限公司	278.90
4	九州通医药集团股份有限公司	212.52
5	扬子江药业集团有限公司	180.30
6	南京医药股份有限公司	153.38
7	深圳一致药业股份有限公司	130.64
8	哈药集团股份有限公司	125.35
9	华立集团股份有限公司	120.23
10	修正药业集团股份有限公司	115.04

表 3　2011 年全球医药企业研发费用前 10 位企业

排　名	医药企业	研发费用（亿美元）
1	辉瑞（Pfizer）	91.12
2	诺华（Novartis）	91.00
3	默沙东（Merck）	84.67
4	罗氏（Roche）	78.62
5	赛诺菲（Sanofi）	60.07
6	葛兰素史克（Glaxo Smith Kline）	58.22
7	强生（Johnson & Johnson）	51.38
8	阿斯利康（Astra Zeneca）	50.33
9	礼来（Eli Lilly）	50.20
10	雅培（Abbott）	41.29

资料来源：吴俊杰：《2011 年全球 50 强医药企业》，米内网，2012 年 5 月 31 日。

参考文献

1. 工业与信息化部：《医药工业“十二五”发展规划》，2012 年 2 月 1 日。

2. 国家食品药品监督管理局：《医疗器械生产质量管理规范》，2009年 12 月 6 日。

3. 国务院：《关于扶持和促进中医药事业发展的若干意见》，2009年 4 月 21 日。

4.《中医药创新发展规划纲要（2006~2020年）》，http://www.zhong-yao.net/，2007 年 1 月 11 日。

5. 工业和信息化部、卫生部、国家食品药品监督管理局：《关于加快医药行业结构调整的指导意见》，2010 年 10 月 9 日。

6. 科学技术部等16 部、委、局：《中医药创新发展规划纲要（2006~2020年）》，2007 年 1 月 11 日。

7. 国务院：《加快培育和发展战略性新兴产业的决定》，2010 年10 月 10 日。

8. 晓倩：《2011 年医药工业经济分析　中药饮片表现突出》，http://www.pharmacy.hc360.com，2012 年 2 月 28 日。

9.《中国工业经济统计年鉴》（2011），北京：中国统计出版社，2011 年版。

第二十九章　轻工业

提　　要

中国轻工业是繁荣市场、增加出口、扩大就业、服务“三农”的重要产业。2011 年中国轻工业运行总体平稳，但由于原材料价格波动、生产及融资成本增加、人民币汇率变化、国际市场需求不旺等因素的影响，增速逐季放缓，经济效益下降。“十二五”期间，中国轻工业发展将面临国际贸易环境日趋复杂、低成本优势逐步弱化、资源环境约束日益增强等诸多制约因素，以及技术创新能力是否能够快速提升以满足市场竞争和消费结构变化要求的巨大挑战。中国轻工业应在科学发展观的指导下，从加大、强化自主创新和技术研发入手，推进原料结构多元化、节约化和可持续化；推进以产业链分工为核心的企业结构重组、延伸、转移；着力加快产品结构调整、企业经营模式转变和多样化品牌建设。

*　　　　*　　　　*

中国轻工业是中国消费品工业的主体，国民经济的重要产业，承担着提高人民生活质量、繁荣国内市场、扩大出口创汇、吸纳社会就业和促进经济增长的重要任务。它主要包括食品、造纸、家用电器、塑料制品、日用化工、皮革及制品、照明电器、日用硅酸盐、金属制品、工艺美术、室内装饰、日用机械及文教体育用品等，涉及国民经济中的行业 20 个大类、70 多个中类，190 多个小类（专业内通常称 22 个大类 45 个行业），其涉及面广并和人们的生活息息相关。

一、“十二五”开局之年的中国轻工业

2011 年中国轻工业运行总体平稳，但由于原材料价格波动、生产及融资成本增加、人民币汇率变化、国际市场需求不旺等因素的影响，增速逐季放缓，经济效益下降。

1. 2011 年中国轻工业产值规模、增速与效益

2011 年 1~12 月，中国轻工业累计完成总产值 164688.09 亿元，同比增长 29.3%。但增幅不仅比 2010 年同期回落（回落 0.6 个百分点），且呈现逐季放缓、前高后低的趋势（见图 29–1）。

2011 年，中国大部分轻工产品产量增幅在 10%~20%，少数产品产量增幅较大（见表 29–1），但家具、铅蓄电池、自行车等行业的产量增幅下降较大（同比分别下降了 19.3 个百分点、14 个百分点和 7.1 个百分点）。

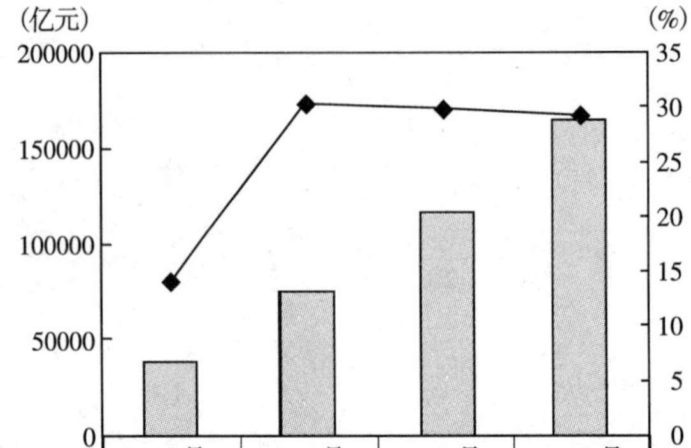

	1~3 月	1~6 月	1~9 月	1~12 月
累计完成总产值	38764.25	74290.8	117307.8	164688.1
同比增幅	13.9	30.2	29.9	29.3

图 29–1　2011 年中国轻工业（累计完成总产值）增幅季度波动

资料来源：国家统计局快报数据。

表 29–1　2011 年主要轻工产品产量增幅

产品种类	产品产量	同比增幅（%）
原盐	6429.4 万吨	11.4
乳制品	2387.5 万吨	14.0
新闻纸	368.8 万吨	–8.3
塑料制品	5474.3 万吨	22.4
电热水器	2441.9 万台	30.4
电动自行车	1464.2 万辆	35.6

资料来源：国家统计局快报数据。

2011 年 1~12 月，中国轻工业规模以上工业企业累计实现主营业务收入同比增长 24.75%，实现利润总额同比增长 32.01%，相比 2010 年下降了 6 个百分点（大多数行业实现利润总额，相比 2010 年均出现较大幅度的下降：塑料制品行业实现利润同比增长 29.32%，相比 2010 年下降 12.79%。

2011 年，全行业规模以上企业 1~12 月产值平均利润率低于 5%，大大低于 2010 年 5.4%的水平，略高于 2009 年的水平。其中玩具行业规模以上企业平均产值利润率低于 4%，全行业处于微利状态。

2011 年轻工业亏损企业亏损额同比增速逐季提高，1~12 月亏损企业累计亏损额同比上升 38.84%，与 2010 年同期亏损额逐月减少的情况形成鲜明的反差。

2. 中国轻工业产业结构及投资导向

根据国家统计局数据，按大、中、小企业数量计算，2011 年中国轻工规模以上企业仍以小型企业为主，小型企业数占规模以上企业总数的 87.0%。

按大、中、小企业产值计算，2011 年中国轻工大型企业完成产值 25439.46 亿元（同比增长 21.6%），占全行业总产值的比例为 15.45%；轻工中型企业完成产值 50264.51 亿元（同比增长 22.3%），占全行业总产值的比例为 30.52%；轻工业小型企业完成产值 88984.12 亿元（同比增长 36.2%），占全行业总产值的比例为 54.03%。

按行业产值计算，2011 年塑料、食品、造纸、家电、皮革、五金、酿酒、电池、饮料、家具 10 大行业产值均超过 5000 亿元，占全行业总产值的 56.2%。

按东、中、西部地区产值计算，中国轻工业联合会统计数据显示，2011 年东部地区份额由“十五”期末的 74.4%降至 64.8%，中、西部地区由“十五”期末的 25.6%增至 35.2%。中、西部地区的轻工业表现出强劲的增长态势，增速明显快于东部地区，成为全行业的一个亮点。

按内、外销产值占全行业销售产值的比重计算，2011 年 1~12 月中国轻工业累计完成工业销售产值 155039.7 亿元，内销占 85.7%，比 2010 年提高 1.2 个百分点，同比增长 28.9%。增幅较高的行业有：电池制造累计完成工业销售产值 5440.2 亿元，同比增长 35.39%；照明器具制造完成 2780.7 亿元，同比增长 23.61%；非电力家用器具制造完成 1151.35 亿元，同比增长 28.76%。2011 年全年累计产销率为 98%，比 2010 年同期增加 1.14 个百分点。

按经济类型计算，2011 年内资企业在市场上表现突出，骨干地位和带动作用明显。1~12月内资轻工企业完成产值114346.38亿元（同比增长33.5%），占全行业总产值的比例为69.43%；中国香港、中国澳门、中国台湾商人投资轻工企业完成产值21165.76亿元（同比增长20.4%），占全行业总产值的比例为12.85%；外商投资轻工企业累计完成产值29175.94亿元（同比增长20.7%），占全行业总产值的比例为17.72%。

2011年，中国轻工业固定资产投资保持较快增长。①受国内市场消费需求上升的影响，轻工业中利润率较高的行业投资规模稳定增长，如农副产品加工、饮料和塑料制品等，2011年1~12月分别完成固定资产投资额为5229.2亿元、1903.5亿元和2614.3亿元，同比增速分别为44.1%、40.7%和35.6%，增速较上半年分别上升6.6个百分点、4.0个百分点和-4.9个百分点。②轻工业中利润率较低的基础行业，如造纸及纸制品，2011年以来，由于淘汰落后产能政策推动、人民币持续升值（降低了行业原材料采购成本压力），使得行业投资信心得以提升，固定资产投资规模稳步提升。2011年1~12月，中国造纸及纸制品业累计固定资产投资额为1918.72亿元，同比增长31.1%。

2011年，中国轻工业加快海外收购步伐，并购意愿逐渐增强。在这些海外收购案例中，参与海外收购的企业数量逐渐增加，呈多样化发展趋势，并购涉及领域、区域也逐渐扩大。2011年7月，中粮集团澳糖收购案落下帷幕，持有Tully Sugar近99%的股份；8月，光明食品（集团）有限公司收购澳大利亚玛纳森食品75%的股权，是中国食品业迄今为止最大的一笔海外并购；10月，中国海尔集团成功并购日本三洋电机公司白色家电业务，拥有三洋在东南亚经营多年的品牌和市场；青岛啤酒（泰国）有限公司年产20万千升啤酒项目在曼谷正式签约，这是中国啤酒企业第一个海外建厂项目。[①]

3. 中国轻工业产业集群与及创新能力

2011年中国轻工业大型企业数量已有654家（占规模以上企业总数的比例约为0.8%），产值比重（占全行业总产值的比例）已达15.45%。

中国轻工业发展中逐渐呈现出以区域经济为格局的产业集群，这些产业集群逐步形成了社会化大生产的组织结构：从原材料加工生产到销售服务一条龙的生产、销售、配套完整体系，具有同类产业高度集中、专业化强、分工明确、特色突出的特点。在区域经济发展中发挥了引领、支撑作用。2011年，具有一定影响力的轻工业产业集群近300个，占轻工业总产值的28.5%。比2010年提高1.4个百分点。

2011年中国轻工业技术开发和技术改造投入力度进一步加大，关键共性技术开发取得积极成效（如造纸、塑料制品、皮革、照明电器、陶瓷、日用化工、电池等行业通过引进国外技术、关键设备和成套装备消化吸收，形成了集成创新和自主创新能力）；轻工业创新体系建设取得可喜成果，已经形成了一支产学研相结合的自主创新队伍，建立了相应的科研机构，拥有能够满足需求的科研基础设施。[②] 在中国轻工业大中型企业中，一般都设立了研究开发机构，特别是各行业的一些领先企业均建有国家级或省级“技术中心”。2011年国家级企业技术中心数比2010年增加15个，总数达到110个。此外，在产品质量控制方面，中国轻工业检测方式和检测方法以及质量控制手段逐步同国际接轨；在标准执行方面，大量采用国际标准，部分行业的国内标准还高于国际标准。

4. 中国轻工业出口状况

中国轻工业产品出口市场相对集中，主要局限于美、欧、日等发达国家和地区。而美、欧发达国家和地区相继发生债务危机，日本经济又长时间增长缓慢，因此，主要出口市场同时呈现需求萎缩；同时，美、欧、日发达国家和地区也是技术性贸易壁垒最高的市场；加之低成本优势衰减的内部因素，产品出口形势极为严峻，是多年以来较为困难的时期。

2011年1~12月中国轻工业累计完成出口额

---

①《2011年1~12月轻工业运行情况》，工业和信息化部，http：//www.miit.gov.cn，2012年3月8日。

②《轻工业“十二五”发展规划》，中国产业经济信息网站，http：//www.cinic.org.cn/site951/zcdt/2012-01-20/530808.shtml，2012年1月20日。

4431.1 亿美元，同比增长 22.95%，增幅比 2010 年同期下降了 6.13 个百分点。且全年增速较第一季度回落 5.71 个百分点、较上半年回落 3.3 个百分点（见图 29–2）。2011 年 1~12 月，在海关统计的 241 类轻工出口产品中，有 79 类产品的出口量出现负增长，占到总数的 32.8%。塑料制品，皮革、毛皮及其制品，家用电器仍为出口额较大的行业，分别占到全部出口额的 12.75%、10.86%和 10.46%，但出口交货值的增速却分别下降了 13.3 个百分点、6.29 个百分点和 13.46 个百分点。

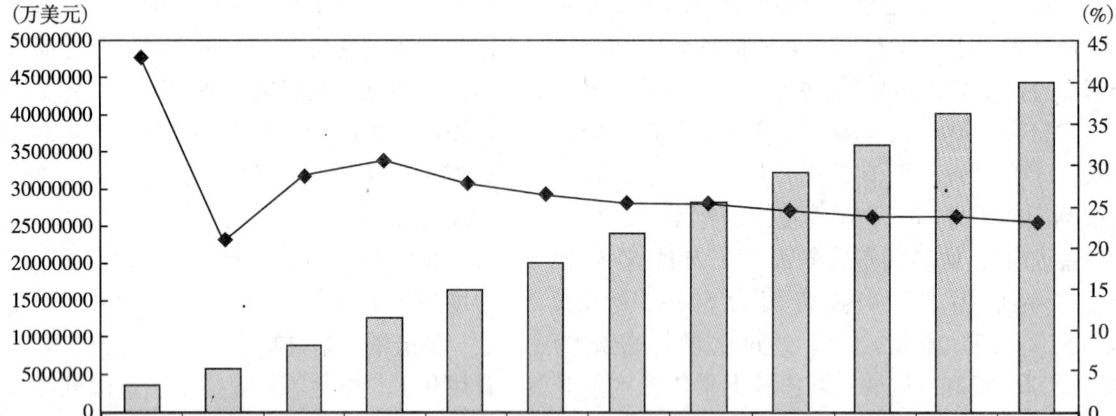

	1 月	2 月	3 月	4 月	5 月	6 月	7 月	8 月	9 月	10 月	11 月	12 月
累计出口额	3714540	5762424	9050856	12774367	16407686	20111737	24149619	28294849	32238579	35891995	40159851	44311388
同比增长	42.54	20.76	28.66	30.23	27.8	26.25	25.24	25.19	24.26	23.8	23.62	22.95

图 29–2　2011 年轻工业产品海关出口增幅月度波动

资料来源：中国海关总署。

二、中国轻工业存在的主要问题

在“十一五”时期，中国轻工业发展取得了一系列成绩，但是存在的问题依然突出：

1. 产业结构不合理，自主创新不足

目前，中国城镇居民消费结构正处在转型时期，以冰箱、洗衣机、彩电为代表的耐用消费品的第二次消费升级已基本完成，正进入以住宅、汽车、文化教育、保险、通信、旅游、保健、娱乐等多样化、高档次的新的消费升级的阶段。

而中国轻工消费品总体供给结构还停滞在第二次消费升级阶段，能启动新一轮经济增长的新兴行业发展缓慢。产业转型明显滞后于消费结构的升级。因此，供求矛盾日益突出：一是总量供给过剩。二是结构性供给不足，中低端产品多，高质量、高附加值产品少，产品同质化现象严重。三是由于经济发展的不平衡性，产业布局和出口市场结构也不合理。其生产能力主要分布在沿海地区，中西部地区发展滞后；出口市场主要集中在欧、美、日，尚未形成多元化格局。

中国轻工业基础研究起步晚，科技人才缺乏，应用研究和开发研究也较为薄弱，重大工程与装备研究更是相对落后，加之，长期以来财政、科技资金投入不足，导致轻工业自主技术创新能力差、成果转化率低。一些关键领域对外技术依赖度高（不少高技术含量和高附加值产品主要依赖进口；部分重大产业核心技术与装备基本依赖进口）。目前，中国 95%的变频空调压缩机、LED 关键部件芯片、高档手表机芯等依赖进口；制浆造纸、乳制品、饮料、肉制品等行业的关键技术装备主要从国外引进。[①]

2. 产业集中度低，规模效益不明显

“小、散、多”的企业组织形态，分工协作程度低、产业集中度低、规模效益差：①轻工业涉

① 《轻工业：技术进步是前提，质量安全作保障》，中国经济网站，http：//www.ce.cn，2009 年 7 月 2 日。

及行业最广泛，包括农副食品加工、家具、造纸、文体用品、日化、塑料、玻璃陶瓷、家电及照明、钟表眼镜、建筑装饰业等大小45个行业。各行业技术经济特征差异很大，行业关联性差，产业集中度低。②轻工业起源于手工业和城乡集体经济（作坊式小生产），小企业多（中小企业占轻工企业总数高达87%，产值所占比例高达54.03%），加工程度低，产业配套（包括主机和零部件）能力差，无法形成大的、完整、集约化程度高的产业链。这种“小、散、多”的企业组织形态，全能型企业大量存在，规模效益差。③轻工大型企业多集中于原材料行业，如糖、盐、纸等，或集中于规模经济效应显著的行业，如自行车、缝纫机、钟表、电冰箱、洗衣机等。但规模效益显著的行业产业集中度也相对较低。如家电业十强企业规模仅占行业的36.88%，与国际水平相比差距也较大。

3. 技术装备和工艺落后，节能减排任务艰巨

从总体上看，中国大部分轻工企业的技术装备仍停留在20世纪80年代中期以前水平，与国外先进技术水平差距很大。技术装备差，资源利用率低。以造纸行业为例，从吨浆纸综合能耗和综合水耗来看，国际上先进水平为吨浆纸综合能耗0.9~1.2吨标准煤，综合取水量35~50吨，我国除少数企业或部分生产线达到国际先进水平外，大部分企业吨浆纸综合能耗平均为1.38吨左右标准煤，综合取水量平均仍处于100吨以上的高位。[①]

推行节能减排是中国轻工业“十一五”时期的重点工作之一，在全行业的共同努力之下取得积极成效。造纸行业在产量持续增长的情况下，废水排放总量没有增长，做到增产不增污。发酵行业在产量年均增长较大（20%）的情况下，主要产品的能耗和水耗都有较大幅度下降。

但是，从目前情况看，中国轻工业节能减排面临的任务仍然比较艰巨，一是单位产值和单位产品水耗、能耗、主要设备能耗指标、污染物排放指标等方面与国际水平相比差距较大。二是基于目前的设备、技术和工艺水平，主要产品的能耗和水耗进一步大幅度下降的难度大大增加。三是从总量来看，目前主要污染物（COD）排放量仍占全国工业排放总量的50%，工业废水排放量占全国工业废水排放总量的28%，治理任务十分艰巨。

4. 国际贸易竞争激烈，出口面临绿色环保非关税壁垒

始于2008年的国际金融危机，导致未来五年全球经济处于复苏性的低缓增长期，包括美国在内的发达国家的消费率均会程度不同地继续下降。国际贸易形势严峻，更多的技术性贸易壁垒、贸易摩擦将成为轻工产品出口面临的常态环境，摩擦形势更加复杂，中国轻工产品出口贸易外部压力不断增大。

三、“十二五”中国轻工业发展的机遇与挑战

“十二五”时期，中国轻工业发展的环境条件、增长战略，与“十一五”时期及“十一五”以前时期相比较，已发生重要的变化：环境条件由低成本的资源、劳力和高消费（率）的出口市场转变为低成本优势逐步弱化、资源环境约束日益增强和高消费（率）的出口市场步入衰退的新情况。

增长战略由数量型扩张、出口导向为主转变为集约化、内需增长为主。

因此，展望“十二五”中国轻工业发展状况和趋向，也会出现一些重要的变化。

（一）市场需求

1. 国际市场

如前所述，未来五年包括美国在内的发达国家的消费率会程度不同地继续下降，而同时其从以往的“去工业化”，转而“重启工业化”，对中

① 《轻工业：技术进步是前提，质量安全作保障》，中国经济网站，http：//www.ce.cn，2009年7月2日。

国轻工产品的出口形成巨大的外部压力。但在生产成本上，中国仍然拥有相当大的优势，而且这种状况在可预见的未来相当长的时间内不会改变。同时，中国将采取一系列措施积极应对市场压力（例如，将推动家电、皮革等有条件的企业“集群式”走出去——在国外基础较好的地区投资设厂，采取收购、租赁、合资合作等设立制造中心、物流中心、分销中心和专卖店；推动出口市场结构从传统市场为主向多元化市场全面发展转变——巩固欧洲和美国、日本等传统市场，大力拓展中东、拉美、非洲、东盟、南亚等新兴市场）。此外，预计“十二五”后半期包括美国在内的发达国家的经济增长速度和消费率还会重新上升。

因此，总体上来看，“十二五”中国轻工产品出口增长相较“十一五”会有所下降，但不会相较“十一五”之“大起”出现“十二五”之“大落”。

2. 国内市场

“十二五”期间，中国轻工商品市场需求将保持较快增长。其主要依据为：

（1）国家统计局公布的数据显示，2010 年，中国城镇居民人均收入 19109 元，农村居民人均纯收入 5919 元。根据国外经验，人均收入达到中等水平后，消费结构变动速度以及消费升级的能力，均会出现明显的变化，尤其是供给结构得到调整后，消费率将逐步提高。

（2）政策支持有力。在“十二五”致力于完成的十大任务中，扩大内需居于首位。“十二五”规划明确提出“建立扩大消费需求的长效机制。把扩大消费需求作为扩大内需的战略重点，进一步释放城乡居民消费潜力，逐步使国内市场总体规模位居世界前列”。这表明“十二五”时期政策支持力度增大。

（3）居民可支配收入增加。“十二五”规划突出民生的保障和改善，首次将居民可支配收入的预期增长目标（>7%），设置得比国内生产总值（GDP）的增长目标（7%）还要高，并明确提出“努力实现居民收入增长和经济发展同步、劳动报酬增长和劳动生产率提高同步”；“十二五”规划还首次提出“建立健全基本公共服务体系”，明确了“十二五”期间基本公共服务体系的范围和重点，共涉及 9 个方面，即公共教育、就业服务、社会保障、医疗卫生、人口计生、住房保障、公共文化、基础设施以及环境保护。

这些重要举措，可使居民“有更多钱可花”、“有钱更敢于花”、“有钱更方便花”。

（4）城市化进程的加快将带动消费的扩张。国际发展经验表明，农村人口向城市转移，会产生巨大的“累积效应”。2010 年全国城镇人口总数为 6.66 亿人，比 2009 年增加 4400 万人，城镇化率为 49.68%。从国际比较看，中国的城市化水平严重滞后。预计“十二五”期末，将达到 52%。据测算，现阶段城市化率每提高 1 个百分点，约拉动最终消费增长 1.5 个百分点。随着城市化、城镇化进程的加快，轻工商品市场规模将进一步扩大。①

（二）产业发展趋势

1. 以农副产品为原料的轻工行业将快速增长，并可能成为产业升级的突破口

其主要依据是：①轻工业的很多部门是完全或大部分以农副产品为原料的。②以农副产品为原料的轻工业利用的主要是可再生资源。③加工业跟不上实际的需要，长期以来是轻工业原料生产的一个薄弱环节。目前，中国经过商品化处理的蔬菜仅占 30%，而欧盟、美国、日本等发达国家和地区占 90%以上；中国柑橘加工量仅为 10%左右，而美国、巴西达到 70%以上；中国肉类工厂化屠宰率仅占上市成交量的 25%左右，肉制品产量占肉类总产量只有 11%，而欧盟、美国、日本等发达国家和地区已全部实现工厂化屠宰，肉制品占肉类产量的比重达到 50%。④高新技术在以农副产品为原料的轻工业中的应用，国外先进国家起步较早，目前技术和工艺均较成熟。通过引进国外技术、关键设备和成套装备，进行消化吸收，形成集成创新和自主创新能力，立足于大企业重点项目兼并重组、示范推广，就可能形成

①《湖南省“十二五”消费品工业发展研究》，湖南省发展和改革委员会网站，http：//www.hnfgw.gov.cn/site/QYGH1/22079.html，2011 年 8 月 19 日。

轻工业产业优先升级的突破口。

2. 轻工产品将朝着更加节能、环保、健康安全的绿色化方向发展

其主要依据是：①人们对环保和健康的日益重视。②国际市场将对轻工产品在绿色制造、资源节约、产品质量安全等方面设立更多技术性贸易壁垒。

3. 以产业链分工为核心的企业组织结构重组、延伸、转移，将向纵深发展，调整加快

其主要依据是：在企业经营条件和市场环境更加严峻（低成本优势逐步弱化、资源性产品价格呈上升趋势，劳动力、原材料、土地等生产要素价格不断上涨，国际汇率波动以及人民币升值的压力等）的情况下，以产业链分工为基础的企业组织结构之规模效益和综合竞争优势，将进一步显现出来。

4. 品牌建设将进入多层次、差异性和个性化发展阶段，品牌集中度、影响力、附加值更为显著

其主要依据：①根据国外经验，人均收入达到中等水平后，消费结构变动速度以及消费升级的能力，均会出现明显的变化，且这种变化有着较一致的趋向：更加注重品牌。②轻工业品牌建设已有一定基础，且有较好的形象和影响力。

四、“十二五”期间轻工业发展的政策建议

1. 加大政策扶持力度，扩大内需市场

首先，面对国际金融危机对出口的影响，《轻工业调整和振兴规划》特别强调了“家电下乡”对扩大内需市场的重要意义。在短期内，通过“家电下乡”和“出口退税”等财政政策来刺激消费及缓解出口压力，并在一定程度上起到促进经济增长的作用。但在目前国内外需求不振的大环境下，轻工业调整和振兴规划的影响有限，因此，首先，进一步加大政策扶持力度，扩大内需市场首先要研究城乡市场消费需求的发展变化，研究新的消费特点，用更多优质、安全的新产品来满足和引导消费。其次，要引导企业根据市场不同层次需求，配合安居工程、新农村建设、教育、医疗、灾后重建等重大项目和旅游休闲产业的发展等，开发适销对路的特色产品。最后，在积极做好“家电下乡”工作的同时，还应积极推进“轻工产品下乡”，要进一步加强专业市场的建设，发挥专业流通市场的作用。

《轻工业调整和振兴规划》强调，要加强产业政策引导，推动产业转移，培育发展轻工业特色区域和产业集群。轻工业应适应宏观经济变化趋势，针对各个轻工行业产品、技术、国际国内市场现状、发展趋势、国内优势及存在的问题，提出分步调整的目标、路径和具体办法。要从轻工业的特点出发，着重把企业做优、做强、做精、做专；在规模效益显著的行业要着力培育和发展大型企业集团。鼓励企业通过兼并、改造等方式组建跨行业、跨区域、跨所有制的大型企业和企业集团，提高产业集中度。按照国家产业政策，关闭、淘汰一批小制盐、小皮革、小造纸企业。同时，支持中小企业与大企业搞好协调配套，做好资源整合，优势互补，促进行业的协调发展，实现合作“共赢”。

2. 采用综合性财税政策，重点推动企业自主创新

要采用综合性财税政策，推动企业创新能力建设，首先，要推进大中型、轻工装备企业产学研用结合的技术中心建设和创新体系建设。引导和支持企业加强技术改造，大力推进信息技术在轻工业各领域的应用、渗透和融合。围绕产品升级，依托重大科技专项、重点项目、产学研联盟等建成一批高科技人才集聚、培养的企业基地。其次，以企业技术改造为突破口，重点推进成套装备自主化和关键技术产业化，重点推进系统集成化、生产自动化、产品智能化和生产技术网络化，促进轻工企业装备提档升级，全面增强市场竞争能力，提高经济效益。可通过财政补贴或设立专项基金鼓励企业自主创新、自主品牌的发展，对自主品牌出口的企业给予出口退税、所得税等政策上的优惠。

要采用综合性财税政策，积极推进产品结构调整，重点要推进生产企业加强技术改造、改进生产工艺，提高装备水平和劳动生产率，提高产品的技术含量和附加值。不断开发新产品，满足不同消费群体的多样性需求。通过财政补贴或设立专项基金，着力解决行业关键技术、应用基础技术研究及技术装备国产化等薄弱性环节，以及中小企业技术改造资金困难问题。

3. 推进企业组织结构、行业结构调整

推进企业组织结构调整，重点是要推进规模效益显著的重点行业中的龙头骨干企业进行跨地区、跨所有制兼并重组，延长产业链条，以及提高其在全球范围内进行资源配置的能力；推进行业结构调整，要有优先和重点，要优先发展新型动力与储能电池、农副产品深加工、塑料建材等战略性新兴行业；要重点发展具有竞争优势的生产性服务业。同时，重点加强轻工特色产业集群建设，大力培育特色区域。

淘汰落后生产能力，是贯彻落实科学发展观、转变经济增长方式的必然要求，是提高工业增长质量和效益的重要基础，也是实现节能减排目标的重要手段。轻工业要以科学发展观为指导，坚持发挥市场机制作用，通过产业政策引导、信贷政策支持、财税政策调节，推动企业主动调整结构、淘汰落后产能，努力形成以企业为主体、以政府为导向、全社会共同参与的推进机制，推动轻工业经济的又好又快发展。首先，加大对高污染轻工产业及企业的治理力度，坚决关停高污染企业落后产能，淘汰报废落后生产设备，支持企业的环保投资，鼓励引进和应用先进的环保技术和设备，力争达到高污染产业及企业的环保状况有明显的改变。其次，综合治理高消耗产业，除了采取加强节能、节水、节地、节材和资源综合利用等传统手段外，应该强力推进区域性循环经济产业链建设，要让采掘企业、加工企业和再生资源产品生产企业，实现循环经济产业链上下游对接，尽最大可能提高资源利用率和降低废弃物及污染物排放量，把能耗降低到最低水平。最后，把握国家保增长、扩内需、调结构的反周期政策投资热点，努力争取国家相关专项治理改造资金支持，实现产业转型。

根据国家发展和改革委员会的最新调查，部分行业的产能利用率大大低于国际公认 75%的水平。针对这一现状，轻工行业各主管部门应积极落实《国务院关于发布实施〈促进产业结构调整暂行规定〉的决定》和《国务院关于加快推进产能过剩行业结构调整的通知》，严格执行行业准入条件和淘汰落后生产能力的工作。继续做好“有保有压”，防止产能过剩恶化，对于新上产能，通过制定严格的环境、能耗、水耗、资源综合利用和安全、质量、技术、规模等标准，提高准入门槛。

4. 加快落实行业协会的职能，引导行业协会充分发挥在市场经济新形势下的作用

随着市场经济体制的不断完善，在政府和企业之间起桥梁和纽带作用的行业组织，对推动轻工业发展，有着不可替代的重要作用。要以 1999 年 10 月 22 日原国家经贸委发布的《关于加快培育和发展工商领域协会的若干意见》提出的 3 大类、17 项职能为依据，加快落实行业协会的职能，引导行业协会充分发挥在市场经济新形势下的作用，做好那些企业必须但单个企业又无法或无力承担的工作，加强对企业的服务，主要包括信息、咨询、法律服务，技术推广服务，对企业管理和专业技术人员的培训服务，沟通内外联系，加强国际国内合作与交流，举办展览会、博览会，为会员企业提供产品宣传窗口、拓宽销售渠道等。

专栏 29-1

中国造纸行业现状、趋势和影响

1. 行业状况

造纸术是中国古代科学技术的四大发明之一，也是中国人对世界科学文化发展作出的卓越的贡献。造纸工业是一个与生产和生活密切相关的行业，造纸业作为中国重要的基础原材料工业，在国民经济中占据着非常重要的地位。目前中国已取代美国成为世界造纸量最大的国家。

2011 年 1~12 月全国造纸业工业销售产值达6739.65 亿元，同比增长 21.6%，比上年同期工业销售产值增幅收窄 7.03 个百分点。1~12 月全国纸制品制造业工业销售产值为 4995.47 亿元，同比增长 28.83%，是各相关产业中工业销售产值增长势头最好的产业。1~12 月全国纸浆制造产业工业销售产值为 307.16 亿元，同比增长 32.18%，降幅依然较深，较上年同期增幅收窄 6.68 个百分点。

2. 行业发展趋势

随着人们生活质量的提高和健康意识的增强，纸制品消费范围不断拓宽，纸制品已经跳出了作为文化教育和生活载体的生存圈子，而成为国民经济各工业必需的基本原料之一。

有资料显示，目前世界造纸工业的总资产和销售额分别达到 4000 多亿美元和 3000 多亿美元，而成为仅次于电信制造业和汽车工业之后的又一重要产业。在中国，纸制品消费不仅从宾馆、饭店走向街头小摊小店，而且已经昂首阔步进入了寻常百姓家庭，迅速成为现代生活中与广大消费者最为密切的消费品之一，纸品的生产和消费正以每年 10%以上的速度递增，到 2012 年将超过 1000 万吨，其市场潜力巨大。

3. 行业风险及影响

造纸业与国民经济发展和社会文明建设息息相关，是国民经济发展的重要基础原料的重要产业。在促进经济发展、增加就业机会、方便和提高人们生活水平、推进技术创新和保持社会稳定等方面发挥着重要作用。造纸业还关联到林业、农业、机械制造、化工、热电、交通运输、环保等产业。造纸业废水排放总量仅次于化工制造业，位居各行业第二位，废水中 COD（化学需氧量）排放量高居第一位。而与之形成强烈反差的是，造纸行业的经济贡献率却仅为 2.2%。在“环境门”前，作为造纸术的发源地，中国纸业竟面临被淘汰出局之险。

目前，中国造纸业存在的主要问题有：一是原材料问题。中国森林覆盖率很低，仅为世界平均水平的 1/2，更只是日本的 1/4。但是造纸业又是主要依靠木材为原材料的产业，中国的森林资源又非常缺乏，满足不了造纸业的需要。二是造纸工业的结构问题。长期以来，中国造纸工业原料以非木材纤维为主，造成产品结构失调，企业规模小，经济效益差，排污量大，污染严重等问题。中国造纸企业的数量虽多，但是规模远远低于国际水平，且技术水平普遍落后，难以满足国内市场对高档纸的产品不断增长的需求。三是环境污染问题。特别是制浆部分，投入的原料和化学药品，大约一半以上成为污染物排放到空气和水中，对大气和水资源造成严重的污染。

资料来源：中国包装网，http：//news.pack.cn，2012 年 3 月 12 日。

参考文献

1.《轻工业“十二五”发展规划》，中国产业经济信息网站，http：//www.cinic.org.cn/site951/zcdt/2012-01-20/530808.shtml，2012 年 1 月 20日。

2. 马真：《我国轻工业发展成果及“十二五”期间的发展目标》，《轻工标准与质量》2010年第 6 期。

3.《轻工业：技术进步是前提，质量安全作保障》，中国经济网站，http：//www.ce.cn，2009年 7 月 2 日。

4. 曾铮：《中国将成为全球消费市场主要终端》，《中国证券报》2010 年 12 月 6 日。

5. 程选、岳国强：《“十二五”国内外发展环境的变化和经济可实现的增长水平》，《中国投资》2010 年第 3 期。

6.《湖南省“十二五”消费品工业发展研究》，湖南省发展和改革委员会网站，http：//www.hnfgw.gov.cn/site/QYGH1/22079.html，2011 年 8 月19 日。

第三十章　食品工业

提　　要

2011 年是“十二五”规划的开局之年，中国食品工业经济运行情况与其他工业部门相比，增长速度较快、工业效益提升。食品工业总体保持平稳增长，在 2010 年政策性扶持增长的基础上，继续保持良好的发展态势。食品工业工业总产值、利润、主营业务收入利润率、产品销售率，均取得了较快的增长。为“十二五”期间食品工业发展打下了良好的基础。

“十二五”期间是食品工业重要发展时期，在新形势下食品工业将加强产业结构调整，加大食品总量生产，保障国内食品市场供给，切实发挥食品行业保民生、防通胀、稳定物价的基础产业作用。由此中国食品工业将加快转变经济发展方式，以消化吸收为主的跟进式开发，向自主创新型的发展模式转变，积极调整产业结构。这将促成中国食品工业最重要的转型，食品产业的发展将进入攻坚期。新的形势和任务，将对我国食品工业产生重要影响。

*　　　　*　　　　*

食品工业在国民经济发展中一直占有举足轻重的地位。改革开放以来，中国食品工业一直呈现快速发展态势。“十一五”时期，食品工业产品结构不断优化，品种档次更加丰富，市场供应保障能力大大增强。满足了人民生活提高的需求，促进了食品消费结构变革和发展。“十二五”时期，是中国食品工业发展模式转型的关键时期，必须立足科学发展观，着力自主创新，完善体制机制。结合食品工业发展现实和特点，以推动经济发展、改善人民生活作为中心任务，实现食品工业转型升级新的发展模式，进一步发挥食品工业在国民经济建设中的支柱产业作用。

一、2011 年食品工业发展概述

2011 年是食品工业执行“十二五”规划的第一年，食品工业克服成本上升造成的压力坚持以市场为导向，积极扩大内需市场，加快行业结构调整，促进行业转型升级。努力转变经济增长方式，在食品消费市场刚性需求拉动下，食品工业保持平稳较快发展。

1. 食品工业总体保持平稳增长

2011 年在国内物价上涨压力较大、国际经济持续动荡的背景下，中共中央、国务院坚持既定宏观调控方针，在控物价、稳增长和调结构中寻求平衡，既有效遏制了物价过快上涨，又保持了经济平稳较快发展。由于农产品价格升高，2011

年食品类消费明显高于近年平均水平，前9个月平均增速达到24.6%，比2010年以来的平均水平高6个百分点。在复杂多变的经济形势下，食品工业克服困难，加大食品总量生产，保障国内食品市场供给平衡，切实发挥了食品行业保民生、防通胀、稳定物价的基础产业作用。

2011年食品工业总体保持平稳增长，在2010年政策性扶持增长的基础上，继续保持良好的发展态势。食品工业工业总产值、利润、主营业务收入利润率、产品销售率，均取得了较快的增长。为“十二五”期间食品工业发展打下了良好的基础。2011年，全国规模以上食品企业31735家，实现食品工业总产值78078.32亿元，同比增长31.6%，高出全国工业总产值增速3.7个百分点，占全国工业总产值比重为9.1%（见表30–1）。

表30–1 2011年食品工业增长情况

项目	规模以上企业	总产值	销售产值	产品销售率	利润总额	上缴税金
	31735.00家	78078.32亿元	76540.20亿元	98.03亿元	4720.34亿元	6107.10亿元
同比增长（%）	10	31.6	31.6	0.1	38.2	35.6

资料来源：中国食品工业协会，工业总产值为现价。

2011年是“十二五”的开局之年，随着一系列宏观经济政策的实施，农产品物价涨幅趋稳，食品工业增长逐季上升。食品工业发展环境总体上略好于2010年，在国家一系列消费需求的政策推动下，2011年食品消费市场总体呈现繁荣、稳定、产销两旺的局面。食品工业实现销售产值76540.2亿元，同比增长31.6%，产品销售率98.03%，比2010年同期提高了0.1个百分点。农副产品等日常大宗食品市场平稳。在粮食产品的生产、流通、储存受到高度关注的情况下，全年粮食供需平衡，价格基本稳定，为食品工业生产创造了良好的条件。随着国民经济快速发展和城乡居民的消费水平的提高，速冻、方便、休闲、功能性食品需求上升。酒类、糖果、巧克力等食品消费市场趋旺。新产品不断涌现，食品工业产品结构进一步调整。

2. 固定资产投资保持较快增长

2011年，中国经济增长的内需动力依然较为强劲，虽然上半年中国经济增长出现放缓，但是工业化、城镇化、消费结构升级、居民收入的增长并没有发生变化。在国家推出的一系列宏观调控措施下，着力扩大内需，提高消费对经济的贡献。为食品工业的发展带来了良好的经济环境，食品企业发展的能动性较强。市场驱动的投资成为增长的主要动力，在内需的拉动下，食品工业固定资产投资得到较快的增长。

2011年食品工业规模以上企业完成固定资产投资额9789亿元（含烟草制造业），同比增长34.9%；比同口径全社会固定资产投资额增速高10个百分点，占比3.2%；农副食品加工业完成固定资产投资额5229.2亿元，同比增长44.1%，占食品工业投资额的53.4%。食品制造业和饮料制造业的固定资产投资额也保持较快的增长速度，这意味着食品工业的增长主要还是靠规模的扩张来实现，既说明食品工业还处于上升阶段，也说明内涵式增长的潜力还很大。

3. 2001年食品工业发展基本特点

2011年国民经济持续较快发展，经济体制改革不断深化，城乡人民生活进一步改善，从而推动食品工业生产经营和食品消费格局发生了深刻变化。突出表现在生产经营主体多元化，科技创新力量加强，生产力持续提高，食品工业结构优化升级，产量持续增加，基本满足了消费市场不断增长的多层次需求。食品工业在国民经济建设中作为支柱产业的地位进一步巩固，为“十二五”时期的发展奠定了良好的基础。

（1）食品消费结构逐渐优化。《食品工业“十二五”发展规划》中要求，食品行业积极适应食品消费需求结构转型升级的新要求，培育新的食品经济增长点，加快推动传统主食品工业化，培育壮大方便食品、功能食品等产业，增强品牌企业实力，造就一批具有国际竞争力的新兴食品工业企业群体。

进入“十二五”时期，随着中国总体达到小康水平和基本生存资料得到满足，人民对食品的消费需求逐步提高，要求食品工业提供品种丰富、档次多样、质量可靠、营养优良的加工食品。消费水平的提高和市场的激烈竞争，使得食品企业加大科技投入，更加注重开发与人们消费需求变化相适应的营养健康食品和高科技含量的优质新产品。

2011 年食品工业能够实现快速增长，主要得益于一批重点传统行业和新兴食品产业的高速发展。食品工业产品更新换代进程加快，与居民一日三餐密切相关的优质新产品充实了市场。一大批知名品牌食品不断更新换代，市场占有份额比例大幅上升；人们的食品消费结构进一步优化，在市场需求增长的强劲刺激下，与营养小康型膳食结构密切相关的方便食品、休闲食品、保健食品、绿色食品等行业增长幅度较大，经济效益大幅上升（见表 30-2）。食品消费结构进一步优化，精、深加工产品比重有所提高。

表 30-2　2011 年食品工业部分行业经济效益情况

	工业总产值（万元）	同比增长（%）	主营业务收入（万元）	同比增长（%）	利润总额（万元）	同比增长（%）
蔬菜水果加工	34313917	31.60	29658146	33.51	2046577	41.00
豆制品制造	3746224	51.80	3249296	42.86	169919	61.49
焙烤食品制造	16593681	37.90	14752877	40.20	1167105	51.05
方便食品制造	25754625	40.80	22926218	45.59	1503937	45.36
营养保健食品制造	9177149	41.70	7649992	51.78	1110585	110.90

资料来源：《轻工业统计资料》2011 年第 23 期。

（2）食品工业区域布局渐趋合理。在西部大开发、促进中部崛起等一系列区域发展战略指导下，食品工业布局渐趋合理，逐步向中、西部地区转移，中、西部地区农业资源优势正逐步转化为食品产业优势，东部、中部、西部食品工业产值的比值 2010 年为 52∶29∶19，2011 年转变为 55∶25∶20。食品加工企业持续向主要原料产区、重点销区和重要交通物流节点集中，逐步形成了黄淮海平原小麦加工产业带，东北和长江中、下游大米加工产业带，东北和黄淮海玉米加工产业带，东北和长江中、下游、东部沿海食用植物油加工产业带，冀鲁豫、川湘粤猪肉加工产业带，东北、西北、中原牛羊肉加工产业带，环渤海、西北黄土高原苹果加工产业带。

（3）食品安全问题依然存在。食品安全是一个重要性日益提高的公共卫生问题。2011 年中国大力推进食品安全保障体系建设，对食品安全的监管力度明显加强，取得了明显成效。尽管如此，民众仍然对食品的安全状况担忧。

2011 年食品安全存在的主要问题是：食品生产加工领域问题比较严重，中国食品生产经营规模化、集约化程度不高，自身管理水平仍然偏低，食品加工企业大多数规模比较小，工艺落后，卫生条件极差，许多企业没有达到行业标准，超量使用食品添加剂等现象比较严重，营养指标达不到要求等。食品流通秩序比较混乱，全国食品经营企业缺乏必要的食品储运设施，经营管理落后，一些食品批发市场缺乏有效的安全检测手段和质量控制措施。餐饮消费环节食品卫生条件较差，一些餐饮业经营者不具备经营资格，几乎所有的餐饮部门都不对食品原料进行科学检验，缺乏对疾病预防的控制措施。食品安全已成为社会关注的焦点。食品安全监督管理的条件、手段和经费还不能完全适应实际工作的需要。

二、2011 年食品工业发展的动因

2011 年，随着国民经济持续较快发展，经济体制改革不断深化，城乡人民生活得到进一步改善，从而推动食品工业生产经营和食品消费格局发生了深刻变化。突出表现在经济规模不断扩大，生产经营主体多元化，生产力持续提高，食品工业结构优化升级，产量持续增加，基本满足消费

市场不断增长的多层次需求，呈现出前所未有的繁荣景象。食品工业在国民经济建设中作为支柱产业的地位进一步巩固，为“十二五”时期的发展奠定了良好基础。

2011 年食品工业快速发展的主要原因是：

1. 扩大内需政策奠定了食品工业快速发展的基础

2011 年，中国政府实施的诸多刺激消费的政策效果显著。食品工业增长从政策推动向市场驱动转变，投资增长动力主要由市场拉动。食品工业增长的动力发生积极变化，形成了市场驱动的投资、消费共同拉动经济增长的良好格局。同时，物价涨幅出现趋稳迹象，消费增长依然强劲。

（1）近年来，国家相继出台了促进消费升级及扶持相关行业发展一系列中长期发展政策。着力于扩大内需特别是消费需求。增加人民群众的收入是保障人民生活质量、缩小贫富差距、扩大群众消费需求的基础。提高对中低收入者和农民的政策补贴，满足他们的生活需要，增加他们的消费能力，提高其消费积极性。特别是对农民的增收措施，调整农村的经济结构，加强农村的基础设施建设，提高广大农民的知识水平，推动传统农业不断向现代农业转变，从而调节农民在农业生产中的投入与产出比，增加农民从事农业生产活动所得到的收入，增强农民的购买力，充分发挥农村市场对扩大内需的巨大作用。

（2）对食品行业进行财税政策扶植，对有利于国计民生食品工业重点行业，国家采取有计划的财税扶植政策，发挥中央和地方财政对食品工业的引导和支持作用，支持关键技术创新与产业化、重点装备自主化、食品安全检（监）测能力建设、节能减排和资源综合利用、食品加工产业集群以及自主品牌建设等重点项目建设。完善农业结构调整资金、粮食风险基金、农业综合开发、中小企业发展专项资金等资金投向和项目选择协调机制，提高资金使用效率。支持中小食品加工企业发展专项资金的使用。

2. 食品消费升级需求的拉动

食品工业的迅速增长由需求和供给两方面原因共同促成。从需求角度来看，食品工业的增长主要源于居民食物消费规模的扩大和消费结构的转变。改革开放以来，随着国民经济的快速发展，人民的生活水平不断提高。食品消费需求结构发生了巨大变化，拉动了食品工业的增长。食品消费需求的扩张是食品工业快速增长的重要拉动力量。

（1）食品消费规模扩张。扩大内需的一系列政策促进了国民经济的快速发展和人均收入水平的提高。2011 年人均 GDP 达到 3508.3 元，人均收入水平的提高，促进了居民消费规模的扩大。2011 年，城镇居民人均消费支出总额为 15160.9 元，而食品消费支出是 5506.3 元（见表 30–3），食品工业消费的增长，为食品工业快速发展创造了机会。

表 30–3　近年来中国城乡居民人均食品消费支出总额及其构成变化

年份 项目 区域	2008		2009		2010		2011	
	城市	农村	城市	农村	城市	农村	城市	农村
消费支出总额（元）	11242.9	5915.7	12264.6	6333.9	13471.5	6991.8	15160.9	8641.6
食品消费支出（元）	4259.8	1598.7	4478.5	1636.0	4804.7	1800.7	5506.3	2107.3
恩格尔系数	39.4	45.3	36.7	42.6	35.7	41.1	36.3	40.4

资料来源：根据相关年份《中国统计年鉴》数据整理。

（2）食品消费结构的变化。2011 年，随着人均收入水平日益提高，城乡居民的消费结构发生了很大变化。食物消费总额中农产品直接消费的比重也不断下降。食品工业品消费规模的扩大和消费比重的上升，促进了食品工业的发展。随着收入增长和食品消费的升级，食品消费品市场逐渐扩大，从而带动了相关产业的发展。从城乡居民消费结构的对比来看，农村居民的食品消费仍然以农产品直接消费为主，因此食品工业品蕴藏着巨大的市场潜力。

3. 工业增长的环境因素

（1）食品工业固定资产投资增长拉动了食品工业的增长。食品工业的发展离不开资金的支持，食品工业“十二五”规划根据未来食品工业发展趋势和需要，提出了国家和政府鼓励、支持和倡导的重点食品发展领域，积极推进投资主体多元化，鼓励多层次、多形式、多种经济成分共同发展食品工业的多元投资。2011年，食品工业固定资产投资额的增长速度高于全社会固定资产投资的增长速度（见表30-4），成为拉动食品工业增长的主要动力之一。

表30-4　2011年食品工业固定资产投资额的增长情况

	固定资产投资额（亿元）		同比增长（%）
	2010年	2011年	
全国	243797.8	301932.8	23.8
农副食品加工业	3629.4	5229.2	44.1
食品制造业	1939.0	2386.0	23.1
饮料制造业	1353.0	1903.5	40.7
烟草制造业	198.1	271.7	37.1

资料来源：《中国统计摘要》（2012）。

（2）科学技术进步。食品科学是高度综合的应用性学科，其他科学领域的重大科技成果都会直接或间接带动食品工业的技术创新。随着中国食品消费结构变化加快，食品制成品的需求迅速上升，当今食品消费已经由对量的追求转向对质的追求，向着质量、营养、方便、安全的目标转变。进入21世纪以来，信息技术、生物技术、纳米技术、新材料等高新技术发展迅速，与食品科技交叉融合，不断转化为食品生产新技术，如物联网、生物催化、生物转化等技术已开始应用于从食品原料生产、加工到消费的各个环节。营养与健康技术、酶工程、发酵工程等高新技术的突破催生了传统食品工业化、新型保健与功能性食品产业、新资源食品产业等新业态的不断涌现。技术进步。新技术的研究和采用促进了食品工业的发展。2011年食品工业对农产品的直接和完全消耗系数分别由2007年的0.43和0.64下降到0.3和0.56以下。食品工业品完全消耗系数的下降意味着食品工业内部企业之间的联系日趋紧密。在农产品收购价格上涨速度快于食品工业品出厂价格上涨速度的情况下，食品工业通过技术进步降低了农产品的消耗系数，保证了食品市场的物价稳定。

三、“十二五”时期食品工业发展展望

“十二五”时期是中国以科学发展观为指导，实施食品工业“十二五发展规划”的重要时期，与“十一五”期间所处的国内外环境有所不同，在这个时期，食品工业发展既要符合国家总体规划，满足全面建设小康社会的要求，也要适应全球化过程中更为严峻的国际竞争环境，不断提高竞争力，实现更快更好的发展。就食品工业而言，“十二五”期间最重要的变化，是由以消化吸收为主的跟进式开发，向自主创新型的发展模式转变，这将促成中国食品工业最重要的转型，由此中国食品工业将完成加快转变经济发展方式，调整产业结构的重要转型与突围，食品产业的发展将进入攻坚期。新的形势和任务，将对中国食品工业产生重要影响。

1. 食品工业的发展环境

国民经济持续快速发展和城市化水平的提高，给食品工业发展创造了巨大的需求空间。根据《国民经济和社会发展第十二个五年规划纲要》的预期目标，“十二五”时期国内生产总值年均增长7.5%，城乡居民人均纯收入年均增长5%，城市化率提高到47%，全国总人口控制在13.6亿人。根据有关预测，同期中国城市居民的恩格尔系数预计将由2010年的37.7%下降到2015年的35%，平均生活水平处于富裕型阶段；农村将由2010年的47.2%下降到2015年的41.6%，平均生活水平从小康型向富裕型阶段转变。上述因素的共同作用将对食品消费总量和结构产生重要影响，即虽然代表食品消费的恩格尔系数将下降，但仍位于居民消费支出比重之首，食品消费总量仍将不断增加，商品性消费日益取代自给型消费，工业化食品比重逐步增长，为食品工业发展提供巨大的市场空间。

农业结构调整和产业化进程加快，为食品工业提供更加丰富的优质原料。“十二五”时期，中

国将继续调整农业产业结构，加强专用农产品原料基地建设，促进农业由生产导向型向市场导向型、加工导向型转变，推动农产品生产专业化、优质化和区域化，为食品工业发展提供优质、专用的加工原料。

西部和东北地区等老工业基地的发展、促进中部崛起和建设社会主义新农村等重大发展战略，为食品工业创造了新的发展机遇。东北、中部和西部地区是中国重要的农业主产区，农村人口比重大，拥有丰富的食物资源，发展食品工业不仅潜力巨大，而且也具备了快速发展的基础。“十二五”时期，在上述重大发展战略的共同推动下，这些地区食品工业发展的硬件、软件环境将不断改善，有利于进一步发挥区位优势和农业资源优势，发展成为中国重要的食品工业基地。

发展循环经济，为食品工业发展营造了良好的宏观环境。食品工业主要利用可再生资源为原料，其生产消费过程产生的废弃物可以再利用或者还田，具有循环经济的特征。在大力倡导发展循环经济的背景下，食品工业的发展将更加受到政府和社会的重视，所面临的宏观环境将越来越好。目前，一些省、市已经把加快发展食品工业作为提高区域竞争力和促进经济发展的重要战略举措。

全球经济和区域经济一体化进程的加快，为中国食品工业在更大范围内配置资源、开拓市场创造了条件。“十二五”时期，国内食品工业对外开放程度将进一步加大。这有利于中国食品工业更好地引进国际先进的技术、设备和管理经验，合理利用国外食物资源保障原料供给，进一步拓展食品工业的国际市场。

2. 以提高技术创新能力为核心推动食品工业发展向创新驱动转变

“十二五”时期食品工业不仅要承担提高人民生活水平、改善营养和健康状况的艰巨任务，还要应对国际化的严峻挑战。食品科学、材料科学、信息技术等基础科学技术越来越普遍地应用于食品生产和研发之中。

注重营养科学指导、发展营养健康食品将成为中国食品工业发展的根本趋势，生产营养含量和比例符合人体需要的营养健康食品才是食品工业的根本目的。因此，食品工业将更加注重以营养科学为指导，注重保存食物原料固有的营养成分，改变食品中营养素配比，维护和提升加工食品的营养品质，提高生物利用效率。食品的营养品质越高，数量越丰富，越能满足人们的营养健康需要，也越受消费者的欢迎。世界先进国家普遍应用现代营养学指导食品工业发展，有力拉动了内需，促进了食品工业的快速发展。因此，科学全面地发展食品工业，将营养科学的理念与营养食品生产融合到食品工业的发展中去是一种客观必然，这也是世界发达国家的共同经验。中国食品工业应该借鉴国际先进经验，应用营养科学指导食品工业发展，满足人民营养健康需要和市场需求。这是中国食品工业开拓发展领域、实现产品升级换代，提升竞争能力和增值潜力，主动迎接国际挑战的战略举措。

食品工业的发展更加注重资源综合利用和精深加工，实现效益最大化深加工、多产品是食品工业高效增值的重要途径。目前，中国食品工业整体综合利用相对较低，发达国家对于食品资源的加工层次多，利用率高，食品工业的增加值可达农产品原料价格的 3 倍，而中国目前只有 1.6 倍。食品工业加大对食物资源的综合利用，可大大提高食物出品率，做到“榨干吃净”，提高综合效益，①可以降低生产成本，减少原材料（食物资源）的损耗，减少对环境的污染。②实现资源的最大化利用，提升生产效益。③提高企业生产效益和产品利润空间，增强企业的竞争能力。

3. 食品工业生产将进一步向集约化、规模化和基地化转变

食品工业在产业形态方面将趋向集约化、规模化和基地化发展。中国食品生产企业规模较小，无法形成规模化生产，效率低下，很难在成本、产品开发等方面形成市场优势。其次，食品企业实力弱，无法支持研究与开发投入，产品高科技含量低，开发力度不够，企业生命力短。另外，中国食品的分销渠道与销售网络没有真正形成，影响推动食品新产品的发展。同时，随着国外大食品集团进入中国市场，使国内企业面临的市场形势更加严峻。形势的发展促使中国食品企业选择“强强联合”、“强弱联合”等形式才能较快形成有竞争力的企业集团，走上集约化、规模化发展之路。这样可以做到统筹调控，整合资源，规范运作，利用集约化生产，形成规模效应，提高行业整体素质和竞争能力。

中国食品工业在发展空间上，将从区域结构趋同向区域差异化发展。突出资源特色和产品特色，形成不同特色的食品工业园区和专业化的产业基地，不但可以带动农产品生产的基地化建设和产业化经营，保证食品生产原料的质量来满足工业加工的要求，还可以开展以基地招商、以商招商的活动，加强与国内外知名企业的联合，通过外引内联，寻求合资发展。

4. 食品企业将广泛采用国际标准体系和管理体系

随着食品标准体系和质量控制体系日趋完善，食品工业更加注重产品的安全。从全球范围来看，营养、安全、卫生已成为食品工业加工的主流和方向。发达国家食品企业大都有科学的产品标准体系和全程质量控制体系，多采用 GMP、HACCP 及 ISO9000 等管理规范。联合国食品法典委员会（CAC）已将 GMP、HACCP 和食品营养标签制度作为国际规范推荐给各成员国。中国食品企业必将广泛采用国际标准体系和管理体系，建立和完善食品监测和检验体系，以及营养评价、指导和咨询体系，以更加符合国际规范、标准的营运模式和高水平的产品标准，开拓国内外食品市场。

四、“十二五”期间食品工业发展中应注意的几个问题

食品工业发展重点将围绕贯彻执行食品工业“十二五”发展规划，加强在新形势下食品工业产业结构调整，积极转变发展方式，加大食品总量生产，保障国内食品市场供给平衡，切实发挥食品行业保民生、防通胀、稳物价的基础产业作用。

“十二五”时期中国进入中等收入阶段，城乡居民对食品的消费将从生存型消费加速向健康型、享受型消费转变，从“吃饱、吃好”向“吃得安全，吃得健康”转变，这时健康、营养的绿色食品、有机食品等成为人们青睐的对象。并且，消费者除了要吃得健康，在食品种类多样化方面也有了更多的要求。这一市场需求结合中国农业生产稳步发展、原料供给能力逐年增强的优势，使得在“十二五”期间以及以后的时间里，中国食品工业的产品结构将更为丰富多样，并且更为健康、营养。

1. 以消费升级带动食品工业结构调整

以市场为导向、以中国居民食品消费升级的趋势为目标，产业结构调整适应消费需求的变化。

（1）在保障农业生产稳步增长的前提下，大力发展畜牧业和渔业，增加对两者的投入，特别是对基础设施的投入，为提高肉禽、奶、水产品等动物性产品的产量奠定基础，实现农林牧渔的协调发展；同时，要大力培育和发展畜牧业市场体系，进一步推动畜牧业的产供销一体化。

（2）努力提升食品工业发展水平，实现产品结构升级。优化产品结构可从三个方面考虑：①增加肉蛋禽、水产品和果菜、奶制品在食品中的比重，以体现增加“保护性”食品。②提高初加工品和深加工品的比重，增加产品中的附加值。③提高绿色（有机）食品比重，这是潜力大、效益高、安全、营养食品的代表。从宏观方面看，应对创新型企业在研发投入和技术创新方面给予政策支持，改善优化产品结构的环境。

（3）确立绿色食品产业发展地位，制定科学系统的发展战略。加强对绿色食品生产基地建设的投资，提高绿色食品生产规模；整合资源，做大做强龙头企业；构建绿色食品市场流通平台，建立信息平台与现代流通系统，提高产品的流通效率和效益。

2. 塑造良好的产业发展环境

实现食品产业结构优化，还需要塑造良好的产业发展环境，具体包括以下两个方面：①完善产业发展的信息发布机制、评价机制、交易机制和运营机制。降低信息不对称带来的效率损失，使企业迅速掌握市场信息，及时了解消费者消费升级的趋势，尽快调整产品结构，从而实现产业结构的优化升级。②实施严格的市场准入制度和

产品召回制度。市场准入制度是指对基地、企业(生产、加工、销售)、产品、市场都实行资格和条件的检查和核准制度，达不到标准的不准许进入市场；产品召回制度是指达不到产品质量和安全标准的，产品出厂或销售后一经发现就要召回到生产和加工企业。为品牌发展创造良好的外部市场环境。

3. 加大对食品工业科技进步的投入增强食品工业发展动力

增加食品工业和食品流通的科技投入，在加强食品科技基础研究的基础上，支持一批重大关键技术开发项目和关键设备的研制工作，促进具有自主知识产权的产品研究开发和转化。同时，加速食品工业高新技术成果产业化，充分利用优秀传统工艺技术与高新技术的组装、集成和工程化配套转化，促进食品工业高新技术产业化和行业技术进步。①加强食品工业领域国家重大科学工程、国家重点实验室、国家工程中心和博士后工作站的建设，培育食品工业科技创新平台和研发基地。②加大对现有食品科研院（所）的改革力度，鼓励和支持大型食品生产企业建立自己的科研开发机构，使企业逐步成为食品科技开发的主体。③广泛开展食品工业科技的国际合作与交流，把自主研发与引进、消化吸收国外先进技术相结合，充分利用好国际科技资源。④抓紧实施人才、专利、技术标准战略，营造吸引人才的宏观环境和条件，培育食品工业科技人才。

4. 确保食品工业发展的原料需求建设优质专用农产品生产基地

根据中国自然条件和食品工业发展的要求，充分发挥区域优势，以工业结构调整促进农业产业化，引导农业生产，发展优质、专用、安全的加工原料基地。①大力支持食品生产企业发展专业化的加工原料供给基地，逐步实现加工原料的专用化、规模化和标准化。②加强加工专用品种的引进、选育和推广，为食品工业的发展提供符合加工要求的品种保障。③鼓励食品生产企业以“公司+农业专业合作组织”、“公司+农户”、“公司+基地”、农民投资入股等产业化经营模式，与农民建立稳定的购销关系和合理的利益分配机制，保证食品工业优质专用原料的有效供给。

5. 加强食品安全监管

国际上代表食品安全先进水平的国家主要有美国、欧盟、日本等发达国家和地区，它们拥有高效协调的监管体系，完善和操作性强的法律法规标准体系，掌握最先进、完整的检测技术体系，实行了过程控制、动物疾病的控制、食品中农药残留的控制、环境和污染物的控制、致病微生物的控制、第三国食品准入的管理和管制，强调农场到餐桌全过程管理，强调食品生产经营者对保证食品安全的责任，企业实施 HACCP，加强自我管理措施，如自愿产品召回，政府减少过细的法律约束，强调协调一致。中国在加强食品安全管理方面需要借鉴这些先进经验和成熟做法。

完善的法律法规是提高食品安全水平的基础，为此，应加快食品安全管理方面法律法规建设，通过法律手段约束政府、企业、消费者和中介组织等所有市场参与者的行为，达到有效防止食品市场的失灵而带来的问题，及时清理和修订过时的法律法规；各地也可根据实际情况，制定符合本地工作需要的地方性法规。建议在四个方面加以改进：①实施“从田头到餐桌”的全过程质量安全控制。②完善食品安全标准体系，科学确定食品标准制定原则和依据，增强标准的可操作性，逐步实现中国标准体系与国际惯例接轨。③明确无公害农产品、绿色食品、有机食品认证等各类认证的法律地位，理顺相互之间的关系，逐步建立统一的食品认证认可体系，培育一批运作规范、社会信誉高、符合国际通行规则的食品认证机构，并加强对境外相关认证机构和有关代理机构的管理。④建立劣质产品召回制度，为查处和销毁不安全食品提供法律依据。

安全食品的生产和销售是一项综合性强的系统工程，涉及农业、环保、市场管理、质量监督等多方面，必须多部门、多学科的共同配合。首先，要理顺管理体制。对目前分散在农业、卫生、环保、质检、工商等部门的监管职能进行全面的梳理，将监管和生产经营各环节的责权利理顺，消除责任空白区，形成更加合理、明确的分工。进一步划清各部门的职责，各部门监管侧重点有所不同，如农林渔业局负责农副产品的质量监管，质监局则负责食品生产领域的质量监督，流通领域的食品安全监管主力在工商部门，卫生部门重点在一般餐饮、学校、集体食堂的食品安全监督，食品药品监督管理局行使食品安全管理的综合监督协调职责等。在食品的生产加工环节、流通和消费环节、逐步实现以一个部门为主的综合性、专业化、成体系的监管模式。其次，通过实施以科学为基础的立法、检测、监控、执法、科研、教育计划，对食品的各个环节进行严格监管，推行食品安全生产体系，最大限度地减少由食品引起的危害和风险，以保护消费者的健康，促进中国食品工业的发展。

专栏 30–1

中国食品质量安全“十二五”时期的发展目标与主要任务

中国《食品工业“十二五”发展规划》指出，“十二五”期间，要把“安全、优质、营养、健康、方便”作为食品工业的发展方向，强化全产业链质量安全管理，提高食品质量，确保食品安全。到 2015 年，食品安全和营养水平明显提升。

(1) 完善食品工业标准体系，加强食品质量安全标准体系建设，制（修）订国家和行业标准 1000 项（预期性指标）；完善食品安全管理制度体系。

(2) 规模以上食品生产企业普遍推行良好操作规范（GMP），食品生产企业 60%以上达到危害分析和关键控制点（HACCP）认证要求，企业普遍建立诚信管理体系（CMS）；食品质量抽检合格率达到 97%以上，人民群众对食品满意度显著提高（约束性指标）。

“十二五”期间中国强化食品质量安全的主要任务是：

(1) 提高重点行业准入门槛加快制定和完善粮食、油脂、肉类、饮料、水产品、果蔬加工等重点食品行业产业政策和行业准入条件，明确食品加工企业在原料基地、生产规程、产品标准、质量控制等方面的必备条件。

(2) 健全食品安全监管体制机制按照《“十二五”期间国家食品安全监管体系规划（2011~2015 年）》要求，建立健全符合中国国情的食品安全监管体制机制，明晰食品安全监管部门职责，堵塞监管漏洞，形成监管合力，实现全程监管和无缝衔接。落实地方政府责任，加强部门间、地方间的协调联动，加大投入力度，优化整合资源，提高监管能力。

(3) 完善食品标准体系加快制（修）订食品安全标准和相关标准，健全食品加工技术标准体系，重点制修订食品添加剂、方便食品、肉制品、乳制品、饮料等行业标准，完善食品安全标准、基础通用标准、重点产品标准和检测方法标准，加强对国际标准的参与程度及对相关国家标准的追踪研究。

(4) 加强检（监）测能力建设，逐步实现关键检测设备国产化，着力推进产品质量与食品安全监控中心和实验室的建设。督促企业增加原料检验、生产过程动态监测、产品出厂检测等先进检验设备配置，完善企业内部质量控制、监测系统和食品质量可追溯体系。加强监管部门的检验检测能力，严格食品检验机构资质认定，提升国家及省、市、县各级食品监测机构的检验设备水平，加强队伍能力建设。

(5) 健全食品召回及退市制度建立和完善不符合食品安全标准和超过保质期的食品主动召回、责令召回及退市制度，明确食品召回范围、召回级别、召回处置等具体规定，使食品召回及退市制度切实可行，健全食品质量安全申诉投诉处理制度，加强申诉投诉处理管理。

(6) 落实企业食品安全主体责任完善企业内部质量控制、监测系统，重点加强农药残留、重金属、真菌毒素、微生物等项目检测，建立食品质量可追溯体系，健全食品质量安全投诉管理制度、不合格产品追溯制度、食品退市召回与应急处理制度。开展质量安全诚信对标达标活动，加快建立健全食品工业企业诚信管理体系，持续推进企业质量管理提升和食品安全措施改进；建立健全食品工业企业诚信信息公共服务平台，完善诚信激励和失信惩戒措施。健全食品安全监督机制，尊重消费者监督权利，保障监督渠道畅通，促进社会监督。

资料来源：摘自《食品工业“十二五”发展规划》，部分段落有删减。

参考文献

1. 中国食品工业协会:《中国食品工业年鉴》(2010)，北京：中华书局，2011 年版。

2. 张珠峰:《努力转变生产方式 促进行业健康发展》，《轻工标准与质量》2012 年第 2 期。

3. 熊必琳:《我国食品工业发展现状及展望》，《中国食品安全报》2011 年第 12 期。

4. 丁凡、万桂林、魏益民:《我国农产品加工业“十一五”发展状况及“十二五”发展趋势浅析》，《中国食物与营养》2006 年第 11 期。

第三十一章　纺织工业

提　要

2011年，中国纺织工业在后危机时代世界经济增长放缓、人民币升值、棉花等原料价格大幅波动、劳动力和能源成本上涨、货币紧缩政策等诸多不利因素的影响下，加快产业结构调整、加速发展方式转变、积极实施产业升级，不断提升科技、管理和营销水平，全年生产、出口及利润实现平稳增长，国家"十二五"规划的开局之年取得了新的历史成就。全行业经济效益平稳增长，行业投资增长较快，区域结构进一步优化。但是，由于市场环境不景气，纺织工业全年的增长速度逐月下滑，行业运行压力加大，部分中小纺织企业经营困难，国际市场的竞争力也相对减弱。未来纺织业的发展面临转型升级的压力，更需要在科学发展观的指导下从产品结构入手，加快结构调整和产业升级的力度，逐步实现自主品牌主导下的可持续发展。

*　　*　　*

2011年是中国纺织工业"十二五"开局之年，也是行业加快产业结构调整、加速发展方式转变、实施产业升级的关键之年。2011年，中国纺织工业积极应对后危机时代世界经济增长放缓、人民币升值、棉花等原料价格大幅波动、劳动力和能源成本上涨、货币紧缩政策等诸多不利因素的影响，加快转变发展方式，不断提升科技、管理和营销水平，全年生产、出口及利润实现平稳增长，但增长速度逐月下滑，行业运行压力加大，部分中小纺织企业经营困难。

一、行业总体发展情况

2011年纺织行业面临的国内外经济环境比2008年更为严峻。不仅出口受到世界经济低速增长的影响呈现出明显下滑态势，而且受国内通胀的影响，棉花等原料价格大幅上涨，给下游产业带来了巨大的成本压力，而服装、家纺产品价格涨幅相对较高，也导致最终消费下降；房地产市场调控在挤压泡沫的同时，降价预期使房产交易量减少也影响了国内市场对家用纺织品的需求量。不过，企业通过产品提价、出口转内销、渠道创新积极应对要素市场和产品市场的波动，全年行业产值、销售及利润继续保持平稳增长，但增长速度呈逐月回落趋势。

1. 生产平稳增长，主要产品产量增速回落

2011年，全国共有规模以上纺织企业35891

户,[①] 完成工业总产值5.48万亿元，比2010年增长26.84%，但2011年增速较上半年回落了3.19个百分点，表现出前高后低的增长趋势。行业产销形势良好，产销率达到97.84%，较2010年提高0.01个百分点。2011年出口交货值的增长速度比上半年回落4.36个百分点，低于销售产值增速11.56个百分点，企业对几个主要的发达国家出口市场经济复苏乏力的预期不断强化，外贸转内销逐渐成为企业市场结构调整的一大趋势。

行业几类主要产品的产量也都实现了平稳增长。2011年全国纱线生产2894.47万吨，增长12.43%，布生产837亿米，增长4.6%，其中规模以上企业产量619.82亿米，增幅达11.61%；化学纤维布生产3390万吨，增长9.7%，其中规模以上企业产量3362.36万吨，增幅达13.87%。而规模以上企业的服装产量254.20亿件，增长8.14%（见表31-1）。但随着企业对后续市场需求的不确定性预期加大，订单偏向小单和短单，多数产品的产量增速在下半年出现回落。下半年规模以上企业布产量的增速较上半年回落3.75个百分点，服装产量增速较上半年回落4.37个百分点。终端产品消费的疲态仍未好转。

表31-1 2011年纺织工业规模以上企业的主要产品产量

名 称	单 位	产 量	增幅（%）
纱	万吨	2894.47	12.43
布	亿米	619.82	11.61
棉布		363.39	8.50
棉混纺布		106.08	18.54
化学纤维布		150.35	14.82
印染布	亿米	593.03	6.67
帘子布	万吨	56.77	15.27
无纺布	万吨	185.04	14.70
服装	亿件	254.20	8.14
针织服装		121.09	6.13
梭织服装		133.11	10.03
聚酯	万吨	1182.06	14.54
化学纤维	万吨	3362.36	13.87
人造纤维		246.29	9.49
合成纤维		3114.60	14.21

资料来源：国家统计局快报。

2. 投资增长较快，区域结构进一步优化

传统的纺织工业一直是劳动密集型产业，但近年来随着企业投资的快速增长，工业生产自动化程度也在不断提高。2011年，中国纺织企业500万元以上项目的总投资6799.06亿元，比2010年增长36.33%。其中，化纤制造业投资734.08亿元，增长47.87%，行业人均资本拥有量已超过100万元。其他纺织服装业全年的项目投资增长较快，但是人均资本拥有量仍处于20万~40万元的较低水平；尤其是服装制造业，虽然全年完成投资2072.8亿元，占服装、鞋、帽制造业总投资的91.45%，也获得了41.63%的高投资增速，但人均资本却仅为20万元，仅相当于全纺织工业人均资本拥有量的62.5%，仍然表现出劳动密集的特征（见表31-2）。

纺织行业不是高新技术产业，利润率较低且融资成本较高，在资金趋紧之下新开工项目数减少。2011年，前三个季度各月的新开工项目数持续减少，10月份之后才有所增长，全年项目总数增长了2.27%。

在国家促进区域协调发展、行业加快产业转移的政策引导下，纺织工业的区域投资结构在调整中进一步得到优化。2011年中部地区纺织工业实际完成投资增长56.66%，快于东部地区

① 除标注了具体的数据来源外，文中全行业出口数据来自中国海关总署，其余数据均来自国家统计局。

表 31-2　2011 年纺织工业分行业固定资产投资情况（不含农户）

行　业	实际完成投资（亿元）	实际完成投资比 2010 年增长（%）	新开工项目数比 2010 年增长（%）	人均资本（万元/人）
总　计	6799.06	36.33	2.27	32
纺织业	3668.81	30.91	-0.05	34
纺织服装、鞋、帽制造业	2266.57	42.96	5.33	20
化学纤维制造业	734.08	47.87	2.76	109
纺织专用设备制造业	129.61	26.26	9.87	61

资料来源：国家统计局快报，其中增长率为测算数。

25.28%的投资增速近 32 个百分点，西部和东北地区投资也分别增长了 49.31%和 40.97%，分别高于东部地区投资增速 24 个百分点和 16 个百分点。中部、西部地区的赶超式增长使这两个地区的全行业投资比重分别较 2010 年提高了 4.11 个百分点和 0.69 个百分点，达到 31.71%和 7.92%。东部、中部、西部及东北四个地区的纺织工业分别完成投资 3810.92 亿元、2155.72 亿元、538.70 亿元和 293.72 亿元（见表 31-3）。其中，中部、西部、东北地区的投资额占到全国总投资额的 43.95%，较 2010 年提高 4.94 个百分点。中、西部以及东北地区投资增速超过东部地区所显示的投资区域调整能够缓解东部地区的资源环境压力，促进东部地区纺织行业升级，同时加快产业资本向中部、西部及东北地区转移，提高这些劳动力富余地区的人均资本拥有量。

表 31-3　2011 年纺织工业分地区固定资产投资情况（不含农户）

地　区	实际完成投资（亿元）	增幅（%）	占总投资额的百分比（%）
全　国	6799.06	36.33	100.00
东部 10 省份	3810.92	25.28	56.05
中部 6 省份	2155.72	56.66	31.71
西部 12 省份	538.70	49.31	7.92
东北 3 省份	293.72	40.97	4.32

资料来源：国家统计局。

3. 出口平稳增长，第 4 季度增速下降较快

中国是传统的纺织品、服装生产制造和出口大国，2011 年为世界制造了人均约 4 件衣服。凭借比较优势和多年来打造的竞争优势，2011 年中国的纺织品服装出口达到了 2479.26 亿美元的规模。但是，受主要发达国家经济增速回落的影响，全年纺织工业出口形势并不乐观。尽管 2011 年的纺织品服装出口增长了 20.02%，但季度出口增速持续回落。其中，全年纺织品出口 947.06 亿美元，增长 22.86%；服装出口 1532.20 亿美元，增长 18.34%。各季度纺织品出口的增长速度下降较快，第 4 季度仅为 14.63%，比第 1 季度增速回落了 18 个百分点。尽管上半年服装的出口增长速度在走高，但下半年却持续回落，第 4 季度降速明显加快，仅比上年同期增长了 5.56%，增速较第 2 季度回落 22.45 个百分点。中国纺织服装业出口价格上涨对出口增长贡献很大，2011 年纺织品服装出口量的增长不到 1%，但出口价格却增长了 19.29%。其中，服装价格增长 18.6%，高于出口额的增幅，表明服装出口量略有下降。2011 年，中国纺织服装业自主出口的一般贸易达到了 1870.16 亿美元，增长 22.27%，在出口中的占比上升到 75.43%，较 2010 年占比增加 1.39 个百分点。其中，自主贸易的纺织品出口增长 26.65%，进料和来料加工贸易与 2010 年基本持平甚至略有减少。自主贸易的服装出口增长 19.54%，并且进料加工贸易也增长了 16%。但纺织工业中服装的加工贸易（OEM）份额仍然较高，其进料和来料加工占到纺织服装业加工贸易的 62.36%（见图 31-1）。

欧盟、美国和日本仍然是中国纺织品服装的主要出口市场，2011 年对这三大市场的出口额达 1181.95 亿美元，占纺织品服装出口总额的 47.67%，但占比下降了 1.13 个百分点。其中，对

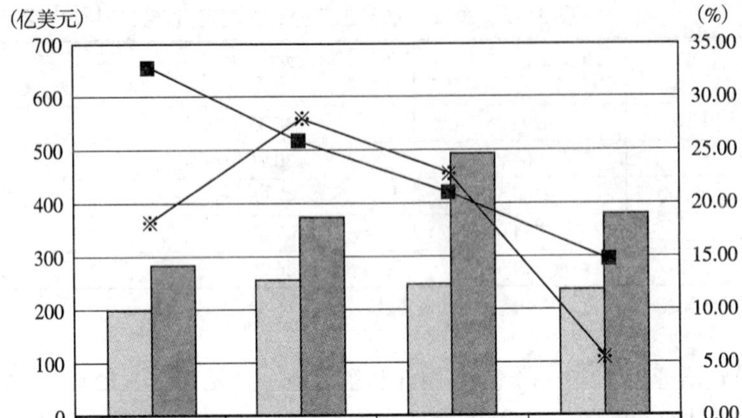

	2011 年第 1 季度	2011 年第 2 季度	2011 年第 3 季度	2011 年第 4 季度
纺织品出口额（亿美元）	201.76	257.48	250.13	237.69
服装出口额（亿美元）	284.61	373.62	494.11	379.85
纺织品出口额同比增速（%）	32.62	25.89	20.94	14.63
服装出口额同比增速（%）	18.40	28.01	22.72	5.56

图 31–1 2011 年中国纺织品服装出口情况

资料来源：中国海关总署。

欧盟、美国和日本的出口占比分别达 21.56%、15.19%和 10.93%，欧盟和美国的占比分别下降 0.06 个百分点和 1.14 个百分点，日本占比增加 0.07 个百分点。日本在地震海啸之后，对中国纺织品的进口明显增加，增长 26.79%，高于平均增幅 4 个百分点，是三大主要市场中增长最快的（见表 31–4）。

表 31–4 2011 年中国纺织服装业主要市场出口情况

	纺织品服装出口					
	出口额（亿美元）	增幅（%）	其中：纺织品出口		服装出口	
			出口额（亿美元）	增幅（%）	出口额（亿美元）	增幅（%）
出口总值	2479.26	20.02	947.06	22.86	1532.20	18.34
其中：欧盟	534.44	19.69	115.28	17.98	419.16	20.16
美国	376.56	11.66	94.81	11.37	281.75	11.75
日本	270.95	20.75	50.57	26.79	220.37	19.44

资料来源：中国海关总署。

4. 经济效益平稳增长，企业亏损增加较多

2011 年的纺织工业在保持平稳增长的同时，生产效率和盈利能力逐月提高。2011 年，全国规模以上纺织企业累计实现主营业务收入 53397.39 亿元，比 2010 年增长 26.61%。工业增加值增长 10.7%，较全国工业低 3.2 个百分点。利润总额为 2956.42 亿元，比 2010 年增长 25.94%，比全国工业高 0.5 个百分点。利润的增长超过了工业增加值的增长。全行业劳动生产率达 53.38 万元/人，比 2010 年增长 20.17%。全行业利润率为 5.54%，比 2010 年下降 0.53%；毛利率达 12.80%，比 2010 年增长 0.94%。营业费用、管理费用和财务费用之和占到主营业务收入的 5.82%。其中，财务费用增长最快，增长了 32.36%。管理费用增长 21.08%，营业费用增长 19.75%，均低于主营业务收入的增长。利息支出增长了 34.15%，从而财务费用较主营业务收入、营业费用和管理费用的增速分别高出 5.75 个百分点、12.61 个百分点和 11.28 个百分点（见表 31–5）。

表 31-5　2011 年中国纺织工业经济效益指标

指　标	数　值	增幅（%）
主营业务收入（亿元）	53397.39	26.61
劳动生产率（万元/人）	53.38	20.17
利润率（%）	5.54	-0.53
成本费用利润率（%）	5.95	-0.20
三费比例（%）	5.82	-3.09
营业费用（亿元）	989.64	19.75
管理费用（亿元）	1508.34	21.08
财务费用（亿元）	609.47	32.36
其中：利息支出（亿元）	509.40	34.15

资料来源：国家统计局。

2011 年，纺织行业国内要素市场与国外产品市场的大幅振荡对纺织企业造成了较大的冲击。我国虽然是一个纺织品服装的生产制造大国，但是行业的价值链一直处于“扁平化”状态，在“微笑曲线”的两端，由科技支撑的设计创新和品牌运作两端的附加值并不具有明显的优势，绝大多数纺织企业尚不具备很强的抗市场风险的能力。2011 年全行业规模以上企业的亏损面为 9.76%，亏损企业亏损总额大幅增加，比 2010 年增长 92.31%。

二、面临的主要问题

1. 原料价格浮动较大

纺织原料价格的大幅波动是 2011 年影响我国纺织工业稳定增长的主要因素之一。棉花价格在年初冲至最高点后迅速下跌，让棉纺企业库存大增，亏损严重。而下半年高居不下的内外棉价差削弱了外向型纺织企业，尤其是产业链终端的服装家纺企业的出口产品的国际竞争力。据中国纺织经济信息网数据显示，在 2010/2011 棉花年度，受外围资金的入市炒作，国内标准级（328 级）棉花价格从 18000 元/吨扶摇直上，曾一度于 2010 年 11 月和 2011 年 3 月两次逼近 32000 元/吨。2011 年 3 月，清关外棉价格在 40000 元/吨高位震荡，1 吨进口棉与国产棉的价差高达 8000 元左右。但也就是在 3 月中旬，国内外棉价急转直下，并于 6 月下旬以后国内外棉价出现倒挂。在棉花年度结束前的 8 月中下旬，国内标准级棉花价格已跌至 19000 元/吨，跌幅达 40%。而同期国际价格更是跌至 18000 元/吨，跌幅高达 55%。为遏制棉价在 2011/2012 年度继续深度下跌，中储棉总公司从 9 月起，以 19800 元/吨的价格对国产新棉进行为期 7 个月的临时不限量收储，同时对棉花进口实施配额制度，通过征收滑准税减弱进口棉对国内市场的冲击，这才使得国内棉价保持在 19000~20000 元/吨。但国际棉价继续回落，进一步拉大国内外棉价差。12 月 15 日国内标准级棉花价格为 19065 元/吨，而同日进口棉折滑准税价为 15415 元/吨，每吨较国内棉价低 3650 元。纽约期货 3 月交割价格 91.63 美分/磅（折滑准税价 15341 元/吨），每吨比目前国内棉价低 3832 元。据印度纺织部数据显示，2011 年 11 月印度国内棉花均价 94 卢比/千克，折人民币 12000 元/吨左右。国内外棉价差的存在较大地弱化了中国纺织服装业的出口产品在国际竞争中的比较优势。目前，国内下游企业寻求进口印度等地的纱线替代国产棉花，以降低原料成本，保障一定的盈利空间。未来全球棉花价格走势将主要受市场需求的主导。摩根士丹利发布棉花报告称，由于中国纱线库存激增导致纺织厂利润空间压缩和进口需求减弱，从 2010 年底开始刺激棉价巨幅上涨的美棉出口需求已经开始萎缩。短期棉花需求下滑以及新年度棉花供应大增给棉花价格带来的压力将持续到 2011/2012 年度甚至更久。

化纤的价格也伴随着棉花价格的起伏而同步波动，两者表现出强劲的替代效应和价格联动。由于化纤价格与棉价差较大，下游企业普遍增加了化纤制品的生产比例，化纤制品在出口产品中的比重也有所增加。消费者在全棉制品售价大幅上涨的价格变动之下，也逐渐形成了以化纤制品代替全面制品的消费格局。

2. 国际市场竞争力减弱

2011 年，世界经济增长放缓使得国际贸易增速回落，各类经济政治风险明显增多，世界经济复苏的不稳定性和不确定性上升。中国生产的纺织品服装仍然在世界出口市场上占据举足轻重的地位。不过，受到人民币汇率升值、劳动力成本上涨、本轮棉价大幅振荡且与国外价格倒挂的影响，国际主要市场对中国纺织品服装的进口量均有所减少，订单逐渐向周边的印度、巴基斯坦、越南等国家转移，国内位于产业链下游的纺织企业也转而进口印度等国生产的纱线，中国纺织工业的国际竞争力有所减弱。

美国是世界上最主要的纺织品服装进口国，也是中国纺织服装业最大的出口市场。据美国商务部数据显示，2011 年美国从中国进口的纺织品服装的数量下降了 3.20%，由于近半数的产品来自中国，自中国进口量的下降导致了美国从全球的进口量下降了 3.16%。在中国逐渐丧失低成本竞争优势的同时，周边其他发展中国家的纺织服装业发展加快，订单转移也随之加快，2011 年印度和巴基斯坦对美国的出口量分别增长了 1.51% 和 8.77%。由于美国国内需求不振以及世界棉花价格巨幅振荡，美国从全球进口的棉制品数量减少了 13.29%，中国仍然是美国最大的全棉制品进口来源国，但是在几个主要进口来源国中，来自中国的进口量降幅最大，较 2010 年进口量减少了 17.15%，比巴基斯坦和印度多下跌 1 个百分点和 7 个百分点。

在造成目前中国国内订单转移的诸多因素中，上一个棉花年度内棉价的高企推动产业链下游产品大幅提价是削弱出口产品价格竞争优势的最主要因素。但原料价格波动存在周期性，随着棉花供应增多、棉制品需求减少，本棉花年度内棉价可能持续低位。而工资成本和能源资源价格进一步上涨已成必然趋势，它们将是长期推高中国出口产品价格的重要因素。不过，中国在几十年的对外开放和高速发展中建成了良好的基础设施，拥有了完整的纺织产业链，这是印度等几个主要的纺织品服装出口国尚不具备的发展条件。当前纺织服装业唯有不断加强技术创新和品牌运作，提高产品的附加价值，加快实现产业转型升级，提升产品和企业在国际市场上的竞争力。

3. 资金问题依然突出

中国纺织工业的制造能力在世界上比较发达，在整个产业链上存在大量的附加价值很低的加工贸易，并且行业集聚了数量庞大的中小微型企业，因而平均利润率低于全国工业平均水平。传统行业的低利润率导致其中多数民营中小企业长期以来难以获得商业银行的低息贷款。后危机时代的流动性过剩加大了通货膨胀压力，为抑制国内物价水平过快上涨，保持经济平稳较快发展，中国政府实施了稳健的货币政策，全年 6 次上调存款准备金率，3 次提高存贷款基准利率，这对原本融资就相对困难的纺织企业来说无疑是雪上加霜。融资难、融资贵现象在纺织行业比较突出，企业贷款利息普遍上浮，2011 年全行业所有规模以上企业的利息支出较 2010 年增长了 34.15%。占到财务费用的 83.58%，比重较 2010 年提高了 1.11 个百分点（见表 31–5）。据 2011 年 12 月中国纺织工业联合会对部分企业家经营状况的调查结果显示，融资难成为继工资上涨、原料价格波动之后的第三大成本压力问题，近四成被调查企业家表示目前企业经营资金趋紧。纺织业中的小微型企业融资渠道不畅，多数难获银行贷款，即便是得到了银行信贷，但又存在利率上浮、贷款周期过短、难以全额贷款、承兑贴现率提高等问题。资金紧张又会导致企业去库存明显，势必带动部分产品价格下降。目前融资难、融资贵的现象不利于纺织工业的转型升级。

4. 企业技术进步速度减缓

长期以来，中国纺织工业以加工贸易为主要生产方式，主要依靠出口拉动增长，内生驱动式发展模式并未成为全行业发展的主流。大部分企业主要还是依靠数量而非质量取胜，依靠成本而非技术人才竞争，甚至有些地方的企业尚处在跑马圈地的原始积累阶段。劳动密集程度高、产品标准低、技术装备落后、环境污染严重是我国纺织工业的特点，而且规模以下企业数量庞大，全行业技术进步速度和发展模式还不适应外部环境的变化。在出口增长受阻、成本费用增加的双重挤压之下，当前多数外贸企业生产趋于盈亏平衡点，没有足够的资金投入技术研发，导致全行业技术进步速度减缓。

三、2012 年行业发展展望

1. 出口增长仍将受阻

2012 年世界经济形势总体上仍将十分严峻复杂，世界经济复苏的不确定性仍在上升。由于主要发达国家国内消费需求持续疲弱，其从全球进口纺织品服装的消费动力不足，导致从中国这个主要贸易输出国进口的纺织品服装的贸易量一直在低速增长甚至是下降。尽管国际贸易将保持增长，但较快增长面临较大压力。

尽管近年来国内劳动力成本、资源环境成本不断增加，但中国纺织行业产业链完整、技术水平较为先进，在国际竞争中的优势依然存在。预计 2012 年中国纺织品服装出口仍将继续保持平稳增长，但增速将不会高于同期国际贸易增速。

2. 内需支撑作用将更强

中央经济工作会议确定了 2012 年经济发展稳中求进的总基调，并强调了扩大内需、发展实体经济、加快改革创新、保障和改善民生四个方面的重点任务。在纺织工业的三大最终产品中，除产业用纺织品与企业投资和政府重大基建项目有关以外，服装和家用纺织品都是居民的日常必需品，存在稳定的刚性需求和重置需求。随着国家改革和宏观调控工作的不断深入，国内经济将保持稳定增长，不仅为消费者改善衣着类产品的消费提供了收入保障，也将有更多的国内投资项目拉动产业用纺织品的需求增长，因而国内纺织品服装消费也将继续保持增长。但由于通货膨胀增加了居民的食品类开支，在可支配收入变动不大的情况下消费者会相应降低衣着类支出比重。预计 2012 年纺织品服装消费增速与 2011 年大体持平。未来政府加大措施调整收入分配将增加具有更高边际消费倾向的中低收入者的工资和财产性收入。同时，加快推进和完善社会保障体系建设，也为国内消费的强劲增长提供制度性保障。

3. 行业运行压力会继续增大

出口贸易的大幅下滑减弱了国内纺织工业产值快速增长的动力，对行业稳定运行增加了较大的外部压力。但导致纺织企业对市场前景看淡的更为主要的原因则来自国内行业发展的综合环境变化，有四个方面的原因将使 2012 年运行压力继续增大：①国内外棉价差对整个纺织工业产生了较大的冲击，这种影响仍将持续较长时间。2011 年下半年以来国内外棉价就呈倒挂格局，并且内外价差不断扩大，深刻改变了产业链对国产棉与进口棉以及化纤的用料配比，棉纱库存增加，下游企业订单短期化趋势明显。②与棉价存在波动不同的是，国内劳动力成本、环境资源成本等各要素成本将在长期内持续上升。中国纺织服装业是典型的劳动密集型行业，尤其是服装业，工人的劳动报酬占生产成本的比例一直很高。近年来，随着国家加大落实收入分配调整政策，劳动力成本增加将对行业的利润空间造成更大的挤压。③资金紧张的局面短期内难以缓解。2012 年信贷政策虽然有所宽松，中国人民银行已两次下调存款准备金率，但纺织行业融资难、贷款难，资金紧张对企业的压力依然较大。④纺织行业节能减排要求继续提高，企业在节能减排方面将付出更大成本。纺织行业目前已被列为中国重点污染行业，行业内先进生产设备使用率较低，而且部分企业的节能减排投入力度不够。为促进国内低碳经济的发展，纺织工业节能减排的力度在逐步增强。

4. 转型升级在艰难中前行

“十二五”时期是中国纺织服装业的深层调整期。全球纺织产业结构调整使得竞争越发激烈，贸易摩擦不断加剧。之前出现的纺织品配额和贸易争端问题可以通过国家谈判解决，但随着中国纺织企业参与国际贸易的经验日益丰富，越来越多的企业加快了“引进来”和“走出去”的步伐，政府的贸易调解功能不断弱化，使得贸易过程中的许多压力逐渐要靠行业的自身调整和积极转型加以解决。在未来几年，中国纺织服装业会进入一个近似沉默状态的转型过程。行业集中度将进一步提高，技术开发和应用水平进一步提升，管理水平也将上一个新台阶。中国纺织服装业占据了世界 1/3 的出口市场份额，面对复杂多变的国际经济形势，纺织工业必须积极应对国际市场的变化，坚持"走出去"的战略方向，加强与国际知名品牌的合作或加大自主品牌创建力度，自我搭建或通过并购建立自主品牌营销渠道，不断优化产业组织结构，加快实现产业升级。

专栏 31-1

牢牢把握转型升级五年关键期

——工信部解读《纺织工业"十二五"发展规划》

《纺织工业"十二五"发展规划》（以下简称《规划》）已于 2012 年 1 月 19 日由工业和信息化部正式发布。《规划》提出的九项行业重点任务措施，分别是增强自主创新能力、加快技术升级步伐、加强质量管理和品牌建设、加强节能减排和资源循环利用、发展现代产业集群、优化产业区域布局、提高国际化水平、加强人力资源建设、优化组织结构及提高管理水平建设。同时还确定了四个行业发展重点领域，包括新型纺织纤维材料、高端纺织装备制造、产业用纺织品和传统纺织行业技术提升。

工业和信息化部消费品司的相关负责人，对《规划》进行了详细解读。九项任务可以归纳为以下三个方面：

1. 以调整结构为主攻方向，促进纺织工业全面发展

（1）坚持内需战略，开拓两个市场。目前，占人口 54%的农村居民人均衣着支出是城镇居民的 18%，城镇化率的提高将直接带动衣着消费的更快增长。中国纺织品服装国际市场份额超过 30%，"十二五"时期的重点任务是优化国际贸易结构、加强国际交流合作，积极开拓新兴市场，改变纺织出口过度依赖发达国家市场的格局，实现国际市场多元化。

（2）通过产业转移，优化区域布局。东部地区要率先实现向价值链高端转型升级，中部地区要成为承接产业转移的主体，加强加工制造和产业配套能力，西部地区依托资源优势，发展棉、毛、丝以及民族特色产业，并注重边贸出口型纺织服装加工基地建设。东北地区利用枯竭型城市富余劳动力以及现有的纤维材料、装备等产业基础发展相关产业。

（3）加强企业管理，提高竞争实力。推进企业兼并重组，提高化纤、纺机、产业用纺织品产业集中度，形成一批有国际竞争力的大企业、大集团，通过创新大中小企业协作发展的新模式，进一步激发中小企业活力。同时要加强现代企业制度建设，提高企业管理水平。

2. 以技术进步作为重要支撑，提高发展质量和效益

（1）加强自主创新，提高核心竞争力。通过共建实验室、建设重点领域技术联盟等形式，完善"产学研用"结合的行业科技创新机制；注重产业基础科学研究和纺织标准体系建设，为自主创新提供基础理论支撑，并建立与国际接轨的纺织标准体系；引导企业加大研发投入，鼓励企业加强技术中心建设、在海外建设或并购研发机构、积极参与国家重大项目开发，促进企业成为创新主体。

（2）加快技术进步，提高行业科技水平。针对纺织工业发展的薄弱环节和瓶颈制约，支持和鼓励企业采用新技术、新工艺、新材料、新装备，特别在印染后整理、高端纺织机械、高新技术纤维和产业用纺织品等领域加大技术改造力度。运用先进技术改造、提升传统纺织工业，提高生产效率、丰富产品品种、提高产品档次；抓住战略性新兴产业加快发展的机遇，促进纺织与战略性新兴产业的结合；推广制造执行系统（MES）、企业资源计划系统（ERP）和物联网应用技术，提升纺织工业的信息化水平。

（3）加强质量管理，创建自主品牌。加强质量保障体系建设，在国内外确立可信赖的产品质量

信誉；加强设计创意机构建设，培养设计师队伍，提升产品设计水平；加强市场开发与培育，创新营销模式，推进规模化、品牌化、网络化经营；鼓励品牌企业“走出去”实施国际化经营，促进企业建设国际化品牌；加强知识产权保护，为企业品牌寻求法律保护；实施品牌建设重点工程，推进形成一批具有影响力的纺织服装自主品牌。

3. 以可持续发展为基本理念，提升纺织工业发展后劲

（1）推进节能减排，发展循环经济。面对日趋强化的资源环境约束，纺织工业必须继续采取有效措施控制对资源的增长需求，控制污染物的排放，实现低碳节能、绿色环保和资源循环利用。要具体做好以下工作：完善企业能源三级计量管理制度，推进能源合同管理和清洁生产审核；加快节能减排先进适用技术和装备的研发及推广应用；逐步建立健全废旧纺织品回收利用体系，推广高效、低成本纺织制品回收再利用技术，再利用纤维用量由 400 万吨增加到 800 万吨；重点推进棉纺织、印染、化纤行业淘汰落后产能。实施节能减排示范工程，使纺织工业单位能耗在“十一五”时期累计下降 32%的基础上再下降 20%，大类产品能耗达到国际先进水平。

（2）稳定职工队伍，加强人才建设。纺织工业人才结构不合理、高级管理人才匮乏的现象明显。受劳动环境和待遇的制约，以及人口老龄化进程加快，纺织工业劳动力结构性短缺问题严重。大力开发人力资源是建设纺织强国的重要保障，《规划》提出了三个层次的人才队伍建设任务，即科技创新和战略管理的领军人才，研发、设计、生产、销售、管理等专门技术人才和专业技能人才。建设一批高技能人才培养基地和公共实习培训基地，提高职工技术水平。采取有效措施，稳定职工队伍。

（3）提高公共服务水平，建设现代产业集群。产业集群是纺织工业的重要特色形态，目前中国纺织工业联合会命名试点的纺织产业集群近 180个，其经济总量占全国纺织经济总量的 40%左右。但是，纺织产业集群也存在区域分布不平衡、区域品牌影响力弱、公共服务功能不完善等问题。要发挥资源要素优势，完善产业配套，继续引导纺织产业集聚发展，按照专业特色鲜明、品牌形象突出、服务功能完备的要求，建设现代产业集群。

资料来源：《中国纺织报》2012 年 2 月 6 日，有删节。

参考文献

1. 中国纺织工业联合会：《2011/2012 中国纺织工业发展报告》，北京：中国纺织出版社，2012 年版。

2. 中国纺织工业联合会：《中国纺织工业协会企业经营者跟踪调查报告》第 7 期，2011 年 7 月 14 日。

3. 王攀：《服装纺织业“沉默”转型》，《人民日报》2011 年 11 月 3 日。

4. 工业和信息化部：《解读纺织工业“十二五”发展规划》，《中国纺织报》2012 年 2 月 6 日。

第三十二章　家电工业

提　要

2011 年是“十二五”规划的开局之年，这一年对于中国家电工业来说面临着诸多的挑战和机遇。这一年，尽管家电工业遭遇了原材料价格上涨、劳动用工成本提高、人民币升值、信贷紧缩、出口市场低迷、房地产市场不振等困难，但是在家电企业的努力和家电下乡、以旧换新和节能惠民等政策的作用下，家电工业在产销数量上仍然创了新高。2011 年上半年家电工业产销保持了较好的增长势头，从下半年开始，增速开始放缓，与同期相比甚至出现了负增长。从全年实现销售收入的情况来看，增幅呈现平缓下降的趋势。为了打好“十二五”开局之战，应对伴随金融危机而来的种种困难，家电企业采取了多种措施，积极地进行转型升级，拓展新的销售渠道，调整产品结构，并在开展自主创新、掌握核心技术、开展国际化经营等方面取得了显著成绩，为完成“十二五”规划奠定了较好的基础。为实现家电工业“十二五”规划的目标，我国家电企业必须在增强自主创新能力、掌握核心技术、打造国际品牌、拓展营销渠道和占领中高端产品市场等方面争取新的突破。

*　　　　*　　　　*

家电工业在中国各行业中是对外开放、引进外资最早，国际化水平最高，竞争最激烈的行业，也是出口产品在国际市场上所占比重最大的行业；同时，还是改革开放以来我国发展最快的行业之一。面对当前复杂多变的经营环境，家电工业能否继续保持快速的发展，尤其是在“十二五”开局之年能否为今后几年的发展打下良好的基础，2011 年的运行状况无疑具有非常重要的意义。

一、“十二五”开局之年家电工业的运行

1. 整体运行平稳，企业绩效水平下降

2011 年中国家用电器工业的整体运行平稳，在极为复杂的国内外经济形势下，家电产量、销量和出口仍取得了良好业绩，均创出历史新高，但高速增长的态势有所收敛。2011 年，家电工业累计完成工业总产值 11425 亿元，与 2010 年相比增长 22.4%。其中，家用制冷电器、家用空调、家用通风电器、厨房电器和清洁卫生电器累计产值分别为 2587 亿元、4098 亿元、475 亿元、1681 亿元和 1109 亿元，与 2010 年相比增长幅度分别为 19.6%、28.3%、17.2%、12.9%和 29.5%。2011 年，家电工业的累计工业销售产值 10840 亿元，累计产销率为 94.9%，与 2010 年相比增长 21.8%。其中，家用制冷电器、家用空调、家用通

风电器、厨房电器和清洁卫生电器累计销售产值分别为 2492 亿元、3822 亿元、450 亿元、1575 亿元和 1063 亿元，与 2010 年相比增长幅度分别为 18.8%、29.0%、17.1%、10.5%和 26.4%。[①] 2011 年，家电产品累计销售收入 11016 亿元，第一季度、第二季度、第三季度和第四季度的累计销售收入与 2010 年同期相比增长幅度分别为 30.4%、27%、26.5%和 23.1%，增速有放缓的迹象（见图 32–1）。受通货膨胀持续，人民币升值，原材料、劳动力成本、运输费用等生产要素价格不断上涨的影响，家电企业成本上升的压力明显增大，利润空间受到挤压。从家电骨干企业的情况来看，沪、深两市 35 家家电上市公司 2011 年年报业绩预告中，明确利润预增的仅有 22 家，近四成公司预减或持平，预减幅度超过 50%的有 6 家，美菱电器、ST 科龙、深康佳、万家乐等 2011 年的预计净利润与 2010 年相比均有较大幅下降，深康佳预计业绩同比下降 64%~88%。[②]

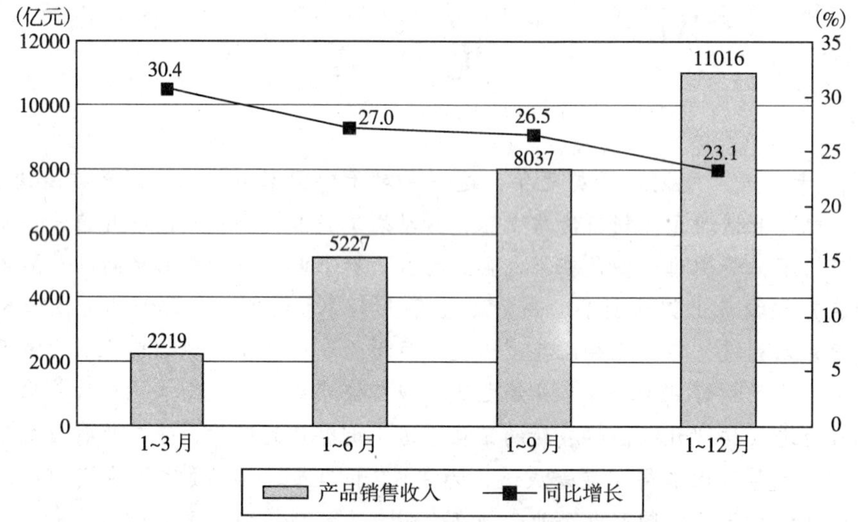

图 32–1 2011 年家电产品销售收入和同比增长

资料来源：中国经济信息网统计数据库。

2011 年，家电工业运行呈现出以下特点：

（1）欧美市场持续疲软，家电产品出口增速放缓。全年家电行业累计出口额 472.3 亿美元，与 2010 年相比增长 18%，增速下降了 12 个百分点。全年家电行业出口交货值为 2957 亿元，比 2010 年增长 15.4%，出口交货值占销售产值的比重为 27.3%。从大家电产品的出口情况看，主要大家电产品的出口额均保持了两位数增长，增幅最大的是空调器，增幅达 32%。主要大家电产品的出口量也有不同幅度的增长，其中，空调器、压缩式冰箱、洗衣机、微波炉、冷冻箱和电热水器分别出口 4363 万台、1910 万台、2032 万台、5390 万台、807 万台和 470 万台，与 2010 年相比增长幅度分别为 18%、4%、16%、2%、9%和 3%。从小家电产品的出口情况看，电风扇、电暖器、饮水机和电饭煲的出口量分别为 13018 万台、9373 万台、733 万台和 3890 万台，与 2010 年相比增幅分别为 25%、19%、13%和 17%；吸尘器和咖啡机的出口量与 2010 年相比持平；烤面包器、电熨斗和电烤箱的出口量与 2010 年相比有所下降，降幅分别为 2%、6%和 2%。[③]

（2）白色家电和黑色家电业绩水平逆转，家电企业减员“过冬”。2011 年，由于家电下乡政策边际效应递减的影响和家电节能惠民补贴政策的取消，白色家电企业的产销增幅和净利润水平均出现大幅下滑，黑色家电利润水平低于白色家电的格局首次出现逆转。上半年，国内市场黑色家电和白色家电的增幅都有小幅下降，下半年黑色家电企业开始走强，而白色家电企业则持续下滑。以 2011 年第三季度净利润增幅为例，黑色家

①③《2011 年家电行业运行情况》，国家发改委网产业协调司子站，2012 年 3 月 28 日。

② 魏宗凯、郑钧天：《家电业盈利遭遇天花板 大转折之后能否迎来大变革?》，人民网财经频道，2012 年 2 月 19 日。

电企业海信、康佳、TCL 的增幅分别为 75.1%、199.1%和 658.5%，白色家电企业格力、美的、美菱 2011 年的增幅分别为 18.8%、1.7%和-93.90%。[①] 为了应对产销下滑的局面，白色家电企业在 2011 年出现了较大规模裁员的情况，美的电器的员工总数与 2010 年年底相比减少了 32179 人，减幅为 32.6%，其中生产人员减幅最大；科龙电器减员 3125 人，减幅达到 9.15%；小天鹅减员 350 人。[②] 而海尔、格力、格兰仕等在推进营销渠道改革的过程中，也有 10%~15%的减员。[③]

（3）企业规模进一步扩张，竞争在全品种、全产业链展开。2011 年，中国家电龙头企业的规模不断扩大，海尔集团实现营业收入 1509 亿元，同比增长 11%，利润增长幅度达 21%，在家电业中第一个跨入 1500 亿元的阵营；美的集团实现营业收入 931.08 亿元，同比增长 24.88%；格力电器实现营业收入 835.95 亿元，同比增长 37.48%，TCL 集团的销售收入为 594.48 亿元，比 2010 年增长了 18.30%；海信集团实现营业收入 235.24 亿元，比 2010 年增长了 10.63%。不少家电龙头企业提出了规模扩张的目标，2011 年年初，格兰仕、志高等都提出了破 1000 亿元的目标，格力、海信则正在向千亿元的目标靠近，长虹集团力争到 2013 年实现销售收入破 1000 亿元的目标，创维集团也提出了 5 年内实现 500 亿元、10 年内实现千亿元的长期目标。[④] 市场集中度进一步提高，据中国行业企业信息发布中心对全国 80 余种主要消费品销售情况的调查结果分析，2011 年中国消费品年销量前十位品牌的市场占有率平均为 67.27%，而从类别看，家电类消费品的市场集中度最高，销量前十位品牌的市场占有率达到 83.8%。[⑤] 随着家电企业规模的扩大和市场集中度的提高，家电企业的产品覆盖面也在扩大和延伸，例如，格兰仕在进入空调领域后，开始向冰箱、洗衣机领域拓展；康佳也开始投资 10 亿元打造安徽白色家电制造基地，包括 TCL、长虹等在内的所有大黑色家电企业都直接涉足大白色家电产业链中。[⑥] 这样，过去以黑色家电和白色家电划分的企业分工界限就被打破，家电龙头企业之间的竞争也开始向全品种、全产业链展开。

（4）开拓三、四级市场，调整营销渠道受到普遍重视。随着农民收入的增长和家电下乡政策的刺激，农村家电市场销售情况良好。商务部数据显示，2011 年全国家电下乡产品销售 1.03 亿台，实现销售额 2641 亿元，同比分别增长 34.5% 和 53.1%。[⑦] 相比之下，在一、二线城市家电产品的保有量已日趋饱和，据数据调查机构资料显示，与 2010 年相比，2011 年家用电器特别是高端家用电器在一线城市的销售增长为负数，在二线城市的增长大体持平。[⑧] 农村家电市场逐渐升温，成为家电巨头和中小家电企业共同争夺的重要市场。此外，因楼市低迷，以新房装修带动新家电销售的情况也未出现，这些都导致家电企业在三、四级市场开拓方面探求出路。面对大型电商网络销售比重的迅速提高，家电企业的营销体系受到很大冲击的局面，同时也为了更好地适应开拓三、四级市场的要求，家电企业纷纷对营销渠道进行调整，一些家电企业自建了大量自有渠道，如海尔集团的日日顺、美的集团的日电等。格兰仕对其营销结构进行了调整，通过对微波炉、生活电器、厨房电器产品的整合，以空调拉动冰箱、洗衣机的销售，以微波炉拉动其他综合家电的销售。[⑨] 美的日电在 2011 年年底开始对小家电营销体系进行调整，将其 60 多家合资销售分公司进行撤并，变革之后，其在各地的营销机构大多以“管理型”取代了“直营型”。此外，海尔集团等家电巨头也对其销售渠道进行了调整。

（5）加强企业管理，积极推动发展方式转变。2011 年，面对行业不景气的局面，家电企业普遍认识到加强企业管理、加快发展方式转变的重要

① 王海燕：《黑电利润首超白色家电》，《南方都市报》2011 年 12 月 29 日。
② 刘莉：《利好政策取消致销售下滑　白色家电企业裁员应对》，《信息时报》2012 年 4 月 20 日。
③《家电业裁员风波：行业寒冬已至　变革方始》，中国家电网，2011 年 12 月 27 日。
④《欲速则不达　家电业高速增长背后的隐忧》，艾肯家电网，2011 年 8 月 3 日。
⑤⑧《家电产品市场集中度全国最高》，《北京商报》2012 年 3 月 19 日。
⑥《“大白色家电浪潮”席卷中国家电业版图重构》，家电网，2011 年 3 月 29 日。
⑦《2011 年家电下乡产品销量突破 1 亿台》，商务部网站，2012 年 1 月 12 日。
⑨ 明彦华：《家电行业淡势背后：大鱼吃大鱼时代来临》，中国家电网，2011 年 6 月 17 日。

性和紧迫性，并做了大量工作，取得了显著成效。美的集团2011年年初即提出了转型升级，即改变依靠高密度投资和规模制造的成本优势来增长的模式，从规模增长第一转变为规模与效益同步发展，特别要提升品牌定位和溢价能力。格力电器进行制冷领域专业化中的多元化，从价值链的深度和广度两个方面进行拓展。在深度方面，向上游压缩机等核心部件发展；在广度方面，除了家用空调之外，在商用领域自主研发产品包括中央空调、大型空调、冷冻冷藏、高铁空调、医疗温控等，这些领域都成为格力电器未来的增长点。一些家电企业还进行了商业模式的变革。例如，海尔集团面对扶持政策退出，转变营销思路，以消费者为中心，从大规模制造向大规模定制转变，以“统帅”（Leader）为品牌开创了全球第一个家电互联网个性化定制模式，“统帅”电器依托海尔最大的网上销售平台海尔商城在2011年9月上线，成功实现了在线定制、免费送货安装的家电购买一条龙服务。2011年，“统帅”电器先后夺得了2011年度最佳创新营销案例奖、2011年先驱中国创新品牌奖、优秀品牌案例奖。

（6）家电产品质量问题频出，安全和服务意识亟待提高。2011年，飞利浦电吹风因存在开关关闭过热现象进行大规模产品召回；松下净水器存在质量问题被曝光；惠普笔记本电池因具有潜在安全危险被大规模召回；索尼电视由于面板故障问题引致消费者大量投诉，全球召回160万台液晶电视；国内豆浆机、果汁机被曝使用工业润滑油，可能发生渗漏危害健康；西门子冰箱因质量和服务问题频出引起消费者“怒砸”维权；“苏泊尔”不锈钢器皿被检出共有81个型号不合格，存在锰含量超标、镍含量不达标的问题。一系列家电产品质量和服务问题的发生，特别是外资家电企业产品问题频发，致使家电产品安全、服务安全的问题引发了全社会的广泛关注。

2. 技术创新成果丰硕，多项技术全球领先

2011年，中国家电企业将创新作为推进产业转型升级的动力，通过家电技术与电子信息技术、节能环保技术的融合发展，在市场上推出了许多集节能、环保、智能等多种新技术于一体的复合型家电产品。中国家电企业已经掌握了一系列核心技术，具备了一定的持续创新实力。特别是最近两年来，中国家电企业开始从大规模的中低端市场向外资家电长期占据的高端市场积极转型。

在空调领域，2011年，格力电器的全球首条碳氢制冷剂R290分体式空调示范生产线项目正式竣工并将实现量产，使空调器行业在绿色低碳环保制冷剂应用技术上取得了新的突破；其推出的1赫兹变频空调技术，使1.5匹空调比定频空调省电60%，该项目已获得11项国家授权发明专利和1项公开国际发明专利。2011年年底，海尔空调整合日本顶级空调研发专家，成功推出代表了全球变频技术第三个发展阶段的“宽带无氟变频技术”，一跃成为全球变频技术的新主导者，将未来行业技术走向的掌控权握在手中。[①] 美的启动全直流变频升级战略，带动变频空调的普及向纵深发展；美的空调的R32、R290、R161三项新型环保冷媒关键技术不仅能够提高能效水平，还能有效降低空调制冷对环境的负面影响，已达到国际领先水平，为空调制冷剂的替代提供了节能环保的新方向。此外，美的还掌握了一整套完整而成熟的太阳能空调的技术解决方案，共拥有13项发明专利，建立了专利技术的保护池。

在电视领域，继2010年海尔连续推出全球首台不用电源线、信号线、网络线的“无尾电视”和3D“无尾电视”后，2011年9月，海尔又在柏林国际消费类电子展上推出全球首台以大脑的意念进行控制的“脑力波”电视，开创了全球彩电业人机互动的智能新时代。2011年3月23日，TCL在北京正式推出全球首台使用3D UI的量产超级智能互联网电视，开启全球首个基于Android+和Windows系统的电视应用程序商店。[②] 2011年8月16日，海信集团在京推出集电视、平板电脑、移动办公于一体的全球第一台个人智能电视I'TV。[③] 2011年8月17日、18日，海尔和创维分别在上海和北京宣布推出全球首款“云电

① 周霜：《宽带无氟海尔引领变频新时代》，《成都晚报》2012年2月17日。
② 《TCL开启中国超级智能互联网电视元年》，新华网家电数码频道，2011年3月24日。
③ 《全球首款个人智能电视I'TV面世》，《青岛日报》2011年8月17日。

视”，①拉开了“云电视”竞争的序幕。同年，TCL则在智能云电视的基础之上引入了通过声音搜索程序的语音控制系统，该项技术可能成为引领智能电视控制技术的一种新趋势。长虹在等离子显示屏实现量产后，又正在研制下一代显示器件OLED，在技术上与国际保持同步。

在冰箱领域，通过技术创新，中国家电企业不断加大投入，从产能、质量、技术等方面全面提升配套能力，促进了压缩机、电机、控制器、模具及各类原材料的技术进步。美的、格力等一些家电大企业通过在压缩机、电机等上游核心技术领域加强布局，已经掌控了核心零部件的设计生产，强化了自身的技术竞争实力，并带动了企业产品的更新换代和转型升级。海尔、长虹、美的等企业纷纷推出体现智能高端、低碳环保的冰箱产品。2011年，海尔的高端品牌“卡萨帝”冰箱的毛利率达到了29.21%，其市场占有率也达到了6%。②长虹推出雅典娜560系列对开门冰箱和基于物联网技术的BCD-450ZE9BF智慧冰箱。美的凡帝罗意式三门冰箱采用隐形变温室技术达到时尚环保的效果。格力电器自主研发的高效离心式冷水机组、超高效定速压缩机和G10低频控制技术，经国家权威部门鉴定均达到了国际领先水平。长虹旗下高端压缩机产品COP值从1.0攀升至2.05，达到国际先进水平，在高效、环保、节能方面取得突破。③

3. 海外并购取得新进展，品牌国际化稳步推进

2011年，中国家电企业在开展国际化经营方面取得新的进展。7月，海尔集团以1.2亿美元收购日本三洋电机株式会社在东南亚地区的所有白色家电的研发、制造、销售和服务业务。在此基础上，海尔在日本以及东南亚地区将形成两个研发中心、四个制造基地以及六个地域的本土化市场营销架构，全面推进海尔的国际化进程。④8月，美的以2.23亿美元收购开利拉美空调业务公司51%股权，以拓展巴西、阿根廷、智利等南美地区的空调市场。目前，创维已在印度、菲律宾两个国家设立了分公司，并计划在泰国、马来西亚设立分公司，通过首先打开东南亚市场促进企业全球化发展。TCL调配国内工厂产能，将部分制造能力移到周边国家。格力电器在美国南加州正式成立了美国分公司。海信集团即将与麻省理工大学媒体实验室签署全面战略合作协议。总之，在日本家电企业纷纷减产或将工厂移往国外时，中国家电企业的海外扩张却赢来了新的发展机遇。随着中国与东盟十国实现“零关税”，东盟正在成为中国家电企业新一轮国际化扩张的热门之选。以美的、海尔等巨头为代表的中国家电企业在东盟强势扩张，积极采取本土化策略，引发了原先以日、韩品牌为主的东盟家电市场重新洗牌。⑤

在开展国际化经营的过程中，家电企业的品牌国际化稳步推进。以海尔为例，海尔已在全球建立了10个研发中心、21个工业园、24个海外制造基地和61个营销中心，并构建起研发、生产和销售“三位一体”的本土化运营模式。海尔的全球化品牌建设通过融入当地市场及文化准确获取用户需求，并依托其领先的技术、产品研发优势及整合全球优势资源的能力。欧睿国际公布的最新市场调查结果显示，海尔大型白色家用电器2011年品牌零售量占到全球市场的7.8%，第三次蝉联全球第一名。海尔还包揽了冰箱、洗衣机、冷柜等领域的七项全球第一，稳居全球白色家电市场的主导者地位。海尔的实践证明，中国能够在全球一体化的今天将自身价值链扩张到海外，进行全球范围的营销并打造出自己的全球化品牌。⑥

总的来看，2011年，面对国内外宏观经济环境的新趋势、新变化，中国家电工业整体运行平稳，家电企业规模进一步扩大，农村市场逐步开

① 康源：《海尔创维抢推“全球首台”云电视》，赛迪网，2011年8月26日。

② 汪小星：《中低端白电产能过剩　国产品牌转攻高端市场》，《南方都市报》2012年4月11日。

③ 杜海峰：《长虹攻破多项关键节能技术》，中国新闻网，http：//zt-hzrb.hangzhou.com.cn/system/2012/03/02/011798494.shtml，2012年3月2日。

④ 丁磊：《海尔1.2亿美元收购三洋部分业务　家电业务版图扩张》，《21世纪经济报道》2011年7月29日。

⑤ 王文帅、王秋凤、史春姣：《东盟成中国家电国际化扩张“战场”》，《经济参考报》2011年11月1日。

⑥ 孙连才：《海尔全球化品牌营销很成功》，《新快报》2012年3月30日。

拓，产品向高端化、节能环保型发展，核心技术实现突破，国际化进程稳步推进。在取得成绩的同时家电工业也面临着一系列问题。全球经济低迷引致出口增速放缓，白色家电企业业绩下滑，企业成本压力不断增大，产品质量和服务问题频出，中国的家电企业与全球领先的家电巨头相比仍然存在较大差距。“十二五”期间，中国家电企业要依靠技术创新和管理创新推动家电工业的转型升级，为中国家电工业的跨越式发展奠定基础。

二、家电业存在的问题

“十二五”开局之年，中国家电工业遭遇“极盛”之后的“极寒”，国内、国际的多种因素交织在一起，给家电工业的发展造成了极大的困难。随着家电下乡等政策红利的退出，家电企业必须加大上游核心技术的自主研发投入，加快企业的国际化发展进程，将自主创新作为家电工业发展的战略支撑点，将产业转型升级作为家电工业发展的基本目标。

1. 产品的附加值、品牌影响力亟待提高

自欧洲债务危机爆发以来，国际市场需求大幅萎缩，中国家电出口受阻使行业长期存在的问题充分显现。①产品同质化现象比较突出，产品附加值低。中国家电产品结构中，高档次、高附加值产品所占的比重偏低，特别是节能化、创意化的家电产品仍然较少，高档次产品与国际一流企业的产品相比竞争力较差。市场细分水平不高，产品的具体适用人群范围不突出，使高端产品从研发设计上就没有实现有效的需求导向。②出口仍以定牌加工为主，在国际市场上缺乏具有较强影响力的品牌。中国家电出口产品多为中低档产品，高端产品与国际一流企业相比竞争力较弱，产品工艺和科技成分偏低。③营销渠道建设尚不完善，产品市场覆盖范围有限。当前，中国家电产业的渠道建设面临大中城市市场销售渠道过分集中、农村市场渠道建设相对薄弱、国际营销渠道建设尚不完善的突出问题。在大型城市，国美、苏宁、大中等大型家电卖场严重饱和，互相之间依靠价格竞争制造卖点；在农村地区，虽根据“家电下乡”政策在少数地方初步建立了为“三农”服务的家电供销网络，但农村整体市场销售渠道仍比较落后；国际营销渠道拓展更是成为中国家电企业国际化经营道路上面对的最大难题。④部分产品的节能和资源综合利用水平落后于发达国家。目前，中国家电节能标准不规范、不完善，消费者对节能产品的认知程度不高。节能惠民补贴和以旧换新政策虽从一定程度上刺激提高行业节能环保和资源利用水平，但距离发达国家仍有较大的差距。

2. 上游核心技术的自主研发水平亟待提高

中国家电企业上游核心技术的自主研发能力较为薄弱，与发达国家仍有一定差距。①自主创新意识薄弱，创新研发投入不足。自主创新研发投入涉及研发经费投入和研发人员投入。研发经费投入不足直接导致家电产品的设计制造技术长期依靠引进技术支撑。与国际一流家电企业相比，中国大多数家电企业在自主创新方面投入不足，研发费用一般仅占销售收入的2%~3%，很少有达到或超过5%的，远远低于国际上15%的研发投入惯例。[①] ②核心技术和关键零部件的研发能力弱，创新能力存在较大差距。当前，空调压缩机的核心技术仍主要由国外企业掌握，中国企业虽生产组装空调产品，但压缩机占据产品价值的30%~40%。[②] 中国空调企业的整机制造技术虽不断进步，但对上游核心部件的技术积累以及技术产业化能力仍较为薄弱，导致企业在具有自主知识产权的核心技术、关键技术上受制于人。电视液晶面板技术也基本由日韩企业掌握，2011年，中国多条高世代液晶面板线实现量产，但距离国外先进面

① 王洁青：《中国家电企业，不创新就死亡》，《家电市场》2011年第4期。

② 毛蕴诗：《以关键技术为突破口 提升我国产业竞争力》，《国际商报》2012年3月12日。

板生产技术仍有一定差距。③中国家电企业在国际标准制定方面缺少话语权，致使在国际贸易中处于不利地位。由于缺少核心技术，中国企业在国际标准制定中没有话语权。中国空调、彩电等家电的产量早已全球第一，但全球家电国际标准由中国企业制定的不足3‰。由于中国对国际标准制定参与程度不足，跨国公司一方面可将技术含量低的产品输入国内进行销售，另一方面又可阻碍中国产品进入国外市场。标准制定的缺失使中国产品在国际贸易战中处于不利处境。

3. 企业国际化经营水平亟待提高

家电企业的国际化发展一方面能够扩充中国家电产业的市场容量、提升产值和效益；另一方面能够在激烈的竞争中实现差异化经营，通过海外市场开拓弥补国内发展的弊端。由于中国家电企业在技术水平、产品创新、经营机制等方面都与发达国家和地区存在较大差距，在发达国家投资建厂必然面临比国内市场更激烈的市场竞争和更大的风险。TCL在国际化历程中收购汤姆逊彩电业务和阿尔卡特手机宣告失败，长虹彩电在海外投资建厂前遭遇美国经销商APEX的巨额诈骗，家电企业的国际化发展道路注定并不平坦。当前家电企业在国际化发展过程中的主要问题包括：①没有掌握国际化产品，无法“走出去”。优秀的产品质量和服务是打开国际市场的基本保障，没有过硬的产品就无法迈出国际化的第一步。②国际环境无法适应，不敢“走出去”。家电企业既要面对陌生的法律环境、社会环境和税收环境，又要面对本土化国际家电巨头的区域竞争，在利润空间进一步受限、渠道和技术加速更新的大趋势下，中国家电企业的国际化发展面临种种挑战。③缺乏内外部必要准备，阻碍“走出去”。由于缺乏国际化的思维、人力资源结构以及金融配套设施，企业在国际化进程中将面临一定风险。[①] 当前欧美发达国家经济疲软，东南亚、南美洲和非洲等新兴市场蓬勃发展，中国家电企业“走出去”的好时机已经到来，如何规避风险、成功实现国际化是摆在中国家电企业面前的一道难题。

三、“十二五”时期家电工业面临的挑战和机遇

1. “十二五”时期家电工业的发展目标

“十二五”时期是中国家电工业发展的关键时期，中国家电工业要用10年的时间实现从家电大国到家电强国、从全球产量第一成为全球销量第一的发展目标。在此期间，中国家电工业的主要任务通过结构调整、产业转型升级和发展方式的转变，基本建立起依靠技术创新和管理创新的发展模式。在“十二五”期间，中国家电企业的自主创新能力要明显增强，核心技术、关键零部件和关键设备的研发和制造能力得到提高；产品质量和档次上一个台阶，自主品牌在国内外市场的认可度稳步提升；节能环保和资源综合利用水平明显提高，实现可持续发展；产业布局和企业组织结构合理化，盈利能力得到提高；行业竞争有序，企业树立社会责任感；企业的国际化水平及其国际竞争力、影响力显著提升，在全球家电业的优势地位进一步增强。按照中国家用电器协会提出的目标，到“十二五”期末中国家电工业的总产值将达到1.5万亿元，年均增长9.2%；出口额将达到600亿美元，年均增长8.4%，在全球出口市场的比重达到35%。[②]

2. “十二五”时期家电工业面临的挑战

（1）全球经济增长低迷，国际市场需求不振。世界经济形势复杂多变，仍处于动荡和低增长周期，发展态势不容乐观。欧元区主权债务危机持续蔓延导致经济衰退风险加大，美国失业率居高不下，主要发达经济体居民消费能力下降，国际市场需求不振导致全球经济增长动力明显不足，新经济增长点仍在孕育之中。受外向型发展模式制约，全球经济增长低迷和国际市场需求下降会

---

① 于昊：《海外建厂：家电企业国际化的必由之路》，《电器》2011年第10期。

② 中国家用电器协会：《中国家用电器工业“十二五”发展规划的建议》，中国家用电器协会网站，2011年11月15日。

对我国家电产业出口造成较大阻力。

（2）行业竞争加剧，国际贸易环境日趋复杂。近年来，中国家电出口规模扩大造成了和贸易对象国的摩擦，针对中国家电产品的反倾销案件增加，技术贸易壁垒增多，国际贸易环境日益严峻。人民币的升值将进一步削弱中国家电工业的低成本优势。此外，“十二五”时期，中国家电工业还将面临来自其他发展中国家的激烈竞争。越南等发展中国家的低劳动力成本优势将吸引国际家电大公司把一些低价位产品生产转移到这些国家；一些中高端产品的生产则有向临近发达国家的墨西哥、土耳其、东欧等地转移的可能。

（3）要素成本上升，原有的发展方式难以为继。家电工业在“十二五”时期将首先面临制造成本上升的挑战。“十一五”时期，家电工业制造成本已呈上升态势，包括土地成本在东部沿海地区快速上涨，劳动力成本趋高并出现结构性短缺现象，原材料平均价格居于历史最高水平，节能环保要求的提高也抬升了成本。“十二五”时期，随着中国工业化和城镇化的推进，改善环境和提高社会福利压力的增大以及人口老龄化的来临，土地、原材料、劳动力、水电等各类要素成本还将进一步上升，这些都对过度依靠单低成本、高消耗的粗放发展方式提出严峻挑战。

（4）技术创新能力亟待提高，赶超国际先进水平仍需假以时日。“十二五”时期，家电企业的技术创新能力是否能够快速提升以满足市场竞争和消费结构变化的要求，将对家电企业形成巨大挑战。在此期间，尽管中国家电企业的技术创新能力有望快速提升，但总体上仍难以达到国际先进水平，同时国际著名家电企业的技术水平也在提高，将不断开发出新的技术，从而在客观上要求中国家电企业必须快速提升技术创新能力。

（5）刺激家电消费的政策不再集中出台，企业发展主要靠市场竞争。政府对家电行业的一系列刺激政策对家电消费拉动效果明显，商务部数据显示，2011 年，仅全国家电“以旧换新”这一项政策，便带动了五大类 9248 万台新家电的销售，拉动直接消费 3420 亿元。[①] 2011 年，家电下乡、以旧换新和节能惠民三大刺激政策相继退出，“十二五”期间，家电工业既要消化三大政策刺激下产生的过剩产能，又要面临部分家电需求已被提前透支的不利局面。今后，家电工业的发展将不再是依靠政府刺激消费政策的拉动，而是靠企业在市场上的打拼。

3.“十二五”时期家电工业的历史机遇

（1）国内家电市场仍存在较大的消费需求。“十二五”时期，国内家电市场将迎来新一轮消费结构的快速升级和产品的大批量更新。城镇家电市场对节能环保、高端家电产品的需求将迅速增长。预计在此期间，平均每年将更新电冰箱 1000 万台、洗衣机 1250 万台、空调器 2400 万台。农村家电普及率稳步提升，农村消费者对家电产品升级换代的需求增强。“十二五”期末，农村家庭家用电器的普及程度有望达到或接近城市市场 20 世纪 90 年代中后期水平：电冰箱百户拥有量 70~75 台，洗衣机百户拥有量 80~85 台，空调器百户拥有量 25 台。预计“十二五”时期农村市场电冰箱、洗衣机和空调器的年均需求量分别为 1200 万~1400 万台、1000 万~1200 万台和 800 万台。[②] 中国的城镇化水平到“十二五”期末将达到 52%，新增城镇人口将有效提升对各类家电产品的需求量。

（2）欧美国家经济疲软为中国家电企业发展赢得时间和空间。在欧债危机、美国市场复苏缓慢等因素影响下，以美国、欧盟和日本为主的发达国家的家电市场需求规模难以扩大。特别是日本家电企业在 2011 年集体出现巨额亏损，其中松下预计亏损 7800 亿日元，索尼预计亏损 5200 亿日元，夏普预计亏损 3900 亿日元。[③] 国际家电巨头业绩下滑，竞争力削弱，给中国企业带来超越的机会。“十二五”期间，一方面，中国家电企业应通过提高产品档次和改善产品结构，提升国际市场产品竞争力；另一方面，中国家电企业应积极开拓俄罗斯、巴西、印度、拉丁美洲等新兴市场，通过新兴经济体的快速发展为中国家电出口带来

① 崔雷、张意轩：《家电以旧换新拉动消费 3420 亿元》，《人民日报》（海外版）2012 年 1 月 1 日。
② 中国家用电器协会：《中国家用电器“十二五”发展规划的建议》，中国家电网，2010 年 12 月 9 日。
③ 陈庆麟、庞倩影：《日企收缩战线带来机遇 中国家电企业抢夺市场》，《新快报》2012 年 4 月 18 日。

更多的市场机遇。

(3) 中国家电企业实力已明显增强。“十二五”期间，在行业结构调整方面，行业整合程度将进一步深化，优势资源向大品牌集中的趋势将更加明显，中国家电产业集中度将逐步提高。以空调产品为例，“十二五”期间空调行业将形成两大品牌领跑，六七家主流品牌跟进的市场格局，[①] 优势企业实力将获大幅提升。在企业技术创新方面，家电企业在变频技术、新能源技术、新材料与材料替代技术、智能化和网络化技术等高新技术方面将得到突破，高端产品竞争将更为激烈，企业的自主创新能力和产品质量档次都将稳步提高。在营销渠道建设方面，进一步构建多元化营销渠道，努力打造国际营销渠道和农村营销渠道，全面提升中国家电企业产品营销实力。

(4) 企业“走出去”的好时机已经到来。自美国金融危机和欧洲主权债务危机爆发后，欧美经济一直处于低迷状态。经济形势的恶化致使欧美国家欢迎中国企业到本国进行并购投资，以刺激经济发展。例如，欧元区国家为解决债务危机会进行国有资产私有化的运作，中国企业可利用此机会实施海外投资，融入全球经济。因此，中国家电企业“走出去”的好时机已经到来。当前中国外汇储备额度巨大，人民币也处于升值的有利形势下，是“走出去”获取海外技术、资源、人才和收购海外企业的最佳时期，家电企业海外投资将对国内家电制造行业形成有力支撑。

四、对策建议与展望

1. 深化国内市场渠道建设，重点拓展农村市场和网络营销

建立国内家电市场多元化营销渠道，重点发展农村市场和网络营销。家电企业要通过与连锁家电卖场、超市、百货等传统家电终端密切合作，有效促进消费升级与家电商品流通。进一步增强营销服务能力和售后服务网络建设，充分发挥家电产品在拉动居民消费中的作用，实现家电行业平稳较快发展。家电企业既要满足城市消费者更新换代和产品升级、追求时尚的需求，更要大力开发适应农村消费需求的产品，满足农村市场的需求。制定新一轮农村市场刺激政策，进一步延续“家电下乡”的政策效应，加强国内三、四级市场特别是农村市场的销售渠道建设。要根据产品特点、市场特点以及消费者购物习惯变化，积极探索和推进网上购物等新型营销模式，推动网上购物的信息披露、责任认定与诚信体系网购物流体系的建设。

2. 提升国际市场开发水平，加强新兴市场投资力度

积极开展国际化经营和开拓国际市场，紧抓新兴市场快速发展的机遇。国际化是中国家电发展的重要方向，通过提升产品的附加价值与加强品牌建设、营销渠道建设，提高中国家电工业在国际分工中的地位，巩固中国作为全球家电制造中心的地位。要通过企业自建、合资、合作、收购国外工厂或品牌等多种方式开发海外市场。逐步建立国际化的研发、生产、销售和服务体系；鼓励企业研究目标市场投资环境和收集市场需求信息等；支持企业参与各类国际组织有关标准的制定、修订工作并提供便利条件；鼓励家电企业培育国际品牌；鼓励企业开展多种形式的国际合作，加强信息、技术交流和人员培训。在欧美市场整体疲软的情况下，特别要加强在俄罗斯、巴西、印度、拉丁美洲、中东和东盟等新兴经济体的海外投资和合作力度，充分利用当地优惠政策实现资源的最佳配置。

3. 加强自主品牌建设，扩大品牌国际影响力

大力加强自主品牌建设，推动中国家电行业的制造优势向品牌优势转化。中国家电行业品牌集中度相对较高，自主品牌在国内市场占据一定优势地位，但品牌国际化影响力尚待提升。要继

① 张彦斌：《我国家电产业的集中度将进一步提高》，《中国电子报》2011 年 11 月 28 日。

续落实和完善相关政策，大力支持自主品牌的国际化战略，通过在国外市场注册商标、出国（境）参展、在目标市场宣传推广、设立境外营销机构和完善售后服务体系等多种形式，大力提升自主品牌影响力。要加强对家电区域品牌建设的指导和支持。引导规模效益好、创新能力强的家电产业集群，积极创建国家新型工业化产业示范基地。要加大对自主品牌商标、外观设计、发明专利等知识产权的保护力度，加大对自主品牌的宣传力度，提高消费者对自主品牌的认知度。完善人才培养机制，重视品牌经营管理人才培养，满足企业对优秀品牌经营管理人才的需求，提高品牌建设能力和运作能力。

4. 完善技术及行业标准，加大参与国际标准化工作的力度

加强对国家标准、行业标准制修订的引导、控制和支持，及时了解企业标准制修订的需求，提高标准制修订机构的工作水平，完善标准化服务机制，严格执行标准制修订规程，提升产业标准化水平和标准制修订的质量和水平，加强对标准指标体系、检测方法、检测设备的技术研究，提高其科学性、可应用性，发挥标准引导产品发展方向、保证产品质量的作用。充分利用龙头企业的人才、资金等方面优势，为标准建设提供技术研究支持。同时强化行业协会在标准化工作中的协调作用。建立鼓励提出国际标准提案的机制，加强对国际标准动态跟踪研究，加大实质性参与国际标准化工作的力度，提高中国在国际标准化组织中的影响力和话语权。提出一定数量的国际标准制、修订提案并得到采纳，逐步将具有中国特色的家电标准提升成为国际标准，通过国际标准化工作来维护中国家电工业在国际家电市场的利益。

5. 加强核心技术研发，提升自主创新水平

大力提高家电企业的核心技术竞争力，以技术升级提升企业自主创新水平。在政策上鼓励和引导企业加大研发投入，要以市场为导向，加强具有自主知识产权的核心技术研发，积极开发和应用节能环保技术、资源再利用技术、新材料应用技术和信息化应用技术。增加对高端、高效节能型、信息化家电产品的研发投入，加快对关键零部件生产线的技术改造。要加强企业之间的合作，建立产业技术联盟，对空调新冷媒替代技术、变频技术、太阳能利用技术、热泵技术等进行重点攻关；要增强以企业为主体的创新能力，建立以企业为核心、“产学研”相结合的技术研发公共平台，开展家电工业的基础性和应用性研究，促进行业整体技术水平的提高。制定电冰箱及冰箱压缩机、空调器及空调压缩机、洗衣机、电机等主要家电产品及关键零部件技术发展路线图，为企业的技术创新和产品开发提供方向。

6. 促进家电工业转型升级，突出节能环保重点领域

不断推进家电工业的转型升级，努力提升节能环保工作水平。积极营造转型升级外部环境，加大对假冒伪劣家电产品的打击力度，营造公平竞争的市场环境；建立商业企业与家电生产企业协作共赢的良好机制，形成规范有序的市场营销秩序；家电企业加大与上游企业的联合、协作力度，共同研究开发节能环保、可再生、减量化的新型原辅材料，探索建立原辅材料的供应基地；完善废旧家电产品回收处理再利用的长效机制，鼓励家电企业自行或委托回收废旧家电，延长产业链，促进资源的有效利用；不断完善家电产品的能效评价体系，加大能效标识的宣传工作，规范市场节能宣传。建立对优秀节能产品的经济激励机制。加大对采用空气源、太阳能等新能源家电产品的政策支持。继续增加对环保技术的资金投入，大力推进绿色设计与清洁生产，严格控制家电产品中的有害物质，提高产品的环境友好性。

专栏 32–1

中国家电工业“十二五”期间的主要发展目标

通过10年的努力，实现由家电大国成为家电强国的目标。家电强国的主要标志是在全球家电业中居引导地位，在国际标准的制定上具有广泛的参与度与话语权；掌握核心技术，具备关键零部件和关键设备的研发和制造能力，拥有一批被全球消费者认可的自主品牌；产量规模、销售额和盈利水平皆位居世界前列，高端产品占有相当的市场份额；综合实力强，在产品设计、采购、制造、物流、营销与服务价值链上皆具有较强竞争力；涌现一批拥有技术创新和管理创新能力，具备诚信、自尊、负责、开放与追求卓越价值观的大型跨国企业。

1. 经济指标

产业规模在“十二五”时期保持适度增长，“十二五”期末家电工业总产值达到 1.5 万亿元，年均增长率 9.2%。“十二五”期末出口额 600 亿美元，年均增长 8.4%，在全球出口市场的比重达到 35%。

2. 技术创新指标

“十二五”时期加大技术研发投入，完善以企业为主体的技术创新体系，行业关键技术和共性技术要有新的突破，建立一批重点领域共性技术开发平台，自主创新能力进一步增强，发明专利数量增加，工业设计水平明显提高。发展一批具有自主创新能力、拥有自主知识产权的企业。

“十二五”时期，行业平均研发投入在销售收入中的比重达到 3%；拥有 20 个以上的国家认定企业技术中心；全行业发明专利拥有量年均增长8%，涌现一批企业技术带头人。

3. 质量指标

“十二五”时期中国家电产品质量工作应该成为“调结构、促转变”的重要内容，产品质量水平和质量管理水平稳步提高，特别是要提高出口产品质量。产品返修率降低 20%，主要家电产品抽查合格率达到 95%以上，小家电产品的安全、性能和可靠性进一步改进。

4. 节能环保指标

“十二五”期末中国主要家电产品节能环保水平接近国际先进水平，产品的绿色设计水平和资源综合利用水平明显提高。新能源产品应用要有重大突破。主要家电产品能效水平平均提高 15%；建立兼顾产品使用和产品制造的总能效指标体系。

空调器行业 HCFC-22 消费量在 2009 年和2010 年两年平均水平上削减 10%；家用冰箱冷柜、电热水器企业完成 HCFC-141b 物质的淘汰工作；太阳能热水器企业开始进行 HCFC-141b 替代技术转换工作。家电产品有害物质含量符合国家有关规定。

5. 国际化指标

“十二五”时期适时在国外建立生产基地，提高境外生产的比重，形成国际化的产业布局；自主品牌要进入国际主营销渠道，在国际市场中销售的比重达 30%；发展 5 个左右具有综合竞争实力的国际化企业集团；3~5 个国际知名品牌，龙头企业自主品牌出口比例达到本企业出口量的50%以上。

资料来源：中国家用电器协会：《中国家用电器工业“十二五”发展规划的建议》，中国家电网，2010 年 12 月 9 日。

参考文献

1.《2011 年家电行业运行情况》，国家发展和改革委员会网站产业协调司子站，2012 年 3月 28 日。

2. 陈庆麟、庞倩影：《日企收缩战线带来机遇　中国家电企业抢夺市场》，《新快报》2012 年 4 月 18 日。

3. 张彦斌：《我国家电产业的集中度将进一步提高》，《中国电子报》2011 年 11 月 28 日。

4. 丁磊：《海尔 1.2 亿美元收购三洋部分业务　家电业务版图扩张》，《21 世纪经济报道》2011 年 7 月 29 日。

5. 王文帅、王秋凤、史春姣：《东盟成中国家电国际化扩张“战场”》，《经济参考报》2011年 11 月 1 日。

6. 王洁青：《中国家电企业，不创新就死亡》，《家电市场》2011 年第 4 期。

7. 毛蕴诗：《以关键技术为突破口　提升我国产业竞争力》，《国际商报》2012 年 3 月 12 日。

8. 于昊：《海外建厂：家电企业国际化的必由之路》，《电器》2011 年第 10 期。

区域篇

第三十三章　中国工业区域结构优化

提　要

统计分析显示，“十二五”开局之年中国工业空间分布的均衡性和协调性得到进一步增强。东部地区资源开采行业和劳动密集型产业继续大量向中、西部地区转移，而技术密集型产业占全国份额虽有所下降，但总体上仍有较大优势；中、西部地区在大量承接传统产业转移的同时，一些重点经济区高技术产业也得到快速发展。从空间变动趋势看，国内工业的区域分工开始从垂直分工、水平分工逐步转向价值链雁阵分布形态。当前，中国工业区域结构调整面临着一些新的问题和新挑战。沿海发达地区在转型中增速下降较快，中、西部地区经济快速增长中存在传统方式的路径依赖，东北老工业基地依然转型困难，发展活力和后劲不足；由于国家人口红利正在消失，“用工难”已成为工业化地区的巨大挑战。今后要依据区域发展总体战略和主体功能区规划，加强差别化的分类指导，建立健全区域间协调互动机制，推动工业区域结构朝着更加均衡、高效和可持续方向调整。

*　　　　*　　　　*

2011年“十二五”开局之年，国家继续加大区域协调发展布局的力度，各地区积极推进工业化和城镇化进程，区际产业转移与承接的步伐加快，中国工业的区域结构进一步朝着均衡和协调的方向演进。但在宏观经济下行和转变发展方式的双重压力下，各地区工业的发展和结构调整仍面临着不少的问题和困难，要按照区域发展总体战略和主体功能区规划的要求，充分发挥区域比较优势，根据各地区的发展阶段实现不同类型区域转型发展的目标。

一、中国工业区域结构调整的成效

1. 工业空间分布的均衡性和协调性增强

从四大板块区域的工业增加值占全国的份额比例变化可以看到（见图33-1），21世纪以来的10年东部沿海地区与中、西部地区的工业发展差距经历了先扩大后缩小的倒“U”形变化。

“十五”期间东部地区工业增加值占全国份额从2000年的57.8%增加到2004年的最高值60.5%，但进入“十一五”时期以来，中、西部地区工业增加值所占份额大幅上升，与东部地区的差距在逐渐缩小。东部地区工业增加值占全国份额由最高时2004年的60.5%下降至“十二五”开局之年2011年的51.8%，减少了8.7个百分点；同期，中部地区和西部地区则分别由16.9%和13.9%增至21%和18.3%，分别上升了4.1个百分

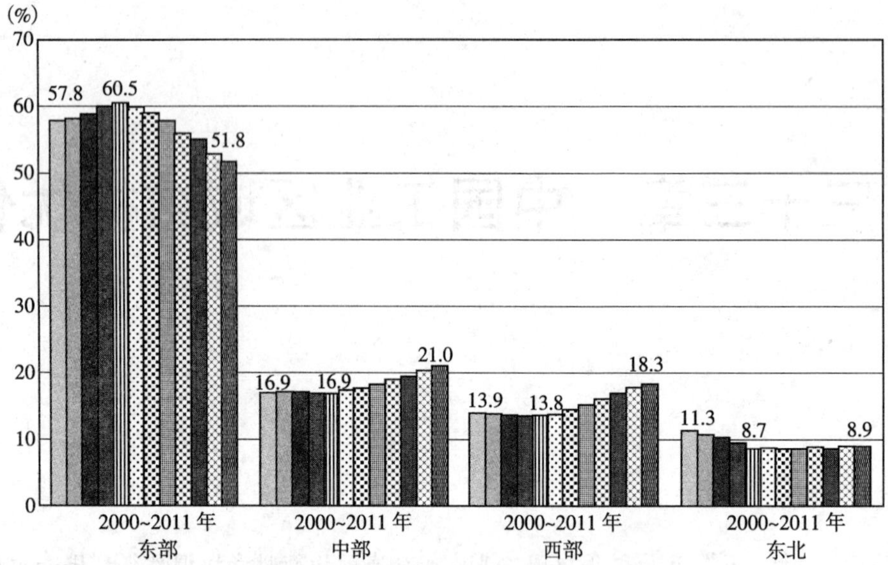

图 33-1　2000~2011 年中国四大板块区域工业占全国份额变化

资料来源：根据中经专网数据计算整理。2011 年工业增加值系按照当年增长速度测算而得。

点和 4.4 个百分点；而东北老工业基地在转型调整过程中，工业增加值所占份额有所下降，由 21 世纪初的 11.3%到近两年的 9%左右，减少了 2.3 个百分点。

从各工业行业的地区分布来看，虽然中国工业行业的地区集中度近年来有所降低，[①] 但仍主要分布在东部地区，如表 33-1 所示，东部地区的山东、广东、浙江、江苏几乎每一个行业所占份额都处于前五位，特别是集中度最高的制造业如化学纤维制造业（CR_5=0.85），文教体育用品制造业（CR_5=0.82），通信设备、计算机及其他电子设备制造业（CR_5=0.79）都集中在沿海少数几个省市。中部省份中，河南工业地位有所上升，在纺织业、橡胶制品业、造纸及纸制品业、有色金属开采业、医药制造业和食品制造业等诸多行业进入工业产值前五位。西部省份中，只有内蒙古、四川、陕西等省区在矿产、能源开采行业处于前五位。东北地区中，辽宁的发展优势不断扩大，在巩固其作为老工业基地的传统矿产采选业、装备制造业等行业优势的基础上，农副食品加工业、家具制造业、塑料制品业等行业也进入前五位。

这说明，虽然东部地区产业转移在加快，但离制造业的区域科学分工、合理布局还有一定的距离，中、西部地区在能源矿产开采行业优势不断增大，但在这些产品深加工环节仍非常薄弱，阻碍了产业的区域分工和结构优化进程。

表 33-1　2010 年工业各行业分布的集中度 CR_5 排序

行　业	CR_5	省　份
化学纤维制造业	0.85	浙江、江苏、福建、广东、山东
文教体育用品制造业	0.82	广东、江苏、浙江、山东、上海
通信设备、计算机及其他电子设备制造业	0.79	广东、江苏、上海、山东、福建
纺织业	0.74	江苏、山东、浙江、广东、河南
废弃资源和废旧材料回收加工业	0.74	广东、浙江、江苏、安徽、重庆
纺织服装、鞋、帽制造业	0.73	江苏、广东、浙江、山东、福建
皮革、毛皮、羽毛（绒）及其制品业	0.72	福建、广东、浙江、山东、河北
仪器仪表及文化、办公用机械制造业	0.71	江苏、广东、浙江、上海、山东
工艺品及其他制造业	0.71	广东、浙江、山东、福建、江苏

① 往年中国工业行业地区集中度的分析参见：中国社会科学院工业经济研究所：《中国工业发展报告》（2010、2011）相关内容。

续表

行　业	CR_5	省　份
电气机械及器材制造业	0.67	广东、江苏、浙江、山东、安徽
石油和天然气开采业	0.64	黑龙江、天津、陕西、新疆、山东
橡胶制品业	0.64	山东、江苏、浙江、广东、河南
金属制品业	0.64	广东、江苏、山东、浙江、辽宁
家具制造业	0.63	广东、浙江、山东、辽宁、上海
塑料制品业	0.63	广东、浙江、江苏、山东、辽宁
黑色金属矿采选业	0.62	河北、辽宁、山东、内蒙古、四川
造纸及纸制品业	0.62	山东、广东、江苏、浙江、河南
通用设备制造业	0.62	江苏、山东、浙江、辽宁、上海
有色金属矿采选业	0.61	河南、山东、内蒙古、湖南、辽宁
煤炭开采和洗选业	0.59	山西、内蒙古、山东、河南、陕西
化学原料及化学制品制造业	0.57	江苏、山东、广东、浙江、上海
印刷业和记录媒介的复制	0.56	广东、浙江、山东、江苏、上海
专用设备制造业	0.52	江苏、山东、河南、湖南、辽宁
非金属矿物制品业	0.51	山东、河南、广东、江苏、辽宁
黑色金属冶炼及压延加工业	0.51	河北、江苏、辽宁、山东、天津
木材加工及木、竹、藤、棕、草制品业	0.50	山东、江苏、广东、河南、吉林
燃气生产和供应业	0.50	广东、内蒙古、江苏、北京、浙江
水的生产和供应业	0.50	广东、浙江、江苏、山东、四川
农副食品加工业	0.49	山东、辽宁、河南、江苏、四川
食品制造业	0.48	山东、河南、广东、内蒙古、福建
烟草制品业	0.48	云南、上海、湖南、湖北、江苏
有色金属冶炼及压延加工业	0.47	江苏、山东、河南、江西、广东
非金属矿采选业	0.46	山东、广东、辽宁、河南、四川
饮料制造业	0.46	四川、山东、河南、广东、江苏
医药制造业	0.46	山东、江苏、广东、浙江、河南
交通运输设备制造业	0.46	江苏、山东、广东、上海、吉林
石油加工、炼焦及核燃料加工业	0.44	山东、辽宁、广东、河北、江苏
电力、热力的生产和供应业	0.40	广东、浙江、江苏、山东、河南

资料来源：根据中国统计数据应用支持系统数据测算。

从主要工业产品产量在全国市场的份额变化看，东部地区各主要工业品所占份额 2011 年比 2002 年普遍下降，只有钢材、汽车、彩电、纱 4 种产品所占份额有所增加；中部地区的原煤、化肥、手机、水泥等产品份额上升较快；西部地区的原煤、发电量、水泥、塑料、金属切床、微型计算机和集成电路等工业品份额有不小的提高；而东北地区除了金属切床、水泥和手机外，主要工业品生产份额都有不同程度的下降。

目前总体上，东部地区在手机、微型计算机、集成电路、彩电、钢材等工业品的生产能力上仍占有绝对优势，但优势地位相对下降。中、西部地区在电力、原煤、化肥等能源工业品占有优势的同时，由于重庆、四川、河南等省份的重点经济区快速发展，产品层次也不断提升，在微型计算机、集成电路和手机等高技术产品生产方面增长迅速。东北老工业基地的优势仍在于金属切削机床等装备制造和水泥等重工业领域（见表 33-2）。

表 33–2 2011 年四大板块区域主要工业产品份额及其比 2002 年增减变化

单位：%

主要工业品	东部		中部		西部		东北	
	2011 年份额	2011 年比 2002 年增减	2011 年份额	2011 年比 2002 年增减	2011 年份额	2011 年比 2002 年增减	2011 年份额	2011 年比 2002 年增减
钢材	59.1	4.9	19.8	–0.3	12.7	–0.2	8.4	–4.4
原煤	12.0	–9.2	47.1	7.7	35.5	7.6	5.4	–6.1
发电量	41.5	–3.8	22.9	1.3	29.3	5.5	6.3	–3.0
水泥	38.4	–12.7	25.3	2.8	29.5	8.6	6.8	1.3
农用氮、磷、钾化学肥料	20.5	–7.7	39.0	6.8	37.9	2.2	2.6	–1.4
初级形态的塑料	62.8	–3.5	8.7	–0.3	20.2	11.6	8.3	–7.7
金属切削机床	53.0	–15.9	7.0	0.3	16.6	6.8	23.4	8.8
汽车	46.1	13.1	19.2	–4.7	21.3	2.5	13.4	–10.9
彩电	77.3	17.0	5.4	–4.3	12.7	–8.4	4.6	–4.3
纱	60.5	2.1	32.0	4.5	6.7	–4.0	0.8	–2.6
手机	93.0	–5.3	5.3	4.9	1.3	0.2	0.4	0.2
微型电子计算机	81.9	–9.1	3.0	1.3	15.1	13.9	0.0	–6.2
集成电路	87.6	–6.0	0.1	0.1	12.3	5.9	0.0	0.0

资料来源：根据中国统计数据应用支持系统数据测算。

2. 区域分工呈现价值链雁阵形态

中国地域面积广大，幅员辽阔，四大板块之间的比较优势各异，所处发展阶段也各不相同，因此，四大板块之间存在着较明显的梯度特征，表现在产业分工上就是产业价值链的区域雁阵形态。随着国内区际产业转移进程的加快，这种价值链雁阵形态越来越凸显。

我们把工业行业分为资源开采业、劳动密集型产业、资本密集型产业和技术密集型产业，① 如表 33–3 所示，相比较 2003 年，2010 年东部地区劳动密集型产业所占份额大幅下降，由 73%降至 62.6%，下降 10.4 个百分点，资源开采业与资本密集型产业也分别降低 2.1 个百分点和 4.2 个百分点，技术密集型产业虽然由于近年中、西部地区和东北地区一些发展水平较好的重点经济区崛起，份额有所下降，但仍然占 77.9%的比例。中部地区资源开采业、劳动密集型产业所占份额分别增加了 5.4 个百分点、5.5 个百分点，同时资本密集型和技术密集型产业也都增加 3 个以上百分点。西部地区增加最大的就是资源开采业，2010 年西部资源开采业产值占比达到 29.6%，提高了 6.6 个百分点。东北老工业基地资源开采业和资本密集型产业分别下降了 9.9 个百分点和 0.7 个百分点，而劳动密集型产业和技术密集型产业分别提高了 3.2 个百分点和 0.8 个百分点。

这反映了中国四大板块的区域总体发展战略实施已有一定的成效，产业在空间分布上呈现雁阵形态。东部地区劳动密集型产业已大量地向中部地区、东北地区和西部地区转移，资源开采业从东部地区和东北地区大量向西部地区与中部地区转移，东部地区开始更加趋向于技术密集型产业和资本密集型产业。中、西部地区在承接劳动密集型产业和资源型产业的同时，内部发展水平较高的地区也不断提升产业层次，资本密集型产业和技术密集型产业正在成为中、西部地区的经济高地与新增长极。东北老工业基地则不断推进

① 这四种类型产业的界定范围如下：资源开采产业包括煤炭开采和洗选业、石油和天然气开采业、黑色金属矿采选业、有色金属矿采选业、非金属矿采选业；劳动密集型产业包括农副食品加工业，食品制造业，饮料制造业，烟草制品业，纺织业，纺织服装、鞋、帽制造业，皮革、毛皮、羽毛（绒）及其制品业，木材加工及木、竹、藤、棕、草制品业，家具制造业，造纸及纸制品业，印刷业和记录媒介的复制，文教体育用品制造业；资本密集型产业包括石油加工、炼焦及核燃料加工业，化学原料及化学制品制造业，化学纤维制造业，橡胶制品业，塑料制品业，非金属矿物制品业，黑色金属冶炼及压延加工业，有色金属冶炼及压延加工业，金属制品业，通用设备制造业，交通运输设备制造业，电气机械及器材制造业，仪器仪表及文化、办公用机械制造业，工艺品及其他制造业，废弃资源和废旧材料回收加工业，电力、热力的生产和供应业，燃气生产和供应业，水的生产和供应业；技术密集型产业包括医药制造业，专用设备制造业，通信设备、计算机及其他电子设备制造。

产业转型升级，传统的能源产业、重化工的资本密集型产业在全国所占份额不断下降，劳动密集型产业和技术密集型产业则有所提升。

表 33-3　2010 年与 2003 年四大板块区域不同类型产业的份额变化

单位：%

行　业		东部	中部	西部	东北
资源开采业	2010 年	30.1	27.9	29.6	12.4
	2003 年	32.2	22.6	23.0	22.3
	份额变化	−2.1	5.4	6.6	−9.9
劳动密集型产业	2010 年	62.6	17.9	11.8	7.8
	2003 年	73.0	12.4	10.1	4.6
	份额变化	−10.4	5.5	1.7	3.2
资本密集型产业	2010 年	60.7	17.4	13.0	9.0
	2003 年	64.9	14.4	11.0	9.7
	份额变化	−4.2	3.0	2.0	−0.7
技术密集型产业	2010 年	77.9	10.3	6.9	4.9
	2003 年	83.2	6.5	6.3	4.1
	份额变化	−5.3	3.8	0.6	0.8

资料来源：根据中国统计数据应用支持系统数据测算。

从各个省份的产业层次构成来看（见表 33-4），资源开采业在各自省份工业总产值中所占份额下降最多的是黑龙江、山东、新疆、青海和甘肃等省份，增加最多的主要是山西、内蒙古、贵州和云南等中、西部省份。就劳动密集型产业而言，东部各省份都有所下降，浙江、江苏、河北、天津与北京等省份下降相对较大，而东北三省和中、西部地区的江西、西藏、重庆、四川等省份发展较快。大部分省份资本密集型产业所占比例都有所上升，只有山西、西藏、吉林等 8 个省份有所下降，这也反映了中国各省份仍然主要依靠投资拉动经济发展的现实情况。大部分省份技术密集型产业份额也都有下降，只有上海、湖南和吉林等省份有所提升，这说明中国技术密集型产业的竞争力还不强，缺乏持续发展能力。

表 33-4　2010 年与 2003 年中国各省份不同类型产业的构成变化

单位：%

地　区	资源开采产业		劳动密集型产业		资本密集型产业		技术密集型产业	
	2010 年	2003 年	2010 年	2003 年	2010 年	2003 年	2010 年	2003 年
全　国	6.4	5.2	21.0	23.8	59.9	55.1	12.6	15.9
北　京	6.8	1.6	9.3	13.1	61.2	54.2	22.7	31.0
天　津	12.7	5.9	9.4	14.1	62.9	53.6	15.0	26.4
河　北	9.9	7.4	15.8	22.3	69.5	64.3	4.8	6.1
山　西	39.6	23.7	3.9	5.2	51.7	65.9	4.8	5.2
内蒙古	26.0	11.9	19.7	28.0	51.0	51.0	3.4	9.1
辽　宁	6.4	7.4	16.8	11.8	68.9	71.2	7.8	9.6
吉　林	7.1	4.9	22.9	13.7	62.7	75.7	7.2	5.8
黑龙江	24.2	33.7	24.0	16.0	45.8	44.1	6.0	6.2
上　海	0.0	0.0	12.2	14.5	62.8	62.2	25.0	23.3
江　苏	0.6	0.7	17.9	24.9	62.2	55.3	19.2	19.1
浙　江	0.3	0.4	28.0	36.5	63.8	53.2	7.9	9.9
安　徽	6.9	6.2	21.4	23.4	66.1	63.3	5.7	7.1
福　建	2.5	0.9	37.5	35.0	46.6	42.8	13.4	21.3

续表

地 区	资源开采产业		劳动密集型产业		资本密集型产业		技术密集型产业	
	2010年	2003年	2010年	2003年	2010年	2003年	2010年	2003年
江 西	4.6	3.8	21.1	20.4	67.0	66.6	7.4	9.2
山 东	5.8	7.9	27.7	31.6	57.2	50.3	9.4	10.2
河 南	10.5	10.8	26.3	27.5	55.9	53.8	7.3	7.9
湖 北	3.4	1.7	22.7	24.8	66.7	65.1	7.2	8.4
湖 南	6.7	5.0	24.9	25.8	56.4	59.2	12.0	10.0
广 东	1.4	0.4	20.9	23.0	52.6	46.3	25.0	30.3
广 西	3.6	2.7	25.6	29.9	63.3	59.1	7.6	8.3
海 南	3.6	1.3	19.7	30.6	70.3	59.0	6.3	9.1
重 庆	5.5	2.3	14.0	11.7	73.7	78.2	6.8	7.8
四 川	9.7	6.2	25.6	25.1	53.1	54.4	11.6	14.3
贵 州	16.7	6.8	15.9	21.1	61.2	63.0	6.2	9.1
云 南	8.7	3.3	25.0	42.9	62.8	49.2	3.4	4.5
西 藏	22.1	9.9	26.8	20.3	41.3	54.4	9.8	15.5
陕 西	24.9	21.5	11.2	15.1	56.3	46.9	7.6	16.5
甘 肃	11.0	13.5	9.5	12.6	76.7	67.7	2.8	6.2
青 海	26.7	31.4	6.3	6.5	65.4	59.8	1.7	2.4
宁 夏	14.1	10.4	14.0	17.6	68.9	68.8	3.0	3.3
新 疆	27.0	32.8	11.4	15.3	60.7	51.3	0.9	0.7

资料来源：根据中国统计数据应用支持系统数据测算。

3. 产业转移与承接的规模效率提高

按照国务院《关于中西部地区承接产业转移的指导意见》的精神，国家自2010年以来先后设立了5个承接产业转移示范区（见表33-5），包括安徽皖江城市带、广西桂东、重庆沿江、湖南湘南和湖北荆州。5个示范区对于自身产业发展有了更加明确的科学定位，安徽皖江城市带利用自身区位优势，承接长三角沿海地区产业转移；广西桂东则瞄准相邻的广东珠三角，承接装备制造业、原材料产业、轻纺化工业、高技术产业、现代农业、现代服务业六大产业；重庆是西部地区的重要增长极，因而重庆沿江示范区定位于高起点承接先进产业，打造现代产业体系；湘南和荆州两地则依托劳动力与原材料优势重点承接劳动力密集型产业、加工贸易型产业和装备制造等产业。示范区合理的定位有利于促进区域间产业的有序转移。

表 33-5 已批准的国家级承接产业转移示范区

地 区	区域范围	承接产业定位	批准时间
安徽皖江城市带	合肥、芜湖、马鞍山、铜陵、安庆、池州、巢湖、滁州、宣城9个市全境和六安市的舒城县、金安区，共59个县（市、区）	围绕产业升级和培育新的增长点，瞄准长三角等沿海地区迫切需要转移的产业，积极吸纳资本、技术、人才、品牌等要素，大力振兴装备制造业，加快提升原材料产业，加速壮大轻纺产业，着力培育高技术产业，积极发展现代服务业和现代农业，构建特色鲜明、具有较强竞争力的现代产业体系	2010年1月
广西桂东	主要包括毗邻广东的4个市：梧州、贵港、贺州和玉林	重点打造装备制造业、原材料产业、轻纺化工业、高技术产业、现代农业、现代服务业六大产业的承接转移	2010年10月
重庆沿江	涪陵、巴南、九龙坡、璧山、永川、双桥、荣昌7个区（县）	以现有产业为基础，高起点、有选择地承接先进制造、电子信息、新材料、生物、化工、轻工、现代服务业等七大产业，打造18条产业链	2011年2月
湖南湘南	衡阳、郴州、永州3市	承接产业转移的新平台、跨区域合作的引领区、加工贸易的集聚区和转型发展的试验区	2011年10月
湖北荆州	荆州市全境，辐射带动荆门、仙桃、潜江、天门4市	劳动密集型产业、农产品加工产业、化工产业、装备制造业、战略性新兴产业及现代服务业	2011年12月

资料来源：笔者根据国家发展和改革委员会网站相关文件资料整理。

承接产业转移示范园区的设立和建设也加快了这些地区的产业承接速度，辐射带动周边地区的产业发展，成为加速产业聚集、培育地方产业集群的主要载体。同时，由于政府不断加大对示范区基础设施、公共服务等领域的建设投入，园区产业配套能力和服务能力大幅提高，对转移企业和外来投资商产生了较强的吸引力。

借助于国家对示范区建设的政策支持和地方政府的大力推动，国内区域间产业转移与承接规模不断扩大，转移速度不断加快。如重庆近年来经济发展迅速，沿江示范区提出打造 18 条产业链，建设涪陵、九龙坡、巴南 3 个产值 3000 亿元级，永川、荣昌 2 个产值 2000 亿元级，璧山、双桥 2 个产值 1000 亿元级的产业承接基地。湖北荆州示范区在“十二五”期间的目标是示范区 GDP 年均增速 13%左右，产业结构进一步优化，高新技术产业增加值占 GDP 的比重由 6%上升为 12%，这将极大提高承接产业转移的效率，促进中、西部地区产业升级。

4. 能源重化工进一步向中、西部地区倾斜

中国能源行业和重化工行业逐步向中部和西部地区资源丰富地区转移。从前文对表 33-3 中四大板块区域资源开采业份额变化的比较分析发现，2010 年东部地区资源开采业相比 2003 年降低 2.1 个百分点，中部地区资源开采业所占份额增加 5.4 个百分点，西部地区资源开采业产值占比达到 29.6%，提高了 6.6 个百分点，东北老工业基地资源开采业下降了 9.9 个百分点。能源行业不断向中、西部地区的山西、内蒙古、贵州和云南等省份转移。同时，重化工行业也进一步向中、西部地区转移。如图 33-2 所示，2003 年以来，东部地区和东北老工业基地的重化工产业占全国比例一直呈下降趋势。东部地区由 2003 年的 66%降低到 2010 年的 60.5%，减少了 5.5 个百分点。东北老工业基地也由 2003 年的 9.6%下降至 2010 年的 8.7%。而中部地区重化工行业产值所占份额由 2003 年的 13.5%增加至 2010 年的 17.3%，西部地区也由 2003 年的 10.9%增加到 2010 年的 13.5%，中、西部地区 2010 年重化工业已经占到全国的 31%。

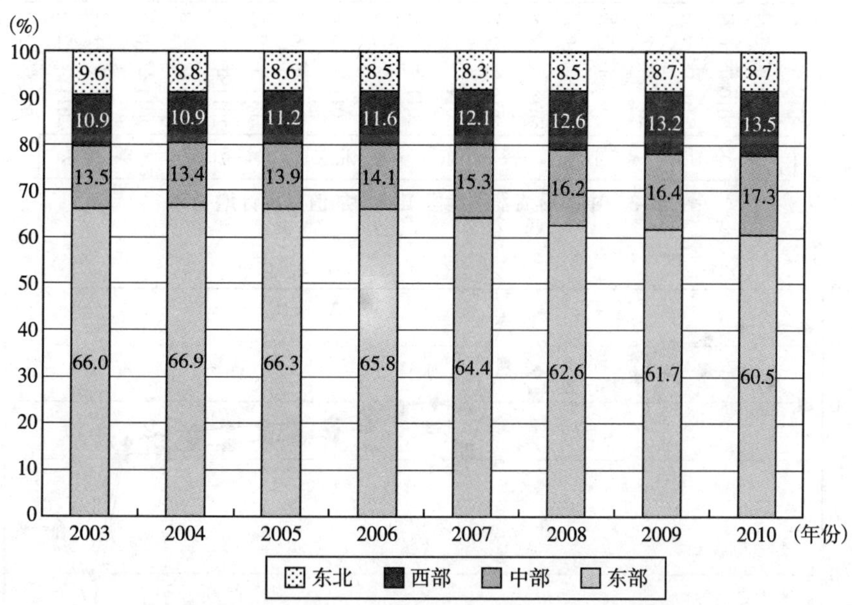

图 33-2　2003~2010 年四大板块区域重化工业份额变化

资料来源：根据中国统计数据应用支持系统数据测算。

二、区域结构调整面临的新问题和新挑战

1. 沿海发达地区工业降速快，经济下行压力加大

国际金融危机以来，世界经济复苏步伐再次放慢，贸易保护主义加重，中国对外贸易发展面临更大压力，像中国这样对出口依赖较大的新兴经济体国家受发达国家的拖累，经济增速下滑。作为中国经济增长“火车头”的东部沿海地区受到外需萎缩的冲击最大，同时还受到劳动力、土地、资源环境等成本上涨的压力，经济发展增速尤其工业增加值下降明显。

从图 33-3 和图 33-4 可以看到，从 2010 年 4 月以来，东部地区工业增加值和进出口货物总值的月累计增长率不断下滑，沿海地区重要的三大经济圈增速下降更为突出，上海工业增加值月累

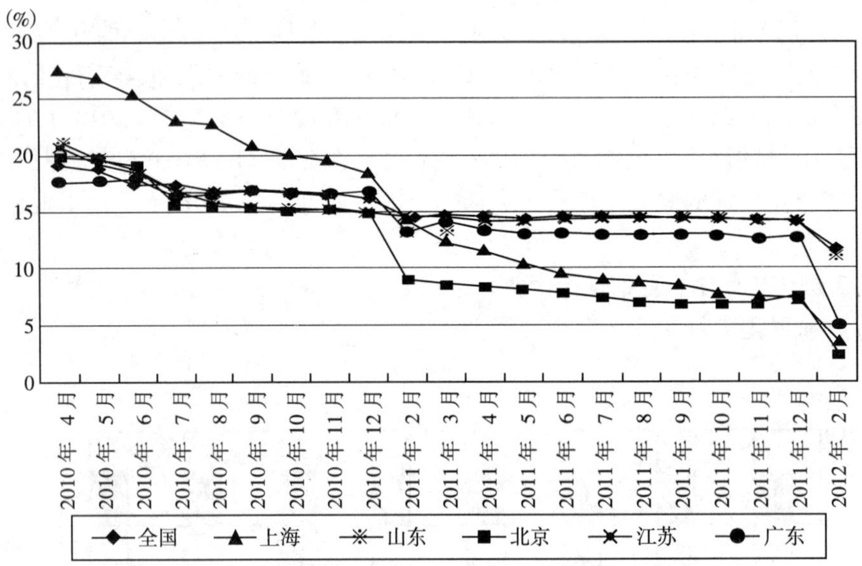

图 33-3　中国沿海发达地区工业增加值月累计增长率

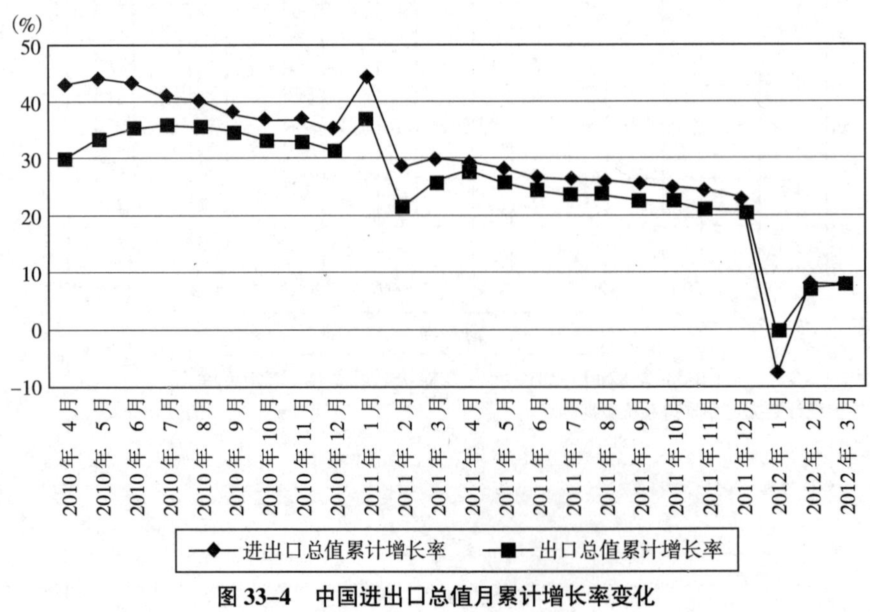

图 33-4　中国进出口总值月累计增长率变化

计增长率从2010年4月的27.4%下降到2011年上半年的10%左右，2012年2月更是下降到4%。同样北京与广东分别由19.8%、17.6%下降至2.4%和5%，江苏、山东也由20%左右的增长率下降到10%左右。中国进出口在2012年2月也首次出现逆差。沿海地区工业增长的放缓导致全国工业发展和整体宏观经济的下行压力增大。沿海工业下滑既有外部环境因素，又有主动转型调整的影响，但对增长降速过快过大可能带来的诸如企业倒闭潮、金融呆坏账、地方财力萎缩、产业空心化乃至由此产生的社会问题，应引起足够关注。

2. 中、西部地区发展呈现路径依赖，快速增长恐难持续

在东部地区经济发展放缓的情况下，中、西部地区发展明显加快，成为支撑国民经济平稳较快增长的重要动力。但是不难看到，中、西部地区虽然增速较快，但仍然是主要依靠投资拉动的粗放型经济增长，2012年第一季度，东部地区投资同比增长18.9%，中部地区增长27.1%，西部地区增长26.9%，这主要是国家对中、西部地区固定投资不断倾斜的结果，而且在地方债务不断加大的情况下，这种依靠巨额投资拉动经济的“大干快上”模式恐难以持续。

同时在产业结构上，面对环境保护和资源约束等方面越来越高的要求，中、西部地区尤其是西部地区由于其新兴产业发展还处于萌芽阶段，大部分产业仍局限在能源、基础原材料、有色金属加工等初级行业，给环境、资源带来了很大压力。

中、西部地区经济发展的这种不可持续性是由长期以来对粗放型经济增长方式的路径依赖造成的。政府对微观经济配置直接干预，要素价格体系扭曲，物耗、环境等方面社会规制不严，以及生产要素禀赋结构特殊等原因，致使中国经济已经对粗放型增长方式产生了比较强烈的路径依赖。在当前各种要素成本不断上涨、环境和资源约束不断强化的情况下，中、西部地区加快经济增长方式转变，为国家经济发展提供持续的支撑，急需破解路径依赖难题。

3. 东北老工业基地转型依然困难，发展活力和后劲不足

自2003年东北振兴战略全面实施以来，东北地区经济步入持续快速发展轨道，成为拉动中国经济发展的新引擎。不过，东北地区在经济转型中仍面临一系列问题，制约东北地区振兴的体制性、机制性、结构性的矛盾尚未得到根本解决。比如，东北地区国有企业依然存在着生产效率低，内部改革动力不足，市场扭曲，具有财务损失和机会成本、社会维稳以及短期的“国企改革成本”等问题。尤其是东北老工业基地国有企业多为垄断性和基础性行业，企业盈利能力较低，对资源的依赖性较大，因而转型的难度很大。

东北地区拥有一批结构单一的资源型城市，这些资源型城市在经历多年的大规模开采后，大都面临着资源枯竭的问题，由于产业单一，产业链条短，缺乏接替产业，虽然经过多年努力仍然面临着发展转型升级的困境。同时，东北地区资源型和原材料工业城市，由于重化工业所占比重大，大多数资源和能源消耗较高，环境污染较为严重。近年来，以其土地、资源、能源等优势，承接了国内外大量的产业转移，随之而来的是落后产业的涌入和生态环境保护压力的加大，可持续发展问题突出。

东北地区推进市场化经济改革的进程并不尽如人意，计划经济观念仍然有强大的主导作用和惯性作用，特别是计划经济时期的一套价值体系还在，这些因素使东北老工业基地在从计划经济向民营经济转轨的过程中步履蹒跚，远远落后于东部新兴的开放经济区。

4. 人口红利消失，“用工难”成为工业化地区的巨大挑战

改革开放以来，中国充分利用低廉的劳动力发展出口导向型的加工贸易产业，经济迅速腾飞。但是自2004年以来沿海省份开始出现“用工荒”，现在已经扩展到内地多数省份。根据蔡昉等学者的研究，2012年是中国人口红利的最后一年，2013年人口红利就将结束。到2013年，中国的劳动年龄人口将不再增长，是零增长，之后就是负增长。2013年将是一个极具标志性的转折点。这给中国目前正处于快速工业化过程中的地区带来巨大挑战。

人口红利的消失必然加快中国劳动力成本的快速上升，东部地区劳动力密集型产业面临严峻的生存压力。长期以来，珠三角加工贸易企业都维系着一条很脆弱的生态链，很多中小型出口加工型企业都依托上游大型加工企业层层分单生存，不管是来料加工，还是包工包料，利润分配已到了最薄环节，但是由于物价上涨较快，这些城市生活成本急剧攀升，劳动者对薪酬的预期提升，而利润单薄的用工企业无法按劳动者的期望提高薪酬，导致东部沿海地区普遍出现"用工荒"的现象。东部地区企业必须提高自主创新能力和企业竞争力，把价值链低端环节转移至中、西部地区。

但是近年来，随着承接东部地区产业转移的增多，许多劳动力丰富的中、西部省份也开始出现"用工荒"的现象。四川是传统的人口输出大省，虽然近几年有许多农民工返乡创业，但仍出现了大量企业招工难、用工难的问题，成都市政府部门还专门成立重大项目人才招募办，逐级下派招工指标。安徽、河南等中部省份在加速推进工业化、城镇化过程中，也频遭"用工短缺"的困扰，许多转移企业在当地招不到需要的员工。需要注意的是，目前农民工已经以"80后"、"90后"的新生代农民工为主体，不会务农又不喜欢流水线的新生代农民工，大多聚集到服务业发达的东部沿海地区，同时新生代农民工中具备职业技能的技术工人比较少，这些问题都将成为未来中国地区工业转型升级的巨大障碍。

三、优化区域结构的基本思路和重点

在转变发展方式和宏观经济下行的双重压力下，各地区经济发展都需要首先处理好稳定经济增长和结构转型升级的关系，抓住机遇，稳中求进，促进产业结构和空间结构的优化。同时要不断提高产业与劳动力的空间匹配性，引导高端制造业向沿海优势地区集中，推动一般制造业和能源原材料工业进一步向中、西部优势地区转移，加快老工业基地的结构转型和提升，为未来中国经济又好又快地可持续发展创造新的空间。

1. 正确处理转型升级与增长速度的关系

面对复杂的国内外经济形势，2012年中国经济发展的主题是稳增长、控物价、调结构、转方式、惠民生，这些目标的实现关键在于处理好增长速度与结构转型升级的关系，而两者关系的处理，对于处于不同发展阶段的地区又有所差异。

总体上各地区都要积极适应经济增长速度放缓的大环境。东部发达地区要主动下调经济增速目标，只有把经济增速降下来，才能为结构的转型升级预留空间。当实际增速调控到接近潜在增速或略低于潜在增速时，才会迫使企业加强竞争，要素投入结构和产业结构才能不断得到改善。但同时也要防止经济增速过快下滑，当新兴产业、高端产业尚处于发育时期，新的产业竞争优势没有形成时，过早地放弃尚有国际竞争力的传统产业，不利于经济平稳较快地发展，而且可能导致就业、财政、收入分配和社会保障等多方面的问题和矛盾。

中、西部地区正处于工业化、城镇化加速发展时期，随着大规模固定资产投资和产业承接，客观上经济增速如同近些年一样会高于东部地区，也高于全国平均水平，特别是西部有些地区原有底子薄、起点低，刚刚进入工业化初期，经济增速会表现得更高一些，这些状况都是正常的，符合区域经济发展的规律性，不能要求这些地区和沿海发达地区一样调低发展速度。

需要注意的是，目前中国整体上粗放型经济发展方式未有根本转变，产业核心竞争力不强，科技投入对经济增长的贡献偏小，经济发展的资源环境压力不断加大，部分地区几乎没有环境承载能力，一些西部省份生态环境极其脆弱，人口教育水平低下，在这种情况下推进工业化和城镇化必须大力强调"新型"二字，在"新型"上狠下工夫、狠做文章，只有在加快发展的同时避免传统方式的"路径依赖"，中、西部的发展才能站在新的起点上，实现又好又快、更好更快的发展，才能为中国经济未来发展提供可持续的增长动力与空间。

2. 不断提高产业与劳动力的空间匹配性

中国改革开放以后实行"出口带动"的外向型经济发展战略及严格的户籍制度，伴随的一个副产品是经济布局与人口分布的偏离，东部地区的经济和工业总量份额一直保持在50%以上，但人口主要分布于广阔的中、西部地区。2000~2010年，东部地区的人口份额是逐年上升的，2010年达到37.99%，同期东北地区、中部地区和西部地区的人口份额分别为8.21%、26.76%和27.04%，这与中国工业的空间布局不尽协调。

如图33-5所示，中国东部地区和东北地区的工业人口匹配系数①长期大于1（东北接近1），东部地区工业增加值与人口分布匹配系数先从2000年的1.64增大到2004年的1.69，然后有所下降，2010年调整为1.39，东北地区相对较为平衡，2004年以来都接近1，而中部和西部地区的工业人口匹配系数长期小于1，2010年中部地区和西部地区的工业人口匹配系数分别只有0.76、0.66。反映了中国经济和工业活动主要集中在东部地区，由于产业和就业机会多，吸引了中、西部地区大量劳动力向东部地区流动。

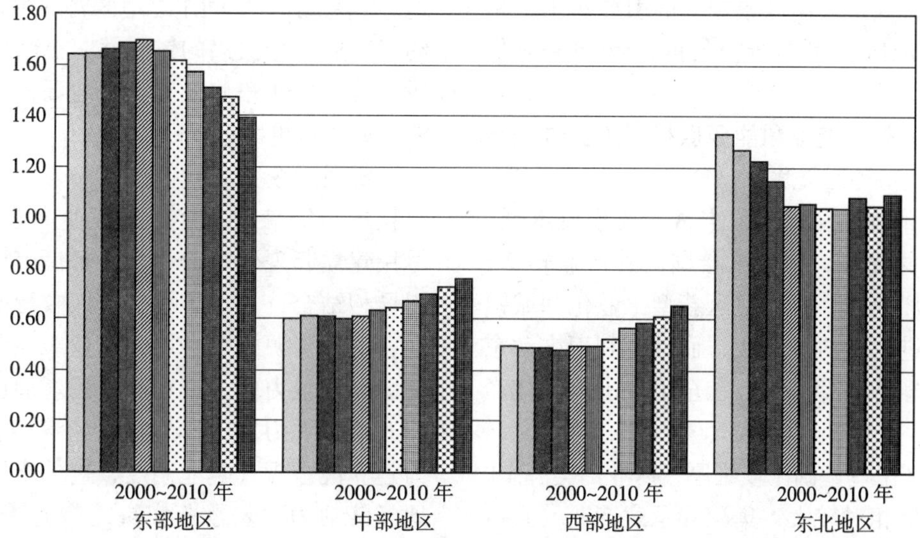

图33-5　2000~2010年四大板块区域工业人口匹配系数变化

这种状况一方面有利于东部地区产业利用低成本劳动力的优势加快发展，增强国际竞争力；另一方面长期延续这种格局也带来了一系列问题，诸如大规模、大跨度的劳动力转移就业导致全国交通压力加大，尤其是节假日期间更为严重，中、西部欠发达地区青壮年劳动力流失，留守的多为老幼病残，使得当地发展困难，土地撂荒、“空心村”以及后代教育等问题突出。

在“以人为本”的科学发展观指导下，充分考虑人的因素，就是要通过户籍制度改革，让已在东部地区城市长期就业的劳动者融入当地社会；同时，要适时推动东部地区产业转移，让一些不适合在东部地区发展的产业和企业转移到劳动力丰富的中、西部地区，使中、西部地区的劳动人口能够就近就地就业。由此可见，从加快产业转移和改革户籍制度两个方面双管齐下，不断提高产业经济与劳动力的空间匹配度，既是中国产业区域结构优化的重要方向，又是解决中国地区发展不平衡的有效途径。

3. 引导高端制造业向东部沿海地区集中

国家“十二五”规划纲要提出，推进产业转型升级，提高产业核心竞争力，发挥东部地区对全国经济发展的重要引领和支撑作用，在更高层次参与国际合作和竞争。积极引导高端制造业向沿海地区集中，有助于进一步推动沿海地区制造业的转型升级，促使沿海地区在转变发展方式上走在前列，率先转型发展。

从国内看，技术创新的市场需求主要集中在

① 工业人口匹配系数为地区工业份额与人口份额的比值，反映工业发展与人口的匹配程度，如果一个地区的工业人口匹配系数等于1，表明该地区工业发展与人口完全匹配，系数大于1则表明地区工业集中程度高于人口份额。

沿海地区，制造业发展基础扎实，技术创新的要素禀赋也主要集中在沿海地区。因此，应该充分发挥东部沿海地区市场规模大、高端要素资源丰富的比较优势，积极顺应国际市场的变化，推动改革创新，实现制造业发展重心由劳动力密集型和资本密集型产业向技术知识密集型产业转变。

应把沿海工业创新升级战略放在与西部大开发、东北振兴、中部崛起战略等量齐观的重要位置，加强沿海工业技术升级战略的研究与政策制定。加强对环渤海、长三角、珠三角等重点制造业产业带的研究，突出区域规划的引导作用，积极打造沿海地区技术创新密集的高端制造业集聚区。

4. 推动一般制造业和能源原材料工业进一步向中、西部优势地区转移

中、西部地区发挥资源丰富、要素成本低、市场潜力大的优势，积极承接国内外产业转移，不仅有利于加速中、西部地区新型工业化和城镇化进程，促进区域协调发展，而且有利于推动东部沿海地区经济转型升级，在全国范围内优化产业分工格局。

中部地区工业基础比较雄厚，产业门类齐全，生态环境容量相对较大，集聚和承载产业、人口的能力较强，具有加快经济社会发展的良好条件。中国扩大内需的战略调整和经济保持平稳较快发展，无疑会加大对中部地区优势资源、能源和劳动力的需求，这使得中部地区可以进一步发挥区位居中、交通便捷、人口众多、产业配套能力强、内需潜力大等比较优势，集聚人口和产业，大规模承接沿海地区和国际产业转移，加快建设“三个基地、一个枢纽”。

西部地区产业发展的潜力在于充分发挥资源优势，发展特色产业，通过实施差别化的优惠政策，将资源优势就地转化为产业优势和经济优势。《西部大开发“十二五”规划》提出，“十二五”期间西部地区将大力建设国家能源基地、资源深加工基地、装备制造业基地和战略性新兴产业基地，具体包括加快发展现代能源产业，特别是加强煤炭、石油天然气、可再生能源和新能源等西部地区具有明显优势的能源基地建设，以及优化调整资源加工产业，推进钢铁企业兼并重组，加强有色金属等资源综合加工利用，形成一批重要的矿产资源后备基地和深加工产业基地。

5. 着力加快老工业基地的结构转型和提升

东北老工业基地是中国现代工业的摇篮，有着较为完整的工业体系，钢铁、化工、重型机械、汽车、造船、飞机、军工等重大工业项目聚集于此，东北农业区也是保障全国粮食安全的重要基地。“十二五”期间东北地区将继续致力于破解制约老工业基地振兴的体制性、机制性、结构性矛盾，着力加快东北老工业基地调整改造，推动经济转型取得更大进展。

要通过企业兼并重组、非公企业的发展以及科技进步等措施，优化老工业基地的经济结构，尽快建立起现代产业体系。坚持市场主导和政府引导相结合，进一步打破地区、行业、所有制界限，优化资源配置，推动企业兼并重组，培育具有国际竞争力的大型企业集团。加快推进国有企业改革，大力发展非公有制经济和中小企业，努力建立健全现代企业制度，进一步增强老工业基地经济活力。贯彻落实重点产业调整振兴规划，淘汰落后产能，防止重复建设。加快信息化与工业化融合，用现代信息手段改造传统产业，提高数字化、智能化水平。充分发挥东北地区等老工业基地的人才优势，建立健全鼓励自主创新的体制机制，促进自主创新成果产业化。要把重点产业集聚区的发展当作重要抓手，推动辽宁沿海经济带、沈阳经济区、“哈大齐”工业走廊、“长吉图”经济区加快发展，建设国内一流的现代产业基地。

此外，要积极推进资源型城市转型，培育壮大接续替代产业，促进可持续发展。发展接续替代产业是资源枯竭城市实现经济转型的根本出路，要组织实施好资源型城市吸纳就业、资源综合利用和发展接续替代产业专项，扶持引导资源型城市尽快形成新的主导产业，构建可持续发展的长效机制。

四、积极探索区域差别化的关键政策

根据四大板块所处发展阶段的梯度特征以及板块之间比较优势的差异，未来中国工业区域结构优化应该更加注重差别化的分类指导，在区域工业融资政策、土地政策、用工政策等方面实施更加科学合理的差别化措施，破除不同板块之间及区域内部跨越行政区划的束缚，建立健全区域间协调互动机制，推动区域经济一体化发展。

1. 区域性工业投融资政策

东部发达地区应该定位于现代金融服务体系的完善和高级金融工具开发应用的探索，支持东部发达地区转型升级和区域一体化发展。同时对重点经济开发区建设项目予以资金支持，设立投资基金，提供信贷优惠，探索现代工业转型发展的金融支撑和政策试点。

中部地区还需要深入研究调整“两个比照”政策的意见，进一步完善促进中部地区崛起的投融资政策体系，提高资金使用效率。在重点经济区完善金融机构业务支持、政策性农业保险和优势产业与重点区域的投资促进政策。

西部地区要继续提高优惠的投融资支持政策，解决西部地区发展的资金缺口问题和探索建立面向西部地区的投融资长效机制。加大现有投资中企业技术改造和产业结构调整专项对西部特色优势产业发展的支持力度，完善西部地区的基本金融服务。对于西部较落后的困难地区，应着力完善基本金融公共服务设施。

东北老工业基地应通过加快引进外部资金，推动国有企业改组和技术改造以促进体制和机制创新。进一步放宽外资投资领域限制，支持外商投资重点行业和企业以及加快技术改造。

2. 区域差别性工业用地政策

东部发达经济区应致力于全面提高土地利用效率，推进土地利用向适度规模经营集中，完善改革土地供给制度，在东部地区战略性新兴产业用地指标和手续方面给予支持。

中部地区应继续推进土地市场的改革，在工业建设用地方面予以适当支持，在原批准规划面积已得到充分利用的情况下，依据土地利用总体规划和城市总体规划，适当扩大用地规模，包括支持中部地区发展较好的省级开发区升级为国家级开发区。

西部地区可以对工业用地给予更加优惠的政策。在土地供给方面，简化审批程序，增加用地指标，适当降低土地出让价，积极推进征地制度改革。

东北地区应在支撑国有企业改革和资源型城市改造方面给予用地支持，在工业建设项目审核、土地利用等方面给予支持，给予民间资本享受与国有企业同等的待遇。

3. 区域针对性用工和人才政策

东部地区应利用自身对高端人才的吸引力，着重于建立健全创新人才培养和引进机制，发展职业教育与高等教育，在培养和引进高级专业人才等方面支持产业的转型升级。

中部地区在加大劳动力职业教育培训的同时，应进一步扩大与东部发达地区人员交流的规模，吸引各类人才到中部地区创业，在国家级专家选拔、博士后工作、留学人员回国创业等方面，向中部地区的特色和优势产业倾斜。要加快国家创新型城市和区域创新平台建设，逐步建设中部地区人力资源高地。

西部地区一方面要加大对人才吸引与利用的倾斜支持政策，提高工资待遇，支持灵活的人才利用方式，为人才提供工作生活便利条件，加强人才培训，针对西部地区人才在享受职称、职务、工资定级优惠等方面的倾斜政策制定更为明确的标准和规章制度。另一方面要增加西部地区企业用工补贴，促进西部地区劳动力本地就业，增加农民工收入，为企业发展提供人力保障。

东北地区应加快推进市场机制的改革进程，加强对工人的现代化职业技术培训，大力实施人才引进项目，引进现代企业管理人才和技术人才，培养现代产业工人队伍，提升自主创新能力以支持老工业基地的转型升级。

4. 工业发展的区域协调机制

在中国统筹区域发展的总体发展战略背景下，加强区域合作是实现区域共同繁荣和协调发展的必然途径。推动区域间合作互动的经济一体化建设关键在于区域协调机制的建立。要继续完善各区域已经建立起来的区际联席会议合作机制，定期研究协调跨省份重大基础设施项目建设、产业布局，以推动区域协调发展。长三角洲地区的上海、江苏及浙江的16个城市已初步形成了区域内进行沟通和共同发展的渠道和机制，广东、福建、江西、广西、海南、湖南、四川、云南、贵州等9个省份，加上中国香港和中国澳门，也于2004年共同签署了《泛珠三角区域合作框架协议》。应继续推进跨区域的利益协调机制的探索，共同培育和发展地区统一的市场体系。

要重点抓好跨区域合作园区的建设，确定利益分享机制。园区共建要本着互利共赢的原则，协商议定合作方式，明确责任义务和经营期限。合作共建园区的发展成果由合作方分享，合作共建期间，引进项目投产后新增的增值税、所得税地方留成部分，双方按一定比例分成，地区生产总值等主要经济指标按比例分别计入，促进各类生产要素在更大范围内流动配置，促进区域间形成合理的产业分工格局。

专栏 33–1

调整优化工业生产力布局

经过"十一五"期间的发展，中国东部、中部、西部地区及东北老工业基地工业发展的协调性显著增强，区域特色产业发展加快，空间布局合理改善。石化产业逐步向消费中心和原油接卸条件好的地区集中，形成了9个千万吨级炼油、6个百万吨级乙烯生产基地；在振兴装备制造业政策的拉动下，沈阳铁西老工业基地调整改造暨装备制造业发展示范区粗具规模，长沙、西安、齐齐哈尔等地工程机械装备、输变电设备和重型机械聚集效应逐步显现。但是，产业布局不合理矛盾日益凸显，钢铁、有色冶炼能力超过资源、能源、环境承载力，产业分布与人口及区域发展格局不协调，调整优化工业生产力布局仍是一项长期而艰巨的任务。"十二五"时期要着力优化重大生产力的空间布局：

（1）引导工业向适宜开发的区域集聚。按照国家区域发展"两个战略"（区域发展总体战略和主体功能区战略）的要求，在国家重大生产力布局规划框架下，统筹考虑资源、能源、市场和环境承载力，结合技术进步趋势和区域产业特点，严格制定和实施产业政策，明确区域产业发展的定位、重点和方向，引导工业向适宜开发的区域集聚。对于产业布局不合理、不平衡、不协调的部分，实行有针对性的政策导向，加快布局调整，推动产业发展。

（2）优化新增重大生产力布局。对于依托能源和矿产资源的重大项目，要优先在中、西部地区资源富集地布局，促进能源、资源就地深加工，实现资源优势向产业优势的转化；主要利用进口资源的重大项目，优先在沿海沿江地区布局，促进资源、区位、市场和产业发展的有机结合、有效配置，减少资源、产品跨区域大规模调动。把鼓励先进地区率先发展和帮助落后地区加快发展结合起来，充分发挥产业发展对缩小地区差距、提高区域自我发展能力的重要作用。

（3）要加强对战略性新兴产业发展的前瞻性布局。"十二五"期间，将培育发展战略性新兴产业作为一项重要的战略任务，各地区纷纷将培育发展战略性新兴产业作为"十二五"转方式、调结构的战略重点，并在规划、政策、资金等方面加大了引导和扶持的力度。目前，已有31个省份将新材料、新能源作为发展重点，30个省份将生物产业作为重点，29个省份将高端装备制造和节能环保作为重点，28个省份将新一代信息技术产业作为重点，18个省份将新能源汽车作为重点，战略性新兴产业既面临着良好的发展形势，也亟须加强规划、合理布局。要积极引导各地将发展的热情与自身的产业基础和发展条件紧密结合，合理选择战略性新兴产业的发展方向和布局重点，避免一哄而上、严重浪费资源。

资料来源：工业和信息化部：《工业转型升级规划解读之十六：优化工业空间布局》，工业和信息化部网站，2012 年 2 月 15 日。

参考文献

1.《中华人民共和国国民经济和社会发展第十二个五年规划纲要》，新华社，2011 年 3 月 16日。

2. 国务院：《关于中西部地区承接产业转移的指导意见》，国家发展和改革委员会网站。

3.《西部大开发“十二五”规划》，西部开发网站。

4.《东北老工业基地“十二五”规划》，东北振兴网站。

5. 祝宝良：《GDP 增速下调倒逼经济转型》，《财经国家周刊》2012 年 4 月 5 日。

6. 陈耀、陈钰：《中国工业布局调整与产业转移研究》，《当代经济管理》2011 年 10 月。

7. 陈耀：《协调区域利益需更权威机构牵头》，《中国经营报》2012 年 1 月 9 日。

8. 蔡昉：《刘易斯拐点：中国走向发达经济的关键转折》，《21 世纪经济报道》2011 年 3 月1 日。

9. 李游游：《论我国经济增长方式转变中的路径依赖》，《理论导刊》2005 年第 11 期。

10. 李伯牙、宋斌：《珠三角现“假性用工荒” 制造业用工薪酬双降》，《21 世纪经济报道》2012年 4 月 10 日。

11. 周民良：《推动沿海制造业转型升级战略构想》，《人民论坛学术前沿》2011 年 9 月(中) 总第 340 期。

第三十四章　东部地区工业

提　　要

2011 年是"十二五"的开局之年，中国东部各地区在科学发展观的指引下，工业实现了稳定增长，工业结构进一步优化，企业生产能力基本得到正常发挥，外向型经济结构调整取得可喜进展，高耗能行业增长速度明显回落，工业发展实现了良好开局。同时，应当看到，东部地区工业所取得的成绩，是在严峻的内、外部发展环境中取得的，有许多问题如生产要素价格上升过快、国外对中国产品反倾销、工业投资比重下降等，需要在"十二五"的发展中加以解决。东部地区应以创新为核心，解决发展中存在的问题，以创新促进劳动密集型产业升级，以创新促进产业结构高端化，以创新管理提升产业发展内涵，以创新高起点发展战略性新兴产业，以创新推进低碳发展模式。为此，东部地区政府要帮助中小企业生产解决经营困难，积极内推外引建立保障劳动力供需机制的高效平台，鼓励企业实施走出去战略，完善区域性中心城市的现代服务业体系以及加速推进"两化融合"改造提升传统产业，提升传统产业竞争力。

*　　　*　　　*

2011 年是"十二五"的开局之年，东部各地区以科学发展为主题，以加快转变经济发展方式为主线，认真贯彻执行中央宏观调控政策，经济社会发展呈现出新的积极变化，实现了"十二五"头一年的良好开局。

一、"十二五"开局之年工业运行的特点

1. 工业生产实现适度增长

2011 年东部地区克服了世界经济复苏缓慢、外部需求不足以及国家实行提高银行准备金率、房地产市场调控等措施的影响，工业生产实现了适度稳定的增长。从表 34-1 看到，2011 年东部各省份工业增加值的年增长率，除北京、上海外，其余 10 省份均实现了超过 10%的增长速度，其中超过和接近全国工业增加值增长速度的地区有天津、福建、河北、山东、海南和江苏 6 省份，特别是天津的增长速度为全国第 3 位；上海、浙江、福建的增长速度虽然低于全国工业的增长速度，但也超过了各自地区 2009 年的增长速度。这说明虽然东部 2011 年各地区工业的增长速度较 2010 年有所下降，但绝大部分地区仍实现了较快的增长。

表 34–1 2009 年、2010 年和 2011 年各地区工业增长速度

单位：%

地 区	2009 年	2010 年	2011 年
全 国	11.0	15.7	13.9
北 京	9.1	15.0	7.3
天 津	22.8	23.7	21.3
河 北	13.4	16.5	16.1
上 海	3.0	18.4	7.4
江 苏	14.6	16.0	13.8
浙 江	6.2	16.2	10.9
福 建	13.0	20.5	17.5
山 东	14.9	15.0	14.0
广 东	8.9	16.8	12.6
海 南	7.5	18.5	14.0

资料来源：国家统计局网站。

2. 工业结构进一步优化

面对来自国内外市场的激烈竞争和市场需求的新变化，加快发展高新技术产业和战略性新兴产业，加快产业升级，成为东部各地区加快工业发展的主攻方向。从表 34–2 看到，2011 年东部各地区高技术产业（或战略性新兴产业）的增长速度都高于工业增加值的增长速度，其中江苏、山东、福建、河北的增长速度超过 20%，占规模以上工业增加值（产值）的百分比江苏超过 1/3，北京、山东、上海、浙江、广东超过 1/5，显示出了高技术产业（战略性新兴产业）对东部工业增长的强大的带动作用。

表 34–2 东部部分地区 2011 年规模以上高技术产业发展状况

地 区	增加值、产值（亿元）	增长率（%）	占规模以上工业百分比（%）
北京（增加值）	1003.10	12.90	33.00
江苏（产值）	38377.80	26.40	35.30
山东（增加值）	28125.80	27.10	27.30
福建（增加值）	773.48	21.80	10.24
河北（增加值）		23.00	
浙江（增加值）	2624.00	13.40	24.10
广东（增加值）	5185.35	14.70	21.50
上海（产值）	7850.35	11.50	24.54

注：上海为战略性新兴产业（制造业部分）。
资料来源：根据相关省份统计局公布的信息整理。

3. 外向型经济稳步发展

（1）内销比重增加。2011 年，东部地区企业在国际市场需求疲软的情况下，努力开拓国内市场，扩大产品内需比重，取得显著效果，对于稳住工业的发展态势，起到了重要作用。2009~2011 年，广东工业产品内外销比例由 2009 年的 67.6：32.4 微调至 2010 年的 68.5：31.5，再调整至 2011 年的 70.2：29.8，内销比重两年间提高了 2.6 个百分点。[①] 北京规模以上工业销售产值 14106.1 亿元，增长 8%。其中内销产值 12591.2 亿元，增长 9.6%；出口交货值 1514.9 亿元，下降 3.3%。[②] 江苏工业产品内外销比例由 2005 年的 75.4：24.6 调整到 2011 年的 80.1：19.9，内销比重 6 年间提高了 4.7 个百分点。[③]

（2）出口产品结构进一步优化。从表 34–3 看到，2011 年对出口依赖较高的江苏、浙江和广东，一般贸易额增长速度都高于加工贸易额增长速度。三省出口的增长速度分别为 15.6%、19.9% 和 17.4%，一般贸易的增长速度则分别为 27.6%、21.7%和 23.2%，高于出口的增长速度；而加工贸易的增长速度仅分别为 7.7%、9.2%和 13.0%，一般贸易的增长速度分别超过加工贸易 19.9 个百分点、12.5 个百分点和 10.2 个百分点。这表明，经过金融危机以来的结构调整，东部对外依赖较严

表 34–3 东部部分地区 2011 年出口及分类

分 类	出口		一般贸易		加工贸易	
地 区	总额（亿美元）	比 2010 年增长（%）	总额（亿美元）	比 2010 年增长（%）	总额（亿美元）	比 2010 年增长（%）
江 苏	3126.2	15.6	1262.4	27.6	1721.8	7.7
浙 江	2163.6	19.9	1765.0	21.7	360.4	9.2
广 东	5319.4	17.4	1838.4	23.2	3115.2	13.0

资料来源：相关地区的《2011 年国民经济和社会发展统计公报》。

① 广东省统计局工业交通统计处：《2011 年广东工业结构调整深化 转型升级步伐加快》，广东统计信息网，2012 年 1 月 18 日。
② 国家统计局北京调查总队：《北京市 2011 年国民经济和社会发展统计公报》，北京统计信息网，2010 年 3 月 4 日。
③ 江苏省经济和信息化委员会：《江苏工业总产值首破 10 万亿元》，新华网，2012 年 2 月 9 日。

重的地区，出口产品对加工贸易的依赖正在逐步减少，出口产品结构正在进一步优化。

4. 企业生产能力基本正常发挥

2011 年，东部地区企业尽管遭遇了企业订单不足、劳动力短缺、生产成本上升等问题，但企业克服困难，基本保持了比较平稳的发展。根据相关调查，江苏 8 成多企业第三季度生产能力得到正常发挥。重点行业中，纺织、化工、钢铁、专用设备制造业生产能力正常发挥的企业占比未达 80%，分别为 78.9%、76.5%、73%和 77.7%；通用设备制造业产能正常发挥的企业占比达 88.8%，列重点行业首位。①

浙江省接近 40%的受调研小微企业开工率在 90%以上，而开工率在 50%以下（处于半歇产或歇产）的受调研小微企业仅占 21%；珠三角地区分别为 34%和 21%。环渤海地区小微企业开工率加权平均值为 71%，相比较 2010 年 70%的开工率加权平均值，波动不大。②

5. 传统劳动密集型产品仍具比较优势

尽管受到企业用工短缺、成本上升等因素的困扰，东部地区劳动密集型产业仍具有比较优势，以江苏为例，从 2011 年前三季度看，江苏服装及衣着附件、纺织纱线织物及制品、家具、玩具等 10 类传统劳动密集型产品贸易竞争力指数为 83.8%，具有很强的比较优势和出口竞争力。③这说明，东部地区的劳动密集型产业在国际市场上仍具有较强的竞争力，在大力发展高新技术产业的同时，不能忽视中、低技术劳动密集型传统产业对经济的支撑作用。

6. 高耗能行业增长速度明显回落

2011 年东部地区高耗能行业的增长速度明显减慢。上海高载能行业增速减缓，全年“五大高载能行业”产值增长速度仅为 1.1%。④广东六大高耗能行业生产速度放缓，工业生产的能耗水平继续降低，规模以上工业综合能源消费量 15236.69 万吨标准煤，同比增长 6.8%，单位工业增加值能耗比 2010 年下降 5.1%。2011 年 1~12 月，广东规模以上石油加工及炼焦业、化学原料及化学制品制造业、非金属矿物制品业、黑色金属冶炼及压延加工业、有色金属冶炼及压延加工业、电力热力的生产和供应业六大高耗能行业实现增加值 5498.00 亿元，增长 11.3%，比规模以上工业低 1.3 个百分点，六大高耗能行业的比重从 2010 年底的 23.0%降低至 2011 年底的 22.8%。⑤

浙江规模以上高耗能行业工业增加值 4447 亿元，比 2010 年增长 10.6%，增速比规模以上工业低 0.3 个百分点，按可比价计算，高耗能行业工业增加值占规模以上工业比重为 39.8%，比 2010 年下降 0.1 个百分点，其中，纺织（9.1%）、电力（6.7%）和石油加工（2.3%）的增加值增速均低于平均水平。11 月、12 月高耗能行业工业增加值仅增长了 5.7%和 8.2%，出现下半年以来最大幅度的回落。前三季度，化学需氧量、二氧化硫、氨氮排放量分别下降 1.8%、2.3%、1.1%，氮氧化物排放量上升 2.8%，升幅比上半年减小 1.4 个百分点。⑥

二、工业发展存在的问题

尽管东部地区工业在“十二五”开局之年取得了较好的成绩，但世界经济增长放缓，国际贸易增速回落，欧美国家主权债务问题突出，国外消费市场低迷对出口造成的影响不容忽视；人民币汇率保持强劲上升势头，屡创新高，加上订单减少、银根收紧、原材料价格波动、人工成本上

① 江苏省统计局：《三季度工业重点行业生产经营状况及趋势判断专项调查情况》，江苏统计信息网，2011 年 12 月 7 日。
② 薛松：《小微企业“都差钱” 珠三角环渤海小微企借贷无门》，《广州日报》2012 年 2 月 10 日。
③ 江苏省统计局：《后危机时代江苏外贸转型路径研究》，江苏统计信息网，2012 年 1 月 31 日。
④ 上海市统计局：《2011 年上海市国民经济运行情况》，上海统计信息网，2012 年 1 月 18 日。
⑤ 广东省统计局：《在稳定发展中力促转型升级——2011 年广东工业经济运行情况分析》，广东统计信息网，2012 年 2 月 15 日。
⑥ 浙江省统计局：《2011 年浙江经济平稳较快发展 民生进一步改善》，浙江统计信息网，2012 年 1 月 16 日。

升、内销市场不旺等多重不利因素，对劳动密集型产业占有较大比重的东部各省的增长的影响较大。此外，东部地区经济增长方式的转变需要一定的时间，长期以来积累问题的解决，不可能在短期内完成，转型期内的东部地区面临着许多困难。

1. 生产要素价格上升

生产要素价格的上涨，成为制约东部企业发展的重要因素。一方面，资源价格、劳动力价格持续上涨，企业用工、资金等要素成本持续上涨，使企业生产成本迅速上升；另一方面，紧缩的货币政策，加剧了企业，特别是中小企业融资困难，在二者的作用下，东部地区企业发展面临着极大困难。

2011 年第三季度，江苏省人均报酬同比增幅超过 10%的企业占比达 60.1%，其中增幅超 20%的企业占比为 29%。重点行业人均报酬同比增长超 10%的企业占比均超半数之多，其中纺织业占比达 64.6%，位居重点行业之首；钢铁、通用设备制造、交通运输设备制造业分别达 63.8%、62.4%和 60%。① 总体来看，2011 年江苏全省规模以上工业企业人均工资水平同比提高 15.9%；利息支出增幅同比提高 15.1 个百分点。②

广东省工业企业遭遇原材料价格上涨较快、人工和资金成本提高的不利环境，企业的盈利水平大大降低，珠三角地区小企业工人工资比 2010 年上涨了 20%~30%，部分高级技工的工资上涨幅度甚至超过 100%。③ 2011 年 1~12 月，广东省规模以上工业实现利润 4609.33 亿元，比 2010 年仅增长 2.4%；交通运输设备制造业，电气机械及器材制造业，通信设备、计算机及其他电子设备制造业，电力热力的生产供应业四大主导行业共实现利润 1895.13 亿元，同比下降 10.2%。④

2. 外部环境严峻

2008 年下半年国际金融危机之后，中国面临的国际贸易摩擦呈增长之势，以外向型经济占重要地位的东部地区首当其冲。以浙江省为例，2011 年前 10 个月，涉及浙江省企业的“双反”案件已达 79 起。2010 年年底，美国对中国的实木复合地板反倾销和反补贴调查在 2011 年 10 月做出裁定，开始增收高额反倾销税和反补贴税，这是导致 11 月浙江省木材加工行业出口交货值增速（4.6%）比 10 月大幅回落 18.7 个百分点的原因之一。11 月，美国开始针对中国光伏行业进行“双反”调查，并做出不利于中国光伏行业的初裁，也可能是导致浙江 11 月份与此相关的化学原料行业出口交货值增速出现 5.4%负增长的主要因素之一。⑤

国外反倾销，国内需求下降，导致企业生产困难，在对江苏省 5405 家企业的调查中，有 3662 家企业（占 67.8%）产能未能充分发挥。至于导致企业产能未充分发挥的原因，多数企业认为是产品需求减少、订单不足，选择这一选项的企业占产能未充分发挥企业的 51.8%，其次是劳动力供应不足、技能欠缺，占 27.6%。可见，产品需求减少、订单不足是各重点行业企业产能未充分发挥的首位原因。⑥

3. 重点行业产业利润率偏低

先进制造业为东部各地区重要的支柱产业，在地区工业总产值中所占百分比大，且增长速度较快，为引领地区工业增长的重要产业。从在东部地区具有代表意义的江苏省和广东省的数据（见表 34-4、表 34-5）看到，一方面，该类产业的增长速度较快。江苏省该类型产业的年增长率都在 20%以上，远远超过江苏省工业的增长速度；广东省的 6 个行业中，有 4 个行业的增长速度高于广东省工业的增长速度，2 个行业的增长速度低于广东省工业的增长速度。另一方面，这些产业的产值利润率却同全国相应行业最高的产值利润率存在较大差距。这说明，上述行业虽然增长速度较快，但由于多数企业处在附加值较低产业链的低端环节，自主创新能力不强，因而产品利润率较低。

有关对江苏省制造业的研究表明，江苏省制

①⑥ 江苏省统计局：《三季度工业重点行业生产经营状况及趋势判断专项调查情况》，江苏统计信息网，2011 年 12 月 7 日。
② 李宾：《2011 年江苏经济运行状况及趋势研判》，江苏统计信息网，2012 年 3 月 2 日。
③《珠三角：2011 印象》，《中国经营报》2012 年 1 月 29 日。
④ 广东省统计局：《在稳定发展中力促转型升级——2011 年广东工业经济运行情况分析》，广东统计信息网，2012 年 2 月 15 日。
⑤ 浙江省统计局：《11 月份我省工业生产运行情况分析》，浙江统计信息网，2011 年 12 月 21 日。

造业自主开发尚处于外围阶段，产品设计、关键零部件及工艺装备主要依赖进口，如装备制造业普遍存在“强整机、弱部件”现象，体现行业竞争力的高精尖加工工艺和重大技术装备较为薄弱，目前，江苏省制造业对外技术依存度高达 65%左右，而发达国家仅为 2%左右。[①]

表 34-4　2011 年和 2010 年江苏省先进制造业增长、利润率状况

	2011 年			2010 年	
	产值（亿元）	同主营业务收入之比（%）	比 2010 年同期增长（%）	产值利润率（%）	行业产值利润率全国最高（有一定规模的省级单位）
工业总产值（主营业务收入）	106816.1	100.00			
交通运输设备制造业	7762.7	7.27	25.1	9.18	15.10
专用设备制造业	3943.1	3.69	29.3	8.32	12.18
电气机械及器材制造业	11054.4	10.35	32.4	6.71	12.66
通用设备制造业	6842.4	6.41	22.6	7.58	12.01
通信设备、计算机及其他电子设备制造业	15549.5	14.56	21.9	4.95	14.03

资料来源：2011 年数据根据《2011 年江苏省国民经济和社会发展统计公报》提供的数据计算出，2010 年数据根据 2010 年《中国工业统计年报》提供的数据计算出。

表 34-5　2011 年和 2010 年广东省先进制造业增长、利润率状况

	2011 年			2010 年	
	工业增加值（亿元）	占工业增加值百分比（%）	比 2010 年同期增长（%）	产值利润率（%）	行业产值利润率全国最高（有一定规模的省级单位）
全省总计	24085.05	100.00	12.6		
交通运输设备制造业	1522.52	6.32	8.5	11.34	15.10
电气机械及器材制造业	2306.66	9.58	10.6	6.27	12.66
金属制品业	1133.58	4.71	18.7	6.78	10.63
通用设备制造业	568.26	2.36	13.9	7.11	12.01
专用设备制造业	423.67	1.76	15.3	7.98	12.18
通信设备、计算机及其他电子设备制造业	4599.47	19.10	14.7	5.41	14.03

资料来源：2011 年数据根据《2011 年广东省国民经济和社会发展统计公报》提供的数据计算出，2010 年数据根据 2010 年《中国工业统计年报》提供的数据计算出。

4. 工业固定资产投资比重略有下降

近年来，东部工业增长速度的变缓，直接导致了工业固定资产投资的萎缩，从表 34-6 看到，在可以获得数据的 7 个省份中，2011 年工业固定资产投资占固定资产投资的百分比仅有北京比 2009 年上升，但仅占 12.72%，其余 6 个省份比 2009 年均略有下降，工业投资力度的下降，将对“十二五”期间东部地区工业的发展产生影响。

表 34-6　东部部分地区 2009 年、2010 年、2011 年工业固定资产投资占固定资产总投资的百分比

单位：%

	2009 年	2010 年	2011 年
北　京	8.83	9.53	12.72
天　津	44.84	44.84	40.96
河　北	48.04	43.57	45.16
上　海	27.28	27.15	25.57（二产）
江　苏	53.78	53.37	52.37
浙　江	42.68	40.15	36.47
广　东	34.23	33.16	32.77

资料来源：2009 年、2010 年数据根据《中国统计年鉴》（2009、2010）提供的数据计算出，2011 年数据根据相关地区的《2011 年国民经济和社会发展统计公报》提供的数据计算出。

① 江苏省统计局：《制造业产业升级及发展战略研究》，江苏统计信息网，2011 年 10 月 17 日。

三、“十二五”期间发展思路

“十二五”是东部地区工业发展的关键时期，以创新为核心，以科学发展观为指导，解决工业发展中存在的问题，实现产业升级，外向型经济转型，发展新型产业，提升东部地区工业的核心竞争力，是东部地区工业“十二五”时期发展的重要任务。

1. 以创新促进劳动密集型产业升级

劳动密集型产业是东部地区重要的支柱产业，虽然近年来随着要素成本的上升，产业发展中多年积累的问题逐步显现，产业发展面临较大困难，但仍是东部地区就业人口多、产值规模大的重要产业，具有不可替代性；并且由于国际市场对劳动密集型产品的需求具有相对稳定性，东部地区劳动密集型产品对发达国家和部分发展中国家的出口仍具有一定的比较优势和竞争力，国际金融危机以来的实践证明，在高技术产品出口下降速度较快的情况下，发展劳动密集型产业对支撑东部地区出口、稳定东部地区经济起到了重要作用。为使东部地区劳动密集型产业持续健康发展，“十二五”期间，东部地区应逐步放弃低技术含量的劳动密集型产业，发挥技术储备、人才储备的优势，逐步向技术密集—劳动密集型方向转变；同时，要强化创新机制，以技术创新为发展主线，通过技术升级，开发新产品，以创新引领产业发展，提升产业竞争力。

2. 以创新促进产业结构高端化

改变多数产业位于价值链低端的局面，对提升东部地区工业的竞争力、实现工业的持续发展至关重要。为此，要充分利用沿海地区的科技、信息优势，大力发展具有核心竞争力的高技术产业，改变目前高技术产业发展中存在的“有产业、弱创新”的局面，实现产业结构高端化。为此，在工业总量中占有较大比重的电子信息产业应以由组装型的产品加工向产品系统整合、整体方案设计、核心元器件设计制造、软件开发服务等方向转变；纺织服装工业应以突破关键技术为核心，加快建设自主品牌，促使纺织企业向高档产品领域延伸，实现纺织工业转型升级；装备制造业要充分利用东部地区已有的产业基础和科研基础，以满足国民经济需求和国外中高端市场为目标，强化核心关键技术研发和行业基础共性技术研究，集中力量开发并实施科技攻关重大专项，提升重大技术装备集成创新能力，通过自主创新攻克重点领域技术难题，提升产业竞争力。

3. 以创新管理提升产业发展内涵

在原材料成本、人力成本不断上升的情况下，企业以往奉行的以低工资实现产品竞争力的情况已逐渐成为过去，企业应从粗放式管理向精细化管理转型，加大管理投入，如引入 ERP 信息化管理手段，优化内部作业流程，进一步降低管理成本和劳动力成本，以创新管理为手段，提高企业效率，提升企业的竞争力。

4. 以创新高起点发展战略性新兴产业

国家大力倡导发展战略性新兴产业，为东部地区产业结构升级，提供了难得的机遇，“十二五”开局之年，东部各地区都加快了发展战略性新兴产业的步伐，并取得了显著成就。在今后的发展中，要防止以往发展中存在的重视先进生产设备的引进，忽视核心技术引进和产品深度开发的弊端，改变有先进产品无核心技术的现象。充分利用沿海地区的技术优势和开放优势，创新和引进相结合，高起点发展战略性新兴产业，使战略性新兴产业成为东部地区产业结构升级，提升产业竞争力的主导力量。

5. 以创新推进低碳发展模式

“十一五”开局之年，高耗能产业在东部各地区所占百分比迅速下降，这是东部各地区响应党中央节能减排号召取得的可喜成绩。“十二五”期间，在巩固已取得成绩的基础上，要不断提升产业层次，通过产业升级、技术创新，推动工业由一般加工向高端制造转变，由高消耗、高耗能、高排放、重污染向高效、节能、环保、低碳排放转变。大力发展低碳经济，走出资源能源的“瓶颈”制约，缓解环境污染压力，解决经济高质量持续发展和环境保护之间的矛盾。

四、“十二五”期间促进东部地区工业发展的措施

1. 积极帮助中小企业解决生产经营困难

国际金融危机以来，东部地区中小企业一直在困境中生存、发展，融资荒、用工荒、供电荒、高成本、高税费等问题，成为制约中小企业发展的核心问题。为使中小企业走出困境，地方政府应对中小企业的发展施以援手，在扶持、培育中小企业，为中小企业创造良好的生存环境，在税收、政策、环境等方面出台新举措。

要运用市场化的手段，建立、完善与中小企业需求相适应的金融体系，使中小企业能够从正规银行体系得到贷款；支持培育专为中小企业提供服务的金融机构，鼓励各类金融机构改进对中小企业的金融服务，从而从根本上解决中小企业融资难的问题。加强对民间借贷的监管，引导其阳光化、规范化发展，发挥其积极作用。建议在确保实现财政收入稳定增长的前提下，制定出台一定的减税或税收优惠政策，适当降低企业经营成本。

2. 内推外引，建立保障劳动力供需机制的高效平台

政府要切实帮助中小企业解决招工难等问题，增强中小企业的竞争力。要建立高层次、高水平的劳动力供需预警平台，建立、健全地区用工监测制度，及时跟踪招工缺口人数较多、缺口比例较高的企业；组建更加高效的劳动力供求平台，最大限度地避免用工与求职两者之间的摩擦性失衡。此外，针对东部地区劳动力相对减少的现状，要进行调研，利用适当形式，组织内地有外出务工需求地区的劳动力来东部地区就业，从源头上保证企业用工的供应。

3. 鼓励企业实施“走出去”战略

在对外依存度高、国内资源局紧缺的情况下，在更广阔的空间进行产业结构调整和优化资源配置，成为企业发展的重要选择，东部地区的许多企业已经实施了“走出去”战略，并取得了成功，“十二五”期间，东部地区政府要进一步鼓励优势企业“走出去”，支持企业在更广阔的空间内发展。“走出去”战略应包括两个层次：①应支持劳动密集型产业向中、西部地区转移生产力，缓解用工、生产成本压力。②特别应支持纺织业、家电业、轻工业等劳动力需求数量高、生产能力较大的产业以及光伏等新能源产业，积极开展境外加工贸易，在境外建立加工基地、营销服务网络和研发机构，实现产地多元化，减少贸易摩擦，实现“全球生产、全球经营”。此外，为促进国内产业升级，“走出去”企业应到科技资源密集的地方设立研发机构或高新技术企业，开发生产具有自主知识产权的高新技术产品，提高企业的核心竞争力。

为加快实施“走出去”战略，政府工作的着力点要放到对实施“走出去”战略的总体规划和政策指导上来，推进政府职能转变，从以投资审批和管制为主，过渡到以投资保护、指导、监管和提供服务为主。要完善协调机制，加强分类指导，引导企业投资取向与国家政策目标协调一致。建立对外投资的服务机构和配套体系，向企业提供必要的金融、财政支持，鼓励具有比较竞争优势和发展潜力的企业率先“走出去”。

4. 完善区域性中心城市的现代服务业体系

当前长江三角洲和珠江三角洲地区的企业向中、西部地区转移的主要是生产制造环节，这种转移不但降低了企业生产成本、开拓了新市场，同时也为充分发挥东部区域性中心城市较为雄厚的科研力量和成熟的市场需求优势，为聚集企业研发、营销等职能型总部和大区域性总部腾出了空间。当前，东部地区的北京、上海、天津、广州、杭州、南京等中心城市已具备了较强的经济实力和服务业体系，东部地区在向外转移制造能力的同时，应进一步强化东部地区区域性中心城市的现代服务业功能，推动城市产业结构升级，形成较为完整的知识型服务业体系，即包括金融、保险、会计、法律、信息咨询、市场调查、会展、研发与技术服务、教育培训、广告、公关等在内的服务业体系，并带动餐饮、商业、物流、娱乐、

房地产、物业管理、医疗等一般服务业的发展，使现代服务业体系成为推动东部区域经济发展的助推器和加速器。

5. 加速推进“两化融合”改造提升传统产业

“十二五”时期，东部各地区将进入工业化后期阶段，全面推进经济社会各领域信息化，以改造传统产业、推进重点领域信息技术应用作为工作重点，促进信息化与工业化深度融合，对东部经济具有重要意义。一要发挥信息技术应用范围广、带动作用强的优势，围绕工业产品研发设计、流程控制、市场营销等环节，推进传统产业信息化水平建设，提升企业自动化、智能化和管理现代化水平。二要加快推进中小企业“两化融合”，支持中小企业公共信息平台建设；积极培育信息产业新的增长点，加快新一代信息通信技术产业的发展，如传感网、物联网关键技术的突破及推广应用。

专栏 34-1

台州中小企业面临的问题及发展方向

改革开放 30 多年来，台州中小企业实现较快发展，数量多、吸纳就业能力强、经济总量大，在台州经济社会发展中发挥着十分重要的作用。台州中小企业主要集中在传统制造业，以低端产业、低附加值产品、低层次技术、低价格竞争（以下简称“四低”企业）为主的发展特点十分明显，十分依赖低成本竞争和资源环境消耗的增长方式，产业层次普遍较低，创新能力不强。随着要素资源约束的加剧，台州中小企业竞争力下降，经济增长不可持续的问题日益突出，转型升级任务十分紧迫。

当前台州经济发展面临的主要宏观环境是“三叠加”（产业升级转型期、国际经济波动期、宏观调控紧缩期三叠加）、“三上升”（原材料价格上升、人民币升值和银行利率上升、劳动力成本上升）、“三加剧”（资金供给、土地供给、环境空间紧张状况三加剧）。这种形势对台州产业结构的转型升级是十分不利的。2011 年以来，特别是受人民币不断升值和国家宏观调控的影响，台州大多数民营企业开始承受“产品出口亏损”与“企业融资困难”的双重压力。这种宏观经济环境表明，产业内部依托自身的力量实现转型升级的压力十分巨大。

加快推进台州中小企业转型升级，要紧紧围绕产业链攀升这条主线，在国际分工中占据产业链的有利位置，要淡化总产值指标，重视创造新价值。从政府层面来说，要大力营造促进企业转型升级的外部环境；进一步明确中小企业转型升级的发展方向；大力发展现代服务业，改造传统产业。从企业层面来说，则要加大技术改造和技术创新的力度，提高产品附加值；增强品牌意识，加强品牌营销，占据产业链高端；进一步推进企业体制和机制转型升级；加大企业转型升级人才培养力度。

加快块状经济向现代产业群发展。台州块状经济比较明显，数量多、规模大、产业比较全，集聚了大量的中小企业。块状经济在台州产业发展中发挥着十分重要的作用，但由于块状经济产业雷同、企业规模不大、产品档次普遍偏低、缺少品牌、采取低成本竞争、资源利用效率不高等特点，制约块状经济发展步伐，与现代产业群生产方式要求存在较大差距。

根据迈克尔·波特的产业群发展理论，真正的产业群是上到科研机构下到销售网络的整个产业链的集合体，而不是企业的扎堆。应通过培育龙头企业，加强专业化分工与协作，强化品牌意识，加大企业间兼并、重组、联合，加强产、学、研相结合，促进生产性企业与服务性企业协调发展，加强科学管理等引导块状经济加快转型升级，逐步向现代产业群发展。

资料来源：根据《台州中小企业转型升级发展研究》改写，原文载上海统计信息网，http：//www.stats-sh.gov.cn/fxbg/201112/236460.html，2011 年 12 月 2 日。

专栏 34-2

“十二五”期间上海的产业转型及发展方向

自经历改革开放特别是1992年以来的经济高速增长之后，上海再一次处于历史当口儿，面临产业结构调整和发展方式转变的严峻考验，《上海经济发展报告（2012）》从转型的视角，较为深入地对上海“十二五”期间的重要领域和关键环节展开了分析研究。该《报告》认为，过去20年，上海经济的高增长主要得益于投资的扩张，是投资驱动型的经济增长方式。2008年金融危机爆发后，尤其是2011年经济运行情况表明，这样的发展已难以为继。未来若干年，上海必然面临经济增长动力和结构转变的突出问题。

1. 面临的挑战：投资下降、外需疲软、产业空心

2011年，上海产业投资出现明显下降，并呈现降幅大、下降时间早于预期、下降速度趋快等特点，特别是工业投资和基础设施投资难以继续发挥主要作用。2011年上半年，上海全社会固定资产投资比2010年同期出现比较明显的下降，仅有房地产开发投资有所增长。

从出口来看，上海经济传统的外需推动模式难以维持，外部需求不会有明显增加。事实上，上海经济中的“外部需求”（货物与服务净流出）规模很小，尚不足1000亿元，对经济的推动作用相对也较小。这不但与上海作为全国经济中心城市的地位不相适应，也制约了上海经济发展方式的转型。

环顾上海现有产业结构现状，一大批制造业环节不断外移，上海部分产业领域出现“空洞化”的隐忧——迫切需要通过大规模创新产生更多具有主导性功能的新经济增长点，并实现发展动力向创新驱动的转换。

2. 未来的出路：寻找新动力、营造适宜的市场环境

当前上海迫切需要解决的现实问题是“增长动力转型”与“产业发展转型”两大核心；这涉及上海增长新动力的探寻、经济发展关键产业的培育等，是当前上海亟待深入剖析的重要领域。

上海要优先发展先进制造业和战略性新兴产业。2010年，战略性新兴产业9个领域实现的增加值约占全市GDP比重的12%；2011年，整体产值将超过1万亿元。战略性新兴产业的规模不断提升，增长速度加快，部分产业技术水平在国内外呈领先态势。

上海要优先发展生产性服务业。2010年，上海生产性服务业占整个服务业增加值的比重已经达到54.1%，重点生产性服务企业完成营业收入4105.9亿元，同比增长23.8%；实现利润320.2亿元，同比增长17.5%。根据已经制定的规划，到2015年，全市生产性服务业增加值将比2010年翻一番，为进一步优化产业结构作支撑。

在转变发展方式的过程中，营造适宜的市场环境，尤其是为中小企业、民营企业提供公平环境，显得尤为重要。“十二五”时期，上海民营经济的发展环境能否进一步优化，不仅直接关系到民营企业自身的发展，更关系到上海经济发展方式转变、产业结构调整、民生改善与社会和谐等重大问题。

资料来源：根据《〈2012上海经济发展报告〉：解读沪经济转型之困》改写，原文载中国经济网，2012年4月9日。

参考文献

1. 江苏省统计局：《后危机时代江苏外贸转型路径研究》，江苏统计信息网，2012年1月31日。

2. 江苏省统计局：《江苏制造业产业升级及发展战略研究》，江苏统计信息网，2011年10月17日。

3. 江苏省统计局：《江苏构建现代产业体系的探析》，江苏统计信息网，2011年10月17日。

4. 浙江省统计局：《浙江省工业企业自主创新现状与分析研究》，浙江统计信息网，2012年1月4日。

5. 白永平：《长三角发展模式将转型 以科技创新带动增长》，上海统计信息网，2011年5月15日。

第三十五章 中部地区工业

提 要

2011年是“十二五”开局之年，面对国内外复杂的经济形势，中国中部地区工业继续保持快速增长，工业效益稳步提升；工业实力不断增强，在全国的地位不断上升；工业转型升级也取得了明显成效，一些传统优势产业的竞争力不断增强，新兴产业发展迅速；工业品出口保持平稳增长，出口结构不断升级；工业布局不断优化，集群效应逐步形成。“十二五”以来，中部地区经济发展环境复杂多变，尽管一些结构性、深层次的矛盾和问题仍然制约着中部地区工业的发展，但随着中部崛起战略以及各省国家战略的深入实施，中部地区工业发展的机遇仍然大于挑战，经济发展的基本面不会改变，中部地区的工业增速在高位上可能会有所回落，但不会出现大的震荡，中部地区工业仍将保持平稳较快的增长势头。为推动“十二五”中部地区工业稳步较快发展，还需要国家出台一些更具有中部特色、具有针对性和可操作的政策，在促进中部地区承接产业转移、加强区域合作、加快产业转型升级等方面予以支持。

* * *

一、2011年中部地区工业发展的主要特征

2011年是“十二五”开局之年，面对国内外复杂的经济形势，中部地区工业继续保持快速增长的态势，并呈现出一些新的特征：[①]

1. 工业经济保持较快增长，但增速有所下滑

2011年中部地区工业仍然保持较快的增长态势，虽然从增速来看，与2010年相比有所下滑，但明显快于全国。2011年中国规模以上工业增加值按可比价格计算比2010年增长13.9%，平均增速较2010年下降1.8个百分点。从全国来看，除贵州、西藏、河南、宁夏、云南等个别省份以外，大多数省份工业增速都较2010年有所下滑。从各省份的情况来看，2011年，东部地区，除天津（21.3%）、福建（17.5%）外，大多数省份的增长速度均低于全国平均水平。而中部地区六省份工业增加值增速均高于全国平均水平（见表35-1），其中安徽、湖北、湖南的增速都超过20%，分别排在全国的第四位、第七位、第八位。

① 如无特殊说明，本章数据来源于历年《中国统计年鉴》和中部六省2011年国民经济和社会发展统计公报。

表 35-1 2010 年、2011 年中部地区工业增加值增速

		全国	安徽	湖北	湖南	河南	江西	山西
2011 年	工业增加值（亿元）	188572.0	6979.6	8538.0	8083.2	14401.7	5611.9	6125.4
	工业增加值增速（%）	13.9	21.1	20.5	20.1	19.6	19.1	17.9
2010 年	工业增加值（亿元）	160030.0	5601.9	6136.5	5890.3	11950.8	3101.9	4446.3
	工业增加值增速（%）	15.7	23.6	23.6	23.4	19.0	21.7	23.2

资料来源：2010 年、2011 年中部地区六省国民经济和社会发展统计公报。

2. 工业经济实力增强，工业经济效益稳步提升

与“十一五”时期相比，2011 年中部地区各省工业增加值占 GDP 的比重持续上升，其中山西、河南两省分别为 55.2%、52.9%，超过 50%，位居全国前列；江西、安徽、湖北、湖南四省也分别达到 48.5%、46.2%、43.7%、41.2%，工业仍然是拉动中部地区经济发展的主导力量。中部地区工业总产值占全国的比重也在逐年上升。2011 年，中部地区六省规模以上工业总产值占全国的比重为 18.9%，高于 2010 年 1.6 个百分点，高于 2008 年 3 个百分点。中部地区工业发展与东部地区和全国的差距呈不断缩小的趋势。

2011 年，中部地区工业经济效益持续向好，工业运行质量稳定提升。从各省来看，2011 年，江西省工业经济效益综合指数继续攀升，达 292.2%，比 2010 年提高 18.1 个百分点；规模以上工业产品销售率为 98.9%；工业企业实现利润 1113.9 亿元，同比增长 44.5%；37 个行业中，有 35 个行业实现盈利。湖北省工业产品销售量为 97.4%，工业企业实现利润 1497.41 亿元，同比增长 29.3%；钢铁、汽车、石化、电力、食品、电子信息、纺织、装备制造、建材等重点行业实现销售产值超千亿元。安徽省工业经济效益综合指数 312.3%，比 2010 年提高 39 个百分点；规模以上工业企业利润 1306.9 亿元，增长 52.5%；煤炭开采和洗选业、电气机械及器材制造业、交通运输设备制造业、非金属矿物制品业、化学原料及化学制品制造业、农副食品加工业等 18 个行业利润均超 20 亿元，累计实现利润 1146.3 亿元，占全部规模以上工业的 87.7%。河南省产品销售率为 98.4%；规模以上工业企业利润总额 4066.13 亿元，增长 32.8%；38 个工业行业大类中，利润总额超百亿元的行业达 14 个，实现利润 3168.74 亿元，对全省工业利润增长的贡献率达 77.3%。山西省规模以上工业企业实现利润 1200.6 亿元，同比增长 40.4%。

3. 工业投资增长较快，投资结构持续优化

2011 年，中部地区投资增长较快，投资结构明显优化。从固定资产投资增速来看，中部地区各省普遍快于东部地区，如湖北 30.6%，山西 29.8%，江西 27.7%，湖南 27.6%，安徽 27.6%，河南 26.9%，均超过全国平均水平。2011 年，中部地区各省的工业投资增长较快，投资仍然是拉动工业增长的重要力量。如河南省工业投资同比增长 34%，工业投资增长对全社会投资增长的贡献率为 64.4%。安徽省工业投资增长 33%，技术改造投资增长 41.8%。湖北省工业投资增长 40.4%，技术改造投资增长 30.1%。此外，中部地区的民间投资保持较强的增长势头，拉动作用明显。

2011 年，中部地区制造业、新兴产业和高技术产业的投资增速较快，投资结构进一步优化。如山西省工业投资增长了 37.9%，煤炭、焦炭、冶金、电力等传统产业增长了 33.6%，而食品、建材、化工、装备制造等新兴产业增长了 49.9%，增幅比上年提高 30.9 个百分点，占全省工业投资的 27.4%。安徽省制造业投资增长 36.4%，制造业中的装备制造业增长 48.4%，增幅高于全部投资 20.8 个百分点。河南省制造业投资占工业投资的比重为 86.7%，同比提高 2.6 个百分点；六大高成长性行业投资增长 35.6%，高于工业投资 1.6 个百分点；高技术产业投资增长 105.4%。湖北高新技术产业投资增长 32.7%，高于全省平均水平 3.8 个百分点。湖南七大战略性新兴产业投资增长 25.4%，对全省投资的贡献率为 31.5%；高新技术产业投资增长 32%，高于全省平均水平 4.4 个百分点。

4. 工业结构调整步伐加快，传统优势产业竞争力增强

2011 年，中部地区各省继续推进产业结构调

整。从产业结构来看，中部地区第二产业的比重仍在不断上升，第一、第三产业则趋于下降，产业结构呈现明显的“二、三、一”格局。2011年，中部地区第二产业比重占到54.1%，比2010年上升了1.7个百分点，第二产业在国民经济中占有重要地位。从工业内部结构来看，装备制造业、战略性新兴产业、高新技术产业所占比重逐步上升，工业结构正由重化工业化阶段向高加工度化阶段转化，长期以来依赖资源性产业的增长方式正在向高成长性产业转换。

2011年，中部地区各省继续推进高新技术改造提升传统产业，并通过扶持龙头企业做大做强，推动产业集群式发展，形成了一批产值上千亿元的支柱产业。如湖北省主要支柱产业营业收入保持较快增长，汽车、钢铁、食品、石化、机械行业超过2000亿元，电子信息产业超过1500亿元，纺织、电力、建材行业超过千亿元。湖南省机械、石化、食品、有色、轻工、冶金、建材、电子信息八大产业产值达上千亿元，其中工程机械、电工电器两个子产业产值也过千亿元。山西省加快煤炭资源整合和企业兼并重组，提高产业集中度，2011年煤炭产量达8.7亿吨，比2010年增长了17.7%；同时，有序推进循环经济，产业链和产品链不断延伸拉长。河南省四大优势产业增长14.5%，比2010年提高2.3个百分点。江西省装备制造业发展较快，比2010年增长21.9%，高于全省平均增长速度2.8个百分点，其中电气机械及器材制造业，通信设备、计算机及其他电子设备制造业，通用设备制造业，金属制品业增长最快。中部地区的一些传统优势产业，如山西的煤炭、冶金，安徽的汽车、家电、化工，江西的特色冶金和金属制品，河南的食品、有色金属，湖北的汽车、钢铁、光电子信息，以及湖南的装备制造等产业在全国的竞争力也在不断提高。

5. 自主创新能力不断提高，新兴产业发展迅速

近年来，中部地区通过建设国家级自主创新示范区、试验区以及国家创新型试点城市和综合性国家高技术产业基地，充分发挥科技优势，加快科技成果转化，不断提高自主创新能力，高新技术产业和战略性产业得到迅速发展。如东湖高新区围绕光电子信息、生物、新能源、环保、新一代消费类电子五大高新技术产业发展，带动一批关系湖北科技发展的关键技术实现重点突破，加快科技成果产业化。2011年，湖北省高新技术产业增加值为2325.96亿元，比2010年增长23.4%，占规模以上工业增加值的比重达27.1%。湖南省高技术产业增加值增长32.4%，高于全部规模以上工业12.3个百分点。江西省十大战略性新兴产业完成增加值1568.3亿元，增长21.6%，增速高于全省规模以上工业2.5个百分点；目前，江西省战略性新兴产业集聚加速形成，整体配套能力显著增强，形成专业化分工、产业化协作、集群化发展的产业配套体系和成熟产业链条。同时通过加大研发投入，加强技术改造，自主创新能力得到稳步提高，核心竞争力明显增强，已经形成一批在行业居于领先地位的新产品、新技术和新工艺，拥有较强技术储备，为加快发展提供了强有力的支撑。

装备制造业成为山西省经济发展的最大亮点，2011年在2010年增长41.7%的基础上又增长了22.2%，超出规模以上工业增幅4.3个百分点，成为煤炭、冶金行业之后拉动工业增长的第三大动力。安徽省装备制造业、高新技术产业的增加值分别增长28.3%和24.6%，高于全部规模以上工业7.2个百分点和3.5个百分点；战略性新兴产业产值增长62.1%，高于全部规模以上工业16.1个百分点。河南省汽车、电子信息、装备制造、食品、轻工、建材六大高成长性产业增加值占全省规模以上工业的比重达55.3%，同比提高1.4个百分点，对全省规模以上工业增长的贡献率为69.6%；高技术制造业比重达5.3%，同比提高1.4个百分点，改变了自2003年以来持续多年在3%~4%间徘徊的局面。

6. 工业品出口平稳增长，出口结构不断升级

长期以来，中部地区的外贸依存度较低，且在金融危机后有一定程度的下降。但近年来，随着中部地区越来越多地承接东部地区的产业转移，中部地区的外向型工业也在逐步发展壮大。2011年，中部地区出口保持平稳增长，出口结构不断升级，机电产品和高技术产品出口加速增长。河南省机电产品出口84.09亿美元，增长226.8%；高新技术产品出口57.09亿美元，增长830.0%。江西省机电产品出口81.51亿美元，增长79.6%；高新技术产业出口38.49亿美元，增长42.1%；机电产品、高新技术产品出口占全省出口的比重分别达到 37.3%和 17.6%。对日本、美国、中国香港、欧盟等国家或地区出口快速增长，分别增长130%、83.2%、83.2%和 68.6%。湖南省机电产品出口 35.67 亿美元，增长 32.1%，占出口总额的比重为 36%；高新技术产品出口 7.92 亿美元，增长38.3%，占出口总额的比重为 8.0%。安徽省机电产品、高新技术产品出口分别增长 53.5%和 41.6%。

7. 工业布局不断优化，集群效应逐步形成

近年来，中部地区工业向重点地区和园区集聚的趋势十分明显，一些优势产业集群逐步形成。工业集聚区的工业增加值增长较快，对工业的贡献率不断提高。如河南省，2011 年 180 个产业集聚区工业增加值增长 28.4%，比 2010 年加快 3 个百分点，对全省工业增长的贡献率达 53.1%。产业集聚区不仅为承接产业转移提供优势平台，而且也促进了产业集群的发展，还在实现产业互动、产业融合、促进城乡统筹发展等方面起到了很好的带动和示范效应。河南省 180 个产业集聚区中，95%的集聚区发展框架基本形成，半数左右的集聚区主导产业比较突出，40%左右的集聚区集群发展态势初步形成。产业集聚区固定资产投资、规模以上工业企业主营业务收入占全省的比重均超过 40%，利用省外资金占全省的比重接近60%，从业人员超过 240 万人。又如湖北省，全省一半的产业集群集中在武汉城市圈，目前年销售收入过百亿元的产业集群有四个：一是光电子产业群，主要集中在东湖高新技术开发区，以长飞、峰火等企业为龙头，形成了上下游产业链及其配套产业。二是汽车产业群，已形成孝感至武汉沿线汽车工业密集带。三是冶金产业群，形成了以武钢和新冶钢为龙头企业的武汉至黄石冶金走廊。四是纺织产业群，已形成以武汉、孝感、黄石为中心的分布格局。

二、“十二五”中部地区工业发展环境分析

“十二五”以来，中部地区工业发展面临国内外环境的深刻变化。从国际来看，全球经济复苏遭遇新的挑战，经济下行风险增大。从国内来看，虽然受宏观调控政策影响，中国总需求增长出现一定幅度的下降，经济增长略有回落，但“十二五”以来，中国经济仍然保持平稳较快发展的良好局面。“十二五”时期，中国将继续加大对战略性新兴产业发展的支持力度，加快产业结构调整优化，有利于宏观经济保持持续稳定增长。对于中部地区来说，受产业转移和能源资源需求增加等因素拉动，2011 年，经济增速虽有回落，但总体保持较快增长。中部地区目前仍处于工业化、城镇化的发展阶段，特别是随着中原经济区建设提升为国家战略，中部地区崛起战略深入实施，中部地区工业发展仍将处于难得的战略机遇期。

1. 机遇

（1）政策优势，即中部地区崛起战略的深入实施以及中原经济区建设上升为国家战略等政策优势。继中部地区崛起战略实施以来，国家先后批准了《武汉城市圈资源节约型和环境友好型社会建设综合配套改革试验总体方案》、《长株潭城市群资源节约型和环境友好型社会建设综合配套改革试验总体方案》、《鄱阳湖生态经济区规划》、安徽省《皖江城市带承接产业转移示范区规划》、山西省《国家资源型经济转型综合配套改革试验区》。2011 年 10 月，国务院又出台了《关于河南省加快建设中原经济区的指导意见》，将中原经济区建设提升为国家战略。这些国家规划的实施将促进中部崛起战略向纵深推进，中部地区也成为国家支持的重点发展区域。同时，这些规划的实施也将对“十二五”时期中部地区经济发展产生重大影响。政策的支持和中部地区资源的优势，将有利于中部地区工业整合资源，加快产业结构调整升级，提升工业发展质量，使中部地区的发展动力更加强劲。

（2）承接产业转移的机遇。这些国家级规划的实施，也为加快中部地区承接国内外产业转移，促进区域协调发展打造了很好的平台。近年来，中部地区各省承接产业转移成效较为显著。以湖南为例，2011 年，湖南省承接产业转移项目 2912

个，其中国际产业转移项目 547 个，区域产业转移项目 2365 个；承接转移项目新增税收 28.4 亿元，新增就业人数 29 万人。转移企业已成为湖南省加工贸易新的增长点，不仅拉动了加工贸易进出口的增长，而且也提升了全省加工贸易的总量和层次，也为今后湖南省加工贸易继续保持快速增长打下了坚实的基础。2011 年，湖南省加工贸易进出口 270492 万美元，同比增长 51.6%。其中出口 171986 万美元，同比增长 47.7%，进口 98507 万美元，同比增长 57.7%。湖南的湘南地区还获批国家级承接产业转移示范区，成为全国第四个、中部地区第二个国家级承接产业转移示范区。同时，中部地区在承接产业转移中的主动性也越来越强，有利于产业转型升级。如河南省承接产业转移时，主要“瞄准”三个领域：一是承接市场空间较大、增长速度快的汽车、电子信息、装备制造、食品、轻工、建材等高成长性产业。二是鼓励支持化工、钢铁、有色、纺织服装等传统优势企业引进战略投资者，承接促进精深加工、延长链条的项目、技术等。三是引导外来资金投向新能源汽车、生物、新材料等先导产业。“十二五”时期，中部地区承接产业转移的效应也将持续显现。

（3）国家大力发展战略性新兴产业的机遇。中国大力发展节能环保、新一代信息技术、生物、高端装备制造、新能源、新材料、新能源汽车等战略性新兴产业，为中部地区产业结构调整和转变发展方式等带来了机遇。

2. 问题和挑战

（1）内需不足和外需乏力，工业增速下滑。国际、国内需求减弱的传导效应逐渐在中部地区经济运行中显现，企业面临的需求不足问题加剧。以河南省为例，2011 年一些企业的出口订单明显减少，与一些沿海企业签订的订单出现了到期不提货的现象。12 月份，全省 9.8%的大中企业“获得订单明显少于上月”。1~11 月，全省规模以上工业产成品库存增幅比 2010 年底上升 14.3 个百分点，较上半年也上升 6.3 个百分点。由于中部地区大多数能源原材料大省，位于产业链上游，全国和东部地区经济下行的传导作用已经显现，工业增速出现回落。

（2）工业增长仍然主要依赖资源性产业，产业结构调整任务艰巨。在中部地区各省比重前五位的行业，基本上以能源、钢铁、有色、化工等行业为主。分省来看，山西省对资源性行业的依赖最严重，煤炭开采和洗选业工业销售产值比重超过 30%，江西省的金属行业比重达到了 30%左右；湖北省对资源性行业依赖相对较小。目前，中部地区的主导产业以原料加工型和资源消耗型为主，产品大多属于“三多三少”产品，即中间产品多、终端产品少，一般产品多、名优产品少，低附加值产品多、高新产品少。产业链条短、产品附加值低的问题也十分突出。发展低消耗、高产出、精细化的高新技术产业和战略性新兴产业任务十分艰巨。目前，中部地区各省的战略性新兴产业都已粗具规模，呈现出较快的发展，但仍面临诸多挑战。中部地区发展战略性新兴产业主要面临核心技术掌握不足、技术创新困难、市场动力缺乏、政府导向导致企业盲目扩张等一些障碍。

（3）经济发展方式粗放，资源环境压力加大。当前中部地区经济发展方式粗放，高消耗、低效益的问题仍然比较突出，资源环境约束强化。中部地区工业结构偏重化，单位 GDP 能耗普遍偏高，经济社会发展对能源的依赖性较强，节能减排压力较大。以安徽为例，截至 2010 年底，安徽省能源消费总量为 9702.08 万吨标准煤，其中工业用能占 76.59%。全省高耗能产业能源消费总量约为 5504.3 万吨标准煤，占工业能源消费总量的 74%，占全省能源消费总量的 56.7%，但高耗能产业对全省 GDP 的贡献率却不到 30%。再加上省内部分地区高耗能行业出现盲目投资、低水平扩张等问题，产能过剩的现象还普遍存在。而短期内，中部地区以能源资源型为主的产业结构也难以改变，能源消耗和污染物排放还会刚性增加。国家拟对各地能耗总量实行分级控制，资源环境的约束力也会进一步强化。

（4）区域竞争将日益激烈。中部地区产业同构、重复建设的现象较为突出。特别是面对产业转移的重大机遇，中、西部各级地方政府都高度重视，纷纷采取各种强有力的措施来承接产业转移，中、西部各省市间对外来资本的争夺也将更加激烈。同时，近年来，东部发达省份的产业转移出现就近向省内欠发达地区转移的趋势，中部许多地区在承接产业转移面临的竞争形势更加严峻。

（5）生产要素约束趋紧。在需求持续受到压缩的同时，要素约束也在强化。资金、用电、用工“三荒”困扰工业发展。由于新增贷款量不足，企业融资成本明显增长，资金紧张目前已经成为企业发展的最大约束，企业普遍感到资金紧张。结构性用工短缺矛盾也十分突出，2011年，随着工业产能的增长，特别是招商引资、承接产业转移带来的新增产能较快增长，工业企业对劳动力的需求明显增加，熟练技术工人供不应求，许多企业都存在明显的劳动力缺口。

总体来说，“十二五”期间，虽然中部地区经济发展环境复杂多变，但并没有改变经济发展的基本面，没有改变机遇大于挑战的基本格局。中部地区的工业增速在高位上可能会有所回落，但不会出现大的震荡，中部地区工业仍将保持平稳较快增长的势头。

三、促进中部地区工业平稳较快发展的政策建议

“十二五”时期是中国加快工业转型升级，实现从制造大国向制造强国转变的关键时期。中部地区要抢抓历史机遇，充分发挥比较优势，继续保持工业平稳较快地发展，加快工业转型升级，由投资驱动转向创新驱动，大力发展先进制造业、战略性新兴产业和高新技术产业，成为中国从制造大国向制造强国转变的重要支撑。为此，当前应做好以下几个方面的工作：

1. 深入推进中部崛起战略及各省国家规划的实施

自中部地区崛起战略实施以来，中部地区充分发挥区位、资源、科技、人才等方面的优势，有序承接产业转移，推动产业转型升级，经济总量、人均GDP、投资和消费、对外贸易等持续快速发展。“十二五”时期，要全面落实《促进中部地区崛起规划》的相关政策，特别是要围绕中部地区“三大基地、一个枢纽”（粮食生产基地、能源原材料基地、现代装备制造及高技术产业基地和综合交通运输枢纽）的定位，继续推进环长株潭城市群、武汉城市圈、太原城市群、皖江城市带、鄱阳湖生态经济区、中原经济区等国家规划的实施，在充分发挥中部地区各省特有的产业优势和资源优势，体现中部特色和地区差别化原则的基础上，突出重点，进一步细化和落实相关保障措施。同时，要针对目前中部地区工业转型升级中面临的一些突出问题抓紧制定具有中部特色、具有较强的针对性和可操作性的政策，加大政策扶持力度。

2. 抓住产业转移的机遇，促进产业转型升级

“十一五”以来，在国家政策的有利支持下，中部地区承接产业转移成效显著。产业转移对中部地区经济的贡献较大，有力地促进了中部地区的产业优化升级和地方经济转型。但同时由于许多地方政府在承接产业转移中存在很大的盲目性，因此不可避免地也出现了一些问题。为了更有效地承接产业转移，将产业转移与中部地区各省的区域优势、产业转型升级相结合，中央和各级地方政府要发挥各自的作用，对于不同地域、不同省份间的承接产业转移，进行通盘规划，加强协调，推动形成地区间合理的产业分工格局。①制定针对性强的东、中部地区产业衔接政策。抓紧制定《中部地区承接产业转移指导目录》，明确产业承接重点和产业发展方向，鼓励中部地区承接技术含量高的产业、非资源依赖型产业以及为本地特色优势产业延伸配套加工的产业，实现承接产业转移与推动产业升级同步。②促进产业转移与自主创新相结合，实现在承接中创新，在创新中提升，形成自身特色的优势产业。③突出企业在产业转移中的主体作用。坚持以市场配置资源为基础，以企业为主体，充分发挥协会、商会等中介机构作用，政府的主要职责在于政策引导、环境营造、平台搭建、信息服务，坚持市场导向与政府推动相结合。④坚持产业承接与环境保护相结合。要积极承接资源节约型、环境友好型的产业项目，坚决拒绝承接那些产能落后、污染环境、不符合国家产业政策的项目。此外，要建立

合理的政绩评价体系。

3. 加快发展战略性新兴产业

目前，中部地区发展战略性新兴产业既存在着企业技术创新能力弱、技术产业化不足等诸多内部因素制约，又受到政策制度、外部环境等因素约束。加快中部地区战略性新兴产业转移，①加强新兴产业发展的政策扶持力度。政府不仅要加强对新兴产业的规划引导，推进新兴产业的平台和载体建设，而且要加快制定法律法规、增强财税金融支持等方面的政策支撑体系建设，确保对战略性新兴产业发展的强有力的政策支持。②着力培育企业的自主创新能力。既要加强基础技术创新，又要对有行业共性的技术进行攻关。加快建设关键核心技术研发和系统集成的工程化平台，使优势企业的创新基础设施达到世界先进水平，发展由企业主导、科研机构和高校参与的产业技术创新联盟。③加快培育新兴产业发展的市场需求，加强核心技术研发和自主创新成果产业化。通过重大应用示范，有效传播信息，促进社会有效需求的形成与扩展。选择处于产业化初期、社会效益显著、市场机制难以有效发挥作用的重大技术和产品，开展重大应用示范，促进产业发展。④切实抓好一批新兴产业示范项目，依托国家新型工业化产业示范基地，发展一批具有明显优势的战略性新兴产业示范基地，鼓励外商投资新兴产业。⑤建立并完善多层次多渠道融资体系，不仅要制定国家层面的战略性新兴产业融资政策，还需要省市地方政府对战略性新兴产业金融支持，既包括对战略性新兴产业的直接融资，也包括相关税收减免等措施。⑥加快具有创新能力和产业化、国际化经营的高素质人才培养。

4. 促进民营经济和中小企业的发展

国际金融危机以来，中国中部地区民营经济和中小企业发展较为迅速，已经成为中部地区经济发展的新动力。2010 年，中央政府还推出了“新非公 36 条”，并着力制定政策细则和相应配套措施，对促进民营企业的发展具有十分重要的意义。对于中部地区来说，大力发展民营经济，①加强对民营经济的引导。包括行业引导和政府引导。通过各行业协会、行业办，通过发布行业相关信息，引导行业内投资和经营活动，防止民营经济重复投资和盲目扩大生产规模。同时，引导民营企业提高管理水平，建立现代企业制度，逐渐由家族式管理向现代企业管理方式转变，增强企业活力。②进一步放宽市场准入。国有企业、外资企业能进入的领域，民营企业均可进入。③大力鼓励民营企业技术创新，加大对民营企业技术创新、技术改造项目的财政贴息，推动科研成果在民营企业的产业化和科研人员向民营企业的流动。④加大对民营企业的金融支持。建立完善对民营企业的担保体系，改善民营企业贷款难的状况。⑤营造公平公正的社会环境。要对国有经济与民营经济一视同仁，公正对待。

2011 年，工业和信息化部还出台了《“十二五”中小企业成长规划》，支持中小企业快速发展。中部地区要采取切实有效的措施鼓励和促进中小企业发展。①坚持市场原则，把支持中小企业发展的着力点放在营造公平竞争的环境和培育具有自主经营、自负盈亏、自我发展、自我完善的微观经济主体上。②加强对中小企业的金融支持。创新融资模式，拓展融资渠道。积极探索适合中小企业融资的担保方式，开展应收账款、出口退税单、存货等有形资产的抵押贷款业务；扩大产权、非专利技术和股权等无形资产的质押贷款。通过高收益债券、可转换债券、资产支持票据等适合中小企业的新型融资工具实现债务融资。③着力提高中小企业的可持续发展能力，着力提高企业技术创新、管理创新和制度创新的能力，引导和支持企业处理好创新与发展的关系。支持中小企业采用先进技术、工艺和设备，走“专、精、特、新”发展道路，鼓励中小企业与大企业建立稳定的协作关系，形成较强的生产配套能力。在中小企业集聚的区域和行业中建立、充实和完善公共服务平台。

5. 加快现代服务业发展

发展现代服务业，特别是生产性服务业是中部地区工业转型升级的内在要求。①大力发展面向工业生产的现代服务业。综合考虑产业基础、市场需求、发展前景和支撑条件，着力培育发展工业设计及研发服务、现代物流服务及电子商务、信息服务及外包、节能环保和安全生产服务等生产性服务业。②从财政、税收和土地等方面提供优惠政策，鼓励大中型制造业企业生产服务剥离外包，向研发设计和社会化专业服务两头发展，促进行业分工细化和提升产品附加值。③加强生产性服务业发展规划编制，合理构筑生产性服务业发展空间。整合资源，加快构建围绕产业集群的生产性服务业体系，促进生产性服务业集聚发展。④重点建设产业集聚区。坚持用地集约、产业集聚原则，推动产业关联度较强和共同区位指向的服务业企业集聚。加大政策扶持力度，引导资金、人才等资源向集聚区倾斜，重点支持集聚区公共平台建设和重点项目建设补助，优先安排项目用地等。

6. 加强中部区域经济合作

加强区域合作将是“十二五”时期实现中部地区崛起的一个重要内容。由于中部地区崛起更多的是各省各自发展，加上各省之间的经济实力差距较小，产业同质性较强，因此各省之间的协调不够，缺乏实质性合作。目前，中部地区各省都积极在区外寻找助力。像安徽实施了“东向发展，融入长三角”的发展战略，江西实施了“对接长珠闽，联结港澳台，融入全球化”的战略，湖南也提出融入“泛珠三角”，山西则加强与环渤海经济区的合作。中部地区各省之间的关系正如有些学者所总结的“对内形不成凝聚力，对外形不成竞争力；对上形不成注意力，对下形不成号召力”，基本处于分崩离析的状态。加强中部各省之间的经济联系，首先，要建立和完善区域协作机制。可以借鉴长三角地区的经验，建立政府层面的区域合作新机制，由决策层、协调层和执行层“三层运作”。其次，加强经济横向联系，针对目前中部地区产业同质性特点，通过整合优势资源，协同攻关，共同做大做强。最后，要建立共同市场，拆除有形无形的贸易壁垒，保证商品、信息、资金、技术在中部各省顺畅流通，合作中开展竞争，促进中部的优势资源得到最佳配置。

专栏 35-1

中原经济区规划上升为国家战略

国务院 2011 年 9 月 28 日出台《关于支持河南省加快建设中原经济区的指导意见》(以下简称《意见》)，将中原经济区建设提升为国家战略。

中原经济区是以全国主体功能区规划明确的重点开发区域为基础。以中原城市群为支撑，以河南为主体，由豫鄂皖晋鲁冀六省二十五市组成的经济区域。该区域被定位为国家重要的粮食生产和现代农业基地，全国工业化、城镇化和农业现代化协调发展示范区，是中部崛起的重要基地，是支撑全国经济又好又快发展的新的经济增长板块，是华夏历史文明传承创新区，是引领中西部地区经济发展的重要引擎。

《意见》指出，中原经济区是以全国主体功能区规划明确的重点开发区域为基础、中原城市群为支撑、涵盖河南全省、延及周边地区的经济区域，地理位置重要，粮食优势突出，市场潜力巨大，文化底蕴深厚，在全国改革发展大局中具有重要战略地位。

《意见》提出，中原经济区建设的核心任务，就是探索出一条不以牺牲农业和粮食、生态和环境为代价的“三化”协调发展之路。

《意见》对中原经济区的定位是：国家重要的粮食生产和现代农业基地，全国工业化、城镇化和农业现代化协调发展示范区，全国重要的经济增长板块，全国区域协调发展的战略支点和重要的现代综合交通枢纽，华夏历史文明传承创新区。

《意见》确定了中原经济区发展目标：到 2015 年，粮食综合生产能力稳步提高，产业结构继续优化，城镇化质量和水平稳步提升，工业化、城镇化、农业现代化发展协调性不断增强；基本公共服务水平和均等化程度全面提高，居民收入增长与经济发展同步，生态环境逐步改善，资源节约取得新进展，初步形成发展活力彰显、崛起态势强劲的经济区域。到 2020 年，粮食生产优势地位更加巩固，工业化、城镇化达到或接近全国平均水平，综合经济实力明显增强，城乡基本公共服务趋于均等化，基本形成城乡经济社会发展一体化新格局，建设成为城乡经济繁荣、人民生活富裕、生态环境优良、社会和谐文明、在全国具有重要影响的经济区。

资料来源：国务院：《关于支持河南省加快建设中原经济区的指导意见》，2011 年 9 月 28 日。

参考文献

1. 中部地区六省 2010 年、2011 年《国民经济和社会发展统计公报》，中华人民共和国中央人民政府网站，2011 年 9 月 25 日。

2. 河南省统计局：《2011~2012 年河南省经济形势分析与展望分析》，河南统计局网站，2012 年。

3. 湖北省统计局：《2011~2012 年湖北省经济形势分析与展望分析》，湖北省统计局网站，2012 年。

4. 安徽省统计局：《2011~2012 年安徽省经济形势分析与展望分析》，安徽省统计局网站，2012 年。

5. 安徽省科技厅：《2011 年安徽省高新技术产业统计公报》，安徽省科技厅网站，2012 年 2 月4 日。

6. 安徽省统计局：《2011 年中部六省发展分析与安徽崛起建议》，安徽省统计局网站，2012 年3 月 22 日。

7. 国务院：《关于支持河南省加快建设中原经济区的指导意见》，中华人民共和国中央人民政府网站，2011 年9 月 28 日。

8. 王文迪、陈黎明、曹杰：《中部发展战略性新兴产业须扫清四大障碍》，新华网，2012 年 5月 22 日。

第三十六章　东北地区工业

提　要

2011 年，中国东北地区工业呈现稳中有降的发展态势，工业结构和经济效益有所改善，工业布局实现集聚发展，工业对外开放水平提高，体制机制创新取得成效。总体来看，东北地区工业经济增速虽然放慢，但是工业企业利润率却较 2010 年有所提高，这表明工业经济发展方式转变初见成效。内陆开放成为东北地区“十二五”对外开放的亮点，工业发展面临的对外开放环境明显改善，同时，东北地区工业增长逐步由过去依靠沈阳、大连、哈尔滨、长春等少数增长极驱动逐步转变为由辽宁沿海经济带、沈阳经济区、“长吉图”（长春、吉林、图们）开发开放先导区、“哈大齐”（哈尔滨、大连、齐齐哈尔）工业走廊四大核心板块共同驱动。当然，目前东北地区工业依然还面临一系列的问题，如，企业缺乏自主创新的体制环境，传统工业升级改造缺少创新思路，产业分工和省际联系不尽合理，资源枯竭型城市面临艰巨的转型任务，民营经济发展遇到短期困难，传统的对外开放模式限制工业发展等。“十二五”时期，东北地区工业健康发展的思路是落实“五个发展”，即，先行先试、创新发展，转型升级、跨越发展，跨区联动、协作发展，建立机制、融合发展和扩大外贸、开放发展。在政策层面，积极培育促进技术创新协作的市场环境，加快承接国际和东部沿海产业转移，大力构建现代产业体系和主动构建对外开放体系。

*　　*　　*

“十二五”时期是东北地区巩固和扩大振兴成果的重要时期，是工业转型升级的战略机遇期，是深化改革和扩大开放的攻坚时期，是实现老工业基地全面振兴的关键时期。2011 年是东北地区“十二五”开局之年，工业经济实现又好又快发展，工业增长质量不断提升，工业发展面临更加开放的环境，工业经济体制机制创新继续推进。

一、东北地区工业发展的现状与特征

1. 工业经济增长呈现稳中有降的态势

2011 年，一方面，东北地区实现工业增加值超过 19607.7 亿元，按现价计算，较 2010 年增长 18.7%，占地区生产总值的比重为 45.82%；另一方面，工业增长速度与全国步调基本保持一致，出现回落的趋势，比“十一五”平均增速低了近 5 个百分点。工业在全国地位不断增强（见图 36-1），2006~2011 年，东北地区工业销售值占全国比重逐年提高，2011年地区工业企业销售收入占全国的比重为8.6%。从分省的数据看，辽宁省全年实现工业增加值10696.5亿元，按可比价格计算，比2010年增长14.3%；其中，制造业比重为93%。[①] 吉林省全部工业实现增加值4907.7亿元，比2010年增长18.5%，其中重工业和轻工业实现增加值分别为3215.1亿元、1316.6亿元，较2010年增长了16.5%、24.6%。[②] 黑龙江省全年规模以上工业实现增加值4003.5亿元，比2010年增长了15.2%，其中，轻工业实现增加值为664.6亿元，增长了16.7%，重工业实现增加值为3338.9亿元，增长了14.9%。[③]

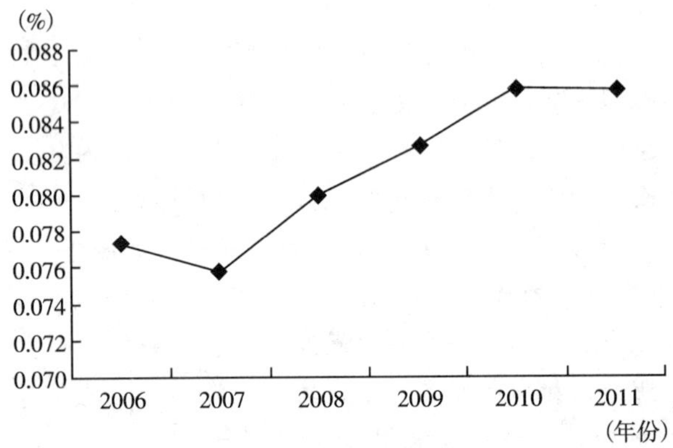

图36-1 东北地区工业企业销售收入占全国的比重

资料来源：国研网统计数据库。

2. 工业结构和经济效益有所改善

工业结构优化调整是东北地区转变经济发展方式的重点任务。①加大力度淘汰落后产能。以辽宁省为例，2011年，全省共淘汰炼铁产能6万吨、发电机组容量26.3万千瓦、水泥设备132台及产能481.3万吨、造纸24.06万吨、铁合金5.86万吨、印染能力15040万米和13台电熔镁装置（电弧炉）。[④] ②加快工业转型升级。吉林省依托重点企业，以重大项目工程带动工业转型升级，初步形成交通运输设备、轨道交通设备、农业机械、风电装备、石油机械、煤炭采选设备、生物化工、石油化工、食品加工等特色优势的现代产业体系。长春一汽生产的新能源汽车已上市，吉林特钢总投资额为210亿元的不锈钢项目开始建设，长春轨道客车股份有限公司高端城轨列车交付港铁并投入运营，长春大成实业集团建立了世界最大的氨基酸和植物多元醇生产基地。[⑤] 同样，黑龙江省主动拓展传统优势，依靠电气机械及器材制造业的强大生产体系和研发力量，迅速成为国内风电设备自主创新基地，MW级风电变流器、MW级风力发电机组系列电控系统、1.5MW风力发电机叶片制造模具及配套设备、1.5MW半直驱永磁同步发电机、2MW半直驱型永磁风力发电机等设备实现了产业化，诞生了集产、学、研为一体的风电设备产业集群。③培育发展战略性新兴产业。以新能源产业为例，2011年，辽宁沿海城市抓住海洋经济发展的有利机遇，利用特殊区位优势和海洋资源，大力发展风电产业。吉林虽是煤炭调入省份，却充分利用生物质能、地热能、风能、太阳能等清洁能源，其中，秸秆、垃圾焚烧发电装机容量达到11.4万千瓦，农林生物质成型燃料产量约10万吨，太阳能集热面积超过100万平方米。[⑥]

“十二五”以来，东北地区工业经济实现较好开局，各省工业经济效益有所改善。辽宁省规模以上工业企业主营业务收入达到44065.9亿元，实现利税3496.8亿元，分别比2010年增长28.8%、22.4%，工业企业实现利润1862亿元，按销售值计算，利润率较2010年提高0.1个百分点。吉林省工业全年实现利润总额1121.25亿元，比2010年增长44.6%，利润率6.67%，较上年提高了0.6个百分点。黑龙江省规模以上工业全年实现利税和利润2065.9亿元、1071.6亿元，分别增长42.1%、25.2%，利润率较2010年提高了0.4个百分点。[⑦]

3. 工业布局出现集聚发展趋势

沈阳经济区、辽宁沿海经济带、长吉图开发开放先导区、哈大齐工业走廊等重点发展区域发

①《2011年辽宁省国民经济和社会发展统计公报》。
②《2011年吉林省国民经济和社会发展统计公报》。
③《2011年黑龙江省国民经济和社会发展统计公报》。
④《2011年淘汰落后产能完成任务企业名单》，辽宁省经济和信息化委员会网站，2011年4月19日。
⑤ 刘亮明、刘文波：《吉林提升经济发展内生动力》，《人民日报》2011年6月9日。
⑥ 王晓明、赵梦卓：《东北加速发展新能源产业 摆脱对传统能源依赖》，新华网，2011年9月8日。
⑦ 各省发布的统计公报。

挥综合优势，集聚了东北地区80%以上的工业产值份额。以辽宁省为例，2011年，沈阳经济区一体化同城化发展提速，产业实现跨行政区域的集聚发展，产业集群和新城建设成为经济区工业发展的推动力量。据统计，2011年1~11月，沈阳经济区规模以上工业增加值同比增长了15%，超过全省平均水平，新增盘锦辽滨沿海经济区（石油化工）、沈阳高新技术产业开发区（电子信息）和鞍山经济开发区（钢材精深加工）三家国家产业示范基地。[①]同时，产业集群成为辽宁省“十二五”开局之年工业发展的重要载体，全省产业集群销售收入超过2万亿元，其中，超百亿元的集群达55个，实现销售收入1.7万亿元，有8个集群销售收入超过500亿元。[②]沈阳铁西装备制造、大连软件信息服务、本溪生物医药、阜新液压、辽阳芳烃及精细化工、铁岭专用车、丹东汽车及零部件、朝阳北票粉末冶金等产业集群成为引领辽宁省工业经济增长的引擎。2011年，“哈大齐”工业走廊集聚效果显著，新增入区企业564家，新增投产企业104家，全项目区累计投产企业895家，完成工业总产值690.1亿元，同比增长14.5%，实现利润总额47.9亿元，同比增长17.6%。[③]

4. 工业发展对外开放水平提高

2011年，东北地区工业企业出口交货值3606.45亿元，同比增长4.26%，但受国际市场低迷的影响，出口交货值占工业企业销售收入的比重较2010年下降了0.8个百分点，并延续了“十一五”时期的下滑趋势（见图36-2）。虽然工业企业出口形势不如前几年，但对外开放步伐没有放慢，内陆开放成为东北地区“十二五”对外开放的亮点。2011年12月，长春兴隆综合保税区获国务院批准，规划面积4.89平方公里，设有口岸作业、出口加工、保税物流和综合服务四个功能区，实施特殊海关监管，重点发展汽车电子产品、交通装备工业零部件制造及模块组装两大主导产业，成为立足“长吉图”、辐射东北亚的重要进出口物流基地。此外，对外能源合作为工业发展创造了良好的条件。2011年初，中国首个跨国直流联网工程暨500千伏中俄直流联网黑河背靠背换流站工程正式建成投入使用，俄罗斯远东电网每年可向黑龙江电网供电约43亿千瓦时，有效地缓解黑龙江省工业发展用电需求。

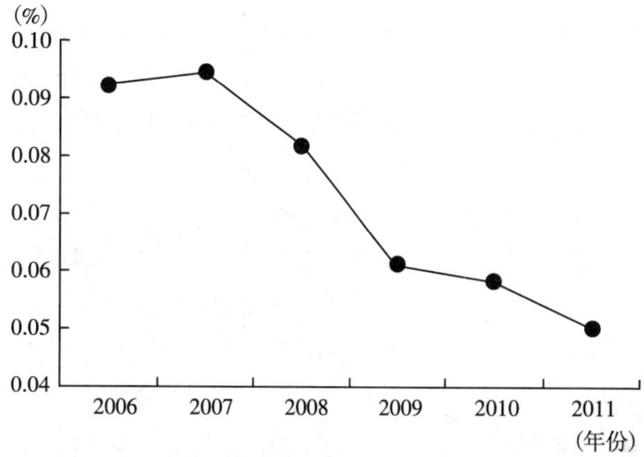

图36-2　东北地区工业企业出口交货值占销售收入的比重

资料来源：国研网统计数据库。

5. 工业经济体制改革取得成效

到2011年底，综合配套改革、非公经济发展和国有企业改革成为东北地区工业发展体制机制改革的主攻方向。2011年，沈阳经济区国家新型工业化综合配套改革试验区已取得阶段性成果，一方面，工业化与信息化深度融合趋势比较明显，机械装备制造业、汽车及零部件制造业、民用航空制造业、电子信息产业、医药化工业等成为“两化融合”优势产业；另一方面，加大老工业区“腾笼换鸟”和新城新区建设。以土地置换和企业异地搬迁改造升级为重点，利用快速交通网络将区内城市连接起来，实现工业企业在更大范围内建立产业协作关系和配置要素资源。同期，吉林省各级政府转变思路，加大对非公经济发展的支持力度，如编制发展规划，设立专项资金，出台优惠政策，构建公共服务平台等，并取得明显成效。据统计，非公企业数占全省企业总数超过95%，从业人员占城镇就业总人数的70%，对全省经济贡献率超过60%。[④]

① 辽宁省经济和信息化委员会网站。

②《产业集群创造“辽宁速度”》，商务部网站，2012年2月7日。

③ 辽宁省服务业委员会、黑龙江省统计局，http://www.hlj.stats.gov.cn/。

④ 张文学：《吉林：大力营造支持非公经济发展的良好氛围》，《中华工商时报》，2011年6月23日。

二、东北地区工业发展存在的深层次问题

2011 年，东北地区工业经济在转型升级过程中更加注重提升增长质量，然而，还应该看到工业发展仍存在一些过去长期未得到解决的深层次问题或最近刚出现的问题，既有体制方面的原因，又有结构方面的原因。主要包括：

1. 企业缺乏自主创新的体制环境

东北地区科技资源丰富，但企业自主创新能力整体不强。目前，东北地区科技机构较多，包括部属高校 7 所（含教育部与工业和信息化部直属）、中国科学院下属 7 家研究所以及多家中央企业下属科研单位，涵盖了冶金、光学、船舶、地质勘探、化学、石化、农业、机械、精密仪器等专业领域。长期以来，由于各企事业单位存在不同的隶属关系，限制了彼此之间建立有效的科研合作关系。而且，各单位之间科技成果转化没有建立相应的市场机制，科技服务中介没有发展起来，于是一批应用前景好的科研成果无法进入企业实现产业化。同时，企业自主创新的意识不强，传统引进消化吸收和集成创新的方式没有发生转变；不仅如此，企业研发经费投入不足，远低于发达国家企业同行。2011 年，国家发展和改革委员会公布了国家认定的企业技术中心评价结果和发明专利数情况，东北地区企业只有 11 家企业进入前 100 名，但都没有进入前 20 名；从研发投入看，鞍山钢铁集团公司发明专利数 170 件，列居第 24 名；中国第一汽车集团科技活动经费支出 59.82 亿元，列居第 10 位。[①]

2. 传统工业升级改造缺少创新思路

长期以来，东北地区传统工业升级改造仍然遵循存量调整和引入新机制相结合的路径，部分传统工业虽通过技术或工艺的改造升级焕发出新的活力；但随着时间的推移，体制、技术和资金“瓶颈”形成的推动力在减弱，开始暴露出一些问题，但不少的传统工业企业因技术改造相对滞后，又随即面临更强的环境规制（如节能减排）和行业技术跃升压力，于是很快就陷入发展困境。此外，工业企业转型升级的路径较窄，工业增长的路径仍依靠大规模投资拉动，实质就是产能的规模扩张，却忽视了体制创新、技术创新和劳动素质提高在工业增长中的重要作用，对增长质量重视不足。长远来看，东北地区工业增长路径转变应该向调整存量、做大增量（承接产业转移）和培育市场环境三位一体的工业升级发展路径转换。

3. 产业分工和省际联系不尽合理

东北三省之间的产业分工趋同度较高，区域产业分工主要限于省域内，而省际产业分工相对较弱。如表 36–1 所示，辽宁、吉林、黑龙江自身铁路货物交流量高于同其他两省之间的交流量，进一步，吉林和黑龙江与辽宁之间的铁路货物交流量要高于两省之间的交流量。这表明，东北三省之间产业联系不紧密，各自形成体系，在汽车装备制造、电气装备、石油化工、食品加工等行业领域出现产业趋同，企业跨省兼并重组较少，要素资源很难在东北大区域内实行有效整合。此

表 36–1 东北地区省际铁路货物交流量

单位：万吨

	1995 年			2000 年			2008 年		
	辽	吉	黑	辽	吉	黑	辽	吉	黑
辽	8531	888	814	8260	854	704	12464	1377	803
吉	1120	2770	524	1625	2221	471	2477	2104	772
黑	2699	1979	6473	2621	1833	5783	4599	2214	7269

资料来源：《中国交通年鉴》（1996、2001、2009）。由于该《年鉴》存在滞后期，2008 年为最新的数据。

① 国家发展和改革委员会网站，http：//www.sdpc.gov.cn/。

外，辽宁的铁路、港口和机场是东北地区对外的交通通道，这种交通网络进一步弱化了省际分工，进而影响了产业在较大空间尺度范围内优化调整。

4. 资源枯竭型城市仍面临艰巨的转型任务

促进资源枯竭型城市转型是国家振兴东北等老工业基地的重点任务。一些资源枯竭型城市通过调整自身的产业结构和采取相关的配套政策，探索转型之路，取得良好的效果。如阜新市2011年实现工业增加值171.8亿元，比2010年增长了14.6%，略高于全省平均水平，其中装备制造业完成增加值32.84元，较2010年增长37%。[①]但从东北地区来看，资源枯竭型城市的数量较多，面积较大，涉及人口规模不小，转型任务十分艰巨，主要表现为：一方面，资源枯竭型城市缺少经济发展内生动力，自身投资环境差，吸引外来投资较为困难；另一方面，专业人才和资本流失严重是加剧资源枯竭型城市衰退的主要原因。此外，资源枯竭型城市转型依然遇到旧体制和传统发展模式的困扰，制度障碍限制了转型的步伐。

表36–2　国家确定的资源枯竭型城市名单

	地级市	县（含县级市、市辖区、工矿区）
辽宁	阜新、盘锦、抚顺	北票市、弓长岭区、杨家杖子、南票区
吉林	辽源、白山	舒兰市、九台市、敦化市
黑龙江	伊春、大兴安岭地区、七台河市、鹤岗市、双鸭山市	五大连池市、逊克县、瑷辉区、嘉荫县、铁力市

资料来源：国家发展和改革委员会网站，http://www.sdpc.gov.cn/。

5. 民营经济发展出现短期困难

2011年，东北地区民营经济发展出现滑坡的现象，私营和外商、港澳台规模以上企业数量明显减少。据统计，辽宁省规模以上私营和外商、港澳台企业数较2010年分别减少了4447家、1040家，约减少了28.5%、33.6%；吉林省规模以上私营和外商、港澳台企业数较2010年分别减少了694家、77家，约减少了19.3%、18.9%；黑龙江省规模以上私营和外商、港澳台企业数较2010年分别减少了884家、76家，约减少了36.1%和24.2%。同时，东北地区私营和外商、港澳台工业企业出口规模持续下降，延续了国际金融危机的下滑势头，特别是外商、港澳台企业出口规模萎缩最为明显，较2010年下降了2.8个百分点。可见，国际金融危机的影响仍没有消除，加之国内更加严厉的宏观调控，导致民营企业很难摆脱市场萎缩和融资约束的困境。

6. 传统的对外开放模式限制工业发展

对外开放是东北工业拓展国际市场的重点方向，也是提升地区工业国际竞争力的重要途径。东北地区毗邻俄罗斯、朝鲜和蒙古，与韩国和日本隔海相望，战略位置极其重要。近年来，国家非常重视东北地区开发开放，出台了相关的支持政策，但传统对外开放模式仍限制工业发展。主要表现为：①地方政府推进沿边开放模式创新相对滞后，沿边开放的经济刺激效应未能充分释放。口岸是东北沿边城市对外开放的窗口，地方政府对口岸发展的认识仍停留于边境贸易和旅游观光层面，并存在低水平竞争现象；相反，却忽视了口岸城市的人口和产业支撑能力建设，导致城市产业集聚能力不足，工业基础十分薄弱。②地区开放体系没有建立，沿边城市各自为政，内陆城市开放意识薄弱，缺乏地区对外开放的整体构架和体制设计。③对于东北亚地区环境变化，中央和地方应对能力不足，也没有建立相应的应急机制。目前，东北亚地区要实现和平发展始终难以绕过意识形态矛盾和历史问题，政治互信基础没有建立，经济合作也就不易开展，特别是许多双边政治事件给中国东北地区工业发展带来不利的影响。

---

①《2011年阜新市统计公报》。

三、推进东北地区“十二五”工业健康发展的思路和建议

1. 基本思路

（1）先行先试，创新发展。沈阳经济区、辽宁沿海经济带、长吉图开发开放先导区等国家重点发展区域应按照区域规划要求，用足用好中央给予的支持政策，率先解决体制机制问题，实施大开发、大开放战略，为东北地区全面振兴起到辐射示范作用。抚顺、阜新等城市已被国家列为资源枯竭型城市，应充分利用中央财政专项和特殊政策资源，加快城市转型发展，为全国资源枯竭型城市转型提供示范借鉴。保税港区、边境口岸、跨境经济技术合作区等对外开放功能区在坚持因地制宜、循序渐进、示范带动的原则基础上，吸引境内外产业资本，主动融入东北亚地区国际产业分工，重点发展高端装备、电气机械、石油化工、农副食品加工、交通运输设备等特色优势产业。在继续发挥国有企业特别是中央企业作用的同时，以成长性好、有技术优势的中小企业作为培育重点，加大资金、政策等方面扶持力度，以企业家的创新精神带动区域创新。总体来看，要发挥国家重点支持区域、对外开放特殊功能区域和中小企业企业家的创新作用，以点带面，以开放带动产业发展，围绕体制机制创新的重点任务，形成工业发展新格局。

（2）转型升级，跨越发展。把握东北地区工业发展独特规律，按照分类指导的办法，以主导产业转型升级为突破口，实施不同类型的产业转型升级计划。加快传统优势产业技术创新，强化自身的优势，提升国际竞争力。立足现有产业基础，利用引进吸收创新、自主创新、嫁接集成创新等方式培育发展核心技术领先、产业配套完整、市场前景较好的新兴产业，逐步转为区域未来发展的主导产业，同时，选择一批有基础、有市场、有关联带动作用的战略性新兴产业作为主攻方向。以核心技术自主创新为重点，消除体制壁垒，发挥中央和地方共建、地方与企业共建、企业与高校共建等特殊纽带作用，着力构建科研院所、高校、企业之间融合发展的产业技术创新主体。

（3）跨区联动，协作发展。以重点区域发展为突破口，引导辽宁沿海经济带、沈阳经济区、“长吉图”开发开放先导区、“哈大齐”工业走廊等区域率先建立一体化协作机制，引导要素合理有序流动，消除地区市场分割，防止低水平重复建设，实现工业布局空间优化调整。以跨省交流协作为平台，提升现有的产业协作水平，以出海口为纽带，打造工业园区、交通通道、港口为一体的陆海统筹、区域联动、优势互补的产业合作体系。以优势特色产业为依托，建设汽车制造、装备制造、农副产品加工、船舶制造、石油化工等重点行业公共技术服务平台，实现优势互补和规模经济效益，强化共建共享的区域协作机制。

（4）建立机制，融合发展。促进一、二、三次产业融合发展是东北地区工业转型升级的关键，也是城乡居民享受到老工业基地振兴成果的条件，现阶段应清醒地认识到，东北地区工业发展潜力在于农业和服务业的支撑能力。抓住农业现代化的有利机遇，建立农业现代化、城镇化与工业化的良性互动机制，形成以工促农、工农融合的发展模式，重点支持农业龙头企业、团场、农民专业合作社、农业科技企业等发展，充分利用企业兼并重组、产业链上下游关系、企业生产网络扩张等方式，以产业园区为空间载体，大力推进农产品精深加工项目，加快县域经济发展。服务业发展是东北地区建立现代产业体系的重要组成部分，以政府改革为动力，发挥市场的基础作用，大力发展物流、文化创意、金融服务、软件外包等现代服务业，既能提高城乡生活服务业发展的质量和水平，又能为工业发展提供强有力的支持。

（5）扩大外贸，开放发展。继续探索特殊的海关监管模式，加快推进沈阳综合保税港区、大连大窑湾保税港区、吉林兴隆综合保税区等特殊海关监管区域建设，利用特殊政策优势和方便的通关环境，构筑东北地区海陆开放的桥头堡，通过开放的途径，带动出口加工业发展。提升满洲里、珲春、黑河、绥芬河、丹东、抚远等边境口

岸的功能，选择有条件的地区设立中俄、中蒙、中朝跨境经济技术合作区，以产业合作为重点，利用邻国优势资源，发展一批适销对路、优势互补的出口加工业。充分利用这些开放载体建设枢纽作用，完善基础设施，加快体制创新，积极利用周边地区优势自然资源，扩大对周边地区工业品出口，形成务实合作的开放体系。

2. 政策建议

（1）积极培育促进技术创新协作的市场环境。优化产业技术创新的体制环境，鼓励中央与东北三省地方政府共建部（央企）属的高校和科研院所，强化高校和科研院所服务地方发展意识。加大科研机构改革力度，允许公办科研机构转制成股份制科研企业，引入战略投资者，实施股权多元化。支持东北三省设立一批促进科研合作和成果交易转让的中介组织，特别是围绕重大产业科技项目攻关，鼓励不同所有制的企业和科研单位建立各种形式的产学研结合的战略联盟，中央和地方在科技专项立项指标方面应给予倾斜。在现有东北地区省际协作机制基础上，搭建区域特色产业技术研发成果转化交流平台，吸引全国相关行业科研单位和企业参加，实现更多科技成果的就地转化。利用东北亚地区先进科技资源，依托企业研发机构，探索建立中日、中韩和中俄产业科技合作研究中心或国际实验室。支持有实力的跨国公司在沈阳、大连、长春、哈尔滨等城市设立企业研发型总部或分支机构，可享受国家规定的相关优惠政策。

（2）加快承接国际和东部沿海产业转移。利用优势资源和独特区位，发挥国家级或省级高新区、经济技术开发区、保税区等工业功能区的载体作用，设立 2~3 个国家级产业转移示范园（区），积极承接日本和韩国先进制造业转移。在综合保税区内，支持东北地区地方或企业与日韩世界 500 强企业合作共建产业功能区，实施境内关外的海关监管模式，区内企业之间的生产交易活动免征增值税。创新区域合作模式，利用园区共建、对口支援等区域协作形式，主动承接东部沿海地区一批环境友好型的工业，特别是农产品精深加工、精密仪器、机械加工等。引导沈阳、大连、长春、哈尔滨等中心城市的传统产业向周边地区扩散，利用地方政府或园区之间的协作，实现产业内部转移和优化布局。支持工业基础较弱的地市发展“飞地经济”，产业转出地和转入地共享地方税收部分。

（3）大力构建现代产业体系。传统优势产业要注重改造提升。装备制造业、汽车工业、石化产业、冶金工业等重点行业从自身结构调整出发，改造传统工艺和技术，掌握核心技术，提升产品层次，淘汰落后产能。同时，支持资源枯竭型城市发展劳动密集型出口加工业，特别是纺织服装业、特色工艺品加工业等。利用现有产业基础，加快培育发展高端装备制造、新能源装备、功能性材料、新能源汽车、下一代信息技术等战略性新兴产业。海洋经济是东北地区“十二五”工业发展的增长点，合理开发利用海洋资源，发展海洋水产品加工、海洋油气资源开发及加工、海洋装备制造等现代海洋产业。推进现代农业产业化跨越发展。支持有实力的农业龙头企业设立专业特色的农产品深加工产业园，加大农产品精深加工和完善产业链衔接，培育一批具有较强竞争力的特色农产品加工产业集群。设立农业产业化专项资金，放宽地方银行贷款投放条件，支持从事农产品生产加工的中小企业发展，解决企业产前、产中和产后的资金困难，鼓励实力较强的工业企业采取股权投资、直接投资、战略合作等形式参与现代农业发展，提升农业产业化的层次、水平。支持农产品物流企业发展，切实降低企业经营成本。

（4）积极构建对外开放体系。加大跨境交通基础设施建设，建设一批电子通关口岸、出口加工区和口岸物流园区，以口岸为依托，设立自由贸易口岸，实施特殊的海关监管，充分利用“两种资源”和“两个市场”，使口岸既是对外开放的门户，又是跨境的经济特区，为发展外向型出口加工业创造有利的环境。发挥沈阳和长春两个综合保税区的特殊作用，适度扩大建设面积，允许其在沈阳经济区或“长吉图”开发开放先导区内设立分园，共享海关特殊监管区域的特殊政策，打造东北地区内陆开放高地，同时支持有条件的城市设立内陆开放的陆路口岸。加强陆海统筹，形成江海联运，打造东、南、北向的工业品出口大通道，东向由丹东港出海，南向由大连港和营口港出海，北向由珲春或绥芬河经俄罗斯或朝鲜境内的港口出海，延伸港口服务和扩大经济腹地，降低出口运输成本。扩大对朝鲜和俄罗斯的国际贸易规模，利用租赁境外港口，开辟地区出口通道，建立飞地型出口加工区。

专栏 36–1

“十二五”东北地区工业发展的重点任务

发挥东北地区产业和科技基础较强的优势，依靠科技创新推动产业结构优化升级，优化提升传统工业，加快培育发展战略性新兴产业，加快发展壮大服务业，完善现代产业体系，提高产业核心竞争力。

（1）优化提升传统工业：发挥东北工业基础雄厚的优势，适应市场需求变化，大力发展先进装备制造业，优化发展原材料工业，积极发展特色轻纺工业，加快结构调整，加强技术改造，用信息技术改造提升传统工业，促进产业转型升级。着力推进传统优势产业转型升级。装备制造业要增强研发设计、系统集成和设备成套能力，掌握核心关键技术，提高基础工艺、基础材料、基础元器件的水平。汽车工业要适应节能、环保、安全要求，提升整车研发制造、零部件配套和服务能力，重点发展自主品牌汽车、先进发动机及其他关键零部件。冶金工业要压缩产能总量、调整结构，加快淘汰落后产能，优化发展精品钢材和特种钢材。石化产业要向炼化一体化、精细化、园区化发展，重点发展化工新材料、精细化工和特种化学品等高端石化产品，建成大庆、吉林、抚顺等大型炼油、乙烯项目。

适时启动大连长兴岛炼化一体化等项目。在蒙东地区、黑龙江东部地区和辽西北地区等水和煤炭资源丰富地区，适度、有序发展新型煤化工产业。积极发展农林产品深加工业和特色轻纺工业。加强特色产业的深度研究和开发，提高产品附加值，加快发展人参、刺五加、蓝莓、五味子、黑豆果、林蛙、梅花鹿、马鹿、柞蚕等林特产品深加工及甜菜糖加工业和水产品加工业，做优做强皮革加工、陶瓷制造、矿泉水等轻工产业。利用特色原料资源、产业基础和资源枯竭型城市的富余劳动力，发展优势纺织产业，并结合边贸需求发展出口型纺织服装加工业。支持企业联合兼并重组，提高产业集中度，培育若干具有较强技术研发、工程承包、系统集成和融资能力的大型企业集团。发展一批“专、精、特”的中小型企业，提高专业化分工协作水平。加大东北地区老工业基地调整改造专项资金支持力度，加快企业技术改造。运用信息技术改造提升传统工业，提高产品智能化、生产过程自动化和企业管理信息化水平。实施品牌建设工程，培育一批著名品牌。

（2）加快培育战略性新兴产业：把握科技发展趋势，面向重大发展需求，突出重点、创新引领，有选择地培育发展若干对东北振兴有重大引领带动作用的战略性新兴产业。重点发展高端装备制造、新能源、新材料、生物、新能源汽车、节能环保和新一代信息技术等产业。到“十二五”末，战略性新兴产业增加值占地区生产总值的比重将达到8%以上。

（3）积极发展海洋经济：坚持陆海统筹，加强海洋生态保护和资源集约利用，提高海洋科技水平，积极发展现代海洋产业，增强海洋开发、控制、综合管理能力。大力发展水产养殖及加工，建设“海上牧场”。合理开发利用海洋资源，加强近海渔业资源保护，积极发展远洋渔业，促进传统渔业向现代渔业转变。加快深海资源勘探开发技术和工程装备的研发，加大海洋油气资源勘探开发力度，促进海洋油气产业稳步发展。培育发展海洋生物医药、功能食品、海洋能源等新兴产业。加大对海水综合利用、直接利用及淡化技术的研发推广力度。加快滨海旅游业发展，规范有序开发长海诸岛旅游资源，打造国际知名的滨海和海岛旅游带。合理开发和保护海岛、岸线和湿地资源，优化港口布局，从严控制填海造地和围海用海项目，修复重要沿海湿地和近海重要生态功能区。形成良性循环的海洋生态系统。加强辽宁沿海海域污染防治。完善涉海法律法规和政策，加大海洋执法力度，维护海洋资源开发秩序。

资料来源：根据《东北振兴“十二五”规划》内容进行整理。

参考文献

1. 陈耀：《国家中西部发展政策研究》，北京：经济管理出版社，2000 年版。

2. 国家人口计生委流管司：《中国流动人口发展报告 2011》，北京：中国人口出版社，2011 年版。

3. 诺顿：《中国经济：转型与增长》，上海：上海人民出版社，2010 年版。

4. 魏后凯等：《中国区域政策——评价与展望》，北京：经济管理出版社，2011 年版。

5. 张可云：《区域经济政策》，北京：商务印书馆，2005 年版。

第三十七章　西部地区工业

提　要

开局之年，西部地区工业经济发展正由政策刺激向自主增长有序转变，工业经济发展整体形势向好，呈现出工业规模不断壮大，总量快速提升；工业发展速度较快，增速快于全国；工业发展的外向型程度加强；工业技术创新能力得到提高；重点产业发展领域实现新突破；重点区域成为带动西部地区工业发展的增长极等特点。与此同时也应当看到，当前国际、国内经济形势仍相当复杂，经济运行中仍然面临很多不确定、不稳定因素，西部地区各省份要在调结构、控通胀中实现经济平稳较快增长，挑战不断增加，难度不断加大。也面临新的工业发展环境，工业发展的支撑条件更加坚实，区域性合作为西部地区工业专业化分工提供制度保障，产业转移成为西部地区产能增长的主要模式，宏观运行环境复杂多变给工业经济带来不确定性因素，资源环境对西部地区工业发展约束持续加大。在面对这些新的环境与问题时，西部地区应积极出台加大生产性服务力度，支持合理的土地使用；为产业发展提供空间保障，积极承接产业转移等政策措施。

*　　　　*　　　　*

一、西部地区工业发展的新特点

“十二五”开局以来，西部地区在国际金融市场动荡、宏观经济政策趋紧等不利因素影响下，工业发展呈现出新特点与新形势。

1. 工业发展速度较快，增速快于全国

2011 年，西部地区规模以上工业增加值保持较快增长。除新疆外，西部各省份规模以上工业增加值累计同比增速均高于全国整体水平（13.9%），西南各省份全年增速均在 18%以上，整体快于西北省份。其中，重庆规模以上工业增加值增长 22.7%，居全国第 1 位；四川增长 22.4%，居全国第 2 位；贵州增长 21.0%，居西部地区第 3 位，全国第 5 位；西藏增长 20.1%，居西部地区第 5 位，全国第 9 位（见表 37-1）。工业经济的快速增长带动规模的迅速扩张，工业对西部地区国民经济的支撑作用越来越明显。

2. 工业规模不断壮大，总量快速提升

西部地区在“十一五”期间工业增加值占全国比重在 15%左右，工业总量较小。开局之年，西部地区经济运行总体良好，工业经济总量呈现稳步提升态势，2011 年，西部 12 个省份工业增加值增速整体快于全国平均水平，完成工业增加值 41073.63 亿元，占全国比重提高到 18.32%，其

表 37-1　各地区 2011 年工业增加值增长速度

地　区	增速（%）	排名
全国总计	13.9	
重　庆	22.7	1
四　川	22.4	2
天　津	21.3	3
安　徽	21.1	4
贵　州	21	5
广　西	20.8	6
湖　北	20.5	7
湖　南	20.1	8
西　藏	20.1	9
河　南	19.6	10
江　西	19.1	11
内蒙古	19	12
青　海	19	13
吉　林	18.8	14
宁　夏	18.1	15
云　南	18	16
山　西	17.9	17
陕　西	17.9	18
福　建	17.5	19
甘　肃	16.2	20
河　北	16.1	21
辽　宁	14.9	22
山　东	14	23
海　南	14	24
江　苏	13.8	25
黑龙江	13.5	26
广　东	12.6	27
新　疆	11.4	28
浙　江	10.9	29
上　海	7.4	30
北　京	7.3	31

资料来源：国家统计局网站。

中，四川完成工业增加值 9096.09 亿元，居全国第 8 位；内蒙古完成工业增加值 6685.90 亿元（见表 37-2），居全国第 13 位，陕西、重庆分别居全国第 16 位、第 22 位，工业规模不断扩大。

3. 重点产业发展领域实现新突破

西部地区由于受人才、产业基础等因素限制，29 个行业发展并不充分，长期以来主要集中在资源导向性的产业，是西部地区工业发展的重点产业，支撑着西部地区工业经济发展。开局之年，西部地区重点产业发展领域实现了新突破。例如，甘肃省有色金属冶炼及压延加工业等四个行业对

表 37-2　2011 年东、中、西部地区工业增加值及占比

地　区	工业增加值（亿元）	占全国比重（%）
东部地区	126128.08	56.25
中部地区	57015.20	25.43
西部地区	41073.63	18.32
甘　肃	1862.53	0.83
广　西	4663.44	2.08
贵　州	1835.41	0.82
内蒙古	6685.90	2.98
宁　夏	759.44	0.34
青　海	730.24	0.33
陕　西	5375.03	2.40
四　川	9096.09	4.06
西　藏	47.72	0.02
新　疆	2407.79	1.07
云　南	3072.80	1.37
重　庆	4537.24	2.02

资料来源：《中国统计年鉴》（2011）。

省规模以上工业增长拉动作用明显。2011 年 10 月，甘肃省有色金属冶炼及压延加工业、电力热力的生产和供应业、煤炭开采和洗选业、烟草制品业四个行业共完成工业增加值 56.40 亿元，占甘肃省规模以上工业总量的 34.63%，平均增长 29.31%，较甘肃省规模以上工业平均增速高出 13.61 个百分点，拉动甘肃省工业增长 9.55 个百分点，对甘肃省规模以上工业增长的贡献率达到 60.6%。2011 年 1~9 月，陕西省盈利的行业（见表 37-3）主要集中在能源化工、医药制造、食品制造、有色金属冶炼行业上，这四大产业共完成地区工业利润总额 1116.71 亿元，同比增长 54.6%，较上半年增加 3 个百分点；拉动全省利润

表 37-3　陕西省八大支柱产业利润表

单位：亿元

行业名称	2011 年 1~9 月	2010 年 1~9 月	累计增速（%）
能源化工	1014.74	661.74	53.3
装备制造	83.01	97.04	-14.5
食品制造	53.66	33.69	59.3
有色金属冶炼	31.62	17.01	85.9
非金属矿物制品	17.89	24.43	-26.8
医药制造	16.69	10.03	66.5
纺织服装	6.16	2.11	192.4
通信、计算机及其他电子设备	7.81	8.31	-6.0

资料来源：陕西省统计局：《1~10 月工业生产运行平稳　经济效益同步改善》，陕经网，2011 年 12 月 12 日。

增长 45.6 个百分点，较上半年增加 3.3 个百分点。其中，能源化工 1014.74 亿元，同比增长 53.3%，拉动 40.8 个百分点；医药制造、食品制造与有色金属冶炼同比增长 67.9%，拉动 4.8 个百分点。

4. 重点区域成为带动西部地区工业发展的增长极

国家在《西部大开发“十二五”规划》中提出：“坚持以线串点，以点带面，依托交通枢纽和区域中心城市，着力培育经济基础好、资源环境承载能力强、发展潜力大的重点经济区。积极推进工业化和城镇化协调发展，促进产业集聚布局、人口集中居住、土地集约利用，形成西部大开发战略新高地，辐射和带动周边地区发展。”“成渝地区、关中—天水地区、北部湾地区等三大地区”作为西部地区工业发展的集聚地，“十二五”开局之年，这三大地区成为带动西部地区工业发展的增长极。2011 年，一汽大众扩能项目、沃尔沃成都生产基地、瑞华特新能源汽车等 60 个重大项目集中开工。112 个产业化项目同时签约落户成渝经济区，开工和落户项目累计投资总金额突破 1000 亿元。这些重大项目集群落户，将进一步完善成渝经济区汽车产业链条和配套设施，推动成渝经济区汽车制造、汽车市场、汽车研发全链发展。广西北部湾经济区在 2011 年推进重点产业园区建设，1~10 月，11 个重点产业园区完成工业产值突破千亿元大关，达到 1066.66 亿元，同比增长 105%；工业投资完成 350 亿元，同比增长 50%；招商引资签约项目 71 个，总投资 1123 亿元。重点产业园区入园工业企业达 601 家，项目总投资 2742 亿元。2011 年关中—天水经济区实现快速发展，生产总值达 6831 亿元，完成城镇固定资产投资 5590 亿元，分别增长 14.5 %和 28.7 %，均高出全国平均水平 4.2 个百分点。

5. 工业发展的外向型程度加强

西部地区由于受工业发展结构及交通运输等影响，工业发展的外向程度较低，特别是 2008 年受国际金融危机影响，西部各地区进出口总额增速都出现不同程度的回落，甚至有些省份的出口额出现负增长。经过近几年的产业结构调整，工业产品的升级发展及西部地区大力推进特色产业发展，西部地区工业发展的外向程度逐渐加强。“十二五”开局之年，西部地区进出口总额出现大幅度增长。2011 年 1~11 月，西部地区出口额 958 亿美元，同比增长 49.8%，增速同比加快 6 个百分点，比 1~10 月加快 1.4 个百分点。12 个省份同比均增长，增速较快的重庆、西藏分别增长 1.8 倍和 59%。与 2010 年同期相比，6 个省份增速加快，重庆、贵州分别加快 113.3 个百分点和 19.2 个百分点；6 个省份增速减缓，甘肃、云南分别减缓 107.3 个百分点和 62 个百分点。与 1~10 月相比，4 个省份增速加快，重庆、西藏分别加快 17.8 个百分点和 5 个百分点；陕西持平；7 个省份增速减缓，广西、青海分别减缓 9.2 个百分点和 6.2 个百分点。2011 年 1~11 月，西部地区进口额 685 亿美元，同比增长 35.8%，增速同比减缓 8.3 个百分点，比 1~10 月减缓 0.9 个百分点。12 个省份中，10 个省份进口同比增长，增速较快的西藏、重庆分别增长 1.9 倍和 94.7%。与 2010 年同期相比，5 个省份增速加快，重庆、西藏分别加快 53.5 个百分点和 52.4 个百分点；5 个省份增速减缓，甘肃、云南分别减缓 77.1 和 57.2 个百分点。与 1~10 月相比，4 个省份增速加快，西藏、贵州分别加快 52.5 个百分点和 4.2 个百分点；6 个省份增速减缓，新疆、重庆分别减缓 8.1 和 3.2 个百分点。2 个省份进口同比下降，青海下降 25.6%，降幅同比扩大 20.1 个百分点，比 1~10 月缩小 4.8 个百分点；宁夏下降 10.4%，比 2010 年同期增长 64.8%，降幅比 1~10 月缩小 0.9 个百分点。

6. 工业技术创新能力得到提高

西部地区企业近年来在扩大生产规模、追求数量扩张的同时，逐渐加强改进生产技术、开发研制新产品以及提高产品质量的力度，开始将技术创新作为企业的一项长期发展战略，主要表现在西部地区研发投入经费占 GDP 的比重开始逐渐提高。西部地区一直以来研发投入经费占 GDP 的比重显著低于东部及全国总体水平，在“十一五”期间除四川和陕西两省的研发投入经费与 GDP 之比值高于全国平均水平外，其余各省都显著低于东部及全国平均水平。由于缺乏 2011 年西部各地区研发投入经费系统数据，从西部地区重点工业省份间接数据来判断，“十二五”开局之年，西部地区工业技术创新能力得到提高。例如重庆市在 1~9 月，规模以上工业完成新产品产值 2563.65 亿元，同比增长 31.8%，拉动规模工业增长 7.9 个百分点；新产品产值率达到 30.7%，较同期提高 0.3 个百分点。其中，增速超过全市平均水平的重点行业（累计产值大于 200 亿元）有：化学原料及化学制品制造业增长 32.4%，黑色金属冶炼及压延加工业增长 49.9%，有色金属冶炼及压延加工业增长 77.7%，电气机械及器材制造业增长 53.6%，通信设备、计算机及其他电子设备制造业增长 7.4 倍。新产品产值快速增长，显示工业创新能力提高，发展后劲增强。2011 年，新疆大中型工业企业研发经费支出占主营业务收入比重为 0.38%，年均增长 15%；规模以上工业企业新产品产值占工业总产值比重为 5%，年均增长 10%；大中型专业技术人员占工业从业人员比重为 3.5%，年均增长 10%；大中型工业企业发明专利申请数占专利申请数比重为 24%，年均增长 5%。

7. 特色优势产业发展层次不断提升

西部地区一直立足于资源优势，加快发展特色优势产业，已形成中国若干特色资源加工基地和特色优势产业发展基地。“十二五”开局之年，特色优势产业发展层次得到提升。如青海省的“青藏高原特色农业产业化开发与示范”在开局之年通过国家验收，项目实施后已累计新增产值 8.3 亿元，有力地推动了青藏高原特色农业产业化进程。以青藏高原特色作物——青稞、油菜和亚麻产业需求为出发点，针对生产和产业化过程中存在的技术“瓶颈”开展研发与示范。项目的实施提升了青藏高原区域内农业科研、推广、种子及涉农企业的科技水平，初步建立了较为完整的青藏高原特色作物产业化技术体系。目前，该项目已育成青稞、油菜新品种 4 个，制定种子繁育技术规范 4 项，制定栽培技术规范 6 项，掌握青稞β-葡聚糖提取、亚麻籽仁制取亚麻油与亚麻籽壳制取亚麻胶等加工技术，并形成一定的加工生产能力，授权专利两项，已累计新增产值达 8.3 亿元。宁夏自治区集中推进五大战略性主导产业（枸杞、清真牛羊肉、牛奶、马铃薯、瓜菜），六大区域性特色优势产业（优质粮食、淡水鱼、葡萄、红枣、优质牧草、农作物制种），2011 年全区特色优势产业规模、效益继续保持两位数以上的增长速度。

8. 重要矿产资源开发为全国工业发展提供战略支撑

在我国，92%以上的一次能源、80%的工业原材料、70%以上的农业生产资料均取自矿业，矿业支撑了占 GDP 70%的国民经济的运转。到目前为止，中国东部地区那些品级高又相对易于开采的矿藏资源储量已大为减少，而西部地区拥有丰富的自然资源，特别是一些重要矿产资源开发可为中国工业今后的发展提供战略支撑。开局之年，西部多个地区实施重大矿产资源开发建设项目。2011 年，在藏中地区，西藏将加快铜、铅、锌、铬、金等优势矿产勘察开发，形成有色金属及铬铁矿产业基地；在藏东地区，西藏将加大“三江”流域成矿带铜、铅、锌等优势矿产勘察开发，形成有色金属产业基地；在藏西地区，西藏将加大锂、硼、镁、钾等盐湖资源勘察开发利用，形成盐湖资源开发基地，并将藏西、藏西北地区铅、锌、钼、锑等优势矿产资源作为战略储备。云南在 2011 年以 10 个成矿带为重点，在优选出的 14 个重点勘察区内，主攻铜、铅、锌、金、银、锡、钨、铁、铝土矿、煤、磷等矿种的勘察开发，建成了国家“七大矿业开发基地和七个矿业经济区”。

二、西部地区工业发展面临的新环境

1. 工业发展的支撑条件更加坚实

“十二五”开局之年，西部地区新开工 22 项重点工程，投资总规模为 2079 亿元，在基础设施、工业结构调整及产业配套环境建设等方面为促进西部地区工业发展提供了坚实基础（见表 37-4）。同时，从固定资产投资的规模来看，2011 年前三季度，西部地区完成固定资产投资 49741.90 亿元，比 2010 年同期增长 29.5%，投资额占全国的比重为 23.4%，比第一季度提高 2.4 个百分点，与第二季度持平。增速比全国平均水平高出 4.6 个百分点，呈现快速增长势头。其中，四川完成固定资产投资 10135.0 亿元，比 2010 年同期增长 23.2%；内蒙古完成投资 7948.3 亿元，比 2010 年同期增长 28.5%；青海完成投资 1092.0 亿元，比 2010 年同期增长 49.8%，增速居全国第 1 位；甘肃完成投资 3004.4 亿元，比 2010 年同期增长 41.3%。增速居全国第 2 位；陕西完成投资 6450.8 亿元，比 2010 年增长 28.2%，投资额居全国第 14 位，西部第 3 位。

表 37-4 2011 年西部地区 22 项新开工重点工程

重点工程	项目名称
基础设施建设	①贵州毕节至都格（黔滇界）高速公路。②云南龙陵至瑞丽高速公路。③内蒙古韩家营（晋蒙界）至呼和浩特高速公路。④宁夏东山坡至毛家沟（宁甘界）高速公路。⑤陕西汉中至略阳（陕甘界）高速公路。⑥甘肃徽县（陕甘界）至天水高速公路。⑦新疆克拉玛依至塔城高速公路。⑧广西南宁轨道交通 1 号线一期工程。⑨拉萨贡嘎机场飞行区改造及配套工程。⑩西部支线机场建设
产业配套环境建设	⑪重庆 500 千伏输变电工程。⑫溪洛渡右岸电站送电广东双回 ±500 千伏直流输电工程。⑬云南普洱至广东江门 ±800 千伏直流输电工程。⑭西藏藏中电网建设工程。⑮甘肃庆阳石化成品油外输管道。⑯云南小中甸水利枢纽工程。⑰四川自贡小井沟水利工程。⑱宁夏沙坡头水利枢纽南北干渠及灌区节水改造工程
产业发展与结构调整	⑲青海柴达木盆地百万千瓦太阳能示范基地。⑳内蒙古高头窑矿区高头窑煤矿。㉑攀钢钒钛资源综合利用及产业结构调整。㉒宝钢集团新疆八一钢铁有限公司南疆钢铁项目

资料来源：根据西部地区 2011 年投资项目整理。

2. 宏观运行环境复杂多变，给工业经济带来不确定性

西部地区工业发展基础相对薄弱，与东部地区相比，抗风险能力相对较弱。特别是开局之年所面临的国际国内环境复杂多变，给西部地区工业经济带来不确定性因素。从国际环境看，欧美发达国家债务危机引起的全球金融市场震荡仍在持续，全球经济二次探底的风险进一步增大。主要发达资本主义国家失业率居高不下，全球经济复苏具有不确定性，外需不足导致出口形势存在较大变数。从国内政策看，国际金融危机以来的积极经济政策的效果已基本释放完毕，趋紧的政策趋势短期内不会改变。“保增长、抑通胀”是 2011 年宏观经济政策的主要着力点，预计趋紧的政策不会有较大变化。从工业本身看，市场需求不足、资金供应紧张、成本上升等因素给企业生产经营造成较大压力。

3. 区域性合作为西部地区专业化分工提供制度保障

西部地区在中国分工格局中一直处于能源和原材料供应地位，区域分工模式自我积累变动规律和一系列的倾斜性政策又使这种地位不断强化，导致有些地区无法实现产业结构升级，因此要通过加强与东部发达地区的专业化分工合作，以实现分工模式的改进，但是目前这种分工格局的转换无法由市场自发调节形成，国家宏观性区域合作安排将为西部地区工业专业化分工提供制度保障。粤渝经贸合作、川滇合作等多区域、多领域合作为西部产业专业化分工提供有力支撑。2011 年，粤渝经贸合作又上新台阶，双方在渝达成 200 多个经贸合作项目，项目总投资上千亿元。现场签约 40 个项目总投资近 200 亿元，对于实现优势互补、促进共同发展，落实全国区域发展总体战略、推动东中西部协调发展，都具有重大支撑作用。川滇签署战略合作协议，全方位开展经贸合作，协议内容涉及加快通道建设、加强经贸合作、共建旅游市场、深化产业合作、加强生态建设和环境保护合作、建立政府合作机制六个方面。

4. 产业转移成为西部地区产能增长的主要模式

对国际和东部沿海地区转移产业的承接，是中国西部地区实现经济发展的重要途径之一。西部地区对东部地区的产业承接和产能的引进，得益于中国特色的市场化进程和各级政府对经济社会发展的强大推动作用，政府机构组织开展的招商引资活动成为西部地区承接产业转移的主要机制和形式，属于典型的“产能增长”模式。2011 年，辽宁企业与新疆塔城地区签订 30 个产业合作项目，总投资额超过 140 亿元。同年，广西有色金属集团有限公司与广东粤财投资控股有限公司签署战略合作框架，双方将择机通过共同设立基金管理公司并发起设立矿业投资基金的模式，在未来五年募集资金 100 亿元，共同打造国内一流的矿业资本运作平台。

5. 资源环境对西部地区工业发展约束持续加大

近几年来，西部地区一直加快对资源优势向经济优势转化，持续加大重工业投入，增量和存量不断扩张，产出效应释放显著。2011 年 1~9 月，重工业实现增加值占西部地区规模以上工业总产值的 89.1%，对全区工业增长的贡献率高达 94%，拉动西部地区工业增长 16.1 个百分点，随着重工业的快速发展，资源环境受到的压力越来越大。例如，贵州省 2011 年 1~5 月，高耗能产业水泥、铁合金实现高速增长，分别比 2010 年同期增长 60.8%、39.8%。

三、促进西部地区工业发展的政策措施

1. 加大生产性服务力度

（1）要大力发展生产性服务业，建立健全流通市场体系和服务体系，为引进企业提供完善的专业化配套服务。

（2）要大力发展现代物流。培育引进一批国内外知名物流企业，建设一批大型物流基地和大型专业市场，积极发展第三方物流，建立运输、配送、仓储等功能齐全的物流网络系统，降低物流成本，提高物流效率。

（3）要大力改善通关条件。加强口岸基础设施建设，加快建设出口加工区和保税物流园区。要切实提高通关能力，建立商务、海关、检验检疫等部门有效的联络协调机制，加快电子快速通关建设，努力为企业便捷、低成本通关创造条件。

2. 支持合理的土地使用，为产业发展提供空间保障

西部地区工业发展正处于加快发展时期，由于受土地指标等因素影响，在发展中受到一定程度限制。除了积极争取国家在用地指标上的倾斜以外，还应强化土地管理、挖掘用地潜力、查找用地存在的问题。①以嫁接方式处置供而未用、用而未尽等闲置土地。对未开工建设项目、停工停建项目下达责令整改通知书，限期开工建设；限期仍未能履行合同约定的，强力实行有偿回购或依法收回土地使用权，以腾换的方式，清退原企业，嫁接给新项目。②以分割的方式处置“大厂区小厂房”等低效利用土地。对“大厂区小厂房”等低效用地项目要限期建设，促其达到规定的投资强度和容积率；期限内仍达不到要求的，要把厂区多余土地分离出来，出让给其他项目。③以盘活的方式处置被冻结的国有土地。对于因债务问题被银行查封形成的企业空闲用地，要协调法院、国资委、银行等有关部门解开债务链，予以盘活。在规范建设用地管理上，强化三项制度。首先，加强用地预审和审核制度。严格掌握新增建设项目的规划、立项、用地需求等基本情况，严禁向“两高一资”、产能过剩和重复建设项目供地。要科学合理使用新增建设用地，重点保障民生工程、基础设施、重大工业项目等建设用地。其次，建立分期分年度供地制度。新上项目用地要统一规划，合理安排，采取分期分年度组卷报批。在确保近期项目落地需要的前提下，首期供应 1/4~1/3，先解决项目最急需的用地部分，其余部分根据项目建设进度适时供地。最后，严格工业用地控制指标制度。严格执行《工业项目建设用地控制指标》标准，严格根据各地实际要求投资强度、容积率、建筑系数、行政办公及生活服务设施用地面积、绿地率 5 项指标。对项目建设各项用地控制指标验收合格后，方可进行土地登记颁发《国有土地使用证》。

3. 创造更有利于承接产业转移的条件

（1）提高产业配套能力。西部地区要围绕优势产业的主导产品及其上下游产品来承接产业转移，扩展、延长和完善产业链，提升产品附加值，促进产业集聚发展，把资源优势、产业优势进一步转化为经济优势，不断提升其综合经济实力。

（2）建设好工业园区。工业园区是承接产业转移、加速产业集聚、培育产业集群的主要载体。要着力优化园区的区域分工和产业布局，明确园区的特色定位和发展方向；要加强园区道路管网、

通信网络、污水处理等基础配套建设，确保价廉安全的水、电、气等生产要素供应。工业园区可以组建和引进具有独立法人资格的基础开发公司，进行市场运作、综合开发、滚动增值，促进园区建设管理市场化、企业化。要建立健全以资金融通、信息服务、人才培训为主的园区配套服务体系，对转移项目实行一个机构管理、一个窗口对外、一条龙服务。

（3）加快交通物流建设。一要大力破解交通制约。以建设贯通南北、连接东西、通江达海的西部综合交通枢纽为目标，优先发展铁路运输，积极推进高速公路网建设，加速扩建港集装箱码头，构建便捷通畅、安全高效的现代化综合交通运输体系。

（4）用好开放合作平台。要利用中博会、西博会等大型国际经贸盛会，使之成为西部合作、东西合作、中外合作的平台，这是一个大方向。

专栏 37-1

西部地区重点工业省份开局之年工业取得新进展

——以陕西省为例

2011 年以来，受国际经济复苏缓慢和国家宏观调控政策的影响，陕西省工业经济一度遇到了较大困扰。特别是企业流动资金紧张、劳动力价格上升、国际大宗产品价格波动等因素，严重影响和制约了陕西省工业经济的快速发展。根据形势发展需要，陕西省采取了流动资金贷款贴息、与各市签订战略合作协议、开展重大投资项目督察等重大措施，大力实施企业技术改造、技术创新、百万辆汽车建设、太阳能光伏、千亿元食品发展等九大工程，对全省工业经济发展起到了主体支撑作用。全年规模以上工业实现增加值5400 亿元，增长 17.8%，超额完成省委、省政府下达的增长 16%的目标任务，顺利实现“十二五”良好开局和高点起步。

培育发展战略性新兴产业是国家一项重大战略举措，也是西部地区在发展工业中的重点领域。经过连续三年的大规模建设，“十二五”开局之年，陕西省已累计完成固定资产投资 103 亿元，形成了以商洛比亚迪、省电子集团、隆基硅、省有色集团、中电投、碧辟佳阳等企业为核心，以多晶硅、硅片加工、电池片、组件生产为主的太阳能光伏产业链。已形成硅材料加工 8000 吨、太阳能电池片 1200MW 的产能规模，在成本和技术方面处于国内一流水平，产业规模进入国家第二方阵省份序列。

“十二五”开局之年，陕西省共有 4 个企业申报 7 项国家“高档数控机床”重大专项课题立项，获得中央财政经费投入 9479 万元。宝鸡石油机械公司研制的“万米深井钻探装备”参加了“十一五”国家重大科技成就展出，秦川机床集团的“精密高效数控磨齿机项目”获得中国工业大奖表彰奖。陕西省钼、钛等有色金属产业加工能力居亚洲第一位，发展水平进入世界前列。

全省工业固定资产投资同比增长 35%以上。确立了有重大示范带动作用的重点工业项目 118 个，总投资达 2419 亿元，2011 年 1~10 月，全省工业固定资产投资额累计完成 2723.99 亿元，占固定资产投资额的 35.4%，同比增长 37.6%，增速比全国高 10.7 个百分点。工业企业完成技术改造投资 928.06 亿元，同比增长 47.8%，占工业投资的 34.1%。

2011 年，陕西省围绕能源化工、装备制造、电子信息等优势产业以及新能源、新材料、生物医药、节能环保等新兴产业，大力推进企业技术创新。重点新产品项目无论在开发数量、技术水平方面，还是在销售收入、利润方面都是历史上最好的一年。列入全省重点新产品开发项目 693 项，比 2010 年增长 28%，创新能力建设 22 项，新技术开发 50 项，产学研联合开发 50 项，突破一批对提升产业发展水平起关键作用的重点产品和核心技术，大幅提升了企业自主创新能力。

“十二五”开局之年，陕西省工业行业实际完成淘汰落后产能 295.2 万吨、8211.37 万米，年节约标煤 68.15 万吨，减排二氧化硫 1.15 万吨，超额完成国家下达的淘汰落后产能目标任务（292 万吨、2750 万米），有效地促进了重点行业的结构调整和产业水平提升，为新上转产、转型项目提供了市场容量和发展空间。

同时，大力推进节能技术应用。全年安排2000 万元节能技改资金，实施节能减排技改项目 44 个，促进节能减排先进技术、设备的推广使用，提高企业能效水平。组织先进技术示范项目，指导国家级西玛泰富机电产品再制造试点工作，大力推进再生有色金属、节材代木试点工作。陕鼓、宝钛、法士特被确立为“资源节约型、环境友好型”全国创建试点企业，陕西零柒包装有限责任公司被工信部确定为国家节材代木试点单位。

资料来源：《2011 年我省工业经济克服困难加速发展纪实》，《陕西调研之窗》，2012 年 1 月 7日。

参考文献

1. 刘岩：《对我国中西部地区承接产业转移的再思考》，《生产力研究》2011 年第 3 期。

2. 郭元晞、常晓鸣：《产业转移类型与中西部地区产业承接方式转变》，《社会科学研究》2010 年第 4 期。

企业篇

第三十八章　中国工业企业的战略行为调整

提　要

21 世纪以来，对于中国企业而言，创新能力仍然是一种稀缺的战略资源，因此，结合中国的本土实情，以提升创新能力为目的的组织学习和技术赶超是中国工业企业战略行为调整的核心。其中，具有代表性的是“山寨”企业的转型升级。今后，对于传统产业工业企业而言，战略调整的重点是提升创新能力、提高运营效率，嫁接新兴产业；对于新兴产业工业企业，提升自主创新能力并实现创新的成功商业化是调整的方向。无论是传统产业工业企业，还是新兴产业工业企业，都要注重战略转型过程中的商业模式创新。

*　　　　*　　　　*

按照战略管理结构学派的观点，组织和组织所处环境状态形成一种结构，企业作为一种组织单元，嵌入社会制度和经济环境当中，随着外部环境的转变和企业自身能力的提升，企业的战略也需要做出调整，而企业战略的形成过程也就是战略转型过程。战略管理在动态调整的同时又表现出明显的阶段性，对战略管理演进的阶段性特征加以提炼和梳理，有助于发现刻画企业战略行为的关键维度、影响企业战略管理的重要变量，为进一步制定企业战略转型方向奠定研究基础。

本章在“环境—战略—绩效”的分析框架下，系统地梳理了改革开放以来中国工业企业战略变迁的历程和脉络，并对未来中国企业战略调整的方向和路径进行了探索性分析。我们认为，市场开放和制度转型是影响中国企业战略调整的最基本的环境因素，同时也是导致中国企业战略行为特征特殊性的根本因素。随着战略环境和企业自身能力的转变，中国企业的战略功能越来越突出，战略价值观越来越体现相关者的利益，竞争战略越来越多元化。

一、企业战略环境新变化

1. 中国企业制度环境演变阶段与特征

不同于成熟市场经济中的企业，中国企业战略演进除了产业特定的因素（如产业特殊的技术模式、市场机构等）、企业特定的资源和能力以外，制度成为影响企业战略活动的重要、有时甚至是最主要的环境因素。尤其是在渐进性制度演进背景下，企业需要及时根据制度环境的变化调整战略行为。整体上看，从计划经济向市场经济制度的转型初期到转型后期，中国企业的制度环境演变大致表现出以下特征（见表 38-1）。

表 38-1 中国企业制度环境演变的阶段特征

制度约束类型	计划经济时期	转型初期	转型后期
正式的制度约束	政府计划、政治控制	缺乏稳定的法律框架，缺乏稳定的政治结构，市场规则不成熟	相对稳定的法律框架，相对稳定的政治结构，市场规则趋于成熟
非正式的制度约束	权力关系	个人之间的、非正式的交换	组织之间的、非个人的正式交易

从个人之间的非正式交换逐渐转变为组织之间的正式交易，企业的成长战略呈现多元化趋势。在计划经济和20世纪80年代转型初期，由于战略要素市场还没有发展起来，企业规模的成长更多地依赖内部资源积累的方式，而这种资源的累积过程又更多地依赖于企业家个人的创业热情和抱负。国有企业改制也为优质国有企业和民营企业的外源成长提供了良好的机会，这也促使并购成为90年代中国企业成长的重要方式。进入21世纪后，随着全球化进程的加快，中国企业越来越深地融入全球分工网络，企业的成长既不仅仅依赖于内部组织机制，也不完全依赖于市场交易，基于组织间的信任和混合治理成为企业成长的重要方式，企业的边界开始模糊化，企业间的竞争越来越多地体现为企业所嵌入的网络间竞争（见表38-2）。

表 38-2 中国企业成长战略演进的阶段特征

阶 段	成长战略	组织模式	战略要素
20世纪计划经济和转型初期	内部扩张	层级制	企业家的素质
20世纪90年代	并购	市场	战略市场
21世纪以来	组织间网络	混合模式	信任、网络治理

2. 企业转型的市场新环境

中国经济发展处于新的历史时期，中国经济与全球经济的关联性日益增强，中国市场环境也相应地发生了重大变化，随着转型升级环境的变化，企业的战略行为也须进行相应的调整。首先，在资源要素方面，资源要素供给由过去相对充裕变得相对紧缺，传统比较优势赖以存在的要素禀赋基础发生变化。其次，在国内市场方面，行业兼并重组使得市场竞争环境发生了较为显著的变化。最后，在国际市场方面，人民币汇率升值态势与趋势明显，出口企业利润空间被压缩，企业海外投资风险加大。

（1）要素供求矛盾进一步突出。①劳动者工资上涨态势明显。近年来，城镇职工工资水平持续快速上涨，企业用工成本大幅攀升，劳资矛盾突出。农业部分剩余劳动力作为重要的工业劳动力来源，是中国传统经济发展模式的比较优势基础。然而，随着农民工相对供给不断减少，刘易斯"拐点"或已出现，农民工工资水平上涨更为显著。②原材料成本快速上涨。本轮原材料价格上涨具有范围更广、持续时间更长和涨幅更大的特点，推动原材料上涨的主要动力包括新兴经济体的需求快速扩张、发达国家的量化宽松货币政策与美元持续走弱、自然灾害、投机和国际政局动荡等因素。除了劳动力价格和原材料价格大幅上涨，受国家耕地和基本农田保护政策限制，企业还面临着工业土地供给减少和地价快速上涨的压力。

（2）市场结构加速调整。"十一五"以来，特别是国际金融危机之后，政策部门更为重视行业整合政策的运用，将其作为推动行业健康发展、提升行业竞争力的重要手段和基本途径，并希望推动产业组织结构的调整，达到打造具有国际竞争力的大型企业集团的目的。行业的兼并重组导致了市场结构的显著变化。尤其值得注意的是，国有企业的市场占有率和资源控制力，出现了较大幅度的提升。相比之下，民营经济面临着更高的行业准入门槛和更强大的国有企业竞争对手，甚至在原本由民营经济占主导的行业（如IT产业等新兴产业和食品工业等传统产业），国有企业的主导地位逐渐呈现。经过暴风骤雨式的行业整合之后，部分行业国企央企与民营企业的相对地位发生了根本性变化。

（3）国际市场不确定性增强。①出口产品价格优势下降与国际市场需求疲软。人民币升值减弱企业出口产品的价格优势。人民币汇率在相当长时期内不仅仍将遭受来自欧美等发达国家利益集团的压力，而且还要承受其他发展中国家的压力。“双重压力”迫使人民币升值预期越来越大。受此影响，中国出口企业面临国际需求量减少的损失。出口及相关联企业面临着的另外一个主要的不确定性，是国际市场需求的恢复增长缓慢。在全球经济“再平衡”政策、发达国家经济缓慢复苏和“再工业化”策略、新兴市场“竞争者”出口增长和形式多样保护主义等因素的作用下，我国企业面临的国际有效需求复苏依旧缓慢，与人民币升值和要素价格上涨一起，共同构成制约出口相关企业的限制性环境，从事传统加工贸易的企业受到严峻挑战。②企业海外投资风险突出。国家实施“走出去”战略、国内要素成本上涨和环境管制趋紧、外汇储备庞大需要提高外汇使用效率等原因，促成中国企业海外投资的意愿、规模、领域都出现了大幅的增进，投资多样化格局逐步呈现，中国经济总体上已经到了海外投资大规模增长阶段。但是，由于中国企业海外投资历程较短，经验不足，且投资领域相对集中，企业海外投资环境具有较大的风险性。

3. 企业转型升级的政策环境

（1）治理产能过剩力度加大。重化工业高速发展成为当前中国工业发展的主要动力，但重化工业中重复投资和过度竞争所导致的产能过剩问题，不仅严重地影响到中国工业和国民经济的持续健康发展，而且导致企业资源利用效率不高、经济效益低下，治理产业过剩的政策力度越来越大。除传统产业外，近年来，大量重复建设使得新能源、新材料、电子信息等新兴产业的产能过剩问题日益突出，碳纤维、风电、多晶硅、锂电池等一些新兴产业已经先后出现产能过剩的情况。产能过剩治理政策加剧了企业投资风险。市场机制将自动调节资源分配，缓解产能过剩问题，但是，目前中国治理产能过剩、淘汰落后产能的市场环境条件还不成熟，难以发挥出自动调节的功能，企业难以依据市场信号做出正确的投资决策。

（2）节能减排要求更加严格。“十一五”以来，虽然国家积极推动环保技术改造，但重化工业增长与环境消耗之间显著的正相关关系并没有得到改善，重化工业发展带来的环境损害仍然是当前中国工业发展中极为严重的问题。未来中国节能减排各项目标在“十一五”的基础上进一步提高。近年来，受到节能减排任务的影响，企业所承受的政策成本逐渐增加，正常的生产经营活动受到“拉闸限电”之类行政干预的直接影响，对企业的短期经营和长期的客户关系都造成极大的负面影响。

（3）技术改造和创新支持力度加强。企业提升技术创新和技术改造水平，有助于增强企业提高生产效率、提高产品附加值、消化能源和要素成本上升的能力，是促进企业转型升级的重要手段。“十一五”以来，特别是国际金融危机以后，加大技术改造专项资金投入力度和加快实施国家重大科技专项是近年来中国技术政策的重点，技术改造政策目标更为突出，技术改造的重点和方向更加明确，扶持手段更加多样化，扶持范围稳步扩大。相关政策显著提升了企业和社会对技术改造重要性的认识，提振企业发展的信心，拉动社会投资效果明显，企业技术进步加快。

4. 对企业战略转型环境的展望

中国企业转型升级的市场环境和政策环境正在发生深刻的变化。从引发这些变化的原因和机制来看，虽然部分环境的变化是短期性的或者周期性的，但绝大部分环境的变化将具有延续性。展望未来，企业转型升级的基本环境突出体现在如下四个方面：

（1）劳动力工资水平进一步上涨，高端人才供给缺口将进一步加大。驱动劳动力工资水平上升的主要因素来自人口结构变动、经济发展上升周期和制度性因素，使劳动力成本上涨的趋势在“十二五”时期得以延续的可能性极大。同时，国家“十二五”规划《纲要》中明确提出，“健全扩大就业增加劳动收入的发展环境和制度条件，促进机会公平。逐步提高最低工资标准，保障职工工资正常增长和支付”，为工资水平上涨进一步推波助澜。更为重要的是，当前低端劳动力工资水平的上涨趋势，极可能传递至中高端劳动者市场，形成各层次劳动力工资水平普遍上涨的局面。当企业加快转型升级之后，对高端管理和技术人才的需求也会相应增大，使当前中国高端人才供给短缺的结构性问题将被进一步放大。

（2）收入水平的上涨和收入分配机制的优化，为中国启动内需提供了较好的微观基础，企业的经营策略和政府治理产能过剩的手段都将会有新的变化。首先，由于内需的启动，出口企业应该要更为注重与国内市场的对接，抵消国外订单减少的损失，规避人民币升值给企业造成的收益风险。其次，随着内需的启动，今后中国过剩产能的治理也会由当前单一的政策限制为主，转变为市场吸收和政策引导相结合的方式，而且相关的配套政策也会更加健全，减少相关企业的退出成本。

（3）中国工业的国际竞争力受人民币升值的冲击必然会更大。从目前趋势来看，部分发达国家为了减少失业率，削减财政赤字，将继续采取量化宽松货币政策，中国贸易顺差致使外汇储备持续冲高，国际投机“热钱”大量流入和输入性通货膨胀进一步加剧人民币升值的压力。随着人民币累计升值幅度的提高，加上要素成本的上升，中国出口工业产品的价格优势将会有较大幅度的下降。

（4）战略性新兴产业的较快增长，为企业转型升级带来诸多机遇。根据国家“十二五”规划《纲要》中提出的目标，2015 年战略性新兴产业增加值占国内生产总值（GDP）的比重达到 8%，即战略性新兴产业的增加值达到 4.4 万亿元，意味着“十二五”和“十三五”时期战略性新兴产业的年平均增长率分别为 24.1%和 21.3%，将为企业提供巨大的投资机遇。更为重要的是，战略性新兴产业的快速发展，为企业提供新技术、新材料、新能源和商务服务等多方面的支持，对企业转型升级的带动作用将会更加突出。

二、中国工业企业战略行为分析

进入 21 世纪后的近 10 年来，中国企业战略管理的主题是提高运营效率，尽管以波特为代表的学者认为，提高运营效率并不是企业战略，但在中国背景下，运营效率成为一种相对稀缺的资源和能力，提高运营效率确实是企业战略管理的主要内容，中国企业的战略主题正是通过不断地引入国内外企业的最佳管理实践来尽可能地提高自身的运营效率。这样的战略选择符合现阶段外部环境以及中国企业内部资源、能力的要求。首先，这种战略选择符合企业一般战略演进的规律。1999 年以来，中国引来了新一轮高速的增长良机。由于国有企业长期的制度和治理缺陷，组织效率低下，民营企业发展时间短，管理制度和流程也并不规范，因此，通过引入最佳管理实践，优化制度和流程，是企业的当务之急。其次，加入世界贸易组织不仅加速了跨国公司资本向中国的转移，更加速了跨国公司管理实践向中国的转移，中国本土企业与跨国公司的正面竞争越来越激烈，开放的市场环境不仅要求中国企业进一步提高运营效率，同时也为中国企业通过组织学习提高运营效率创造了良好的条件，那些能够快速地吸收国内外最佳管理实践，同时又根据自身的条件和中国市场的特征做出恰当调整的企业成为市场竞争的胜出者。正是在这样的背景下，中国企业对西方企业最佳管理实践的关注比以往任何时候都强烈，中国企业对西方企业最佳管理实践的吸收比以往任何时候都敏捷，而这些被引入、吸收和调整的最佳管理实践绝大多数都与优化企业的制度和流程、提高企业的运营效率直接相关。这些管理实践的引入并不是中国企业由优秀到卓越的充分条件，而是中国本土企业赶超跨国公司必须要跨越的一步。

当前，中国企业随着企业战略环境的变化和制度的渐进转型带来的变化，还不可避免地面临全球化进程加快的深刻影响。总体而言，中国企业正处于战略转型的探索阶段，转型的迫切性与不确定性并存，因此具有两个明显的特征：一是企业战略转型仍然在进行当中，持续提升企业竞争优势的转型目标还没有实现。二是企业战略转型模式还没有确立“理想形态”，多种战略转型模式并存，彼此之间相互竞争。企业战略通常分为三个层次，即公司战略、竞争战略和职能战略。

一般而言，企业战略转型多指公司战略转型与业务战略转型。当前，中国企业战略行为中，创新战略和全球化战略值得深入研究。中国企业的全球化战略这几年呈现出较明显的增长态势，全球化战略也通过不同的模式实施，但总体而言，面临的障碍较多。中国本土企业的战略转型的重点应是创新战略。对于后发国家企业而言，"山寨"行为极具代表性，"山寨"企业的转型升级应该引起企业战略转型研究关注。

创新管理和政策的最新研究表明，后进入者的创新可以产生两种不同的市场效果：一种是创造新的市场；另一种是利用更低的价格从既有市场中攫取部分份额，"山寨"无疑属于后一种，这也是"山寨"的第一层经济学含义。"山寨"的第二层经济学含义是，"山寨"也是一种创新，它是既有技术模块的新组合。这里需要强调的是，"山寨"不完全等同于架构创新，二者虽然都是模块的重新组合，但架构创新的本质是后进入市场的企业掌握了原有企业不具备的界面技术（Interface Technology）和集成技术，因而是后进入企业的一种新的能力；而"山寨"是原有企业出于品牌或市场规模考虑不愿意采取的技术手段，"山寨"企业的这种组合能力并不是原有企业不具备的，这是"山寨"和架构创新的本质区别。当然，"山寨"也不一定是假冒伪劣，"山寨"也是有商标品牌的，只不过并非名牌产品。目前风靡全国的"山寨"产品在质优价高的名牌产品与追求新功能但购买力有限的消费者之间找到了平衡，同时也是中国企业在无力创造新市场的情况下，获得市场份额、回避法律纠纷的无奈之举。

"山寨"模式并非中国独有，也不是中国首创。从20世纪50年代开始，日本很多产品就紧紧地跟随在美国的创意之后，电脑、消费品、通信产品都是如此。日本技术人员不仅从书本上吸取知识，还拆解竞争对手的产品，对每个部件进行彻底研究，进而吸收其设计思想。其实，不单是最终产品，日本技术人员还把制造产品的机械装置作为研究的对象（日本人把这种"模仿"行为称为"逆向工程"）。虽然经历了一段相当长时期的模仿史，但日本企业没有单纯地进行"山寨"，而是在模仿中致力于提高模仿品的质量和功能，或者说是在"山寨"中不断创新。正因为这样，虽然世界上第一台计算机和第一台数码照相机都诞生于美国，但是日本人经过模仿和消化后，掌握了核心技术，在数码相机、计算机领域后来居上，成为全球最大的数码相机生产供应地。

中国"山寨"企业和"山寨"产品无法获得突破，主要制约因素有：首先，中国企业的模仿并没有建立在掌握核心技术的基础上，也缺乏在模仿基础上进行创新的动力。日本企业最终获得成功的关键在于掌握了基础性技术和元器件技术，或是对这些关键核心技术的不懈追求。中国的情况并非如此。以手机为例，"山寨"产品的卖点无非是低价格、多功能和新外观，但是受芯片研发和设计能力的限制，"山寨"产品在功能整合的同时鲜有新功能的出现，迅速推出的新外观也多是模仿国外品牌机型，最大的竞争优势——低价格只是建立在低质量的基础上，并非依赖于企业组织或渠道上的创新。其次，信息技术和信息化打破了价值创造的传统模式，也改变了产业价值链。很多产品的核心竞争力已经从硬件功能发展为平台。在电子信息领域，传统的硬件制造企业正日落西山（包括日本企业在内），取而代之的是平台提供者和软件设计者，维基百科如此，谷歌如此，苹果也是如此。中国企业的"山寨"创新模式还停留在硬件阶段，"山寨"产品也多是硬件上的模仿，即便是掌握了核心技术，也难以取得重大突破。最后，知识产权保护体系和消费者权利保护体系的缺陷制约了企业的创新行为。相关调研反映，绝大多数"山寨"企业就算具备了创新条件，但由于害怕被快速模仿，也不愿意进行关键技术创新。同时，"山寨"游离于传统消费者权利保护体系之外，产品质量难以得到保障，使打着"山寨"旗号、生产假冒伪劣产品的企业有机可乘。

当前及未来很长一段时间，中国"山寨"企业将采取以下四种模式进行探索性的转型升级：

（1）核心零部件突破模式。即"山寨"技术本身不进步，但通过在模块上的突破获得新的发展空间。当前，许多"山寨"企业充分利用模块化带来的规模经济，几乎所有的模块和零部件都从外部专业化的企业进行采购，能够将零部件的采购成本控制在较低水平上，作为企业采取低价格竞争策略获利的基础（典型的如"山寨"手机和电脑企业）。虽然这是诸多"山寨"企业得以生存的重要“法宝”，但也是“山寨”产品质量不稳定，产品功能雷同，同业竞争过于激烈的重要原因。更为重要的是，部分核心零部件仍然控制在少数供应商手中，极大地限制了“山寨”企业产品创新能力的提升，企业盈利能力低下。通过加强技术改造和技术升级，在核心零部件的研发和生产能力方面实现突破，发挥技术更新步伐快的优势，从根本上解决众多“山寨”企业“无技术”的发展问题，是“山寨”企业高端化发展的重要路径。

（2）“架构创新”模式。即真正实现由简单组合向“架构创新”的升级。由于众多“山寨”企业都是采购模块化零部件组装产品，在成熟产品市场中，在产品核心设计概念不发生变化的前提下，通过界面技术和集成技术的创新，实现现有部件之间的重新连接，是“山寨”企业在控制成本的同时改善产品性能的必然路径。

（3）软件设计创新模式。在复杂产品领域，终端产品的性能和价值通常由硬件和软件共同决定，且软件在高端产品的价值决定中作用日益突出。除了产品技术和生产工艺的创新之外，朝着软件设计、个性化服务定制、兼容性提升，甚至操作平台提供方面，加快从产品功能向产品性能转型升级，彻底摆脱简单抄袭、模仿，是一些科技型“山寨”企业实现转型升级的成功经验。这种转型升级模式在“山寨”企业集中的电子信息产业尤为重要。

（4）商业模式创新。前面三种模式都是通过技术本身的突破实现企业和产品的突破，而商业模式创新是在技术之外寻求企业和产品的转型升级。目前层出不穷的电子商务应用方式为中国企业拓展产品提供了丰富的机会，此外，以 Unix 和 Android 为代表的开放式创新也为本土“山寨”企业的产品突破提供了新的思路。

三、未来中国工业企业战略转型方向

在未来全球化条件下，包括中国企业在内的所有企业都能“平等地”参与全球生产网络，但这并不意味着每个企业在整个“知识网络”中都扮演着同等重要的角色。全球化加速了全球科技资源的流动和重组，这一方面增加了中国企业“接入”全球创新网络的机会，另一方面也意味着中国企业将面临技术领先企业更为直接的封锁和抑制。中国企业必须通过自主创新完成从实物生产者到知识生产者分工角色的转换，“赶超”将成为未来中国企业的战略焦点。在开放条件下，通过政府扶持等外生的力量进一步提升企业全球竞争优势的作用将越来越小，企业必须通过积极的学习和探索以及在这些活动中不断形成和加强的内生竞争能力实现对领先企业的追赶和超越。

按照结构学派对企业战略的观点，企业和所处的环境组成的“结构”，当环境和企业战略价值观发生变化时，企业的结构也将随之变化，企业战略需要进行调整，这一过程即为企业的战略转型。未来我国市场体制改革演进、现实经营环境变化和新兴产业加快发展等环境发生重大变化的概率很大，工业企业的整体转型势在必行。但是由于产业异质性，不同产业内的企业转型的方向和重点也将有所差异。按照行业属性，产业可以粗略分为传统产业和新兴产业，工业企业也相应地可以分为传统工业企业和新兴工业企业。下面对这两类企业的战略转型做初步的探讨。

1. 以嫁接新兴产业为导向的传统工业企业战略转型

如上所述，在要素供给矛盾进一步突出、人民币升值、淘汰落后产能等因素的共同影响下，我国大量依靠低要素价格、低环境治理成本为主要竞争优势来源的企业将陷入经营困境。同时，随着市场淘汰机制作用的显性化，大量失去竞争优势的传统企业将面临被淘汰的风险。按照西方经济学厂商理论，对于这类企业，战略转型可分两条路线进行：①降低生产平均成本，即通过生产技术、生产工艺和生产流程的改进，在实现生产同样数量产品的前提下使用更少的要素投入，消除要素价格上涨的影响。②捋顺产品价格形成机制，将生产成本的上涨转移到下游市场。这就要求企业在某些环节获得特定的市场力量，对传统企业提出了更高的要求，甚至要求传统工业企业"跳出"传统产业的窠臼，向新兴产业延伸。事实上，随着新兴技术和新兴产业的快速成长，传统产业和新兴产业的边界变得日益模糊。以纺织服装产业为例，随着消费者对服装面料的需求层次不断提高，服装的时尚、个性化需求日益突出，使得纺织服装产业不再是简单的劳动密集型加工业，研发、设计、创意和营销占据产业价值链的高端，产业链的格局也将发生转变，企业的战略也需要从简单的加工制造转变为多元化经营。

2. 以商业化创新为导向的新兴工业企业的战略转型

新兴工业企业的战略转型方向是提升市场机会导向的研发能力。创新的要素是由创新的内涵决定的。创新（Innovation）不同于发明（Invention），创新是新想法的首次商业化。将一项发明转化为创新往往需要诸多不同的知识、能力、技术和资源，如生产知识、技术和设备、市场知识、运行良好的分销系统和足够的财务资本等，当然还有熊彼特一再强调的将各种要素重新组合的创新者--企业家。可见，决定创新能力的不仅仅是企业的研发能力，对市场的准确把握、本土知识和技术选择能力等都可能成为企业的创新能力。从创新的形式看，制造业的创新形式也在不断突破传统的创新范围，企业创新的内容变得越来越丰富。工业企业的创新形式不仅表现为产品技术和工艺技术的提升，而且表现在为下游企业或消费者提供更完善的包括融资、培训、提供个性化的解决方案等增值服务。创新要素和创新形式的多元化为中国企业创新能力的提高和竞争优势的培育提供了更多的机会和可能性。从创新的要素来看，尽管在研发能力方面，本土工业企业与跨国公司存在较大的差距，但在对本土市场需求的了解程度、市场开拓能力等方面却存在优势，本土企业的创新策略在于充分利用这方面的资源优势，针对本土消费者的需求特征，开发出用户，在把握市场机会的过程中不断提高技术供给能力是中国企业创新能力提升的可能路径。

3. 基于商业模式创新的优势提升

商业模式是企业所选择的能够为目标客户持续创造和提供价值的商业系统。一个完整的商业模式的要素包括：①对目标客户的核心价值陈述。②基于战略能力的价值网络。③能够满足利益相关者的领导力和治理机制。商业模式包含创新（价值创造）的内容，但又要比创新的内涵广泛得多，它还包含如何将价值传递给目标客户，以及企业所处的价值网络的治理等问题。

在当今的全球化条件下，中国企业都能够平等地参与全球生产网络，并不意味着中国企业在整个知识网络中都扮演着同等重要的角色。中国企业必须通过自主创新完成从实物生产者到知识生产者分工者角色的转换。与19世纪末期的美国以及20世纪中后期的日本和韩国等国家的企业进行技术赶超时所处的环境相比，中国企业自主创新面临的最显著的环境变化就是全球化，全球化改变了影响企业创新的收益和成本的诸多要素的结构和性质。特殊的创新环境决定了中国企业创新战略的异质性：在相对封闭的创新环境下，美国企业在技术赶超时可以将本国丰富的市场机会和科学资源内部化，日本和韩国企业则可以凭借足够高的贸易和投资壁垒创造良好的技术学习机会，并最终完成"从模仿到创新"的跨越。全球化加速了全球科技资源的流动和重组，这增加了中国企业"接入"全球创新网络的机会，但同时也意味着中国企业将面临技术领先企业更为直接的封锁和抑制。因此，中国企业一方面要通过积极的技术学习机会提升自身的创新能力；另一方面更要充分利用领先企业技术能力与中国市场机会的不匹配性，通过商业模式创新，既利用后发企业的赶超优势，同时又为持续的创新能力和竞争力提升创造条件。与纯粹的技术创新相比，商业模式创新更能够发挥中国本土企业的比较优势，如能够更加准确地把握中国市场需求，商业模式创新需要的财务投资成本更低。

专栏 38-1

走出“山寨”创品牌

近年来，随着中国对侵犯知识产权行为的打击力度不断加大以及中国整体创新能力的增强，“山寨”产品的生存空间正在被挤压。同时，由于“扎堆进、扎堆死”的现象普遍存在，所以“山寨”市场混乱，企业经营很难持久。

对于“山寨”手机市场规模的缩水，其主要原因是：首先，政府部门对“山寨”产业的监管力度和知识产权保护力度越来越大，“山寨”生存空间被压缩；其次，3G以及智能手机的大规模普及，提高了“山寨”产品的技术门槛，给“山寨”产品市场带来了巨大冲击；再次，受“家电下乡”政策影响，“山寨”产品在三、四级市场的竞争加剧，市场份额减少；最后，“山寨”产品经过几年的发展，其恶性竞争以及质量不过关和售后服务缺失的营销体系也逐渐显露弊端，消费者不信任也导致市场走向低迷。

因此，许多曾经的“山寨”制造企业正加快转型。在深圳等地，许多“山寨”手机制造企业努力向自主品牌手机企业转型。亚力通、科酷、欧科、心动……从2011年开始，深圳几乎每个月都有新的手机品牌诞生。据不完全统计，从去年底至今，深圳手机品牌数量呈现暴增态势，目前已增至600多个。虽然这些品牌经营状况不一，甚至许多必然会被市场淘汰，但与曾经的“山寨”形象相比，这些企业已不可同日而语。

国家知识产权局保护协调司相关负责人介绍，从未来发展趋势来看，“山寨”产品的规模今后将进一步萎缩，并呈现两极分化的趋势：一部分“山寨”产品包含了初级创新的成分，正努力向品牌企业转变，如天宇、金立等“山寨”出身的手机企业正在向自主品牌转型；一部分作坊式的小企业在技术、产品质量等方面无任何优势，对市场风险的承受能力极低，在国家不断加大知识产权保护力度的情况下只能被淘汰。

由于“山寨”产品成分复杂，而“山寨”市场正呈现出向品牌创新的良性方向发展态势，应采取“顺势而为、区别对待、有打有扶”的措施。所谓区别对待，即对侵犯知识产权、制售假冒伪劣产品的行为，采取严厉处罚的态度，坚决予以打击；对那些并不违法，或者经过规范后消除违法行为的企业，利用舆论和政策进行正确引导，为其提供规范的竞争环境；对已有一定技术基础的企业要适当扶持，创造条件促其提升品牌和技术创新能力。

资料来源：韩霁：《走出“山寨”创品牌》，《经济日报》2012年4月26日。

专栏 38-2

山东如意集团自主研发引领市场　面料与服饰同步发展

以高档面料为切入点，抓好新纤维、新面料的一条龙研发合作，确立品牌的核心价值，形成从纤维到纱线，从纱线到面料，从面料到成衣的产业链，使具有自主知识产权的产品成为产业链核心。

1. 产业创意从源头抓起

色纺纱特殊的生产过程，为纱线的色彩设计提供了无限的创意空间，被染成不同颜色的纤维也改变了设计师的想象空间，把各种纱线随机而有序地组合在一起，能混合出对比或强或弱，风格或粗犷或细腻的色纺纱线。如今，色纺纱面料与时下个性化、多样化、国际化的服装消费趋势相吻合，在完成了向多种色彩混合、不同纤维组分的时尚转身之后，丰富而独特的色纺纱风貌成为现代时尚中不可或缺的元素，也日渐受到品牌设计师的青睐。

2. 流行面料助产业升级

许多上游面料企业科技创新能力很强，在新产品开发及提升附加值方面有一定实力，不断完善上下游衔接，形成了良好的产业链交流与联动。北京某时装公司设计艺术总监表示，服装和面料企业进行链接，应该是在长时间合作的企业之间，这样才有合作的基础以及基本的了解。在他的眼里，女装面料企业应该专门为一家服装企业提供服务，这种服务可能更加具有面料生产的自主性、专业性和针对性，并且布料的类别、风格也更为清晰。

3. 辅料探索时尚之路

"目前我国辅料行业的开发明显滞后于服装发展的需求，我们作为行业龙头就必须有超前创新意识，形成从原材料到服装应用的开发链，担当起配套供应的职责"，希望能立足于传统中国文化的华联公司董事长黄文远表示，纺织服装等劳动密集型产业链遇到了前所未有的发展压力，要想突围只有加大投入，引进并掌握核心竞争力，打造时尚品牌，才能求得较高的回报和产出，完成从市场跟随者到市场引领者的角色转换。基于这种求新求变的理念，在海西时装周和时尚同盟的时尚发布会上，华联演绎了一场华丽的辅料之秀，以各种辅料元素打造出了不同风格的服饰，比如金属铆钉、珠片、仿古金属扣、装饰腰带、纽扣、拉链等。

资料来源：《紧抓产业创意　力求面料与服饰同步发展》，《中国纺织报》2010 年 12 月 14 日。

参考文献

1. 林毅夫、蔡昉、李周：《中国的奇迹：发展战略与经济改革》，上海：上海人民出版社，1999 年版。

2. 金碚、吕铁、邓洲：《中国工业结构的转型升级问题分析》，《中国工业经济》2011 年第 2期。

3. 中国社会科学院中小企业研究中心：《中小企业扶持政策及其效应——中小企业应对金融危机政策调查报告》，2010 年。

4. 吕铁：《日本治理产能过剩的做法及启示》，《求是》2011 年第 3 期。

5. 贺俊、邓洲、黄阳华：《促进"山寨"企业转型升级的内涵和公共政策》，中国社会科学院工业经济研究所内部报告。

第三十九章　企业组织管理

提　　要

经过改革开放以来30余年的发展，到“十一五”末期，中国企业组织的数量与质量已经发育到一定水平。首先，本章将概括中国不同类型的企业的主要组织管理特征。文中指出，中国微观经济部门的基本格局是一种以国有和私营企业为主体，以港澳台资、外资企业和混合经济企业为重要补充的相对均衡的经济组织结构。这种企业部门的组织多样性，已经成为中国经济体系的一种特色和优越性。其次，结合“十一五”时期中国企业发展的实际情况，探讨当前中国企业组织管理活动中存在的弊端，具体表现为：一是企业组织管理行为有非市场化的倾向，对政府政策的依赖度较高；二是企业组织关系有过于灵活化的倾向，对企业组织内部及企业组织间的长期可持续性的生产性投资活动缺乏热情；三是追求企业组织规模扩张，但企业组织的结构化程度偏低、企业组织管理水平没有相应提高，企业组织内部管而不控、企业组织间聚而不集或集而不团的弊端已经有所显现。这些弊端致使一批企业出现了明显的重政策、轻市场，重投机、轻投资，重增长、轻利润，重规模、轻结构的行为取向。再次，从政府角色、金融体制、员工技能和信用关系四个方面解析了中国企业组织管理弊病的制度成因。最后，提出了政策建议。

*　　　　*　　　　*

企业组织是现代社会经济体系的微观基础。不同的企业组织形式及其管理能力决定着一个国家的经济绩效及该国在全球经济中的地位和作用。探讨企业组织的管理特征及其影响因素，考察其可能的变化趋势，这对于理解一个国家社会经济的发展走向有着重要的意义。

一、多样化的中国企业组织及其管理概况

经过“十一五”时期的发展，中国企业组织已经呈现出鲜明的多样化特征，基本实现了从以国有控股企业为主，以私营、外资和混合经济企业为补充的微观经济组织结构，向不同所有制企业共同发展的微观经济组织结构的转变。如表39-1所示，从“十五”末期到“十一五”末期，最重要的变化是私营经济部门的主要经济指标占比大幅上升，国有经济部门的主要经济指标占比明显下降，而港澳台资和外资企业以及混合经济企业的主要经济指标占比小幅变动、基本持平。目前，中国微观经济部门的基本格局是一种以国有和私营企业为主体，以港澳台资、外资企业和

混合经济企业为重要补充的的相对均衡的经济组织结构。这种企业部门的组织多样性已经成为中国经济体系的一种特色和优越性。

表 39-1 2005 年和 2010 年不同类型企业主要经济指标占比情况对比表

单位：%

	企业数量	工业总产值	企业资产	主营业务收入	利润总额	从业人员
2010 年占比情况						
国有控股企业	4.47	26.61	41.79	27.85	27.78	19.24
私营企业	60.34	30.54	19.71	29.79	28.47	34.70
港澳台资企业	7.52	9.36	8.85	9.30	9.64	12.94
外商投资企业	8.83	17.83	16.20	17.75	18.67	14.78
混合所有制企业	18.84	15.67	13.44	15.31	15.44	18.34
2005 年占比情况						
国有控股企业	10.11	33.28	48.05	34.43	44.04	27.19
私营企业	45.55	18.99	12.39	18.43	14.33	24.54
港澳台资企业	10.14	11.25	9.75	11.05	9.40	13.70
外商投资企业	10.60	20.49	16.52	20.56	18.57	13.85
混合所有制企业	23.60	15.99	13.29	15.53	13.66	20.73

资料来源：根据《中国工业经济统计年鉴》(2006、2011) 有关数据计算得出。表中的“混合所有制企业”泛指除表中前 4 类企业之外的其他企业。

在内资企业中，我们可以将其分为三类:[①] 在整个经济体系的一端，数以千计的国有大企业主导了资本密集型的上游重化工业与基础工业；在中国经济体系的另一端，数以万计的私营中小企业占据了高度竞争性的行业领域，并主导了消费品的出口贸易；而在中间地带，一批带有混合经济特征的企业，立足其所有权结构优势，尝试着对跨领域的经营活动进行横向的和纵向的一体化整合，具体整合程度不一。这些不同规模和所有制类型的企业，在同一个社会经济体系内并存，各自以独特的组织管理风格与水平来实现生存与发展，各司其职，并行不悖。

1. 国有大企业的组织管理

经过改革开放以来 30 余年的改革与发展，今日的国有企业组织形态发生了深刻变化，几乎所有的国有企业都已经从计划经济体制下纯粹的履行生产职能的国营工厂，转变成为能够在市场竞争中展现出一定经济实力和组织管理优势的企业。

伴随着 20 世纪 90 年代确定的国有经济战略性调整这一重大方针的贯彻落实，过去 10 年左右的时间里，国有经济部门的分布呈现出明显的聚焦态势，国有资本日益集中到石油石化、电网电力、国防军工、通信、运输、矿冶、机械、建筑与房地产这类资本密集型的上游重化工业和基础工业部门。在这些部门，数以百计的国有大企业，通过各种形式的并购重组和加强内部管理的种种举措，迅速成长为所在行业或重要区域市场上的领导企业，有的资源行业的国有大企业适时推进了海外扩张。这些国有大企业，与同行业的其他领导企业相比，企业规模相近，公司治理体制与组织管理架构相仿，少数国有大企业在局部领域已能够与跨国公司一争高下。

2003 年，国务院国有资产监督管理委员会（以下简称“国资委”）作为国有企业的出资人代表正式成立。它的成立对于国有大企业组织管理体制演变产生着不容忽视的影响。一方面，国有企业组织管理本身就是宏观层面的国资监管体制的一个有机组成部分。现行国资监管体制深深地影响了微观层面的国有企业组织管理，具体表现为：①坚持政企分开、政资分开的原则，规范董事会建设，这给国有大企业的高度自治提供了足够宽裕的行动与创新的空间。②坚持国有资产保

① 本文没有针对集体企业的讨论。我们认为，其总量相对有限而规模大的集体企业，相对接近文中所说的混合经济企业的特征，规模小的集体企业，相对接近文中所说的私营企业的特征。故不做专门论述。

值增值的原则，这也驱使国有大企业上上下下向资本规模扩张和市场化经营的方向努力。③坚持企业突出主业，鼓励企业之间联合重组、做大做强，这进一步给国有大企业注入追求增长和发展壮大的动力与压力。当同时面对做大和做强的要求时，做大对企业而言是更具有实践理性的选择，因为这是一个更容易产生显性化的成绩、更容易实现的目标；当然，也有些高度自觉的国有大企业按照做强的要求，理顺和强化了集团或总部的组织管控架构。另一方面，国资委成立后，针对国有大企业发展中遇到的实务层面的管理难题，切实推动了董事会建设、企业领导人员的市场化选拔与聘用、经营业绩考核、风险管理、法律事务管理、企业社会责任管理等企业组织管理工作。这些管理工作给国有大企业构筑了一定的组织管理上的竞争优势。

2. 私营中小企业的组织管理

与国有大企业相比，私营中小企业普遍呈现出某个方面的竞争优势就相对简单明了，但组织规模相对有限，组织系统的结构化程度相对较低，工作专门化、部门化和正规化的程度相对较低，管理方式与方法的随意性相对较大等。这种组织管理特征和私营中小企业所处的组织成长阶段有关。

绝大多数私营中小企业身处高度竞争的行业领域，最典型的是东南沿海地区的数以千万计的消费品出口加工型中小企业。这些企业是“一人式”的古典企业的或小或大的放大版本，它们处于企业组织成长的早期阶段，其组织管理活动基本是以企业最高领导人及其专长、优势为基础的，通过不断学习和获取市场上的专业服务来补充一些现代化工厂的设施设备和管理手段，但总体而言，非人格化的组织管理体制机制及相应的企业文化氛围尚在形成与演化过程中。

有的私营中小企业出于补充企业资源与能力的需要，会将关系紧密、同质性比较高的家族成员与亲朋好友引入管理团队中。伴随这些管理者在企业经营活动中发挥出重要作用，这些私营中小企业将形成家族化的企业管理体制。在家族式的企业管理体制下，企业组织中的群体将出现分化特征，为数有限的家族成员对企业拥有绝大部分的控制力，而非家族成员构成了企业中被管理的另一群体。

无论如何演变，私营中小企业始终是所有权和经营权高度关联的企业。在这种企业里，企业组织的行为是企业家本人及企业中的关键性家族或亲友成员适应企业外部市场环境变化的自发自觉的行为选择，企业家及其家族管理团队的个人兴趣与分工专长左右企业发展，他们也相应承受了企业经营活动所带来的各种风险与收益。在外部观察者眼中，私营中小企业往往表现出组织架构不明、管理层级不清、岗位权责模糊等诸多弊端，不过，在企业内部的行动者心目中，企业组织管理的“潜规则”却是谙熟于心的。

3. 混合经济企业的组织管理

混合经济在中国是一个尚未发育充分和成熟化的经济群体。作为介于国有企业群体和私营中小企业群体之间的一个中间地带，它所对应的企业群体的组织管理特征大多呈现为前面所提及的两类企业的杂合性特征。

（1）从企业规模看，混合经济企业的规模与数量都相对适中，它们既不像国有大企业那样屈指可数，有万亿元、千亿元级的规模，也不像私营中小企业那样遍地开花，千百万元资金就可以做得风生水起。混合经济企业基本都是统计口径中的规模以上企业，多数为几亿元、几十亿元至几百亿元的规模，少数大企业达到了千亿元级上下的规模。

（2）从业务领域看，混合经济企业既不像国有大企业那样是垄断产业的寡头，也不像私营中小企业那样在整个行业里名不见经传、市场占有率几乎可以忽略不计。通常，混合经济企业会在某一竞争性行业的细分领域，用较短的时间实现规模扩张并不断向关联产业渗透，从而成为重要区域市场甚至是全国市场中的领导企业阵营中的一员，在主导业务领域形成一定的竞争优势。然后，再通过产业上下游实施纵向整合。有的企业已能够立足自身的专业优势，开展跨地区的并购重组、国际化经营，甚至是跨国并购；还有的企业结合自身业务发展需要而进入房地产、金融等高利润产业，形成了多元化的经营格局。

（3）混合经济企业是具备所有权与经营权适度分离特征的企业。不过，其两权分离又不是那么彻底，不像国有企业完全没有“人格化”的所有者，只有法律约定的国有资本的出资人代表。混合经济企业的实际控制人作为企业剩余的承受者，会直接或间接地保留企业的最高决策权与最终控制权。有的企业控制人即使已经进行了充分的分权，将大量组织管理权责移交他人，但在关键时刻仍会积极发挥作用，就像国美电器黄光裕在与陈晓的经济纠纷中那样。

（4）混合经济企业的职业化与专业化程度与私营中小企业相比相对要高，与国有大企业相比往往又相对要低。多数混合经济企业已走出适用于私营中小企业的家族式组织管理体制，实现了一定程度的两权分离，引入职业经理人，走职业化与专业化的道路。柳传志先生提出了“没有家族的家族企业”的理念，给出了混合经济企业组织管理的一种理想。

二、存在问题

这些年，中国企业加快学习西方组织管理理论，不断适应外部环境新变化，引入了一些现代化的元素，比如战略联盟、供应链管理、企业社会责任管理、企业集群竞争与合作等。但总体而言，中国企业组织管理活动仍然存在一些突出的问题，制约了中国企业组织管理的科学化与现代化。

从“十一五”期间企业组织管理运行情况看，有三个方面的问题需要予以关注：①在相当程度上企业组织管理行为受到政府力量的左右，尤其是在国际金融危机爆发后，以各级政府为代表的政治权力对企业组织的经营管理活动的介入程度明显提高，致使企业组织管理行为呈现出较强的非市场化倾向。②伴随经济运行中的不确定性因素增加，企业在组织管理关系上日益看重灵活性，却与行业企业长期发展目标相脱节，为数不少的企业对所在行业的长期利益缺乏关注热情，可持续的以及对企业利益相关者负责任的生产性投资活动供给不足。③在组织结构方面，一些大企业日益强调追求大规模的企业组织形式，而不是追求高质量、高盈利水平的有效的企业组织结构。总体来看，近年来一批企业为了在较短时间里成为上规模的大企业或争取短期利得而积极行动，但企业组织内部管而不控、企业组织间聚而不集或集而不团的弊端已经有所显现。

1. 企业组织管理行为的“非市场病”

企业组织行为对应的是人们在企业组织中做些什么，他们的行为又如何影响组织的绩效。中国企业组织行为的一个特点是，政府在经济活动中起着举足轻重的作用，对企业行为影响较大。20 世纪 90 年代中后期以来，中国经济体制市场化改革不断深化，市场配置资源的力量逐步增强，这一度使政府对经济活动的影响力呈现降低态势。但近年来，有两个方面的因素，又使政府强化了对企业组织管理行为的影响力。一方面，宏观经济的持续景气，使政府拥有不断增强的财力，具备了参与和影响经济活动的更强能力。另一方面，国际金融危机的爆发，大大地提高了经济运行环境中的不确定性，在多变的新形势下，政府加大对经济活动的控制能力，日渐成为一种流行的社会观念。在上述两方面因素的作用下，政府以特定利益主体的角色和姿态介入经济活动，成为一种日益普遍的经济现象。越来越多的企业开始依赖于缩短与政府的距离，或将自己捆绑在政府利益诉求方一边，而不是主要依赖于市场竞争来获取或分享经济收益。李捷瑜和黄宇丰（2010）的研究表明，在转型经济国家，企业通过贿赂发展关系资本，可以降低官员掠夺或帮助企业获得资源来促进企业增长。而国内研究者指出，国有企业利润在最近几年明显增长，但主要利润来源高度依赖于个别行业的行政垄断，而非国有企业技术创新水平的普遍提高（严海宁和汪红梅，2009）。我们将这种经济现象，称作企业管理行为染上了“非市场病”。

“非市场病”会制约企业组织管理水平的提升。一方面，染上“非市场病”的企业的组织管理活动不再唯市场竞争与管理效率是取。在企业能够争取到政府救助的情况下，一些低效率的、不科学和不规范的运营管理活动并不会危及企业的生存，它们被隐藏在企业组织内部，无法得到必要的优化与改善。另一方面，染上“非市场病”的企业家和纯粹从市场竞争中打拼出来的“草根”企业家也有很大不同。后者对产品、技术工艺、市场需求、组织管理手段与方法有所专注，投入巨大心力，有敏锐的市场感觉。而前者与企业的生产性活动相对脱离，将更多的企业资源与个人精力投入政府关系的维护和政策措施的争取等方面，他们相对容易忽视加强企业内部组织管理的必要性和紧迫性。

2. 企业组织管理关系的“灵活病”

环境的变化对企业组织管理活动产生着重要的影响。中国企业组织正面对着越来越复杂、越来越难以预料的非稳态的环境。面对这种环境，企业有两种组织管理方式予以应对：一是强化组织管理关系，提升企业整体上的可持续的组织能力和适应力；二是迫于环境变化的压力，使组织管理关系趋于灵活化，降低企业的组织稳定程度，以降低组织管理的风险。从近年来的实践情况看，越来越多的企业选择后一种方式，而非前一种方式。其具体表现是，企业在实体经济部门中的投资意愿尤其是长期投资意愿呈现出下降的趋势。

从固定资产投资的变化情况看，近年来一个重要的变化是，工业部门的投资增长速度开始慢于非工业部门的投资增长速度，而在前几年，工业投资增长一直是拉动投资增长的最重要因素。这表明，企业的生产性投资活动供给已相对滞后于非生产性投资活动供给。从企业贷款情况看，2011 年底的金融统计数据显示，企业部门短期贷款有所增长，但中长期贷款大幅回落，这也表明企业的中长期投资意愿不足。再如表 39–2 所示，2005~2010 年企业的主要经济指标中，增长最显著的是利润指标，快于企业产值和业务收入增长，又快于资产增长，更是远远快于员工数量增长。这样一种“竭泽而渔”的经济表现，多少已经脱离企业组织管理的常态，它表明，近年来企业从以往历年的投资积累中提取收益的情况，远远要比增加人员和资产等长期投入的情况要来得普遍。从过去 5 年的总体情况看，上述现象在民营企业身上比在国有企业身上表现得要突出许多。2010 年，私营企业利润总额为 5 年前的 7 倍，而国有控股企业利润总额仅为 5 年前的 2 倍。不过，进一步区分年度数据，我们发现，国际金融危机爆发后，国有企业的利润水平有提速增长势头，2010 年，国有企业利润增长速度高于同期私营企业利润增长速度。

表 39–2 不同类型企业主要经济指标 2010 年与 2005 年相比增长情况

单位：%

	工业总产值	资产总计	固定资产合计	主营业务收入	营业利润	利润总额	从业人员
全国企业	277.64	242.21	224.72	280.73	374.60	358.38	138.41
私营企业	446.52	385.38	391.36	453.78	696.67	712.16	195.74
港澳台资企业	230.85	219.88	199.06	236.36	360.48	367.38	130.74
外资企业	241.64	237.57	216.23	242.30	375.19	360.36	147.72
国有控股企业	221.92	210.63	197.33	227.10	244.35	226.05	97.95

资料来源：根据《中国工业经济统计年鉴》（2006、2011）有关数据计算得出。

当私营企业的资本从实体经济部门及长期投资活动中抽离后，这些资本不是静止与闲置的。浙江温州为当前经济形势提供了一个具有典型性的缩影。自 2008 年年底国际金融危机爆发以来，一大批温州中小企业先后处于半停工或者停工状态，而不少温州企业家在退出实业后，纷纷将多年来从实业经营中积累的大量资本用于投机牟利。温州企业的情况表明，企业没有停止其经营管理活动，但其活动方式发生了重要变化：从不灵活的实体经济部门转向更灵活的非实体经济部门，从不灵活的中长期投资活动转向更灵活的短期投机活动。我们将这种经济现象称作企业管理活动染上了“灵活病”。

企业组织管理关系的“灵活病”，在很大程度上是经济环境变化的结果。实体经济部门的长期投资活动，其发生前提是，企业家必须对这类长时间周期的、相对“不灵活”的生产性投资活动有一个比较稳定的收益预期。如果未来收益预期被经济环境中的诸多不确定性因素所困扰，难以最终形成一个稳定的、有足够激励的乐观预期，但凡理性的企业家自然而然会裹足不前。而当越来越多的逐利资本被挤出这些相对稳定的投资领域，涌入短期的投资活动中，那么，整个市场环境的不确定性会进一步被放大；反过来，又会迫使更多企业越来越看重灵活性，进而与行业企业的长期发展目标渐行渐远。患上“灵活病”的企业群体，它们的组织管理活动往往是紧密围绕其短期投资活动的盈利需要展开的，而长期生产性投资活动所需要的配套组织管理活动却会被全面抑制。

企业组织管理关系的“灵活病”，不仅限于企业组织内部，还可以在企业组织之间尤其是某一产业体系的上下游企业之间、大中小企业之间得到传播。依托企业间合作网络体系，企业的“灵活病”会表现出一定的传染、扩散与自我强化的特性。而且，当一个企业群或网络体系的组织管理活动日渐习惯性地朝着适应短期投资活动的需要的方向发展后，反过来又会进一步降低整个群体或网络体系中的企业参与长期生产性投资活动的意愿与能力。

3. 企业组织管理结构的“增长病”

近年来，中国企业组织管理活动中还呈现出了一种趋势，那就是越来越多的企业追求组织规模，但企业组织的结构化程度以及组织管理质量却难以得到相应的提高——即便是一些已颇具规模的大企业，其组织内部的专业化、部门化、正规化的程度仍然不高，组织中的指挥命令链条仍然有很强的主观随意性。

西方发达国家和日本这样的强国在其工业化进程中，大都处在企业规模扩张阶段，实现了企业组织管理水平的同步提升。东亚新兴经济体的发展历史却给出了反面的教训。在其企业规模扩张的同时，企业组织结构化程度及企业组织管理水平却未得到相应的提高，最终导致发展到一定阶段后，东亚地区的大企业出现了热切追求企业组织的规模增长，但企业利润增长却难以同步的局面。当前，中国企业也遇到了类似问题。

从前面所给出的表中数据看，中国企业利润总量的增长态势显著，尽管如此，有一些大企业已经遇到了在规模扩张的同时整体绩效下滑的情况。张杰、黄泰岩和芦哲（2011）的实证研究表明，同西方大公司不同，在中国，规模越大、年龄越长、资本密集度越高及销售与管理费用越高的企业却往往有着更低的企业利润。这表明，中国有一批大企业已经开始遇到与当年东亚其他国家和地区的大企业所面临的相似的经营挑战，面临掉入规模扩张快、组织结构化程度低、组织管理水平提升滞后及利润增长慢的“增长陷阱”。我们将这种经济现象称作企业管理活动染上了“增长病”。企业利润增长乏力，既和企业外部的市场环境条件变化有关，更和企业自身的组织管理方式和竞争策略选择有关。从市场环境方面看，近几年来，人民币升值、劳动力和原材料成本不断攀升，这种趋势，使企业消化成本上涨的能力降到很低的水平，企业利润增长出现明显的减慢趋势。从企业组织管理和经营策略方面看，在激烈的市场竞争面前，越来越多的大企业倾向于选择追求规模制胜，试图回避短期内在企业组织管理和利润水平上的残酷竞争。

“增长病”是一种“大企业病”，而且在很多情况下，是前文提及的企业“非市场病”的伴生病症。在国际金融危机中，出现了“大到不能倒”的大金融机构。在当前经济形势下，中国企业对规模增长的追求多少也带有“大到不能倒”的侥幸心理。一方面，国有大企业是“增长病”的易感群体。如前文提到的，国资委成立后出台了相关政策文件，旨在鼓励国有企业积极实施并购重组、做大做强。这种政策环境为“增长病”传播扩散提供了有利条件，一些国有大企业的并购活动不太讲求投资回报率，还有一些国有大企业在各地大举投资。另一方面，染上“非市场病”的民营大中型企业也是“增长病”的易感群体。为什么靠近政治资源的大企业更容易患上“增长病”呢？这是因为在转型经济的市场条件下，企业普遍存在融资饥渴症。企业增长速度在很大程度上受到企业融资能力的制约。国有大企业和有政治关系优势的民营大企业，相比于私营中小企业，其社会关系网络更有助于它们获取金融支持，实现企业超常规的增长，从而也有更大的可能染上“增长病”。

企业追求组织规模增长与扩张，这本身没有什么不妥之处。通常，那些能借助银行贷款来加速规模扩张的企业，其增长速度会快于那些主要依靠自有资本积累来实现规模增长的企业。问题的关键在于，在追求增长的同时，企业如果忽略了组织管理能力的同步发展，无法实现利润的同步增长，过于看重组织规模、收入增长，相对轻视组织的结构化及组织管理的质量、利润增长，甚至是追求低利润、无利润的高增长，这就可能成为一种组织管理病态。“十一五”时期，经济运行的大起大落给一些患上“增长病”的大企业带来了较大冲击。一批大企业在短时期内出现了巨额亏损，一些知名的民营大企业破产倒闭。钱晓明（2010）写道：“当我们把目光注视到这些在经济危机中出现巨额亏损甚至破产倒闭的大企业时，我们发现它们都存在一些共性的问题，主要表现在：公司成立时间长、行业成熟度高，市场利润稳定，一般都存在不同程度的行业垄断和政府背景；企业规模庞大，甚至是跨行业、跨地区的多元化经营；公司体制机制僵化，缺少创新精神，环境适应能力差；管理层追求稳定或过度地依赖行政或垄断带来的红利……”“增长病”带给这些颇具组织规模的大企业的教训是惨痛的。

三、存在问题的制度性成因

中国企业组织管理特征演化及此过程中出现的问题，是各种制度因素交互作用的产物。一般而言，“非市场病”和“增长病”这两类问题主要发生在规模较大的国有企业和混合经济企业身上。“灵活病”通常是私营中小企业组织管理的通病，但在当前社会经济制度条件下，它已经有向大企业传播和扩散的迹象。目前，已经有不少企业受上述病症所侵蚀，表现出重政策、轻市场，重投机、轻投资，重增长、轻利润，重规模、轻结构等特点。以下从政府角色、金融体制、员工技能和信用关系四个方面来解析中国企业组织管理弊病的制度成因。

1. 政府角色

中国社会经济文化制度的基本特点是，政府占主导地位并分担社会经济运行的主要风险。这样一种政府角色是中国企业“非市场病”的制度根源。一方面，政府部门拥有很强的凝聚力和高度权威。在众多社会经济领域，政府部门的力量要大于其他任何社会利益团体的力量。而且，政府有积极性去较深度地参与重要的社会经济活动，从而使得为数众多的企业组织管理活动高度依赖于政府的政策和行为。另一方面，政府通过国有企业这种组织制度形式参与重要的经济活动。在相当长的时间里，人们对国有企业的组织管理水平的评价褒贬不一。一种很普遍的观念是，国有企业是低效率的官僚组织的代名词，它们行动迟缓，难以适应快速变化的市场竞争形势。而不容忽视的另一事实是，在中国，由于各种原因，国有企业相对民营企业而言，一直充当了重要的企业组织管理能力和技术创新能力的输出者的角色。总体来看，无论国有企业治理形式如何接近于私营企业，它们都不可避免会受到政府的较大影响，这种影响既来自行业管制部门，也来自国家出资人。面对政府在整个社会经济体系中扮演的这种强势角色，即便是私营企业，“也不得不将大量的资源用于管理与行政部门和官僚机构的关系”,“那些不直接与政府打交道的企业”，甚至会面临被迫退出市场的风险。这就是所谓的“非市场病”的典型病症。

市场化改革会催生出一大批旨在减少政府操控的制度安排，从而有助于修复中国企业“非市场病”。在市场竞争充分的行业领域，为数众多的中小企业相对可以脱离政府权威的影响，达成一种比较自由的竞争状态。不过，一旦社会经济环境出现有利变化，政府的强势角色与地位便极有可能迅速复兴，将其影响力扩张至原本属于市场调节的那些领域中。只有强有力的且可持续的制衡性制度安排，才有可能适度抑制政府的强势，使其在社会经济的各领域始终保持一个相对中立的角色。

2. 金融体制

金融体制决定着企业获取资本的方式及其成本，同时对企业组织管理的三种弊病产生了重要影响。

首先，政府部门对金融市场实施严格的监管，这使政府的强势角色在金融领域得到了有效延伸。一方面，高度集中的银行体系负责将有限的金融资源注入那些相对更符合国家发展要求的产业，并优先满足国有大企业的资金需求；另一方面，那些有较强政府关系背景的企业也易于在银政企合作中谋求到有利的地位。这种金融体制对企业的"非市场病"起到了巩固与强化的作用。

其次，在受到严格监管的金融体制逐渐放松管制的过程中，由于始终有不少内生的体制问题，致使企业有经营"灵活化"的倾向。现代金融体制的一个主要弊病就在于它容易形成一个"劣币驱逐良币"的市场，易于激发恶性的投机行为，而难以平抑其恶劣后果。多年来，中国金融体制的市场化改革催生了不少投机暴富的企业，与此同时，却有大量实体经济部门在融资时步履维艰。

最后，金融机构不仅易于青睐那些患有"增长病"的大企业，而且，它们自身也往往是"增长病"的易感群体。事实表明，无论是东南亚金融危机还是美国金融危机，在危机爆发前的数年间，这些国家和地区的金融市场都表现得异常繁荣，金融机构自身的增长速度明显超过了实体经济的增长速度。而这种增长在很大程度上是蕴涵高风险的病态增长。

3. 技能系统

中国企业组织的技能系统正如企业本身形成的三大类型一样，也形成三种不同的技能系统。第一类是国有企业的技能系统，在此系统中，企业相对重视员工团体的利益，鼓励员工对企业的忠诚与投入，发展专门针对本企业的各种技能。第二类是民营中小企业的技能系统，在此系统中，企业并不重视大部分员工的利益，而员工与企业之间的共同利益也是非常有限的。这些企业，有不少像韩国或中国台湾地区的企业那样，"将劳动力和雇员的技能视为短期资源，可以随着商业周期的变化随时在流动的外部劳动力市场上获得或撤换"。第三类是混合经济企业，这类企业由于规模足够大，有一定的核心能力，因此，其员工或多或少已经成为企业竞争力不可或缺的一部分，当然，这类企业中有一些常常受环境所迫，不得不将注意力集中在相对短时期的投资回报率上，而不是员工及其技能的长期发展问题上。

与企业组织对技能系统的偏好差异相一致，中国企业员工构成了一支庞大而参差不齐的劳动队伍，这其中既有为数众多、低劳动技能、低成长性的低端劳动力，有一大批中等层次的劳动者队伍，也有一定数量的、教育背景良好、技能水平较高、高成长性的高端知识员工。应该说，伴随中国社会经济系统的不断完善，中国企业组织的员工队伍及其技能系统，还具有较强的可塑性。但当前，企业的"非市场病"、"灵活病"和"增长病"的传播已经产生了不利于好的技能系统发育的负面作用。一般而言，对技能系统要求越低的中小企业组织，它们越容易感染"灵活病"；对技能系统要求越高的大企业组织，它们越容易感染"非市场病"和"增长病"。这些病症会从根本上削弱企业从员工技能发展中获益的可能性，从而会降低企业与员工之间构建利益共同体的可能性和稳定性。

4. 信用关系

信用关系发育不足的市场环境为企业"非市场病"、"灵活病"和"增长病"提供了滋生的沃土。在中国社会经济系统中，政府担负了推动社会经济发展的相当大部分的责任，这样的系统并不利于市场经济发展所需要的基于市场的企业内部高度自治、企业之间高度协作的信用关系体系的健康发育。在全社会信用信息缺失的情况下，一方面，有政治背景的、规模大的企业通常会被打上相对较高的信用水平的印记，并因此而有可能获得更多的市场机会和资源；另一方面，"理性的"企业也总是倾向于与外部市场主体保持相对"灵活"的社会交往关系，而不是去建立和巩固长期合作的信用关系。

弱信用体系对于"非市场病"而言，其机理在于，由于市场信用不够发达，中国企业常常被迫去链接信用水平相对较高的政治资源，而在企业健康自治以及发展相对低信用水平的市场资源方面的链接时，则表现得相对动力不足。也正是由于信用关系基础薄弱，中国企业高度依赖以所有权加外部政府干预为基础的治理关系对经济活动的组织协调，除政府和微观的基于所有权关系的企业组织之外，其他中间组织发育程度相对较低，企业之间开展合作的机会比较有限。在这种情况下，企业根据所有者意志及加诸所有者意志之上的政府意志，推行比较灵活的经营方式，而较少受到其他方面力量的制衡与节制，是谓“灵活病”的机理。

同样与信用水平低相关，中国的经理人市场始终发展得不尽如人意。中国的社会文化传统决定了人们对正规制度和程序的信任程度很低，并且家长制权力模式占主导地位——在这样的经济体中，不太可能普遍出现所有者将权力委托给领取薪酬的经理人的情况。由于缺乏高度专业化和职业化的经理人阶层的必要参与，因此，不少中国企业在受其企业家意志支配的情况下，常常难以克服自身的“增长”疾痛；即便是已经引入了经理人的企业，其经理人为追求短期的、相对显性化的业绩，也常常不得不去追求夸张的“增长”目标。

四、对策建议

在中国企业群体中，“非市场病”、“灵活病”和“增长病”的传播，阻碍了中国企业组织管理的科学化和现代化进程，这些问题应引起研究者和政策制定者的重视。缓解中国企业组织的上述三种病症，可以考虑从以下几个方面入手：

（1）努力降低各级政府对微观经济活动的参与程度。“非市场病”、“灵活病”和“增长病”，这些病症虽然表现在企业身上，但其病因却在相当大的程度上与政府这个行为主体脱不了干系。自由主义学派代表人物弗里德曼认为，政府的不当干预是导致许多问题的根源，“为了经济稳定和增长，我们迫切需要的是减少而不是增加政府干预。”这种观点尽管有一定的片面性，但也有一定的合理性。在我们看来，对于中国当前的现实状况而言，政府过度参与之害，可能并不比政府缺位之害来得轻。国际金融危机的爆发，让不少人降低了对自由市场的信任度，更加寄希望于政府势力的介入，在充满不确定性的国际政治经济形势下，各国政府也事实上正在变得更加积极作为。然而，中国有着与其他国家完全不同的国情，中国的经济体制改革仍然在推进过程中，这一改革大趋势不宜为短期的经济形势波动所左右。市场化改革方向要求政府降低对微观经济活动的直接参与程度，而将更多的精力用到制度的优化设计上，也就是更多地发挥其对微观经济活动的间接参与作用。政府应将其制度设计者与企业的制度执行者的角色区分开来。坚持降低不必要的政府参与，给企业的正当经营与组织管理活动留出更多的创新空间，在强化市场竞争的硬约束的同时，不断提高企业及各种非政府的中间组织的自治能力，这是中国社会经济及企业组织健康发展的必由之路。

（2）引导和鼓励企业从事有长期意义的生产性活动。企业总是趋利而动的。近段时期，各地企业家退出实业、抽逃资金、移民境外这类报道不时见于报端。这些现象反映出来的是全社会对企业经营管理行为的激励结构已经出现了扭曲。一方面，对于企业的短期性、投机性的活动制约不足；另一方面，对于企业的长期的生产性活动所予以的激励也是不足的。这两方面的因素综合作用，致使企业纷纷舍远求近。正如前文在制度性分析部分所揭示的，影响企业行为的整个制度体系，其实是政府主导下的金融体制、员工技能系统与社会信用关系等多因素方面的复杂作用——改变这种扭曲的制度结构，绝不是一朝一夕之事。在这个问题上，关键的问题是相关行为主体的意愿选择的问题，如果政府急功近利，追求有短期成效的目标，那么，企业自然而然会效仿、跟进，去追求容易出短期成效的目标；反之亦然。因此，解铃还需系铃人，在改变和优化制度体系方面，各级政府部门仍然有非常大的作为空间，只有真正重视企业的长期生产性活动，企业才会慢慢有动力、有意愿去供给这类活动。

（3）改善和优化私营中小企业的创业与经营

环境。市场经济的健康持续发展，离不开无数健康持续创业与经营的中小企业。生机勃勃的中小企业群体是好的市场经济体系的一个不可或缺的重要组成部分，而坏的市场经济的一个重要特征是中小企业创业与经营环境的不断恶化。当经济环境趋于对企业发展不利时，中小企业通常是首当其冲的被伤害者。在未来一段时期里，中国经济运行中存在较多的不确定性，这种市场环境容易挫伤中小企业的创业与经营的积极性。应注重营造制度环境，帮助缓解中小企业面临的压力与阻力。

（4）大力培育行业中间组织。社会是政府、企业和民间组织的集合体。伴随市场化改革向纵深推进以及政府对微观经济活动参与程度的不断降低，原本由政府履行的许多社会功能，将转由大量的民间中介组织承担。霍普金斯大学一项针对非营利部门的各国比较研究表明，在20世纪，像美国这样的发达国家其非营利部门已经是数千亿美元的产业。与这些国家的情况相比，中国经济领域中介组织的发育水平严重滞后于经济发展的总体水平。这已经成为制约中国社会主义市场经济走向成熟化的一个瓶颈问题。清华大学一项针对山东青岛民间组织培育与发展情况的研究表明，目前各种社会团体作为一个整体存在生存困难，其最主要的原因是它们还不能很好地从为会员与社会服务那里找到自己的功能地位，并且服务能力也受限制，因而它们还只能在相当程度上依赖政府（王名等，2004）。如何引导行业中间组织适当抑制其政府化、营利化的取向，鼓励它们追求健康、自立发展，面向高度多元化的市场利益主体，探索更经济、更有效率的方式，发挥服务经济和服务社会的良好机能，这是一个需要认真研究的课题。

（5）加强研究对企业投机性活动的遏制方法。企业过度逐利的弊病，困扰了西方发达国家的整个工业化进程。凯恩斯说，“如果投机只是实业稳定发展的洪流中的泡沫，投机并没有危害，当实业变为投机旋涡之中的泡沫，形势就严峻了。”（李岷，2010）西方经济史表明，一轮轮的经济危机往往是紧跟一轮轮投机浪潮而来的。当前的中国在一定程度上已经出现企业投机泛滥的问题，经济运行的稳定性明显受到了来自房地产、金融、食品等重点领域各种投机性因素的负面干扰。遏制企业投机性活动需要多管齐下，既要加强公共监管与社会舆论引导，全面降低投机性活动的合法性，也要压缩投机者的获利空间，增加其投机失败概率。

专栏 39-1

后金融危机时期里的海航“增长痛”

海航集团的增长模式是一个颇吸引眼球的话题。1993年，以陈峰为首的几位创始人以1000万元起步创立海航。而今，海航已发展为国内第四大航空公司，并且凭借大手笔的资本运作，其产业链已不断延伸至地产、零售、酒店、旅游、金融、物流、互联网等各个领域，非航空资产所占营业收入份额早已超过50%。

2008年金融危机爆发后，海航集团启动了一轮扩张计划，当时一个重要判断依据是，中央的4万亿元投资在地方会呈现放大效应，因此在一些二三线城市存在巨大的投资机会。于是，各产业板块迅速行动起来跑马圈地。其间，海航集团管理层还制订了2015年营业收入达到10000亿元的“超级X计划”，这进一步给各个板块的收购和扩张注射了强心剂。“人类已经无法阻止海航！”一位海航员工在形容海航集团的扩张野心时说。

几年间，海航集团的膨胀速度有多快，从其分（子）公司的数量变化上可以略窥一二：2009年海航集团旗下公司不到200家，2010年这一数字达到311家，2011年上半年海航运营公司数量超过550家。两年时间，海航集团通过兼并收购和产业扩张，公司数量扩大近3倍。对一般企业来说，如此扩张速度近乎疯狂。

在管理上，这段时期海航集团亦有一个放权过程，高层给予各产业板块的指示是，大家各自寻找自己本行业的、世界一流的标杆企业，确定奋斗目标，制订发展规划和计划。对此，海航集团执行总裁李先华坦承："资金自筹，自主经营，除了大的投资要报集团审批外，我们有意识地让各个产业集团试一下，有一些成果，但也出了一些问题。"由于对投资项目的复杂性估计不够，对收购后的整合管理没跟上，导致了不少收购活动没有达到预期目标，或者比预期目标要差。从总体看，这些收购尽管带动了海航集团资产和收入的增加，但自主性强的各产业集团在决策和整合方面暴露的问题也越来越多。以海航商业为例，通过大量收购，2011 年，其资产规模达 175 亿元，成员企业 25 家，而利润只有几千万元。另一例证是大新华物流，这是扩张速度最快的一个板块，短短几年，大新华物流的资产迅速膨胀至600 亿元，占海航集团总资产的 1/5，目前它也是海航集团亏损最为严重的板块。

2011 年下半年，海航开始了一轮调整与转型，关停了近 200 家缺乏盈利能力且不具有战略意义的小企业。即便如此，海航集团旗下的各类公司数量仍高达 450 家。

2012 年 1 月 12 日，海航集团 2012 年工作会议在海南召开。连续三天的封闭会议探讨了公司现状与严峻的内外部形势。面对愈演愈烈的欧债危机和国内经济调整，海航的高管们忧心忡忡。会议午餐时间，一位海航高管在餐桌上对一年轻中层干部指点说："以前你的领导是找你要收入，现在是既要收入，也要利润，明白了吗?"

资料来源：根据《海航迷雾》一文改编，原文作者房煜、王子，载《中国企业家》2012 年第3 期。编者略做文字调整。

专栏 39-2

海航的战略飘移

外界看不懂海航的扩张，其实海航的战略演变有着自己的逻辑。

海航自诞生之日起，由于缺钱缺资源，以陈峰、王健、李先华为首的创始人团队一直拥有非常强的危机感。彼时，海航曾担心自己会被国有航空吃掉。李先华回忆说："在 20 世纪 90 年代，我们当时分析……要赶在中国民航整合期到来之前，做大做强海航，一旦整合时期开始，我们整合别人，不能让别人整合我们。"在 2000 年掀起的民航重组浪潮中，海南航空随时有被整合的风险。其间，海航迅速收购了新华航空、长安航空和山西航空，完成了全国布局，才避免了被整合的命运。

2003 年突然而至的"非典"冲击了整个中国民航业，那一年，海航亏损近 15 亿元。这让海航的管理团队意识到，如果一家企业 80%以上的收入依靠航空产业，这个企业将始终处于风雨飘摇状态，因为航空产业投资大、管理风险高、敏感度高、周期性强、利润小。尤其海航的身份是一家混合所有制的地方航空公司，无法获得类似国航、东航、南航的政策与资源支持，一旦航空业务出现周期性风险，海航没有后盾。

于是，海航确立了汉莎和全日通的发展模式，以航空运输业作为主业，同时进入其直接的上下游产业，包括旅游、酒店和机场产业。做旅游就要收购旅行社，经营自己的景点，甚至拥有公务机公司；做酒店就要有自己的商业地产板块，有了商业地产项目，商业零售就成为应有之义。2008 年之前，海航就是顺着这条线不断扩展着自己的产业链条，以期通过打通产业链共享客户而将航空运输的价值最大化。

2008 年金融危机爆发后，海航又开始了新一轮扩张。对于海航来说，如何才能不被整合，不会在市场震荡中失去依靠，一直是它们所关心的。而综观这些年海航的探索与发展路径，答案很可能是——规模，通过多产业链扩张带来规模扩张。海航的两位核心人物陈峰与王健丝毫不掩饰对规模的追求。"首先要做大规模、做大产值、做大产业链；再以量取胜、以大带强。"王健曾对海航旗下的经营板块负责人表示。

做大意味着安全。在中国，这样的生存与发展逻辑不是没有道理。回顾东星航空破产始末，规模是其最大的软肋。2008年时的东星航空有自己的机票销售公司、物流公司、旅游公司、房地产公司，在多元化扩张方面与海航何其相似。唯一的差别在于，东星破产之前的年营业收入尚不足5亿元。相比而言，海航集团2600亿元的总资产，每年1000亿元左右的营业收入，以及为10万员工提供的庞大就业，六大产业集团所构成的复杂业务结构，都为自身提供了足够的腾挪空间和安全系数。

时至今日，当年与海航一起出道的国内民营航空公司和区域型航空公司，要么已经被三大航空公司吞并（如深圳航空、云南航空），要么偏安一隅，满足做个支线航空公司（如春秋航空），要么干脆因种种原因退出了历史舞台（如东星航空）。能存活至今并对抗三大航空公司的，确实只有海南航空。但如果单从航线资源看，自2003年以来，海航的航线资源基本没有显著增加，其话语权地位更多来自其矩阵式的横向扩张所带来的影响力。

"大而不倒"到底有多少合理性？如果企业的规模不是建立在扎实的实业经营基础上，那么，伴随资产泡沫的退潮，就意味着海航的整座大厦可能躺在流沙之上。"产业集团的问题成为海航现代管理体制中最薄弱的环节，这是海航当前亟待解决的问题，这个问题不解决，我们将不能够实现我们的战略目标。"陈峰在近期的内部会议上表示，海航要做好扩张节奏与经济效益的平衡。

资料来源：根据《海航迷雾》一文改编，原文作者房煜、王子，载《中国企业家》2012年第3期。编者略做文字改动。

参考文献

1. ［英］理查德·惠特利：《多样化的资本主义——社会制度的构建与商业体制的变迁》，北京：新华出版社，2004年版。

2. 王名、陶传进：《中国民间组织的现状与相关政策建议》，《中国行政管理》2004年第1期。

3. 严海宁、汪红梅：《国有企业利润来源解析：行政垄断抑或技术创新》，《改革》2009年第11期。

4. 李捷瑜、黄宇丰：《转型经济中的贿赂与企业增长》，《经济学》（季刊）2010年7月。

5. 钱晓明：《浅析国有企业发展过程中出现的大企业病及其防范》，《现代经济信息》2010年第5期。

6. 李岷：《新兴投机游戏》，《中国企业家》2010年第19期。

7. 张杰、黄泰岩、芦哲：《中国企业利润来源与差异的决定机制研究》，《中国工业经济》2011年第1期。

第四十章　结构调整中的企业并购与重组

提　要

2011 年是“十二五”规划的开局之年，也是中国企业通过并购重组进行产业结构调整的重要一年。一方面，企业出于自身发展需要，通过市场进行的兼并收购；另一方面，政府为了结构调整，通过产业政策和国有企业推动的兼并重组。在欧债危机、信贷紧缩和全球并购活动增速放缓的背景下，中国企业并购活跃，交易量再创新高。但并购重组中也存在盲目兼并、政府过度介入、并购重组效率低等问题，在简化行政程序、维护普通员工权益、规范国有资产管理等方面还有进一步完善的空间。未来的企业并购重组将更加重视质量与效益。

*　　　　*　　　　*

一、2011 年企业并购重组的环境

1. 欧债危机、信贷紧缩，全球并购活动增速放缓

2011 年全球并购活动陷入低速增长。据彭博社的数据显示，2011 年已宣告的收购交易额为 2.25 万亿美元，较 2010 年增幅不足 3%。尤其是 2011 年第四季度，全球企业并购交易额环比下降 16%，低至 4571 亿美元，为 2010 年中期以来的最低季。中东冲突和日本地震海啸等重大事件对全球并购造成了一些影响，信贷市场收紧、欧元区面临崩溃风险以及股票市场摇摆不定等因素取消了一些企业的并购交易计划，全球并购活动呈现出分化性。

美国的并购活动仍然强劲增长。根据 Merger Market 的数据，2011 年美国并购活动较 2010 年增加 12%，在全球并购活动中占近 40%的比重。欧洲的企业并购活动变动不大。亚太地区的并购活动仍然稳步升温。与亚太区域公司有关的并购交易额达到 6984 亿美元，比 2010 年上升了 3.8%，海外买家在亚太区域进行的并购交易总额也创下 2007 年以来最高。日本自 2008 年以来首次超过中国成为亚太地区最大的海外收购方。除日本以外的亚洲国家地区的企业并购活动累计下滑 11%。2011 年新兴国家企业并购活动较 2010 年减少 10%。中国企业 2011 年在并购市场的交易额达 1568.5 亿美元，同比下降 7.29%，其中，海外并购交易数量达 1194 笔，合计 917.4 亿美元。[①]

① 彭博资讯，http：//www.bloomberg.com。

全球并购主要集中在传统制造业、资源、金融、食品、电信等方面，能源类、公共事业类和煤矿类是最受外资青睐的行业。[①] 2011 年全球制药行业并购与前几年相比出现了明显的下降。Evaluate Pharma 的数据显示，2011 年，全球共开展了 136 项并购交易，交易额达 520 亿美元。而此前的两年分别为 171 项和 170 项。排除强生收购 Synthes 公司扩张其骨科业务的并购交易，2011 年数十亿美元以上的并购几乎绝迹，大型制药企业仅开展了 13 项并购交易，交易总额仅为 234 亿美元，最大的一笔收购交易是百时美施贵宝以 4.75 亿美元收购 Amira。[②]

2. 兼并重组成为“十二五”期间调整优化产业结构的重要战略手段

2010 年国务院发布了《关于促进企业兼并重组的意见》，要求各地区、各部门要把促进企业兼并重组作为贯彻落实科学发展观，保持经济平稳较快发展的重要任务，强调了要推动重点行业的兼并重组。2011 年作为“十二五”开局之年，煤炭、有色、新材料、新能源高端装备制造、信息产业、节能环保、医疗企业、医药包装、生物医药、中药、家电、金融业等众多行业的“十二五”规划陆续发布，各产业规划都强调了对企业兼并重组的鼓励态度，为相关领域行业内的并购以及跨境并购整合提供了有利条件，也为相关企业进行并购融资提供了政策支持。其中，钢铁、煤炭、水泥等行业要求增强行业内龙头企业的引领作用，支持行业内大型企业集团的并购重组，提高行业集中度、引导行业内企业跨区域并购重组。药品流通、新闻出版业要求提出提高行业集中度、引导行业内企业跨区域并购重组。此外，产业规划在国内产业的整合及重组、优化使用境外投资及加速实施“走出去”战略等诸多方面对中国企业并购起到促进作用等。

3. 信贷紧缩、通胀压力成为企业并购重组的推动力

通货膨胀压力下的原材料、工资上涨以及稳中偏紧的货币政策加快了企业并购重组的步伐，优势企业通过并购重组，完善产业链、拓展市场份额、提升竞争力。受金融危机的影响，一些国外企业调整主营业务方向，出售部分资产或业务，中国企业国际投资机会增多，这为拥有庞大外汇储备和产能过剩的中国企业在全球配置资源和延伸产业链创造了机会。

二、 2011 年并购重组的基本状况和特征

1. 企业并购活跃，交易量再创新高

2011 年，中国并购市场增长迅猛，并购活跃度和并购金额创下 6 年以来的历史新高。根据清科研究中心的数据，全年共完成 1157 起并购交易，披露价格的 985 起并购交易总金额达到 669.18 亿美元。与 2010 年完成的 622 起案例相比，同比增长高达 86%，并购金额同比增长 92.3%（见图 40-1）。

2. 能源及矿产业位居前列，房地产业并购交易活跃，制造业兼并重组持续推进

2011 年的企业并购主要集中在能源及矿产、房地产和机械制造业，其中能源及矿产业的并购交易额占全部并购交易额的近 1/3[③]（见表 40-1）。在 2011 年 10 大并购交易案中，能源及矿产企业占了 5 例。其中，中国中化集团公司以 30.7 亿美元收购挪威国家石油公司的交易，成为 2011 年规模最大的并购交易（见表 40-2）。

---

① 彭博资讯，http：//www.bloomberg.com。

② 邵建国：《2012 年国际制药企业并购激情上扬》，《医药经济报》2012 年 2 月 17 日。

③ 2011 年 4 月 14 日，中化集团完成收购挪威国家石油公司巴西 Peregrino 油田的交割，正式拥有巴西海上 Campos 盆地 Peregrino 油田项目 40%的股权。

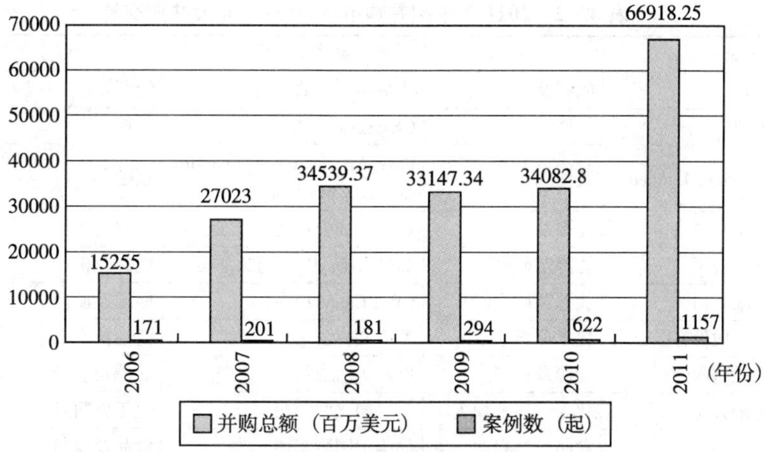

图 40-1　中国并购市场发展

资料来源：清科数据库，http：//www.zdbchina.com。

表 40-1　2011 年中国并购市场交易数量行业分布（按被并购方）

行　业	案例数（起）	比例（%）	并购金额（百万美元）	比例（%）	平均并购金额（百万美元）
能源及矿产	153	13.20	21982.61	32.80	153.72
房地产	113	9.80	5449.39	8.10	49.99
机械制造	95	8.20	2748.65	4.10	34.36
生物技术/医疗健康	89	7.70	1548.19	2.30	19.35
建筑/工程	71	6.10	2282.22	3.40	36.81
化工原料及加工	70	6.10	4917.03	7.30	76.83
IT	56	4.80	1504.67	2.20	36.7
电子及光电设备	56	4.80	2015.57	3.00	41.13
电信及增值业务	42	3.60	651.94	1.00	17.16
汽车	42	3.60	1702.49	2.50	44.8
连锁及零售	39	3.40	2463.05	3.70	79.45
食品和饮料	38	3.30	2812.29	4.20	87.88
互联网	37	3.20	616.02	0.90	32.42
清洁技术	37	3.20	2461.55	3.70	70.33
金融	26	2.20	6675.20	10.00	303.42
娱乐传媒	24	2.10	316.79	0.50	17.6
农林牧渔	24	2.10	377.67	0.60	15.74
纺织及服装	15	1.30	301.43	0.50	21.53
物流	13	1.10	338.01	0.50	26
半导体	10	0.90	181.26	0.30	22.66
教育及培训	5	0.40	23.81	0.00	7.94
广播电视及数字电视	2	0.20	55.00	0.10	55
其他	55	4.80	3842.56	5.70	83.53
未披露	45	3.90	1650.86	2.50	110.06
合计	1157	100.00	66918.26	100.00	67.94

资料来源：清科数据库，http：//www.zdbchina.com，2012 年 1 月。

表 40-2 2011 年中国并购市场完成的 10 大并购交易

排名	并购方公司	行业	被并购方公司	行业	并购价格（百万美元）
1	中国中化集团公司	能源及矿产	挪威国家石油公司	能源及矿产	3070.00
2	海航集团有限公司	其他	GE SeaCo SRL	其他	2500.00
3	Chow Tai Fook Nominee Limited	其他	Ping An Insurance（Group）Company of China Ltd	金融	2497.00
4	中国石油化工股份有限公司	能源及矿产	西方石油公司阿根廷子公司	能源及矿产	2450.00
5	中国石油化工集团公司	能源及矿产	加拿大 Daylight 能源公司	能源及矿产	2169.20
6	中国海洋石油有限公司	能源及矿产	OPTI Canada Inc.	能源及矿产	2100.00
7	中国蓝星（集团）股份有限公司	化工原料	挪威埃肯公司	清洁技术	2000.00
8	中国铌业投资控股有限公司	能源及矿产	巴西矿冶公司	能源及矿产	1950.00
9	万华实业集团有限公司	化工原料及加工	宝思德化学公司	化工原料及加工	1804.29
10	雀巢公司	食品及饮料	徐福记国际集团	食品及饮料	1615.38

资料来源：清科数据库，http：//www.zdbchina.com。

房地产业在严厉的调控政策下，并购案例数量和金额也在不断上升。2011 年房地产并购案 113 例，交易金额 544.39 亿元。而 2010 年的房地产并购案 84 例，交易金额 168.72 亿元，2005~2009 年的 5 年间，并购案只有 132 例，交易金额 260.32 亿元。2011 年房企巨头万科以 31 亿元收购广州市番禺向信房地产有限公司全部股权；恒大地产出手 16.6 亿元收购深圳集团有限公司 71%股权。此外，一些主营业务非房地产的公司加速剥离地产业务。华联股份、雅戈尔等公司已将旗下的房地产业务挂牌出售。

人民币升值、原材料价格上涨、劳动力成本以及经济放缓使制造业转型升级的压力加大，加快了企业并购重组的步伐。2011 年机械制造行业完成的并购交易数量 95 起，占并购总量的 8.2%；并购交易金额 27.49 亿美元，占并购总额的 4.1%。2011 年上海汽车购买上汽集团和上汽工业有限公司持有的从事独立零部件业务、服务贸易业务、新能源汽车业务的 22 家公司股权，资产预估值为 285.6 亿元，成为当年汽车行业金额最大的上市公司并购案，也是汽车行业最大的一起重组案例。美的电器以 2.233 亿美元价格收购开利拉美空调业务 51%的股权，准备双方联合经营和拓展拉美地区空调业务打造美的海外制造实力。

3. 国有企业重组活跃，中央企业重组向市场化方向发展

2011 年全国 500 强共 182 家企业进行了兼并重组，共并购重组 1112 家企业，比 2010 年增长 22.56%。在 2011 年中国企业 500 强中，兼并重组企业数量最多的 10 家企业是中国医药集团、山西煤炭运销集团、郑煤集团等。10 家企业中，有 8 家国有企业，2 家民营企业。10 家企业共兼并重组 586 家企业，占总数的 52.7%。而 2010 年的 500 强企业中有 12 家企业因被兼并重组跌出 2011 年的 500 强榜单。兼并重组在大企业成长中发挥了更加突出的作用，一些地方国有企业通过地方政府主导的兼并重组迅速成为世界 500 强的超级公司。①

根据国有资产监督管理委员会确定的调整和重组思路，中央企业最终将保留 80~100 家，主要集中在资源、能源、冶金、汽车、重大装备、商贸等对国民经济和国家安全具有重要战略意义的行业。在企业自愿的基础上，国家支持和鼓励中央企业进一步进行联合重组，继续推进企业间非主业的同业重组，积极引导中央企业的并购活动。结构调整的目的是培育和发展 30~50 家具有国际竞争力的大公司大企业集团。

2010 年 12 月底，国资委成立了第三家国有资产经营公司——中国国新控股有限责任公司，作为国有资产经营与管理的企业化操作平台，接收资产规模较小、资质较弱、经营状况不佳、利润排名靠后的央企资产或股权的无偿划转，配合国资委推进中央企业重组和优化布局结构工作。2011 年，中央企业“十二五”规划纲要提出，围

① 中国企业联合会中国企业家协会课题组：《2011 中国大企业发展的趋势、问题和建议》，《中国企业报》2011 年 9 月 6 日。

绕“做强做优、世界一流”的核心目标，深化国有企业改革，促进国有资本向关系国家安全和国民经济命脉的重要行业和关键领域集中。推动具备条件的国有大型企业实现整体上市，不具备整体上市条件的国有大型企业要加快股权多元化改革。根据《国务院关于促进企业兼并重组的意见》,[①] 2011年中央国有资本经营预算中安排了80亿元中央企业兼并重组专项资金，主要用于支持中央企业为兼并主体的兼并重组工作。[②]

国有企业的重组，包括纵向的产业链整合、横向的企业联合重组、企业强强联合、科研单位改制、企业内部资源整合、主辅分离以及困难企业的破产退出等。到2011年底央企户数已从2003年的196家减少到118家，其中2011年减少了3家，2010年减少了7家。军工、石油石化、电网电力、电信、煤炭、民航、航运7个重要行业和关键领域的国有资本目前已占全部中央企业资本的近80%。[③]

2011年9月，8年前开始谋划的电网主业和辅业分离改革重组终于有了成果，由2大电网公司剥离的辅业与4家电力设计施工央企重组而成的中国电力建设集团有限公司（简称“中国电建”）和中国能源建设集团有限公司（简称“中国能建”）宣告成立。中国电建由中国水利水电建设集团公司、中国水电工程顾问集团公司，与国家电网公司、南方电网公司下属河北、吉林、上海等14个省级公司的电力设计、施工、修造辅业单位重组而成，中国能建由另两家央企中国葛洲坝集团公司、中国电力工程顾问集团公司，与国家电网公司、南方电网公司下属北京、天津、山西等15个省份公司的辅业单位重组而成。重组后2家电力建设集团形成了集规划设计、工程施工、设备制造、项目运营为一体的完整的电力建设产业链，2家新公司的总资产和营业收入均超过千亿元，中国电建2010年营业收入为1600亿元，资产总额1960亿元，在职职工数20.27万人；中国能建2010年营业收入为1100亿元，资产总额1200亿元，在职职工数16万人。这次改革涉及4家中央企业和2家电网公司所属29个省区市的134家辅业单位，涉及职工35.78万人、离退休人员26.12万人。[④]

2011年，共有86家央企集团总计568户央企通过上海产权市场实现了纵向或横向并购。其中，纵向并购交易宗数占比35.29%，横向并购占比41.18%。央企产权出让和受让合计成交530宗，合计成交金额232.38亿元。从行业收缩方面分析，受国家宏观调控政策和国资委主业考核影响，退出金额排名前三位的收购行业分别是房地产业、制造业和金融业。

2011年，央企之间的项目转让共计成交89宗，占央企转让项目宗数的22.31%；成交金额达56.99亿元，占央企转让项目金额的33.28%，共涉及央企集团28家。央企重组的市场化运作推动了市场资源在更大范围、更宽领域、更深层次的优化配置，实现央企处置资产的大幅增值。2011年，央企在上海联合产权交易所的公开挂牌宗数同比增长23.54%。

4. 跨国并购活跃，海外并购增长迅速

2011年无论是海外并购还是外资并购都十分活跃，中国企业海外并购的增长尤为显著。在欧债危机冲击、全球经济低迷以及国内经济政策推动下，中国企业海外并购的活跃度显著上升。在海外并购中，能源资源行业的海外并购交易仍占主导地位。中石化继2009年以83亿加元的价格收购阿达克斯石油公司（Addax Petroleum Corp）在伊朗和西非的业务以及2010年以71亿美元的价格收购了西班牙雷普索尔石油公司（Repsol YPF SA）在巴西的业务后，2011年以35.4亿美元与葡萄牙最大的石油公司Galp能源公司签署了股权认购协议，通过认购增发股份和债权的方式，获得Galp巴西公司30%的股权，成为2011年中国石油企业最大规模的海外项目收购，同时也是中石化史上第二大规模的海外收购案。中国蓝星（集团）以20亿美元收购挪威联合集团旗下子公

① 中央政府门户网站，http://www.gov.cn，2010年9月6日。
② 财政部网站，http://www.ccnews.people.com.cn，2011年4月7日。
③ 国资委网站，http://www.sasac.gov.cn。
④ 郑晓奕、何宗渝：《重组成立两大电建央企，电力改革八年再迈一步》，新华网，http://news.xinhuanet.com/2011-09/29/c_122109094.htm。

司 Elkem AS，中国铝业投资控股以 19.5 亿美元收购巴西矿冶公司股权。2011 年，中国企业出境并购完成规模 711.43 亿美元，其中能源及矿业出境并购规模为 499.62 亿美元，占比约 70%。2011 年共披露了 16 宗交易金额大于 10 亿美元的海外并购交易，其中包含了 14 笔资源和能源领域交易。在中国大陆地区前 10 大交易中，共有 5 笔交易是中国公司对海外石油资源的收购，另有其他 3 笔则与电力、矿产等相关，这其中多为中国大型国有企业向外的延伸。

随着中国公司持续引进国外先进的流程、技术、知识产权和品牌，消费品和工业品行业的海外并购交易迅速发展。根据普华永道数据显示，2011 年消费品和工业相关并购交易占海外并购数量的比重已从 2010 年的 22%上涨至 35%。2011 年初，中国化工集团与以色列企业 Makhteshim Agan Industries 签署协议，以 24 亿美元收购其 60%的股份，从而将其农作物保护技术在国内推广应用；2011 年 5 月，复星集团与希腊时尚品牌 Folli Follie 签订合作备忘录，以 8458.8 万欧元收购其 9.5%股权。2011 年 10 月 18 日，海尔集团与日本松下电器旗下三洋电机达成协议，海尔斥资约 8.37 亿元人民币收购三洋电机在日本、印度尼西亚等 5 国的 4 个生产基地、2 个研发中心以及 6 个本土化营销渠道，还包括三洋电机的洗衣机品牌“AQUA”。海尔表示，将借助此次收购来拓展日本市场。

从中国海外并购活动区域分布看，巴西是跨境收购的最大目标市场，2011 年有 8 项并购案例金额达 75 亿美元。[①] 并购量最大的是美国和加拿大，从 2010 年的 52 例增加到 57 例；同时欧洲开始成为中国企业海外并购的重要目的地之一，中国企业并购欧洲企业的数量剧增，从 25 笔增加到 44 笔，且目标企业主要分布于工业和消费品行业。

另外，外资并购中国企业的交易数量和金额也呈现上升的态势。2011 年全国共批准外资并购项目 1340 个，同比增长 18.17%，通过并购实际使用外资 48.99 亿美元，同比增长 50.53%，占全国实际使用外资的 4.22%，比重较 2010 年提高 1.14 个百分点[②]（见图 40–2）。外资并购中最大的一例是雀巢公司以 16.15 亿美元的价格收购徐福记国际集团 60.0%的股权。为了加强监管，2011 年国务院建立了外国投资者并购境内企业安全审查部际联席会议，安全审查范围包括外资并购境内军工及军工配套企业，重点、敏感军事设施周边企业，以及关系国防安全的其他单位；外资并购境内关系国家安全的重要农产品、重要能源和资源、重要基础设施、重要运输服务、关键技术、重大装备制造等企业。

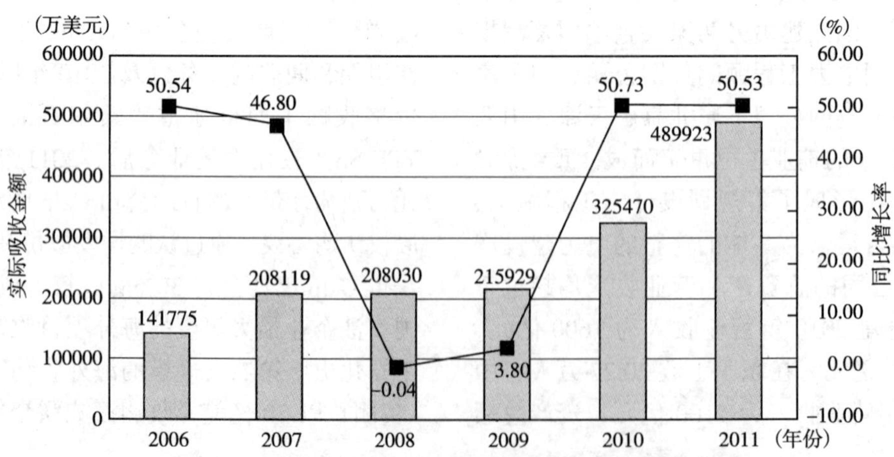

图 40–2 2006~2011 年以并购方式实际使用外资金额和增幅

资料来源：清科数据库，http：//www.zdbchina.com。

① http：//www.china-op.thomsonreuters.com。

② 席帕：《中国引资志：稳步前行的力量》，《国际商报》2012 年 5 月 18 日。

5. 银行积极参与，风险投资和私募股权基金（VC/PE）活跃

2011 年 8 月 5 日，证监会发布了《关于修改上市公司重大资产重组与配套融资相关规定的决定》，明确支持上市公司为重大资产重组进行定向的配套融资，意图通过政策手段，提高并购重组的市场效率，拓宽并购重组的融资渠道。投行、PE 等金融机构也越来越多地参与并购活动。2011 年，在清科研究范围内，VC/PE 相关企业并购共完成 194 起，与 2010 年的并购数量 91 起相比，同比增长高达 113.2%。176 起披露价格的并购交易总金额达 119.68 亿美元（见图 40-3）。

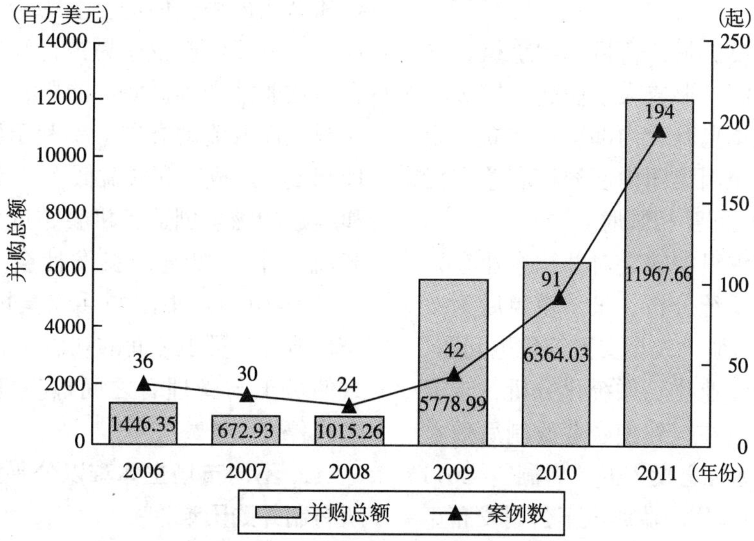

图 40-3　2006~2011 年中国并购市场与 VC/PE 相关的并购

从行业来看，生物技术/医疗健康成为 VC/PE 相关并购最为活跃的行业，而能源及矿产行业受中国石油化工股份有限公司以 24.50 亿美元收购西方石油公司阿根廷子公司交易的影响，成为 2011 年度 VC/PE 相关并购交易规模最大的行业。2011 年，VC/PE 支持的海外并购案例数为 17 起，交易总金额为 59.58 亿美元，相比 2010 年并购数量增长 70%，交易总金额增长 55.6%。

2011 年由于中国财政政策紧缩以及二级市场不确定性增加，中国民营中小企业在融资方面面临多重挑战，使得私募股权基金在经济发展过程中发挥越来越重要的作用。数据显示，2011 年交易金额 1000 万美元以上的大额私募股权投资交易数量达到 437 笔，同比增长 18%，创历史新高。私募股权基金交易规模不断增长，相比于 2010 年的 47 宗，2011 年共有 50 笔交易金额大于 1 亿美元，交易总额达 200 亿美元，同比增长 33%；2011 年全年经披露的私募股权基金交易总金额达 330 亿美元，创历史新高。2011 年私募股权基金共募集了 441 亿美元在中国进行投资，其中人民币募资总额占比 60%，延续了前两年的趋势。然而，2011 年中国前 10 大私募股权基金交易中有半数以上仍由海外私募股权基金主投，外资基金仍然扮演着重要角色。①

6. 交易溢价提高，并购重组成本上升

在彭博资讯统计的 2659 笔交易中，平均每笔交易金额为 5292 万美元，溢价率达到 17.22%，而 2010 年同期数据仅为 3.01%。数据显示，中国区企业并购成本在大幅上升。其中，四川汉龙集团收购 Bannerma 资源有限公司成为中国企业海外收购交易中溢价率最高的一笔，该笔交易溢价达 1.24 亿美元。若以行业来划分，非周期性消费品行业在 2011 年中国区并购交易中溢价率最高，平均溢价率达 31.1%；其次是通信行业，平均溢价率达 29.16%。另外，溢价率比较高的行业还包括：基础材料行业溢价率为 26.08%；能源行业溢价率为 23.8%；周期性消费品行业溢价率为 14.71%；金融行业溢价率为 13.61%。②

① 《2011 年中国海外并购创新高，私募股权交易活跃》，《中国证券报》2012 年 1 月 17 日。

② 彭博资讯，http://www.bloomberg.com。

三、并购重组中存在的问题

1. 企业盲目兼并，政府过度介入，并购重组效率低

一些企业追求规模扩张，盲目并购重组，并购过程中缺乏风险控制，形成大企业病，导致企业效益低下、经营成本上升、内部官僚林立，企业缺乏创新动力，甚至因集团内部经济利益多元化而导致企业内部部门间互相掣肘。

一些企业在兼并重组中缺乏对并购企业存在的问题、制约原因的系统分析，虽然重组后为改制企业解决了资金、负债、人员安置等负担问题，但是对改制企业缺乏专业化、系统化分析，未能找出问题根本和矛盾所在，致使企业改制后效益不明显，有的甚至成为资金投入的“黑洞”。2011年12月，萨博汽车的母公司瑞典汽车公司发布声明称，已向当地法院提出萨博汽车的破产申请。萨博的破产不仅宣告了“双庞”收购萨博这一长达近一年的跨国并购以失败收场，还代表着近7亿元的投入很可能打水漂。“双庞”收购萨博失败的原因主要归于没有深入考察萨博与关联企业通用汽车之间的关系。从庞大与萨博的联姻过程来看，庞大收购萨博仓促得不能再仓促了，如此不慎重的并购证明“双庞”并没有为此次并购做好战略规划。这为国内企业收购国外企业提了个醒，收购前不仅要考虑自身的经营状况，更要考虑当地政府与关联企业的情况等多种因素。

五矿65亿美元收购铜矿案失败——五矿集团旗下的五矿资源向加拿大与澳大利亚两地上市的伊奎诺克斯矿产有限公司发出63亿加元收购要约。五矿集团在此次并购方案中没有详细了解对方资源的长远价值，同时缺少对竞争对手的了解，高调收购最终流产。

在一些地方，并购重组中行政化倾向较为严重，政府主导企业并购重组甚至包办并购事项，导致市场机制的严重扭曲和经营效率的极度低下。与西方国家相比，中国的企业并购并不都是纯粹的市场行为，而是带有浓厚的政府主导色彩。在政府的直接参与下，采取自上而下的兼并程序，政府依据产业政策，以所有者身份进行干预、引导和牵线搭桥，促进企业的兼并。过度的行政干预，一方面使产权交易被行政性垄断，无法保证企业在兼并中遵循效率原则；另一方面又往往人为规定产权流动方向，不利于生产要素资源的合理配置，造成宏观效益低下。此外，还为“寻租”和腐败的滋生创造了机会，进而导致大量国有资产流入个人腰包，引发社会舆论的强烈不满。2012年初中航集团与兵装集团的重组，由于央企、地方与员工之间的利益冲突，闹得沸沸扬扬，致使员工与管理者之间爆发激烈冲突，让重组陷入停滞。

2. 不同市场主体难以公平竞争，民营企业跨所有制并购困难

近年来，尽管央企数量在不断减少，但实力却在不断增强，国有企业全产业链扩张、跨所有制并购方兴未艾，而民营企业跨所有制并购却困难重重。民营企业在涉及跨地区、跨所有制兼并和海外并购时，面临着市场准入、并购融资、税收优惠、行政审批等许多困难。民营企业在参与国有资产重组过程中，面临着许多债权和债务纠纷，追债成本高、周期长、不确定因素多。一些地方政府为卸包袱，在民企并购时给予很多承诺，但并购实现后承诺却不能履行。尽管各地政府出台了一些鼓励和支持民企参与国企改革的政策，但在执行过程中，民营企业在市场准入、办证审批、贷款等方面仍受诸多限制，比如办证难、立项难、交费多、贷款难等，一些国企间并购重组所能享受的待遇在民营企业并购国有企业时享受不到。比如，国有企业并购国有企业在银行的贷款本金可分为5年分期偿还，而民营企业并购国企则不能享受这个优惠政策。依照“十二五”规划，国家要扩大内需，理论上民营企业应该有很多投资机会，如服务业、农业、战略性新兴行业、文化产业等，但从目前的情况看却并不乐观，民营企业似乎并未获得太多的机会与发展空间。

3. 上市公司重组中仍然存在内幕交易、会计操纵行为

控股股东在市场高估时减持、低估时增持，越来越多的企业合并运用对未来业绩的对赌条款，涉及或有对价。个别公司将少量股份的转移与或有对价条件相结合，设计复杂交易，进行会计操纵。

此外，上市公司并购重组是内幕交易的高发区，公共信息被私有化，内部人利用内幕信息操纵股价。深交所综合研究所 2011 年 12 月 1 日发布了《中国证监会 2010 年度证券行政处罚分析报告》，报告显示，2010 年证监会和司法机关共对 13 件内幕交易案件作出处罚或司法判决，为历年之最。从比例上看，2010 年查处的内幕交易案件数量占比达 16.53%，远超 2007~2009 年 5.35%的均值。其中，利用并购重组信息从事内幕交易是已查处内幕交易的主要形式。证监会 2010 年 9 月发布了《并购重组共性问题审核意见关注要点》，将内幕交易作为并购重组重点关注点。

2008 年至 2011 年 10 月，证监会在对各类线索核实的基础上，共立案调查内幕交易案件 135 起。近 4 年间，除移送公安机关追究涉案人员刑事责任外，证监会共对 27 起内幕交易案件涉及的 48 名当事人作出行政处罚，对 3 名当事人予以市场禁入。[①] 中国证监会 2011 年 12 月解聘第三届并购重组委员会委员吴建敏。证监会根据举报信息核查，吴建敏在担任委员期间，违规持有参与审核的股票 *ST 圣方，该行为违反相关规定。这是并购重组委员会设立以来，证监会首次对并购重组委员会委员处以此类重罚。根据最高人民法院发布的消息，截至 2011 年底，全国法院审结内幕交易、泄露内幕信息犯罪案件共 22 件，其中 2007 年 1 件，2008 年 1 件，2009 年 4 件，2010 年 5 件，2011 年 11 件。[②]

4. 被兼并和重组企业员工利益缺乏保障

公司并购往往伴随着法人人格消灭、经营转换、生产要素重组，从而引起劳动关系变更乃至解除。企业兼并重组后，兼并方应当承担原国有企业的债务，安置其职工，履行兼并合同中所约定的其他义务。但不少企业消极履行义务，不仅不清偿债务、不妥善安置职工，而且不按约定支付产权出让金。此外，政府和有关部门又没有设置监督检查兼并企业履行合同义务的机构，致使被兼并企业及其职工利益遭受损失。继 2006 年东航兼并云南航空后出现的云南分公司员工集体罢工、2009 年吉林建龙集团并购通钢后通钢万人罢工并打死总经理案后，2011 年以来，又陆续发生了百事可乐中国瓶装厂工人罢工抵制康师傅收购，昌河汽车员工罢工抗议长安汽车收购后生产资质剥离转移，上海普茨迈斯特上海公司员工罢工抗议三一重工收购补偿方案等事件，都与被兼并和重组企业员工利益未得到应有的保护有关。

5. 并购重组中存在国有资产流失现象

由于国有改制过程中监管不力或交易程序把关不严，国有企业在被兼并时，对企业自身现有的资产不予评估、漏估或低估，造成国有资产流失，损害了被兼并企业职工、集体和国家的利益，导致被兼并的企业陷入更加严重的经济困难之中。

2011 年山东省德州市宁津县，一个当时正在申请注册且注册资金只有 100 万元的小企业，竟一口吞下了全国化工 100 强、净资产 1.9 亿元的国有企业。而在“重组”前，它们从各银行“贷”走了近亿元贷款，将这一大笔债务甩给了被掏空后的国企后，仅剩空壳的国企无法偿还的贷款又落到了为其提供担保的企业身上，山东宁津国企重组导致数亿元国有资产流失。[③] 2011 年 10 月山西中宇钢铁有限公司被山西立恒钢铁股份有限公司托管时，山西中宇所欠中钢 40 亿元债务削减为约 10 亿元，涉嫌 30 亿元国有资产人为流失。2011 年 12 月盐湖股份 44 亿元国有资产流失案开庭，在 2008 年的盐湖钾肥重组中，原本的“国资买国资”，最后却演变成华美系借道国资——云南中烟旗下深圳市兴云信投资发展有限公司以 3 亿多元斩获市值逾 44 亿元的盐湖钾肥股权。2012 年 5 月披露的还有连云港黄海机械涉嫌设立空壳公司廉价收购陷入经营困境的国企，然后通过偷逃税款的方式获得原始积累。

① 中国证监会网站，http：//www.csrc.gov.cn，2011 年 11 月 18 日。
② 中国法院网，http：//www.chinacourt.org，2012 年 5 月 23 日。
③《山东宁津国企重组可能导致数亿国有资产流失》，《法制日报》2011 年 7 月 5 日。

四、2012年并购重组展望和政策建议

（一）展望

2012年中国进入“十二五”规划第二年，在世界经济复苏乏力的背景下，调结构、稳增长将成为中国经济发展的主题，宏观政策的目标为“稳增长，调结构，防通胀”，货币政策整体将维持稳健，并适当调整，而财政政策将继续保持积极，推进以结构性减税为主要内容的财税改革。通货膨胀压力逐步减小，而经济增长速度放缓压力将会增大，出口形势将更加严峻，房地产市场调控成效将初步显现，重点领域投资力度将加大，同时中小企业生存和地方政府财政都将面临危机。在这样的宏观环境预期下，行业并购整合有望提速，包括中央企业、地方国企在内的国有企业将在整合中发挥重要作用。同时，对于资本市场而言，监管趋严、“壳”价值下降，并购重组将逐渐回归公司主营业务发展本身。

随着2012年信贷环境逐渐改善，以及经济发展方式的转变和经济结构的调整，通过资本市场进行并购重组将成为调整国有经济布局和淘汰过剩产能的有效手段，并购重组将成为资本市场最大的投资主题之一。在未来的资产重组中，中央企业整体上市，大集团内部的资产梳理与整合仍然是企业重组的主要力量。2012年国家财政安排的央企兼并重组专项资金为80亿元。[①]新成立的国新控股公司将是国资整合重组舞台的核心，一方面充当央企集团整体上市的推进器，另一方面成为央企间资产重组和整合的平台。但国有企业重组整合的任务也更加艰巨，未来对重组的央企将更加重视重组的质量和效益。

受经济下行的影响，一方面民营企业并购重组的速度会加剧，另一方面民营企业并购重组融资瓶颈更加突出。受全球信贷紧缩、欧债危机及金融市场波动等因素影响，中国企业海外并购将会继续活跃，但外资在华并购的增幅将面临较大不确定性。

（二）政策建议

1. 转变政府角色，坚持市场化运作

进一步减少并购重组行政许可事项，简化并购重组行政许可程序，提高并购重组效率。着力培育市场机制，维护市场机制，大力支持和推动市场性并购，充分尊重企业意愿。通过完善相关行业规划和政策措施，引导和激励企业自愿、自主参与兼并重组。按照市场经济规则，在平等协商、依法合规的基础上开展兼并重组活动，政府部门要规范行政行为，防止出现所谓的“拉郎配”行为。

平衡各级政府在国有企业产权交易中的基本利益，实现各级国有产权在一个规范化的市场条件下的自由重组。完善市场机制，促进有效竞争，对达到经营者集中的法定申报标准的企业兼并重组要依法进行反垄断审查，形成结构合理、竞争有效、规范有序的市场格局。“资源资产化、资产证券化”，坚持以市场为导向的并购重组制度，鼓励产业资本增持，简化并购重组行政许可程序。

2. 理顺利益关系，促进民营企业和国有企业共同发展

建立地区间企业兼并重组后的财税利益分成协议，实现企业兼并重组成果共享。以金融、财税等多种手段鼓励中小企业之间的并购整合，促进优势中小企业间的良性并购。加强东部与中西部地区中小企业合作，实现产业有序转移。建立公平的市场秩序，支持民营企业跨所有制、跨地区的并购重组，在鼓励优势国有企业做大做强的同时，鼓励和支持民营企业发展，形成合理的产业组织结构和所有制结构，形成多种所有制共同发展的局面。

---

① 财政部：《关于2012年中央国有资本经营预算的说明》，http：//www.mof.gov.cn，2012年3月24日。

3. 维护并购重组中普通员工的权益，规范并购重组中国有资产的管理

完善法律法规，承担社会责任。在并购重组中，要积极稳妥地解决职工劳动关系、社会保险关系接续、拖欠职工工资等问题。在被兼并企业主体资格消灭的情况下，要妥善处理劳动合同的变更，保护好普通员工的劳动权利和利益，依照《公司法》等法律法规，妥善安置处理被兼并企业普通员工，保护集资员工的投资利益问题。

规范并购重组中国有资产的评估、转让程序和行为，有效防止国有资产流失。兼并重组要严格依照有关法律规定和政策妥善分类处置债权债务关系，落实清偿责任，确保债权人、债务人的合法利益。研究债务重组政策措施，支持资产管理公司、创业投资企业、股权投资基金、产业投资基金等机构参与被兼并企业的债务处置。

4. 规范操作程序，防范道德风险，加强并购重组风险监控

督促企业严格执行兼并重组的有关法律法规和政策，规范操作程序。深入研究企业兼并重组中可能出现的各种矛盾和问题，加强风险评估，妥善制定相应的应对预案和措施。

加强信息披露，防范道德风险，确保兼并重组操作的规范、公开、透明。防范违规行为，有效防范和打击内幕交易和市场操纵行为，防止恶意收购，防止以企业兼并重组之名甩包袱、偷逃税款、逃废债务，防止国有资产流失。

做好境外并购风险防范，充分发挥境内银行、证券公司等金融机构在跨国并购中的咨询服务作用，指导和帮助企业制定境外并购风险防范和应对方案，建立健全国家安全审查制度。

5. 加大资本市场支持并购重组的力度，拓宽并购重组融资渠道

加大对并购重组的金融支持。鼓励商业银行积极稳妥开展并购贷款业务和对兼并重组后企业的综合授信。鼓励证券公司、资产管理公司、股权投资基金以及产业投资基金等参与企业兼并重组。积极探索设立并购基金等兼并重组融资新模式，完善股权投资退出机制，吸引社会资金参与企业兼并重组。减少审核环节，支持有条件的上市公司资产重组与融资同步操作。通过并购贷款、境内外银团贷款、贷款贴息等方式支持企业跨国并购。

专栏 40-1

2011 中国十大并购事件

1. 外资并购安全审查实施

2011 年 2 月 3 日，国务院办公厅发布《关于建立外国投资者并购境内企业安全审查制度的通知》，决定建立外国投资者并购境内企业安全审查部际联席会议制度，具体承担并购安全审查工作。3月，商务部有关实施外资并购安全审查的暂行规定出台。8 月，《商务部实施外国投资者并购境内企业安全审查制度的规定》正式发布，并于 2011 年 9 月 1 日起实施。从外资投资目录、反垄断法到 2011 年安全审查制度的实施，中国的“国家经济安全”制度正式开启。

2. 中国铌业投资公司收购巴西矿冶公司股权

2011 年 9 月 1 日，中国铌业投资控股有限公司收购巴西矿冶公司（CBMM）15%股权的交易完成交割，收购价格 19.5 亿美元。中国铌业投资公司是由太钢集团、中信集团与宝钢集团等共同出资为此次收购设立的公司。巴西矿冶公司是铌产品生产商，其产量约占世界总产量的 85%。

3. 万华实业并购宝思德

2011 年 2 月 9 日，烟台万华（600309）发布公告，烟台万华控股股东万华实业集团有限公司已经于 1 月 31 日与匈牙利化工公司宝思德(Borsod Chem）签署最终股权转让协议，以 12.63亿欧元的交易总额正式收购宝思德 96%的股权，成为中国企业目前在中东欧地区最大的并购投资项目。从 2009年收购夹层债开始，经过两年多的努力，万华实业最终成为宝思德的实际控制人，收购对中国乃至全球聚氨酯工业将产生深刻影响。

4. 平安竞得上海家化（600315）集团全部股权

2011 年 9 月 7 日，上海家化公布改制方案，上海市国资委以公开挂牌方式出让所持有的家化集团全部国有股权，挂牌价格为 51.09 亿元。11 月 7 日，平安信托旗下平安创新资本下属公司上海平浦投资有限公司最终击败海航商业控股有限公司，赢得竞标，成为上海家化新控股股东。

5. 阿里巴巴重组支付宝引争议

2011 年 5 月 11 日，据雅虎提交给美国证券交易委员会（SEC）的文件显示，阿里巴巴集团已转移在线支付公司支付宝的所有权。5 月12 日，阿里巴巴证实，支付宝所有股权已经转让给浙江阿里巴巴电子商务有限公司。雅虎随后发表声明，阿里巴巴集团此举未知会阿里巴巴董事会或股东，也没有得到批准。面对大股东的质疑，阿里巴巴管理层称，此举是为了遵守央行关于VIE（协议控制）的规定，以争取支付宝的第三方支付牌照。支付宝控制权之争浮出水面，并引发一场围绕协议控制和企业契约精神的广泛争论。

6. 中化集团收购马克西姆—阿甘公司

2011 年 10 月 17 日，中国化工集团全资子公司中国化工农化总公司以 24 亿美元成功收购以色列非专利农药生产商马克西姆—阿甘公司（Makhteshim Agan Industries）股权。根据收购协议，自收购之日起，马克西姆—阿甘公司的属性转变为私人公司，中国化工集团将持有其 60%的股权，马克西姆—阿甘公司原最大股东以色列 IDB/库尔集团保留 40%的股权。这是迄今为止中国在农用化学品领域最大的一宗海外并购案例。

7. 如家收购莫泰股权

2011 年 5 月 27 日，如家酒店集团宣布以 4.7 亿美元价格收购莫泰 168 国际控股公司100%股权，根据收购协议约定，其中 3.05 亿美元以现金支付，其余以新发 815 万股如家普通股形式支付。收购完成后，如家的市场占有率将从 17%提高至 25%，进一步扩大其领先优势。

8. 卡特彼勒收购年代煤机

2011 年 11 月 10 日，全球建筑和采矿设备制造商卡特彼勒（Caterpillar）宣布，将以不超过 68.9 亿港元收购在香港上市的年代煤矿机电，从而获得其旗下全资子公司郑州四维机电设备制造有限公司。卡特彼勒的收购报价为每股 0.88 港元，较年代煤矿机电停牌前收盘价（0.66 港元）溢价 33.3%。

9. 雀巢收购徐福记

2011 年 7 月 11 日，雀巢集团宣布，已与徐福记签署合作协议，拟出资 21 亿新加坡元（约 17 亿美元）收购徐福记 60%的股份，根据协议，雀巢采用协议安排的方式，以每股 4.35 新加坡元收购徐福记 43.52%的公众股，并从徐氏家族所持股权中收购 16.48%的股份，最终雀巢集团和徐氏家族分别持有徐福记 60%和 40%的股权。12月 7 日，徐福记公告称，中国商务部已于 12 月 6 日批准雀巢公司以 17 亿美元收购其 60%股权的交易，收购完成后，徐福记于 12 月在新加坡交易所摘牌。

10. 中石化收购葡萄牙 Galp 能源公司资产

2011 年 11 月 11 日，中国石化（600028）集团宣布，旗下全资子公司国际石油勘探开发公司与葡萄牙 Galp 能源公司签署股权认购协议，通过认购增发股份和债权的方式，以 35.4亿美元的价格获得 Galp 巴西公司及对应的荷兰服务公司 30%的股权。

资料来源：《中国经济导报》2012 年 1 月 12 日。

参考文献

1. 德勤会计师事务所：《乘时腾飞的东方巨龙：亚太地区中型市场并购综述 (2012)》，www.deloitte.com，2012年3月31日。

2.普华永道会计师事务所：《2011年中国企业并购回顾与前瞻》，http：//www.pwccn.com，2012年1月13日。

3. 清科研究中心：《2011年度中国并购市场研究报告》，www.zdbchina.com，2012年1月10日。

4. 深圳证券交易所综合研究所：《中国证监会2010年度证券行政处罚分析报告》，《证券时报》2011年12月1日。

5.《山东宁津国企重组可能导致数亿国有资产流失》，《法制日报》2011年7月5日。

6. 中国企业联合会中国企业家协会课题组：《2011中国大企业发展的趋势、问题和建议》，《中国企业报》2011年9月6日。

7. 席帕：《中国引资志：稳步前行的力量》，《国际商报》2012年5月18日。

第四十一章　中国企业内部控制管理

提　　要

内部控制是近年来中国企业界及监管机构面临的热点问题和核心问题。经过近十年的推广宣传，内控观念已经被中国企业普遍接受，中国企业内控规范标准已经基本形成，大规模的内控体系建设和内控规范实施工作已经全面展开，内部控制效果也已初步显现。但是，中国企业的内部控制工作存在很多问题，包括内控环境有待完善、内控整体水准有待提升、内控实施技术还未很好掌握、内控执行有待加强、内控信息化水平较低五个方面。针对这些问题，应该建立政府推动、企业主动、咨询机构联动的内控体系推进机制，建立评价、完善、考核相结合的内控保障机制，建立内部控制规范实施层面的辅导机制，建立内控体系完善的技术支撑机制。此外，还要处理好内控实施的六个关系，包括处理好全面和重点关系、处理好效率和控制的关系、处理好成本与效益的关系、处理好执行刚性和调整柔性的关系、处理好硬制度和软环境的关系、处理好内控与原有制度体系的关系。

*　　　　*　　　　*

"内部控制"[①] 是近年来管理理论界使用频率极高的一个词，也是近年来中国企业界及监管机构面临的热点问题和核心问题。内部控制的实质是为了防范企业风险、保障企业目标实现而采取的一系列管理程序，以及与管理程序相匹配的管理机制和管理文化。

2002 年，美国针对"安然事件"出台的《萨班斯法案》对上市公司提出了明确的内控建设要求，科学内控观念与系统内控管理框架开始引发中国企业的关注。2005 年爆发的中航油"陈久霖事件"更是给中国企业上了一堂生动的风险管理和内部控制课，基于风险防范的内部控制受到国务院国资委等监管机构的高度重视，体系性的中国企业内部控制体系建设与完善工作正式拉开大幕。2008 年和 2010 年，财政部联合其他五部委出台了中国企业内控基本规范和相应的配套指引，证监会等机构也明确提出了上市公司内部控制评价与审计的相关要求，中国企业内控建设进入高潮。截至 2011 年 7 月，累计有近 30 个省（直辖市）的财政部门和国资部门出台了内控建设的相关指导意见。[②] 目前，中央企业全部、大部分上市公司和一部分地方大型企业集团均启动了内控建设或完善提升工作。

纵观中国企业内部控制的发展，经济环境变

---

① 按照财政部等五部委 2008 年 6 月出台的《内部控制基本规范》，内部控制的标准定义为："内部控制是由企业董事会、监事会、经理层和全体员工实施的、旨在实现控制目标的过程。"

② 杨敏：《学习贯彻企业内部控制规范体系，更好服务于经济社会发展大局》，2011 年 1 月 20 日在资本市场实施企业内部控制规范体系动员部署大会上的讲话。

化是影响内部控制进程的主要因素，近年来中国企业国内扩张和海外并购引发的风险防范是内部控制的起源。2008 年开始的金融危机使得风险控制普遍被关注，从而推动了内部控制的发展以及关键性控制规范的密集出台。进入 2011 年，在高位增速有所放缓的经济格局下，如何处理好控制和发展的平衡，使得内部控制的理论思考和实践探索更加深入。

一、中国企业内控管理的现状

1. 内控观念普遍接受

经过近 10 年的宣传培训与实践普及，中国企业对内部控制经历了一个从接触、学习到领会的过程，对内控的认识逐渐深入到位：在内控概念上，从初期简单的“单一控制”上升到了“风险管理”；在内控形式上，从初期的“制度和办法”上升到了“流程和机制”；在内控内容上，从初期的“会计控制”上升到了“管理控制”；在控制手段上，从“相互牵制”上升到了“各种手段的综合应用”等。国际四大会计师事务所之一的德勤会计师事务所从 2007 年开始就一直进行中国上市公司内部控制的调查活动，调查结果显示：面对 2009 年全球金融危机的经济形势，有约 88.24%的企业提高了对内部控制和风险管理的重视程度，100%的调查对象认为内部控制有助于企业防范风险，为正常运营提供合理保障。[①] 2011 年财政部展开的对全国企业的调查结果也显示：企业对内部控制规范都有了一定的熟悉和了解，对内控规范的认知打分平均为 3.45 分（满分 5 分），企业内控体系建设的主动性、自身积极性也大大增强，从企业实施内控规范的原因和动机来看，选择“促进企业目标实现”的达 71.96%，远高于“国家强制规定”和“境外资本市场要求”等原因。[②]

2. 内控规范基本形成

2006 年上海证券交易所发布了《上市公司内部控制指引》，同年国务院国资委出台了《中央企业风险管理指引》，确立了上市公司和中央企业内控管理的基本标准。2008 年，财政部会同证监会、审计署、银监局等五部委出台了《内部控制基本规范》，中国企业内控规范框架性标准得以建立。2010 年，财政部会同五部委联合出台了《内部控制配套指引》，分为“应用指引”、“评价指引”和“审计指引”三方面，对中国企业内控体系的基本内容、建设要求、手段方法做出详细规定，并提供了内控自我评价标准和内控审计标准，标志着内控实操标准正式出台。同时，配合内控规范体系的出台，财政部等五部委还拟定了中国企业执行内控规范的具体时间表，要求境内外同时两地上市的公司在 2011 年 1 月 1 日实施内控规范，其他上市公司 2012 年 1 月 1 日实施，鼓励其他非上市企业实施。

3. 内控建设全面铺开

在企业自身需求、监管机构要求和内控规范引导下，中国企业踊跃开展内控体系建设实践活动，采取一系列措施完善和加强内控。从 2002 年开始，一些在美国上市企业就开始按照《萨班斯法案》的要求，在外资咨询机构的帮助下梳理和完善内控；2005 年前后，大部分央企按照国务院国资委《中央企业风险管理指引》的要求，进行风险筛查和风险评估工作，并围绕风险建立健全内控体系；2007 年至今，上市公司成为内控建设的主流群体，上市公司的内控自我评价和内控鉴证审计工作也随之展开。以深圳证券市场为例，2009 年，开展并披露内部控制自我评价报告的上市公司占到了 98.72%，聘请中介机构进行内控鉴证审计的占到了 48.56%。[③] 此外，非上市企业的内控建设工作也在全面推开。以北京市为例，根据北京市财政局等单位拟定的推广内控规范的指导

① 德勤会计师事务所：《中国上市公司 2009 年内部控制调查报告》，2010 年 7 月。
② 财政部：《我国企业内部控制规范体系实施情况的调查报告》，2012 年 4 月。
③ 深圳迪博风险管理顾问公司：《中国上市公司 2010 年内部控制白皮书》，2011 年 9 月。

意见，在2011年北京市属2家企业集团内控建设试点的基础上，2012年要在所有大型企业集团全面推开。[①]

4. 内控效果初步显现

随着内控体系建设的推进和内控规范的逐步实施，内部控制作为管理提升的“抓手”和“切入点”效应正逐步体现。通过内控体系建设和内控规范实施，企业对各种风险进行了筛查和定级，对业务流程进行了全面的梳理和重整，对制度和组织架构进行优化和调整，建立风险防范机制，完善公司治理，落实现代制度，保障企业战略。可以讲，内部控制对21世纪初中国企业管理的规范化、精细化作用功不可没。根据财政部组织的内部控制规范实施情况的调研，内控基本规范及配套指引在帮助企业达成管控目标方面，总体有效程度较高，达到3.73分（满分5分）。[②]根据迪博风险管理有限公司对中国上市公司的统计数据研究结果，内部控制总体水平和企业投入资本回报率（ROIC）成正相关关系，提升内控水平有利于投资回报率增长。[③]

二、中国企业内控管理存在的基本问题

中国企业的内部控制建设取得了可喜成绩，内控管理也效果明显，但也存在不少问题。

1. 内控环境还不完善

内控环境是指影响内控完善与落实的企业内外部文化因素和各种现实条件，是内部控制的基础和土壤。总体而言，中国企业内控环境还不甚理想。①尚未形成有效的内部控制文化。内部控制突出流程标准管理，强调的是“法治”。但中国企业传统“人治”的影响较深，管理随意性较大，尤其是一些中小型企业和民营企业，领导者因人设事、因人设岗、看人办事的情况非常普遍，领导人的经营方针多变，缺乏稳定长远的战略考虑，一事一议的情况也很多。内部控制突出协同下的相互制约，强调的是内部组织间的联动和互动。但中国企业的“山头现象”、“条块分割”还大量存在，缺乏相应的信息传递机制和沟通协作精神。内部控制突出人人受控、人人施控，强调组织里每个人都是控制主体和被控对象，强调控制中的人人平等。但中国企业很多领导人将内控视作对别人的控制工具，而不愿意使自己成为约束对象。②内部控制尚未引起领导层的足够重视。内部控制工作涉及企业管理的方方面面和组织的各个层级。内控建设、内控执行和内控评价的每个环节，都需要高层领导尤其是一把手的深度参与和全力推动，但在大多数企业，“一把手”工程还仅停留在口头上，根据调查，现阶段国内企业内部控制工作主要参与领导仍然集中在CFO（总会计师、财务总监）身上，约有71.65%的内控项目还在依靠CFO唱主角去推动，CEO还停留在听汇报和提供领导支持的层面上。即便是受调查的CFO，认为内控工作需要全部领导参与的比例也仅有18.25%。[④]③内部控制专业人才的缺乏。在德勤会计师事务所组织的2009年内控调查中，68%的参与调查企业认为内部控制专业人才不足，是内部控制工作存在的最普遍的问题。[⑤]在另一项调查中，被调查的53.54%的CFO认为企业推行内部控制最大障碍是相关人才的匮乏。[⑥]中国企业成功推行内部控制的主要障碍见图41-1。

① 北京市财政局、国资委、审计局、证监局、银监局、保监局：《关于实施北京市企业内部控制规范工作的指导意见》，2011年5月。

②③⑥ 财政部：《我国企业内部控制规范体系实施情况的调查报告》，2012年4月。

④《首席财务官》编辑部：《风“控”瑜青萍之末——2009年中国企业内部控制现状与需求调查报告》，《首席财务官》2009年第6期，第46~56页。

⑤ 杨敏：《学习贯彻企业内部控制规范体系，更好服务于经济社会发展大局》，2011年1月20日在资本市场实施企业内部控制规范体系动员部署大会上的讲话。

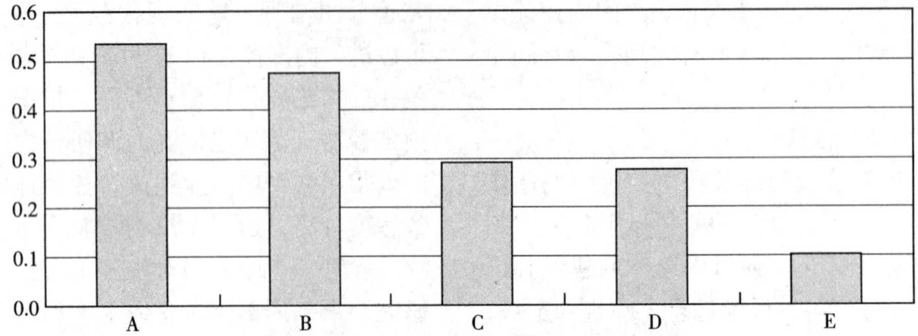

图 41-1 中国企业成功推行内部控制的主要障碍

注：A——相关人才匮乏；B——风险意识薄弱；C——基础设施特别是 IT 不能支持；D——内部抵制；E——资金支持不够。
资料来源：财政部：《我国企业内部控制规范体系实施情况的调查报告》，2012 年 4 月。

2. 内控整体水准有待提升

根据 2010 年对 1763 家上市公司内部控制水准的评价打分，高分组的公司仅为 26 家，占总样本数的 1.47%，中分组和低分组分别为 916 家和 821 家，占样本总数的 51.96%和 46.57%，[①] 上市公司的内控水准不容乐观。上市公司尚且如此，中国企业整体水准便可想象。中国企业的内控水准低，主要体现在以下方面：

（1）内控目标很多停留在合规这一初级层面。内控是在合规基础上追求效率、效益的提升和战略目标的达成。由于建设期和实践期较短使得认识不到位以及执行推动不力等原因，很多企业的内控过于谨慎保守，仅停留在规避风险、保障安全、守法合规方面，具有很强的防护型、封闭型特征，内控标准也过于繁琐，缺少完善和调整机制，内控的价值提升功用被忽视。

（2）很多企业将内控内容还锁定在财务内控上，没有上升到管理内控。根据 2011 年财政部内控调查报告，在内控归口管理部门的安排上，比较集中的是财务部，其次是审计部及负责审计职能的内审考核部和稽核部等，很少有企业成立专门的内控部门或者风险管理部门。内控管理是综合管理，以专业财务、审计部室牵头内控管理，内控就不可避免地带有过多的财务特征。调查的深度分析还发现，只有在一些行业监管要求较高及风险管理水平较高的企业，内部控制才呈现出"全面管理内控"的特征。[②]

3. 内控实施技术还未很好掌握

内控体系建设，有效的风险识别和评估是关键。只有风险排查细致、风险定级科学，风险应对策略才适当，风险管理程序才有效。但对于中国企业而言，风险评估是内控技术环节中最弱的一个，在内部控制五大要素薄弱点的自觉认识调查中，71%的企业认为风险识别和评估工作尚待加强，比例之高排在五大要素的首位。[③] 中国企业内控实施技术环节难度见图 41-2。

风险评估是中国企业内控技术的瓶颈，体现在以下方面：①缺乏系统的风险评估数据支撑。中国企业内部缺乏系统的风险事件收集机制和分析机制，外部行业主管部门和监管部门同样没有重视系统的行业风险事件收集工作，资讯服务市场也欠发达，这导致中国企业的风险识别和评估工作往往缺乏参照标准和依据，基本是摸着石头过河，感性认识过多，理性判断缺乏。②风险评估量化技术的推广应用还不到位。由于风险管理人才的缺乏，风险评估工作的组织模式、工作方法和技术工具都处于低级水平，导致风险评估定性过多，拍脑门现象严重，缺乏科学依据。

除风险评估外，完备的内控流程设计技术也没有得到很好的普及，在流程架构设计、流程关联关系设计和流程关键控制设计方面，普遍存在标准不一、技术水平参差不齐的情况。

4. 内控执行程度有待加强

据 2009 年对上市公司的连续调查，约 41.18%

① 财政部：《我国企业内部控制规范体系实施情况的调查报告》，2012 年 4 月。
② 德勤会计师事务所：《中国上市公司 2009 年内部控制调查报告》，2010 年 7 月。
③ 德勤会计师事务所：《中国上市公司 2010 年内部控制调查报告》，2011 年 8 月。

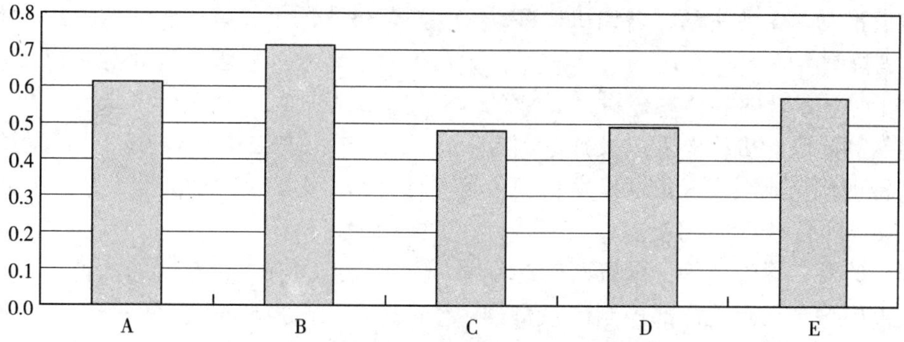

图 41-2　中国企业内控实施技术环节难度调查

注：A——内部控制环境；B——风险识别与评估；C——控制活动；D——信息与沟通；E——持续监控。
资料来源：德勤会计师事务所：《中国上市公司 2010 年内部控制调查报告》，2011 年 8 月。

的企业认为，内部控制执行不力是存在的主要问题之一，约 58.82%的企业认为，内部控制的执行效果没有达到预期，这成为现阶段企业内部控制存在的最突出的问题。①

内控执行不力，除了内控设计不到位的原因外，还有以下原因：①未形成有效的内控监督和评价机制。内控是一项常态化工作，内控执行的定期和不定期检查以及内控适用性的不断评价和反思是内控落地的重要手段。但很多企业重内控建设而忽视内控的监督和评价，或者重内控的外部形式评价（毋庸赘言，目前上市公司的外部内控评价很多还停留在走形式层面）而忽视自身的内部实质评价。②没有将内控的执行情况与绩效考核挂钩，缺少内控执行的激励和约束作用。在针对 2009 年金融危机防范措施的调查中，仅约 17.65%的企业落实了内部控制的考核工作，约 23.53%的企业增加了内控检查的频率。② 这在一定程度上表明内部控制更多的是一种"救火"式管理，还处在一种建立并初步实施的阶段。

5. 内控信息化水平整体较低

信息化是保障内控实现的重要工具和手段。信息化对内控的意义在于：①控制措施以信息化方式实现，可以实现控制的标准化，避免人工控制的人为性和不确定性，保证控制的有效实施，增强控制效果。②网络环境下的信息化消除或减少了内部控制的时间距离和空间距离，便于实现控制的适时性，提高异地企业远程控制的有效性。③实现了信息集成和部门间信息的有效共享，可以不需要通过纸质单证流转来传递信息，签字审批等诸多手工环境下的繁琐控制工作都可以在线快速实现，从而大大提高了办事效率，有效降低了控制成本。但是，目前中国企业的内部控制信息化水平普遍较低，很多控制停留在"手控"和"人控"层面，缺乏有效的"机控"。约 52.94%的企业认为，缺乏与内部控制相关的信息系统支持是内部控制存在的主要问题。③ 约 29.13%的受访 CFO 表示"基础设施特别是 IT 系统不能支持"是中国企业成功推行内控的主要障碍。④

三、提升中国企业内控管理的对策建议

完善中国企业内部控制管理，需要在长效机制的建立与完善方面多下工夫，包括推进机制、保障机制、辅导机制和支撑机制四个方面。此外，在具体实施层面，要处理好以下几个关系：

①② 德勤会计师事务所：《中国上市公司 2009 年内部控制调查报告》，2010 年 7 月。
③ 深圳迪博风险管理顾问公司：《中国上市公司 2009 年内部控制白皮书》，2010 年 9 月。
④ 财政部：《我国企业内部控制规范体系实施情况的调查报告》，2012 年 4 月。

1. 建立政府推动、企业主动、咨询机构联动的内控体系推进机制

（1）政府推动。尽管内控体系建设是企业的自主行为，但从满足政府机构监管以及推进国有企业改革、完善现代企业制度的角度出发，相关政府机构的有效推动必不可少。建议财政、审计、证券监管、银行监管、保险监管、国资监管、纪检监察等有关部门把推动企业内部控制体系贯彻实施作为当前及今后一段时间的重点工作。首先要制定规划、明确目标和时间表，提出内控建设的具体要求，督促企业尽快建立规范的内控体系；其次要通过试点树立内控建设样板，总结内控建设经验，使企业内控建设有标准可循；再次要组织大规模、多层次的宣传和培训，营造内控规范的实施氛围，夯实内控环境基础；最后还要指导和协调好企业、咨询机构的内部控制建设和咨询活动。

（2）企业主动。企业要提高认识、抓住机遇，以内控规范实施为契机和“抓手”，规范管理、防范风险和提升价值。在中国企业的管理史上，像内部控制这样声势浩大的管理体系推广还是首次，企业应该认清形势，抓住当前这一难得的有利时机，调动一切资源，推动本企业管理上台阶、上水平。企业决策层要从完善公司治理和保障企业战略高度来推动本企业内控工作，应该深度参与到内控体系建设和运行当中。

（3）咨询机构联动。根据 IDC 的统计，2007~2011 年，国内内部控制解决方案市场以 22.4%的复合增长率增长，[①] 在未来的 2~3 年内，包括内控建设、内控评价相关的咨询市场将迎来一个快速增长的黄金时期。会计师事务所等咨询机构应抓住机遇，强化责任意识，高质量地开展内部控制咨询、审计及相关服务工作。

2. 建立评价、完善、考核相结合的内控保障机制

（1）实施全方位的内控评价，建立内控体系完善的倒逼机制。内控评价有助于建立推动企业内控完善的导向性标准，对企业内控工作起到重要的牵引作用。首先，完善上市公司的内部控制自我评价和会计师事务所外部审计鉴证评价机制，规范自我评价和审计鉴证的标准和方法，保证评价到位有效。尽管大规模的上市公司内控评价工作已经开展，但从实际效果看，形式化的倾向还比较严重（以 2009 年沪市上市公司的内控评价意见为例，几乎全都是标准无保留意见），上市公司的内控评价还任重道远。其次，国资委应推动非上市大型国有企业集团的内控评价工作，为非上市企业的内控评价提供经验。实际上国资委一直在做这方面的尝试，从 2006 年开始，国务院国资委统计评价局就已经开始着手对大型中央企业的财务内控实施打分评价，地方国资委如上海国资委在 2009 年也要求中介审计机构对国有企业集团出具内部控制测评报告，通过内控测评发现企业风险防范和运营管理中的薄弱环节，进行披露并提出相应的完善建议。最后，企业内部的自我评价应该成为一种常态化的工作。要建立系统的内控自我评价机制，通过定期评价和不定期评价相结合，不断完善内部控制。

（2）建立围绕内控执行和完善的激励机制和约束机制。内控评价的结果一定要得以应用，一定要和考核挂钩。目前，证监会还没有建立内控鉴证审计不合格上市公司的整改机制、整改不合格的融资限制机制甚至是退市机制，内控审计报告如果显示上市公司内控不合格，上市公司也只具有披露后的公众舆论约束力，以及投资者用脚投票这方面的压力。在中国证券市场规则不完善、投资者不成熟的大环境下，监管机构围绕内控不合规的限制性制度设计就显得至关重要。除上市公司外，国资、财政、保监和银监部门也要围绕企业内控评价结果建立相应的市场准入机制、管理评级机制和绩效考核机制，引导监管企业完善内控。对企业自身而言，要在原有的内部绩效考核体系基础上，将内控合规方面的考核内容有机嵌入，并赋予一定的比例权重。要将内控体系的建设和完善（整改）作为单位（部室）工作的折子工程或重点工作，适时跟踪，定期汇报，并与单位（部室）目标考核挂钩。

3. 建立内部控制规范实施层面的辅导机制

（1）内控规范落地辅导。《内部控制基本规范》及相应的配套指引明确了内控的具体内容和要求，

① 财政部：《我国企业内部控制规范体系实施情况的调查报告》，2012 年 4 月。

解决了“干什么”的问题，但“怎么干”却留给了企业，企业知道了目标结果，但实施路径、组织方法、注意事项等仍然具有相当程度的迷茫，加之一些水平不高的咨询机构的浑水摸鱼，企业内控实施难免五花八门，有时候甚至是南辕北辙。财政等内控推进机构一方面应该加大内控实施方法、手段方面的宣传培训，另一方面要给出具有普遍推广意义的案例和模板，指导、辅导企业及咨询机构掌握标准的内控实施操作规程，使内控规范更好地落地。

（2）内控关键要点辅导。内控推进机构、咨询机构和实施机构要围绕一些基本内控要点展开内控方面的工作，多做关键内控要点的指导、辅导和经验交流。这些要点有以下几个方面：①内控的系统性。内控工作要坚持两个层面、三项内容、五项要素的系统思路，不可有所遗漏。两个层面是指内控工作应该涵盖公司层面内控和业务层面内控，要从整体和局部同时入手推行内控。三项内容是指要从业务流程、管理制度、组织架构三个方面进行内控梳理工作。五项要素是指内控的内部环境、风险评估、控制活动、信息沟通、监督五大要素不可偏废。②要从公司治理和战略高度推行内控工作。应该强化公司决策层尤其是董事会的内控管理职能，使董事会成为内控管理的核心决策机构，董事会的人员结构、组织分工、议事规则应该充分体现内控管理的基本原则，这是内控管理需要规范的重点内容。③内控管理要融入战略管理之中。风险的预测、分析和评估应该在公司战略分析中居于主导地位，风险应对和处理则应该是战略实施的重要组成部分。

4. 建立内控体系完善的技术支撑机制

（1）推动行业风险事件库的建立。风险事件库（风险数据库）提供企业历史上发生风险的类型、内容、数量、频次、影响等相关信息，是企业进行风险筛查和风险评估的重要基础，也是内控建设的首要环节。如果企业自己建立风险事件库，限于时间、人力和资源等制约因素，往往是不健全和不完善的。这就需要由监管机构出面，调动行业协会等机构的积极性，进行行业风险事件的收集和整合工作，建立统一、全面的行业风险事件数据资源，为行业内企业的风险评估工作奠定基础，减少企业风险评估的随意性，降低企业风险评估的工作成本。

（2）结合企业信息化工作，大力推动内控信息化，在技术、资金方面为企业内控信息化提供支持。近年来中国企业的信息化程度明显提高，ERP 等管理信息系统在相当多企业得到普及和应用，但是，专门针对内控管理的信息系统建设才刚刚起步，原有的信息系统普遍面临为适应内控管理要求的升级改造。目前国外的 GRC（治理、风险和合规）软件已经出现，国内的用友、金蝶等管理软件厂商也在积极进行中国企业 GRC 软件的研发和初步推广工作，推进机构和咨询机构要做好这方面的宣传和对接工作，实施机构也应该积极进行这方面的探索，尽快推动内控管理的 IT 化水平。

5. 处理好内控实施的六个关系

（1）处理好全面和重点关系。内部控制要尽可能涵盖企业的主要业务和管理活动，包括高层决策活动、业务经营活动、会计核算活动、财务运营活动、综合管理活动，不能仅限于会计和财务控制。企业在内部控制建设中要仔细甄别，应当在全面控制的基础上，关注重要业务领域和高风险领域，对这些领域的控制活动进行重点设计，实施重点控制。

（2）处理好效率和控制的关系。在内控设计中要注意控制和效率的平衡，注意避免繁琐控制和过分控制。首先要通过风险评估实施风险分级，对于数量众多的非重大、非重要风险，一般采用风险接受策略，不需设计控制活动；其次在控制活动设计中，要强化流程关键风险点的管理控制，弱化非关键风险点的管理控制，体现不同风险点的控制差别；最后在流程重整中，要针对性地对流程进行裁减，裁减掉无效的流程和非关键点上的冗余流程。

（3）处理好成本与效益的关系。在控制活动设计和流程重整中，要结合内控目标，一方面要考虑风险点控制失效或控制不足对企业效益的影响程度，另一方面也要考虑因加强控制而升高的控制成本，综合权衡后确定控制设计的必要性，以及相应的控制方式和方法。成本效益分析应站在集团全局高度，从经济效益、管理效益、集团战略多个角度来进行，避免仅就经济上的投入产出或仅就单一的业务活动就事论事。

（4）处理好执行刚性和调整柔性的关系。内控标准一旦确立，一定要严格执行，并通过执行检查、考核挂钩等手段保障执行效果，内控标准不得因人而异、因事而异、因时而异。在保证内控执行刚性的同时，也要避免内控的机械化和教条化，在外部环境和内部目标变化情况下，可以启动内控标准调整机制，在经过论证、审批环节后实施调整，让内控与环境一致，实现内控的“刚柔相济”。

（5）处理好硬制度和软环境的关系。内部控制由硬制度和软环境两方面构成。硬制度是有形的流程标准和管理规章，软环境则是价值观、大氛围、人员素质和责任心等。硬制度需要软环境来支撑，缺乏软环境的硬制度无法落实有效；软环境需要硬制度来巩固，缺乏硬制度的软环境无法持续长远。内部控制工作要实现软硬并重，一手抓制度建设、一手抓文化建设。

（6）处理好内控与原有制度体系的关系。内控建设不是对原有管控体系的全面否定和推倒重来，而是在原有管理基础上，经过诊断、分析，结合内控的基本框架和一般方法，对企业原管理体系的创新、改造和升华。在内控工作中一方面要大胆创新，革除旧有的管理弊病；另一方面要充分理解原管理体系存在的合理性，挖掘原体系的先进性，注意继承和连贯。

专栏 41-1

风险评估是内部控制的关键

风险信息的收集和评估是风险管理的源头，如果这一环节缺乏系统性和科学性，风险管理策略与手段就丧失了针对性和依据。中国企业海外投资失败很大程度上源于对风险的识别、评估能力太低。以中国平安保险对海外富通集团的投资为例，2007 年 11 月，中国平安宣布从二级市场直接购得富通集团约 4.18%的股权，后增持至4.99%，成为富通第一大股东，前后共斥资超过238 亿元人民币。但不久之后，富通的股价连续暴跌，给中国平安带来了巨大损失。到 2008 年年底，富通的股价已下跌超过 96%，导致中国平安合并净利润由 2007 年的 155.81 亿元大幅减少到 2008 年的 8.73 亿元。2007 年年初次贷危机已经初现端倪，而直到 2008 年平安海外并购步伐仍未停止。中国航空公司投资航油期货形成巨亏也是如此，这些公司往往是对未来油价走势预测能力有限，对期货交易也并不精通，更多的是依靠一般的行业分析报告来判断和操作。一些外资投行所谓的“完美无缺”的套保方案，在正常的套期保值公式外，还嵌入了极为复杂的金融衍生工具，而企业管理层往往很难看穿方案中可能蕴涵的“风险”，企业采用这样的套保方案，实质上也就与期货投机无异。

资料来源：根据罗丽萍《保险企业投资风险控制——由平安投资富通亏损引发的思考》一文改编，原文载《中国乡镇企业会计》2009 年第 2 期。

专栏 41-2

上海国资委实施内控评价，建立国有企业内控完善倒逼机制

2009 年始，上海国资委要求中介审计机构对国有企业集团出具内部控制测评报告，通过内控测评发现企业风险防范和运营管理中的薄弱环节，进行披露并提出相应的完善建议。

在内控测评方法上，国资委要求中介机构严格遵循《企业内部控制基本规范》及《企业内部控制应用指引》的规定，综合运用穿行测试、调查等各种测试手段，并注意样本量的选择；在测评范围上，除了公司整体层面的内部控制外，还根据年度监管重点确定要测评的具体业务流程（以 2010 年为例，国资委明确财务报告流程、存货流程、销售流程、资金流程等 24 个流程为必测流

程）；在测评报告内容上，从便于监管出发，要求中介机构必须披露公司层面和各业务流程层面的内控缺陷，提出弥补缺陷和防范风险的对策建议，并要求披露企业管理层对建议的回复意见；在内控测评机制上，国资委拨出专款用于内控测评的委托，并组织专门评审团队（由国资委和中介机构组成），听取中介机构内控测试陈述汇报后，对内控测评工作质量打分。国资委针对内控测试结果出具企业加强内控的整改意见，和决算一并批复，要求企业整改。

通过委托中介机构内部控制测评，实际建立了一种企业内部控制体系的“倒逼”机制，督促企业建立健全内控，并不断改进完善。目前，中介机构出具的内控测评报告、财务决算审计报告、财务评价报告构成上海国有企业年度监督报告基本体系，受到监管企业的高度重视。

资料来源：北京市国资委：《上海、重庆国资委推动企业内控体系建设的调研报告》，2011 年 10 月。

参考文献

1. 德勤会计师事务所：《中国上市公司 2009年内部控制调查报告》，2010 年 7 月。

2. 财政部：《我国企业内部控制规范体系实施情况的调查报告》，2012 年 4 月。

3. 深圳迪博风险管理顾问公司：《中国上市公司 2010 年内部控制白皮书》，2011 年 9 月。

4. 北京市财政局、国资委、审计局、证监局、银监局、保监局：《关于实施北京市企业内部控制规范工作的指导意见》，2011 年 5 月。

5. 首席财务官杂志编辑部：《风“控”瑜青萍之末——2009 年中国企业内部控制现状与需求调查报告》，《首席财务官》2009 年第 6 期。

6. 德勤会计师事务所：《中国上市公司 2010年内部控制调查报告》，2011 年 8 月。

7. 深圳迪博风险管理顾问公司：《中国上市公司 2009 年内部控制白皮书》，2010 年 9 月。

8. 罗丽萍：《保险企业投资风险控制——由平安投资富通亏损引发的思考》，《中国乡镇企业会计》2009 年第 2 期。

9. 北京市国资委：《上海、重庆国资委推动企业内控体系建设的调研报告》，2011 年 10月。

第四十二章　国有企业的发展

提　要

2011 年是“十二五”开局之年，中国国有经济整体保持较快增长，国有企业资产规模、营业收入实现较快增长，国有企业整体发展形势良好。从固定资产投资份额来看，国有企业比重继续下降，国有资本向关乎国计民生和国家安全的基础性、战略性产业集中的趋势更加明显。国有企业主要经济效益指标继续保持增长，但增幅呈回落态势。从各项指标来看，国有企业盈利能力有所下降。另外，国有企业的综合社会效益较为突出，在贯彻落实国家宏观调控政策、保障市场供应、维护市场经济秩序、抗击自然灾害等方面都发挥了带头作用。一年来，国有企业国内并购重组势头不减，海外并购也更趋活跃。国有股份制、公司制改革顺利推进。截至 2011 年底，已有 43 家中央企业实现主营业务整体上市。董事会建设试点工作继续推进，试点企业总量扩大至 42 家，董事会规范运作的制度体系基本完成。以人才激励为主要内容的内部管理机制改革继续推进。国有企业境外资产监管取得新进展。然而，国有企业改革进行到攻坚阶段，行业垄断、政府监管、公司治理、信息披露、运营效率等方面的问题成为阻碍国有经济发展的重要原因。为进一步深化国有企业改革，促进国有经济乃至国民经济的健康发展，需要加快混合股份制改造，推进国有集团公司股权结构多元化；完善公司治理，规范董事会建设；继续推进国有经济战略性调整，深化垄断行业改革；创新国有资产监管模式；促进国有企业“走出去”，提高企业的国际竞争力。

*　　　　*　　　　*

2011 年，中国国有企业的资产规模、营业收入等均实现较快增长，整体发展形势良好，为进一步深化国有企业改革，促进国民经济健康发展奠定了良好的基础。

一、2011 年中国国有企业的基本状况与特点

1. 经济规模总量保持增长，国有经济布局更加优化

2011 年，国有经济实现了较快增长。国有企业累计实现营业总收入 367855 亿元，同比增长 21.5%。中央管理企业的资产总额达到 28 万亿元，同比增长 14.9%；净资产 10.7 万亿元，同比增长 11.4%；累计实现营业收入 201396.9 亿元，同比增长 20.7%。位列“全球 500 强”的中央企业数量达到 38 家。地方国有企业累计实现营业收入 136098.9 亿元，同比增长 22.7%。国有及国有控

股企业增加值比 2010 年增长 9.9%，高出全国 GDP 增速 0.7 个百分点，但低于全国规模以上工业增加值增速 4 个百分点。

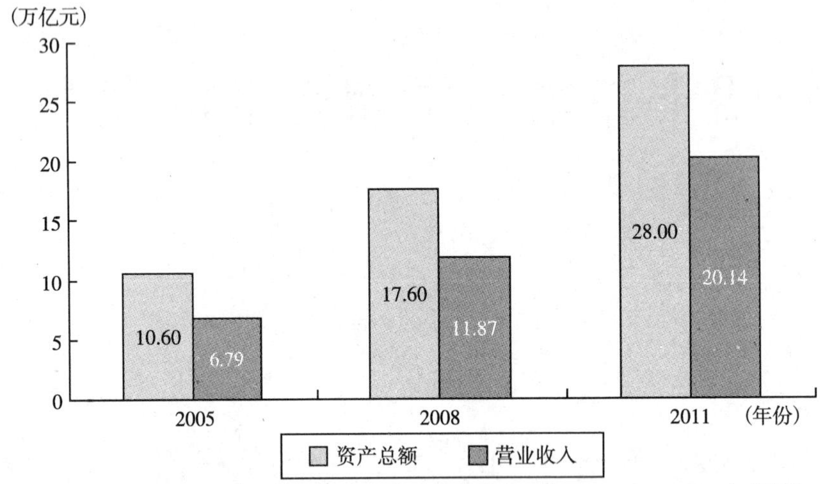

图 42–1 2011 年中央管理企业资产及营业收入（与 2005 年、2008 年比较）

资料来源：国务院国有资产监督管理委员会。

2011 年，国有及国有控股企业完成固定资产投资 107486 亿元，比 2010 年增长 11.1%，低于全部企业固定资产投资增速 12.7 个百分点。国有企业占全部固定资产投资的比重为 35.6%，比 2010 年下降 6.7 个百分点。国有资本对整个固定资产投资的驱动作用趋于下降。

国有资本继续向关乎国计民生和国家安全的基础性、战略性产业集中。从全国国有经济的分布结构看，目前中央企业 80%以上的资产集中在石油石化、电力、电信、国防等关系国计民生的关键领域和交通运输、矿业、机械等支柱产业；而地方国有资产也逐步实现了向基础设施建设、公共服务提供等保障百姓生活的基础性行业、地方支柱性产业集中，向优势企业和大企业集团集中。国有经济继续从“大而全”向“强而精”发展，充分发挥了社会主义市场经济集中资源发展战略产业的优势；通过在不同行业的产业链中与非国有经济形成良性互动，实现了在竞争中合作、在合作中共赢。

2. 经济效益良好，盈利能力有所下降

2011 年，国有企业主要经济效益指标继续保持增长，累计实现利润 22556.8 亿元，比 2010 年增长 12.8%，增幅呈逐步回落态势。国有企业累计实现净利润 16932.6 亿元，其中归属于母公司

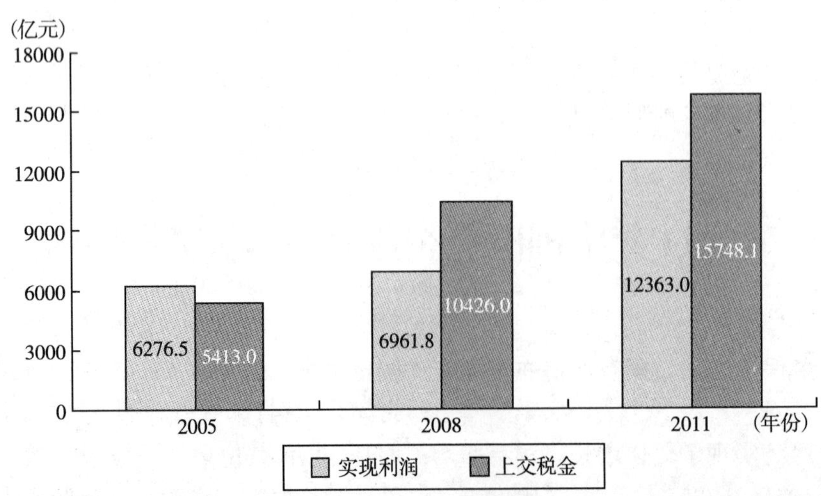

图 42–2 2011 年中央管理企业盈利及上交税金情况（与 2005 年、2008 年比较）

资料来源：国务院国有资产监督管理委员会。

所有者净利润11460.8亿元。国有企业实际交纳税费29670.9亿元，比2010年增长21.6%。国务院国资委监管的100多家中央企业生产经营总体上保持平稳较快增长，主要经济指标创历史新高，全年累计实现营业收入20.2万亿元，同比增长20%；累计实现净利润9173亿元，同比增长6.4%；累计上交税金1.7万亿元，同比增长19.7%。

从各项指标来看，国有企业盈利能力有所下降。2011年，国有企业成本费用总额为348981.3亿元，同比增长22.4%。其中，营业成本同比增长22.9%，销售费用、管理费用、财务费用同比增长分别为13.9%、14.7%和33.6%。销售净利率为4.6%，比2010年下降0.4个百分点。净资产收益率为7.4%，比2010年下降0.1个百分点。成本费用利润率为6.5%，比2010年下降0.6个百分点。

3. 综合社会效益突出

国有企业的骨干作用不仅体现在资产、生产规模的大小，实现利润、上交税收的多少，更重要的是在贯彻落实国家宏观调控政策、保障市场供应、维护市场经济秩序、抗击自然灾害等方面都发挥了带头作用。国际金融危机爆发后，中国之所以能够从容应对，并率先实现经济回升，受到国际社会广泛称赞，一个重要原因就是拥有强大的国有经济，使政府宏观调控得以更好的掌握。“十二五”开局之年，中央企业积极落实国家宏观调控政策，有效应对国际金融危机的冲击。涉及粮、棉、油、肉、盐等产品生产供应的中央企业，全力服从中央宏观调控大局，保障市场供应，维护重要民生产品的价格稳定。面对急难险重的任务，中央企业总是冲在前头。在汶川地震、玉树地震、舟曲泥石流等重大自然灾害面前，电力电网、石油石化、航空运输、建筑施工等央企挺身而出，发挥了关键作用。北京奥运会、上海世博会、广州亚运会等重大活动的设施保障，处处跃动着中央企业的身影。

4. 国有企业并购重组加速，海外收购更趋活跃

央企重组方面，国务院国有资产监督管理委员会出台了《关于中央企业国有产权置换有关事项的通知》，规范了中央企业国有产权置换行为，进一步推动了企业资源整合；出台了《中央企业境外投资监督管理暂行办法》和《中央企业境外国有资产监督管理暂行办法》，明确了中央企业境外并购的管理要求。受到政策推动，国有企业国内重组和海外并购更趋活跃。赛迪顾问的统计数据显示，从中国国有企业并购市场完成交易及其行业分布来看，制造业和能源矿产业仍然是2011年并购活动的重要行业领域，占所有并购交易额的33%。IT行业的并购也比较活跃，占并购交易额的9%。此外，医疗健康等战略性新兴产业的并购也有所升温，显示出国有企业在整合国内战略性新兴产业方面的引导力。

海外收购方面，国有企业在各个领域都有所斩获。中石化以35.4亿美元收购葡萄牙能源公司30%的股权、海航集团以3.29亿欧元获得西班牙NH酒店连锁集团20%的股权、中国蓝星（集团）股份有限公司以20亿美元并购挪威埃肯（Elkem）公司等，都是年度海外并购的大手笔。从行业来看，能源及矿产行业的并购无论是并购的案例数还是并购金额均居行业第一位。

5. 国有企业改革与国有资产监管取得新的进展

国有企业股份制改革继续推进。截至2011年底，已有43家中央企业实现主营业务整体上市，一汽集团等4家企业完成整体改制工作。在完善公司治理方面，国务院国资委将重点放在完善董事会建设方面，并推进了试点工作。2011年，共有3家石油央企、2家电信央企、2家水运央企和1家军工央企进入试点，试点企业总量扩大至42家，董事会规范运作的制度体系基本完成。国有企业内部管理机制改革继续推进。2010年底，国务院国有资产监督管理委员会发布《关于在部分中央企业开展分红权激励试点工作的通知》，开始研究国有企业人才激励的问题。2011年7月29日，国务院国有资产监督管理委员会正式启动央企分红权激励试点工作，航天恒星、有研稀土成为国资委确定的先行试点者。本轮人才激励试点主要针对国有高科技企业中的科技人才。

国有资产监管取得新进展。随着国有企业境外投资越来越频繁，国有企业境外资产监管成为亟待解决的问题。为进一步建立健全境外国有资产监管制度规范，切实加强中央企业境外国有资产和产权监管，维护境外国有资产权益，更好地适应新形势的需要，国务院国有资产监督管理委员会于2001年6月公布了《中央企业境外国有资产监督管理暂行办法》和《中央企业境外国有产权管理暂行办法》，并于7月1日开始实施。

二、当前国有企业发展中存在的主要问题

1. 经济效益和盈利能力有待提高

从最近几年的经济效益指标来看，国有企业与其他类型企业相比，其经济效益和盈利能力不甚理想。以2010年的总资产贡献率为例，国有企业为13.63%，比全国规模以上工业企业低了2个百分点。其他效益指标也不优于全国企业。这表明，国有企业的盈利能力与其他所有制企业相比，仍然存在明显的差距。经济效益指标的偏低，不可否认存在国有企业承担更多社会责任的因素，但国有企业自身经营效率有待提高也是不争的事实。一方面，国有企业存在管理水平提升的空间。国有企业经营者需要加强内部管理，向管理要效益。另一方面，国有企业的历史包袱和不良资产依然不同程度地存在，一些存续企业仍然有待改制或剥离，应使国有企业轻装上阵，到市场上参与平等竞争。

2. 建立在行政性垄断基础上的行业垄断需要破冰

国有企业从一切竞争性领域退出既不现实也无必要。在一些装备制造业和高新技术产业，国有企业通过有效竞争形成了在行业中的骨干引领地位，其发展壮大是培育国内产业体系、参与国际竞争的客观要求。然而，由于历史的原因，国有企业在一些应该实现较充分竞争的行业和业务环节长期居于垄断地位，进而阻碍市场经济的健康发展是改革进行到攻坚阶段不得不面对的问题。有些行业的进入壁垒过高，有效竞争依然难以形成。例如，民航运输业。有些对于其他经济成分的进入仍然存在较多政策性限制，使得该产业中国有经济一枝独秀。例如，金融业和电信业。而有些行业则以自然垄断为外衣，掩盖了某些弱自然垄断业务完全可以引入竞争的可能，例如，自来水和电力产业。实际上，目前对垄断行业放开管制、引入竞争的呼声并非针对垄断本身，而在于这种垄断与行政干预叠加在一起，使得行业内的企业可以利用超经济手段建立进入壁垒，阻止潜在的进入者。

3. 科学有效的公司治理仍有待健全

当前，在政策引导下，大多数国有企业都建立了相对完善的董事会制度，也相应地建立了监事会。但在治理过程中，董事会的独立性一直是制约国有企业公司治理有效性的掣肘。如何厘清董事会与国有资产监督管理委员会、党委会以及经理层的关系，是国有企业董事会建设必须解决的问题。监事会如何有效地实行外部监督也是一个难点。企业内部的监事会如何有效监督国有资产监督管理委员会派出的董事会，如何有效地发挥监事会的作用，还有很多问题没有解决。目前多数监事会形同虚设，不能监督到位。因此，探索建立相对独立而有效的监事会势在必行。

4. 国有资产监管模式和具体的监管制度设计仍然不清晰

国有资产监管在世界各国的实践中存在不同的模式，这些模式与各国的市场模式、法律基础以及行政管理体制相适应。例如，以日本、韩国为代表的高度集权的管理模式，以法国、意大利、英国等国为代表的适度放宽的管理模式，以美国、瑞典等国为代表的所有权和经营权分离模式。当前，中国国有资产监管模式仍然在探索过程之中。如何建立有中国特色的国有资产监管模式，既赋予国有企业充分的经营自主权，避免不当干预，又能够对国有资产运行实施有效的过程监督是实践中面临的难题。随着国有企业“走出去”的步伐越来越快，国有企业海外投资监管问题已经引起国资委的高度重视，但具体的监管体制设计仍然缺乏。

5. 国有企业信息披露制度未确立，导致负面社会反响被放大

信息披露制度已被证明是对国有企业实施有效监管、消除不良社会反响的有效制度。当前，中国的国有企业信息披露制度尚未正式确立，除了很少一部分上市国有企业按照资本市场的要求

进行了公开信息披露外，大部分国有企业的信息披露制度仅限于对特定监督主体（国有资产监督管理委员会、政府相关部门）进行行政报告，而作为国有企业最终所有者的公众却很难获得国有企业的经营信息。公众或利益相关者难以获得国有企业经营的准确信息，从而难以有效监督国有企业。而且在被动接受的一些消息影响下，有关国有企业的负面社会反响不断被放大，损害了国有企业的社会形象。

三、国有企业进一步发展的展望

1. 加快混合股份制改造，推进国有集团公司母公司股权结构多元化

继续推进国有企业公司制股份制改革，推动国有企业股权结构多元化，建立商业化公司治理机制。以资本市场为平台，以产权为纽带，吸引和带动其他所有制资本参与国有企业改革；加快推进大型国有企业的公司制、股份制改革，实现产权多元化，完善法人治理结构；继续推动和规范企业改制上市，探索完善企业整体上市后的管理体制。将国有大型集团性企业的母公司作为重点改革对象，除了少数特殊行业的国有母公司和那些专门用于持有国有股的平台性公司之外，母公司要全力推进以股权结构多元化为基础的公司治理机制商业化。20 世纪末以来，大部分中小型单体国有企业的改制已经完成，目前的国有企业多呈集团形态，即一个国有独资母公司下面有若干全资或控股子公司，集团的规模往往较大。对这些母公司进行股份制改造，将其改制为股权结构多元化的混合所有制公司，对实现公司治理机制商业化具有极大的意义。

2. 进一步完善公司治理，规范董事会建设

进一步完善公司治理，建立相对独立的董事会，提高董事会人员选拔和任免的制度化和透明度。继续加大规范董事会建设力度，逐步启动董事会、董事评价工作，完善董事会规范运作的制度体系，着力发挥董事会成员在重大问题上的决策力，发挥独立董事的专业参谋作用，提高决策科学性。深化企业领导人员管理制度改革，健全市场化的用人机制。落实董事会的职权。改革国企传统的干部管理体制，落实《公司法》赋予董事会的权利，主要就是对经理、副经理的任免权及考核奖惩权。在董事会任免经理的前提下，可以探索首席执行官（CEO）制度，以使决策的科学性和执行的有效性有机融合起来。此外，国有独资公司董事会还必须履行作为出资人职责的机构授予股东会部分权力。建立健全信息披露制度，除了国有资产监督管理委员会要求的社会责任报告之外，国有企业应逐步将信息披露的内容扩展到高级经理人员任免、重大投资事项、重大业务变更、薪酬制度以及会计年报等重要内容，将披露对象逐步由大股东、债权人向普通出资人、公众扩展。

3. 继续推进国有经济布局和结构的战略性调整

推进国有资本调整和国有企业重组，完善国有资本有进有退、合理流动的机制，加快国有经济布局和结构战略性调整。切实把国有资本投资重点放在关系国家安全和国民经济命脉的重要行业和关键领域。要推动国有企业内部业务板块之间、国有企业之间、国有企业与其他所有制企业之间的重组整合；改造和提升传统产业，培育和发展战略性新兴产业，不断提升企业科技创新能力和整体素质；对处于亏损或微利状态或资不抵债、扭亏无望、丧失市场竞争力的企业，加快重组或退出步伐，制定统一规范的产权交易法规规章，促进产权有序流动；对业务庞杂、主业不突出、辅业包袱重、企业效率低下的企业集团，着力推动其主辅分离，精简组织机构，减少管理层次，加强基础管理，提高企业核心竞争力。

4. 切实推进垄断行业改革，完善监管办法

打破部门、行业垄断和地区封锁，切实发挥市场在资源配置过程中的基础性作用。针对特定行业的特殊情况，研究制定放开管制和引入竞争机制的强度、步骤和方式。细化对垄断行业各业务环节的研究，针对不同业务领域垄断属性的差异，设置不同的市场准入门槛和时间表。深化垄断行业收入分配制度改革，完善对垄断行业工资总额和工资水平的双重调控政策；严格规范国有企业、金融机构经营管理人员特别是高管人员的收入，并完善监管办法。同时，进一步加强和改善国有资产监督管理，坚持和完善监事会制度，加快建立健全国有金融资产、非经营性资产和资源性资产等的监管制度，实现分类监管和过程监管的有机结合。

5. 鼓励支持有条件的国有企业“走出去”，提高国际资源配置能力

继续加大力度支持有条件的国有企业“走出去”，在获取资源和市场的基础上，提高对国外高技能人才和短缺技术的吸收和利用能力。尽早出台《境外投资管理条例》，并在此基础上制定《对外投资促进法》，为企业对外投资提供有利的法律环境和综合保障，提高国有企业在对外投资合作中的谈判地位，改变中国企业在对外投资中的投资主体、法律地位、监管和收益分配等方面“无法可依、无章可循”的现状。借鉴国际经验，尽早建立海外直接投资风险防范与保障体系。鼓励大型国有控股企业和规模较大、外向度较高的企业整体或者主营业务到中国香港、美国等主要资本市场上市，拓宽境外融资的渠道。

专栏 42-1

国务院国资委公布两个办法规范央企境外国有资产管理

近几年来，中央企业境外经营规模迅速增长，经营领域逐步拓展，经营方式和组织形式日趋复杂。许多中央企业在实施“走出去”战略的过程中，重视加强境外国有资产监管，创造了不少好做法、好经验，取得了显著成效。但中央企业境外国有资产监管中仍然存在一些薄弱环节，有的企业境外国有资产管理制度尚不健全，内控机制不完善，管理责任没有落实；有的企业在境外资产运营中风险意识不强，重投资、轻管理，可能影响企业境外国有资产的安全。

这两个重要规章的出台，是国有资产监督管理委员会依法履行出资人职责、完善国有资产保值增值责任体系、加强境外国有资产监管的一项重要举措，对于推动中央企业认真落实做强做优、培育具有国际竞争力的世界一流企业的目标要求，加快实施国际化经营战略，具有十分重要的意义。

《中央企业境外国有资产监督管理暂行办法》和《中央企业境外国有产权管理暂行办法》结合中央企业境外国有资产、产权管理的实际需要和有关制度建设经验，对中央企业境外国有资产、产权管理作出了较为具体的规范要求。其中，《中央企业境外国有资产监督管理暂行办法》既对中央企业境外国有资产监管制度作出了较为完整的规定，又对境外经营中普遍存在且易引发国有资产流失的个人代持股权、离岸公司监管、外派人员薪酬等特殊业务提出了规范要求。《中央企业境外国有产权管理暂行办法》强调产权归属原则与注册地适用原则相结合，明确中央企业是其境外国有产权管理的这两个重要规章的出台，是国资委依法履行出资人职责、完善国有资产保值增值责任体系、加强境外国有资产监管的一项重要举措，对于推动中央企业认真落实做强做优、培育具有国际竞争力的世界一流企业的目标要求和加快实施国际化经营战略，都具有十分重要的意义。

《中央企业境外国有资产监督管理暂行办法》共七章四十条，主要内容包括：明确了国有资产监督管理委员会、中央企业对境外国有资产的监督管理职责；提出了中央企业境外投资及后续管理过程中各个关键环节的管理要求；明确了境外企业生产经营活动中各项基础管理工作的原则性要求；规定了境外企业重要经营管理事项的报告程序、内容和时限；从企业内部管理和外部监督两个层面提出了境外国有资产监管工作的内容和要求。

《中央企业境外国有产权管理暂行办法》共二十条，主要内容包括：规范了境外国有产权登记和评估项目管理，对境外企业产权转让等国有产权变动事项的审核权限、基本程序、转让价格、转让方式、对价支付等作出了具体规定，明确了红筹上市公司国有股权管理的基本原则，规范了个人代持境外国有产权、设立离岸公司等事项。

《中央企业境外国有产权管理暂行办法》要求中央企业落实境外国有产权管理工作责任，及时将本企业境外国有产权管理制度、负责机构等相关情况书面报告国有资产监督管理委员会。中央企业应当每年对子企业执行该办法情况进行监督检查。国有资产监督管理委员会将对境外国有产权管理情况进行抽查。

资料来源：新华网，http：//money.163.com/11/0627/16/77IND3S500253B0H.html#from=relevant，2011 年 6 月 27 日。

参考文献

1. 财政部：《2011 年全年全国国有及国有控股企业经济运行情况》，中央人民政府网站，http：//www.gov.cn/gzdt/2012-01/18/content_2048380.htm。。

2.《2011 年中国国有企业实现利润 22556.8 亿元》，新华网，http：//www.news.xinhuanet.com/fortune/2012-01/19/c_111452517.htm，2012 年 1 月 19 日。

3.《2011 年央企利润 9173 亿元　同比增长 6.4%》，《人民日报》2012 年 2 月 21 日，http：//www.money.163.com/12/0221/06/7QP1N8VN00253 B0H.html。

4. 冯兴元：《国有企业整体亏损　开放市场是最大的经济安全》，《时代周报》2012 年 3 月 15 日，http：//www.finance.ifeng.com/opinion/mssd/20120315/5751036.shtml。

5. 李锦、田晶：《国企改革的历史方位与现实难题》，《中国企业报》2012 年 8 月 22 日，http：//www.sasac.gov.cn/n1180/n1271/n20515/n2697190/13775464.html。

第四十三章　上市公司发展

提　　要

2011 年，中国上市公司经受住了外部环境变化带来的冲击和挑战，总体规模实现了稳步增长，公司治理更加规范，产业结构得到优化，海外并购掀起热潮。当然，上市公司取得的成就离不开上市公司监管部门的努力。2011 年，可以称为上市公司的“制度改革年”。中国证券监督管理委员会（简称中国证监会）等部门先后出台了一系列制度措施，旨在加强上市公司治理、提高上市公司管理质量。与此同时，中国上市公司协会的成立，标志着中国上市公司自律监管实现重大突破。然而，中国上市公司依然存在一些问题，突出表现为：资本市场资金配置功能不健全；高管薪酬激励机制有待改进；非财务信息披露机制不完善；社会责任意识需进一步提升等。要想从根本上解决这些问题，需要发挥政府、企业、协会等多个主体的协同作用。为了促进上市公司健康发展，各主体应重点在市场投资理念、薪酬激励制度、公司透明度、社会责任和退市制度等方面做出努力。

*　　　　*　　　　*

上市公司作为实体经济与资本市场的双重主体，既是国民经济发展的重要微观经济基础，承载着国民经济增长和产业结构转型的重责；也是资本市场运作的基石，直接影响着投资者的投资理念和股票市场的稳定。因此，完善上市公司制度体系和加强上市公司治理监管，是促进上市公司健康发展、保障国民经济稳定增长的重要任务。

一、上市公司的发展

1. 上市公司总体规模稳步增长

2011 年，中国上市公司总体规模稳步增长，但总市值占 GDP 比重有所下降。其中，中小企业板和创业板市场规模快速扩张，平均市盈率明显高于主板市场。此外，从全球交易所比较情况来看，中国上海、深圳两大证券交易所居于重要地位。

截至 2011 年底，中国上市公司总数已达 2342 家，其中新上市 A 股 2320 家，新上市 B 股 108 家；上市公司总市值达 214758 亿元；A 股全年累计成交金额 420339 亿元，B 股全年累计成交金额 1305 亿元；上市公司平均市盈率 18.26，其中 A 股平均市盈率 16.08，B 股平均市盈率 10.96。[①]

① Wind 资讯：《市场规模统计（交易所公布）》，2011 年 12 月。

截至2011年底，上海证券交易所（以下简称“上交所”）A股上市公司总数达921家，B股上市公司总数达54家，其中新上市A股39家；A股总市值达147692.76亿元，占GDP比重为31.32%；[①]全年累计成交金额达454652亿元，其中股票成交金额为237560亿元；全年筹资总额达3199.69亿元。[②]

截至2011年底，深圳证券交易所（以下简称“深交所”）上市公司总数达1411家，其中新上市公司243家；总市值达66381.87亿元，占GDP比重为14.08%；[③]全年累计股票成交金额达184089.28亿元；筹资额达4483.49亿元；平均市盈率为23.11。中小企业板上市公司总数为646家，比2010年增加115家；总市值达27429.32亿元；全年累计成交金额达69026.46亿元；累计筹资额达1482.15亿元；平均市盈率为28.26。创业板上市公司总数为281家，比2010年增加128家；总市值达7433.79亿元；全年累计成交金额达18879.12亿元；累计筹资额达793.38亿元；平均市盈率为37.62。[④]

与此同时，中国两大证券交易所已在国际上占据重要地位。根据世界证券交易所联合会（WFE）公布的官方数据，截至2011年7月31日，从全球交易所市值排名情况来看，上海证券交易所和深圳证券交易所分列第6位和第14位；从股权融资情况来看，深圳证券交易所名列第2位，仅次于纽约证券交易所，上海证券交易所排在第7位；同时，两大证券交易所均进入了成交金额最大的前五位。[⑤]

2. 公司治理规范程度逐渐提升

对于中国上市公司而言，2011年是不折不扣的“制度改革年”。2011年是新审计准则实施的第一年，对上市公司的内部控制要求更加严格。同时，中国证监会也出台了多项新的规定，进一步加强对上市公司的治理监管力度。

2011年3月，上交所发布了《上海证券交易所上市公司关联交易实施指引》。该《指引》立足对现行规则中涉及关联交易规定的汇总，细化上市公司关联交易决策和披露的流程，在局部放松管制的同时，进一步全面强化对关联交易的监管。其中，针对上市公司向关联人高溢价（溢价100%以上）购买资产的重大关联交易，《指引》做出了严格的披露和决策程序的要求。《指引》的发布，在一定程度上有助于关联交易进一步透明化，从而遏制和防范不当关联交易的发生，有利于上市公司提升公司治理水平和质量。

2011年8月，中国证监会发布了《关于修改上市公司重大资产重组与配套融资相关规定的决定》，在借壳上市、发行股份购买资产、配套融资等方面，对上市公司并购重组进行规范和引导，旨在提高并购重组的质量和效率。在政策引导下，随着中国资本市场的成熟与健全，境内上市公司并购中，借壳上市交易已明显下降，而以产业整合和整体上市为主的并购，受到越来越多的上市公司认可，并开始成为A股市场上的主流交易类型。

2011年10月，中国证监会发布了《关于上市公司建立内幕信息知情人登记管理制度的规定》，自11月25日起施行。该《规定》要求上市公司建立内幕信息知情人登记管理制度，对内幕信息的保密管理及在内幕信息依法公开披露前的内幕信息知情人的登记管理作出规定。此后，国务院国资委也公布了《关于加强上市公司国有股东内幕信息管理有关问题的通知》，明确了内幕信息管理工作责任主体：一是直接持有股份的国有股东；二是上市公司的实际控制人。同时，该《通知》从上市公司国有股东、实际控制人确定内幕信息管理负责机构、建立内幕信息管理规章制度、强化信息披露等方面，对国有股东及上市公司的实际控制人提出要求。

深交所制定了《深圳证券交易所上市公司信息披露直通车试点业务指引》（以下简称《指引》），并于2011年10月24日开始，在主板、中小板、创业板三个板块的155家上市公司进行试点。信

①③ 根据《中华人民共和国2011年国民经济和社会发展统计公报》公布的GDP数据计算得到。

② 上海证券交易所：《上证统计月报》2011年12月。

④ 深圳证券交易所：《2011年深圳证券市场概况》，2011年12月。

⑤ 深圳证券交易所信息管理部：《全球主要交易所2011年1~7月运营情况专题》，2011年8月。

息披露“直通车”制度是指上市公司按照《指引》和深交所发布的其他业务规则、细则、指引、通知、办法、备忘录的规定，将应该对外披露的信息公告通过深交所技术平台直接提交给指定披露媒体，深交所进行事后审核的信息披露方式。实行这一制度将促使信息披露监管模式由原来的“事前审核”向“事后审核”演变，促进上市公司进一步树立市场化运作理念，强化上市公司的披露责任，促使市场主体归位尽责。

推出信息披露“直通车”制度后，深交所又对《上市公司信息披露工作考核办法》进行修订，完善了对上市公司信息披露的分级考核，增加了量化的考核指标，增加了上市公司自评环节，旨在加强对上市公司信息披露的监管，督促上市公司及相关信息披露义务人提高信息披露的规范运作水平，促进信息披露“直通车”制度的顺利实施。此举是进一步形成对上市公司差异化监管，建立对上市公司扶优限劣的机制。

2011 年 12 月 30 日，中国证监会发布了《公开发行证券的公司信息披露内容与格式准则第 2 号——年度报告的内容与格式（2011 年修订）（征求意见稿）》。2012 年 1 月 5 日，证监会又发布了《公开发行证券的公司信息披露内容与格式准则第 30 号——创业板上市公司年度报告的内容与格式（2011 年修订）（征求意见稿）》。这些规定的重点在于：加大非财务信息披露，增加市场关注焦点的信息披露。上市公司治理逐渐走向规范的同时，也加强了对投资者的保护力度。

南开大学公司治理评价课题组推出的《2011 年中国公司治理评价报告》显示，2011 年上市公司治理指数平均值为 60.28，较 2010 年的 59.09 提高 1.19，并达到历史最高水平。从行业比较分析来看，金融、保险业的公司治理指数仍然居第一位，金融机构的公司治理状况均优于非金融行业的上市公司，尤其是在股东、董事会和监事会治理方面；从控股股东性质比较分析来看，民营控股上市公司治理指数首次超过国有控股上市公司。① 同时，甫瀚咨询机构联合中国社科院世界经济与政治所公司治理研究中心共同发布的《2011 年中国上市公司 100 强公司治理评价报告》也认为，2011 年中国 100 强上市公司治理总体平均水平进一步提升，金融企业的整体表现优于非金融企业，国有控股行业相对落后。② 随着以上制度在上市公司中广泛地贯彻执行，必将促使上市公司的治理水平再上一个台阶。

3. 成为产业结构优化升级的先锋

从目前中国上市公司的产业分布情况来看，2011 年，制造业和金融、保险业仍然占据主导地位，采掘业也占有重要地位（如图 43–1 所示）。与此同时，在中国产业政策的引导下，节能环保、

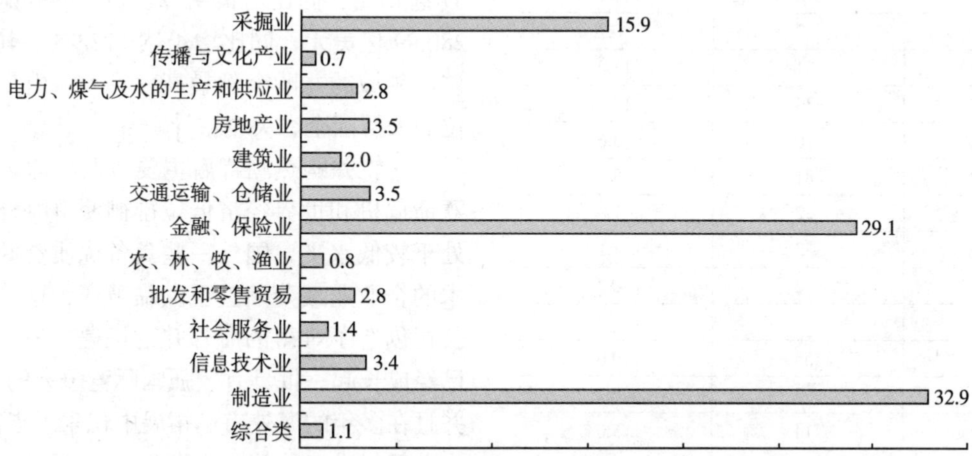

图 43–1　2011 年底各行业总市值占比（单位：%）

资料来源：Wind 资讯。

① 南开大学公司治理研究中心：《2011 年中国公司治理评价报告》，2011 年。

② 中国社科院世界经济与政治研究所公司治理研究中心、甫瀚咨询：《2011 年中国上市公司 100 强公司治理评价报告》，2011 年。

新能源、新材料、信息技术等战略性新兴产业正处于高速发展阶段。上市公司对行业经济、区域经济的带动作用日益体现，正成为实现产业结构优化升级和经济发展方式转型的先锋。

创业板推出两年来，对战略性新兴产业的支持和推动作用已经初步显现，主要表现在两个方面：①在创业板 281 家上市企业中，绝大部分分布在先进技术制造业、信息技术、医药生物等战略性新兴行业（如表 43-1 所示）。以创业板的主力军“中关村板块”为例，中关村 37 家创业板上市公司有 33 家企业属于战略性新兴产业，占比为 89.2%，远高于创业板上市公司中战略性新兴产业 50.98%的比例。其中，新一代信息技术上市公司为 22 家，占比为 59.5%，远高于创业板总体 19.6%的比例。[①] ②创业板设立以来，为创业板上市企业募集了大量的资金。创业板的推出对社会投资的带动效应持续增强，据统计，目前上市的 270 家上市公司仅从创业板资本市场募集资金就超过 1900 亿元。[②] 由此可见，创业板与战略性新兴产业相结合，是新时期经济发展和产业培育的新探索，意义重大，影响深远。

表 43-1　2011 年底创业板上市公司行业分布

证监会行业	数量（家）	所占比例（%）
合计	281	100.0
农、林、牧、渔业	7	2.5
采掘业	4	1.4
制造业	186	66.2
食品饮料	3	1.1
造纸印刷	2	0.7
石化塑胶	31	11.0
电子	34	12.1
金属非金属	10	3.6
机械设备	81	28.8
医药生物	22	7.8
其他制造业	3	1.1
建筑业	2	0.7
运输仓储	2	0.7
信息技术	55	19.6
批发零售	2	0.7
社会服务	14	5.0
传播文化	9	3.2

资料来源：深交所发布的 2011 年 12 月《市场统计月报》。

展望“十二五”，在各级政府的资金支持以及我国产业政策的引导下，战略性新兴产业还将取得更快发展。一方面高技术行业的上市公司将获得较高的政府补贴。据统计，截至 2011 年 12 月 5 日，全年沪深两市共有 98 家上市公司获得各项政府补贴，合计补贴金额约 39.35 亿元。其中，获得“科技三项”补贴的公司有 27 家，合计补贴金额约 20.26 亿元，占政府补贴金额的 51.49%。其中，获“科技三项”补贴的公司中家数最多的四个行业是：电子、机械设备、信息服务和信息设备行业。[③] 另一方面面对日益严峻的资源和环境约束，节能环保成为“十二五”的重要主题。环境保护部 2011 年底发布的《国家环境保护“十二五”规划》，工业和信息化部发布的《“十二五”产业技术创新规划》以及正在酝酿中的环境保护部《“十二五”科技发展规划》，都将会带动节能环保产业的上市公司加快发展步伐。

4. 上市公司掀起海外并购高潮

刚刚进入 2011 年，上市公司就再次掀起海外并购高潮，中石化、海航集团、蓝星集团等一批具备较强实力的上市公司，纷纷通过并购的方式扩展海外市场。数据显示，2011 年中国企业共完成 110 起海外并购交易，与 2010 年海外并购 57 起相比，同比增长 93%。披露的并购金额达到 280.99 亿美元，同比增长达 112.9%。其中，能源矿产领域的并购金额最高，且大多由具有垄断地位的大型国企、央企主导。[④]

这轮并购热潮背后主要有两个原因：一方面欧债危机和世界经济低位徘徊使得海外资产价格处于较低水平，国外一些具备优质资源和一流技术的企业业绩萎缩甚至濒临破产，这给中国上市公司创造了难得的海外并购机遇；另一方面中国已经成长起一批具有较强国际竞争力的大型企业，并且在多年的海外市场拓展中积累了丰富的经验，有助于促进海外并购的成功。

越来越多的上市公司实施海外并购，将有利

①②《引领战略新兴产业发展　创业板作用初显》，《证券日报》2011 年 11 月 10 日。
③《力促经济结构转型 27 家上市公司获 20 亿元“科技三项”补贴》，《证券日报》2011 年 12 月 6 日。
④《海外并购：上市公司探索新的盈利增长点》，《证券日报》2012 年 3 月 9 日。

于促进国内企业转型升级，提升企业综合竞争力。以家电工业为例，国内家电产能已是全球最大，国内市场已成为全球最大的家电消费市场。可令人尴尬的是，国内家电工业并未有领先全球的核心技术，结果是，只能沦为世界工厂，导致有产量无利润的现状。而利用自身市场优势的国内家电企业，收购国外企业无疑将弥补这一不足，成功实现企业转型升级。因此，上市公司积极参与海外并购，将会对提升综合竞争力产生积极结果。但与此同时，海外并购也考验着上市公司的驾驭能力。在海外并购的探索过程中，存在的文化冲突、法律限制以及整合风险等难题，值得上市公司警惕。

5. 上市公司自律监管实现突破

从国际经验来看，纵观各国的成功监管模式，无论是自律主导型监管模式还是政府主导型监管模式，自律监管都是监管体制的重要组成部分。与政府监管相比，上市公司的自律监管具有无法比拟的特性与优势，因此中国上市公司的监管除政府监管以外，还要发挥上市公司自主管理和自律监管的优势。随着上市公司和资本市场的发展，中国现有的监管体系也暴露出不少问题，政府监管已不足以应付市场上所有问题，必须辅以上市公司的自主管理，方能促进上市公司更好更快成长，保证资本市场的健康发展。

2011 年中国在发挥上市公司自主管理和自律监管方面做出突破。2011 年 2 月 15 日，中国上市公司协会在京正式成立。作为经国务院批准、中国证监会作为业务主管部门的全国上市公司自律组织，协会将承担起提高上市公司质量、促进完善公司治理、推动建立良好的公司文化、为会员企业共同利益服务四项职责。[①] 同年 5 月 5 日，上海上市公司协会正式成立。该协会的宗旨是：遵守国家宪法、法律法规和社会道德准则，加强会员的自律管理，促进会员诚实守信、规范运作；不断加强上市公司内控制度建设，推进上市公司治理水平的提高，促进资本市场稳定、健康发展；坚持开拓、创新，提高上市公司质量，促进国民经济又好又快发展；作为政府监管部门与会员之间的桥梁，促进相互交流，维护会员合法权益。[②]

上市公司协会的成立，标志着中国借鉴发达国家成功经验，开始尝试通过自律协会这一组织形式，发挥上市公司自主管理在改善公司治理、规范运作、回馈投资者和承担社会责任等方面的作用。“十二五”时期，在政府监管和公司自律的双轮驱动下，上市公司将实现更加规范、高效的运作。

二、当前上市公司发展存在的主要问题

1. 资本市场资金配置功能不健全

2011 年上市公司出现了明显的两极分化：一部分公司握有大笔闲置资金，热衷于投资理财产品，涉足委托贷款或者疯狂投资矿业；而另一部分公司却面临资金严重不足。造成这一现象的主要原因是，中国资本市场资金配置功能不健全，这不利于上市公司的健康、可持续发展。

据统计，截至 2011 年 12 月 31 日，共有 87 家公司发布关于利用自有闲置资金购买理财产品的公告，累计（包括已购买和拟购买）投资总额高达 304.7 亿元，其中除少量信托计划、基金外，绝大部分理财资金的投资标的为银行理财产品，投资规模达到 255.25 亿元。而在 2010 年全年，仅有 7 家上市公司发布了 20 条关于运用自有闲置资金购买银行理财产品的公告，最高投资额度为 42.85 亿元。[③]

2011 年越来越多的上市公司成为“委托贷款”的借方，在获取高于平均水平的高额回报的背后，不少人透露出对中国资本市场的隐忧。据人民网统计，截至 2011 年 9 月 6 日，沪、深两市

① 中国上市公司协会网站：http：//www.capco.org.cn/。
② 上海上市公司协会网站：http：//www.abss.net.cn/。
③《上市公司去年 304.7 亿元闲钱理财　高额收益诱惑违规操作频发》，《证券日报》2012 年 1 月 17 日。

有119份关于“委托贷款”的公告，涉及59家上市公司，累计贷款额度超过171.95亿元，同比增长近38.2%。“委托贷款”年利率最低的为12%，最高的则达到24.5%，远高于一些上市公司的资产回报率。[①] 更让人担忧的现象是，房地产商成为上市公司“委托贷款”资金的主要流向之一。

上市公司投资理财产品和“委托贷款”业务盛行，实际上反映出中国资本市场资金配置功能不健全。低迷股市下超募现象盛行，一些获得大规模超募的公司掌握大笔闲置资金，于是大举多元扩张，很多从实体经济转向房地产、矿业和金融业，造成许多上市公司实体产业“空心化”。与此相反，无数的实体经济从业者却面临信贷紧缩，甚至由于资金不足导致破产。同时，这种贷款利率一般是银行利率的3~5倍，最高的甚至超过20%，属于典型的高利贷模式，本质是上市公司利用优势侵蚀贷款人的利益。这表明股市的基础配置作用发生扭曲，随着市场风险和信用风险不断攀升，对中国实体经济健康发展构成严重威胁。

对于这一问题更进一步的思考是，本属于上市公司全体股东支配的资金，被用来放贷追求高收益，是否符合股东利益最大化的目标？其获利能否被全体股东分享？从短期来看，上市公司利用低息融资和高息贷款的利差，赚取了大笔利润，给股东带来了高回报，短期投机者确实有利可图。但是，就长期而言，这种获利方式隐藏着巨大的风险，一旦出现贷款无法收回，将会造成资金链断裂，损害了长期投资者的利益。这种做法违背了公司治理的基本原则。

2. 高管薪酬激励机制有待改进

金融危机爆发后，欧美金融机构高管的天价薪酬，成为社会争论的一个焦点。受其影响，国内对于上市公司高管薪酬的关注度也不断提升，公众对高管动辄千万元级的年薪提出很多质疑。争论的核心在于：高管薪酬是否与公司实际业绩相匹配？高管薪酬是否与高管对公司的贡献相匹配？这反映出中国上市公司高管薪酬激励机制还有待改进。

2011年12月11日，北京师范大学发布的《中国上市公司高管薪酬指数报告》（2011）称，2010年中国1725家上市公司中，高管薪酬最高的前10家上市公司，有9家属于激励过度。以中石油为例，2007~2010年，高管人均薪酬分别是96.29万元、89.23万元、86.18万元和110.2万元，同时企业的实际营业利润率为8.90%、7.46%、-7.38%和2.50%。鉴于公司的实际业绩，中石油高管薪酬存在严重的激励过度。报告还称，国有绝对控股公司（尤其是国有垄断上市公司）的高收入并非完全是高管的贡献，更多地来自国家赋予的垄断优势；应以“高管贡献”作为评价国有垄断上市公司高管薪酬契约合理性的标准；国有垄断上市公司获得的垄断优势越多，高管贡献与高管薪酬的匹配度越低，薪酬契约越不合理。[②]

股权激励是激励公司高管的一项重要制度安排，但目前却未能发挥应有的积极作用。2011年末，上市公司又开始上演高管辞职的热潮。据统计，11月两市共有94家公司105位高管相继辞职。其中，沪市有23位高管辞职，深市有82位高管辞职。[③] 如此密集的高管辞职，除了部分是因公司“借壳”或业务转型辞职外，更多的上市公司尤其是创业板、中小板公司高管辞职，背后真正的目的是，巧妙地规避《公司法》和《证券法》的限制，通过出售手中的股份套取现金。数据显示，2011年以来，有大量的高管进行减持套现，累计套现超百亿元，平均每名股东套现1349万元。而在年末辞职潮到来期间，高管日均套现额甚至超过1.5亿元。[④]

高管纷纷离职套现，对资本市场和上市公司的健康发展非常不利。一方面高管的离职套现表明其对上市公司未来成长性信心不足，必将沉重打击市场投资者的持股信心；另一方面高管大批离职不利于上市公司管理团队的稳定和持续经营，从而对未来业绩构成负面影响。为有效维护市场秩序，更好地保护中小投资者的利益，管理层应制定相应措施，杜绝高管离职套现的频频涌现。

---

①《上市公司凭什么挥霍股民资金来放高利贷》，《证券日报》2011年9月9日。

② 高明华等：《中国上市公司高管薪酬指数报告（2011）》，北京：经济科学出版社，2011年版。

③④《94家公司105位高管年末闪人套现急》，《证券日报》2011年12月1日。

3. 非财务信息披露制度不完善

总体来看，中国上市公司财务信息披露已逐渐走上规范的轨道。但是，上市公司非财务信息披露仍然十分不足。非财务信息披露是指企业主动披露除财务信息以外的社会、环境信息。近年来，非财务信息披露成为重要的时代潮流和国际规范，也是上市公司应尽的责任。2011 年以来，媒体报道了多起上市公司违规经营、环境污染、安全事故等新闻，引起了社会各界的广泛关注，呼吁推动上市公司加强社会责任、环境保护、安全事故等方面的非财务信息披露。

由中国社会科学院企业社会责任研究中心和《证券时报》中国上市公司社会责任研究中心联合发布的《中国上市公司非财务信息披露报告(2011)》指出，上市公司整体非财务信息披露水平处于起步阶段，99%的企业得分不及格；上市公司对社会责任报告和官方网站的非财务信息披露失衡，普遍存在“只报喜不报忧”问题。①

同时，财政部会计司公布的《我国上市公司2010 年执行企业会计准则情况分析报告》显示，上市公司信息披露不充分普遍发生，并将其列为此次报告发现的主要问题之首。在高新技术研发信息披露方面，多数上市公司在披露研究阶段和开发阶段时，只是引用了《企业会计准则》的相关规定，并没有结合公司的实际情况进行个性化披露，没有反映出公司的实际生产、经营及研发情况。在商誉减值信息披露方面，未对商誉减值迹象进行披露的有 55 家上市公司，占存在商誉的上市公司家数的 7.42%，占对商誉进行了减值测试并计提了减值准备的上市公司家数的比例高达76.39%。②

上市公司安全事故频发，屡屡出现人员伤亡，涉事公司受到舆论高度关注。根据中国上市公司舆情中心的统计，2011 年 1~11 月，在媒体上报道的 30 余宗上市公司安全事故事件中，有 87%的上市公司刊登了临时公告来说明事故情况。但是，信息披露的时效性不强，有约 40%的公司是在事故发生 2 个自然日以后才有相关公告发布，有的公司甚至是在 1 周以后才刊登公告，未达到证监会《上市公司信息披露管理办法》的 2 个交易日之内的要求（如图 43–2 所示）。而且，这与互联网舆情传播的所谓“黄金 4 小时”应对时效之间，形成了较大的反差。实际上，信息披露距离事故发生时间越长，舆情越可能往不可控的方向发展，对上市公司挽回声誉越不利。

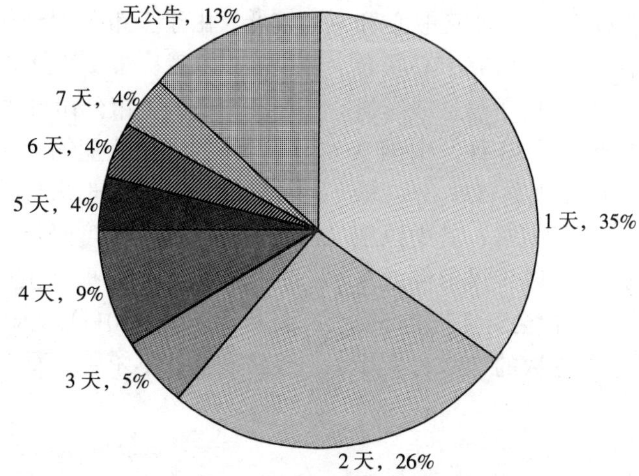

图 43–2　2011 年 1~11 月发生安全事故至上市公司发布公告的自然日数

注：公告日选取上市公司相关公告落款日。

资料来源：中国上市公司舆情中心。

① 中国社会科学院企业社会责任研究中心、《证券时报》中国上市公司社会责任研究中心：《中国上市公司非财务信息披露报告(2011)》，2011 年。

② 财政部会计司：《我国上市公司 2010 年执行企业会计准则情况分析报告》，2011 年 10 月。

事实上，因未履行重大信息披露职责而遭遇处罚的上市公司不在少数。Wind数据显示，自2011年1月1日至8月31日，A股上市公司共收到63份处罚，超过2010年和2009年两年之和的52份。上市公司的违规原因主要集中在“未及时披露公司重大事项、未依法履行其他职责”等层面，其中，“未依法履行其他职责”出现最多，共有51份处罚与之相关。[①] 由于上述信息未能做到及时、公正、客观披露，对投资者产生了误导，有些还会造成利益损失。对此，证监会应尽快出台非财务信息披露制度，并进一步加大处罚力度以提高违规成本，并在上市公司信息披露的差异性、有效性监管方面加大力度。

4. 社会责任意识需进一步提升

“十二五”时期，随着国际、国内市场对企业社会责任的要求不断提高，中国公司尤其是中国的上市公司，将毫无疑问地面临责任竞争时代的挑战。然而，大型上市公司的社会责任危机事件频频发生，使得许多上市公司陷入信任危机。作为主流经济体的上市公司，未能承担起应有的社会责任示范作用。目前，中国上市公司社会责任披露制度基本建立，但在社会责任理解和履责水平上仍有欠缺。

上市公司在社会责任信息披露方面取得了很大进展。中国社科院企业社会责任研究中心和《证券时报》中国上市公司社会责任研究中心联合发布的《2011中国上市公司社会责任信息披露研究报告》显示，截至2011年6月30日，中国A股上市公司发布各类社会责任报告531份，较2010年的报告总数483份增长了10%；其中以独立报告形式出现的增至482份，以年报附件或章节出现的共计49份；上市公司社会责任报告531份，占国内企业社会责任报告总数的70%，上市公司已经成为社会责任报告发布的主力军。[②]

但是，中国社科院企业社会责任研究中心发布的《中国企业社会责任研究报告》（2011）显示，中国企业普遍漠视自己的社会责任，即便是行业翘楚也不例外。包括国企、民企和外企的中国境内百强企业共300家中，按百分制考评，所有企业平均得分不到20分。虽然2011年中国百强企业社会责任发展指数平均分由17.0分变为19.7分，稍有进步，但社会责任整体水平仍然较低。[③] 同时，该白皮书指出，目前中国上市公司的社会责任主要集中于环境、员工及社会捐助或慈善事业等方面，这反映了中国上市公司在社会责任内涵上的理解和认识欠缺，忽略企业社会责任内涵的广泛性和丰富性。[④]

以环境责任为例，环保部环境规划院发布的首份《上市公司环境绩效评估报告》披露，在受评的火电、钢铁、化工、造纸、纺织、食品饮料和建材7大重污染行业161家上市公司中，仅10家优良列入“红名单”，40家不及格列入“黑名单”，优良率仅有6%。[⑤] 此外，美国《新闻周刊》公布的2011年“全球500绿色企业排名”中，虽然有32家内地中资企业位列其中，但排名均在第260名之后。从上述数据中可以看出，中国上市公司在环境治理方面投入不够，上市公司环境绩效水平较低。由于上市公司环保绩效能够在一定程度上影响投资者决策（沈红波等，2012），不积极履行环境责任的上市公司最终将被淘汰。

作为现代企业的上市公司，不仅要追求经济效益，而且应当追求经济、社会、环境综合价值最大化。从新制度经济学的视角分析，企业社会责任有助于企业提高生产效率和财务业绩（苏冬蔚和贺星星，2011）。因此，履行社会责任与赚取经济利益并不矛盾，而应当是相互促进的关系。

---

①《8个月内63家上市公司被曝违规》，《证券日报》2011年9月2日。

② 中国社会科学院企业社会责任研究中心、《证券时报》中国上市公司社会责任研究中心：《2011中国上市公司社会责任信息披露研究报告》，2011年。

③ 陈佳贵、黄群慧等：《中国企业社会责任研究报告（2011）》，北京：社会科学文献出版社，2011年版。

④ 钟宏武等：《中国企业社会责任报告白皮书2011》，北京：经济管理出版社，2011年版。

⑤ 环保部环境规划院“绿色证券政策研究”课题组：《上市公司环境绩效评估报告》，2011年。

三、促进上市公司健康发展的政策建议

为了促进中国上市公司健康、可持续发展，针对中国上市公司存在的主要问题，提出以下几点政策建议：

1. 培育资本市场长期投资理念

目前来看，中国资本市场的投资者普遍存在短期投资倾向。而资本市场的健康发展需要培育长期投资意识，吸引长期资金入市，从而在股票市场形成“鲶鱼效应”。因此，中国证监会作为上市公司的主要监管部门，应当研究制定鼓励各类长期资金投资股市的政策措施，推动养老金、公积金等投资股市，并积极引导广大投资者树立长期投资理念。

（1）长期资金入市有利于解决股市的资金匮乏问题。随着新股发行节奏的不断加快，尤其在稳健的货币政策的大环境下，资金匮乏已成为制约中国资本市场发展的重要瓶颈。新任中国证监会主席郭树清表示，目前地方政府掌握的社保资金结余达到 2 万亿元，将来可以委托给一个机构管理投资于资本市场。此外全国住房公积金的结余也达到 2.1 万亿元，加上财政盈余，都可以成立一个特殊的基金来运作。[①] 这意味着如果长期资金能够入市，将开辟一个新的资金供给源，每年将为股市带来千亿元增量资金，能有效解决股市的资金压力。

（2）长期资金入市有利于改善股市投资环境。长期以来，中国股市的泛散户情绪化现象较为严重，股市并未体现回报性，投资者只能以赚取差价为目的，流入市场的是一些投机资金，投机资金快速进出，导致市场出现非理性的大幅波动。而随着规模巨大的长期资金进入股市将真正形成价值投资，一方面投资者可以获取较为可观的收益；另一方面也能倒逼 A 股上市公司改善治理结构，促进 A 股市场的发展。如果对长期资金的监管得当，可以使 A 股市场发展得更加理性与成熟。[②]

2. 规范上市公司薪酬激励制度

近年来，中国公司高管获得“天价薪酬”的新闻屡屡曝光，使得高管薪酬的公平性与合理性问题再度成为国内讨论的热点。无论是从保护国有股股东和中小投资者利益出发，还是从上市公司的自身发展和维护中国股市稳定的大局考虑，都有必要严格限制上市公司高管薪酬，并强制上市公司分红。有关部门应该尽快出台相关规定，将上市公司高管薪酬与公司盈利、股东分红挂钩，严防高管随意加薪。

首先，要明确上市公司高管薪酬的管理主体。关于由哪个主体来主要负责高管薪酬管理的问题，经济合作与发展组织（2010）的观点是，应当将高管薪酬的管理责任主要放在董事会身上，董事会控制的关键点是，保持透明度和执行信息披露制度。美国商业圆桌会议（BRT，2010）也强调，董事会的职责之一就是通过薪酬委员会，采取并监控薪酬政策的执行，建立基于绩效的薪酬管理目标，在此基础上确定 CEO 和总经理的薪酬。制度改进的重点在于，如何更好地发挥董事会和薪酬委员会的职责。

其次，要改进上市公司高管薪酬的评价方法。对高管薪酬的评价不能简单地使用高管薪酬绝对值，而应充分考虑高管薪酬与企业业绩的匹配程度。针对已有的高管薪酬评价方法的不足，可以用高管薪酬与企业营业收入之比来计算薪酬指数，以便更加科学、客观、准确地评价高管薪酬（高明华等，2011）。

最后，要完善股权激励制度可能存在的漏洞。针对高管在年末大范围离职和减持行为，中国政府首先要做的就是弥补法律漏洞。建议重新修订《公司法》，对于那些从上市公司辞职的高管，将其每年转让的股票数额限制在一定的比例范围内，或者规定离职后一段时间内不允许股份转让与出售。

---

①②《长期资金入市将倒逼上市公司改善治理》，《证券日报》2011 年 12 月 20 日。

3. 进一步提高上市公司透明度

相对国内股票市场对上市公司的透明度要求，欧美市场具有严格的上市公司治理规则和法律规范，对上市公司提出了更高的透明度标准，这使得我国企业在海外市场上市时，显得有些“水土不服”；即使一些成功上市的公司，也由于财务业绩遭受质疑而被迫停牌甚至退市。针对中国上市公司非财务信息披露不足的问题，证监会等部门应加快完善信息披露制度，进一步提高上市公司的透明度，增强信息披露内容的针对性，逐步形成不同行业、不同类别上市公司的差异化披露。

在信息披露渠道和方式上，应根据当前信息时代的特征，充分发挥网络平台的作用。《中国上市公司网站调查报告（2011）》显示，截至 2011 年 8 月 31 日，有 2107 家上市公司建立网站并正常运营，占所有上市公司总数的 93.77%。其中，84.22%以上的公司网站首页设立投资者关系频道，拥有投资者关系互动内容的网站占 66%。① 由此可见，上市公司信息披露的网络平台已经具备较好的基础，应对其功能和效用进行深入挖掘，促进上市公司与投资者的互动交流。

此外，还应注重发挥媒体的监督和引导作用。作为重要的外部治理机制，媒体是发达的市场经济不可缺少的组成部分，对企业绩效有着重要影响，加速了市场的“优胜劣汰”作用（姚益龙等，2011）。一项基于汶川地震捐款的实证研究表明，媒体关注对上市公司的捐赠行为有显著的正向影响，同时还会显著地降低国有产权控股以及行业垄断程度对捐赠的负向影响。这些结果表明，媒体在上市公司履行社会责任方面发挥着显著的正面作用（徐莉萍等，2011）。因此，媒体是提高上市公司透明度的关键主体，但是，媒体报道也应遵循实事求是的原则，否则将会产生负面作用。

4. 促进社会责任融入公司治理

近年来，人们更加强调商业伦理、社会责任与公司治理的互动与交融。早期的公司大多奉行“股东利益最大化”的原则，随着社会责任运动的兴起和发展，这一原则逐渐被打破，取而代之的观点是，企业应当对其决策和经营活动影响范围内的所有利益相关方承担责任。全球第一个社会责任国际标准 ISO26000 指出，组织治理是社会责任中最关键的因素，因为它能使组织对其决策和活动所产生的影响承担责任，并将社会责任融入整个组织及其各种关系中。国内外学者的一系列研究也发现，公司治理与社会责任之间存在正相关关系，两者能够相互促进（Jo 和 Harjoto，2011；陈智和徐广成，2011）。

社会责任与公司治理必须紧密结合，才能实现共同发展。目前，中国企业社会责任的制度化程度相对较低，融入公司治理可以强化社会责任要求的约束力。首先，要将社会责任理念贯彻到公司治理制度要求中，在公司治理结构、重大战略决策中体现社会责任要求。其次，要加强对社会责任信息披露的要求，除日常披露和年度报告以外，尤其要重视重大突发事件信息披露的时效性。最后，在员工绩效考核与高管薪酬制定中，加入反映社会责任意识和绩效的相关指标，将社会责任表现与员工收入挂钩，从而提升员工履行社会责任的积极性。

5. 尽快完善上市公司退市制度

在成熟市场经济国家中，上市公司退出机制是一项不可或缺的制度安排，有助于促使上市公司规范运行，同时发挥上市公司制度运行过程中的优胜劣汰功能，提高其优化资源配置的能力。目前来看，虽然中国在这方面做出了初步尝试，但是完善上市公司退市制度仍是任重道远。

在海外创业板市场，退市是一种十分普遍和正常的市场行为，美国纳斯达克每年大约 8%的公司退市；英国 AIM 的退市率更高，大约 12%，每年超过 200 家公司由该市场退市。而中国自 2001 年初实行“第一版”退市标准以来，A 股退市公司仅有 40 余家，约占目前 A 股挂牌家数的 1.8%。②

目前中国股市缺乏有效的退市机制，加上发行资格审核制度，导致一大批“壳公司”成为“抢手货”，也使借壳上市题材长盛不衰，一些垃圾股股价甚至高过绩优股，扭曲和破坏了二级市场的定价机制和配置资源的功能。针对这种情况，

①《中国上市公司网站调查报告（2011）》，《证券时报》2011 年 12 月 20 日。
②《退市新政抑制“炒壳风” 利优质企业上市》，《中国改革报》2011 年 12 月 3 日。

2011年11月28日，深交所发布了《关于完善创业板退市制度的方案（征求意见稿）》，迈出了退市制度改革的第一步。与旧版制度相比，新版增加了两个退市条件，并明确表示不支持暂停上市公司“借壳”恢复上市，同时实施“退市整理期”制度，设立“退市整理板”。

下一步，中国应尽快出台退市制度的实施细则。建议从以下四个方面完善退市制度：一是问责机制，建立切实可行的责任追究机制。二是退市条件，将资不抵债也作为退市条件之一，它可以衡量一家公司是否具有投资价值。三是监督管理，成立专门的退市公司监管机构，对退市公司进行管理。四是信息披露，强制退市公司进行信息披露，保障投资者和债权人的知情权。同时，在创业板的退市制度进一步完善之后，加快推出主板的退市制度。

专栏 43-1

2011年上市公司十大海外并购

2011年，在世界经济陷入低迷时，中国企业掀起一场海外并购的热潮，无论是案例数量还是并购金额都非常可观，而占据资金优势的上市公司成为其中的急先锋。其中，既有成功并购的经验，也不乏并购失败的教训。

1. 52亿美元，中石化收购葡萄牙能源公司30%股权

中石化11月13日披露，公司已与葡萄牙Galp能源公司签署股权认购协议，通过认购增发股份和债权的方式，获得Galp巴西公司及对应的荷兰服务公司30%的股权。此次收购Galp巴西公司30%权益资产价格为35.4亿美元，但考虑到增资扩股和部分后续项目建设投资，此次总资金注入约51.8亿美元。

2. 3.29亿欧元，海航集团收购西班牙NH20%的股权

10月，受西班牙股市震荡影响，西班牙NH酒店连锁集团被迫重新修订与中国海航酒店集团于2011年5月签署的合作协议，最终海航决定参股20%，收购额为3.29亿欧元，比5月协议价4.31亿欧元下调23.5%。

3. 20亿美元，蓝星集团收购挪威埃肯公司100%股权

1月10日，中国蓝星集团与挪威太阳能硅产品生产商Elkem AS签署协议，收购该公司100%的股权，交易价格为20亿美元。此次交易使得蓝星集团获得相关有助于减少温室气体排放的技术。

4. 8458.8万欧元，复星国际收购Folli Follie股权

5月19日，复星国际与希腊著名时尚品牌Folli Follie集团签署协议，拟以8458.8万欧元入股该集团，持股9.5%，成为其最大战略投资者之一。这是复星首度涉足国际时尚品牌，将助其成为中国市场“消费得起的奢侈品”。

5. 5.54亿元，英飞拓“蛇吞象”收购加拿大上市公司

12月14日，英飞拓发布海外收购公告，通过全资子公司英飞拓国际在加拿大设立的全资子公司加拿大英飞拓，以5加元/股（约合人民币30.76元/股）的现金对价收购March Networks公司100%股权。

6. 16亿元，国电集团投资加拿大风电项目

7月，国电集团控股子公司龙源电力所属龙源加拿大可再生能源公司，与加拿大梅兰克森电力公司签署风电项目股权收购协议，该风场规模为100MW。龙源电力将投入16亿元人民币，7~8年即可收回成本。

7. 2.233亿美元，美的电器并购拉美空调业务

8月6日，美的电器公告称，拟以2.233亿美元价格收购开利拉美空调业务51%的股权，而双

方则将联合经营和拓展拉美地区空调业务。11 月中旬，此并购案顺利画上句号。至此，美的空调在海外的生产基地上升至四块。

8. 五矿集团 65 亿美元收购铜矿案失败

五矿集团旗下的五矿资源在 4 月高调宣布，向加拿大与澳大利亚两地上市的伊奎诺克斯矿产有限公司发出 63 亿加元收购要约，折合成美元约 65 亿。但是，这项并购案却由于溢价太低，被伊奎诺克斯矿业戴上了“敌意收购”的帽子，公司随后撤回收购。

9. 庞大集团与青年汽车 7 亿元收购萨博失败

12 月 19 日，萨博汽车的母公司瑞典汽车公司发布声明称，已向当地法院提出萨博汽车的破产申请。这不仅宣告了“双庞”（庞大集团董事长庞庆华、青年汽车董事长庞青年）收购萨博汽车的跨国并购以失败收场，还代表着近 7 亿元的投入很可能将打水漂。

10. 中石油加拿大天然气扩张项目夭折

2 月，中石油旗下子公司中石油国际投资公司计划以 54 亿加元（约 55 亿美元）的价格，收购 Encana 位于加拿大的一处天然气资产 50%的权益，双方以各自 50%的比例成立一家合资公司。6 月 22 日，双方合作开发页岩气（非常规天然气）的谈判宣告破裂。

资料来源：《2011 年上市公司十大海外并购》，《证券日报》2011 年 12 月 30 日。

参考文献

1. 高明华等：《中国上市公司高管薪酬指数报告（2011）》，北京：经济科学出版社，2011 年版。

2. 沈红波、谢越、陈峥嵘：《企业的环境保护、社会责任及其市场效应——基于紫金矿业环境污染事件的案例研究》，《中国工业经济》2012年第 1 期。

3. 苏冬蔚、贺星星：《社会责任与企业效率：基于新制度经济学的理论与经验分析》，《世界经济》2011 年第 9 期。

4. 姚益龙、梁红玉、宁吉安：《媒体监督影响企业绩效机制研究——来自中国快速消费品行业的经验证据》，《中国工业经济》2011 年第 9期。

5. 徐莉萍、辛宇、祝继高：《媒体关注与上市公司社会责任之履行——基于汶川地震捐款的实证研究》，《管理世界》2011 年第 3 期。

6. 高明华等：《上市公司高管薪酬指数研究》，《商业研究》2011 年第 8 期。

7. 陈智、徐广成：《中国企业社会责任影响因素研究——基于公司治理视角的实证分析》，《软科学》2011 年第 4 期。

8. 深圳证券交易所信息管理部：《全球主要交易所 2011 年 1~7 月运营情况专题》，2011 年。

9. 南开大学公司治理研究中心：《2011 年中国公司治理评价报告》，2011 年。

10. 中国社会科学院世界经济与政治研究所公司治理研究中心、甫瀚咨询：《2011 年中国上市公司100 强公司治理评价报告》，2011 年。

11. 中国社会科学院企业社会责任研究中心、《证券时报》中国上市公司社会责任研究中心：《中国上市公司非财务信息披露报告（2011）》，2011 年。

12. 钟宏武等：《中国企业社会责任报告白皮书 2011》，北京：经济管理出版社，2011 年版。

13. 环保部环境规划院“绿色证券政策研究”课题组：《上市公司环境绩效评估报告》，2011 年。

14. 财政部会计司：《我国上市公司 2010 年执行企业会计准则情况分析报告》，2011 年。

15.《引领战略新兴产业发展　创业板作用初显》，《证券日报》2011 年 11 月 10 日。

16.《力促经济结构转型　27 家上市公司获 20亿元“科技三项”补贴》，《证券日报》2011 年 12月 6 日。

17.《海外并购：上市公司探索新的盈利增长点》，《证券日报》2012 年 3 月 9 日。

18.《2011 年上市公司十大海外并购》，《证券日报》2011 年 12 月 30 日。

19.《上市公司去年 304.7 亿元闲钱理财　高额收益诱惑违规操作频发》，《证券日报》2012年 1 月 17 日。

20.《上市公司凭什么挥霍股民资金来放高利贷》，《证券日报》2011 年 9 月 9 日。

21.《94 家公司 105 位高管年末闪人套现急》，《证券日报》2011 年 12 月 1 日。

22.《8 个月内 63 家上市公司被曝违规》，《证券日报》2011 年 9 月 2 日。

23.《长期资金入市将倒逼上市公司改善治理》，《证券日报》2011 年 12 月 20 日。

24.《中国上市公司网站调查报告（2011）》，《证券时报》2011 年 12 月 20 日。

25.《退市新政抑制“炒壳风”　利优质企业上市》，《中国改革报》，2011 年 12 月 3 日。

26. OECD. Conclusions and Emerging Good Practices to Enhance Implementation of the Principles，2010.

27. Business Roundtable（BRT）. Principles of Corporate Governance，2010.

28. Jo H， Harjoto M. Corporate Governance and Firm Value：The Impact of Corporate Social Responsibility. Journal of Business Ethics，2011（103）：351-383.

第四十四章　中小企业发展

提　要

近年来，中国中小企业经济规模不断壮大，发展质量不断提升，发展领域不断拓展，在活跃经济、吸纳就业、推动创新、增加税收、便民利民等方面发挥了举足轻重的作用。中小企业已经成为中国经济发展中最重要的力量和最活跃的主体，是大企业的重要依托，是实体经济的重要支撑。然而，2011 年以来，中国中小企业的发展状况变得异常复杂。由于规模小、实力弱、抗风险能力差等先天的“弱质性”，与大企业相比，中小企业对经济周期和宏观调控政策的影响更加敏感，融资难、经营成本高等一些长期制约中小企业发展的“瓶颈”性问题在这一年表现得更为突出，“倒闭潮”、“民营老板跑路”等现象集中爆发。2011年是“十二五”的开局之年，认真总结中小企业发展过程中出现的新问题，加快落实中小企业帮扶政策，完善中小企业服务体系，创新中小企业政策执行方式，从而促进中小企业健康、有序发展，已经成为决定“十二五”以及更长时期中国实体经济增长质量的重大而紧迫的全局性问题。

*　　　　*　　　　*

本报告对 2011 年中国中小企业的总量、结构和政策特征进行了归纳和梳理，剖析了当前中国中小企业发展过程中出现的生存困境和融资难题的原因，在提炼中国中小企业问题的症结和根源的基础上探讨了未来中国中小企业政策的调整和优化方向。

一、开局之年中国中小企业的总体特征

2011 年，受增长方式转变、宏观经济调控和中小企业政策调整的影响，中国中小企业在发展过程中呈现出一系列显著的结构性特征，工业中小企业数量增长速度相对下降，中西部地区中小企业快速发展，政策性贷款较商业性银行贷款更快增长，中小企业政策资源更加向小微企业聚焦和倾斜。

1. 中小企业数量继续保持加快增长①

虽然 2011 年中国中小企业发展经历了特殊的困难和挑战，但受惠于国家一系列中小企业扶持性政策的出台和实施，中小企业数量总体上仍然延续了近年来较快增长的态势。截至 2011 年底，

① 据工业和信息化部统计，2010 年中国中小企业数量占中国企业总数的 99.7%。由于中小企业数量所占全部企业数量的比重高，因此考虑到数据的可得性，本报告用企业总体数量近似代替中小企业数量。

中国实有企业数量① 1253.12 万户，较 2010 年底增长 10.26%，增长 1.36 个百分点。其中，私营企业数量 967.68 万户，较 2010 年底增长 14.45%，基本与 2010 年 14.2%的增速持平。需要注意的是，“十一五”期间中国私营企业年均增速总体上保持在 20%左右的水平，但“十一五”中后期以后私营企业增速出现明显下降，2011 年私营企业增速仍然没有明显反弹的迹象。私营企业数量是反映经营环境质量的重要指标，近年来私营企业增长速度下降表明，通过改善企业经营环境提升全社会创业活力的任务还很艰巨（见图 44–1）。

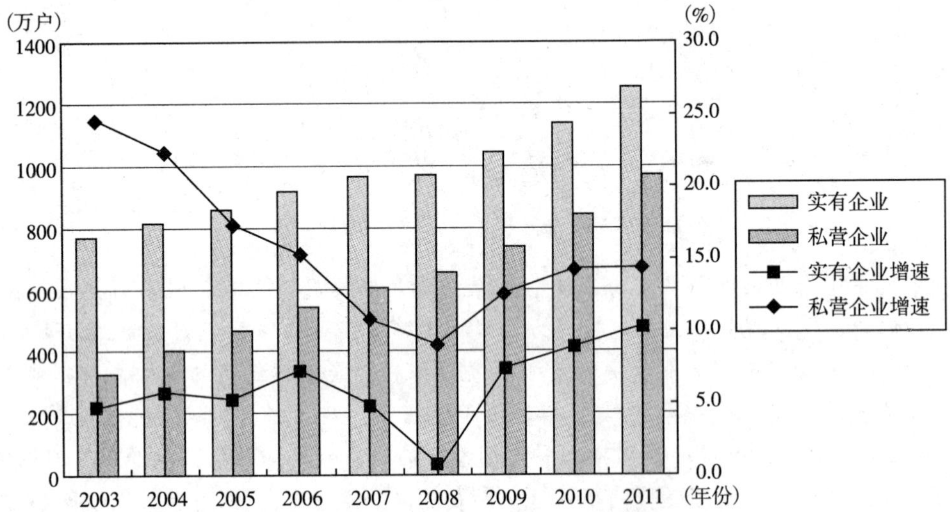

图 44–1 全国实有企业和私营企业数量变动

2. 工业中小企业数量相对增速下降

由于国际市场需求增长乏力，国内要素成本快速上涨对工业形成压力，2011 年中国第二产业中小企业数量增长速度落后于第一产业和第三产业中小企业增速。2011 年，全国中小企业在第一产业中实有 31.2 万户，比 2010 年底增长 17.98%，占全国企业实有总户数的 2.49%，比 2010 年底提高 0.16 个百分点；第二产业实有 338.38 万户，比 2010 年底增长 7.05%，占全国企业实有总户数的 27.00%，比 2010 年底减少 0.81 个百分点；第三产业实有 883.55 万户，比 2010 年底增长 11.29%，占全国企业实有总户数的 70.51%，比 2010 年底提高 0.65 个百分点（见图 44–2）。个体工商户在第一产业实有 62.02 万户，比 2010 年底增长

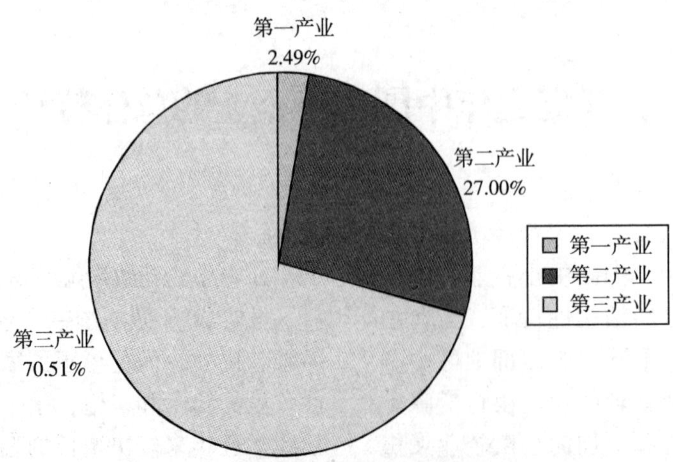

图 44–2 2011 年中国中小企业户数产业分布

① 这里的“实有企业数量”指的是全部工商注册的企业数量。

18.51%，占全国个体工商户实有总户数的 1.65%，比 2010 年底提高 0.13 个百分点；第二产业实有 304.85 万户，比 2010 年底增长 3.83%，占全国个体工商户实有总户数的 8.12%，比 2010 年底减少 0.38 个百分点；第三产业实有 3389.6 万户，比 2010 年底增长 9.10%，占全国个体工商户实有总户数的 90.23%，比 2010 年底提高 0.25 个百分点。

3. 中西部地区中小企业增速快于东部地区

随着西部大开发战略的深入实施和中西部城镇化、工业化进程的加速推进，中西部地区中小企业发展呈现良好态势。2011 年，中国东部 12 省（市）实有企业户数为 787.42 万户，比 2010 年底增长 10.56%，占全国企业总户数的 62.84%；中部九省实有企业 275.14 万户，比 2010 年底增长 8.72%，占全国企业总户数的 21.96%；西部 10 省（市）实有企业 190.56 万户，比 2010 年底增长 11.31%，占全国企业实有总户数的 15.21%，西部地区企业增速略快于中、东部地区，占全国企业总户数比重比上年底扩大 0.14 个百分点。中部和西部地区个体工商户快速增长。东部 12 省（市）实有 1837.58 万户，比 2010 年底增长 6.43%，占全国个体工商户总户数的 48.92%；中部 9 省实有 1153.62 万户，比 2010 年底增长 11.47%，占全国个体工商户总户数的 30.71%；西部 10 省（市）实有 765.26 万户，比 2010 年底增长 10.67%，占全国个体工商户总户数的 20.37%（见图 44–3）。

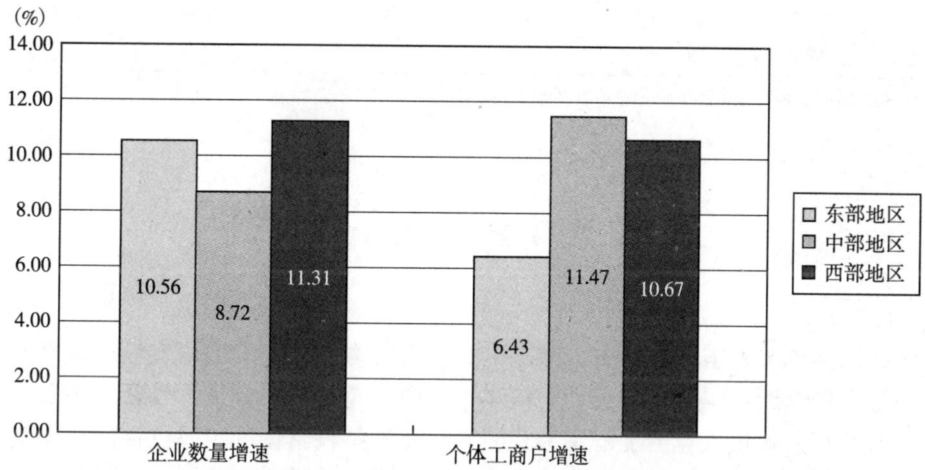

图 44–3　2011 年各地区中小企业数量增长

4. 政策性贷款较商业性贷款更快增长

中小企业的政策性贷款规模快速增长，商业性贷款增速下降。2011 年初，为缓解中小企业融资压力，工业和信息化部会同有关部门提出了促进中小企业发展的一揽子政策措施建议，安排 14 亿元资金以支持 533 户担保机构发展，为 8 万户中小企业提供 4200 亿元贷款担保。与此同时，由于紧缩性货币政策的实施，商业银行的中小企业贷款规模增长速度却出现了下降。中国人民银行 2011 年金融机构贷款投向统计报告显示，截至 2011 年 12 月末，主要金融机构及农村合作金融机构、城市信用社和外资银行的中小企业贷款（含票据贴现）余额 21.77 万亿元，同比增长 18.6%，增速较 2010 年末下降 3.9 个百分点；全年增加 3.27 万亿元，占全部企业新增贷款的 68%，比 2010 年末提高 0.1 个百分点；年末小企业贷款（含票据贴现）余额 10.76 万亿元，同比增长 25.8%，比 2010 年末下降 3.9 个百分点。

5. 中小企业政策环境进一步改善

中小企业政策密集出台，政策执行力度不断加大。自 2009 年国务院《关于进一步促进中小企业发展的若干意见》颁布以来，中国已把促进中小企业发展提到战略的高度，有关部门已出台配套文件 80 多个，分别从资金支持、创业扶持、技术创新、市场开拓、社会服务等方面改善了中小企业政策环境。2011 年 6 月，工业和信息化部、国家发展和改革委员会、财政部和国家统计局联合发布了新的中小企业划型标准，为进一步加强中国中小企业扶持政策的针对性奠定了基础；2011年9月，国家工商行政管理总局令第56号发布《个体工商户登记管理办法》，优化了企业登记的工作流程；2011年10月，国务院研究确定了专门支持小型和微型企业发展的金融、财税政策等9项措施，包括要求银行对小微型企业的贷款增速不低于全部贷款平均增速、提高对其贷款不良率的容忍度、提高增值税营业税起征点等措施。各地也积极响应国家促进中小微企业健康发展的战略部署。截至2011年底，全国已有23个省份出台了促进中小企业发展的地方法规，如江苏、浙江、辽宁等省的《促进中小企业发展条例》，使促进中小企业发展政策化、常规化（见表45-1）。

表44-1 2011年全国部分地区出台的中小企业扶持性政策措施

地 区	主要政策	地区名称	主要政策
云 南	结构性减税7亿多元助推小型、微型企业加快发展	宁波鄞州区	出台意见助中小微企业"越冬"
河 南	多措并举支持中小企业发展	山东高密	三项措施缓解中小企业融资难题
内蒙古	2.5亿元支持中小企业发展	江西青云谱区	多措并举为中小企业"解渴"
辽宁沈阳	设立中小企业发展财政专项资金	重庆彭水	"三查"微型企业补助资金安全
浙江台州	"五缓四减三补贴"以支持困难中小企业	湖北赤壁	三举措帮助解决微型企业"两难"问题
安徽合肥	发挥财政资金杠杆效应 以缓解中小企业融资压力	浙江东阳	三项机制帮扶中小企业健康发展
广西钦州	"四个到位"扶持微型企业发展	江苏东台	八项措施促进中小企业加快发展
内蒙古包头	2.5亿元支持中小企业发展	湖南长沙	"三定"方案促进中小企业发展

资料来源：笔者根据工业和信息化部中小企业信息网相关内容整理。

二、中小企业生存难问题

由于一方面国际市场需求疲弱、国内需求启动乏力，另一方面国内原材料价格和劳动力成本快速上涨，而旨在抑制物价快速上涨的紧缩性货币政策又进一步加重了中小企业的融资成本，因而2011年中国中小企业面临需求增长乏力和成本挤压的双重困境。虽然对2011年中小企业倒闭问题的严重程度还缺乏客观、科学、一致的判断，但这一年相当数量的中小企业面临严峻的生存环境已成为不争的事实。造成广大中小企业经营状况恶化，既有中小企业自身创新能力弱、经营要素成本高、外部服务环境差等长期性因素的影响，也有国际市场萎缩、流动性下降和融资成本快速提高等短期因素的作用。

1. 自主创新能力弱是根本原因

自主创新能力严重不足是中小企业面临迅速变化的宏观经济环境却不能及时调整经营战略、消化要素成本的根本原因。由于中小企业自身资金实力有限，加之研发性融资难的问题，大多数中小企业投入到技术创新上的费用非常有限，只能维持日常性的、改进性的研发支出。据全国工商联2011年展开的调查，中国80%的小企业没有进行新产品开发，产品更新周期在2年以上的企业高达55%左右。小企业的国家级、省级新产品产值率也仅为9.5%。另据浙江省工商联报告，浙江大企业研究开发费用占产品销售收入的比重为1.3%，而大多数中小企业则不足0.9%，与发达国家企业研发强度的差距更是在3倍以上。中小企业创新发展能力薄弱主要源于中国中小企业的发展环境建设仍然滞后。根据联合国的中小企业创新能力评价，在有关世界中小企业自主创新10个方面的综合排名中，中国列居第91位，其中，创办企业能力列居第179位，获得信贷能力列居第97位（见表44-2）。

表 44-2　2011 年世界中小企业自主创新能力排名

	新加坡	中国香港	美国	德国	日本	中国
总排名	1	2	4	19	20	91
经济体	4	5	13	98	107	151
创办企业	3	1	17	15	63	179
办理施工许可	5	4	17	2	26	115
电力供应	14	57	16	77	58	40
财产登记	8	4	4	24	24	67
获得信贷	2	3	5	97	17	97
投资者保护	4	3	72	89	120	12
跨境贸易	1	2	20	12	16	60
合同执行	12	5	7	8	34	16
办理破产	2	16	15	36	1	75

资料来源：联合国网站。

2. 出口形势恶化凸显高外贸依存度弊端

国际市场萎缩直接导致中小企业经营效益的恶化。尽管金融危机以后广大中小企业加快了出口转内销的转型步伐，但由于渠道转换和能力建设的长期性和滞后性，多数中小企业的增长仍然高度依赖于国际市场。据海关统计，2011 年中国进出口外贸依存度为 50.1%，其中，出口依存度为 26.1%，进口依存度为 24%。而由于中小企业主要分布于劳动密集型产业，其外贸依存度更高。据全国工商联 2011 年的调查，浙江省中小企业外贸依存度高达 63%，比 2010 年上升了 7.1 个百分点。加之中小企业出口的产品类型单一，目标市场集中，更加剧了国际市场波动对企业经营的冲击。国际市场需求增长放缓大大增加了出口型中小企业的经营压力。由于国际市场需求增长缓慢，特别是金融危机以后各国贸易保护主义“抬头”，经济性和非经济性贸易壁垒提高，中国出口增长受阻，出口增速逐月回落。根据海关统计，2011 年中国出口增速从 3 月的 37.6%持续回落到 6 月的 17.9%，从 8 月的 24.4%持续回落到 12 月的 13.4%。与此同时，来料加工出口下降 4.1%。人民币持续升值进一步加剧了中小企业的出口难问题。2011 年，人民币对美元累计升值 5.1%。汇率升高一方面使以人民币衡量的商品价格提高而导致中小企业出口减少，另一方面人民币升值也推涨了进口原材料的价格。由于中国外向型中小企业多处于产业链低端，缺乏议价能力，因此只能被动消化汇兑损失。

3. 要素价格快速上涨形成巨大成本压力

由于中小企业的要素成本向下游产品市场转化能力弱，快速上涨的要素成本直接导致企业财务状况的恶化。2011 年，中国 CPI 上涨 5.4%，PPI 上涨 6.0%，能源、原材料价格大幅上涨，通胀预期不断强化。特别是 2011 年上半年，煤、油等动力燃料价格上涨 9.2%，成品油价格受国外因素影响上涨幅度高达 17.8%，4 月无烟煤价格同比上涨 10.5%；国内流通环节生产资料价格同比上涨 11.2%，工业生产者购进价格同比上涨 10.2%。与此同时，由于国家加强了节能减排政策的执行力度，多数沿海地区采取了削减总量、“停二开五”等拉闸限电措施，中小企业用电紧张的状况突出。据统计，在用电高峰期，一些企业的设备开工率只有 40%左右，其余设备处于“休息”状态。为了提高设备开工率，有些企业采取了自购柴油发电机发电的办法，但由于柴油机发电成本通常较工业用电成本高出 60%~100%，在提高开工率的同时却牺牲了企业的经营利润。

4. 税费负担过重侵蚀企业利润

北京大学国家发展研究院的一项研究表明，中国中小企业几乎近一半的利润被税费侵占。企业所得税、增值税、城建税、水利基金、房产税、车船使用税、土地使用税等各种税，加上教育费附加、水资源费、社会保险费等各类费以及工商、环保、质监、公安等众多部门征收的各类行政性费用，成为中小企业沉重的成本负担。由中国民主建国会中央委员会企业委员会、妇女委员会与中国企业家调查系统联合发布的《2011 年千户民营企业跟踪调查报告》显示，对于民营企业的税收负担情况，有超过80%的民营企业家认为“很重”或“较重”，15.6%认为“一般”，仅0.5%认为“较轻”。据中国企业家调查系统的分析，企业对税收负担的总体评价值仅为1.83，明显低于中值3，也明显低于2010年这项调查的结果。对于“贵企业一年来向各级政府缴纳国家规定以外的收费、集资、摊派占企业销售收入的比重情况”这一问题，调查显示，选择“1%以上”的民营企业的比重为23.6%，明显高于2010年的数值；选择“0.1%~1%”的占40%，选择“0~0.1%”的占27.6%，没有的占8.8%。由于中小企业主要分布于竞争性行业和劳动密集型行业，其利润率本身就很低，加上税费负担重，大量中小企业缺乏生产必需的流动资金；而融资困难、缺乏进行技术改造和科研开发的长期性资金支持，这也直接影响了企业的长期发展，甚至影响日常经营。

5. 中小企业服务体系建设严重滞后

中小企业转型升级效果差、速度慢，既有企业“无心转”和“无处转”的问题，更有企业“无力转”的问题，中小企业服务体系建设滞后是制约中国中小企业转型能力提升的主要障碍。目前中国中小企业服务体系的功能和能力远远不能满足中小企业“转方式、调结构、上水平”的需求。造成中小企业服务体系建设滞后的原因是多方面的：①中小企业服务网络尚不健全。服务信息渠道不畅，服务资源辐射带动性不强，服务机构之间的联通和协同机制有待建立和加强，服务供需对接及服务资源的优化配置有待提高。②服务机构能力有待提升。中小企业服务机构服务能力不强，不能满足中小企业日益增长的服务需求，服务业务拓展和带动社会服务资源的能力有待提高。③服务功能有待增强。个性化、特色化、专业化服务不足，针对性不强，服务领域和内容有待拓展。服务缺乏基本规范和标准，服务质量有待提高。④资金投入不足。公共服务基础设施建设、服务业务拓展、服务能力提升缺乏充足、稳定的资金来源，财政资金对社会投资的引导作用有待发挥，支持力度有待加强。

三、中小企业融资难问题

2011年以来，受原材料价格上涨、货币政策收紧等宏观因素影响，部分民营企业在持续经营、扩大生产和转型升级过程中遇到了正规渠道融资成本高、融资困难的问题，在民营经济发达的温州地区甚至出现了老板“跑路”潮，形成了较为严重的地方性信贷危机。据不完全统计，2011年4月以后，温州市连续发生80多起企业老板“失踪”、公司关门、员工讨薪等事件，其中仅9月就高达26起，并且呈现出受影响范围从资质较差的企业蔓延到实力较强的行业龙头企业的趋势。导致2011年中国中小企业融资难的原因，既有中小企业金融体系和社会信用体系建设滞后等长期性因素，也有紧缩性货币政策、虚拟经济对实体经济的资本挤出等中短期因素。恶化的财务状况与长期存在的中小企业融资难问题相互影响，导致资金链断裂和民营老板“跑路”等一系列问题集中爆发。

1. 货币政策紧缩

紧缩性货币政策是导致区域性中小企业信贷危机的直接原因。物价上涨压力促进宏观经济政策不断趋紧，而紧缩性的货币政策抬高了中小企业的融资成本，并最终在民间借贷活跃的地区造成区域性的信贷危机。2010年，中国居民消费价格指数快速上涨，全年上涨3.3%。进入2011年，通货膨胀形势更加严峻，CPI在7月达到近年来的峰值6.5%。2010年起，中国人民银行5次加息并12次提高存款准备金率。紧缩的货币政策使市场流动性减弱，一方面存款准备金率的提高使商业银行压缩信贷，加快回款；另一方面存款准备金率的提高助长了利率的攀升，不可避免地加大了中小企业还款负担，而金融市场的“羊群效应”又进一步导致中小企业债务状况的恶化。据统计，2011年第一季度温州的担保类融资中介机构借贷资金用于垫资续贷的比例高达63.7%，在温州80

多家老板"跑路"的企业中，企业欠款超100亿元，涉及民间借贷纠纷的金额达9.31亿元。

2. 虚拟经济对实体经济的资本挤出

房地产、投资品市场和证券市场的高额投资回报率，不仅造成资本从实体经济领域向虚拟经济领域的流出，而且抬高了实体经济资金的使用成本。近年来，金融市场的发展使股票、证券等金融资产投资盛行，房价、地价的飙升使房地产市场异常火爆，而制造业盈利能力却相形见绌。据统计，2007~2010年，中国企业500强中的近300家制造业企业的营业收入总和占500强企业营业收入总和的40%以上，而利润总额却只有500强企业利润总和的30%左右；同一时期，中国最大5家国有商业银行的营业收入总额均只有500强企业营业收入总和的6%左右，但其利润总和却占500强企业利润总额的27%左右。实业部门与金融部门之间悬殊的利润差距可见一斑。此外，自1998年起，房地产业和金融业的资本回报率开始大幅超过制造业，尤其是房地产业从2003年起资本回报率明显高于其他行业，相当多企业的资本从工业和一般服务业流入金融和房地产业，挤占了实体经济中中小企业的金融资本，使中小企业资金趋紧。房地产与证券市场资金的过度集聚使资本价格相互推高，导致实体经济中中小企业的融资成本高企。

3. 中小企业融资渠道狭窄

由于金融体系不完善和金融体制改革滞后，中小企业金融机构和金融产品严重缺乏，致使中小企业融资高度依赖民间借贷。据银监会测算，2011年中国银行贷款主要投放给大中型企业，大企业贷款覆盖率为100%，中型企业为90%，小企业为20%。占企业总数99.7%的中小企业仅获得全部金融机构贷款总额的36.1%。3800万户民营企业从银行取得的贷款尚不足银行贷款总量的2%。在浙江，小企业把银行或农村信用社等传统金融机构作为主要融资渠道的仅占21%，其中银行占15%；约有50%的小企业通过亲友和民间借贷；通过小额贷款公司和典当行融资的占7%；另有22%的小企业从未与以上金融机构或个人发生过借贷行为。从融资成本看，小企业融资月息在0.7%以下的占比为39%，较2008~2009年的54%相对下降15%；月息在0.7%~1.2%的小企业占比46%，较2008~2009年的37%相对提高了9%；融资月息在1.2%以上的小企业占比15%，较2008~2009年的9%相对提高了6%。银行对中小企业的贷款利率基本上都较2010年上浮30%左右，年利率达到8%左右，贴现率提高到4%~5%。此外，由于金融机构对小企业的定义不一致且定义门槛较高，广大贷款需求在100万元以下的小企业成为银行贷款的盲区。

4. 法律规范的缺失

由融资难到高利贷，并最终演化为民营企业家的"跑路"潮，这些现象既反映了中国中小企业融资体系建设的滞后，也反映了相关法律规范的严重缺失。首先，缺乏对高利贷的打击和对企业经营者正当权利的保护。按照法律规定，中国企业法人在达到资不抵债、无力清偿债务的条件时，可以向人民法院申请破产，一旦申请成功，其企业资产立即被冻结，而债权人必须进入法律程序通过法院要款。如果这样的法律程序能够有效实施，偿贷风险就可以得到很好的控制。其次，缺乏对中小企业破产时的救助措施。当企业申请破产保护时，相关部门应当做出评估，评估这个企业还有无"存活"的希望。如果企业有持续经营的希望，政府可以出面协调利益相关者，尽可能延期债权人的追讨，延期税收的缴纳，让企业得以喘息，给企业生产经营步入正轨的机会。对于债权人而言，只有负债企业正常运营并获得利润后，其债务才能得到最大化的偿还。但目前中国还缺乏中小企业破产保护和救助的相关措施。

四、未来中小企业政策调整的方向

2011年中国中小企业出现的一系列问题暴露出中国在中小企业政策制定和中小企业经营环境建设方面还存在诸多不足。未来中国促进中小企业健康规范发展的政策思路必须根据这些新情况、新问题适时进行调整和完善。

1. 进一步落实针对小微企业的专门性扶持政策

在继续实施积极的财政政策时，认真落实和完善支持小型、微型企业和个体工商户发展的各项税收优惠政策；在继续实施稳健货币政策的过程中，加强对符合产业政策、有市场需求的企业、特别是小微企业的信贷支持；在促进产业结构优化升级方面，落实并完善促进小微企业发展的政策，进一步减轻企业负担，激发科技型小微企业发展活力；在千方百计扩大就业方面，重点扶持就业容量大的现代服务业、创新型科技企业和小微企业，创造更多就业岗位；在深化财税金融体制改革中，规范发展小型金融机构，健全服务小微企业的体制机制。

2. 加快中小企业政策思路由“帮扶”向“服务”转型

总体而言，中国当前的中小企业政策的基本思路是扶持性的和援助性的，这些政策在帮助中小企业尽快走出金融危机的负面影响、解决区域性信贷危机等方面发挥了一定的作用。但也应该认识到，当前中国中小企业政策还存在严重的弊端和问题。首先，这些政策主要是为了解决中小企业在短期经营中出现的突出问题，事后补救甚于事前预防，“头疼医头，脚疼医脚”，导致中小企业难以形成稳定的、长期性的预期；政策之间缺乏协调性，政出多门，不能形成着眼长远效果的政策体系，影响了政策的实施效果，降低了政策的可操作性；不仅如此，一些旨在进一步放开民营经济、中小企业投资领域，降低市场准入限制的政策实施细则迟迟没有出台，政策能否落地的问题依旧突出。其次，多数政策具有较为浓厚的行政干预色彩，一定程度上强化了中小企业的投机化和短期化行为，且政策效应越强，这种导向作用更明显，甚至存在企业从扶持性政策中“寻租”的现象。最后，由于中小企业量大面广，扶持性资金和资源真正落到单个企业，可能对企业的援助和帮扶作用非常有限；扶持性政策和援助性政策是传统产业政策思维的自然延伸，是一种应急性的、行政性的、短期化的政策措施，这种政策思路不能完全满足新时期中国中小企业发展的内在要求。针对中国中小企业发展的现实特点和需求，以及当前中国中小企业管理中存在的“缺乏主体、缺乏责任人、缺乏落实、缺乏评估”等问题，未来中国中小企业的政策重点必须逐步由过去的“帮扶”向“服务”转变。

3. 完善中小企业服务体系

未来中国中小企业服务体系建设和服务功能完善要从服务主体培育、服务机制形成、服务队伍建设、服务方式改革等方面有重点、有层次地推进。

加快建设专业的、覆盖广泛的、公益性的、综合性的中小企业服务机构是完善中国中小企业服务体系的当务之急和重中之重。建议以已有的中小企业服务中心或中小企业促进会为基础，在省、市、县三级设立中小企业综合服务机构。综合服务机构自身可以不直接提供服务，但必须能够提供其他政府、社会和商业机构中有关中小企业服务的有效信息。以综合服务平台为主体，汇总和统计服务机构、服务平台和服务业务信息，搭建服务信息综合管理平台，征集和聘任各领域专家，加强中小企业服务智力支持，促进实现全社会范围内中小企业服务资源的统一配置。通过建立热线电话、网上咨询、网络订购和速配等便捷通道，加速服务与中小企业需求的对接。从而将综合服务机构建设成为整合和调动各类社会资源、实现中小企业服务需求“分诊”和快速响应的“门户”，建设成为国家、省、地、县四级服务体系纵向贯通、不同类型服务机构横向联系的关键节点。

社会性团体的积极性和创造力是激发中小企业服务体系活力的根本。建立中小企业综合服务机构与协会、商会和研究会等社团的长效联系机制，理顺体制机制，充分发挥社团的积极性和创造性，将社团建设成为广大中小企业规模化、组织化服务管理的重要推动力量，建设成为中小企业与综合管理机构和各类公共服务平台对接的重要载体。鼓励发挥社团组织在行业标准制定、行业自律、信息发布、展览展示、促进产学研合作、参与政府政策制定等方面的积极作用，支持社团以组团、联合等灵活多样的方式开展中小企业服务工作。

中小企业服务专业人才队伍素质的提升是完善中小企业服务体系的前提。加强中小企业服务机构从业人员专业素质培训，以提升服务能力为重点，形成一批专业素质高、服务意识强的中小企业服务队伍。按照专业化、社会化发展方向，推动建立专家志愿服务队伍与专业化服务队伍。尽快推进中小企业服务专业人才的认证和资格考试制度，形成中小企业服务人才队伍建设的长效化、制度化。

建立有效的服务机构运行机制是服务体系有效运行的制度保障。以满足中小企业服务需求为根本要求，建立适合中国中小企业发展现状和实情的服务机构运行机制。按照公益性公共服务、商业性公共服务和商业性个体服务适当分工、协调发展的原则，推动形成公益性公共服务政府采购，商业性公共服务政府补贴、机构合理盈利、企业合理付费，商业性个体服务市场化定价、政府有效监督的有利于中小企业服务体系可持续发展的运营机制。

建立有效的监督和评估机制是发挥政府对中小企业服务体系指导和引导作用的重要渠道。以独立的、第三方的科研机构为主体，建立中小企业服务机构与服务平台评价机制，建立规范科学的针对不同类型机构和平台的服务内容、服务方式和服务效果的评估体系与评估方法。明确评估标准，规范评价流程，通过逐步完善不同服务产品的服务标准，促进服务机构的规范发展，提高服务质量。

4. 大力发展小微金融机构和小微金融产品

小微金融机构缺位和小微金融产品匮乏是小微企业融资难、融资成本高的根本制度原因。中国既有的银行体系以服务于国企、大型民营企业、城镇居民的国有控股银行、全国性的股份制银行为主体，其业务结构、产品类型和信贷门槛都不符合小微企业的金融需求。在这种情况下，广大小微企业不得不依赖非正式的民间融资，甚至非法融资渠道。因此，应当充分考虑中国小微企业的经济特点。一方面，放宽小微金融机构的还款率要求，营造有利于小微金融机构发展的宏观环境。小微企业经营风险大，抗风险能力弱，信息披露不充分，企业治理不完善，易受国内外经济环境变化的影响，这些特点决定了不能完全按照针对大型企业的信贷条件来要求小微企业；另一方面，要充分调动地方政府的积极性，实行小微金融机构监管属地化。针对小微金融机构规模小、数量多、分布广泛等特点，探索用以地方政府为主体的扁平式监管模式取代现有银行业垂直监管模式的可行性和具体实施路径，考虑由地方政府设立相关部门来监管本地区小微金融机构，同时提供业务指导及培训等服务。在产品设计方面，考虑借鉴国外小微金融产品的成功案例，对以“联保贷款”为代表的国外小微金融机构信贷产品在国内的改进和运用进行研究。“联保贷款”一定程度上可以克服借款者与金融机构之间信息不对称、抵押品缺乏的问题，在“联保贷款”理念的指导下开发相应的金融产品在中国具有很强的适用性。

5. 创新中小企业政策执行方式

借鉴成熟市场经济国家经验，在中小企业政策执行中引入“项目制”的政策执行方式，提高中国中小企业政策的执行效率，避免中小企业政策流于文本和形式。澳大利亚和意大利是目前中小企业政策落实最有效、中小企业发展状况最好的国家。根据澳大利亚和意大利等发达市场经济国家的经验，中小企业政策和服务通常都落实到有具体部门、具体人员负责的政策项目和服务项目上。由于中小企业政策内容繁杂，同时政策实施对象数量多、分布广，因此项目制的中小企业政策和服务有三个方面的好处：一是落实到项目，有明确的责任人，权责清晰。二是预先设定的项目“里程碑”事件，有利于分阶段、有步骤地实施。三是上级管理部门可以根据总体和阶段目标对政策落实进行有效的评估，在保证政府引导的同时，大大提高了政策的实施效力，有效解决了“有政策、没落实”的问题。

专栏 44-1

2011 年新《中小企业划型标准规定》的突破和亮点

这次标准修订是中国历史上的第 8 次标准修订，也是涉及面最广、行业面最宽、划型较全的一次。与原标准相比，新标准有以下四点突破和亮点。

1. 增加了微型企业标准

这次标准修订的重要突破和一大亮点，就是参照一些国家将中小企业划分为中型、小型和微型的通行做法，结合中国的实际，在中型和小型企业的基础上，增加了微型企业标准。如工业企业，微型企业为从业人员 20 人以下或年营业收入300 万元以下，其他行业大多是 10 人以下为微型企业。微型企业是社会就业的重要渠道，是企业群体中的弱势群体，也是最需要政府给予扶持的群体。标准的这一细分，不仅有利于对中小企业的分类统计管理，加强宏观指导，增强扶持政策的针对性和有效性，而且也有利于使中国标准的类型更加完善，与世界主要国家对微型企业标准界定大体一致。

2. 标准的行业覆盖面广泛

新标准适用的行业基本涵盖了国民经济的主要行业，涉及 84 个行业大类、362 个行业中类和 859 个行业小类。

3. 指标选取注重灵活性

《中小企业促进法》规定中小企业的划分标准根据企业从业人数、销售收入、资产总额等指标，结合行业特点制定。新的标准结合行业的具体情况，突出了以下几个特点：①简化了指标。从原标准的 3 个简化为 2 个或 1 个。如工业，交通运输、仓储和邮政业，批发和零售业，住宿和餐饮业，信息传输业，软件和信息技术服务业，采用了从业人员、营业收入 2 个指标。②不同行业指标有所不同，注意结合行业特点，具有很强的灵活性。如服务业从业人员能够较好反映其行业特点，因此绝大部分行业均采用从业人员的指标。③与现有制度相衔接，便于实际操作。新标准指标由原标准的销售收入按现行财务要求统一为营业收入，同时由原来的 3 个指标减少到 2个或 1 个指标，有利于标准出台后的实施，也有利于对企业规模的认定，实际操作性更强。

4. 将个体工商户纳入参照执行范围

个体工商户具有特殊性，目前在法律上个体工商户适用《城乡个体工商户管理条例》，不是企业，但考虑到个体工商户按规模应为小型或微型企业范畴，且数量大、就业人数多，为促进个体工商户的发展，发挥其在解决社会就业中的重要作用，新标准将个体工商户纳入标准范围，参照新标准执行。

资料来源：工业和信息化部中小企业司：《中小企业简报》2011 年第 17 期。

专栏 44-2

中国历史上的几次宏观紧缩与民间高利贷危机

改革开放 30 年以来，时隐时现的高利贷乱象从未消失过。每当银根紧缩时，类似的乱象便显现出来，致使千百万人蒙受严重损失。

1. 1984~1986 年：从通货膨胀到银根紧缩

1984 年，国家决定把预算内基本建设投资由财政拨款改为银行贷款，并把部分投资项目的审批权下放，客观上造成了 1984 年底的信用膨胀和货币发行失控。针对这一情况，国家动用了一系列紧缩手段对经济降温。但“一刀切”的信贷规模管理模式使一些正常的资金需求得不到满足，企业的流动资金变得极其紧缺。在这种背景下，温州出现了金融传销——“抬会”。从 1985 年到1987 年初，温州九县两区的 30 万人卷入其中，会款发生额达 12 亿元之巨。这种疯狂的游戏导致1986 年春夏出现了资金链断裂，会主潜逃，影响巨大。地方政府组织了大规模的整顿活动，直到1992 年才基本平息了这场风波。

2. 1993~1996 年：紧缩政策与高利贷风潮

到了 1992 年，新一轮经济过热再次出现。1994 年，商品零售价格同比上涨 21.7%，创下新中国成立以来的最高纪录，出现了改革开放以来最严重的通货膨胀。于是在 1993 年下半年，政府果断采取了以整顿经济秩序尤其是金融秩序为主要目标的宏观调控措施，央行首先以带有行政色彩的严厉信贷计划来控制信贷规模。从 1993 年下半年到 1996 年，财政货币政策一直采取“双紧”配合，又一次与高利贷风潮相呼应。有关方面的统计表明，1993 年民间借贷资金已高达 300 多亿元，1994 年升至 500 亿元，1995 年更猛蹿至 700亿至 1000 亿元。1993 年温州一度冒出 100 多家地下钱庄，1995 年上半年被关闭的温州市内 18家地下钱庄总资产超过 10 亿元，经这些地下钱庄贷出的资金至少高出银行利率 3 倍。

3. 2003~2004 年：从“钱荒”到新的“标会”

1998 年经济危机后，国家实行积极的财政政策和稳健的货币政策，两次下调存款准备金率，准备金率由 13%下调至 6%。然而，2003 年开始出现“局部过热”的经济态势。于是，国家为了防止经济增长出现“过热”态势，出台了多种抑制经济过快的政策。但银根紧缩造成的民营企业“钱荒”，又一次刺激了民间高利贷的繁荣。有关统计数据表明，至 2003 年年底，仅浙江省东南部地区就有 3000 多亿元。同年 10 月，浙江苍南更是爆出著名的“矾山连环会”案，会案涉案总金额超 4 亿元，会员人数在 2000 人以上，苍南镇 90%以上居民都遭受了经济损失。

4. 2006~2008 年：“适度从紧”与“吴英”案

从 2003 年起，稳健货币政策的内涵发生了变化，最终确定“稳中适度从紧”的政策思路。5 年来央行多次上调存款准备金率，同时提高利率，通过紧缩银根来控制货币供应量。到了 2007 年，经济过热和通货膨胀成为中国经济面临的最大问题，而在金融危机的大背景下，通货膨胀压力更是显著增加。为防止经济增长由偏快转为过热，中国财政政策和货币政策的组合安排由“双稳健”转变为“一稳一紧”，并明确提出，2008 年要实施稳健的财政政策和从紧的货币政策。当时，民间高利贷同样非常猖狂。以温州地区为例，最高年息是 150%。而在 2007 年的浙江东阳，做庄头、搞民间借贷的吴英更是因涉嫌非法吸收公众存款罪被逮捕。

资料来源：徐卓航：《金融改革是必由之路》，《理财周刊》2011 年第 38 期。

参考文献

1. 罗仲伟、贺俊、黄阳华：《根本上解决中小企业问题必须寻求政策思路突破》，中国社会科学院工业经济研究所内部报告。

2. 国家工商行政管理总局：《2011 年市场主体统计分析》，http：//www.saic.gov.cn/zwgk/tjzl/zhtj/bgt/.html，2012 年4 月 26 日。

3. 工业和信息化部：《中小企业简报》2011 年各期，http：//www.qys.miit.gov.cn/n11293472/n11295074/index.html。

4. 国家统计局：《中国基本单位统计年鉴》（相关年份），北京：中国统计出版社，相关年份版。

5. 国务院发展研究中心课题组：《中小企业发展新环境、新问题、新对策》，北京：中国发展出版社，2011 年版。

6. 全国工商联：《2011 年中国中小企业调研报告》，北京：中国工商联合出版社，2012 年版。

7. 谈儒勇：《小微金融机构的发展条件》，《第一财经日报》2012 年 3 月 21 日。

8. 中国企业家调查系统：《当前民营企业发展的挑战与应对——2011 年千户民营企业跟踪调查报告》，《经济界》2011 年第 7 期。

第四十五章　企业国际化经营

提　　要

企业国际化经营是加快转变经济发展方式的重要途径。“十二五”开局以来，中国企业的国际化在震荡中寻找机遇。2011年，受国际形势影响，中国企业出口增速有所放缓，技术密集型产品出口增速显著下降，劳动密集型产品出口增长基本稳定；对新兴市场出口快速增长，出口市场更加多元化；受多方面因素影响，对外直接投资增速创金融危机以来新低；跨国并购依然活跃，并购领域更为广泛；对外投资区域更加广泛，区域集中程度有所下降；地方投资活跃，区域对外投资不平衡状况有所缓解。2011年，国际经营环境出现新的变化，中国企业跨国经营面临新挑战。世界经济缓慢复苏，市场导向的跨国经营受到严峻考验；在经济波动较大的环境中，中国企业全球价值链整合能力不足；中小企业跨国经营能力与外部风险的不对称性更趋明显；此外，针对中国企业的贸易保护主义和投资保护主义愈演愈烈。在此背景下，中小企业可通过寻求多元化出口市场、寻求海外合资合作、并购海外中小企业等方式提升国际化经营质量和层次；大企业需要在原有出口市场的基础上，扩大渠道投资，提高品牌国际化程度；在海外投资方面，要通过并购、建立海外研发中心等战略措施，获取互补性资产，提升自身技术能力。建议加大对中小企业海外投资的融资支持，建立对外投资风险担保体系，强化贸易保护主义和投资保护主义的反制措施，以及加强政府对企业海外投资的宏观指导和信息咨询等，以降低企业国际化经营风险，提高企业国际化经营水平。

*　　　　*　　　　*

中国企业进行国际化经营既是转变经济发展方式的内在要求，也是加快转变经济发展方式的重要途径。在中国不断扩大对外开放、提升对外开放水平和层次的背景下，中国企业国际化经营正在从单一的市场国际化走向要素国际化、品牌国际化和市场国际化并举的全面国际化阶段，出口、技术许可和对外直接投资成为工业企业跨国经营的主要方式。中国对出口贸易政策的调整，本质上是通过国际贸易传导机制倒逼企业进行转型升级的重要举措；而中国鼓励企业对外投资以获得海外资源与技术的政策导向，则为企业提升自身技术水平和全球资源配置能力提供了机遇。此外，海外直接投资也迫使企业进行治理规范和管理创新，加速企业经营方式转型。从行业和宏观层面来看，企业国际化经营的群体行为，已成为加快转变经济发展方式的重要推力。

一、2011 年中国企业国际化经营状况

1. 国际市场需求大幅萎缩，不同类型企业出口增势出现分化

2011 年，由于国际金融危机的持续影响和欧洲债务危机的持续蔓延，全球经济呈现低迷之势，国际市场需求大幅萎缩，企业出口面临严峻考验，出口增速出现一定程度下降。海关数据统计，2011 年中国出口额为 18986 亿美元，同比增长 20.3%，较 2010 年回落 11 个百分点。全年出口增速高开低走态势较为明显，由 1 月的 37.6%回落到 12 月的 13.4%。四个季度规模以上工业出口交货值增速分别为 20.9%、17.6%、17.1%和 12%。技术密集型产品出口增速显著下降，劳动密集型产品出口增长基本稳定。受外需萎缩和综合成本上升的影响，机电产品、高新技术产品出口增速大幅回落，出口额比 2010 年分别增长 16.3%和 11.5%，增速比 2010 年分别回落 14.6 个百分点和 19.2 个百分点。两类产品出口额占出口总额的比重分别由“十一五”期末的 59.2%和 31.2%下降到 2011 年的 57.2%和 28.9%。纺织行业同比增长 15.3%，同比仅回落 1.3 个百分点，以纺织服装为主的劳动密集型产品的出口比重有所上升，显示出国际市场对该类商品需求刚性的支撑作用。

2. 企业对新兴市场出口快速增长，出口市场更加趋于多元化

近年来中国加快开拓新兴市场的成果逐步显现，与新兴市场国家贸易快速发展，与传统市场贸易增速有所放缓。2011 年，这种趋势进一步加强，对“金砖国家”成员国和东盟的出口保持了相对较高的增长速度。海关统计数据核算，2011 年，中国对“金砖国家”中的南非、俄罗斯、巴西、印度四国出口合计 1817 亿美元，占同期中国出口总额的 9.6%。对以上四国出口同比增长 26.8%，高出中国整体出口增速 6.5 个百分点。中国对东盟出口额在 2009 年超过对日本出口额，东盟成为仅次于欧盟和美国的中国第三大出口目的地，此后两年，中国对东盟出口保持了 23.1%的高速增长，东盟也成为在中国外贸出口增速整体下滑的大趋势下，唯一一个保持稳定增长的主要出口目的地。2010~2011 年中国对主要出口目的国（地）的出口增速（见图 45-1）。

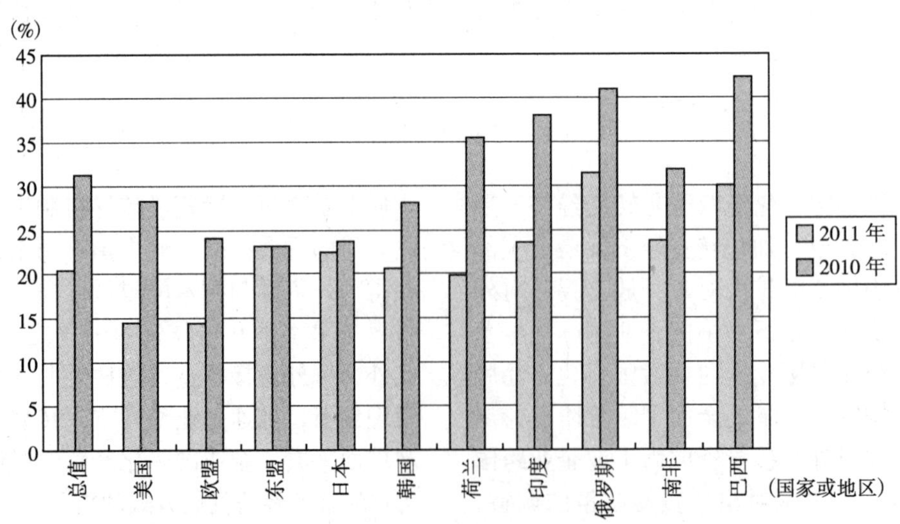

图 45-1 2010~2011 年中国对主要出口目的国（地）的出口增速

资料来源：根据海关统计资讯网数据计算。

3. 企业对外直接投资增速创金融危机以来新低

2011 年，中国非金融类对外直接投资保持增长势头，全年累计投资 600.7 亿美元，同比仅增长 1.8%。与“十一五”期间 36.9%的年均增长率

相比，下降幅度明显。中国对外直接投资增长乏力，源于多方面的因素。世界经济复苏缓慢，传统投资国政权更迭、政治局势错综复杂，导致国内投资者对外投资更加谨慎；一些投资则由于发达国家对外国投资者采取了新的投资限制措施而搁浅。2005 年以来中国非金融类对外投资额及增长率见图 45-2。

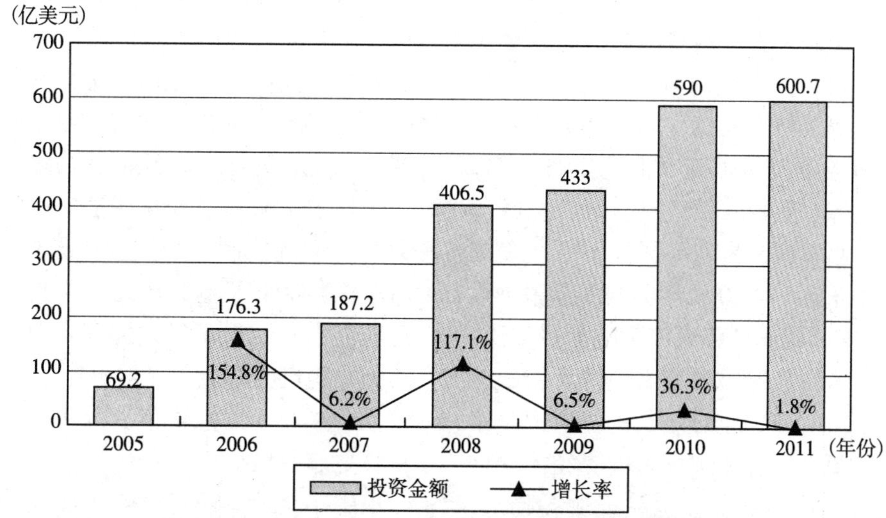

图 45-2　2005 年以来中国非金融类对外投资额及增长率

资料来源：商务部对外直接投资统计。

4. 跨国并购依然活跃，并购领域更为广泛

2011 年，在全球经济不景气的情况下，中国企业海外并购交易依然活跃。全年以并购方式实现的直接投资为 222 亿美元，占中国同期对外投资总额的 37%。并购领域主要涉及采矿业、制造业、电力生产和供应业、交通运输业、批发零售业等。中化集团通过中国香港子公司以 30.7 亿美元收购挪威国家石油公司巴西 Peregrino 油田 40% 的股权，是 2011 年中国企业最大的境外收购项目。按照普华永道的统计，2011 年中国共披露了 16 宗交易金额大于 10 亿美元的海外并购交易，其中包含了 14 宗资源和能源领域交易。资源和能源领域的海外并购交易仍占主导地位，但交易总量占比由 2010 年的 44%下降为 2011 年的 42%。随着国内经济转型和消费升级拉动，品牌和技术导向的制造业海外并购交易迅速发展，2011 年交易总量占比达 35%。

5. 对外投资区域更加广泛，地方投资相对活跃

2011 年，流向传统避税区中国香港、开曼群岛和英属维尔京群岛的投资份额继续下降，对欧洲和非洲等新兴目标区域的投资快速增长。2011 年，对欧洲、非洲的直接投资分别达到 46.1 亿美元和 17 亿美元，同比增长 57.3%和 58.9%。其中对欧盟投资 42.78 亿美元，同比增长 94.1%。对欧洲和非洲的投资份额达到 10.5%。地方投资活跃，区域对外投资不平衡状况有所缓解。2011 年，地方对外直接投资 203 亿美元，占同期对外直接投资总额的 33.4%，占比提高 3.3 个百分点。地方投资同比增长 24.4%，远高于全国增幅。其中，中部地区对外投资 24 亿美元，同比增长 64.1%，是对外投资增长最快的地区，比 2010 年提高 71.7 个百分点；西部地区对外投资 34 亿美元，同比增长 42.9%。

二、"十二五"开局以来企业国际化经营面临的挑战

1. 世界经济缓慢复苏，市场导向的跨国经营受到严峻考验

2011 年，世界经济在震荡中缓慢复苏。欧元区国家的主权债务危机蔓延到欧洲的银行体系，进而影响实体经济。随着欧债危机持续"发酵"，欧元区国家制造业不振，失业率居高不下。美国经济保持了低速增长，但 2011 年美国失业率平均达到 8.95%，严峻的就业形势直接影响消费支出。这种"就业不足的复苏"导致美国经济增长缺乏强有力的支撑。2011 年，全球增长的绝大部分来自新兴经济体。新兴经济体国家在世界经济中的地位进一步提升，但经济增速也呈现放缓趋势。2011 年新兴经济体国家按购买力平价和市场汇率计算的国内生产总值将分别达到 38.63 万亿美元和 25.10 万亿美元，在全球经济中的比重分别占 49.0%和 35.9%，分别比 2010 年提高 1.1 个百分点和 1.6 个百分点。新兴经济体增长放缓主要是受发达经济体状况不佳影响，同时也与控制通货膨胀政策的措施有关。世界各经济体增长乏力使得消费需求受到抑制，市场导向的跨国投资和跨国经营面临严峻挑战。

2. 在经济波动较大的环境中，中国企业全球价值链整合能力显不足

2011 年，全球 FDI 总量一扫 3 年来的低迷，表现出快速增长势头。联合国贸易和发展组织发布的数据显示，尽管全球经济在 2011 年持续动荡，全球外国直接投资却增长 16.5%，达 16642 亿美元，超过了危机前 3 年的平均水平。全球跨国并购总金额达 5849 亿美元，同比增长 70.0%。这种快速增长主要源于发达国家和转型经济体并购活动，特别是采矿业和制药业的巨额并购交易增多。发达国家以及发展中国家和转型经济体 FDI 流入量均有所上升。其中，发展中国家和转型经济体继续在全球 FDI 流入量中占一半以上，吸引外资创历史最高水平，达 7550 亿美元，这主要得益于发达国家跨国公司所主导的绿地投资的强劲增长。流入发达国家的 FDI 上升了 18%，但增长主要来自跨国并购的增多，而不是来自最需要的绿地投资。发达地区跨境并购项目主要是由跨国公司重组及剥离非核心业务所致。欧洲的一些并购尤其如此。在经济震荡环境中，大型跨国公司显示出与环境变化相适应的强大动态调整能力和价值链控制能力。而中国的跨国经营企业，由于国际经营经验的匮乏，则显示出较弱的动态适应能力；相对于发达国家企业，中国企业把握跨国并购机会的能力显然不足。

3. 中小企业跨国经营能力与外部风险的不对称性更趋明显

中小企业本身经营规模小、资本不充足，在对外投资中抵御风险、管理风险的能力比较低。国际金融危机爆发以来，各经济体发生较严重经济风险、政治风险、战争风险和社会风险的可能性有所增强，使得中小企业跨国经营面临更为艰难的局面。尤其是那些缺乏自主知识产权、自主品牌和核心技术的企业，在国内面临过度竞争，利润率本就不高，在经营状况不佳以及海外环境风险增大的情况下，获得融资的可能性更小。因此，对于准备赴海外投资的企业，融资约束加大了海外经营的整体风险；对于那些已经进行了海外投资的企业，则可能面临资金链更趋紧张的局面。因此，在外部风险增大的情况下，企业跨国经营绩效将呈现出"马太效应"，大型跨国公司表现得更为得心应手，而小企业则表现得更加艰难。

4. 针对中国企业的贸易保护主义和投资保护主义愈演愈烈

2011 年，全球经济在震荡中开始缓慢复苏。然而，欧美的"无就业复苏"仍然缺乏坚实的产业基础和需求支撑，在需求疲软和就业状况堪忧的情况下，发达国家纷纷采取传统的贸易保护主义战术，意图保护本国实体经济，打压进口产品，贸易保护主义愈演愈烈。由于中国是世界第二大经济体和第一大商品出口来源地，针对中国的贸易保护主义自然比较严重。2011 年，中国共遭受国外贸易救济调查 602 宗，合计金额 389.8 亿美

元。成为遭受反倾销调查最多的国家。与此同时，美国和欧洲国家纷纷推出"再工业化"措施以提振制造业，开发前沿技术，保障就业增长，导致各种形式的投资保护主义也甚嚣尘上。针对中国企业特别是国有企业的投资，时以国家安全等为由对其予以阻挠，设置了种种障碍。可以预见，形式各异的贸易壁垒和投资壁垒不会在短时期内减少，中国企业跨国经营需要做好应对各种挑战的准备。

三、中国企业跨国经营的策略选择

1. 中小企业的战略选择

（1）努力开拓多元化出口市场以减少出口风险。余波未消的国际金融危机给中国出口型中小企业造成了严重的冲击，尤其是主攻欧美单一市场的企业，受到市场需求急剧萎缩的影响，企业经营举步维艰。由于这些企业中的大部分仍然依赖于间接出口方式，长期缺乏自主销售渠道使其开拓多元化市场受阻。因此，对于这类企业而言，当务之急是及早由间接出口转向直接出口，通过多种方式建立直接销售渠道。一种方式是利用集群品牌建立海外销售终端。按照"企业集聚、资源共享、整体优化"的思路，依托特色产业，充分发挥行业协会和商会的集体协调作用，建设海外销售终端，实现产业销售战略升级。这将有利于拓展中小企业的出口渠道。另一种方式是依托龙头企业开拓国际市场。小企业可与龙头企业结为战略联盟，承接龙头企业订单，获取海外市场信息，积累海外市场经验，逐步建立自己的海外销售渠道。

（2）寻求合适的合资合作机会以进行对外投资。中小企业规模较小，海外经营经验欠缺，加之其投资区位多集中于非洲、亚洲、拉美等地区的发展中国家，这些地区市场环境欠佳，政治风险较大，这些因素无形中增加了中小企业对外投资的风险。因此，为降低海外投资的承诺风险，中小企业初次对外投资宜采取合资方式。需要指出的是，在向发展中国家投资之前，中小企业应进行详尽的投资可行性分析和周全的风险防范工作，防止在投资后遭遇不可挽回的损失。

（3）积极以并购方式获取国外先进技术与品牌资产。有实力的中小企业完全可以考虑以并购方式获取海外先进技术和品牌资产，以获得转型升级的推动力。从全球产业分工来看，中国多数制造业中小企业仍然居于价值链低端，而欧美企业则居于价值链中高端，通过收购海外中小企业，中国企业可以快速提升技术和品牌内涵。近年来，欧洲传统制造业领域的许多家族企业接连遭遇了接班人危机、金融危机的冲击，正经历着一场新旧更迭。加之目前人民币对欧元处于升值周期，对于中国面临转型升级重任的中小企业而言，当前阶段正是其对陷入困境的欧洲中小家族企业展开并购的大好时机。意大利的纺织、家具、机械制造行业，德国的汽配、电子行业，都存在不少潜在并购机会。

（4）科技型中小企业可采取技术许可进入方式。中国一批科技型中小企业对发展中国家已经具备相对技术优势，这些企业通过技术许可的方式进入欠发达国家，既可以避免直接投资的经营风险，又可以提高技术投入的规模报酬，弥补创新资金的不足。这类企业可以通过参加各种行业内的国际展览会，积极展示自身产品和技术实力，以争取技术出口订单。需要指出的是，在技术许可过程中，中国企业需要了解当地法律环境，做好知识产权保护工作。

2. 大企业的战略选择

中国的大型企业集团、行业龙头企业应该成为加快转变经济发展方式的先锋力量。要加快转变经济发展方式，就需要在资源和要素统筹能力、技术创新、管理创新等方面寻求新的突破口和推动力，而更为积极有效的跨国经营战略正是当前阶段中国大型企业寻求能力提升和管理创新的突破口。

（1）建立海外销售渠道以扩大自主品牌出口。随着各种要素条件和相对贸易条件的变化，中国企业通过大量低价产品的出口赚取少量加工费的贸易模式将难以为继，中国对外贸易正在经历由粗放式出口向内涵式出口转变的关键时期。内涵式出口，就需要企业依靠自主设计来提高产品附加值，在海外树立自主品牌形象。当前，中国大量质优价廉的产品，如消费类电子产品、纺织服装、汽车等，在海外市场都存在巨大的市场需求。然而，这些行业自主品牌出口率不高，已严重制约了企业盈利能力的提升。例如，2010年在中国汽车不足3%的出口量中，自主品牌销量占比只有30%，大量的仍是合资品牌和代工产品。由于海外品牌的树立需要持续、大量的投入，对一些小企业而言风险较大；而对一些经营稳定的大企业集团而言，则已经具备开展海外营销的能力。企业可以视自身的能力和资源，通过合资、并购等快捷方式获得国外销售网络，也可以循序渐进地建立自身的销售渠道，推动自主品牌销售。

（2）进行积极而审慎的跨国并购以获取“互补性资产”。近年来，跨国并购成为中国企业快速获取海外销售渠道、提升自身技术能力的重要手段。2008年爆发的国际金融危机，使一些欧美企业资金链紧张、资产缩水、估值下调，这为中国企业海外并购“抄底”创造了难得的机遇；然而，金融危机也增加了并购中的财务风险，冲动而盲目的并购可能将企业拖入“并购陷阱”，使企业整体经营受损。因此，在当前背景下，有并购意愿的企业应保持积极而审慎的态度，在国际业务部门建立海外并购业务小组，长期关注、跟踪、分析目标国及目标企业的运行情况，对目标国的投资风险进行全面考察，必要时委托有经验的国际咨询公司进行信息搜集，确认对方确实拥有自身所需要的技术、营销渠道等互补性资源之后，再展开进一步的收购行动。

（3）适时建立海外研发中心以提高技术能力。建立海外研发中心是企业国际化战略向纵深发展的一个重要表现。一般而言，企业建立海外研发中心的动机主要有以下三种：接近用户以实现产品本土化、接近知识资源以获得当地技术溢出、获取当地人才以提高研发效率。在多数情况下，这三种动因是交织在一起的。例如，中国的汽车企业在欧洲建立研发中心，既有设计本土化的诉求，又有获得当地高素质研发人才和跟踪前沿技术信息的动因。这就意味着，企业进行海外研发投资可以遵循三种基本的思路：第一种是海外市场跟随型投资，这种投资是针对企业主要的出口市场，为了提高产品的本土化水平、贴近当地的消费习惯，企业可以在主要的出口目标市场进行有针对性的产品研发，这种研发主要是市场适应型的研发；第二种是技术跟踪型投资，这种投资主要面向世界领先的技术国，依靠聘用当地人员的方式实现技术吸收；第三种是效率寻求型投资，如软件企业在印度投资，就是为吸引当地高素质的研发人才，提高研发效率。

四、促进企业跨国经营的政策建议

1. 加大对中小企业海外投资的融资支持

融资难是制约中小企业“走出去”的重要原因。由于中小企业的信用基础相对薄弱，获取贷款比较困难，政府可借鉴国际经验，建立为中小企业提供金融支持的政策性金融机构，为具备一定技术实力的中小企业提供优惠的对外投资融资支持。政策性银行可设立中小企业海外拓展专项资金，用于扶持境外贸易营销网络建设、生产性投资和对外承包工程；鼓励企业开展各类国际标准认证工作，并给予一定的经费补助。此外，推动中小企业利用国际资本市场融资。鼓励中小企业到海外上市，不仅有利于企业在全球范围内融通资金，还有利于企业改善股权结构，提升国际影响力，更快地开展国际化战略。当前，应简化企业海外直接上市的审批程序，适当降低企业上市门槛，为企业海外融资创造有利条件。

2. 加强对境外经贸合作区的宏观指导，提高企业“抱团出海”的成功率

2006年，商务部启动了境外经贸合作区项目，截至2008年6月已先后批准设立了19个境外经贸合作区。这些经贸合作区通常选在要素成本低、资源丰富的国家（地区），由企业主导开发，吸引中国企业入驻投资。目前，大部分合作区运营情况良好，但也有个别项目暴露出定位不清晰、园区内产业关联度不高等问题。今后，国家可重点加强区域布局指导和国别风险指导，避免重复投资和盲目投资；重点支持龙头带动型和集群支撑型产业集聚区项目，为中国企业尤其是中小企业营造海外投资的产业支撑环境，充分发挥集群投资的产业链优势，提高企业海外经营的成功率。尤其是针对国内一些相对产能过剩和能源紧缺的产业，要出台优惠政策，鼓励其以集群方式对外投资。

3. 建立完备的对外直接投资风险担保体系

对外直接投资存在巨大风险，有些风险是企业自身难以抵御和承担的。因此，国外政府纷纷建立境外投资风险保障机制，以政府之力量为企业跨国经营解除后顾之忧。对中国企业而言，一些发展中国家和地区为它们“走出去”提供了广阔的市场，但巨大的发展空间往往伴随着很高的风险特别是政治风险，这一问题特别突出。中兴通信曾在刚果（金）投资一个项目，合同签订后刚果（金）发生政变，签好的合同也因此作废。因缺乏海外投资保险制度，不仅盈利无从谈起，而且投入的资金也损失殆尽。因此，中国应借鉴国际经验，尽早建立海外直接投资风险防范与保障体系。一方面，以官方委托的方式，依托中介组织编制海外投资风险评级报告，并建立基金形式的风险保证金；另一方面，制定引导政策，鼓励商业性保险公司开展海外投资保险业务。

4. 针对某些国家的贸易保护主义和投资保护主义，实施必要的反制措施

美国等国家动辄以国家安全为由对中国企业进入美国肆意干涉，以各种贸易壁垒为由对中国产品进入美国市场设置种种障碍。现实情况表明，所谓的“国家安全”、“双反”都只不过是一个幌子，其本意在于通过各种手段保护本国产业和核心技术，遏制中国相关产业的成长壮大。例如，2010 年 5 月，华为斥资 200 万美元收购了 3Leaf System（三叶系统）公司资产，但事后美国外国投资委员会（CFIUS）以国家安全为由建议双方终止交易。迫于美国政府的压力，2011 年 2 月 19 日，华为正式宣布放弃收购 3Leaf。如此小规模的收购也被扣上了“国家安全”的“大帽子”，美国对中国企业的防范可见一斑。面对不断增加的贸易壁垒和投资保护主义，仅通过政治交涉、谈判磋商、法律抗辩等手段来应对是不够的，商务部等国家部门在必要时应启动反制裁措施，如反补贴调查、产业损害调查等，充分运用《反垄断法》向美国企业施加压力，以保护本国企业的合理利益。

5. 充分发挥行业协会等社会化服务组织的作用，推动企业有序“走出去”

目前，一些地区的行业协会或同业公会在促进海外投资活动方面成效显著。这些社会化中介组织熟悉本行业情况，快速掌握投资地信息，可以协调行业内不同企业可能出现的利益冲突，在与投资地政府交涉、沟通、谈判方面也具有优势。为此，在推动企业“走出去”战略时，要充分发挥商会等民间组织的力量，将其作为公共服务体系的一个重要组成部分，鼓励和支持其积极发挥作用，引导、协调和帮助企业有组织、有秩序地“走出去”，发挥产业协同聚集效应，消除内部恶性竞争。

6. 增强政府对企业海外投资的信息咨询服务

企业投资之前的信息咨询服务也应该纳入政府的服务范围。建议由商务部定期派遣投资环境考察团，调查国外投资环境，编制中国企业海外投资数据库，建设统一的政府海外投资信息平台，为企业提供海外投资环境的相关信息。通过驻外使馆设立经济商业情报中心，为企业对外投资提供信息情报等服务。同时帮助企业交流海外直接投资经验，协助进行投资分析，把握投资机会以及负责咨询等服务。鼓励企业参加国际会议，开展海外技术交流活动，扩大国际交流的范围。依托高等院校、法律中介机构及其他民间组织，积极发展咨询服务机构，广泛开展信息收集、分析研究、咨询和培训服务，为企业和政府有关部门提供专业咨询和法律咨询服务。

专栏 45-1

美国对中国企业设置三重防线

1.“反倾销”和“反补贴”手段

主要针对一般商品，通过“反不正当竞争”的法律和“反倾销”、“反补贴”方式，针对中国企业输送到美国市场的低端产品，以此为由进行打压。类似案例，中国东南沿海很多企业都遭遇过。

为了不让外国产品损害本国市场，美国设有美国国际贸易委员会（ITC），委员都由总统亲自任命，专门负责调查外国产品是否涉及倾销或补贴，是否对专利、商标或版权有侵权行为等。据统计，2011 年，ITC 共发起“337 调查”69 起，其中涉及中国企业的有 26 起，占调查总数超过 1/3，原因均为专利侵权。在涉华的 26 起调查中，有 15 起案件涉及电子信息产品，5 起涉及轻工产品，涉及医药产品和机械产品的均为 2 起，涉及化工产品和汽车产品的均为 1 起。

2. 利用知识产权手段

如美国的“301 条款”和“337 条款”。最近几年，美国扩大“337 条款”使用范围，即使只是怀疑或者有美国企业无中生有地举报，美国海关也会动用“337 条款”，将中国产品扣留在美国海关，制止中国产品进入美国市场，进而封杀中国企业。

3. 利用国家安全审查手段

在“337 条款”无法生效的情况下，美国将外国投资委员会（CIFUS）审查作为新的干涉手段。如华为和三叶的贸易案例，其本质是华为避开了“337 条款”，直接在美国投资；而美国政府采取此手段继续阻挠华为进入美国市场。

资料来源：根据环球网（http：//finance.huanqiu.com/roll/2011-02/1522285.html）和人民网（http：//finance.people.com.cn/GB/70392/17952924.html）整理。

参考文献

1. 裴长洪：《中国贸易政策调整与出口结构变化分析：2006~2008》，《经济研究》2009 年第 4 期。

2. 黄速建、刘建丽、王钦：《国际金融危机对中国工业企业的影响》，《经济管理》2009年第 4 期。

3. 刘建丽：《中国制造业企业海外市场进入模式选择》，北京：经济管理出版社，2009 年版。

4. 王钦、刘建丽：《中国企业海外并购：金融危机背景下的机会与风险》，《领导之友》2009 年第 2 期。

第四十六章　中国企业社会责任

提　要

作为“十二五”的开局之年，2011年中国企业社会责任发展取得了六大进展：社会责任制度建设稳步推进、社会责任沟通受到空前重视、社会责任投资获得更快发展、社会责任管理探索继续前行、社会责任实践取得积极进展、社会责任外部评价蓬勃发展。然而，在经历了“十一五”时期的热情高涨和蓬勃发展之后，中国企业社会责任也进入了“悖论丛生”的困惑期，并表现出六个方面问题：国家缺乏社会责任顶层设计、社会责任表现总体水平不高、社会责任管理呈现三大悖论、社会责任发展支撑条件不足、社会责任报告存在诸多误区、社会责任自我评价极其薄弱。因此，要进一步推动中国企业社会责任持续健康发展，应考虑六大对策建议：推动各界科学认识社会责任、做好国家社会责任顶层设计、加强社会责任的研究和教育、继续强化社会责任制度供给、鼓励企业探索社会责任管理、引导公民社会规范健康发展。

*　　*　　*

作为“十二五”的开局之年，2011年是全球企业社会责任运动持续深入的一年，是中国企业社会责任稳步发展的一年。在这一年，无论是制度建设、外部环境培育还是管理模式探索和企业实践，中国企业社会责任发展均呈现“喜忧参半”的显著特征。可以说，在经历了“十一五”时期的热情高涨和蓬勃发展之后，中国企业社会责任发展开始进入“外热内冷”和“悖论丛生”的困惑期。

一、2011年中国企业社会责任发展取得的进展

在国家加快转变经济发展方式和推进社会主义和谐社会建设的大背景下，在企业、政府和公民社会三元力量的共同推动下，2011年中国企业社会责任发展继续前行，在社会责任制度建设、社会责任沟通、社会责任投资、社会责任管理、社会责任实践和社会责任外部评价方面均取得了积极进展。

1. 社会责任制度建设稳步推进

制度供给不足是经济社会转型国家企业社会责任发展的显著特征，这在中国也不例外。针对这一现象，从“十一五”时期起，中国企业社会责任发展的制度供给速度明显加快，2011年延续了这一态势，中国企业社会责任制度建设得到稳步推进。一方面，企业社会责任推进的宏观制度

建设进一步得到加强。2011年，国务院国有资产监督管理委员会（简称“国资委”）下发了《中央企业“十二五”和谐发展战略实施纲要》，明确要求中央企业要大力推进诚信央企、绿色央企、平安央企、活力央企和责任央企建设，努力实现“经济、社会、环境综合价值创造能力显著增强”、“沟通和运营透明度显著提高”和“品牌美誉度和影响力显著提升”的发展目标。同时，国务院国资委还启动了《中央企业社会责任管理指引》文件的研究和起草工作，拟在2008年下发的《关于中央企业履行社会责任的指导意见》基础上，进一步细化对中央企业履行社会责任和社会责任推进工作的要求。此外，地方政府和行业协会也相继加强了企业社会责任制度建设，如山东省国资委于2011年初下发了《关于省管企业履行社会责任的指导意见》；浦东新区于2011年6月下发了《浦东新区推进企业履行社会责任的若干意见（修订稿）》和《浦东新区推进建立企业社会责任体系三年行动纲要（2011~2013）》；厦门市国资委于2011年底下发了《厦门市属国有企业履行社会责任的指导意见》；中国工业经济联合会于2011年5月发布了《中国工业企业及工业协会社会责任指南实施手册》；信托业协会于2011年12月组织了65家信托公司在《信托公司社会责任公约》上签约。另一方面，企业社会责任推进的微观制度建设得到强化，多家企业进一步建立健全了内部社会责任制度。比如，国家电网公司于2011年8月下发了《关于进一步加强社会责任工作的通知》，明确了今后一段时期公司各单位做好社会责任的七项重点工作；宝钢股份于2011年3月发布了国内钢铁行业首个《绿色采购指南》，成为宝钢规范采购物品的绿色环保化及推动供应商选用绿色资源、实现绿色制造、强化环境管理的指导书。

2. 社会责任沟通受到空前重视

社会责任沟通无疑是企业加强透明度建设和塑造可靠可信的企业形象的重要内容，是企业提升社会责任绩效的重要途径。2011年，中国企业对于社会责任沟通更加重视，无论是在沟通机制建设、沟通方式拓展还是沟通成效改进方面，均取得了明显进展，具体表现：①社会责任报告制度进一步完善，社会责任报告数量持续快速增长。2011年是中国企业社会责任报告发布数量在继2009年呈现“井喷”态势和2010年稳步发展的基础上，实现较快增长的一年。数据显示，全年中国企业社会责任报告发布数量达到898份，同比增长18.2%。其中，国务院国资委已明确要求所有中央企业在2012年底之前必须发布社会责任报告，由此推动已有76家中央企业在2011年发布了社会责任报告。特别是国家电网公司和南方电网公司均已要求所有下属省公司编制和发布社会责任实践报告。②社会责任沟通的主动性进一步增强，利益相关方参与程度不断改善。随着中国企业社会责任意识的增强和对社会责任认知的深化，越来越多的企业开始改变传统的被动沟通方式，更加自觉和主动地与利益相关方进行沟通，并建立了多种常态化的沟通机制，尤其是更加注重在社会责任沟通中积极推动利益相关方参与。比如，2011年5月20日，南方电网公司在广州、深圳、海口、南宁、桂林、贵阳、昆明等15个重点城市同步开展主题为“责任南网·绿色同行”的“社会责任日”社会责任互动活动，这是在中国中央企业中的首个“社会责任日”。2011年5月31日，中国石化集团公司在其下属企业燕山石化公司举行“走进中国石化——社会责任报告发布会暨公众开放日活动”，中国石化还聘请了包括高校教授、经济学家、财经评论员及普通消费者等在内的10名代表作为社会监督员，以更加开放的方式积极展开沟通互动，自觉接受社会监督。[①] ③社会责任沟通更加注重战略性和系统性，价值沟通模式开始受到重视。经过几年的探索，一些中国企业开始改变传统的“一事一议”沟通方式，转而实施战略性的社会责任沟通模式，系统地与社会沟通自身存在的价值。比如，2011年国家电网公司开始启动编制《公司的价值》白皮书，并于2012年1月面向社会公开发布，全面向利益相关方阐述了国家电网公司存在的价值，获得了张德江副总理的批示。

3. 社会责任投资获得更快发展

社会责任投资要求投资者在进行投资决策时，充分考虑环境、社会、公司治理等因素，并在投

① 赵钧、朱钢华、林波：《2011年国内社会责任十大事件》，《WTO经济导刊》2012年第2期。

资活动过程中始终坚持遵循这一原则。尽管社会责任投资在西方已经成为举足轻重的投资方式，但在中国却是近几年才开始起步。2011 年，中国社会责任投资在“十一五”发展基础上，继续加快发展步伐，具体表现：①社会责任投资产品更加丰富。继 2008 年国内首只社会责任投资基金（兴业社会责任投资基金）和 2010 年国内第二只社会责任投资基金（建信上证社会责任 ETF 及连接基金）成立后，2011 年中国又有两只社会责任投资产品产生，即汇添富社会责任股票型证券投资基金和兴业全球基金旗下以绿色投资为主题的兴全绿色投资基金。与此同时，截至 2011 年，除兴业全球基金已经建立社会责任投资指数外，建信基金也申请了上证社会责任指数的使用授权，新华基金在公司内部建立了社会责任投资指数。②社会责任投资活动日趋活跃。根据中国证券业协会的调查，59 家被调查基金管理公司中有 23 家公司未来 3 年内有社会责任投资方向的计划和安排。其中 10 家公司表示准备开发推出社会责任投资方向基金，6 家公司表示将继续关注并追踪研究社会责任投资在中国的发展，4 家公司表示会以举办讲座和论坛的形式来推广宣传社会责任投资，3 家公司表示将致力于社会责任指数的建立与运用。[①] ③金融机构的责任信贷增长迅速。国内多家银行都加大了对民生改善领域和绿色发展领域的信贷支持。比如，国家开发银行持续多年加大对教育、就业、住房、医疗卫生、水利、新农村建设等民生事业发展领域的信贷投放，截至 2011 年底已累计向民生领域发放贷款约 2 万亿元。[②]

4. 社会责任管理探索继续前行

作为一种新的管理模式，社会责任管理的核心任务是推动企业将社会责任理念和要求全面融入企业使命、战略、文化和日常运营，确保企业以对社会负责任的方式开展运营。2011 年，中国企业和社会继续探索和寻找适合自身的社会责任管理模式，在社会责任管理体系建设方面取得了一些新进展。具体包括：①基于最新发布的社会责任国际标准 ISO26000 构建和更新企业的社会责任管理体系。2010 年 11 月 1 日正式发布的社会责任国际标准 ISO26000 为企业实施社会责任管理提供了指南，由此一些创新意识较强的中国企业开始探索将这一标准的要求和方法融入自身的社会责任管理中，形成更加符合国际规范的社会责任管理体系。比如，云南电网公司于 2011 年启动了 ISO26000 在电力行业的应用研究，并在研究成果基础上制定了基于 ISO26000 的企业社会责任管理体系文件。②继续深化正在推行的社会责任管理模式，如中国移动实施了第二阶段的战略性企业社会责任管理行动计划，中远集团继续完善基于多种管理体系整合的社会责任管理模式，而国家电网公司则深化和扩大了全面社会责任管理试点，提出在积极总结天津市电力公司、江苏无锡市供电公司和浙江嘉兴嘉善县供电局全面社会责任管理试点经验基础上，提炼公司各级供电企业全面社会责任管理模式，并制定全面社会责任管理试点推广方案，同时要求各省公司在 2011 年底之前，均选择一个地市公司开展试点。③基于责任竞争力的社会责任管理模式取得新进展。2011 年 12 月 16 日，上海浦东新区首次发布区域责任竞争力指数《上海市浦东新区区域责任竞争力指数报告》，成为国内首个推出区域责任竞争力指数的地区，反映了浦东新区推进企业社会责任体系建设的创新和实践进展。④继续探索在社会责任管理分支领域的创新。比如，中国五矿于 2011 年创新社会责任培训模式，在国内首次推行了情景式社会责任培训，将社会责任与企业实际运营紧密结合进行培训，取得了良好效果。中远集团探索创新碳排放管理工具，自主研发了碳排放计算器，成为国内首家为全球客户提供碳排放计算并帮助其选择更环保航线的公司。

5. 社会责任实践取得积极进展

加快转变经济发展方式要求企业必须走可持续发展之路，其核心是要以负责任的方式开展运营实践。2011 年，中国企业加快了转型升级的发展步伐，履行社会责任实践取得了积极进展，在建设有责任感经济的道路上继续前行。从不同类型企业来看，国有企业、民营企业和外资企业的社会责任实践水平总体上都稳步提升，但各种企

① 中国证券业协会：《2010 中国证券投资基金业企业社会责任调查报告》，《上海证券报》2011 年 11 月 16 日。
② 朱安民：《国家开发银行向民生领域贷款近 2 万亿元》，《中国财经报》2012 年 3 月 3 日。

业也都出现了多起受全社会广泛关注的社会责任缺失事件。从社会责任实践的具体内容来看：①诚信合规经营水平有所提升。以企业针对消费者的诚信合规为例，2011 年全国共受理消费者投诉 607263 件，同比下降 8.9%，在各类投诉性质中，除了涉及营销合同的投诉量同比有一定程度上升外，其他性质的投诉同比均有不同程度的下降。[①] ②劳工保护实践持续取得进步。从劳动关系建设来看，截至 2011 年底，全国规模以上企业劳动合同签订率达到 97%，当期有效集体合同覆盖职工 1.14 亿人；[②] 从民主管理来看，2011 年全国工会组织的覆盖面进一步扩大，新发展会员 1700 多万人，会员总数达到 2.58 亿人，其中农民工会员 9400 多万人，同时全国工会基层组织覆盖单位数已达 520 万家，企业建会率为 67.58%；[③] 从薪酬福利来看，2011 年全国共有 24 个省份调整了最低工资标准，平均增幅 22%，[④] 企业“五险一金”缴纳率继续提高。③环保节约实践取得较好成效。从节能减排来看，中国发布实施了“十二五”节能减排综合性工作方案、控制温室气体排放工作方案和加强环境保护重点工作的意见，加大了对高耗能、高排放和产能过剩行业的调控力度，2011 年淘汰落后的水泥产能 1.5 亿吨、炼铁产能 3122 万吨、焦炭产能 1925 万吨，[⑤] 尽管没能完成预定目标，但全国万元国内生产总值（GDP）能耗仍然下降了 2.01%；[⑥] 从发展循环经济来看，截至 2011 年底，中国共有 1753 个 CDM 项目成功注册，占东道国注册项目总数的 46.81%，预计产生的二氧化碳年减排量共计 356171235 吨，占东道国注册项目预计年减排总量的 63.80%；[⑦] 从发展节能环保产业来看，2011 年中国节能服务产业产值首次突破 1000 亿元人民币，达到 1250 亿元，同比增长 49.5%，截至 2011 年底，全国从事节能服务业务的公司数量近 3900 家，其中实施过合同能源管理项目的节能服务公司 1472 家，比2010 年增加了 88.23%。[⑧] ④安全生产实践保持持续向好的态势。与 2010 年相比，2011 年全国各类事故起数和死亡人数分别下降 4.3%和 5%，重大事故起数和死亡人数分别下降 8.1%和 7.2%，特别重大事故起数和死亡人数分别下降 63.6%和 61.2%，亿元 GDP 事故死亡率、工矿商贸 10 万就业人员死亡率、道路交通万车死亡率、煤矿百万吨死亡率分别下降了 13.9%、11.7%、12.5%和 24.7%，工矿商贸领域事故死亡人数首次降到万人以下、煤矿事故死亡人数首次降到 2000 人以下。[⑨] ⑤慈善公益责任实践更加理性规范。2011 年，民政部先后发布了《中国慈善事业发展指导纲要（2011~2015 年）》和《公益慈善捐助信息公开指引》，推动形成制度完善、作用显著、管理规范、健康有序的慈善事业发展格局。同时，尽管中国公益领域受到多个负面事件的影响，但企业对慈善公益事业仍然保持积极参与的趋势。

6. 社会责任外部评价蓬勃发展

社会责任评价既包括企业的自我评价，也包括社会对企业的外部评价。伴随着中国企业社会责任运动的兴起与发展，社会责任外部评价在中国获得了蓬勃发展。2011 年，多个政府部门或社会机构都组织开展了企业社会责任评价，对促进中国企业社会责任向纵深方向发展起到了一定的促进作用。归纳来看，社会责任外部评价主要包括：①政府部门对企业履行社会责任表现的评价。目前尚无政府部门建立完整的社会责任评价体系，但已有部分部门在进行积极探索。比如，国务院国资委于 2011 年对中央企业履行社会责任实践进行了评优，64 家中央企业的 74 个案例入选成为“中央企业优秀社会责任实践”。更进一步，国务

① 中国消费者协会：《2011 年全国消协组织受理投诉情况分析》，中国消费者协会网站，http://www.cca.org.cn/，2012 年 2 月 14 日。
② 吴邦国 2012 年 3 月 9 日在第十一届全国人民代表大会第五次会议上所作的全国人大常委会工作报告。
③ 陈郁：《工会会员覆盖面继续扩大》，《经济日报》2012 年 1 月 8 日。
④ 新华网快讯：《全国 24 个省份调整了最低工资标准平均增幅 22%》，新华网，2011 年 12 月 29 日。
⑤ 温家宝 2012 年 3 月 5 日在十一届全国人大五次会议上所作的 2012 年政府工作报告。
⑥ 数据来源于国家统计局。
⑦ 中国清洁发展机制网：《截至 2011 年 12 月 30 日中国 CDM 项目注册》，中国碳汇林，http://www.carbontree.com.cn，2012 年 1 月 7 日。
⑧ 中国产业研究院：《2011 年中国节能服务业产值突破 1000 亿元》，中国产业研究网，http://www.ciedr.com，2012 年 2 月 10 日。
⑨ 张德江 2012 年 1 月 13 日在全国安全生产电视电话会议上发表的讲话。

院国资委已经设立并开展《中央企业责任评价体系研究》课题研究，试图建立中央企业社会责任评价体系，逐步建立社会责任考核评价机制。②社会组织对企业履行社会责任表现的排名。比如，《中国企业报》、中国社会科学院经济学部企业社会责任研究中心和《财富》杂志（中文版）分别于2011年6月、11月和2012年3月发布了各自的中国企业社会责任100强榜单。③社会组织对企业社会责任报告的评级。比如，挪威船级社、四大国际会计师事务所均为企业社会责任报告提供审验服务，中国社会科学院经济学部企业社会责任研究中心、润灵环球责任评级则建立了中国企业社会责任报告的评价榜单。④各种机构开展的社会责任评奖活动。比较有代表性的如中华慈善奖（民政部主办）、人民社会责任奖（人民网主办）、中国企业社会责任典范报告奖（北京融智企业社会责任研究所主办）。

二、2011年中国企业社会责任发展存在的问题

2011年中国企业社会责任在取得积极进展的同时，也出现了许多问题和面临着诸多困惑，包括缺乏顶层设计、总体水平不高、异化现象明显、支撑条件不足、报告陷入误区和自我评价薄弱等。

1. 国家缺乏社会责任顶层设计

企业社会责任作为一种新的社会资源配置机制和运行方式，其推进需要国家做好顶层设计，这在中国显然是缺乏的。具体来说，中国缺乏社会责任顶层设计主要表现在两个方面：①缺乏社会责任国家战略，难以适应全球发展趋势。目前中国并没有从国家战略高度推进企业社会责任，核心表现是没有一个统一的社会责任国家战略。然而，制定和实施明确的社会责任国家战略已经成为当前全球企业社会发展的一个趋势，也是越来越多国家作为提升国际竞争力的重要途径。比如，欧盟成员国不仅早已制定了企业社会责任战略，而且不断更新和调整社会责任战略。2011年10月，欧盟委员会又发布了《新版欧洲企业社会责任战略报告》（2011~2014），明确了两个目标，详细规划了包括八项具体内容的“2011~2014年行动议程”，承诺同27个成员国共同监督欧洲各国企业执行新战略的进展，并将在2014年进行回顾评估。②缺乏统一的社会责任国家标准，难以满足国内社会责任向纵深发展的需要。一个统一的国家标准是推动企业社会责任在一个国家得到规范和持续深入发展必不可少的条件，但目前中国尚没有制定这样的社会责任标准。实际上，在社会责任国际标准ISO26000发布后，各个国家制定统一的社会责任国家标准进程明显加快。2011年已有36个国家采用和将ISO26000转化为自己国家的标准。而且，不仅多个发达国家纷纷制定了社会责任国家标准，而且一些发展中国家也开始探索和制定统一的社会责任标准。比如，2011年7月，印度政府发布了第一份企业社会责任领域指导准则，即《印度企业社会、环境和经济责任自愿准则》。

2. 社会责任表现总体水平不高

客观地讲，经过近几年的快速发展，中国企业无论在社会责任意识还是社会责任实践方面，都已经有所改进。然而，囿于多方面的因素，中国企业的社会责任表现总体水平仍然不高，具体表现：①社会责任综合表现整体处于起步阶段。根据中国社会科学院经济学部企业社会责任研究中心的评估，2011年中国100强系列企业社会责任发展指数平均分由17.0分变为19.7分，稍有进步，但社会责任整体水平仍然较低。只有中国远洋集团1家企业处于卓越者阶段；23家企业（占7.7%）处于领先者阶段；36家企业（占12.0%）处于追赶者阶段；35家企业（占11.7%）处于起步者阶段；205家企业（占68.3%）仍在“旁观”，没有推动社会责任管理，社会责任披露十分缺乏；还有26家企业得分为0或者负数。[①] 另据《财富》

① 陈佳贵等：《中国企业社会责任研究报告》（2011），北京：社会科学文献出版社，2011年版。

杂志（中文版）最新发布的中国企业社会责任100强榜单，其中的中国企业50强得分超过60分的只有5家，最低的得分只有19.4分，最高的得分也低于75分。②社会责任缺失事件频频发生。不仅本土企业存在大量违背伦理道德的事件，而且在华的跨国公司也暴露出许多违规和道德缺失现象。比如，2012年3月15日中央电视台就曝光了一大批社会责任缺失事件和现象，例如“中华学生爱眼工程”借公益揽钱、液化气罐充装二甲醚成行业潜规则、东顺消防灭火器偷工减料、银行工作人员兜售客户个人信息、利用医疗垃圾制作儿童玩具、麦当劳销售过期食品、锦湖轮胎原料掺假、家乐福用三黄鸡冒充柴鸡及“返包”销售过期食品、中国电信成垃圾短信推手，等等。

3. 社会责任管理呈现三大悖论

尽管越来越多的中国企业意识到社会责任管理的重要性，也有一些先行企业在努力探索社会责任管理模式，但现实中却大量存在社会责任管理的悖论现象，具体表现：①思想悖论。从对待企业社会责任态度来看，许多企业和企业领导人都公开强调社会责任的重要性，并以不同形式向外界承诺履行社会责任，但心里想的并非如此，而是仍然坚持传统的“利润第一”思想和理念。从对企业社会责任的内涵与外延理解来看，很多企业和企业领导人宣讲时都强调社会责任绝不仅仅是慈善公益，也绝不是企业的负担，更不是“新瓶装旧酒”，而是新的企业发展方式，但心里想的社会责任依然是“好人好事”，在进行决策时依然将其看作纯粹的负担。②战略悖论。很多企业强调所谓的“将社会责任理念和要求融入企业战略”，但实际上，一方面，很多企业在战略愿景中仅仅加入“履行社会责任”、“实现可持续发展”、“推进综合价值最大化”等字眼，并没有结合自身实际和企业社会责任的核心精神，没能形成具有自身特色的、包含企业社会责任思想的战略愿景；另一方面，虽然一些企业将社会责任理念和要求融入了战略愿景表述，但在战略目标的设定以及策划的具体行动中都缺乏相应的社会责任维度，仍然完全围绕着企业经营生产展开，由此使得战略愿景难以真正实现。③行为悖论。很多企业和企业领导者都接受过社会责任培训和学习，也知道社会责任的本质内涵与核心要素，更理解社会责任缺失的“惩戒效应”，但由于社会责任并没有融入企业的使命、战略和文化中，没有制度化，因此在实际的决策和行动中，经常出现“知法犯法”的背离社会责任现象。与此同时，很多企业和企业领导者都知道将社会责任“狭隘化”是不妥的，但在实际行为表现中却往往呈现“狭隘化”的倾向。

4. 社会责任发展支撑条件不足

企业社会责任发展需要具备良好的支撑条件，包括适宜的社会环境、适合的工具方法和适当的理论基础。然而，目前中国企业社会责任发展的支撑条件显得很不足，具体表现为“三大悖论”：①方法悖论。企业社会责任是一个涵盖经济学、管理学、社会学、伦理学、法学等众多学科的交叉领域，各学科的多种方法和工具理应都可应用于企业社会责任研究和实践。但现实是，企业社会责任理论研究中所采用的方法非常有限，导致企业社会责任理论研究迟迟未能像其他领域那样全面深入；企业社会责任实践所能采用的工具更是非常少，几乎所有企业都感觉在实践社会责任过程中没有工具可用，这也是越来越多的企业在推进社会责任方面感受到的困惑。②环境悖论。从政府来看，经常看到政府出台相关的社会责任文件，也经常听到相关领导对社会责任高度重视之类的话语，但现实是中国“唯GDP至上”的政绩观并没有得到根本的扭转，基于这一政绩观的许多制度设计都是与社会责任相背离或者容易诱发社会责任缺失；从公众来看，经常看到“公众社会责任意识显著增强、公众对企业履行社会责任的期望和要求日益提升”之类的令人振奋的报道和阐述，但现实是“道德危机”现象大行其道，“诚信缺失”现象屡见不鲜，消费者在经济利益驱使之下摈弃了“责任消费”的崇高追求，投资者在回报盘算之后忘记了“责任投资”的根本要求，采购商在价格、质量和交货及时性的考量中不再遵循“责任采购”的基本原则。这些都让我们看到，一方面是全社会要求企业自觉履行社会责任，另一方面是全社会普遍缺乏责任意识和自觉行为，这种矛盾对于企业社会责任的发展极为不利。③研究悖论。基础理论和应用研究是企业社会责任研究的两大方向。目前，企业社会责任的基础理论研究和应用研究呈现明显差异，基础理论研究的缺乏已经严重制约了应用研究的有效性，这使得企业社会责任研究的两个方向都非常不明确。对于基础理论研究来说，一方面是短期内要获得大的突破很难，另一方面是日益增多的应用研究需要更加坚实的基础理论支撑，因此面临“进退两难”的境地；对于应用研究来说，一方面是社会责任实践需要大量的应用研究指导，另一方面是缺乏富有创造性的基础理论导致应用研究可能表象化甚至偏离正确方向，因此也面临“进退两难”的境地。

5. 社会责任报告存在诸多误区

随着社会责任报告数量的持续快速增长，社会责任报告已经成为中国企业开展社会责任沟通的重要方式。然而，许多中国企业在对社会责任报告的认知、定位、编制、发布和利用等多个环节都存在程度不一的误区，由此导致中国企业社会责任报告的质量参差不齐、效果也迥然各异。具体来说，中国企业在社会责任报告方面存在的误区包括：①认识上的误区。很多企业将编制和发布社会责任报告当作外部强加的任务来完成，不能充分认识到社会责任报告的真正作用，如一些中央企业将编制和发布社会责任报告作为完成国务院国资委硬性要求的任务，而一些上市公司则把编制和发布社会责任报告作为完成上交所硬性要求的任务。其结果是一些公司对于编制和发布社会责任报告应付了事，一些上市公司的社会责任报告只有几页纸。这也是目前绝大部分中国企业都没有加入编制和发布社会责任报告行列的原因。②定位上的误区。由于很多企业不能认识到社会责任报告的真实含义和真正价值，因此对其定位也是千差万别，甚至大量出现严重偏颇。比如，一些企业将社会责任报告仅看作宣传企业的工具，由此导致其在报告中只说“好的”而拒绝一切负面信息披露，严重违反社会责任报告所应遵循的“平衡性”原则，甚至有些企业的社会责任报告变成了“宣传画”。③操作上的误区。首先是很多企业认为好的报告是编出来的，殊不知好的报告必须以自身“做得好”为基础，同时还需要具备良好的管理。其次是很多企业将完整的报告编制程序看作负担，殊不知编制培训、各层级访谈和报告意见征求等环节都是普及和提升社会责任理念、增强社会责任意识的过程，也是帮助企业从社会责任视角梳理和反思工作并实现改进的过程。再次是很多企业在社会责任报告中只做工作沟通，将社会责任报告编成了企业的工作总结，而没有考虑利益相关方的关注点，缺乏价值沟通。最后是绝大多数大型企业集团均只发布一份整个集团社会责任报告，认为下属分、子公司无须单独编制和发布社会责任报告，殊不知对于存在大量分、子公司的企业集团来说，各个分、子公司的大量社会责任信息难以在集团报告中得到反映，而这些又是分、子公司的利益相关方所期望获得的信息。④使用上的误区。中国大量企业对于社会责任报告重“编”不重“用”，花费了大量时间、精力甚至经费编制出了一份社会责任报告，却在发布后就束之高阁，远远达不到报告所应发挥的作用和效应。

6. 社会责任自我评价极其薄弱

社会责任自我评价是企业社会责任管理和实践实现持续改进的前提和基础，也是企业自我评价的重要内容。然而，与社会责任外部评价呈现蓬勃发展的态势形成鲜明对比的是，中国企业的社会责任自我评价却显得十分薄弱。主要表现：①绝大多数企业尚没有建立社会责任衡量和评价指标体系。目前由于绝大多数企业并没有从战略高度和管理变革视角认识社会责任，因此也就没有意识到要对社会责任表现进行自我衡量和评价，也就无所谓建立社会责任指标体系了。②大部分企业倾向于建立沟通用社会责任指标体系，而往往忽略或不能构建管理用和评价考核用指标体系。现实中，大部分已经建立社会责任指标体系的企业均选择构建社会责任报告指标体系。③已建立社会责任衡量和评价指标体系的企业，往往也是将这些指标体系作为“摆饰品”，并没有真正将其运用。由于社会责任衡量和评价指标体系所包含的指标涉及企业中的各个部门，因此其评价和考核必然会受到多个部门抵制。特别是，社会责任衡量和评价指标体系实际上是对企业原有评价和考核体系的进一步补充，一些指标的评价本身就较为困难，大部分部门也不愿意将一些新指标强加到自己的头上，因此导致社会责任衡量和评价变得异常困难。④绝大多数企业都没有针对社会责任建立相应的自我评价机制，大部分企业对自身社会责任表现的评价标准依然是外部评价，因此从这种意义上讲，绝大多数企业都缺乏对自身社会责任表现的动态监测，更缺乏社会责任的持续改进机制。

三、进一步推进中国企业社会责任发展的建议

中国企业社会责任发展要走出当前的“困惑期”或“混沌期”，并实现持续健康发展，就必须在反思当前存在问题的基础上，从理念认识、顶层设计、制度建设、研究教育、企业实践和引导规范等多个方面推动持续改进。

1. 推动各界科学认识社会责任

当前中国企业社会责任发展出现的异化和倒退风险在很大程度上源于企业界和社会各界对企业社会责任的认识存在偏颇，“公益论”（企业社会责任是“单纯支持公益事业”）、“奉献论”（企业社会责任就是“简单的好人好事和无私奉献”）、“箩筐论”（企业社会责任是什么都能往里装的“责任内容大箩筐”）、“万能论”（企业社会责任是解决所有违法事件的灵丹妙药）、“报告论”（企业社会责任就是“编制和发布社会责任报告”）、“议题论”（企业社会责任就是关注和落实特定的社会责任议题）、“标准论”（企业社会责任就是要与各种各样甚至是所谓的国内外“社会责任标准”相符合）、“形象论”（企业社会责任就是提升企业形象）、“阴谋论”（企业社会责任就是某些西方发达国家精心设计的贸易壁垒，旨在遏制中国企业发展的重大阴谋）等各种对企业社会责任的失当认知都大行其道。因此，无论是推动企业正确开展社会责任实践还是培育形成良好的企业履责外部环境，其基础必然都是要引导各界对企业社会责任形成科学的认识。特别是，要推动各界认识到，企业社会责任不是强调开展新的业务，而是要求以透明和道德的方式开展企业业务；企业社会责任不是脱离企业运营过程去开展公益事业，而是与企业所有决策和活动相关，为企业运营对社会和环境的影响承担责任；企业社会责任不是回归“企业办社会”，做企业不擅长的事，而是要求企业认真理清责任边界，追求经济、社会和环境的综合价值最大化；企业社会责任不是“好人好事”式的社会责任内容列举，而是要求企业建立有效的责任落实机制和确保企业以负责任的方式运营的管理模式。

2. 做好国家社会责任顶层设计

缺乏国家层面的顶层设计是导致当前中国企业社会责任出现各种“乱象”的重要原因之一。未来一段时间，中国应尽快启动和做好国家层面的社会责任顶层设计，并至少包括两个方面的工作：①要尽快制定和出台社会责任国家战略，从国家战略高度对中国企业社会责任发展进行系统部署，明确中国企业社会责任发展目标和方向，确定推动中国企业社会责任发展的行动计划，建立相应的战略实施机制和评估机制。②要尽快制定和出台社会责任国家标准或指引性文件，科学界定统一的社会责任内涵和外延，明确企业落实社会责任的基本原则，确定企业履行社会责任的普遍性主题和议题以及在这些主题或议题上应满足的要求，对企业将社会责任融入整个组织提供指南，等等。

3. 加强社会责任的研究和教育

理论研究滞后于实践发展是包括中国在内的全球企业社会责任发展的显著特征。中国企业社会责任要能持续地沿着健康的轨道发展，必须加强相应社会责任研究工作，以指导社会责任实践。当前，社会责任研究的重点主要包括：①加强社会责任基础理论研究，力求在基础理论方面有所突破，真正建立起社会责任的理论体系，为企业开展社会责任实践提供坚实可靠的理论基础。②规范社会责任领域的应用研究，强调要结合中国国情、行业特点和企业实际对社会责任理论的二次开发与现实应用，要求应用研究必须基于科学理解企业社会责任和选择适宜的社会责任理论基础，避免应用研究出现严重的偏颇和应用成果对企业造成错误的引导。③加强社会责任工具与方法研究，要针对当前企业社会责任领域可用工具缺乏的状况，对企业进行全面的调研，了解企业对社会责任工具的需求，并基于企业社会责任作为交叉学科的特性，将其他相关学科中的工具引入企

业社会责任领域，再根据企业社会责任的特性进行二次开发，同时还应对企业社会责任领域特有的工具方法进行系统梳理，分门别类地为企业提供适宜的工具和方法。社会责任作为一门新兴学科和一种新理念，加强对其的教育十分必要，主要包括：①加强社会责任在高校的教育，建议构建专门的社会责任学科体系，在高校设置相关专业，并要求所有商学院都引入社会责任专业课程。②加强社会责任在全社会的教育，组织专业的社会责任培训机构，开发专门的社会责任培训教材，通过多种形式为公众提供社会责任基础知识的教育培训。③加强社会责任在企业界的培训，要求所有企业举办或参加专门的社会责任培训，确实快速提升企业的社会责任意识和社会责任能力。

4. 继续强化社会责任制度供给

加强制度建设是转型国家在推进经济社会发展过程中的一项重要任务，也是中国企业社会责任发展获得坚实制度保障的内在要求。从短期来看，社会责任制度建设的重点包括：①进一步完善相关的法律法规，特别是要对《中华人民共和国公司法》中关于企业履行社会责任的要求进行细化，为企业履行社会责任提供可靠的法律保障。②针对各个部门或机构已经出台的社会责任制度，应根据当前和未来中国企业社会责任发展的动态需要，对这些制度进行进一步细化和完善，以增强其指导性和适应性。③各主管部门或机构应针对目前企业社会责任发展中的薄弱环节，继续有针对性地制定和出台一些新的社会责任制度，特别是要继续完善在华跨国公司履行社会责任的相关制度，以及鼓励地方政府针对当地企业制定和出台相关的社会责任制度。④将推进企业社会责任发展与中国转变经济发展方式紧密结合起来，从金融政策、税收政策、产业政策等多个方面鼓励和支持企业履行社会责任，形成有力的政策支持。从长期来看，社会责任制度建设的重点包括：①继续推动行政体制机制改革，强化服务型政府建设，为企业履行社会责任提供高效的公共服务。②深化对现有干部任用机制、考核机制和晋升机制的改革，加快转变传统唯 GDP 的政绩观，为企业履行社会责任提供有力的外部激励约束机制。

5. 鼓励企业探索社会责任管理

企业社会责任管理是一种新的企业管理模式，与传统的股东利润目标管理模式相比，企业社会责任管理作为社会价值目标管理模式具有多方面的本质差别：管理框架从股东价值主导转向社会价值主导，其核心表现是企业的治理结构由单边（股东）治理模式转向利益相关方共同治理模式，决策权力配置由一元主导模式转向多元共享模式；管理目标从追求利润最大化转向追求经济、社会和环境的综合价值最大化；管理对象从企业内部的人、财、物拓展到内外部利益相关方的资源、信息、能力和潜力；管理价值从财务价值延伸到经济价值、环境价值、社会价值，从股东价值延伸到利益相关方价值，从关注自身价值延伸到创造社会福利；管理机制从注重实现企业内部资源的优化配置发展到注重促进社会资源的更优配置。企业社会责任管理要求企业必须对使命和战略进行重新审视甚至再造，必须将社会责任全面融入企业日常运营，使履行社会责任切实成为企业的自我追求和自觉行动。由此可见，企业社会责任管理是一场管理变革，对其进行探索并形成实施范式将大大促进中国企业的可持续发展。因此，国家应立足战略高度、多措并举地鼓励企业探索社会责任管理，并在形成可行模式基础上加以推广。

6. 引导公民社会规范健康发展

与西方国家拥有发达的公民社会相比，中国公民社会的发展起步较晚、力量较弱、作用有限。然而，公民社会在推动企业社会责任发展中却是一股不可忽视的力量。因此，中国政府应规范引导公民社会健康发展，具体包括：①要培育和发展企业社会责任推进的国内社会组织，尤其是要支持企业社会责任推进的专业服务机构发展。②要提升各类社会组织的能力，加强各类社会组织与政府、企业的互动，更加有效地发挥各类社会组织对企业履行社会责任的监督作用，但需要关注的是，对各类社会组织应进行正确规范引导，避免社会组织借监督企业履行社会责任而寻租。③要培育和提升社会公众的社会责任意识与能力，不仅引导公众进行责任消费和责任投资，对企业履行社会责任形成现实的压力，也要鼓励公众对企业履行社会责任的直接监督。④要引导和增强媒体的社会责任理念和认识，发挥媒体对企业履行社会责任的舆论监督作用。

专栏 46-1

《中央企业“十二五”和谐发展战略实施纲要》的核心内容

2011 年 9 月 30 日，国务院国资委向所有中央企业下发了《中央企业“十二五”和谐发展战略实施纲要》，为中央企业开展社会责任工作提供了总体指导和顶层设计。这一文件的核心内容包括：

第一，和谐发展战略的内涵。即以可持续发展为核心，以推进企业履行社会责任为载体，立足战略高度认识、部署和推进中央企业与社会、环境的和谐发展，为实现“做强做优、世界一流”目标提供支撑。

第二，指导思想。以邓小平理论和“三个代表”重要思想为指导，深入贯彻落实科学发展观，按照“民主法治、公平正义、诚信友爱、充满活力、安定有序、人与自然和谐相处”的和谐社会创建要求，树立先进发展思想，围绕“做强做优中央企业、培育具有国际竞争力的世界一流企业”的目标，推进企业可持续发展，模范履行社会责任，追求经济、社会、环境的综合价值最大化，努力做依法经营和诚实守信的表率、节约资源保护环境的表率、以人为本构建和谐企业的表率，成为国家经济的栋梁和全社会企业的榜样，为构建社会主义和谐社会和实现全面建设小康社会的宏伟目标贡献力量。

第三，主要目标。经济、社会、环境综合价值创造能力显著增强；沟通和运营透明度显著提高；品牌美誉度和影响力显著提升。

第四，主要任务。即大力推进“五个建设”：诚信央企建设、绿色央企建设、平安央企建设、活力央企建设、责任央企建设。

第五，保障措施。国资委要加强领导、政策支持、提供服务、强化引导；中央企业要加强组织保障、加强规划保障、加强制度保障、加强资源保障。

资料来源：国务院国有资产监督管理委员会：《关于印发〈中央企业“十二五”和谐发展战略实施纲要〉的通知》，2011 年 9 月 30 日。

参考文献

1. 陈佳贵等：《中国企业社会责任研究报告（2011）》，北京：社会科学文献出版社，2011 年版。

2. 李伟阳、肖红军：《全面社会责任管理：新的企业管理模式》，《中国工业经济》2010 年第1 期。

附录1　统计资料分析

一、全国工业主要发展指标

（一）2006~2011年全国国内生产总值及三次产业结构

年　份	国内生产总值		占国内生产总值百分比（%）		
	数值（亿元）	年增长率（%）	第一产业	第二产业	第三产业
2006	215883.90	12.70	11.11	47.95	40.94
2007	266411.00	14.20	10.77	47.34	41.89
2008	315274.70	9.60	10.73	47.45	41.82
2009	341401.50	9.20	10.33	46.24	43.43
2010	401512.80	10.40	10.10	46.67	43.24
2011	471563.70	9.20	10.12	46.78	43.10

注：2010年数据为最终核实数据，2011年数据为初步核算数据，来自国家统计局网站。2006~2009年数据来自《中国统计年鉴》(2011)。

（二）2008~2011年全国工业增加值增长速度

单位：%

	2008年	2009年	2010年	2011年
工业增加值	12.90	11.00	15.70	13.90
其中：轻工业	12.30	9.70	13.60	13.00
重工业	13.20	11.50	16.50	14.30
国有及国有控股企业	9.10	6.90	13.70	9.90
私营企业	20.40	18.70	20.00	19.50
集体企业	8.10	10.20	9.40	9.30
股份合作企业	11.40	10.30	14.00	14.70
股份制企业	15.00	13.30	16.80	15.80
外商及港澳台商投资	9.90	6.00	14.50	10.40

资料来源：国家统计局网站。

（三）2006年、2010年中国规模以上工业发展基本情况

	工业总产值（亿元）		占全国百分比（%）								2010年/2006年			
			工业总产值		资产总额		利润		从业人员		工业总产值	资产总额	利润总额	从业人员
	2006年	2010年	2006年	2010年	2006年	2010年	2006年	2010年	2006年	2010年				
总计	316588.96	698591.00	100.00	100.00	100.00	100.00	100.00	100.00	100.00	100.00	2.21	2.04	2.72	1.30
按轻重工业分														
轻工业	94845.97	200072.00	29.96	28.64	25.67	23.24	23.87	28.31	42.15	39.53	2.11	1.84	3.23	1.22
重工业	221742.99	498519.00	70.04	71.36	74.33	76.76	76.13	71.69	57.85	60.47	2.25	2.10	2.56	1.36
按企业规模分														
大型企业	112339.41	229947.00	35.48	32.92	39.07	39.85	44.11	33.23	23.40	24.18	2.05	2.08	2.05	1.34
中型企业	95383.60	203925.00	30.13	29.19	33.87	32.25	29.53	32.70	32.54	32.29	2.14	1.94	3.01	1.29
小型企业	108865.95	264719.00	34.39	37.89	27.06	27.90	26.36	34.07	44.06	43.53	2.43	2.10	3.52	1.28
按登记注册类型分														
内资企业	216512.45	508673.00	68.39	72.81	73.52	74.94	72.40	71.69	71.22	72.28	2.35	2.08	2.69	1.32
国有企业	30728.16	57013.00	9.71	8.16	16.81	13.47	10.31	6.23	9.61	6.68	1.86	1.63	1.64	0.90
集体企业	9174.88	10383.00	2.90	1.49	1.89	0.92	2.71	1.52	3.62	1.98	1.13	0.99	1.52	0.71
股份合作企业	3079.27	3789.00	0.97	0.54	0.72	0.44	0.75	0.60	1.24	0.65	1.23	1.25	2.17	0.68
联营企业	1305.63	1237.00	0.41	0.18	0.50	0.24	0.40	0.13	0.33	0.19	0.95	0.97	0.90	0.75
有限责任公司	70813.61	156232.00	22.37	22.36	28.51	28.36	27.58	22.60	23.21	21.15	2.21	2.03	2.23	1.18
股份有限公司	33597.46	63804.00	10.61	9.13	11.05	11.49	14.11	11.69	6.20	6.45	1.90	2.12	2.25	1.35
私营企业	67239.81	213339.00	21.24	30.54	13.91	19.71	16.36	28.47	26.79	34.70	3.17	2.88	4.73	1.68
其他企业	573.62	2876.00	0.18	0.41	0.13	0.31	0.16	0.45	0.22	0.47	5.01	4.74	7.50	2.77
港、澳、台商投资企业	33759.78	65358.00	10.66	9.36	9.37	8.85	9.21	9.64	14.02	12.94	1.94	1.92	2.85	1.20
外商投资企业	66316.73	124560.00	20.95	17.83	17.11	16.20	18.39	18.67	14.77	14.78	1.88	1.93	2.76	1.30

资料来源：根据《中国统计年鉴》（2007、2011）提供的数据计算而成。

（四）2006、2011 年全国各行业城镇投资状况

行　业	投资额（亿元）		占全国百分比（%）		比上一年增长（%）		占工业固定资产投资百分比（%）	
	2006 年	2011 年	2006 年	2011 年	2006 年	2011 年	2006 年	2011 年
全国总计	93472.36	301932.85	100.000	100.000	24.50	23.80		
一、农林牧渔业	1101.71	6792.38	1.179	2.250	30.70	25.00		
其中：林业	236.15	875.63	0.253	0.290	31.10	17.90		
二、采矿业	4168.03	11809.69	4.459	3.911	28.90	21.40	10.753	9.154
煤炭开采及洗选业	1479.35	4896.86	1.583	1.622	27.20	25.90	3.816	3.796
石油和天然气开采业	1811.18	3056.92	1.938	1.012	23.80	12.50	4.672	2.370
黑色金属矿采选业	356.49	1250.91	0.381	0.414	28.20	18.40	0.920	0.970
有色金属矿采选业	305.85	1274.51	0.327	0.422	67.80	24.20	0.789	0.988
非金属矿采选业	207.94	1283.73	0.222	0.425	45.20	28.70	0.536	0.995
其他采矿业	7.22	46.75	0.008	0.015	77.00	8.50	0.019	0.036
三、制造业	26398.61	102594.09	28.242	33.979	29.40	31.80	68.103	79.524
农副食品加工业	1176.13	5229.18	1.258	1.732	31.60	44.10	3.034	4.053
食品制造业	775.11	2386.01	0.829	0.790	42.60	23.10	2.000	1.849
饮料制造业	551.58	1903.53	0.590	0.630	58.20	40.70	1.423	1.475
烟草制造业	115.32	271.72	0.123	0.090	20.80	37.10	0.298	0.211
纺织业	1282.43	3668.81	1.372	1.215	21.10	30.90	3.308	2.844
纺织服装、鞋、帽制造业	548.62	2266.57	0.587	0.751	42.70	43.00	1.415	1.757
皮革、毛皮、羽毛（绒）及其制品业	295.45	902.24	0.316	0.299	45.80	29.60	0.762	0.699
木材加工及木、竹、藤、棕、草制品业	409.19	1894.11	0.438	0.627	45.70	39.80	1.056	1.468
家具制造业	273.77	1192.33	0.293	0.395	44.80	28.80	0.706	0.924
造纸及纸制品业	650.48	1918.72	0.696	0.635	18.40	31.10	1.678	1.487
印刷业和记录媒介的复制	301.41	878.82	0.322	0.291	32.50	22.40	0.778	0.681
文教体育用品制造业	120.48	437.05	0.129	0.145	36.00	30.50	0.311	0.339
石油加工、炼焦及核燃料加工业	944.75	2234.48	1.011	0.740	17.90	10.10	2.437	1.732
化学原料及化学制品制造业	2555.52	8898.88	2.734	2.947	19.90	26.40	6.593	6.898
医药制造业	751.95	2615.36	0.804	0.866	8.00	45.50	1.940	2.027
化学纤维制造业	215.02	734.08	0.230	0.243	22.40	47.90	0.555	0.569
橡胶制品业	358.78	1152.40	0.384	0.382	78.80	33.90	0.926	0.893
塑料制品业	704.40	2614.34	0.754	0.866	48.20	35.60	1.817	2.026

续表

行业	投资额（亿元）		占全国百分比（%）		比上一年增长（%）		占工业固定资产投资百分比（%）	
	2006年	2011年	2006年	2011年	2006年	2011年	2006年	2011年
非金属矿物制品业	1854.43	10448.46	1.984	3.461	33.00	31.80	4.784	8.099
黑色金属冶炼及压延加工业	2246.50	3860.48	2.403	1.279	–2.50	14.60	5.796	2.992
有色金属冶炼及压延加工业	973.86	3861.27	1.042	1.279	27.90	36.40	2.512	2.993
金属制品业	1122.80	5045.15	1.201	1.671	50.70	23.10	2.897	3.911
通用设备制造业	1567.14	7701.67	1.677	2.551	52.90	30.60	4.043	5.970
专用设备制造业	1096.85	5892.60	1.173	1.952	39.80	39.20	2.830	4.568
交通运输设备制造业	1973.83	8405.96	2.112	2.784	25.20	27.20	5.092	6.516
电气机械及器材制造业	1123.15	7850.85	1.202	2.600	45.60	44.60	2.898	6.085
通信设备、计算机及其他电子设备制造业	1686.57	5265.89	1.804	1.744	38.70	34.20	4.351	4.082
仪器仪表及文化、办公用机械制造业	228.04	1063.99	0.244	0.352	41.40	39.20	0.588	0.825
工艺品及其他制造业	456.81	1533.19	0.489	0.508	49.70	23.60	1.178	1.188
废弃资源和废旧材料回收加工业	38.24	465.95	0.041	0.154	107.30	30.20	0.099	0.361
四、电力、燃气及水的生产和供应业	8195.98	14606.96	8.768	4.838	12.50	3.80	21.144	11.322
电力、热力的生产与供应业	7225.11	11556.75	7.730	3.828	11.10	1.80	18.639	8.958
燃气生产与供应业	330.69	1244.26	0.354	0.412	20.40	37.00	0.853	0.964
水的生产与供应业	640.18	1805.95	0.685	0.598	25.80	0.20	1.652	1.400
五、建筑业	997.26	3252.75	1.067	1.077	50.10	42.90		
六、交通运输、仓储和邮政业	11140.20	27260.32	11.918	9.029	25.70	1.80		
七、信息传输、计算机服务和软件业	1785.91	2161.32	1.911	0.716	14.40	0.40		
八、批发和零售业	1884.62	7322.20	2.016	2.425	23.00	40.10		
九、住宿和餐饮业	928.68	3915.70	0.994	1.297	37.40	34.30		
十、金融业	118.05	628.42	0.126	0.208	11.70	42.00		
十一、房地产业	21445.57	75684.83	22.943	25.067	25.40	29.70		
十二、租赁和商务服务业	666.27	3373.91	0.713	1.117	37.00	40.30		
十三、科学研究、技术服务和地质勘查业	464.79	1649.54	0.497	0.546	9.50	39.40		
十四、水利、环境和公共设施管理业	7453.36	24536.63	7.974	8.127	22.20	14.20		
十五、居民服务和其他服务业	182.29	1217.18	0.195	0.403	34.50	52.90		
十六、教育	2113.89	3881.50	2.262	1.286	7.50	13.70		
十七、卫生、社会保障和社会福利业	692.51	2331.29	0.741	0.772	17.00	28.10		
十八、文化、体育和娱乐业	849.68	3148.16	0.909	1.043	23.90	21.30		
十九、公共管理和社会组织	2884.93	5765.98	3.086	1.910	18.30	18.10		
二十、国际组织								

资料来源：国家统计局网站。

（五）2008~2011 年全国各行业工业增加值增长速度

行　业	工业增加值增长速度（%）				同全国增长速度之比				增长速度排序（降序）	
	2008 年	2009 年	2010 年	2011 年	2008 年	2009 年	2010 年	2011 年	2008 年	2011 年
非金属矿采选业	22.30	20.20	24.80	23.60	1.73	1.84	1.58	1.70	4	1
其他采矿业	31.50	42.70	20.70	22.80	2.44	3.88	1.32	1.64	1	2
木材加工及木、竹、藤、棕、草制品业	21.50	17.70	22.40	21.00	1.67	1.61	1.43	1.51	6	3
黑色金属矿采选业	21.90	25.30	20.60	20.00	1.70	2.30	1.31	1.44	5	4
专用设备制造业	20.50	13.00	20.60	19.80	1.59	1.18	1.31	1.42	7	5
饮料制造业	16.10	14.60	14.60	18.90	1.25	1.33	0.93	1.36	15	6
工艺品及其他制造业	10.10	5.90	17.20	18.50	0.78	0.54	1.10	1.33	32	7
非金属矿物制品业	16.90	14.70	20.30	18.40	1.31	1.34	1.29	1.32	12	8
医药制造业	17.10	14.80	15.20	17.90	1.33	1.35	0.97	1.29	11	9
金属制品业	15.00	10.00	19.00	17.80	1.16	0.91	1.21	1.28	17	10
通用设备制造业	16.90	11.00	21.70	17.40	1.31	1.00	1.38	1.25	12	11
食品制造业	16.40	14.10	15.20	17.10	1.27	1.28	0.97	1.23	14	12
废弃资源和废旧材料回收加工业	26.20	29.10	27.10	16.60	2.03	2.65	1.73	1.19	3	13
煤炭开采和洗选业	19.10	8.30	17.20	16.60	1.48	0.75	1.10	1.19	8	14
仪器仪表及文化、办公用机械制造业	12.70	2.00	19.60	16.30	0.98	0.18	1.25	1.17	22	15
通信设备、计算机及其他电子设备制造业	12.00	5.30	16.90	15.90	0.93	0.48	1.08	1.14	29	16
有色金属矿采选业	14.30	19.80	11.20	15.50	1.11	1.80	0.71	1.12	19	17
纺织服装、鞋、帽制造业	12.50	9.90	15.00	15.60	0.97	0.90	0.96	1.12	24	18
家具制造业	13.50	8.80	19.70	15.20	1.05	0.80	1.25	1.09	21	19
化学原料及化学制品制造业	10.00	14.60	15.50	14.70	0.78	1.33	0.99	1.06	33	20
电气机械及器材制造业	18.10	12.00	18.70	14.50	1.40	1.09	1.19	1.04	10	21
造纸及纸制品业	12.40	10.70	16.20	14.40	0.96	0.97	1.03	1.04	25	22
塑料制品业	13.80	12.30	18.40	14.10	1.07	1.12	1.17	1.01	20	23
农副食品加工业	15.00	15.90	15.00	14.10	1.16	1.45	0.96	1.01	17	24
印刷业和记录媒介的复制	12.40	8.80	14.90	13.90	0.96	0.80	0.95	1.00	25	24
有色金属冶炼及压延加工业	12.30	12.80	13.20	13.60	0.95	1.16	0.84	0.98	28	26
燃气生产和供应业	26.80	14.60	17.90	13.10	2.08	1.33	1.14	0.94	2	27
皮革、毛皮、羽毛（绒）及其制品业	12.40	9.30	16.50	13.10	0.96	0.85	1.05	0.94	25	28
烟草制品业	12.60	8.20	11.90	12.60	0.98	0.75	0.76	0.91	23	29
文教体育用品制造业	18.20	7.50	13.50	12.20	1.41	0.68	0.86	0.88	9	30
交通运输设备制造业	15.20	18.40	22.40	12.00	1.18	1.67	1.43	0.86	16	31
橡胶制品业	11.20	11.80	16.60	11.60	0.87	1.07	1.06	0.83	30	32
化学纤维制造业	2.20	10.20	11.10	11.00	0.17	0.93	0.71	0.79	39	33
电力、热力的生产和供应业	8.60	6.00	11.00	10.10	0.67	0.55	0.70	0.73	34	34
黑色金属冶炼及压延加工业	8.20	9.90	11.60	9.70	0.64	0.90	0.74	0.70	35	35

续表

行　业	工业增加值增长速度（%）				同全国增长速度之比				增长速度排序（降序）	
	2008 年	2009 年	2010 年	2011 年	2008 年	2009 年	2010 年	2011 年	2008 年	2011 年
纺织业	10.50	8.50	11.60	8.30	0.81	0.77	0.74	0.60	31	36
石油加工、炼焦及核燃料加工业	4.30	5.20	9.60	7.60	0.33	0.47	0.61	0.55	38	37
水的生产和供应业	4.90	5.10	5.60	7.30	0.38	0.46	0.36	0.53	37	38
石油和天然气开采业	6.10	4.80	–0.20	5.10	0.47	0.44	–0.01	0.37	36	39
总计	12.90	11.00	15.70	13.90	1.00	1.00	1.00	1.00		

资料来源：国家统计局网站。

（六）2001~2011 年全国 GDP 和工业增加值年增长率

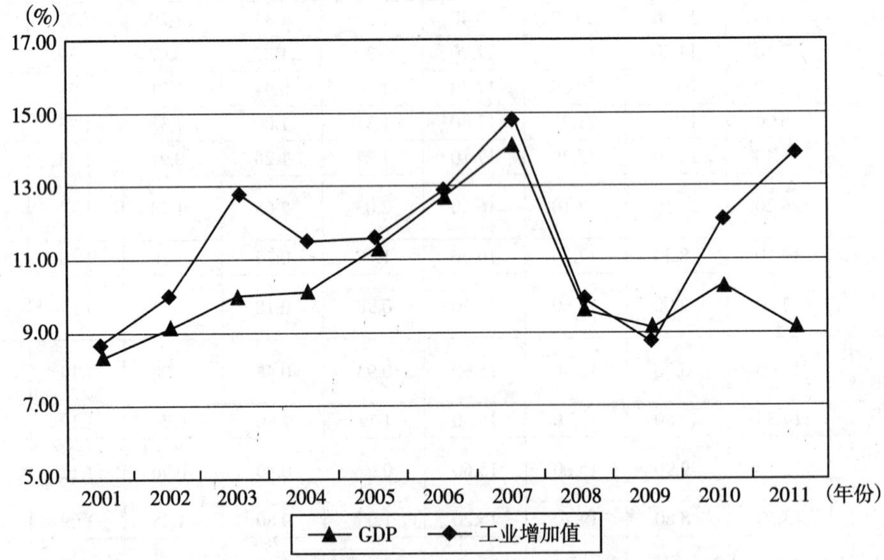

资料来源：2001~2010 年数据来自《中国统计年鉴》(2011)，2011 年数据来自国家统计局网站。

（七）2005~2010 年全国 GDP 和出口依存度

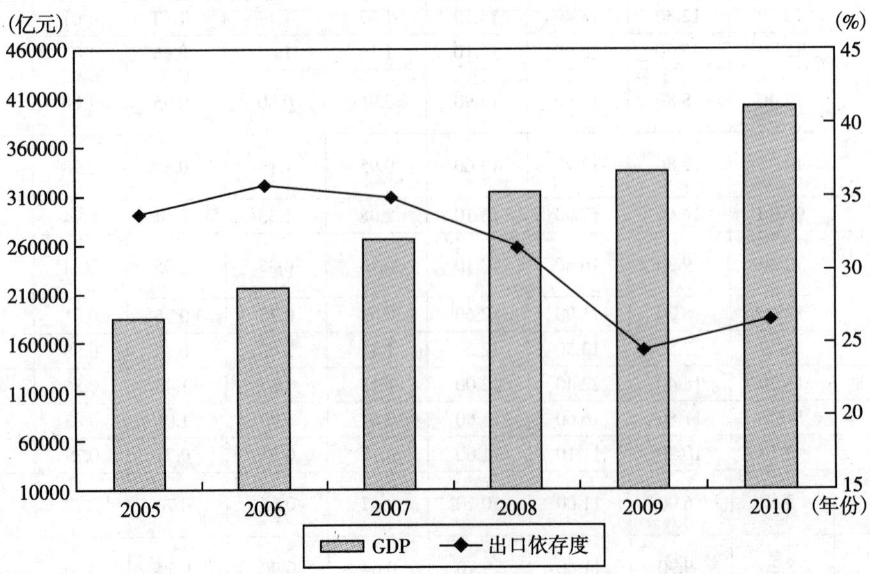

资料来源：相关年份的《中国统计年鉴》。

（八）1998~2010 年全国进出口额、出口额同工业总产值关系

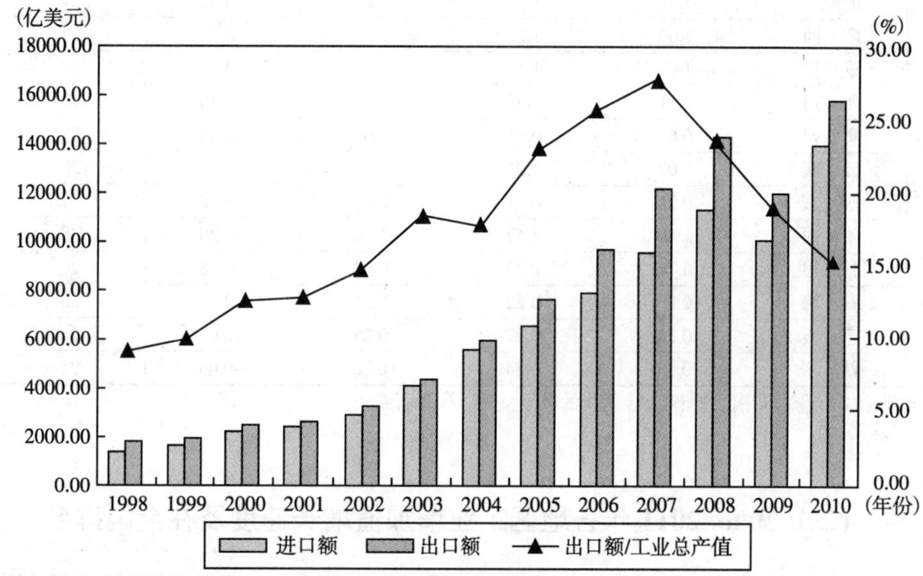

资料来源：相关年份的《中国统计年鉴》。

二、各地区工业发展主要指标

（一）2006~2010 年各地区工业总产值占全国百分比

地带	地区	占全国百分比（%）				占全国百分比排序（降序）	
		2006 年	2008 年	2010 年	2010 年减 2006 年	2006 年	2011 年
东部	北京	2.59	2.05	1.96	−0.63	11	16
	天津	2.69	2.46	2.40	−0.29	10	14
	河北	4.26	4.54	4.46	0.20	8	7
	上海	5.87	4.95	4.31	−1.56	5	8
	江苏	13.08	13.36	13.18	0.10	2	1
	浙江	9.20	8.05	7.36	−1.84	4	4
	福建	3.16	3.00	3.14	−0.02	9	10
	山东	12.25	12.41	12.00	−0.25	3	3
	广东	14.11	12.89	12.29	−1.82	1	2
	海南	0.20	0.22	0.20	0.00	29	30
东北	辽宁	4.48	4.88	5.18	0.70	6	5
	吉林	1.50	1.66	1.87	0.37	18	18
	黑龙江	1.72	1.50	1.36	−0.36	17	22
中部	山西	1.86	1.98	1.79	−0.07	16	19
	安徽	1.87	2.20	2.68	0.81	15	13
	江西	1.34	1.67	1.99	0.65	20	15
	河南	4.39	5.13	5.01	0.62	7	6
	湖北	2.35	2.65	3.10	0.75	13	11
	湖南	1.94	2.28	2.72	0.78	14	12

续表

地带	地区	占全国百分比（%）				占全国百分比排序（降序）	
		2006年	2008年	2010年	2010年减2006年	2006年	2011年
西部	内蒙古	1.31	1.72	1.92	0.61	21	17
	广西	1.06	1.20	1.38	0.32	23	21
	重庆	1.02	1.13	1.31	0.29	24	23
	四川	2.51	2.91	3.31	0.80	12	9
	贵州	0.65	0.61	0.60	-0.05	27	27
	云南	1.07	1.01	0.93	-0.14	22	24
	西藏	0.01	0.01	0.01	0.00	31	31
	陕西	1.40	1.47	1.60	0.20	19	20
	甘肃	0.78	0.72	0.70	-0.08	26	26
	青海	0.20	0.22	0.21	0.01	30	29
	宁夏	0.27	0.27	0.28	0.01	28	28
	新疆	0.85	0.84	0.76	-0.09	25	25

资料来源：根据相关年份的《中国统计年鉴》提供的数据整理、计算而成。

（二）2006~2011年各地区工业增加值增长速度及在全国排名

地带	地区	工业增加值年增长率（%）						工业增加值增长速度同全国增长速度之比						增长速度排序（降序）	
		2006年	2007年	2008年	2009年	2010年	2011年	2006年	2007年	2008年	2009年	2010年	2011年	2006年	2011年
东部	北京	14.10	13.40	2.00	9.10	15.00	7.30	0.85	0.72	0.16	0.83	0.96	0.53	30	31
	天津	18.80	18.20	21.00	22.80	23.70	21.30	1.13	0.98	1.63	2.07	1.51	1.53	19	3
	河北	19.80	18.90	13.50	13.40	16.50	16.10	1.19	1.02	1.05	1.22	1.05	1.16	16	21
	上海	13.40	12.60	8.30	3.00	18.40	7.40	0.81	0.68	0.64	0.27	1.17	0.53	31	30
	江苏	21.40	18.90	14.20	14.60	16.00	13.80	1.29	1.02	1.10	1.33	1.02	0.99	8	25
	浙江	17.40	17.90	10.10	6.20	16.20	10.90	1.05	0.97	0.78	0.56	1.03	0.78	26	29
	福建	20.40	21.50	16.70	13.00	20.50	17.50	1.23	1.16	1.29	1.18	1.31	1.26	10	19
	山东	23.60	20.80	13.80	14.90	15.00	14.00	1.42	1.12	1.07	1.35	0.96	1.01	5	24
	广东	18.30	18.30	12.80	8.90	16.80	12.60	1.10	0.99	0.99	0.81	1.07	0.91	23	27
	海南	26.50	33.80	6.00	7.50	18.50	14.00	1.60	1.83	0.47	0.68	1.18	1.01	2	23
东北	辽宁	20.00	21.00	17.50	16.80	17.80	14.90	1.20	1.14	1.36	1.53	1.13	1.07	14	22
	吉林	18.50	23.60	18.60	16.80	19.90	18.80	1.11	1.28	1.44	1.53	1.27	1.35	20	14
	黑龙江	15.20	15.80	13.10	12.10	15.20	13.50	0.92	0.85	1.02	1.10	0.97	0.97	28	26
中部	山西	18.30	21.00	6.50	2.50	23.20	17.90	1.10	1.14	0.50	0.23	1.48	1.29	22	18
	安徽	20.30	24.50	22.00	22.60	23.60	21.10	1.22	1.32	1.71	2.05	1.50	1.52	12	4
	江西	22.70	24.60	21.90	20.10	21.70	19.10	1.37	1.33	1.70	1.83	1.38	1.37	7	11
	河南	23.40	24.20	19.80	14.60	19.00	19.60	1.41	1.31	1.53	1.33	1.21	1.41	6	10
	湖北	20.00	23.60	21.60	20.10	23.60	20.50	1.20	1.28	1.67	1.83	1.50	1.47	15	7
	湖南	20.10	24.30	18.40	20.50	23.40	20.10	1.21	1.31	1.43	1.86	1.49	1.45	13	8
西部	内蒙古	29.80	30.00	24.50	24.20	19.00	19.00	1.80	1.62	1.90	2.20	1.21	1.37	1	12
	广西	23.80	26.50	22.60	18.20	23.70	20.80	1.43	1.43	1.75	1.65	1.51	1.50	4	6
	重庆	20.60	25.10	21.60	18.50	23.70	22.70	1.24	1.36	1.67	1.68	1.51	1.63	9	1
	四川	24.00	25.40	17.90	21.20	23.50	22.30	1.45	1.37	1.39	1.93	1.50	1.60	3	2
	贵州	17.50	16.80	10.10	10.60	15.80	21.00	1.05	0.91	0.78	0.96	1.01	1.51	25	5
	云南	17.80	17.50	12.60	11.20	15.00	18.00	1.07	0.95	0.98	1.02	0.96	1.29	24	16
	西藏	19.80	17.60	8.90	10.80	14.00	20.10	1.19	0.95	0.69	0.98	0.89	1.45	17	9
	陕西	18.40	19.60	21.00	14.80	19.70	17.90	1.11	1.06	1.63	1.35	1.25	1.29	21	17
	甘肃	17.30	17.10	9.50	10.60	16.60	16.20	1.04	0.92	0.74	0.96	1.06	1.17	27	20

续表

地　带	地　区	工业增加值年增长率（%）						工业增加值增长速度同全国增长速度之比						增长速度排序（降序）	
		2006年	2007年	2008年	2009年	2010年	2011年	2006年	2007年	2008年	2009年	2010年	2011年	2006年	2011年
西　部	青　海	20.40	18.40	21.50	11.00	20.60	19.00	1.23	0.99	1.67	1.00	1.31	1.37	11	13
	宁　夏	19.60	17.00	15.10	14.30	16.80	18.10	1.18	0.92	1.17	1.30	1.07	1.30	18	15
	新　疆	15.00	15.20	15.50	7.20	13.60	11.40	0.90	0.82	1.20	0.65	0.87	0.82	29	28
	全　国	16.60	18.50	12.90	11.00	15.70	13.90	1.00	1.00	1.00	1.00	1.00	1.00		

资料来源：根据国家统计局网站（http://www.stats.gov.cn/tjsj/jdsj/）提供的数据整理、计算而成。

（三）2006年、2011年各地区固定资产投资（不含农户）情况对比

地　带	地　区	投资数额（亿元）		占全国百分比（%）	
		2006年	2011年	2006年	2011年
东　部	北　京	3086.29	5519.86	3.30	1.83
	天　津	1678.98	7040.48	1.80	2.33
	河　北	4430.61	15795.22	4.74	5.23
	上　海	3497.48	4877.01	3.74	1.62
	江　苏	7473.69	26299.40	8.00	8.71
	浙　江	5428.03	13651.48	5.81	4.52
	福　建	2730.11	9692.55	2.92	3.21
	山　东	8714.86	25928.45	9.32	8.59
	广　东	6552.58	16688.44	7.01	5.53
	海　南	396.73	1611.41	0.42	0.53
	东部总计	43989.36	127104.30	47.06	42.10
东　北	辽　宁	4977.15	17431.46	5.32	5.77
	吉　林	2366.05	7221.64	2.53	2.39
	黑龙江	2040.41	7206.33	2.18	2.39
	东北总计	9383.61	31859.43	10.04	10.55
中　部	山　西	2059.24	6837.41	2.20	2.26
	安　徽	3057.86	11986.02	3.27	3.97
	江　西	2377.41	8756.10	2.54	2.90
	河　南	4843.76	16932.15	5.18	5.61
	湖　北	3039.87	12223.71	3.25	4.05
	湖　南	2718.44	11360.51	2.91	3.76
	中部总计	18096.58	68095.90	19.36	22.55
西　部	内蒙古	3264.80	10291.69	3.49	3.41
	广　西	1947.27	7563.89	2.08	2.51
	重　庆	2251.95	7366.15	2.41	2.44
	四　川	3927.59	13705.29	4.20	4.54
	贵　州	1048.67	3734.08	1.12	1.24
	云　南	1924.06	5927.01	2.06	1.96
	西　藏	196.42	516.31	0.21	0.17
	陕　西	2285.67	9123.72	2.45	3.02
	甘　肃	925.92	3865.99	0.99	1.28
	青　海	384.61	1365.99	0.41	0.45
	宁　夏	448.73	1583.46	0.48	0.52
	新　疆	1415.11	4444.99	1.51	1.47
	西部总计	20020.80	69488.57	21.42	23.01
	全国总计	93472.36	301932.85	100.00	100.00

注：由于存在不分地区项目，东部、中部、西部投资合计不等于全国总计。

（四）2005~2010 年各地区出口依存度及出口交货值占全国百分比

地带	地区	出口依存度（%）				出口交货值占全国百分比（%）			
		2005 年	2007 年	2009 年	2010 年	2005 年	2007 年	2009 年	2010 年
东部	北京	16.36	19.38	13.78	11.98	2.38	2.55	2.11	1.83
	天津	25.97	25.44	13.57	12.91	3.68	3.49	2.46	2.40
	河北	4.74	5.27	3.22	3.71	1.09	1.23	1.07	1.28
	上海	31.53	32.85	27.80	27.24	10.41	9.96	9.30	9.12
	江苏	24.09	23.83	20.26	20.17	16.51	17.31	20.59	20.65
	浙江	25.95	25.44	20.71	20.71	12.56	12.51	11.80	11.84
	福建	32.07	28.33	22.33	21.46	5.46	4.83	5.20	5.23
	山东	11.43	11.08	7.85	7.92	7.31	7.53	7.76	7.38
	广东	39.86	39.62	30.89	30.20	30.01	29.83	29.27	28.83
	海南	5.31	8.17	8.36	7.02	0.05	0.11	0.12	0.11
	东部总计	24.92	24.55	18.79	18.62	89.47	89.35	89.67	88.67
东北	辽宁	14.90	13.21	8.48	8.07	3.37	3.28	3.31	3.25
	吉林	3.05	3.30	1.78	1.74	0.24	0.29	0.25	0.25
	黑龙江	1.73	2.57	2.09	2.09	0.17	0.22	0.21	0.22
	东北总计	9.36	9.01	5.98	5.69	3.79	3.79	3.77	3.72
中部	山西	4.76	5.38	2.15	2.26	0.48	0.57	0.28	0.31
	安徽	7.00	7.71	4.30	4.37	0.67	0.83	0.80	0.91
	江西	6.72	8.36	8.20	8.10	0.42	0.71	1.11	1.25
	河南	6.81	2.97	1.62	1.81	1.50	0.83	0.62	0.70
	湖北	5.21	5.73	4.20	4.43	0.66	0.75	0.91	1.07
	湖南	5.42	5.53	2.40	2.60	0.54	0.64	0.45	0.55
	中部总计	6.05	5.25	3.37	3.57	4.27	4.33	4.17	4.79
西部	内蒙古	4.61	3.19	1.10	1.88	0.29	0.25	0.16	0.28
	广西	5.97	6.01	3.70	3.99	0.32	0.38	0.35	0.43
	重庆	6.54	6.43	3.96	4.65	0.35	0.38	0.37	0.47
	四川	4.59	3.93	3.16	3.72	0.59	0.59	0.79	0.96
	贵州	3.68	2.83	2.14	2.14	0.13	0.10	0.10	0.10
	云南	3.45	3.71	1.91	1.78	0.19	0.22	0.14	0.13
	西藏	0.29	0.02	0.16	0.05	0.00	0.00	0.00	0.00
	陕西	4.59	4.28	2.68	2.18	0.33	0.33	0.32	0.27
	甘肃	2.41	2.99	0.82	0.97	0.10	0.13	0.04	0.05
	青海	2.88	0.80	0.23	0.10	0.03	0.01	0.00	0.00
	宁夏	5.39	4.36	2.42	2.71	0.08	0.06	0.05	0.06
	新疆	1.54	1.87	0.99	1.01	0.07	0.08	0.05	0.06
	西部总计	4.33	3.98	2.46	2.78	2.47	2.54	2.39	2.81
	全国总计	18.97	18.11	13.14	12.87	100.00	100.00	100.00	100.00

注：出口依存度 =（出口交货值 ÷ 工业总产值）× 100。
资料来源：根据相关年份的《中国工业统计年报》提供的数据计算而成。

（五）2005~2010年各地区国有控股企业、私营企业、外商及港澳台商投资企业增长及在全国地位

地带	地　区	工业总产值2010年/2005年				占地区工业总产值百分比（%）			占全国相应类型百分比（%）			
		规模以上工业企业	国有及国有控股企业	私营企业	外商及港澳台商投资企业	国有及国有控股企业	私营企业	外商及港澳台商投资企业	规模以上工业企业	国有及国有控股企业	私营企业	外商及港澳台商投资企业
东部	北　京	1.97	2.04	2.45	1.78	52.73	5.93	39.99	1.96	3.89	0.38	2.88
	天　津	2.47	2.55	3.85	2.12	40.07	14.68	42.08	2.40	3.61	1.15	3.71
	河　北	2.83	2.22	4.26	2.64	28.63	38.65	14.56	4.46	4.80	5.64	2.39
	上　海	1.91	1.86	2.45	1.88	37.16	11.57	61.13	4.31	6.02	1.63	9.69
	江　苏	2.81	1.96	4.06	2.76	10.73	35.46	39.75	13.18	5.31	15.30	19.27
	浙　江	2.22	1.98	2.76	2.32	13.08	44.35	25.50	7.36	3.62	10.68	6.90
	福　建	2.69	1.95	4.56	2.24	13.62	28.34	48.66	3.14	1.61	2.91	5.61
	山　东	2.75	2.26	4.50	2.66	19.95	36.27	17.13	12.00	9.00	14.25	7.56
	广　东	2.39	2.07	3.62	1.99	15.34	18.88	53.04	12.29	7.08	7.59	23.97
	海　南	2.92	1.50	1.28	6.13	25.83	3.74	48.42	0.20	0.19	0.02	0.35
	东部总计	2.50	2.09	3.72	2.24	19.59	29.69	36.53	61.28	45.13	59.58	82.34
东北	辽　宁	3.35	1.94	8.36	2.97	30.98	39.11	19.07	5.18	6.04	6.64	3.64
	吉　林	3.45	2.25	10.41	3.54	43.45	26.28	24.43	1.87	3.06	1.61	1.69
	黑龙江	2.02	1.53	5.50	2.32	57.86	18.93	8.85	1.36	2.97	0.85	0.44
	东北总计	3.05	1.88	8.25	3.05	38.11	32.99	18.61	8.42	12.07	9.10	5.77
中部	山　西	2.57	2.61	2.71	2.93	53.04	18.22	5.46	1.79	3.56	1.06	0.36
	安　徽	4.10	2.85	8.49	3.45	36.85	32.40	13.71	2.68	3.71	2.84	1.35
	江　西	4.66	2.25	7.19	5.22	24.81	38.85	16.82	1.99	1.85	2.53	1.23
	河　南	3.34	2.09	5.59	3.80	24.16	40.50	6.64	5.01	4.55	6.64	1.22
	湖　北	3.56	2.73	6.45	3.17	39.86	26.67	20.10	3.10	4.64	2.70	2.29
	湖　南	4.00	2.55	6.51	3.64	28.22	43.17	7.38	2.72	2.89	3.85	0.74
	中部总计	3.58	2.49	5.99	3.60	32.64	34.69	11.31	17.28	21.20	19.63	7.19
西部	内蒙古	4.48	2.84	7.77	3.57	33.23	26.27	8.81	1.92	2.40	1.65	0.62
	广　西	3.79	2.96	7.25	3.44	37.62	30.59	20.49	1.38	1.95	1.38	1.04
	重　庆	3.62	2.57	5.51	3.74	36.55	39.38	19.23	1.31	1.80	1.69	0.93
	四　川	3.75	2.49	6.08	3.96	26.79	38.74	8.35	3.31	3.34	4.20	1.02
	贵　州	2.49	2.10	3.61	3.05	57.76	19.96	3.75	0.60	1.31	0.39	0.08
	云　南	2.49	2.25	3.89	2.32	58.08	24.98	6.04	0.93	2.02	0.76	0.21
	西　藏	2.28	1.52	3.57	2.53	44.57	17.44	8.78	0.01	0.01	0.01	0.00
	陕　西	3.30	2.96	7.09	4.58	61.61	13.42	9.30	1.60	3.71	0.70	0.55
	甘　肃	2.46	2.43	3.32	1.83	78.37	8.31	2.02	0.70	2.06	0.19	0.05
	青　海	3.04	2.18	4.84	3.50	58.12	13.19	11.24	0.21	0.46	0.09	0.09
	宁　夏	2.87	2.59	3.61	1.65	50.00	29.23	5.33	0.28	0.52	0.26	0.05
	新　疆	2.54	2.17	6.81	2.78	70.58	14.54	2.20	0.76	2.03	0.36	0.06
	西部总计	3.34	2.54	5.82	3.55	44.18	27.44	9.82	13.01	21.61	11.69	4.70
	全国总计	2.78	2.22	4.47	2.38	26.61	30.54	27.19	100.00	100.00	100.00	100.00

资料来源：相关年份的《中国统计年鉴》。

（六）2011年全国各地区工业增加值增长速度

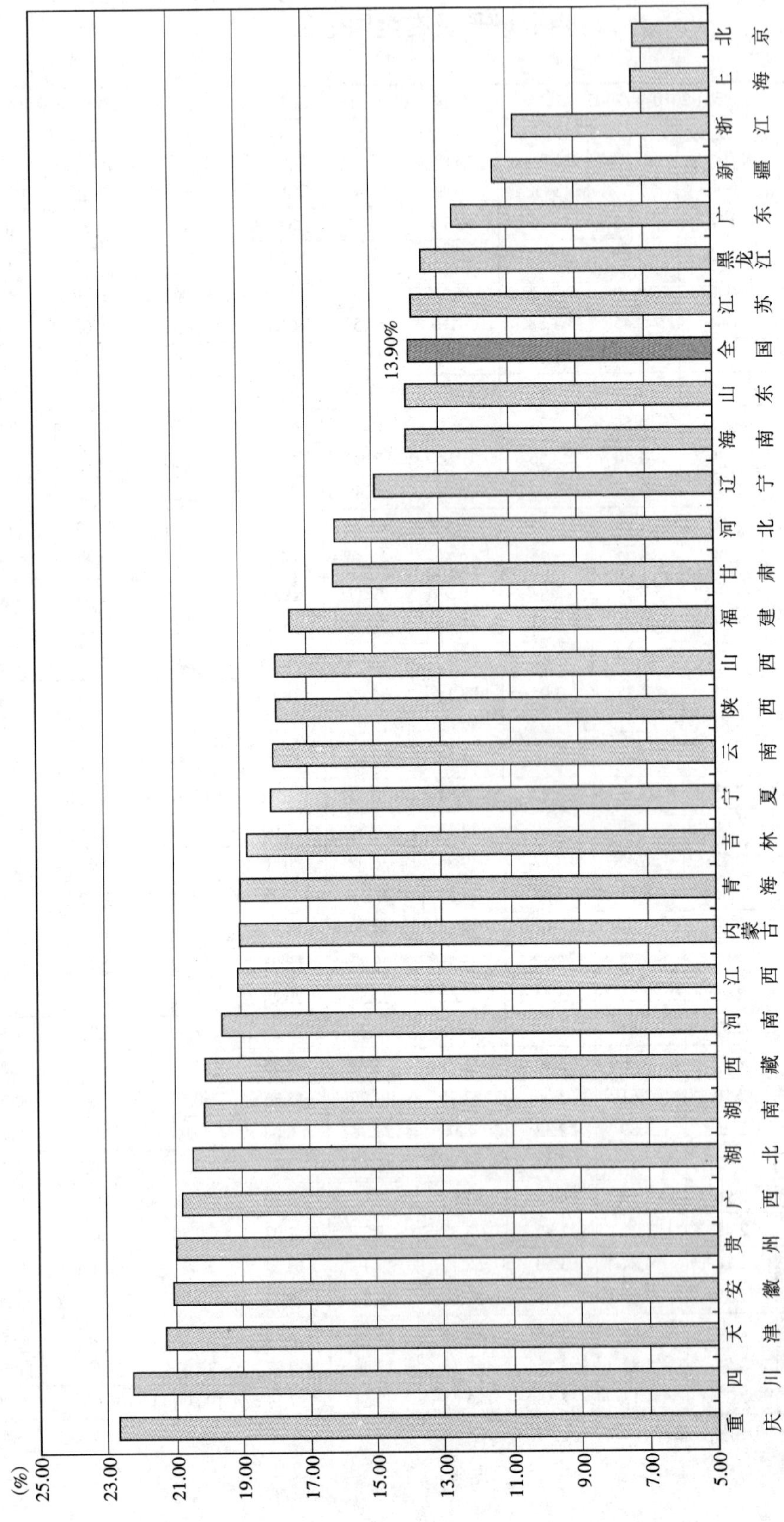

资料来源：根据国家统计局网站提供的数据绘制。

（七）2006 年、2010 年四大地带工业总产值占全国百分比

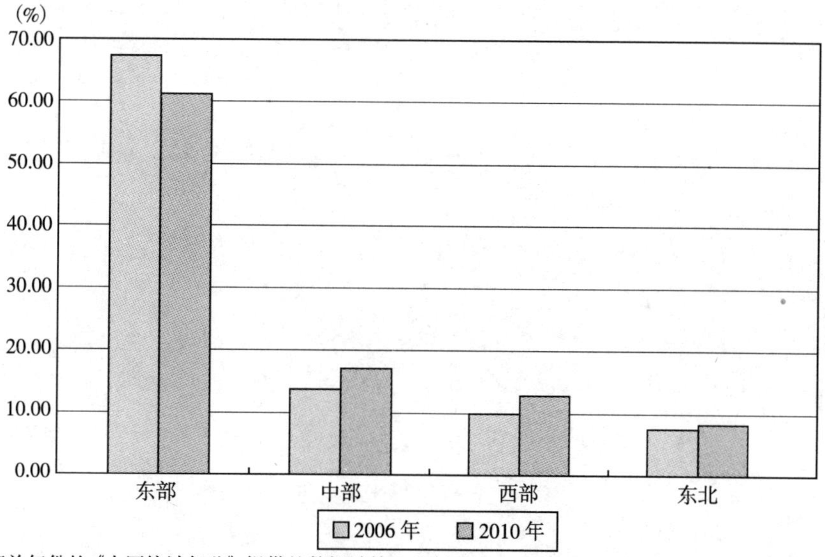

资料来源：根据相关年份的《中国统计年鉴》提供的数据计算、绘制而成。

（八）2005 年、2010 年四大地带工业出口依存度变化

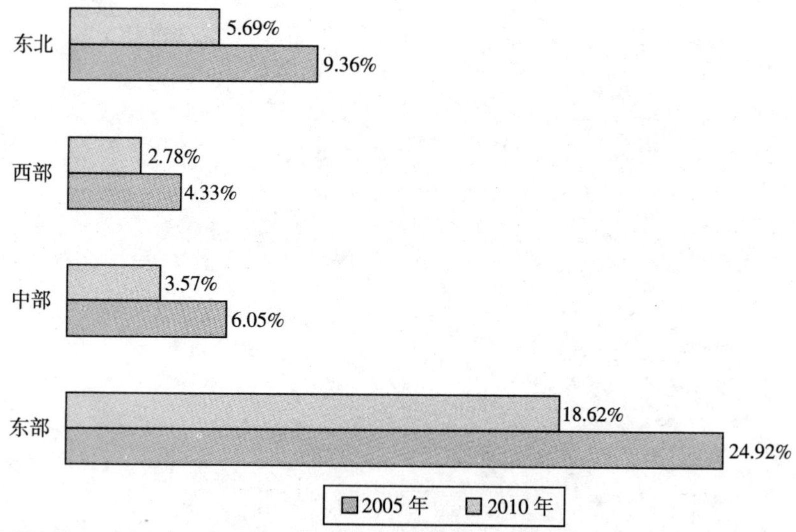

资料来源：根据相关年份的《中国工业统计年报》提供的数据计算、绘制而成。

附录 2　中国工业大事记

一、2011 年中国工业大事记

1 月

1 日，国家第十二个五年规划正式开始实施。

△《海峡两岸经济合作框架协议》（ECFA）于 2011 年 1 月 1 日起正式实施。为方便企业，海关建立健全适合 ECFA 产品实际需要通关制度，为 ECFA 产品实行便捷通关。

△《人民日报》消息，1 月 1 日上午，国内最大的纯电动客车制造基地在河南省许昌市襄城县正式投产。由河南新美景电动汽车有限公司投资生产的首批 20 辆“中文牌”纯电动客车下线，之后将交付许昌市公交公司使用。

△《钢联资讯》报道，神华集团包头煤化工分公司 60 万吨煤制烯烃工业示范工程正式开始商业化运营。该项目是“十一五”期间国家核准的唯一煤制烯烃项目，是国家确定的 5 个现代煤化工示范工程之一，总投资约 170 亿元，由神华集团煤制油化工有限公司包头煤化工分公司承担，项目位于内蒙古自治区包头市九原工业园区。该项目是世界上对煤制烯烃工艺路线进行工业化、商业化运营的首次成功实践。

2 日，由浙江正泰太阳能科技有限公司建设的杭州铁路东站枢纽 10 兆瓦屋顶并网光伏电站项目，将成为全球最大的光伏单体建筑发电系统。该项目总容量 10 兆瓦，总建筑面积 14.8 万平方米，总投资 2.7 亿元，将为中国太阳能光伏建筑的发展起到积极的示范作用。

△ 中国拥有自主知识产权的和谐型大功率电力机车在天津滨海新区临港经济区下线。天津制造的首列地铁车辆同时从北辰科技园区的中国南车产业园下线。这款在天津和谐型大功率机车检修基地下线的交流传动电力机车，功率大、能耗低、技术水平高、性能指标先进，是具有完全自主知识产权的中国品牌机车，是中国铁路技术装备现代化的又一重要标志。

4 日，《人民日报》报道，中国自主设计、自主建造、自主研发的第一座动力堆乏燃料后处理中间试验工厂——中核集团四〇四中试工程热调试取得圆满成功，实现了核燃料闭式循环的目标，同时实现了核动力堆中燃烧后的核燃料铀、钚材料的回收。铀利用率提高 60 倍。这次乏燃料后处理工程取得的成功，对我们进一步安全高效地发展核电、发展清洁能源起到一个基础性作用。

△ 国家发展和改革委员会发布《反价格垄断规定》和《反价格垄断行政认定程序规定》。

5 日，《人民日报》报道，河北钢铁集团分别与九江线材、燕山钢铁、荣信钢铁、鑫达钢铁、新金钢铁、裕华钢铁、金鼎重工 7 家民营钢企签署联合重组协议。这是河北钢铁集团继 2010 年 11 月重组 5 家民营钢铁企业后，再次以“渐进式股权融合”模式重组民营钢铁企业。据了解，此次重组将再为河北钢铁集团增添 1300 万吨产能，河北钢铁产业集中度得到进一步提升。

7日，《人民日报》消息，1月4日国务院批复《山东半岛蓝色经济区发展规划》，这是“十二五”开局之年第一个获批的国家发展战略，也是中国第一个以海洋经济为主题的区域发展战略。该《规划》的批复实施，是中国区域发展从陆域经济延伸到海洋经济，积极推进陆海统筹的重大战略举措，标志着全国海洋经济发展试点工作进入实施阶段；也标志着山东半岛蓝色经济区建设正式上升为国家发展战略，成为国家海洋发展战略和区域协调发展战略的重要组成部分。

△ 广珠城际铁路正式开通运营。广珠城际铁路由广州南至珠海，此次开通运营线路为广州南至珠海北段，线路全长93公里。从广州南站出发最短41分钟即可到达珠海北，珠海、中山、江门将全面融入“珠三角1小时经济圈”，极大地推动了珠三角一体化和同城化进程。

8日，《人民日报》报道，由中国能源报社主办、中国经济发展研究会协办的“2011中国能源经济论坛”在人民日报社隆重举行。论坛以“现代能源产业体系的战略与展望”为主题，全方位探讨现代能源产业体系建设问题，尤其是解读其内涵，剖析新能源的地位，并阐述了能源企业的机遇与挑战等问题。专家认为，中国应推动能源生产和利用方式变革，构建安全、稳定、经济、清洁的现代能源产业体系。

10日，《人民日报》报道，长江口12.5米深水航道上延至太仓试通航仪式在江苏太仓举行，5万吨级巨轮可畅达太仓港。这意味着中国深水海港岸线向内陆推进了56公里。交通运输部副部长徐祖远表示，这一工程2011年可产生直接经济效益3.78亿元，“十二五”末可产生直接经济效益6.76亿元。

△ 首台代表国际尖端技术水平的薄膜太阳能电池关键生产设备——等离子体增强型化学气相沉积设备（PECVD）在上海张江理想能源设备公司下线。该设备的成功下线，将大幅降低硅薄膜电池生产成本，打破了薄膜太阳能电池设备市场一直被国外厂商垄断的局面，填补了光伏电池高端设备国产化的空白。

11日，《人民日报》报道，连接晋陕宁三省区，贯穿中国中西部的铁路动脉——太（原）中（卫）银（川）铁路全线通车。这条全长942公里的铁路线，犹如一条叉状血管，串联起了沿途中西部能源地区20余个县市，承担起西部能源东运的重任，同时也为中西部百姓带来便捷的交通服务。

12日，《人民日报》从中国电子科技集团公司2011年工作会议上获悉，由中国电子科技集团公司承担的国家重大科技专项任务取得突破，研制成功了300毫米硅材料多线切割机，打破了国内生产线上运行的12英寸硅材料多线切割机全部为进口设备的现状。300毫米硅材料多线切割机研制是中国电科承担的国家重大科技专项任务——极大规模集成电路制造装备与成套工艺专项课题之一，研制成功的该设备具有完全自主知识产权。该技术可应用到太阳能电池行业，可一次性切割156毫米×156毫米的硅片5000~6000片。

13日，《人民日报》报道，国家电网公司建成投产了110千伏四川北川和220千伏青岛等7座智能变电站，这是中国坚强智能电网建设实现的重大突破，也是中国在智能变电站核心技术研发、关键设备研制和产品制造等领域实现的重大突破。这一突破使中国占据了智能变电站技术的国际领先地位，成为世界智能变电站技术的引领者。

△ 首钢集团总公司举行“北京石景山钢铁主流程停产仪式”，标志着首钢搬迁已顺利完成、产业结构调整进入关键性阶段。将一个年产800多万吨的钢铁企业整体停产，需要安置分流职工6.47万余名，规模大、难度高、工作繁重复杂，在中国乃至全世界都是史无前例的。首钢搬迁是20世纪60年代以来中国最大规模的一次工业迁移，不仅为首钢蹚出一条新路，也为北京和老厂区所在的石景山区搬出一片新天地。

△《上海庙能源化工基地开发总体规划》正式获得国家发展和改革委员会的批复，标志着上海庙能源化工基地成为内蒙古自治区首个国家级能源化工基地。该基地已探明煤炭储量142亿吨，预计远景储量500亿吨以上，开发潜力巨大。

15日，《人民日报》消息，中国经济年会（2010~2011）在北京举行。与会代表分析了中国与世界经济走势，就制定“十二五”规划纲要、促进经济发展方式转变提出了多项建议。本次年会由中国国际经济交流中心主办，来自全国人大、全国政协、国家发展和改革委员会、财政部、国务院发展研究中心、中国社会科学院、国家信息中心等单位的专家学者、企业家和北京、天津、南京等地方政府负责人参加了会议。

△《人民日报》报道，"2011 中国经济展望高峰论坛"在北京举行。来自各领域的知名学者与会，就宏观经济、金融和财政、国际经济走势、中国外贸政策走势等问题进行了深入分析，提出了一系列建议和预测。会议还评出"转型·2010 中国经济十大领军人物、企业、城市"，青岛港集团董事局主席常德传等获评十大领军人物。此次活动由新华社经济参考报等单位联合主办。

19 日，《人民日报》报道，在由中国海事仲裁委员会（CMAC）和波罗的海航运公会（BIMCO）共同举办的标准造船合同研讨会上，"上海格式"中国标准造船合同获得了中国造船企业和船务公司的广泛认同并正式对外发布。据介绍，随着中国造船吨位跃居全球第一位，其在国内外市场的话语权将进一步提升。国际标准造船合同有了"上海格式"，就是中国赢得了话语权的表现。

△《中央地质勘查基金项目预算标准》经国土资源部和财政部批准试用。据介绍，该标准围绕市场化运作的客观需求，突出体现了全成本核算、企业与事业单位等多元承担主体同时适用、可根据国家主要经济指标变化进行动态调整的特点。它的试用将有效提高中央地质勘查基金项目预算编制与执行的科学性，有力推进基金管理事业发展，将对整个地勘行业的改革发展发挥重要的引导与推动作用。

20 日，《人民日报》消息，中国半导体设计公司首创全球之最：展讯通信公司成功研发出全球首款 40 纳米低功耗商用 TD—HSPA/TD—SCDMA 多模通信芯片——SC8800G，这一研发的成功代表着中国半导体设计领域的最高水平，并首次超越欧美设计公司水平。据介绍，采用这一 40 纳米芯片的手机，将有上网速度更快、功耗更低的特点，这将对智能城市、物联网、移动互联网、"三网合一"等领域的技术和产业发展起到推动作用。

△ 中国首艘 5 万吨级新型半潜船——"祥云口"号在广州中船龙穴造船基地举行命名仪式并交付使用。该型号船舶为亚洲最大半潜船，同时也为世界最大、最先进的半潜船之一，这标志着中国高端、高附加值的特殊船舶建造水平再上新台阶，并极大地提升中国远洋特种船舶运输在国际上的竞争力。

23 日，新华社报道，上海交通大学宣布，物理系李贻杰教授领导的科研团队历时 3 年，采用独特的技术路线，成功研发一整套具有中国自主知识产权的百米级第二代高温超导带材，实现了国内超导带材领域的新突破。现有的电网传输系统在传输过程损耗约 8%~10%，如果采用第二代高温超导电缆来传输，可以达到几乎零损耗，极大提高了节能效果。

△《人民日报》消息，商务部发布 2011 年第 1 号公告，公布了对原产于欧盟的进口 X 射线安全检查设备反倾销调查的终裁决定。商务部最终裁定，原产于欧盟的进口 X 射线安全检查设备存在倾销，中国国内 X 射线安全检查设备产业遭受了实质损害，而且倾销和实质损害之间存在因果关系，并决定自 2011 年 1 月 23 日起对原产于欧盟的进口 X 射线安全检查设备征收 33.5%~71.8% 不等的反倾销税，实施期限为 5 年。

△ 华勤集团推出的柴油车尾气过滤器，能使尾气颗粒物含量降低 90%以上，达到欧 VI 以上排放标准。专家认为，这一成果填补了中国在柴油车尾气污染治理领域的空白，可应用于以柴油发动机为动力的城市公交、载重货车、商务用车和工程用车等。

24 日，《人民日报》报道，中国拥有完全自主知识产权的世界单机容量最大水轮发电机组在向家坝电站进入正式安装阶段。这标志着中国清洁能源重装工艺及安装水平跃上一个新台阶，也为向家坝电站首台机组明年顺利发电奠定了基础。经过周期 1 年的安装、调试，这套机组预计 2012 年 10 月以后可实现发电。

△ 由徐工集团重型机械有限公司自主研发的 QAY800 型和 QAY1000 型全地面起重机，通过了由中国机械工业联合会在江苏省徐州市组织召开的产品鉴定会，并将于 6 月交付客户使用。鉴定专家指出，这是中国自主研发的千吨级全地面起重机首次通过鉴定，也将是最早投入市场的国内产品。这标志着继德国和美国之后，中国成为第三个能研发并生产千吨级全地面起重机的国家。

25 日，新华社消息，具有国际先进水平的窄间隙自动焊技术在宁德核电站1号机组主管道焊接中正式应用，这是自动焊技术首次在中国核电建设中使用。据介绍，主管道自动焊工艺的投入应用，填补了中国核电建设领域的一项空白，标志着占目前中国在建核电机组过半的CPR1000项目将全面进入主管道自动焊工艺时代。

27日，《人民日报》报道，中国华能集团公司与美国电力公司在华盛顿共同签署了关于燃煤电厂二氧化碳减排和提高能效的技术合作协议。该合作为中国华能集团公司自主研发的二氧化碳捕集技术进入美国乃至国际能源市场提供了契机，对提升我国自主研发技术在国际能源领域的影响力具有重要意义。

30日，《人民日报》消息，浙江三门核电2号机组CA01模块在核岛区域就位。至此，中国三代核电自主化依托项目4台AP1000核电机组已成功实现23个里程碑节点，创造了多项纪录，工程总体形象进度满足计划要求。

△ 中国北车齐轨道装备公司与澳大利亚FMG公司就出口澳大利亚40吨轴重矿石车举行了签约仪式，这是中国制造的世界最大轴重货车又一次出口发达国家，标志着中国北车铁路货车产品已大规模占据澳洲高端市场。

△ 国际技术转移协作网络（ITTN）在北京启动。ITTN是在科学技术部与北京市政府的支持下，由来自15个国家和地区的40多家知名技术转移与创新服务机构共同发起成立的开放式创新服务平台，主要致力于为跨国技术转移提供全面支持，汇聚全球创新资源，驱动区域创新发展。

2月

9日，中国政府网发布《国务院关于印发进一步鼓励软件产业和集成电路产业发展若干政策的通知》，明确将继续实施软件增值税优惠政策，并实行包括财税、投融资、研究开发、进出口、人才、知识产权、市场七个方面的一系列鼓励政策。

△ 新华社消息，国务院法制办将财政部、海关总署报请国务院审议的《中华人民共和国船舶吨税暂行条例（征求意见稿）》全文公布，征求社会意见。根据征求意见稿的规定，10种船舶将免征吨税等。

10日，新华社消息，为实现稀土矿的可持续利用，保护生态环境，国土资源部决定设立中国首批稀土矿国家规划矿区，规划区包括11个区块，总面积达2500多平方公里。本次划定的赣州地区稀土矿国家规划矿区包括勘查区、开采区及成矿远景区，预测稀土远景资源量约76万吨，其中，中重稀土资源储量约71万吨。资源查明后，可望使目前全国中重稀土探明资源储量增长80%。

15日，《人民日报》消息，天津滨海新区目前最大容量风电场——大港沙井子风电场一期工程并网发电。一期工程容量50兆瓦，每年向新区电网输送1亿千瓦时绿色电能，节约标准煤3万吨。

16日，温家宝总理主持召开国务院常务会议，研究部署促进稀土行业持续健康发展政策措施。

△《人民日报》报道，云南积极实施“央企入滇”战略，加快转变经济发展方式，推进建设中国面向西南开放的桥头堡。2010年签订合作协议的16户中央企业将在云南投资3206多亿元，其中12户属首次入滇，目前已有6个项目开工。至今共有46家央企落户云南。未来几年云南还将引进多家央企，5年内在石油炼化、汽车制造、新能源、新材料、生物开发等领域培育3~5个销售收入过百亿元的企业。

△ 当日上午，广西柳州汽车城正式奠基。同时，上汽通用五菱汽车股份有限公司年产40万辆轿车生产基地、东风柳州汽车有限公司年产10万辆商用车生产基地项目启动，首批进入汽车城总投资120亿元的30多个零部件项目签约。

17日，《人民日报》报道，武钢与加拿大世纪铁矿控股公司签约合作矿石资源项目；2月15日，武钢与加拿大ADI资源公司就合作矿石资源项目签约。至此，武钢已锁定权益资源量数百亿吨，成为全球钢铁制造商中最大资源拥有厂家之一。

18日，《人民日报》报道，中国证券监督管理委员会批准上海期货交易所开展铅期货交易。按照《期货交易管理条例》和《期货交易所管理办法》的相关规定，在各项准备工作就绪和相关程序履行完毕后，中国证监会将批准上海期货交易所挂牌铅期货合约。

△ 山东半岛蓝色经济区建设恳谈暨项目推介

会在北京举行。中共中央政治局委员、全国政协副主席王刚出席恳谈会并讲话。王刚强调，要认真贯彻落实胡锦涛总书记关于建设山东半岛蓝色经济区的重要指示和国务院有关部署，站在加快实施海洋发展战略和完善区域发展总体战略的高度，以科学发展为主题，以加快转变经济发展方式为主线，全面推进山东半岛蓝色经济区各项建设，推动山东经济社会又好又快发展，为实现“十二五”时期经济社会发展目标做出更大贡献。

20日，《人民日报》消息，12台电动轮胎式龙门起重机在厦门海沧港区18号泊位安装到位，标志着厦门港首个低碳节能型码头即将投产。这种起重机采用能量反馈电网技术，工作时可将集装箱下降产生的动能转化为电能，再用以码头生产作业，从而达成能源的循环利用。

21日，《人民日报》从天津港获悉，2011年天津港将开工30万吨级航道建设，该航道是提升天津港港口等级的重要标志性工程，项目建设工期15个月，建成后将满足30万吨级油船和散货船进出港通航需要。

△ 中国钢研科技集团对外宣布，该集团已在世界上率先成功研发出第三代汽车钢，并在全球首度进入了工业化产品的开发和试制，最快有望于2014年在北京现代和一汽等企业商业化应用。第三代汽车钢的成功研制，从根本上改变了中国长期以来跟踪学习国外汽车钢技术的局面，得到了国内外的广泛关注。

24日，《人民日报》报道，当日召开的南水北调工程建设工作会议确定的目标是，2011年南水北调工程计划完成投资520亿元以上，其中工程建设投资超330亿元，丹江口库区移民投资180亿元左右。这一投资规模将创工程建设8年以来的新高，这也意味着南水北调进入工程建设和征地移民的高峰期。

△ 在南宁举行了广西壮族自治区政府、中国联合网络通信集团有限公司合作建设中国—东盟区域性信息交流中心框架协议签署仪式。南宁将成为中国联通第四个国际通信业务出入口，中国通达东盟10国的话音、数据通信、互联网等业务的通信品质将大幅度提升，这对促进中国—东盟自由贸易区建设具有重大意义。

25日，新华社消息，中国能源研究会能源政策研究中心发布《能源经济形势分析与展望（2010~2011）》。报告判断，受国际煤价上涨传导、煤炭行业国家限价令的效果不明显等多重因素影响，2011年煤炭供需形势前紧后松，市场价格看涨，重点合同电煤每吨看涨30元，火电企业亏损面可能加剧。

28日，《人民日报》报道，中国自行研制设计生产、拥有完全自主知识产权的船舶压载水处理装置，取得中国船级社型式认可证书，标志着该装置正式获准安装远洋船舶，这是世界第十个、中国唯一获准装船的船舶压载水处理装置。由中国船舶重工青岛双瑞海洋环境工程有限公司研发的该装置，对于提高国产船舶关键设备装船率、提升远洋航运业和造修船竞争力具有重要意义。

△ 中国第一条中低速磁浮交通运营示范线——北京市轨道交通S1线西段（西起门头沟石门营站，东至石景山区苹果园站）开工建设。该线路采用中国自主研发的中低速磁浮技术，表明中低速磁浮交通系统已具备工程化、产业化实施能力，这将使中国成为继日本之后第二个拥有中低速磁浮交通运营线路的国家。按照计划，S1线西段中低速磁浮交通运营示范线将于2013年建成。

△ 截至2011年2月，内蒙古全区并网风电装机容量达到1090万千瓦，成为全国首个风电并网装机超千万千瓦的省区。内蒙古不仅在风电装机规模上稳居全国第一位，在电网消纳比例等指标上也遥遥领先。

3月

1日，《人民日报》报道，中国首款具有自主知识产权的智能终端操作系统平台——“沃Phone”及“沃Phone”手机，由中国联通在京发布。工业和信息化部副部长奚国华表示，“沃Phone”操作系统是中国在智能终端基础软件领域取得的重要突破。“沃Phone”操作系统及其手机的推出，有助于打破国外软件企业对智能终端操作系统的垄断，对确保移动互联网体系的先进性与用户信息的安全具有重要意义。

△ 由江西省政府举办的江西省战略性新兴产业发展合作推介会在京举行，在具有广阔市场前景的196个项目上进行招商，涉及光伏材料、风

能与核能、新能源汽车及动力电池、航空制造、半导体照明等战略新兴产业。

△ 从中国政府网获悉，国务院正式批复《浙江海洋经济发展示范区规划》，浙江海洋经济发展示范区建设上升为国家战略。根据该《规划》，到2015年浙江的海洋生产总值将突破7200亿元。同时，浙江将打造“一核两翼三圈九区多岛”为空间布局的海洋经济大平台。

△ 国务院总理温家宝主持召开国务院常务会议，讨论并原则通过了《成渝经济区区域规划》。中央本次给成渝经济区的初步目标是，力争到2015年，使成渝经济区经济实力显著增强，建成西部地区重要的经济中心和全国重要的现代产业基地。

3日，《人民日报》报道，中航工业机电系统有限公司与美国汉胜公司在京举行组建C919大型客机项目电源系统合资公司合同签字仪式。根据合同，双方成立的电源系统合资公司，旨在为中国商飞C919大型客机开发制造包括发电和配电系统在内的电源系统，并成为中国商飞该项目的一级供应商。

8日，《人民日报》从国家统计局获悉，经国务院批准，国家统计调查从2011年1月起，纳入规模以上工业统计范围的工业企业起点标准从年主营业务收入500万元提高到2000万元；固定资产投资项目统计的起点标准从计划总投资额50万元提高到500万元。统计起点标准提高后，起报点以上的企业或单位逐一进行调查，未达到起点的则进行抽样调查或科学核算。

9日，《人民日报》报道，山东临工年产2万台大型挖掘机生产基地在山东临沂经济技术开发区奠基。包括技术改造在内，该项目总投资60亿元，完成后可实现产值200亿元，利税35亿元。这是临沂经济开发区升级为国家级经济技术开发区后，着力提升产业集群“含金量”的又一件大事。

12日，《人民日报》消息，山西省—中央企业合作发展恳谈会在北京举行，会议旨在进一步加强山西与中央企业的交流和合作，抓住山西作为国家资源型经济转型综合配套改革试验区的重大机遇，加快促进山西省转型跨越发展。央企已基本明确“十二五”期间在山西的投资总额约5132亿元，2011年启动项目79个，投资总额约800亿元，涉及火力发电、煤层气、煤化工、风电、医药、建材、信息、商贸流通等领域。这对山西调整经济结构、转变经济发展方式以及实现转型跨越发展起到“牵引”作用。

△ 工业和信息化部与宁夏战略合作框架协议签字仪式在人大宁夏代表团驻地举行。协议就加快宁夏沿黄经济区新型工业化产业集聚发展，推动宁夏承接产业化转移，支持宁夏信息一体化建设、大本地网建设、“两化”融合和农村信息化省域示范，促进宁夏物联网产业和中小企业快速发展等诸多方面达成了共识，并明确了部区合作的各项机制。

13日，《人民日报》报道，“十一五”国家重大科技成果公开交易发布会在京举行，国家公共财政支持的26项重大科技成果将首次通过挂牌、拍卖、招标等方式公开交易。业内人士表示，此举将开辟中国科技成果转移转化的新模式。“十一五”以来，中国科技成果转化机制不断完善，通过科技重大专项的实施，一批研发基础好、市场需求大的重大产品快速进入市场，直接服务于战略性新兴产业发展。

△ 中国直升机发展协会有限公司、美中投资基金、中安达旅游服务有限公司和美国垂直航空技术公司在京签署中美海明堡（蜂鸟系列）直升机全面合作协议。中美双方将展开全面合作，中方获得在亚太地区的独家制造、营销和服务美国垂直航空技术公司直升机的权力。

△ 哈飞空客复合材料制造中心新厂房在哈尔滨市正式落成并投入使用。新厂房将用于空客最新研发项目A350XWB部分复合材料零部件的生产制造，包括方向舵、升降舵、19段维护舱门和部分机腹整流罩。复合材料制造中心完全采用空客的工艺流程与标准，采用高技术水平生产工艺并配备所需的各项先进设备，包括自动铺带机、热压罐、自动切边机、无损探伤设备等。

14日，《人民日报》报道，70家中央企业齐集北京钓鱼台国宾馆，与广东省共建战略合作关系。它们分别与广东省签署了204个合同协议项目，总投资20852亿元。这些项目投资大、带动性强、关联度高，甚至一些项目填补了该省产业空白。此举旨在发挥各自优势，迅速打开科学发展新局面，把国家“十二五”规划任务要求真正落到实处。

15 日，《人民日报》消息，西安综合保税区获得国务院批准设立，这是中国西北内陆首个综合保税区。该项目建成后，将成为西安近年来打造的国际内陆港中最为重要的支撑平台之一，有助于西北地区进一步提高外向度。

16 日，《人民日报》报道，海口综合保税区正式封关运行。这是继国务院批准设立洋浦保税港区后，海南又一个由海关监管的特殊经济区域。其开放层次高、优惠政策多、功能齐全、手续便捷。同日，海口综合保税区海关正式开关运作。

△ 国务院批复《浙江省义乌市国际贸易综合改革试点总体方案》，这是全国首个由国务院批准的县级市综合改革试点，也是浙江第一个国家级综合改革试点。根据该《方案》，义乌将承担起探索建立新型贸易方式、优化出口商品结构、加强义乌市场建设、探索现代流通新方式、推动产业转型升级、开拓国际市场、加快“走出去”步伐、推动内外贸一体化发展、应对国际贸易摩擦和壁垒九方面的试点主要任务。

△《中国能源网》报道，内蒙古自治区人民政府发布《煤炭企业兼并重组工作方案》。该《方案》提出，“十二五”末期，内蒙古全区原煤产量控制在 10 亿吨，其中 120 万吨及以上井工矿、300 万吨及以上露天矿产能占总产能 70%。截至 2013 年底，全区煤炭生产企业最低生产规模 120 万吨（有条件的地区，可提高到 300 万吨）。生产规模在 120 万吨以下的煤炭生产企业全部退出市场。

17 日，《人民日报》报道，商务部、国家发展和改革委员会、财政部等部门联合出台了《关于“十二五”期间实施积极的机电产品进口促进战略的若干意见》，提出要在“十二五”时期，逐步提高先进技术和关键设备、关键零部件进口比重；促进进口投资品、消费品和中间品的比例结构趋于合理；满足新一代信息技术、节能环保、新能源、生物、高端装备制造、新材料、新能源汽车等战略性新兴产业及其他重点产业的进口需求；与主要国家和地区贸易顺差过快增长的势头得到有效缓解等意见。

△ 中国首座水下铁路盾构隧道——广深港高铁狮子洋隧道，在水下 67 米深处成功对接。至此，双洞总长达 21.6 公里的狮子洋隧道全线贯通。它标志着中国水下盾构隧道建设的施工与科研取得了重大的技术突破。

△ 计划 2014 年首飞的中国商用“大飞机”，单机需要标准件 109 万件，其中钛合金材料零部件 20 万件将全部由东方蓝天钛金科技有限公司自主研发。该项目在山东省烟台市高新区奠基开工。

20 日，《人民日报》消息，在当日召开的中国发展高层论坛 2011 年会上，工业和信息化部部长苗圩表示，培育发展战略性新兴产业必须坚持把商业模式的创新作为强大的动力。在现代市场条件下，商业模式创新与企业的技术创新、产品创新同等重要，特别是制造业、现代服务业的加速融合，推动生产体系的重构，成为新经济的显著特点。

△ 国电集团与舟山市签署了投资建设能源设施等项目的战略合作框架协议。此次国电集团与舟山市签署的合作协议涉及大宗商品交易平台、煤炭中转基地、海上风电场、分布式电源、核电等投资领域。

21 日，《人民日报》报道，《宁夏回族自治区煤炭资源潜力评价报告》通过国土资源部评审验收。该报告将宁夏探明煤炭资源量由 314.5 亿吨更新为 381.3 亿吨。

△《人民日报》从清华大学“清立方”立体视频芯片新闻发布会上获悉，中国平面视频立体转换技术在清华大学实现较大突破。该技术实现了平面视频高质量的立体转换，为推动数字电视、移动终端与影视制作等产业迈进立体视频领域提供了具有核心竞争力的高端技术支持。

△ 广州市 2011 年最大规模的招商推介会在北京举行，签约项目共 140 个，预计总投资可达 7230 亿元，现代服务业、先进制造业、高技术产业、战略性新兴产业和研发平台等领域项目数量约占八成。

△ 中国物联网产业发展论坛暨国家物联网产业示范基地项目签约仪式在京举行。重庆市南岸区正式被工业和信息化部授为“国家物联网产业示范基地”。“十二五”期间，重庆将按照“科技引领发展，应用促进市场，市场带动产业”的发展思路，大力推广物联网技术应用和产品创新，将

重庆打造为全国物联网产业的聚集区、示范区。

22日，《人民日报》消息，中国证券监督管理委员会宣布，已批准大连商品交易所开展焦炭期货交易。按照相关规定，在各项准备工作就绪和相关程序履行完毕后，中国证券监督管理委员会将批准大商所挂牌焦炭期货合约。

23日，《人民日报》报道，上海期货交易所宣布，铅期货于2011年3月24日上市。与铜、铝、锌三个大宗有色期货不同，铅期货合约采取大合约制度，每手为25吨，与伦敦铅期货合约相当。

24日，《人民日报》报道，国家统计局发布《国际地位稳步提高　国际影响持续扩大》的“十一五”经济社会发展成就系列报告显示，中国国内生产总值（GDP）占世界的比重，从2005年的5.0%上升到2010年的9.5%。

△ 首批采用“核高基”重大专项的重要成果——国产飞腾CPU的通用服务器，由浪潮集团正式推出。业内人士指出，这是中国电子信息产业的研制单位、应用企业联手推进高端通用芯片产业化的重要举措，对于实现电子信息产业的自主可控意义重大。

25日，《人民日报》报道，由济南二机床集团承担的国家“高档数控机床及基础制造装备”科技重大专项课题——“大型快速高效数控全自动冲压生产线”通过国家鉴定。专家指出，这是中国汽车工业装备自主化取得的重大突破。该项目的依托工程——上海通用（烟台）东岳汽车公司42000KN全自动柔性快速冲压生产线，入选国家重大科技专项十大标志性工程。

26日，《人民日报》消息，测量辐射粒子的厚型气体电子倍增探测器THGEM多孔膜板在中国航天科工集团试制成功，其高精度、高密度和在较低工作电压下获得高气体增益的特点，将为中国这类新型气体探测器的研发跻身国际先进水平奠定基础。

27日，《人民日报》报道，由民营企业汉能控股集团控股投资建设，总装机240万千瓦的金沙江金安桥水电站历经8年建设正式并网发电。金安桥水电站是国务院批准的《金沙江中游河段水电规划报告》中规划的“一库八级”的第五级，属于国家特大型水电站。它是金沙江干流上第一座并网发电的特大型水电站。

△ 宝钢集团旗下的宝钢金属公司与新西兰朗泽技术公司在沪举行“宝钢朗泽中科院尾气制乙醇示范工程”开工启动仪式，双方将组建合作企业，以实现全球首个尾气制乙醇燃料示范工程的商业化。根据测算，年产10万吨的商业化项目可以比粮食发酵制乙醇节省30%~40%的成本。

28日，新华社消息，工业和信息化部公布“十二五”期间和今年中国工业节能减排四大约束性指标：单位工业增加值能耗、二氧化碳排放量和用水量分别要比“十一五”末降低18%、18%以上和30%，工业固体废弃物综合利用率要提高到72%左右；2011年这四项指标同比要分别降低4%、4%以上和7%左右以及提高2.2个百分点。

△《人民日报》报道，连接内蒙古西部地区最大陆路口岸的甘泉铁路铺架工程正式开工。甘泉铁路是内蒙古为贯彻能源发展“走出去”战略修建的，是促进中蒙双边经贸合作向纵深发展的一项重要工程，计划于2012年5月底建成通车。该工程建成后，将成为中国西部地区继阿拉山、二连浩特之后，又一条连接国外的运输大通道。

29日，新华社消息，宁夏宁东能源化工基地2011年重点项目开工仪式在宁东基地举行，9个项目集中开工，项目总投资360亿元。此外，还有19个新能源项目也将于近期集中开工。

△《人民日报》报道，在28~29日召开的中国机械工业联合会三届三次会员会暨成立十周年纪念大会上，中国机械工业联合会会长王瑞祥表示，这十年是机械行业发展的历史最好时期。与2010年不同，2011年机械工业经济运行将转向平稳增长。“十二五”期间，机械行业发展目标是实现工业总产值、工业增加值和主营业务收入年均增长速度都保持在12%左右，出口创汇年均增长15%左右。

△ 建设上海张江国家自主创新示范区动员大会在上海召开。上海张江高新区是继北京中关村科技园区和武汉东湖高新区之后国务院批准建立的第三个国家自主创新示范区。

30日，《人民日报》报道，据中国大洋矿产资源研究开发协会办公室有关负责人透露，中国已向联合国国际海底管理局提交海底多金属硫化物矿区申请，这是国际上首份对多金属硫化物矿区的申请。据介绍，海底热液活动伴生的硫化物被认为是继多金属结核和富钴结壳之后又一具有广阔开发前景的海底矿产。

△ 在当日举行的山东省风电产业与装备制造发展高层论坛上，国家能源局及工业和信息化部有关专家表示，中国已经成为世界第一风电大国，但核心技术和并网问题仍然是制约中国风电快速发展的瓶颈。发展坚强的智能电网对风电接入尤为必要。

31 日，《人民日报》报道，国土资源部发布通知，确定 2011 年稀土矿（稀土氧化物 REO）开采总量控制指标为 9.38 万吨，其中轻稀土 8.04 万吨，中重稀土 1.34 万吨；钨精矿（三氧化钨含量为 65%）开采总量控制指标为 8.7 万吨；锑矿（金属量）开采总量控制指标为 10.5 万吨。

△ 山东威海（北京）蓝色经济区建设恳谈暨项目推介会在京举行，推出招商项目 202 个，总投资 2847 亿元。按照《山东半岛蓝色经济区发展规划》，到 2015 年威海的海洋产业增加值占生产总值的比重达到 35%，海洋科技进步贡献率提高到 65%左右。

4月

1 日，《化妆品技术要求规范》施行，化妆品产品技术除了要符合国家有关法律法规标准规范外，还应符合其文本格式的规定。

5 日，《人民日报》报道，为加强青海资源综合利用，发展循环经济，青海省政府在木里煤矿举行《青海省木里煤田矿区总体规划》启动仪式，标志着木里煤田开发建设进入新的阶段。青海省政府新近组建了木里煤业开发集团有限公司，公司所属企业均已进入综合开发资源的工作区域。矿区东西长 50 公里，南北宽 8 公里，由江仓、聚乎更、弧山和哆嗦贡马四个矿区组成，资源储量 35.4 亿吨，可采资源储量 7.49 亿吨。其煤质以肥煤、焦煤、气煤、瘦煤等为主。

△ 北京市节能低碳发展创新服务平台日前成立。平台的建设将针对在京的企事业单位、科技资源单位和需求应用单位，联合组建一个战略合作联盟，并设立专业委员会，以已有相关产业促进机构为依托单位，采取协调运作机制，加强对节能低碳各个环节的统筹协调和顶层设计能力，打造集需求调研、技术研发、应用推广和产业化于一体的全链条服务体系。

6 日，工业和信息化部、科学技术部、财政部、商务部、国有资产监督管理委员会联合印发《关于加快推进信息化与工业化深度融合的若干意见》。

7 日，《人民日报》消息，浪潮集团在北京、济南两地同时推出云海集装箱数据中心——“Smart Cloud”。这是国内首款云数据中心（Cloud Data Centre）产品，其能耗、管理性、部署速度等方面均数优于传统的数据中心，为中国迎接云计算时代打下了基础。

△ 国务院办公厅正式批复同意在井冈山经济技术开发区设立江西井冈山出口加工区，这是江西省设立的第四个国家级出口加工区。江西井冈山出口加工区规划面积 2.25 平方公里，将分两期建设。

8 日，新华社消息，中国航空汽车工业控股有限公司、北京亦庄国际投资发展有限公司、耐世特汽车系统公司在京举行“中航工业汽车、北京亦庄国际联合收购耐世特汽车系统公司暨中国区总部落户北京经济技术开发区”签字仪式。这次收购是迄今为止中国汽车零部件产业最大的一次海外并购，也是中美之间最大的汽车零部件并购，标志着中国汽车零部件企业在关键零部件系统方面拥有了国际领先的核心技术与产品、优质客户、成熟的人才与管理团队，无论是产业规模还是技术水平均跻身全球前列。

10 日，《人民日报》报道，中国在西昌卫星发射中心用“长征三号甲”运载火箭，成功将第八颗北斗导航卫星送入太空预定转移轨道，这是一颗倾斜地球同步轨道卫星。此次发射是 2011 年北斗导航系统组网卫星的第一次发射，也是中国“十二五”期间的首次航天发射。

△ 150 吨二氧化碳注入了陕西榆林云化绿能公司的反应塔，经过 24 小时的反应合成后，陕西省第一批精细化工产品——碳酸二甲酯流入储存罐。这批碳酸二甲酯的产出，标志着陕西化工行业向着精细化工方向又迈进了一大步。

11 日，《人民日报》消息，作为海南“十二五”产业发展战略重要项目的海南生态软件园在澄迈县老城工业区正式开园。预期“十二五”末，海南生态软件园产值将过百亿元。

12 日，国家发展和改革委员会公布《关于规范煤化工产业有序发展的通知》，对几乎所有煤化工领域内的细分行业都做出了严格的限制。国家发展和改革委员会称，在新的核准目录出台前，年产 50 万吨及以下煤经甲醇制烯烃项目、年产 100 万吨及以下煤制甲醇项目、年产 100 万吨及以下煤制二甲醚项目、年产 100 万吨及以下煤制油项目、年产 20 亿立方米及以下煤制天然气项目、年产 20 万吨及以下煤制乙二醇项目都将被禁止。

13 日，国务院总理温家宝主持召开国务院常务会议，分析第一季度经济形势，研究部署下一阶段经济工作。

15 日，博鳌亚洲论坛 2011 年年会开幕式在海南博鳌举行。国家主席胡锦涛在开幕式上发表主旨演讲。

△《人民日报》报道，中哈霍尔果斯河友谊联合引水枢纽工程开工仪式在中国新疆维吾尔自治区霍城县举行。该工程的建设将有效提高两岸农业灌溉、生态用水的保证率，减轻下游地区特别是霍尔果斯口岸及中哈贸易合作区的防洪压力，促进霍尔果斯河两岸经济的发展。

△《钢联资讯》报道，焦炭期货合约已由中国证监会批准，于当日上市交易，挂牌合约月份为 2011 年 9 月至 2012 年 4 月。焦炭期货的上市，将为上游的炼焦煤生产企业、中间的焦炭生产企业、下游的钢铁等用户企业和贸易商提供新的避险工具，将有利于焦炭市场的规范、健康、平稳发展。

16 日，《人民日报》报道，中国第二大油田——中国石化胜利油田发现 50 周年之际，从胜利油田传出喜讯：油田累计生产原油已突破 10 亿吨，约占新中国成立后原油总产量的 1/5；原油产量连续 15 年保持在 2700 万吨以上。

17 日，《人民日报》消息，旨在降低长江流域船舶燃料成本和减少污染物排放的“长江绿色物流创新工程项目”，在京通过评审。在此基础上，国内最大的内河航运集团、央企长航集团与富地石油集团、中兴恒和投资集团联合宣布，计划对长江航运船舶进行双燃料系统的改造，这意味着中国正式启动长江流域船舶节能减排的升级改造项目。

△ 中国海洋石油总公司惠州炼油项目在第二十四届 IPMA 国际项目管理大会上，荣获国际卓越项目管理最高奖——特大型项目金奖。这是继 2006 年“神舟六号载人飞船项目”夺得金奖后，中国项目再次获此殊荣，也是全球炼油项目首次荣获的最高奖项。

△“绿色汽车·和谐社会”私人购买新能源汽车示范应用仪式在江淮汽车公司举行，标志着江淮汽车生产的新能源汽车正式迈进规模应用时代。目前，江淮汽车已具备年产 1 万辆新能源乘用车的产能和产品研发、试验能力，2015 年将实现年产 10 万辆新能源乘用车的规模。

18 日，商务部、财政部、环境保护部日前联合发布《关于进一步规范家电以旧换新工作的通知》，明确将取消具有回收和拆解双重资质企业的回收资质，同时加大对违法违规行为的查处力度。

20 日，国务院总理温家宝主持召开国务院常务会议，研究部署 2011 年深化经济体制改革重点工作。

△《人民日报》报道，在国务院新闻办发布会上，工业和信息化部总工程师朱宏任透露，工业和信息化部已经会同国家发展和改革委员会、监察部等部门进行专题研究，准备联合下发关于抑制电解铝重复建设、引导产业健康发展的紧急通知。通知要求各地区、各部门认真清理、严格控制电解铝拟建项目，取消地方出台的对电解铝的各项优惠政策，严禁以各种方式盲目扩大产能，同时加强市场引导和社会监督，形成遏制电解铝产能盲目扩张的合力。

△ 新华社消息，中国第一款具有自主知识产权的相变存储器（PCRAM）芯片研制成功，打破了存储器芯片生产技术长期被国外垄断的局面，产业化前景可观。据介绍，该款 PCRAM 试验芯片存储容量为 8MB，在 8 英寸硅片上的每一块存储芯片，存储单元成品率达 99%以上。

21 日，《人民日报》报道，经济日报社中经产业景气指数研究中心和国家统计局中国经济景气监测中心共同编制并发布 2011 年第一季度中经装备制造业景气指数。指数报告显示，2011 年第一季度中经装备制造业景气指数为 100.1 点（景气标准为 100 点），比上季度回落 0.9 点；中经装备制造业预警指数为103.3点，比上季度回落6.7点，继续在“绿灯区”偏上位置运行，表明行业运行继续维持在正常偏暖的状态。

△ 国内首家有色金属现货电子交易所——昆明泛亚有色金属交易所开市。据介绍，昆明泛亚有色金属交易所由昆明泛亚有色金属交易所股份有限公司首期投资1亿元人民币成立。此次首推上市的交易品种有白银和金属铟，目的在于保护国内的白银和铟资源。

25日，国家发展和改革委员会公布《产业结构调整指导目录》(2011年本)。

△《人民日报》消息，国家开发银行和奇瑞汽车股份有限公司在京签署“十二五”战略合作协议。根据该协议，国开行将在“十二五”期间为奇瑞公司提供约430亿元额度的融资支持，并通过共同培育项目等方式，支持奇瑞汽车不断自主创新、实施“走出去”战略。

△ 根据国家对钨、锡、锑、钼、稀土实行指令性计划管理的要求，工业和信息化部会同国家发展和改革委员会、国土资源部确定并下发了2011年稀有金属矿产品和冶炼分离产品指令性生产指标，其中钨精矿（折WO_3 65%）为8.7万吨、锡精矿（折金属）为7.3万吨、锑精矿（折金属）为10.5万吨、钼精矿（含钼45%）为20万吨，稀土产品（REO）方面，矿产品的指令性计划为9.38万吨、冶炼分离为9.04万吨。

28日，《人民日报》报道，河北张家口至内蒙古集宁铁路正式开通，使集宁至张家口运输距离较现在行经大同至张家口的运行路径缩短126公里，旅客列车运行时间缩短约2小时。这条铁路成为内蒙古、河北两省区间交流和经贸往来的最便捷路径。

△ 河南省南阳淅减汽车减振器有限公司成功跨国收购汽车减振器品牌企业Way Assauto公司。这家意大利企业曾是欧洲最大的减振器制造商，曾是奔驰、法拉利等世界名车的减振器主要供应商。

△ 工业和信息化部颁布《关于国家级信息化和工业化融合试验区2011年重点工作的指导意见》，对国家级“两化融合”试验区2011年重点工作任务提出要求。

5月

3日，《人民日报》报道，华泰汽车和瑞典萨博汽车公司在北京正式签署战略合作伙伴协议，开启双方在技术、市场、资金、产品等领域的多方战略合作。双方将联手在华生产和分销萨博品牌汽车，华泰汽车将入股萨博汽车母公司荷兰世爵汽车公司。华泰汽车拥有国内最为先进的柴油机技术和全亚洲最大的清洁柴油发动机及自动变速生产基地。

4日，新华社消息，上海环境能源交易所宣布，该所自愿碳减排交易平台的开户数已突破20万户。上海正逐渐成为中国活跃的自愿碳减排交易市场之一，自愿碳减排交易正在进入发展新阶段。

7日，《人民日报》报道，在国务院新闻办举行的2011年中国航海日活动新闻发布会上，交通运输部副部长徐祖远透露，中国港口货物吞吐量和集装箱吞吐量已经连续7年位居世界第一，水产品的总产量已经近20年位居世界首位。从2010年起，中国不仅是航运大国、海洋大国，更跃居为世界第一造船大国。“十二五”期间将是中国船舶工业发展的关键时期，要争取在“十二五”末把中国建设成为世界造船强国。

9日，《人民日报》消息，BTM咨询公司最新公布的调查报告显示，国电龙源电力以6969兆瓦累计装机容量，成为全球排名第三位的风电场运营商，占全球前15家风电运营商总装机容量的10.4%。该报告分析，2010年中国风电新增装机容量达到18928兆瓦，比2009年提高了37.7%，占全球新增装机容量48%，超过美国，成为世界第一大风电市场。

10日，根据《中华人民共和国反倾销条例》第五十条及国务院关税税则委员会的决定，商务部决定自当日起，继续对原产于日本、美国和欧盟的进口氯丁橡胶实施反倾销措施，实施期限为5年。

△《人民日报》报道，中国汽车工业协会发布的最新数据显示，2011年4月，中国汽车产销环比降幅双双超过15%，同比也是年内双双首次下降，其中商用车降幅更明显。中国汽车工业协会

秘书长董扬表示，1~4 月汽车产销增幅不足 6%，全年将很可能难以实现 10%的预期增长，甚至增幅可能“跑输”GDP 的增速。

11 日，《人民日报》消息，京沪高铁进行首次运行试验。从试验时速看，乘坐京沪高铁，从北京南站至济南西站约为 1 小时 29 分；而从上海虹桥站到济南西站约为 3 小时 22 分，比现行动车用时少了将近一半。

△ 河北省廊坊市政府会同新奥集团、美国夏洛特市政府会同杜克能源公司，在美国签署了《中美绿色合作伙伴四方协议》。根据协议，四方的合作将在清洁能源的生产和存储、智能电网技术以及高效能源解决方案等方面展开。

12 日，《人民日报》从江西省发展和改革委员会获悉，江西华电九江分布式能源站工程项目通过江西省发展和改革委员会核准，总投资约 5.2 亿元，计划 2011 年 10 月开工建设，2012 年 12 月竣工投产。该项目是全国第一个核准的工业园区分布式能源站项目，也将成为全国第一个分布式能源示范项目。

15 日，《人民日报》报道，神华集团总经理张玉卓在中国工程科技论坛之 2011 年国际煤矿瓦斯治理及安全专场上表示，神华集团百万吨级煤直接液化示范项目已实现盈利，今年第一季度生产成品油 21.6 万吨，利润超亿元。神华集团自主开发的煤直接液化装置于 2008 年 12 月 30 日正式投煤试车，使中国成为世界上唯一掌握百万吨级煤直接液化核心技术的国家。

△ 中国铝业公司向社会公开发布 2010 年社会责任报告，这是中铝自 2005 年以来发布的第六份社会责任报告，也是国内首份按照最新的社会责任国际标准 ISO26000 体系编写的社会责任报告。

△ 近年来，江苏省淮安市依托 1300 亿吨岩盐资源大力发展盐化工新材料产业，一大批盐化工新材料及化工中间体处于国内外先进水平，其中，乙烯利装置规模和邻氯苯胺生产规模为世界第一。按照相关规划，“十二五”期间，淮安将大力发展盐产业下游及相关产业，包括新材料、新医药、电子化学品、新能源、节能环保等高技术、高附加值产业，建成一批新材料和精细化工产业集群。

△ 中国国际航空股份有限公司与国泰航空有限公司货运合资项目正式完成，股权重组后的中国国际货运航空有限公司在京举行开业庆典。合资后，国航持有中国国际货运航空 51%的股权，国泰持有 25%的股权及 24%的经济权益。货运合资项目有利于提升中国国际货运航空的核心竞争力，同时促进中国的航空货运枢纽建设。

16 日，《人民日报》报道，海关总署与广东省人民政府在北京签署合作备忘录，以共同建设全国加工贸易转型升级示范区，推进转变发展方式。合作备忘录提出的各项政策措施，符合广东实际，具有很强的可操作性，必将为广东加快建设全国加工贸易转型升级示范区注入新动力，为全国加工贸易转型升级创造新经验。

△ 武汉经济技术开发区动工兴建 20 周年纪念大会隆重举行。20 年前，武汉人在沌口开建“汽车城”，依靠提升自主研发能力，在昔日的荒野之地崛起“中国车都”，成为国内首个汽车产业过千亿元的开发区。汽车产业的崛起，为沌口在新一轮全球产业体系分工中赢得了一席之地，迅速崛起为湖北经济新龙头和中国最重要的先进制造业基地之一。

18 日，《人民日报》消息，长江口深水航道治理三期工程顺利通过国家竣工验收，标志着迄今为止中国最大的水运工程——长江口深水航道治理工程全面竣工。治理工程有力推动了沿江产业集群的快速崛起，并优化调整了产业布局。依托长江“黄金水道”、长江下游沿岸已经形成了钢铁、石化、能源、企业、机电、轻纺、建材等具有国际竞争力的战略产业集群，成为全球重要的制造业生产基地之一；同时，提高了长江作为连接东中西部大通道的功能和地位，其区位优势及水运能力在区域经济协调发展中发挥出重要的作用。

△ 在第十四届科博会北京·亦庄项目入区集中签约仪式上，南部新区一举签下南航北京航空产业城、彩虹集团 LED/OLED 等 10 个大项目，总投资额约 525.74 亿元。预计当年开工建设的首都新机场，在此次签约中迎来首个大项目——南航北京航空产业城，总投资预计达 300 亿元，备受各界瞩目。

△ 神龙汽车公司第三工厂在武汉奠基，预计 2015 年工厂全面建成投产后，将形成 30 万辆产

能。未来几年，神龙公司将推出12款全新产品和6款全新发动机，创立并推出合资公司自主品牌，力争实现2015年市场占有率5%、年销量75万辆的中期事业目标。

19日，《人民日报》报道，商务部和海关总署联合发布公告，自5月20日起，将稀土铁合金纳入稀土出口配额许可证管理。这将有利于密切配合稀土综合管理政策的实施，使可用尽资源和环境得到更有效的保护。

23日，新华社消息，中国首艘深水半潜式钻井平台“海洋石油981”将正式出航，开始海上安装和试航工作，预计于8月初赴中国南海开始其深水探油之旅。“海洋石油981”是中国首次自主设计、建造的第六代3000米深水半潜式钻井平台，代表了当今世界海洋石油钻井平台技术的最高水平，堪称海工装备里的“航空母舰”。

24日，《人民日报》报道，三峡水利枢纽地下电站的首台机组于当日零时正式并网发电。此举标志着中国在利用长江汛期弃水发电方面实现了“零的突破”。据介绍，此次投产的32号机组是国内自行研制的70万千瓦大型水轮发电机组。三峡公司三峡枢纽管理部枢纽运行部主任王海说，地下电站首台机组正式并网发电，一是将三峡水库水能利用率从90%提高到了98%左右；二是实现了中国水电在提高水资源利用率上的“新突破”。

△ 环境保护部部长周生贤与东盟副秘书长米思然·卡尔梅共同为中国—东盟环境保护合作中心揭牌。未来中国将与东盟尽快商定环保合作行动计划，确保双方合作的惠益共享。中心将开展“中国—东盟绿色使者计划”活动，扎实推进在环境无害化技术、环境标志与清洁生产等方面的合作。

25日，《人民日报》在天津举行的“第二届中国金融租赁高峰论坛”上获悉，国务院批复了《天津北方国际航运中心核心功能区建设方案》。在天津东疆保税港区推进船舶登记制度、国际航运税收、离岸金融业务和租赁业务试点，积极开展建设中国特色自由贸易港区的改革探索。

△ 国家科技重大专项“高档数控机床与基础制造装备”的两项子课题——“大型快速高效数控全自动冲压生产线”和“数控大型多工位压力机”通过国家验收，标志着国产关键冲压装备制造技术已达国际先进水平。这两项课题均由济南二机床集团公司承担完成。

△ 中国南车大功率IGBT产业化基地奠基，标志着中国首条8英寸IGBT芯片生产线项目正式启动。项目设计年产8英寸芯片12万片、IGBT模块100万只，中国南车成为国内唯一掌握IGBT芯片设计、芯片制造、模块封装、系统应用完整产业链的企业，填补了国内相关技术领域的空白。

28日，《人民日报》报道，据国家统计局发布的信息，1~4月，全国规模以上工业企业实现利润14869亿元，同比增长29.7%。

30日，《人民日报》消息，中国南方五省（区）15市在广西壮族自治区贺州市举行稀土矿产开发监管区域联合行动第二次联席会议，共同签署了《南方五省（区）15市离子型稀土矿产勘查开采准入条件》、《南方五省（区）15市离子型稀土矿产采矿权人联盟方案》等五项制度。此次联席会议的召开，构建了以地方政府为主导的稀土开发监管新模式，有利于各地交流经验、协调配合，提高监管效果。

△ 华锐风电科技有限公司自主研发的中国首台6兆瓦风电机组近日在江苏盐城正式出产。这是目前单机容量最大的国产风电机组。第三方权威机构公开资料显示，目前全球还没有一台6兆瓦及以上级风机进入商用阶段。

6月

1日，《人民日报》报道，中国第一款云计算数据中心操作系统产品——云海OS，由浪潮集团研发成功。业内专家认为，这是中国在全球云计算竞争焦点领域取得的重大突破，表明中国已初步掌握了云计算核心软件技术，对于构建自主可控的云计算产业具有战略意义。

7日，《人民日报》报道，内蒙古自治区政府办公厅印发了由自治区经信委制定的《内蒙古稀土上游企业整合淘汰工作方案》，对已列入整合淘汰范围的呼和浩特市、包头市和巴彦淖尔市35户稀土上游企业进行重组合作、补偿关闭和淘汰关停，包钢稀土高科技股份有限公司成为中国北方获准从事稀土上游产业经营的“独苗”。

△ 第十二届中国国际环保展览会在北京中国国际展览中心开幕。本届展会以“节能减排·绿色发展”为主题，吸引近 20 个国家和地区的 500 余家中外企业参展，展出污染控制技术产品以及环境监测与分析、清洁生产与资源综合利用、生态恢复保护等技术。

8 日，《人民日报》消息，全国矿业权市场网在国土资源部正式开通。此前国土资源部要求，4 月 1 日起，矿业权出让转让交易中，“招拍挂”出让矿业权、以申请在先方式出让探矿权、探矿权转采矿权、以协议方式出让矿业权及转让矿业权均要实现信息公开。

9 日，《人民日报》从中国科学院大连化学物理研究所获悉，该所自主研发的 2000 瓦全钒液流储能电池耐久性快速评价试验系统，已无故障运行 1420 多天成功实现 1 万次充/放电循环，电池模块的能量效率未见明显衰减。这是世界上第二套成功突破万次充放电循环耐久性实验考核的全钒液流储能电池系统，具有优异的可靠性与耐久性。

△ 江宁化工计划总投资 16 亿元的顺酐及衍生物一体化项目，在宁波石化经济技术开发区正式启动。这一项目建成后可年产 8 万吨顺酐及衍生物，计划 2012 年底建成，2013 年第一季度投料试车。预计项目建成后年销售额可达 13 亿元，实现利税 7000 万元。

10 日，《人民日报》报道，中远航运 5000 车位汽车船“中远腾飞”轮命名暨首航仪式在上海举行。该轮在上海海通国际汽车码头装载了江淮、奇瑞、三一、龙工等各类国产汽车、工程车共 4380 辆首航巴西，创下了由中国自主设计、建造和营运的最大吨位汽车船，一次性装运最大数量国产汽车出口新的纪录。

12 日，《人民日报》报道，中国海事局日前公布，中国船舶自动识别系统（简称“AIS”）网络已基本覆盖中国所有的沿海水域和内河四级以上的高等级航道，这意味着中国建成了全球规模最大的“水上物联网”基础框架。国际航标协会已将中国 AIS 岸基网络建设的核心技术纳入世界 AIS 岸基系统建设的国际标准规范。

13 日，新华社消息，中国石油天然气集团公司宣布，随着位于江西省遂川县的遂川江顶管隧道完成管道焊接，西气东输二线干线工程由此全线贯通，并计划于 6 月底实现干线工程全面建成投产。

△ 全国稀土工作会议在京召开。工业和信息化部部长苗圩表示，加强和改善稀土行业管理，保护好、开发好、利用好宝贵的稀土战略资源，对于保护生态环境和资源、改造提升传统产业、加快培育发展战略性新兴产业，促进稀土行业持续健康发展，具有重要的促进作用。中国还将积极推进稀土行业联合重组，工业和信息化部已在研究制定加快组建大型企业集团的具体方案。

14 日，《人民日报》报道，全国东中西区域合作示范区在京启动。这个设立在江苏省连云港市的示范区是国务院批准的首个区域合作示范区。根据国务院正式批复的《国家东中西区域合作示范区建设总体方案》，示范区将依托亚欧大陆桥，服务中西部，面向东北亚，建成服务中西部地区对外开放的重要门户、东中西产业合作示范基地、区域合作体制机制创新试验区。

15 日，《人民日报》消息，江苏省电力公司发布消息称，从用电量来看，该省工业用电比重继续下降，其中高耗能工业行业用电量更是低于工业用电增速水平，转型升级的成效日渐显现。江苏省近年来大力推进产业结构调整，高新技术行业的快速发展促进全省工业产业结构不断优化，传统高耗能工业行业用电增长明显放缓；与此同时，以高新技术业为主的新兴工业产业快速发展。

△ 广东省惠州抽水蓄能电站宣告竣工投产。这是目前世界上一次性建成的装机容量最大的抽水蓄能电站，也是由南方电网负责建设的国家“西电东送”重点工程，总装机容量为 240 万千瓦，8 台 30 万千瓦可逆式发电机组，设计年发电量 45.63 亿千瓦时，年抽水耗电量 60.03 亿千瓦时。

17 日，《人民日报》报道，西藏林芝地区巴河老虎嘴水电站正式竣工发电。这标志着西藏单机容量最大的水能发电机组正式并网发电，拉开了林芝建设藏东南能源接续基地的序幕。总投资约 12.88 亿元的老虎嘴水电站是缓解藏中电网缺电的骨干电源。

18 日，《人民日报》消息，中国格力电器股份有限公司美国分公司“格力美国”在美国南加州工业市举行成立仪式，这标志着格力电器在全球扩展方面迈出重要一步。

20日，《人民日报》报道，中国北车股份有限公司所属北车进出口有限公司，再次与新西兰铁路公司签署20台内燃机车的出口合同。这是新西兰铁路公司向中国北车采购的第二批内燃机车，也是中国机车首次批量连续出口发达国家。

△ 北京汽车正式发布了基于萨博技术打造的北京汽车中高级乘用车平台。该平台囊括了紧凑型轿车、中级豪华运动型轿车、中高级豪华型轿车、全尺寸旗舰型轿车4个细分级别，包括两厢/三厢轿车、SUV、MPV等形式的11个车型，将达到欧洲同级的高品质标准。这不仅是北京汽车转化萨博技术过程中的重大成果，也标志着北京汽车迈入了技术创新、集群跨越的新阶段。

△ 由汉能控股集团投资兴建的薄膜太阳能电池生产基地在四川成都双流建成投产，这标志着中国拥有自主知识产权的薄膜太阳能电池实现批量生产。薄膜太阳能电池技术属于第二代太阳能电池技术，可广泛应用于大规模光伏电站、屋顶发电、建筑光伏一体化等领域。

21日，《人民日报》报道，上海联合钢铁交易所及上海联合矿权交易所在上海挂牌运行。此次成立的上海联合钢铁交易所由上海环境能源交易所控股组建而成，交易品种主要包括废钢、铁矿石、铁合金、生铁、钢坯等。上海联合矿权交易所将面向全球矿产资源市场。

28日，《人民日报》消息，国家统计局发布信息，1~5月，全国规模以上工业企业实现利润19203亿元，同比增长27.9%。黑色金属矿采选业增长55.9%，化学原料及化学制品制造业增长57.4%，化学纤维制造业增长56.9%，有色金属冶炼及压延加工业增长35.3%，石油加工、炼焦及核燃料加工业下降51%。

△ 中国首家稀贵金属交易所——湖南南方稀贵金属交易所在湖南永兴举行开市仪式。南方稀贵金属交易所总投资2.6亿元人民币，占地约189亩，可提供有色金属、稀贵金属成品及原料的现货交易、现货延期交易等中远期电子交易服务。

29日，《人民日报》报道，中国首台满足欧VI排放法规的车用柴油机样机——玉柴6L—60欧VI样机，在广西玉柴机器股份有限公司诞生。该样机由玉柴公司与天津大学内燃机燃烧学国家重点实验室历时4年合作完成，先后攻克了两级增压技术、冷却废气再循环技术、低温燃烧技术以及DPF辅助再生控制策略等多个关键技术难题。欧VI排放法规被认为是目前国际上最严格的汽车有害排放法规之一。

30日，举世瞩目的京沪高速铁路正式通车运营。中共中央政治局常委、国务院总理温家宝在北京南站出席京沪高速铁路通车运营仪式，并乘坐首发列车G1次考察运营情况。

7月

1日，中国钢铁网消息，财政部、国家发展和改革委员会印发了《关于开展节能减排财政政策综合示范工作的通知》，决定于“十二五”期间，在北京、深圳等8个城市开展节能减排财政政策综合示范工作，并加大对这些城市的财政支持力度。

3~4日，国务院总理温家宝到辽宁就经济运行有关问题进行调研，并在沈阳主持召开辽宁、江苏、浙江、广东四省经济形势座谈会。温家宝指出，今年以来中国经济运行总体良好，经济增长由政策刺激向自主增长转变，继续朝着宏观调控预期方向发展。但是，经济发展面临的国内外环境仍十分复杂，不稳定、不确定因素还不少。我们既要正确认识取得的成绩，看到发展的有利条件和积极因素，坚定做好经济工作的信心；又要保持清醒头脑，增强忧患意识，冷静观察，做好应对各种困难和风险的准备，巩固经济发展的好势头，努力实现今年经济社会发展目标。

4日，《人民日报》报道，武汉城市矿产交易所在武汉市青山区正式成立，它是全国第一家专业从事城市矿产交易的交易所，将对城市矿产资源回收、环保处理体系建设起到促进作用。

△ 经国务院批准，工业和信息化部、国家统计局、国家发展和改革委员会、财政部下发了《中小企业划型标准规定》。修订后的《中小企业划型标准规定》增加了微型企业标准，小型、微型企业将成扶持重点。

6日，国务院总理温家宝主持召开国务院常务会议，部署2010年度中央预算执行等审计查出问题的整改工作。国务院要求妥善处理债务偿还和在建项目后续融资问题，同时要研究建立规范的地方政府举债融资机制。这是国务院首次就地方政府性债务进行表态。会议还批准《"十二五"支持西藏经济社会发展建设项目规划方案》。

△《人民日报》报道，中国首条自主设计、自主建设的最高世代液晶面板生产线——京东方第8.5代TFT-LCD生产线，在北京经济技术开发区投产，京东方由此实现了从1.8英寸到55英寸全系列主流液晶面板的国产化。

7日，《人民日报》消息，振华重工"振海1号"91.44米海上自升式钻井平台开工。这是振华重工自主设计、建造的第一座钻井平台，代表了当今国内乃至国际海上石油钻井平台技术的最高水平，标志着振华重工经过长期的技术积累和灵活的国际合作，正式进军高端海工产品市场。

△浙江省省长吕祖善表示，国务院已正式批准设立浙江舟山群岛新区，这是继上海浦东、天津滨海和重庆两江后，中国设立的又一个国家级新区。根据国务院批复精神，浙江舟山群岛新区范围为舟山市现有行政区域范围，包括舟山1390个岛屿，陆域面积1440平方公里、内海海域面积2.08万平方公里。功能定位为浙江海洋经济发展的先导区、海洋综合开发试验区、长江三角洲地区经济发展的重要增长极。

△全国稀土出口工作会议在内蒙古包头召开。商务部副部长兼国际贸易谈判副代表钟山在会上做了《认真贯彻国务院决策部署，切实做好稀土出口管理工作》的主题报告。报告指出，稀土是不可再生的重要战略资源，稀土国内生产消费和出口将同步管理。

9~10日，国务院总理温家宝到陕西就当前经济运行有关问题调研，并在西安主持召开山西、河南、四川、陕西四省经济形势座谈会。温家宝指出，要把稳定物价总水平作为宏观调控的首要任务，坚持宏观调控的取向不变，把握好宏观经济政策的方向、力度和节奏，提高政策的针对性、灵活性、前瞻性，统筹做好关系全局的各项工作，努力实现今年经济社会发展目标。

11日，工业和信息化部正式公布了2011年全国18个工业行业淘汰2255家落后产能企业名单，其中，河北、湖南、山西三省成为淘汰落后产能涉及企业最多的省份。

△《人民日报》报道，中国石油自主开发、自主建设的最大化肥项目——年产45万吨合成氨、80万吨尿素工程项目，在宁夏银川奠基启动。该项目以天然气为原料，是中国石油重大科技专项"大型氮肥工业化成套技术开发项目"的依托工程，预计2013年上半年完成建设。

12日，国务院召开常务会议强调，当前房地产市场调控正处于关键时期，必须坚持调控方向不动摇、调控力度不放松，坚定不移地抓好各项政策措施的落实，不断巩固和加强调控效果。

14日，《人民日报》报道，科学技术部举行《国家"十二五"科学和技术发展规划》新闻通气会："十二五"期间中国的研发投入强度将大幅提高，全社会研发经费与国内生产总值的比例将由"十一五"的1.75%增加到2.2%。

△《财富》杂志公布了2011年世界500强企业名单，中国船舶重工集团公司以营业收入210亿美元名列第462位，成为中国首家进入世界500强的船舶企业。

19日，国务院总理、国家应对气候变化及节能减排工作领导小组组长温家宝主持召开国家应对气候变化及节能减排工作领导小组会议，审议并原则同意《"十二五"节能减排综合性工作方案》以及节能目标分解方案、主要污染物排放总量控制计划，研究部署相关工作。

21日，由中国核建承建的国家863计划能源领域重大建设项目——中国第一个由快中子引起核裂变反应的实验快堆（CEFR）首次成功并网发电。中国实验快堆成功并网发电，对于铀资源相对贫乏的中国而言具有重要意义，迈出了中国快堆发展坚实的第一步。

23日20时30分05秒，甬温线浙江省温州市境内，由北京南站开往福州站的D301次列车与杭州站开往福州南站的D3115次列车发生动车组列车追尾特别重大铁路交通事故，造成40人死亡、172人受伤，中断行车32小时35分，直接经济损失19371.65万元。

△《人民日报》报道，国务院国有资产监督管理委员会公布的数据显示，2011年上半年中央企业累计实现营业收入96874.6亿元，同比增长24.2%；应交税费总额8514.2亿元，同比增长26.4%；累计实现净利润4571.7亿元，同比增长

14.6%，其中，归属于母公司所有者的净利润3170.8 亿元，同比增长 21.6%。

26 日，《人民日报》报道，工业和信息化部、中国社会科学院共同发布《中国产业发展和产业政策报告（2011）》。《报告》提出，“十二五”期间，中国工业发展的主题将由“调整和振兴”向“转型与升级”转变。

27 日，《人民日报》消息，工业和信息化部发布的最新统计显示，2011 年上半年，在各地大力发展战略性新兴产业的带动下，电子信息产业投资迅猛增长，电子元件、器件和信息机电行业分别完成投资 722 亿元、1009 亿元和 899 亿元，三个领域投资占全行业的 66%，成为拉动产业发展和工业投资的重要力量。

△ 国务院总理温家宝主持召开国务院常务会议，对“7·23”甬温线特别重大铁路交通事故遇难者表示深切哀悼，对受伤人员和伤亡人员家属表示亲切慰问，并决定采取坚决措施，以交通、煤矿、建筑施工、危险化学品等行业领域为重点，全面加强安全生产。

29 日，《人民日报》报道，中国电力企业联合会在京举办“全国电力行业核心价值公约”发布会，发布了《全国电力行业核心价值公约》。

△ 据国家统计局发布的信息，1~6 月，全国规模以上工业企业实现主营业务收入 388552 亿元，同比增长 29.7%；实现利润 24105 亿元，同比增长 28.7%。在规模以上工业企业中，国有及国有控股企业实现利润 7784 亿元，同比增长 20.2%；股份制企业实现利润 13772 亿元，同比增长 34.8%；外商及港澳台商投资企业实现利润 6291 亿元，同比增长 14.5%；私营企业实现利润 6425 亿元，同比增长 47.2%。

△ “中国位置”系统平台正式上线，标志着中国卫星导航产业跨入了云时代，完成了从云到端体系构建的“位置云”及其带来的全方位解决方案。

8 月

1 日，国家发展和改革委员会网站公布了签署的《关于完善太阳能光伏发电上网电价政策的通知》。太阳能光伏发电标杆上网电价的出台不仅将终结光伏项目一事一议、特许权项目低价厮杀的行业乱象，也意味着占据全球近半产量的中国光伏产品企业，有望早日结束对于海外市场的依赖，在自己的主场找到更为坚实的需求。

4 日，《人民日报》报道，国土资源部统计显示，2011 年上半年全国国有建设用地供应总量 21.03 万公顷，同比增长 17.6%，其中工矿仓储用地增幅明显。从供地结构看，工矿仓储用地、房地产开发用地和基础设施用地分别供应 7.98 万公顷、7.02 万公顷和 6.03 万公顷，同比分别增长 35.3%、4.9%和 14.0%。

6 日，《人民日报》报道，针对中央企业日益频繁的并购重组行为，国务院国有资产监督管理委员会副主任邵宁表示，中央企业要做好内部资源整合。并购重组不能只吃进、不消化，在并购的同时还要做好业务剥离，把有限资源集中发展优势业务。

△ 国务院已于近日正式批复同意在珠海市横琴新区实行比经济特区更加特殊的优惠政策，以构建粤港澳紧密合作新载体，重塑珠海发展新优势，促进澳门地区经济适度多元发展和维护港澳地区长期繁荣稳定。

7 日，由中国核建中核华兴、中核二三承建的岭澳二期 4 号机组成功投入商业运行。

8 日，《人民日报》消息，中国证券监督管理委员会发布《关于修改上市公司重大资产重组与配套融资相关规定的决定》，明确了借壳上市的标准，以进一步规范、引导借壳上市活动，鼓励上市公司以股权、现金及其他金融创新方式作为兼并重组的支付手段，拓宽兼并重组融资渠道，提高兼并重组效率。

△ 中广核大亚湾核电基地所属广东岭澳核电站二期 2 号机组通过运行验收，经电网确认正式投入商业运行。至此，中国首批“自主设计、自主制造、自主建设、自主运营”的 2 台百万千瓦级自主品牌核电机组全面建成。

9 日，《人民日报》报道，国土资源部发出《关于贯彻落实〈国务院关于促进稀土行业持续健康发展的若干意见〉的通知》，要求开展全国稀土行业生产秩序专项整治，全面清理稀土探矿权、采矿权，提高开采准入门槛。

10 日，国务院召开会议，决定开展高速铁路及其在建项目安全大检查，适当降低新建高速铁路运营初期的速度，对拟建铁路项目重新组织安全评估。

11 日，《人民日报》报道，国家统计局全国企业一套表试点应用系统近日正式开通。这是推动统计工作规范统一、改革创新、公开透明的重大举措与变革。

12 日，《人民日报》报道，2011 年上半年，全国煤炭产量达到 17.7 亿吨，预计全年煤炭产量可以突破 34 亿吨。煤炭生产安全情况有了显著改善，上半年全国煤炭生产百万吨死亡率降至 0.49，全国煤炭行业人均年收入达到 4.5 万元。

15 日，国家发展和改革委员会印发《关于鼓励和引导民营企业发展战略性新兴产业的实施意见》，要求加快清理相关领域的准入条件，引导民间资本设立创业投资和产业投资基金，改进对民营企业的融资服务等，以鼓励和引导民营企业发展战略性新兴产业。

18 日，中国首台自主设计、自主集成的“蛟龙”一号深海载人潜水器圆满完成 5000 米级海试。

23 日，《人民日报》报道，中国一汽首批正式批量生产的 20 辆新能源轿车下线，并且投放长春市场。

24 日，《人民日报》报道，中国华电集团公司与美国通用电气公司（GE）宣布成立一家新的合资公司，共同推动中国分布式能源领域的发展。合资公司将由华电控股，主要生产航改型燃气轮机；GE 将转移部分部件生产的核心技术，并逐步提高产品的国产化率。

27 日，由中国核建中核五公司承担的秦山核电二期扩建工程 4 号机组非核蒸汽冲转取得圆满成功，为 4 号机组并网发电及商业运行创造了必要的条件。

29 日，商务部公布《实施外国投资者并购境内企业安全审查制度的规定》。该规定自 2011 年 9 月 1 日起实施。

30 日，财政部公布的《关于加快推进财政部门依法行政依法理财的意见》提出，加快修订资源税暂行条例、房产税暂行条例、印花税暂行条例、城市维护建设税暂行条例、船舶吨税条例等税收行政法规；研究制定环境税法等财税法律法规；推进国债市场化改革。

9 月

4 日，《人民日报》报道，中国企业联合会、中国企业家协会对外发布“2011 年中国企业 500 强名单”及分析报告，中国石化继续位居榜首，入围门槛从 2010 年的 110.84 亿元提高到了 2011 年的 141.98 亿元，大幅提高了 28.1%。而且中国内地入围世界 500 强企业数量取得历史性突破，世界地位更加突出。

5 日，世界贸易组织上诉机构发布关于中美轮胎贸易纠纷案的裁决结果，判定美国对中国输美轮胎征收惩罚性关税符合世贸规则。商务部条约法律司负责人表示，中方将敦促美方尽快终止特保措施，保证中国企业公平竞争的环境。

6 日，《人民日报》报道，由中信、鞍钢、宝钢、首钢和太钢共同出资成立的一家中国联合体合资公司，已经完成以 19.5 亿美元的价格对巴西矿冶公司（CBMM）15%股权的收购。本次投资对联合体成员及巴西矿冶公司都具有非常重要的战略价值。

14 日，世界经济论坛 2011 年新领军者年会在大连开幕。国务院总理温家宝出席开幕式并发表题为《实现更长时期、更高水平、更好质量的发展》的致辞。

15 日，《中国钢铁网》消息，国务院印发了《“十二五”节能减排综合性工作方案》。根据《方案》，到 2015 年全国万元 GDP 能耗下降到 0.869 吨标准煤（按 2005 年价格计算），比 2010 年的 1.034 吨标准煤下降 16%，比 2005 年的 1.276 吨标准煤下降 32%。

19 日，国务院总理温家宝主持召开国务院常务会议，研究部署进一步做好保障性安居工程建设和管理工作。会议要求继续增加资金投入推进保障房建设。

△《人民日报》报道，由中国石化勘探南方分公司发现的、气藏最大埋深 6950 米的大型海相天然气田——元坝气田，第一期探明天然气地质储量 1592.53 亿立方米，这是迄今为止国内埋藏最深的海相大气田。

△《人民日报》消息，中国航空发动机“整机结构分析”、“结构完整性”工程研究中心和上海超

级计算机中心中航工业商发分中心同时在上海揭牌成立。这标志着中国大型客机发动机“中国心”的预研和关键技术攻关工作获得重大实质性推进。

21日，国务院召开常务会议，决定对《中华人民共和国资源税暂行条例》做出修改，在现有资源税从量定额计征的基础上增加从价定率的计征办法，调整原油、天然气等品目资源税税率。

22日，由中国核建中核五公司施工总承包的三门核电1号机组核岛压力容器成功就位，标志着世界第一台AP1000堆型压力容器安装成功。

△ 工业和信息化部正式发布《“十二五”中小企业成长规划》。该《规划》提出进一步拓宽中小企业融资渠道，继续壮大中小企业板市场，积极发展创业板市场；制定实施细则，引导民间资本进入垄断行业市场；出台一系列财税支持措施降低中小企业营运成本。

30日，《人民日报》报道，国务院国有资产监督管理委员会副主任邵宁对外宣读了《国务院关于组建中国电力建设集团有限公司、中国能源建设集团有限公司有关问题的批复》，两家新央企随即正式挂牌，并与国家电网、南方电网签订了分离企业整体划转移交协议。这标志电力体制改革又迈出新的步伐，历时近9年的电力行业主辅分离终于告一段落。

△ 上海航运交易所正式发布历时一年多编制的上海船舶价格指数，这是国内首个船舶价格指数。此举意在助力中国的船舶交易在国际船舶买卖市场中取得更多话语权。

△ 国务院办公厅发布《关于保障性安居工程建设和管理的指导意见》，要求落实各项支持政策，确保用地供应、增加政府投入、规范利用企业债券融资、加大信贷支持、落实税费减免政策。

10月

7日，国务院出台《关于支持河南省加快建设中原经济区的指导意见》。

8日，国务院发布支持新疆两大经济特区建设的“10项措施”。

△ 国家发展和改革委员会发出通知，自次日（9日）零时起下调成品油零售最高限价，国内汽、柴油供应价格每吨均降低300元。这是国家发展和改革委员会16个月以来首次下调成品油价格，此前已连涨4次。

10日，新的《中华人民共和国资源税暂行条例》公布，石油、天然气资源税由“从量定额”改为“从价定率”计征，焦煤、稀土等资源税也向上调整。

△“十二五”产业规划出台步伐明显提速，多个细分产业规划陆续出台，包括基础材料产业、水泥工业、有色金属工业等。

11日，《人民日报》报道，世界最大的18500吨油压机在洛阳中信重工重型锻造工部完成“大考”，成功锻造438吨特大型钢锭，标志着中国大型自由锻件的锻造能力达到世界先进水平。

13日，《人民日报》报道，国家税务总局发布公告，根据《中华人民共和国营业税暂行条例》及其实施细则的有关规定，对纳税人资产重组有关营业税问题进行了明确。

△ 据中国汽车工业协会发布的最新统计，国内车市金9月表现良好，环比增幅扩大；1~9月国产汽车产销双双超过1360万辆，产销增幅同比增长超过前8个月。

14日，《人民日报》报道，“十二五”期间，中国工商登记中小企业户数年均增长将达到8%，规模以上中小工业企业户数年均增长6%；中小工业企业实现增加值年均增长8%。首个国家级中小企业成长规划——《“十二五”中小企业成长规划》正式颁布，明确提出了“十二五”时期中国中小企业成长的预期目标。

18日，《人民日报》消息，国务院国有资产监督管理委员会公布了2010年中央企业运行情况。央企总体运营良好，120家企业共实现净利润8522.7亿元，比上一年度增长42.8%。

△ 国务院国有资产监督管理委员会近日发出通知，要求所有央企对其境外企业出资形成的权益进行一次全面清理，摸清“家底”并办理境外国有产权登记。国务院国有资产监督管理委员会还将对个人代持境外国有产权等情况进行清理。

25日，《中国钢铁网》报道，商务部、财政部和中国人民银行联合下发《关于“十二五”时期做好扩大消费工作的意见》，明确了“十二五”商务领域扩大消费的指导思想、基本原则、主要任务和财政金融支持政策。

26日，当前世界上技术最先进、安全性能最高的压水堆非能动型核电技术AP1000核电技术关键部件三门核电1号机组反应堆主冷却剂管道首批交货，不仅填补了国内该领域的空白，更达到世界一流水平。

△ 中国银行业监督管理委员会发布《关于支持商业银行进一步改进小型微型企业金融服务的补充通知》，特别指出，获准发行小型微型企业贷款专项金融债的商业银行，该债项所对应的单户授信总额500万元（含）以下的小型微型企业贷款在计算“小型微型企业调整后存贷比”时，可在分子项中予以扣除。

11月

1日，《人民日报》报道，为了贯彻落实国务院关于支持小型和微型企业发展的要求，财政部、国家税务总局决定对《中华人民共和国增值税暂行条例实施细则》和《中华人民共和国营业税暂行条例实施细则》的部分条款进行修改，提高增值税和营业税起征点。

△ 财政部、国家税务总局根据《中华人民共和国资源税暂行条例》修订了资源税暂行条例实施细则，该实施细则自2011年11月1日起施行。根据细则，原油、天然气资源税将进行从价计征，税率均为5%；煤炭资源税维持从量计征方式，其中焦煤税率为8元/吨，其他煤炭为2~4元/吨不等。

2日，中国天空一号与神舟八号成功实现首次交会对接。

6日，中国长江以北地区最长的超大型跨江公路大桥——阳明滩大桥，当日上午在哈尔滨竣工通车。

△ 中石油集团正式宣布设立董事会。至此，中石化、中海油和中石油三大油企都完成了董事长和总经理分设的架构调整。

9日，环保部公布《“十二五”全国环境保护法规和环境经济政策建设规划》。《规划》明确表示要将严重污染环境、大量消耗资源的商品纳入消费税征收范围，选择防治任务重、技术标准成熟的税目开征环境保护税，并逐步扩大征收范围；还提出研究燃煤电厂烟气脱硝脱汞电价政策、推动制定限制类和淘汰类高耗水企业惩罚性水价等。

△ 国务院总理温家宝主持召开国务院常务会议，讨论通过《“十二五”控制温室气体排放工作方案》。会议要求，各地区、各部门要按照“十二五”规划纲要提出的到2015年单位国内生产总值二氧化碳排放比2010年下降17%的目标要求。

10日，《人民日报》报道，经济合作与发展组织（OECD）发布的《2011年科学、技术与产业计分榜：知识经济中的创新与增长》报告显示，2000~2010年，中国成长为信息通信技术创新三强之一。

13日，由工业和信息化部编制的《产业转移指导目录》正有序推进，该目录意在推动地区之间互动发展，避免同质化竞争，合理、有序、规范地推进各地的产业转移工作。

14日，《人民日报》消息，世界单机容量最大的水轮发电机组——向家坝水电站1号机组转子顺利吊装就位。

15日，工业和信息化部公布，2010年全国淘汰落后产能炼铁4100万吨、炼钢1186万吨、焦炭2533万吨、铁合金245.6万吨。

16日，《人民日报》报道，中国企业联合会、中国企业家协会发布了“2011年中国100大跨国公司及跨国指数”。这是国内第一份有关中国企业跨国指数的榜单。数据显示，现阶段中国大企业的跨国经营水平不高，不仅远远落后于世界100大跨国公司的平均水平，也明显落后于发展中国家100大跨国公司的平均水平。

17日，财政部会同国家发展和改革委员会决定从2012年1月1日至2014年12月31日，对小型微型企业免征管理类、登记类、证照类行政事业性收费。具体包括有企业注册登记费、税务发票工本费、海关监管手续费、货物原产地证明书费、农机监理费等22项收费。

△ 财政部、国家税务总局公布《营业税改征增值税试点方案》及上海试点的相关政策，确定了增值税扩围的交通运输业和部分现代服务业增值税税率。根据方案，在现行增值税17%标准税率和13%低税率的基础上新增11%和6%两档低税率。

19日，《人民日报》报道，中国最大中外合资环保迁建项目、中科合资广东炼化一体化项目在广东省湛江市东海岛奠基。

20日，《人民日报》报道，中国大洋矿产资源研究开发协会与国际海底管理局在北京签订了国际海底多金属硫化物矿区勘探合同，这标志着中国正式获得了第二块具有专属勘探权和商业开采优先权的国际海底合同矿区。

△ 国内首台自主设计建造、最大钻井作业深度达9000米的CP-300自升式钻井平台，在位于辽宁盘锦辽滨经济开发区的辽河油田海工基地举行下水仪式，正式交付使用。通过对CP-300钻井平台的技术攻关，中国突破了国外对自升式钻井平台核心技术的封锁。

23日，财政部公布资源综合利用产品的增值税优惠政策的调整方案，大幅扩大增值税优惠行业范围，增加十余类增值税减免行业。

24日，《人民日报》报道，由中国核建中核二二承建的东帝汶国家电网电站工程帝力变电站、利奎萨变电站、海拉至帝力段和帝力至利奎萨段输电线路首次带电运行成功。工程建成投入运行后，将使东帝汶告别缺电少电的历史。

△ 工商总局公布新制定的《公司债权转股权登记管理办法》，公司债权转股权有助于企业摆脱资金短缺、拓宽融资渠道，扶持破产企业走出困境、重获新生；也有助于盘活债权人的存量资产，改善债权人和被投资公司的资本结构，从而稳定经济环境、保护社会交易安全。

25日,《人民日报》报道，由中国核建中核二、中核五公司承建的秦山二期扩建工程4号机组首次并网成功。

△ 国土资源部首次向公众发布的油气资源年度动态评价成果显示，石油地质资源量881亿吨、可采资源量233亿吨，比“新一轮全国油气资源评价”（2003~2007年）分别增加116亿吨和21亿吨，探明程度34%，储量产量稳定增长，资源保障能力增强。全国天然气地质资源量52万亿方、可采资源量32万亿方，比“新一轮”分别增长49%和45%，探明程度18%，储量产量快速增长，资源基础雄厚。

△ 国务院国有资产监督管理委员会发出《关于进一步深化中央企业全面预算管理工作的通知》，要求所有中央企业尽快实施全面预算，将企业的人、财、物全部纳入预算管理体系，优化资源配置、提高运行质量。

28日，《人民日报》报道，由中国核建中核五公司承建的福清核电百万千瓦核电项目220KV倒送电工程成功送电。

△ 位于天津大港的中沙（天津）石化股份有限公司的国内规模最大的百万吨乙烯单套装置完成年产100万吨乙烯生产计划，超越100万吨/年乙烯设计目标，各项技术经济指标始终保持行业先进水平。

30日，《人民日报》消息，国土资源部日前印发《矿产资源节约与综合利用“十二五”规划》。

△ 国家发展和改革委员会宣布从即日起上调销售电价和上网电价，其中销售电价平均每千瓦时涨3分钱，上网电价平均每千瓦时涨2.6分钱。居民用电未予调整，但推出居民阶梯电价指导意见。

11月，工业和信息化部先后印发了《钢铁工业“十二五”发展规划》、《电子认证服务业“十二五”发展规划》；国家发展和改革委员会则发布了《中国逐步淘汰白炽灯路线图》；国务院还下发了《关于支持云南省加快建设面向西南开放重要桥头堡的意见》以及批准实施《河北沿海地区发展规划》。

12月

1日，《人民日报》报道，国务院总理温家宝11月23日、30日分别主持召开国务院常务会议。会议审议并原则通过《中华人民共和国招标投标法实施条例（草案）》、《中华人民共和国车船税法实施条例（草案）》、《中华人民共和国船舶吨税暂行条例（草案）》和《放射性废物安全管理条例（草案)》。

△ 国务院国有资产监督管理委员会日前明确要求，中央企业在编制2011年度财务决算报表时要将境外子企业全部纳入，同时全面清理境外子企业户数、管理级次、股权结构、经营及财务状况，梳理外派人员、员工薪酬、资金管理、银行账户等基本情况，夯实境外决算管理基础。

△ 经国家发展和改革委员会批准，代表中国内燃机行业最高水平的高效节能环保内燃机国家工程实验室近日正式落户广西玉柴机器集团有限公司，并由该集团全力承担建设重任。

△ 中国人民银行宣布，从12月5日起下调

存款类金融机构人民币存款准备金率 0.5 个百分点。这是中国人民银行近三年来首次下调存款准备金率。自 2010 年 1 月 18 日至 2011 年 6 月 20 日，中国人民银行已连续 12 次上调存款准备金率，通过对金融机构准备金率共计 600 个基点的上调，来回收货币过多的流动性、抑制物价过快上涨。

2 日，《人民日报》报道，在 2011 中国信息产业经济年会上，工业和信息化部总经济师周子学介绍，2001~2010 年，中国电子信息产业主营业务收入从 1.22 万亿元增长至 7.8 万亿元，增长了 5.4 倍；从业人数从 312 万人增至近 1152 万人。

3 日，《人民日报》报道，国家“十二五”重点工程——澜沧江糯扎渡电站送电广东±800 千伏直流输电工程和金沙江溪洛渡右岸电站送电广东±500 千伏同塔双回直流输电工程开工仪式在云南普洱举行。

△ 人力资源和社会保障部发布了《企业劳动争议协商调解规定》，要求大中型企业及其分支机构依法设立劳动争议调解委员会。该规定将于 2012 年 1 月 1 日施行。

5 日，《人民日报》报道，国家电力监管委员会发布的《2011 年风电安全监管报告》显示，截至 2011 年 8 月底，全国并网运行的风电场 486 个，装机容量达到 3924 万千瓦。

9 日，《人民日报》报道，国家发展和改革委员会发布了《关于促进股权投资企业规范发展的通知》，这是中国首个全国性股权投资企业管理规则，标志着中国股权投资（基金）企业规范发展进入了制度化的轨道。

10 日，《人民日报》报道，青藏直流联网工程投入试运行，使西藏电网和西北主网实现联网，优化西藏电源结构，提高电力供给能力，将从根本上解决长期制约西藏发展的缺电问题。

11 日，中国加入世界贸易组织 10 周年。

△《人民日报》报道，中国在西昌卫星发射中心用“长征三号甲”运载火箭，成功将第八颗北斗导航卫星送入太空预定转移轨道，这是一颗倾斜地球同步轨道卫星。此次发射是今年北斗导航系统组网卫星的第一次发射，也是中国“十二五”期间的首次航天发射。

12~14 日，中央经济工作会议在北京举行，会议强调实体经济是国民经济发展的坚实基础。

15 日，财政部宣布，2012 年中国将对 730 多种商品实施较低的进口暂定税率，平均税率为 4.4%。

16 日，人民币合格境外机构投资者（RQFII）正式启动。试点的 200 亿元人民币规模，其中八成资金即 160 亿元可投向固定收益证券、40 亿元资金则可支持 A 股，但此前业界关注的投资银行间债市并未获得实质性突破。

19 日，《人民日报》报道，中国首条高端集成电路存储器封装测试生产线在浪潮集团上线投产，标志着中国信息产业在自主、可控的道路上又迈出重要一步。

△ 经国家发展和改革委员会核准批复，广厦集团舟山黄泽山石油中转储运工程项目今天正式开工。这是中国第一个由民营企业进入的原油中转储运项目，也是国务院批准设立舟山群岛新区后第一批浙江省重点建设项目。

20 日，国务院公布了《国家环境保护“十二五”规划》。“十二五”全社会环保投资需求约 3.4 万亿元。

21 日，《人民日报》报道，据国家发展和改革委员会提供的信息，为深入实施西部大开发战略，促进西部地区又好又快发展，2011 年国家新开工西部大开发重点工程 22 项，投资总规模为 2079 亿元。2000~2011 年，西部大开发累计新开工重点工程 165 项，投资总规模 3.1 万亿元。

△ 为了促进可再生能源的开发利用，财政部会同国家发展和改革委员会、国家能源局共同制定了《可再生能源发展基金征收使用管理暂行办法》，将于 2012 年 1 月 1 日起实施。

27 日，《人民日报》报道，中国铝业公司与力拓合作的几内亚西芒杜铁矿项目中方联合体正式成立，成为中铝“走出去”国际化战略发展的重要里程碑。

二、2011 年中国工业 10 件大事

（按事件发生时间排序）

1. 2 月 28 日，中国首款具有自主知识产权的智能终端操作系统平台——“沃 Phone”及“沃 Phone”手机，由中国联通在京发布。“沃 Phone”操作系统是中国在智能终端基础软件领域取得的重要突破，该操作系统及其手机的推出，有助于打破国外软件企业对智能终端操作系统的垄断，对确保移动互联网体系的先进性与用户信息的安全具有重要意义。

2. 3 月 16 日，《国民经济和社会发展第十二个五年规划纲要》正式发布，此后，“十二五”期间多个细分产业规划陆续出台，强调产业创新和增长方式转变。

3. 4 月 17 日，中国第一款具有自主知识产权的相变存储器（PCRAM）芯片研制成功，该款 PCRAM 试验芯片存储容量为 8MB，在 8 英寸硅片上的每一块存储芯片，存储单元成品率达 99% 以上。这一技术打破了存储器芯片生产技术长期被国外垄断的局面，产业化前景可观。

4. 5 月 31 日，中国第一款云计算数据中心操作系统产品——云海 OS，由浪潮集团研发成功。这是中国在全球云计算竞争焦点领域取得的重大突破，表明中国已初步掌握了云计算核心软件技术，对于构建自主可控的云计算产业具有战略意义。

5. 6 月 30 日，举世瞩目的京沪高速铁路正式通车运营，京沪高速铁路全长 1318 公里，是世界上一次建成线路最长、标准最高的高速铁路。

6. 7 月 23 日 20 时 30 分 05 秒，甬温线浙江省温州市境内，由北京南站开往福州站的 D301 次列车与杭州站开往福州南站的 D3115 次列车发生动车组列车追尾特别重大铁路交通事故，造成 40 人死亡、172 人受伤，并由此引发国内动车降速运行。

7. 8 月 18 日，中国首台自主设计、自主集成的“蛟龙”一号深海载人潜水器圆满完成 5000 米级海试。

8. 11 月 2 日，中国天空一号目标飞行器与神舟八号飞船成功实现首次交会对接，中国在突破和掌握空间对接交会技术上迈出了重要一步。

9. 12 月 11 日，加入世界贸易组织 10 周年以来，中国对外开放水平和国际经济地位大幅提升，国家经济实力上升到世界第二位，成为全球货物贸易第一出口大国和第二进口大国。

10. 12 月 28 日，国务院正式发布了《工业转型升级规划（2011~2015 年）》。这是改革开放以来第一个把工业作为规划对象，并且由国务院发布实施的综合性中长期规划。

2012 China's Industrial Development Report

——The Transformation and Upgrade of Chinese Industry

Overview
China's Industry in the Inceptive Year of "12th Five-Year Plan" Period

The year 2011, a quite characteristic year, marked the beginning of implementation of the "12th Five-Year Plan" for China's national economy and social development. The period from spring of 2011 to spring of 2012 witnessed the first year of the "12th Five-Year plan" period, when China's economy has experienced dramatic changes. The economic uptrend is almost the "copycat" of twists and turns seen during the year 2007 and 2009, with the regulation of macro economic policies turning an opposite direction within a single year. Optimism aroused towards the positive opening of the "12th Five-Year Plan" period, followed by stable situations in the next months as well as an unexpected depression soon. Hence loose methods and measures for macro-regulation should be repeated in a cautious manner. Moreover, various potential conflicts intermix and emerge, reflecting a fact that China's industrial growth still relies on traditional paths to a high degree and industrial development of the nation has entered a critical and historic moment of restructuring and upgrading. In the meantime, an in-depth research into a series of fundamental understanding and internal rules of China's industrialization will provide important theoretic and realistic meaning to probe into an upgraded path for China's industries. We may say to judge the current state and future trends of Chinese economy, especially of industrial operation, even if it is technical and descriptive analysis, we require studies in a more profound level and solutions to a series of crucial and key questions for China to change from an industrial nation to an industrial power, instead of merely an analysis of the phenomena.

Chapter 1
Environment and Conditions of China's Industrial Development

During the "12th Five-Year Plan" period, China's industrial development will be confronted with significant changes from home and abroad. Internationally, after the financial crisis, developed countries like the US, Japan and European nations all brought up plans such as "re-industrialization" and "return to Real Economy", offering great supports to newly-emerged industries that stand for the growing directions of technology and the market. The advent of the third Industrial Revolution will spark waves of technological innovations and industrial restructuring, pushing global economy out of the financial crisis shadow. Labor division structure of global industrial production will alter along with transformation of industrial organizations, thus affecting developing countries' status in international division of labor. In terms of domestic environment, industrialization and urbanization in China have grown to a new phase, when extensive industrial growth and the urbanization path find it difficult to survive. The integration of informatization and industrialization will further deepen as well restrictions from energy sources and the environment intensify. During the "12th Five-Year Plan" period, advantages of China's industrial development include the increased capabilities of the government in macro-regulation, gradual improvement of market economy system, prominent progress of infrastructure conditions, ongoing in crease of laborers' quality, as well as the constant emergence of new economic growth points, while disadvantages also exist, such as obstacles of the economic system and mechanism, higher cost pressure of production factor, low ability in independent innovation, serious problem of overcapacity, etc. In order to adapt to above changes in developing environment and conditions, several important relations, like development pace versus transit of development mode, government guidance versus market- directed, technological innovation versus systematic innovation, "become global" versus "imported from overseas", industrial development versus growth of the service industry of production-nature, as well as development of traditional industries versus rising industries, should be tackled to further accelerate China's industrial restructuring and upgrading.

Chapter 2
Shift of Industrial Development Mode

In 2011, the nation has actively accelerated the transformation of industrial development mode. The State Council issued a five-year plan to drive the shift of industrial development mode, namely the "Industrial Restructuring and Upgrading Plan 2011-2015", which is the first mid-and long-term plan issued and implemented by the State Council to list the entire industry as the target of planning since the operation of reform and opening-up policy. In 2011, the industrial growth pace saw a slow and stable status. However, from the perspective of industrial development mode, some structural problems in China's industrial growth for a long time have changed for the better. Works to accelerate the shift of indus trial development mode, including enhancing the abilities of independent innovation, cultivating and growing strategic emerging industries, energy conservation and emission reduction, sweeping out backwards capacities, advancing integration of informatization and industrialization, realized new progress. Nevertheless, in the long term some problems should call for attention during the transformation, which include understanding the shift of industrial development mode in the national strategic sense, the government's focus on the market incentives principle, and coordinating the relation between macro-economic regulation and the transformation of industrial development mode. Essentially, to understand and propel the shift of industrial development mode in a national strategic sense means accelerating China's industrial modernization process and practicing the tactic of "strengthening the nation through industry", which encompass three critical tasks. First, establish an advanced technological system; second, build up a modern industrial system, and third, organize a highly efficient management system. Current economic policies should emphasize on the combination of growing real economy and shifting industrial development mode, on the one hand providing favorable conditions for various resources to flow into real economy and supporting industrial restructuring and upgrading as well as innovation and development; on the other hand fully exerting the effect of fictitious economy to serve the growth of real economy, regulating financial activities and stamping various speculations.

Chapter 3
Construction of Modern Industrial System

In terms of international competitions, the competitiveness of entire industrial system is a determining factor of comprehensive industrial strength. While turning China's industry from "tremendous" to "powerful", the construction of modern industrial system has become the basic direction and a core of boosting industrial restructuring and upgrading, increasing the quality of industrial growth and shifting industrial development mode. Under the dual-effect of market environment drive and supportive policies drive, in the first year of "12th Five-Year Plan" period, overall China's construction of modern industrial system has experienced initial progress, along with imbalance in divisional development. In an effort to combat the problems such as insufficient design from the senior level, poor technological support, enterprise's weak role in playing as the main body and uneven development of industries, we shall focus on the following during the "12th Five-Year Plan" period: strengthening leadership, fulfilling overall planning to facilitate the construction of modern industrial system coordinately and orderly; increasing investment, enhancing incentives and consolidating scientific and technological supportive system for the construction of modern industrial system; perfecting policies, stabilizing expectations, and overcoming holdbacks in market development, namely an enterprise dominates the construction of modern industrial system; optimizing overall arrangement, encouraging integration, as well as preventing and restraining overcapacity that takes place during the construction process of modern industrial system.

Chapter 4
Innovation of Industrial Technologies

For a long period, the competitiveness of China's industry has lied in the cost advantage of production factor's low price. Under the circumstances of overall slower economic growth, weak innovation ability of the nation's industry technologies stands out. The core of industrial restructuring, remodeling and upgrading is to improve the environment for innovation, polish the system of innovation, raise innovation ability, as well as shift industrial development mode from a factor-driven to innovation-driven model and from extensive to intensive growth. China's industrial technology innovation has undergone constant and rapid growth in recent years, with the improvement of innovation policy and system speeding up, R&D investment seeing rapid growth, organizational degree of industrial R&D increasing steadily, the sources of industrial technology diversifying and output of industrial technology innovation continuing to rise. The innovation of industrial technologies has driven industrial restructuring and upgrading, the remodeling of industrial technologies, breakthrough in significant scientific and technological programs, as well as rapid growth of strategic emerging industries. In the future, the nation's innovation of industrial technologies will face challenges aroused from structural technological reform, from split of the industrial technology innovation system, and from inadequate technological innovation motivation and poor ability by the enterprises. Therefore, effective allocation of technological innovation resources and increase of innovation efficiency are prominent issues China's industrial technology innovation has to solve in the future. In conclusion, we propose four suggestions: first, to explore an applicable technological innovation path featuring a "human-computer" matching model; second, to set up a unified goal for the construction of industrial technology innovation system; third, to speed up the establishment of region-based technological innovation platforms; fourth, to shape up an innovation network on the basis of strengthening innovation links.

Chapter 5
Growth of Investment and Industrial Economy

In 2011, fixed asset investment maintained quite rapid growth in China. Investment became more proportional among regions, while investment structure saw certain improvement and private investment served as an important force to boost investment growth, both creating favorable conditions for the steady and rapid growth of industry. At the same time, we shall see that constant decline of invest ment growth pace has posed great downward pressure on the growth of industrial economy. In addition, slower economic growth has aroused obvious conflicts, such as over-investment and overcapacity. Rapid increase of investment in high energy-consuming industries also caused stresses on energy conservation and emission reduction of industry as well as sustainable growth. The problems of repeated construction and overcapacity in the industrial investment sector have hindered the healthy development of China's industrial economy for a long period. Overcapacity in the current phase occurred mainly due to subsidiary competition in investments made by local governments under a twisted system. The situation of investment and growth of industrial economy in the first year of "12th Five-Year Plan" period suggested an increasingly stronger structural contradiction and impacts of industrial economy. In the short term, we should retain an appropriate investment scale and optimize investment structure; in the long term, the key to impel industrial remodeling and upgrading lies in deepening reform of economic system.

Chapter 6 Demand Growth and Structural Changes of Industrial Consumer Goods

Owing to the gradually prominent downtrend in macro-economy plus influence from changes in external economic environment and structural factors in a deep level, China's consumption ratio remains at the lowest level since the reform. Growth of domestic consumer good market continues to drop, and complete hike of prices also restrains the consumption demand. Hot consumption fields tend to cool down, with online consumption rapidly expanding, luxury goods booming while the phenomenon of "consumption moving abroad" rising. Consumption demand in industrial consumer goods develops a new growing trend. Nonetheless, the industrial consumer goods market has maintained fundamental structural features, namely: residents have shifted their consumption focus from commodity consumption to consumption of service, enjoyment and development nature; consumption level and structure still witness a larger gap among residents; huge difference between urban and rural consumption starts to slow down, and the consumption gap among different areas tends to close. As stated in this thesis, major factors that affect the growth of demand for industrial consumer goods are as follows: government and enterprise staff obtain a large proportion in national income distribution structure; residents' income sees a widened gap; incomplete social security and pessimistic consumption expectation; new changes in consumption environment; regulation of the real estate industry and modulation of short-term consumption policies, and others. On that basis, policies to extend present consumption demand should focus on mid-and long-term measures, like resident's income increase, adjustment of income gap, higher consumption expectation, augmentation of effective supplies and improvement of consumption environment.

Chapter 7 Reconstruction and Upgrading of Traditional Industries

China is experiencing a significant phase of industrialization, when sound development, reconstruction and upgrading of traditional industries are of high importance for satisfying basic needs in people's daily life and industrial production, providing employment, ensuring the integrity of industrial system and guaranteeing economic growth pace. Whereas, for a quite long period the development of China's traditional industries mainly depended on scale expansion and capacity increase, which led to poor quality of industrial growth. In the 21st century, an era of new technologies and new knowledge waves, our traditional industry development fails to seize the opening opportunity offered by good technologies; on the contrary, problems such as slower growth pace, lack of innovation motivation and out of touch with rising industries and hi-tech appear. Experiences from other countries show that rather than totally eliminate traditional industries, developed and rising industrialized nations will invest in hi-tech to reconstruct and adapt traditional industries to new technologies and new markets while carrying through industrial upgrades. As a highly populated developing country, China shall on the one hand adhere to the important role of traditional industries in national economy, and on the other hand take the initiative to solve many problems that restrict the growth of traditional industries and promote their reconstruction and upgrading. During the "12th Five-Year Plan" period, reconstruction of traditional industries must learn from experience of developed and rising industrialized countries, take into consideration China's special situations in different developmental phase, target specific features of traditional industries in different categories, boost the application of hi-tech to traditional industries through various paths, therefore fulfilling the reconstruction and upgrading of traditional industries.

Chapter 8
Growth of Strategic Emerging Industries

Development of China's strategic emerging industries has realized significant achievement. First, investment has seen rapid growth with quickly increasing industrial scale; second, strategic emerging industry bases come into being thanks to planning and policies published by governments of all regions; third, companies are actively participating in global division of labor, and a number of huge enterprises with international competitiveness emerge; fourth, major scientific and technological programs are well implemented, making historic breakthrough in some important independent innovations. At the same time, however, plenty of problems exist to affect the increase of industrial international competitiveness. First, overall quality of industries are low with insufficient technological reserves in enterprises; second, sci-tech achievements suffer from low ratio of industrialization and rough market promotion; third, structural overcapacity undergoes greater pressure and regional layout are homogenized; fourth, obstacles prevail in the system and mechanism and the quality of industrial policies still has room for improvement. During the "12th Five-Year Plan" period, strategic emerging industries will embrace huge opportunities for development. China should boost and regulate the growth of strategic emerging industries from the following aspects. First, to enhance regional planning and map out strategic arrangement on the national level; second, to switch the focus of industrial policy from investment and subsidy to demand-driven; third, to drive the integration and development of strategic emerging industries and traditional industries to lift overall national competitiveness; fourth, to ensure that enterprises play a principal part in innovation activities and guide them to business model innovation.

Chapter 9
Interaction and Integration between Producer Services and Advanced Manufacturing Industry

Producer services act as a significant part in modern industrial system. During the changing process of modern industrial system, producer services have a clearer definition, acquiring an independent industrial role on a specific industrial level and its own basic characteristics. Including producer services in the analytical structure of modern industrial system, this chapter will explore and expatiate on the industry based on the history of modern industry and a global angle, in order to deepen the understanding of producer services and fill out the blanks in relevant studies. Meanwhile, abundant statistics and information will give a picture of current situation of the interaction and integration between China's producer services and advanced manufacturing industry in various aspects, focusing on general requirement of shifting economic development mode and industrial restructuring and upgrading proposed by the "12th Five-Year Plan" program plus related industrial topic planning, spotting the problems in the interaction and integration, viewing the perspectives of policy orientation and tactics, so as to systematically discuss perspectives and solutions that further promote the integration and development.

Chapter 10
Demand and Structural Changes of Industrial Labor Force

Since 2011, industrial production has witnessed a larger scale and significantly higher level of industrial technology. Maintaining a growing number, industrial labor force experienced certain structural changes. Manufacturing industry has contributed a lot to the constantly increasing number of labors, and telecommunication, electronic device manufacturing, textile and clothing industry in particular, played a leading role in adding labors to the manufacturing industry. The number of rural laborers continued to rise, supporting the industry to expand its scale. Regarding the proportion of labor in different sectors, employees in both technology-intensive and labor-intensive sector had larger ratio, while those working for high energy-consuming raw material industries seeing a smaller number and for light industry showing differentiation. Industry saw a higher demand for skilled and technology-equipped laborers, whose number is insufficient, resulting in great shortage. On the whole, industry depended heavily on poorly educated workers with simple skills, and some areas and sectors were even badly in need of ordinary workers. Industrial labor force is challenged with three structural problems: labor productivity within an industry sees obvious difference; growth of the number of skilled and technology-equipped laborers can hardly meet the need for industrial growth and structural upgrading; employment conditions in some areas and industries become less attractive. To solve those problems, we should firstly keep track of the status of industrial output and employee development closely, taking different measures to improve labor productivity; then put more efforts in training to increase laborers' quality; next perfect working conditions to appeal to workers; lastly encourage free movement of skilled and technology-equipped laborers.

Chapter 11
Energy Conservation and Emission Reduction of Industry

During the "12th Five-Year Plan" period, on the one hand work of energy conservation and emission reduction faces severe economic situations from home and abroad, namely greater uncertainty of global and domestic economy, and China's economy will enter a phase with medium growth pace; on the other hand, work of energy conservation and emission reduction is becoming more difficult and in need of high cost. Under this austere circumstance, work of energy conservation and emission reduction had trouble in meeting its goal in 2011, repeating the "loose in the beginning and tightened afterwards" phenomenon seen initially in "11th Five-Year Plan" period despite a series of powerful policies and measure issued by the Chinese government. In order to further promote the work of energy conservation and emission reduction and achieve the goal for "12th Five-Year Plan" period smoothly, a series of reforming measures that target market mechanism structuring are necessary, using the cost benefits of an enterprise's exterior environment to inside the company, urging it to really become the main part of energy conservation and emission reduction, thus building a long-term mechanism of energy conservation and emission reduction which features government-market cooperation.

Chapter 12
Utilization of Foreign Investment and Overseas Investment

In the initial years of reform and opening up, China, as a developing country, lagged behind developed nations in both technological level and man agement capability. To change this situation and realize " catch-up" development, China has attached high importance to attracting foreign investment, which is regarded as a crucial step to increase our technological level and refer to advanced experience from other nations. China has adopted numerous preferential policies to foreign investment, becoming a global power of attracting foreign investment in international competitions. During this process, the foreign investment scale has shown a rapid growing trend in spite of criticism and reproaches that "China traded the market for nothing instead of technologies". Yet at the end of 2011 that trend was hindered, with the scale of foreign investment in actual use decreasing for the sixth consecutive year by April 2012. It is not easy to check that trend in a short period, whereas it is of little possibility for a sharp decline. In terms of attracting foreign investment, another newly-emerged trend in recent years is that service industry performs better than manufacturing in the growth rate of foreign investment, which is expected to continue in the future. Although it is turning into a power of foreign investment utilization, China remains weak in overseas investment. Recently, in spite of the rapid growth of overseas investment, overall scale is much smaller than that of developed nations. In 2010, China's overseas investment outperformed Japan, while we failed to keep the advantage in 2011. In the following period, China's FDI will further increase, however it has a long way to go before topping the world as an overseas investment power. In a short term, growth of China's overseas investment will not switch along with industry transfer in a large scope, and the investment in non-manufacturing industry will obtain a large proportion.

Chapter 13
Industrial Foreign Trade

The year 2011 marked the tenth anniversary of China's joining WTO. During the decade, the open-up progress has entered a historic new stage. Besides keeping all promises we made before entering the organization, China's foreign trade has achieved leap-forward growth with a gradually improving management system of foreign trade, and the nation has become an important member in the multilateral trade system in the course of becoming a part in global economy. In 2011, the first year of the "12th Five-Year Plan" period, China's import and export retained a larger volume in general, but some new situations and problems occurred: the growth pace of foreign trade began to drop; some exported goods showed " higher price but lower quantity"; the conditions of import trade were yet to be improved; foreign trade enterprises faced higher pressure in operation; traditional comparative advantage further weakened; and export processing industries saw urgent needs of accelerating restructuring and upgrading. In a period of time in the future, a lot of uncertain factors, including intensifying Euro debt crisis, frequent trade conflicts, fluctuating high prices of resource products and regional turbulence, will affect China's foreign trade. The overall situation of industrial foreign trade is not optimistic. In the face of changing domestic and international environment, it is more difficult to realize the stable and balanced growth of foreign trade. China should take active measures to ensure steady growth of import and export. We shall extend new fields for opening-up, strive to shift the mode of foreign trade development, deepen foreign economy and trade cooperation, facilitate the orderly transfer of industries, stimulate innovation energy of exported companies, and fully enhance the quality and level of open economy.

Chapter 14
Elimination of Backward Capacity

The elimination of backward capacity, which can be examined via two aspects, that is the result caused by capacity and technological level, serves as an important part in China's industry policies. Phasing out backward capacity can satisfy the needs of handling the restrictions from energy and the environment, of optimizing industrial structure and elevat ing technological level of industries. China's backward capacity came into being featuring: twisted pricing of production factors, dualistic economic structure, fiscal decentralization and local competition, the lack of withdrawal mechanism, etc. In recent years, the central government has issued a series of policies to phase out backward capacity, including management of industry access, compulsory elimination of backward capacity on the administrative level, economic restrictive measures, incentives, as well as supervision, assessment and the accountability system for local governments. As a whole, the work of backward capacity elimination has fulfilled its set goals, though problems like excessive emphasis on administrative means and the standard of scale exist. Therefore proper adjustment is needed for actual implementation.

Chapter 15
Interactive Development of Industrialization and Urbanization

Since the reform and opening up, China's industrialization process has been fully accelerating, and industry becomes a major force to drive rapid and steady economic growth. In the same period, the country has experienced a fast moving process of urbanization and constantly increasing urbanization rate. In 2011, China's economic growth pace slowed down due to lingered Euro debt crisis and weak global economic rebound. However, industrialization and urbanization maintained a relatively rapid growth pace and higher level. In the perspective of industrialization-urbanization interactive development, China still stays in a stage when industrialization drives and is complemented by urbanization. Meanwhile, some problems emerge during the interactive development process, mainly: the quality of urbanization is yet to be improved; central cities offer fewer opportunities of employment; "shortage of rural workers" has spread to central and western China; industrial hollowing-out appears in central and eastern China during industrial transfer; and urbanization in the west is limited by resources and the environment to a higher degree. During the "12th Five-Year Plan" period, China will witness rapid growth of industrialization and urbanization. The industrialization-oriented interactive development of in dustrialization and urbanization will become a new economic growth point or driving force. For the purpose of boosting the interactive development, we should further deepen reform, remove policy obstacles of urban-rural integration, improve regional cooperative mechanism of industrial transfer, accelerate optimization and upgrading of industrial structure, advocate the concept of "smart growth of a city", and use city clusters to promote the harmonious growth of metropolis circle made up of big, medium and small-sized cities.

Chapter 16
Integration and Development of Culture and Industrial Economy

The integration and development of culture and industrial economy is both a new trend of global economic development and a key idea to realize China's economic restructuring and change of development mode. On the traditional basis of sticking to technological innovation, the remodeling and upgrading of Chinese industry can also explore a novel path for industrial integration. As a highly penetrating industry, culture has coupling connection with many industries, which will bring new vigor and development space for industry through integration. Demonstration is applied in this study, proving that there is a strong interconnection between cultural industry and industry. Impenetrated in different layers of industry, the effect of cultural elements can provide powerful drive to industrial growth. Regarding the mode of culture-industry integration, three methods of industrial penetration, industrial crossover and industrial association can be used. Culture-industry integration in China has emerged currently, though, a large-scale integration and development faces a lot of difficulties: culture-industry development is isolated rather than integrated; cultural industry either fails to develop or repeat the development; culture's definition is in narrow sense instead of broad sense; culture remains in the fringe area rather than central area. In order to boost the integration and development of culture and industry, we can refer to developmental ideas of foreign countries, realize a virtual-real combined industrial status by making industry a culture and making culture an industry, fulfilling mutual enhancement and mutual improvement. To be specific: in terms of products, the conceptual value of a product should be created; in terms of enterprises, a mechanism of "idea bringing profits" can be established; in terms of industries, a virtual industry shall be made real and vice versa, realizing good and interactive development of both sides.

Chapter 17 Energy Industry

In this chapter, we will analyze the features of China's energy industry development in 2011 in fields of international background, energy consumption and structure, energy production and structure, energy import and export, energy construction investment and energy policies. First, international energy situations complicated, with energy prices strongly fluctuating and energy demand and production sitting in balance on the whole. Second, driven by the rapid growth of high energy-consuming industries, demand for energy consumption grew fast, reaching 3.48 billion tons of standard coal equivalent. Third, China had increased ability to secure its energy safety, while oil and gas security situations remained severe. Regarding energy production, coal output volume saw rapid growth, oil output basically stayed steady, production volume of natural gas broke the 100 billion cubic meters mark, and that of hydropower and wind power dropped and stabilized respectively. Regarding energy import and export, imports of coal, oil and natural gas all stroke new high, yet oil depended on importing to a higher degree.

In the same year, China's energy industry was also confronted with many drawbacks and challenges, as well as problems, contradictions, and even oppositions. First, energy security faced higher stress, and investment growth of six high energy-consuming industries went excessively, which would definitely lead to rapid growth of energy consumption; second, because of steady output but growing consumption of crude oil, its importing would face higher pressure; third, it was hard to optimize energy consumption structure, since under great pressure of CO_2 emission reduction globally, economic development relied more on coal, whose proportion increased rather than decrease in primary energy consumption, leading to bigger difficulty in CO_2 emission reduction. In spite of rapid growth of renewable energy and new energy, their volumes remained small, thus it is difficult to ultimately solve the energy structural problem during "12th Five-Year Plan" period; fourth, it is a formidable mission and hardness to achieve the goal of energy consumption volume control.

Looking forward, during the "12th Five-Year Plan" period, problems such as pricing reform of refined oil product, the coal-electricity conflict and energy system reform will exist throughout energy industry development. To raise the capability of energy security and optimize energy structure are the focus of the energy industry during this period.

Chapter 18 Steel Industry

Abstract: in 2011, domestic and overseas markets saw lower demands, and raw materials carried higher cost. Under those negative conditions, the steel industry in China took the initiatives to undertake product restructuring, strengthen internal man agement, strive to carry out energy conservation and emission reduction, develop diversified management mode, all leading to new progress in industry development. Whereas, some fundamental issues that have restricted the growth of China's steel industry, like serious overcapacity, low competence of independent innovation, unreasonable layout of industries, high pressure in energy conservation and emission reduction work, and imperfect resource security systems, still called for better solutions. To drive long-term and sustainable development of China's steel industry, it is urgent to phase out backward capacity and optimize industrial structure, put more efforts in technological innovation input to increase the ability of independent innovation; make overall arrangement and planning to optimize industrial layout, enhance energy conservation and emis sion reduction and cultivate recycling industry, and accelerate the exploitation of domestic and foreign mineral resources to heighten the ability of resource security.

Chapter 19 Nonferrous Metals Industry

In 2011, China's nonferrous metals industry enjoyed a constantly higher yield but lower growth rate. Total volume of import and export trade continued to rise, with various categories differentiating evidently. Nonferrous metals enterprises embraced healthy economic benefits, and profits have accumulated in companies that had resource and energy advantages. Fixed asset investment hiked with capacity transferring to western China prominently. Scientific and technological innovation, energy conservation and emission reduction, and offshore resource exploitation achieved further development. At present, nonferrous metals industry is facing the following problems: resource is in a great shortage so the nation has to heavily depend on foreign countries; the overall industry chain stays at the medium or low part in international division of labor, and some high-end products rely on importing due to weak independent innovation ability; jumping prices of factors like labor and energy plus fluctuating product price result in higher risk for business operation; serious environmental pollution adds difficulties in energy conservation and emission reduction work; international trade frictions are frequent and "Anti-Dumping and Anti-Subsidies" becomes normal. Furthermore, enterprises using recyclable nonferrous metals face higher costs and taxation. In the future, China still has numerous opportunities to develop its nonferrous metals industry. Aiming to turn the nation from a big player into a powerful player in the nonferrous metals industry, we shall: further increase efforts in resource exploration to ensure resource supply; optimize the organizational structure of the industry and keep overcapacity within limits; eliminate backward capacity on a regular basis, utilize advanced applicable technologies and high-tech to reconstruct existing enterprises, and boost energy saving, emission reduction and pollution prevention and control; improve the mechanism and transfer capacity to the west and overseas; take further measures to promote sustainable and healthy development of aluminum, rare earth and recycling metal industries.

Chapter 20 Construction Materials Industry

The year 2011, an opening year of China's implementation of the "12th Five-Year Plan", was also an important year when the construction materials industry shifted its development mode and executed development restructuring. In the face of complicated and ever-changing political and economic situations of the world, as well as pressure on macro-policy adjustment and development mode transforming of the country, the construction materials industry has adapted "dual tactics" that is restructuring and upgrading of traditional construction materials while developing new types of construction materials. In addition to retaining steady and rapid growth, the industry has made good progress in restructuring, energy conservation and emission reduction, recycling economy development and resource allocation, seeing a sound trend in general and initial effects of restructuring and upgrading. Nonetheless, chief traditional building material products in China make up 50% of world's total, and under that condition lots of problems emerge when the nation needs to restructure and upgrade to four models: sci-tech-supporting type, quality product value added type, energy conservation and emission reduction along with resource, energy-beneficial type, and product and industry chain type. Besides common disadvantages such as lower market demands, weaker incentive policies to drive economy, higher cost of land, energy, labor and fiscal cost, as well as increasing prices, many issues, like high restructuring pressure, insufficient technological support in remodeling and upgrading, more strict requirement of energy conservation and emission reduction, low level of resource allocation and utilization deficiency, and austere situation for export, are threatening the construction materials industry. As a result, the industry must accurately position itself, focus the development on energy saving, environmental protection and satisfying the need for green and energy-saving buildings, as well as greatly foster high-tech new-rising industries. Only in this way can industrial restructuring be completed, resource-energy benefits be created and scientific development realized. Policy, standard, innovation and cooperation offer guarantee and support to fulfill this goal.

Chapter 21
Petrochemical Industry

In the first year of the "12th Five-Year Plan" period, major economic indicators of the petrochemical industry, including main product output, sales revenue, profit total value, fixed asset investment and import and export value, saw a reduced growth pace, primarily due to changes in international and domestic economy as well as the policy environment. As full implementation of measures like backward capacity elimination, increase of industry access scale, lift of energy consumption and emission thresholds proceeds, restructuring and energy conservation and emission reduction of the petrochemical industry will face higher pressure during the period. Particularly, as there is smaller room for improvement of the above conventional measures, the administrative monopoly in this industry will hinder further restructuring and energy conservation and emission reduction. Consequently, during the "12th Five-Year Plan" period, to undertake remodeling and upgrading as well as energy conservation and emission reduction of the petrochemical industry, in addition to further improving the system of production technological standards and strengthening market supervision, breaking up administrative monopoly by means of deepening reform, especially petroleum system reform, and establishing an industrial structure and a management system that can help effective competitions of the industry, are of higher importance.

Chapter 22
Chemical Industry

In recent years, China's chemical industry has undertaken a new round of scale expansion and technological restructuring, constructing a batch of projects of high starting point and high quality in the sectors of petrochemical raw material, basic chemical product, polymer and special product. Its industrial advantages have been increased, with overall scale, technological capability and management level realizing new leaps and bounds. The proportion of chemical industry's total production value in that of the entire industrial enterprises above designated size stabilizes at around 16%. In the future period, China's chemical industry will remain in a development stage focusing on remodeling and upgrading on the whole. In that period, as economy and the society develop, demands for petrochemical products will maintain a rapid growing trend. The industry will be confronted with new situations in terms of handling resource, energy and environmental restrictions, new opportunities in terms of driving industrial remodeling, upgrading and reasonable arrangement, and new challenges regarding R&D ability enhancement, the advance of merger and acquisition, as well as participation in international competitions. Only through relying on domestic market, putting more efforts in industrial restructuring and upgrading, and accelerating reasonable organization and arrangement of industry, can we better take the challenges, improve our role in international division of labor and increase international competitiveness.

Chapter 23
Mechanical Industry

2011, the inceptive year of the "12th Five-Year Plan" period, witnessed a noticeable change in the operation of China's mechanical industry: the rapid growing trend has turned for a sharp fall compared to that of the "11th Five-Year Plan" period. An important factor to affect the operational trend of the industry was changes in economic environment from home and abroad. Starting from 2011, the market demand scale of mechanical products has ended a fast-growing path with rapidly upgraded demand structure and increasingly higher cost in all aspects. The rectification of China's macro policies and ongoing depression of global markets have rendered influence that cannot be overlooked on the operation and in-depth industrial structure of the mechanical industry via transmitting effects of the demand scale, demand structure and changing factor cost.

There exists a huge gap between current supply structure and the fast upgrading demand structure of Chinese mechanical products. Contradictions between low-level product structure and high-level demand structure, between mainframe manufacturing and key components supply, between tremendous production capacity and poor refined production ability, and between manufacturing and service development, further stand out.

Compared with the past when China's mechanical industry experienced rapid growth of scale, in the future a new stage featuring structural upgrading-driving industrial growth will embrace the industry, which calls for stronger internal works to fully innovate and facilitate structural upgrading and use it to ignite industrial development. Innovation should be extended from points to layers, from a minority of key enterprises to many small and medium-sized companies, and from pure technological sense to a full scale that comprises management innovation and supply chain innovation.

Chapter 24
Automobile Industry

In 2011, the growth pace of production and sales volume of China's auto industry reached new low in thirteen years, yet the total number still topped the world. In the first year of the "12th Five-Year Plan" period, some noticeable changes occurred in the development of China's auto industry, that is: slower economic growth has necessarily slowed the growth of auto industry; auto markets in western China and third or fourth-tier cities have become fastest growing new markets, and second-hand vehicle market played a more and more significant role in the development of auto industry; energy structure has altered, and natural gas saw the fastest growth in use among alternative energy. More than 30 provinces, cities and autonomous regions in the country have started to use natural gas automobiles; the government has greatly adjusted auto consumption polices, starting to implement the new vehicle and vessel tax law and going to introduce the "three-guarantee" policy (repair, change and refund); the nation will further tighten its environmen tal protection policy with the PM2.5 statistics published; as China's automobile exports grow rapidly, voices of protectionism from other countries louden; cost of labor in auto companies has constantly risen; the progress of new energy auto industrialization has a long way to go before reaching the government's original goal. Those changes will urge corresponding changes of government policies and operation tactics of enterprises so as to boost the steady development of the automobile industry during the "12th Five-Year Plan" period.

Chapter 25
Shipbuilding Industry

The year 2011 was the opening of China's "12th Five-Year Plan" period, a crucial year of restructuring, remodeling and upgrading of the shipbuilding industry. In this year, the industry maintained a stable and fast growing trend, with various economic indicators continuing to increase and realizing a good beginning of the "12th Five-Year Plan" period. Major features were: total shipbuilding volume hit another new high, and backbone enterprises showcased their advantages; restructuring achieved initial effects with market segmentation well positioned; scientific and technological development smoothly progressed with innovation ability further improved; market mechanism exerted its effects with merger and acquisition and regrouping accelerating; fundamental management was strengthened with higher ability to tackle risks; under the guidance and support from the country's policies, maritime projects have made breakthroughs. Currently, major problems in the shipbuilding industry are: orders of new ship suffer sharp decline in number, and many economic indicators see an obviously slower growth pace; shipbuilders have higher funding pressure, and problems still exist in financing; the structure of market demand changes, and R&D levels need improvement; ship maintenance industry sees a lower total volume, and the shipbuilding supporting industry experiences tardy growth in localization rate; ship delivery becomes more difficult, and shipbuilding cost continues to climb. Regarding the above issues, policies and measures that will boost the stable and progressive growth of the shipbuilding industry consist of: setting restructuring and changes as the strategic task for industrial development; sparing no effort to receive orders and ensure delivery; attaching much importance to the driving force of science and technology, and raising technological innovation ability; reinforcing production management and efficiently promoting cost projects; pinpointing strategic positioning of enterprises, and accelerating business restructuring and upgrading; strengthening bank-company cooperation and actively seeking for new financing methods.

Chapter 26
Aerospace Industry

In the first year of the "12th Five-Year Plan" period, China's aerospace industry was confronted with lots of risks, difficulties and challenges. As for the aviation industry, difficulties, such as the gradual withdrawal of policies and measures that stimulated economic growth, fiercer competition in the aviation product market caused by the opening of aviation equipment manufacturing system and reform of low-altitude airspace, aviation foreign trade business to be affected by weak dynamics of global economic recovery, have been overcome, and the yearly task has been well accomplished. Regarding the space industry, the construction of major industrialized projects has sped up, strategic cooperation has intensi fied, asset securitization has moved forward, and reform of management and investment has been carried out, which have driven the rapid and sustainable development of the space industry, gradually fulfilled the growth of marketization, specialization, internationalization and collectivization. The industries have perfectly completed the national defense construction task and annual management goal, both giving a good beginning of the "12th Five-Year Plan" period and laying a solid foundation to fulfill the target of the period set for the aerospace industry.

Chapter 27
Electronic Information Industry

In 2011, China's electronic information industry has reported quite rapid growth. The growth pace of most sectors exceeded 20%, with industrial scale nearing 10 trillion RMB and the domestic demand market growing fast. Import and export of electronic information products constituted over 30% of total export value, while dependency on foreign products declined a little. Europe and the U.S. are no longer dominant markets to accept exported Chinese products, since new rising markets have expanded speedily; foreign trade structure was optimized with general trade seeing higher and processing trade lower exports. In 2011, the electronic information industry presented the following features: first, remodeling and upgrading have achieved new progress, including: technological innovation ability was raised with remarkable achievement; industrial structure was further improved; domestic-funded enterprises had increased strength; central and western areas realized rapid growth; the proportion of domestic sales further augmented. Second, strategic emerging industries witnessed rapid growth. Third, integration of industrialization and informatization steadily progressed. Computers have become intelligentized and tablet-like. Sales volume of desktops slowed its growth pace, while tablet PC enjoyed a rapidly growing sales volume. The all-in-one PC market was booming. In communications equipment manufacturing, mobile phones have gradually replaced landline telephones, with 3G telecom entering scale development. The structure of IC industry was further optimized, and that of IC design, chip production and assembly and testing tended to be even and reasonable. A number of products in the basic electronic industry have topped the world and China's independent tablet monitor industry came into being. Information and technological services of the software industry had prominent growth, and technological innovation received more attention. The growth trend of 2012 will be: boom of basic electronic industry will drive the growth of the entire industry; integration of industrialization and informatization will deepen; central and western regions will become new growth poles step by step.

Chapter 28
Pharmaceutical Industry

Pharmaceutical industry is an industry of vital importance to national well-being and the people's livelihood and a key area of cultivating and developing strategic emerging industries, which mainly covers pharmaceutical chemicals, traditional Chinese medicine, bio-tech drugs, medical appliances, medicinal supplementary materials and packaging materials and pharmaceutical equipments. In 2011, the beginning year of the "12th Five-Year Plan" period, China's pharmaceutical industry persevered to structural innovation, scientific and technological innovation, managerial innovation and continual adjustment and optimization of product structure and enterprise structure. Seizing the opportunity of global pharmaceutical industry adjustment, the pharmaceutical industry maintained a comparatively high growth rate and accomplished remarkable achievements in continuous development of industrial scale, further enhancement of overall quality, cultivation of a batch of large enterprises of international competitiveness and accumulation of sci-tech talents and management talents in the pharmaceutical sector. To better accelerate restructuring, remodeling and upgrading of the pharmaceutical industry, implement the scientific concept of development and stimulate enhancement of competitive capacity of the pharmaceutical industry, the Chinese government promulgated a series of policies, including the "12th Five-Year Plan" for the pharmaceutical Industry, proposed guidance, fundamental principle and development goals for the development of Chinese pharmaceutical industry, pointing out the direction for the industry to earnestly implement the scientific concept of development, adhere to the new path toward industrialization, transform the mode of economic growth and realize sustainable development of the pharmaceutical industry in the "12th Five-Year Plan" period.

Chapter 29 Light Industry

China's light industry serves as a crucial industry for prospering the market, increasing export, providing more employment opportunities and serving agriculture, rural areas and farmers. In 2011, the light industry maintained steady operation in general. However, due to influence of a series of factors such as fluctuation of raw material prices, increase of production and financing costs, adjustment of RMB exchange rate and sluggish demand of international market, the growth rate of the industry slowed down quarter by quarter and economic benefits showed a decrease. During the "12th Five-Year Plan" period, development of the light industry will face multiple restraining factors, such as increasingly complicated international trade environment, gradual reduction of the low-cost advantage and strengthening restrictions from the environment and resources, as well as a great challenge whether rapid enhancement of technological innovation capacity could meet the demand of market competition and change of consumption structure. The light industry should abide by the guidance of the scientific concept of development and set about developing and strengthening independent innovation and technological research and development, stimulate diversification, economization and sustainability of raw material structure, promote restructuring, extension and migration of enterprise structure centering on division of industrial chain, and focus on the acceleration of product restructuring, transformation of enterprise operational model and construction of diversified brands.

Chapter 30 Food Industry

In 2011, the inceptive year of the "12th Five-Year Plan" period, the food industry reported a better economical operation situation compared to other industrial sectors, achieving a relatively high growth rate and increased industrial benefits. On the basis of increased policy supports in 2010, the food industry achieved an overall steady growth and maintained a proactive development trend with comparatively rapid growth in total industrial output value, profit, main business income profit margin and product sales ratio, laying a sound foundation for the development of the industry in the "12th Five-Year Plan" period.

The "12th Five-Year Plan" period is a critical period for the development of the food industry. Under new circumstances, the industry will strengthen industrial restructuring and increase total food production to guarantee food supply for domestic market and effectively exert the function as a basic industry to maintain people's well-being, prevent inflation and stabilize commodity prices. Therefore China's food industry will speed up to shift the economic development mode from follow-up development dominated by digestion and absorption to a mode featuring independent innovation, and actively adjust industrial structure, which will precipitate the most critical transformation of China's food industry and bring development of the food industry into a key stage. The new circumstances and tasks will have critical impact on China's food industry.

Chapter 31
Textile Industry

Despite the influence of multiple adverse factors, such as slower global economic growth, appreciation of RMB exchange rate, sharp fluctuation of raw material prices such as cotton, increase of labor costs and energy costs as well as tightened monetary policies in the post-crisis period, China's textile industry has accelerated industrial restructuring and transformation of development mode, actively implemented industrial upgrade and continually enhanced technological, management and marketing levels and realized steady growth in annual output, export and profit in 2011. The industry accomplished new historic achievements in the beginning year of the "12th Five-Year Plan" period, with steady growth of economic benefits of the entire industry, comparatively rapid increase of industrial investment and further optimization of regional structure. However, due to sluggish market environment, growth rate of the textile industry decreased month by month, and with increased pressure on industrial operation, some small and medium-sized textile companies experienced a hard time of operation, and their competitiveness in international market also weakened. In the future, development of the textile industry will face the pressure of remodeling and upgrading, and thus have greater need for the guidance of the scientific concept of development to set about adjusting product structure, accelerate industrial restructuring, strengthen industrial upgrading and realize sustainable development dominated by independent brands step by step.

Chapter 32
Home Appliance Industry

In 2011, the beginning year of the "12th Five-Year Plan" period, China's home appliance industry was faced with multiple challenges and opportunities. Despite difficulties such as increase of raw material prices and labor costs, appreciation of RMB exchange rate, credit squeeze, depressed export market and real estate market, the home appliance industry achieved a new record high in production and sales quantities through hard work and policies like subsidies for rural home appliance buyers, old-for-new service and energy-saving products and civilian-benefiting project. In the first half of 2011, production and sales of the home appliance industry maintained a proactive trend of growth, but in the second half year, the growth slowed down and even reported negative growth compared with the corresponding period of the previous year. In terms of annual sales revenue, the growth rate showed a steady downward trend. In order to set a good beginning of the "12th Five-Year Plan" period and overcome various difficulties accompanying the financial crisis, home appliance enterprises adopted a variety of measures to actively implement remodeling and upgrading, explore new sales channels and adjust product structure, and achieved remarkable accomplishments in implementing independent innovation, mastering core technology and carrying out international operations, laying a sound foundation for fulfilling the "12th Five-Year Plan". To realize the goals of the "12th Five-Year Plan" for the home appliance industry, China's home appliance enterprises must fight for new breakthroughs in strengthening independent innovation capacity, mastering core technology, building international brands, extending sales channels and occupying high-end product market.

Chapter 33
Regional Structure Optimization of China's Industry

As indicated by statistical analysis, in the first year of the "12th Five-Year Plan" period, China's industry made further progress in balance and coordination of spatial distribution. In the eastern area, massive migration of resource exploitation industries and labor intensive industries to central and western areas continued, while technology-intensive industries maintained a big advantage in general despite decreased share in domestic market. At the same time, the central and western areas achieved rapid growth of high-tech industries in some key economic zones besides a massive transfer of traditional indus tries. From the perspective of spatial changing trend, regional distribution of domestic industries began to gradually transform from vertical and horizontal division of labor to the "V formation of flying wild geese" of the value chain. At present, regional restructuring of China's industrial sector is faced with some new problems and new challenges. Coastal developed areas report rapid decrease of growth rate in the remodeling, rapid economic development of central and western areas are still affected by the reliance on traditional paths, and the old industrial basis of the northeast area have difficulties in transformation and lack of vitality and staying power of development. With vanishing demographic bonus, lack of labor force has become a great challenge facing industrialized areas. In the future, industry should accord with the overall strategy of regional development and primary function area planning, strengthen differentiated classified guidance, set up and consummate the system of interregional coordination and interaction, urging the adjustment of regional industrial structure towards better balance, higher efficiency and sustainable development.

Chapter 34
Industry in Eastern China

In 2011, the starting year of the "12th Five-Year Plan" period, the eastern area of China abided by the guidance of the scientific concept of development and realized steady growth, further optimization of industrial structure, normal utilization of enterprise production capacities in general, encouraging progress in export-oriented economic restructuring and obvious decline of the growth rate of high energy-consuming industries, realizing a good start for industrial development. At the same time, we should not overlook that these accomplishments were achieved in severe domestic and international development environment with many problems that need to be solved in the "12th Five-Year Plan" period, such as overly rapid increase of production factor prices, antidumping measures on Chinese products taken by western countries and shrinking share of industrial investment. The eastern area should focus on innovation to solve the problems in development, stimulate upgrading of labor-intensive industries, enhance high-end industrial structure, manage and elevate the connotation of industrial development, develop strategic emerging industries from a high starting point and promote the low-carbon development mode all through innovation. Therefore governments of the eastern area should help small and medium-sized companies solve operational difficulties, actively promote and introduce construction of a highly efficient platform to guarantee labor supply and demand system, encourage enterprises to implement the "going global" strategy, consummate modern service industry system of regional central cities, accelerate the integration of Informatization and Industrialization to restructure and upgrade traditional industries, as well as elevate their competitiveness.

Chapter 35
Industry in Central China

In spite of complicated domestic and interna tional economic situations, in 2011, the first year of the "12th Five-Year Plan" period, central area in China continued to record rapid industrial growth with steady increase of industrial benefits, continually growing industrial strength, elevating status in do mestic economy, significant achievements in indus trial remodeling and upgrading, higher competitiveness of some traditional advantageous industries, rapid development of rising industries, steady growth of industrial product export, constant upgrading of export structure, persistent optimization of industrial distribution and gradual formation of cluster effects. Since the "12th Five-Year Plan" period, the central area faces complicated and changing economic development circumstances. Despite some in-depth structural conflicts and problems that con strain industrial development of the central area, fur ther implementation of Central China's emerging strategy and national strategies for each province will provide industry of the central area with more opportunities than challenges, and the fundamental aspect of economic development will not change. The industrial growth rate of central area might fall back from a high level, but not with sharp fluctuations, and industry will maintain steady and rapid growth trend. To stimulate steady and rapid development of industry in central area in the "12th Five-Year Plan" peri od, the Chinese government will need to put forward some more targeted and practicable policies of stronger central area characteristics, and offer supports in speeding up industrial transfer to the central area, strengthening interregional cooperation and accelerating industrial remodeling and upgrading.

Chapter 36
Industry in Northeast China

In 2011, northeast China presented a steady development with a slight decline, industrial structure and economic benefits improved, industrial distribution realized centralized development, the level of opening to the outside world enhanced, and system-mechanic innovation saw new achievements. In general, industrial economic growth rate slowed down in the northeast area, but profit margins of industrial enterprises reported an increase over the previous year, indicating preliminary effects of the transformation of industrial economic development mode. Opening up inland highlighted the northeast area's open-up policy in the "12th Five-Year Plan" period, and the environment of opening showed significant improvements for industrial development. At the same time, industrial growth of the northeast area gradually transformed from the mode driven by a few growth poles such as Shenyang, Dalian, Harbin and Changchun to one driven by four core plates, namely Liaoning coastal economic zone, Shenyang economic area, Changchun-Jilin-Tumen Pilot Zone and Harbin-Daqing-Qiqihaer Industrial Corridor. Nevertheless, industry in the northeast are still confronted with a series of problems, for instance, lack of systematic environment for independent innovation in enterprises, lack of innovative threads for traditional industry upgrade, unreasonable industry division and inter-provincial connection, formidable remodeling tasks for cities with exhausted natural resources, short-term difficulties for private economy development and constraints of traditional opening mode on industrial development. During the "12th Five-Year Plan" period, healthy industrial development of the northeast area lies in the perspective to implement five development principles, i.e., to take the initiative to experiment for innovation-driven development, remodel and upgrade for great-leap-forward development, cross-regionally interact for co ordinated development, construct new mechanism for integrated development, and extend foreign trade and open up to the world. In terms of policy, the northeast area will actively cultivate and stimulate a market environment that can drive technological innovation and cooperation, accelerate industrial transfer from developed countries and eastern coastal areas, vigorously set up modern industrial system and take the initiative to establish an open-up system.

Chapter 37
Industry in Western China

In the inceptive year of the "12th Five-Year Plan" period, industrial economic development of the western area was transforming in an orderly manner from policy-stimulated to independent growth, with an overall proactive trend featuring continual development of industrial scale, rapid increase of industrial aggregate, rapid industrial development, a growth rate higher than domestic average, strengthened level of export-oriented industrial development, enhanced industrial technology innovation capacity, new breakthroughs in key industrial development areas and industrial development of the west driven by key areas as growth poles. At the same time, we should not overlook the complicated international and domestic economic situations and many uncertain, unsteady factors in economic operation. Provinces, cities and regions in the western area need to face increasing challenges and difficulties before realizing steady and rapid economic growth in the process of restructuring and inflation control. New environment for industrial development, sounder supporting con ditions for industrial development, regional cooperation that provides systematic guarantee for specialized industry division of labor, industrial transfer as the main model of capacity growth, uncertainty of industrial economy caused by complicated and changing macro operational environment, and tightening restraints on industrial development of the western area from resources and the environment also exist. Facing these new circumstances and problems, the area should actively put forward policies and measures to strengthen producer services, support rational land use, guarantee enough room for industrial development and actively attract industrial transfer.

Chapter 38
Strategic Behavior Adjustment of Chinese Industrial Enterprises

Since the 21st century, innovation capability is still a scarce strategic resource for Chinese enterprises. Therefore, taking the local situation into consideration, the core of adjustment of strategic behaviors of Chinese enterprises will be studies and technological catch-up aimed at enhancement of innovation capability. A typical case will be remodeling and upgrading of "knock-off" enterprises. In the future, industrial enterprises involved in traditional industries must focus their strategic adjustment on enhancement of innovation capabilities, improvement of operating efficiency and graft of emerging industries. Industrial enterprises engaged in emerging industries must orientate their strategic adjustment towards elevating independent innovation capabilities and realizing successful commercialization of innovation. No matter engaged in traditional or emerging industries, industrial enterprises must emphasize innovation of business models in the course of strategic remodeling.

Chapter 39
Management of Business Organization

As the Chinese economy has developed over three decades since the reform and opening-up, the number and quality of its business organizations have grown to a certain degree by the end of the "11th Five-Year Plan" period. We will first summarize in this chapter the major characteristics of organizational management of various types of Chinese enterprises. It is indicated that China's microeconomic sector has a basic structure which is comparably balanced:

state-owned and private enterprises are the main part while Hong Kong, Macao and Taiwan-funded, foreign-funded and mixed-economy enterprises are important complements. The organizational diversity of business sector has become a feature and advantage of China's economic system. We will then discuss the flaws existing in the administrative activities of China's business organizations. First, the administrative behaviors of business organizations have a tendency of non-marketization but high dependence on government policies. Second, the relation between business organizations tends to be excessively flexible; they lack passion in long-term, sustainable productive investments in themselves or their counterparts. Third, business organizations pursue expansion in scale but the structurization degree is still low and the management level is not enhanced accordingly. Flaws already appear, including lack of control inside business organizations, lack of integration and unity between business organizations. Such drawbacks have resulted in a behavioral tendency in some enterprises, that is, they value policies but undervalue market, focus on speculation but overlook investment, emphasize on growth rather than profit, as well as value scale more than structure. We will also analyze institutional causes of the administrative flaws of China's business organizations in four aspects: government role, the financial system, employee skills and credit relationship. As last, we will propose suggestions on policy.

Chapter 40
Merger, Acquisition and Restructuring of Enterprises during Structural Adjustment

2011 is the first year of the "12th Five-Year Plan" period and also an important year for Chinese enterprises to implement industrial restructuring through merger, acquisition and restructuring. On the one hand, enterprises implemented merger and acquisition through market to meet the needs of their own development. On the other hand, the government boosted merger and restructuring through industrial policies and state-owned enterprises in order to realize structural adjustment. At the backdrop of Europe's debt crisis, credit crunch and slowdown of global merger and acquisition, China's enterprises were active in merger and acquisition and the trade volume hit a record high. However, problems also occurred in the process of merger, acquisition and restructuring, such as blind merger, excessive intervention by government and inefficient merger, acquisition and restructuring. There is still room for further improvement in terms of simplifying administrative procedures, protecting rights and interests of general staff and standardizing management of state-owned assets. In the future, enterprises will attach more importance to quality and benefits when it comes to merger, acquisition and restructuring.

Chapter 41
Internal Control and Management of Chinese Enterprises

Internal control is a hotspot and core point that Chinese enterprises and supervisory institutions are facing in recent years. After nearly a decade of publicity, the concept of internal control has been widely accepted by Chinese enterprises, the standards and criteria of internal control have basically formed, extensive establishment of internal control system and implementation of internal control criteria have spread, and internal control has achieved initial effects. However, many problems still need to be addressed, including improvement of internal control environment, enhancement of overall level, mastery of implementing technologies, intensification of implementation and elevation of informatization level. A stimulating mechanism characterized by promotion by the government, initiative of enterprises and linkage of consulting institutions, a guarantee mechanism integrating evaluation, perfection and assess ment, a guidance mechanism for implementation of criteria, as well as a complete technological support ing mechanism should all be established. In addition, six relationships, namely all-sidedness versus em phasis, efficiency versus control, cost versus benefit, rigidity of implementation versus softness of adjustment, hard system versus soft environment, and internal control versus existing mechanisms and sys tems, must be dealt with during the implementation of internal control.

Chapter 42
The Developments of State-Owned Enterprises

In the beginning year of the Twelfth Five Year Plan, the state owned economy maintains a relative ly rapid increasing speed, which is reflected in the asset size and revenue of the state-owned enterprises. The integral development situation is good. Viewed from the aspect of the share of fixed investment, the proportion of the state-owned continuously kept declining while the trend of government capital focusing on the basic and strategic industries which concern about the national welfare and the people's livelihood, is more and more in evidence. The main economic effectiveness of state-owned enterprises still keep increasing but the rate of increasing is falling back. From every index, the profitability of the state-owned enterprises is decreasing. On the other hand, the integral social benefits of the state-owned enterprises is relatively outstanding, which embodied in such aspects of the implement of the state macro-control policies, ensuring market supplying, maintaining the procedure of market economy, and resisting natural disasters, etc. the state-owned enterprises act a leading role in above fields.

The domestic merging and recombination of the state-owned enterprises keep growing in this year and the overseas merging are more and more active. The State-owned shareholding system reform and corporate system reform are advancing smoothly. By the end of 2011, there are 43 central enterprises achieving main business? The pilot Construction of director board is carried forward. The number of pilot enterprise has reached 42 and the normative operating system of the director board is founded. The internal management system reform focused on the talents motivating is carried forward. The new achievements are gained for the overseas assets supervision of the state-owned enterprises. However, it's now the crucial stage of state-owned enterprises reforms, which means the problems in the fields such as industrial monopolies, governmental supervision, corporate governance, information disclosure and operating efficiency interact as both cause and effect and become the important problems holding back the development of state-owned economy. in order to deepen the reforms of the state-owned enterprises and promote the development of the state-owned economy and even the national economy, the compound shareholding system reform should be speeded up hence to promote the state-owned group company diversified ownership structure. We should continue to advance the strategic adjustment of the state sector of the economy, corporate governance and construction of director board should be strengthened and the monopolies industry reforms should be intensified. The innovation of supervision pattern of the state capital is still needed. The state-owned enterprises also need to go abroad to increasing international competitiveness.

Chapter 43
Development of Listed Companies

In 2011, Chinese listed companies stood the impact and challenge due to changes in the external environment, achieving stable growth in overall scale, standardization of corporate governance, optimization of industrial structure and an upsurge of overseas merger and acquisition. Supervisory organs also played an important role in these achievements. We can say 2011 is a "year for systematic reforms" for public companies. Departments like China Securities Regulatory Commission promulgated a series of policies and measures aimed at strengthening governance and enhancing quality of listed companies. At the same time, China Association for Public Compa nies was founded, indicating a significant breakthrough in self-discipline and regulation of Chinese listed companies. Nevertheless, the listed companies are still facing some problems: unsound capital allocation function of the capital market, further improvement of emolument-oriented incentives for executives, incomplete mechanism of disclosure of non-financial information, and enhancement of sense of social responsibilities. Addressing these problems requires coordination of a couple of bodies including the government, enterprises and the association. In order to boost healthy development of listed companies, efforts must focus on market investment philosophy, emolument-oriented incentives, corporate transparency, social accountability and delisting system.

Chapter 44
Development of Small and Medium-Sized Enterprises (SMEs)

In recent years, Chinese SMEs have expanded their economic scale, enhanced their development quality, extended their development scopes and played a decisive role in economy revitalization, employment absorption, innovation promotion, increase of taxation, and benefiting people. SMEs have become the most important part and the most active body in China's economic development, acting as a great crutch for large enterprises and a crucial bolster for real economy. However, the development of SMEs has become unusually complex since 2011. Due to their inborn "inferiority" of small scale, low strength and poor risk resistance capacity, SMEs, compared with large ones, are more sensitive to economic lifecycle and impact by macroeconomic control policies. Bottlenecks that have constrained the development of SMEs for a long time, such as difficult financing and high operating cost, became even more obvious in 2011. Cases of "wave of bankruptcy" and "runaway private entrepreneurs" burst out in that year. As 2011 is the first year of the "12th Five-Year Plan" period, it is a vital, urgent and comprehensive task to carefully analyze the new problems in the course of development of SMEs, accelerate enforcement of supportive policies for SMEs, improve service systems for SMEs, renovate implementing ways of policies for SMEs and consequently boost healthy and orderly development of them, which will determine the quality of China's real economic growth in the "12th Five-Year Plan" period or even a longer term.

Chapter 45
Internationalized Business Operations

Internationalized business operation is an important approach to accelerate transformation of economic development modes. As the "12th Five-Year Plan" period begins, Chinese enterprises are seeking opportunities for internationalization amid upheaval. Affected by global situation in 2011, Chinese enterprises achieved slower growth in export, exports of technology-intensive products increased at a significantly slower pace, while exports of labor-intensive products increased stably. Exports to emerging markets grew rapidly and export markets were diversified. Affected by various factors, growth of FDI (foreign direct investment) made a record low since the financial crisis. Transnational merger and acquisition were still active and the scope widened. The regions absorbing overseas investment extended and the centralization was reduced. Local investment was robust and the imbalance of regional overseas investment was mitigated. In 2011, as new changes occurred in the international business environment, Chinese enterprises faced new challenges when running transnational business. As the world economy recovered at a slow pace, market-oriented transnational business operation underwent a severe test.

Chinese enterprises were short of global value chain integration capability in an environment of vibrant e conomic fluctuation. More obvious asymmetry of SMEs' transnational business capability and external risks could be seen. Furthermore, trade protectionism and investment protectionism targeting Chinese enterprises intensified. Considering such a backdrop, SMEs would enhance the quality and level of their internationalized business operation through seeking diversified export markets, looking for overseas joint venture and cooperation, and conducting merger and acquisition of overseas SMEs. Large enterprises would need to develop multi-channel investment and improve brand internationalization based on their original export markets. With regards to overseas investment, they would obtain complementary assets and promote their technological competence through strategic measures such as merger and acquisition and establishment of overseas research and development centers. We suggest providing more financing support for small and medium overseas investment, establishing a safeguard system against overseas investment risks, intensifying countermeasures against trade protectionism and investment protectionism, as well as improving governmental macro direction and information consultation for overseas investment, in an effort to reduce risks and enhance internationalized business operation levels.

Chapter 46
Social Responsibilities of Chinese Enterprises in the Inceptive Year of the "12th Five-Year Plan" Period

Chinese enterprises made six progresses in the development of social responsibilities in 2011, the first year of the "12th Five-Year Plan" period. Establishment of the system of social responsibilities proceeded stably, communication drew unprecedented attention, investment grew rapidly, exploration of management was in process, practice made active progresses, and external evaluation developed vigorously. However, after enthusiastic participation and boom in the "11th Five-Year Plan" period, the development of Chinese enterprises' social responsibilities has entered a stage of confusion featured by various paradoxes. Six problems appeared: the nation lacks top-level design for social responsibilities, the overall performance is unsatisfactory, the management showcases three paradoxes, the development is short of supportive conditions, many mistaken ideas exist in the report, and self-appraisal is extremely weak. As a result, in order to further boost sustainable and healthy development of Chinese enterprises' social responsibilities, the country must take the following six measures and suggestions: to increase scientific awareness of social responsibilities of all walks of life, consummate top-level design, strengthen research and education, intensify system supplies, encourage enterprises to explore social responsibility management, and guide standardized and healthy development of the civil society.

后 记

《中国工业发展报告（2012）》的主题为《“十二五”开局之年的中国工业》。全书的策划、编写和审定由金碚、黄群慧、黄速建、李维民主持，金碚、李维民负责日常的组织、协调和编务工作。王洛林、王春正、陈清泰、陈佳贵、吕政担任本书顾问。

本书的作者有：总论，金碚。综合篇，第一章：吕铁；第二章：黄群慧；第三章：李鹏飞；第四章：王钦；第五章：江飞涛；第六章：刘勇；第七章：邓州；第八章：原磊；第九章：罗仲伟；第十章：刘湘丽；第十一章：吴利学；第十二章：张其仔；第十三章：杨丹辉；第十四章：李晓华；第十五章：张艳芳；第十六章：李海舰、孙凤娥。产业篇，第十七章：白玫；第十八章：周维富；第十九章：郭朝先；第二十章：丁毅；第二十一章：朱彤；第二十二章：刘戒骄；第二十三章：王燕梅；第二十四章：赵英；第二十五章：胡文龙；第二十六章：陈晓东；第二十七章：谢晓霞；第二十八章：杨世伟；第二十九章：彭绍仲；第三十章：吕宁；第三十一章：张世贤、覃毅；第三十二章：沈志渔。区域篇，第三十三章：陈耀；第三十四章：刘楷；第三十五章：石碧华；三十六章：叶振宇；第三十七章：孙承平。企业篇，第三十八章：黄阳华；第三十九章：余菁；第四十章：杜莹芬；第四十一章：李春瑜；第四十二章：黄速建；第四十三章：王欣；第四十四章：贺俊；第四十五章：刘建丽；第四十六章：肖红军。

沈力全、王磊提供了“2011 年中国工业大事记”资料。刘楷提供了“统计资料图表”。蒙娃担任了全书英文提要的翻译。

全书初稿完成后，金碚、李维民、沈志渔、张其仔、吕铁等进行了初审，一些章节作者根据初审意见进行了修改和增补。然后，由金碚、黄群慧、黄速建、李海舰、沈志渔、张其仔、吕铁、陈耀、王钦、李维民等组成了编审小组集中对本书稿件进行了复审、修改、增删和定稿。责任编辑杨世伟参加了复审工作，并对全书的编撰工作提出了重要修改意见。

“2011 年中国工业 10 件大事”由中国社会科学院工业经济研究所部分专家评选确定。

本书自 2011 年 12 月开始策划、确定主题、编写写作计划。2012 年 4 月 30 日完成初稿，6 月 20 日完成定稿。在本书的写作过程中，中国社会科学院工业经济研究所科研处、办公室、信息网络室以及经济管理出版社提供了各方面的帮助和支持，我们在此一并向他们表示衷心的感谢。

编 者

2012 年 6 月 20 日

《中国工业发展报告（2012）》审读分工

《中国工业发展报告（2012）》作为国家新闻出版署“十二五”重点图书出版项目，审稿任务重、质量要求高、编辑时间紧，五个编辑部和社领导均承担了本书的审读工作，具体任务如下：

本书一审由五个编辑部承担。第一编辑部孙宇承担总论至第八章；第二编辑部申桂萍承担第九章至第十二章，张艳承担第十三章至第十五章，张永美承担第十六章至第十八章；第三编辑部王光艳承担第十九章至第二十八章；第四编辑部勇生承担第二十九章、第四十二章，魏晨红承担第三十章至第三十二章，徐雪承担第三十三章至第三十八章；第五编辑部郭丽娟承担第三十九章至第四十一章，王琼承担第四十三章，统计资料分析，大事记和后记，张达承担第四十四章至第四十六章。

本书二审由杨世伟和勇生承担。杨世伟承担序、总论、第一章至第二十三章；勇生承担第二十四章至第四十六章，附录1，附录2，统计资料分析、大事记、后记。

本书三审由沈志渔承担。

本书的整个编辑、出版事宜由杨世伟全面负责。